金融学译丛
FINANCE

金融市场与金融机构（第12版）

Financial Markets and Institutions (12th Edition)

杰夫·马杜拉 (Jeff Madura) ／著
张成思 等 ／译

中国人民大学出版社
·北 京·

出版说明

作为世界经济的重要组成部分，金融在经济发展中扮演着越来越重要的角色。为了加速中国金融市场与国际金融市场的顺利接轨，帮助中国金融界相关人士更好、更快地了解西方金融学的最新动态，寻求建立并完善中国金融体系的新思路，促进具有中国特色的现代金融体系的建立，中国人民大学出版社精心策划了这套“金融学译丛”，该套译丛旨在把西方，尤其是美国等金融体系相对完善的国家最权威、最具代表性的金融学著作，被实践证明最有效的金融理论和实用操作方法介绍给中国的广大读者。

该套丛书的特色主要体现在以下三个方面：

(1) 理论方法。重在介绍金融学的基础知识和基本理论，帮助读者更好地认识和了解金融业，奠定从事深层次学习、研究等的基础。

(2) 实务案例。突出金融理论在实践中的应用，重在通过实务案例以及案例讲解等，帮助广大读者将金融学理论的学习与金融学方法的应用结合起来，更加全面地掌握现代金融知识，学会在实际决策中应用具体理论，培养进行宏观分析和实务操作的能力。

(3) 学术前沿。重在反映金融学科的最新发展方向，便于广大金融领域的研究人员在系统掌握金融学基础理论的同时，了解金融学科的学术前沿问题和发展现状，帮助中国金融学界更好地认清世界金融的发展趋势和发展前景。

我们衷心地希望这套译丛的推出能够如我们所愿，为中国的金融体系建设和改革贡献一份力量。

中国人民大学出版社

2004 年 8 月

序 言

金融市场为企业、政府与个人主要支出提供融资。金融机构之所以是金融市场的核心中介，是因为它们把资金从储户转移到个人、公司或政府机构等资金需求方。《金融市场与金融机构》（第 12 版）分析了金融市场以及服务于金融市场的金融机构。本书提供了一个有助于理解金融市场为何存在的概念性框架。本书对每类金融市场的阐释将关注其所交易的证券和金融机构对它的参与。

如今，许多金融机构提供全类型金融服务，如银行、证券、共同基金和保险服务。然而，每种金融服务都是独一无二的。因此，本书对金融服务的讨论将按金融机构所能提供的金融服务类型展开。

自次贷危机以来，为防范未来再次发生危机，监管措施持续推进。相应地，本书特别关注金融改革对每类金融市场与金融机构的影响。

目标市场

本书适用于本科与研究生水平的金融市场或金融机构相关课程。为尽可能促进学生理解，除每章末的专业运用外，应布置相对更高难度的问题。

全书结构

第一部分（第 1 章到第 3 章）介绍主要金融市场与金融机构，解释利率为何不断变动以及证券收益率为何各不相同。第二部分（第 4 章到第 5 章）阐释美国联邦储备系统（美联储）的功能并解释其货币政策如何影响利率和其他经济指标。第三部分（第 6 章到第 9 章）主要涵盖债券市场。第四部分（第 10 章到第 12 章）描述权益证券市场。第五部分（第 13 章到第 16 章）涵盖衍生证券市场。第三到第五部分每章关注某一类市场。这些章节中每类市场与其他市场的关联被重点强调。第六部分（第 17 章到第 20 章）聚焦于商业银行。第七部分（第 21 章到第 26 章）涵盖金融机构提供的所有其他类型的金融服务。

本书结构类似于前一版本，除了前版第 25 章（涵盖保险公司和养老基金）被分成两章以外。本书第 25 章仍关注保险公司运营，但第 26 章介绍养老基金运营。本版养老基金部分加入了许多新资料，这正是单独辟出一章介绍养老基金的原因。

注重金融市场的课程可参考前五部分（第 1 章到第 16 章），但是商业银行部分章节也与之相关。

注重金融机构与金融服务的课程可参考第一、第二、第六和第七部分，另外证券市场（第三、第四和第五部分）背景也有所帮助。

授课时可根据学生其他可选课程来决定重点学习本书某些章节并略过其他章节。例如，如果有衍生证券公共课，则本书第五部分可忽略。又或者，如果有投资课程介绍各类证券的详尽背景，则本书第三、第四部分也可相对少关注。

章节可在不失连贯性的前提下重新安排。不管怎样安排本书章节顺序，都强烈建议每章安排一些问题与练习。这些练习可作为课堂讨论焦点。

本书重要概念与事件

章节中穿插了大量与金融市场近期事件及趋势相关的概念，具体如下：

- 高频交易与机器人（“bots”）运用于证券交易
- “众筹”用作一种流行的企业融资方式
- 美联储透明度与金融市场沟通
- 信用违约互换监管改革
- 《创业企业融资法案》（JOBS Act）如何促进股票公开发行
- 政府养老基金资金不足如何影响政府负债率
- 虚拟货币日益流行
- 适用于债券评级机构的新法律
- 最近希腊债务危机对其他金融市场的冲击
- 市政债券违约风险暴露上升
- 拟上市科技公司估值
- 风险投资与私募股权投资表现
- 后危机时代稳健企业异常廉价的债务融资
- 银行遵从《巴塞尔协议Ⅲ》以满足资本充足率要求
- 行为金融
- 私人股票交易所出现，如美国非上市公司股票交易市场（SecondMarket）和股票交易站（SharesPost）
- 股票交易暗池
- 银行自营交易新规
- 自主会计政策对银行报告利润的影响

- 金融市场管理
- 风险价值运用
- 金融机构估值
- 金融服务监管改革

每章相互独立，因而教授可将课堂时间用于讲解更复杂的概念以及以本书为基础学习其他概念。

本书特点

本书特点如下：

- 每部分开头的示意图。每部分均以一幅示意图开始，用于阐释该部分关键概念之间的联系。
- 本章目标。每章开头均指明了该章关键概念。
- 例子。举例有利于增强对关键概念的理解。
- 小结。每章末均总结了关键概念，并与每章开头的目标对应。
- 正方和反方观点。介绍辩题及正方和反方观点，学生需判断哪方观点正确并解释原因。
- 问题与应用。每章末的问题与应用检验学生对关键概念的理解程度，可作为家庭作业或考前辅助学习。
    - ✦ 高级问题。
    - ✦ 辩证思维问题。每章末，学生需运用批判性思维撰写一篇关于本章所讨论的某个主题的短文。
    - ✦ 解读财经新闻。每章末，学生需解读媒体对本章核心概念的评论。这有助于学生解读财经新闻。
    - ✦ 金融市场管理。每章末，学生需站在财务管理者角度对与本章核心概念相关的特定情境做出决定。
    - ✦ 习题。某些章节包含习题以检验学生的计算机能力。
- 资金流动练习。每章末有一个实操练习，用于理解为何一家制造企业需依靠各类金融市场以及金融机构的服务。
- 互联网/Excel 练习。每章末有引导学生筛选大量网页上可用信息的练习，或是相关主题的 Excel 运用，或两者兼有，比如让学生评价收益率曲线、风险溢价和股票波动率的练习。
- WSJ（《华尔街日报》）练习。某些章节包含这类练习，为学生提供机会将《华尔街日报》信息应用于该章特定概念中。
- 综合问题。每部分末有综合问题，以阐释该章节核心概念。
- 综合项目。该项目见附表 A，要求学生将真实数据运用于全书提到的几个核心概念。
- 期中与期末自测。第 16 章末有一份期中自测试卷以检验学生对金融市场知识的掌握程度。第 26 章末有一份期末自测试卷以检验学生对金融机构知识的掌握程度。参考答案将有助于学生考试结束后评价作答情况。

每章概念可借助以上一个或多个特点加强理解。教授对特点的运用会根据学生水平和课程目标而有所不同。主要关注金融市场的课程可能强调如 WSJ 练习和第一部分综合项目（关于证券和衍生工具持仓头寸）之类的工具。相反，注重金融机构的课程可能会布置学生回顾近期年报（见第二部分综合项目）以理解某家金融机构业绩如何受其决策、行业监管和经济环境影响。

除此之外，金融机构互联网/Excel 练习让学生能评价金融机构运营与业绩表现。

目 录

第一部分　金融环境总览

第二部分　美联储与货币政策

第三部分 债务性证券市场

第四部分　权益市场

第五部分　衍生品市场

第六部分 商业银行

第七部分 非银行运营

第一部分

金融环境总览

本书第一部分关注金融市场资金流动、利率与证券价格。第 1 章介绍主要金融市场以及参与其中的金融机构。第 2 章阐释多项因素如何影响利率，同时利率变动如何影响金融机构持有的证券价值。第 3 章指明影响证券价格的除利率外的其他因素。金融市场参与者运用此信息对证券估值并在金融市场中做出投资决策。

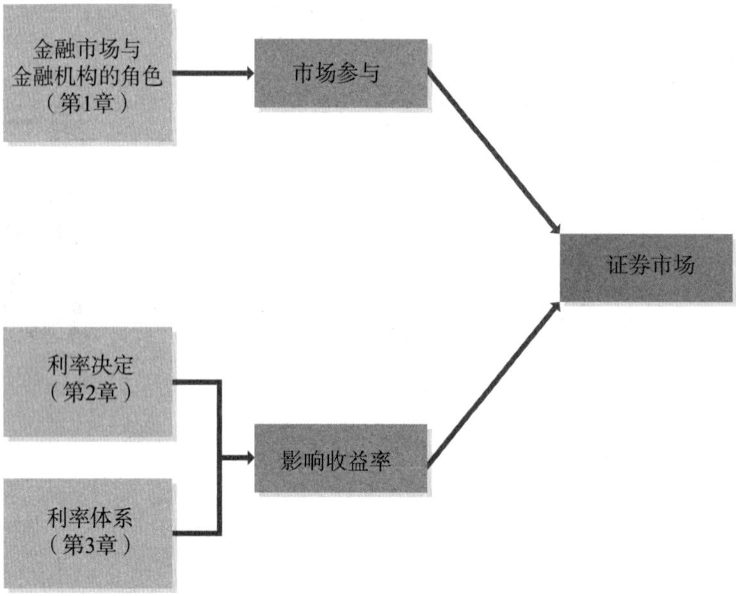

第 1 章 金融市场与金融机构的角色

本章目标

- 描述促进资金融通的金融市场的类型
- 描述金融市场中有价证券的类型
- 描述金融机构在金融市场上的作用
- 解释金融机构为何会遭受次贷危机

金融市场（financial market）是买卖金融资产（有价证券）如股票和债券的市场。当交易一方购买另一方之前拥有的金融资产时，资金在金融市场上发生了转移。金融市场通过资金融通使个人、公司和政府能够进行金融活动和投资活动。这一章提供了一些关于金融市场和参与其中的金融机构的背景知识。

1-1 金融市场的角色

金融市场将资金从富余者手中转入需求者手中，使大学生获得学生贷款，家庭获得住房贷款，公司能够为其成长融资，政府能够为其开支融资。很多有富余资金的家庭和公司愿意为金融市场提供资金，因为它们这笔投资可以获得回报。如果没有资金提供，则金融市场不能将资金转移到需求者手中。

那些收大于支的参与者被称作**盈余单位**（surplus unit）或投资者。他们将净储蓄提供给金融市场。那些支大于收的参与者被称作**赤字单位**（deficit unit）。他们从金融市场获得资金，从而可以使消费大于收入。许多个体在一段时间内向金融市场提供资金，而在另一段时间内从金融市场获取资金。

◇ **例子**

大学生是典型的赤字单位，因为他们经常从金融市场借款来支持他们的教育支出。当他们获得学位后，他们的工资大于他们的消费，因此通过投资多余的资金，他们变成了盈余单位。几年后，他们由于购买房产重新变成了赤字单位。这时，他们可能同时向金融市场提供资金以及从金融市场获取资金。也就是说，他们可能定期在金融机构储蓄，同时也从金融机构借入大量钱买房。◇

许多赤字单位如公司、政府机构通过发行**有价证券**（security）从金融市场获取资金，有价证券代表着对发行者的债权。债券代表着发行者引发的债务（也叫信贷或者借款）。发行债券的赤字单位是债务人。购买债券的盈余单位是债权人，他们在一定期限内（如每六个月）获得利息。债券有到期日，在到期日盈余单位可以赎回债券以从发行债券的赤字单位那里收回本金（面值）。

权益证券（equity security，也叫股票）代表公司的权益或所有权。一些公司在需要资金时更偏好发行权益证券而非债券，但是可能没有经济能力定期支付债券所要求的利息。例如，一个新的社交媒体公司可能想将所有的利润用于再投资以支持它的成长，所以它可能偏好出售公司的股票（发行权益证券）而非为债券支付利息。

1-1a 满足公司融资需求

金融市场的核心作用就是满足公司的融资活动。公司理财（也叫财务管理）涉及公司在融资时关于获得多少资金以及发行哪种类型的有价证券的决定。金融市场充当了某种机制，通过这一机制公司（作为赤字单位）可以从投资者（作为盈余单位）那里获得资金。

1-1b 满足投资需求

金融市场的另一个核心作用就是满足盈余单位投资于债券或股票的需求。投资管理涉及投资者如何投资他们的资金的决定。金融市场为投资者提供了多种多样的投资机会，包括美国财政部和政府机构发行的有价证券和公司发行的有价证券。

金融机构（在随后章节讨论）充当金融市场上的中介。它们引导资金从盈余单位流动到赤字单位，例如，它们将从个体募集到的资金输送到公司手中，因此它们将投资管理活动与公司融资活动联系起来，正如图 1.1 中所展示的那样。它们通常也充当投资者并把它们自有的资金输送到公司手中。

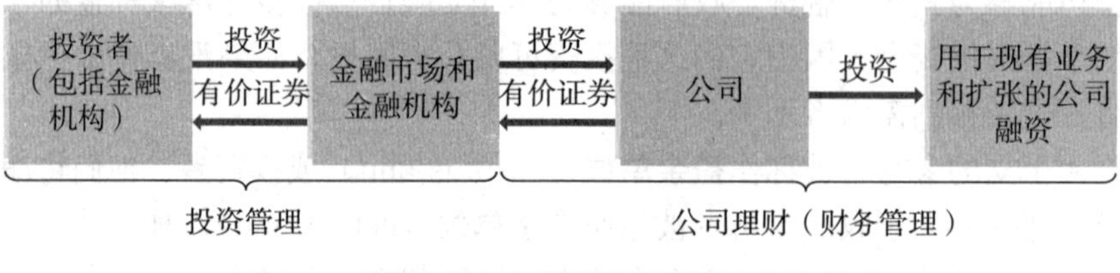

图 1.1 金融市场如何促进公司理财和投资管理

一级市场与二级市场　一级市场（primary market）促成新的有价证券的发行。它允许公司获得新的资金，并且为投资者投资提供了一种方式。**二级市场**（secondary market）促成已存在的有价证券的交易，允许投资者改变对证券的所有权。很多类型的债券都存在二级市场，目的是使最初在一级市场上购买债券的投资者不需要持有债券至到期。一级市场交易为有价证券的最初发行者提供了资金，二级市场则没有。

◇ 例子

去年，Riverto 公司有超额资金并且投资于新发行的 10 年期国债。今年，它需要 1 500 万美元扩张其业务。公司决定在二级市场出售国债，即使国债还需要 9 年才到期。通过出售国债，公司得到了 500 万美元。今天 Riverto 公司在一级市场发行自己的债券以得到另外的 1 000 万美元。Riverto 公司的债券有 10 年的期限，所以购买债券的投资者可以到期（10 年后）赎回或者在此之前将债券出售给二级市场的其他投资者。◇

二级市场上交易的债券的一个重要特征就是**流动性**（liquidity），即有价证券可以不贬值而顺利变现（出售）的容易程度。一些有价证券有较为活跃的二级市场，意味着在给定的时刻有许多有意愿的购买者和出售者。投资者偏好流动性强的有价证券，因为它们可以在他们想要的任何时候轻易出售（不贬值）。如果有价证券流动性不足，投资者可能不能在二级市场上找到愿意购买的人，并且可能不得不以较大的折扣出售有价证券以吸引购买者。

国债流动性较强，因为它们是由财政部频繁发行的，而且有很多想要投资于它们的投资者。因此，之前投资了国债的投资者可以随时出售国债。相反，小微公司发行的债券可能流动性不足，因为没有很多投资者想要投资于它们。因此在一级市场购买这些债券的投资者不能随后轻易将它们在二级市场上卖出。许多投资者甚至不会考虑购买流动性不足的债券。

1-2　金融市场上交易的有价证券

有价证券可以被分为货币市场证券、资本市场证券和衍生证券。

1-2a　货币市场证券

货币市场（money market）促进赤字单位向盈余单位销售短期债券。在这个市场上交易的有价证券被称作**货币市场证券**（money market security），通常是指期限在一年及一年以下的债务性证券。这些债务性证券有相对较强的流动性，不仅因为它们期限较短，而且因为它们对于很多投资者来说是非常有吸引力的，因此有较为活跃的二级市场。货币市场证券倾向于拥有较低的期望收益率和较低的信贷（违约）风险。常见的货币市场证券类型包括国债（由美国财政部发行）、商业票据（由公司发行）和可转让存单（由存款机构发行）。

1-2b 资本市场证券

资本市场促成赤字单位向盈余单位销售长期证券。在这个市场上进行交易的有价证券被称作**资本市场证券**（capital market security）。资本市场证券发行的目的通常是为购买资本资产，比如建筑、设备、机器融资。资本市场的三种常见类型是债券市场、抵押贷款市场和股票市场。

债券 债券（bond）是由财政部、政府机构、公司为运营融资而发行的长期债券，每6个月以利息收入（或优惠券）的形式向投资者提供回报。由于债券代表债务，它们指定了支付给购买这些债券的投资者的利息和本金的数量及时间。到期时，持有债券的投资者可以获得本金。债券通常有10～20年的期限。

国债通常被认为没有违约风险，因为它们是由美国财政部发行的。相反，公司发行的债券存在违约风险，因为发行者可能会不履行偿还债务的责任。这些债券必须比国债提供更高的期望收益率以补偿投资者承受的违约风险。

如果投资者不想持有债券至到期，可以将债券在二级市场上出售。因为债券的价格随时间发生变化，所以债券在二级市场出售时可能相对于购买时贬值。

住房抵押贷款 住房抵押贷款（mortgage）是为购买房产融资的长期债务。个人和家庭通常取得住房抵押贷款以购买房屋。金融机构扮演金融中介的角色，通过提供住房抵押贷款而充当贷款人。它们可以将从盈余单位那里获得的存款形成资产池，然后把资金借给想要购买房屋的个人。在授予抵押贷款之前，它们根据一些标准如借款者的工资水平（相对于房屋价值），来评估借款人偿还贷款的可能性。优质抵押贷款是它们提供给符合这些标准的借款人的贷款。当借款人不能偿还住房抵押贷款时，则用房子充当抵押物。

次级抵押贷款提供给那些没有足够的收入满足优质抵押贷款条件或者不够支付首付的借款人。次级抵押贷款有更高的违约风险，所以提供这些抵押贷款的贷款人会收取更高的利率（以及额外的前期费用）以获得补偿。次级抵押贷款在2008年获得了很多关注，因为它们的高违约率导致了次贷危机。很多贷款人不再愿意提供次级贷款，最近的规定（会在随后的章节讨论）提高了获得抵押贷款要求的最低标准。

商业抵押贷款是为购买商业地产而融资的长期债务。房地产开发商依赖商业抵押贷款建造购物中心、办公大楼或其他设施。金融机构充当提供商业抵押贷款的贷款人。通过将资金从盈余单位输送到房地产开发商，它们充当金融中介并促进商业地产的开发。

住房抵押贷款支持证券 住房抵押贷款支持证券（mortgage-backed security）是代表对一揽子住房抵押贷款所拥有的债权的债务。有许多形式的住房抵押贷款支持证券。在它们最简单的形式下，购买这些有价证券的投资者会收到房屋所有者对住房抵押贷款支持证券按月支付的款项。

◇ 例子

Mountain储蓄银行针对房屋购买者发行了100份住房抵押贷款，并且将通过按月支付服务于住房抵押贷款。然而，银行不想用自有资金为住房抵押贷款融资。它向8家愿意购买的金融机构发行了代表这一揽子住房抵押贷款的住房抵押贷款支持证券。每个月当Mountain储蓄银行收到住房抵押贷款的利息和本金支付时，它会把这些支付转移给8家购买住房抵押贷款支持证券的金融机构并因此为房屋购买者提供资金。如果一些房屋购买者在住房抵押贷款上违约，支付将会减少，购买住房抵押贷款支持证券的金融机构所取得的投资回报也会减少。它们购买的有价证券由住房抵押贷款支持。

如果Mountain储蓄银行在发行住房抵押贷款支持证券方面没有经验，另一家金融机构可能会通过将Mountain储蓄银行发行的100份住房抵押贷款与其他机构发行的住房抵押贷款捆绑而参与其中。接着金融机构发行代表捆绑中所有住房抵押贷款的住房抵押贷款支持证券。因此任何购买这些住房抵押贷款支持证券的投资者都为支持证券的Mountain储蓄银行的100份住房抵押贷款和捆绑的其他所有住房抵押贷款进行了部分融资。◈

2004—2006年，随着房地产价格的上升，许多金融机构用它们的资金购买住房抵押贷款支持证券，其中一些还捆绑了次级抵押贷款。这些金融机构错误地假设，一旦住房抵押贷款发生违约，房屋可以作为充足的抵押物。在2008年，很多次级抵押贷款违约，房地产价格暴跌，这意味着抵押物不足以支付既定的信贷。因此住房抵押贷款支持证券的价值也暴跌，持有这些有价证券的金融机构遭受了巨大损失。

股票 股票（stock）或权益证券（equity security）代表了对发行股票的公司的部分所有权。它们之所以被归为资本市场证券，是因为它们没有到期期限，因此是作为长期资金来源。购买一级市场上公司发行的股票的投资者可以随时在二级市场上将这些股票出售给其他投资者。然而，一些公司股票的流动性比其他公司股票的流动性更强。在任何一天都有数百万家大型公司的股票在二级市场上交易，因为有很多投资者愿意购买它们。小型公司的股票流动性更弱，因为这些股票的二级市场不够活跃。

一些公司以股利的形式分配它们的季度收益，向它们的股东提供收入。其他公司将运营中所挣得的所有收入保留和再投资，以挖掘它们的成长潜力。

随着公司发展和价值增值，股票的价值也会增长；投资者可以将股票卖得比支付价格更高的价格以获得资本利得。因此投资者既可以以定期股利（如果有的话），也可以以出售时的资本利得的形式获得股票收益。然而，股票存在风险，因为它们未来的价格是不确定的。当企业表现较差时，它们的价格通常会下跌，导致投资者的收益为负。

1-2c 衍生证券

衍生证券除了在货币市场和资本市场上交易外，也在金融市场上交易。**衍生证券**（derivative security）是指价值来源于相关资产（如债券或股票）的价值的金融合约。很多衍生证券使投资者能够从事投机和风险管理。

投机 衍生证券使投资者可以在不用购买那些资产的前提下利用相关资产价值的变动进行投机。一些衍生证券允许投资者从相关资产增值中获益，然而其他证券允许投资者从资产贬值中获益。投机于衍生合约的投资者可以得到比投机于相关资产更高的收益率，但是它们同时也暴露于更高的风险下。

风险管理 衍生证券可以在相关资产的价值减少时产生收益。因此，金融机构和其他企业可以用衍生证券调整它们现有的证券投资的风险。如果一家企业保有对债券的投资，那么它可以在随债券贬值而产生收益的衍生证券中占有特殊地位。这样衍生证券可被用于减少企业的风险。债券的损失被这些衍生证券带来的收益抵消。

1-2d 有价证券估值

各种类型的有价证券为投资者带来特定的期望现金流。有价证券的价值通过它的期望现金流的现值来衡量，以反映现金流不确定性的利率进行贴现。

债券更容易被估值，因为它们向投资者承诺到期时提供既定的支付（利息和本金）。股票的现金流更难估计，因为一些股票不会支付股利，所以只有当投资者售出股票时他们才会收到现金流，这对于不同投资者会发生在不同时间。因此，一些投资者选择通过对公司估值并用股票数量除公司价值来对股票进行估值。

信息对估值的影响 投资者可以通过获取可能影响有价证券未来现金流的信息尝试估计他们将会得到的未来现金流。图 1.2 演示了估值过程。

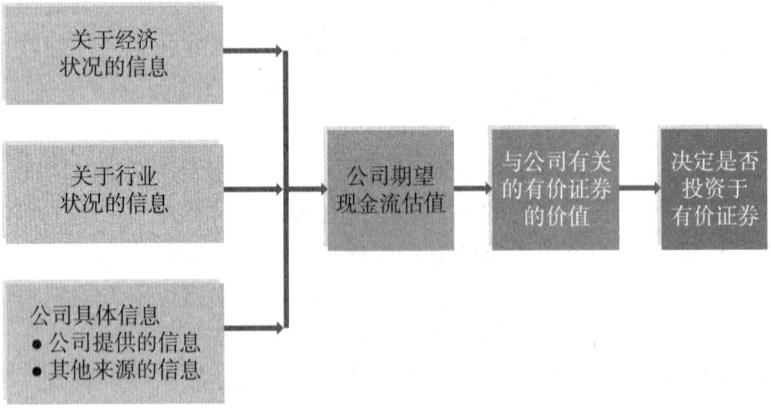

图 1.2 利用信息做出投资决定

一些投资者主要依靠关于经济状况或行业状况的信息对有价证券进行估值，但是其他投资者更多地依靠公司提供的财务报告或者公布的公司管理层的意见。当投资者获得关于有价证券的新信息，而这些信息清楚地反映更大的现金流或者更小的不确定性的可能性时，他们会修正对这种有价证券的估值，因此，投资者对这种有价证券的需求增加。另外，之前购买有价证券并打算将其在二级市场上出售的投资者可能决定不再出售。这会导致该有价证券在二级市场上的供应量（通过之前购买的投资者）更小。因此有价证券的市场价格升高到一个新的均衡水平。

相反，当投资者收到不利信息时，他们会减少期望现金流或者提高估值时的贴现率。有价证券的价值被修正为贬值，这会导致需求减少，二级市场上这种证券的供应量增加。因此，均衡价格将会下降。

在**有效市场**（efficient market）上，有价证券被合理估价。如果根据公开信息有价证券被低估了，一些投资者就会通过购买该证券来利用差异。这种对有价证券的强烈需求将会推高有价证券的价格，直到差异不再存在。意识到差异的投资者将会被奖励更高的投资收益率。他们基于可获得信息利用价值差异的行动会推动价格达到更合适的水平。

互联网对估值的影响 互联网已经从很多方面促进了对有价证券的估值。有价证券在网上报价并且投资者可以在任何给定的时间获知价格。对于一些有价证券来说，投资者可以追踪实际交易顺序。因为如此多关于公司发行有价证券的信息在线上可得，有价证券可以在非常短的时间被定价，通常是几秒钟。进一步地，买卖各种类型证券的委托可以线上提交，促进了有价证券的价格根据新信息进行调整。

行为金融对估值的影响 在一些案例中，有价证券可能会由于涉及做出决定的心理学而被错误定价。**行为金融**（behavioral finance）是将心理学应用于金融决策制定。它为市场并不总是有效提供了理由。行为金融有时可以解释为什么有价证券的价格会大幅变动，即使关于公司未来期望现金流的公开信息没有发生变化。

◈ 例子

2014 年，在许多州将用大麻治病合法化后，药用大麻开始吸引人们的大量注意。一些很少有与大麻业务相关的经历的公司宣布它们定位于利用大麻市场上的预期增长。很多投资者想从这个潜在的增长中获益，于是迅速购买这一行业的公司股票。由于投资者强烈的投机需求，很多药用大麻股票的价格最初大幅增长。然而，一些投资者没有仔细核查这些公司的商业计划、运营管理或者财务状况。随着投资者认识到一些公司没有真正的商业经验或者优势以使它们利用药用大麻行业的增长，他们意识到一些药用大麻股票被过高定价了。于是投资者出售他们手里所持有的这些股票，使股票价格在一天之内下降了 40%多。◈

行为金融可以解释整个股票市场上股票价格的异动。在一定时期内，投资者似乎对股票市场的情况过分乐观，他们购买股票的狂热推动整个股票市场价格变得更高。这会导致股价泡沫，一旦投资者在对股票进行估值时考虑影响公司期望现金流的基本面而非跟风炒作，泡沫就会破灭。

有价证券估值的不确定性 即使市场是有效的，公司有价证券的估值也充满了不确定性，因为投资者在对证券估值时可获得的信息有限。投资者用于对公司发行的有价证券进行估值的很多信息是由那些公司以财务报告的形式提供的。特别地，投资者依靠一家公司列明了收入、支出和收益的会计报告并以此为基础估计其未来现金流。有上市股票的公司被要求披露财务信息和财务报告。然而，一家公司的经理可能掌握投资者无法得到的关于公司财务报告的信息，这种情况被称为**信息不对称**（asymmetric information）。存在信息不对称的公司的估值有着不确定性。

进一步说，尽管所有的投资者都可以得到关于一家公司的公开信息，但他们可能以不同的方式诠释它，这会导致一家公司的不同估值结果和公司股票价格的不确定性。

一只有价证券的适当估值的不确定性越高，投资该有价证券的风险越高。从购买有价证券的投资者的角度来说，风险代表着有价证券实际收益率和期望收益率的潜在偏差。对于任何给定类型的有价证券，此有价证券发行者的风险层级可能存在差别。

◈ 例子

耐克股票以季度股利和投资者出售时的资本利得的形式向投资者提供现金流。未来的股利和未来的股票价格都具有不确定性。因此耐克股票在未来一定时期内提供给投资者的现金流是不确定的，这意味着这一时期投资于耐克股票的收益率是不确定的。

但是耐克股票提供的现金流比小规模的、初创的、进行公开交易的科技公司具有更小的不确定性。因为特定时期内科技股票的收益率比耐克股票的收益率具有更大的不确定性，科技股票面临更多风险。◈

1-2e 证券法规之财务披露

存在许多确保企业披露准确的财务信息的规定，其目的是使参与金融市场的投资者可以更准确地对公司发行的股票和债券进行估值。另外，证券法规试图确保公司披露的信息对所有的预期投资者可得，这样做是为了确保没有投资者相对于其他投资者有不公平的信息优势。《证券法》(1933)(The Securities Act of 1933) 意在确保公开发行证券时相关财务信息的完全披露和防止出售这些证券时的欺诈行为。

《证券交易法》(1934)(The Securities Exchange Act of 1934) 扩大了二级市场发行的披露要求。它也宣布了各种各样的欺骗行为不合法，比如误导财务信息、旨在操纵市场价格的交易策略。另外，它成立了证券交易委员会 (Securities and Exchange Commission，SEC) 监管证券市场，随着时间的推移，证券交易委员会执行了附加规定。证券法规寻求的只是确保信息的充分披露并防范欺诈，它们并不阻止投资者做出不佳的投资决策。

欺诈性财务报告 尽管已经发行股票和债券的公司必须雇用独立审计师（不是公司雇员的审计师）证实它们的财务报告是准确的，但是存在公司在财务报告中故意披露误导性信息以夸大公司业绩的案例。在 2001 年，一些著名的公司，包括安然和世通，通过夸大收益误导投资者。它们还没有披露对股票和债券价格有负面影响的相关信息。这些公司的审计师没有阻止误导性信息的披露。

尽管金融市场的目的是促进资金有效流动，但是不道德的行为可以破坏资金的流动。通过夸大收益或隐藏债务参与欺诈性财务报告的经理可能试图抬高公司有价证券的价格。这一策略对于那些相信财务报告并且有可能在购买这些公司发行的证券时多付钱的投资者来说是不公平的。此外，如果投资者不相信公司的财务披露信息，他们可能不愿意参与金融市场。缺乏信任会因参与的投资者有限而使市场流动性更弱。

《萨班斯-奥克斯利法案》 作为对一些有据可查的欺诈性财务报告案件（包括安然和世通事件）的回应，《萨班斯-奥克斯利法案》(Sarbanes-Oxley Act) 被制定出来，以要求公司提供更完整准确的财务信息。它施加限制以确保审计师的正确审核和公司董事会的正确监督。它还要求公司的主要高管在财务报告上签字，如果被检查出财务欺诈，则对他们施以处罚。这些规则意在恢复向金融市场提供资金的投资者的信任。通过这些规则，监管机构试图消除或至少减少围绕所有上市公司的不对称信息的数量。

尽管《萨班斯-奥克斯利法案》打击欺诈性财务报告，但是它没有完全消除意在操纵收益的有问题的会计方法的使用。在 2008 年金融危机期间，雷曼兄弟（当时一家非常大的金融机构）的财务报告表现很好并且有着对未来的积极展望。但是在 2008 年的四五月份，一些机构投资者表示了对雷曼兄弟可能夸大了资产和收益价值的担忧。雷曼兄弟最初为其财务报告辩护。但是在 2008 年 6 月的季度报告中，雷曼兄弟的资产价值减少了 41 亿美元。季度亏损 28 亿美元，这是它有史以来第一个季度亏损。在它 2008 年 9 月的下一个季度报告中，雷曼兄弟的资产价值减少了 56 亿美元，并且季度亏损 39 亿美元。五天之后，雷曼兄弟登记破产。

如果雷曼兄弟在其生命的后两个季度之前披露了财务问题，它有可能可以纠正一些经营问题。雷曼兄弟宣布破产引发了投资者对其他金融机构在金融危机中可能不能充分披露财务问题的担忧。这种恐慌使投资者大规模低价出售金融机构的股票，导致股票价格骤然下跌。

任凭监管机构的努力，欺诈性财务报告的案例仍然在继续发生。2011 年和 2012 年，高朋网（Groupon）使用了夸大报告收益的会计方法。当这些会计方法在 2012 年被金融媒体曝光后，高朋网的股票价格下降了 85%。2014 年，Diamond Foods（Kettle Chips 和 Pop Secret 的制造商）在证券交易委员会发现它从事试图增加其收益的会计欺诈活动后，支付了 500 万美元的罚款。其会计违规行为被报道后，Diamond Foods 的股票价格暴跌。

1-2f 政府干预金融市场

最近几年，政府增大了其在金融市场中的影响。考虑以下几个示例：

1. 在次贷危机期间，美联储购买了各种类型的债券。其介入是为了确保债券市场流动性和鼓励投资者购买债券。

2. 新的政府法规改变了债券的信贷风险评估方式。之所以颁布新的法规，是因为以前的债券评级过程不能有效地在次贷危机期间警示投资者信贷风险的存在。

3. 政府加强了对股票交易的监管并处理了一些投资者基于其他投资者无法获取的公司内幕消息进行交易的案件。这些努力是为了确保没有投资者在金融市场上进行交易时具有不公平的优势。

这些示例说明了政府如何努力确保公平、有序的金融市场，这可以鼓励更多的投资者参与到市场中并因此增加市场流动性。

1-2g 国际金融市场

金融市场在世界各地持续发展以促进有价证券在盈余单位和赤字单位之间的转移。一些国家的金融市场比另一些国家发达得多，在流动性方面它们也有很大不同。

一个国家金融市场的流动性受到当地关于财务披露的证券法规的影响。通常来说，要求更多财务披露的国家有流动性更强的金融市场，因为当投资者可以获得更多有关交易的公司的信息时，他们会更愿意参与进来。

每个国家都有关于股东权益的法律法规。如果投资者有权利对欺诈性财务披露的公司提起民事诉讼，那么投资者可能会更愿意参与他们国家的金融市场。

每个国家也有自己的证券法规执行力度。如果投资者相信证券法规可以被执行，那么他们可能会更愿意参与到他们国家的金融市场。相反，如果当地政府没有执行法律以保护投资者，那么投资者可能会尽量避免参与所在国家的金融市场。

金融市场的国际一体化 在有利的经济形势下，金融市场的国际一体化允许政府和公司更容易地从其他国家的债权人或投资者那里获得资金，以支持自身的成长。另外，任何国家的投资者和债权人都可能会从其他国家的投资机会中获益。

然而，在不利的经济形势下，金融市场的国际一体化使一个国家的金融问题会对其他国家造成负面影响。美国金融市场允许外国投资者在美国追求投资机会，但是在美国金融危机期间，很多投资于美国证券的外国投资者遭受了严重损失，因此美国金融危机蔓延到了美国之外。很多欧洲国家政府从不同国家的债权人手中借钱，但是随着希腊政府、葡萄牙政府和西班牙政府挣扎着偿还债务，它们给其他国家的债权人带来了财务问题。

外汇市场的角色 国际金融交易通常要求货币兑换。当美国投资者购买了德国的股票时，他们的美元会被转换成欧元。**外汇市场**（foreign exchange market）促进了货币之间的兑换。很多金融机构通过匹配想要互换货币的参与者充当了外汇交易市场上的中介。一些金融机构通过在货币流通中发挥作用以满足外汇需求充当了交易者。

类似有价证券，大多数货币的市场价格（汇率）会随着供求的变化而变化。如果公司、政府机构和个人对给定货币的总需求突然发生改变，或者相应货币出售（兑换成另外一种货币）的总供给发生改变，货币的价格（汇率）会改变。货币的汇率随着时间推移发生显著变化并因此影响在国际金融市场上投资于有价证券的投资者的收益。

1-3 金融机构的角色

因为金融市场是**不完美的**（imperfect），所以有价证券的购买者和出售者不能获得充分的信息。拥有可贷资金的个人无法分辨出可以借给其资金的信誉良好的借款人。另外，他们没有专业知识去评估潜在借款人的信用。金融机构需要解决不完美市场的局限性。他们从盈余单位接受资金并将资金输送给赤字单位。没有金融机构，金融市场交易的信息成本和交易成本将会很高。金融机构可以被划分为存款机构和非存款机构。

1-3a 存款机构的角色

存款机构从盈余单位接受存款并通过发放贷款和购买有价证券将贷款提供给赤字单位。

- 它们提供可以满足大多数盈余单位的数量和流动性要求的存款账户。
- 它们将来自存款的资金重新打包以提供赤字单位所期望的贷款规模和期限。
- 它们愿意接受贷款所存在的违约风险。
- 它们在评估赤字单位的信誉方面比个人盈余单位有更多专业知识。
- 它们在大量赤字单位之间多元化贷款，因此可以比个人盈余单位更好地吸收违约贷款。

为了更好地体会这些优点，考虑当不存在存款机构时资金从盈余单位向赤字单位的流动。每个盈余单位不得不找到正好在资金可用的时间借正好数量资金的赤字单位。此外，每个盈余单位不得不进行信用评估和遭受违约风险。在这些情况下，很多盈余单位可能持有资金而非将资金输送给赤字单位。因此，从盈余单位向赤字单位的资金流动会遭到破坏。

当存款机构提供贷款时，它实际上扮演了债权人的角色，正如它购买债券一样。然而，贷款协议越个性化，在二级市场上就越缺乏市场（相比债券），因为贷款协议对于不同贷款的详细规定有着很大差别。潜在投资者在二级市场上购买债券之前，需要了解所有条款。

下面是对各个存款机构在金融市场上的作用的更为详细的介绍。

商业银行 总的来说，商业银行是最主要的存款机构。它们通过提供各种各样的存款账户服务于盈余单位，它们还通过提供直接贷款或购买债券将存款资金转移给赤字单位。商业银行业务暴露于风险下，因为其贷款和很多债券投资遭受着债务人的违约风险。

商业银行既服务私人部门也服务公共部门。它们的存贷款服务被家庭、企业和政府机构使用。一些商业银行（包括美国银行、摩根大通、花旗集团和太阳信托银行）拥有超过1 000亿美元的资产。

一些商业银行收到的存款资金多于需要发放贷款和投资于有价证券的资金。其他商业银行需要比从存款中收到的资金更多的资金，以满足顾客需求。**联邦基金市场**（federal funds market）促成了存款机构（包括银行）之间的资金流动。有超额资金的银行可以在较短的时间内（比如1～5天）将资金借给资金短缺的银行。这样的话，联邦基金市场促成了资金从有超额资金的银行向需要资金的银行的流动。

商业银行受制于意在限制它们暴露于失败风险的法律法规。特别地，银行被要求根据它们的规模维持最低资本水平，以便于它们吸收提供给家庭和企业的贷款违约后带来的可能损失。美联储充当银行监管者。

储蓄机构 储蓄机构，又称节约机构，是另一种类型的存款机构。储蓄机构包括储蓄和贷款协会（savings and loan association，S&L）和储蓄银行。像商业银行一样，储蓄机构向盈余单位提供存款账户并将这些存款输送给赤字单位。储蓄银行与储蓄和贷款协会类似，除了它们的资金有更为多元化的用途外。然而，随着时间的推移，这种差别正在缩小。储蓄机构可以为股东所有，但是大多数是共有的（存款人所有）。像商业银行一样，储蓄机构依靠联邦基金市场借出额外资金，借入短期资金。

然而商业银行集中于商业（企业）贷款，储蓄机构集中于住房抵押贷款。通常来说，住房抵押贷款被认为风险低，但是2008年和2009年很多住房抵押贷款违约，这导致了次贷危机并引发了许多储蓄机构的财务问题。

信用合作社 信用合作社不同于商业银行和储蓄机构，因为它们是非营利的并且将业务限制在有共同联系的信用合作社成员（如共同雇主或工会）内。像储蓄机构一样，它们有时被划分为节约机构以与商业银行区别开来。因为共同联系（common bond）的特征，信用合作社一般比其他存款机构小很多。它们用大部分资金为成员提供贷款。一些大的信用合作社（如海军联邦信用合作社、北卡罗来纳州国家雇员信用联盟、五角大楼联邦信贷联盟）有超过50亿美元的资产。

1-3b 非存款机构的角色

非存款机构从存款以外的来源获得资金，但是也作为金融中介发挥主要作用。在此简要介绍这些机构，在第七部分包含更多细节。

金融公司 大多数金融公司通过发行有价证券获得资金，然后将资金借给个人和小微企业。金融公司和存款机构的职能有所重叠，尽管两种类型的机构各专注于金融市场特定的一部分（在专门针对这些机构的章节中解释）。

共同基金 共同基金将股份出售给盈余单位并用收到的资金购买有价证券投资组合。如果用总资产衡量的话，它们是主要的非存款金融机构。一些共同基金将投资集中于资本市场有价证券，如股票或债券。

货币市场共同基金（money market mutual fund）集中投资于货币市场有价证券。一般地，共同基金购买有价证券的最小单位大于个人盈余单位的储蓄。通过购买共同基金份额和货币市场共同基金，小规格储蓄者可以相对少的资金投资于多元化组合的有价证券。

证券公司　证券公司在金融市场中发挥各种各样的职能。一些证券公司扮演**经纪人**（broker），执行双方之间的证券交易。执行交易的经纪费用反映在**买入价格**（bid quote）和**卖出价格**（ask quote）之间的差别（**价差**，spread）上 。对于不常见的交易来说，标价占交易总额的百分比可能会更高，因为需要更多时间匹配购买者和出售者。对于涉及较小数额的交易来说，标价可能会更高，这是为了充分补偿经纪人执行交易所需的时间。

此外，证券公司常常扮演**交易者**（dealer）的角色，通过维持证券库存对特定证券做市。虽然经纪人的收入大部分取决于利润，但交易者的收入受到所保有的有价证券组合的影响。一些交易者也提供证券经纪服务，因此从两种类型的活动中赚取收入。

除了经纪和交易服务外，证券公司也提供承销和咨询服务。承销和咨询服务通常被称作投行业务。一些证券公司为公司和政府机构配置新发行的有价证券；这一业务不同于传统的经纪业务，因为它涉及一级市场。当证券公司**承销**（underwrite）新发行的有价证券时，它们可能以承诺的价格为客户出售有价证券或者只是以它们所能为客户争取到的最好的价格出售证券。

一些证券公司提供兼并和其他形式的企业重组服务。除了帮助公司规划其重组事宜外，证券公司还通过配置公司发行的有价证券实现客户资本结构的变化。

保险公司　保险公司为个人和企业提供意在减少与死亡、疾病和财产损坏相联系的财务负担的保险策略。这些公司收取保费作为它们所提供的保险的交换。它们用以保费形式得到的资金进行投资，直到资金可以覆盖保险索赔。保险公司通常将这些资金投资于公司发行的股票或债券以及政府发行的债券。通过这种方式，它们为赤字单位的需求融资并因此充当重要的金融中介。它们的总体表现与它们所投资的股票和债券的表现相联系。大的保险公司包括州立农业保险公司、全州保险公司（好事达保险公司）、旅行家集团、CAN金融和利宝保险有限公司。

养老基金　很多公司和政府机构向它们的雇员提供养老金计划。雇员和他们的雇主（或者两者）定期向计划缴存资金。养老基金为个人提供了一种为他们的退休而储蓄的有效方式。养老基金管理钱财，直到个人退休时从他们的账户中提取资金。养老基金通常将缴存给个人退休账户的钱投资于公司发行的股票或债券或者政府发行的债券。因此养老基金是为赤字单位需求融资的重要金融中介。

1-3c　金融机构角色比较

图 1.3 展示了金融机构在促进资金从盈余单位（投资者）流向赤字单位中的作用。盈余单位展示在图的左边，赤字单位展示在图的右边。图中展示了从盈余单位向赤字单位三种不同的资金流动。第一组资金流表示赤字单位的借款来自盈余单位的存款，通过存款机构被转化为面向赤字单位的贷款。第二组资金流代表金融公司发行的有价证券（商业票据）的购买，这些有价证券被转化为金融公司面向赤字单位的贷款。第三组资金流代表共同基金发行的股份的购买，这些资金被共同基金用来购买赤字单位的债券和股票。

赤字单位也从保险公司和养老基金收到资金。因为保险公司和养老基金购买大量的股票和债券，它们资助大型赤字单位如公司和政府机构的大量开支。金融机构如商业银行、保险公司、共同基金和养老基金发挥用从盈余单位那里收到的资金进行投资的作用，所以它们常常被称作机构投资者。

证券公司在图 1.3 中并没有展示出来，但是它们在促进资金流动中扮演了重要角色。金融机构和赤字单位之间的很多交易由证券公司执行。此外，由于证券交易，一些资金直接从盈余单位流向赤字单位，证券公司充当经纪人。

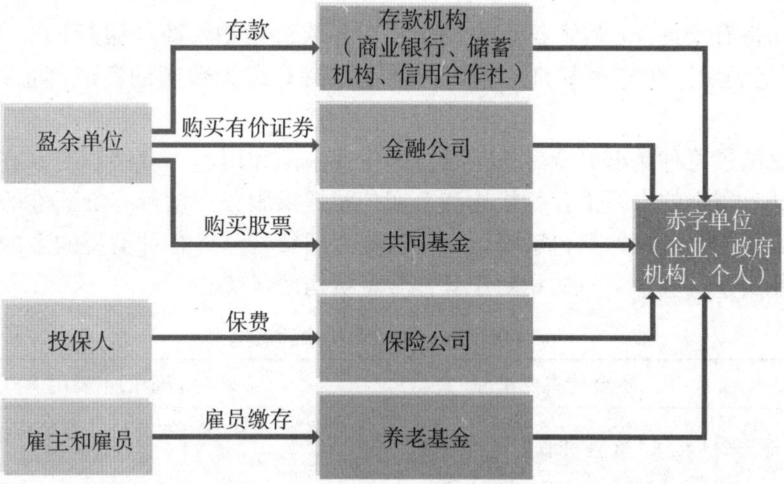

图 1.3　不同金融机构作用的比较

机构作为上市公司监管者的角色　除了图 1.3 所描述的金融机构的角色外，金融机构也充当上市公司的监管者。因为保险公司、养老基金和一些共同基金是股票的主要投资者，它们可以影响上市公司的管理。在最近几年，很多大型机构投资者公开批评了一些公司的管理，导致一些公司重组甚至解雇经理。因此机构投资者不仅为公司提供了财务支持，而且对它们行使一定程度的控制权。通过充当维权股东，它们可以帮助确保上市公司的经理做出最有利于股东利益的决定。

1-3d　互联网怎样便利了金融机构扮演各角色

互联网使金融机构更有效地发挥作用。一些商业银行已经以线上形式被创建。因为它们的成本更低，它们可以提供更高的存款利率和更低的贷款利率。其他银行和存款机构也提供线上服务，这可以减少成本，提高效率，加剧竞争。很多共同基金允许它们的股东进行线上买卖交易。一些保险公司在线上进行大部分业务，减少了它们的运营成本并迫使其他保险公司降低服务价格。一些经纪公司也在线上进行大部分业务，减少了它们的运营成本。因为公司可以降低所收取的费用，所以可以迫使其他经纪公司降低服务价格。

互联网上的 P2P 借贷　互联网使盈余单位不通过传统的金融中介将资金借给赤字单位成为可能。P2P 借贷网站使拥有额外资金的人可以不通过金融机构贷款给需要资金的人。网站验证关于潜在借款人的信息，如工作、收入和信用评级并给借贷人一个风险得分。贷款人提供贷款，其利率基于借款人的风险得分确定。有更高评级的借款人被以更低的利率提供贷款，但是那些有不良信用记录的借款人要支付更高的利率。贷款人可以提供少至 25 美元多至几千美元，并且可以将投资分散在多项贷款中以减少风险。P2P 借贷网站向贷款人和借款人都收取一定的费用，但是即使有费用，贷款人赚得的利率也高于那些传统金融机构提供的存款利率，因为间接成本很低。类似地，向借款人收取的利率也比那些传统金融机构收取的利率低。P2P 借贷网站当下每年产生多于 20 亿美元的贷款。

1-3e　金融机构的相对重要性

金融机构持有大约 45 万亿美元的资产。在存款机构中，商业银行持有大部分资产，总共约 12 万亿美元。在非存款机构中，共同基金持有最大数额的资产，总共约 11 万亿美元。

表 1.1 总结了每种类型的金融机构资金的主要来源和用途。有储蓄的家庭由存款机构提供服务。缺乏资金的家庭由存款机构和金融公司提供服务。发行有价证券的大型公司和政府从各种类型的金融机构获得融资。一些机构专门负责监管各种类型的金融机构，各种监管规定可能给予一些金融机构相对于其他金融机构的优势。

表 1.1　　金融机构资金来源和用途的总结

金融机构	资金的主要来源	资金的主要用途
商业银行	来自家庭、企业和政府机构的存款	购买政府和公司的有价证券；贷给企业和家庭的贷款
储蓄机构	来自家庭、企业和政府机构的存款	购买政府和公司的有价证券；贷给家庭的抵押贷款和其他贷款；贷给企业的一些贷款
信用合作社	来自信用合作社成员的存款	贷给信用合作社成员的贷款
金融公司	出售给家庭和企业的有价证券	贷给家庭和企业的贷款
共同基金	出售给家庭、企业和政府机构的股份	长期政府和公司有价证券的购买
货币市场基金	出售给家庭、企业和政府机构的股份	短期政府和公司有价证券的购买
保险公司	保费和投资收入	长期政府和公司有价证券的购买
养老基金	雇主/雇员缴款	短期政府和公司有价证券的购买

1-3f　金融机构合并

最近几年，一些商业银行兼并了其他商业银行，以使既定的基础设施可以产生并支持更大规模的业务。通过增加提供的服务容量，可以减少提供服务（如贷款）的平均成本。储蓄机构已经进行了合并以实现抵押贷款业务的规模经济。一些保险公司也已经合并以减少提供保险服务的平均成本。

在过去的 15 年里，监管者一直允许不同类型的金融机构扩展提供的服务类型并利用规模经济。商业银行同储蓄机构、证券公司、金融公司、共同基金和保险公司合并。尽管不同类型的金融公司通常分业经营管理，但是金融集团为那些更希望从一家金融机构获得全部金融服务的顾客提供了便利。因为金融集团更加多元化，它有可能在客户对某种金融服务的需求减少时受到更小的影响。

◈ 例子

富国银行是金融服务进化演变的经典示例。它起初集中于商业银行业务，但是后来拓展了非银行业务，将抵押贷款业务、小微企业贷款业务、消费贷款业务、房地产业务、证券经纪业务、投行业务、在线金融服务业务和保险业务纳入其中。在最近的年报中，富国银行宣称："我们业务的多样化使我们不仅仅是一家银行。我们是一个多元化的金融服务公司。我们在一个高度分散和快速增长的行业——金融服务行业——中竞争。这有助于我们渡过那些不可避免地会影响我们业务中的任一部分的衰退时期。"◈

金融集团的典型架构 图 1.4 展示了一个金融集团的典型架构。历史上，每项金融服务（例如商业银行业务、证券业务和保险业务）都有很高的进入壁垒，所以只有数量有限的公司在那一行业竞争。

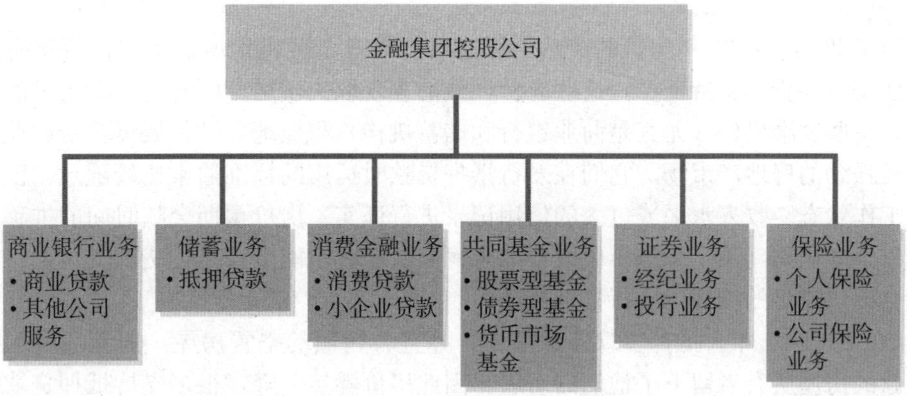

图 1.4 金融集团的组织架构

进入壁垒阻碍了大多数企业提供多种多样的服务。随着这些进入壁垒降低，专门从事某一服务的企业将业务拓展到其他金融服务领域。因此许多金融集团由原先相互独立但现在成为集团一部分的多种多样的金融机构组成。

合并对竞争的影响 随着金融机构将业务延伸到其他金融服务领域，针对那些要求多样化金融服务的客户的竞争加剧。金融服务的价格由于竞争而下降。另外，合并提供了更多的便利。个人客户可以依靠金融集团方便地获取人寿保险和医疗保险服务、证券经纪服务、共同基金服务、投资建议和财务规划、银行存款服务和个人贷款服务。公司客户可以向金融集团寻求财产保险服务、员工医疗保险计划服务、商业贷款服务、重组业务建议、发行新债券或股票的服务和管理养老金计划服务。

金融机构的全球化合并 很多金融机构进行了国际化扩张以利用它们的专长。商业银行、保险公司和证券公司已经扩大了国际兼并。金融机构之间的国际兼并使合并后的公司能够向它的整个客户群提供两家公司的服务。例如，一家美国的商业银行可能专长于借贷，一家欧洲证券公司专长于诸如承销证券的服务，两家公司的合并使美国的银行能够给欧洲客户群（欧洲的证券公司的客户）提供服务且欧洲的证券公司能够给美国客户群提供服务。通过结合专业技能和客户群，合并的金融机构可以给客户提供更多服务并且拥有国际客户群。

欧元被 19 个欧洲国家采用促进了这些国家之间的业务往来并在欧洲创造了竞争更为激烈的环境。欧洲那些起初与自己国家的金融机构竞争的金融机构，意识到它们将要面对更多来自其他国家的金融机构的竞争。

很多金融机构尝试从新兴市场的机会中获取利益。例如，一些大的证券公司已经将业务拓展到了很多国家以向公司和政府机构提供承销服务。在那些业务私有化的国家，对这种服务的需求增加得最快。另外，商业银行已经将业务拓展到了新兴市场，并在那里发放贷款。尽管这使金融机构能够利用这些国家的机会，但也使它们暴露在这些国家的金融问题之下。

1-4 金融机构次贷危机

经历了 2004—2006 年房价的突然上涨之后，很多金融机构增加了它们所持有的抵押贷款和住房抵押贷款支持证券，这些有价证券的表现取决于房产所有者定期支付的抵押贷款利息。一些金融机构（尤其是商业银行和储蓄机构）积极地尝试拓展抵押贷款业务，以利用表现强劲的房地产市场。它们在发行抵押贷款时运用的标准通常比较随意，没有对申请人的工作状态、收入水平或过去的信用记录进行证实。房价预期会随时间的推移持续上升，所以金融机构（不正确地）假设，如果房屋所有者不能进行抵押贷款支付，房屋的潜在价值会提供充足的抵押以支持抵押贷款。

在 2007—2009 年，抵押贷款违约增加，并且有超额的空置房屋，因为那些无法偿还抵押贷款的房屋所有者留下了他们的房屋。因此房价骤然下降，很多支持抵押贷款的抵押资产的价值少于流通在外的抵押贷款的数额。到 2009 年 1 月，至少 10%的美国房屋所有者要么未支付抵押贷款偿付，要么已经违约。很多发行抵押贷款的金融机构承受了巨大损失。

1-4a 次贷危机中的系统风险

次贷危机说明了一些金融机构的财务问题是怎样蔓延到其他金融机构的。**系统风险**（systemic risk）被定义为可能引起金融系统崩溃的财务问题在金融机构和金融市场之间的蔓延。它之所以存在是因为金融机构将它们的资金投入相似类型的证券并因此受这些有价证券价格大幅下降的影响。这样一来，抵押贷款违约从几个方面影响了金融机构。首先，很多刚刚在危机前发放了抵押贷款的金融机构将它们卖给了其他金融机构（如商业银行、储蓄机构、共同基金、保险公司、证券公司和养老基金），因此甚至那些不涉及抵押贷款发放的金融机构都经历了巨大损失，因为它们购买了由其他金融机构发放的抵押贷款。

其次，很多投资于住房抵押贷款支持证券并承诺进行抵押贷款支付的其他金融机构也暴露于危机下。

最后，一些金融机构（尤其是证券公司）严重依赖短期债务为其运营融资并将所持有的住房抵押贷款支持证券作为抵押物。但是当住房抵押贷款支持证券的价格大幅下跌之后，大型证券公司如贝尔斯登和雷曼兄弟不能发行短期债券付清到期债务的本金。

此外，房屋建设的减少引起了很多相关产业需求的下降，诸如空调服务、屋顶材料、装修等。另外，这些行业工人的收入减少引起了很多行业消费的下降。脆弱的经济也引发了更多关于债券潜在违约的担忧，引起债券价格的进一步下跌。金融市场上充满了大量想要低价出售债券的人，但是没有很多想要购买证券的人，因此债券的价格暴跌。

系统风险是次贷危机期间的主要问题，因为在经济脆弱时大多数公司的经营表现不景气，大多数股票价格大幅下跌。因此大多数金融机构在次贷危机期间会经受巨大的投资损失，即使它们仅仅投资了股票。

1-4b 政府对次贷危机的反应

政府介入是为了纠正一些由次贷危机引起的经济问题。

《紧急经济稳定法案》(2008) 在 2008 年 10 月 3 日，国会通过了《紧急经济稳定法案》(2008)（Emergency Economic Stablization Act of 2008，也称《救助法案》），目的是解决金融机构的流动性问题并重建投资者的信心。法案引导财政部向金融系统注入了 7 000 亿美元，起初通过购买金融机构的优先股把钱注入银行系统。利用这种方式，财政部为大型商业银行提供了缓冲损失的资本，并因此减少了银行倒闭的可能性。

美联储的行动 在 2008 年，一些大型证券公司如贝尔斯登和雷曼兄弟经历了一些财务问题。美联储通过使贝尔斯登被一家商业银行（摩根大通）财务收购对其进行救援，以使金融市场冷静下来。然而，当 6 个月后雷曼兄弟破产时，政府并没有营救它，这引起了金融市场上很多猜疑。

这时，美联储也向许多其他不受它监管的证券公司提供了紧急贷款。一些主要的证券公司（如美林证券）被商业银行收购，然而其他证券公司（如高盛和摩根士丹利）被转化为商业银行。这些行动导致了金融机构的兼并，并将更多金融机构划到美联储监管范围之内。

《金融改革法案》(2010) 2010 年 7 月 21 日，时任总统奥巴马签署了《金融改革法案》(2010)（Financial Reform Act of 2010，也被称为《华尔街改革法案》或《消费者保护法案》），此举是为了防止一些引起次贷危机的问题。法案的条款会在这本书中被频繁地讨论，应用于具体的金融市场或金融机构。

《金融改革法案》(2010) 最主要的条款之一是抵押贷款的贷款人必须在许可贷款申请之前证实抵押贷款申请人的收入、工作状态和信用记录。这一条款意在阻止那些没有信誉的申请者得到抵押贷款。

另外，《金融改革法案》(2010) 要求建立金融稳定监督委员会（Financial Stability Oversight Council），主要负责识别影响美国金融稳定的风险并制定减少金融系统存在的风险的建议。委员会由代表监管金融系统核心部分（包括房地产行业、证券交易机构、存款机构、共同基金和保险公司）的监管机构的领导人中的 10 位成员组成。

此外，这一法案建立了消费者金融保护局（Consumer Financial Protection Bureau，设于美联储内）来监管具体的消费者金融服务，包括网上银行、支票账户、信用卡和学生贷款。这一机构制定规则以确保关于特定金融产品的许可信息是准确的并防止欺诈行为。

关于政府应对次贷危机的结论 大体上来说，政府应对次贷危机是为了加强金融机构的安全。因为金融机构充当金融市场上的金融中介，对金融机构进行更加严格的监管可以稳定金融市场并鼓励这些市场上的盈余单位和赤字单位更多地参与。

小结

■ 金融市场促进资金从盈余单位向赤字单位的转移。因为不同赤字单位的融资需求不同，所以存在不同的金融市场。一级市场发行新的有价证券，二级市场交易已经存在的有价证券。

■ 有价证券可以被分为货币市场（短期）证券和资本市场（长期）证券。常见的资本市场证券包括债券、抵押贷款、住房抵押贷款支持证券和股票。有价证券的价值代表其预期产生的未来现金流的现值。表示预期现金流变化或不确定性程度的新信息会影响金融市场上有价证券的价格。

■ 存款机构和非存款机构为赤字单位的需求融资。主要的存款机构是商业银行、储蓄机构和信用合作社。主要的非存款机构是金融公司、共同基金、养老基金和保险公司。很多金融机构已经合并（由于兼并）成了金融集团，当它们进行专业服务时充当了集团的分支机构，因此一些金融集团可以提供各种各样的金融服务。合并会产生规模经济和范围经济，这可以促进现金流动和增加金融机构的价值。另外，合并可以使金融机构的服务多元化并且通过减少风险增加其价值。

■ 2008 年和 2009 年的次贷危机对金融机构有深远的影响。那些高度参与发行和投资抵押贷款的金融机构遭受了很大的损失。很多投资者担心机构会破产，因此避开它们，这破坏了金融机构促进资金流动的能力。次贷危机引起了对系统风险的忧虑，因为财务问题蔓延到了那些与抵押贷款有关的金融机构。

正方和反方观点

计算机技术会引起金融中介消亡吗？

正方　会。金融中介受益于信息获取。随着信息变得更加容易获得，个人会在投资或借钱时拥有他们所需要的信息。他们将不需要金融中介来做出决定。

反方　不会。个人不仅依赖于信息也依赖于专业技能。一些金融中介专于信用分析，以便发放贷款。盈余单位将会继续向金融中介提供资金，而不是直接发放贷款，因为即使关于潜在借款人的信息是可获得的，他们也没有能力进行信用分析。一些金融机构不再有进行客户服务的实体建筑，但是它们仍然要求有专业技能的代理人去评估潜在借款人的信用。

谁正确？　利用互联网学习关于这个议题的更多知识并形成你自己的观点。

问题与应用

1. 盈余单位和赤字单位　解释盈余单位和赤字单位的含义。各自举出一个示例。你与哪种类型的金融机构打过交道？解释你在和每个金融机构的关系中扮演盈余单位还是赤字单位。

2. 市场类型　区分一级市场和二级市场。区分货币市场和资本市场。

3. 不完美市场　区分完美市场和不完美市场。解释为什么不完美市场的存在产生了对金融中介的需求。

4. 有效市场　解释有效市场的含义。为什么我们大多数时间预期市场是有效的？最近几年，一些证券公司在购买有价证券时非法使用内幕消息，因此获得了高于正常水平（即使考虑了风险）的收益。这能说明证券市场不是有效的吗？解释理由。

5. 证券法律法规　《证券法》（1933）的目的是什么？《证券交易法》（1934）的目的是什么？这些法律能防止投资者做出错误的投资决定吗？解释理由。

6. 国际壁垒　如果国际证券市场的壁垒降低，一个国家的利率会或多或少受外国借贷活动的影响吗？解释理由。

7. 国际资金流动　国际资金流动如何引起利率的下降？

8. 证券公司　证券公司的职能是什么？很多证券公司雇用经纪人和交易者。区分经纪人和交易者的职责，并解释他们各自是怎样获得报酬的。

9. 标准化证券　你认为为什么有价证券通常是标准化的？解释为什么某些财务现金流并不会通过出

售标准化债券产生。如果有价证券没有标准化，这会如何影响经纪人所执行的金融交易量？

10. 市场化 商业银行利用一些资金购买有价证券，其他资金用于发放贷款。为什么有价证券比二级市场债券更加市场化？

11. 存款机构 分别解释商业银行和储蓄机构资金的主要用途。

12. 信用合作社 关于利润动机，信用合作社和其他金融机构有哪些不同？

13. 非存款机构 比较金融公司、保险公司和养老基金资金的主要来源和用途。

14. 共同基金 共同基金的职能是什么？为什么共同基金在投资者中很受欢迎？货币市场共同基金与股票型或债券型共同基金有什么区别？

15. 私有化对金融市场的影响 解释欧洲公司的私有化如何引起新的证券市场的发展。

高级问题

16. 比较金融机构 将这一章提到的金融机构分为存款机构和非存款机构。解释存款机构和非存款机构资金来源的一般差异。据说各种类型的金融机构都开始提供以前只有少数几种类型的金融机构提供的服务，因此，很多金融机构的运营变得更为相似。然而不同类型的金融机构的表现仍然存在很大差异。为什么？

17. 金融中介 在商业期刊上查找最近一次涉及两家金融机构金融交易的新闻。针对这次交易，确定以下内容：

a. 每家金融机构的资产负债表会受到什么影响？

b. 每家金融机构会从这次交易中得到即时收入吗？

c. 谁是资金的最终使用者？

d. 谁是资金的最终来源？

18. 会计学在金融市场中的角色 将会计、监管和金融市场参与的作用整合起来。也就是说，解释金融市场参与者如何依赖会计以及为什么对会计过程的监督是必要的。

19. 次贷危机对流动性的影响 解释为什么次贷危机会导致二级市场很多债券缺乏流动性。解释缺乏流动性是如何影响二级市场债券的价格的。

20. 次贷危机对金融机构的影响 解释为什么次贷危机期间住房抵押贷款违约会对那些不发行住房抵押贷款的金融机构产生不利影响。这些金融机构在帮助住房抵押贷款融资的过程中扮演了什么角色？

21. 金融机构的监管 监管机构对金融机构进行监管以确保它们不会冒过度的风险并且可以安全地促进金融市场上资金的流动。然而，在次贷危机期间，个人投资者关心如何利用金融机构促进他们的金融交易。你认为为什么现有的监管在确保金融系统的安全时会失灵？

22. 希腊债务危机的影响 随着时间的推移，欧洲债券市场已经融为一体，以便于机构投资者（如商业银行）购买在其他欧洲国家发行的债券。当 2015 年希腊政府面临履行债务责任的问题时，一些投资者开始担心危机会蔓延到其他欧洲国家。解释为什么一体化的欧洲金融市场可能会使一个欧洲国家的债务危机蔓延到其他欧洲国家。

23. 全球金融市场监管 假设 A 国和 B 国大小相似，即它们有相似的经济体量，两国的政府债务水平在合理范围内。假设 A 国的监管要求该国债务发行者完全披露财务报告，但是 B 国的监管没有要求财务报告披露很多内容。解释为什么 A 国政府可以以比 B 国政府更低的成本发行债券。

24. 金融市场的影响 一些国家没有成熟的债券或股票市场。你认为为什么这会限制这些国家的发展、业务扩张和国民收入的增长？

25. 系统风险的影响 不同类型的金融机构通常会相互关联。它们给彼此提供贷款并在各种类型的协议上互为交易对手方，这些协议的财务结果是一家金融机构欠另一家金融机构资金。解释为什么它们的关系会引起对系统风险的担心。

26. 围绕股价的不确定性 假设你的公开交易的公司打算使其财务状况完全透明，并且提供关于它每季度的债券、销售额和收入的所有信息。解释为什么你的公司股价仍然存在不确定性。

27. 欺诈性财务报告对市场流动性的影响 解释为什么当公司不被强制要求提供准确的财务报告时

金融市场流动性会更差。

28. 一国法律对市场流动性的影响 描述一国法律如何影响它的金融市场的流动性程度。

辩证思维问题

次贷危机期间流动性的作用 在一些时期如次贷危机期间，金融市场的流动性显著下降，然而许多盈余单位不再参与金融市场。但是如果市场是有效的，价格应该始终根据现有的经济状况调整，有人可能会说投资者应该始终愿意参与。写一篇短文章解释为什么参与者可能会暂时消失，从而引起弱流动性。你认为是 2008—2009 年的次贷危机引起了金融市场上的弱流动性，还是金融市场的弱流动性引起了次贷危机？

解读财经新闻

“解读财经新闻”测试你理解华尔街分析师和参与金融市场的投资经理常见陈述的能力。诠释华尔街分析师和投资经理做出的下述评论：

a. “IBM 股票的价格将不会受到其收入按预期增长的声明的影响。”

b. “美国银行的贷款业务应该会受益于强劲的经济增长。”

c. “高盛的经纪和承销业务应该会受益于强劲的经济增长。”

金融市场管理

利用金融市场 作为一家大型公司的财务经理，你打算下一年借 70 000 000 美元：

a. 你可以借到 70 000 000 美元的最可能的方式是什么？

b. 假设你决定发行债券，描述可能购买这些证券的金融机构的类型。

c. 当个人将存款放在存款机构、投资于共同基金、购买保单或者投资于养老基金时，它们如何间接地为你的公司提供融资？

资金流动练习

金融市场和金融机构的角色

这个连续的练习集中于金融市场上单个制造类企业（卡森公司）的交互作用。它说明了金融市场和金融机构是如何一体化并促进业务和金融环境中资金的流动的。在每章末，这个练习提供了一系列关于卡森公司的问题，要求运用那一章的概念，因为它们涉及资金流动。

卡森公司是由卡森家族 20 年前创建的坐落于加利福尼亚州的一家大型制造企业。它起初利用卡森家族和其他 10 人的股权投资进行融资。随着时间的推移，卡森公司从金融公司和商业银行获得了大量贷款。这些贷款的利率与市场利率挂钩并且每 6 个月调整一次。因此卡森公司获得资金的成本对利率变化非常敏感。它在每家银行都有信贷额度以防它突然需要额外的临时资金。卡森公司购买了国债，可以在面临任何流动性问题时将其出售。

卡森公司有价值大约 50 000 000 美元的资产并且每年产生 100 000 000 美元的销售额。它的一些增长归因于对其他公司的收购。因为它对美国经济的积极预期，卡森公司打算在未来通过扩展业务和进行更多收购实现增长。预期它需要大量长期融资并打算或者通过贷款或者通过发行债券借得额外资金。卡森公司也在考虑下一年发行股票进行融资。卡森公司密切监视着金融市场上可能影响其现金流入和流出并因此影响其价值的状况。

a. 从哪个角度来说卡森公司是盈余单位？

b. 从哪个角度来说卡森公司是赤字单位？

c. 金融公司如何促进卡森公司的扩张？

d. 商业银行如何促进卡森公司的扩张？

e. 为什么卡森公司在其增长期内获得额外债务融资的机会有限？

f. 证券公司如何促进卡森公司的扩张？

g. 卡森公司如何利用一级市场促进其扩张？

h. 它如何利用二级市场？

i. 如果金融市场是完美的，这会如何使卡森公司避开金融机构？

j. 卡森公司从商业银行获得的贷款规定卡森公司在购买任何大型工程之前必须得到银行的许可。这一条件的目的是什么？这一条件会使公司所有者获益吗？

互联网/Excel 练习

1. 利用网站 finance. yahoo. com 回顾 IBM 的普通股票信息。在查找栏里输入股票代码“IBM”并点击“搜索金融”。这一步的主要目标是熟悉你在这个网站可以得到的信息。回顾 IBM 股票的数据。将其上一次交易的价格与当年价格范围做比较。这一价格接近其高的价格还是低的价格？IBM 股票的总价值（市值）是多少？IBM 股票的平均日交易量是多少？点击股票价格表格下面的“5 年”看 IBM 股票价格在过去 5 年中的变化。描述这一时期 IBM 股票的趋势。股票价格的最高点和最低点分别在哪里？

2. 针对 Children's Place（股票代码：PLCE）重复练习 1 中的问题。解释 PLCE 的市值和交易量与 IBM 有何不同。

WSJ 练习

区分一级市场和二级市场

复习出现在《华尔街日报》C 部分的与股票市场和债券市场相关的不同的表格。解释是否每个表格都集中于一级市场或二级市场。

关于现实案例的在线文章

找一篇近期描述一个具体金融机构或金融市场真实案例的在线实用性文章，以强化本章所涵盖的一个或多个概念。

如果你的班级有一个在线平台，教授可能会要求你把文章摘要放在那里并提供文章的链接以供其他学生访问。如果你的班级是当面授课的，教授可能会要求你当堂总结你对该文章的运用。教授可能指派特定学生或让学生自愿完成这项作业。

对于与本章相关的近期在线文章和真实案例，请考虑使用以下搜索词（请务必在搜索词中包含当前年份以确保在线文章是近期的）：

1. 二级市场＋流动性
2. 二级市场＋发售
3. 货币市场
4. 债券发行
5. 股票发行
6. 价值＋股票
7. 市场有效性
8. 金融监管
9. 金融机构＋运营
10. 金融机构＋治理

第 2 章　利率决定

本章目标

- 应用可贷资金理论解释为什么利率会变动
- 找出影响利率变动的最相关的因素
- 解释如何预测利率

利率（interest rate）反映了债权人将钱出借所获得的收益率，或者债务人（借款人）在借钱时支付的利率。因为利率随着时间变化，提供贷款的债权人获得的利率和借款人支付的利率也在变化。利率变动对债务性证券（debt security），如货币市场证券、债券和抵押贷款的市值有直接的影响，对股票价值有间接的影响，因为可以影响投资于股票的投资者获得的收益率。因此金融市场的参与者在重新安排投资和贷款决定时会尝试预测利率变动。

利率变动也影响了大多数金融机构的价值，影响存款机构的资金成本和金融机构收到的一些贷款利率，因为许多金融机构投资于有价证券（例如债券），它们投资的市值受利率变动的影响。因此金融机构的经理尝试预测利率变动并利用预测结果重新安排它们的资产和负债。个人投资者尝试预测利率以便于他们可以监测借贷的潜在成本或投资于多样化债券的潜在收益。

2-1　可贷资金理论

可贷资金理论（loanable fund theory）通常用于解释利率的变动，说明了市场利率由控制可贷资金供需的因素决定。这一理论在解释一个特定国家的大体利率水平时尤其有用。此外，它可以用于（和其他概念一起）解释为什么给定国家的一些债券利率不同（下一章的重点）。术语“可贷资金需求”被广泛运用于金融市场，指代家庭、企业和政府的借款活动。这一章描述了影响可贷资金需求的部分，还描述了向市场供给可贷资金的部分。最后，将供需概念综合起来解释利率变动。

2-1a 家庭对可贷资金的需求

家庭通常需要可贷资金为住房消费融资。另外，他们也为汽车和家居用品的购买融资，这催生了分期付款。随着家庭总收入水平上升，分期付款也上升。分期付款额占可支配收入的比例随着时间推移一直在增加，尽管在衰退时期它通常较低。

如果可以在任何给定的时间调查家庭在不同利率水平下对可贷资金的需求，结果将会显示利率和可贷资金需求的反向关系。这意味着在任何给定时刻，家庭在利率越低时需要越多的可贷资金，换言之，他们愿意以更低的利率借更多的钱（合计）。

◇ 例子

考虑图 2.1 中的家庭可贷资金需求表（也称作需求曲线），它展示了可贷资金需求如何取决于利率。不同的事件会引起家庭借款偏好改变并因此改变需求曲线。例如，如果家庭收入税税率预期在未来会大幅下降，家庭可能会认为他们能更容易地支付未来贷款的偿付并因此愿意借更多的资金。对于任何利率，家庭可贷资金需求会由于税率变化而变得更多。这代表了需求曲线向外（右）移动。◇

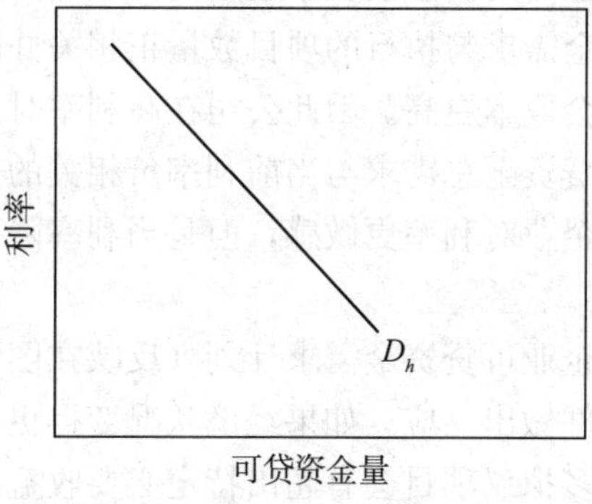

图 2.1 在给定时刻利率与家庭可贷资金需求的关系

2-1b 企业对可贷资金的需求

企业需要可贷资金，以便投资于长期（固定）和短期资产。企业的可贷资金需求取决于即将实施的商业项目的数量。企业通过将现金流的现值与其初始投资做比较评估一个项目，如下：

$$\mathrm{NPV} = -\mathrm{INV} + \sum_{t=1}^{n} \frac{CF_t}{(1+k)^t}$$

其中：

NPV＝项目净现值

INV＝初始投资

CF_t＝t 时期的现金流

k＝项目的必要收益率

净现值（NPV）为正的项目被接受，因为它们利润的现值大于成本。如果利率低，实施某一项目的必要收益率也会低，因为支持这一项目的借贷资金的成本低。因此有正的 NPV 的项目越多，公司需要融资的数额越多。这说明了当其他条件一样时，公司在利率更低时将需要更多数量的可贷资金。图 2.2 说明了这一关系。

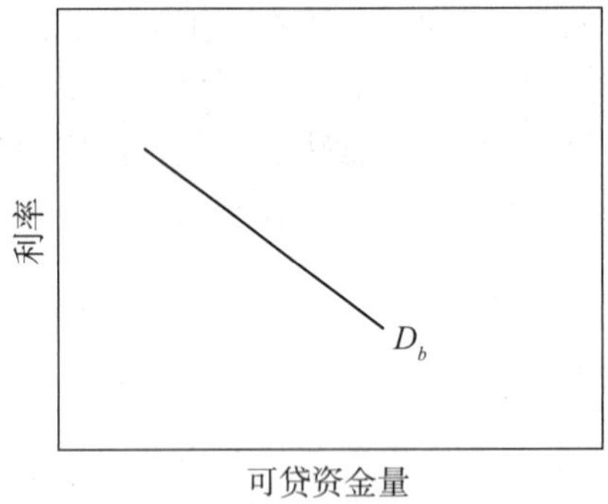

图 2.2　在给定时刻利率和企业可贷资金需求的关系

除了长期资产外，公司也需要资金投资于短期资产（诸如应收账款和存货）以支持日常运营。任何这种投资的资金需求与执行的项目数量正相关并因此与利率负相关。当利率更高时投资于短期资产的机会成本更高。因此公司在高利率时期打算用更少的资金支持日常运营。这是一家公司的可贷资金总需求与当前利率负相关的另一原因。尽管一些企业对可贷资金的需求可能比其他企业对利率更敏感，但是当利率降低时，所有企业都会需要更多资金。

可贷资金需求的移动　企业可贷资金需求计划（反映在图 2.2 中的需求曲线上）会对任何影响企业借款偏好的事件做出反应。如果经济状况变得更为有利，各种拟议项目的期望现金流也会增加。那么更多拟议项目会有超出特定必要收益率的期望收益率（有时称作门槛收益率）。另外的项目将会由于更有利的经济预期而被接受，引起可贷资金需求增加。需求的增加会导致需求曲线向外（右）移动。

2-1c　政府对可贷资金的需求

当政府的计划支出不能被税收和其他来源的收入满足时，它需要可贷资金。州和地方政府发行市政债券来获取资金；联邦政府及其机构发行国债和联邦政府机构债券。这些证券组成了政府债务。

联邦政府支出和税收条例通常被认为与利率相互独立。因此联邦政府资金需求被认为是**利率无弹性的**（interest-inelastic），或者对利率不敏感的。相反，如果融资成本太高，地方政府有时会推迟提议的支出，这说明它们对可贷资金的需求有时对利率敏感。

正如家庭和企业，政府对可贷资金的需求也会随其对不同事件做出的反应不同而变化。

◇ 例子

联邦政府的可贷资金需求计划在图 2.3 中由 D_{g1} 表示。如果新的法律通过，引起赤字净增 2 000 亿美元，联邦政府可贷资金需求将会增加相应数量。在图上，新的需求计划由 D_{g2} 表示。

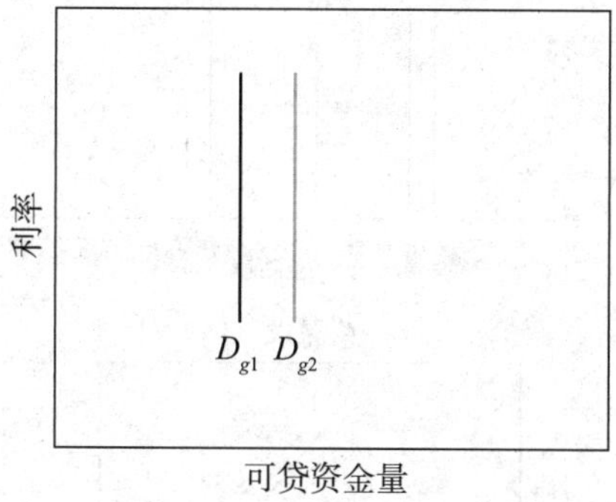

图 2.3　政府赤字的增加对政府可贷资金需求的影响 ◇

2-1d　外国对可贷资金的需求

在给定市场上对可贷资金的需求也包括外国政府和企业的需求。例如，英国政府可能通过向美国投资者发行英国国债获得融资，这代表了英国对美国资金的需求。外国金融交易变得如此普遍，以至于会对任何给定国家的可贷资金需求产生巨大影响。除其他因素外，外国对美国资金的需求（如借美元的偏好）受到它自己的利率和美国利率之差的影响。其他条件不变时，如果外国国内利率相对美国利率较高，那么外国政府和企业对美国资金的需求就会较大。因此，对于给定的外国利率，外国政府或企业对美国可贷资金的需求将会与美国利率负相关。

国外需求曲线会根据经济状况而变化。例如，假设最初的外国需求计划由图 2.4 中的 D_{f1} 表示。如果外国的利率上升，外国公司和政府有可能增加对美国资金的需求，在图上表示为可贷资金需求曲线由 D_{f1} 到 D_{f2} 的移动。

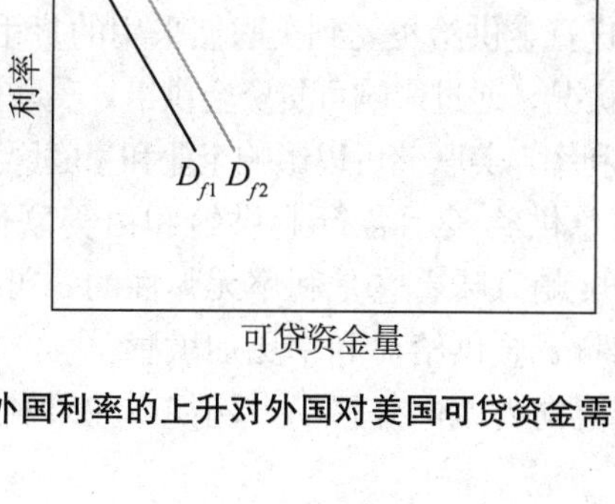

图 2.4　外国利率的上升对外国对美国可贷资金需求的影响

2-1e 可贷资金总需求

可贷资金总需求是在给定利率下各部分需求的总和，正如图 2.5 所示。因为其他因素相同的情况下，利率越低，大多数行业资金需求越大，它遵循可贷资金总需求与当前利率负相关的关系。如果任何行业的需求计划改变，总需求计划也会受到影响。

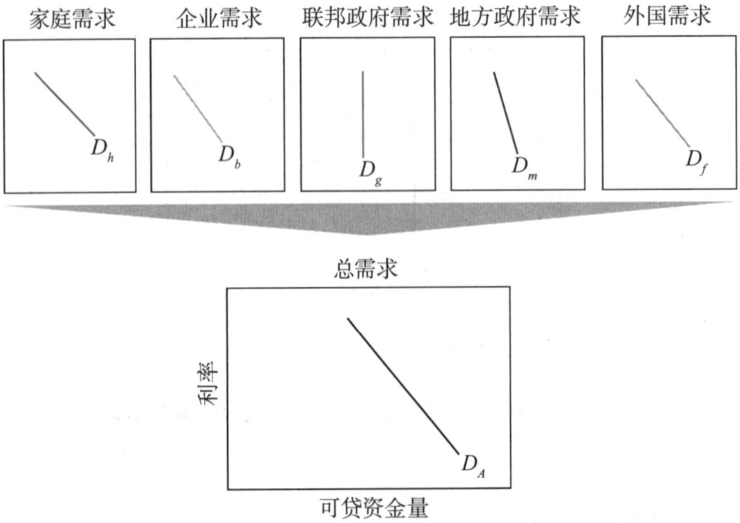

图 2.5 可贷资金总需求的决定

2-1f 可贷资金供给

可贷资金供给通常指储蓄者向金融市场提供的资金。家庭是最大的供给者，但是一些临时税收大于支出的政府单位和现金流入大于现金流出的企业也是供给者。家庭是可贷资金净提供者，政府和企业是可贷资金净需求者。

在其他因素相同的情况下，如果利率（提供资金的收益率）更高，那么可贷资金的供给者愿意提供更多资金。这意味着可贷资金供给计划（也叫作供给曲线）是向上倾斜的，正如图 2.6 所示。即使在很低的利率下，也存在可贷资金供给，因为一些家庭选择将消费延迟几年，即使储蓄收益率（利率）很低。外国家庭、政府和企业通常通过购买国内证券向国内市场提供资金。另外，通过购买大量国债成为美国政府的债权人。大量投向美国市场的外国资金供给部分是由于外国家庭的高储蓄率。

美联储的影响 美国可贷资金供给也受到美联储采用的货币政策的影响。美联储执行货币政策以努力控制美国经济状况。通过影响可贷资金供给，美联储货币政策可以影响利率（后面将会简要介绍）。通过影响利率，美联储可以影响企业和家庭愿意借贷和消费的钱的数量。

资金总供给 可贷资金总供给表示各行业供给和由美联储货币政策提供的资金的总和。图 2.6 中总供给曲线的陡峭意味着它是利率无弹性的。可贷资金需求通常被认为更加具有弹性，这意味着它比可贷资金供给对利率更加敏感。

供给曲线会由于不同情况向内或向外移动。例如，如果利率收入的税率降低，那么随

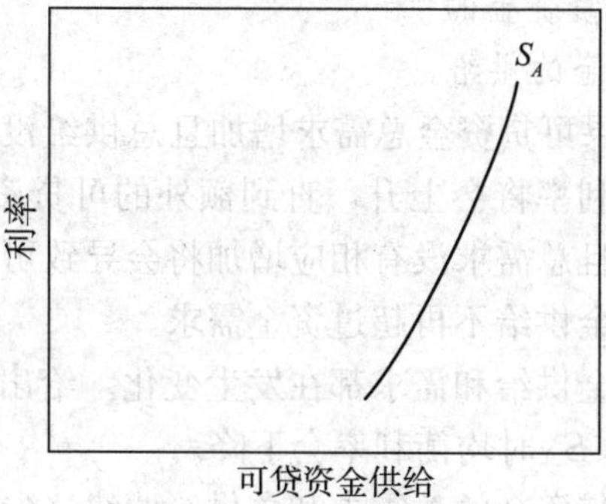

图 2.6　可贷资金总供给

着家庭在每个可能的利率水平储蓄更多资金，供给曲线会向外移动。相反，如果利率收入的税率上升，那么随着家庭在每个可能的利率水平储蓄更少的资金，供给曲线会向内移动。

在这一部分，我们只放了很少的注意力在金融机构上。尽管金融机构在输送资金的过程中扮演了重要的中介角色，但它们不是资金的最终供给者。金融机构供给资金的任何变化仅仅是由于提供那些资金的家庭、企业或政府的习惯的变化。

2-1g　均衡利率

对均衡利率的理解在评估各种事件如何影响利率时是必要的。现实生活中，存在不同的利率，因为一些借款人比他人支付更高的利率。然而这时重心在引起总体利率变化的力量上，因为借款人的利率倾向于同向变化。均衡利率的决定首先以代数形式展示，然后以图形视角展示。根据这一展示，我们提供了一些例子强化这一概念。

代数演示　均衡利率是使资金总需求和资金总供给相等的利率。资金总需求（D_A）可以写作

$$D_A=D_h+D_b+D_g+D_m+D_f$$

其中，

D_h＝家庭对可贷资金的需求

D_b＝企业对可贷资金的需求

D_g＝联邦政府对可贷资金的需求

D_m＝地方政府对可贷资金的需求

D_f＝外国对可贷资金的需求

资金总需求（S_A）可以类似地写作

$$S_A=S_h+S_b+S_g+S_m+S_f$$

其中，

S_h＝家庭对可贷资金的供给

S_b＝企业对可贷资金的供给

S_g＝联邦政府对可贷资金的供给

S_m＝地方政府对可贷资金的供给

S_f＝外国对可贷资金的供给

在等式 $D_A=S_A$ 中，如果可贷资金总需求增加且总供给没有相应增加，可贷资金将会产生短缺。在这个案例中，利率将会上升，直到额外的可贷资金供给足以满足额外需求。相反，可贷资金总供给增加且总需求没有相应增加将会导致可贷资金的盈余。在这个案例中，利率将会下降，直到资金供给不再超过资金需求。

在许多案例中，可贷资金供给和需求都在发生变化。给出初始均衡情况，当 $D_A>S_A$ 时均衡利率会上升，当 $D_A<S_A$ 时均衡利率会下降。

图表演示 通过结合可贷资金的总需求和总供给曲线（参照图 2.5 和图 2.6），比较给定利率下的资金总需求和资金总供给成为可能。图 2.7 展示了结合后的需求和供给曲线。在均衡利率 i，可贷资金供给等于可贷资金需求。

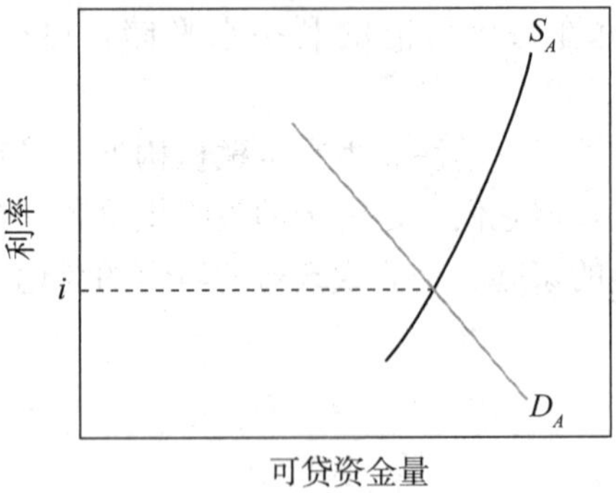

图 2.7 利率均衡

在任意上述给定利率 i，存在可贷资金盈余。一些资金的潜在供给者将不能以现有利率成功提供资金。一旦市场利率降低到 i，资金供给会充分减少，资金需求会充分增加，以至于不再有资金盈余。当不均衡情况存在时，市场力量会引起利率的调整直到实现利率均衡。

如果现有利率低于 i，可贷资金将会出现短缺；借款人将不能以他们想要的利率获得全部资金。资金的短缺会引起利率增加，导致两个方向的变化：第一，更多的储蓄者将会进入市场以提供可贷资金，因为现在的收益率（利率）更高。第二，在利率较高时一些潜在的借款人将会决定不用可贷资金。一旦利率上升到 i，可贷资金供给增加，可贷资金需求减少，直到短缺不再存在，此时利率再次达到了均衡水平。

2-2 利率的影响因素

认清谁提供和需要可贷资金是非常有用的，认清引起可贷资金供给或需求变化的潜在经济因素也是必要的。以下经济因素影响了供给和需求并因此影响了利率。

2-2a 经济增长对利率的影响

经济状况的改变会引起可贷资金需求曲线的变化，影响到均衡利率。

◈ 例子

当企业预期经济状况会变好时，它们向上调整了正在考虑的各个项目的预期现金流。因此，企业找到更多值得购买的项目，它们会愿意借更多的资金。它们在任何给定利率下借更多资金的意愿表现为需求曲线的外移。

可贷资金供给曲线也可能因为经济增长而变化，但是难以判断它会向哪个方向移动。企业的增长性扩张有可能引起建筑工人或其他为扩张服务的人员收入的上升。这样的话，不管利率怎样，储蓄量（可贷资金供给）都会增加，引起供给曲线向外移动。然而，不能保证储蓄量会真正增加。即使这种变化真的发生了，它也会比需求曲线的移动幅度小一些。

总体上来说，企业扩张的预期影响是需求曲线外移，但是供给曲线没有明显变化，见图 2.8。注意总需求曲线向 D_{A2} 移动会引起均衡利率上升到 i_2。◈

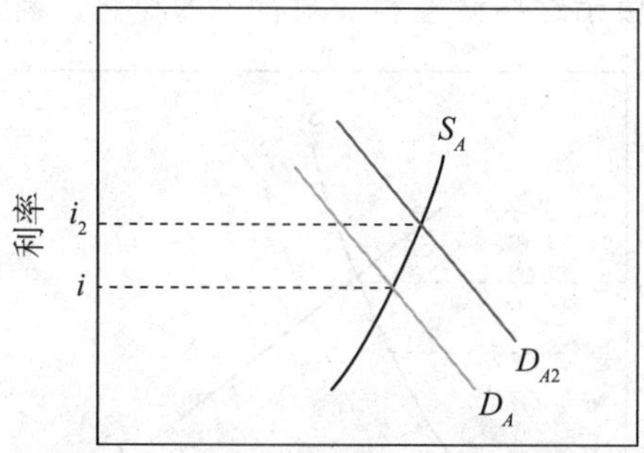

图 2.8　企业增长性扩张的影响

正如经济增长会给利率带来上升的压力，经济的衰退也会给均衡利率带来下行的压力。

◈ 例子

经济衰退会引起需求曲线向内（向左）移动，反映了任何给定利率下更少的可贷资金需求。供给曲线可能会移动一点，但是移动的方向是不确定的。有人认为经济衰退会引起储蓄增加（不管利率变动），因为家庭会为可能的裁员做准备。同时，经济衰退时期劳动力收入的逐渐减少会减弱家庭储蓄的能力。历史数据支持后者的预期。此外，任何可能发生的变动与需求曲线的变化相关性都很弱。因此均衡利率会下降，正如图 2.9 所示。

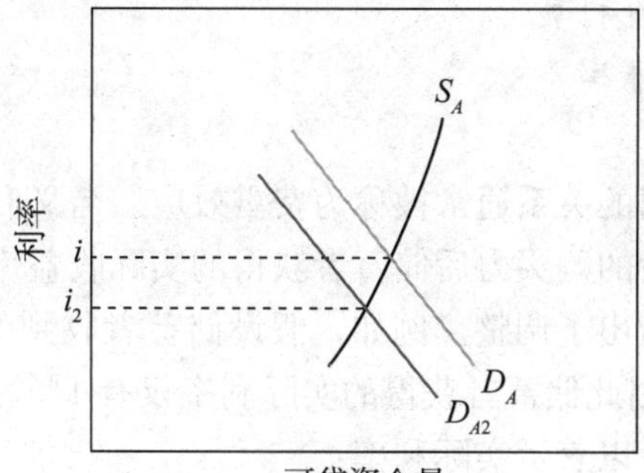

图 2.9　经济下滑的影响

◈

2-2b 通胀对利率的影响

通货膨胀预期的变化会通过影响家庭或企业的消费量影响利率。消费的决定影响到储蓄量（资金供给）和借款量（资金需求）。

◇ **例子**

假设美国通胀率会上升。提供资金的家庭可能会在任何利率水平下减少储蓄以便他们在价格上升前可以购买更多。这个行为的变化体现为可贷资金供给曲线向内（左）移动。另外，家庭和企业在任何利率水平下都愿意借更多的资金以便在价格上升前购买产品。这些变化反映在图 2.10 中。由于这些储蓄和借款行为的变化，新的均衡利率更高。

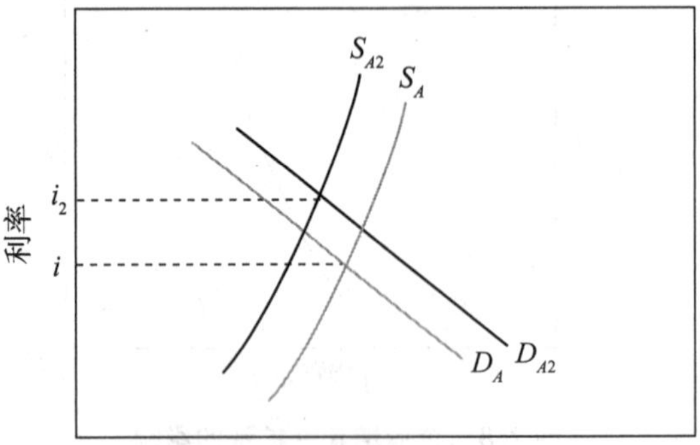

图 2.10 预期通胀率上升对利率的影响 ◇

费雪效应 70 多年前，欧文·费雪提出了一个利率决定理论，直到今天仍然被广泛使用。它和可贷资金理论不矛盾，只是简单地提供了利率变动的另外一种解释。费雪认为名义利息支付在两方面补偿储蓄者：首先，补偿储蓄者减少的购买力；其次，为消费者放弃的消费提供额外溢价。储蓄者只有在收到的储蓄利息高于预期通胀率时才愿意放弃消费，正如下面的等式所示：

$$i = E(\text{INF}) + i_R$$

其中，

i = 名义利率或报价利率

$E(\text{INF})$ = 预期通胀率

i_R = 实际利率

利率和预期通胀率之间的关系通常被称为费雪效应。名义利率和通货膨胀率之差等于在调整所关注的时期内减少的购买力后储蓄者获得的实际收益率。它之所以被称作实际利率是因为它对预期通胀率做出了调整。例如，假设储蓄者收到的存款利率是 4%（名义利率），预期通胀率是 3%。因此储蓄者获得的实际利率仅有 1%。

上述方程式可以改写，以表示实际利率：

$$i_R = i - E(\text{INF})$$

当通胀率比预期高时，实际利率相对较低。借款人获益，因为他们可以以比通胀率被准确预测时的利率更低的名义利率借钱。当通货膨胀率低于预期时，实际利率相对较高，借款人会受到不利影响。

通过上文可知，术语“利率”将用于代表名义利率或报价利率。然而要记住通货膨胀可能会阻碍利率上升时期购买力的增加。

2-2c 货币政策对利率的影响

美联储可以通过增加或减少商业银行或其他储蓄机构的存款总量影响可贷资金供给。美联储调整货币供应量的过程在第 4 章有描述。当美联储增加货币供应量时，它会增加可贷资金的供给，这会给均衡利率带来下行压力。

◈ 例子

2008 年秋季次贷危机加剧，经济进一步衰退。美联储增加了银行系统的货币供应量，作为一种确保那些想要借钱的家庭和企业能够获得资金的方式。因此金融系统有更多可以出借的资金。可贷资金供给的增加给利率造成了下行压力。因为这一时期可贷资金需求减少（正如之前所解释的），利率的下行压力更加明显。由于这两方面的力量，2008 年秋季利率大幅下降。

因为次贷危机之后经济仍然脆弱，美联储在 2009—2014 年继续其向银行系统注入资金的政策，以保持利率（借款成本）处于低水平。它的政策目的是通过鼓励企业和家庭借钱和消费来刺激经济。◈

如果美联储减少货币供应量，那么可贷资金的供给会减少。假设需求没有变化，这一行动会给利率造成上行压力。

2-2d 财政赤字对利率的影响

当联邦政府制定了支出大于税收收入的财政政策时，预算赤字增长。由于最近几年预算赤字较大，美国政府是主要的可贷资金需求者。更大的联邦政府赤字增加了任何给定利率下的可贷资金需求，这会引起需求曲线向外移动。假设所有的因素保持不变，利率会上升。给定有限的可贷资金供给（通过储蓄），政府对这些资金的超额需求倾向于挤出私人资金需求（来自消费者和公司）。联邦政府可能会愿意付出任何代价以借得这些资金，但是私人部门不会。这一影响称为“挤出效应”。图 2.11 说明了联邦政府和私人部门之间的资金流动。

有相反的观点认为，如果政府通过支出比它从公众那里得到的更多的钱（这首先会引起赤字）可以创造更多工作岗位，供给曲线可能会向外移动。如果这种情况发生的话，赤字可能不会给利率造成上行压力。许多研究调查了这个问题并且其结论通常表明，当保持其他因素不变时，更大的预算赤字会给利率造成上行压力。

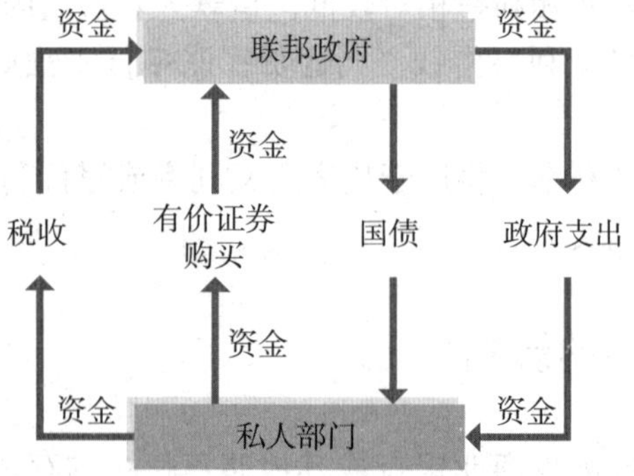

图 2.11　资金在私人部门和联邦政府之间的流动

2-2e　国际资金流动对利率的影响

一种特定货币的利率由表示成该货币的资金需求和该货币的资金供给决定。

◇ 例子

图 2.12 比较了美元和巴西货币雷亚尔在给定时刻的供给和需求曲线。尽管每种货币可贷资金的需求曲线应该向下倾斜，供给曲线应该向上倾斜，但是对于不同货币，曲线的实际位置不同。首先，注意到美元的需求和供给曲线比巴西雷亚尔更加靠右。美元计价的可贷资金供给量和需求量大于巴西雷亚尔计价的可贷资金量，因为美国经济体量大于巴西经济体量。

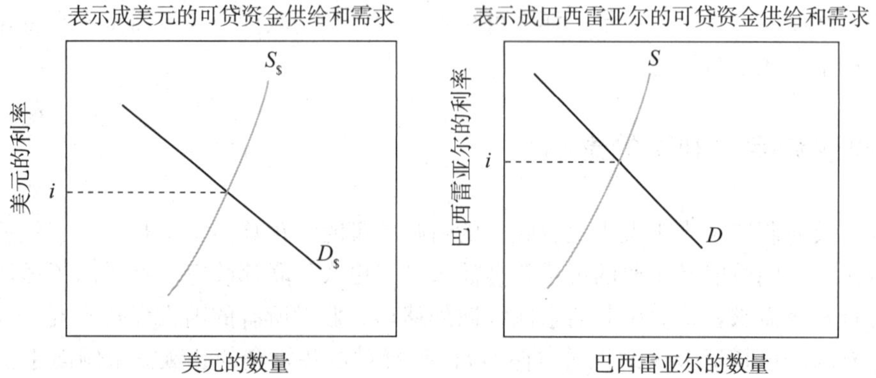

图 2.12　表示成美元和巴西雷亚尔的可贷资金需求和供给

还可以观察到巴西雷亚尔可贷资金供给和需求曲线的位置均高于美国。由巴西雷亚尔表示的可贷资金供给曲线显示，在低利率水平下几乎没有储蓄供给，因为巴西相对高的通货膨胀率鼓励家庭在价格上升前多消费他们的可支配收入。这会抑制家庭储蓄，除非利率足够高。另外，表示为巴西雷亚尔的可贷资金需求显示借款人甚至愿意以相对较高的利率借款，这是因为他们想要赶在价格上升前购买。公司愿意支付 15%的贷款利息去购买下一年价格会上升 20%的机器。

由于图 2.12 中两种货币供给曲线和需求曲线的位置不同，巴西雷亚尔的均衡利率远高于美元。随着某一货币的需求和供给曲线改变，均衡利率也会发生变化。例如，如果巴西政府大幅降低当地的通货膨胀率，那么表示为巴西雷亚尔的可贷资金供给曲线将会向外（右）移动，同时可贷资金需求曲线将会向内（左）移动。结果将会导致更低的均衡利率。◈

最近几年，国家之间有大量的资金流动，引起了各国资金供给的突然调整并因此影响了利率。通常来说，这些变化由追求更高投资收益率的大型机构投资者驱动。这些投资者通常试着将资金投资于利率较高的国家的债券。然而，很多利率相对较高的国家也倾向于有高通货膨胀率，这会使当地货币疲软。因为货币贬值（价值减少）有时可以抵消高利率，投资者倾向于避开那些通胀风险很大时有高利率的国家。

2-2f 利率的影响因素总结

通常来说，经济状况是家庭储蓄供给变化和家庭、企业或政府资金需求变化背后的主要力量。在美国，提供资金的家庭其储蓄行为部分受到美国财政政策的影响，美国财政政策决定了美国家庭支付的税负并因此决定了可支配收入。美联储的货币政策也会影响到美国的资金供给，因为它决定了美国的货币供应量。外国投资者向美国提供的资金受到外国经济状况，包括外国利率的影响。

美国资金需求间接地受到美国货币政策的影响，因为这些政策影响了经济增长和通货膨胀率，进而影响了企业的资金需求。财政政策决定了预算赤字并因此决定了联邦对资金的需求。

◈ 例子

图 2.13 描绘了最近几个十年的利率并说明了它们是如何被货币政策和财政政策的力量影响的。从 2000 年到 2003 年初，美国经济非常脆弱，这减少了企业和家庭的可贷资金需求并引起了利率的下降。2005—2007 年间，美国经济增长加快，利率上升。

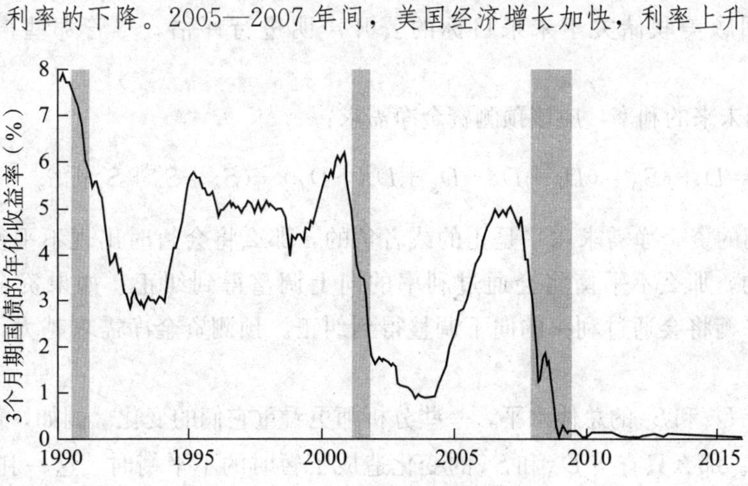

图 2.13 利率随时间的变化

说明：阴影区域代表美国经济衰退阶段。

然而，2008年开始的次贷危机导致经济大幅衰退，利率下降到极低的水平。在危机期间，联邦政府经历了大的预算赤字，因为它帮助一些企业摆脱困境并在很多方面增加了它的支出以刺激经济。尽管巨大的政府资金需求给利率造成了上行压力，但这个压力被公司（随着企业取消扩张的计划）疲软的资金需求抵消了。另外，美联储为了推动利率下降进而鼓励企业和家庭借款和消费，增加了货币供应量。接下来几年疲软的经济和美联储的货币政策一直持续，使2015年一整年利率都维持在很低的水平。美联储的货币政策对美国利率的影响比2008—2015年任何其他因素的影响都大。在其他时期，货币政策的影响则没有那么明显，其余因素对利率的影响更大。◇

这个总结没有覆盖到每一个可以影响利率变化的力量的交互影响，但是它确实说明了随着时间推移，一些重要因素是怎样对利率产生影响的。因为一些有价证券的价格受到利率变化的影响，所以那些价格受到这里讨论的因素的影响，随后的章节会进行更加充分的阐释。

2-3 利率预测

图2.14总结了在预测利率时评估的主要因素。理解了每个因素如何影响利率，就有可能预测未来利率会怎样变化。当预测家庭可贷资金需求时，有必要评估消费者信用记录以决定家庭借款能力。家庭可贷资金的潜在供给可以以类似的方式通过评估影响家庭赚钱能力的因素来决定。

企业可贷资金需求可以通过评估公司未来扩张计划和未来的经济形势来预测。联邦政府可贷资金需求受到未来经济形势的影响，因为它会影响即将得到的税收收入和即将支付的失业补偿，这些都是影响政府赤字规模的因素。联邦储备体系的货币供应量目标可以通过回顾美联储关于未来目标的公开声明进行评估，尽管那些声明是相当含糊的。

为了预测未来的利率，应该预测资金净需求：

$$ND=D_A-S_A=(D_h+D_b+D_g+D_m+D_f)-(S_h+S_b+S_g+S_m+S_f)$$

如果预测的资金净需求水平是正的或者负的，那么将会暂时出现不平衡。如果资金净需求是正的，那么不平衡将会通过利率的向上调整得到纠正；如果资金净需求是负的，那么不平衡将会通过利率的向下调整得到纠正。预测资金净需求越大，利率调整幅度越大。

相比估计D_A和S_A的总体水平，一些分析师更看重它们的变化。例如，假设今天的均衡利率是7%。那么只有当D_A和S_A的变化造成了暂时的不平衡时，这一利率才会变化。如果预期政府对资金的需求（D_g）会大幅增加并且其他组成部分不会增加，那么D_A会超过S_A，给利率造成上行压力。因此不用估计D_A和S_A的每个组成部分就可以预测未来的利率。

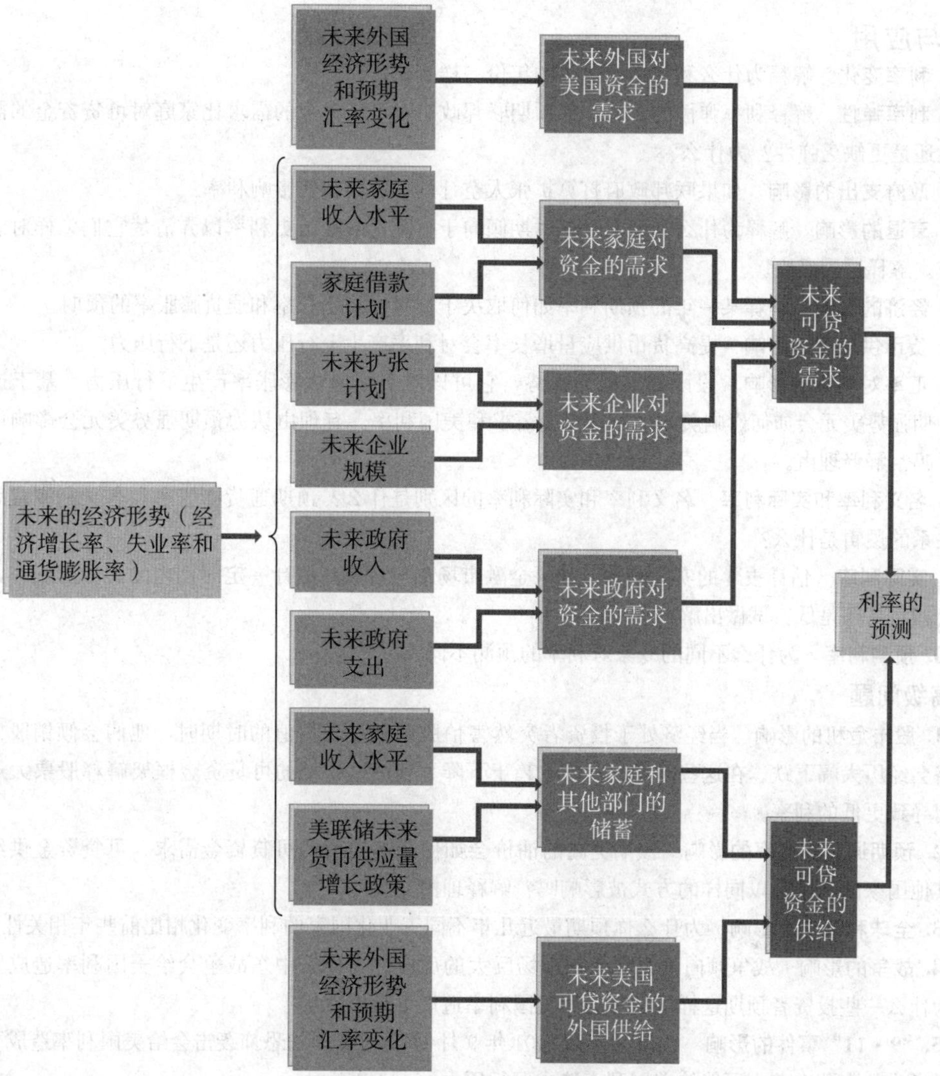

图 2.14　预测利率的框架

小结

■ 可贷资金框架展示了均衡利率如何由资金总供给和资金总需求决定。随着经济形势引起总供给或总需求变化，利率倾向于新的均衡。

■ 影响利率变化的相关因素包括经济增长率、通货膨胀率、预算赤字、外国利率和货币供应量。这些因素对资金总供给和（或）资金总需求有重要影响，并能因此影响均衡利率。特别地，经济增长率对可贷资金需求有重要影响，货币供应量变化对可贷资金供给有重要影响。

■ 既然均衡利率由供需状况决定，利率的变动就可以通过预测可贷资金供给和需求来进行预测。因此要预测利率，就必须预测影响资金供给和资金需求的因素。

正方和反方观点

大的预算赤字会导致更高的利率吗？

正方　不会。在一些年份（比如 2014 年），财政预算赤字很大但是利率很低。

反方　会。当联邦政府借入大量资金时，它会挤出其他潜在借款人，利率是由赤字单位报价的。

谁正确？　利用互联网学习关于这个议题的更多知识并形成你自己的观点。

问题与应用

1. 利率变化 解释为什么利率会像过去的年份一样变化。

2. 利率弹性 解释利率弹性的含义。你预期联邦政府对可贷资金的需求比家庭对可贷资金的需求更有弹性还是更缺乏弹性？为什么？

3. 政府支出的影响 如果联邦政府打算扩张太空计划，这会如何影响利率？

4. 衰退的影响 解释为什么利率在衰退时期倾向于下降。回顾历史利率以弄清楚它们怎样对衰退做出反应。解释这一反应。

5. 经济的影响 解释某一年的预期利率如何取决于你对经济增长率和通货膨胀率的预期。

6. 货币供应量的影响 提高货币供应量增长率会对利率产生上行压力还是下行压力？

7. 汇率对利率的影响 假设如果美元强势，它可以对美国通货膨胀率产生下行压力。基于这一信息，预期强势美元会如何影响美国的可贷资金需求和美国利率。有理由认为预期强势美元会影响可贷资金供给吗？解释理由。

8. 名义利率和实际利率 名义利率和实际利率的区别是什么？预期通货膨胀率和名义利率背后的正相关关系的逻辑是什么？

9. 实际利率 估计去年的实际利率。如果金融市场参与者过高估计一定时期内的通货膨胀率，实际利率会相对高还是低？试做出解释。

10. 预测利率 为什么不同的专家对利率的预测不同？

高级问题

11. 股市危机的影响 当经济处于投资者突然害怕股票被过高估值的时期时，他们会倾销股票，股票价格会经历大幅下跌。在这些时期，利率也趋于下降。利用这一章的可贷资金框架解释股票大规模抛售如何导致更低的利率。

12. 预期通货膨胀率的影响 预期更高的油价会如何影响美国的可贷资金需求、可贷资金供给和利率？其他国家的利率会以同样的方式被影响吗？解释理由。

13. 全球利率交互影响 为什么你预期最近几年不同工业化国家的利率变化相比前些年相关性更强？

14. 战争的影响 战争倾向于引起金融市场巨大的反应。为什么中东战争会给美国利率造成上行压力？为什么一些投资者预期这样的战争会给美国利率造成下行压力？

15. “9·11”事件的影响 说说为什么 2001 年 9 月 11 日对美国的恐怖袭击会给美国利率造成下行压力。说说为什么那次袭击可能给美国利率造成上行压力。

16. 政府支出的影响 Jayhawk 预报服务分析了一些可能影响未来利率的因素。大多数因素预计会对利率产生下行压力。Jayhawk 还预期尽管年预算赤字比上一年减少了 40%，但仍然很大。因此，Jayhawk 认为赤字可以抵消其他因素的影响，因此它预测利率会上升 2 个百分点。评论 Jayhawk 的逻辑。

17. 分解利率变化 一年期贷款利率可以被分解为一年期无风险利率（没有违约风险）和反映那年潜在的贷款违约情况的风险溢价。经济形势的变化可以影响无风险利率和风险溢价。无风险利率通常比风险溢价受到经济形势的影响程度更大。解释更为疲软的经济如何影响无风险利率、风险溢价、财政部和公司分别获得的一年期贷款的总成本。财政部的借款成本变化更显著还是公司的借款成本变化更显著？为什么？

18. 基于现状预测利率 考虑通货膨胀（包括油价）、经济、预算赤字和可能影响利率的美联储货币政策的当前状况。基于这些状况，你认为这一期的利率会上升还是下降？说出一些逻辑以支持你的回答。你认为哪个因素对利率有最大的影响？

19. 利率对经济危机的影响 当国家经济危机是由于疲软的经济引起的时，该国的利率会非常低。然而，如果危机是由异常高的通胀引起的，利率将会非常高。解释原因。

20. 次贷危机期间的美国利率 在次贷危机期间，美国利率非常低，这使得企业能够以低成本借贷。保持其他因素不变，这会导致更多的项目可行，进而鼓励企业借更多的钱和扩张。但是在次贷危机期间很多可以获得可贷资金的企业不愿意借钱。那么这一时期有什么其他因素变化抵消了低利率对项目可行性的潜在有利影响，从而抑制企业扩张呢？

21. 政治因素对利率的影响　说说为什么有利于强势政府的政治制度会使利率变得更高。提供至少一个例子说明为什么有利于强势政府的政治制度会使利率变得更低。（提示：认清政府干预经济可以影响其他对利率有影响的因素。）

22. 股票市场不确定性的影响　考虑股价非常高，以至于投资者开始认为股票被过高估值并且它们的价值非常不确定的一个时期。如果投资者决定将他们的钱挪到更为安全的投资上，你认为这会如何影响总体利率水平？在你的答案中，使用可贷资金框架解释可贷资金供给和需求如何受投资者行为影响，以及这股力量会如何影响利率。

23. 欧洲经济的影响　使用可贷资金框架解释欧洲经济形势如何影响美国利率。

辩证思维问题

次贷危机如何影响利率？　利率受到信贷市场上反映资金供给和需求的多种因素的影响。写一篇小文章，识别在次贷危机期间改变资金供给和需求的主要因素并解释为什么那些因素会引起市场利率的大幅下降。从次贷危机中可以得到什么教训以防止未来资金需求的突然减少？

解读财经新闻

诠释华尔街分析师和投资经理做出的下述评论：

a. “资金从银行存款到美国股票的转移给利率施压。”

b. “由于日本利率最近降到非常低的水平，预期美国利率也会下降。”

c. “美国公司的借贷成本由联邦政府支出大于税收的程度决定。”

金融市场管理

预测利率　作为制造公司的财务秘书，你的任务是预测利率的方向。你计划借钱并根据预测的利率决定获得固定利率贷款还是浮动利率贷款。在评估未来利率的变化方向时，以下信息可以被考虑：

- 过去两年经济增长较快，但是你预期它明年会停滞；
- 过去一些年通货膨胀率是 3%，你预期明年仍然不变；
- 联邦政府宣布大幅削减其支出，这会对预算赤字产生较大影响；
- 预期美联储明年不会影响现有可贷资金供给；
- 预期家庭的总体储蓄水平不会变化。

a. 给出以上信息，评估可贷资金的需求和供给会受到什么影响，并预测未来利率的方向。

b. 你可以以固定利率 8%或当前为 8%但是每月会根据总体利率变化调整的浮动利率获得一年期贷款。基于上述给出的信息，哪种贷款更合适？

c. 假设当你完成对未来美国利率的预测时，加拿大利率突然上升。因此，加拿大利率现在比美国利率高出 2 个百分点。这一形势会如何对美国利率施加压力？结合上述给出的信息考虑这一形势，你会改变对未来美国利率的预测吗？

习题

1. 名义利率　假设实际利率是 6%，预期通货膨胀率是 2%。你预期名义利率会是多少？

2. 实际利率　假设当前国债支付 9%的利息，预期通货膨胀率是 3%，实际利率是多少？

资金流动练习

资金流动如何影响利率？

回忆卡森公司从金融公司和商业银行获得了大量贷款。贷款的利率与市场利率挂钩并且每 6 个月调整一次。因此卡森公司获得资金的成本对利率变动敏感。基于美国经济将会表现强劲的预期，卡森公司未来计划通过扩张和兼并成长发展。卡森公司预期它会需要大量的长期融资以实现这一增长，它计划或者通过现有贷款或者通过发行债券借到额外资金。

公司也在考虑明年发行股票融资的可能性。

a. 解释为什么卡森公司对未来利率变化非常感兴趣。

b. 基于卡森公司的预期，你认为公司预期利率在未来会上升还是下降？解释原因。

c. 如果卡森公司对未来利率的预期是准确的，这会如何影响其现有贷款和未来贷款的借款成本？

d. 解释为什么卡森公司对未来利率的预期可能影响到它什么时候借钱以及获得固定利率贷款还是浮动利率贷款的决定。

互联网/Excel 练习

1. 登录 http://research.stlouisfed.org/fred2/categories.，在“货币、银行与金融”下选择“利率”并接着选择 3 年期国债利率（二级市场）。描述在最近几个月这一利率是如何变化的。使用这一章的信息解释为什么利率会这样变化。

2. 登录同样的网站，检索过去 20 个季度的利率（基于 3 个月期国债利率）和所有商品（价格下）的生产者价格指数，并把数据放入 Excel 电子表格中作为两列。导出每季度利率的变化。然后导出每季度生产者价格指数变化的百分比，作为通货膨胀率的衡量指标。应用回归分析，其中利率的变化是自变量，通货膨胀率是因变量（见附录 B 以获得应用回归分析的信息）。解释你发现的关系。它显示通货膨胀率和利率变化是正相关的吗？

WSJ 练习

预测利率

回顾《华尔街日报》上最近话题中关于信贷市场的信息。找出引发关注的因素，因为它们可能影响未来利率变动。接着基于你对任何影响利率的因素的评估，建立你自己关于从现在到期末利率会上升还是会下降的预测。解释你的预测。

关于现实案例的在线文章

找一篇近期描述一个具体金融机构或金融市场真实案例的在线实用性文章，以强化本章所涵盖的一个或多个概念。

如果你的班级有一个在线平台，教授可能会要求你把文章摘要放在那里并提供文章的链接以供其他学生访问。如果你的班级是当面授课的，教授可能会要求你当堂总结你对该文章的运用。教授可能指派特定学生或让学生自愿完成这项作业。

对于与本章相关的近期在线文章和真实案例，请考虑使用以下搜索词（请务必在搜索词中包含当前年份以确保在线文章是近期的）：

1. 预算赤字+利率
2. 资金流动+利率
3. 联邦储备+利率
4. 经济增长+利率
5. 通货膨胀+利率
6. 货币政策+利率
7. 储蓄供给+利率
8. 企业扩张+利率
9. 信贷需求+利率
10. 利率+预测

第 3 章 利率结构

本章目标

- 描述债务性证券的特征如何使它们的收益率不同
- 说明如何估计任何特定债务性证券的合理收益率
- 解释利率期限结构背后的理论（到期期限和证券收益率之间的关系）

在任何给定时刻不同债务性证券（主要是指债券）的年利率不同。个人和机构投资者必须理解为什么报价不同，以便于判断给定证券的额外收益率是否胜过不利因素。需要资金的公司或政府机构的财务经理必须理解为什么债务性证券的报价不同，以便估计出售新的债务性证券所必须提供的收益率。

3-1 为何债务性证券的收益率不同

债务性证券提供不同的收益率，因为它们所展现出的不同特征影响了提供的收益率。通常来说，具有不利因素的债务性证券会提供更高的收益率以吸引投资者。一些债务性证券具有有利的特点，因此它们可以提供相对较低的收益率，并且仍然能吸引投资者。债务性证券的收益率受到以下特征的影响：

- 信用（违约）风险
- 流动性
- 税收状况

■ 到期期限

债券收益率也可能受到特殊规定的影响，正如第 7 章所描述的那样。

3-1a 信用（违约）风险

因为大多数证券都有违约风险倾向，所以投资者必须考虑证券发行者的信用。尽管投资者总是可以选择购买无风险的国债，但是如果收益率能够补偿他们所承受的风险，他们可能会偏好其他证券。因此当除了信用（违约）风险之外的因素都相同时，有更高违约风险的证券必须在投资者购买之前提供更高的收益率。

◇ 例子

投资者可以购买 10 年期国债，如果持有至到期，则国债提供 7%的年化收益率。或者投资者可以购买 Zanstell 公司发行的债券。尽管 Zanstell 公司目前财务状况较好，但是接下来 10 年它有登记破产的微小的可能性，这样的话它会终止向购买债券的投资者支付。因此存在投资者会失去大多数对这些债券的投资的可能性。投资者考虑是否购买 Zanstell 公司发行的债券的唯一判断依据是：这些债券的年化收益率是否会高于国债收益率。Zanstell 公司的债券目前提供 8%的收益率，这比国债收益率高 1 个百分点。在这个收益率下，一些投资者愿意购买 Zanstell 公司的债券，因为他们认为 Zanstell 公司在接下来的 10 年应该有足够的现金流支付它的债务。◇

信用风险尤其与长期债券相关，长期债券使债权人更长时间地暴露于违约的可能性下。1%、2%或更高的信用风险溢价似乎不是很大。然而，对于一个通过发行债券借到 3 000 万美元的公司来说，额外一个百分点的溢价会产生每年 30 万美元的额外利息费用。

投资者可以自己估计发行债券的公司的信用水平，但是他们更愿意依靠由评级机构提供的债券评级。这些评级是基于发行公司的财务评估，集中于随着时间的推移公司是否会收到足够的现金流以支持对债权人的偿付。债券评级越高，信用风险越低。

随着时间的推移，经济状况可能会改变，这会影响到一家公司支付债务的能力。因此有可能同一家公司之前发行的债券评级是一个水平，但是随后发行的债券评级是另外一个水平。如果不同债券的抵押条款不一样，评级也可能不同。评级机构也可以随着时间的推移改变债券评级以对发行公司财务状况或经济状况的变动做出反应。

评级机构在评估信用风险中的作用 为了评估一家发行债券的公司的信用风险，投资者可以评估公司的财务报表。特别地，投资者可以使用财务报表预测一家公司在未来一段时间内的现金流水平，这有助于判断公司是否有足够的现金流偿付债务。然而，财务报表可能不能反映一家公司在未来如何表现。

很多投资者非常依赖评级机构的债券评级，从而不用评估公司的财务报表。评级机构向债券发行者收取评估那些债券的信用风险的费用。接着评级结果会通过各种金融媒体转载并向投资者免费提供。最受欢迎的评级机构是穆迪投资者服务公司（简称穆迪）和标准普尔公司（简称标普）。表 3.1 总结了它们对各评级的划分。穆迪的评级结果从最高质量的 Aaa 到最低质量的 C，标普的评级结果则从 AAA 到 D。因为这些评级机构使用不同的方法评估公司和州政府的信用，一只特定的债券可能会被不同的机构给予不同的评级，但差别通常很小。

表 3.1　　评级机构的评级分类

证券的描述	评级结果	
	穆迪	标普
最高质量	Aaa	AAA
高质量	Aa	AA
较高质量	A	A
中等质量	Baa	BBB
中低质量	Ba	BB
低质量（投机）	B	B
劣质	Caa	CCC
非常劣质	Ca	CC
最劣质（违约）	C	DDD，D

商业银行通常只投资于**投资级债券**（investment-grade bond），即由穆迪评为 Baa 及以上或由标普评为 BBB 及以上的债券。其他金融机构，如养老基金和保险公司，投资于那些评级更低但是提供更高的潜在收益率的债券。

信用评级的准确度　机构的评级结果是观点，并不是保证。得到较低评级的债券比得到高评级的债券违约更加频繁，这表明评级可以作为反映信用风险的一个有用的指标。然而，评级机构并不是总能发现公司的财务问题。

信用评级机构被指责在次贷危机之前发布的债券评级结果过分自由，因为很多高评级的债券在接下来几年违约。信用评级机构反驳说，它们没有预料到次贷危机并且它们在发布新的债券的评级结果时使用了所有可获得的信息。但是因为债券评级机构是由债券发行者而非购买那些债券的投资者支付费用，机构可能自然地有给出高评级的动机。这样做有助于公司债券的发行，并且反过来会使评级机构从其他债券发行者那里获得更多业务。

作为对这些指责的回应，评级机构在提高评级过程的透明度方面做出了一些改变：它们现在会披露更多关于如何给出信用评级结果的信息，更加注重敏感度分析，即它们会评估信用度会如何随着经济的突然变化而改变。另外，每个评级机构中在销售和营销部门工作的雇员不能对机构发布的评级结果产生影响。

信用评级机构的疏忽　《金融改革法案》（2010）实施后，在证券交易委员会建立了信用评级办公室。该法案还要求信用评级机构建立内部控制以确保发布评级结果的过程更加透明。信用评级机构必须披露随着时间推移的评级表现，如果评级结果被证明是不准确的，它们就会被追究责任。《金融改革法案》（2010）也允许投资者因信用评级机构发布它们自己本知道不准确的信用评级结果而起诉信用评级机构。2015 年，标普同意就它在次贷危机之前发行的评级结果支付 13.75 亿美元以解决美国司法部和其他 19 个州提起的诉讼。

3-1b 流动性

投资者更偏好有流动性的债券，流动性意味着这些债券可以轻易地在不贬值的情况下变现。因此，如果其他特征相同，那么流动性更低的债券会提供更高的收益率以吸引投资者。有较短到期期限的或者有活跃的二级市场的债券有更高的流动性。需要高流动性的投资者（因为他们可能需要在任意时刻出售他们的证券）偏好流动性强的债券，即使这意味着接受一个更低的投资收益率。那些在证券到期之前不需要资金的投资者更愿意投资于流动性更低的债券，以便获取更高的收益率。

3-1c 税收状况

相比获取有价证券税前收入，投资者更加关心税后收入。不同债券的税收状况有很大的不同。国债的利息适用于联邦所得税，但是免除了州所得税；大多数由州政府和当地政府发行的证券的利息免除联邦所得税和发行这些证券的州的所得税；公司证券的利息既适用于联邦所得税也适用于州所得税。因为各州征收的所得税税率不同，特定证券的税后收益率可能随投资者的位置不同而不同。

如果所有其他特征相似，应税证券必须提供比免税证券更高的税前收益率。对应税证券要求的额外补偿取决于个人和机构投资者的税率。属于高税率人群的投资者从免税证券中受益最多。

当评估具有相似的风险和期限的不同证券的期望收益率时，较为常见的做法是将它们转化为税后形式，如下：

$$Y_{at}=Y_{bt}(1-T)$$

其中，

Y_{at}＝税后收益率

Y_{bt}＝税前收益率

T＝投资者的边际税率

一旦支付了税，投资者仅保留 $Y_{bt}(1-T)$。

◇ 例子

考虑提供8%的税前收益率的应税证券。当转化为税后形式时，收益率会减去税率。精确的税后收益率取决于税率。如果投资者的税率是20%，那么税后收益率将会是

$$\begin{aligned}Y_{at}&=Y_{bt}(1-T)\\&=8\%\times(1-0.2)\\&=6.4\%\end{aligned}$$

表3.2呈现了基于各种税率和税前收益率的税后收益率。举个例子，税前收益率为4%的应税证券将会对处于10%税率的投资者产生3.6%的税后收益率，对处于15%税率的投资者产生3.4%的税后收益率，依此类推。这张表展示了为什么属于高税率人群的投资者被免税证券吸引。◇

表 3.2　　基于不同税率和税前收益率的税后收益率（%）

税率	税前收益率			
	2	4	6	8
10	1.80	3.60	5.40	7.20
15	1.70	3.40	5.10	6.80
25	1.50	3.00	4.50	6.00
28	1.44	2.88	4.32	5.76
35	1.30	2.60	3.90	5.20

计算税前收益率的等式　在一些案例中，投资者希望找出必要的税前收益率以匹配具有相同风险和期限的免税证券的税后收益率。这可以通过对之前的等式移项来实现：

$$Y_{bt}=\frac{Y_{at}}{1-T}$$

例如，假设一家处于 20%税率的公司意识到有一个支付 8%收益率的免税证券。为了与这个税后收益率相当，应税证券必须提供的税前收益率为

$$Y_{bt}=\frac{Y_{at}}{1-T}=\frac{8\%}{1-0.2}=10\%$$

3-1d　到期期限

不同债券的到期期限不同，到期期限是债券收益率不同的另一原因。**利率期限结构**（term structure of interest rates）描述了保持其他因素如风险不变时，特定时刻到期期限和债券的年化收益率之间的关系。

◇ 例子

假设图 3.1 展示了截至 2015 年 10 月联邦政府证券（没有信用风险）的年化收益率。图中通过把图上的点连起来形成的曲线通常被称为收益率曲线。注意收益率曲线向上倾斜。

图 3.1 的利率期限结构显示，除了到期期限外其他都相似的证券会有不同的收益率。因为不同期限的证券的供需状况不同，所以证券的价格（因而收益率）也会不同。对利率期限结构的综合解释会在这一章后面给出。◇

因为图 3.1 的收益率曲线是基于国债，所以曲线不受信用风险的影响。评级 AA 的公司债券的收益率曲线通常会有类似国债收益率曲线的斜率，但是任何特定的到期期限的公司债券的收益率将会更高，以反映风险溢价。

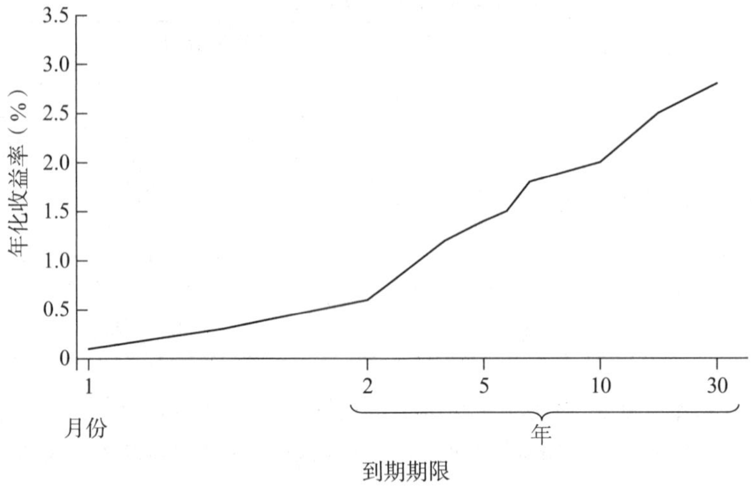

图 3.1　国债的到期期限和收益率之间关系的示例（截至 2015 年 10 月）

3-2　收益率真实差异的解释

即使收益率的微小差异也与借或投资数百万美元的金融机构息息相关。利率差异有时可用基点来衡量；一个基点等于 0.01%，因此 100 个基点等于 1%。如果一个有价证券提供 4.3%的收益率，同时无风险证券提供 4.0%的收益率，那么利率差异是 0.3%或 30 个基点。接下来会描述货币市场证券的收益率差异，然后介绍资本市场证券的收益率差异。

3-2a　货币市场证券的收益率差异

商业票据（信誉良好的公司提供的短期债券）提供的利率通常比国债利率稍微高一点，因为投资者要求稍高一些的收益率（年化基础上加 10～40 个基点）以弥补信用风险和更弱的流动性。同业存单提供略高于具有相同到期期限的国债的收益率，这是由于它们具有更低的流动性和更高的信用风险。

市场力量引起所有证券的收益率向同一方向移动。为了说明这一点，假设预算赤字大幅增加，财政部发行了大量的国债以为增加的赤字融资。这一行动导致市场上国债大量供应，给国债价格造成了下行压力，给国债收益率造成了上行压力。随着收益率开始上升，它逐渐接近其他短期证券的收益率。企业和个人投资者现在有动机去购买国债而不是这些风险证券，因为他们可以在规避信用风险的同时得到同样的收益率。转向国债降低了对风险证券的需求，因此给风险证券的价格造成了下行压力，给风险证券的收益率造成了上行压力。因此，风险证券的风险溢价将不会完全消失。

3-2b　资本市场证券的收益率差异

市政债券有最低的税前收益率，但是从属于高税率人群的投资者的视角来看，它们的税后收益率通常高于国债的税后收益率。国债预期会提供最低的收益率，因为它们没有信用风险并且可以轻易地在二级市场上变现。只有当税后收益率足够高，高到可以补偿更高的信用风险和更低的流动性时，投资者才会相比国债更偏好市政债券或者公司债券。

为了说明资本市场证券收益率如何由于信用风险随着时间的推移而变化，图 3.2 展示了两个处于不同风险评级的公司债券的收益率。评级 Aaa 的债券有非常低的信用风险，同时评级 Baa 的债券被认为有更高的风险。注意到评级 Baa 的债券和评级 Aaa 的债券的收益率差异在衰退时期相对较大，如在 1991 年、2000—2003 年、2008—2009 年。在这些期间，如果公司的债券评级为 Baa，那么公司不得不支付较高的风险溢价。

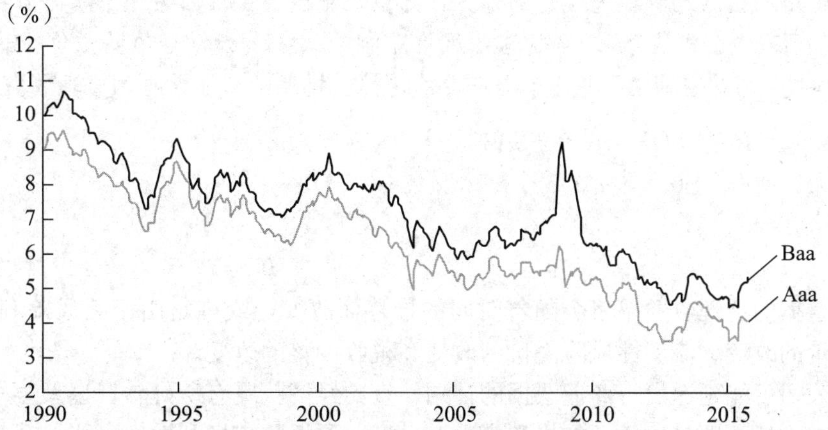

图 3.2　公司债券的收益率差异

资料来源：美联储。

很多债券评级为 Baa 及以下的公司会由于不得不支付给债权人高的信用风险溢价而不愿意发行债券。这说明了为什么次贷危机限制了公司获得信贷。

3-3　合理收益率估计

目前的讨论表明，债券提供的合理收益率是以相应期限的无风险利率为基础，加上对不同特点的调整，用模型可表示如下：

$$Y_n = R_{f,n} + DP + LP + TA$$

其中，

$Y_n = n$ 天债务性证券的收益率

$R_{f,n} = n$ 天国债（无风险证券）的收益率

$DP =$ 弥补信用风险的违约风险溢价

$LP =$ 弥补更弱流动性的流动性风险溢价

$TA =$ 税收调整

这些是之前确认的解释有价证券收益率差异的特征（正如第 7 章所描述的，还包括适用于债券的特殊条款）。

尽管到期期限是影响收益率的另外一个特征，但它未被包括在这里，因为我们通过将有价证券的到期期限与无风险证券的到期期限相匹配而把它控制了。

◈ 例子

假设 3 个月期短期国债的收益率是 8%，伊丽莎白公司打算发行 90 天的商业票据。伊丽莎白公司必须决定商业票据提供的违约溢价（DP）和流动性风险溢价（LP），以使它与 3 个月期（13 周）国债对投资者具有同样的吸引力。商业票据的联邦税收状况和国债一样。然而投资于商业票据的所得适用于国税，但是投资于国债的所得并不适用。如果投资者居住在适用国税（或者地方税）的地方，则他们可能会仅仅因为这个原因而要求溢价。

假设伊丽莎白公司认为 0.7%的违约风险溢价、0.2%的流动性风险溢价、0.3%的税收调整对于向投资者出售商业票据来说是必要的，那么提供给商业票据的合理收益率 Y_{cp} 是

$$\begin{aligned} Y_{cp,n} &= R_{f,n} + DP + LP + TA \\ &= 8\% + 0.7\% + 0.2\% + 0.3\% \\ &= 9.2\% \end{aligned}$$

◈

商业票据的合理收益率将会随着时间的推移而改变，或许是由于无风险利率和/或违约风险溢价的改变、流动性风险溢价的改变和税收调整的改变。

一些公司可能延迟发行商业票据的计划，直到经济状况有所好转，以及要求的信用风险溢价减少。然而即使这样，如果利率上升，商业票据的市场利率也可能上升。

◈ 例子

如果违约风险溢价从 0.7%减少至 0.5%，但是 $R_{f,n}$ 从 8%增加至 8.7%，那么提供给商业票据的合理收益率（假设之前假设的流动性溢价和税收调整都没有变化）将会是

$$\begin{aligned} Y_{cp,n} &= R_{f,n} + DP + LP + TA \\ &= 8.7\% + 0.5\% + 0.2\% + 0.3\% \\ &= 9.7\% \end{aligned}$$

这个示例中，延迟商业票据发行的策略将会适得其反。虽然违约风险溢价减少了 0.2 个百分点，但利率的总体水平上升了 0.7 个百分点，所以商业票据利率的净变化是增加了 0.5 个百分点。◈

正如这个例子所示，有价证券收益率随着时间的推移上升不一定意味着违约风险溢价也增加。这里所描述的收益率的评估也适用于长期证券。举个例子，如果一家公司想要发行 20 年期公司债券，在决定可以出售公司债券的利率时，将会用新发行的 20 年期国债收益率作为 20 年期无风险利率，并加上违约风险溢价、流动性风险溢价等。

一个更加简化且更加普遍的关系是债券的收益率与当前的无风险利率和有价证券的风险溢价正相关。风险溢价解释了有价证券的任何风险特征，包括信用风险和流动性风险。更为具体的债券收益率模型包含债券的不同特征，如债券是否可转换为股票以及是否包含赎回溢价。可转换选择有利于投资者，所以它会降低债券需要提供的收益率。赎回溢价对投资者不利，所以它会提高债券需要提供的收益率。

3-4 期限结构细观

在所有影响债券收益率的因素中，最难理解的就是到期期限。正因为如此，对到期期限和年化收益率之间的关系（称为利率期限结构）进行更为综合的解释是必要的。

有不同的理论可以解释到期期限和有价证券的年化收益率之间的关系。这些理论包括纯粹预期理论、流动性溢价理论和市场分割理论，每一个理论都会在这一部分进行解释。

3-4a 纯粹预期理论

根据纯粹预期理论，利率期限结构（反映在收益率曲线的形状上）仅由利率的预期决定。

预期利率上升的影响 为了理解利率预期怎样影响收益率曲线，假设短期和长期无风险证券的年化收益率类似；也就是说，假设收益率曲线是平坦的。然后假设投资者开始认为利率会上升。投资者会通过将大多数资金投入短期债券作为回应，以便在利率上升后可以很快以更高的收益率将资金再投资。当投资者冲向短期市场、规避长期市场时，可能引起收益率曲线像图 3.3A 一样调整。短期市场上大量的资金供给会迫使年化收益率下降。同时，长期资金的供给减少会迫使长期收益率上升。

即使年化短期收益率低于年化长期收益率，短期资金的投资者也是满意的，因为他们预期利率会上升，可以在短期债券到期后以更高的利率（如果利率上升）再投资，以弥补更低的短期收益率。

假设打算发行有价证券的借款人也预期利率会上升，他们更偏好在较长的一段时间内锁定当前利率。因此借款人将会更偏好发行长期证券而非短期证券。这会导致短期资金需求相对小。因此，短期资金的收益率有下行的压力。借款人对长期资金的需求会相应增加，这会给长期资金收益率造成上行的压力。总体来看，预期利率上升改变了不同期限市场上资金的供给和需求，这会迫使原来平坦的收益率曲线（在两个最右边的图中标注为 YC_1）向上转（逆时针方向），变得向上倾斜（YC_2）。

预期利率下降的影响 如果投资者预期未来利率下降，他们将会偏好投资于长期资金而非短期资金，因为他们可以在利率下跌之前锁定今天的利率。借款人将更偏好借短期资金，以便一旦利率下跌，他们可以以更低的利率进行再融资。

基于未来利率更低的预期，投资者的资金供给对于短期资金来说小，对于长期资金来说大。正如图 3.5B 所示，这会给短期收益率造成上行压力，给长期收益率造成下行压力。总体来说，预期利率下降会引起收益率曲线向下转（顺时针方向）。

代数演示 投资者监测收益率曲线以决定不同期限的有价证券的利率。他们或者购买到期期限与他们的投资期限相匹配的有价证券，或者购买有更短期限的有价证券，然后在到期时将收益再投资。他们可能选择他们认为在整个投资期限内能产生更高收益的策略。这会影响有不同到期期限的有价证券的价格和收益率，使得不管用哪种策略，投资期限内的期望收益率都差不多。如果投资者对到期期限不关心，那么任何有价证券的收益率都应该等于连续投资于更短期证券的复合收益率。也就是说，一个两年期证券应该提供与投资于两个连续的一年期证券的预期收益相似的收益。一个四年期证券应该提供与投资于两个连续的两年期证券或四个连续的一年期证券具有相当竞争力的收益，依此类推。

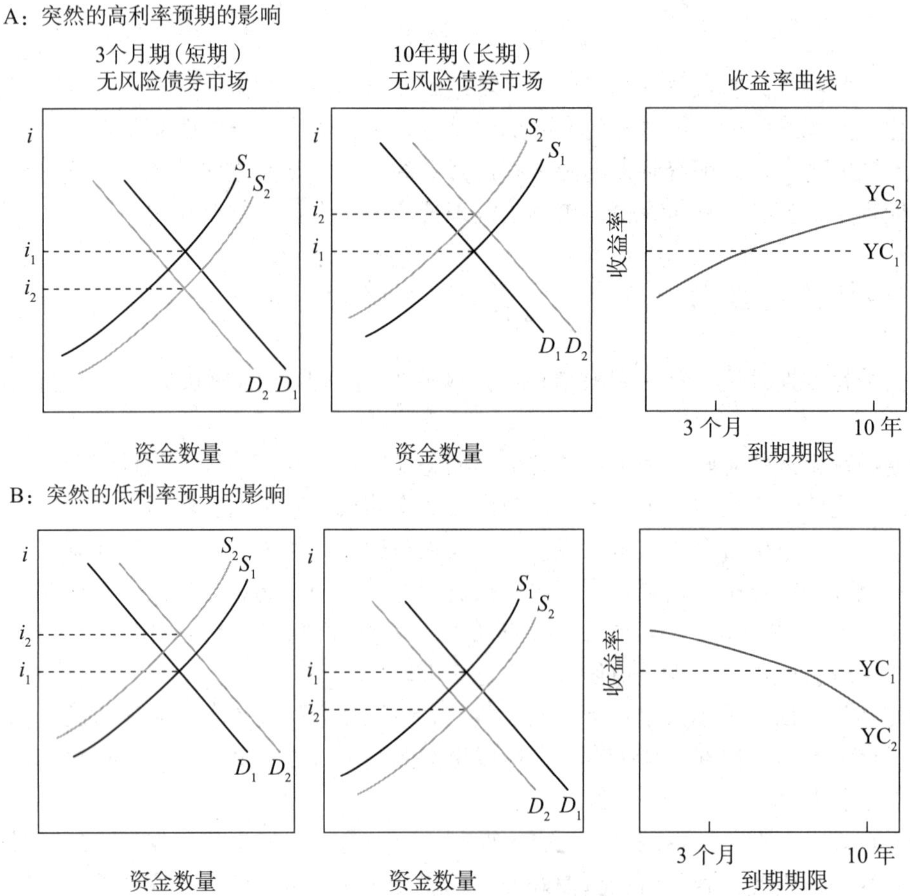

图 3.3　利率预期如何影响收益率曲线

说明：A：预期利率上升，投资者在短期市场（如 3 个月）的资金供给增加，在长期市场（如 10 年）的资金供给下降。借款人在长期市场的资金需求增加，在短期市场的资金需求下降。因此，这里所示的收益率曲线向上倾斜。

B：预期利率下降，投资者在长期市场（如 10 年）的资金供给增加，在短期市场（如 3 个月）的资金供给下降。借款人在短期市场的资金需求增加，在长期市场的资金需求下降。因此，这里所示的收益率曲线向下倾斜。

◇ 例子

为了说明这些等式，考虑两年期证券和一年期证券的利率的关系如下：

$$(1+{}_t i_2)^2=(1+{}_t i_1)(1+{}_{t+1}r_1)$$

其中，

${}_t i_2$＝时刻 t 已知的两年期证券的年化利率

${}_t i_1$＝时刻 t 已知的一年期证券的年化利率

${}_{t+1}r_1$＝预期时刻 $t+1$ 的一年期利率（提前一年）

符号 i 代表报价利率，因此是已知的，同时 r 代表未来某一时刻的报价利率，所以它的值是未知的。等式左边代表购买两年期证券的投资者的复合利率，右边代表购买一年期证券和在第一年底将收益再投资于新的一年期证券的预期复合收益率。如果今天是时刻 t，那么${}_{t+1}r_1$ 可以通过将式子变形估计出来：

$$1+{}_{t+1}r_1=\frac{(1+{}_ti_2)^2}{1+{}_ti_1}$$

$${}_{t+1}r_1=\frac{(1+{}_ti_2)^2}{1+{}_ti_1}-1$$

符号${}_{t+1}r_1$ 指代**远期利率**（forward rate），通常表示市场对未来利率的预测值。这里是一个数值示例：假设截至今天（时刻 t），年化的两年期利率是 10%，一年期利率是 8%。远期利率可以被估计如下：

$${}_{t+1}r_1=\frac{(1+0.10)^2}{1+0.08}-1$$
$$=0.120\,370\,4$$

这个结果说明，一年后的今天一年期利率必定约等于 12.037%，以使两个连续的一年期证券的投资与一个两年期投资产生相近的收益。如果一年之后（即在时刻 $t+1$）的实际一年期利率高于 12.037%，那么两个连续的一年期投资的收益将会超过一个两年期投资的收益。◇

远期利率有时被用作市场一致利率预测的近似值。原因是如果市场有不同的看法，今天现有的两年期和一年期证券的供需会利用这一信息进行调整。当然，不能保证远期利率将会完美准确地预测未来利率。

暗含的一年期远期利率与今天的一年期利率差别越大，一年期利率的预期变化越大。如果利率期限结构仅受未来利率预期的影响，那么以下关系成立：

情形	收益率曲线的结构	对未来利率的预期
1. ${}_{t+1}r_1>{}_ti_1$	向上倾斜	高于今天的利率
2. ${}_{t+1}r_1={}_ti_1$	平坦	与今天的利率一样
3. ${}_{t+1}r_1<{}_ti_1$	向下倾斜	低于今天的利率

可以根据各种期限确定远期利率。当评估任意特定到期期限的有价证券利率的变化时可以应用这里所描述的关系。

之前的例子可以拓展到求解其他远期利率。纯粹预期理论给出的三年期限的等式是

$$(1+{}_ti_3)^3=(1+{}_ti_1)(1+{}_{t+1}r_1)(1+{}_{t+2}r_1)$$

其中，

${}_ti_3=t$ 时刻三年期证券的年化利率

${}_{t+2}r_1=$预期 $t+2$ 时刻（两年后）的一年期利率

其他项的含义和之前一样。通过移项，我们可以分离出两年后一年期证券的远期利率：

$$1+{}_{t+2}r_1=\frac{(1+{}_ti_3)^3}{(1+{}_ti_1)(1+{}_{t+1}r_1)}$$

$${}_{t+2}r_1=\frac{(1+{}_ti_3)^3}{(1+{}_ti_1)(1+{}_{t+1}r_1)}-1$$

如果已经估计了一年后的一年期远期利率（${}_{t+1}r_1$），那么可以将这一估计与实际一年

期和三年期利率相结合去估计两年后的一年期远期利率。回忆我们之前的示例，假设${}_{t}i_{1}=8\%$，估计${}_{t+1}r_{1}$为大约12.037%。

◇ 例子

假设三年期有价证券有11%的年化利率（即${}_{t}i_{3}=11\%$）。基于这一信息，两年后的一年期远期利率可以计算如下：

$$\begin{aligned}{}_{t+2}r_{1}&=\frac{(1+{}_{t}i_{3})^{3}}{(1+{}_{t}i_{1})(1+{}_{t+1}r_{1})}-1\\&=\frac{(1+0.11)^{3}}{(1+0.08)(1+0.120\ 37)}-1\\&=\frac{1.367\ 631}{1.21}-1\\&=13.027\ 36\%\end{aligned}$$

因此市场预期两年后，一年期利率将会是13.027 36%。◇

收益率曲线也可用于预测除一年之外其他时期的年化利率。举个例子，上一个示例提供的信息可用于决定一年之后的两年期远期利率。

根据纯粹预期理论，进行一年期投资后再进行两年期投资应该提供与现在可以买到的三年期证券相同的年化收益率。这一关系可表示如下：

$$(1+{}_{t}i_{3})^{3}=(1+{}_{t}i_{1})(1+{}_{t+1}r_{2})^{2}$$

其中${}_{t+1}r_{2}$是预期$t+1$时刻两年期证券的年化利率。通过移项，${}_{t+1}r_{2}$可以被分离出来：

$$(1+{}_{t+1}r_{2})^{2}=\frac{(1+{}_{t}i_{3})^{3}}{1+{}_{t}i_{1}}$$

◇ 例子

回忆今天一年期证券和三年期证券的年化收益率分别为8%和11%。根据这一信息，${}_{t+1}r_{2}$可以被估计如下：

$$\begin{aligned}(1+{}_{t+1}r_{2})^{2}&=\frac{(1+{}_{t}i_{3})^{2}}{1+{}_{t}i_{1}}\\&=\frac{(1+0.11)^{3}}{1+0.08}\\&=1.266\ 325\end{aligned}$$

$$\begin{aligned}1+{}_{t+1}r_{2}&=\sqrt{1.266\ 325}\\&=1.125\ 3\end{aligned}$$

$${}_{t+1}r_{2}=0.125\ 3$$

因此市场预期一年后的两年期证券年化收益率约为12.53%。◇

纯粹预期理论建立在远期利率是未来利率的无偏估计的前提下。如果远期利率是有偏的，那么投资者可以试图利用这一偏差。

◈ 例子

在之前的数值示例中，提前一年的一年期远期利率估计约为12.037%。如果远期利率被认为过高估计，提前一年的预期一年期利率将会低于12.037%。因此有足够投资两年的资金的投资者将会通过购买两年期证券而非连续两年购买一年期证券获取更高的收益率。然而，他们的行为会引起两年期证券价格的上升和一年期证券价格的下降，这些证券的收益率将会向与价格变动相反的方向变动。因此，投资者利用远期利率偏差的任何尝试都必然会消除偏差。◈

如果远期利率是未来利率的无偏估计，那么金融市场有效性得到了支持，并且市场所暗含的关于远期利率的信息不能被用于产生异常收益。作为对新信息的反应，投资者偏好将会改变，收益率会调整，暗含的远期利率也会调整。

如果长期利率预期等于相同时间范围内连续短期利率的几何平均数（正如纯粹预期理论所示），长期利率可能会比短期利率更稳定。随着对连续短期利率的预期随时间而变化，这些利率的均值没有单独的短期利率变化大。因此长期利率比短期利率更稳定。

3-4b　流动性溢价理论

一些投资者可能愿意拥有短期证券而非长期证券，因为到期期限越短，流动性越强。在这个案例中，只有获得对更低流动性的溢价补偿时他们才可能愿意持有长期有价证券。尽管长期证券可以在到期前变现，但是其价格对利率变化更加敏感。短期证券通常被认为更加具有流动性，因为它们更有可能在不贬值的情况下转化为现金。

对更具有流动性的短期有价证券的偏好给收益率曲线斜率造成了上行的压力。流动性有时对于投资者来说是一个比其他因素更为重要的因素，流动性溢价也会随着时间相应变化。由于流动性溢价改变，收益率曲线也会改变。这就是流动性溢价理论（有时也被称为流动性偏好理论）。

图3.4包含了三幅反映纯粹预期理论和流动性溢价理论的图。每幅图都展示了市场对利率的不同预期。不考虑市场对利率的预期，收益率曲线受到流动性溢价类似的影响。

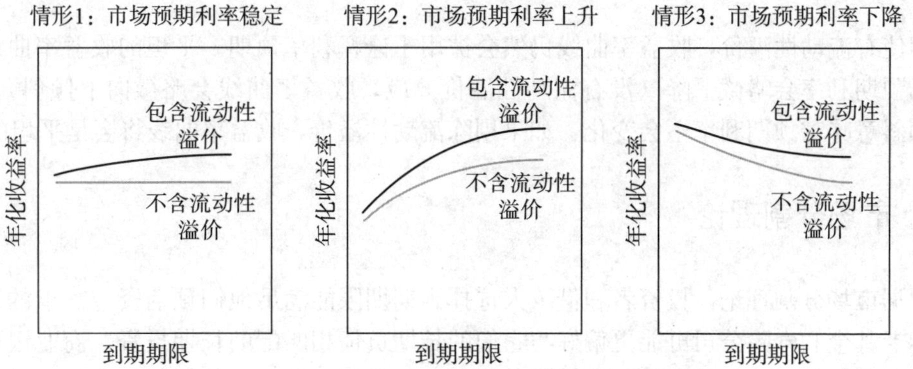

图3.4　在三种不同情形下流动性溢价对收益率曲线的影响

基于流动性溢价的远期利率估计 当纯粹预期理论与流动性溢价理论相结合时，有价证券的收益率不一定等于同样投资期限内连续投资于更短期有价证券的收益率。例如，两年期有价证券的收益率现在可表示为

$$(1+{}_{t+1}i_2)^2=(1+{}_ti_1)(1+{}_{t+1}r_1)+LP_2$$

其中，LP_2 表示两年期证券的流动性溢价。两年期证券的收益率应该超过连续投资于一年期证券的收益率，二者的差额为弥补投资者流动性的溢价。流动性溢价和到期期限之间的关系可以表示如下：

$$0<LP_1<LP_2<LP_3<\cdots<LP_{20}$$

其中下标表示到期期限。这说明了流动性溢价对一年期和 20 年期有价证券年化收益率的差别比对一年期和两年期有价证券年化收益率的差别影响更大。

如果流动性影响了收益率曲线，远期利率就会高估市场对未来利率的预期。对远期利率的更合适的计算公式会将流动性溢价考虑在内。通过对之前计算远期利率的等式进行移项，可以根据下式计算一年期远期利率：

$${}_{t+1}r_1=\frac{(1+{}_ti_2)^2}{1+{}_ti_1}-1-\frac{LP_2}{1+{}_ti_1}$$

◇ 例子

重新考虑 $i_1=8\%$，$i_2=10\%$ 的示例，假设两年期证券的流动性溢价是 0.5%。一年期远期利率可以计算如下：

$$\begin{aligned}{}_{t+1}r_1&=\frac{(1+{}_ti_2)^2}{1+{}_ti_1}-1-\frac{LP_2}{1+{}_ti_1}\\&=\frac{1.10^2}{1.08}-1-\frac{0.005}{1+0.08}\\&=0.115\,74\end{aligned}$$

这个对一年期远期利率的估计值小于之前没有解释流动性溢价的相关示例中的估计值。之前对远期利率的估计（12.037%）高估了市场预期利率，因为它没有解释流动性溢价。因此当考虑流动性溢价时，收益率曲线所含的对未来利率的预测值会略微减小。◇

即使有流动性溢价，收益率曲线仍然会被用于诠释利率预期。平坦的收益率曲线意味着市场预期利率会略微下降（没有流动性溢价效应，收益率曲线会略微向下倾斜）。略微向上倾斜意味着预期利率不会变化：如果剔除流动性溢价，收益率曲线将会是平坦的。

3-4c 市场分割理论

根据市场分割理论，投资者和借款人选择到期期限能满足他们预期资金需求的有价证券。养老基金和寿险公司可能更偏好与它们的长期负债相匹配的长期投资。商业银行可能更偏好与它们的短期负债相匹配的更短期投资。如果投资者和借款人仅仅参与满足它们特定需求的期限市场，那么市场是分割的。也就是说，只有在投资者（或借款人）的资金需

求期限发生变化时，他们才会从长期市场转向短期市场，反之亦然。根据市场分割理论，选择长期或短期期限更多是由投资者的需求而非他们对未来利率的预期决定。

◇ **例子**

假设大多数投资者拥有在很短时期内可投资的资金，且因此希望主要投资于短期证券。还假设大多数借款人需要长期资金并因此希望发行较长期证券。结果将会是给短期有价证券的收益率造成下行压力，给长期有价证券的收益率造成上行压力。总体来看，上述描述的情况会形成一条向上倾斜的收益率曲线。

现在考虑相反的情形，即大多数投资者希望将他们的资金投资较长一段时间，同时大多数借款人需要较短期的资金。根据市场分割理论，这一情况会给短期证券的收益率造成上行压力，给长期证券的收益率造成下行压力。如果投资者的资金供给和借款人的资金需求在短期和长期市场之间更好地平衡，那么短期证券和长期证券的收益率将会更加相近。◇

之前的例子将期限市场区分为短期市场和长期市场。事实上，可能会存在多个期限市场。在短期市场中，一些投资者可能偏好一个月及以下期限的证券，同时另外一些偏好一到三个月期限的证券。不管存在多少个期限市场，不同期限有价证券的收益率都会部分受到投资者和借款人希望参与最能满足他们需求的期限市场的意愿的影响。需要 30 天额外资金的公司不会因为这个目的而考虑发行长期债券。具有短期资金的储蓄者会避免不能轻易变现的一些长期投资（如 10 年期存单）。

理论的局限性　市场分割理论的局限性在于一些借款人和储蓄者有选择不同期限市场的灵活性。需要长期资金的公司可能刚开始会考虑短期融资，如果他们预期利率会下降的话；有长期资金的投资者也可能进行短期投资，如果他们预期利率会上升的话。此外，一些有短期资金的投资者可能愿意购买有活跃的二级市场的长期证券。

一些金融机构集中于特定期限市场，但是其他一些金融机构更加灵活。商业银行从短期市场上获得大部分资金，但是将投资拓展到短期、中期和长期市场上。储蓄机构历来集中于吸引短期资金并出借长期资金。注意如果期限市场是完全分割的，那么一个市场的利率调整将不会对其他市场产生影响。然而，有清楚的证据表明，不同期限市场的利率随着时间的推移将会趋同。这一证据表明不同市场之间存在相互作用，说明资金在市场间进行转移。同时，要注意市场分割理论与纯粹预期理论的假定——期限市场彼此之间可以完全替代——相矛盾。

启示　尽管市场不是完全分割的，但对特定期限的偏好可能会影响不同期限有价证券的价格和收益率，并因此影响收益率曲线的形状。因为这个原因，市场分割理论似乎是收益率曲线形状的部分解释但非全部解释。

一个更为灵活的市场分割理论的变体，也称优先置产理论（preferred habitat theory），提供了对利率期限结构的一个折中的解释。这一理论认为，尽管投资者和借款人可能通常集中于特定期限市场，但一些事件的发生可能会引起他们偏离“自然”市场。例如，获得大部分短期资金的商业银行可能会选择短期投资作为自然市场。然而，如果它们希望从预期利率下降中获益，它们可能选择中期和长期投资代替。优先置产理论认为，自然期限市场可能会影响收益率曲线，但是它也认识到利率预期可以诱使参与者偏离自然的、优先的市场。

3-4d 期限结构理论相关研究

对于利率期限结构已经进行了很多研究，并且提供了大量关于不同理论的见解。研究者发现利率预期对利率期限结构有很强的影响。然而，收益率曲线衍生出的远期利率不能准确预测未来利率，这表明可能有其他相关因素。举个例子，流动性溢价可以引起一致的正向预测错误，意味着远期利率倾向于过高估计未来利率。研究表明，到期收益率和期限关系的变化不能够完全被利率预期或流动性解释。因此变化可以归因于对具体期限部分的供需状况不同。

一般研究启示 尽管研究结果不同，但有证据表明，纯粹预期理论、流动性溢价理论和市场分割理论都有一定的道理。因此如果期限结构被用于评估市场对未来利率的预期，那么投资者应该首先排除流动性溢价以及不同期限部分的任何特有的市场状况。

3-4e 期限结构理论融汇

为了理解这三个理论是怎样同时影响收益率曲线的，首先假设如下条件：

1. 基于预期利率变化选择有价证券期限的投资者和借款人预期利率上升；
2. 大多数借款人需要长期资金，但是大多数投资者只有短期资金用于投资；
3. 投资者偏好更多的流动性。

条件 1 与纯粹预期理论相关，表明向上倾斜的收益率曲线（其他都一样）的存在，见图 3.5 中的曲线 E。

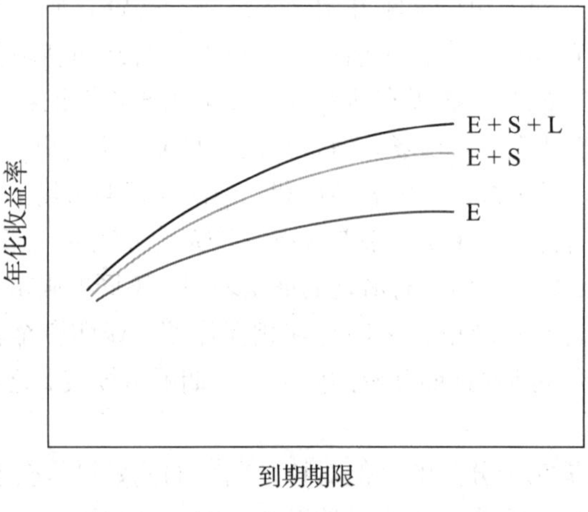

图 3.5 不同条件对收益率曲线的影响

分割市场的信息（条件 2）也支持向上倾斜的收益率曲线。当同时考虑条件 1 和条件 2 时，合适的收益率曲线看起来像图中的 E+S 曲线。条件 3（关于流动性）会给长期证券一个更高的溢价，因为长期证券的流动性低。当将这一条件包含进前两个条件时，收益率曲线由 E+S+L 表示。

在这个例子中，所有的条件造成了长期收益率相对短期收益率上行的压力。现实中，有时会有一些互相抵消的条件：一个条件可能对收益率曲线的斜率造成下行的压力，同时其他条件对它造成上行的压力。如果这里示例中的条件 1 进行了修改以至预期未来利率会下跌，那么这一条件（本身）会导致向下倾斜的收益率曲线。因此当与其他暗含向上倾斜的曲线的条件结合时，结果将会产生部分抵消效应。如果利率预期的影响主导了市场分割和流动性溢价二者结合的影响，实际收益率曲线将会向下倾斜。相反，如果流动性溢价和分割市场结合的影响主导了利率预期的影响，收益率曲线将会向上倾斜。

3-4f 利率期限结构的运用

利率期限结构被用于预测利率、预测衰退、做出投资和融资决定。

预测利率 在任何时刻，收益率曲线都可以用于评估投资者和借款人关于未来利率的总体预期。回忆纯粹预期理论中向上倾斜的收益率曲线通常是由于预期利率上升，但是向下倾斜的收益率曲线通常是由于预期利率下降。然而关于未来利率的预期必须被小心诠释，因为流动性和到期期限偏好可以影响收益率曲线的形状。但是通常认为利率预期是收益率曲线形状的主要影响因素。因此曲线形状应该能提供一个市场对未来利率预期的合理表示（尤其是当流动性溢价的影响被纳入时）。

尽管可以用收益率曲线诠释市场对未来利率的一致预期，但投资者可能有自己的利率预测。他们通过将自己的预测和那些用收益率曲线表示的预测进行比较，尝试利用差异。例如，如果存在向上倾斜的收益率曲线，预期利率稳定的投资者可以从投资于长期证券中获益。从他们的角度来说，长期证券被低估，因为它们反映了市场（假定不正确）对利率上升的预期。只有当投资者可以持续比市场预期更准确时，诸如此类的策略才会是有效的。

预测衰退 一些分析师认为平坦的或倒置的收益率曲线预示着不久的将来经济会衰退。这一观点的理由是，给定正的流动性溢价，这种收益率曲线反映了对利率下降的预期。这反过来与可贷资金需求减少的预期相联系，可贷资金需求减少的预期可以归因于对经济疲软的预期。

收益率曲线在 2000 年变得平坦或略微倒置。那时，曲线的形状表明了对经济增长更为缓慢的预期，这导致了更低的利率。在 2001 年，经济大幅衰退。在 2007 年 3 月，收益率曲线呈现出略微的负向斜率，这引起一些市场参与者预期衰退。在 2008 年次贷危机期间及随后的两年间，不同期限的国债收益率下降。短期利率经历了最为明显的下降，这导致了 2010 年向上倾斜的收益率曲线，且 2015 年一整年都保持这一状况。

做出投资决定 如果收益率曲线是向上倾斜的，一些投资者可能尝试从长期证券的更高收益率中获益，即使他们只有短期资金用于投资。二级市场允许投资者实行这一策略，**即骑乘收益率曲线**（riding the yield curve）。考虑向上倾斜的收益率曲线，一些一年期证券提供 7%的年化收益率，同时 10 年期债券提供 10%的年化收益率。资金可用一年的投资者可能会决定购买债券并于一年后在二级市场出售。这样的话投资者比投资于一年期证券多赚 3%，但是只有当债券可以以它们被购买的价格出售（一年后）时才可以实现。这一策略的风险是债券在不久的将来可以被卖出的价格的不确定性。如果向上倾斜的收益率曲线被诠释为对未来市场一致的更高的利率的预期，那么可以预期债券的价格未来会下降。

收益率曲线通常受到那些负债期限与资产期限明显不同的金融机构的监测。考虑一家银行，通过短期存款获得其大部分资金，并用资金提供长期借贷或者购买长期证券。向上倾斜的收益率曲线有利于银行，因为年化短期存款利率显著低于年化长期投资利率。如果收益率曲线是平坦的，那么银行的价差比原来更大。然而，如果银行相信向上倾斜的收益率曲线代表未来更高的利率（正如纯粹预期理论所预测的），那么它会预期负债成本随时间而增加，因为未来的存款将以更高的利率才能得到。

做出融资决定　收益率曲线也对计划发行债券的公司非常有用。通过评估不同期限的有价证券的当前利率，公司可以估计不同期限的债券的利率。这使它们能够决定发行的债券的期限。如果它们需要两年期的资金，但是注意到收益率曲线中一年期债券的年化收益率远比两年期债券的收益率低，它们可能会考虑借一年期的。一年后它们付清这笔债务后，将需要另借一年的资金。

3-4g　为何收益率曲线的斜率会变动

如果所有期限的利率受到现有条件同样程度的影响，那么收益率曲线的斜率将会保持不变。然而，这些条件可能会引起短期收益率以一种不同于长期收益率的方式变动。

◇ 例子

假设去年 7 月，收益率曲线有较大的向上的斜率，正如图 3.6 中收益率曲线 YC_1 所示。从那时起，财政部决定通过收回 3 000 亿美元的长期国债和增加其短期国债的供给重新安排其债务。这引起了短期资金需求的大幅上升和长期资金需求的大幅下降。短期资金

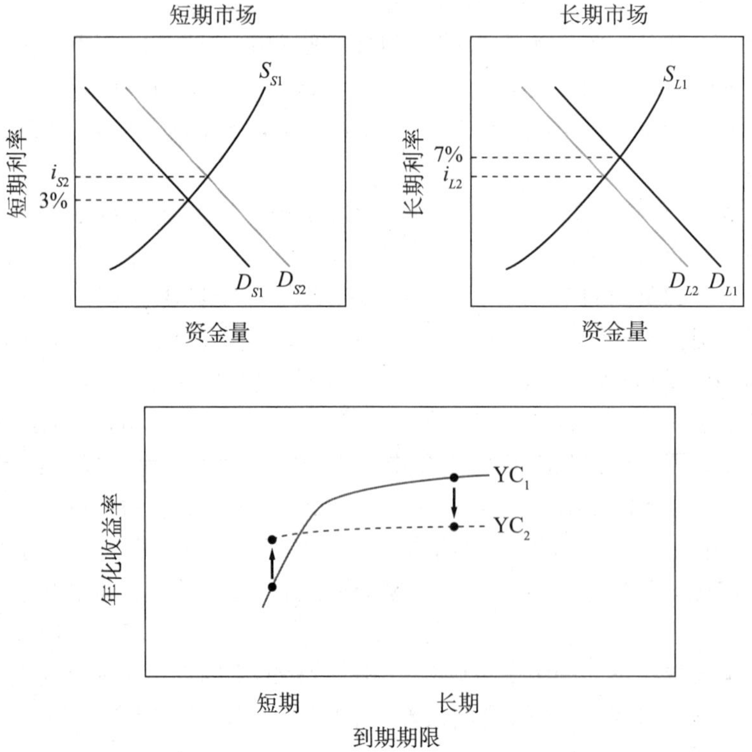

图 3.6　财政部从长期融资转向短期融资的潜在影响

需求的上升引起了短期利率的上升，并因此提高了新发行的短期证券的收益率。相反，长期资金需求的下降引起了长期利率的下降，并因此降低了新发行的长期证券的收益率。

今天，收益率曲线是 YC_2，它比去年 7 月的收益率曲线更加平坦。◈

3-4h 收益率曲线的历史变动

图 3.7 展示了不同日期的收益率曲线。收益率曲线通常向上倾斜，但有时也会出现明显略微向下的斜率（见图中 2007 年 3 月 21 日的曲线）。过去一些年的收益率曲线一直非常低，反映了任何到期期限较低的年化利率。

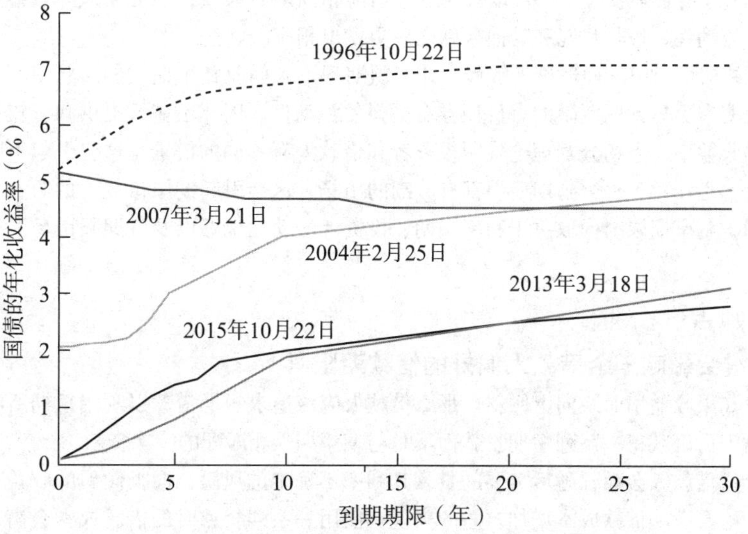

图 3.7 不同时刻的收益率曲线

3-4i 利率的国际结构

因为不同国家影响收益率曲线的因素不同，不同国家在任意给定时刻收益率曲线的形状也不同。每个国家有不同的货币，有自己的不同期限的利率水平，每个国家的利率水平都是建立在供需状况的基础上。

由于金融市场实现了国际一体化，不同国家的利率变化倾向于正相关。然而在给定时点，不同国家的实际利率可能差异很大。这说明利率的不同可以主要归因于不同国家的普遍的供求状况，较少归因于违约风险溢价、流动性风险溢价或者单个证券的其他特征。

因为远期利率（正如这一章解释的）反映了市场对未来利率的预期，不同国家的利率期限结构应该由于以下原因被监测。首先，由于金融市场一体化，一国利率的变动会影响其他国家的利率。因此一些投资者可以通过估计其他国家的远期利率来预测该国的利率，这个外国利率反过来可能会影响到国内利率。其次，外国有价证券和一些国内证券受到外国经济的影响，而外国经济依赖于外国利率。如果外国远期利率可以用来预测外国利率，则可以加强对外国经济的预测。因为汇率也受到外国利率的影响，所以当外国远期利率被用于预测外国利率时，汇率预测也会更加准确。

如果实际利率是固定的，任何远期利率可以被估计的国家的未来通货膨胀率就都可以被预测。回忆第 2 章，名义利率由预期通胀率加上实际利率组成。因为远期利率代表预期未来名义利率，它也代表预期通胀率加上那一时期的实际利率。那一时期的预期通胀率被估计为远期利率和实际利率之差。

小结

■ 任何给定时刻债券的报价收益率都可能因为以下原因而不同：第一，有更高信用（违约）风险的有价证券必须提供更高的收益率。第二，流动性弱的有价证券必须提供更高的收益率。第三，应税有价证券必须比免税证券提供更高的税前收益率。第四，有更长期限的有价证券提供与更短期限有价证券不同（不是一直更高或更低）的收益率。

■ 任何给定债券的合理收益率都可以首先通过当前相同期限国债提供的无风险收益率来估计，然后考虑信用风险、流动性、税收状况和其他条款之后再做出相应的调整。

■ 利率期限结构可以用三种理论来解释。纯粹预期理论表明收益率曲线的形状由利率预期主导。流动性溢价理论表明有更短到期期限的有价证券有更强的流动性，因此不应该提供和有较长到期期限的有价证券一样高的收益率。市场分割理论表明投资者和借款人有不同的需求，这会引起不同期限证券的供需状况不同；换言之，对于每个到期期限都有分割的市场，这会引起期限市场上的收益率不同。这些理论综合起来表明，利率期限结构取决于利率预期、投资者流动性偏好以及各期限市场上投资者和借款人的独特需求。

正方和反方观点

收益率曲线会影响一个借款人偏好的借款期限吗？

正方　会。如果收益率曲线向上倾斜，那么借款人应该追求短期借款以利用短期所收取的更低的年化收益率。借款人可以获得一系列短期贷款而不是与期望期限相匹配的一次贷款。

反方　不会。借款人会面临随后需要的贷款其利率不确定的风险。向上倾斜的收益率曲线表明未来利率可能上升，这会引起借款成本增加。总的来说，使用一系列贷款时的借款成本会高于将债务期限与所需资金期限相匹配时的借款成本。

谁正确？　利用互联网学习关于这个议题的更多知识并形成你自己的观点。

问题与应用

1. 影响证券收益率的特征　识别可以影响证券收益率的任何特征。

2. 信用风险对收益率的影响　高的信用风险对有价证券有什么影响？

3. 流动性对收益率的影响　讨论证券收益率和证券流动性的关系。

4. 税收对收益率的影响　处于高税率的投资者和处于低税率的投资者谁会从免税证券中获益更多？为什么？在给定时刻，哪一个提供更高的税前收益率，市政债券还是公司债券？为什么？哪一个有更高的税后收益率？如果不存在税收，相比同样期限的市政债券，联邦政府机构债券会提供更高还是更低的收益率？为什么？

5. 纯粹预期理论　根据纯粹预期理论，解释收益率曲线会如何对利率突然上升的预期做出反应？

6. 远期利率　在利率期限结构下远期利率的含义是什么？为什么远期利率总会高估未来利率？如何避免这一偏差？

7. 纯粹预期理论　假设突然预期未来会有更低的利率。这会对收益率曲线的形状产生什么影响？试解释。

8. 流动性溢价理论　解释流动性溢价理论。

9. 流动性溢价对远期利率的影响　解释对流动性溢价的考虑会如何影响对远期利率的估计？

10. 市场分割理论　如果向下倾斜的收益率曲线主要归因于市场分割理论，这表示短期和长期市场上怎样的资金供给和需求？

11. 市场分割理论 如果市场分割理论造成向上倾斜的收益率曲线，这意味着什么？如果市场不是完全分割的，我们应该放弃作为利率期限结构的部分解释的市场分割理论吗？试解释。

12. 优先置产理论 解释优先置产理论。

13. 收益率曲线 什么因素影响收益率曲线的形状？描述金融市场参与者如何使用收益率曲线。

高级问题

14. 市场分割理论 假设财政部决定主要用长期资金为其赤字融资。这个决定会如何影响利率期限结构？如果短期市场和长期市场是分割的，财政部的决定会对期限结构有更明显的影响还是更不明显的影响？试解释。

15. 收益率曲线 假设流动性和利率预期对于解释收益率曲线的形状都非常重要，平坦的收益率曲线在关于市场对未来利率的预期方面说明了什么？

16. 收益率曲线的全球相互作用 假设美国、法国和日本的收益率曲线是平坦的。如果美国的收益率曲线突然变为正向倾斜，你认为法国和日本的收益率曲线会受到影响吗？如果会，是什么影响？

17. 对收益率曲线的多重效果 假设：(1) 投资者和借款人预期经济会衰退，通胀率会下降；(2) 投资人要求较小的流动性溢价；(3) 市场部分分割，且财政部当前有在短期市场上借款的偏好。解释保持其他因素不变时，每项因素会对期限结构造成怎样的影响。

18. 危机对收益率曲线的影响 在危机期间，为了安全，投资者也会将他们的资金从股票市场证券转移到货币市场证券，即使他们不害怕上升的利率。解释投资者的这些行动会如何影响以及为什么会影响收益率曲线。纯粹预期理论、流动性溢价理论和市场分割理论哪个能最好地解释这一转变？

19. 收益率曲线会如何对当前状况做出反应 考虑经济状况如何影响违约风险溢价。你认为违约风险在这个学期可能会增加还是减少？你认为这个学期的收益率曲线会怎样变化？提供一些逻辑以支持你的答案。

20. 评估不同国家的利率差异 在高通货膨胀率的国家，年化利率可能超过50%；在其他国家，如美国和许多欧洲国家，年化利率通常低于10%。你认为如此大的利率差别主要是由于国家之间无风险利率的差别还是信用风险溢价的差别？试解释。

21. 将收益率曲线应用到风险债券 假设国债的收益率曲线略微向上倾斜，从10年期证券的6%开始，缓慢上升到30年期证券的8%。画出你所认为的A级债券和相应的B级债券的收益率曲线。

22. 信用评级过程的变化 解释信用评级机构在经受了对它们在次贷危机期间评级结果的指责后，是如何对评级过程做出改变的。

辩证思维问题

次贷危机是怎样使信贷市场瘫痪的 市场利率的核心部分是无风险利率和信用风险溢价。在次贷危机期间，这两个部分大幅变化，但是朝不同的方向。这些部分的变化不仅说明了美联储如何干预金融市场以改善金融状况，而且说明了潜在的有利影响如何被限制（至少在危机最初的几个月）。写一篇短文章解释无风险利率和风险溢价如何随着次贷危机的发生而改变。

解释为什么金融市场在危机期间陷入瘫痪。是由于无风险利率的变化还是风险溢价的变化？

解读财经新闻

诠释华尔街分析师和投资经理做出的下述评论：

a. “向上倾斜的收益率曲线之所以可以持续是因为许多投资者随时准备进入股市。”

b. “随着衰退恐慌引起安全投资转移（flight to quality），低评级债券的收益率会上升。”

c. “向上倾斜的收益率曲线转变为向下倾斜的收益率曲线传递了可能会发生衰退的警告。”

金融市场管理

监测收益率曲线调整 作为债券评级机构的分析师，你被要求对最近收益率曲线转变的含义进行诠释。6个月前，收益率曲线略微向下倾斜。在过去的6个月中，长期收益率下降，同时短期收益率保持不变。分析师说这一转变是由于利率预期的修正。

a. 给定收益率曲线的转变，在过去 6 个月中公司增加了还是减少了对长期资金的需求？

b. 解释收益率曲线的转变说明了市场预期未来利率会发生什么变化。

c. 最近，一个分析师认为收益率曲线转变的潜在原因是很多大型的美国公司预期会发生衰退。解释为什么预期衰退会使收益率曲线这样变化。

d. 收益率曲线的变化预示着现有公司债券评级结果发生怎样的变化？什么类型的公司最有可能因为收益率曲线的这一转变而经历债券评级结果的变化？

习题

1. 远期利率

a. 假设截至今天，两年期年化利率是 13%，一年期年化利率是 12%。利用这一信息估计一年期远期利率。

b. 假设两年期证券的流动性溢价是 0.3%。利用这一信息估计一年期远期利率。

2. 远期利率 假设截至今天，三年期证券的年化利率是 10%，两年期证券的年化利率是 7%。利用这一信息估计两年后的一年远期利率。

3. 远期利率 如果${}_ti_1 > {}_ti_2$，市场对一年后的一年期远期利率的一致预测是怎样的？这一利率高于还是低于今天的一年期利率？试解释。

4. 税后收益率 你需要在投资于 7%收益率的一年期市政债券和 11%收益率的一年期公司债券之间做出选择。如果你的边际联邦所得税税率是 30%，且这两个证券没有其他区别，你会投资哪个？

5. 推导出目前的利率 假设一年期证券利率现在预期是 2%，一年后预期是 4%，两年后预期是 6%。只使用纯粹预期理论，计算两年期和三年期证券的当前利率是多少？

6. 商业票据收益率

a. 一家公司打算将它 90 天的商业票据以 8.4%的收益率出售给投资者。如果三个月期国债年化利率是 7%，违约风险溢价估计是 0.6%，有 0.4%的税收调整，那么合理的流动性溢价是多少？

b. 假设由于经济中未预期到的变化，违约风险溢价增加到 0.8%。假设没有其他变化发生，商业票据的合理收益率是多少？

7. 远期利率

a. 假设没有流动性溢价，如果两年期利率是 8%，判断不同一年期利率情况下的远期利率。解释当保持两年期利率不变时，一年期利率和一年期远期利率之间的关系。

b. 当假设有 0.4%的流动性溢价时，判断与 a 中一样的一年期利率情形下的远期利率。

当考虑流动性溢价时，一年期利率和一年期远期利率之间的关系会变化吗？

c. 判断如果报价两年期利率上升，一年期远期利率会如何受到影响；保持报价一年期利率和流动性溢价不变。解释这一关系的逻辑。

d. 如果流动性溢价上升且报价一年期利率保持不变，判断一年期远期利率会如何受到影响。如果报价两年期利率保持不变呢？解释这一关系的逻辑。

8. 税后收益率 保持税前收益率不变，判断投资于公司债券的税后收益率会如何受到更高税率的影响。解释这一关系的逻辑。

9. 债券收益率

a. 判断一个证券的合理收益率会如何受到更高的无风险利率的影响。解释这一关系的逻辑。

b. 判断一个证券的合理收益率会如何受到更高的违约风险溢价的影响。解释这一关系的逻辑。

资金流动练习

利率结构的影响

回忆卡森公司从金融公司和商业银行获得了大量贷款。贷款的利率与市场利率挂钩并且每六个月调整一次。因此卡森公司获得资金的成本对利率变动敏感。基于美国经济将会表现强劲的预期，卡森公司计划未来通过扩张和兼并成长发展。卡森公司预期它会需要大量的长期融资以支持这一增长，它计划或者通过现有贷款或者通过发行债券借得额外资金；公司也在考虑明年发行股票融资的可能性。

a. 假设市场对经济的预期与卡森公司的预期相似。同时假设收益率曲线主要受到利率预期的影响。收益率曲线会向上倾斜还是向下倾斜？为什么？

b. 如果卡森公司可以为 10 年期项目获得更多债务融资，它会更偏好于以固定利率还是浮动利率获得长期信贷？为什么？

c. 如果卡森公司打算通过发行 10 年期债券获得资金，解释什么信息有助于估计它为 10 年期债券所支付的收益率。也就是说，什么是影响卡森公司为 10 年期债券支付的利率的主要因素？

d. 如果卡森公司打算通过每六个月发行浮动利率债券获得资金，解释什么信息有助于估计它接下来 10 年所支付的收益率。也就是说，什么是影响卡森公司支付的 10 年期债券的利率的核心因素？

e. 向上倾斜的收益率曲线表明，金融机构向卡森公司收取的长期贷款的初始利率高于收取的根据短期利率浮动的贷款的初始利率。这意味着相比提供浮动利率贷款，债权人更偏好给卡森公司提供固定利率贷款吗？解释为什么卡森公司对未来利率的预期不一定与那些金融机构的预期一样。

互联网/Excel 练习

1. 通过使用网站 www.bloomberg.com 评估收益率曲线的形状。点击“市场”，然后点击“利率和债券”。国债收益率曲线是向上倾斜还是向下倾斜？90 天期国债的收益率是多少？30 年期国债的收益率是多少？

2. 基于解释收益率曲线形状的不同理论，什么可以解释 90 天期国债收益率和 30 年期国债收益率的区别？你认为哪个理论是最合理的？为什么？

WSJ 练习

诠释利率结构

a. 解释收益率差异 使用《华尔街日报》的最近议题，回顾以下证券的收益率：

类型	到期期限（年）	收益率
国债	10	____
公司：高质量	10	____
公司：中等质量	10	____
市政债券（免税）	10	____

如果信用（违约）风险是收益率差异的唯一原因，那么什么是公司高质量债券的违约风险溢价？中等质量的债券呢？

在最近的一次衰退中，高质量的公司债券提供比国债高 0.8 个百分点的收益率，同时中等质量债券提供比国债高 3.1 个百分点的收益率。这些收益率差异与今天的差异相比如何？如果有变化，解释原因。

使用上面表格中的信息，完成下面的表格。在第 2 列，标注出达到免税债券税后收益率必要的税前收益率。在第 3 列，回答这一问题：如果免税债券与高质量公司债券有同样的风险和其他特点，对于每个税率区间的投资者来说，哪种类型的证券更好？

投资者的税率区间边界	等价的税前收益率	偏好的债券
10%	____	____
15%	____	____
20%	____	____
28%	____	____
34%	____	____

b. 解释最近信用风险的调整 使用《华尔街日报》最近的议题，回顾展现出高收益率和价格最大幅度下跌的公司债务部分。

- 为什么你认为价格会有如此大的降幅？
- 价格的下跌如何影响任何现在购买债券的投资者的期望收益率？

c. 判断和诠释今天的期限结构 使用《华尔街日报》最近的议题，回顾收益率曲线以判断下列到期期限的合理收益率。

到期期限（年）	年化收益率
1	____
2	____
3	____

假设这些收益率的不同只是由于利率预期，判断一年后的一年期远期利率和两年后的一年期远期利率。

d. 《华尔街日报》 给出“国债收益率曲线”。使用这一曲线描述市场对未来利率的预期。如果存在流动性溢价，这会如何影响你对市场预期的看法？

关于现实案例的在线文章

找一篇近期描述一个具体金融机构或金融市场真实案例的在线实用文章，以强化本章所涵盖的一个或多个概念。

如果你的班级有一个在线平台，教授可能会要求你把文章摘要放在那里并提供文章的链接以供其他学生访问。如果你的班级是当面授课的，教授可能会要求你当堂总结你对该文章的运用。教授可能指派特定学生或让学生自愿完成这项作业。

对于与本章相关的近期在线文章和真实案例，请考虑使用以下搜索词（请务必在搜索词中包含当前年份以确保在线文章是近期的）：

1. 信用风险
2. 信用评级＋风险
3. 风险溢价
4. 收益率曲线
5. 收益率曲线＋利率
6. 利率＋流动性风险溢价
7. 利率＋信用风险
8. 评级机构＋风险
9. 利率期限结构＋到期期限
10. 收益率曲线＋融资

第一部分　综合问题

利率预测和投资决定

这一问题要求理解经济状况如何影响利率和债券收益率（第1章、第2章和第3章）

你的任务是利用关于现有经济状况的信息预测美国和加拿大的利率。以下是你现在获得的信息：

1. 在过去六个月，美国利率下降，加拿大利率上升。
2. 过去一年美国经济衰退，加拿大经济上行。
3. 美国的储蓄利率（收入中储蓄的部分）预期明年会略微下降；加拿大的储蓄利率会保持不变。
4. 美国和加拿大的中央银行预期不会执行任何对利率有重大影响的政策。
5. 你预期明年美国经济会大幅增长但是仍然比两年前差。你预期加拿大经济会保持稳定。
6. 你预期美国的年预算赤字会比上一年略微增长但是比过去五年的平均年预算赤字小很多。你预期加拿大的预算赤字会与上一年一样。
7. 你预期美国通货膨胀率会略微上升但是仍然低于两年前相对高的水平；你预期加拿大通货膨胀率会下降。
8. 基于上周的一些事件，世界上大多数经济学家和投资者（包括你自己）预期明年美元相对于加拿大元和其他外国货币会变得弱势。这一预期已经包含在你们对通货膨胀和经济增长的预测中。
9. 美国当前的收益率曲线一直向下倾斜。加拿大当前的收益率曲线向上倾斜。你认为证券的流动性溢价非常小。

问题

1. 利用已有信息，预测美国利率的方向。
2. 利用已有信息，预测加拿大利率的方向。
3. 假设感知到的美国公司的风险预期会增长。解释新发行的美国公司债券的收益率会如何向与新发行的美国国债的收益率不同的方向变化。

金融学译丛·金融市场与金融机构（第12版）

第二部分

美联储与货币政策

第二部分解释了美国联邦储备系统（美联储）如何影响经济状况。因为美联储实行的政策可以影响证券的价格，因而受到金融市场参与者的密切关注。通过评估美联储的政策，市场参与者可以更加准确地对证券进行估值并做出更为有效的投资和融资决定。

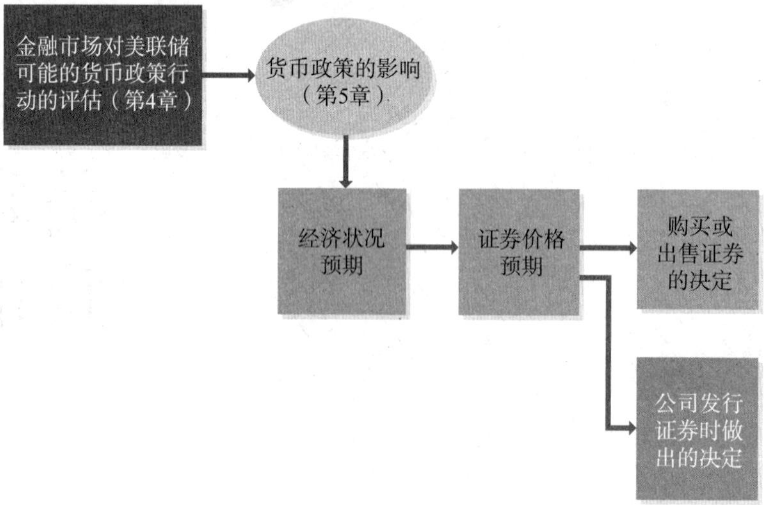

第 4 章 美联储的功能

本章目标

- 描述美联储的组织结构
- 描述美联储如何影响货币政策
- 解释美联储如何修正自身贷款功能以应对次贷危机
- 说明货币政策在其他国家如何运用

美国联邦储备系统与其他机构一起监管商业银行，并负责对州特许的银行和拥有超过 500 亿美元资产的储蓄机构进行定期评估。其作为监管者的角色将在第 18 章中讨论。

4-1 总览

作为美国的中央银行，美联储有责任实行国家货币政策，并试图在美国实现充分就业和物价稳定（低通货膨胀率或零通货膨胀率）。在实行这种货币政策的前提下，美联储可以通过以下几种方式影响美国经济。第一，由于美联储的货币政策影响利率，因此对家庭借款成本影响较大，进而影响抵押、汽车贷款和其他贷款的月度支付金额。通过这种方式，货币政策决定了家庭的负担和消费者的消费数量。

第二，货币政策也影响企业借款成本，进而影响企业愿意借多少钱来支持或扩大经营。由于货币政策对家庭和企业消费金额的影响，货币政策影响了美国对产品和服务的总需求，进而影响了国家的工资水平和就业水平。由于总需求影响产品和服务的价格水平，美联储间接地影响了物价水平和美国的通货膨胀率。

第三，由于美联储的货币政策影响利率，因此其对债务性证券的价格有直接影响。同时，货币政策可以通过影响经济状况间接影响权益证券的价格，这影响了上市公司产生的未来现金流量。总之，美联储的货币政策对家庭、企业和投资者有重大影响。关于美联储货币政策如何影响利率的更为详细的解释见第 5 章。

4-2 美联储的组织架构

在 19 世纪末至 20 世纪初期，美国经历了几次银行恐慌，这几次银行恐慌最终导致了 1907 年的一场重大危机。这激励了国会建立中央银行。1913 年，《联邦储备法案》（the Federal Reserve Act）实施，它为选择成为联邦储备体系会员的商业银行建立了准备金要求，并指定了美国 12 个区，在每个区均选择一个城市设立一家联邦储备银行。起初，每家联邦储备银行只关注特定的区，而对其他区关注较少，并且其有能力影响货币供应量（也会在之后的章节中解释说明）。随着时间的推移，这个系统变得更加集中，货币供应量的决定权被分配给特定的一群人，而不是跨越 12 个区的银行。

美联储通过持有美国政府证券获得大部分收入（将在稍后讨论）。它还通过向金融机构提供服务赚取收入，其大部分收入都转入财政部。

美联储目前有五个主要组成部分：

- 联邦储备银行
- 会员银行
- 理事会
- 联邦公开市场委员会（FOMC）
- 联邦咨询委员会

4-2a 联邦储备银行

图 4.1 中列出了 12 个联邦储备区以及每家联邦储备银行所在的城市。纽约联邦储备银行被认为是最重要的，因为很多大银行就位于这个地区。成为美联储会员的商业银行必须购买**联邦储备银行**（Federal Reserve Bank）的股票。这种股票不能在二级市场上交易，每年最多支付 6%的股息。

每家联邦储备银行都有九名董事。其中有三名 A 级董事，来自该地区的银行职工或高级管理人员，由会员银行选举产生，代表会员银行；有三名 B 级董事，不隶属于任何银行，由会员银行选举产生，代表公众；还有三名 C 级董事，不隶属于任何银行，由理事会任命（即将简短地讨论），每家联邦储备银行行长由三名 B 级董事和三名 C 级董事代表该区任命。

联邦储备银行通过支票清算、货币发行，并通过所谓的贴现窗口向需要资金的存款机构提供贷款来促进银行系统内的业务运作；它还收集经济数据，开展有关商业银行和经济趋势的研究项目。

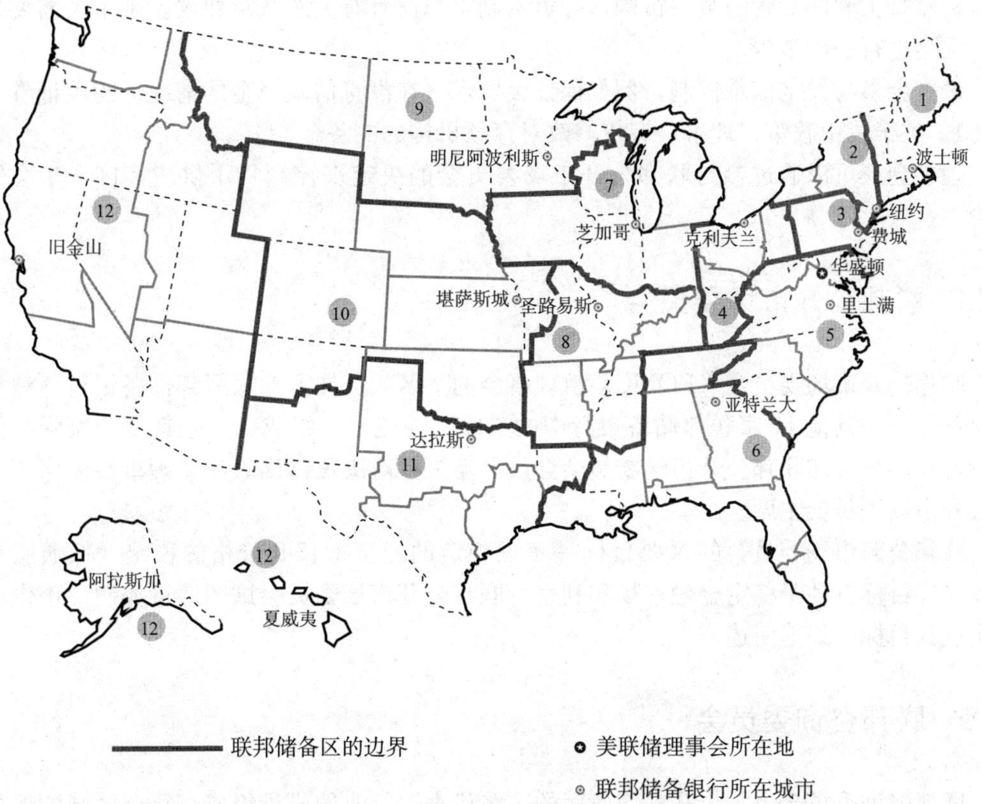

图 4.1　联邦储备银行所在的位置

资料来源：美联储公报。

4-2b　会员银行

商业银行如果符合理事会的具体要求，可以被选举为会员银行。所有国民银行（由货币监理署特许）都必须是美联储的会员银行，但对其他银行（由其各自的州特许）不做此要求。目前约35%的银行是会员银行，这些银行的存款约占所有银行存款的70%。

4-2c　理事会

理事会（有时称为联邦储备委员会）由7名独立成员组成，在华盛顿特区设有办事处。每名成员由美国总统任命，任期达14年。这种漫长的任期减轻了管理者的政治压力，从而鼓励制定长期有利于美国经济的政策。这些任期是交错的，所以在每个偶数年份都有成员结束任期。

7名理事会成员之一由总统选为美联储主席，任期4年，可以延期。主席没有对任何其他成员的投票权，但可能会有更大的影响力。本·伯南克（Ben Bernanke）就因2008—2009年次贷危机期间所面临的挑战而备受关注，他的任期于2014年2月结束，由珍妮特·耶伦（Janet Yellen）接任美联储主席职务。

根据《金融改革法案》(2010)，7名理事会成员之一由总统指定为监事副主席；该成员负责监督美联储监管的金融机构，并负责制定与监管有关的政策建议。副主席需要每半年向国会进行一次报告。

理事会参与设定信贷控制，例如保证金要求（在没有借款资金的情况下购买证券的百分比）。关于货币政策，理事会有权修改对存款机构的准备金要求。

理事会还可以通过参与联邦公开市场委员会的决定来控制货币供应，接下来会继续讨论。

4-2d 联邦公开市场委员会

联邦公开市场委员会（FOMC）由理事会的7名成员加上5家联邦储备银行［纽约联邦储备银行和其他11家联邦储备银行中的4家（轮流）］组成。一般其他7家联邦储备银行行长都会参加联邦公开市场委员会会议，但无权对决策做出表决。理事会主席担任联邦公开市场委员会主席。

联邦公开市场委员会的主要目标是实现稳定的经济增长和价格的稳定（低通胀率）。实现这些目标有利于稳定金融市场和利率。联邦公开市场委员会试图通过控制货币供应量来实现其目标，如上所述。

4-2e 联邦咨询委员会

联邦咨询委员会由每个联邦储备区的一名代表银行业的成员组成。每个区域的成员每年由各自区的银行董事会选举产生。理事会每年至少在华盛顿特区会面4次，并就经济和银行问题提出建议。

社区存款机构咨询委员会［The Community Depository Institution Advisory Council，CDIAC，以前称为储蓄机构（thrift institution）咨询委员会］由代表储蓄银行、储蓄和贷款协会以及信用合作社的12名成员组成，目的是就与这些机构相关的问题提出意见。每年与理事会会面2次。

社区咨询委员会（The Community Advisory Council）成立于2015年，以补充两个金融服务业理事会。它有15名成员，其目的是就经济环境以及消费者和社区的金融服务需求提出不同的看法，特别关注低收入和中等收入人群。每年与理事会会面2次。

4-2f 美联储各部门的整合

图4.2显示了美联储各部门之间的关系，咨询委员会向董事会提供咨询意见，而理事会监督联邦储备银行业务。理事会和联邦储备银行的代表组成了联邦公开市场委员会。

4-2g 消费者金融保护局

《金融改革法案》（2010）催生了消费者金融保护局（Consumer Financial Protection Bureau），该局位于美联储内且独立于美联储其他委员会，主席团由总统任命，经参议院同意。该局负责管理金融产品和服务，包括网上银行、存单和抵押贷款。理论上，消费者金融保护局可以迅速采取行动保护消费者免受欺骗，而无须等待国会通过新的法律。汽车经销商管理的金融服务可以免除消费者金融保护局的监督。该局也包括了致力于提高消费者金融素养的金融教育办公室。

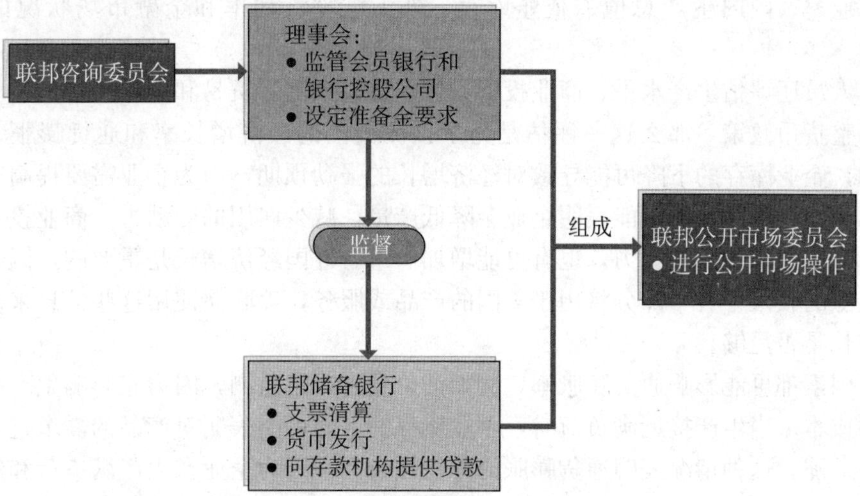

图 4.2 美联储各部门的整合

4-3 美联储如何调控货币供应量

美联储通过调控货币供应量影响利率，从而影响经济状况。金融市场参与者密切关注美联储的行动以预测货币供应量如何受到影响，然后利用这些信息来预测经济状况和证券价格。货币供应量与经济状况的关系将在下一章中详细讨论。首先，了解美联储如何调控货币供应量非常重要。

4-3a 公开市场操作*

联邦公开市场委员会每年召开 8 次会议（FOMC 会议），在每次会议上确定货币供应量增长水平和利率水平的目标，并采取行动实施联邦公开市场委员会规定的货币政策，如果美联储在下次安排的会议之前考虑改变货币增长率或利率的目标，也可能召开电话会议。

会前经济学报告 在联邦公开市场委员会会议召开前两个星期，联邦公开市场委员会成员发布**褐皮书**（Beige Book），这是 12 个联邦储备区经济状况的综合报告。每个联邦储备区的银行负责报告其区域经济状况，这些报告经汇总后成为褐皮书。

FOMC 会议召开前约一周，参会者会收到经济分析和经济预测报告。因此参加者在会议前需要了解大量信息。

---

* www.federalreserve.gov/monetarypolicy/fomccalendars.htm 这个网址提供 FOMC 会议的纪要，从这些会议纪要中可以得知每一个指标（用于预测未来的经济增长率和通货膨胀率）受到的关注度有多高。

经济状况介绍　FOMC 会议在美国华盛顿特区联邦储备大楼的会议室举行。理事会的 7 名成员、联邦储备银行的 12 位行长以及理事会的工作人员（通常是经济学家）都出席会议。会议首先由工作人员介绍当前的经济状况和最近的经济趋势，演示包括工资、消费者价格、失业率、国内生产总值、企业库存、外汇汇率、利率和金融市场状况的数据和趋势。

工作人员还评估生产水平、商业投资、住宅建设、国际贸易和国际经济增长。假设美联储不调整货币政策，那么这一评估是为了预测美国的经济增长率和通货膨胀率而进行的。例如，企业库存的下降可能导致对经济增长的强劲预期，因为企业需要提高产量以补充库存。相反，库存增加可能表明企业会降低产量，减少雇用的劳动力。商业投资的增加表明企业未来将扩大生产能力，也有可能增加产量。外国经济增长是重要的，因为这些国家不断上涨的收入中有一部分将用于美国的产品或服务，美联储使用这些信息来确定目前经济的增长是否足够。

任何因素都可能影响通货膨胀率，例如油价受到严格监测，因为它影响生产和运输许多产品的成本。当生产接近满负荷时，企业库存的下降可能表明对产品的需求过大，这将导致价格上涨。这种情况表明通货膨胀的可能性较高，因为企业在生产满负荷和经验短缺的情况下可能会提高产品价格。试图在这些条件下扩大产能的公司必须提高工资才能雇到额外的合格员工。企业会因提高工资而增加成本，从而提高产品价格。如果有若干指标预测通货膨胀率较高，则会引起美联储的关注。

工作人员通常将其对经济状况的预测建立在假定今后货币增长水平将会持续的前提下。当货币增长水平很可能发生变化时，他们提供不同货币增长情景下对经济状况的预测。他们的目标是提供事实和经济预测，而不是对适当的货币政策做出判断。会员通常在会议前几天收到一些经济资料，以便在工作人员进行介绍时做好准备。

FOMC 决策　一旦介绍完成，每个 FOMC 成员都有机会提出关于联邦基金利率目标是否应该改变的建议。目标可以为特定点的估计，例如 2.5%，或特定范围的估计，比如 2.5%～2.75%。

一般来说，经济疲弱的证据可能会成为导致美联储实施货币政策以降低联邦基金利率并刺激经济的参考。例如，图 4.3 显示了随着经济增长减弱，联邦基金利率在 2007 年底和 2008 年下降。2008 年 12 月，美联储将联邦基金利率的范围定为 0～0.25%。目标是通过降低利率来刺激经济，以鼓励更多的家庭和企业的借款和支出。美联储在 2009—2015 年将联邦基金利率维持在此范围内。

当有证据表明经济增长非常强劲且通货膨胀率高时，美联储往往会实行货币政策以提高联邦基金利率，减弱经济增长。这项政策旨在减少对产品和服务的过度需求导致的通货膨胀压力。参与者通常可选的货币政策有三种，这些选择旨在涵盖一系列最合理的政策，并应至少包括一项令每个成员都满意的政策。

FOMC 会议允许投票和非投票会员参与，美联储主席也可以提出建议，这通常对其他成员有一定的影响。所有成员提出建议后，联邦公开市场委员会的投票成员就是否修改目标利率进行表决。虽然大多数联邦公开市场委员会关于货币政策的决定都是一致的，但有些决定有一两张不同选票也不奇怪。

FOMC 声明　在 FOMC 会议之后，委员会提供了一份总结其结论的声明。近年来，FOMC 已经承认了这一声明的重要性，许多金融市场参与者一起使用这一声明（以及其他

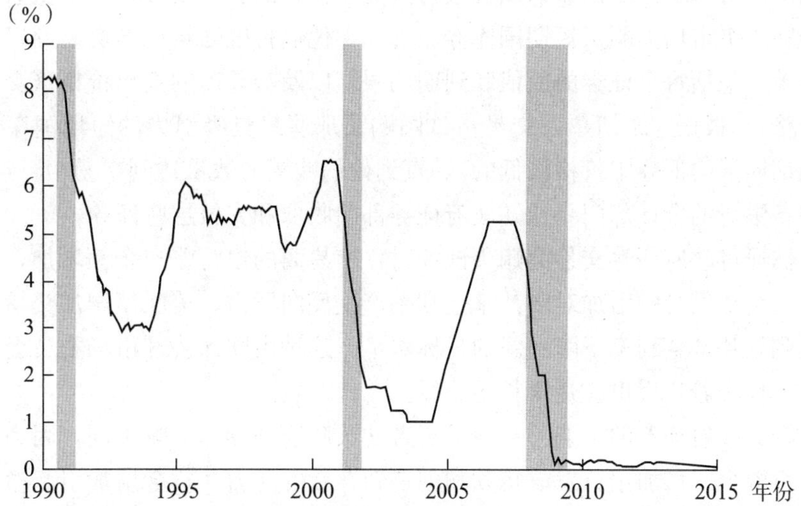

图 4.3 联邦基金利率

说明：阴影区域代表美国经济衰退阶段。

资料来源：美联储理事会。

信息）来预测经济。2007 年以来，有投票权的成员不仅投票选出适当的政策，而且对该政策的相应公报（声明）进行表决。该声明是用充满意义的细节清楚地写成的。这比前几年有所改善，当声明中有含糊的词语使公众难以理解 FOMC 的计划时，各委员会在每次会议后提供的声明会由新闻媒体广泛宣传，并可在美联储网站上查阅。

联邦公开市场委员会会议记录 在 FOMC 会议召开的三个星期内，会议记录是公开的，公众也可以在美联储网站上查阅。会议记录通常记录了 FOMC 会议上各方参与者所持的不同观点。

4-3b 美联储交易柜台的角色

如果联邦公开市场委员会认为其货币政策的变化是适当的，则其决定将通过被称为**政策指令**（policy directive）的声明转交纽约联邦储备银行的交易柜台（或公开市场处）。联邦公开市场委员会规定了联邦基金利率的期望目标，即银行对短期贷款收取的利率。尽管这个比率是由参与联邦基金市场的银行决定的，但是它受到银行系统资金供应和需求的制约。因此，美联储通过改变银行系统的货币资金来影响联邦基金利率。

因为所有的短期利率都受到资金供给和需求的影响，所以它们往往一起改变。因此，美联储的行动会影响所有市场决定的短期利率，甚至可能影响长期利率。

在收到公开市场委员会的政策指令之后，交易柜台的经理指示在该柜台工作的交易员根据该指令在二级市场上购买或出售短期国库券。政府证券的买卖（通过交易柜台）转为公开市场业务。尽管纽约联邦储备银行的交易柜台每年只收到联邦公开市场委员会的政策指令八次，但是随着银行存款水平的不断变化，它继续进行公开市场操作来控制货币供应量。联邦公开市场委员会不仅在预定的会议日期发布新的政策指示，还可以通过举行额外的会议考虑改变联邦基金利率。

美联储的证券购买 纽约联邦储备银行的交易柜台的交易员被指示降低联邦基金利率时，他们会在二级市场上购买短期国库券。首先，他们打电话给证券交易商以获得短期国库券出售清单，包括每个证券的面值和到期期限，以及交易商的卖出价格（交易商愿意卖出证券的价格）。根据这个清单，交易员试图购买那些最具吸引力的短期国库券（任何具有期望的到期期限的证券中价格最低的），直到他们购买的数量达到交易柜台经理的要求。纽约联邦储备银行的会计部门将通知政府证券部门收取和支付这些证券。

当美联储通过政府证券交易商购买证券时，交易商的银行账户余额增加，银行系统存款总额增加。资金供给的增加对联邦基金利率产生反向压力。美联储增加交易商银行的资金总额，直到联邦基金利率下降到新的目标水平。这种由联邦公开市场委员会的政策指令启动的活动，代表着货币供应量增长的放缓。

美联储购买政府证券的影响与其他投资者购买政府证券的影响不同，因为美联储的购买会增加银行资金，增加银行发放贷款和创造新存款的能力。资金增加引起净额存款余额增加，进而货币供应量增加。相反，除美联储以外的其他主体（如投资者）购买政府证券只会抵消商业银行的账户余额。例如，由于投资者在二级市场上购买短期国库券，银行余额下降，而短期国库券卖家的银行余额则增加。

美联储出售证券 如果纽约联邦储备银行的交易柜台被指示要提高联邦基金利率，其交易商就将政府证券（从先前购买获得的）出售给政府证券的交易商。证券将被出售给出价最高的交易商。由于交易商为购买证券支付资金，其银行账户余额减少。因此，由于美联储将具有一定市值的证券出售，银行体系的资金总额减少了。银行体系中这种资金供给的减少给联邦基金利率造成了压力。这也是由联邦公开市场委员会的政策指令启动的，这种活动被称为货币供应量增长的紧缩。

美联储回购协议 在某些情况下美联储可能希望只增加几天的银行资金总额，以保证当时银行系统有充足的流动资金。在这种情况下，交易柜台可以交易**回购协议**（repurchase agreement）而不是政府证券。它从证券交易商处购买短期国库券，并在指定的不久后的日期出售卖出证券的协议。最初，证券的出售量上升，当交易商回购证券时则减少。交易柜台在假期和其他时期使用回购协议，以纠正银行资金水平的暂时性不平衡。为了纠正临时超额资金，交易柜台将持有的一些短期国库券出售给证券交易商，并同意在指定的未来日期回购。

M1 与 M2 的调控 当美联储进行公开市场操作调整货币供应量时，还必须考虑所选的货币口径。为了实现美联储的目的，可选的货币口径应该符合以下条件：(1) 由美联储控制；(2) 美联储调整后对经济变量有可预测的影响。最简单的货币形式称为 M1，包括由公众持有的货币和存款机构的支票存款（如活期存款、NOW 账户和自动转账余额）。M1 不包括可用于交易目的的所有资金。例如，支票可用存款机构提供的**货币市场储蓄账户**（MMDA）或货币市场共同基金支付。此外，可以轻松地从储蓄账户中提取资金进行交易。因此，更宽的货币口径，即 M2 同样值得考虑，它包括了所有的 M1 以及储蓄账户存款和小额定期存款、MMDA 和其他一些项目。另外一种被称为 M3 的货币口径包括了大额定期存款和其他项目以及 M2 中的所有内容。虽然还有一些更广的货币口径，但 M1、M2 和 M3 受到的关注最多。这些货币口径的比较见表 4.1。

表 4.1　　货币供应口径比较

货币供应口径
M1＝货币＋支票存款
M2＝M1＋储蓄账户存款、MMDA、隔夜回购协议、欧洲美元和小额定期存款
M3＝M2＋机构货币市场共同基金、大额定期存款和回购协议以及持有超过一天的欧洲货币单位

M1 的货币度量比 M2 和 M3 波动更大，因为 M1 可以根据家庭存款类型的变化而改变，而 M2 和 M3 是更可靠的监控货币供应量的指标。

考虑技术因素　货币供应量可能由于所谓的技术因素，如流通中的货币和美联储的浮差而突然转移。流通中的货币增加（如节假日期间）时，净存款提取额的相应增加会减少资金；流通中的货币减少时，净存款提取额的相应减少会增加资金。美联储的浮差是指已开出支票但尚未结算的支票金额。浮差上升导致银行资金增加，浮差下降导致银行资金减少。

交易柜台的经理将技术因素对资金的预期影响纳入对交易商的指示，如果政策指示要求资金增加，但技术因素预计资金将增加，则说明应要求比技术因素不存在时更少的资金注入。相反，如果技术因素预计会减少资金，则这些指示将要求更大的资金注入以抵消技术因素的影响。

动态性与防御性公开市场操作　根据意图，公开市场操作可以分为**动态性公开市场操作**（dynamic open operation）和**防御性公开市场操作**（defensive open operation）。动态性公开市场操作直接增加或减少资金，而防御性公开市场操作使用影响资金水平的其他条件来抵消。例如，如果美联储预期会有大量现金流入商业银行，那么可以通过出售一些短期国库券来抵消这一流入。

4-3c　美联储操作如何影响所有利率

即使大多数利率是市场决定的，美联储也可以通过调控可贷资金的供给来对这些利率产生很大的影响。使用公开市场操作增加银行资金，可能会影响各种由市场决定的利率。第一，因为一些银行的超额资金供给较大，可以在联邦基金市场上借出，联邦基金利率可能会下滑。第二，资金过剩的银行可能会以较低的利率提供新的贷款，以利用这些资金。第三，这些银行也可能降低存款利率，因为它们有足够的资金开展现有业务。

由于公开市场操作通常涉及短期国库券的买卖，短期国库券的收益率随银行存款利率（利率）的变动而受到影响。例如，当美联储将购买短期国库券作为增加货币供应量的手段时，会对其价格施加上涨的压力。由于这些证券在到期时向投资者提供固定价值，所以更高的价格意味着买入并持有至到期日的投资者的收益率更低。短期国库券收益率直接受到公开市场操作的影响，由于公开市场操作所带来的货币供应量的变化，银行利率也会受到影响。

由于短期国库券和银行存款的收益率下降，投资者会寻找其他债务性证券等替代投资。随着这些证券吸引了更多的资金，其收益率将会下降。因此，用于增加银行资金的公开市场业务不仅影响银行存贷款利率，而且影响其他债务性证券的收益率。债务性证券收益率的下降降低了新债券发行人的借款成本。这可以鼓励潜在的借款人（包括公司和个人）借款和支出，而在利率较高的情况下他们原本是不会考虑这些借款和支出的。

如果通过公开市场操作减少银行资金，会产生相反的效果。联邦基金利率、个人和企业贷款利率以及银行存款利率都会受到上升的压力。随着银行存款利率上升，一些投资者可能被鼓励增加银行存款，而不是投资于其他债务性证券。这项活动减少了可用于这些债务工具的资金数额，从而提高了它的收益率。

公开市场操作对经济的响应 2001—2003 年，在经济疲弱的情况下，美联储经常采取公开市场操作来降低利率；2004—2007 年经济好转，美联储的关注从经济疲软转为高通胀率，因此，它使用了提高利率的政策企图阻止经济过热，并降低通胀压力。

2008 年，次贷危机开始，经济几年后依然疲软。在此期间，美联储采取公开市场操作降息，企图刺激经济。为了降低金融机构的贷款利率，其将短期国库券利率下调至接近0%的水平，从而鼓励更多的借款和支出。货币政策对经济状况的影响在下一章会进一步介绍。

4-3d 调整存款准备金率

存款机构受制于**存款准备金率**（reserve requirement ratio），即按要求持有的准备金占存款总额的比例。这个比例是由理事会确定的。历史上，存款机构必须保留其交易账户（如支票账户）的 8%～12%，而其他储蓄账户必须保留的比例较低。1980 年的《存款机构放松管制和货币管制法》（DIDMCA）规定，所有存款机构均受美联储准备金要求的限制，在 2008 年规则发生变更前，所要求的准备金都是以非生息形式持有的。现在，美联储对存款机构按要求持有的准备金支付利息。

由于存款准备金率影响货币供应量可被改变的程度，所以被视为货币政策工具。通过这种改变，理事会可以调整货币供应量。当理事会降低存款准备金率时，可以提高存款机构借出银行存款的比例。由于借出的资金用尽，其中一部分将以新存款的形式返回存款机构。存款准备金率越低，存款机构的贷款能力就越强；因此，银行存款准备金率的任何初始变化都可能导致货币供应量发生较大变化。1992 年，美联储将交易账户的准备金率从12%降至 10%并一直保持。

存款准备金率对货币供应量增长的影响 对存款准备金率的调整可以改变金融机构可借出资金的比例，这会影响货币供应量的增长程度。

◇ 例子

假设银行体系现状如下：

假设 1 银行从活期存款（账户持有人可以按需要提取的存款，如支票账户）中获取所有资金，并使用准备金以外的所有资金进行贷款。

假设 2 公众不存储任何现金；任何从银行提取出来的资金都花费了；任何收到的资金都存入银行。

假设 3 活期存款准备金率为 10%。

根据这些假设，10%的银行存款要留作准备金，另外 90%被借出（零余额）。现在假设美联储最初通过购买价值 1 亿美元的短期国库券进行公开市场操作。

证券交易商向美联储出售短期国库券时，商业银行存款余额增加 1 亿元。银行将以 1

亿美元的10%（即1 000万美元）作为准备金，并将其余部分借出。由于这9 000万美元被全部借出，它作为新的定期存款（由收到资金的人）返还给银行。银行以这些新存款的10%（或900万美元）作为准备金，并剩余8 100万美元。活期存款（金额）的初始增加导致了货币供应量的倍增。

这个过程不会永远继续（如图4.4所示）。每次借出的资金都回到银行，其中的一部分（10%）被留作准备金，因此每一轮创造的新存款数量都较少。在之前的假设下，初始货币供应量1亿美元除以准备金率（即1/0.10）等于10亿美元。因此，一旦循环完成，货币供应量的总体变化就是1亿美元×10=10亿美元。

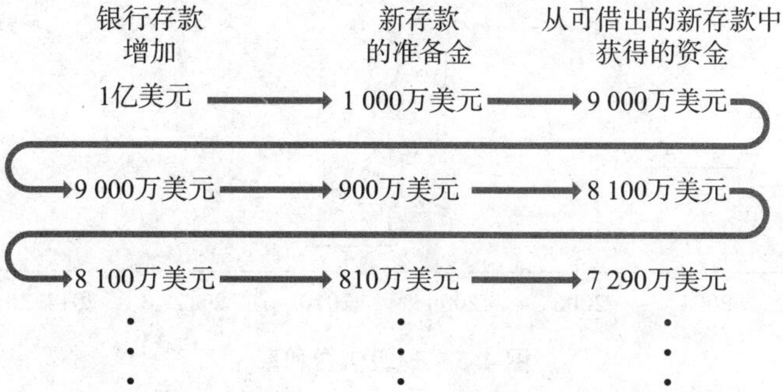

图4.4 乘数效应的说明

正如这个简化的例子所示，资金的初始注入将会使货币供应量倍增，即产生乘数效应。准备金要求控制了可从新存款中创造的可贷资金数额。较高的准备金率使资金的初始注入量的乘数效应较小。相反，较低的准备金率使乘数效应较大，美联储可以通过更改准备金率来调整货币供应量。

实际上，家庭有时持有现金，银行有时会持有超额准备金，这与实例的初步假设相反。因此产生了大漏洞，货币不会增加到示例所示的程度。随着时间的推移，货币乘数可能因为超额准备金水平的变化和家庭对活期存款与定期存款的偏好而改变，因为定期存款不包括在最狭义的货币定义中（定期存款是在确定的日期之前无法提取的存款，如存单）。这使预测银行存款准备金率初始调整会如何影响最终货币供应量的任务变得复杂化。使用存款准备金率作为货币政策工具的另一个缺点是，其比率的调整可能导致货币供应量出现不稳定的变化。因此，使用存款准备金率方法时，达不到目标货币供应量的可能性较高。由于这些局限性，美联储通常会依靠公开市场操作，而不是通过调整存款准备金率来调控货币供应量。

4-3e 美联储调节再贷款利率

传统上，美联储通过贴现窗口向存款机构提供短期贷款。2003年以前，美联储将其贷款利率（即“贴现率”）设定在低水平，鼓励银行借款，因为这种活动可以增加金融系统注入的资金的数量。贴现率被视为货币政策工具，因为它可能被用来影响货币供应量（尽管这不是有效的工具）。

2003年以来，美联储对存款机构的短期贷款利率被称为一级信贷利率（primary credit lending rate），略高于联邦基金利率（存款机构之间的短期贷款利率）。因此，存款机构只依靠美联储作为贷款的备选项，因为它们应该能够以较低的利率从其他机构获得短期贷款。

一级信贷利率在图 4.5 中展示。美联储在经济增长强劲的 2003—2007 年定期提高这一利率，然后在经济疲弱的 2008—2010 年定期降低这一利率，以便与目标联邦基金利率保持一致。随后，这一利率和联邦基金利率在 2015 年之前接近于零。

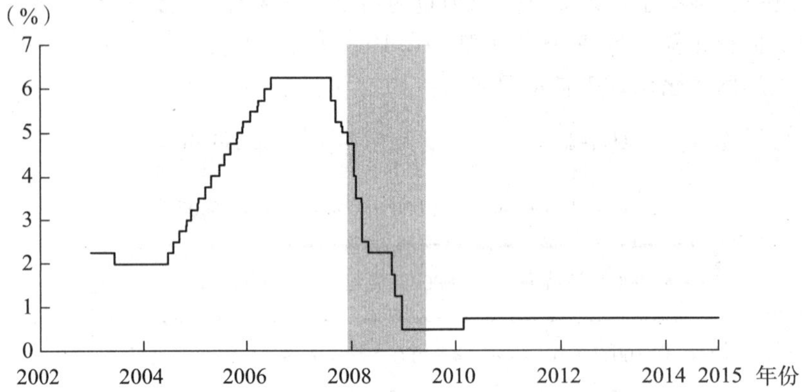

图 4.5　一级信贷利率

说明：阴影区域代表美国经济衰退阶段。

资料来源：美联储理事会。

2003 年，美联储开始将其提供的贷款分为一级信贷和二级信贷。一级信贷可用于任何目的，仅适用于符合财务健全性具体标准的存款机构。贷款期限通常为一天。不符合这些标准的存款机构只能获得二级信贷，所以它们必须支付高于一级信贷利率的溢价。美联储的贷款机构可能是一些存款机构的重要流动性来源，但不再被用于调控货币供应量。

4-4　次贷危机中美联储的干预措施

在次贷危机期间和之后，美联储不仅采用传统的公开市场操作（购买短期国库券）以降低利率，而且实施了各种非传统战略以改善经济状况。

4-4a　美联储贷款便利了对贝尔斯登的救助

通常，存款机构使用联邦基金市场而不是美联储的贴现窗口借入短期资金。在 2008 年的次贷危机期间，一些在联邦基金市场无法获得信用的存款机构被允许从美联储的贴现窗口获得资金。2008 年 3 月，美联储的贴现窗口提供的资金使大型证券公司贝尔斯登避免申请破产。贝尔斯登不是存款机构，所以通常不能从美联储借款，但它是公司和个人进行许多类型的金融交易清算业务的主要提供商。如果贝尔斯登破产，这些金融交易可能会被推迟，也可能给许多个人和公司造成流动性问题，2008 年 3 月 16 日，美联储的贴现窗口通过贝尔斯登银行向摩根大通（JP Morgan Chase）贷款。这样做可以确保结算业务继续下去，并且避免流动性问题。

4-4b 美联储的量化宽松策略

理论上来说，美联储购买短期国库券的货币政策可以降低利率，鼓励更多的借款和支出，从而刺激经济。然而，在次贷危机期间，短期利率已经很低了，所以美联储通过降低短期利率来解决危机的能力有限。

另外，机构投资者也担心住房抵押贷款支持证券和其他类型的风险债务性证券可能违约，所以它们减少了对这些债务市场的参与。尽管利率很低，但个人和公司很难借款，因为机构投资者不愿意通过购买债务性证券来提供资金。

自 2008 年以来，美联储实施了各种独特的策略，旨在对经济产生有利影响，实现美联储购买短期国库券的传统货币政策所不能达成的目标。在这些被广泛称为**量化宽松**（quantitative easing，QE）的策略下，美联储每月都使用特定数量的资金购买特定类型的债务性证券。“量化”一词反映了一笔特定数量的货币被美联储指定去购买特定类型的证券，而“宽松”一词反映出的则是用资金来淹没具体债务市场的“容易货币”或“宽松货币”政策。

量化宽松策略是独一无二的，因为它们并不仅仅局限于购买短期国库券（如美联储的传统货币政策）。美联储也购买了长期国债和债务性证券（这些债务性证券都具有信用（违约）风险，例如住房抵押贷款支持证券、公司债券和商业票据）。在购买这些证券时，美联储正试图在特定市场增强风险债务性证券的流动性并降低长期利率。

“量化宽松”一词也被用来指当短期利率已经接近于零时实施的货币政策。这补充了以前的定义，因为它反映了美联储行动的目的不仅仅是影响短期利率。“量化宽松”一词有时也被用于描述美联储向金融机构注资，但也可以通过美联储传统的公开市场操作来实现这一行动，因此描述并没有明确量化宽松的独特之处。

一些有关量化宽松的文献将美联储启动购买风险债务性证券的计划分为三个时期。QE1 通常是指 2008—2010 年期间，QE2 是指 2010—2012 年期间，QE3 是指 2012—2014 年期间。对这些时期的划分有不同的意见，在一些观点中，甚至有四个不同的量化宽松时期。

下面介绍一些用于改善次贷危机及其后的经济状况的量化宽松策略的更为众所周知的例子。

美联储购买住房抵押贷款支持证券 美联储在 2008 年次贷危机期间的主要担忧之一是住房抵押贷款支持证券的市场价值由于住房抵押贷款违约率偏高而大幅缩水。因此，当时美联储的量化宽松策略主要集中在购买住房抵押贷款支持证券上。它每个月有超过 300 亿美元用于购买住房抵押贷款支持证券，到 2010 年，它持有超过 2 万亿美元的住房抵押贷款支持证券。许多金融机构在次贷危机期间大量暴露于住房抵押贷款支持证券下，但通过向美联储出售部分住房抵押贷款支持证券，减少了风险暴露。

随着美联储增加购买住房抵押贷款支持证券，这些证券的价格上涨。此外，投资者慢慢开始回到风险较高的债券市场，导致这些证券的市场流动性较高。这样，美联储的行动有助于稳定房地产市场。美联储在 2014 年之前继续定期购买住房抵押贷款支持证券。

美联储购买贷款支持债券 2008 年 11 月，美联储采取了另一种量化宽松形式，创建了一个定期资产支持证券贷款工具（term asset-backed securities loan facility，TALF），由它购买由消费贷款、信用卡贷款或汽车贷款支持的高质量债券。这类债券的市场在次贷危机期间变得不活跃，贷款人因难以在二级市场出售贷款而不进行消费贷款。该机构向购买这类贷款的机构投资者提供贷款。这样，美联储就鼓励了金融机构回到这个市场，从而增强了这个市场的流动性。这一点很重要，因为可以间接确保有更多的资金用于支持消费贷款。

美联储购买商业票据 在 2008 年和 2009 年，美联储采取了另一种量化宽松政策，即购买大量的商业票据。通常情况下美联储并不购买商业票据，之所以实施这一策略，是因为要弥补投资者担心违约而导致的商业票据市场需求的下降。这些担心部分是因为雷曼兄弟 2008 年破产，导致雷曼兄弟对以前发行的商业票据违约。投资者担心，如果雷曼兄弟的资产质量太差而无法支付商业票据，那么大量持有住房抵押贷款支持证券的其他金融机构也可能会对商业票据违约。

此外，由于机构投资者不愿意购买无法在二级市场上出售的证券，所以一级市场发行的商业票据和其他债务性证券出现下滑，因此短期信贷不再容易获取，这导致次贷危机更严重。美联储认为，其中一些债务性证券风险较低，但投资者仍担心潜在违约，由此会导致金融市场瘫痪。美联储乐意购买商业票据使商业票据市场又恢复了交易和流动性。

美联储购买长期国债 美联储正常的公开市场操作重点是购买短期国库券，但从 2010 年至 2014 年，美联储也购买了大量长期国债。美联储之所以采取了这一行动，是因为虽然短期利率在 2010 年接近零，但公司和个人的许多大额支出仍受制于长期利率。美联储试图降低长期利率，以鼓励更多用于公司资本支出和个人房屋购买的长期借款。美联储购买长期证券旨在降低长期国债收益率，这将间接导致长期借款利率下降。这一策略将在下一章中进行更详细的讨论。

4-4c 危机中美联储干预政策的意义

虽然美联储在次贷危机期间主动改善经济状况，但对于美联储当时应如何改善经济状况的看法也有所不同。美联储在次贷危机期间的许多行为要么旨在购买证券以降低利率（传统货币政策），要么旨在恢复各类风险债务性证券市场的流动性。美联储的重点是改善金融市场的状况，从而增加从金融市场到公司或个人的资金流动。

不过，一些批评者认为美联储的行动重点放在了金融机构而不是其他经济部门上。其中一些批评指出，一些金融机构（如某些证券公司）向其雇员支付了很高的薪酬。批评者认为，如果这些证券公司支付得起这么高的工资，就不应该被政府纾困。

美联储可能会回应说，它并没有为雷曼兄弟（2008 年 9 月破产的一家非常大的证券公司）纾困。另外，美联储恢复债务市场流动性的行动并不仅仅帮助了金融市场，所有类型的公司都可以获得资金支持或扩大经营活动，个人可以获得购买房屋或汽车的资金。公司和个人需要资金来增加支出，从而刺激经济，并创造就业机会。

如果要求所有公民就美联储应该做些什么来纠正次贷危机提出意见，大多数答复可能会一致表明美联储没有对每个公民的愿望做出回应。然而，公众推荐的解决方案可能从一个极端情况，例如“美联储应该让市场自我调整”，到另一个极端，例如“美联储应该接管所有银行”。关键在于，美联储在危机期间实施一个令大多数公民满意的解决方案是非常困难的，大多数公民很可能会更多地关注次贷危机的原因（在第 9 章中详细讨论）而不是美联储应该如何应对危机。

4-5 全球货币政策

每个国家都有自己的中央银行来执行货币政策。工业化国家的中央银行往往有一些类似的目标，这些目标主要包括价格稳定（低通胀率）和经济增长（低失业率）。然而，各国的资源和条件各不相同，所以一家中央银行可能更多地关注一个特定的经济目标。

像美联储一样，其他工业化国家的中央银行也将公开市场操作和准备金率，以及银行贷款利率作为货币政策工具。货币政策工具通常被用作影响当地市场利率，进而影响经济状况的手段。

由于国家经济一体化，美联储在评估美国经济状况时必须考虑其他主要国家的经济状况。在与其他国家中央银行协调活动时美联储可能是最有效的，各中央银行在进行外汇市场干预时通常共同合作，但利益冲突可能使协调货币政策变得困难。

4-5a 欧元区统一货币政策

欧盟（European Union，EU）的目标之一是为其成员建立单一货币。在 2002 年，以下欧洲国家以欧元替代其国家货币：奥地利、比利时、芬兰、法国、德国、希腊、爱尔兰、意大利、卢森堡、荷兰、葡萄牙和西班牙。从那时起，还有另外 7 个国家也采用了欧元：2007 年斯洛文尼亚，2008 年塞浦路斯和马耳他，2009 年斯洛伐克，2011 年爱沙尼亚，2014 年拉脱维亚，2015 年立陶宛。当欧元出台时，欧盟当时有三名成员（丹麦、瑞典和英国）决定不采用欧元，尽管它们可能晚些时候采用。自欧元出台以来，欧洲的 12 个新兴国家已加入欧盟（包括捷克共和国和匈牙利在内的 10 个国家在 2004 年加入，保加利亚和罗马尼亚在 2007 年加入）。这些新成员中有 7 个已经采用了欧元，而其他新成员在满足对政府赤字的限制后也可以这样做。

位于德国法兰克福的欧洲中央银行（European central bank，ECB）负责为使用欧元作为货币的所有欧洲国家制定货币政策。该银行的目标是控制参与国的通货膨胀率并稳定（在合理的界限内）欧元对其他主要货币的价值。因此，欧洲中央银行保持物价和货币币值稳定的目标与世界各国相似；它们的区别在于欧洲中央银行关注一群国家而不是一个国家。因为参与国受到欧洲中央银行施加的货币政策的制约，一个特定的国家在任何时候都不能完全控制在其境内实施的货币政策。共同货币政策的实施可能导致参与国之间在政治上更加统一，鼓励它们制定类似的国防和外交政策。

欧元对货币政策的影响 如上所述，使用共同货币会迫使各国遵守共同货币政策。货币供应量的变化会影响所有使用欧元作为货币的欧洲国家。统一货币也意味着欧洲各参与国政府证券提供的无风险利率必须相似。无风险利率的任何差异将鼓励这些国家的投资者以最高的利率投资该国家，这将引起各国利率的调整。

虽然统一的货币政策可能会使整个欧元区国家的经济状况更加一致，但是它阻止任何参与国采取单独的货币政策解决地方经济问题。欧元区政府可能不同意针对本地经济体的理想货币政策，但是必须就统一的货币政策达成一致。然而，在某一时期使用的任何特定政策可能会改善一些国家的经济状况，并对其他国家造成不利影响。但是，每个参与国仍然可以采用自己的财政政策（税收和政府支出的决定）。

对于欧元，可以注意到，每个参与国都有自己的议程，这可能会阻碍对欧元区经济体未来发展方向的统一决定。每个国家都应该限制财政支出，从而改善预算赤字。然而，一些国家却忽视了解决国内失业问题的制约因素。欧元出台初期的不稳定就部分归因于政治动机，因为个别国家试图牺牲其他参与国的利益为自己的利益服务。不够团结正是在欧洲几个国家之间使用统一货币（因此使用统一货币政策）引起关注和担忧的原因。随着欧洲经济在 2008 年和 2009 年衰退，欧洲各国政策上的分歧逐渐加剧，一些欧元区国家特别是希腊在偿还债务方面遇到困难，次贷危机之后这种分歧仍然存在。

4-5b 全球中央银行协作

在某些情况下，各国中央银行为了共同的目标努力协调。2001 年 9 月 11 日的恐怖袭击不久后，几个国家的中央银行将以各自货币计值的货币注入银行系统，以提供更多的流动性。该策略旨在确保客户从银行或自动取款机中提取资金时可以获得足够的资金。2001 年 9 月 17 日，美联储在美股重新开市之前降息，紧随其后，加拿大中央银行和欧洲中央银行也做出了类似的决定。

然而，有时中央银行的目标相互冲突。例如，两国同时经济疲软的情况并不罕见。此时，两国的中央银行都可能会考虑通过干预使本国货币贬值，这可能会增加外国对以该种货币计价的出口品的需求。但如果两家中央银行同时尝试这种干预措施，那么两种货币之间的汇率受到的影响可能会相互抵消。

◈ 例子

现今，美联储计划通过直接在外汇市场上抛售美元来削弱美元。同时，日本中央银行计划在外汇市场上抛售日元，试图削弱日元。这两种效应相互抵消。一家中央银行可以通过出售更多的本国货币来尝试在外汇市场上产生更大的影响，但另一家中央银行的应对措施可能会抵消这一力量。◈

次贷危机期间的全球货币政策 2008 年，次贷危机的影响开始在国际上蔓延，8—10 月份，美国、加拿大、中国、法国、德国、意大利、日本、墨西哥、俄罗斯、西班牙等国家的股市下滑超过 25%。每家中央银行都有自己可通过货币政策施加影响，进而调控本国经济的本国利率。各中央银行的目标利率水平随时间而变化。因为当时经济发展强劲，许多中央银行在 2006—2007 年提高了目标利率水平。然而，2008 年金融危机期间，这些经济体经济衰退，其中央银行（如美联储）开始降低利率，以刺激各自的经济。

小结

- 美国联邦储备体系的关键组成部分是理事会和联邦公开市场委员会（FOMC）。理事会制定存款机构账户余额的准备金要求。它也是 FOMC 的重要子集。FOMC 决定了美国的货币政策。FOMC 的货币政策对利率和其他经济状况有重大影响。
- 美联储使用公开市场操作（买卖证券）作为调整货币供应量的手段，美联储通过购买证券增加货币供应量，通过出售货币减少货币供应量。

■ 为应对次贷危机，美联储为贝尔斯登（大型证券公司）提供了间接资金，使其不必申请破产。为刺激经济和降低长期利率，美联储采取了量化宽松策略，其中涉及购买长期国债和住房抵押贷款支持证券等风险债务性证券。它还购买了公司发行的商业票据。此外，美联储还为金融机构和其他公司提供了各种资金。

■ 每个国家都有自己的中央银行，中央银行负责实行货币政策，实现低通胀率和低失业率等经济目标。欧洲有 19 个国家采用统一货币，这意味着所有这些国家都要遵守同样的货币政策。

正方和反方观点

应该有一个全球中央银行吗？

正方 是的，全球中央银行可以采用欧洲中央银行服务于多个欧洲国家的方式服务所有国家。通过统一的中央银行，所有国家都可能有统一的货币政策。

反方 不对，只有在全世界使用统一货币时，全球中央银行才能制定全球货币政策。此外，所有国家都不会就货币政策达成一致。

谁正确？ 利用互联网学习关于这个议题的更多知识并形成你自己的观点。

问题与应用

1. 美联储 简要描述美联储的起源。描述联邦储备银行的职能。

2. FOMC 联邦公开市场委员会（FOMC）的主要目标是什么？它如何实现这些目标？

3. 公开市场操作 解释美联储如何通过公开市场操作来增加货币供应量。

4. 政策指导 什么是政策指导？由谁来执行？

5. 褐皮书 什么是褐皮书？为什么它对于 FOMC 很重要？

6. 准备金要求 货币供应量增长如何受到准备金率上升的影响？

7. 调控货币供应量 描述如果由美联储控制的话货币政策可能会具备的特点。

8. 联邦公开市场委员会经济报告 FOMC 会议期间发布经济报告的目的是什么？

9. 公开市场操作 解释美联储如何利用公开市场操作来减少货币供应量。

10. 对货币供应量的影响 为什么美联储的公开市场操作对货币供应量的影响不同于两个存款机构之间的交易对其的影响？

11. 次贷危机期间的窗口贷款 解释在次贷危机期间，美联储为何以及如何扩大对非银行金融机构的贴现窗口贷款。

12. 美联储与国会 美联储或国会是否应决定接近破产的大型金融机构的命运？

13. 美联储救助 你认为美联储应该在次贷危机期间救助大金融机构吗？

14. 美联储对失业率的影响 解释美联储货币政策如何影响失业率。

15. 美联储对家庭购买的影响 解释美联储如何影响家庭每月抵押贷款支付额。美联储如何间接影响消费者对房屋的总需求？

16. 美联储对证券价格的影响 解释美联储的货币政策如何间接影响股票价格。

17. 联邦公开市场委员会声明的影响 FOMC 会议后的声明如何稳定金融市场（相比没有声明的时候）？

18. 次贷危机期间的美联储证券贷款工具计划 解释美联储的证券贷款工具计划如何改善一些债务市场的流动性。

19. 消费者金融保护局 由于《金融改革法案》（2010）的颁布，美联储成立了消费者金融保护局，解释该局的作用。

20. 欧元区货币政策 解释为什么参与欧元区会导致一个国家放弃其独立的货币政策并控制其国内利率。

21. 美联储的权力 美联储的作用应该是什么？应该只关注货币政策吗？还是应该在证券市场遭受投资者的恐慌和潜在的高违约风险时，允许各种类型的证券交易以稳定金融体系？

22. 美联储购买住房抵押贷款支持证券 解释美联储在次贷危机期间购买大量住房抵押贷款支持证券背后的动机，这项政策能实现美联储传统货币政策可能无法实现的目标吗？

23. 美联储购买商业票据 美联储在次贷危机期间为何以及如何干预商业票据市场？

24. 美联储长期国债交易 为什么2010年美联储要购买长期国债？这一策略与美联储的常规操作有什么不同？

25. 美联储和TALF 什么是TALF？美联储为什么要创造它？

26. 美联储的量化宽松策略 解释美联储的量化宽松策略与传统短期国库券交易策略的区别。

辩证思维问题

美联储在危机期间的干预 美联储在次贷危机期间进行了大量干预，撰写一篇短文阐述你认为美联储干预会改善还是恶化金融市场状况。

解读财经新闻

诠释华尔街分析师和投资经理做出的下述评论：

a. "美联储未来的货币政策将依赖本周的经济指标。"

b. "美联储的作用就是在派对进行的时候把碗拿走。"

c. "因为实际短期利率目前是负的，所以通货膨胀率可能会上升。"

金融市场管理

预测美联储的行动 作为一家大型美国公司的经理，你的任务之一是监测美国经济状况，以便你可以预测市场对公司销售的产品的需求。你知道，美联储实行货币政策，联邦政府执行支出和税收政策或财政政策来影响经济增长和通货膨胀。但是，如果没有引发通货膨胀，就难以实现高的经济增长。虽然美联储常常被认为独立于行政机关，但货币政策和财政政策往往相互作用。

假设经济目前停滞不前，一些经济学家担心可能出现经济衰退。然而，一些行业正在高速增长，今年的通货膨胀率高于前五年。假设美联储主席的任期将在四个月内到期，美国总统将不得不任命一位新的主席（或重新任命现任主席）。

a. 鉴于这种情况，你预期政府会更加关心促进经济增长还是抑制通货膨胀？

b. 在这种情况下，你预期美联储会更加关心促进经济增长还是抑制通货膨胀？

c. 你的公司依靠你了解政府将如何影响经济，从而影响市场对公司产品的需求。鉴于这种情况，你对政府如何影响经济有何预测？

资金流动练习

监测美联储

回想一下，卡森公司从金融公司和商业银行获得了大量贷款。贷款利率与市场利率挂钩，每六个月调整一次。假设美国经济增长强劲，卡森公司计划通过扩大业务并进行收购来发展。该公司预计将需要大量的长期融资，并计划通过贷款或发行债券借入额外的资金，卡森公司也在考虑发行股票以筹集明年的资金。

鉴于其对债务利率的风险暴露很大，卡森公司密切监测美联储的行动。它订阅了一项特别服务，试图监测美联储在国债市场的行动。它最近收到了该服务的警告，暗示美联储一直在次级国债市场出售其大量持有的国债。

a. 卡森公司如何解释美联储的行动？也就是说，这些行为会对国债的价格产生上涨还是下跌的压力？解释说明。

b. 这些行为会对国债收益率产生上涨还是下跌的压力？解释说明。

c. 这些行为会对利率造成上涨还是下跌的压力？解释说明。

互联网/Excel 练习

登录网站 www.federalreserve.gov/monetarypolicy/fomc.htm，评估美联储的现有结构。

转到最近的会议记录。现任主席是谁？现任副主席是谁？有多少人出席了会议？描述会议讨论的主要问题。

WSJ 练习

回顾美联储的政策

回顾最近的《华尔街日报》，并搜索与美联储有关的所有意见。这是否表示美联储可能会尝试修改联邦基金利率？如果是，如何做以及为什么这样做？

关于现实案例的在线文章

找一篇近期描述一个具体金融机构或金融市场真实案例的在线实用性文章，以强化本章所涵盖的一个或多个概念。

如果你的班级有一个在线平台，教授可能会要求你把文章摘要放在那里并提供文章的链接以供其他学生访问。如果你的班级是当面授课的，教授可能会要求你当堂总结你对该文章的运用。教授可能指派特定学生或让学生自愿完成这项作业。

有关本章最近的在线文章和现实世界的例子，请考虑使用以下搜索字词（请务必将当前年份作为搜索字词包含在内，以确保在线文章是最近的）：

1. 美联储＋利率
2. 美联储＋货币政策
3. 理事会
4. FOMC 会议
5. FOMC＋利率
6. 美联储＋政策
7. 美联储＋公开市场操作
8. 货币供应量＋利率
9. 公开市场操作＋利率
10. 美联储＋经济

第 5 章　货币政策

本章目标

- 描述货币政策机制
- 解释货币政策中的权衡
- 描述金融市场参与者对美联储政策做何反应
- 解释国际环境如何影响货币政策

前一章讨论了美联储及它对货币供应量的调控，这是金融市场参与者的必备知识。本章主题是理解货币供应量的变化如何影响经济，这对金融市场参与者同样重要。

5-1　货币政策机制

回顾第 4 章，联邦公开市场委员会（FOMC）负责制定货币政策。同时回忆美联储的目标是实现低通货膨胀率与低失业率。尽管某些中央银行宣称的目标更为宽泛（比如实现经济稳定），但美联储的目标和绝大多数中央银行一致。假定美联储以控制经济增长率和通货膨胀率为目标，在制定货币政策之前，它还必须评估反映这些经济变量的主要指标。

5-1a　经济增长率指标监测

美联储之所以监测经济增长率指标是因为高经济增长率使经济繁荣并降低失业率。国内生产总值（GDP）每月核算一次，它衡量一定时期内生产的所有物品和服务的市场价值。在美国，GDP是反映经济增长的最直接指标。产出水平随消费者对物品和服务的需求相应变化。高产出水平表明高经济增长，劳动力需求相应增加（失业率降低）。

美联储也监测国民收入，它是一定时期内企业和个人劳动者赚取的所有收入。对美国物品和服务的高额需求构成美国企业收入的主要来源。为满足这些需求，企业雇用更多工人或增加当前工人的工作时间，这使劳动者收入提升。

失业率也会被美联储监测，因为美联储的首要目标之一是将美国失业率维持在较低水平。然而，失业率并不必然揭示经济增长程度：它仅仅衡量就业的数量，而不是类型。即使在经济增长疲软期也完全有可能实现失业的大幅减少，只要有足够多低工资岗位出现。此外，失业率没有包含放弃寻找工作的工人——他们被称为丧失信心的工人。因此，在经济增长疲软期失业率下降的另一个可能原因是很多人都已经放弃寻找工作，离开了劳动力市场。

一些其他指数被用于反映美国经济特定部门增长情况，比如工业生产指数、零售销售指数和住房销售指数。综合指数包含了多个反映各部门经济增长情况的指数。除了反映现期状况的指标外，美联储也使用前瞻性指标（如消费者信心指数）来预测未来的经济增长。

经济领先指标　经济领先指标、经济同步指标和经济滞后指标是被金融市场参与者广泛追踪的经济指标，它们由世界大型企业联合会（the Conference Board）发布。**经济领先指标**（leading economic indicator）被用于预测未来经济活动。通常，领先指标连续三个月同方向变化暗示经济转折点即将出现。**经济同步指标**（coincident economic indicator）常常随经济周期同步到达峰顶和谷底。**经济滞后指标**（lagging economic indicator）倾向于在经济扩张或收缩几个月后上涨或跌落。

世界大型企业联合会是一个独立的非营利性会员制组织，它宣称自己的目标是创造并传播有关管理和市场的知识以帮助企业更好地运行和服务社会。它从事研究、举办会议、做出预测、评估趋势并且发布信息。世界大型企业联合会发布的经济领先指数、经济同步指数和经济滞后指数被总结在表5.1中。

表5.1　世界大型企业联合会发布的经济领先指数、经济同步指数和经济滞后指数

经济领先指数
1. 制造业周平均工时
2. 周平均初次申请失业保险人数
3. 制造业消费品和原材料新订单数
4. 消费者新订单指数
5. 制造业非国防资本品新订单数
6. 新批准建造的私人住宅数
7. 500只普通股股票的价格指数
8. 多种金融市场方法计量的信用指数
9. 10年期国债与联邦基金的利率差
10. 消费者预期指数
经济同步指数
1. 非农业劳动力总数
2. 个人收入减转移支付

续前表

3. 工业总产值
4. 生产和贸易总额
经济滞后指数
1. 平均失业持续时长
2. 生产和贸易的存货销售比率
3. 制造业每单位产出的劳动力成本
4. 平均最优惠贷款利率
5. 商业和工业贷款总额
6. 消费者分期付款金额与个人收入之比
7. 服务业消费者价格指数

5-1b　通胀指标监测

美联储密切监测评估美国通胀率的价格指数和其他指标。

生产者和消费者价格指数　生产者价格指数反映批发层面的价格水平，消费者价格指数反映零售层面的价格水平。由于汇编价格信息需要时间，价格指数通常在测量期一个月后发布。尽管如此，金融市场依然密切关注价格指数，因为它们可以用来预测通货膨胀率，而通胀率又会影响名义利率和某些证券的价格。农业价格指数反映近期谷物、水果和蔬菜的价格走势。房地产价格指数反映近期房屋和出租地产的价格走势。

另一个被美联储密切关注的指标是个人消费支出指数，它测量各类家庭支出。在监控通胀率指标时，美联储通常特别关注“核心”通货膨胀率，它是剔除了食品和能源价格的通货膨胀率，因为这两类产品的价格往往是不稳定的，例如洪水或干旱可能造成食品价格的暂时波动，政治动荡可能导致短期原油产量下降。这类短期事件结束后，食品和能源价格倾向于回归长期稳定水平。

其他通胀率指标　除了价格指数外，还有一些其他通胀率指标。美国多个地区定期公布工资率。因为工资率和物价在长期呈高度相关关系，所以工资率可以预示物价的变化。油价上涨可以作为未来通货膨胀的信号，因为它会影响某些产品的生产成本、运输成本和消费者为汽油支付的价格。

黄金价格也被密切监控，因为它往往和通货膨胀率同步变动。一些投资者通过购买黄金实现套期保值，以对抗未来的通货膨胀。因此，黄金价格上涨可以作为市场预期未来出现通货膨胀的信号。

经济增长指标也可以用来预测通货膨胀。例如，几份令人欣喜的就业报告的发布可能表明经济过热并将出现**需求拉动型通货膨胀**（demand-pull inflation）——它是指过度需求拉动价格上升引发的通货膨胀。尽管这些报告提供了有关经济增长的乐观信息，但它们提供的有关通货膨胀的信息并不乐观。金融市场可能会对这些乐观报告做出悲观反应，因为投资者预期美联储将通过加息政策减弱通胀势头。

5-2　货币政策的实施

在评估经济状况和识别主要问题后，联邦公开市场委员会（FOMC）将制定缓解经济问题的货币政策。货币政策通过改变货币供应量影响利率，并进一步影响家庭和企业的总借款及总支出。总支出水平影响对产品和服务的需求，从而影响价格水平（通货膨胀）和失业水平。

5-2a　刺激性货币政策的效果

刺激性货币政策的效果可以用第 2 章的可贷资金模型进行说明。回忆可贷资金供给和需求的互动决定了利率水平。大部分可贷资金需求来源于需要借款的家庭、企业和政府机构。回忆一下，需求曲线代表在（某一时期）所有可能的利率水平下对资金的需求数量。需求曲线向右下方倾斜，因为大多数潜在借款者会在较低的利率水平下借入较多数量的资金。

可贷资金的供给曲线代表在（某一时期）所有可能的利率水平下对资金的供给数量。供给曲线向右上方倾斜，因为资金提供者倾向于在较高的利率水平下提供较多数量的资金。假设当前的可贷资金供给曲线和需求曲线如图 5.1 左图所示。该图显示均衡利率是 i_1。图 5.1 右图描述了可贷资金利率和企业投资水平的典型关系。二者负相关，因为企业在利率较低时更愿意投资扩张。设在 i_1 的均衡利率水平下，企业投资水平是 B_1。

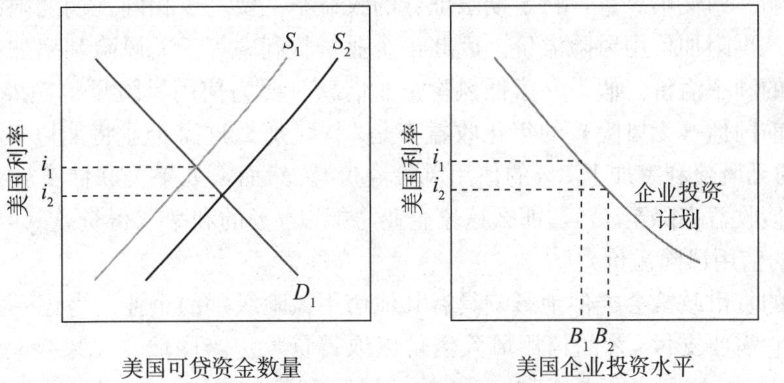

图 5.1　增加货币供应量的影响

实施刺激性货币政策时，美联储增加银行系统的资金供给，这将提高企业投资水平，从而增加经济中的总支出。美联储通过在二级市场上购买美国国债实施货币政策。当投资者出售他们手中持有的美国国债时，他们在金融机构的账户余额便增加了，而且这种增加并不伴随着任何其他金融机构账户余额的减少。因此，在银行系统中存在可贷资金供给的净增加。

利率变化的图形解释　如果美联储的行为使可贷资金增加 50 亿美元，那么可贷资金的供给数量将在任何可能的利率水平下增加 50 亿美元。这意味着可贷资金供给曲线向外移动，如图 5.1 中 S_2所示。S_1和 S_2的区别在于 S_2包含了由美联储行为导致的 50 亿美元可贷资金数量的增加。

在可贷资金供给曲线向外移动的条件下，当利率水平为 i_1时，可贷资金的供给数量超过其需求数量。因此，利率水平会降低至 i_2，在该水平下，可贷资金的供给和需求相等。

利率变化的逻辑解释 在解释刺激性货币政策导致利率降低的原因时，图形解释和逻辑解释相互补充。当美联储的刺激性货币政策使存款机构的资金供给增加时，在当前利率水平下，存款机构将拥有过量资金。在联邦基金市场上，借入短期贷款（比如一天）的存款机构将会借入更少的资金，贷出短期借款的存款机构将愿意接受一个更低的利率水平（这个利率被称为联邦基金利率）。银行系统货币供应量的变化直接影响联邦基金利率。美联储的货币政策一般通过改变银行系统的资金供给实现某个特定的联邦基金利率水平，比如将联邦基金利率从 3%降至 2.75%，或降至 2.75%至 3%之间的任一水平。

美联储的货币政策不仅能直接影响联邦基金利率，还会影响国债收益率（或利率）。当美联储购买大量国债时，国债价格上升，从而降低了以现行较高价格购买国债的投资者取得的收益率。

更重要的是，美联储的刺激性货币政策会间接地影响其他利率，比如企业贷款利率。如图 5.1 所示，利率水平降低使企业投资水平由 B_1升至 B_2，即融资成本降低使企业愿意投资于新增项目。利率水平降低减少了企业新增项目的融资成本，使企业投资支出增加。

企业债务成本的变化 受刺激性货币政策影响，存款机构资金成本（基于它们为存款支付的利息）下降，因此它们愿意以更低的利率贷出资金。为了有效利用新增资金，它们会降低贷款利率以吸引更多潜在借款者。

另一种理解刺激性货币政策对企业债务成本的影响的方法是考察无风险利率变化对其他利率的影响。回忆第 3 章，特定期限证券的收益率主要基于相同到期期限的无风险利率（国债利率），再附加信用风险溢价。因此，企业贷款利率等于无风险利率加上反映借款企业信用风险的利率溢价。假设一家低风险企业借款时要为信用风险溢价额外支付 3%的利息。如果当前国债（无风险）的年化收益率是 5%，那么这家企业将能以 8%的利率取得贷款（5%的无风险利率加上 3%的信用风险溢价）。然而，如果美联储实施刺激性货币政策并导致国债收益率降至 4%，那么这家企业将能以 7%的利率取得贷款（4%的无风险利率加上 3%的信用风险溢价）。

美联储的货币政策会类似地影响具有其他信用风险级别的企业。考虑一家具有中等风险的企业，它需要支付 4%的信用风险溢价以取得贷款。当国债（无风险）收益率为 5%时，它将能以 9%的利率取得贷款（5%的无风险利率加上 4%的信用风险溢价）。然而，如果美联储实施刺激性货币政策并导致国债收益率降至 4%，那么这家企业将能以 8%的利率取得贷款（4%的无风险利率加上 4%的信用风险溢价）。

这里的关键点是所有企业（不论它们的信用风险水平如何）都将因美联储的刺激性货币政策得以用更低的利率取得贷款。因此，当它们考虑诸如扩大生产线或建造新设备等项目的可行性时，可能会因债务成本降低而愿意实施更多项目。企业实施更多项目，就会花费更多资金，这些额外支出将增加受益个人或企业的收入。为了扩大业务规模，企业也可能会雇用更多工人，这将导致新雇员收入增加。新雇员会花费部分新增收入，这将增加受益个人或企业的收入。

企业权益成本的变化 多数企业以权益融资作为另一种重要的资本来源。货币政策也能影响权益成本。企业权益成本基于无风险利率，附加反映企业股票价格波动相对一般股票市场波动敏感度的风险溢价。这些概念将在第11章中详细讨论，这里的要点是企业权益成本和无风险利率正相关。因此，如果美联储能将无风险利率降低1个百分点，那么它将使企业权益成本也降低1个百分点。

刺激性货币政策效果小结 总的来说，美联储之所以能刺激经济是因为它能通过影响国债（无风险）利率进一步影响企业的债务成本和权益成本，如图5.2所示。当美联储降低无风险利率时，企业的债务成本和权益成本降低，从而企业的资本成本降低。如果企业的资本成本降低，潜在项目的必要收益率便会降低。因此更多的潜在项目会被企业认为可行并实施。当美国企业实施更多项目时，它们就会扩大支出，这将刺激经济、增加就业。

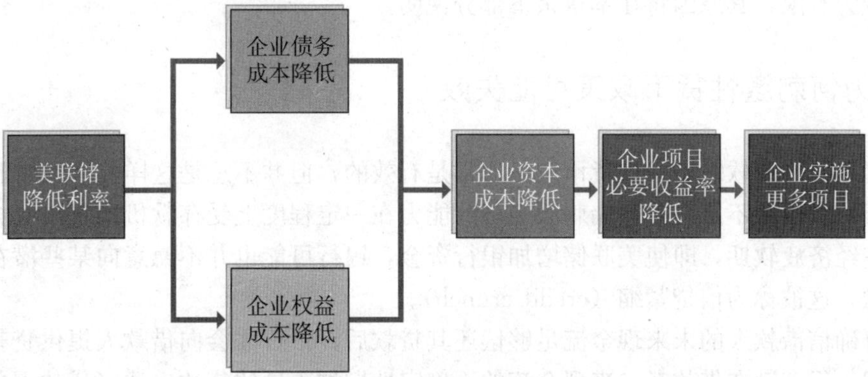

图5.2 美联储如何刺激经济

注意当美联储刺激经济并增加就业时，它并没有用自己的钱购买产品。它没有强迫企业雇用更多工人，而是通过降低资金成本鼓励企业增加支出。与此类似，美联储的刺激性货币政策也将使家庭的借款成本降低。和企业一样，家庭的借款成本等于当前无风险利率加上信用风险溢价。当美联储采取刺激性货币政策降低国债（无风险）利率时，家庭借款成本相应降低，这将导致家庭支出增加。企业和家庭支出的增加刺激了经济、增加了就业。

5-2b 美联储对长期债券收益率的关注

不同期限的国债收益率各不相同。如果收益率曲线（已在第3章讨论）向右上方倾斜，则表明长期国债的年化收益率高于短期国债。美联储在2010—2012年已经通过刺激性货币政策使短期国债利率降至接近零的水平。然而，刺激性货币政策对以长期固定利率借款的企业影响甚微。这些企业的债务成本受长期国债利率，而不是短期国债利率的影响。

为了鼓励企业增加长期项目支出，美联储需要使用降低长期国债收益率的刺激性货币政策，因为这能降低长期债务利率。例如，如果美联储想为潜在借款者降低10年期固定利率贷款的利率，它将使用可以降低10年期国债收益率的货币政策（10年期国债收益率反映了10年期无风险收益率）。前一章简要叙述了在次贷危机后，作为量化宽松政策的一部分，美联储如何通过购买长期国债降低长期利率并刺激经济。

在某些时期，美联储把货币政策对准某些特定期限的国债以扩大其对这些债券的影响。在2011年和2012年，美联储周期性地实施“扭转操作”策略（这种策略在1961年也被使用过）。它卖出部分短期国债并用这部分收入购买长期国债。理论上，这种策略会提高短期利率并降低长期利率，表现为收益率曲线的扭转。

这种策略背后的逻辑是：为了鼓励企业借入并支出更多资金，美联储应当致力于降低长期利率而不是短期利率。因为企业在长期利率降低时更愿意增加其在新项目中的支出，所以这种策略可以刺激经济、增加就业。此外，长期利率越低，潜在购房者可能越愿意购买新房。然而，对于这种策略是否真的能对长期利率产生显著且持续的影响，学界并未达成共识。因为资金在短期和长期国债市场之间的流动，美联储很难通过影响短期市场而进一步影响与之分离的长期市场。事实证明，扭转操作策略可以降低长期国债利率，但是它的作用较为有限，其原因将在本章余下部分说明。

5-2c 为何刺激性货币政策可能失效

尽管在经济疲软时刺激性货币政策通常是有效的，但并不总是这样，原因如下。

银行信贷供给不足 美联储刺激经济的能力在一定程度上受存款机构贷出资金意愿的影响。在经济疲软期，即使美联储增加银行资金，银行可能也并不愿意向某些潜在借款者发放贷款，这被称为信贷紧缩（credit crunch）。

只有确信借款人的未来现金流足够偿还其贷款后，银行才会向借款人提供贷款。在经济疲软期，很多潜在借款者未来现金流的不确定性增加，导致贷款申请（贷款需求）和符合银行标准的贷款申请人减少。

银行和其他贷款机构对其存款人、股东和管理者负有避免不良贷款的责任。因为在经济疲软期违约风险上升，一些潜在借款者将无法取得贷款。其他人为了取得贷款，可能支付高风险溢价作为对违约风险的补偿。因此，如果潜在借款者没有达到贷款标准，或它们不愿支付高风险溢价，那么美联储货币政策的效果可能会十分有限。如果银行没有贷出美联储注入银行系统的资金，那么美联储将无法成功刺激经济。

◇ 例子

在2008年开始的次贷危机期间，美联储尝试用刺激性货币政策降低利率以刺激经济。然而，货币政策起初收效甚微。企业不愿在经济状况如此疲软时进行扩张，所以即使利率很低，它们也不愿借款。此外，商业银行提高了贷款标准，以防再犯导致次贷危机的那些错误（比如自由信贷标准）。结果，因美联储刺激性货币政策而增加的贷款数量较为有限，从而新增支出也较为有限。◇

存款收益率低 尽管美联储降低利率的政策允许借款者以更低利率取得贷款，但它同时降低了存款收益率。当银行存款利率降至接近零的水平时，想要存款的投资者取得的潜在收益率便较为有限。这可能会鼓励个人借债（并支出）而非储蓄，对经济有更强的刺激作用。然而，一些受低利率吸引的贷款者可能并无能力偿还贷款。因此，极低利率可能导致更多个人破产。

此外，以退休人员为代表的一些存款者非常依赖利息收入弥补他们的定期支出。当存款利率接近于零时，利息收入便接近于零，这些依赖利息收入的退休人员将被迫削减支出。这种效应会抵消低利率刺激的部分效果。一些退休人员会因低利率而将资金投资于银行存款的替代品（比如股票）。不过，很多替代品具有风险，退休人员将有可能遭受退休基金的损失。

通胀的负面影响 实施刺激性货币政策时，货币供应量增长率上升可能导致通胀率预期上升，这将限制货币政策对利率的影响。

◇ 例子

假设美国经济正处于疲软期，并假设美联储的应对措施是运用公开市场操作（购买国债）增加可贷资金供给。这应该会降低利率并增加借贷和支出。然而，一些证据表明，货币供应量的高增长可能导致持续的高通胀率。当企业和家庭认识到货币供应量增长率的上升将导致更高的通胀率时，他们会相应调整其通胀率预期。这种效应通常被称为**理性预期理论**（theory of rational expectation）。高通胀率预期鼓励企业和家庭增加可贷资金需求（第 2 章已做说明），以便在价格水平上升前取得借款并完成支出。需求的上升反映了人们希望尽快实现购买计划的急迫心理。

这种效应可以用图 5.3 进行展示。美联储货币政策的结果将是可贷资金供给和需求同时增加。两种影响相互抵消，从而美联储可能无法维持利率水平的降低。如果美联储不能使利率维持在低位，它便不能刺激企业投资增加，这是因为企业投资增加依赖于融资成本降低使更多项目变得可行。如果企业投资没有增加，经济状况将无法得到改善。◇

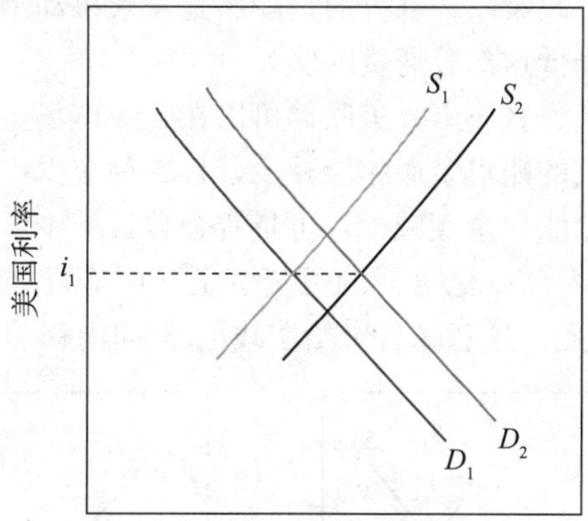

图 5.3 基于理性预期理论的货币供应量增加的影响

刺激性货币政策的效果可能被通胀率预期破坏，因此另一种方法是用消极的货币政策使经济自发调整而非依靠美联储干预。在经济下行时期，可贷资金需求下降，即使美联储不干预，利率水平最终也会降低。在这种情况下，利率水平的降低并不伴随着通胀率预期的上升，因此利率可以稳定在较低水平。从而，企业投资最终上升，进一步促进经济增长和就业增加。

对消极货币政策的批评主要是疲软经济需要花费数年时间进行自我修正。经济低迷时期，如果美联储不积极实施刺激性货币政策，利率可能在一年以后才开始下降。大多数人希望美联储在改善经济状况时积极采取行动，而不是消极地寄希望于经济自发调整。

即使美联储的刺激性货币政策没有影响通货膨胀率且银行愿意将新增资金贷出，企业也可能不愿借入更多资金。一些企业可能已经用尽其借债能力，因此即使贷款利率降低，它们也在借入更多资金时受到限制。它们可能认为任何新增债务都会增加破产风险，因此只有当经济状况改善时它们才会扩大支出。

与此类似，在经济疲软期，即使利率很低，家庭也不愿借入更多的资金购置车辆、住房和其他商品。失业者无法借入更多资金。那些符合银行贷款标准的就业者可能认为自己已达借债极限。他们可能担心在经济下行时期自己的工作并不稳定。因此直到经济回暖工作信心增强，他们才会增加债务。

所以当美联储希望低利率能增加借贷和支出并刺激经济时，潜在借款者（企业和家庭）在经济状况有所改善之前可能并不希望扩大支出。但是倘若家庭和企业不扩大支出，经济状况便难以改善。尽管美联储可以降低利率，但它不能强迫企业和家庭借入更多资金并增加支出。

有关美联储刺激性货币政策的一个担忧是，当它成功刺激企业和家庭借入更多资金时，它可能间接引起一些人借入的资金超出他们的还款能力。因此，刺激性货币政策可能导致破产增加并引发一系列新的经济问题。

5-2d 紧缩性货币政策效果

如果美联储关心的主要问题是过度通货膨胀，则它可以运用公开市场操作减缓货币供应量增长，实施紧缩性货币政策。一部分通货膨胀是需求拉动型的，美联储可以通过放缓经济增速、限制过度需求降低这部分通货膨胀。

为放缓经济增速、减轻通胀压力，美联储可以在二级市场上卖出部分国债。随着投资者付款购买这些国债，他们的账户余额相应减少，且这种减少不伴随任何其他金融机构账户余额的增加。因此，存款账户余额减少，可贷资金数量减少。

假设美联储的行为减少了 50 亿美元的可贷资金。可贷资金的供给数量将在任何可能的利率水平下减少 50 亿美元。这意味着供给曲线由 S_1 向内移动至 S_2，如图 5.4 所示。

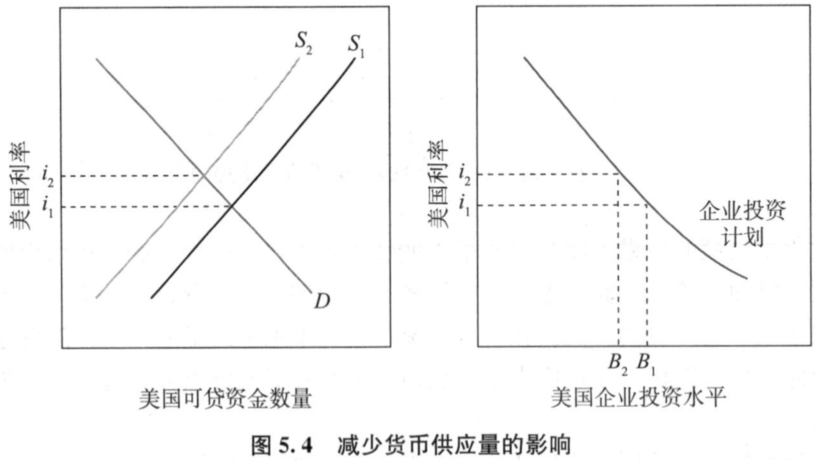

图 5.4 减少货币供应量的影响

在可贷资金供给曲线向内移动的条件下，在原始利率水平 i_1，可贷资金的需求数量超过其供给数量。因此利率水平会上升至 i_2，在该利率水平下，可贷资金的供给和需求相等。

存款机构不仅会上调联邦基金市场的贷款利率，而且会上调存款利率和家庭与企业的贷款利率。如果美联储的紧缩性货币政策使国债利率从5%上升至6%，则一家先前支付4%的信用风险溢价的企业现在必须支付10%的利率（6%的无风险利率加上4%的信用风险溢价）以取得贷款。所有考虑借入资金的企业和家庭都将因美联储的紧缩性货币政策承担更高的债务成本。美联储货币政策对家庭和企业贷款行为的影响至关重要，因为它影响经济支出的能力恰恰来源于此。

利率上升增加了企业新项目的融资成本，使企业投资水平从B_1降至B_2。随着企业投资水平下降，经济增长放缓，通胀压力可能得到缓解。

5-2e 货币政策效果总结

图5.5总结了美联储如何通过影响可贷资金供给改善经济状况。图表的上半部分展示了旨在促进经济增长的刺激性（钱松）货币政策，下半部分展示了旨在降低通货膨胀率的紧缩性（钱紧）货币政策。

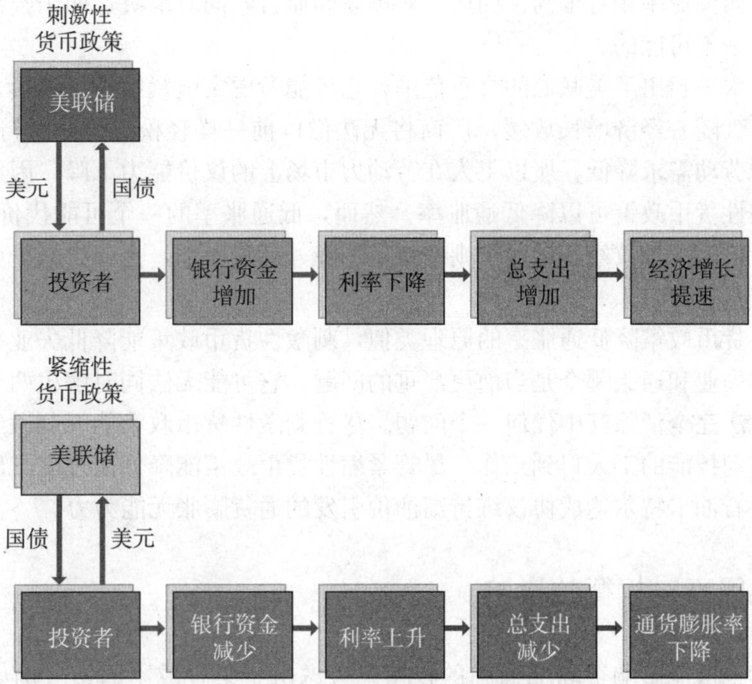

图5.5 货币政策如何影响经济状况

货币政策的滞后效应 在实施货币政策时，有三种相关的滞后效应，它们让美联储的工作更富挑战性。首先是**识别滞后**（recognition lag），它指从经济问题发生到它被识别的时间间隔。多数经济问题最初是通过统计数据而不是实际观察来揭示的。因为经济统计数据周期性发布，所以它们不能在第一时间揭露经济问题。例如，失业率每月公布一次。失业率的突然上升可能直到月末才被发现，此时统计数据才揭露经济问题。即使失业率连续两个月略微上升，美联储也可能因为上升不显著而无所作为。然而，持续数月的失业率上升将使美联储认识到经济存在严重问题。在这种情况下，识别滞后可能长达4个月或更久。

实施滞后（implementation lag）指从经济问题被识别到美联储实施针对性货币政策的时间间隔。**效果滞后**（impact lag）指从美联储实施货币政策到该政策充分作用于经济的时间间隔。例如，货币供应量增长率的调整可能在一定程度上迅速作用于经济，但它充分发挥作用可能需要一年左右的时间。

这些滞后效应会妨碍美联储对经济的调控。假设美联储希望使用刺激性货币政策促进经济增长并降低失业率。等到该货币政策开始生效时，失业率可能已经停止上升并由于其他原因开始下降（比如美元贬值导致外需增加、就业增加）。如果没有这些滞后效应，货币政策的实施将更加有效。

5-3　货币政策中的权衡

理想情况下，美联储希望同时实现低失业率和低通胀率。在美国经济增长强劲期，失业率偏低，但通胀率相对偏高，因为工资和价格水平有上行压力。反之，在经济疲软期，通胀率偏低，而失业率相对偏高。因此，对美联储而言，同时解决这两个经济问题是非常困难，甚至几乎不可能的。

如果通胀水平超出了美联储的合意范围，它可能考虑实施紧缩性（钱紧）货币政策以减缓经济增速。随着经济增长放缓，厂商将无法像以前一样轻松提价并维持销售量不变。类似地，由于劳动需求降低，所以工人在劳动力市场上的议价能力下降。因此旨在减缓经济增速的紧缩性货币政策可以降低通胀率。然而，低通胀率的一个可能代价是高失业率。如果紧缩性货币政策导致经济停滞，则销售量下降，存货增加，企业将减少劳动力以削减成本、减少产量。

与紧缩性货币政策降低通胀率的原理类似，刺激性货币政策能降低失业率。因此，美联储必须决定失业和通胀哪个是当前更严重的问题。它可能无法同时解决两个问题。事实上，它可能无法完全消除其中任何一个问题。尽管刺激性货币政策能够刺激经济，但它无法保证没有劳动技能的工人得到工作。尽管紧缩性货币政策能降低由过度支出引发的通货膨胀，但它对石油卡特尔达成协议维持高油价引发的通货膨胀无能为力。

5-3a　其他因素对权衡的影响

其他因素也可能影响美联储面临的权衡。考虑由于某种成本因素（例如能源成本上升），通胀率将至少是 3%。换句话说，不论美联储实施何种货币政策，3%的通货膨胀率都必然存在。假设由于一些工人缺乏劳动技能或暂时赋闲在家，失业率将至少是 4%。一个充分的刺激性货币政策将刺激经济并将失业率维持在 4%的最低水平。然而，这个刺激性货币政策可能造成通胀率超出 3%。反之，一个紧缩性货币政策可以将通胀率维持在 3%的最低水平，但失业率可能会超出 4%。

这种权衡可以用图 5.6 展示。图中，美联储可以使用高度刺激性（钱松）货币政策以达到点 A（9%的通胀率和 4%的失业率），或使用高度紧缩性（钱紧）货币政策以达到点 B（3%的通胀率和 8%的失业率）。当然，它也可以使用折中的货币政策以达到曲线上 A 与 B 之间的任意一点。

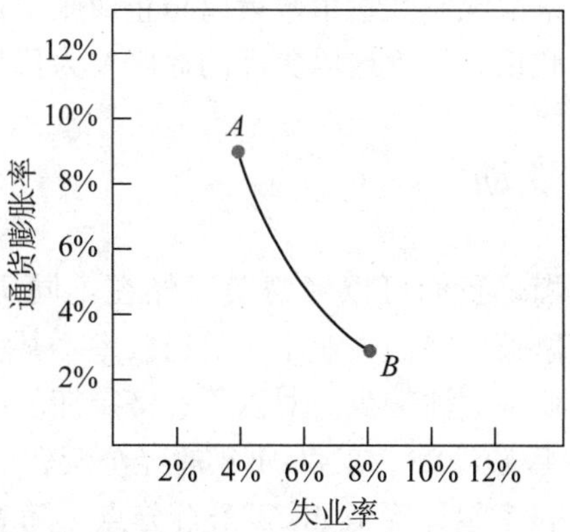

图 5.6　降低通货膨胀率和降低失业率之间的权衡

通胀率和失业率的年度历史数据显示，当其中一个问题恶化时，另一个问题并不会自动改善。两个变量有可能同时上升或下降。然而，这与美联储面临的权衡并不矛盾。这一事实仅仅表明一些外在因素可以影响通胀率或失业率或同时影响它们二者。

◇ 例子

回忆美联储在某一时期可以达到点 A 或点 B 或曲线上点 A 与点 B 之间的任意一点。现在假设油价大幅上涨使通胀率至少是 6%。此外，假设一些工人培训中心关闭使缺乏劳动技能的工人增加，这使失业率最低是 6%。现在美联储的权衡状态已经改变。美联储新的可行点集为图 5.7 中的曲线 CD。请注意，曲线 CD 上的点不如曲线 AB 上的点令人满意。不论美联储实施何种货币政策，通胀率和失业率都将比前一时期有所增加。这并不是美联储的错。事实上，美联储仍然面临着权衡：点 C（11%的通胀率和 6%的失业率），或点 D（6%的通胀率和 10%的失业率），或曲线 CD 上的任意一点。◇

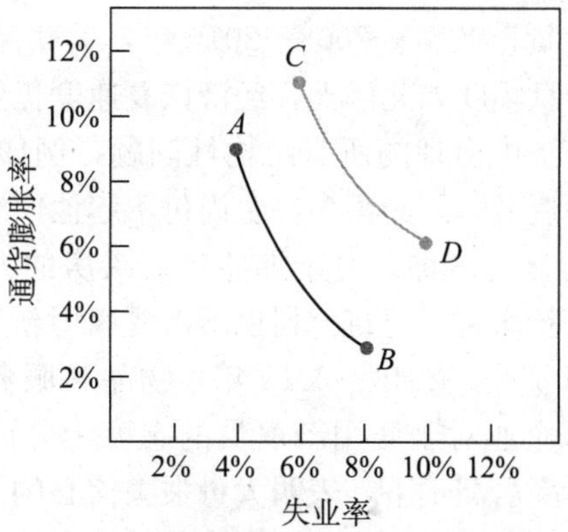

图 5.7　通货膨胀率和失业率之间权衡的调整

例如，在 2008—2009 年的金融危机和 2010—2015 年的经济复苏时期，相比降低通胀率，美联储更注重降低失业率。美联储承认刺激性货币政策会提高通胀率，它将通货膨胀视为两害之中较轻者。尽管会提高通胀率，美联储依旧愿意通过刺激经济降低失业率。

当 FOMC 成员关心的主要问题是通货膨胀或失业二者之一时，他们往往能就货币政策达成一致。然而，当通胀率和失业率都相对较高时，他们对该实行何种货币政策往往有更多争议。一些人认为应当采取限制性货币政策以防止通胀率进一步上升，另一些人则支持降低失业率的刺激性货币政策，尽管这以更高的通胀率为代价。

5-3b 货币政策的历史变动

为理解货币政策中的权衡，我们可以考虑美联储在不同历史时期的决策。在一些时期，美联储致力于刺激经济增长、降低失业率，对通胀率不甚关心。在另一些时期，美联储注重减轻通胀压力，对失业率关注较少。对以下经济周期的简要总结证明了这个观点。

2001—2003 年注重改善疲软经济 在 2001 年的经济疲软期，美联储多达 10 次降低联邦基金目标利率，这导致该利率累计降低 4.25 个百分点。随着联邦基金利率降低，短期市场利率也相应降低。然而经济并未对这些利率降低做出反应。倘若美联储有能力降低长期利率，那么它对经济的干预可能会更加有效。2001 年，经济并未如期回暖，于是美联储在 2002 年和 2003 年继续两次下调联邦基金目标利率。最终，经济在 2004 年开始出现改善迹象。

2004—2007 年注重降低通货膨胀率 随着经济状况从 2004 年开始逐渐改善，美联储关注的重点开始从对经济增长的担忧转向对高通胀率的担忧。从 2004 年中期到 2006 年夏季，美联储多达 17 次上调联邦基金目标利率。典型的调整幅度是每次 0.25 个百分点。通过这种小增量调整，美联储可以有效避免对经济的过度干预。每次完成微小调整后，美联储都会监控经济变化，并在下次会议上决定是否需要进行下一步调整。

2004—2007 年，价格上涨现象周期性出现，它们大多是高油价所致。尽管美联储的货币政策不能控制油价，但它希望防止任何由强劲经济造成的劳动力短缺或超额需求引发的通货膨胀。因此，美联储在维持经济增长的同时，努力防止经济过热并引发高通货膨胀。

2008—2015 年注重改善疲软经济 2008 年，次贷危机爆发并引发严重经济衰退。美联储在该时期实施了刺激性货币政策。2008—2015 年，美联储将联邦基金利率从 5.25%降至接近零。然而，即使降息幅度如此巨大，经济恢复速度仍然很慢。尽管货币政策可能有效，但它不一定能解决经济中出现的所有结构性问题，例如 2004—2007 年实行的自由信贷标准导致的超额住房建造量。因为很多房主尚付不起他们现在居住的房子，所以利率降低并不能导致房屋需求的显著增加。对于那些想要买房的人，市场上尚有大量空房剩余。因此，社会不需要建造新房屋，建筑公司也不需要雇用新工人。此外，即使利率水平很低，很多企业也并不愿意扩张。2010—2012 年，物品和服务总需求增长缓慢。在该时期，失业率维持高位，因为企业对于雇用新雇员的态度十分谨慎。2014—2015 年，失业率有所降低，但劳动力参与率居高不下，表明大量失去信心的工人退出了劳动力市场。鉴于通胀率维持低位、工资上涨非常迟缓，美联储决定继续实施刺激性货币政策以创造更多工作岗位。

5-3c 货币政策如何对财政政策做出反应

考虑财政政策时，美联储对改善就业状况和通胀状况的权衡将变得更加复杂。尽管美联储有权力独立于总统行政命令做出决策，但货币政策通常受财政政策影响。如果财政政策造成大量预算赤字，利率将面临上行压力。在这种情况下，美联储担心财政政策引发的利率上升会抑制经济，它有可能通过刺激性货币政策降低利率。

货币政策和财政政策对利率影响的解释框架如图 5.8 所示。财政政策主要调节可贷资金需求，货币政策通常影响可贷资金供给。在某些情况下，政府实施的财政政策将使美联储重新评估通胀和失业的权衡，解释如下。

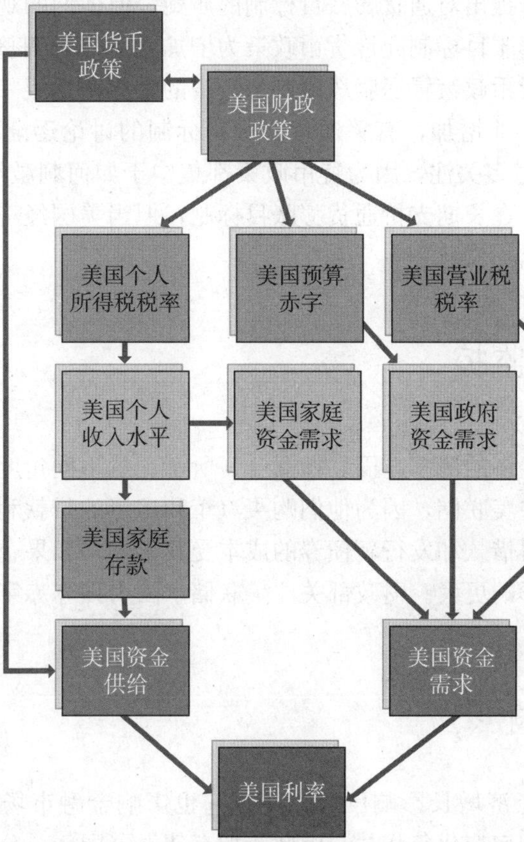

图 5.8　货币政策和财政政策对利率影响的解释框架

5-3d　对关注通胀的提议

近年来，一些提议指出美联储应该集中精力控制通胀而非失业。本·伯南克，2006—2014 年任美联储主席，曾发表过支持通货膨胀目标制的言论。如果美联储能集中精力应对通货膨胀而无须过度担忧失业问题的话，它将能更好地控制通胀水平。此外，美联储的职责将更加明确，从而减少了金融市场中关于美联储对特定经济状况做何反应的不确定性。

然而，通货膨胀目标制也有弊端。第一，倘若美国通胀率严重偏离美联储目标，美联储将失信于民。诸如油价上涨的许多因素可能造成高通货膨胀率，而这并非美联储所能掌控的。第二，对通胀的过度关注可能导致更高的失业率。不过，伯南克曾指出，通货膨胀目标制是一种灵活的制度，失业率仍会被考虑在内。他相信通货膨胀目标制不仅能满足通胀目标，还能在长期中实现就业水平稳定。例如，倘若失业率略高于正常水平且通胀率已达目标范围顶点，则通货膨胀目标制要求美联储保持货币政策不变。在这种情况下，降低利率、刺激经济虽然能暂时降低失业率，但最终将导致过度通货膨胀。这又要求美联储使用紧缩性货币政策（升高利率）修正通货膨胀，最终将导致经济低迷、失业增加。总体而言，通货膨胀目标制反对使用“快速修复”方案刺激经济。

尽管一些美联储成员公开提出对通货膨胀目标制的质疑，但他们的观点与伯南克的不一定截然相反。灵活的通货膨胀目标制允许货币政策为增加就业进行调整。不过，美联储成员并未对多高的失业率是货币政策冒通胀风险刺激经济的临界值达成一致。事实上，在次贷危机期间，经济疲软、失业增加，有关通货膨胀目标制的讨论逐渐减少。在2008—2015年，通货膨胀并未得到过多关注，因为货币政策都集中于如何刺激经济、促进就业。这表明，虽然一些美联储成员在长期支持通货膨胀目标制，但当美国经济深度衰退时，他们仍倾向于将关注重点转向增加就业。

5-4　货币政策效果监控

美联储的货币政策影响经济的诸多方面，如图5.9所示。从不同角度看，货币政策的效果可能是不同的。家庭关注美联储，因为他们购买汽车和房屋的贷款利率受其影响。企业关注美联储，因为它们取得借款和发行新债券的成本受其影响。如果企业对利率浮动更为敏感，则美联储对它们的影响更大。财政部关注美联储，因为预算赤字的融资成本受其影响。

5-4a　对金融市场的影响

因为货币政策对利率和经济增长影响巨大，所以它也影响金融市场上多数证券的估值。现有债券的价值变化与利率变化负相关。因此，拥有债券（国债、公司债券或市政债券）或固定利率抵押贷款的投资者在美联储上调利率时遭受负向冲击，在美联储下调利率时遭受正向冲击（如第8章所述）。

股票价值（将在第11章讨论）通常也受利率波动影响，不过这种影响与债券并不相同。

◇ 例子

假设经济处于疲软期，美联储使用货币政策降低利率。如果投资者认为该举动会促进经济增长，他们会预期企业未来销售量增加、利润增加，从而股票价格会因该利好消息而上涨。然而，美联储降低利率的决定也可能使投资者意识到经济状况比他们设想的更糟。在这种情况下，美联储的举动可能成为企业利润下滑的信号，因此股票价格会因该利空消息而下降。◇

在FOMC会议举办时，你可以登录财经新闻网站以更好地理解美联储行为对金融市场的潜在影响。你将看到有关美联储是否会尝试改变利率、改变多少，以及这种变化将如

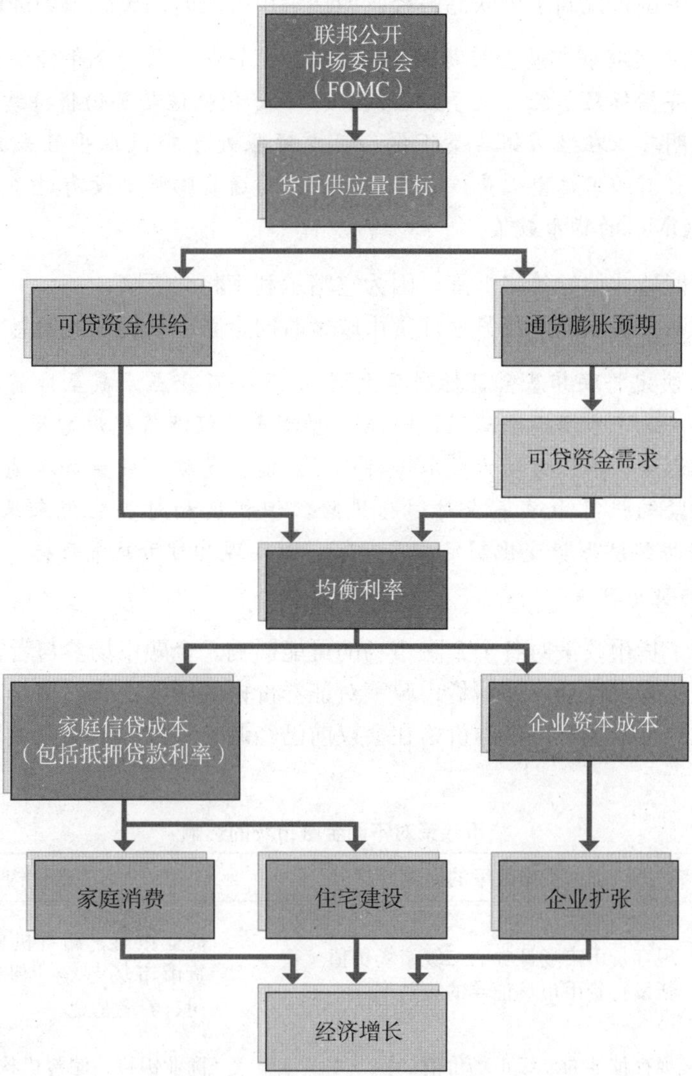

图 5.9　货币政策对金融状况的影响

何影响金融市场的预测。

美联储 2008—2014 年注重提高债券市场流动性　在次贷危机期间，许多机构投资者不愿购买诸如住房抵押贷款支持证券、公司债券、商业票据等高风险债务性证券；结果这些证券的市场流动性显著下降。尽管美联储购买国债能降低无风险（国债）利率，但此举并不能保证高风险债券市场的流动性，尤其是在人们普遍担心债务违约的特殊时期。

作为应对，美联储在 2008—2014 年实施了**量化宽松**（quantitative easing）策略（已在前一章讨论），它每月购买一定金额的特定种类债券。不同于只买卖国债的传统货币政策，量化宽松策略的独特之处是它以诸如住房抵押贷款支持证券、商业票据等高风险债券为操作对象。通过买入这些高风险债券，美联储试图增强投资者信心、提高债券市场流动性。

美联储向金融市场传递的信息　在 FOMC 举行会议并决定货币政策之后，它通过 FOMC 声明宣布会议结果。声明可以在 www. federalreserve. gov 查看，相关证券价格可能受其影响。以下摘录说明了美联储解释刺激性货币政策时向金融市场提供的信息类型：

> FOMC决定将联邦基金目标利率下调0.25个百分点。今年经济增长放缓，过去四个月的经济指标显示经济处于疲软期。FOMC预测该趋势仍将持续。制造业企业存货增加，表明其正在经历销售量下滑。目前通胀处于较低水平且未来很可能维持低位。因此，当前的工作重心是恢复经济增长，对通货膨胀则没有过多担忧。下列成员投票支持FOMC的货币政策。

该声明很可能造成债券价格上涨，因为它暗示利率将会下降。

以下摘录说明了美联储解释紧缩性货币政策时向金融市场提供的信息类型：

> FOMC决定将联邦基金目标利率上调0.25个百分点。截至目前，今年经济增长势头迅猛。房地产市场逐渐降温，FOMC预测未来经济将稳步增长。能源价格已对通货膨胀有所影响。单位劳动力成本保持稳定。能源价格可能会加剧通货膨胀。FOMC可能会使用紧缩性货币政策应对通胀风险，但程度和时机要视未来经济状况而定。FOMC将根据经济形势变化制定相应对策，以实现其货币政策目标。下列成员投票支持FOMC的货币政策。

表5.2总结了货币政策对各个金融市场的可能影响。金融市场参与者密切关注FOMC声明以解读美联储未来计划、评估货币政策对证券价格的影响。有时市场充分预期到了美联储的行为。在这种情况下，证券价格在会议前已经调整到位，不会在美联储宣布其决定后进一步调整。

表5.2　　货币政策对不同金融市场的影响

金融市场种类	货币政策的影响因素	关键机构参与者
货币市场	现存货币市场证券的二级市场价值 新发行货币市场证券的收益率	商业银行、储蓄机构、信用合作社、货币市场基金、保险公司、金融公司、养老基金
债券市场	现存债券的二级市场价值 新发行债券的收益率	商业银行、储蓄机构、债券型共同基金、保险公司、金融公司、养老基金
抵押贷款市场	房屋及住房抵押贷款需求 现存抵押贷款的二级市场价值 新增抵押贷款利率 抵押贷款的信用风险溢价	商业银行、储蓄机构、信用合作社、保险公司、养老基金
股票市场	股票的必要收益率及市场价值 企业盈利预测及股票价值	股票型共同基金、保险公司、养老基金
外汇市场	货币需求、货币价值及货币期权价格	受汇率风险影响的机构

近年来，美联储向金融市场传递的政策信息更为明确。2012年秋季，它注重刺激美国经济。它宣布直到2015年都将保持联邦基金利率接近零。它还宣布除非有明显的高通胀迹象，否则它将在金融市场上持续购买国债（增加货币供应量）直至失业状况明显改善。这种说法不同寻常，因为它代表一个更加坚定的承诺——它明显想要解决一个问题（失业）而不是另一个问题（通胀）。

2012 年秋季，美联储还宣布它计划至少三年将长期利率保持在较低水平。这条信息十分重要，它告诉想要取得浮动利率贷款的潜在借款者（比如很多企业和一些购房者）他们的借款成本至少在未来三年将处于较低水平。或许这种直截了当并不会给美联储带来麻烦，因为当前经济中失业产生的种种问题远比通胀更加棘手。美联储明确、直接的信息旨在重建经济信心，这样才能鼓励人们扩大支出，而不至于过分担忧失去工作而增加储蓄。美联储希望增加的家庭支出可以刺激经济、拉动就业。

2014 年，尽管当时利率很低、经济状况已有明显改善，但美联储仍宣称自己在“耐心”等待上调利率的时机。多数市场参与者将“耐心”理解为 FOMC 至少在未来几次会议上不会决定上调利率。这样简单的一个词在 2014 年可能起到了稳定金融市场的重要作用。2015 年 3 月，美联储才停止使用“耐心”这个词。

美联储的石油危机对策的影响　金融媒体时常报道潜在的通胀危机，比如席卷路易斯安那州或得州的飓风可能影响石油生产和精炼、发生在中东或俄罗斯的摩擦可能中断石油供给。金融市场参与者密切关注石油危机和美联储的对策。任何可能扰乱世界石油供给的事件都会引发人们对通货膨胀的担忧。油价会影响汽油和燃油价格，进而影响很多产品的运输成本。此外，油还是许多产品生产过程中的重要原料。倘若高油价导致企业成本增加，它们将很可能提高最终产品价格。

当油价上涨引发通胀担忧时，美联储可能使用紧缩性货币政策。虽然美联储无法直接控制油价，但它可以减缓经济增速以抑制通胀压力。换句话说，经济增长放缓可能会阻止企业提高产品价格，因为它们知道提价可能导致销售量下滑。

有关石油危机可能发生及美联储将上调利率以对抗通胀压力的担忧可能造成如下影响：债券市场可能遭受负面冲击，因为债券价格与利率水平负相关。股票价格受企业盈利预期的影响。如果企业因高油价而遭受生产和运输成本上涨，那么它们的利润将会下滑。此外，如果美联储上调利率以放缓经济增速（减轻通胀压力），企业将不得不面临融资成本的上升，这也将导致企业利润下降。结果，预期企业盈利下降的投资者将卖出持有的股票，导致股票价格下跌。

2014—2015 年，石油价格大幅下跌，导致一些产品的生产和运输成本降低。这减轻了通胀压力，让美联储使用刺激性货币政策时无须担忧通胀的负面影响。

5-4b　对金融机构的影响

许多存款机构以短期贷款形式取得资金并提供长期固定利率抵押贷款。当利率上升时，它们的资金成本比资金收益上升得更快。因此，当美联储上调利率时，它们会遭受负面影响。

在商业银行、债券型共同基金、保险公司和养老基金等金融机构的资产组合中，债券占比较大，因此美联储上调利率会对它们的资产组合产生负面影响。在股票型共同基金、保险公司和养老基金等金融机构的资产组合中，股票占比较大，而股票价格又受利率水平间接影响。因此，所有金融机构都必须密切关注美联储的货币政策，并根据对未来利率变动的预测管理它们的各项业务。

当美联储在 2008—2014 年实施量化宽松策略时，多个金融市场上不同种类的高风险债券的流动性增强，其中包括住房抵押贷款支持证券和商业票据。商业银行通过发行商业票据取得短期资金，而量化宽松策略让这一行为变得更加容易，银行也从中受益。量化宽松策略也为金融机构提供了一种出售住房抵押贷款支持证券的方法，降低了它们暴露在疲软抵押贷款市场的风险。

5-5 全球货币政策

金融市场参与者必须认识到美联储实施的货币政策在某种程度上受诸多国际因素影响，下面将对此进行说明。

5-5a 美元冲击

弱势美元能刺激美国出口，因为它降低了外国居民和企业购买美国产品时兑换美元所需的外币数量。同时，弱势美元阻碍美国进口，因为它增加了美国居民和企业购买外国产品时兑换外币所需的美元数量。因此，弱势美元可以刺激美国经济。此外，它还会造成美国通胀压力增大，因为进口下降削弱了外国竞争力。在这种情况下，美联储在实施刺激性货币政策时可以不那么激进，因为弱势美元本身对经济已有刺激作用。反之，强势美元倾向于减轻通胀压力、减缓经济增长。因此，如果美国经济疲软，强势美元将无法有效刺激经济，此时美联储将很可能实施刺激性货币政策。

5-5b 全球经济环境冲击

美联储知道世界各国的经济状况是相互联系的统一整体，所以当它实行货币政策时，它会将全球经济形势考虑在内。当全球经济上行时，外国会购买更多美国产品，这将刺激美国经济；当全球经济下行时，美国产品的海外需求将下降。

在 2008 年开始的次贷危机期间，美国和其他许多国家的经济深度衰退。美联储降息以刺激美国经济的决定部分是由全球经济疲软所驱使的。美联储认识到美国不会从其他国家得到任何经济刺激（比如对美国产品需求的大幅上涨），因为其他国家的国民收入和总支出同样处于较低水平。

5-5c 利率传导

每个国家都有自己的货币（欧元区国家除外）和利率，而各国利率又受以该国货币为单位的可贷资金供给和需求的影响。居住在一个国家的投资者可能在另一个高利率水平的国家进行投资。如果美国利率的上行压力能被外国资金的流入抵消，则美联储将不必使用刺激性货币政策以降低利率。然而，如果外国投资者减持他们持有的美国证券，则美联储可能不得不使用刺激性货币政策以防止利率上升。

正如美国货币政策可以通过影响美国经济对其他国家产生间接影响，其他国家的货币政策也能间接影响美国经济。例如，当欧洲中央银行（ECB）使用刺激性货币政策成功刺激欧元区国家的经济时，欧洲对美国产品的需求上升，这将刺激美国经济增长。

考虑到货币市场和资本市场的国际一体化，一国政府的预算赤字将影响多个国家的利率水平。这被称为**全球挤出**（global crowding out），如图5.10所示。美国政府预算赤字增加使美国政府资金需求增加，导致美国资金总需求曲线向外移动（从D_1移动到D_2）。在供给曲线（S）不变时，该挤出效应使美国利率从i_1升至i_2。美国利率升高吸引了来自其他国家——比如德国和日本——的资金。当这些国家的投资者用更多资金投资于美国证券时，投资者本国的可贷资金供给下降。结果，美国以外的其他国家也将遭受利率水平上行的压力。美国的高利率水平对一国投资者越有吸引力，该国利率的上行压力便越显著。全球挤出使各国政府互相批评对方的高额预算赤字。

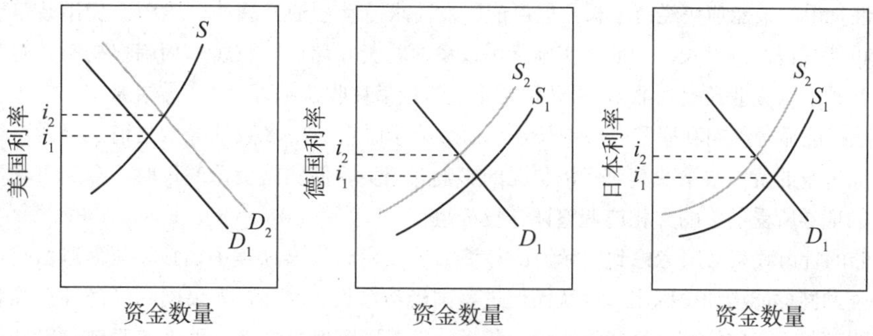

图5.10 全球挤出图示

5-5d 希腊危机对欧洲货币政策的冲击

2010年春季，希腊经济遇冷，政府遭受巨额预算赤字。债权人不愿为希腊政府提供贷款，因为他们怀疑希腊政府的偿债能力。一些人甚至担心希腊会停止使用欧元，这导致一些投资者将以欧元计价的资产变现，将资金转移至其他币种。总的来说，在2010年春季，欧元需求不足导致欧元在外汇市场上的价值跌落近20%。

希腊的债务偿付问题对欧洲其他国家的债权人产生了负面影响。此外，在2012年，葡萄牙和西班牙也面临预算赤字问题，遭遇金融危机。这些国家的经济状况使人们担心金融危机可能在全欧洲爆发。这种担忧使欧洲外的企业、投资者和债权人不愿把资金投入欧洲，而欧洲内的投资者希望把资金移出欧洲。因此，这种担忧降低了欧洲的可贷资金供给水平，导致欧洲经济增长放缓、资产价格降低。

因为欧元区国家没有独立的货币政策，所以它们无法各自实施刺激性货币政策以刺激经济。虽然它们可以独立决定财政政策，但考虑到当时的问题就是由高额政府支出引起的，它们并不愿意以更大的预算赤字为代价刺激经济。

为缓解人们对希腊危机的担忧，欧洲中央银行被迫采取比预期更为激进的刺激性货币政策，尽管这又引发了人们对欧元区通货膨胀的担忧。希腊危机说明了欧洲中央银行解决某一国家问题的行动可能会给欧元区其他国家带来更多问题，因为这些国家受制于同样的货币政策。欧洲中央银行也时刻准备为欧元区有需要的国家提供信贷支持。不过当它这样做时，它将规定一系列旨在纠正政府预算赤字的限制条件，比如缩减政府支出规模、对其公民征收更高税率。

与其他中央银行一样，欧洲中央银行在解决金融危机时面临两难境地。如果它提供资金并通过紧缩条件减小政府预算赤字，那么它可能在短期内进一步削弱该国经济。减小政府预算赤字的紧缩条件将导致更低的总支出水平和更高的税率（更低的家庭可支配收入）。这种困境在希腊尤为突出。在紧缩条件作用下，希腊经济持续低迷，在 2014 年和 2015 年仍然存在债务清偿问题。

小结

■ 通过使用货币政策，美联储可以影响资金供给与需求间的相互作用，从而影响利率、总支出、经济增长。当美联储增加货币供应量时，利率下降造成总支出增加（因为融资成本下降）、经济增长加快。当美联储减少货币供应量时，利率上升造成总支出减少（因为融资成本上升）、经济增长减慢。

■ 刺激性货币政策能加快经济增长，但可能引发需求拉动型通货膨胀。紧缩性货币政策能降低通货膨胀率，但可能减慢经济增长。因此，实施货币政策时，美联储面临权衡。面临权衡时，美联储通常先确定它的关注重点（失业还是通胀），再评估货币政策的潜在收益是否大于其潜在成本。

■ 货币政策能显著影响利率和经济增长，从而影响金融市场中多数证券的估值。金融市场参与者试图预测美联储未来的货币政策及其对经济状况的影响。当美联储实施货币政策时，金融市场参与者试图评估其持有的证券所受的影响并相应调整证券投资组合。

■ 美联储的货币政策必须考虑到国际经济环境。美元疲软将增加美国出口，从而刺激美国经济。其他国家经济强劲同样能增加美国出口，从而促进美国经济增长。因此，如果国际经济环境能刺激美国经济，那么美联储就不必实施刺激性货币政策。相反，倘若国际经济低迷，那么美联储就无法依靠其他国家实现美国经济复苏，它将考虑实施更加积极的货币政策以解决美国经济疲软问题。

正方和反方观点

美联储能阻止美国经济衰退吗?

正方 能。美联储能降低市场利率从而鼓励借贷和支出以刺激经济。

反方 不能。经济疲软时，不论利率多低，个人和企业都不愿借入资金。因此借贷和支出不会受美联储的行为影响。美联储不应干预经济，它应该让经济自发调整。

谁正确? 利用互联网学习关于这个议题的更多知识并形成你自己的观点。

问题与应用

1. **货币政策的影响** 美联储的货币政策如何影响经济?

2. **货币政策的权衡** 描述美联储实现经济目标时面临的权衡。

3. **货币政策的选择** 美联储何时使用刺激性货币政策？何时使用紧缩性货币政策？针对刺激性货币政策有哪些批评？使用过度紧缩的货币政策有什么风险?

4. **刺激性货币政策** 描述刺激性货币政策。

5. **紧缩性货币政策** 描述紧缩性货币政策。

6. **美联储的控制** 为什么美联储可能难以控制经济向其期望方向发展？请具体阐述。

7. **货币政策的滞后效应** 比较识别滞后和实施滞后。

8. **美联储对通胀的控制** 假设美联储的首要目标是控制通胀，它如何运用公开市场操作达成目标？一个可能的负面影响是什么?

9. **监控货币供应量** 为什么金融市场参与者密切监控货币供应量的变化?

10. **次贷危机期间的货币政策** 描述美联储为应对次贷危机实施的货币政策。

11. **货币供应量增加的影响** 解释货币供应量增加为何能在诸多方面影响利率。注意指出货币供应量对可贷资金供给和需求两个方面的影响。

12. **综合作用** 评估货币供应量增加将如何影响通胀水平？金融市场参与者主要考虑哪些因素?

13. **美联储对财政政策的反应** 解释美联储的货币政策如何依赖于财政政策。

高级问题

14. 解读美联储的货币政策 当美联储增加货币供应量以降低联邦基金利率时，美国企业的资本成本会降低吗？利率期限结构（如第 3 章所述）中的市场分割理论如何影响美联储对长期利率的作用程度？

15. 现在的货币政策 评估现在的经济状况。政府更关心失业问题还是通胀问题？美联储与政府的观点一致吗？如果不一致，政府是否公开批评美联储？美联储又是否公开批评政府？解释这种现象。

16. 外国政策的影响 为什么投资者密切监测外国政府的政策，即使投资者并不计划在该国投资？解释一国的货币政策如何影响另一国的利率水平。

17. 战时货币政策 设想 FOMC 正在讨论经济疲软和战争问题，战争可能对油井造成严重损害。解释这一现象得到 FOMC 特别关注的原因。如果会议认为油井遭受破坏的可能性很大，解释货币政策面临的难题。在这种情况下，你建议美联储使用紧缩性货币政策还是刺激性货币政策？用逻辑支持你的观点，并指出该决策可能引发的负面影响。

18. 经济指标 股市状况是领先经济指标。如果美国经济处于衰退期，这一指标将如何显示该事实？为什么这一指标可能不够准确？

19. 美联储应当如何应对当前经济形势 从经济增长和通货膨胀两方面考虑当前的经济形势。你认为美联储应该提高利率、降低利率，还是保持利率水平不变？请解释。

20. 通货膨胀目标制的影响 假设美联储采取通货膨胀目标制。当石油短缺引起油价陡然上升 15%时，美联储的货币政策会做何改变？在这种情况下，你认为是通货膨胀目标制更有效，还是通胀和失业的权衡更有效？请解释。

21. 预测美联储行为 设想如下情况。上次 FOMC 会议决定上调利率。那时，经济增长强劲，通胀率较高。自上次会议以来，经济增长放缓，失业率在该季度上升 1 个百分点。明天 FOMC 将要举行会议。你认为 FOMC 是否会调整联邦基金目标利率？如果是，如何调整？

22. 美联储对房地产市场的影响 在房价大幅下跌的时期，一些房主将房价大幅下跌归咎于美联储；在房价上升的时期，房主则将房价上升归功于美联储。美联储为什么能影响房价？通胀压力将如何影响美联储的货币政策，进而影响房价？

23. 联邦基金目标利率 实施货币政策时，美联储通常依靠联邦基金目标利率的帮助。不过，美联储货币政策的主要目标通常是影响产品和服务总需求。美联储如何依靠联邦基金目标利率影响产品和服务总需求？

24. 次贷危机期间的货币政策 次贷危机期间，美联储使用了刺激性货币政策。为什么家庭和企业的新增贷款总量不如美联储预期的多？贷款机构应当为此负责吗？

25. 信贷紧缩期间的货币政策 解释经济疲软时期存在信贷紧缩时，刺激性货币政策失效的可能原因。

26. 企业对刺激性货币政策的反应 经济疲软时，美联储通常实施刺激性货币政策以降低利率，同时假定利率降低会使企业更愿意借款。即使银行愿意提供贷款，为什么美联储关于企业更愿借款的假定也可能出错？该假定出错的后果是什么？

27. 美联储对长期利率的关注 经济疲软时，为什么美联储更希望降低长期利率而不是短期利率？解释美联储如何使用旨在影响长期利率的货币政策。为什么该货币政策也能在相同方向影响短期利率？

28. 货币政策对资本成本的影响 解释刺激性货币政策对企业资本成本的影响。

29. 货币政策的有效性 在何种情况下货币政策可能失效？

30. 欧洲中央银行应对希腊危机 希腊债务偿付问题对来自欧洲其他国家的债权人有何影响？欧洲中央银行的刺激性货币政策对希腊危机有何作用？

辩证思维问题

美联储在次贷危机前的作用 美联储试图用货币政策调控美国的通货膨胀和经济增长。试写一篇短文，论述美联储在 2004—2006 年房地产泡沫时期的作用。你认为美联储是否有可能在某种程度上调控房价，从而防止房地产泡沫和次贷危机的产生？在你的短文中，请分析 2004—2006 年房价急剧上升的原因。

解读财经新闻

诠释华尔街分析师和投资经理做出的下述评论：

a. “最近，美联储的货币政策是由黄金价格和其他未来经济指标，而不是近期经济数据驱动的。”

b. “由于美元疲软，美联储现在不能大幅增发美元。”

c. “美联储的微调可能会扭曲经济形势。”

金融市场管理

预测货币政策 你是一家公司的经理。你担心利率可能会上升，这将减少客户对你公司产品的需求。美联储将在一周后举行会议以评估经济形势、制定货币政策。经济增长势头迅猛，但通胀水平在过去四个月也从3%增至5%（按年度计算）。失业水平一直很低，且不可能继续下降。

a. 在这种情况下，美联储会调整货币政策吗？如果会，它将如何调整？

b. 目前，货币供应量已经超出美联储的长期目标范围。该信息是否影响你对美联储决策的预期？

c. 假设美联储刚刚得知财政部需要借入更多资金。解释该信息将如何影响美联储的决策。

资金流动练习

预测美联储行为

回忆卡森公司已经从金融公司和商业银行取得了大量贷款。贷款利率随市场利率相应调整，而市场利率每六个月调整一次。由于公司预期美国经济将持续繁荣，它计划在未来拓展业务、实施收购以进行扩张。它将通过取得贷款或发行债券的方式完成长期融资。它也有可能在明年发行股票以筹集资金。

一份最近的经济报告显示，经济增长迅猛，几乎达到充分就业水平。此外，报告估计当前的年通货膨胀率为5%，相比上月上升了2个百分点。引发高通货膨胀率的因素（产品和劳动力短缺）短期内将不会得到缓解。

a. 基于该经济报告，美联储的货币政策将做何改变？

b. 美联储货币政策的改变将如何影响卡森公司的未来表现？它是否会影响卡森公司的扩张计划？

c. 解释紧缩性货币政策将如何影响卡森公司等赤字机构从金融机构取得的资金数额。它将如何影响这些赤字机构的信用风险？它将如何影响为这些赤字机构提供贷款的金融机构的业绩？

互联网/Excel 练习

1. 登录网站 www.federalreserve.gov/monetarypolicy/fomc.htm 以获取 FOMC 的最新动态。简要总结上一次 FOMC 的会议记录。在上一次会议中，FOMC 讨论了什么？它是否调整了货币政策？FOMC 当前的货币政策是什么？

2. 美联储当前的货币政策更关注刺激经济还是抑制通胀？或者是二者的平衡？请解释。

3. 利用网站 http://research.stlouisfed.org/fred2 获取联邦基金利率和3个月期国债利率在过去20个季度初的数据。将这些数据整理在 Excel 电子表格的两列中。按季度计算两种利率的变化。取国债利率的季度变化作为因变量进行回归分析（有关回归分析的更多信息见附录B）。如果美联储对联邦基金利率的调整能影响其他利率（比如国债利率），两种利率的变化将呈现显著的正相关关系。在你的分析中，这种关系是否成立？请解释。

WSJ 练习

美联储货币政策的市场评估

阅读最近一期《华尔街日报》并总结市场对未来利率的预期。这些预期主要是基于美联储的货币政策还是其他因素？

关于现实案例的在线文章

找一篇近期描述一个具体金融机构或金融市场真实案例的在线实用性文章，以强化本章所涵盖的一

个或多个概念。

如果你的班级有一个在线平台，教授可能会要求你把文章摘要放在那里并提供文章的链接以供其他学生访问。如果你的班级是当面授课的，教授可能会要求你当堂总结你对该文章的运用。教授可能指派特定学生或让学生自愿完成这项作业。

对于与本章相关的近期在线文章和真实案例，请考虑使用以下搜索词（请务必在搜索词中包含当前年份以确保在线文章是近期的）：

1. 领先经济指标
2. 消费者价格指数＋美联储
3. 通货膨胀＋美联储
4. 通货膨胀＋货币政策
5. 美联储政策＋经济
6. 联邦基金利率＋经济
7. 联邦基金利率＋通货膨胀
8. 货币政策＋预算赤字
9. 货币政策＋新闻稿
10. 货币政策＋美元价值

第二部分　综合问题

美联储监控

研究这一问题前，读者需熟知美联储（第 4 章）和货币政策（第 5 章）的相关知识，并理解经济状况是如何影响市场利率和证券价格的（第 2 章和第 3 章）。

像其他投资者一样，你是一个“美联储观测家”，常年观测美联储调整货币政策的一举一动。你认为有三个关键因素会影响利率。其中最重要的因素是美联储货币政策。第二重要的因素是经济状况，它会影响可贷资金需求。第三个因素是通货膨胀水平，它同样会影响可贷资金需求。货币政策能够影响利率，因此也能够影响经济增长。通过控制货币政策，美联储可以间接影响所有证券的价格。

以下信息供读者查阅：

- 过去几年，经济持续强劲增长，但增速逐渐放缓。
- 过去十年，失业率一直保持在较低水平，但近两个季度轻微上涨。
- 过去几年，年通货膨胀率大致维持在 5%。
- 美元保持坚挺。
- 油价一直处在低谷。

昨天发生了一个事件，可能导致美国油价大幅上涨，且会使近期经济出现疲软态势。你决定判断美联储是否会对未来潜在的经济问题做出反应。

你回顾了之前由商品和服务总需求减少造成的经济增速放缓，发现每次经济增速放缓后美联储均会出台刺激性政策。每次经济增速放缓时，通货膨胀率通常在 3%及以下。美联储的刺激性政策使利率普遍下降，从而使美国经济有所改善。

假设美联储认为货币政策目的在于保持经济增长和低通货膨胀率，而所有出台的主要财政政策中，似乎没有任何政策会对经济造成重大影响。因此，未来经济走势是由美联储决定的。目前美联储政策是将货币供应量年增长率保持在 2%。

你认为美联储必须使用强力刺激性货币政策，例如使货币供应量年增长率达到 10%，否则经济将陷入衰退。

经济学家们一致认为美联储出台刺激性货币政策以刺激经济是出于以下三个原因：(1) 美联储意识到如果发生经济衰退，高失业率带来的潜在损失很大；(2) 过去美联储一直使用刺激性政策以避免经济衰退；(3) 政府迫使美联储使用刺激性政策。尽管你会参考经济学家们的观点，但仍然决定对美联储的未来政策做出自己的评估。两个季度前，GDP

增速下降了 1 个百分点。上一季度，GDP 增速再次下降了 1 个百分点。因此，有明确证据证明经济增速确实在放缓。

问题

1. 你认为现在美联储会使用刺激性货币政策吗？解释原因。
2. 你手中有一大批美国债券。你认为如果美联储不修改货币政策，美国经济将持续衰退。如果美联储此时刺激经济，你认为相比持有债券，持有股票将使你更加富有。基于以上信息，你认为应该将债券转换为股票吗？解释原因。

 金融学译丛 · 金融市场与金融机构（第 12版）

第三部分

债务性证券市场

第三部分讨论债务性证券市场如何促使资金从盈余单位流向赤字单位。第 6 章讨论为投资者和借贷者提供短期证券交易场所的货币市场，第 7 章和第 8 章讨论债券市场，第 9 章讨论抵押贷款市场。一些金融市场参与者在所有市场上交易证券，因此这些市场之间存在很多相互作用，以上各章也强调了这一点。

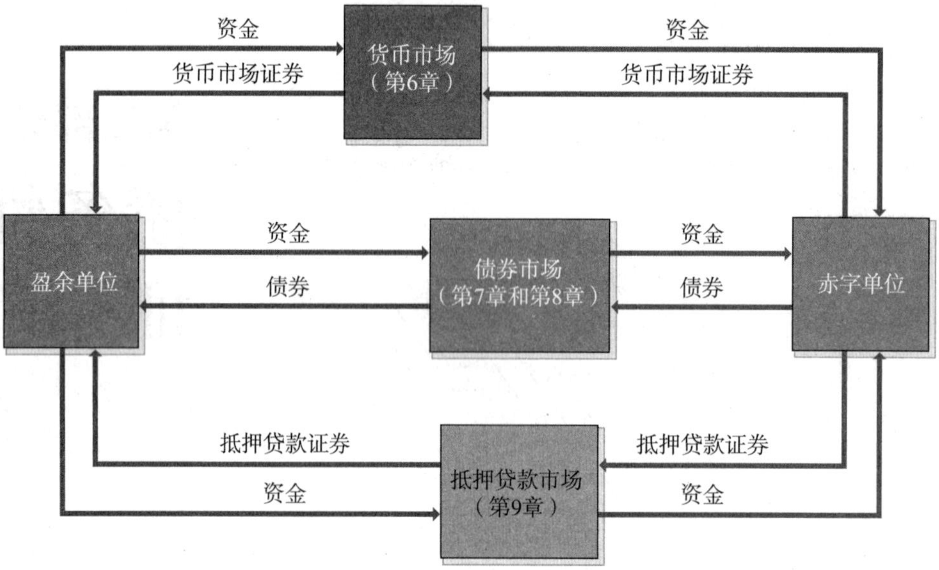

第 6 章　货币市场

本章目标

- 描述最受欢迎的货币市场证券的特征
- 解释机构投资者如何利用货币市场
- 解释如何评估货币市场证券的价值和风险
- 解释货币市场如何实现全球一体化

货币市场被用于促进短期资金从资金盈余的个人、公司或政府部门流向资金短缺的个人、公司或政府部门。即便是那些着眼于长期证券的投资者，也倾向于持有一些货币市场证券。货币市场使金融市场参与者能够保持流动性。

6-1　货币市场证券

货币市场证券（money market security）指期限在一年或以内的债务性证券。货币市场证券由需要短期融资的财政部、公司和金融中介通过电子通讯网络在一级市场上发行。货币市场对资金流动的促进如图 6.1 所示。美国财政部将发行货币市场证券（短期国债）获得的资金用于弥补财政赤字。公司将发行货币市场证券获得的资金用于支持现有的项目或实施新项目。金融机构用发行货币市场证券获得的资金向家庭和公司发放贷款。因此，这些资金是家庭购买（如购车和购房）、公司建筑设备投资的支持渠道。财政部和一些公司经常用发行新货币市场证券获得的资金来偿还到期货币市场证券债务。通过这种方式，即便货币市场证券期限短，也能为支出取得长期融资。总的来说，货币市场使家庭、公司和美国政府得以增加支出，因而它也促进经济增长。

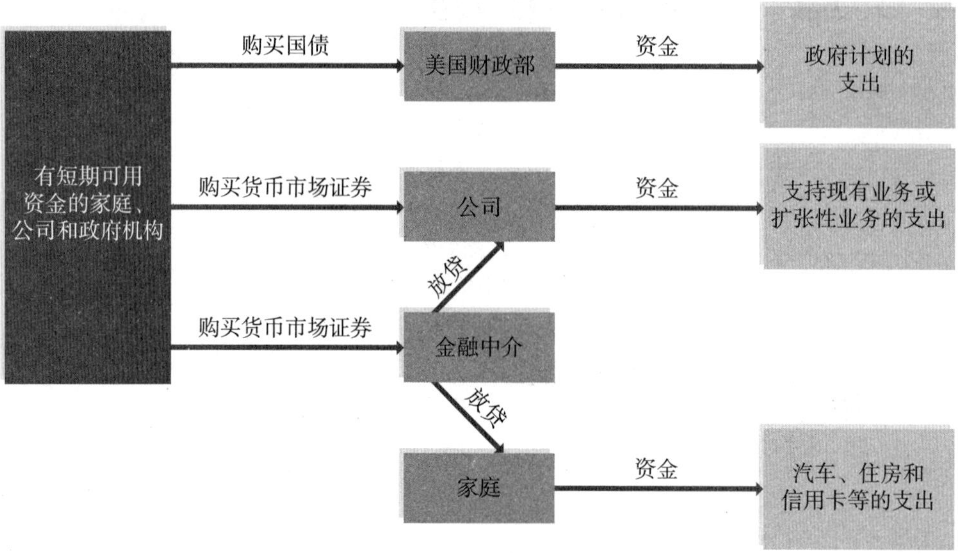

图 6.1　货币市场上的资金流动

货币市场证券购买者多为拥有短期可支配资金的公司（包括金融机构）、其他机构投资者和政府机构。多数货币市场证券以极大面额发行，因此购买者通常为公司和其他机构投资者。由于货币市场证券期限短，且通常在二级市场上售卖，它们为投资者提供了流动性。多数公司和金融机构之所以持有一些货币市场证券正是由于这个原因。较受欢迎的货币市场证券有：

- 短期国库券
- 商业票据
- 可转让定期存单
- 回购协议
- 联邦基金
- 银行承兑汇票

接下来我们将依次介绍这些工具。

6-1a　短期国库券

当美国政府需要借款时，美国财政部会频繁发行短期证券，即我们熟知的短期国库券。财政部每周发行期限为 4 周、13 周和 26 周的短期国库券，同时偶尔发行期限短于 4 周的短期国库券，也称为现金管理汇票。财政部也会每月发行期限为一年的短期国库券。短期国库券曾经以纸质形式发行，但现在均改为电子发行。

短期国库券投资者　存款机构经常投资短期国库券，使资产中部分资金保持流动性，以应对突发提款需求。为了应对资金流出超过资金流入时的资金需求，其他金融机构同样会投资短期国库券。有持续收入的个体出于保持流动性的目的也会投资短期国库券。许多个人投资货币市场基金，而基金转而被用于购买大量短期国库券，相当于个人间接投资了短期国库券。公司投资短期国库券以便遇到计划外支出时能容易地获取资金。

信用风险 短期国库券之所以对投资者有吸引力是因为它由联邦政府支持，因此几乎无信用（违约）风险。这是一个非常可取的特点，因为投资者不需要花时间评估发行者风险，而其他债券通常是需要评估风险的。

流动性 短期国库券另一个有吸引力的特征是流动性，这正是因为短期国库券到期时间短且拥有强大的二级市场。任何时候都有许多参与二级市场交易买卖现有短期国库券的机构投资者。因此通过在二级市场卖出短期国库券，投资者可以轻易地获得现金。政府证券交易商在二级市场中扮演中介的角色，向卖方投资者购买现有短期国库券，或是将短期国库券出售给买方投资者。这些交易商从买进和卖出的细微价差中获利。

短期国库券定价 短期国库券的票面价值（投资者到期后收到的金额）为 1 000 美元或 1 000 美元的倍数。由于短期国库券无利息，所以通常折价出售。持有短期国库券的投资者到期获利为票面价格和支付价格的价差。

对于一种有特定期限的短期国库券，投资者愿意支付的价格取决于这种短期国库券的期望收益率。这一价格由未来可获现金流的现值决定。短期国库券的价值等于票面价值的现值。因此购买一年期短期国库券时，投资者愿意支付使一年后获利与预期收益相等的价格。

◇ 例子

对于票面价格为 10 000 美元的一年期短期国库券，如果投资者期望获得 4%的年收益率，则他愿意支付的价格为

$$
\begin{aligned}
P &= 10\,000/1.04 \\
&= 9\,615.38(\text{美元})
\end{aligned}
$$

如果投资者期望获得更高收益，他会按照更高期望收益率进行贴现，因此最终支付价格将低于原本支付价格。你可以通过估算期望收益率分别为 5%和 6%时对应的价格证明这一点。◇

为期限短于一年的短期国库券定价时，年收益率会随着投资时间的缩短而降低。

◇ 例子

对于为期六个月的短期国库券，如果投资者期望获得 4%的年收益率，就相当于期望在六个月内获得 2%的收益率。因此，投资者愿意为票面价格为 10 000 美元的短期国库券支付的价格为

$$
\begin{aligned}
P &= 10\,000/1.02 \\
&= 9\,803.92(\text{美元})
\end{aligned}
$$

◇

估算投资收益 由于短期国库券不支付利息且折价发行，其收益受到买卖价差的影响。如果投资者购买一种新发行的短期国库券并持有至到期，则收益将由票面价格和购买价格之差决定。如果提前卖出短期国库券，则收益由在二级市场上的售卖价格和购买价格

之差决定。投资短期国库券的年收益率（Y_T）可表示为

$$Y_T=\frac{SP-PP}{PP}\times\frac{365}{n}$$

其中，

SP=售出价格；

PP=购买价格；

n=投资天数（持有期）。

◇ **例子**

投资者以 9 800 美元的价格购买票面价值为 10 000 美元、期限为 6 个月（182 天）的短期国库券。如果投资者持有该短期国库券至到期，则获得的收益为

$$\begin{aligned}Y_T&=\frac{10\ 000-9\ 800}{9\ 800}\times\frac{365}{182}\\&=4.09\%\end{aligned}$$

假设投资者计划 120 天后卖出短期国库券，并预期当时卖价为 9 950 美元。该情况下预期年收益率为

$$\begin{aligned}Y_T&=\frac{9\ 950-9\ 800}{9\ 800}\times\frac{365}{120}\\&=4.65\%\end{aligned}$$

预期卖价越高，则预期年收益率越高。◇

估计短期国库券贴现 一些商业期刊同时为短期国库券贴现率和收益率报价。贴现率代表新发行短期国库券购买价格相对票面价格的折价百分比，计算方法如下：

$$短期国库券贴现率=\frac{\text{Par}-PP}{\text{Par}}\times\frac{360}{n}$$

◇ **例子**

如果投资者以 9 800 美元购买票面价值为 10 000 美元、期限为 6 个月的新发行的短期国库券，则短期国库券贴现率为

$$\begin{aligned}Y_T&=\frac{10\ 000-9\ 800}{10\ 000}\times\frac{360}{182}\\&=3.96\%\end{aligned}$$

◇

对于持有至到期的新发行的短期国库券，它的收益率通常会高于贴现率。这是因为计算收益率的公式中分母为购买价格，计算贴现率的公式中分母为票面价格，而新发行的短期国库券的票面价格总是高于购买价格。此外，收益率公式中一年按 365 天计算，而贴现率公式中一年按 360 天计算。

6-1b 短期国库券拍卖

短期国库券的一级市场是一个拍卖市场。个人投资者可以在相应网站上提交新发行短期国库券投标，网址为 www.treasurydirect.gov。

金融机构可以通过国库自动拍卖处理系统（Treasury Automated Auction Processing System，TAAPS）在网上提交短期国库券（或其他国债）投标。个人和金融机构可以在财政部设立账户，通过电子方式选择想要的期限和面值进行投标。向财政部支付的款项从账户中电子提取，证券到期时从财政部收到的款项以电子方式存入账户。

在拍卖过程中，投资者可以选择竞争性投标或非竞争性投标。财政部计划借贷的资金数量是一定的，这决定了对于该期限财政部会接受的短期国库券投标数量。想要确保投标成功的投资者可以选择非竞争性投标，即同意支付拍卖会上发布的任何价格。

每次拍卖，非竞争性投标者被限制最多只能购买票面价值为 500 万美元的短期国库券。因此，大公司通常进行竞争性投标以便进行更大数额的购买。竞争性投标者会指定自己愿意支付的价格。

在接受所有非竞争性投标后，财政部会首先接受出价最高的竞争性投标，接着依次向下接受投标直至获得所需全部资金。所有比截止价格低的投标都不会被接受。财政部将接受的最低投标价格公示给所有被接受的竞争性投标和所有非竞争性投标，竞争性和非竞争性投标者支付的价格即为最低竞争性投标的价格。如前所述，之所以会出现竞争性投标，是因为许多竞标者希望购买的国债数量超过了非竞争性投标被限制购买的数量。

每一次竞拍过程中，由于期限为 6 个月的短期国库券投资期更长，它的支付价格显著低于期限为 3 个月的短期国库券的支付价格。更低的价格意味着更高的收益率，补偿了投资者的长期投资。

每个星期二，期限为 13 周和 26 周的短期国库券周拍卖会结果会在金融媒体上一起公示，并在财政部官方网站上公告。一些更经常公布的数据包括申请金额总数、已售出国债数量、被接受的竞争性投标的平均价格和支付平均价格的投资者的息票等值（年收益率）。

6-1c 商业票据

商业票据（commercial paper）是一种短期债务工具，由知名的、信誉良好的公司发行，通常是无担保的。公司发行商业票据一般是为了获得流动资金，或为投资存货和应收账款融资。发行商业票据是短期银行贷款的一种替代选择。相比从银行借款，一些大公司更愿意发行商业票据。这是因为同样是融资渠道，后者通常比前者成本低。尽管如此，为了保持与商业银行的业务关系，即使能发行商业票据、信誉极好的大公司也会持有一些商业银行的短期贷款。商业票据发行人为金融机构，主要包括金融公司和银行控股公司。

面额 商业票据面额最小值一般为 100 000 美元，常见面额为 100 万美元的倍数。期限通常在 20～45 天，但也可短至 1 天，长至 270 天。最长期限之所以为 270 天是因为证券交易委员会规定，到期期限超过 270 天的票据必须登记。

由于最低面额较大，个人投资者很少直接购买商业票据。不过当他们投资于汇集大量个人资金的货币市场基金时，可能会间接投资商业票据。货币市场基金是商业票据的主要投资者。虽然商业票据二级市场非常有限，但投资者有时也可以将票据回售给最初协助发行的交易商。然而，多数情况下投资者会一直持有票据至到期。

信用风险 由于发行商业票据的公司易受经营失败影响，所以商业票据有信用风险。违约风险大小受发行人财务状况和现金流影响。投资者可以尝试通过监督发行人财务状况的方式来估测商业票据的违约可能性。由于票据支付必须在短期内完成，估测重点为发行人短期支付能力。

尽管商业票据发行者有可能违约，但由于大多数发行者财务状况非常好，以往发行违约率很低。除此之外，较短的信用期限减少了发行者偿还借用资金前出现财务问题的可能性。然而，在 2008 年的次贷危机中，雷曼兄弟破产，该事件使得投资者购买证券前更加谨慎。这一点将在本章后续部分讨论。

信用风险评级 商业票据一般由评级机构，如穆迪、标准普尔和惠誉评级。商业票据所有可能的评级如表 6.1 所示。评级可以作为评估潜在违约风险的指标。在评估发行者信用风险时，一些投资者依赖评级而不是依靠自己的评估进行判断。

表 6.1 **商业票据评级**

	穆迪	标准普尔	惠誉
最高	P1	A1	F1
高	P2	A2	F2
中等	P3	A3	F3
低	NP	B 或 C	F4
违约	NP	D	F5

货币市场基金只能投资于评级为一级或二级的商业票据，且二级票据在基金资产中占比不能超过 5%。因此公司投放评级为一级的商业票据更加容易。也有一些商业票据（被称为垃圾商业票据）评级很低，或根本无评级。

发行 一些公司直接向投资者发行商业票据。其他公司依靠商业票据交易商出售商业票据，并支付大约为面值的 0.125%的交易费用。一般情况下，相比在公司内部成立内部发行部门发行票据，交易费用更少。尽管如此，频繁发行商业票据的公司也有可能在公司内部成立这样的部门，以减少发行成本。大多数非金融公司会选择通过商业票据交易商发行商业票据，而非在公司内部成立这样的部门。这是因为它们的流动性需求是周期性的，因而商业票据发行也是周期性的。如果在公司内部建立直接发行部门，一年中只会使用几次。一些频繁以这种方式借款的金融公司通常会保留内部发行部门。

资产支持商业票据 一些商业票据由发行人的资产支持。相比无资产担保商业票据，资产支持商业票据的收益率理应更低。然而，比起能发行无担保商业票据的知名企业，资产支持商业票据的发行人往往有更高的违约风险，且作为担保物的资产价值可能是值得怀疑的。因此，资产支持商业票据的收益率总是高于无担保商业票据的收益率。

在无法支付商业票据的情况下，一些资产支持商业票据发行人从赞助机构获得信贷担保。这使发行人更容易将商业票据出售给投资者。

商业票据发行人通常会维持备用信贷额度，以应对无法以合理利率重新发行商业票据的情况，这种情况可能由评级下调导致。商业银行提供的备用信贷额度使公司有权利（非义务）在特定时间内借用指定最高数额资金。信用额度费用既可以是可获信贷总额的一定比例（如0.5%），也可以按要求的补偿性余额形式计算（如信用额度的10%）。

估计收益率 像短期国库券一样，商业票据不支付利息，以面值折价发行。在给定时间点，商业票据收益率比同期限短期国库券收益率略高，这是因为商业票据存在信用风险且流动性稍差。商业票据持有至到期的名义收益率为商业票据支付价格与面值之差。因此可以用类似确定短期国库券收益率的方式来确定投资商业票据的收益率，不过商业票据收益率一般按一年360天计算。

◇ 例子

如果投资者以996 000美元购买面值为1 000 000美元、期限为30天的商业票据，并持有票据至到期，则收益率为

$$
\begin{aligned}
Y_{cp} &= \frac{1\,000\,000-996\,000}{996\,000}\times\frac{360}{30} \\
&= 4.82\%
\end{aligned}
$$

◇

当公司计划发行商业票据时，出售给投资者的价格（从而收益率）是不确定的。因此直至票据发行前，借款成本是不确定的。

当公司以低于（高于）计划价格的价格出售商业票据时，筹集资金的费用将高于（低于）初始预期。

忽略交易费用，通过商业票据筹集资金的费用等于投资者持有票据至到期的收益。从获得的价格中减去名义交易费用，就可以根据交易费用（由商业票据交易商收取）对借款成本进行调整。

商业票据收益率曲线 假设将商业票据持有至到期，商业票据收益率曲线代表不同到期期限下该商业票据的收益率。曲线对应期限通常为0～90天，大多数商业票据到期期限均在该范围内。该收益率曲线非常重要，因为它影响发行商业票据的公司和购买商业票据的投资者对期限的选择。收益率曲线形状可以粗略地从传统国债收益率曲线短期部分得出。然而，国债收益率曲线是基于长时期绘制出来的，通过该图像很难得到三个月范围内的收益率曲线的精确形状。

影响国债收益率曲线的因素同样影响商业票据收益率曲线，但它们仅适用于短期情况。特别地，对未来几个月的利率的预期会影响商业票据收益率曲线。

不同时期商业票据的利率 不同时期新发行商业票据（评级AA、90天到期）的利率（或收益率）如图6.2所示。商业票据利率变化与同期限国债利率变化高度同步。商业票据年利率通常稍高于（如0.3个百分点或更小）国债利率，反映了违约风险较小。

6-1d 大额可转让定期存单

大额可转让定期存单（negotiable certificate of deposit，NCD）是大商业银行和其他存款机构出具的短期资金来源证明。最小面值为100 000美元，不过100万美元面值更常见。非金融公司经常购买NCD。尽管NCD的面值对于个人投资者而言通常过大，但有时货币市场基金会将个人投资者的资金汇集起来购买它们。货币市场基金使个人能够成为NCD的间接投资者，使NCD市场更加活跃。

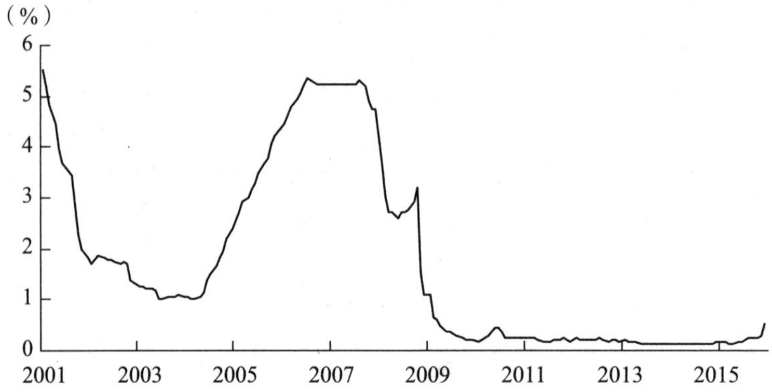

图 6.2　不同时期商业票据的收益率

NCD 的期限一般在两周到一年之间，相应的二级市场为投资者提供部分流动性。然而，机构并不希望它们新发行的 NCD 与原先发行并在二级市场重新出售的 NCD 竞争。超量供给的待售 NCD 会迫使机构降价发行新 NCD。

发行　一些发行人直接发行 NCD，其他发行人通过专业代理机构发行。另一种选择是将 NCD 出售给证券交易商，随后交易商再重新出售。然而，一般情况下，NCD 向投资者直接出售价格更高。

收益率　NCD 提供的收益包括利息和 NCD 购买价与赎回（或在二级市场出售）价之差。假设一家机构按面值发行 NCD，如果投资者购买该 NCD 并持有至到期，则年收益率为 NCD 利息率。然而，对于从二级市场购买或销售 NCD 而不是从始至终持有的投资者而言，年收益率可能与利息率不同。

大额可转让定期存单需要提供比同期限国债稍高的收益率，用于弥补缺少的流动性和安全性。经济衰退时期溢价通常会更高，反映了市场对金融体系安全程度的预期。

◇ 例子

投资者一年前以 990 000 美元在二级市场购买 NCD，现到期兑现获得 1 000 000 美元，同时收到 40 000 美元利息。则这项投资的年收益率（Y_{NCD}）为

$$Y_{NCD}=\frac{1\ 000\ 000-990\ 000+40\ 000}{990\ 000}$$
$$=5.05\%$$

◇

6-1e　回购协议

回购协议（repo）是一方向另一方出售证券时签订的协议，规定卖方在未来特定时间以特定价格回购证券。回购交易本质上是有证券担保的贷款。如果贷款方违约，则借款方获得对证券的要求权。大多数回购协议用政府证券进行交易，也有一些协议使用其他证券，例如商业票据或 NCD。**逆回购**（reverse repo）指买方向卖方购买证券，并约定未来回售给卖方。因此，回购和逆回购实际上指同一种交易，只是描述角度不同。这两种术语

有时可以互换使用，被称为“回购”的交易也可能实际为逆回购。

金融机构（如银行和储蓄机构）和非金融机构经常作为贷款者或投资者参与回购协议，货币市场基金则是回购协议的常见投资者。回购市场规模大约为5万亿美元，而交易额通常为1 000万美元或更多。常见到期期限为1～15天，或1、3、6个月。回购交易不存在二级市场。一些需要资金的公司会将回购到期期限设置为它们所需短期融资的最短期限。如果回购即将到期而公司仍需要资金，它们会通过新回购协议贷入额外资金，并用这些资金来偿还到期的回购协议。

发行 回购交易通过电子通讯网络进行协商。交易商和回购经纪人在其中扮演金融中介角色，为缺少资金或有资金剩余的公司拟定回购协议，并从中收取服务佣金。

若贷款公司能够自己寻找回购交易合同对手方，就能避免向证券交易商支付代为寻找对手方的交易费用。一些频繁进行回购交易的公司会在公司内部设立相关部门，用于寻找对手方并进行交易。在回购交易中贷款的公司有时也会成为借款方，即公司可能购买证券并同意近期回售给卖方。由于大公司的现金流每天都在变化，一家公司今天为投资者（有剩余资金）而第二天变为借款人（缺乏资金）是常有的事。

次贷危机的影响 2008年次贷危机中，抵押贷款证券价值下降，参与房地产市场的金融机构面临的风险增大。因此，许多依靠回购市场提供资金的金融机构无法获取资金。投资者对那些作为抵押品的证券更加谨慎。贝尔斯登是一家大证券公司，它在很大程度上依赖回购提供资金并用抵押贷款证券作为担保物。由于次贷危机，这些证券的估值变得十分不确定。当投资者不愿意提供资金时，贝尔斯登公司无法获得足够的资金，最终在联邦政府的帮助下才避免破产。

这个例子的启示是，在回购市场中获得资金需要有能获得投资者信任的抵押品。如果回购市场在经济疲软的情况下枯竭，依赖回购市场融资的公司可能很难获取必要资金。当这些公司遇到财务问题时，它们的资产价值（其中一些作为抵押品）将大幅缩水。因此，经济状况恶化时，一些证券可能无法作为足值抵押品。任何投资大量回购协议的金融机构都可能面临很高的违约风险，需要监测对融资担保抵押品的暴露。同时也应在经济出现疲软迹象前考虑要求提供更高质量（更低风险）的抵押品。

估计收益率 回购率由证券原始出售价格与协议回购价格之差决定，按一年360天计算。

◈ 例子

投资者最初以992 000美元的价格（PP）购入证券，并协定以60天为期限，到期后将证券以1 000 000美元的价格（SP）回售。该回购协议的收益率（或回购率）为

$$\begin{aligned}回购率&=\frac{1\ 000\ 000-992\ 000}{992\ 000}\times\frac{360}{60}\\&=4.84\%\end{aligned}$$

◈

6-1f 联邦基金

联邦基金市场允许存款机构间以**联邦基金利率**（federal funds rate）借出或贷入短期资金。该利率为联邦基金交易费用，受联邦基金市场资金需求和供给影响。美联储调整存

款机构的资金数额，以影响联邦基金利率（参见第 4 章）和其他几个短期利率。通过操控联邦基金利率，美联储能影响整体经济状况，因此所有类型的公司都密切监测该利率。出于这个原因，许多市场参与者将联邦基金利率变化视为其他货币市场利率潜在变化的一个指标。

在任何给定时间点，联邦基金利率一般都稍高于国债利率。由于借入资金的金融机构可能拖欠贷款，联邦基金市场贷方受到信用风险影响。一旦达成贷款交易协议，贷方机构可以指示联邦储备银行借记其储备账户，并按贷款金额向借款机构准备金账户贷款。若期限仅为一天，特别是各机构经常进行业务往来的话，贷款很可能仅基于当事人双方之间的口头协议。

商业银行是联邦基金市场上最活跃的参与者。联邦基金经纪人在市场上充当金融中介，将希望出售（贷出）基金的机构与希望购买（借入）基金的机构配对。经纪人收取佣金。交易通过一个连接联邦基金经纪人和参与机构的电子通讯网络协商进行。大多数贷款交易额为 500 万美元或更多，到期日通常为 1～7 天（尽管当借方申请更长时间时期限往往会被延长）。

商业银行资产负债表上同业拆借数量证明了贷款机构间资金借贷的重要性。目前银行同业拆借余额已超过 2 000 亿美元。

6-1g 银行承兑汇票

银行承兑汇票（banker's acceptance）表示银行同意承担未来付款责任。银行承兑汇票通常用于国际贸易业务。向信用评级未知的进口商发送货物的出口商通常更愿意让银行作为担保人。因此银行通过在汇票上盖印“接受”字样，同意在指定时间点进行支付。反过来，进口商向银行支付对出口商的欠款及银行担保费用。

出口商可以一直持有银行承兑汇票至付款日，但他们经常提前按折扣价出售汇票来立即获得现金。购买承兑汇票的投资者则获得一笔由银行担保的未来付款。投资银行承兑汇票的收益和商业票据一样，来自购买汇票时支付的折扣价和未来收款额间的差额。银行承兑汇票期限通常为 30～270 天。由于银行可能拖欠贷款，投资者面临较低的信用风险。因此他们要求比国债高的收益率作为补偿。

银行承兑汇票通常是由卖方公司到期前折价出售的，因此存在一个活跃的二级市场。交易商将希望出售汇票的公司与其他希望购买汇票的公司配对。交易商的出价低于要价，这就造成了价差（或者说交易商工作的报酬）。价差通常为 0.125%～0.875%。

交易银行承兑汇票的程序 银行承兑汇票涉及的交易步骤如图 6.3 所示。读者可以通过美国进口商进口日本商品的示例来理解这些步骤。首先，进口商向出口商发送购货订单（步骤①）。如果日本出口商不熟悉美国进口商，那么它可能要求提前付款，而这往往是美国进口商不愿意的。此时可以通过银行承兑汇票达成协议。进口商要求它的银行代其开立**信用证**（letter of credit，L/C）（步骤②）。开立信用证意味着银行承诺为欠日本出口商的货款进行担保。随后信用证被递交至出口商银行（步骤③），通知出口商已经收到信用证（步骤④）。出口商随即向进口商发送货物（步骤⑤），并将货运单据送至银行（步骤⑥），而银行将单据转交给进口商银行（步骤⑦）。银行承兑汇票在这时生成，它规定进口商银行必须在未来某一确切时间点向汇票持有者支付款项。银行承兑汇票可能被折价出售给货币市场投资者，其潜在购买者为短期投资者。当汇票到期时，进口商向它的银行付款，而银行转而向持有汇票的货币市场投资者付款。

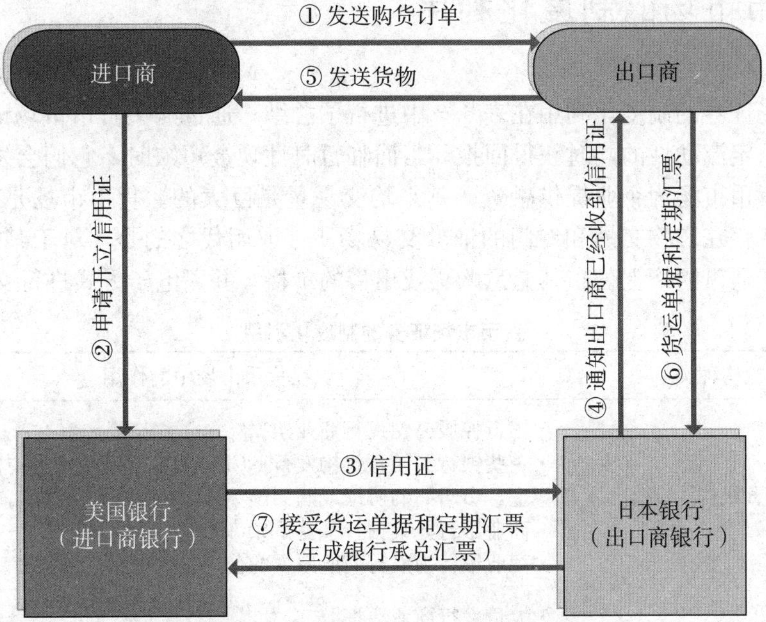

图 6.3　银行承兑汇票的生成步骤

银行承兑汇票的出现使进口商能在从出口商处获得货物的同时，避免立即支付货款。汇票的出售则为出口商创造了融资渠道。尽管银行承兑汇票通常是为了促进国际交易而开立的，但其使用者并不局限于具有国际经验的货币市场投资者。购买汇票的投资者更关心担保支付银行的信用，而不是进口商或出口商的信用。出于这个原因，银行承兑汇票风险类似于商业银行发行的 NCD 的风险。然而由于银行承兑汇票不仅有银行担保，还有进口公司担保，一般认为它的风险略低于 NCD 的风险。

货币市场证券的种类在表 6.2 中进行了总结。若发行货币市场证券的目的在于获取资金，则证券种类取决于发行者是财政部、存款机构还是公司。当投资者决定该投资哪一种货币市场证券时，他们的决策取决于期望收益率与流动性。

表 6.2　　常见货币市场证券总结

证券	发行者	常见投资者	常见期限	二级市场活跃度
国债	联邦政府	家庭、公司和金融机构	13 周、26 周或 1 年	高
NCD	大银行和储蓄机构	公司	2 周至 1 年	中等
商业票据	银行控股公司、金融公司和其他公司	公司	1～270 天	低
银行承兑汇票	银行（出口公司可以折价出售汇票以获取现款）	公司	30～270 天	高
联邦基金	存款机构	存款机构	1～7 天	不存在
回购协议	公司和金融机构	公司和金融机构	1～15 天	不存在

6-2 货币市场的制度化利用

货币市场证券的制度化利用在表 6.3 中进行了总结。通过购买货币市场证券，金融机构能在保持一定流动性的同时获得回报。当面临暂时性现金短缺时，它们会发行货币市场证券。由于货币市场为企业提供融资，其平均交易量是巨大的。货币市场是交易商市场，这意味着并不存在实物交易和专门的证券交易场所。取而代之的是，对于某一特定证券，交易商在电子通讯网络上公布其愿意购买或出售的价格，并以电子方式进行交易。

表 6.3　　货币市场证券的制度化利用

金融机构种类	在货币市场中的作用
商业银行和储蓄机构	· 银行控股公司发行商业票据 · 一些银行和储蓄机构发行 NCD，在联邦基金市场中借入或贷出基金，参与回购协议或购买国债 · 商业银行开具银行承兑汇票 · 商业银行为发行商业票据的公司提供备用信贷额度
金融公司	· 大量发行商业票据
货币市场共同基金	· 用出售股份所获收益投资国债、商业票据、NCD、回购协议和银行承兑汇票
保险公司	· 可能将货币市场证券作为其投资组合的一部分以保持流动性
养老基金	· 当投资组合经理希望增加他们对债券或股票的投资时，可以将货币市场证券作为投资组合的一部分

通过货币市场证券提高流动性的方式有两种。第一种方式为发行新证券以获取现金。金融机构用发行新证券的方式创造短期负债，从而提高现金余额。除此之外，对于之前购买货币市场证券的机构，可以清算证券以获取现金。在这种情况下，一种资产（证券）被另一种资产（现金）取代。

大多数金融机构通过持有二级市场非常活跃的证券或期限短的证券来保持充足的流动性。国债由于具有良好的销售性、安全性和较短期限，是最受欢迎的货币市场工具。尽管国债通过拍卖购买，但其他大部分货币市场工具都是通过交易商或专业经纪人购买的。例如，商业票据是通过商业票据交易商或直接从发行人处购买的，NCD 通常从专门从事 NCD 交易的经纪人处购买，联邦基金通过联邦基金经纪人购买（借入），而回购协议是通过回购协议交易商购买的。

未来现金流入和流出较不确定的金融机构一般会持有额外货币市场工具以维持流动性。出于这个原因，商业银行等存款机构通常将投资组合的更大比例分配给货币市场工具（相比养老基金）。

购买货币市场证券的金融机构是证券初始发行人的债权人。例如，当持有国债时，它们就是财政部的债权人。二级市场中的国债交易通常反映了两个非政府机构间的资金流动。对那些清偿部分所持国债的金融机构来说，国债可被视作一种资金来源。事实上，这是金融机构持有国债的主要原因。流动性也是金融机构购买其他货币市场工具的原因，包括联邦基金（由存款机构购买）、回购协议（由存款机构和货币市场基金购买）、银行承兑汇票和 NCD（由货币市场基金购买）。

一些金融机构发行自己的货币市场工具以获取现金。例如，存款机构发行 NCD，而银行控股公司和金融公司发行商业票据。存款机构也通过使用回购协议或参与联邦基金市场来获取现金。

多数货币市场交易涉及两家金融机构。例如，联邦基金交易涉及两家存款机构；货币市场基金通常从银行和储蓄机构购买 NCD；回购协议则经常需要两家商业银行共同协商。

6-3 货币市场证券估值

货币市场证券（P_m）的市场价格应等于它们未来现金流的现值。由于正常情况下货币市场证券不定期支付利息，其现金流以本金一次付清的形式存在。因此，货币市场证券的市场价格由下式决定：

$$P_m=\frac{\text{Par}}{(1+k)^n}$$

其中

Par＝面值或到期时提供的本金

k＝投资者的必要收益率

n＝到期期限

由于货币市场证券到期期限为一年及以下，n 用来度量一年分成几份。

P_m的变化可表示为

$$\Delta P_m=f(\Delta k)$$
$$\Delta k=f(\Delta R_f,\Delta RP)$$

其中

R_f＝无风险利率

RP＝风险溢价

因此

$$\Delta P_m=f(\Delta R_f,\Delta RP)$$

这证明了随时间推移，货币市场证券价格会随着必要收益率的变动而变动，而必要收益率受到无风险利率和感知的信用风险的影响。图 6.4 指出了影响短期无风险利率（国债利率）和风险溢价，从而影响必要收益率和货币市场证券价格的背后动因。

总体来说，人们普遍认为货币市场是有效的，因为它的价格反映了所有可用公共信息。投资者密切关注经济指标，它们可能预示着未来经济实力变化，而这种变化又会影响短期利率，从而影响投资货币市场证券的必要收益率。一些受到较密切关注的经济增长指标包括就业率、国内生产总值、零售指数、工业生产指数和消费者信心指数。这些指标的良好走势往往会引发经济增长预期，从而给市场利率（包括短期无风险利率）造成上行压

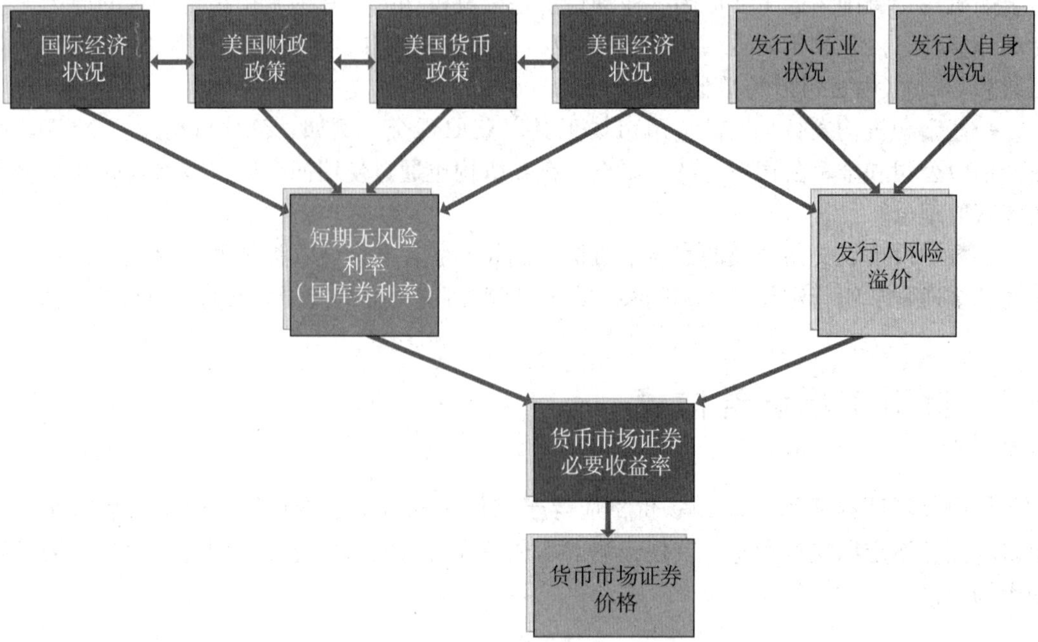

图 6.4　货币市场证券定价框架

资料来源：美联储。

力，同时给货币市场证券价格造成下行压力。

投资者也会密切关注通货膨胀指标，比如消费价格指数和生产价格指数。这些指数的上升可能会使预期利率更高，同时给货币市场价格造成下行压力。

除指标外，投资者还会对发行商业票据的公司的财务情况进行评估。他们的目的是确保发行公司财务健康，从而在到期时有能力偿还债务。

6-3a　信用风险变化的影响

如果投资者想要避免信用风险，可以选择购买国债。投资其他货币市场证券时，他们必须权衡较高的潜在收益率与面临的信用风险。投资者通常投资于收益率稍高于国债且不太可能违约的货币市场证券，如商业票据和大额可转让定期存单。对信用风险的看法可能随时间推移而变化，影响必要收益率，从而影响货币市场证券价格。

雷曼兄弟违约后的信用风险　2008 年次贷危机对货币市场信用风险产生了巨大影响。雷曼兄弟依靠商业票据作为永久性融资来源。当发行的大量商业票据到期时，它会发行更多商业票据，并用发行收入偿还到期票据。雷曼兄弟大量投资于住房抵押贷款支持证券，并在发行商业票据以借入资金时使用这些证券作为抵押品。然而，随着住房抵押贷款支持证券价值下降，机构投资者质疑抵押品价值，不再愿意购买雷曼兄弟的商业票据。由于无法取得新资金，雷曼兄弟无法偿还已有债务。2008 年 9 月，雷曼兄弟申请破产，已发行的数亿美元商业票据全部违约。这一事件使商业票据市场大为震动。由于雷曼兄弟的倒闭，投资者越来越担心其他金融机构发行的商业票据也可能是由质量不可靠的资产支持的。

一些资产支持商业票据发行人在无法承担发行费用的情况下，从发起机构获得信贷担保。通常信贷担保能使投资者安心，但在次贷危机中，为商业票据发行人提供信贷担保的金融机构面对的是抵押品和其他高风险资产。信贷担保仅代表担保人的信誉而已。一瞬间，机构投资者开始意识到它们投资资产支持商业票据时面临着信用风险。随着这些投资者为了避免风险而减少在商业票据上的投资，依赖商业票据融资的金融机构无法再获取所需资金。

雷曼兄弟破产后的两个月内，商业票据数额减少了 3 700 亿美元。那些仍然能够出售商业票据的公司不得不支付更高的风险溢价，以补偿升高的信用风险。

次贷危机说明一个债券市场（如住房抵押贷款支持证券市场）的问题可能传染给其他债券市场（商业票据市场）。这是联邦政府关注系统风险，并担心住房抵押贷款支持证券市场引发的不利影响可能蔓延到所有类型的金融市场和金融机构的原因之一。此外，许多金融机构大量投资于抵押贷款，因此面临同样的风险。一些金融机构倒闭可能会导致其他为商业票据提供信贷担保的机构也出现问题。

出于对系统风险的担忧，美国政府采取了稳定货币市场的措施。2008 年 10 月 3 日，《经济稳定紧急法案》（又称《紧急援助法案》）出台，财政部向金融系统注入 7 000 亿美元。财政部投资大型商业银行，作为向银行提供资金减轻其损失从而降低风险的一种手段。由于金融机构是货币市场中的主要参与者，财政部采取措施后货币市场流动性有所提高。

2008 年 11 月，美联储开始购买高评级公司发行的商业票据。美联储一般不会以投资者身份参与商业票据市场，此次参与旨在恢复市场活力，从而增加商业票据市场流动性。

然而，商业票据市场并未完全恢复。图 6.5 显示，2007 年的商业票据金额高达约 2.2 万亿美元，此后下降至约 1 万亿美元。此外，投资者要求资产支持商业票据必须由更安全的证券（如国债）进行担保，而不是由住房抵押贷款支持证券担保。

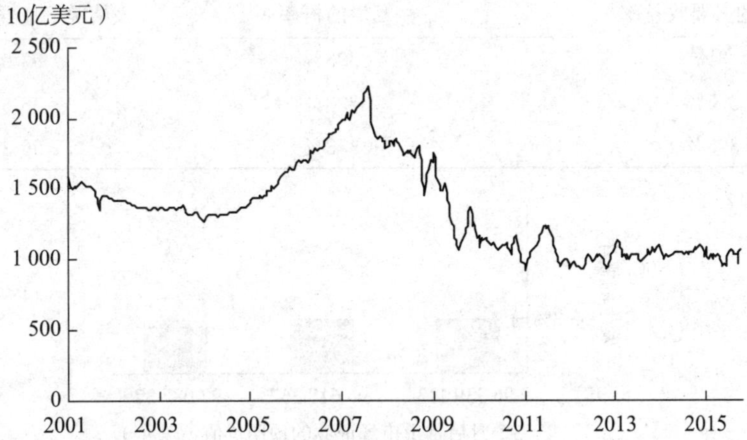

图 6.5　随时间变化的商业票据价值

资料来源：美联储。

雷曼兄弟违约后的风险溢价　在经济不确定性加剧的时期，投资者倾向于从高风险货币市场证券市场转移到国债市场。这种所谓的安全投资转移导致收益率差异更大，因为有风险的货币市场证券必须提供更高的风险溢价才能吸引投资者。2008 年次贷危机中，雷曼兄弟的倒闭增加了风险溢价，而这正是一些金融机构发行商业票据或 NCD 时必须支付的。

6-3b 利率风险

如果短期利率上升，货币市场证券的必要收益率会随之上升，而货币市场证券价格会降低。尽管货币市场证券价值对利率变动的反应方向与债券相同，但不像债券价值那么敏感。这种低敏感性主要是因为货币市场证券期限较短。若投资货币市场证券，本金支付将在下一年发生，而债券的本金支付要等到 10 年或 20 年后。换句话说，利率上升对货币市场证券没有什么不良影响，因为它会很快到期，投资者可以按那时的利率再投资。

估测利率风险 货币市场参与者可以使用敏感性分析来确定货币市场证券价值是怎样随着利率变化而变化的。

◇ 例子

假设长岛银行持有面值为 1 亿美元、9 个月后到期的货币市场证券。由于 3 个月后需要大量资金，银行想知道 3 个月后出售这些证券会获得多少现金。假设银行预计这些证券在剩余 6 个月内的非年化必要收益率分别为 3%、3.5%和 3.8%，每种情况发生的概率均为 33.3%（即可能性相等）。

表 6.4 展示了在不同必要收益率下，长岛银行 3 个月后出售货币市场证券所获收益的概率分布。正如该表所显示的，银行预期至少获得 96 339 113 美元，但如果利率（从而必要收益率）在 3 个月内保持相对低位，则可以获得更多收益。通过得出的概率分布，银行可以预期所获收益是否足以支付 3 个月后所需资金数额。

表 6.4　出售货币市场证券收益的概率分布

可能的必要收益率	发生的概率	该情况下证券的价值（美元）
3%	33.3%	97 087 379
3.5%	33.3%	96 618 357
3.8%	33.3%	96 339 113

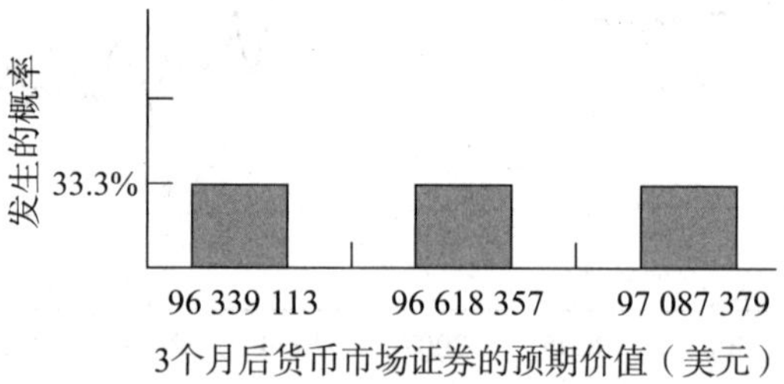

◇

6-4 货币市场全球化

随着国际贸易和融资的增长，欧洲、亚洲和南美洲的货币市场发展起来。如果公司将来需要用外币来支付进口，一般都接受以这些货币作为收入。由于收到资金时可能不需要使用，公司会将资金存入银行以赚取利息，直到需要时取出。与此同时，其他公司可能需要以外币计价的资金，因此可能希望从银行借入这些资金。国际银行通过接受存款和以多种货币形式提供贷款来促进国际货币市场繁荣。

由于各国间税收差异、对汇率的投机活动和政府之前对外国证券投资干预的减少，国家之间的资金流动有所增加。因此，国际市场逐渐走向一体化。

各个国家的货币市场利率受到借款人对短期资金需求的影响，也与储蓄者的短期资金供给有关。如果对某一特定货币的短期基金需求相对于该货币的短期资金供给来说是高的，那么该国货币市场利率将相对较高。相反，如果对某一特定货币的短期资金需求相对于该货币的短期资金供给来说较低，那么该国货币市场利率将相对较低。

在一国借入短期资金的公司支付的货币市场利率略高于当地政府在该国支付的利率；较高的利率反映了补偿企业借款人信用风险的溢价。也可能存在为了补偿公司发行的短期证券流动性不足的额外溢价。

如图 6.6 所示，不同国家市场利率不同。但需要注意，图中不同国家市场利率变化方向是一致的。2005—2006 年许多经济体经历了增长，一些国家货币市场利率也相应上升。然而，货币市场利率在 2008—2015 年下降，这期间大多数国家都在经历经济疲软。几个欧洲国家利率相同，这是因为它们的货币均统一成了欧元。

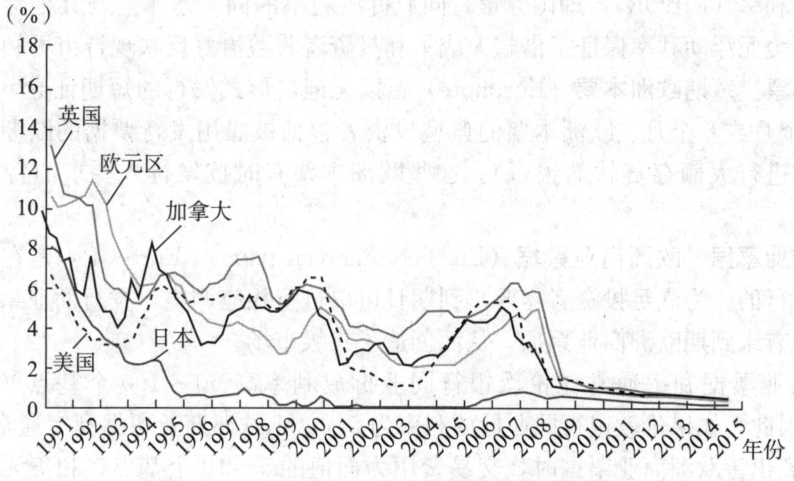

图 6.6 国际货币市场利率随时间变化的趋势

资料来源：美联储。

6-4a 欧洲美元证券

随着美国国土外的公司越来越多地参与以美元交易的国际贸易，非美国银行中的美元存款不断增长。此外，由于历史上对美国银行的美元存款实行利率上限，持有巨额美元结余的公司往往把资金存放在欧洲以获得更高收益。这些欧洲的美元存款被称为**欧洲美元**（Eurodollar）。有几种货币市场证券使用欧洲美元。

欧洲美元存单 **欧洲美元存单**（Eurodollar certificate of deposit）指大额的、以美元计价的（例如 100 万美元）、被欧洲银行接受的存单。随着时间的推移，欧洲美元存单数量大幅增长。这是因为在很大一部分国际贸易和投资交易中，美元都起到交易媒介的作用。一些海外公司在出口贸易中收到美元，并将其投资于欧洲美元存单。由于这些公司可能以后需要用美元来支付进口贸易，所以保留美元计价的存款，而不是将美元兑换成本国货币。

在所谓的**欧洲美元市场**（Eurodollar market）中，银行将存入资金引导至其他需要以欧洲美元贷款形式借入资金的公司。在欧洲美元的存贷款交易中，每笔交易数额在 100 万美元及以上，因此只有政府和大公司会参与这个市场。由于交易数量很大，市场中的投资者会避免与零售市场中持续不断地进行小交易有关的一些成本。除此之外，欧洲美元存单不受到存款准备金的限制，意味着银行可以将收到的存款百分之百用于放贷。出于这些原因，银行支付大额欧洲美元存单的利率和在欧洲美元贷款上收取的利率相差不大。因此，欧洲美元市场上的利率对存款者和借款者来说都是具有吸引力的。欧洲美元存款利率稍高于 NCD 利率。

欧洲美元存单存在二级市场，初始投资者必要时能清算投资。随着欧洲美元数量的增长，它的二级市场也越发活跃。

市场利率上升时，固定利率欧洲美元存单投资者会受到不利影响。而这些存单的发行人则会在利率下降时受到不利影响。为了应对利率风险，**欧洲美元浮动利率存单**（Eurodollar floating-rate CD，FRCD）近年来得到了广泛应用，它会将利率定期调整至伦敦银行同业拆放利率（LIBOR），即国际银行同业拆放利率的同一水平。与其他浮动利率工具一样，欧洲美元浮动利率保证了借款人成本和投资者收益恰好反映现行市场利率。

欧洲本票　短期**欧洲本票**（Euronote）指以无记名形式发行的短期证券，通常期限为 1 个月、3 个月或 6 个月。欧洲本票的典型投资者包括被雇用发行票据的欧洲银行（接受以外币形式进行大额存贷款的银行）。这些欧洲本票有时按发行人要求的特定价格包销发行。

欧洲商业票据　**欧洲商业票据**（Euro-commercial paper，Euro-CP）是在无银团支持的情况下发行的。为满足投资者需要，到期日可以进行相应调整。发行商业票据的交易商愿意购买现有未到期欧洲商业票据，从而创造了二级市场。

欧洲商业票据利率通常比伦敦银行同业拆放利率高 50～100 个基点（1 个基点为 0.01%）。因此，如果伦敦银行同业拆放利率为 5%，则欧洲商业票据利率通常为 5.5%～6%。经销商出售欧洲商业票据时，交易费用为面值的 5～10 个基点。和美元商业票据市场相比，欧洲商业票据市场非常小。尽管如此，一些想用美元进行短期融资的欧洲公司可以在欧洲商业票据市场中更容易地发行票据，毕竟在这里它们家喻户晓。

6-4b　国际银行间市场

一些国际银行会周期性地产生多余资金，超出其他公司想借入的数量。其他国际银行则可能缺少资金，因为它们的客户公司希望获得的资金比银行能提供的更多。国际银行间市场有助于将资金从有富余的银行转移到不足的银行。这一市场类似于美国的联邦基金市场，但它的范围涵盖全世界，且在市场上以多种货币进行交易。有些交易是直接从一家银行转到另一家银行，而另一些交易还需要通过大型银行引导，充当借贷银行和借款银行的中间人。历史上，伦敦的国际银行就进行过许多这样的交易。

在国际银行间市场上，从一家银行贷款给另一家银行的利率就是伦敦银行同业拆放利率，类似于美国的联邦基金利率。一些银行公布它们在银行间市场上提供的利率，这些利率可能略有不同。伦敦银行同业拆放利率是在给定时间点市场上公布的利率的平均值。伦敦银行同业拆放利率在各货币之间有所不同，通常与该货币现行货币市场利率一致。随着时间推移，伦敦银行同业拆放利率跟随特定货币的货币市场利率的变化而变化。货币市场利率变化则是由该货币的短期需求和供给变化所驱动的。尽管许多国际银行同业拆放交易并不经过伦敦，但伦敦银行同业拆放利率仍被广泛使用。

LIBOR 丑闻 2012 年，一些定期报告银行同业拆放利率的银行错误地报告了利率。这些银行有一些投资或贷款头寸，它们的表现取决于当时伦敦银行同业拆放利率。举例来说，如果银行提供按伦敦银行同业拆放利率周期性调整利率的贷款，它们可能会从推高对外报告的同业拆放利率，从而推高伦敦银行同业拆放利率的行为中获利。一些银行被指控合谋操纵伦敦银行同业拆放利率以提高它们的交易利润。特别地，许多银行在衍生证券（如第 15 章所述的利率互换）方面拥有大量头寸，通过操纵伦敦银行同业拆放利率仅 0.1 个百分点就能产生数百万美元的利润。这样的操作会扰乱货币市场，因为它可能阻碍一些金融机构参与货币市场，从而减少市场流动性。

6-4c 国外货币市场证券表现

国外货币市场证券投资表现通过**有效收益率**（effective yield）（按汇率调整的收益率）来衡量。有效收益率是（1）货币市场证券外汇收益率和（2）汇率效应的函数。国外货币市场证券收益率（Y_f）为

$$Y_f=\frac{SP_f-PP_f}{PP_f}$$

其中

SP_f＝国外货币市场证券以外汇计价的出售价格

PP_f＝国外货币市场证券以外汇计价的购买价格

汇率效应（表示为$\%\Delta S$）是指，从获得外汇并投资国外货币市场证券的时间点，到出售证券并将外汇转换为投资者本国货币的时间点之间即期汇率（以美元表示）变化的百分比。因此有效收益率为

$$Y_e=(1+Y_f)(1+\%\Delta S)-1$$

◇ 例子

一名美国投资者在 1 墨西哥比索价值 0.12 美元时，获得墨西哥比索并将其投资于一年期货币市场证券，收益率（以墨西哥比索表示）为 22%。一年结束时，投资者以 1 墨西哥比索兑换 0.13 美元的即期汇率将投资收益转换为美元。在本例中，墨西哥比索的价值增加了 8.33%（或 0.083 3）。投资者获得的有效收益率为

$$\begin{aligned}Y_e&=(1+Y_f)(1+\%\Delta S)-1\\&=1.22\times1.0833-1\\&=32.16\%\end{aligned}$$

◇

当国外投资计价货币在投资期限内升值时，有效收益率将会超过用外国货币计算的收益率。相反，当国外投资计价货币在投资期限内贬值时，有效收益率将会低于用外国货币计算的收益率。事实上，当国外投资计价货币周期性大幅贬值时，美国投资者可能经历负有效收益率。

小结

■ 货币市场证券主要包括短期国库券、商业票据、可转让定期存单、回购协议、联邦基金和银行承兑汇票。这些证券因发行人不同而不同，因而其信用风险和流动性可能不同。因此，在任何给定时间点，不同货币市场证券的报价收益率有所不同。

■ 金融机构通过参与货币市场来管理流动性。当它们面临资金短缺，需要提高流动性时，可以通过发行货币市场证券的方式来解决，也可以通过出售所持货币市场证券来获取现金。货币市场证券的价值反映了该证券未来现金流的现值。由于货币市场证券代表债务，它们的预期现金流通常是已知的。然而，货币市场证券定价随着投资者必要收益率的变化而变化。必要收益率则根据利率或证券信贷风险的变化而变化。

■ 不同国家利率不同。一些投资者被外国高利率所吸引，这导致资金流向这些国家，因此货币市场已经全球一体化。由于以外币计价，证券可能随着时间贬值，因此货币市场证券的投资者面临着汇率风险。

正方和反方观点

公司应该投资货币市场证券吗?

正方观点　不应该。公司应该以一种能给股东带来足够回报的方式使用资金。货币市场证券提供的收益率低于股东必要收益率。因此公司不应该将股东的资金投资于货币市场证券。如果公司需要流动性，可以依靠货币市场进行短期借贷。

反方观点　应该。公司需要从货币市场获得流动性。如果它们不持有任何货币市场证券，它们将经常被迫借款以满足意料之外的现金需求。在向这些公司频繁放贷时，放款人可能收取较高风险溢价。

谁正确?　利用互联网学习关于这个议题的更多知识并形成你自己的观点。

问题与应用

1. 一级市场　解释财政部是怎样通过一级市场获得足够融资的。

2. 短期国库券拍卖　短期国库券一级市场上的投资者是怎样确定其投标被接受的？购买短期国库券时，为什么大公司通常会进行竞争性投标而不是非竞争性投标？

3. 短期国库券二级市场　描述短期国库券二级市场活跃性。这种活跃性是怎样使短期国库券投资者受益的？为什么金融机构有时会将短期国库券看作潜在资金来源？

4. 商业票据　谁发行商业票据？哪种金融机构发行商业票据？为什么一些公司设立能直接发行商业票据的部门？按什么标准来决定是否建立这样一个部门？

5. 商业票据评级　为什么评级机构要对商业票据进行评级？

6. 商业票据利率　解释在经济衰退中，投资者对商业票据的偏好是怎样变化的。这种反应是怎样影响经济衰退时期商业票据和短期国库券的利率差异的？

7. 大额可转让定期存单　小型投资者怎样参与大额可转让定期存单的投资？

8. 回购协议　基于你对回购协议的了解，你认为其年收益率应该高于还是低于商业票据年收益率？为什么？

9. 银行承兑汇票　解释下述机构会怎样使用银行承兑汇票：(a) 出口公司，(b) 进口公司，(c) 商业银行，和 (d) 投资者。

10. 国外货币市场收益率　解释当国外货币市场证券的计价货币大幅贬值时，证券收益率将受到怎样的影响。

11. 发行商业票据的动机 商业票据期限最长为 270 天。为什么即使在长期需要资金的情况下，公司也更愿意发行商业票据而不是长期证券？

12. 商业票据的风险和收益 你可以选择投资于高评级商业票据或较低评级商业票据。你认为两种投资的风险与收益有哪些不同？

13. 商业票据收益率曲线 你认为商业票据和其他货币市场工具的收益率曲线的形状与国债的收益率曲线相比如何？解释你的观点。

高级问题

14. 货币市场活动对流动资本的影响 假设大多数贷款期限对应的利率都很高。同时，假设这一时期许多企业净营运资本（定义为流动资产减去流动负债）水平相对较低。解释货币市场如何在利率与净营运资本水平之间的关系中发挥作用。

15. 期限结构理论在商业票据中的应用 利用第 3 章中讨论的利率期限结构理论解释现有商业票据收益率曲线形状。

16. 货币市场利率对经济现状的反应 从学期开始，货币市场利率发生了怎样的变化？按现有经济状况考虑，你认为本学期中货币市场利率会上升还是下降？解释你的答案。

17. 雷曼兄弟破产的影响 解释雷曼兄弟（一家大型证券公司）的破产是怎样减少商业票据市场流动性的。

18. 贝尔斯登和回购市场 根据贝尔斯登的经历总结有关回购市场的教训。

19. 次贷危机对流动性的影响 解释为什么次贷危机会影响金融机构在货币市场获得短期融资的能力。

20. 次贷危机对风险溢价的影响 解释次贷危机是怎样影响商业票据市场上的风险溢价的。

21. 系统风险 解释系统风险与商业票据市场的关系。换句话说，为什么住房抵押贷款支持证券市场的问题会影响商业票据市场？

22. 商业票据信用担保 解释为什么次贷危机期间，为商业票据提供担保的投资者面临很大风险。

辩证思维问题

次贷危机中的货币市场融资 许多金融机构以住房抵押贷款和住房抵押贷款支持证券作为抵押品，在货币市场大量借贷。写一篇有关参与货币市场的赤字单位和盈余单位在次贷危机中的教训的文章，阐述货币市场是否应该在更大程度上得到监管，以确保货币市场有合适的抵押品。

解读财经新闻

诠释华尔街分析师和投资经理做出的下述评论：

a. “使用货币市场不是为了变得富裕，而是为了避免变得贫穷。”

b. “在形势好转之前，投资者仍在观望。”

c. “由于货币市场利率很低，我的投资组合在股票市场中投资过多。”

金融市场管理

货币市场投资组合难题 作为公司的财务主管，你的工作之一是维持公司对流动证券的投资，如国债和商业票据。你的目标是尽可能获得高收益率，但不要冒太大风险。

a. 收益率曲线目前向上倾斜，这样一来 10 年期国债的年化收益率比 3 个月期国债的年化收益率高 3 个百分点。你应该考虑用部分资金投资 10 年期国债吗？

b. 假设公司拥有大量现金，足以解决任何流动性问题。你的老板建议你考虑把多余资金投资于一些比短期国债收益率更高的货币市场证券（如大额可转让定期存单）。尽管大额可转让定期存单流动性稍差，但当拥有多余资金时不会成为问题。在这种情况下，如何使用多余资金能使公司获利最大？

c. 假设现在商业票据的年化收益率为 7.5%，而国债的年化收益率为 7%。经济环境稳定，并且你预期在未来 6 年内均状况良好。在这种情况下，你愿意持有国债还是各家企业发行的多元化商业票据组合？

d. 假设商业票据通常提供比国债高 0.5 个百分点的利率。鉴于你的公司通常保持约 1 000 万美元的流动资金，相比投资国债，每年投资商业票据将额外增加多少流动资金？这种额外回报值得冒商业票据违约的风险吗？

习题

1. 短期国库券收益率 假设一名投资者以 9 000 美元购买了面值为 10 000 美元、期限为 6 个月的短期国库券，并在 90 天后以 9 100 美元出售，则收益率为多少？

2. 短期国库券贴现 一份新发行的面值为 10 000 美元、期限为 3 个月的短期国库券以 9 700 美元的价格出售。计算短期国库券贴现率。

3. 商业票据收益率 假设一名投资者以 940 000 美元购买了面值为 100 万美元、期限为 6 个月的商业票据，则收益率为多少？

4. 回购协议 斯坦福公司达成回购协议，以 490 万美元购买证券，并在 40 天后以 500 万美元回售，则斯坦福公司的收益率（或回购利率）为多少？

5. 短期国库券收益率 你以 98 000 美元购买了面值为 100 000 美元、期限为 120 天的短期国库券。如果你持有该短期国库券直至到期，则短期国库券收益率为多少？短期国库券贴现率为多少？

6. 短期国库券收益率 财政部以 9 900 美元的价格出售面值为 10 000 美元、期限为 91 天的短期国库券。如果投资者将该短期国库券持有至到期，计算相应的收益率。

7. 必要收益率 一份面值为 10 000 美元的货币市场证券以 8 816.60 美元的价格出售。如果该证券期限为 2 年，则投资者的必要收益率为多少？

8. 有效收益率 一名美国投资者在每英镑价值 1.5 美元时获得英镑，并投资于一年期货币市场证券，收益率为 5%（以英镑计算）。一年后，投资者按每英镑 1.52 美元的即期汇率将投资收益转换为美元。计算有效收益率。

9. 短期国库券收益率

a. 如果购买价格较低，判断一份短期国库券的年收益率将受到怎样的影响，并给出理由。

b. 如果出售价格较低，判断一份短期国库券的年收益率将受到怎样的影响，并给出理由。

c. 如果出售价格和购买价格不变，持有时间缩短，判断一份短期国库券的年收益率将受到怎样的影响，并给出理由。

10. 大额可转让定期存单的收益率 菲尔去年在二级市场上以 980 000 美元购买了一张大额可转让定期存单。存单今天到期，价值为 100 万美元，且菲尔收到了 45 000 美元利息。菲尔投资该存单的收益率是多少？

11. 短期国库券的收益率 现行短期国库券的收益率大致为 2%。假设一名投资者考虑购买一份期限为 3 个月的新发行短期国库券，他的必要收益率为 2.5%，并预期利率会在接下来 3 个月上升。基于以上信息，该投资者愿意为这份期限 3 个月的短期国库券支付多少钱？

资金流动练习

货币市场融资

还记得卡森公司从金融公司和商业银行获得了大量贷款吗？贷款利率与市场利率挂钩，每 6 个月调整一次。卡森公司在银行有信用额度，以满足突然出现的临时资金需求。它之前购买了国债，如果遇到流动性问题可以随时出售。如果经济持续强劲，为满足需求卡森公司可能需要在未来几年将产能提高 50%左右。由于美联储有可能采取措施缓解通货膨胀，公司担心经济可能放缓。它需要资金来支付供应品的费用。公司计划明年发行股票或债券来募集资金。

a. 大型上市公司发行的商业票据现行利率低于卡森公司使用信用额度时需要支付的利率。你认为卡森公司会按现行市场利率发行商业票据吗？

b. 如果卡森公司需要现金支付供应品的费用，应该通过出售所持美国国债还是使用信贷额度来获得资金？解释理由。

互联网/Excel 练习

1. 登录 http：//research. stlouisfed. org/fred2。点击“类别”，随后在“货币、银行和金融”下选择“利率”。比较短期国库券收益率和期限相近的其他货币市场证券的收益率。这些收益率有什么不同？你认为是什么导致了收益率不同？

2. 从一年前开始，风险较大的货币市场证券（相比短期国库券）的风险溢价是如何变化的？这种变化是由于经济条件变化而产生的吗？解释原因。

3. 在同一个网站上，获取 3 个月期短期国库券和另一种货币市场证券过去 20 个季度的利率数据，将数据分别放在 Excel 电子表格中作为两列。得出每个季度二者的利率变化。以有风险的货币市场证券利率的季度变化为因变量、国债利率的季度变化为自变量，进行回归分析（有关回归分析的更多信息参阅附录 B)。利率变动间是否存在显著正向关系？解释原因。

WSJ 练习

评估货币市场证券收益率差异

利用《华尔街日报》“货币利率”部分确定商业票据、存单、银行承兑汇票和短期国库券的 30 天收益率。上述证券中哪一个收益率最高？哪一个收益率最低？为什么？

关于现实案例的在线文章

找一篇近期描述一个具体金融机构或金融市场真实案例的在线实用性文章，以强化本章所涵盖的一个或多个概念。

如果你的班级有一个在线平台，教授可能会要求你把文章摘要放在那里并提供文章的链接以供其他学生访问。如果你的班级是当面授课的，教授可能会要求你当堂总结你对该文章的运用。教授可能指派特定学生或让学生自愿完成这项作业。

对于与本章相关的近期在线文章和真实案例，请考虑使用以下搜索词（请务必在搜索词中包含当前年份以确保在线文章是近期的)：

1. 短期国库券拍卖
2. 商业票据＋出价
3. 商业票据＋评级
4. 回购协议＋融资
5. 货币市场＋收益率
6. 商业票据＋风险
7. 机构投资者＋货币市场
8. 银行承兑汇票＋收益率
9. 具体的金融机构的名称＋回购协议
10. 具体的金融机构的名称＋商业票据

第 7 章　债券市场

本章目标

- 提供债券的背景知识
- 描述不同类型的债券及各自特征
- 解释债券市场如何实现全球一体化
- 描述其他类型的长期债券

从本章至第 12 章的重点是资本市场证券。这些章节与之前讲述货币市场证券的章节的不同之处在于，它们关注长期而不是短期。债券市场能够促进长期债务从盈余单位流向赤字单位，本章和下一章的讲解对象正是债券市场。

7-1　债券背景知识

债券是一种由政府机构或公司发行的长期债务凭证。债券发行方有义务定期地（例如每年或每半年）支付利息（或息票）并且到期后偿还本金。发行方必须向债券持有者证明它未来的现金流能够充分支付利息和偿还本金。除非该债券的预期收益能够充分补偿它的风险，否则投资者就会认为这个债券不值得投资。

债券经常根据发行方的类型划分为不同的种类；财政债券 * （Treasury bond）是由美

* 通常所说的美国国债就是指财政债券。——译者注

国财政部发行的债券；联邦政府机构债券（federal agency bond）是由联邦政府机构发行的债券；市政债券（municipal bond）是由州政府或当地政府发行的债券；公司债券（corporate bond）是由公司发行的债券。

大多数债券的期限都在10到30年之间。债券依据所有权结构分为不记名债券和记名债券。**不记名债券**（bearer bond）要求债券持有人将债券和息票一同寄给发行方才能获取利息。发行方并不保存不记名债券的记录，因此任何持有债券的人都可以获得利息支付，这就造成不记名债券可以被轻易用来进行欺诈和逃税。1982年，国会通过了一部法律，使持有不记名债券变得非常困难。虽然不记名债券在包括欧美国家在内的世界上很多其他国家仍有发行，但是在美国它们几乎消失了。**记名债券**（registered bond）要求发行方保留债券持有人的记录，并主动将利息支付给持有人。该债券通过远程电子通讯网络在一级市场发行。尽管债券持有人可向发行方索取债券凭证，但大多数债券仅为记账凭证，债券购买人只在购买债券时收到收据，然后支付的利息会被记入债券持有人的账户。

图7.1显示了债券市场是如何促进资金流动的。美国财政部发行债券并将获得的资金用于支持政府项目的赤字支出。联邦政府机构发行债券，并使用获得的资金来购买由金融机构发起的抵押贷款，因此它们间接地为房屋的购买融资。公司发行债券并用获得的资金来扩大业务。总体来说，通过允许家庭、公司和美国政府增加支出，债券市场为经济增长提供了资金。

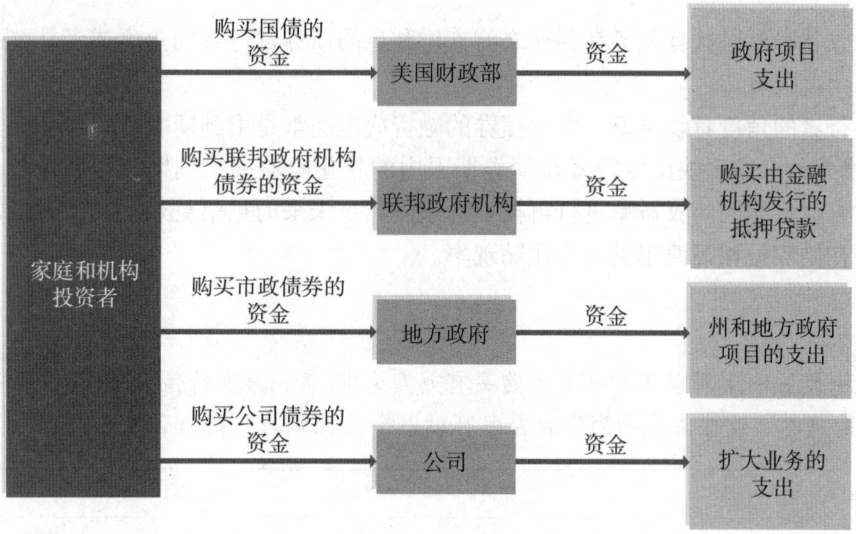

图7.1 债券市场如何促进资金流动

7-1a 债券市场中的机构参与

正如表7.1总结的那样，所有类型的金融机构都参与债券市场。商业银行（commercial bank）、储蓄机构（savings institution）和金融公司（finance company）通常发行债券以筹集资金来支持它们的业务。商业银行、储蓄机构、债券型共同基金（bond mutual fund）、保险公司（insurance company）和养老基金（pension fund）都是债券市场的投资者。金融机构由于购买了大量债券而在债券市场中占主导地位。

表 7.1　　债券市场中的机构参与

金融机构	在债券市场中的参与情况
商业银行、储蓄和贷款协会（savings and loan association，S&L）	• 为自身资产组合购买债券 • 有时为地方政府发行市政债券 • 有时发行债券作为二级资本的来源
金融公司	• 通常发行债券作为长期资金的来源
共同基金	• 使用通过出售股份获得的资金购买债券。一些债券型共同基金专门从事特定类型的债券的交易，而其他基金则投资于各种类型的债券
经纪公司	• 通过撮合二级市场上债券的买家和卖家来促进债券交易
投资银行	• 为政府和公司发行新债券。它们可能会以承担市场价格不确定性的方式包销债券，或者是尽最大努力销售，但不能保证发行价格
保险公司	• 为自身资产组合购买债券
养老基金	• 为自身资产组合购买债券

7-1b　债券收益率

债券收益率可以从有义务在到期之前支付利息的债券发行者的角度或者从购买债券的投资者的角度来看待。

从发行者的角度看收益率　发行债券的融资成本通常是由**到期收益率**（yield to maturity）来衡量的，这反映出发行者在债券期限内的年化收益率。到期收益率是基于收到的息票支付可以以相同的收益率进行再投资的假设，令未来的息票兑现额和支付的本金与债券发行的初始收益相等而得到的年化贴现率。

◇ **例子**

假设一个投资者可以用 936 美元购买有效期为 10 年、票面价值为 1 000 美元、票面利率为 8%的债券。这些债券的到期收益率可以用金融计算器计算如下：

输入	10	936	80	1 000		
功能键	N	PV	PMT	FV	CPT	I
答案						9%

注意，向投资者支付的收益由两部分构成：(1) 息票支付；(2) 债券到期时发行者必须向投资者支付的票面价值和售出债券的价格之间的差额。在本例和大多数情况下，到期收益率的最大组成部分是息票支付。到期收益率不包括发行债券相关的交易成本。当考虑交易成本时，发行者的融资成本会略高于到期收益率。◇

从投资者的角度看收益率　在债券发行时购买债券并持有至到期的投资者将获得债券的到期收益。然而，许多投资者并不会持有债券一直到到期日，因此他们专注于**持有期收**

益率（holding period return），即他们在某一段时间内投资的收益率。如果他们持有债券的时间很短（如少于一年），他们可能会将持有期的息票支付与债券卖出与买入价格的差值之和占购买价格的百分比作为该债券的持有期收益率。对于相对较长的持有期，持有期收益率的一个更好的近似是年化贴现率，即使收到的金额与初始投资相等时的利率。

如果投资者不持有债券至到期日，那么其出售债券的价格也就具有不确定性，因此其持有期收益率在购买债券时也是不确定的。由此可知，债券投资的风险在于持有期收益率可能低于预期。从投资者角度来看债券的估值与收益率将在接下来的章节中进行更深入的讨论。

7-2 国债与联邦政府机构债券

与许多国家政府一样，美国政府通常会行使财政赤字政策，即财政支出大于税收收入的政策。在这种情况下，美国政府需要借入资金来弥补预算支出与可获得收入之间的差额。为了支持其财政政策，美国财政部发行国债为其支出提供资金。由于人们普遍认为财政部不会对其支付违约，因此财政部向投资者支付的利率反映了无风险利率。也正因为美国国债不受信用风险的影响，财政部能够以相对较低的成本借入资金。然而，当美国政府的借款超过了一定限度时，任何额外的借款都会导致投资者担心财政部偿还债务的能力。其他一些国家（如希腊、西班牙和葡萄牙）已经达到这个界限，这些国家的政府必须提供更高的债券收益率来补偿信用风险。

目前，中期国债（treasury note）和长期国债（treasury bond）的最小面额为 100 美元。中期债券和长期债券的关键区别在于，中期债券的期限在 10 年以下，而长期债券的期限为 10 年或 10 年以上。自 2006 年以来，美国财政部通常发行 10 年期美国国债和 30 年期美国国债为美国预算赤字融资。活跃的场外二级市场允许投资者在到期日之前卖出国债。

美国国债的投资者每半年从财政部获得一次利息，尽管利息会作为普通收入被联邦政府征税，但它不受任何州和地方税收的限制。国内外的公司和个人都是国债的一般投资者。

7-2a 长期国债拍卖

美国财政部通过定期拍卖的方式发行长期国债以获得长期融资。长期国债拍卖通常在每个季度中旬举行，财政部会宣布拍卖计划，包括日期、所需资金的数额以及债券的期限。在拍卖会上，金融机构会为自己的账户或客户投标。

正如第 6 章所讨论的，投标可以以竞争性或非竞争性的方式提交。竞争性投标（competitive bid）需要出价方指定愿意支付的价格和购买债券的数量；非竞争性投标（non-competitive bid）只需指定购买债券的数量（在最高限额以下）。在竞争性投标中，财政部按降序排列每 100 美元面值的报价，直到达到需要的资金数额为止，所有竞争性投标都会被接受。财政部将采用最低的投标价格，所有被接受的竞争性投标和非竞争性投标也都按此价格交易。由于许多竞标者希望购买到超过非竞争性投标规定额度的债券，因此通常使用的方法是竞争性投标。

7-2b 国债交易

债券交易商通过帮助国债的买方与卖方配对而在二级市场中充当中介，他们本身也持有这些债券。大约有 2 000 名经纪人和交易商注册购买美国国债，但大约有 20 家一级交易商（primary dealer）主导了交易，这些交易为美国国债创造了二级市场。他们向想要出售现有国债的客户报价，向想要购买现有国债的客户要价，并从报价和要价的差额中获利。由于二级市场巨大的交易量和债券经销商之间激烈的竞争，报价和要价间的价差极小。当美联储参与公开市场操作时，它通常与政府证券的一级交易商进行交易。一级交易商之间也会进行国债交易。

美国国债在纽约证券交易所（New York Stock Exchange）登记，但二级市场交易通过柜台交易（通过远程电子通讯网络）。政府债券（包括货币市场证券）的日常交易额约为5 700 亿美元。虽然大多数交易都发生在美国，但美国国债在世界范围内交易。它们从晚上 7:30 到凌晨 3:00（纽约时间）在东京交易，伦敦市场的交易时间部分与东京市场重叠，并且伦敦市场一直开到早上 7:30（纽约时间），那时纽约的交易刚刚开始。

投资者可以联系他们的经纪人购买或卖出国债。证券经纪公司是投资者和债券交易商的中间人。贴现经纪人（discount broker）通常会收取 0.4%～0.7%的国债交易费用。机构投资者倾向于直接与债券交易商联系。

网上交易 投资者还可以通过财政直接项目（www. treasurydirect. gov）购买债券。财政部可以从他们的银行账户中扣除购买金额。当国债到期时，他们可以将收益重新投资于新发行的美国国债。

网上报价 美国国债价格可以通过网络（www. wsj. com）从市场数据中心（the Marker Data Center）获取，这个网站提供了不同期限债券的报价和要价之间的差额。在很多网站如 www. bloomberg. com 以及 www. finance. yahoo. com 都可以获得有关美国国债收益率的信息。这些网站提供多种期限债券的收益率信息，并且每天更新。

7-2c 本息分离国债

美国国债的现金流通常被证券公司转换成独立的证券。一种每半年付息的国债可以被剥离成几种单独的证券。每种证券到期时将获得本金支付，每种证券都代表了特定期限对应的利息。因此，投资者可以购买符合自己想要的投资期限的剥离证券（stripped security）。

例如，假设有一种 10 年期、每半年付息的美国国债，在此债券的有效期内需要支付 20 次利息。如果分离国债本息，即将本金支付与利息支付分开，以创造一种新的、只需在 10 年后支付本金的债券。此外，这 20 次付息将会被分离成单个债券，这样的话第一个债券将于 6 个月后到期获得本息支付，第二个债券将于 12 个月后到期获得本息支付，第三个债券将会于 18 个月后到期获得本息支付，依此类推。这种新型债券属于零息债券（zero-coupon security），因为它只在到期时支付债券的到期价值，而不是定期支付利息。

本息分离国债（stripped Treasury bond）通常是指**本息分离债券**（separate trading of registered interest and principal of security，STRIPS）产品。STRIPS不是由财政部发行的，而是由各种金融机构创造和出售的，适用于财政部发行的所有债券。由于这种债券是国债的组成部分，因此其到期支付由美国政府支持。因为有活跃的二级市场，不需要一直持有它们至到期。随着时间的推移，STRIPS逐渐流行起来。

7-2d　通货膨胀指数化国债

财政部定期发行通货膨胀指数化债券（inflation-indexed bond），这种债券提供与通货膨胀率挂钩的收益。这些债券通常被称为**通货膨胀保护国债**（Treasury inflation-protected security，TIPS），是为那些希望确保其投资收益率跟上物价上涨速度的投资者提供的。TIPS的票面利率低于典型的美国国债利率，但是其本金每六个月会根据美国的通货膨胀率［由消费者物价指数（CPI）衡量］而相应增加。

◈ 例子

考虑一种10年期、面值为10 000美元、票面利率为4%的通胀指数化债券。假设债券发行前6个月通货膨胀率（按CPI计算）为1%，在这种情况下，债券本金增加100美元（即0.01×10 000美元），因此，6个月后的息票支付将是新面值的2%（年息率的一半），即0.02×10 100美元=202美元。假设接下来6个月的通货膨胀率为3%，则债券的本金增加303美元（即0.03×10 100美元），新面值为10 403美元，该年末的息票支付是以票面利率和新的票面价值为基础的，即0.02×10 403美元=208.06美元。这个过程在该债券有效期内每6个月发生一次，如果在该债券到期期限的10年内物价水平变为原来的两倍，则该债券到期时的票面价值也会变为原来的两倍，即20 000美元。◈

由政府发行的通胀指数化债券在包括澳大利亚和英国在内的许多国家都很流行，在古巴和土耳其等通货膨胀率较高的国家尤其受到欢迎。通胀指数化债券在美国也很受欢迎，美国财政部历来重视10年期TIPS，但是现在也提供5年期和20年期TIPS。

7-2e　储蓄公债

储蓄公债（saving bond）由财政部发行，但是可以从很多金融机构购买，对小投资者很有吸引力，因为他们只需花25美元就可以买到，但更大的面值也是可以的。EE系列储蓄公债提供以市场为基础的利率，而I系列储蓄公债提供与通货膨胀率挂钩的利率。利息每月累积，并使赎回时收到的金额增值。

储蓄公债的期限为30年并且没有二级市场。美国财政部确实允许在持有12个月之后的任意时间赎回2003年2月以后发行的储蓄公债，但是要缴纳相当于赎回前三个月利息的罚款。

与其他美国国债一样，储蓄公债的利息收入不用缴纳州和地方税收，但要缴纳联邦税收。持有储蓄公债的投资者可以按年或者按债券赎回期或到期时报告所积累的利息缴纳联邦税收。

7-2f 联邦政府机构债券

联邦政府机构债券由联邦政府机构发行。**联邦国民抵押贷款协会**（Fannie Mae，又称房利美）和**联邦住房贷款抵押公司**（Freddie Mac，又称房地美）发行债券，并利用获得的资金在二级市场购买抵押贷款。因此，它们将资金注入抵押贷款市场，从而为那些希望获得抵押贷款的房主提供足够的资金。在 2008 年 9 月之前，这些债券都没有得到联邦政府的支持。

在 2003—2006 年的房地产繁荣时期，房利美和房地美开始大举投资高风险的次级抵押贷款，这与它们提高高质量抵押贷款市场流动性的传统保守策略相违背。这种新策略的实施部分归因于薪酬制度，即在这一过程中，如果抵押贷款得到偿还，投资经理就可以获得很高的回报，所以他们才会创造出这种风险很高的抵押贷款。2007 年，众多次级抵押贷款违约，导致房利美和房地美损失超过 140 亿美元。它们需要新资本来纠正财务状况，但是不能轻易获得。投资者对它们激进的管理策略感到担忧，导致它们的股票价值比前一年下降了 90%以上；除非得到高溢价来补偿信用风险，否则机构投资者也不愿意购买它们的债券。房利美和房地美在 2008 年被政府纾困，随后又恢复了更加保守的管理策略。从那时起，它们又开始扮演原先在高质量抵押贷款市场上提供更多流动性的传统角色。

7-3 市政债券

与联邦政府一样，州和地方政府经常支大于收，为了筹措支出与收入的差额，它们发行**市政债券**（municipal bond）。大部分市政债券都可以归为**一般责任债券**（general obligation bond）和**收益债券**（revenue bond）。

一般责任债券的支付由州和地方政府征税的能力保证，而收益债券的支付则由发行债券的项目（收费公路、收费大桥、州立大学的宿舍等）的收入产生。超过 44 000 个州和地方政府机构通过发行市政债券来为政府项目提供资金，这些债券的市场价值将近 4 万亿美元。

一般责任债券和收益债券一般每半年付息一次，购买者通常包括金融机构、非金融机构以及个人投资者。市政债券的最低面值通常是 5 000 美元，存在二级市场，但是没有国债的二级市场那么活跃。

大多数市政债券都有提前赎回条款，允许发行人在债券到期之前以特定价格回购债券。如果利率下降，州和地方政府当局可以行使其回购债券的权利，从而可以以较低利率重新发行债券以降低融资成本。

7-3a 市政债券的信用风险

两种市政债券都具有信用风险。如果州和地方政府当局不能增加税收，可能会造成一般责任债券的违约；如果州和地方政府当局发行了收益债券却没有取得足够的收入，可能会造成收益债券的违约。

市政债券很少违约，一些投资者认为这些债券是安全的，因为他们认为美国的任何政府机构都可以获得资金来偿还贷款。标准普尔市政债券指数显示，2014 年市政债券的违约率为 0.17%，略高于历史平均水平。不过，近期出现了几起备受瞩目的市政债券违约案例，这提醒投资者在购买市政债券前评估它们的信用风险。2010 年，宾夕法尼亚州的哈里斯堡出现债券违约；2012 年，加利福尼亚州的圣贝纳迪诺和斯托克顿出现债券违约；2013 年，亚拉巴马州的杰斐逊县和密歇根州的底特律市出现债券违约。

一些政府机构因过度支出而出现严重的预算赤字，可能无法偿还贷款。例如，斯托克顿和底特律的债券违约大部分是由于政府承诺向政府雇员提供更多养老金，但是没有留出足够的资金来支付未来的养老金；加利福尼亚州、芝加哥和伊利诺伊州都因为养老金巨额缺口而面临着财政问题。公共养老基金的资金不足问题将在第 26 章进行更详尽的讨论。

一些投资者担心州和地方政府当局不会将申请破产作为最后的手段，而是作为一种捷径来逃避责任。也就是说，它们可能会把负担转嫁给债券持有人，而不是通过增加税收或削减政府开支来纠正赤字。由于投资者认识到了市政债券信用风险的增加，他们会要求更高的风险溢价作为补偿。

对于发行债券的州和地方政府财务信息的披露非常有限。市政债券的发行是由各州政府监管的，但批评家认为，一个无偏见的监管机构将更加合适。州和地方政府财务信息的披露可以帮助投资者在购买债券之前更好地评估潜在违约风险。

市政债券的评级　出于对违约风险的担忧，投资者通常会关注市政债券的评级。穆迪、标准普尔和惠誉三家评级机构会根据发行机构的偿债能力对市政债券进行评级。评级对发行者来说很重要，因为评级越高，投资者要求的风险溢价越小，则市政债券可以以越高的价格（或越低的收益率）发行。由于芝加哥的养老基金存在严重的资金短缺问题，其市政债券的信用评级在 2015 年被降至垃圾级，这增加了芝加哥政府在未来需要支付的风险溢价。同样由于养老基金的资金不足问题，伊利诺伊州市政债券的信用评级也在 2015 年被下调。

防范市政债券信用风险的保险　一些市政债券被投保以防止违约。发行方为了能以更高的价格发行债券而支付保费，这将转化到投资者支付的更高的价格中，即投资者间接承担了保费。此外，保险公司也有违约的风险。因此，如果市政债券的发行者和保险公司同时违约，蒙受损失的依然是投资者。出于这个原因，投资者应该知道是哪家公司承保了债券并且应该评估该公司的财务状况。在次贷危机期间，MBIA（美国最大的债券保险公司）因承保了许多违约债券而遭受巨大损失。尽管 MBIA 发行了新债券来提高其资本水平，但评级机构还是对其信用评级进行了下调。

自次贷危机以来，市政债券保险的数量大幅下降。在 2006 年新发行的市政债券中，约有 50%被承保，而在 2015 年，只有 7%的新发行的市政债券被承保。部分原因在于，由于次贷危机，愿意为债券投保的保险公司越来越少。在 2015 年，仅有三家保险公司愿意提供保险服务。还有一部分是因为投资者认识到，如果很多债券同时违约，保险公司将无法履行其承保的义务。

7-3b 浮动利率市政债券

浮动利率市政债券的票面利率随着基准利率的变动而变动。一些浮动利率市政债券在特定条件下可以兑换成固定利率市政债券。一般而言，当预期利率会上升时，投资者更倾向于购买浮动利率市政债券。然而，利率也可能随着时间的推移而下降，因此会有息票支付下降的风险。

7-3c 市政债券的税收优势

市政债券最吸引人的特点之一就是利息收入通常不用缴纳联邦税收；其次，州和地方政府发行的债券所赚取的利息收入通常不受该州所得税的影响。因此，居住在征收所得税的州的投资者可以进一步减少缴纳的税款。

7-3d 市政债券交易与报价

尽管五个交易商占了所有交易量的一大半，但是仍有数百家债券交易商可以满足投资者在二级市场购买或出售市政债券的需要。债券交易商也可以持有市政债券。

不想持有至到期日的投资者，应该重点考虑有活跃二级市场的债券。许多市政债券的二级市场并不活跃，因此很难了解这些债券的市场价值。尽管投资者不直接支付佣金，但是他们以买卖价差的形式支付交易成本，这种价差可能很大，特别是在二级市场上很少交易的市政债券。

市政债券的电子交易已经非常流行，而且比与传统经纪人打交道要便宜得多。很多网站（如 E* Trade）提供市政债券的信息，并且允许网上购买和出售市政债券。

7-3e 市政债券收益率

相同期限的市政债券与国债的收益率不同有三个原因：第一，市政债券必须支付风险溢价来补偿违约的可能性；第二，市政债券必须支付一定的溢价来补偿其流动性低于同期限国债的不足；第三，如前所述，市政债券的收入不用缴纳联邦税收。市政债券的这种税收优势抵消了它的两个缺点，从而市政债券的收益率可以低于国债。市政债券的收益率一般比相似期限的国债收益率低 20%～30%。

新发行的市政债券的收益率变动与新发行的美国国债的收益率变动高度相关。从图 7.2 中可以看出，2008 年次贷危机后，市政债券的收益率普遍下降，这是由于美联储的货币政策导致了长期利率下降而引起的。2011 年市政债券利率暂时上涨，这是由信用风险增加造成的，即投资者越来越意识到一些州和地方政府有很大的预算赤字，可能无法偿还债务。

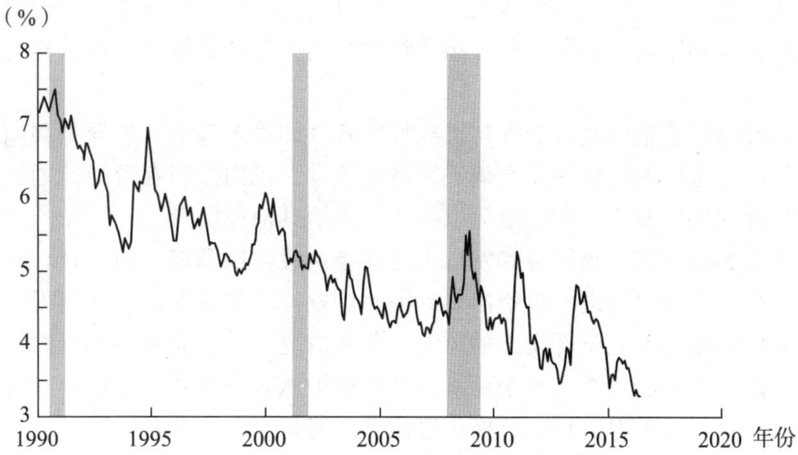

图 7.2　一般责任市政债券的收益率随时间的变化情况

说明：阴影区域代表美国经济衰退阶段。

资料来源：美联储理事会。

7-4　公司债券

公司债券（corporate bond）是由公司发行的长期债券，由公司承诺每半年支付一次利息，最小面额为 1 000 美元，其到期期限一般为 10～30 年。然而，波音（Boeing）、雪佛龙（Chevron）和其他一些公司已经发行了 50 年期的债券，而迪士尼（Disney）、美国电话电报公司（AT&T）和可口可乐公司（Coca-Cola Company）甚至发行了 100 年期的债券。

公司向投资者支付的利息享受税收减免，这降低了债券的融资成本。股权融资由于涉及利息支付，所以不享受同样的税收优惠，这也是很多公司的业务融资严重依赖发行债券的主要原因。

公司债券的利息收入属于债券持有者的普通收入，因此需要缴纳联邦税收和州税收。出于这个原因，公司债券并不能像市政债券那样给持有者提供税收优惠。

7-4a　公司债券发行

公司债券可以通过公开发行或私人配售来与投资者进行交易。

公开发行　公司通常公开发行债券。计划发行债券的公司雇用证券公司承销债券。承销商通过评估市场情况来确定公司债券的售价和适当的发行规模（金额），其目标是使债券价格高到足以令发行者满意，但也不至于太高导致债券难以发行。如果债券发行的规模太大或者价格太高，可能没有足够多的投资者愿意购买债券，这时，承销商不得不降低价格以卖出所有的债券。债券发行者要向美国证券交易委员会（Securities and Exchange Commission，SEC）登记并提交一份说明书，说明其计划发行债券的规模、其最新的财务状况（财务报表）和其筹集资金的用途。与此同时，承销商会将这份说明书分发给其他受邀的证券公司，邀请它们组成一个承销团，一旦得到美国证券交易委员会的批准，它们就会共同将债券投放到市场。如果发行者想要将发行的债券产品延期，可以暂时下架已登记的部分债券。

发行新债券时，承销商通常会先与机构投资者（如养老基金、债券型共同基金和保险公司）联系，因为这些投资者可能会购买大量的债券。机构投资者可能计划长期持有这些债券，但如果计划发生改变，它们也可以将债券卖给其他投资者。

对于一些债券的发行，承销商和发行人之间会达成**包销承诺**（firm commitment），即承销商保证将所有债券以特定的价格出售，因此，发行者可以知道它将获得多少收益，但是承销商将要面临债券不能全部卖出的风险。通常情况下，除非将要发行的债券已经受到了机构投资者的强烈关注，否则承销商不会做出包销承诺。此外，承销商有时会做出**尽力承诺**（best effort），即尽力以特定价格出售债券，但是不向发行者保证。

时机 公司向投资者支付的债券收益率高度取决于当时的市场利率，因此一些公司会试图在市场利率较低的时机发行债券，这样它们的债券融资成本就会较低。

◈ 例子

次贷危机之后，利率变得非常低。随着商业前景的改善，许多公司如苹果、谷歌、强生、微软、网飞和推特都开始通过发行债券来筹集资金。2013 年，苹果公司通过发行收益率低于 2.5%的 10 年期债券和收益率低于 4%的 30 年期债券实现融资 170 亿美元，谷歌发行了 30 亿美元的 10 年期债券，年利率为 3.7%，仅比同期限国债高了 0.6 个百分点。2014 年，谷歌又额外发行了 10 亿美元的 10 年期债券，年利率为 3.3%，仅比同期限国债高了 0.6 个百分点。在发行债券时，苹果和谷歌并不急着要资金，它们以低利率进行融资来获得资本，并且利用这些资本进行短期投资，直到获得所需数额的资金来支持其扩大业务。◈

私人配售 一些公司债券会选择私人配售而不是公开发行。发行私人配售的债券（即私募债券）并不需要向美国证券交易委员会注册。进行小额融资（如 3 000 万美元）的小公司可能会选择私人配售，因为它们可能会找到一个购买全部债券的机构投资者。尽管发行者不需要向美国证券交易委员会登记，但必须披露财务数据以使市场上的潜在投资者相信，债券能够得到及时偿还。发行者可能会雇用证券公司来发行债券，因为证券公司通常能够更好地识别对私募债券感兴趣的机构投资者。

一般来说，购买私募债券的机构投资者包括保险公司、养老基金和债券型共同基金。由于私募债券没有活跃的二级市场，它们常常被愿意进行长期投资的机构投资者购买。根据美国《证券法》第 144A 条的规定，大型机构投资者可以私下交易私募债券（和某些其他证券），即使这些债券不需要在证券交易委员会注册，这就为私募债券创造了流动性。

公司债券的信用风险 公司债券是承担违约风险的主体，债券发行者支付的收益中包含的风险溢价反映了信用风险的存在。一般来说，公司债券的违约水平取决于当时的经济条件。当经济运行良好时，公司会获得更高的收入，从而能够更好地偿还债务，因此风险溢价就会降低；当经济疲软时（如 2008 年的次贷危机），一些公司可能无法获取足够的收入来支付运营和债务费用，在这种情况下违约的可能性增大，投资者会要求更高的风险溢价。

公司债券的信用风险还与公司的财务杠杆程度有关。当公司背负大量负债时，它可能无法取得足够的收入来满足息票支付和其他费用。在这种情况下，除非投资者能够获得更高的风险溢价来弥补信用风险，否则他们不会购买债券。

债券信用风险评级 当公司发行债券时，它们会雇用评级机构来为债券评级。获得较高评级的公司债券由于信用风险较低，可以以较高的价格（或较低的收益率）发行。如前所述，也正是因为如此，苹果和谷歌发行债券的收益率几乎和美国国债一样低。

一些公司通过债券评级来验证它们的债券是投资级债券（中等质量或以上），商业银行只会考虑购买投资级债券。

随着时间的推移，如果经济状况或公司财务杠杆发生变化，公司债券的评级也会发生变化。很多投资者都依赖评级机构来发现债务的潜在偿还问题。然而，在次贷危机期间，评级机构对一些最终违约的债务性证券的评级下调得并不及时。

《金融改革法案》(2010) 使评级制度发生了一些变化。证券交易委员会内部成立了信用评级办公室（Office of Credit Ratings）来监督信用评级机构。信用评级机构必须满足报告的要求并披露其评级的方法，在给债券发行者评级时要从发行者以外的其他可信渠道获取信息。它们还需要对其操作进行内部控制，必须披露其评级结果的持续表现，并对业绩不佳负责。评级机构的评级分析师被要求参加资格考试，而评级机构可能会由于发布不准确的信用评级而被起诉。这些改变使评级制度总体上变得更加透明。

然而，该法案并没有改变收费结构，即债务发行者向信用评级机构支付评级费用。而一些批评人士认为，只要评级费用是由债券发行者支付，评级机构就有可能夸大评级。

垃圾债券 被认为具有很高风险的公司债券被称为**垃圾债券**（junk bond）。垃圾债券的主要投资者包括共同基金、人寿保险公司和养老基金。一些债券型共同基金只投资于高评级的债券，但是更多高收益基金投资的通常都是垃圾债券。高收益的共同基金允许个人投资者投资于多元化的垃圾债券投资组合。垃圾债券的高收益率包含风险溢价，以此补偿投资者的高风险，一般会比同期限的国债收益率高 3～7 个百分点。

尽管投资者总是要求垃圾债券的收益率高于其他债券，但是当经济疲软时，这种风险溢价将更为明显，因为发行者更有可能不能获得足够的现金来支付债务。图 7.3 显示了垃圾债券与 AAA 级债券收益率的差值随时间的变化情况。在 2008—2009 年的次贷危机中，由于人们对债券违约的担心，垃圾债券的收益率变得非常高。而在次贷危机期间，违约垃圾债券总额高达 250 亿美元。

然而，垃圾债券市场仍然很受欢迎，2015 年发行的垃圾债券价值超过 2 000 亿美元。近年来发行垃圾债券的公司很多都是为了重新融资，以便将来能够发行较低利率的债券来取代现有的高利率债券（尽管它们仍需支付很高的风险溢价）。投资者可能更愿意购买出于这种目的而不是出于支持收购和其他类型的公司扩张等目的而发行的垃圾债券。此外，由于高评级债券的收益率过低，很多机构投资者（如债券型共同基金）更愿意投资于垃圾债券。

7-4b 公司债券二级市场

公司债券存在二级市场，因此，如果投资者不愿意持有债券至到期日，他们可以将其出售给其他投资者。二级市场上公司债券的总价值超过 8 万亿美元。公司债券是在场外交

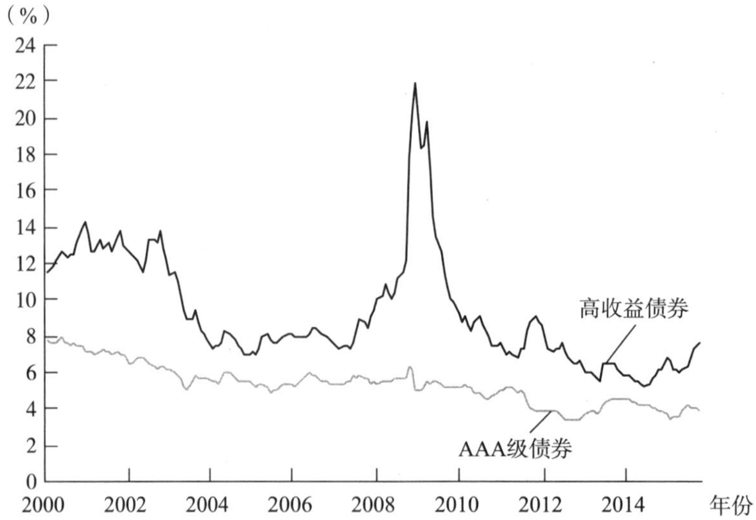

图 7.3 垃圾债券与其他公司债券的风险溢价随时间的变化情况

资料来源：美联储理事会。

易市场或纽约证券交易所（New York Stock Exchange，NYSE）上市的。在纽约证券交易所上市的债券超过 1 000 种。股票在交易所上市的公司可以免费上市它们的债券。

二级市场上交易商的角色 二级市场的服务由债券交易商提供，它们通过撮合买家和卖家来扮演经纪人角色。债券交易商也有债券库存，因此它们可以作为债券交易中投资者的交易对手方。例如，如果一个投资者想卖掉之前可口可乐公司发行的债券，债券交易商可能会通过将卖家与买家配对来执行交易，也可能直接购买该债券来增加自己的库存。债券交易商通常处理那些超过 100 万美元的大额交易。有关场外交易市场的交易信息由**金融行业监管局**（the Financial Industry Regulatory Authority）的**贸易报告和规范部门**（Trade Reporting and Compliance Engine，TRACE）提供的。根据证券交易委员会的规定，交易商必须向 TRACE 报告其交易情况。

二级市场的流动性 大公司发行的债券数量多且流动性较高，能够在二级市场吸引大量的卖家和买家；小公司发行的债券数量少且流动性较低，可能在一段时间内根本无人问津，因此，希望在二级市场出售这些债券的投资者可能不得不为了吸引买家而接受降价。在二级市场上，机构投资者的交易占了公司债券交易量的 95%左右。

公司经常发行期限、价格和信用评级不同的各种债券，这有利于投资者找到特定的符合他们想要的期限和其他偏好的债券。然而，这种债券可能会因为只能吸引一小部分投资者而流动性较低。这些债券的交易成本更高，因为经纪人需要花费更多的时间为投资者执行交易。

电子债券网络 电子债券网络的建立使机构投资者可以在场外债券市场以更低的交易成本购买和出售债券。交易平台是由摩根大通（JPMorgan Chase）和高盛（Goldman Sachs）等金融机构创建的，因此机构投资者可以在二级市场上进行债券交易。想要购买债券的机构投资者可以通过这些平台查看其他投资者在二级市场出售的债券，并且可以通过电子方式购买债券而不必依赖于债券交易商，只需按照其交易金额的百分比支付一小笔费用。然而电子债券的投资者并不总是能够找到符合他们期望的债券。

作为在公司债券市场扩大业务策略的一部分，纽约证券交易所（NYSE）开发了一个电子债券交易平台，用于交易在交易所出售的债券。这使投资者可以获得实时数据，更加容易监控公司债券的价格和交易数量，从而增加了债券市场的透明度。

经纪人委托类型 个人投资者通过经纪人买卖公司债券，经纪人向债券交易商传达指令。想要买卖债券的投资者通常可以签订**市价委托**（market order），在这种情况下，预期的交易将按照市场价格进行。或者他们可以签订**限价委托**（limit order），在这种情况下，只有当达到指定的价格时交易才会发生。在购买债券时，投资者会使用限价委托来确定他们愿意为债券支付的最高价格；在出售债券时，投资者会使用限价委托来确定他们愿意卖出债券的最低价格。

网上交易 在 www. schwab. com 和 http://us. etrade. com 等经纪网站上，越来越多的人在网上购买和出售公司债券。债券定价在网上更加透明，因为投资者能够很容易地比较各项交易并向经纪人询问价差，这也促进了一些经纪人为了不输给竞争对手而缩小价差。特别是在购买或出售流动性较低的债券时，在 TRACE 上查看近期交易的结果和价差是行之有效的。

一些网上债券经纪服务商（如 Fedelity 和 Vanguard）为了使投资者更容易理解收费规则，将原来的获取买卖价差改为收取佣金。每笔交易都有一个标准的费用，而买卖价差在不同债券之间可能有所不同。例如，每单位债券的交易费用可能是 2 美元，最低为 25 美元。因此，投资者购买 30 单位债券将花费 60 美元（即 2 美元×30＝60 美元）。网上债券经纪服务也适用于国债和市政债券交易，国债的交易费用通常低于公司债券但是高于市政债券。

7-4c 公司债券特征

公司债券可以用几个特征来描述。债券**合同**（indenture）是一份规定了发行公司和债券持有人的权利和义务的法律文件，它很全面（通常有几百页），旨在处理与债券发行相关的所有事项（抵押品、付息日期、违约条款、赎回条款等）。

联邦法律规定，当一种债券的发行规模达到一定程度时，需要委派一名受托人代表持有人处理债券发行事项。受托人的职责包括监督发行公司的活动以确保其遵守合同条款；如果条款被违反，受托人就会代表债券持有人对发行公司提起法律诉讼。债券持有人经常雇用银行信托部门履行受托人的职责。

债券不像股票那样标准化。一家公司可以发行超过 50 种不同期限不同利率的债券，这里确定了区分不同债券的一些特征。

偿债基金条款 债券合同通常包含一项**偿债基金条款**（sinking-fund provision），即公司每年要收回一定比例的债券。这一条款被认为对其余债券持有人是有利的，因为它减少了到期时公司所需支付的金额，从而降低了持有该债券的信用风险。

偿债基金条款在具体的债券发行中有很大不同。例如，对于一个 20 年期的债券，公司可以每年收回 5%直至到期，也可以从第五年开始每年收回 5%，剩下的在到期时收回。债券收回的实际操作由受托人执行。

保护条款 债券合同通常会对发行公司加以限制，以避免债券持有人的风险在投资期间增加。这些保护条款经常限制公司可以发行的额外债务的数量。其他财政政策也可能具有限制性。

保护条款是必要的，因为股东和债券持有人对于公司管理的期望不同。股东可能更倾向于经理人选择大量负债的管理策略，因为高风险的管理决策可能产生更高的投资收益率，他们可以直接从中获益。相比之下，债券持有者只是希望能够收回他们的本金并取得利息。由于债券持有者并不能从公司收入中获取超额回报，因此他们更倾向于更加保守的经营策略。保护条款可以防止管理者过度冒险，从而迎合债券持有人的偏好。如果管理者不愿意接受一些保护条款，他们可能就无法获得债务融资。

赎回条款 大多数公司债券都包含一个允许公司赎回债券的条款。通常情况下，**赎回条款**（call provision）要求公司在赎回债券时支付高于票面价值的价格。债券的赎回价格和票面价格之间的差值叫作**赎回溢价**（call premium）。赎回条款有两个主要用途。第一，如果债券发行后市场利率下降，公司可能会长期支付高于一般利率的利率。在这种情况下，公司可能会发行一种新的更低利率的债券，并用发行该债券所获得的资金来赎回之前发行的债券。

◇ **例子**

4 年前，Mirossa 公司发行了票面利率为 11%的 10 年期债券。从那之后，利率开始下降并且 Mirossa 公司的信用评级也提升了，现在它可以发行票面利率为 7%的 10 年期债券。它很确定它在接下来的 10 年都需要资金，因此发行了新的票面利率为 7%的 10 年期债券并用发行该债券所获得的资金赎回了 4 年前发行的债券，这减少了它的融资成本。10 年后，Mirossa 公司将会偿还新发行的债券的本金。◇

第二，赎回条款可以被用于按照偿债基金条款的要求赎回债券。很多债券有两种不同的赎回价格：按照偿债基金条款的要求赎回债券，这种赎回价格较低；而如果出于其他原因赎回债券，则赎回价格较高。

一般来说，债券持有者认为赎回条款对他们不利，因为这在打乱他们的投资计划的同时减少了他们的投资回报。因此，在其他条件不变时，公司必须为可赎回债券支付更多的利息。

债券抵押 债券可以根据是否有抵押品以及抵押品的性质进行分类。抵押品通常是不动产（土地和房屋）。**第一抵押债券**（first mortgage bond）对指定资产有优先索赔权。**动产抵押债券**（chattel mortgage bond）由私人财产担保。

不受特定财产担保的债券称为**信用债券**（debenture），仅由发行公司的信用担保，这种债券通常由大型、财务稳健、偿债能力没有问题的公司发行。**次级债券**（subordinated debenture）对公司资产的索赔优先级比抵押债券和定期债券低。在抵押债券、普通债券和有担保的短期债券持有人的索赔要求得到满足之前，次级债券持有人什么也得不到。次级债券的主要购买者是养老基金和保险公司。

低息债券和零息债券 **低息债券**（low-coupon bond）和**零息债券**（zero-coupon bond）是按照票面价值折价发行的长期债券。虽然大部分甚至全部利息要债券到期时才能收到，但投资者需要每年为相应的利息金额纳税。需要纳税的利息相当于摊销的折扣，即将到期收益分配到债券的整个期限中。低息债券和零息债券通常被免税的投资账户（如养老基金和个人退休储蓄账户）购买。

对于发行公司来说，这些债券具有在整个期限内现金流出很少甚至为零的优势。除此之外，即使不需要支付利息，公司在缴纳联邦所得税时仍被允许扣除利息费用。

可变利率债券　可变利率债券（variable-rate bond）又被称为浮动利率债券（floating-rate bond），是一种票面利率定期调整的长期债券。大多数这类债券的票面利率都同伦敦银行同业拆放利率（London Interbank Offer Rate，LIBOR）联系在一起。伦敦银行同业拆放利率是国际上银行间彼此提供资金的利率，通常每三个月调整一次。

浮动利率债券在低利率时期的末期往往很受欢迎。次贷危机之后几年，利率都维持在较低水平。2013 年浮动利率债券的发行数量是前一年的两倍。很多投资者认为利率在未来会上升，因此都更加乐于购买浮动利率债券。可口可乐公司、强生公司和美国银行都在那时发行了浮动利率债券。

可转换债券　可转换债券（convertible bond）允许投资者将债券换成一定数量的公司普通股。这种可转换的特性为投资者提供了在公司普通股价格上涨时获得高额回报的可能性，因此投资者愿意接受较低的利率，这使公司只需支付较低的融资成本。近年来，可转换债券一直很受欢迎，因为它们为公司提供了一种低成本融资方式，而且其可转换特性为投资者提供了更大的获利潜力。2014 年，推特通过发行可转换债券筹集了 9 亿美元。

7-4d　利用公司债券进行债务重组

公司可以通过发行公司债券来为资产重组和优化资本结构提供资金。这样的重组可能会对公司的财务杠杆、股东的潜在回报、股东的风险以及债券持有人的风险产生重大影响。

利用债券进行杠杆收购　杠杆收购（leveraged buyout，LBO）包括利用债务购买股票并将公司私有化。通过债务获得的资金可用来购买流通股，因此可实现公司被少数所有者拥有。为了偿还大量的债务，公司所有者可以出售公司的部分资产以获取现金。

许多从事杠杆收购的公司一旦经营业绩提升就会上市，它们通常使用发行股票所获得的部分资金来偿还部分未偿债务，从而减少债务的周期性利息支付。这一过程对于那些能够高价发行股票的公司更为可行，因为所获得的资金将能偿还更多的未偿债务。公司通常在股票价格普遍较高的时候上市，因为此时它们可以以更高的价格出售它们的股票。

利用债券优化资本结构　公司通常为了优化资本结构而发行债券。如果它们相信有足够的现金流来偿还债务，可能会考虑拥有更多的债务和更少的股权，这意味着更高的财务杠杆。一般来说，只要公司有能力偿付债务，债务融资就比股权融资成本更低。此外，较高的财务杠杆会使公司利润在更少的股东中分配。在某些情况下，公司会发行债券并用所获得的资金来购买它们的股票。这种策略叫作**债务与股票互换**（debt-for-equity swap）。

当公司债务过多时，可能无法偿还债务，此时可能减少债务来优化资本结构。在股票与债务互换（equity-for-debt swap）中，公司发行股票并使用获得的资金来赎回现有债券。

7-4e　债务抵押债券

公司债券有时会被商业银行打包成**债务抵押债券**（collateralized debt obligation,

CDO），投资者可以从中获得债务性证券所产生的利息和本金。例如，一种债务抵押债券可能包含多种用于杠杆收购融资的公司债券或贷款。然而，那些提供初始资金的金融机构可能更倾向于在二级市场出售它们的贷款，这样它们就可以用获得的资金来支持其他业务。除了公司债券外，一些债务抵押债券还包含其他类型的债务，如信用卡贷款、汽车贷款以及商业或住宅抵押贷款等。

购买 CDO 的投资者实际上是在投资于各种债券。CDO 以发行债券获得的资金购买的资产作为抵押，按照债券衍生出的现金流的优先级划分为不同部分。每一笔贷款都由信用机构进行评级，高优先级的部分可能获得高的信用评级，而低优先级的部分可能获得较低的信用评级。这部分 CDO 按照为了补偿承担风险的投资者的必要收益率定价，因此，如果该部分证券最终能够实现全部预期的支付，投资于低优先级资产的投资者将获得更高的收益率。然而，投资者将面临获得资金的公司不能及时或根本无法偿还债务的风险。

在 2004—2007 年，投资者愿意购买 CDO 并且不太担心风险问题，这就鼓励一些证券公司在其债务抵押债券中加入风险更高的债券。此外，信用评级机构从对 CDO 评级中获得收入，因此通常对其给予较高的评级。很多投资者在评估风险时严重依赖评级机构。在 2007—2009 年的金融危机中，很多 CDO 出现了偿付问题，由此证明很多 CDO 的评级是被夸大的。

7-5 债券与贷款市场全球化

近年来，养老基金、保险公司和商业银行等金融机构经常购买外国债券。例如，通用电气、联合科技和 IBM 的养老基金经常为了让其员工获得更多收益而投资外国债券，许多公共养老基金也出于同样的原因投资外国债券。由于频繁的债券跨境投资，债券市场在各国间变得日益重要。此外，包含美国证券的共同基金也可对外国投资者开放。

此外，金融机构也经常向外国客户提供大额贷款。全球化进程进一步加速了长期债务市场的一体化，这种一体化使公司和政府更容易获得资金，但也可能导致一国的财务问题扩散到其他国家。

7-5a 全球政府债务市场

政府债务市场是全球最重要的市场之一。一般来说，外国政府发行的债券（指主权债券）对投资者很有吸引力，因为政府一般都有能力偿还债务。即便如此，一些国家的政府还是违约了。这些国家包括阿根廷（1982，1989，1990，2001）、巴西（1986，1989，1991）、哥斯达黎加（1989）等。由于主权债券存在信用风险问题，穆迪和标准普尔也对其进行信用评级。

政府的债务违约会给外国债权人带来经济上的痛苦，因为外国债权人可能无法向它们的债权人（如银行储户）偿还资金。例如，如果一国的大型金融机构贷出的款项没有得到偿还，它们可能便无法偿还为机构提供资金的银行储户；如果一国政府为另一国政府提供的贷款没有得到偿还，它便可能无法履行偿还之前发行的债券的义务，这会导致它的债券持有者遭受损失。通过这种方式，债务全球化可能会导致一国的债务危机扩散到全球范围。

希腊债务危机 2010 年春季，希腊经历了一场由经济状况不佳和政府巨额预算赤字引发的次贷危机。其庞大的预算赤字是由其慷慨的公共部门工资和养老金政策以及低效的税收体系造成的。随着希腊预算赤字的增加和经济的疲软，投资者担心希腊政府将无法偿还债务，信用评级机构几次下调希腊的信用评级。对希腊的担忧也蔓延到了西班牙和葡萄牙。图 7.4 显示了与德国债券收益率挂钩的欧元区各国所发行的债券的风险溢价。在 2009 年时，希腊提供的风险溢价与图 7.4 中其他国家相近。然而，在 2010 年，希腊政府债券的风险溢价达到 7 个百分点，而其他国家债券的风险溢价仅比德国政府债券收益率高出 1～3 个百分点。

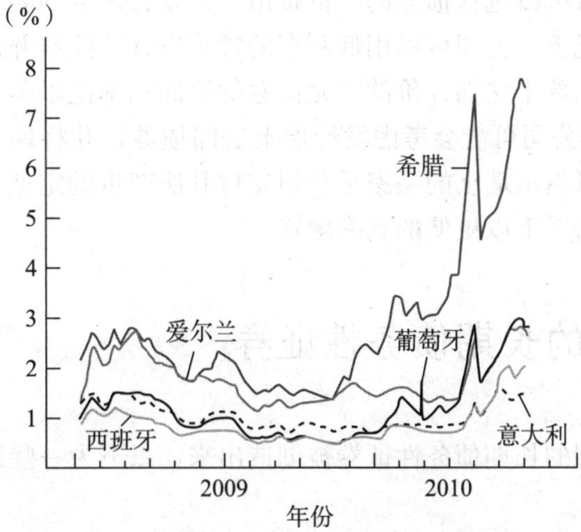

图 7.4 欧元区各国政府发行债券的风险溢价

资料来源：美联储理事会。

2010 年 5 月，欧元区国家和国际货币基金组织（IMF）同意向希腊政府提供为期 3 年、金额达 1 100 亿欧元的贷款。该协议要求欧元区国家提供 800 亿欧元的贷款，IMF 提供 300 亿欧元的贷款。作为接受贷款的条件，希腊政府被要求在未来削减预算赤字。在当时，欧元区其他国家对希腊的信贷扩张被认为是使希腊脱离财政困境的关键手段。

然而，希腊政府继续花费比税收更多的钱，到了 2012 年，它再一次需要援助。欧元区各国政府和其他债权人提供了约 1 300 亿欧元的新增贷款，条件是希腊必须通过特定的紧缩政策来削减其过度的支出，但是希腊并没有做到。2015 年 7 月，它停止向 IMF 偿还贷款，并宣布需要欧元区其他国家提供大约 530 亿欧元的额外贷款。这在欧元区各国代表中引起了激烈讨论。一方面，提供额外的贷款可以稳定希腊经济，从而稳定面临希腊危机的其他欧元区国家经济；另一方面，额外的信贷也会增加欧元区国家对希腊的暴露，如果希腊最终未能偿还贷款将会造成更大的损失。这个例子说明了信贷超越国界的潜在优点和缺点。

在危机中，希腊经济的不景气造成了从其他欧洲国家的进口减少，从而也削弱了欧洲的经济。这也给希腊和其他欧洲国家造成了经济损失。在 2011 年和 2012 年，葡萄牙和西班牙政府也分别出现了债务偿还问题。因此，这些政府在债券市场上只能获得有限的债务。

7-5b 欧洲债券市场

那些希望持有美元债券的非美国投资者可能会使用欧洲债券市场，如果相比在美国发行的记名公司债券，他们更偏好不记名债券的话。或者他们也可能仅仅因为更熟悉本国债券市场而选择欧洲债券市场。

公司证券的承销辛迪加通过发行债券参与欧洲债券市场。它通常以保证发行者收到特定价值的方式承销债券。因此，该辛迪加面临着无法将债券以不低于其向发行者担保的价格出售的风险。

欧洲债券的发行者可以选择债券的计价货币，其发行债券的融资成本取决于所选择的货币种类。在某些情况下，公司可以用低利率的货币发行其债券并用其子公司的盈利来支付款项。例如，如果以瑞士法郎计价的欧元债券的票面利率比以美元计价的债券的利率低5个百分点，那么美国公司可能会考虑发行瑞士法郎债券，并将瑞士法郎兑换成美元，在美国使用，然后它可以指示瑞士的一家子公司支付其所产生的定期息票。这样，它就可以在不承担汇率风险的情况下以更低的利率融资。

7-6 其他类型的长期债务性证券

近年来，其他类型的长期债务性证券被创造出来，以下为一些比较常见的类型。

7-6a 结构化票据

公司可以发行结构化票据来借入资金，对于这些票据，支付的利息和本金要基于特定的市场条件。还款金额可能与国债价格指数、股票指数甚至特定货币挂钩。债券发行者有时会利用结构化票据来减少风险。例如，一个结构化产品可以指定：若债券价格下跌，其本金支付将会下降。债券投资组合经理可以通过部分投资结构性票据来降低风险。因为如果债券（指该经理的债券投资组合）市场行情不佳，所需偿还的本金将会减少。

在20世纪90年代，许多市场参与者为了追求高回报而购买结构性票据，结构化票据因而变得流行起来。结构化票据受欢迎的原因之一是，当某些限制性规定阻止投资者直接参与某一市场时，他们可以利用结构化票据来间接支持（或反对）该市场。

◇ **例子**

西塞罗公司的养老基金经理希望投资巴西债券，但是该基金规定了对投资新兴市场的限制措施。这些限制措施旨在防止经理承担过多风险，因为经理管理的钱是要为西塞罗公司的退休员工提供退休金的。但是，该投资经理的年终奖金与该投资组合的收益率直接挂钩，因此她想实施可能获得高额收益率的投资策略。她可以投资高评级证券公司发行的结构化票据，在巴西债券表现良好时获得大额支付。养老基金的投资组合中将显示它拥有一个高评级证券公司发行的结构化产品。这样，经理就规避了这些限制，她的投资组合也有机会获得更高的收益率，但同时也面临着巨大的风险。◇

结构化票据的风险 20 世纪 90 年代初，负责管理加利福尼亚州奥兰治县逾 70 亿美元资产的投资经理投资了如果利率下降将获得高额回报的结构化票据。然而该投资经理估计错误，实际上利率上升，导致了该票据大幅减值。该投资经理试图通过借入资金并投资于更多结构化票据来弥补损失，但是这些投资也表现不佳。1994 年，奥兰治县申请破产。

许多其他州和地方政府也因为他们的投资经理投资了结构化票据而蒙受损失。投资组合经理让国家和地方政府的资金承担了过多的风险。当投资产生高额回报时，这些经理会获得丰厚的奖金或加薪。只有在遭受损失时他们的投资才会被质疑。

考虑到评估结构化票据的难度，一些投资者依赖信用评级进行此类风险的评估。然而，结构化票据的信用评级并不总是准确的风险指标。奥兰治县投资的结构化票据的评级实际上为 AAA 级。显然，投资组合经理和评级机构并不清楚这些结构化票据的风险。随着时间的推移，结构化票据的信用评级不断被调整，而且大部分调整都为向下调整。

7-6b 交易所交易票据

交易所交易票据（exchange-traded note，ETN）是一种在扣除指定费用后，发行人承诺根据具体债务指数的表现支付回报的债务工具。债务期限通常为 10～30 年，没有资产担保，这意味着投资者是承担违约风险的主体。交易所交易票据的常见发行人是高盛和摩根士丹利等证券公司。交易所交易票据可以包含商品和外币，它在法律上没有被定义为共同基金，因此不受共同基金条例的限制。因此，交易所交易票据在使用杠杆方面具有更大的灵活性，这意味着债务工具组合的融资能力得到了增强。杠杆为交易所交易票据的投资者创造了更高的潜在收益率，但也带来了更高的风险。杠杆放大了投资者获得的任何收益，但它也放大了任何损失。

7-6c 拍卖利率证券

自 20 世纪 90 年代以来，拍卖利率证券一直被用来作为特定借款人（如州和地方政府、学生贷款机构）长期借贷的一种方式，但它依赖于投资者的一系列短期投资。每隔 7～35 天，证券就可以被拍卖给其他投资者，而发行人支付的利息是基于中标者的新重置利率。2008 年，拍卖利率证券的市场价值达到了 3 300 亿美元。公司和有闲余资金的个人是拍卖利率证券的一般投资者。投资者可以长期投资，也可以清算他们的证券来匹配他们的投资策略。当投资者想要出售债券时，作为中介的金融机构要么回购证券，要么寻找其他愿意购买的买家。

2008 年，由于一些金融机构无法找到其他买家，也不想回购证券，拍卖利率证券市场受到了影响。因此，当投资者想在拍卖会上出售他们的证券时，金融机构告诉他们，他们的投资由于缺乏需求而被冻结了。这些证券的价值大幅下降，投资者声称他们没有被告知有限的流动性和相应的风险。为了应对美国证券交易委员会和国家监管机构的压力，一些金融机构同意从此前购买证券的个人手中回购证券。这些问题出现在次贷危机爆发之后，当时许多金融机构已经持有价值和流动性大幅下降的其他类型的债券（如次级抵押贷款支持证券）。

小结

■ 债券被用来资助政府支出、住房和企业支出。很多金融机构（如商业银行）发行债券来为业务提供资金。此外，大多数金融机构都是债券的主要投资者。

■ 债券可以根据发行者类型分为国债、联邦政府机构债券、市政债券和公司债券四种类型。发行人的信用风险程度不同，债券的流动性和条款也各不相同。因此，给定时间点上的收益率会因债券而异。

■ 各国的债券收益率各不相同。投资者被国外的高收益率吸引，导致资金流入这些国家。债券市场也因此趋于全球一体化。

■ 结构化票据是一种长期债务工具，它允许投资者在受到限制时可以间接参与某一市场。交易所交易票据是一种在扣除指定费用后，发行人承诺根据具体债务指数的表现支付回报的债务工具。它在法律上没有被定义为共同基金，因此不受共同基金条例的限制。它在使用杠杆方面具有更大的灵活性，这为投资者创造了更高的潜在收益率，但也带来了更高的风险。

正方和反方观点

金融机构应该投资垃圾债券吗？

正方　应该。金融机构的管理者有能力权衡潜在回报及其风险。在投资垃圾债券时，他们可以获得比国债收益率更高的收益率。当他们投资组合的收益率提高时，他们的股东也能从中受益。

反方　不应该。金融体系必须建立在对于金融机构的信任和金融机构能够持续经营的信心的基础上。如果金融机构承担过多的风险，必会将整个金融体系置于风险之中。

谁正确？　利用互联网学习关于这个议题的更多知识并形成你自己的观点。

问题与应用

1. 债券合同　什么是债券合同？受托人对债券合同的作用是什么？

2. 偿债基金条款　解释偿债基金条款的作用，它是如何降低投资者风险的？

3. 保护条款　什么是保护条款？为什么需要它们？

4. 赎回条款　解释债券赎回条款的用途。赎回条款是如何影响债券价格的？

5. 债券抵押物　解释债券抵押物的用途，并了解债券的一般担保类型。

6. 信用债券　什么是信用债券？它们和次级债券有什么不同？

7. 零息债券　公司发行低息或零息债券的优缺点是什么？

8. 浮动利率债券　浮动利率债券对预期利率会下降的投资者有吸引力吗？请解释。如果一家公司预计利率会下降，它会考虑通过发行浮动利率债券来融资吗？请解释。

9. 可转换债券　为什么可转换债券的发行价格比其他债券高？

10. 全球债券收益率的相互作用　如果日本的债券收益率上升，美国的债券收益率将受到什么影响？为什么？

11. 次贷危机对垃圾债券的影响　解释次贷危机如何影响垃圾债券的违约率和新发行的垃圾债券的风险溢价。

12. 信用评级机构的新准则　解释《金融改革法案》（2010）中对信用评级机构的新准则。

13. 希腊债务危机的影响　解释希腊债务危机的原因。

14. 债券降级　解释某一公司债券的评级下调如何影响其债券的价格、目前持有这些债券的投资者的收益率，以及未来可能投资于该债券的其他投资者的潜在收益率。

高级问题

15. 垃圾债券　Merrito 是一家美国大型公司，几年前发行了债券。它的债券评级随着时间的推移而下降，大约一年前，这些债券被评为垃圾债券。虽然如此，仍有投资者为了它提供的高收益率在二级市场购买该债券。上周，Merrito 债券违约，其他大多数垃圾债券的价格在同一天突然下跌。请解释为什么 Merrito 公司的财务问题会引起其他公司发行的垃圾债券价格下跌，即使这些公司与 Merrito 公司没有任何业务往来。请解释为什么流动性较差的垃圾债券的价格要高于流动性较高的垃圾债券的价格。

16. 事件风险 一家保险公司两年前购买了 Hartnett 公司发行的债券。今天，Hartnett 公司已经开始发行垃圾债券，并正在使用发行这些债券获得的资金来回购其大部分现有的股票。为什么保险公司持有债券的市场价值会因为该公司的这一举动而受影响？

17. 交易所交易票据 请解释什么是交易所交易票据以及如何使用它们。为什么它们是有风险的？

18. 拍卖利率证券 请解释为什么拍卖利率证券市场在 2008 年受到了影响。

19. 债券市场的作用 请解释债券市场如何促进政府财政政策的实施。你认为债券市场是如何约束政府、防止政府过度借贷和消费的呢？

辩证思维问题

债券市场一体化 写一篇关于债券市场一体化的短文。请解释为什么一个债券市场（比如某个国家）的不利条件通常会蔓延到其他债券市场。

解读财经新闻

诠释华尔街分析师和投资经理做出的下述评论：

a.“一些股票的价值取决于债券市场。当投资者对垃圾债券不感兴趣时，杠杆收购的股票价值就会下降。”

b.“最近，许多公司都在进行债务与股票互换，只要它们能经受住停滞不前的经济，这就是一种很好的策略。”

c.“债券的收益率彼此关联，今天关于减税的传言导致市政债券收益率上升，而公司债券的收益率却下降了。”

金融市场管理

预测债券收益率 作为一家保险公司的投资组合经理，你将投资于三种可能的投资之一：（1）美国财政部发行的 10 年期债券；（2）财政部发行的 20 年期零息债券；（3）1 年期国债。每一种投资都没有偿还风险。你计划在一年内维持这项投资。如果第二年的利率不变，那么这几种投资的一年期收益率大致相同。然而，你预计美国通货膨胀率将在明年大幅下降，而美国其他大多数投资组合经理预计通胀率会略有上升。

a. 如果你的预期是正确的，那么每种投资策略一年内的收益率将会受到何种影响？

b. 如果你的预期是正确的，那么三种投资策略中哪一种在一年内的收益率会最高？为什么？

c. 提供一个你不选择一年内期望收益率最高的策略的理由。

习题

1. 通货膨胀指数化国债 一种通货膨胀指数化国债的票面价值是 1 000 美元，年利率为 6%。一名投资者购买了这种债券并计划持有一年。在这一年中，CPI 每 6 个月上涨 1 个百分点。这一年中该投资者一共会收到多少利息收入？

2. 通货膨胀指数化国债 假设今年美国经济正在经历通货紧缩，因此 CPI 在本年前 6 个月下降了 1 个百分点，在后 6 个月下降了 2 个百分点。如果一名投资者购买了本金为 10 000 美元、年利率为 5%的通货膨胀指数化国债，她今年应该获得多少利息？

资金流动练习

如果经济持续强劲，卡森公司可能需要在未来几年增加 50%的产能来满足需求。它需要资金来扩大和适应产量的增加。注意收益率曲线目前是向上倾斜的。卡森公司担心美联储可能采取措施来抑制通货膨胀，因此担心经济可能会放缓。它需要资金来支付供应品费用。它还在考虑明年发行股票或债券来筹集资金。

a. 假设卡森公司有两种选择来满足其产品需求的增加。它可以通过获得短期融资来支付额外的生产费用，然后利用部分收入来为未来的生产提供资金，从而提高 10%的产量。或者它可以发行债券，并使用所获得的资金购买设备增加 50%的产能。卡森公司应该选择哪一种？

b. 卡森公司目前持有大量债务，其资产已用于担保其现有债务。它没有额外的抵押品。此时，短期和长期债券市场的信用风险溢价相似。这是否意味着在两种债券市场上的融资成本也相似？

c. 卡森公司应该在发行债券时考虑赎回条款吗？为什么？为什么卡森公司决定在债券中不包含赎回条款？

d. 如果卡森公司发行债券，这将是一次规模相对较小的债券发行。卡森公司应当考虑私募发行吗？何种类型的投资者会对私募发行感兴趣？你认为卡森公司应该对私募和公募发行的债券提供相同的收益率吗？请解释。

e. 金融机构（如保险公司和养老基金）经常购买债券。解释这些金融机构的资金流动，并解释资金是如何最终到达像卡森公司这种发行债券的公司的。

互联网/Excel 练习

登录 finance. yahoo. com/bonds 并点击"composite bond rates"。比较 10 年期国债和 10 年期市政债券的利率，鉴于市政债券不受联邦所得税的影响，哪种债券的年收益率会更高？试确定 10 年期的公司 A 级债券与 10 年期美国国债相比收益率的溢价。将该溢价与一个月前的溢价相比较，该溢价是上涨了还是下跌了？对这种变化做出解释。这一变化是否归因于经济状况？

WSJ 练习

财政部融资对债券价格的影响

财政部定期发行债券为赤字融资。查看《华尔街日报》或相关的网络新闻，找到一篇关于此类融资的文章。这篇文章是否暗示，金融市场上美国财政部的融资会给利率带来上行压力？当财政部宣布将要发行新债券时，现有债券的发行价格将会发生什么变化？

关于现实案例的在线文章

找一篇近期描述一个具体金融机构或金融市场真实案例的在线实用性文章，以强化本章所涵盖的一个或多个概念。

如果你的班级有一个在线平台，教授可能会要求你把文章摘要放在那里并提供文章的链接以供其他学生访问。如果你的班级是当面授课的，教授可能会要求你当堂总结你对该文章的运用。教授可能指派特定学生或让学生自愿完成这项作业。

对于与本章相关的近期在线文章和真实案例，请考虑使用以下搜索词（请务必在搜索词中包含当前年份以确保在线文章是近期的）：

1. 国债＋收益率（yield）
2. 国债＋收益率（return）
3. 债券＋联邦机构
4. 本息分离国债
5. 通货膨胀指数化国债
6. 市政债券＋风险
7. （某一金融机构名称）＋债券
8. 债券＋私人配售
9. 垃圾债券＋融资
10. 结构化票据

第 8 章 债券估值与风险

本章目标

- 解释债券是如何定价的
- 明确债券价格的影响因素
- 解释由具体的债券特征决定的债券价格对利率的敏感性
- 阐述常见的债券投资策略
- 解释国际债券的估值和风险

随着时间的推移，债券的价值会大幅变化。因此，想要购买或出售债券的金融机构会密切关注它们的价格。

8-1 债券估值过程

债券是政府或公司为了获得长期资金而发行的长期债务。它们通常被希望进行长期投资的金融机构购买。

债券估值在概念上类似于资本预算项目、企业甚至房地产的估值。适当的价格反映了以定期利息（或息票）支付方式产生的现金流和到期时提供的本金支付的现值。利息支付是以票面利率乘以票面价值（即债券面值）为基础的，因此，票面利率为 9%、面值为 1 000 美元的债券每年支付 90 美元的利息。由于这些预期的现金流是已知的，债券的估值一般被认为比股票证券的估值容易。

债券的当前价格应该是其后续现金流的现值（present value，PV）：

$$债券现值=\frac{C}{(1+k)^1}+\frac{C}{(1+k)^2}+\cdots+\frac{C+\text{Par}}{(1+k)^n}$$

其中

C＝每段时间内支付的利息

Par＝票面价值

k＝贴现率

n＝到某一时间的时期数

◈ 例子

假设有一种票面价值为 1 000 美元、每年年底支付 100 美元利息、三年后到期的债券。假设其他具有类似特征的债券的年化收益率为 12%。在这种情况下，债券的合理价格可以确定如下：购买这一债券的投资者未来的现金流为第一年 100 美元，第二年 100 美元，第三年 1 100 美元（100 美元利息加上 1 000 美元面值）。该债券的合理市场价格就是它的现值：

$$\begin{aligned}债券现值&=\frac{100}{(1+0.12)^1}+\frac{100}{(1+0.12)^2}+\frac{1\ 100}{(1+0.12)^3}\\&=89.29+79.72+782.96\\&=951.97(美元)\end{aligned}$$

该估值过程在图 8.1 中进行了说明。由于这个例子假设投资者要求 12%的收益率（必要收益率），因此 $k=0.12$。债券定价为 951.97 美元，则购买该债券的投资者将获得 12%的年化收益率。◈

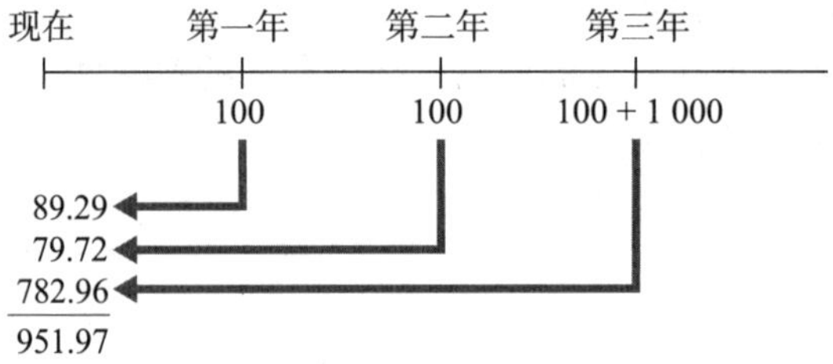

图 8.1　三年期债券的估值（单位：美元）

该债券的现值可以用金融计算器计算如下：

输入	3	12	100	1 000		
功能键	N	I	PMT	FV	CPT	PV
答案						951.97

8-1a　贴现率对债券估值的影响

用于计算现值的贴现率对估值的准确度至关重要。图 8.2 显示了 10 年后支付的 10 000 美元的现值随不同贴现率的变化情况。评估某资产的合理贴现率是可以在相似风险和期限的其他投资上获得的收益率。

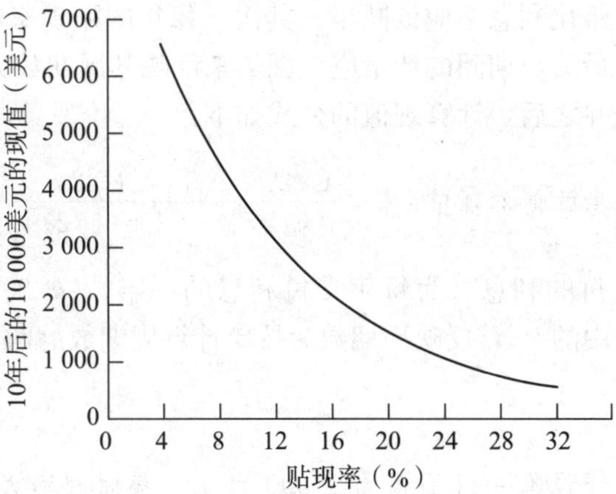

图 8.2　10 年后的 10 000 美元的现值与贴现率的关系

由于投资者对风险较高的证券要求更高的收益率，因此他们使用更高的贴现率来贴现这些证券未来的现金流。

8-1b　付息时点对债券估值的影响

债券的市场价格也受到债券持有人收到偿付的时间的影响。较早收回的资金可以再投资以赚取额外的回报，因此提前收回的 1 美元比以后收回的 1 美元有更高的现值。图 8.3 显示了付息时点对到期时 10 000 美元支付的现值的影响（假设可用资金可以获得 10%的收益率）。这 10 000 美元如果在两年之后偿付，它的现值为 8 264 美元。这意味着如果在今天投资 8 264 美元并每年获得 10%的回报，两年后投资者就可以得到 10 000 美元。图 8.3 还显示，从现在起 20 年后的 10 000 美元的现值只有 1 486 美元，而 50 年后的 10 000 美元的现值只有 85 美元（基于 10%的贴现率）。

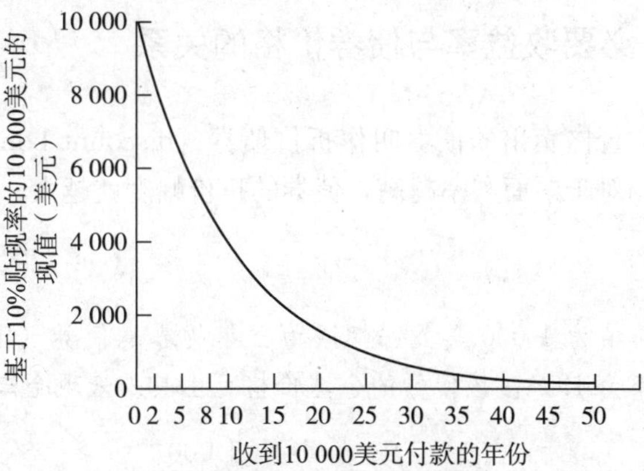

图 8.3　偿付金额的现值与期限之间的关系

8-1c　半年付息债券估值

事实上，大部分债券都是半年付息。此类债券的估值可以按以下方法计算。首先，由于每年支付两次利息，年化利息率应该减半。其次，每年的贴现率应该除以 2，以反映每年两个六个月的时间。最后，期间的数量应该翻倍来反映其周期数为按年计算时的周期数的两倍。将这些调整合并之后，计算现值的公式如下：

$$每半年支付利息的债券现值=\frac{C/2}{[1+(k/2)]^1}+\frac{C/2}{[1+(k/2)]^2}+\cdots+\frac{C/2+\text{Par}}{[1+(k/2)]^{2n}}$$

其中，$C/2$ 是每半年支付的利息（为每年支付利息的一半），$k/2$ 为该时期内的贴现率，最后一部分为分母指数中的 $2n$，反映周期数为按年计算周期数的两倍。

◈ **例子**

我们举例来说明，假设有一种面值为 1 000 美元、票面利率为 10%、每半年付息一次、三年到期的债券。假设贴现率为 12%，该债券的现值应计算如下①：

$$\begin{aligned}债券现值&=\frac{50}{1.06^1}+\frac{50}{1.06^2}+\frac{50}{1.06^3}+\frac{50}{1.06^4}+\frac{50}{1.06^5}+\frac{50+1\,000}{1.06^6}\\&=47.17+44.50+41.98+39.60+37.36+740.21\\&=950.82(美元)\end{aligned}$$

◈

该债券的现值可以用金融计算器计算如下：

输入	6	6	50	1 000		
功能键	N	I	PMT	FV	CPT	PV
答案						950.82

下文中的例子将假设每年的息票支付不变，这样我们就可以不考虑调整年度支付而专注于其他前面阐述的概念。

8-1d 票面利率、必要收益率与债券价格的关系

以低于票面价值的价格卖出的债券叫作折价债券（discount bond）。投资者要求的收益率（必要收益率）相对于票面利率越高，债券的折价幅度就越大。

◈ **例子**

假设有一个票面价值为 1 000 美元、期限为三年的零息债券（不需要支付利息），投资者要求的债券收益率为 13%。该债券的合理价格可由其未来现金流的现值决定：

$$\begin{aligned}债券现值&=\frac{0}{(1+0.13)^1}+\frac{0}{(1+0.13)^2}+\frac{1\,000}{(1+0.13)^3}\\&=0+0+693.05\end{aligned}$$

① 严格来讲，6%的半年贴现率被夸大了。按每年 12%的贴现率，半年的利率应为 5.83%。由于复利效应会产生利息，这种半年期的贴现率（指 5.83%）才会使每年贴现率达到 12%。因为 6%的近似贴现率比精确的贴现率高，导致债券的现值被稍微低估了。

$$=693.05(\text{美元})$$

为了产生13%的年化收益率，该债券的价格必定很低。如果债券提供了息票付款，那么价格将会更高，因为这些息票支付将提供投资者所需的部分回报。

现在我们考虑另一种本金和期限相同但是提供13%的票面利率的债券，它的近似价格应该为：

$$\text{债券现值}==\frac{130}{(1+0.13)^1}+\frac{130}{(1+0.13)^2}+\frac{1\,130}{(1+0.13)^3}$$
$$=115.04+101.81+783.15$$
$$=1\,000(\text{美元})$$

可以观察到该债券的价格刚好等于其票面价值。这是因为投资者需要的全部补偿恰好由利息提供。

最后，考虑一种本金和期限相同但是提供15%的票面利率（高于投资者的必要收益率）的债券，这个债券的合理价格按其现值计算为：

$$\text{债券现值}==\frac{150}{(1+0.13)^1}+\frac{150}{(1+0.13)^2}+\frac{1\,150}{(1+0.13)^3}$$
$$=132.74+117.47+797.01$$
$$=1\,047.22(\text{美元})$$

该债券的价格超过了票面价值，因为其利息支付不但能够提供13%的年化收益率，还能够抵消债券发行时高出票面价值的价格。◈

从上述例子中，我们可以发现以下关系：第一，如果债券的票面利率低于投资者的必要收益率，债券的现值（即债券的价格）将低于票面价值；第二，如果债券的票面利率与投资者的必要收益率相等，债券价格将等于票面价值；最后，如果票面利率高于投资者的必要收益率，债券价格将会高于票面价值。这些关系在图 8.4 中以票面价值为 1 000 美元、票面利率为 10%的债券为例显示出来。如果投资者的必要收益率为 5%、投资期限为 10

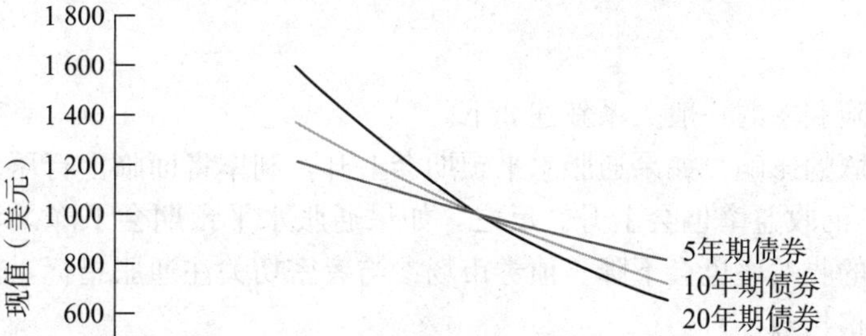

图 8.4　不同期限的票面利率为 10%的债券的现值与贴现率的关系

年，他们会愿意为该债券支付 1 390 美元；如果他们对相同债券的必要收益率为 10%，则他们愿意支付 1 000 美元；如果他们的必要收益率为 15%，则他们只会愿意支付 745 美元。这里的结论适用于任何债券，与其期限无关。

8-2 对债券价格波动的解释

正如之前所解释的，债券的价格应该在贴现率（k）的基础上，反映未来现金流的现值（利息和票面价值），因此：

$$\Delta P_b = f(\Delta k)$$

由于债券的必要收益率是由当前的无风险利率（R_f）（与同期限的国债收益率相同）以及债券的信用风险溢价（RP）决定的，因此债券的一般价格变动可以建立如下模型：

$$\Delta P_b = f(\Delta R_f, \Delta RP)$$

注意债券价格是如何受到无风险利率或风险溢价变化的影响的。债券无风险利率的上升会导致债券收益率提高，从而导致债券价格下跌。因此，债券价格会受到**利率风险**（interest rate risk）的影响，即它们的市场价值会因利率上升而下降。债券也会受到信用风险的影响，当信用风险（违约）溢价上升时，投资者的必要收益率会更高，导致债券价格下降。

影响无风险利率或违约风险溢价并因此影响债券价格的因素，将在下文中讨论。

8-2a 无风险利率的影响因素

长期无风险利率由预期通货膨胀率（INF）、经济增长率（ECON）、货币供应量（MS）以及财政预算赤字（DEF）共同决定：

$$\Delta R_f = f(\underbrace{\Delta \mathrm{INF}}_{+}, \underbrace{\Delta \mathrm{ECON}}_{+}, \underbrace{\Delta \mathrm{MS}}_{?}, \underbrace{\Delta \mathrm{DEF}}_{+})$$

上述因素与无风险利率的一般关系叙述如下。

预期通货膨胀的影响 如果通胀水平预期会上升，利率将面临上行压力（正如第 2 章所述），因此债券的收益率也会上升。反之，如果通胀水平预期会下降，利率将面临下行压力，因此债券的收益率也会下降。债券市场参与者密切关注通胀指标，比如消费者价格指数和生产者价格指数。

预期通货膨胀部分取决于油价，因为其影响了能源和运输的成本。这就是投资组合经理要预测油价及其对通胀的潜在影响进而预测利率的原因。对油价下跌的预测会导致利率降低的预测，这使得债券投资经理购买更多债券。对油价上涨的预期会导致对利率上涨的预期，这使得债券投资经理出售更多债券。债券投资经理的行为改变了二级市场上债券的供求，这使得债券价格达到了新的均衡。

预期通货膨胀还部分取决于汇率变化。若其他情况不变，美元贬值会提高进口产品的价格，预期通货膨胀率可能会上升。美元贬值还会使外国竞争者失去市场，从而使美国公司可以提高价格。因此，预期美元会贬值时，美国的利率可能会下降。预期美元贬值的外国投资者不太愿意持有美国债券，因为在这种情况下，息票支付将兑换成更少的本国货币。这可能导致债券立即被卖出，从而进一步压低债券价格。

对美元升值的预期会造成相反的结果。美元升值降低了外国产品的价格，从而降低了零售价格。此外，美元升值使外国商品价格更具吸引力，国内公司必须维持低价来应对竞争。因此，对美元升值的预期可能会促使债券投资组合经理购买更多债券，从而给债券价格带来上行压力。

经济增长的影响 强劲的经济增长会给利率带来上行压力（如第 2 章所述），而疲弱的经济会给利率带来下行压力。任何关于未来经济条件变动的信号都将会影响预期未来利率变动，从而引起债券市场立即做出反应。例如，任何有关提高预期未来经济增长率的经济增长指标（如经济增长率和失业率）的公告都将引起债券价格的下降。投资者预测利率会上升，导致债券价格降低，因此他们卖出债券，这给债券价格造成了下行压力。

相反，任何意味着未来经济情况不如预期的信号都会提高债券价格。投资者预测利率会下降，从而债券价格会上升。因此投资者买入债券，这直接给债券价格造成了上行压力。这就解释了为什么突然出现的经济衰退消息可能引起债券市场的调整。2008 年次贷危机发生时，长期利率下降导致了国债价格上升。

债券市场参与者密切关注经济指标，这些指标可能预示着未来经济的变化，如无风险利率和投资债券收益率的变化。和经济增长密切相关的一些指标包括就业率、国内生产总值、零售指数、工业生产指数和消费者信心指数。

货币供应量增加的影响 当美联储增加货币供应量时，可能会产生两种情况（如第 5 章所述）。首先，货币供应量增加可能会增加可贷资金的供给。如果可贷资金的需求曲线没有移动，那么货币供应量增加会给利率造成下行压力，债券投资组合经理预计债券价格会上涨，从而根据该预期做出购买债券的决定。

其次，在高通胀的环境下，债券投资组合经理可能会认为，通胀预期会导致个人和公司在通胀出现之前更多地借贷和消费。这种借款行为的改变（这是由于通货膨胀预期）会增加对可贷资金的需求，从而使利率上升，债券价格下降。这种预测将促进长期债券的当期销售。

为了应对次贷危机，美联储多次增加货币供应量来降低利率。此时，经济增长疲软，通货膨胀率较低，因此美联储要集中精力刺激经济。美联储的目标是降低借贷成本，从而鼓励个人和企业借贷和消费，这导致了无风险利率在 2016 年一直接近于零。

财政预算赤字的影响 随着年度预算赤字的变化，联邦政府对可贷资金的需求也在变化（如第 2 章所述）。财政部借款的增加可能会导致美国国债收益率上升，也就是导致长期无风险利率上升，这导致现有债券的价格较低，直至到期。

其他因素保持不变时，较高的预算赤字和较高的通胀预期导致了同样的预期结果。在这两种情况下，借入的资金量增加导致利率升高。然而，预期通货膨胀率上升导致个人和企业的借款增加，而财政预算赤字增加导致联邦政府的借款增加。

8-2b　信用（违约）风险溢价的影响因素

公司债券或市政债券的信用风险的一般水平会因经济增长（ECON）的变化而变化：

$$\Delta RP = f(\Delta \text{ECON})$$

强劲的经济增长往往会改善公司的现金流，降低公司拖欠债务的可能性；相反，疲弱的经济会削弱公司的现金流并且增加其债券偿付的违约风险。当经济增长强劲时，信用风险溢价相对较低；而当经济疲软时，信用风险溢价会更高：只有在高信用风险得到补偿的情况下，投资者才会提供信贷。

◈ 例子

2008 年次贷危机爆发后，美国经济疲软，许多美国公司的债券违约。在最引人注目的案例中，雷曼兄弟（一家大型证券公司）申请破产，随后对其债券和其他债务性证券违约。雷曼兄弟和其他公司的违约使投资者对公司债券的信用风险更加担心，许多投资者为了避免信用风险将投资从公司债券转向了国债。因此，需要借入长期资金的公司，只有在愿意提供相对较高的信用风险溢价以补偿投资者的情况下，才可以发行新债券。◈

信用风险溢价随时间的变化　随着时间的推移，经济状况不断变化，债券违约的可能性以及信用（违约）风险溢价也在不断变化。图 8.5 显示了 Baa 级别的公司债券的风险溢价（以美国国债收益率作为无风险利率）随时间的变化情况。注意到风险溢价（由公司债券和国债收益率之差反映）在经济疲软时扩大，如在 2008—2009 年次贷危机期间，债券违约的可能性相对较高时，风险溢价扩大。

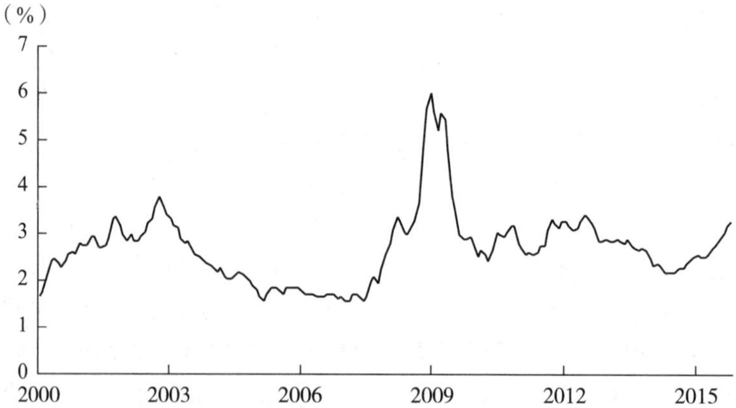

图 8.5　债券风险溢价随时间的变化情况

资料来源：美联储理事会。

债券期限对信用风险溢价的影响　债券的期限较长时，信用风险溢价往往更高。考虑一个极端的例子，一家公司发行的现有债券期限只有一个月。如果这家公司的财务状况良好，它应该能够完全偿还这笔债务，因为下个月的经济状况不会发生剧烈的变化。然而，同一家公司发行的 15 年后到期的债券的违约风险就更高，因为偿还该债务的能力取决于其在未来 15 年的表现。由于未来 15 年的经济状况非常不确定，因而公司的业绩和偿还债务的能力也变得非常不确定。

发行者特征对信用风险溢价的影响　债券价格也会受债券发行者特征的影响，如资本结构的变动。如果一家发行债券的公司获得额外的贷款，它支付利息的能力就会减弱，信用风险会增加。因此，如果投资者在二级市场购买这些债券，就会要求更高的收益率，这将导致其债券的市场价值（价格）下降。

8-2c　债券价格影响因素总结

考虑影响无风险利率和风险溢价的因素，债券的一般价格变动可以建模如下：

$$\begin{aligned}\Delta P_b &= f(\Delta R_f,\ \Delta RP) \\ &= f(\underbrace{\Delta \mathrm{INF}}_{-},\ \underbrace{\Delta \mathrm{ECON}}_{?},\ \underbrace{\Delta \mathrm{MS}}_{+},\ \underbrace{\Delta \mathrm{DEF}}_{-})\end{aligned}$$

此处显示的关系在假设其他条件不变的前提下成立。然而，其他因素实际上都在不断变化，这使得人们很难厘清每个因素对债券价格的精确影响。经济增长的影响是不确定的：高水平的经济增长可以通过提高无风险利率来提高债券价格，但它也可以通过降低信用风险溢价来降低债券价格。在一定程度上，国际经济形势对每个因素都有影响，因此也影响债券价格。

图 8.6 总结了影响长期无风险利率和信用风险溢价从而导致债券价格随时间变化的潜在因素。在为国债定价时，投资者关注的是影响长期无风险利率的因素，因为影响信用风险溢价的因素是不适用的。因此，在给定的期限内，风险债券（如公司债券）和国债的必要收益率的主要区别在于信用风险溢价，它受经济和行业状况的影响。

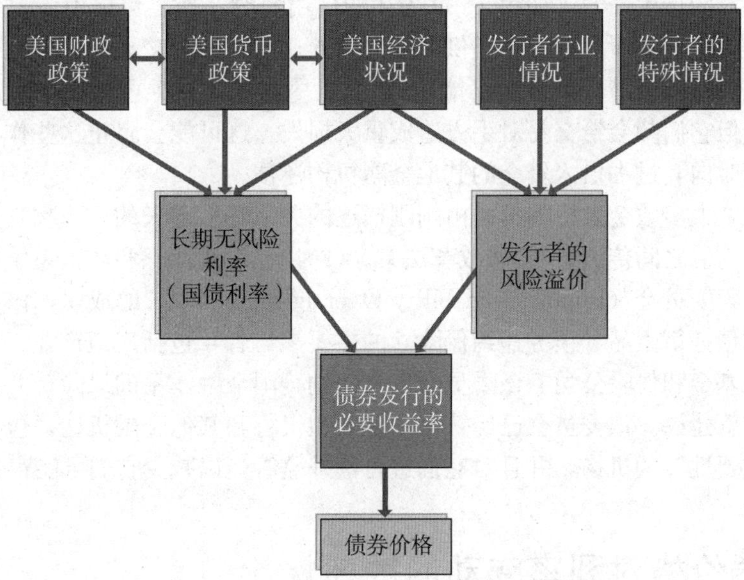

图 8.6　债券价格随时间变化的影响因素框架图

资料来源：美联储理事会。

如果债券市场是有效的，那么债券价格应该充分反映所有可用的公共信息。因此，任何有关一家公司改变其偿还债券能力的新信息，都可能马上对债券的价格产生影响。

8-2d 对金融机构的启示

很多金融机构，如保险公司、养老基金、债券型共同基金等，都持有大量债券。它们的债券投资组合的价值很容易受到本章描述的影响债券价格的因素的影响。导致利率上升的因素往往会降低金融机构资产的市场价值，从而降低其估值。相反，导致利率下降的因素往往会提高金融机构资产的市场价值，从而增加其估值。许多金融机构试图根据它们对未来利率的预期来调整债券投资组合的规模。当它们预期利率上升时，会卖出债券，然后用所得资金购买那些对利率变动不太敏感的短期债券。如果它们预期高风险债券的风险溢价会增加，就会转向信用风险较低的相对稳健的债券。

系统风险 参与债券市场的金融机构可能面临**系统风险**（systemic risk），即整个市场或金融体系的崩溃。[系统风险不应与“系统性风险”（systematic risk）混淆，我们将在第 11 章中讨论。] 当特定条件导致更高的无风险利率和很高的风险溢价时，它们会对大多数债券的价格产生不利影响。因此，所有投资于债券的金融机构在这些条件下的表现都很差。许多金融机构严重依赖债务为它们的业务提供资金，同时它们通过为彼此的债务头寸融资而相互关联。如果一家金融机构无法偿还债务，那么这可能会给它借入资金的金融机构造成现金流问题。

一些金融机构在借入资金时使用它们在债务性证券上的投资（比如在第 6 章中讨论的回购协议）作为担保。但在次贷危机期间，这种抵押品可能不再被接受，因为潜在的贷款机构可能会质疑抵押品是否会被违约。因此，需要新融资来偿还其他金融机构的金融机构可能再也无法获得新的债务融资，因为其抵押品的价值已经降低。

有各种各样的衍生证券（如第 15 章描述的信用违约互换）可以为债权人对持有的债券的违约提供保障。然而，如果它提供保障的债券违约，作为交易对手方的保险公司可能会承受巨额损失（以及潜在的破产可能）。因此，尽管这些证券可以在次贷危机期间保护一些参与者，但它们却会给交易对手方造成重大损失。这可能会阻止这些作为交易对手方的金融机构及时向其过去借入资金的其他金融机构还债。

一般来说，大多数金融机构都是由刚刚描述的关系联系起来的，而次贷危机说明了负面影响如何在它们之间传播。《金融改革法案》（2010）旨在认识和防范系统风险。这导致了金融稳定监督委员会（Financial Stability Oversight Council）的成立，该委员会负责监督债务市场和债务衍生品（债务违约保险）的主要参与者，包括房地产业、证券交易、存款机构、共同基金和保险公司。该委员会负责识别美国金融体系的风险，并制定可能降低此类风险的监管建议。该委员会已经认定一些大型银行和其他金融机构，包括保险公司为具有“系统重要性”的机构，并且对它们进行额外监管，以减少它们可能存在的风险。

8-3 债券价格对利率变动的敏感性

债券价格对利率变动的敏感性是债券特征的函数。投资者可以通过利率变动来衡量债券价格的敏感性，即债券利率上升（或债券的必要收益率上升）对其所持有的债券造成的损失。评估债券对收益率变化的敏感性有两种常用方法：（1）债券价格弹性；（2）久期。接下来依次描述每种方法。

8-3a 债券价格弹性

债券价格（P_b）对必要收益率（k）变化的敏感程度通常是由**债券价格弹性**（bond price elasticity）P_b^e来衡量的，它的计算公式为：

$$P_b^e=\frac{P_b\text{ 变动的百分比}}{k\text{ 变动的百分比}}$$

表 8.1 比较了票面价值为 1 000 美元，票面利率分别为 0%、5%、10%和 15%的四种 10 年期债券的价格敏感性。最初，我们假设债券的必要收益率（k）为 10%。每种债券的最初价格显示在第（2）列。上面的表格显示了利率下降导致投资者的必要收益率降为 8%的影响。每种债券在 8%的必要收益率下的价格列示在第（3）列。下面的表格显示了利率上升导致投资者的必要收益率升至 12%的影响。

表 8.1 中的每个债券价格弹性都根据假定的必要收益率变化来估计。注意到任一债券价格在利率降低时比利率升高时更敏感。债券价格弹性在所有情况下都是负值，反映了利率变动与债券价格变动的负相关关系。

表 8.1　　不同票面利率的 10 年期债券对利率变动的敏感程度

必要收益率降低的影响					
(1) 债券的票面利率 (%)	(2) k=10%时债券的最初价格（美元）	(3) k=8%时债券的价格（美元）	(4)=[(3)−(2)]/(2) 债券价格变动的百分比 (%)	(5) k 变动的百分比 (%)	(6)=(4)/(5) 债券价格弹性 (P_b^e)
0	386	463	+19.9	−20.0	−0.995
5	693	799	+15.3	−20.0	−0.765
10	1 000	1 134	+13.4	−20.0	−0.670
15	1 307	1 470	+12.5	−20.0	−0.625
必要收益率升高的影响					
(1) 债券的票面利率 (%)	(2) k=10%时债券的最初价格（美元）	(3) k=8%时债券的价格（美元）	(4)=[(3)−(2)]/(2) 债券价格变动的百分比 (%)	(5) k 变动的百分比 (%)	(6)=(4)/(5) 债券价格弹性 (P_b^e)
0	386	322	−16.6	+20.0	−0.830
5	693	605	−12.7	+20.0	−0.635
10	1 000	887	−11.3	+20.0	−0.565
15	1 307	1 170	−10.5	+20.0	−0.525

票面利率对债券价格敏感性的影响　零息债券在到期时向投资者支付全部收益，由于

现期调整后的贴现率被用于计算较远的未来的一笔钱，因此零息债券价格对于利率变动最为敏感。相反，以息票形式支付其收益的债券价格对必要收益率不太敏感，因为现期调整后的贴现率被用于不久的将来。由于必要收益率的变动，在不久的将来进行这种支付现值的调整并不像在遥远的将来进行支付现值的调整那样明显。

表 8.7 证实了零息或低息债券的价格对于必要收益率的变化比利息相对高的债券价格更加敏感。该表格表明，当必要收益率从 10%降低到 8%时，零息债券的价格从 386 美元上升到 463 美元，因此该债券的价格弹性为：

$$
\begin{aligned}
P_b^e &= \frac{(463-386)/386}{(8\%-10\%)/10\%} \\
&= \frac{+19.9\%}{-20\%} \\
&= -0.995
\end{aligned}
$$

这表明，利率每变化 1 个百分点，零息债券的价格就反向变化 0.995 个百分点。表 8.7 中的第（6）列显示利率较高的债券的价格弹性要比零息债券的价格弹性低得多。

当金融机构预期利率上升（导致必要收益率升高）时，它们通常会重组债券投资组合以包含更多的利息较高的债券。相反，当它们预期利率下降时，它们会重组债券投资组合以包含更多的低息或零息债券，希望利用它们的预期来持有更多对价格敏感的债券。

债券期限对债券价格敏感性的影响 随着利率（或必要收益率）下降，长期债券的价格（按现值衡量）比短期债券的价格上涨幅度更大，这是因为长期债券将比短期债券更长时间地继续提供相同的利息。当然了，如果利率上升，长期债券价格的下跌幅度也更大。

8-3b 久期

债券价格敏感性的另一种衡量标准是债券的久期，它衡量债券在现值基础上的寿命。债券的久期越长，它对利率变化越敏感。一种常用的债券久期（DUR）测量方法为：

$$
\mathrm{DUR} = \frac{\sum_{t=1}^{n} \frac{C_r(t)}{(1+k)^t}}{\sum_{t=1}^{n} \frac{C_t}{(1+k)^t}}
$$

其中，

C_t＝债券所产生的息票或本金支付

t＝提供支付的时间

k＝债券到期收益率（反映投资者的必要收益率）

久期公式的分子表示以支付发生之前的时间间隔加权的未来支付的现值。付款之前的间隔越长，分子越大，久期越大。期权公式的分母代表债券产生未来现金流的贴现值，即债券的现值。

◇ **例子**

票面价值为 1 000 美元、票面利率为 7%、期限为三年、到期必要收益率为 9%的债券的久期计算如下：

$$\text{DUR}=\frac{\dfrac{70\times1}{1.09^1}+\dfrac{70\times2}{1.09^2}+\dfrac{1\,070\times3}{1.09^3}}{\dfrac{70}{1.09^1}+\dfrac{70}{1.09^2}+\dfrac{1\,070}{1.09^3}}$$
$$=2.8(\text{年})$$

作为对比，相同利率和票面价值的零息债券的久期为：

$$\text{DUR}=\frac{\dfrac{1\,000\times3}{1.09^3}}{\dfrac{1\,000}{1.09^3}}$$
$$=3(\text{年})$$

零息债券的久期总是和其期限相等。息票债券的久期总是小于债券的期限，因为有些支付是在到期前的间隔发生的。◇

投资组合的久期　债券投资组合经理通常会尝试对他们的投资组合做**防护**（immunize）——也就是说，将其与利率变动的影响隔离开来。这一过程的第一步是确定其投资组合对此类变动的敏感性。一旦每种独立债券的久期被确定，该投资组合久期（DUR_p）就可以计算如下：

$$\text{DUR}_p=\sum_{j=1}^{m}w_j\,\text{DUR}_j$$

其中，

m＝投资组合中的债券数量

w_j＝债券 j 的市场价值占投资组合市场价值的百分比

DUR_j＝债券 j 的久期

换句话说，债券投资组合久期是按债券的相对市值加权平均的久期。担心利率风险的金融机构可以将其资产久期与负债久期进行比较。差值为正代表该机构资产的市场价值比负债对利率更加敏感。因此在利率上升期间，其资产的市场价值会比负债的市场价值减少得更多，因此该机构的实际净值（净值的市场价值）会下降。

修正久期　债券或债券投资组合的久期可以被修正以估计当前债券的一般收益率变化对债券价格的影响。修正的久期（表示为 DUR^*）计算如下：

$$\text{DUR}^*=\frac{\text{DUR}}{1+k}$$

其中，k 表示债券的一般收益率。

修正的久期可以用来估计债券收益率 1 个百分点的变化所引起的债券价格变化的百分比。例如，假设债券 X 的久期为 8 年而债券 Y 的久期为 12 年，一般的债券收益率为 10%，每个债券的修正久期计算如下：

债券 X　　　　　　债券 Y

$$\text{DUR}^* = \frac{8}{1+0.10} = 7.27\text{(年)} \qquad \text{DUR}^* = \frac{12}{1+0.10} = 10.9\text{(年)}$$

考虑到债券收益率变化与债券价格变化之间的负相关关系，债券久期的估计也应显示为债券价格与债券收益率变化方向相反。根据修正久期估计，债券收益率上升 1 个百分点（从 10%升至 11%）将导致债券 X 的价格下跌 7.27 个百分点以及债券 Y 的价格下跌 10.9 个百分点。债券收益率上升 0.5 个百分点（从 10%升至 10.5%）将导致债券 X 的价格下跌 3.635 个百分点（即 7.27×0.5）以及债券 Y 的价格下跌 5.45 个百分点（即 10.9×0.5）。债券收益率下降导致的债券价格上升的百分比也可同理计算。

债券收益率变化对价格变化的影响可以用一个简单的等式来表示：

$$\%\Delta P_b = -\text{DUR}^* \times \Delta y$$

其中，

$\%\Delta P_b$＝债券价格变动百分比

Δy＝收益率变动

这个方程式仅仅是前面各段所讨论的关系的数学表达式。例如，债券收益率提高 0.2 个百分比引起的债券 X 的价格变动的百分比为：

$$\%\Delta P_b = -7.27 \times 0.002 = 1.45\%$$

因此，根据修正久期估计，如果利率上涨 0.2 个百分点，债券 X 的价格将会下跌 1.45 个百分点。同样，如果利率下降 0.2 个百分点，债券 X 的价格将会上涨 1.45 个百分点。

使用修正久期的估计错误　如果投资者严格依赖于修正久期来估计债券价格的百分比变化，他们就会高估与利率上升相关的债券价格下跌，并低估与利率下降相关的债券价格上涨。

◇ 例子

假设有一种期限为 20 年、票面利率为 10%且每年支付利息的债券。如果必要收益率为 10%（与票面利率相等），那么该债券的价值为 1 000 美元。根据上文提供的公式，该债券的修正久期为 8.514 年。如果投资者认为债券收益率会上升 1 个百分点（即升至 11%），可以估计债券价格变动的百分比为：

$$\%\Delta P_b = -8.514 \times 0.01 = -0.085\,1 \text{ 或 } -8.514\%$$

如果债券收益率正如预期上涨 1 个百分点，该债券的价格（现值）将会是 920.37 美元。（使用金融计算器上的时间值函数来验证这个新价格。）新的价格反映了债券价格将下降 7.96 个百分点[即(920.37−1 000)/1 000]。该价格的下降没有前一个方程式中估计的那么明显。估计价格变化百分比（8.514 个百分点）和实际价格变化百分比（7.96 个百分点）之间的差异是由凸性引起的。◇

债券凸性 更完整的估计价格百分比变化的公式将包含凸性的性质和修正的久期。

估计的修正久期表明，债券价格变动与债券收益率变动呈线性关系，这正如图 8.7 中的直线所示。对于我们最初假设的收益率为 10%的债券，债券收益率每变动 1 个百分点，根据修正久期预测的债券价格的变动是固定的。然而，债券价格对债券收益率变化的实际反应是凸性的，由图 8.7 中的凸曲线表示。注意，如果债券收益率（横轴）从最初的 10%轻微变化，根据修正久期估计的预期债券价格变化（图 8.7 中的直线）与债券的实际价格变化（图 8.7 中的凸曲线）差异很小。然而，对于相对较大的债券收益率变化，根据修正久期的债券价格调整就不那么精确了。债券收益率的变化越大，估计债券价格变化的误差就越大。

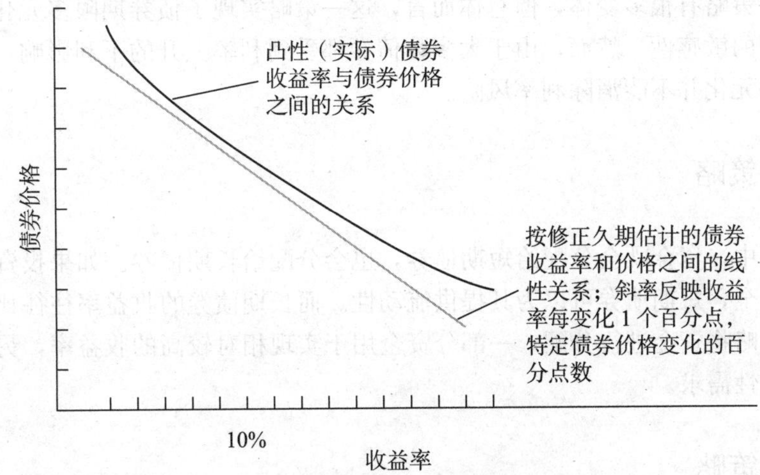

图 8.7　债券价格与收益率的关系

由于债券收益率变化引起的债券价格变化程度与债券期限正相关，因此长期债券的凸性也更为明显。低息或零息债券的价格对收益率变化更为敏感。类似地，低息或零息债券的凸性也更为明显。

8-4　债券投资策略

许多投资者在管理债券时衡量债券价值及其风险。一些投资者，比如金融机构的债券投资组合经理，通常会遵循投资债券的具体策略。几种常见的投资策略描述如下。

8-4a　匹配策略

一些投资者会选择产生周期性收入来匹配预期的周期性支出的投资组合。例如，个人投资者可以投资于一个债券投资组合，它能够为退休后的定期费用提供足够收入。或者，养老基金投资于能够定期为退休员工提供固定收入的债券投资组合。这种匹配策略包括估计未来现金流出，然后开发债券组合，以产生足够的息票或本金支付来弥补这些资金外流。

8-4b 梯形期限策略

在梯形期限策略中，资金被平均分配给几种不同期限的债券。例如，一家投资机构的投资者可以创造出一种投资组合，其中 1/4 的资金用于购买 5 年期债券，1/4 的资金用于购买 10 年期债券，1/4 的资金用于购买 15 年期债券，最后 1/4 的资金用于购买 20 年期债券。5 年之后，当 5 年期债券到期时，该债券被赎回的收益将用于购买 20 年期债券。由于此时投资组合中所有其他债券的期限比创建时短了 5 年，因此，20 年期债券的新投资使该投资组合达到了与刚创建时相同的期限结构。

梯形期限策略有很多变体，但总体而言，这一策略实现了债券期限多元化，从而对利率风险有不同的敏感性。然而，由于大多数债券都受到利率上升的不利影响，投资组合中的债券期限多元化并不能消除利率风险。

8-4c 杠铃策略

杠铃策略中，资金既会分配给短期债券，也会分配给长期债券。如果投资者需要出售债券来获得现金，短期债券可以为其提供流动性。而长期债券的收益率往往比短期债券更高。因此该策略将资金进行分配，一部分资金用于实现相对较高的收益率，另一部分资金用于满足流动性需求。

8-4d 利率策略

在利率策略中，资金以利率预测的方式分配。这一策略需要经常调整债券投资组合，以反映当前的利率预测。

◈ **例子**

考虑一种最初将资金均分到多种期限债券的债券投资组合。如果近期经济事件导致预期利率上升，那么债券投资组合将被修改以集中于短期债券。这是因为短期债券对于利率变动最不敏感，它们可以减少利率上升对该投资组合价值的潜在不利影响。所有中期和长期债券的出售将给经纪人带来大量佣金。

现在假设几周后，新的经济状况导致未来预期利率下降。该债券投资组合仍会重组，不过这次它将集中于长期债券。如果利率正如预期那样下降，这种投资组合由于对利率变动最敏感，因而价值上涨幅度最大。◈

尽管这种策略对那些相信他们能够准确预测利率走势的投资者来说是合理的，但即使是最老练的投资者也很难持续预测未来的利率走势。如果投资者猜错了，它们的投资组合可能会比它们用一种投资于各种期限的债券的消极策略更加糟糕。

8-5 国际债券估值与风险

国际债券的价值代表了当地投资者能够获得的未来现金流收入。图 8.8 显示了各国政府新发行债券的收益率。注意到各国的收益率各不相同，因为每一种收益率都代表了该国的长期无风险利率（假设政府被认为没有违约风险）。尽管各国政府新发行债券的收益率不同，但图中显示它们的变化趋势相同。在 2007—2012 年，大多数国家的利率下降使得各国政府新发行债券的收益率也下降。2008 年金融危机促使大多数中央银行降低了利率，这使新发行债券的收益率下降得尤其明显。

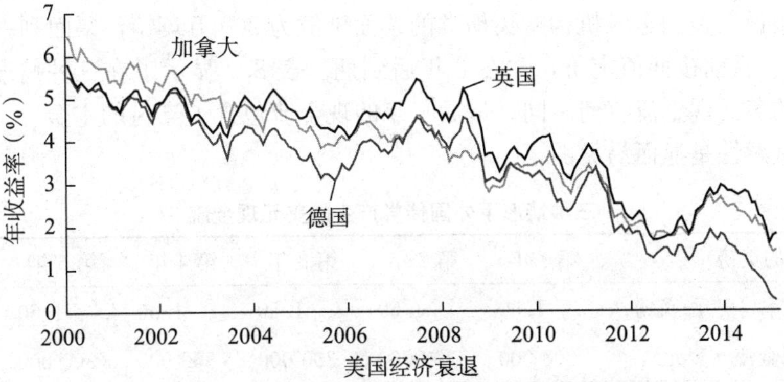

图 8.8　政府债券收益率随时间的变化情况

资料来源：美联储理事会。

政府债券的价值随着时间的推移而变化，以应对债券计价货币的无风险利率的变化，并对债券的信用风险的变化做出反应。由于这两个因素影响债券的市场价格，它们也会影响投资者在债券持有期的收益率。另一个影响投资者从别国获取回报的因素是汇率风险。这些因素的影响将会在下文进行描述。

8-5a 国外利率变动的影响

随着一国货币无风险利率的变化，该国投资者的必要收益率也会发生变化，因此债券的现值就会变化。一国无风险利率降低会导致使用该国货币投资的投资者的必要收益率降低，进而导致用该货币衡量的债券价值提高；相反，该国无风险利率升高会导致用该货币衡量的债券价值降低。一般来说，如果同期的相应利率下降，在某一特定时期内以某一特定货币计价的债券的收益率会提高；如果相应利率上升，债券收益率会降低。当美国的债券价格上升（由于美国利率下降）时，以其他货币计价的债券价格可能正在下降（由于该货币的利率上升）。

8-5b 信用风险的影响

当国际债券的信用（违约）风险发生变化时，投资者要求的风险溢价就会受到影响，因此债券的现值会发生变化。风险增大导致更高的必要收益率，从而使债券的现值降低；而风险降低将导致更低的必要收益率，从而使债券的现值升高。因此，担心国际债券信用风险增加的投资者将监测有关国家可能影响这种风险的经济和政治状况。

8-5c 汇率波动的影响

外币价值的变化会影响从债券产生的美元现金流，从而影响投资于该债券的美国投资者的收益。假设某美国金融机构购买债券的票面价值为 200 万英镑，票面利率为 10%（每年年底支付），目前按面值定价，并在 6 年后到期。表 8.2 显示了在三种情况下，从这笔投资中产生的美元现金流有何不同。最后一年的现金流包含了支付的本金。美元现金流对英镑价值的敏感性是显而易见的。

表 8.2　　三种情形下外国债券产生的美元现金流

情形 1（稳定的英镑）	第 1 年	第 2 年	第 3 年	第 4 年	第 5 年	第 6 年
预测的英镑汇率（美元/英镑）	1.50	1.50	1.50	1.50	1.50	1.50
预测的美元现金流（美元）	300 000	300 000	300 000	300 000	300 000	3 300 000
情形 2（疲软的英镑）						
预测的英镑汇率（美元/英镑）	1.48	1.46	1.44	1.40	1.36	1.30
预测的美元现金流（美元）	296 000	292 000	288 000	280 000	272 000	2 860 000
情形 3（坚挺的英镑）						
预测的英镑汇率（美元/英镑）	1.53	1.56	1.60	1.63	1.66	1.70
预测的美元现金流（美元）	306 000	312 000	320 000	326 000	332 000	3 740 000

从投资机构的角度来看，提供高票面利率且对应货币在投资期间内不断升值的外国债券最有吸引力。尽管某些债券的票面利率是固定的，但是外国货币的未来价值是不确定的，因此外国货币贬值的风险可能会抵消票面利率的优势。

8-5d 国际债券分散投资

当投资者试图投资于利率高于本地利率的外国债券时，他们可能会持有多样化的外国债券，以减少对不同类型风险的暴露，解释如下。

降低利率风险　机构投资者在国际上分散投资组合，以减少对利率风险的暴露。若某投资组合中的全部债券都来自一个国家，则该投资组合的价值会受该国利率变动的系统性影响。债券投资的国际多样化降低了债券投资组合对任意单个国家利率变动的敏感性。

降低信用风险　债券投资多元化的另一个关键原因是为了降低信用（违约）风险。投资于单一国家发行的债券会将投资者暴露于相对较高的信贷风险之下。企业信用风险受经济形势的影响很大，信贷风险的变化很可能与国家的经济状况有关。由于各国的经济周期不同，国际多样化债券的信贷风险系统性上升的可能性也较小。然而，在 2008—2009 年的次贷危机期间，不论发行人来自哪个国家，大多数公司债券都存在较高的信用风险（因此价值更低）。

降低汇率风险 金融机构可能会尝试通过多种外币计价的证券投资来降低汇率风险。这样一来，他们持有的外国证券中，有一小部分将被暴露于任何一种外币的贬值风险之中。由于一个洲的许多外币价值的变动是高度相关的，美国投资者在证券多样化时只能略微降低汇率风险。因此美国金融投资机构通常跨洲购买债券而不仅限于一洲。这一事实从对养老基金、寿险公司或大多数国际共同基金购买的外国证券的记录中可见一斑。

近年来，许多欧洲国家转换为单一货币（即欧元），导致欧洲公司在欧洲发行更多债券。在引入欧元之前，欧洲企业需要为各欧洲国家提供不同的货币，因此它要从该国家的银行借入货币。如今，一家公司可以利用欧元为其在几个欧洲国家的业务提供资金，并可能通过欧元计价债券获得所需的所有融资。然后，该公司可以利用部分收入（以欧元计价），为购买这些债券的投资者支付利息。此外，以欧元作为货币的国家的投资者现在可以在其他欧洲国家投资以欧元计价的债券，并且不受汇率风险的影响。

次贷危机的全球化 各国之间贷款的一般信用风险水平是相互关联的，因为国家经济是相互关联的。当一个国家的经济状况不佳时，它的消费者不仅会减少对当地产品的需求，而且会减少对外国产品的需求。当地企业的信用风险增加，因为经济疲软降低了它们的收入，可能使它们难以偿还贷款。此外，由于该国消费者对外国产品的需求减少，这些产品的外国生产者收入减少，可能无法偿还它们本国债权人的贷款。因此一个国家较高的信用风险会转移到另一个国家。这一过程有时被称为次贷危机蔓延，即一个国家的信用风险上升会蔓延到其他与其经济相关联的国家。

8-5e 欧洲债务危机

在 2010—2012 年，希腊、葡萄牙和西班牙政府因巨额预算赤字和无力偿还债务而遭遇债务危机。随着它们的信用评级下降，一些投资者不再愿意投资它们的债券，未偿还债券的价格也下降了。由于这些国家通常从其他欧洲国家的金融机构获得债务融资，因此它们的财务问题蔓延到其他国家造成了欧洲债务危机。随着向政府提供贷款的金融机构经历贷款违约，它们自身的信贷风险也增加了。到 2015 年，尽管葡萄牙和西班牙仍然面临着巨大的政府预算赤字，但是两国的情况已经稳定下来。但希腊仍在与其债务斗争，2015 年，它需要欧元区其他国家的更多援助。

由于不能控制货币供应量，以欧元作为货币的欧洲国家不能使用货币政策来刺激经济。它们是欧元区的一部分，因此受到欧洲中央银行（European Central Bank，ECB）实施的货币政策的影响，该政策适用于所有使用欧元的国家，因而它们要使用财政政策来刺激经济。刺激经济的财政政策一般是增加政府开支和减少税收，但这会造成更大的财政预算赤字。这对于目前无力偿还债务的国家是不可取的。当它们不能偿还现有负债时，它们无法轻易发行更多债券以弥补更大的赤字。债券持有人意识到其中的信用风险，只有在违约风险得到补偿时才愿意提供信贷。

欧洲中央银行一直愿意向那些无力偿还债务的国家提供信贷。然而，当它提供信贷时，通常会实施紧缩条件，使政府能够在一段时间内纠正预算赤字。这些条件并不一定是政府所期望的，因为它们通常要求政府减少开支并增加税收。这些措施可以减少预算赤字，但不能使一国疲弱的经济状况快速恢复。

一些批评人士认为，由于紧缩条件过于苛刻，一国政府应该放弃欧元而不是接受欧洲中央银行的资助。然而，脱离欧元区可能会产生政治影响：该国可能会被迫退出欧盟，与一些欧洲国家的国际贸易也可能会减少。此外，如果国家决定拖欠债务，其主要债权人所在国家的政府可能会施加其他条件，例如提出新的信贷违约限制。至少，一些债权人将会停止向债务违约政府提供更多资金。

欧洲债务危机也引发了人们对美国和亚洲信用风险的担忧。欧洲债务偿还问题的消息暗示了欧洲潜在的经济疲软，这导致欧洲股票价格下跌。此外，由于各大洲之间的国际贸易，这种负面信号也会传播到其他大洲。在 2011—2012 年，美国股市每天早上一开盘，投资者的情绪就被有关欧洲政府债务偿还问题的最新消息影响。

小结

■ 债务性证券（如债券）的价值是该证券产生的未来现金流的现值，它是用投资者的必要收益率作为贴现率计算出的。当市场利率上升时，投资者的必要收益率上升。更高的贴现率使未来支付的现值降低，因此债券现值降低，导致债券价格下跌。

■ 债券价值受影响利率变动的因素的影响，包括经济增长率、货币供应量、石油价格以及美元价值。债券价格还受信用风险的影响。

■ 投资者通常会用其持有的债券的价格对于必要收益率变动的反应来衡量债券的敏感性，其方法有两种：债券价格弹性和久期。其他条件相同时，债券期限越长，其价格对利率变动越敏感；票面利率相对较低的债券的价格对利率变动也更加敏感。

■ 常见的债券投资策略包括匹配策略、梯度期限策略、杠铃策略以及利率策略。匹配策略的重点在于债券投资组合的收入要能够满足预期支出。梯度期限策略和杠铃策略是为了在满足流动性需求的同时获得可观的回报。利率策略对于那些认为自己可以预测利率变动的投资者非常有用，这能使他们在预期利率下降时转而投资于长期债券。

■ 外国债券可能提供更高的收益率，但是它们面临着汇率风险以及信用风险。国际金融市场是高度一体化的，因此一个国家由信用风险造成的不利条件可能会蔓延到其他国家。

正方和反方观点

公司治理是否影响其债券价格？

正方 不影响。债券价格根本上由利率变动决定，因此不受发行公司的治理影响。

反方 影响。债券价格反映了违约风险。治理高效的公司能够降低违约风险，从而提高它们的债券价格。

谁正确？ 利用互联网学习关于这个议题的更多知识并形成你自己的观点。

问题与应用

1. 债券投资决策 根据你对利率的预测，你建议现在的投资者购买债券吗？请解释。

2. 利率如何影响债券价格 解释利率下降对以下变量的影响：

a. 投资者的必要收益率。

b. 现有债券现值。

c. 现有债券价格。

3. 债券价格变动相关性 为什么利率和债券价格的关系对金融投资机构很重要？

4. 债券价格变动来源 指出去年债券价格的变动趋势并解释其原因。

5. 对债券价格走势的暴露 利率下降将如何影响一个拥有巨额债券投资组合的金融机构？该金融机构受到的影响会比更集中于投资债券（并且短期债券更少）的金融机构大吗？请解释。

6. 比较债券与抵押贷款 既然固定利率抵押贷款与债券有相似的偿付现金流，利率上升将怎样影响拥有大量固定利率抵押贷款的金融机构呢？请解释。

7. 票面利率 如果债券的票面利率高于投资者的必要收益率，债券价格将会高于还是低于其票面价值？请解释。

8. 债券价格敏感性 长期债券还是短期债券的价格对利率变动更敏感？为什么？

9. 债券必要收益率 为什么特定债券的必要收益率会随时间变化？

10. 通货膨胀的影响 假设通货膨胀率在近期会降低。这将如何影响未来债券价格？基于这个预期，你会建议金融机构增加还是减少长期债券的投资？请解释。

11. 债券价格弹性 解释债券价格弹性概念。债券价格弹性表明相同利率和期限的零息债券还是高息债券有更高的价格敏感性？为什么？这对包含零息国债或高息国债的共同基金的市场价值波动有何启示？

12. 经济对债券价格的影响 一位分析师最近表示，近期将出现普遍的经济扩张，这将会对高评级的固定利率债券的价格产生有利影响，因为随着企业业绩提高，债券的信用风险将会下降。假设经济扩张发生了，你同意该分析师的结论吗？请解释。

13. 战争的影响 当紧张局势加剧或中东爆发战争时，许多国家的债券价格往往会下跌。中东问题和债券价格之间有什么关系？你能预测一下这场危机会使日本还是英国的债券价格下跌更多？（答案和这些国家的利率如何变动有关。）请解释。

14. 债券价格敏感性 解释货币供应量增长、石油价格上涨和经济增长如何影响债券价格。

15. 油价的影响 假设产油国同意将石油产量减少 30%。这一公告将如何影响债券价格？请解释。

16. 经济状况的影响 假设突发新闻使债券投资组合经理预期经济增长加快。这一预期将怎样影响债券价格？请解释。现在假设突发性新闻使债券投资组合经理预期经济会萧条。这又将如何影响债券价格？请解释。

高级问题

17. 美联储的影响 假设债券市场参与者突然预期美联储会大幅增加货币供应量。

a. 假设通货膨胀率不变动，债券价格将如何受到此预期的影响？

b. 假设可能导致通胀，债券价格将如何受到影响？

c. 给出你对 a 和 b 的答案，解释为什么债券市场参与者对美联储增加货币供应量的预期如何影响债券价格持有不同意见。

18. 贸易逆差的影响 债券投资组合经理密切关注贸易逆差，因为贸易逆差能够影响利率，进而影响通货膨胀预期，最终引起利率变化。

a. 当贸易逆差数值高于预期时，债券价格往往会下跌，请解释引起这种反应的原因。

b. 在某些情况下，贸易逆差数字非常大，但债券市场没有回应这一消息。假设没有其他信息可以抵消这种影响，解释为什么债券市场没有对这一信息做出回应。

19. 国际债券 由于英国债券的收益率高了 2 个百分点，一家美国保险公司购买了英国的 20 年期国债而不是美国的 20 年期国债。假设 5 年后该保险公司出售该债券。它的 5 年期收益远低于美国同期债券 5 年内获得的收益。假设美国保险公司已经对冲了其汇率风险。已知较低的收益率并不是因为违约风险或汇率风险，请解释为何英国债券比美国债券收益率更低。（假设两种债券都以票面价值买入。）

20. 国际债券 Utterback（一家美国公司）的养老基金经理购买了 20 年期德国国债而不是 20 年期美国国债。德国债券的票面利率比美国债券低 2 个百分点。假设该经理在 5 年后卖出该债券。它的 5 年期收益远高于美国同期债券 5 年内获得的收益。请解释即使汇率在这 5 年间很稳定，德国债券为何也能够获得更高的收益。（假定两种债券的初始价格均为票面价值。）请具体说明。

21. 收益率曲线变化的含义 假设收益率曲线突然变得比过去更高更陡。如果一家公司现在发行债券，它的债券价格比起过去发行的债券价格会更高还是更低？请解释。

22. 债券价格对现期条件的反应 考虑到通货膨胀（包括油价）、经济状况、预算赤字和美联储的货币政策都是可能影响利率的普遍条件。基于这些现期条件，你认为本季度债券价格会升高还是降低？提供一些逻辑来支持你的答案。你认为哪种因素对债券价格的影响最大？

23. 债券市场与货币市场的相互作用 假设你的投资组合中有债券和货币市场证券，你突然认为长期利率将在明天大幅上升（尽管市场并不认同你的观点），而短期利率将保持不变。

a. 你将如何在债券和货币市场证券之间重新平衡你的投资组合？

b. 如果其他市场参与者突然意识到长期利率将在明天上涨并且他们做出与你相同的决策，解释这些债券（债券和货币市场证券）的需求、供给、价格和收益率将会如何受到影响。

c. 假设现在的收益率曲线是平的。解释一下收益率曲线的斜率在明天将如何对市场活动做出反应。

24. 次贷危机对风险溢价的影响 请解释在次贷危机期间，无风险利率的变化如何影响债券价格。请解释在该期间信用风险溢价如何影响债券价格。

25. 系统风险 请解释为什么在债券市场及其他债务市场有关于系统风险的担忧，以及《金融改革法案》(2010) 是如何降低系统风险的。

26. 市场不确定性与债券收益率的联系 当股市波动较大时，公司债券收益率往往会上升。在这种情况下，什么市场因素导致公司债券收益率上升？

27. 美联储对次贷危机的影响 美联储的公开市场操作可以改变货币供应量，进而影响债券的无风险利率。为什么美联储的政策也可以影响公司债券的风险溢价？

28. 欧洲债务危机的蔓延 请解释为什么一些欧洲国家的债务危机可能引起其他欧洲国家的财政问题。

29. 欧洲债务偿还和货币政策 解释为什么货币政策在刺激一个面临债务偿还问题的欧洲国家的经济时通常是无效的。

30. 欧洲债务偿还和财政政策 解释为什么财政政策在刺激一个面临债务偿还问题的欧洲国家的经济时通常是无效的。

31. 欧洲中央银行向有债务问题的政府提供贷款的条件 描述欧洲中央银行在向有债务偿还问题的欧洲国家政府提供贷款时所施加的条件。

辩证思维问题

次贷危机对债券市场的影响 次贷危机产生于抵押贷款市场，但是对债券市场造成了严重影响。写一篇关于债券市场如何被影响的短文，并且就债券市场如何在未来的次贷危机中脱身提出自己的建议。

解读财经新闻

诠释华尔街分析师和投资经理做出的下述评论：

a. “鉴于近期利率的不确定性，投资者正纷纷逃离零息债券。”

b. “Catrell 保险公司大量投资债券，其股票价格今天大幅上涨，以回应美联储计划降低利率的信号。”

c. “当美国财政部发行新的债券时，债券市场的价格下跌。”

金融市场管理

债券投资困境 作为一名投资者，你计划将资金用于投资长期债券。你有 100 000 美元用来投资。你可以按照票面价格投资高信用等级、利率为 6%的 10 年期或 20 年期市政债券；或者你可以按照票面价格投资高信用等级、利率为 8%的 10 年期或 20 年期公司债券。你预计 5 年内不会用到这笔资金，但是在第 5 年底，由于你需要进行巨额支出，因此那时你必定会出售这些债券。

a. 你每年将在市政债券上获得多少利息收入？在公司债券上呢？

b. 假设你处于 20%的纳税等级。如果市政债券和公司债券的信用风险等级和流动性相同，你会投资市政债券还是公司债券？为什么？

c. 假设你预计所有新发行的债券（不看期限）的收益率在未来两年内将降低 4 个百分点，并在接下来的 3 年里提高 2 个百分点，你会选择 10 年期的还是 20 年期的（你计划购买的）债券？为什么？

习题

1. 债券价值 假设现有提供年息支付的债券的以下信息：

票面价值＝1 000 美元

票面利率＝11%

到期期限＝4 年

投资者的必要收益率＝11%

a. 该债券的现值是多少？

b. 若投资者的必要收益率是 14%而不是 11%，该债券的现值是多少？

c. 若投资者的必要收益率是 9%，该债券的现值是多少？

2. 零息债券估值 假设现有零息债券的信息如下：

票面价值＝100 000 美元

期限＝3 年

投资者的必要收益率＝12%

投资者愿意为这些债券支付多少钱？

3. 零息债券估值 假设你对票面价值为 1 000 美元、6 年到期的零息债券的必要收益率为 14%，那么你愿意为该债券支付多少钱？

4. 债券价值对利率和汇率变动的敏感性 Cardinal 公司是一家美国保险公司，它正考虑购买票面价值为50 000 000 加拿大元、票面利率为 12%、为期 6 年的以加拿大元计价的债券。Cardinal 公司可以按票面价格购买该债券。目前加拿大元的汇率为 0.8 美元/加拿大元。Cardinal 公司预计从现在开始 4 年内加拿大投资者对该债券的必要收益率为 9%。若 Cardinal 公司购买了该债券，4 年后它会在加拿大的二级市场出售。汇率预测如下：

年份	加拿大元的汇率（美元/加拿大元）	年份	加拿大元的汇率（美元/加拿大元）
1	0.80	4	0.72
2	0.77	5	0.68
3	0.74	6	0.66

a. 参考本章早些时候的例子，预测未来 4 年流入 Cardinal 公司的美元现金流。

b. Cardinal 公司会受到利率风险的有利还是不利影响？请解释。

c. Cardinal 公司会受到汇率风险的有利还是不利影响？请解释。

5. 预测债券价值（使用本章附录解答此问题。）Bulldog 银行刚刚花费 106 000 000 美元买入票面价值为 100 000 000 美元、票面利率为 14%、3 年到期的债券。它预计未来一年内该债券的必要收益率为 12%。

a. 一年后 Bulldog 银行能以何种价格出售该债券？

b. 假设该债券一年后要被出售，其预计接下来一年的年化收益率是多少？

6. 预测债券价值（使用本章附录解答此问题。）Sun Devil Savings 刚刚花费 38 000 000 美元买入票面价值为 40 000 000 美元、票面利率为 12%、5 年到期的债券。它预计从现在起 2 年内该债券的必要收益率为 10%。

a. 两年后 Sun Devil Savings 能以何种价格出售该债券？

b. 假设该债券 2 年后要被出售，其预计接下来 2 年的年化收益率是多少？

c. 如果预期 10%的必要收益率是过高的，债券的实际卖出价格和预计的有何不同？2 年内的实际年化收益率与预计的有何不同？

7. 预测债券价值（使用本章附录解答此问题。）Spartan 保险公司计划购买票面价值为 60 000 000 美元、票面利率为 10%、4 年到期的债券。Spartan 保险公司预计未来 3 年该债券的必要收益率为 9%。它计划 3 年后出售该债券。3 年后它将以何种价格出售该债券？

8. 债券收益率（使用本章附录解答此问题。）Hankla 公司计划购买：（1）票面价值为 100 000 000 美元、期限为 10 年、售价为 40 000 000 美元的零息债券，或者（2）违约风险相同、票面价值为 40 000 000 美元、票面利率为 9%、5 年后到期、售价为 40 000 000 美元的债券。

Hankla 公司 5 年内可投资现金为 40 000 000 美元。假设 5 年内市场的必要收益率为 11%。哪种选择可以为 Hankla 公司在 5 年内提供更高的收益？

9. 预测债券价值（使用本章附录解答此问题。）Ludwig 公司的投资组合经理未来 4 年内有多的资金用来投资。他可以购买收益率为 9%的短期国库券，也可以花费 2 900 000 美元购买票面价值为 3 000 000 美元、票面利率为 11%、每年付息的新发行的 20 年期国债。

该经理预计现在起 4 年内这些相同的 20 年期国债的必要收益率都为 12%。

a. 4 年后 20 年期国债的预计市场价格是多少？

b. 4 年间哪种投资预计获得的收益更高？

10. 预测债券投资组合的价值（使用本章附录解答此问题。）Ash 投资公司管理着一个广泛的投资组合：

	票面价值（美元）	目前的市场价值（美元）	期限（年）
零息债券	200 000 000	63 720 000	12
票面利率为 8%的国债	300 000 000	290 000 000	8
票面利率为 11%的公司债券	400 000 000	380 000 000	10
		733 720 000	

Ash 投资公司预计 4 年内，市场中的投资者对零息债券的必要收益率为 8%，对国债的必要收益率为 7%，对公司债券的必要收益率为 9%。预测 4 年后该债券投资组合的市场价值。

11. 零息债券估值

a. 一种票面价值为 1 000 美元、10 年到期的零息债券，要使该债券的到期收益率与当前 8%的市场利率相匹配，该债券应定价多少？

b. 如果利率降至 6%，对该债券价格有何影响？

c. 根据上述债券价格和利率的变动计算该债券的价格弹性。

12. 债券估值　你想购买票面价值为 1 000 美元、票面利率为 8%、期限为 10 年、每半年付息的债券。如果投资者的必要收益率为 10%，你将愿意为该债券支付多少钱？

13. 预测债券价值　一种你感兴趣的债券的票面利率为 4%、到期收益率为 6%、期限为 13 年。如果利率保持不变，请你估计从现在起 8 年后该债券售价多少？10 年后呢？

14. 债券价值的敏感性

a. 其他条件不变的情况下，如果息票支付减少，债券的现值（债券的市场价值）该如何变动？

b. 其他条件不变的情况下，如果必要收益率降低，债券的现值（债券的市场价值）该如何变动？

15. 债券弹性　假设必要收益率不变，债券价格变动幅度加大，债券弹性会如何变化？

16. 债券久期　若债券的付息期限延长，债券久期会如何变动？

17. 债券久期　某债券的久期为 5 年、到期收益率为 9%。假如到期收益率变为 10%，该债券的价格变动的百分比是多少？

18. 债券凸性　描述债券凸性如何影响债券理论上的线性价格—收益率关系。债券凸性对于估计债券价格变化有什么作用？

资金流动练习

利率预期、经济增长和债券融资

若经济继续强劲增长，卡森公司可能需要在未来几年提高 50%的生产能力以满足需求。它需要资金来扩大和适应产量的增加。收益率曲线目前是向上倾斜的。卡森公司担心美联储会采取措施来抑制通货膨胀，因而经济可能会放缓。它需要资金来支付供应品费用。它也在考虑第二年发行股票或债券来融资。

a. 在最近的一次会议上，首席执行官（CEO）表示，他认为经济将保持强劲增长，因为美联储的货币政策不太可能对利率产生重大影响。因此，他希望扩大业务，以从对卡森公司产品需求的预期增长中获益。下一步即要决定如何为该扩张融资。首席财务官（CFO）表示，如果卡森公司需要获得长期资金，那么发行固定利率债券将是理想的，因为她预计美联储的货币政策将会导致长期利率上升。如果首席财务官对未来利率的预测是正确的，那么这会如何影响未来经济增长、对卡森公司产品的未来需求以及发行债券的需求？

b. 如果你参与了这场会议，你认为在决定扩大业务之前需要解决什么问题？

c. 在这场会议中，CEO 说道："扩张的决定不应取决于利率是否会上升。只有当利率的潜在增长归因于对可贷资金的强劲需求，而不是美联储减少可贷资金的供给时，债券才应该发行。"这是什么意思？

互联网/Excel 练习

登录 www.giddy.org/db/corpspreads.htm。高于同期限国债的利差以基点（100 个基点＝1%）的形式列出。

1. 首先找到 AAA 级债券和 CCC 级债券与国债利差的区别，即 CCC 级债券比 AAA 级债券的收益率高多少。其次找到 AAA 级债券和 BBB 级债券利差的差值，最后找出 BBB 级债券和 CCC 级债券利差的差值。AAA 级债券与 BBB 级债券的利差和 BBB 级与 CCC 级的利差哪个大？这对评级类别中债券的风险识别有何启发？

2. 比较短期（例如 2 年）和长期（例如 10 年）的 AAA 级债券的利差。短期还是长期债券的利差更大？请提供一种解释。

3. 比较短期（例如 2 年）和长期（例如 10 年）的 CCC 级债券的利差。短期还是长期债券的利差更大？请提供一种解释。注意到给定评级下的不同期限债券间的利差随着债券评级水平的变化而变化。请对此提供一种解释。

关于现实案例的在线文章

找一篇近期描述一个具体金融机构或金融市场真实案例的在线实用性文章，以强化本章所涵盖的一个或多个概念。

如果你的班级有一个在线平台，教授可能会要求你把文章摘要放在那里并提供文章的链接以供其他学生访问。如果你的班级是当面授课的，教授可能会要求你当堂总结你对该文章的运用。教授可能指派特定学生或让学生自愿完成这项作业。

对于与本章相关的近期在线文章和真实案例，请考虑使用以下搜索词（请务必在搜索词中包含当前年份以确保在线文章是近期的）：

1. 债券＋价值
2. 债券价格＋经济增长
3. 债券价格＋通货膨胀
4. 债券价格＋货币供应量
5. 债券价格＋预算赤字
6. 债券＋久期
7. 债券＋业绩
8. 债券＋策略
9. 国际债券＋利率
10. 国际债券＋信用风险

第 8 章附录

债券价格与利率预测

预测债券价格

为了说明一个金融机构如何评估利率变动对其债券持有量的潜在影响，假设 Longhorn 储蓄与贷款公司最近在二级市场买入票面价值总额为 40 000 000 美元的国债。该债券 5 年后到期且票面利率为 10%（年化）。由于 2 年后 Longhorn 储蓄与贷款公司要出售这些债券，因此它试图预测这些债券 2 年后的市场价值。因此，它必须预测投资者的必要收益率，并将其作为贴现率来确定债券在其生命最后 3 年的现金流现值。该现值代表了 2 年后该债券的预期价格。

继续我们的例子，假设 2 年后投资者的必要收益率为 12%，这将被用于对未来 3 年的现金流进行贴现。已知每年偿付 4 000 000 美元（即 10%×40 000 000 美元）的利息且票面价值为 40 000 000 美元，预计的现值计算如下：

$$\begin{aligned}2\text{ 年后债券的现值}&=\frac{4\ 000\ 000}{1.12^1}+\frac{4\ 000\ 000}{1.12^2}+\frac{44\ 000\ 000}{1.12^3}\\&=3\ 571\ 429+3\ 188\ 775+31\ 318\ 331\\&=38\ 078\ 535(\text{美元})\end{aligned}$$

图 8A.1 用时间轴提供了这个练习的说明。2 年后该债券的市场价值稍微高于 38 000 000 美元，这就是那时 Longhorn 储蓄与贷款公司预计出售债券的价格。

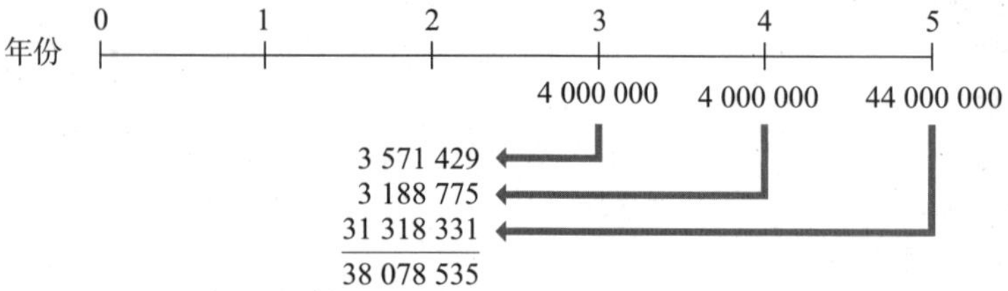

图 8A.1 预测债券的市场价值（单位：美元）

再举个例子，假设Aggie保险公司最近在二级市场买入票面价值为20 000 000美元、票面利率为14%（每年付息）、期限为3年的债券。由于1年后该公司要出售该债券，因此它想预测该债券那时的市场价值。它预计1年后投资者的必要收益率为11%。利用这一信息，它对该债券最后2年的现金流（每年的票面利息为280万美元，票面价值为2 000万美元）以11%的贴现率进行贴现，确定了1年后的现值（也就是市场价值）：

$$
\begin{aligned}
1\text{ 年后债券的现值} &= \frac{2\,800\,000}{1.11^1} + \frac{22\,800\,000}{1.11^2} \\
&= 2\,522\,522 + 18\,504\,991 \\
&= 21\,027\,513(\text{美元})
\end{aligned}
$$

因此1年后该债券的市场价值预计会略高于21 000 000美元。

预测债券收益率

到期收益率可以通过求解贴现率来确定，即未来支付的现值（息票支付和票面价值）与债券的现价相等。可以采用试错法，即通过假设一个贴现率来计算未来支付的现金流的现值。如果计算出的现值比现期债券价格高，则应选择一个更高的贴现率并重复计算。相反，如果计算出的现值比现期债券价格低，则应尝试一下更低的贴现率。还可以使用计算器和债券表来确定到期收益率。

如果持有债券至到期，则它的收益率就为已知。然而，如果它们在到期之前被出售，则直到卖出时才能知道它的收益率。然而投资者可以用上述方法，即利用必要收益率来估计该债券的市场价值（即出售价格），进而预测债券的收益率。然后将此售价应用于现金流估计，以确定使现金流现值等于投资者初始购买价格的贴现率。假设Wildcat银行购买的债券信息如下：

- 票面价值＝30 000 000美元
- 票面利率＝15%（每年付息）
- 剩余到期期限＝5年
- 债券买入价格＝29 000 000美元

该银行计划4年后卖出该债券，那时投资者的必要收益率预计为13%。根据这一信息，Wildcat银行将按照以下方式预测其债券的年化收益率。

第一步即为预测该债券4年后的现值（或市场价格）。要做到这一点，剩下的现金流（最后一次利息支付450万美元加上3 000万美元的本金）在第5年也就是最后一年应该贴现（预测必要收益率为13%）到第4年要出售债券之时：

$$
\begin{aligned}
4\text{ 年后债券的现值} &= \frac{34\,500\,000}{1.13^1} \\
&= 30\,530\,973(\text{美元})
\end{aligned}
$$

预测的4年后债券的现值用作4年后预测的债券出售价格。

下一步是在债券投资组合到期时，将预测的售价考虑进去，使现金流的现值与购买债券的价格相等的贴现率代表了其年化收益率。在我们的例子中，Wildcat银行的现金流包括它持有债券的 4 年中每年 450 万美元的利息；第 4 年的现金流还包括预期的30 530 973 美元的出售价格，总额为 35 030 973 美元。已知 Wildcat 银行购买债券花费 2 900 万美元。根据这些信息，贴现率（k）的计算方程为：

$$29\ 000\ 000=\frac{4\ 500\ 000}{(1+k)^1}+\frac{4\ 500\ 000}{(1+k)^2}+\frac{4\ 500\ 000}{(1+k)^3}+\frac{35\ 030\ 973}{(1+k)^4}$$

如果没有计算机的话，可以用试错法来确定贴现率。假设贴现率为 17%，债券现值将为：

$$\begin{aligned}&\text{贴现率为 17\%时的债券现值}\\&=\frac{4\ 500\ 000}{1.17^1}+\frac{4\ 500\ 000}{1.17^2}+\frac{4\ 500\ 000}{1.17^3}+\frac{35\ 030\ 973}{1.17^4}\\&=3\ 846\ 154+3\ 287\ 311+2\ 809\ 667+18\ 694\ 280\\&=28\ 637\ 412(\text{美元})\end{aligned}$$

该现值略低于最初的购买价值。因此使未来现金流现值等于购买价格的贴现率会比 17%略低。最终 Wildcat 银行对该债券的期望收益率会略低于 17%。

应该认识到，计算到期收益率的过程假定持有期结束前收到的任何款项都可以在到期时进行再投资。例如，如果付款只能以较低的利率进行再投资，那么到期收益率将高估整个持有期间投资者的实际收益率。

有了计算机程序，金融机构可以很容易地根据不同的预测，为 4 年后的必要收益率建立一个预测收益率的分布。如果没有计算机，在此所说明的过程必须对每个预测的必要收益率依次完成。电脑的计算步骤实际上也一样，只不过速度更快。

金融机构要预测债券收益率就必须预测它们打算出售债券时的利率。可以将预测的利率与证券的信息结合以预测必要收益率。根据所预测的必要收益率结合出售债券时的未来现金流，可以预测出售债券时的债券现值（或出售价格）。然后，预测的销售价格被纳入投资的未来现金流估计中。最后，债券的到期收益率是通过求解使该现金流与初始购买价格相等的贴现率来确定的。期望收益率的准确性取决于债券的预测出售价格，而这反过来又取决于预测的出售债券时的必要收益率的准确性。

预测债券投资组合价值

金融机构可以分别评估利率变动对单种债券的影响，然后整合这些单独的影响，以量化对它们的债券投资组合市场价值的影响。假设 Seminole 金融公司的投资组合中每种债券的必要收益率（k）已列示在表 8A. 2 的上半部分。预期利率上升，导致每种债券的预期必要收益率上升 1 个百分点。假设不对该投资组合做任何调整，Seminole 金融公司该债券投资组合的预测情况列示在表 8A. 1 的下半部分。

每种债券的预期市场价值都是根据预期必要收益率以 1 年后的现金流贴现。预期利率上升将造成该投资组合的市场价值减少超过 1 200 万美元。

这一简化的例子假设该组合中只有三种债券。实际上，一家金融机构可能同时持有多种期限的多种类型债券。电脑程序被广泛应用于评估投资组合的市场价值。投资机构输入持有债券的现金流趋势以及预期在未来时点每种债券的必要收益率，由计算机使用预期必要收益率来估计未来现金流的现值。这些现值将在预测该债券投资组合的市场价值时被整合。

表 8A.1　预测债券投资组合的市场价值

Seminole 金融公司的债券投资现状

债券类型	目前的必要收益率（k）	票面价值（美元）	剩余期限（年）	债券市场价值（美元）
票面利率为 9%的国债	9%	40 000 000	4	40 000 000
票面利率为 14%的公司债券	12%	100 000 000	5	107 209 552
票面利率为 10%的联邦政府机构债券	10%	150 000 000	8	150 000 000
		290 000 000		297 207 200

Seminole 金融公司的债券投资预测

债券类型	预测的必要收益率（k）	票面价值（美元）	1 年后的剩余期限（年）	预测的 1 年后债券市场价值（美元）
票面利率为 9%的国债	10%	40 000 000	3	39 005 259
票面利率为 14%的公司债券	13%	100 000 000	4	102 974 471
票面利率为 10%的联邦政府机构债券	11%	150 000 000	7	142 931 706
		290 000 000		284 915 840

预测该债券投资组合的市场价值的关键变量是每种债券的预期必要收益率。一般来说，短期债券利率比长期债券利率更不稳定，因此 3 年或 4 年后到期的债券的必要收益率可能比长期债券变动幅度更大。此外，即使利率的一般水平不变，随着经济条件的变化，一些风险债券的必要收益率也会改变。

预测债券投资组合的收益率

金融机构用多种方法计算它们债券投资组合的总收益率。一种方法是，不仅要计算利息还要计算持有期内债券的市场价值变动。持有期起始的市场价格作为最初的投资额，持有期结束时的市场价格作为债券的出售价格。假设仍然持有该债券，该方法要求估算出期末该投资组合的市场价值。最后算入息票支付。债券投资组合的收益率按与单个债券收益率类似的方法计算。数学上，债券投资组合的收益率（k）可用以下公式计算：

$$\mathrm{MVP}=\sum_{t=1}^{n}\frac{C_t}{(1+k)^t}+\frac{\mathrm{MVP}_n}{(1+k)^n}$$

其中，

MVP＝该债券投资组合现在的市场价值

C_t＝t 时期结束时获得的利息

MVP_n＝预期投资期间结束时该债券的市场价值

k=使该债券投资组合的息票支付和未来市场价值与现在的市场价值相等的贴现率

为了说明，请回忆一下 Seminole 金融公司预测的 1 年后其债券投资组合的价值。它的年度利息收入（C）总计为 32 600 000 美元（每种债券的票面利率乘以各自票面价值并加总）。利用该信息，结合今天的 MVP 和预期的 MVP（称为 MVP_n），年收益率 k 的求解如下：

$$MVP=\frac{C_1+MVP_n}{(1+k)^1}$$

$$297\ 207\ 200=\frac{32\ 600\ 000+284\ 915\ 840}{(1+k)^1}$$

$$297\ 207\ 200=\frac{317\ 515\ 840}{(1+k)^1}$$

贴现率大约为 7%（请亲自验证）。因此，在一年的投资期内，该债券投资组合的年化收益率约为 7%。债券投资组合收益率的计算过程可能会很烦琐，但金融机构可以使用计算机程序。如果该程序与其他预测未来债券价格的程序相连接，金融机构就可以输入每种债券的预期必要收益率，让电脑来预测未来特定投资期内的债券投资组合的市场价值和收益率。

第 9 章　抵押贷款市场

本章目标

- 介绍抵押贷款背景知识
- 描述住房抵押贷款常见类型
- 说明抵押贷款估值与风险
- 解释住房抵押贷款证券以及抵押贷款的问题如何导致 2008—2009 年次贷危机

抵押贷款是房地产交易的债券融资工具，其发行者是各类金融机构，诸如储蓄机构与抵押贷款公司。发行者希望在二级抵押贷款市场上出售未到期的抵押贷款。在抵押贷款市场上，个人或企业获得长期资金来购置房地产，金融机构作为贷款人为房地产交易提供长期贷款。

9-1　抵押贷款背景知识

抵押贷款是旨在为房地产投资进行融资而创造的一种债务。该债务以所有权作为担保，一旦资产所有者发生债务违约，贷款人就有权扣押资产。储蓄机构与抵押贷款公司等金融机构通过发行抵押贷款发挥中介作用。它们考量抵押贷款申请并对申请人信用进行评估。

抵押贷款代表了资产首付款与总支付额间的差值。一份抵押贷款合同规定了抵押贷款利率、期限以及贷款抵押品。发行者在提供抵押贷款时收取一定手续费。另外，如果发行者使用自有资金来为该资产融资，它就能从抵押贷款利率与融资利率间的利差中获利。大部分抵押贷款期限为 30 年，有些则为 15 年。

9-1a 抵押贷款市场如何助推资金流动

图 9.1 阐明了抵押贷款市场以何种方式助推资金流动。金融中介机构发行抵押贷款并为购置房产融资。这些发行抵押贷款的金融中介机构既从家庭储蓄中获得资金，也可直接在二级市场上将一些已发行的抵押贷款出售给机构投资者。之后，这些资金会被用来购置更多的住宅、公寓和商业地产。总的来说，抵押贷款市场在家庭与企业添置住宅、公寓和商业地产的同时赋予它们为经济增长提供资金支持的能力。

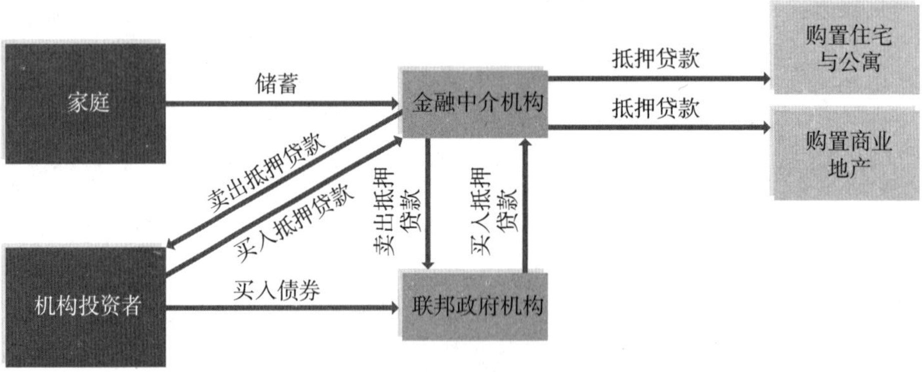

图 9.1　抵押贷款市场如何助推资金流动

抵押贷款市场各机构职能　抵押贷款公司、储蓄机构和商业银行发行抵押贷款。抵押贷款公司虽然可能会继续为已发行的抵押贷款办理偿还业务，但它们更倾向于在二级市场上将抵押贷款出售。所以它们的收入不是来源于提供长期抵押贷款融资，而是来源于贷款发放与手续费。储蓄机构与商业银行一般发行住宅抵押贷款。商业银行还为企业提供商业地产抵押贷款。储蓄机构与商业银行通常以家庭储蓄作为资金支持。但同时，它们也可在二级市场上出售部分抵押贷款。

在二级市场上，抵押贷款购买者通常为储蓄机构、商业银行、保险公司、养老基金与部分共同基金。表 9.1 概括了各金融机构在抵押贷款市场的参与情况。

表 9.1　　抵押贷款市场各机构职能

金融机构类型	该机构在抵押贷款市场的参与情况
商业银行与储蓄机构	• 发行并服务于商业地产抵押贷款、住宅抵押贷款；将贷款纳入投资组合。 • 打包抵押贷款并以此为标的出售住房抵押贷款证券。 • 购买住房抵押贷款证券。
信用合作社与信贷公司	• 发行抵押贷款，将贷款纳入投资组合。
抵押贷款公司	• 发行抵押贷款，将其在二级市场出售。
共同基金	• 可能出售股票，用所得收入构建住房抵押贷款证券投资组合。
证券公司	• 打包抵押贷款并以此为标的出售住房抵押贷款证券。 • 为机构投资者提供降低利率风险的手段。
保险公司	• 通常在二级市场购入抵押贷款或住房抵押贷款证券。

9-1b 衡量信用的标准

金融机构在考量抵押贷款申请时，需要审核反映贷款对象偿付能力的信息。以下列出用于评估借款人偿还能力的三项重要评价标准：

■ 借款人权益投资水平。首付款表示借款人支付的房产净值比例。该比例越低，借款人就越可能发生债务违约。现实中常用的衡量指标为贷款价值比，它指明了资产净值中债务融资占比。借款人承担的首付款越少，贷款价值比越高，借款人因停止偿还抵押贷款而遭受的损失也越少。

■ 借款人收入水平。收入水平低的借款人更有可能在定期贷款中发生债务违约。收入决定了借款人每月能够得到多少资金来偿还抵押贷款。但收入水平会随时间变化，这为抵押贷款人判断贷款对象是否能在贷款期间获得持续收入带来了困难。这在高失业率时期尤其重要。

■ 借款人信用记录。在同等情况下，信用记录有问题的借款人比那些信用记录良好的借款人更有可能发生债务违约。

9-1c 抵押贷款分类

抵押贷款的分类方式有许多种，但最主要的两种是优质抵押贷款与次级抵押贷款、担保抵押贷款与常规抵押贷款。

优质抵押贷款与次级抵押贷款 抵押贷款可以根据借款人是否满足传统贷款标准进行分类。满足传统贷款标准的借款人获得优质抵押贷款。不满足传统贷款标准的借款人由于收入水平较低、现有债务较高或首付款较少，只能获得次级抵押贷款。近几年来，尤其是2003年至2005年，许多类似抵押贷款公司的金融机构以增发次级抵押贷款的方式来拓展业务。另外，它们可对抵押贷款收取高额费用（如房屋评估费）与高利率作为高风险补偿。次级抵押贷款利率一般比优质抵押贷款利率高出1.5～2.5个百分点。尽管次级抵押贷款使原本无法买房的人购得房产，但这些次级抵押贷款容易发生违约。本章之后的内容将会说明，次级抵押贷款大面积违约导致了2008年次贷危机。

“Alt-A”贷款指只满足部分优质抵押贷款评价标准的抵押贷款。因此“Alt-A”贷款的风险通常介于优质抵押贷款与次级抵押贷款之间。

担保抵押贷款与常规抵押贷款 抵押贷款也经常根据是由联邦担保的还是常规的进行分类。联邦担保抵押贷款保障贷款金融机构获得贷款偿还，为借款人债务违约风险提供担保。保费为贷款金额的0.5%，用于支付投保成本。担保人可为联邦住房管理局（FHA）或退伍军人管理局（VA）。通过FHA或VA向金融机构申请担保抵押贷款必须满足政府机构指定的各项要求。此外，担保抵押贷款有法定最高限额（各州根据不同房价设定不同限额）。自1960年起，FHA担保抵押贷款总量始终高于VA担保抵押贷款。过去30年间，这两种担保抵押贷款已经越发普及。

金融机构也提供常规抵押贷款。虽然这种抵押贷款不由联邦提供担保，但它们可以由私人提供担保，所以借出资金的金融机构仍旧可以避免信用风险暴露。像这种由私人担保的保费很可能会转嫁给借款人（债务人）。借出资金的人（债权人）可以选择自己承担信用风险，从而免去保费。抵押贷款二级市场上的一些参与者只购买这种由私人提供担保（除非贷款价值比低于80%）的常规抵押贷款。

9-2 住房抵押贷款类型

购房者可获得下列不同类型的住房抵押贷款：

- 固定利率抵押贷款
- 可调利率抵押贷款
- 分级偿还抵押贷款
- 递增还本抵押贷款
- 二级抵押贷款
- 分享增值抵押贷款
- 期末整付抵押贷款

9-2a 固定利率抵押贷款

利率是抵押贷款合同中最重要的规定之一。抵押贷款利率可以是一个固定利率，也可以根据定期利率进行调整，随时间而变化。固定利率抵押贷款（fixed-rate mortgage）的利率在整个抵押期间保持不变。从而无论市场利率如何变化，贷款金融机构都能获得不变的定期利息偿还。持有含固定利率抵押贷款投资组合的金融机构会暴露于利率风险中，因为金融机构通常用短期客户存款资金向长期抵押贷款放贷，如果利率随时间上升，金融机构（从客户存款）获得资金的成本就会上升，然而固定利率抵押贷款并不会受影响，所以放贷的边际利润率会下降。

固定利率抵押贷款借款人不会因为利率上升而遭受损失，但同样无法因为利率下降获益。尽管借款人会企图以更低的现行市场利率再贷款（获得新贷款来代替之前的贷款），但他们仍旧会蒙受诸如手续费与贷款发放费等交易成本方面的损失。

摊还式固定利率抵押贷款　当固定利率抵押贷款的期限与利率确认后，就可以计算出一张记录月支付额的**分期摊还表**（amortization schedule），并拆分其中本金与利息占比。最初的抵押贷款支付额主要反映利息。随着时间推移，一部分本金被偿还后，利息占比逐渐减小。

持有固定利率抵押贷款的贷款机构会在指定时间内获得等额长期支付。支付额取决于抵押贷款本金额、利率与期限。如果包含保险与税费，则这两者也会影响总支付额。

以一个30年期、总额为100 000美元、年利率为8%的抵押贷款为例。为了专注于本金支付额与利息支付额，本案例中不考虑保险与税费。表9.2中列出了月支付额中本金与利息的拆分情况。在第一个月，利息支付额为666.66美元，但本金支付额仅67.10美元。注意到最先几年利息支付额占比较大，而最后几年本金支付额占比较大。通过目前早已十分普及的网络计算器能得出任何抵押贷款的分期摊还表。

表 9.2　某年分期摊还表示例（抵押贷款为 30 年期、总额 100 000 美元、利率为 8%）　单位：美元

支付序号	利息支付额	本金支付额	总支付额	剩余本金总额
1	666.66	67.10	733.76	99 932.90
2	666.21	67.55	733.76	99 865.35
100	604.22	129.54	733.76	90 504.68
101	603.36	130.40	733.76	90 374.28
200	482.01	251.75	733.76	72 051.18
201	480.34	253.42	733.76	71 797.76
300	244.52	489.24	733.76	36 188.12
301	241.25	492.51	733.76	35 695.61
359	9.68	724.08	733.76	728.91
360	4.85	728.91	733.76	0

分期摊还表还能用来比较 30 年期与 15 年期抵押贷款的月支付额。

◈ **例子**

一个 30 年期、总额为 100 000 美元、年利率为 8%的抵押贷款的月支付额（不包括税费与保费的情况下）约为 734 美元。同额的 15 年期抵押贷款的月支付额为 956 美元。30 年期抵押贷款总支付额为 264 155 美元，而 15 年期抵押贷款总支付额为 172 017 美元。由于摊还速率更快，累积利息更低，期限较短的抵押贷款总支付额较低。◈

对于提供抵押贷款的金融机构来说，15 年期抵押贷款比 30 年期抵押贷款利率风险更小，因为贷款期限更短。

9-2b　可调利率抵押贷款

可调利率抵押贷款（adjustable-rate mortgage，ARM）允许抵押贷款利率根据市场条件调整。在合同中会明确规定利率调整公式。不同抵押贷款合同的调整公式与调整频率也不同。通常 ARM 调整期限为 1 年，利率参照前一年美国国债平均收益率（比方说，规定利率为美国国债平均收益率上浮 2 个百分点）。

目前有些 ARM 包含一项选择条款，使抵押贷款人可在指定时期（如抵押贷款发放后 1～5 年）转换为固定利率，具体条款可能有差别。

图 9.2 展示了新发放的固定利率抵押贷款与可调利率抵押贷款的利率变化情况。需要注意的是，该固定利率一般高于抵押贷款发放时任一给定时点的可调利率。购房者在抵押贷款发放时尝试评估未来利率走势，如果他们预期利率在持有该资产时期内会稳定于某一水平或下降，那么他们就会选择 ARM。反之，如果他们预期利率会随时间大幅上升，那么他们就会选择固定利率抵押贷款。

从金融机构视角看 ARM　由于 ARM 利率随现行利率变化，金融机构可拥有稳定的边际利润率。如果它们的资金成本上升，它们的抵押贷款收益率也会上升。因此，ARM 越来越受欢迎。

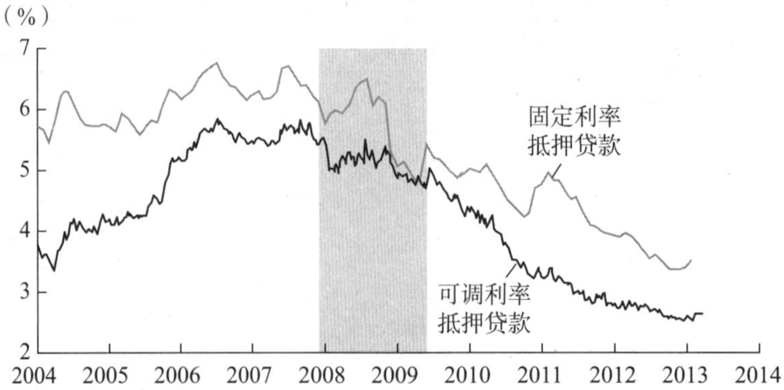

图 9.2　一定时期内新发行的固定利率抵押贷款与可调利率抵押贷款的利率比较

说明：阴影区域代表美国经济衰退阶段。

资料来源：美联储。

绝大部分 ARM 规定无论市场利率如何变化，每一年及整个贷款期限的利率都有最大波动幅度限制。通常每年最大为 2 个百分点，整个贷款期限最大为 5 个百分点。当市场利率波动幅度超过这些界限时，金融机构的 ARM 边际利润率必然会因此受影响。但这样的利率风险相对于固定利率抵押贷款来说小得多。

9-2c　分级偿还抵押贷款

分级偿还抵押贷款（graduated-payment mortgage，GPM）是指借款人在期初只支付少量利息，但利息支付额在最先 5～10 年中累进增长，直到达到稳定水平。这种抵押贷款旨在为那些随时间推移会在未来拥有高收入（有能力支付更高的月支付额）的家庭而设计。

9-2d　递增还本抵押贷款

递增还本抵押贷款（growing-equity mortgage）与 GPM 类似，是指月利息支付额起初较低但随时间增长的抵押贷款。但与 GPM 的区别是，递增还本抵押贷款的支付额并不会稳定在某一水平，而是会在整个贷款期限内持续增长（通常为每年 4%）。这样加速支付能使抵押贷款在 15 年或更短的时间内还清。

9-2e　二级抵押贷款

二级抵押贷款（second mortgage）需建立在初级抵押贷款的基础上。一些金融机构或许会因借款人收入水平限制他们的初级抵押贷款总额。其他金融机构就可能向他们提供一份期限短于初级抵押贷款的二级抵押贷款。并且，由于（发生债务违约时）二级抵押贷款的资产优先求偿权低于初级抵押贷款，所以二级抵押贷款利率更高。利率更高恰恰反映了二级抵押贷款发放者承受的利率风险更大。

售房者有时会向购房者提供二级抵押贷款。这种行为在原有抵押贷款可预测并且房屋售价远高于第一份抵押贷款余额的情况下尤为普遍。通过提供一份二级抵押贷款，售房者使购房者更有能力购房，因此房屋更易出售。售房者与购房者一同协商具体的利率与期限。

9-2f 分享增值抵押贷款

分享增值抵押贷款（shared-appreciation mortgage）是指购房者以低于市场利率的利率获得抵押贷款。作为交换，贷款人将分享房地产的增值。贷款人获得的增值比例将在抵押贷款发放时通过商议明确规定。

9-2g 期末整付抵押贷款

期末整付抵押贷款（balloon-payment mortgage）是指在 3～5 年内只要求偿还利息，期满后借款人必须支付全额本金（期末整付）的抵押贷款。由于满期前无须偿还本金，所以月支付额起初较低。但事实上，绝大多数借款人无法在 3～5 年内积累足够资金偿还抵押贷款。所以期末整付抵押贷款实际上迫使他们申请一份新抵押贷款。因此，他们会在申请新抵押贷款时承担更高的抵押贷款利率。

9-3 抵押贷款估值

由于抵押贷款经常在二级市场上出售，所以机构投资者不断对它们估值。抵押贷款的市场价格（P_M）应等于其未来现金流的贴现值：

$$P_M = \sum_{t=1}^{n} \frac{C + \text{Prin}}{(1+k)^t}$$

式中 C 表示利息支付额（类似于债券的息票支付），Prin 表示每期本金支付额，k 表示投资者的必要收益率。跟债券一样，抵押贷款的市场价值是投资者预期未来现金流的贴现值。然而区别在于，抵押贷款的定期现金流通常包含本金偿还额与利息偿还额。

抵押贷款的必要收益率主要根据现行同期限无风险利率决定，但其他因素诸如信用风险与缺乏流动性会使许多抵押贷款的必要收益率高于无风险利率。例如，30 年期抵押贷款利率之所以与 30 年期美国国债利率存在差异，主要是因为在经济不景气时（比如在 2008 年次贷危机期间）信用风险会上升。

由于固定利率抵押贷款的必要收益率主要由现行无风险利率（R_f）与风险溢价（RP）决定，所以抵押贷款价值（等同于市场价格 P_M）可用公式表达为

$$\Delta P_M = f(\underbrace{\Delta R_f}_{+}, \underbrace{\Delta \text{RP}}_{+})$$

在投资抵押贷款时，一旦无风险利率上升或固定利率抵押贷款风险溢价上涨，该抵押贷款的必要收益率也会上升，导致抵押贷款价格下降。

考虑到会对抵押贷款价格产生影响的不确定因素，抵押贷款未来价格（与收益率）是

不确定的。下文将说明，金融机构投资抵押贷款的不确定性产生于信用风险、利率风险与提前支付风险。

9-3a 信用风险

信用（违约）风险是指借款人逾期支付甚至债务违约的情况下，投资者潜在损失的大小与可能性。无论投资者在抵押贷款到期前将其出售还是持有至到期，他们都会面临信用风险。因此，投资者在投资抵押贷款时必须权衡更高的潜在收益率与风险暴露（实际收益率可能低于期望收益率）。借款人发生债务违约的可能性受经济状况与人格的双重影响，贷款人在评估借款人信誉（借款人支付的房产净值比例、借款人收入水平与借款人信用记录）时应考虑到这些。

投资者必须权衡期望收益率与债务违约风险。投资者通常会投资低质量抵押贷款（如次级抵押贷款），尽管风险更高但能获得更高收益率。但是下文将说明，这样的投资策略在次贷危机期间往往事与愿违。

运用信用违约互换进行信用风险对冲 投资抵押贷款基金的金融机构可以通过购买**信用违约互换**（credit default swap，CDS）进行信用风险对冲。信用违约互换是私下协商合约，用以保护投资者免受某一债务，诸如抵押贷款的违约风险。金融机构不会刻意购买预期会发生违约的抵押贷款或任何债务性证券，但它们可以决定购买信用违约互换，在它们所持有的债务性证券发生违约时弥补不利影响。信用违约互换产生于 20 世纪 90 年代中期，并成为金融机构为持有的抵押贷款或其他债务性证券对冲信用风险的常规手段。

信用违约互换是一种保险。信用违约互换购买者按季向出售者付款（与其他保险的保费类似）。当发生债务性证券违约时，信用违约互换购买者停止向出售者付款。并且信用违约互换出售者有义务向购买者支付款项（通常为违约债务面值）。这样一来，信用违约互换出售者获得违约债务所有权。

运用信用违约互换进行信用风险对冲的明显缺陷是其成本。如果每年成本为证券价值的 2%，那么该成本可能抹去同期债务性证券与国债（无风险）的收益率差。因此，投资者可能干脆购买国债来获得相同收益。

信用违约互换定价 信用违约互换的价格反映了债务违约的可能性。同大多数形式的保险一样，信用违约互换购买者每年支付的成本与投资失败的可能性正相关。对给定面值的债务性证券进行违约投保，购买者向出售者每季支付的款项随违约可能性的增大而增大。换句话说，出售者只会在获得足够补偿以弥补所承担的债务性证券的违约风险暴露时，才会愿意出售信用违约互换。

包含特定债务性证券投资组合的信用违约互换定价，会基于影响投资组合违约可能性的因素而随时间变化。在次贷危机期间，抵押贷款违约率大幅上升，因而购买者只能通过支付更高价格购买信用违约互换来保护抵押贷款投资组合。

出售信用违约互换 一些金融机构如果相信标的债务性证券不会发生违约，它们就愿意出售信用违约互换合约。就像保险公司如果相信不会发洪水，它们就愿意出售洪水保险一样。如果标的债务性证券不会发生违约，出售者就能持续获得购买者付款而不用进行任何偿还。

9-3b 利率风险

持有抵押贷款的金融机构会承受利率风险，因为抵押贷款价值常常随利率上升而下降。抵押贷款期限一般较长，而金融机构通常用短期存款来融资，因此投资抵押贷款面临高风险暴露。这样的抵押贷款在利率下降时也能产生高收益，但由于借款人往往在利率下降时进行二级贷款（以更低利率获取新抵押贷款并提前偿还原有抵押贷款），所以其潜在收益受限。

当投资者持有固定利率抵押贷款至到期时，他们并不会因为利率波动遭受损失。但是持有固定利率抵押贷款至到期会产生所谓的机会成本（即投资者将这些钱投资于其他证券可能获得的收益）。例如，如果自购买固定利率抵押贷款起至到期，利率不断上涨，购买固定利率抵押贷款并持有至到期的投资者等同于放弃仅将资金投资于同期货币市场证券就能获得的潜在更高收益。

金融机构可通过发行抵押贷款后尽快将其出售来限制利率风险暴露。然而，即便这样金融机构也仍旧在一定程度上有利率风险暴露。当金融机构发起一个抵押贷款池时，它或许会对某些抵押贷款设定一个固定利率。这些抵押贷款被存放于抵押贷款通道（mortgage pipeline）中直至抵押贷款池拥有足够资产并出售。到整个抵押贷款池被发行出售时，利率可能已经上涨。在这种情况下，抵押贷款池中的抵押贷款在被出售时价值可能已经下降。

金融机构限制利率风险暴露的另一方法是提供可调利率抵押贷款。或者，它们可以投资于即将到期的固定利率抵押贷款。但是，这种保守策略可能会减少可获得的潜在收益。

9-3c 提前支付风险

提前支付风险（prepayment risk）是指借款人可能由于利率下降提前支付抵押贷款的风险。这类风险有别于利率风险，它强调即便抵押贷款投资者无须清偿抵押贷款，他们仍旧会受所持有抵押贷款清偿风险的影响。在这种情况下，投资者获得一次支付勾销抵押贷款，并以现行（更低）利率继续投资。因此新投资利率将低于原抵押贷款将获得的利率。

由于提前支付的存在，投资于固定利率抵押贷款的金融机构在利率下降时只能获得有限收益。尽管这些抵押贷款收益率相较现行低利率更有吸引力，但它们通常由于二级抵押贷款而失效。就如限制利率风险暴露一样，金融机构能以同样的方式隔绝提前支付风险：它们可以在发行抵押贷款后立即将其出售或将其投资于可调利率抵押贷款。

9-4 住房抵押贷款支持证券

除了将抵押贷款立即出售外，金融机构还可以进行**资产证券化**（securitization），即将贷款投入资产池并重新将其打包成证券，称为**住房抵押贷款支持证券**（mortgage-backed security，MBS）或**过手证券**（pass-through security）。接着这些证券被出售给投资者，使投资者成为由证券代表的贷款的所有者。

9-4a　资产证券化过程

要将抵押贷款资产证券化，诸如证券公司或商业银行的金融机构就会把独立抵押贷款组合打包。将几个小额抵押贷款打包在一起，就更能吸引专注于大额交易的机构投资者（如商业银行、储蓄机构与保险公司）。

打包抵押贷款的金融机构需请评级机构对每个组合进行违约风险评估，并为此支付一定费用。接着出售代表特定抵押贷款组合资产包的 MBS。许多机构投资者依赖于信用评级机构出具的信用评级，而不是自己评估第一担保抵押贷款的信用（违约）风险。

MBS 被出售后，发行 MBS 的金融机构根据抵押贷款获得利率与本金支付，接着将款项过手给购买证券的投资者。金融机构从中扣除一项抵押贷款服务费。在 2002—2005 年的房地产繁荣时期，抵押贷款资产证券化极为普遍，它使抵押贷款公司即便没有资金供给也能发行抵押贷款。它们可以轻松地将抵押贷款卖给愿意将其证券化的金融机构。

9-4b　住房抵押贷款支持证券类型

有下列 5 种常见的住房抵押贷款支持证券类型：

- GNMA（吉利美）住房抵押贷款支持证券
- 私营机构过手证券
- FNMA（房利美）住房抵押贷款支持证券
- FHLMC（联邦住房贷款抵押公司，房地美）参与证书
- 抵押担保债券（CMO）

下文依次介绍每一类型。

GNMA（吉利美）住房抵押贷款支持证券　美国政府国民抵押协会（称为 GNMA 或吉利美）是于 1968 年成立的由联邦政府完全所有的公司。当抵押贷款获得 FHA 与 VA 担保后，吉利美会保障购买证券的投资者及时获得本金与利息支付。这些抵押贷款必须满足特定标准。当借款人为低收入与中等收入购房者时，贷款最大金额受限（会随时间改变）。发行吉利美担保抵押贷款的金融机构能更轻易地在二级市场出售抵押贷款，因为机构投资者无须顾虑信用风险。因此机构投资者更愿意投资吉利美住房抵押贷款支持证券，这使抵押贷款二级市场更为活跃。

私营机构过手证券　私营机构过手证券类似于吉利美住房抵押贷款支持证券，区别是证券代表的抵押贷款是常规抵押贷款而非 FHA 或 VA 抵押贷款。这些抵押贷款由私人保险公司担保。

FNMA（房利美）住房抵押贷款支持证券　联邦国民抵押贷款协会（FNMA 或房利美）由政府于 1938 年创立，旨在为抵押贷款二级市场增加流动性。在 1938 年，该协会转为一家上市公司，由股东所有。房利美向机构投资者发行长期债务性证券并用获得的资金在二级市场购买抵押贷款。实际上，房利美将资金从机构投资者转给想出售抵押贷款的金融机构。这些金融机构会持续提供抵押贷款服务并赚取服务费。这些资金被转给 MBS 的购买者，且这些 MBS 以传统或联邦提供保险的抵押贷款作为抵押。

FHLMA（房地美）参与证书 联邦住房贷款抵押公司（FHLMA 或房地美）由联邦政府于 1970 年特许成立，旨在保证抵押贷款市场流入充足资金。在 1989 年，该公司转为一家上市公司，由股东所有。它出售**参与证书**（participation certificate，PC）并用所获资金为金融机构发行常规抵押贷款融资。这为想在二级市场出售常规抵押贷款的金融机构提供了另一条出路。

如图 9.3 所示，房利美与房地美的参与增强了抵押贷款市场的流动性。出售证券所获资金用来在二级市场上向发行者购买抵押贷款。由于房利美与房地美的存在，二级抵押贷款市场更具流动性。并且，由于抵押贷款发放者无须自己为抵押贷款融资，它们能够发行更多抵押贷款。因为抵押贷款市场更具流动性，抵押贷款利率更具竞争性，房价对购房者来说更具吸引力。

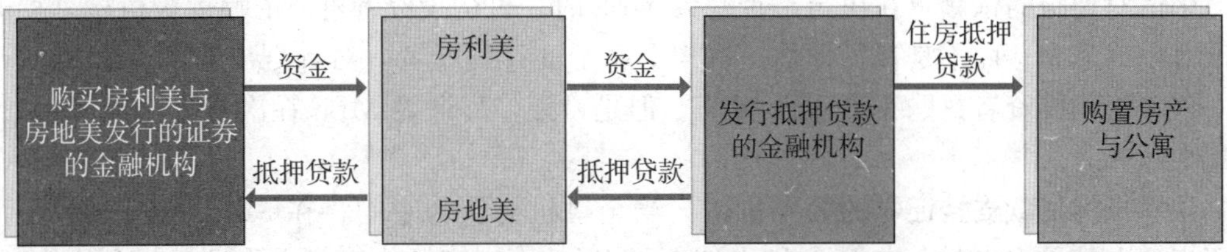

图 9.3 房利美与房地美如何增强抵押贷款市场流动性

抵押担保债券 **抵押担保债券**（collateralized mortgage obligation，CMO）表示在一种 MBS 中，标的抵押贷款根据期限被划分为不同层级，每一级产生的现金流通常按层级顺序构成。这样，特定现金流产生的时机更易预测。第一层级享有最优先偿付权。偿还本金首先用于支付给第一层级 CMO 持有者，直到该层级本金总额全部偿付。接着剩余本金偿还额用于支付给第二层级 CMO 持有者，直到该层级本金总额全部偿付。这一过程持续至最后层级 CMO 持有者获得本金偿付。CMO 在发行时通常有 3～10 个层级。

CMO 有时被分为仅付利息（IO）与仅付本金（PO）层级。仅付利息 CMO 投资者只获得标的抵押贷款的利息支付额。当抵押贷款被提前偿付时，该标的抵押贷款利息支付终止，向仅付利息 CMO 投资者的支付也终止。例如，抵押贷款提前偿付可能会使 CMO 利息支付在几年后终止，即使这些支付原本预期将持续 5 年以上。因此，这些 CMO 投资者可能损失 50%或以上的初始投资。仅付利息 CMO 之所以有相对较高的收益是由于风险更大。

因为仅付本金 CMO 投资者只获取本金支付额，他们通常能在更远的未来获得支付。虽然这些支付款项代表本金，但由于标的抵押贷款有提前支付的可能，所以其期限是不确定的。

一些抵押贷款通过**债务抵押债券**（collateralized debt obligation，CDO）出售，债务抵押债券是向投资者出售的抵押支持债务性证券的组合。CDO 与 CMO 的差别在于 CDO 还包含其他非抵押贷款类债务性证券（例如汽车贷款与信用卡贷款）。债务抵押债券从 20 世纪 90 年代末开始流行。到 2007 年，CDO 发行价值达到约 5 000 亿美元。

像 CMO 一样，CDO 可根据风险分级。一般情况下，MBS 占一份 CDO 的 45%，但这一比例可以从 0 到 90%不等。CDO 中的抵押贷款通常为次级抵押贷款。当经济不景气时，抵押贷款债务违约更频繁，因此 CDO 风险最高层级可能遭受重大损失。即使高评级层级在这种时期也会遭受损失。评级机构评出的 AAA 分级在 2005 年风险溢价约为零（高于无风险国债利率），而在 2008 年风险溢价达到 5%。风险溢价明显增长反映出 2008 年房地产市场崩溃使投资者要求额外的风险补偿。

当 CMO 与 CDO 价值降低时，金融机构更难出售新发行的抵押贷款，因为投资者不再愿意投资。因此 CMO 与 CDO 市场的活动会影响可用于为新抵押贷款融资的资金数量。

9-4c 住房抵押贷款支持证券估值

由于透明度有限，对 MBS 进行估值是困难的。尽管存在 MBS 的二级市场，但在某些时期市场并不十分活跃。不像股票与国债，二级市场中并没有一个集中报告系统披露 MBS 交易细节。唯一知道证券价格的只有购买者与出售者。由于缺乏集中报告系统，金融机构购买 MBS 时可能超额支付。

估值对评级的依赖 在决定是否购买 MBS 时，机构投资者可能依赖评级机构（穆迪、标准普尔或惠誉）而不是自行评估。机构受雇于证券发行者，对计划出售的 MBS 进行评级。许多机构投资者只购买高评级 MBS。但是，许多高评级 MBS 在次贷危机期间仍旧遭受重大损失。

住房抵押贷款支持证券的公允价值 当金融机构认为它们将在 MBS（或任何其他长期资产）上遭受损失时，它们希望用“浮亏”反映真实市场价值（也称为“公允价值”）。在这个过程中，它们可能希望基于二级市场交易中 MBS 的价格来确定所持 MBS 的市场价值。但是，MBS 根据风险不同有很大差异，所以某一金融机构的住房抵押贷款支持证券可能有着远高于最近二级市场交易价格的估值。而且，当 MBS 二级市场不够活跃（例如在次贷危机期间，投机者不再愿意购买）时，根据市场信息不足以得出市场价值。

9-5 次贷危机

在 2003 年至 2006 年，低利率与良好的经济形势刺激了房地产需求。房产市值大幅上升，许多机构投资者运用资金投资于抵押贷款或住房抵押贷款支持证券。住宅开发商对良好的房地产状况做出反应，建造更多住宅。另外，许多贷款人十分自信房价会继续上涨，所以他们降低购房者的首付比例（借款人支付的房产净值比例）。贷款人预计即使购房者发生债务违约，房价也足以弥补损失。

2006 年，一些潜在购房者由于 2005 年房价陡升不再愿意买房。新房需求突然少于新房与存量房供给，房价下降。与此同时，利率在 2006 年上涨，使现有可调利率抵押贷款购房者更难还贷。并且，抵押贷款公司早先提供了最初几年实行低利率的抵押贷款，现在这些最近购买的房产的“引诱”利率到期，使这部分购房者同样面临更高的抵押贷款支付额。因此，债务违约增加了。由于一些地区房产市值大幅下降，在许多情况下支撑抵押贷款的抵押物不足以补回全部抵押贷款额。甚至一些由私人保险公司提供违约担保的抵押贷款也发生债务违约，因为一些担保抵押贷款的保险公司并没有足够的资金来履行保险义务。

随着经济状况进一步恶化，抵押贷款债务违约持续增长。到 2008 年 6 月，全美有 9％的房产所有者要么逾期未偿还抵押贷款，要么已丧失抵押品赎回权。次级抵押贷款违约率远高于优质抵押贷款。在 2008 年，约 25％的未偿付次级抵押贷款有至少 30 天的逾期付款，而优质抵押贷款的这一比例则小于5%。并且，在2008年约有10%的未偿付次级抵押贷款最终丧失抵押品赎回权，而优质抵押贷款的这一比例则小于3%。一些抵押贷款原本应由保险担保，而事实上并没有。更糟糕的是，尽管许多抵押贷款由保险公司担保，但一些私人保险公司倒闭，使持有抵押贷款的机构投资者遭受巨大损失。

9-5a 次贷危机对房利美与房地美的影响

房利美与房地美都由联邦政府建立，旨在向公众发行证券并用所获资金购买抵押贷款。它们在金融市场中通过发行债务性证券并为抵押贷款市场提供流动性而扮演重要角色。它们有时在一周内能发行价值总计200亿美元的债务性证券。自2008年起，它们也持有或担保约5万亿美元抵押贷款或住房抵押贷款支持证券的偿还，占据了约一半的市场总值。

两家公司均公开上市交易。更重要的是，公司管理层薪金与公司业绩挂钩，导致管理层追求高风险管理策略。它们大量投资于次级抵押贷款，企图以此获得比低风险抵押贷款更高的收益。截至2007年，房利美持有约470亿美元次级贷款或次级贷款证券，房地美持有约1 240亿美元此类证券。它们不再仅仅为抵押贷款市场提供流动性，还成为次级抵押贷款市场的关键参与者。它们的规模以及与政府的联系使许多投资者认为它们大而不倒，仿佛政府将不得不在它们遭遇严重经济问题时帮助它们脱离困境。这是一个典型的道德风险（moral hazard）问题案例，当一个人或机构无须承担行为的全部后果时，就会冒更大风险。既然这样，若孤注一掷能成功，管理层会通过冒险来获利，并寄希望于政府（纳税人）很有可能在失败时拯救他们。

截至2008年，许多次级抵押贷款违约，所以房利美与房地美所持有资产（抵押品）的市值远低于它们持有的抵押贷款。房利美与房地美希望在一些情况下"解决问题"，与他们重新协商抵押贷款合同条款或为购房者安排额外贷款帮助他们免于丧失抵押品赎回权。2008年8月，房利美与房地美公告损失较上年增加140亿美元。与此同时，它们持有约840亿美元资金，不到所持有抵押贷款总额的2%。这个数字远小于它们抵押贷款的可能损失，无法起到缓冲作用，尤其是在它们采用风险投资策略的情况下。

融资问题 由于房利美与房地美在2008年夏季经济状况糟糕，它们无法筹集资本来改善财务状况，抑或是继续发挥支撑房地产市场的作用。两家公司股票市值较前一年下降超90%。由于它们的股价非常低，通过出售更多股份无法产生足够资金，所以发行新股票进行筹资并不可行。

房利美与房地美的另一可选筹资方式是发行债务性证券。从历史上看，它们曾以与国债几乎相同的利率完成筹资，好像投资者认为它们无信用风险。然而，由于它们在2007—2008年实行风险投资策略，很明显如果没有联邦政府伸出援手，房利美与房地美很有可能破产。到2008年夏季，它们被迫为债务性证券支付比同期国债利率高出2.5个百分点的风险溢价，以求补偿高风险水平。此时，它们的资金成本几乎与高质量抵押贷款可获收益一样高。这更加促使它们通过投资次级抵押贷款来获得高收益，但同时也增加了信用风险暴露。

营救房利美与房地美 房利美与房地美受联邦住房金融局（FHFA）管制。联邦住房金融局建立于2008年。FHFA对房利美与房地美的价值进行评估，但没能发现它们的风险投资策略导致的财务困境的严重性。在2008年9月，财政部部长汉克·保尔森提议美国政府在房利美与房地美产生更多损失、对脆弱的金融体系增加更多压力前接管它们。

FHFA将它们进行了托管，并在认定它们财务健康前负责管理公司。两家公司的CEO都被开除，但仍向他们支付了补偿金，这或许已经十分宽大了。在前一年，房利美CEO获得了1 160万美元收入，房地美CEO获得了1 980万美元收入。

财政部同意提供一切必要资金来为抵押贷款违约缓冲损失。作为回报，财政部获得每家公司10亿美元优先股。这样安排使国会有时间决定是否并如何在未来组建这些公司。国会也可设立指导方针来限制公司投资于不满足特定标准的风险抵押贷款。

美国政府对房利美和房地美的营救使它们摆脱债务性证券违约风险并因此增加了这些债务性证券的价值。它使房利美与房地美更轻易地以低成本通过债务性证券融资，从而能够购买高质量抵押贷款并确保二级市场更具流动性。最终，政府营救推动了房利美与房地美发挥它们在创立伊始就应发挥的作用。

9-5b 遭受次贷危机对金融机构的影响

许多大型金融机构大规模参与抵押贷款，并遭受次贷危机的不利影响。这里总结一些著名案例。

对贝尔斯登的影响 贝尔斯登是一家大型证券公司，主营MBS金融中介业务，同时也大量投资于抵押贷款。它使用高杠杆筹集运营资金。尽管在2004—2006年贝尔斯登因良好的房地产状况获益，但在2007年由于大规模参与抵押贷款而遭受巨大损失。它用部分MBS做抵押借入短期资金，但由于潜在债权人质疑该抵押贷款质量导致融资中断。由于贝尔斯登在金融业务中与许多对手方存在联系，所以美国政府关注其潜在破产可能。如果贝尔斯登破产，则许多对手方将无法收到它的支付，这会在金融系统中造成更多麻烦。在2008年3月，美国政府协调安排摩根大通公司收购贝尔斯登，并为促成收购提供资金支持。

对雷曼兄弟的影响 雷曼兄弟也是一家大量投资于抵押贷款与商业地产的大型证券公司，并使用高杠杆筹集运营资金。在2007年，它排在《财富》杂志“最受赞赏的证券公司”之首并成长为美国第四大证券公司。尽管2002年至2005年房地产市场蓬勃发展期间，雷曼兄弟专注于抵押贷款并使用金融杠杆获得丰厚利润，但在2007年它严重暴露在脆弱的房地产市场状况下。

然而在2007年与2008年前几个月，雷曼兄弟仍旧公告正盈利。事后发现，雷曼兄弟本应意识到抵押贷款投资正在损失市场价值。在2008年6月，雷曼兄弟公告将近30亿美元季度损失，这主要源于其持有的41亿美元抵押贷款与相关证券浮亏（市场价值降低）。在2008年9月，公司公告将近40亿美元季度损失，主要源于其持有的56亿美元抵押贷款与相关证券浮亏。在公布损失5天后，雷曼兄弟申请破产，震惊整个金融市场。假如雷曼兄弟早点如实公布其经济困境，就可能使董事会、重要经理或大型机构股份持有者有更多时间在事情进一步恶化前提出可行的重组方案。

对美国国际集团的影响 美国国际集团（AIG）是世界上最大的保险公司。在2004年至2008年，它是一个巨型CDS合约出售者，向金融机构（CDS合约购买者）提供抵押贷款违约保护。公司一部分经理通过出售CDS合约赚取巨额薪金。到2008年，AIG通过出售CDS合约而投保的证券面值超过4 000亿美元。然而多样化在提供抵押贷款保险（通过出售CDS合约）时并不像某些保险，诸如人寿保险那样有效。当AIG出售火灾保险时，它清楚不良后果（火灾）根据一份火灾保险单导致一次赔款，在正常情况下并不会对其他火灾保险单造成不良后果。但是，当AIG出售大量基于抵押贷款违约的CDS合约，且房地产市场崩溃时，不良后果（抵押贷款违约）可能发生于许多AIG持有的CDS合约，迫使AIG向这些CDS合约购买者偿付大额款项。

另外，许多评论家争论道，作为一家大型保险公司，AIG精通风险评估，所以应该早知道房价下跌会给它带来怎样的影响。似乎AIG的策略仅专注于最大化从CDS合约购买者收取的季度支付，而没能正确看待可能会影响整个抵押贷款或相关证券CDS合约资产组合的单个经济事件风险（房价下跌）。

许多由CDS合约覆盖的抵押贷款与相关证券市值大幅下降，迫使AIG在CDS合约中降低市值。在2008年前三季度，AIG公布了总计超过190亿美元的损失，大部分源于总额约260亿美元的CDS合约市值降低。

CDS合约提供的保险只有当出售者（承保人）在违约发生时偿付购买者才有效。在2008年9月，监管者担心AIG可能破产，因为CDS合约销售量导致公司有大量抵押贷款违约风险暴露。监管者意识到如果AIG破产，它就无法在违约发生的情况下偿还CDS合约欠下的款项。一些金融机构也会因此破产。

雷曼兄弟申请破产的第二天，美国政府接管AIG。2008年至2009年，纽约联邦储备银行与美国财政部通过购买AIG股份与向AIG贷款注入约1 300亿美元资金，拥有AIG 80%的股份，成为AIG主要所有人。

9-5c　次贷危机引发的系统风险

次贷危机的影响不止购房者失去房产、金融机构抵押贷款投资损失资金。正如先前章节所说明的，抵押贷款或住房抵押贷款支持证券CDS出售者由于抵押贷款危机遭受损失。由于房地产抵押价值低于所欠抵押贷款额，保险公司向购房者提供保险使他们获得抵押贷款，却因大量没收抵押品而蒙受损失。这样一来，抵押贷款行业问题也影响保险行业。

当抵押贷款发生违约时，住房抵押贷款支持证券（MBS）价值下降。因此，金融机构无法再通过抵押MBS向出借人（债权人）筹资。如果筹资的金融机构无法偿还贷款，出借人（债权人）就不会相信MBS有足够的抵押价值，结果导致许多大量投资于MBS的金融机构在次贷危机期间无法筹集足够的资金来支撑运营。更糟糕的是，它们无法在二级市场出售MBS获取现金流，因为此时投资者只愿意在二级市场购买很低折扣的MBS。

进行联合投资（通过共同基金、对冲基金与养老基金）并惯于购买MBS的个人投资者也遭受了损失。购买诸如贝尔斯登或雷曼兄弟或许多其他持有抵押贷款的金融机构股票的投资者损失惨重（50%～100%）。

一些金融机构破产，许多员工失业。房地产开发商也破产，许多工人同样失业。投资损失与失业使经济愈加脆弱，导致危机进一步恶化。

对MBS的担心同样蔓延至其他类型的债务性证券，包括公司债券。当投资者在2008年完全意识到MBS风险后，他们不再相信MBS足以抵押商业票据。

全球系统风险　尽管大部分次贷危机集中于美国，问题还是蔓延到了全球金融市场。其他国家（如英国）金融机构也提供次级贷款，因此也遭受了高拖欠率与违约率。并且，一些成立于外国的金融机构是美国次级抵押贷款的常客。许多亚洲与欧洲机构投资者购买了包含美国次级抵押贷款的 MBS 与 CDO。例如，UBS（一家大型瑞士银行）由于持有 MBS 遭受 35 亿美元损失。这样的问题使全球经济更加脆弱。

9-5d 谁应为次贷危机负责？

次贷危机说明抵押贷款市场存在一些重大问题。下文将阐明抵押贷款过程中的参与者为何应受到批评。

抵押贷款发放者 人们认为抵押贷款公司与其他抵押贷款发放金融机构应负责对潜在购房者进行信用评估。但在 2003 年至 2005 年房地产市场繁荣时期，一些抵押贷款发放者急于寻求新业务而对质量没有进行足够的控制。在一些情况下，它们在没有核实购房者收入时就发放贷款。如上文所说，它们还降低首付要求，因为它们错误地估计房价不会下降，在违约时资产也能够弥补损失。

许多抵押贷款发放公司并不关心潜在违约风险，因为它们知道抵押贷款会通过证券化过程由其他投资者提供资金。许多参与抵押贷款发放的个人基于所发行的抵押贷款的美元价值提取佣金，这导致他们在发行新抵押贷款时采用非常激进的策略。

信用评级机构 正如前文所述，MBS 由证券公司与金融机构发行，并由信用评级机构进行信用评级。评级机构受雇于 MBS 发行者进行评级这一行为，被指责太宽大了。即使 MBS 代表风险抵押贷款，它们也经常获得 AAA 评级。一些 MBS 评级基于标的抵押贷款平均值，忽略部分单个抵押贷款风险信息。因此只要一份 MBS 的部分抵押贷款评级高到足以抵消低评级部分，它就可获得高评级。

很大比例发行于 2006 年并由次级抵押贷款支持的 MBS 到 2010 年要么违约要么最终信用评级降为最低级。这些 MBS 最终由信用评级机构降低评级，但是这主要发生在逾期偿付后。结果，许多 MBS 投资者可能指责信用评级机构的认证流程是无效的。

美国证券交易委员会指出，许多 MBS 与 CDO 层级由于以下原因评级过高：第一，信用评级机构人手不足，从而没有进行完整分析。第二，信用评级机构没有长期跟踪监管各层级表现，所以无法发现现有层级恶化情况。第三，一些评级机构分析师主动给出高评级，因为发行者能更轻松地出售高评级层级并因此更愿意在将来雇用同一机构进行评级。一家信用评级机构通过对一个抵押贷款组合评级通常能从发行者那里收取 300 000～500 000 美元费用。通过对 MBS 给出高评级，一家信用评级机构可以吸引那些发行 MBS 并需要对证券进行高评级的金融机构，从而有利于未来扩大业务。

对信用评级机构调查的公开结果证明，一些信用评级机构分析师显然知道评级存在问题。例如，一名机构经理向同事发送邮件称，对 MBS 各层级给出高评级就像搭一座必然倒塌的纸牌屋。在另一案例中，一封来自评级机构分析师的邮件声明，机构使用的评级模型得出的风险甚至还没到真实风险的一半。

信用评级中有一行小字写着免责声明：投资者不应依赖于信用评级做出投资决策。但是，遭受重大损失的 MBS 投资者可能质问为何信用评级机构能无视 MBS 风险而受雇给出评级。

对 MBS 进行资产打包的金融机构 证券公司、商业银行以及其他打包 MBS 的金融机构本该通过自主评估风险来核实信用评级机构给出的信用评级。毕竟这样的金融机构在评估信用质量上有丰富的经验。然而它们依赖于评级机构给出高评级，或预测购房者会继续偿还抵押贷款，或仅仅认为即使购房者无法支付，房地产也能起到足够的抵押作用。

购买 MBS 的机构投资者 许多金融机构从个人投资者处筹集资金并用于投资 MBS。这些机构本该对 MBS 的信用质量进行自主评估，因为它们同样富有经验。但它们再一次严重依赖于信用评级机构给出的 MBS 评级，却没有努力执行应有的独立评估。

正如上文所述，房利美与房地美是抵押贷款的主要机构投资者。许多评论家争论房利美与房地美应该有能力评估所购买的抵押贷款风险。它们也应能避免购买低评级或申请人信息过少的抵押贷款。它们如此热衷于购买高风险抵押贷款，是在怂恿发行者继续创造高风险抵押贷款。这也促使住宅开发商继续建造房屋，因为即使潜在购房者买不起房产，它们也能够轻松融资。

担保 MBS 的金融机构 保险公司也担保为资产证券化中所出售证券提供支持的抵押贷款。包含已投保抵押贷款的 MBS 向投资者提供的收益率略低（反映出保费），但会被视为无风险并更易向投资者出售。然而，当许多 MBS 发生债务违约时，一些保险公司发现它们担保的抵押贷款由于信息不精确具有欺诈性，隐瞒了潜在违约风险。因此发行抵押贷款的金融机构由于抵押贷款合同具有欺诈性而承担责任。

CDS 投机者 尽管金融机构经常购买 CDS 合约以免受可能的抵押贷款市值下降所带来的损失（对冲），但它们在 2006—2007 年还经常通过购买合约来押注特定抵押贷款可能违约。例如，一些金融机构认为包含次级抵押贷款的 MBS 比信用评级机构与其他机构投资者所认定的风险更高。它们就从其他金融机构（CDS 合约出售者）那里低价购买 CDS 合约，因为出售者错误预测 MBS 不会发生违约，因此许多对 MBS 的 CDS 合约购买者并不持有需要对冲风险的 MBS 中的抵押贷款，而仅仅是赌 MBS 中的次级抵押贷款会发生违约。通过购买 CDS 合约，它们获得了对特定抵押贷款组合违约的“担保”，即便它们并不持有这些违约的抵押贷款。

这些金融机构若有部门大量投资于 MBS，会购买 CDS 合约作为一种投机策略。一家大型金融机构可能在一楼设有一个大型抵押贷款部门，由抵押贷款交易员根据对房地产市场的良好预期购买 MBS，并在另一层同时安排交易员利用他们自己的 MBS 违约预期购买 CDS 合约。看上去两类交易员或许应该互相交换观点。尽管所有交易员都希望为金融机构带来丰厚收益，并因此为自己赚取大把年终奖，但每个部门有其独立安排与观点。

信用违约互换投机者被批评利用了抵押贷款市场崩溃。但那些投机者可能反驳道，房地产泡沫是抵押贷款发放者、信用评级机构与金融机构引发的，他们的行为仅仅是修正过高的房价。而且，如果在市场中 CDS 合约出售者不那么贪于开展业务（产生保费），并在出售合约时正确设立反映预估风险的保费，投机者就不会如此愿意购买 CDS 合约。

责任总结 究竟谁来为这个问题担责已在法庭上争论了多年。MBS 市场参与者声称金融机构在资产证券化过程中缺乏信息披露。那些机构声称它们依赖于信用评级机构。机构投资者、信用评级机构与抵押贷款承保人声称抵押贷款发放者缺乏信息披露。特别是在 MBIA（一家大型抵押贷款保险公司）与全国金融公司（一家大型抵押贷款公司）2012 年的官司上，爆发过一次诉讼大战。MBIA 指责全国金融公司有责任监管抵押贷款信誉度，但该公司故意为申请者发放不满足支付能力原则的抵押贷款。最终法庭支持 MBIA。

尽管抵押贷款发放者缺乏信息披露已证据确凿，但每个过程参与者都有机会在评级、证券化或投资前要求抵押贷款发放者提供更多信息。如果他们没有足够的信息正确评估违约风险，他们可以不参与。但是，各个层面都充满参与动力，因为许多个人、抵押贷款发放者、评级机构和金融机构想要在那时抓住机会大赚一笔。

9-5e 政府实施的次贷危机应对计划

美国政府试图通过实行一系列计划刺激房地产与抵押贷款市场并减少法院拍卖房屋。2008 年 7 月通过了《住房和经济复苏法案》（2008）。该法案授予购房者保留现有房产权利，并减少房地产销售市场中的超额供给。金融机构必然愿意发行不高于房产现行估价的 90％的新抵押贷款。因为对许多合格的购房者来说，抵押贷款价值高出房产价值，自愿实行该计划的金融机构在发行新抵押贷款时实际上免除了一部分原有抵押贷款。

其他计划则旨在促进“卖空”交易，贷款人允许购房者以低于现有抵押贷款欠额的价格出售房产。贷款人对房产进行估价并告知购房者其愿意接受价格。参与此计划的贷款人无法收到全额抵押贷款欠额，但它们可以最小化损失，因为它们无须通过法院拍卖房屋，购房者也可减少信用报告的潜在损害。

政府拯救金融机构计划 次贷危机加剧后，由于持续违约风险，许多投资者不愿投资于 MBS。因此持有大量 MBS 的金融机构很难在二级市场将其出售。在 2008 年 10 月 3 日，《紧急经济稳定法案》（2008）实施，财政部向金融系统注入 7 000 亿美元，并提高这些金融机构的流动性。该法案的关键部分是不良资产救助计划（TARP），该计划允许财政部向大型银行（通过购买优先股）注入资金来缓冲预计的贷款损失。另外，财政部从金融机构购买 MBS 来向它们提供更多现金流。该计划的关键挑战在于，如何确定购买证券的合适价位，因为证券二级市场已不够活跃，难以提供适当的市场价格。

该法案原本只有 3 页，但到法案通过时已有 451 页。虽然最初的意图是解决次贷危机，但最终法案包含许多与危机无关的其他条款：维京群岛朗姆酒制造商、赛马场主、电影制片人与替代能源生产商等减税条款。这些附加条款被用来满足参众两院参议员各类特殊需要，从而为法案赢得支持。

9-5f 《金融改革法案》(2010)

2010 年 7 月，《金融改革法案》（2010）（也称《多德-弗兰克法案》）获准实施，其中一项主要目标是确保金融体系稳定。该法案命令金融机构发行抵押贷款前核实申请人收入、就业状态与信用记录，旨在防范诱发 2008 年次贷危机的标准过于宽松问题。

《金融改革法案》（2010）促成了金融稳定监管委员会的成立，该委员会旨在识别金融体系风险并提出降低风险的监管建议。委员会由 10 名机构负责人组成，这些机构负责规范金融系统的关键组成部分，包括房地产行业、证券交易、存款机构、共同基金与保险公司。

该法案要求所有出售住房抵押贷款支持证券的金融机构保留 5％的投资组合，除非该投资组合满足反映低风险的特定标准。这项条款迫使金融机构维持所售抵押贷款投资组合一定份额。该法案要求住房抵押贷款出售时需披露更多有关标的资产质量的信息。

该法案还要求制定新规则确保信用评级机构在对住房抵押贷款支持证券评级时提供公正评估，特别强调信用评级机构需要公开披露得出信用评级的假设数据。机构还被要求提供年度内部审计报告来确保证券评级过程公正无偏。法案还规定禁止美国证券交易委员会依赖于信用评级，其必须自主评估风险。

小结

■ 抵押贷款的分类特征有：是优质还是次级、是否由联邦担保、利率类型（固定利率或浮动利率）以及期限。根据这些特征差异，同一时点抵押贷款利率报价不同。

■ 抵押贷款类型多样，包括固定利率抵押贷款、可调利率抵押贷款、分级偿还抵押贷款、递增还本抵押贷款、二级抵押贷款与分享增值抵押贷款等。

■ 抵押贷款价值由预期未来现金流的现值决定，未来现金流按可反映现金流相关不确定性的贴现率进行贴现。抵押贷款存在信用风险、利率风险与提前支付风险。MBS 表示抵押贷款组合；这些抵押贷款支付额被转给投资者。吉利美向满足特定标准的抵押贷款支付提供担保，这些抵押贷款就能轻松打包组合并出售。房利美与房地美发行债务性证券并在二级市场购买抵押贷款。

■ 2003 年至 2006 年，抵押贷款在缺乏足够合格标准（包括允许极低首付比例）的情况下发行。接着房地产市场供过于求引起房价骤降，导致许多房产市值低于抵押贷款。许多购房者发生抵押贷款违约，导致 2008 年至 2009 年次贷危机。美国政府采取各种策略振兴美国抵押贷款市场，包括颁发了一份紧急房市复苏法案，拯救房利美与房地美，帮助大量投资于抵押贷款与 MBS 的金融机构摆脱困境。

正方和反方观点

抵押贷款交易与公司债券交易类似吗？

正方 类似。在两种情况下，发行者的支付能力取决于收入。两种债务性证券都很大程度上受利率波动影响。

反方 不类似。公司债券估值需要分析债券发行企业的财务报表，而抵押贷款估值需要对抵押贷款市场结构（MBS、CMO 等）的理解。

谁正确？ 利用互联网学习关于这个议题的更多知识并形成你自己的观点。

问题与应用

1. FHA 抵押贷款 区别 FHA 抵押贷款与常规抵押贷款。

2. 抵押贷款利率与风险 抵押贷款利率与长期政府债券利率的一般关系是什么？解释抵押贷款利率如何受利率波动影响。解释其如何不受利率波动影响。

3. ARM ARM 与固定利率抵押贷款的初始利率的区别是什么？为什么会产生区别？解释 ARM 利率区间限制如何影响金融机构利率风险暴露。

4. 抵押贷款期限 为什么 15 年期抵押贷款对购房者更具吸引力？15 年期与 30 年期抵押贷款给金融机构带来的利率风险哪个更高？为什么？

5. 期末整付抵押贷款 解释期末整付抵押贷款的用途。为什么金融机构更喜欢此类抵押贷款？

6. 分级偿还抵押贷款 描述分级偿还抵押贷款。何种购房者更喜欢此类抵押贷款？

7. 递增还本抵押贷款 描述递增还本抵押贷款。它与分级偿还抵押贷款有何区别？

8. 二级抵押贷款 为什么一些购房者获得二级抵押贷款？

9. 分享增值抵押贷款 描述分享增值抵押贷款。

10. 利率波动的影响 固定利率抵押贷款的贷款人应该会从利率下降中获益，但研究表明这种有利影响并不明显。这是为什么？

11. 抵押贷款估值 描述影响抵押贷款价格的因素。

12. 出售抵押贷款 解释为何一些金融机构更喜欢出售所发行的抵押贷款。

13. 二级市场 比较抵押贷款二级市场与其他资本市场工具（比如股票与债券）的市场活动。对活跃程度差异给出一般解释。

14. 抵押贷款融资 何种金融机构为住房抵押贷款融资？何种金融机构为商业抵押贷款融资？

15. 抵押贷款公司 解释抵押贷款公司与其他金融机构在利率风险暴露程度上的区别。

高级问题

16. MBS 描述 MBS 如何运作。

17. CMO 描述 CMO 如何运作并解释它为何如此受欢迎。

18. MBS 期限 解释 MBS 期限如何受利率波动影响。

19. 二级抵押贷款价格如何反映现行状况 考虑到现行状况可能影响利率，包括通货膨胀率（包括油价）、经济状况、财政赤字与联邦货币政策。基于这些现行状况，你认为在此期间二级市场中出售的抵押贷款价值会增长还是降低？回答需要有逻辑支撑。你认为什么因素对现行抵押贷款的影响最大？

20. CDO 解释 CDO。

21. 提供次级抵押贷款的动机 解释次级抵押贷款。为何抵押贷款公司主动提供次级抵押贷款？

22. 次级抵押贷款与优质抵押贷款 次贷危机期间次级抵押贷款与优质抵押贷款在偿付上有何区别？

23. MBS 透明度 解释 MBS 估值中存在的问题。

24. 次贷危机扩散效应 解释次贷危机如何对购房者与抵押贷款公司之外的人造成不利影响。

25. 次贷危机责任 许多在次贷危机前购买 MBS 的投资者认为他们被误导了，这些证券的风险比他们所想的高出许多。谁该为此负责？

26. 避免下一次次贷危机 你认为美国金融体系能够在未来避免下一次次贷危机吗？

27. 抵押贷款市场中信用评级的作用 解释信用评级机构在促进资金从投资者（通过 MBS）流向抵押贷款市场中的作用。

28. 房利美与房地美问题 解释为何房利美与房地美遇到抵押贷款麻烦。

29. 营救房利美与房地美 解释为何营救房利美与房地美会增强抵押贷款公司发行抵押贷款的能力。

30. 美国财政部营救计划 美国财政部想通过实行计划购买金融机构手中的 MBS 来应对次贷危机。解释该计划如何改善 MBS 的状况。

31. MBS 风险评估 你认为为什么投资者很难评估大量购买 MBS 的金融机构的经济状况。

32. 次贷危机期间抵押贷款信息 解释为何次贷危机期间抵押贷款发放者由于其行为被批评。其他抵押贷款证券化过程参与者能够认识到抵押贷款信息披露不完全吗？

33. 卖空 解释抵押贷款市场中的空头。卖空对购房者公平吗？对抵押贷款贷款人公平吗？

34. 政府干预抵押贷款市场 次贷危机期间政府进行干预来解决抵押贷款市场问题。总结危机期间政府干预的优劣。政府应该在抵押贷款市场十分脆弱时进行干预吗？

35. 《多德-弗兰克法案》与 MBS 信用评级 解释 2010 年《多德-弗兰克法案》如何试图防止信用评级机构对 MBS 给出不公正评级。

辩证思维问题

抵押贷款市场规范 许多评论家争论抵押贷款市场中的贪婪导致了次贷危机。但许多市场支持者提出贪婪是好事，因为抵押贷款市场中企业对利润的渴求促进了经济增长。请就规则如何在允许贪婪的同时保证抵押贷款市场正常交易，以避免次贷危机再次发生写一篇短文。

解读财经新闻

诠释华尔街分析师和投资经理做出的下述评论：

a. “如果利率持续下降，仅付利息 CMO 会遭受打击。”

b. “估测 CMO 的正确价值就像估测棒球运动员的价值；估测 5 年后的价值会轻松得多。”

c. “购买仅付本金 CMO 时，准备好坐过山车吧。”

金融市场管理

CMO 投资困境 作为一家储蓄机构的经理，你必须决定是否投资于抵押担保债券（CMO）。你可以购买仅付利息（IO）或仅付本金（PO）。你预计未来经济状况恶化并且政府支出（政府所需要的资金）将减少。

a. 根据你的预期，IO 与 PO 哪个更好？

b. 在这样的情况下，有何种理由反对你购买前一问所选择的 CMO？

c. 你的上司提出任一时点 CMO 的价值应该是未来支付额的现值。他说既然 CMO 表示抵押贷款，那么估值应该很容易。他错在哪？

习题

分期摊还 用分期摊还表（www. bloomberg. com/invest/calculators/index. html）决定特定利率或本金下 15 年期与 30 年期月抵押贷款支付额。15 年期月支付额是否为 30 年期的 2 倍。解释一下。

资金流动练习

抵押贷款融资

卡森公司近来通过储蓄机构申请了一份办公大楼抵押贷款。它希望决定是否将该可调利率抵押贷款转为固定利率抵押贷款。目前收益率曲线呈上升趋势。并且卡森公司担心美联储可能采取行动降低通货膨胀率，因此经济增速会放缓。再融资固定利率将高于现行短期利率但低于发行债券支付的利率。

a. 哪些宏观因素可能影响利率，并因此影响抵押贷款再融资决策？

b. 如果卡森公司对抵押贷款进行再融资，它还必须确定首付额规模。如果运用更多资金支付大额首付，它需要借入资金进行融资扩张。卡森公司应当最小化首付额还是支付大额首付？为什么？

c. 谁为卡森公司购买办公大楼间接提供资金？即储蓄机构发行抵押贷款的资金从何而来？

互联网/Excel 练习

评估抵押贷款分期摊还表，参考 http：//realestate. yahoo. com/calculators/amortization. html。假设贷款总额为 120 000 美元、利率为 7.4％、期限为 30 年。根据以上信息，月支付额为多少？在首月，利息支付额与本金支付额分别是多少？一年后贷款余额是多少？最后一次月支付额中利息支付额与本金支付额分别是多少？为什么利息支付额与本金支付额的构成随时间变化？

WSJ 练习

解释抵押贷款利率溢价

参考最新发行的《华尔街日报》中“企业借款利率和收益”表，确定国债收益率。这些利率与房利美在“借款基准”板块中的收益率报价相比如何？你认为二者之间为何存在差异？

关于现实案例的在线文章

找一篇近期描述一个具体金融机构或金融市场真实案例的在线实用性文章，以强化本章所涵盖的一个或多个概念。

如果你的班级有一个在线平台，教授可能会要求你把文章摘要放在那里并提供文章的链接以供其他学生访问。如果你的班级是当面授课的，教授可能会要求你当堂总结你对该文章的运用。教授可能指派特定学生或让学生自愿完成这项作业。

对于与本章相关的近期在线文章和真实案例，请考虑使用以下搜索词（请务必在搜索词中包含当前年份以确保在线文章是近期的）：

1. 次级抵押贷款＋风险
2. 可调利率抵押贷款＋风险
3. 期末整付抵押贷款＋风险
4. 抵押贷款＋信用风险
5. 抵押贷款＋提前支付风险
6. 具体的金融机构的名称＋抵押贷款
7. 次贷危机＋抵押贷款
8. 住房抵押贷款支持证券＋违约
9. 次贷危机＋房利美
10. 次贷危机＋房地美

第三部分　综合问题

资产配置

这个问题需要理解经济状况如何影响利率与证券价格（第6、7、8、9章内容）。

作为一名私人理财规划师，其中一项任务是确定资金在货币市场证券、债券与抵押贷款间的分配。你的投资哲学是根据所预测的经济状况变化建立证券仓位，以实现收益最大化。根据发生于新加坡的最新事件，你预测未来几个月新加坡投资者将减少对美国国债的投资并将资金投入新加坡证券。你预测这一变化将持续数年。你相信这一事件会对美国经济指标，诸如利率、汇率与未来数月经济增长率产生影响。由于美国证券价格受这些经济指标影响，你必须决定如何修正你所拟定的证券资产配置方案。

问题

1. 美国利率将受到怎样的影响（其他因素不变的情况下）？
2. 美国经济增长将受到怎样的影响？证券价格会受到怎样的影响？
3. 假设每日汇率波动主要由国家间资金流动决定，特别是国际债券与货币市场交易。该事件引起国际资金流动造成的变化会如何影响汇率？
4. 仅运用1中的回答，解释美国货币市场证券、债券与抵押贷款将受到怎样的影响。
5. 运用1和2中的回答，预测对证券价格的影响。风险证券价格与同期无风险证券价格哪个受影响更大？为什么？
6. 假设为了多元化，你认为分配于货币市场证券、债券与抵押贷款的资金比例均不得低于20%。还有40%的资金可自由分配于这些证券。基于你对这一事件的了解，设定对这三种美国证券合理的资金分配。（假设所有投资都集中于美国证券。）阐述你的理由。
7. 你会推荐高风险货币市场证券还是低风险货币市场证券？你会推荐高风险债券还是低风险债券？为什么？
8. 假设你考虑将20%的资金投资于外国债务性证券。如果愿意，请修改你的配置方案使其包含外国证券（确定证券类型与国家）。
9. 假设该事件不会减少美国可贷资金供给，而是增加需求。对于未来利率的预测是否改变？对经济状况的一般预测是否改变？对债券价格的一般预测是否改变？

金融学译丛・金融市场与金融机构（第12版）

第四部分

权益市场

权益市场的功能在于促进资金从个人或机构投资者流入企业。因此它们帮助企业融资，进行新建或扩张。它们也能使资金在投资者之间流动。第 10 章描述股票发行，并阐释股票市场参与者如何监管上市公司。第 11 章解释股票估值，描述股票投资策略，并表明如何评估股票行情。第 12 章描述股票微观结构并解释在股票市场上是如何下单并交易的。

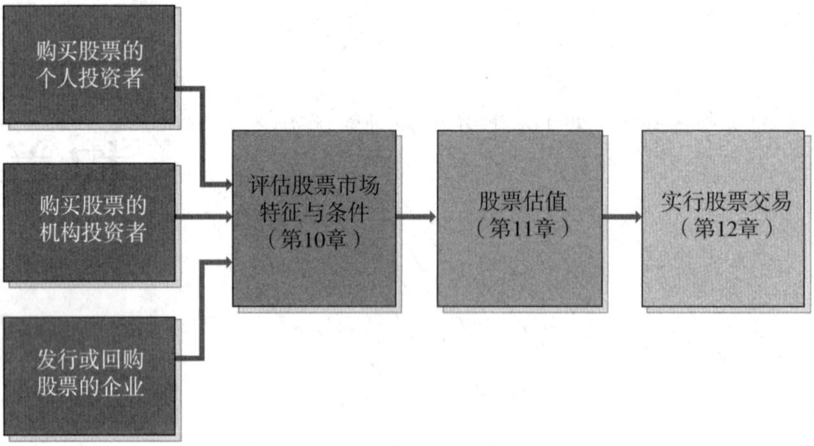

第 10 章 股票发行与投资者监督

本章目标

- 描述私募股权市场
- 描述股票市场投资者参与
- 描述首次公开发行股票过程
- 描述股票二次发行过程，解释股票市场如何监控企业
- 描述股票市场全球化

股票市场促进企业获得股权投资并促使股权投资在投资者之间流转。

10-1 私募股权

在企业成立时，创始人通常在企业中投入自有资金，也可能邀请家人或朋友投资企业股票，这就是私募股权，因为企业为私人所有并且所有者不能向公众出售股份。新兴企业常通过金融机构进行债务融资，并且若存在大量股权投资就更容易获得贷款。一段时间后，企业通常保留大部分收入并再投资进行扩张。这是企业增加权益的另一种方法。

许多企业创始人梦想着在某一天上市，从而获得大量资金支持企业成长。他们也希望将原始股权投资向他人出售。但是通常企业所有者要直到他们想至少出售 5 000 万美元股票时才会考虑上市。公开发行股票或许只在企业拥有足够多股东基数支撑活跃的二级市场时才是可行的。若二级市场不够活跃，则股份难以流通。持有并想要出售股份的投资者将

被迫按基本价值折价出售，几乎就像企业没有公开上市那样。这违背了上市本意。另外，上市公司遵守要求的规范（例如定期公布财务状况）将造成许多费用，这些费用对一家只试图筹集少量资金的企业来说过高。

10-1a　从风险投资基金融资

风险投资（VC）基金从富裕投资者与愿意保持如 5 年或 10 年等长期投资的养老基金那里获得资金。这些投资者在特定期限前不能收回资金。风险投资基金从投资者获取资金，并用于购买需要资金的选定私人公司的少数股份。风险投资市场将需要股权融资的私人企业与可以提供资金的风险投资基金联系在一起。

许多私人公司需要股权融资，因为它们通过银行或其他债权人能获得的贷款额已达上限。部分公司可能考虑在未来首次公开发行（IPO），但在目前并不足以追求该目标。而且，一些私人公司没有足够稳定的经营业绩来在 IPO 中吸引大量投资者的资金。需要大量股权投资但尚未上市的私有企业或许希望从风险投资基金获得融资。在进行 IPO 前依赖于创业投资基金的企业有苹果、脸书、微软、甲骨文与推特等。

◇ 例子

从 2007 年至 2013 年首次公开发行期间，推特需要资金来扩张运营。它求助于 VC 基金并在 2007 年获得至少 200 万美元，2008 年获得 2 000 万美元，2009 年获得 3 000 万美元。因其业绩可靠且潜力巨大，推特在 2010 年吸引了约 8 000 万美元风险资本并在 2011 年获得3 000 万美元。其中一些 VC 基金来源包括美国万宝环球基金、联合广场风险投资、查尔斯河风险投资公司、马克·安德森（网景通信公司创办人之一）与杰夫·贝索斯（亚马逊公司创始人）。VC 投资使推特能够在 2013 年 11 月进行 IPO 前追求大规模扩张。其 IPO 筹集到了超过 18 亿美元额外资金。◇

旨在吸引风险资本的商业计划　风险投资会议旨在为需筹资企业与 VC 基金提供互动的机会。每家企业对于为何商业计划将会成功并且若获取 VC 基金将给其带来高收益给出简要商业计划书。或者，一些企业可能直接向 VC 基金上交提案。如果一家 VC 基金认为一份提案拥有巨大潜力，它将安排会议向企业所有者索要更多详细信息。但大多数提案被否决了，因为 VC 基金意识到大多数新企业最终会倒闭。

风险投资协议条款　当 VC 基金决定投资于一家企业时，它将对投资条款进行协商，包括其将投资的资金总额。VC 基金通常投资 500 万美元或 1 000 万美元获得某一特定企业少数股份。基金也会提出明确要求，企业只有满足这些要求后才能获得资金，例如定期提供详细进度报告。当一家 VC 基金投资一家企业时，基金经理有动机确保企业运营良好，因此 VC 基金经理可能会为该企业进行广告宣传。他们也可能坚持在董事会拥有一席来影响企业未来发展。VC 基金经常按企业必须满足的多种条件分阶段提供资金。这样一来，VC 基金总投资与企业满足特定财务目标的能力匹配。

◇ 例子

脸书公司在 2004 年成立，需要资金来支持公司运营。脸书 CEO 马克·扎克伯格与皮特·泰尔（PayPal创办人之一）关于投资脸书进行了会面。泰尔同意对脸书投资50万美元，占约10%的股份，并同时受邀加入脸书董事会。在2005年4月，加速合伙公司（一家VC公司）对脸书投资约1 300万美元并获准在董事会中拥有一席。脸书公司在2006年4月从其他风险投资人那里收到约2 700万美元，并继续接受风险投资人的股权投资。脸书获得风险资本使其能够追求长期增长目标而不用担心风险投资人要求快速偿还。在2012年脸书IPO后，泰尔以超过10亿美元的价格出售了其持有的股份。◈

VC基金退出策略 一家VC基金通常在4～7年内计划收回原始投资。一种常用的退出策略是在企业公开发行股票后向公众出售股份。许多VC基金在企业上市前6～24个月出售投资持有的企业股份。或者，如果该企业被另一家企业收购，VC基金可以兑现股份，因为收购者将购买VC基金所持有的股份。因此，VC基金通常作为企业的一座融资桥梁，直到企业上市或被收购。

当VC基金广泛投资时，可以获得高额收益。

◈ 例子

红杉资本是一家VC基金公司，在许多科技公司起步阶段向它们提供风险资本融资，包括苹果、谷歌、甲骨文与雅虎。在2011—2013年，红杉资本向WhatsApp投资6 000万美元并持有约20%的股份。WhatsApp因红杉资本提供的资金得以充分扩展业务，从而获益颇丰。在2014年2月，WhatsApp被脸书收购，红杉资本从这次投资中赚取了超过30亿美元。因此红杉资本的收益可能超过成本的50倍。◈

这样的案例激励着新VC基金成立。但是，VC基金投资也需承担许多风险。许多有良好商业构想的年轻企业由于各种原因而破产，导致VC基金100%的投资损失。

VC基金业绩 VC基金业绩往往随时间变化。在股价低迷时期，私人企业估值低，VC基金可以更广泛地将钱投入企业中。然而，当股价高涨，私人企业估值高时，VC基金投资时可能需支付太多。

VC基金业绩也受到从投资者那里收到的投资总额的影响。在某些时期，VC基金从投资者那里收到的资金可能大大超过可行投资，尤其是在经济状况良好并且现行企业估值高的时期。在这种情况下，VC基金在投资企业时更可能互相竞争，投标将使基金为企业股份支付更高溢价。但反过来，当VC基金从投资者手中获得的资金有限时，它们投资企业资金更少并将专注于最想要的投资。在这些情况下，它们投资企业时不可能过多支付。

10-1b 从私募股权投资基金融资

私募股权投资基金从机构投资者（如养老基金与保险公司）那里获取投资并投资于企业。投资者投资有最小金额限制（如100万美元），并且投资者收回投资也有时间限制（如5年）。不像VC基金，私募股权投资基金购买大部分甚至全部企业股份。因此，它们对于一家企业的投资通常比VC基金标准投资高出许多。通过购买企业大部分或全部股份，私募股权投资基金能够完全控制所购买企业。基金管理者一般从投资利润中提取一部分作为管理基金的收益。私募股权投资基金也会每年向投资者收取管理基金费用（如基金资产价值的 2%）。

私募股权投资基金对财务杠杆的使用 私募股权投资基金通常很大程度上依赖于借款来为投资筹措资金。这使它们有能力在给定资本水平下购买更大的企业或更多企业。它们对财务杠杆的使用也会放大股本投资收益。但是，如果它们的投资发生损失，那么损失也会由于高财务杠杆被放大（将会反映一个更大的权益比例）。

由于它们对财务杠杆的重度依赖，私募股权投资基金往往在能从金融市场中轻松获得借款时更加活跃。在 2008—2009 年的金融危机期间，私募股权公司能获得的债务来源非常有限，因为潜在债权人更不愿意提供贷款。

私募股权投资基金策略 在某些情况下，私募股权公司会使用财务杠杆来收购业绩不佳并因此估值相对较低的上市公司。私募股权公司发掘被低估和（在他们眼中）管理不善的公司，因为当购买有潜力的弱小企业时，他们能够更轻易地从投资中获得高收益。

一些评论家（包括一些工会）提出私募股权公司解雇员工并因此摧毁企业。私募股权公司可能反驳道，目标企业机构臃肿，效率低下，这类企业如果要生存就需要重组。

私募股权投资基金退出策略 私募股权投资基金可以像 VC 基金一样出售私人企业股份。如果该企业 IPO，私募股权投资基金可以通过向新投资者出售股份进行兑现。或者，它可以向另一家公司出售企业。

私募股权投资基金业绩 如果私募股权公司能大幅提升企业业绩，就应能以比它们向这些企业支付的价格更高的价格向新投资者或其他企业出售股份。私募股权投资基金业绩通常随时间改变。就像 VC 基金一样，私募股权投资基金在股价普遍低时更广泛地投资于企业。但是，如果在股价很高时投资企业，即使私募股权投资基金能够提升运营水平，它们也很容易暴露于大量风险中（如果股票市场状况与企业估值恶化）。

当私募股权投资基金从投资者手中获得大量资金并购买比可行投资更多的投资时，它们可能特别容易做出糟糕的投资。反之，当它们获得的资金有限时，它们就会更谨慎地筛选现在的目标并更有可能做出可行投资。

10-1c 众筹

除了从 VC 基金与私募股权投资基金筹资外，新企业如今也可通过“众筹”在互联网上向大量投资者筹资。随着国会在 2012 年通过《创业企业融资法案》（JOBS Act），众筹已成为小型企业愈发重要的筹资方式。该法案旨在通过宽松证券管理并简化小型企业运用众筹的程序鼓励小型企业融资。自 2012 年起，证券交易委员会（SEC）颁布新规定，使小型投资者能更轻松地投资于新企业。在以前只有拥有高资产净值的投资者才能投资创业公司，但现在收入不到 10 万美元的投资者能够投资 2 000 美元与收入的 5%二者中的较高者；收入超过 10 万美元的投资者可以最高投资收入的 10%。

通过众筹，企业创始人在互联网平台上提供商业或项目信息。投资者可根据自己的选择对项目投资资金。如今上百个网站提供各式各样的众筹平台，有一些如 Crowdfunder 与 Indiegogo 提供股权融资，让投资者获得公司股权；另一些像 Kickstarter 专门从事创意计划如艺术或音乐项目，资金提供者获得实物奖励如演出门票或筹资公司生产的一件商品，但不拥有公司股权。

如今许多创业公司使用多种筹资渠道。它们可能从众筹开始，如果获得成功，公司顺利成长，它们可能求助于 VC 基金。

◇ 例子

在 2012 年，虚拟实景体验机制造商 Oculus Rift 在 Kickstarter 上通过 9 500 人融资 240 万美元。公司不断进步，在 2013 年 Oculus Rift 从几位风险资本家那里融资近 1 000 万美元，其中包括马克·安德森，即上文提及的推特投资人。在 2014 年，脸书以 20 亿美元收购 Oculus Rift。VC 基金公司从该投资中大赚了一笔，但 Kickstarter 上的资金贡献者并没有共享这个果实。◇

尽管在世界范围内通过众筹方式筹集的资金已达数十亿美元，且确实有部分创业公司运转非常成功，但还有许多公司没能获得全部所需资金。与之类似，尽管部分投资者从众筹投资中赚得盆满钵满，但许多其他投资者根本没能获益，甚至难以卖掉他们的股份，特别是当他们持有股份的公司未能发展到能够 IPO 的阶段时。融资公司必须满足某些审计要求，但获取额外信息往往非常困难。因为这些原因，投资者应该意识到众筹投资其实风险很高。

10-2 上市股权

当企业上市时，它在一级市场出售股票换取现金。这使企业所有者数量增加，改变企业所有制结构。它通过增加企业股权投资改变企业资本结构，使企业能够偿还部分债务。上市还使企业能够为发展融资。

股票代表企业部分所有权。像债务性证券一样，企业在一级市场发行普通股来获取长期资金，但股票买方成为企业共有人，而不是债权人。这种所有权吸引了大量想要拥有企业股权但未必想要管理企业的投资者。股票持有者能从企业价值增长中获利，并因此比债权人赚得更多。但是，他们也易受到巨大损失的影响，因为即便是最受推崇的企业，其价值也会在某些时期大幅下降。

图 10.1 说明了股票市场如何促进资金流动。股票市场像其他金融市场一样，将盈余单位（拥有超额资金）与赤字单位（需要资金）联系起来。企业发行的股票可能由家庭直接购买。或者，家庭也可以投资于股票型共同基金（这些基金经理运用资金投资于股票）份额。其他机构投资者如养老基金与保险公司也购买股票。股票市场大幅增长使许多企业能够在很大程度上扩张，并使投资者能够分享企业盈利。

一级市场促进企业进行新融资，除此之外，还存在二级市场，使投资者能够以高于先前购入价的价格将股票出售给其他想购买的投资者，因此二级市场为股票投资者创造流动性。除了在出售股票时实现潜在收益外，投资者也可能每季度从所投资企业获得分红。一些企业将收入的一部分以红利形式分配给股东，但其他企业将所有收入再投资以获得更高的增长率。

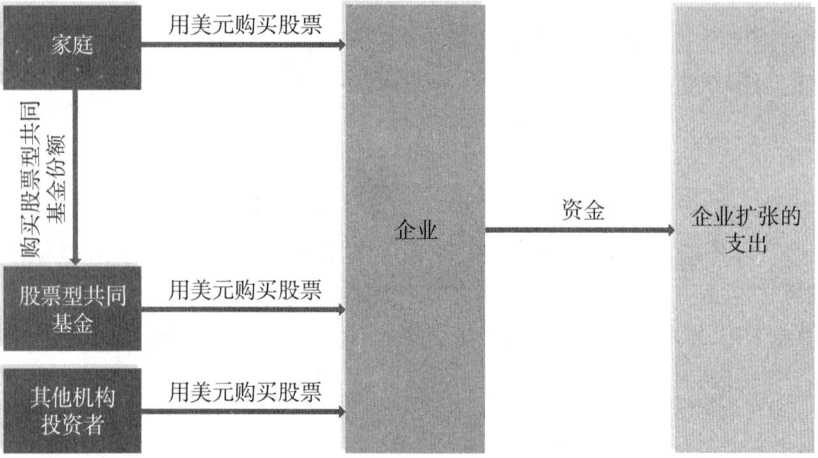

图 10.1　股票市场如何促进资金流动

10-2a　所有权与投票权

小型企业所有者往往也是管理者。但在上市公司中，绝大部分股东不是管理者。因此他们必须依赖公司管理者作为代理人，让他们出于股东利益最大化的目的做决策。

持有**普通股**（common stock）赋予股东一系列其他个人无法拥有的权利。通常，只有普通股持有者获准对涉及公司的关键事件进行投票，比如董事会选举、授权发行新普通股股份、批准公司章程修正案与采纳内部章程。许多投资者通过代理将投票权分配给管理层，并且许多其他股东没有耐心投票。因此，管理层通常获得多数票并可以选举自己的候选人作为董事。

10-2b　优先股

优先股代表没有重大投票权的公司股权。优先股股东与普通股股东在技术上共同享有公司所有权，所以只有在公司获得盈利时才能获得报酬。因此如果公司没有足够的盈利来支付优先股红利，它可能就会省略分红且无须担心被迫破产。绝大多数优先股都有一项累积性条款，防止在偿付所有优先股红利（包括当期与先前省略的红利）前进行普通股分红。优先股股东通常不参与公司所申明的固定年度红利之外的利润分配。所有除需要支付给优先股股东外的利润都属于普通股股东。

因为优先股分红可被省略，一家企业假定发行优先股的风险小于发行债券。但是企业省略优先股分红可能会导致在分红偿付前都无法筹集新资本，因此投资者将不愿对一家无法对现有资金来源支付报酬的企业进行新投资。

从成本角度来看，企业更愿意使用债券而不是优先股作为资金来源。因为并没有法律要求企业支付优先股红利，所以它必须通过提供更高的红利诱使投资者承担风险。另外，优先股红利是对企业所有者的专有补偿。因此，对企业来说该红利不可免税，然而债券利息是可免税的。因为优先股通常没有期限，所以它代表一种永久融资来源。

10-2c 参与股票市场

投资者分为个人投资者与机构投资者。个人投资者投资通常占一家大型企业总资产的50%以上。每个个人投资者的投资额一般都很小，这意味着所有权被分散于众多个人股东手中。

表10.1概括了股票市场中各类机构投资者。因为一些机构投资者手中握有大量股票，它们集中出售或购买股票会对股票市场价格产生重要影响。

表10.1 股票市场中金融机构的用途

金融机构类型	股票市场参与
商业银行	·通过发行股票来增加资本基数。 ·管理包含股票的信托基金。
股份制储蓄机构	·通过发行股票来增加资本基数。
储蓄银行	·为投资组合投资股票。
信贷公司	·通过发行股票来增加资本基数。
股票型共同基金	·通过向个人投资者出售基金份额来投资股票。
证券公司	·通过发行股票来增加资本基数。 ·发行新股票。 ·向考虑收购其他公司股票的企业提供建议。 ·为投资者执行买卖股票交易。
保险公司	·通过发行股票来增加资本基数。 ·将很大比例保费投资于股票市场。
养老基金	·将很大比例养老基金缴费投资于股票市场。

除了通过投资基金参与股票市场外，金融机构有时也发行自己的股票进行融资。许多股票市场交易涉及两家金融机构。比如，一家保险公司可能购买一家商业银行最新发行的股票。如果该保险公司某天在二级市场中出售该股票，那么买方可能是一家共同基金或养老基金。

10-2d 投资者行为如何影响股价

当股价低于投资者估值时，他们决定购买一只股票，这意味着他们相信该股票被低估了。他们可能在股价高于他们的估值时出售所持有的股票，这意味着他们相信该股票被高估了。因此股票估值决定投资决策。投资者们通常对如何估值股票有不同见解（如第11章所述）。一些投资者可能认为一只股票被低估了，而另一些投资者则认为它被高估了。这种观点差异是市场交易的基础，因为它表示在一个给定时间点对同一只股票存在买方与卖方。

当投资者对股票的需求发生改变或股票的供给发生改变时，均衡价格就会改变。当投资者修正预期认为企业业绩增长时，他们就会随之提升估值。如果投资者达成共识，认为业绩有良好预期，那么该股票就会拥有更多买方。接着股票的需求超过股票的供给，对市场价格施加上行压力。

反之，如果投资者达成共识，预期企业未来业绩下滑，那么该股票就有更多卖出委托。在这种情况下，股票的供给超过股票的需求，对市场价格施加下行压力。总体来看，现行市场价格是由投资者整体参与决定的。投资者在二级市场中的股票交易不影响发行者的资本结构；它们仅仅将股份从一名投资者手中转移到另一名投资者手中。

10-2e 投资者信息依赖

投资者会对新信息做出反应，这会影响他们对企业未来业绩的看法。一般来说，有关一家企业业绩的利好消息将使投资者相信该企业股票现行价格被低估了。对股票的需求将会增加，从而对股价施加上升的推力。有关一家企业业绩的不利消息将会使投资者相信该企业股票现行价格被高估了。一些投资者将出售他们所持有的股票，对股价施加下行压力。因此信息通过对股票需求与股票供给造成影响而体现于股价中。

每只股票有其独特的需求与供给条件，并因此有独特的市场价格。但是，关于宏观经济条件的新信息一般会引起许多企业朝同一方向修正预期并因此导致股价朝同一方向变化。

投资者不断对新信息做出反应，试图购买被低估的股票或出售被高估的股票。当投资者正确判断哪些股票被低估时，他们就能通过投资这些股票取得超高收益。因此投资者运用的估价流程对投资业绩有很大的影响。

10-3 首次公开发行

一家企业为了融资决定首次向公众发行股票。首次公开发行（IPO）即首次向公众提供一家特定企业的股票。IPO 一般不仅被用于获取新资金，还被用于为一些创始人与 VC 基金提供一种方法来套现投资。一次 IPO 的规模通常至少为 5 000 万美元，因为如果投资者想要出售股份，这是用来确保二级市场流动性的最小必要额。

10-3a 上市过程

因为发行 IPO 的企业并不被投资者熟知，它们必须提供详细的运营信息与财务状况。一家计划上市的企业通常雇用证券公司作为 IPO 的主承销商。主承销商参与撰写招股说明书与股份定价和配置。

撰写招股说明书 在 IPO 前几个月，发行公司（在主承销商的帮助下）撰写招股说明书并提交给证券交易委员会（SEC）。招股说明书包含企业的详细信息、财务报表与所含风险讨论。这旨在向潜在投资者提供必要信息来帮助他们决定是否投资该企业。大约 30 天内，证券交易委员会将评估招股说明书并判定其是否涵盖所有必要信息。在许多情况下，证券交易委员会在批准招股说明书前会建议做出一些修改来披露更多有关企业财务状况的信息。

2012 年《创业企业融资法案》对计划上市的较小型企业放宽了披露要求。该法案创造了一个新分类，称为新兴成长型公司（EGC），指那些每年总收入小于 10 亿美元的公司。一家 EGC 可以向证券交易委员会递交机密草案登记以供审阅，按要求只需提供 2 年而非 3 年的审计财务报表，并可以延缓遵从某些审计与内部监管规则。起初，许多可被归为 ECG 的公司拒绝该分类，因为它们担心机构投资者可能不会对财务信息较少的公司感兴趣。但到 2015 年，80%～90%的上市公司曾是 EGC，并且至少利用过一次《创业企业融资法案》规则通融。

定价与累计投标询价　在路演之前，企业与其承销商将开始考虑企业以什么价格上市。该企业可能依赖于主承销商决定所谓的发行价。企业估值应该等于企业未来现金流现值。尽管未来现金流具有不确定性，但主承销商可以根据企业最近收入预测未来现金流。但是，许多企业在上市前曾有过负收入。它们以高价出售股票的能力很大程度上受一段时间后预期收入增长的影响。

发行价也受现行市场与行业条件的影响，如果同一行业其他上市公司定价高于收入或销售额，那么 IPO 中股票发行价也会相对较高。

◈ 例子

Linkedln 是一家面向商业客户的社交网站，它通过对一些专门服务（帮助招聘人员与公司找到有资质的求职者并帮助个人找到工作）收取额外费用产生现金流。公司于 2011 年 5 月上市。发行价定为每股 45 美元，反映公司总估值约为 42.5 亿美元。一些投资者认为该估值被夸大了，因为 Linkedln 在 IPO 前的会计年度收入仅有 1 500 万美元。因此发行价约为 Linkedln 近年度每股收益（EPS）的 283 倍。另外，发行价约为 Linkedln 下一年预测 EPS 的 46 倍。但截至公司 IPO 交易日，Linkedln 股价已升至每股 94.25 美元，超过发行价两倍。因此市场对 Linkedln 的估值在八小时内从 42.5 亿美元涨至约 90 亿美元。

当第二天股市开盘时，Linkedln 的开盘价为每股 83 美元，一夜之间股价下滑约 12%，反映出市值下滑超过 10 亿美元。

在 2013 年 11 月，推特 IPO 发行价为每股 26 美元。第一天估价约为每股 45 美元，在其发行价上又增长约 73%。◈

正如在之前的案例中，当市场价格在 IPO 日大幅上升时，存在几种可能解释。一种可能是发行价设定过低。一些发行公司可能担心“把钱留在桌子上”（折价发行），因为价格大幅上涨意味着股票需求超过供给。承销商可能反对，认为发行价低些更合适，因为这能确保所有股票以发行价出售。如果股价随后上涨（代表 IPO 投资者从投资中获利），发行公司可能更易于在未来再一次发行股票，因为它已获得投资者信任。

另一种价格上涨的可能解释是，当日末尾购买股票的投资者对股价的合理估值有不同的看法。尽管大部分投资者可能认同应该根据一家企业未来现金流现值进行估值的理念，但它们可能对每年现金流增长速率看法不一。增长预测基于公司商业模式、雇员、管理风格、创造力、名誉与竞争力。大部分进行 IPO 的企业在成长中经历过飙升（创造了更多资金需求），但在之后并不一定能够保持如此高水平的增长。因为许多投资者对关于企业经营的信息了解有限，估量企业增长的工具有限，他们对于合理估值的看法可能大相径庭。而且，一些投资者可能仅仅沉浸于 IPO 的兴奋之中，特别是在受到大量媒体关注的情况下，并可能为股票出价过高。

但另一种价格上涨的解释是承销IPO的证券公司设定较低发行价来向机构投资者提供特别优惠，从而吸引这些投资者前来办理其他业务。股票价格本质上由适当价格贴现得出，在此情况下，发行公司从IPO获得的资金少于其应得数额。承销商也许会指出，如果发行价设定过高，机构投资者可能不会参与IPO，股票可能无法悉数出售。

由于对一家即将上市的企业进行合理估值如此困难，以及此处所描述的困境，主承销商很大程度上依赖于累计投标询价过程来决定在IPO时点上的发行价。

在一些其他国家，IPO使用拍卖流程，投资者为股票支付出价。首先成交最高出价人委托，接着是次高出价人委托，依此类推，直到所有股票均被发售。发行者可以设定待售股份的最低出价。这一流程防止承销商设置某一水平发行价来取悦特定机构投资者。

IPO股票分配 主承销商可能依赖一批证券公司（称为辛迪加）参与承销流程，共享承销费用。每个辛迪加承销商联系机构投资者并告知发行信息。大部分股票出售给机构投资者，因为对承销辛迪加来说出售大量股票更加方便。经纪公司获得的IPO股票比例可能非常小（比如2%），它们可以将其出售给个人投资者。它们通常会给最大客户优先权。

交易成本 发行公司交易成本通常为所筹资金的7%。比如，一笔5 000万美元的IPO将产生350万美元的交易费用（=0.07×5 000万美元）。另外，发行者也承担其他成本，如评估是否上市的成本，为招股说明书编制数据，确保招股说明书撰写无误。在此过程中，它还要承担法律或金融咨询费用。因此发行一次IPO的总成本可能接近于总发行额的10%。

10-3b 承销商维护价格稳定

主承销商绩效可由企业股价在IPO后的变动部分衡量。如果投资者快速出售IPO期间在二级市场上所购的股票，股价将承受下行压力。主承销商可能试图在IPO后不久通过二级市场购买代售股票以稳定股价。如果某一承销商承销的大多数股票在IPO后都表现惨淡，那么机构投资者可能不会再对该承销商所售的股票感兴趣。

超额配售权 在许多IPO中，主承销商拥有超额配售权，使其能在IPO后30天内有权分配额外15%的企业股票。这项权利有时被称为绿鞋期权，因为它首次被用于绿鞋生产公司1960年的IPO中。在一个近期案例中，推特公司IPO原本计划发行7 000万股，但其主承销商有权出售额外1 050万股（原计划的15%）。如果不会引起股价下跌，而且能够充分利用额外资金，许多发行者在IPO时并不介意多发行股票。

超额配售权赋予主承销商以IPO发行价购买发行公司额外股票的权利。承销商接着以发行价向投资者发行额外股票，所以它不会因此获得利润或承受损失，但能通过出售额外股票赚取佣金。承销商会在接下来几天内监控股价。如果市场价格低于发行价，承销商会以低于股票发行价的价格购买所有或部分超额股票。如果许多在IPO时购入股票的投资者想在市场中快速出售股票，就有可能使股价下降。承销商可采取行动在市场中购买股票来对投资者出售股票做出反应，以此稳定股价。

◇ 例子

Bluecrest证券公司是Zuber公司IPO的主承销商。原定股票分配额为4 000万股Zuber公司股票。Bluecrest证券公司拥有超额配售权，可以额外出售15%的Zuber公司股票，即原定计划外 600 万股股票。如果 Zuber 公司股票在 IPO 不久之后以高于发行价的价格进行交易，Bluecrest 证券公司将执行超额配售权，从 Zuber 公司获得额外 600 万股股票，并将其出售给投资者。该 IPO 使得一共有 4 600 万股股票被发行给投资者。

反之，如果 Zuber 公司股价在 IPO 不久之后下跌，Bluecrest 证券公司将在股市中回购所出售的额外 600 万股股票。这样一来，该 IPO 结果是一共 4 000 万股股票被发行给投资者，因为 600 万股股票将由于超额配售权被回购。

Bluecrest 证券公司在市场中购买 600 万股 Zuber 公司股票，抵消起初超卖的 600 万股股票。因此 Bluecrest 证券公司在执行这种操作时并不是股票投资者。◇

近些年来，在过半 IPO 中主承销商都曾执行超额配售权。

锁定期 主承销商为了确保在股票发行后股价稳定，会设定一项锁定条款，防止企业所有者与 VC 公司在特定时期（通常为 IPO 后 6 个月）出售所持有的股份。锁定条款旨在防止企业所有者与 VC 公司立即在二级市场出售所持有股份而对股价产生下行压力。

实际上，该条款仅能推迟在二级市场中可能出现的股票供给过剩。当锁定期结束后，二级市场中供出售的股票数可能激增，使股价大幅下跌。实际上，一些可以在锁定期结束前出售股票的投资者现在意识到这一效应，并在期满前刚好出售 IPO 股票。结果是，锁定期结束前股价就开始小幅下跌。

10-3c IPO 择时

在股市经历牛市期间，投资者更愿意购买新股，首次公开发行股票往往更频繁。在这些时期内，股价往往更高，发行公司希望以这样的价格获得资本。

◇ 例子

在 2004 年至 2007 年，大部分公司股票价格相对于各自收益来说较高。投资者对新股需求旺盛。公司更愿意进行 IPO，因为它们有自信能以较高价格出售所有股票。

2008 年次贷危机开始后，股市低迷，因此股票估值相对于公司收益来说较低。为此，一些公司推迟原定上市计划。它们意识到股票价格将低于预期。另外，随着经济状况恶化，一些公司急忙撤回扩张计划来减少资金需求。这些公司认为它们应当推迟发行股票，直到经济状况更加有利，股价更高。◇

10-3d 新股初始收益率

在美国，30 年来平均新股初始（首日）收益率约为 20%。这样不正常的单日收益率高于一只正常股票的整年收益。在 1996 年至 1999 年期间，在企业上市大肆宣传的驱使下，互联网公司新股初始收益率尤其高。这导致一些投资者在 IPO 时过量购入股票，造成股价短期或长期飙升。例如，1998 年间，互联网公司股票 IPO 后首个交易日股价平均增长 84%。也就是说若在 1998 年以 100 万美元投入每家互联网公司 IPO，平均将在一天内收益 84 万美元。

一些互联网公司的成功 IPO 使一些小型投资者成为百万富翁，紧接着媒体报道吸引了许多其他未曾进入股市的投资者。有些投资者孤注一掷，忽略了投资于互联网公司股票的连带风险。许多互联网公司挥霍 IPO 资金，当宣传热度消退后，它们的股价在一年内跌破初始 IPO 价格。许多互联网公司最终破产，投资这些公司 IPO 并持有股份的投资者损失了所有投资。

10-3e 迅速换手

一些了解 IPO 初始收益率异常高的投资者试图以发行价购入股票后迅速卖出。这种策略称为迅速换手。采用迅速换手策略的投资者并不想长期投资公司，只是对许多 IPO 初始收益率感兴趣。如果许多机构投资者在买入后迅速卖出，股票市值可能在 IPO 后就开始下跌。因此承销商担心迅速换手可能对股价施加过大的下行压力。为了抵制迅速换手，一些证券公司向较长期持有股票的机构投资者提供更多未来 IPO 股票。证券公司也可能禁止迅速换手的机构投资者在今后任何 IPO 中投资。

10-3f 谷歌 IPO

在 2004 年 8 月 18 日，谷歌进行 IPO，由于其知名度极高而吸引了大量媒体关注。谷歌从此次发行获得 16 亿美元，是亚马逊、美国在线、微软、网景与普利斯林等 IPO 价值之和的四倍多。谷歌两位联合创始人拉里·佩奇与谢尔盖·布林分别在 IPO 内出售所持有股份约 4 000 万美元，各自保留价值 30 亿美元的股份。谷歌 IPO 为企业以何种方式从投资者那里获得股票融资提供了有趣的视角。

股票估值 投资者在决定是否投资 IPO 前希望对将发行的股票进行估值。在谷歌案例中，一些投资者以雅虎为基准，因为雅虎股票 1996 年就已上市。为了正确评估谷歌股价，投资者将谷歌每股收益乘以雅虎市盈率。但这种方法存在一些较大缺陷。首先，谷歌与雅虎类型并不完全相同。一些投资者可能争论微软比雅虎更适合作为谷歌的基准。如果谷歌成长潜力大于雅虎，乘数就应该更大。并且，雅虎与谷歌采用的会计方法不同，所以通过比较两家公司收益来估值将会导致更大误差。这些估值缺陷将在第 11 章详述，但此处的主要观点是：股票估值易产生偏差，特别是 IPO 中公司没有历史股价可循。

拍卖流程 谷歌 IPO 的特殊之处在于其使用荷兰式拍卖（喊价逐步降低）流程，而非几乎全部依赖机构投资者。谷歌特许所有投资者在特定截止日期前提交股票报价。随后将报价排序，并决定所有发行股票被全部出售的最低价格。所有等于或高于最低价格的报价都将被接受，所有低于最低价格的报价将被拒绝。

从谷歌角度来说，采取拍卖流程的好处在于成本（收益的一定比例）低于传统 IPO。拍卖可能为谷歌节省约 2 000 万美元费用。并且，拍卖为谷歌吸引了一个多样化投资者群体，包括许多个人投资者。但是，这样的拍卖流程对名气小于谷歌的公司来说很难成功。

谷歌荷兰式拍卖结果 谷歌拍卖的最终结果是每股 85 美元，意味着所有被接受的投资者支付每股 85 美元。谷歌以该价格出售所有 1 960 万股，产生收益 16.7 亿美元。一些在 IPO 时获得股票的投资者，在拍卖结束后迅速在二级市场出售股票。股价在首个交易日结束时上涨 18%，达到每股 100.34 美元，所以通过拍卖获得股票并在首个交易日结束时将其出售的投资者赚取18%的利润。

纵观此事，谷歌在IPO时被低估了，因为截至2015年年底，其股价增长超过750%（Alphabet公司名下的交易）。

10-3g 脸书IPO

在2012年5月18日，脸书进行IPO，获得约160亿美元。由于公司知名度高，脸书IPO吸引了大量关注。共有33家证券公司担任承销商，负责向投资者出售股票。这些承销商共赚取服务费1.76亿美元。该费用实际上低于承销商在IPO中的标准收费，但许多证券公司为了参与这一重大事件甘愿接受较低的收费。在IPO日，脸书开盘价为每股38美元。股价一开始上涨，但接着在当天下跌。以开盘价为准，脸书市值在该时点约为1 040亿美元，几乎高于美国所有其他公司。

关于脸书估值存在许多不确定性，一部分原因是其在IPO前约10天修改了收入与利润估算。脸书召集分析师解释公司收入与利润向下修正。接着一些分析师联系最大客户（机构投资者）告知该消息。脸书与分析师最终由于只向机构投资者披露消息却忽略个人投资者而受到指责。由于脸书未来利润缺乏明确一致的信息披露，投资者难以对公司的正确估值达成一致。当没有得知消息的小型投资者还在期盼购买脸书股份时，一些大型机构投资者根据利润修正流言收回了股票购买计划。

在脸书IPO日，交易量约有5.71亿股，股票收盘价为每股38.23美元，仅高于开盘价23美分。但是，一些交易者经历了巨大收益或损失，因为股价在该日大幅波动。一些机构交易者在当天报告损失超过1亿美元。

随着股价从每股43美元高位跌至近开盘价每股38美元，一些证券公司承销商购买股票来支撑股价。它们在本质上抵消了股票过剩供给，阻止市场价跌破当日开盘价。

IPO一个月过后，脸书股价跌至每股31.40美元。三个月过后跌至每股20美元，较IPO开盘价下跌48%。换言之，脸书市值在三个月内下降约500亿美元。一份在IPO时10 000美元的投资在三个月后将只剩大约5 200美元。

在IPO时许多投资者愿意以任何价格投资脸书，不考虑股价是否经过了影响脸书未来现金流与真实价值的基本特性核实。财经媒体记述道，一些投资者意识到IPO时股价可能过高，但仍希望价格能快速“膨胀”，使他们得以迅速出售股票获得盈利。也就是说，一些投资者只要能快速向其他愿意出价更高的投资者出售股票，他们就丝毫不在意为被高估的股票支付高价格。

每股38美元的开盘价反映出当时约100倍于脸书每股年收益的乘数。与之相比，当时苹果公司市盈率约为14。脸书极高的估价只有在公司收入增长远超苹果与其他公司时才是正当的。如果脸书收入按这个速率增长，其用户群体将在世界范围内大幅增长。但是，一些国家早有本土公司提供类似服务。一些基于较低增长假设的保守估值预测脸书价值约为每股20美元，与IPO三个月后价格一致。但到2015年，脸书股价超过每股100美元。因此投资者可能争论脸书在IPO时并没有被高估。关于脸书的正确估值还存在一些不确定性，那些股价估值基于收入大幅增长的预期的股票也是如此。

10-3h IPO 市场违规

由于一些违规现象，IPO 受到负面宣传。在 2003 年，监管部门颁布新规定，力图防止此类违规现象再度发生。此处详述一些常见违规现象。

勾结 当承销商将 IPO 股票分配给可能正在考虑进行 IPO 的企业的高管或需要证券公司帮助的另一家企业时，就发生了勾结。承销商希望高管记住恩惠并在未来雇用这家证券公司。

爬梯 当一次 IPO 存在大量需求时，一些经纪人会爬梯。换言之，这些经纪人怂恿投资者将上市首日报价设定得高于发行价。这有助于形成股价上涨势头。一些投资者可能愿意这样做来确保经纪人在下一次热门 IPO 时为他们预留一些股份。

高额佣金 一些经纪人可能在 IPO 需求旺盛时收取高额佣金。因为投资者通常能从首日收益中赚回这些费用，他们也愿意支付。因为承销商所定发行价明显低于首个交易日结束时的市场价，投资者愿意容忍经纪人。但是，经纪人所获其实是发行公司所失，因为如果发行价设定得更高，公司收益将会更高。

财务报告扭曲 在 IPO 前，一家企业必须公布财务报表，总结收入、费用与财务状况。许多投资者运用该信息得出公司价值，估计公司每股价值。有了这些信息，投资者就能确定在 IPO 时股票发行价与他们自己的估值孰高孰低，从而决定是否购买股票。如果财务状况扭曲，那么估值也会扭曲。

◈ **例子**

在 2011 年 11 月 4 日，高朋网上市。其股价在 IPO 首日快速从每股 20 美元爬升至每股 31 美元（收益率为 55%），随后开始下跌。评论家发表言论关注高朋网低报费用、夸大收入的情况。上市第一年，高朋网频繁修改财务报表来进行纠正。随后公司承认内部管理薄弱。到 2012 年 11 月，公司股价跌至约每股 3 美元，较 IPO 发行价下跌 85%。因此一位在 IPO 前持有股票的员工能在 IPO 时将 1 000 股以 20 000 美元出售。但一位在 IPO 时以 20 000 美元购买 1 000 股的投资者在一年后只能以 3 000 美元的价格将股票卖出。纵观此事，高朋网持股人似乎在 IPO 前由于夸大收入而获益，因为相信财务报表的投资者在 IPO 期间为购买股票超额支付了。◈

这个案例告诫我们，即使在现有全部财务报表规范下，会计人员仍能在报告程序中大展身手，夸大收入。因此，如果企业收入的确被夸大，那些依靠收入进行 IPO 股票估值的投资者可能会支付过多。

10-3i IPO 后的长期表现

有许多企业（例如苹果与谷歌）在 IPO 后的长期表现中非常强势。但是，此类 IPO 往往更受关注，而许多 IPO 长期表现疲软无力。有强有力的证据表明，IPO 在一年或更久之后通常表现糟糕。因此，从长期来看，许多 IPO 在发行时定价过高。这对个人投资者来说尤其准确，他们无法以发行价获得股份，而只能在 IPO 首日稍后的时间里以更高价格购买股份。

IPO普遍长期表现糟糕可能源于以下原因。首先，投资者（尤其个人投资者）往往对上市公司过分乐观，愿意以任何价格购买股份。长期表现糟糕可能部分归因于兴奋过后股价逐渐下跌，向更理性的估值回归。其次，表现糟糕可能归咎于公司管理者，他们可能过度支出，并因为糟糕的投资浪费部分从IPO获得的资金。

最后，一些公司可能在IPO时为了最大化股票售价而夸大了收入。公司管理者无法使收入永远膨胀下去。事实上，在IPO前一个季度为提升收入所做的努力可能在下一季度导致收入下滑。因此，股价可能在IPO之后由于收入下滑而相应下跌。与此相关的解释是，许多企业在状况良好时IPO，收入达到最高值；随后几个季度中公司收入与股价均下滑。

10-4 股票增发与回购

一家公司上市后，仍可以发行更多股票或回购部分已发行股票。后文将解释这些操作。

10-4a 股票二次发行

一家公司可能需要筹集额外资金来支撑公司增长或扩大经营。**股票二次发行**（secondary stock offering）是指一家公司在已经上市的情况下发行新股票。一些公司通过多次股票二次发行来支持扩张。一家想要进行股票二次发行的公司必须向美国证券交易委员会备案。公司可能雇用一家证券公司来咨询股票发行数量，这有助于向证券交易委员会上交招股说明书，以及向投资者发行新股票。

因为在股票二次发行时该公司股票已经具有市场价格，公司希望能以现行市场价格发行股票。但考虑到股票二次发行可能涉及数百万股股票，在现行市场价格水平可能不存在足够的投资者需求。在这种情况下，承销商将降低价格来出售所有新股票。许多股票二次发行导致在发行日股价下跌1%～4%，在新价格水平上市场中股票供给等于需求。由于所有股票均衡价格均存在下跌的可能，想进行股票二次发行的公司通常密切关注股市，倾向于在已发行股票价格较高时发行新股票，此时市场观点对公司有利。在这种情况下，公司能以较高价格发行新股票，在给定股票数量下获得更多资金。

公司有时会将股票发售给特定人群，例如现有股东，赋予他们优先认购权（绝对优先权）来购买新股票。通过向现有股东发行新股，公司可以避免股权被稀释。优先认购权是指在认购期内（通常为一个月或更短）以该权利指定的价格购买新股票。或者可将认购权向他人出售。

暂搁注册　公司可以不受证券交易委员会登记时间间隔限制公开发行股票。通过**暂搁注册**（shelf registration），一家公司可以满足证券交易委员会的规定在两年内发行新股票。上市登记表包含随后两年的融资方案。在某种意义上，即股票被暂时搁置，直到公司需要发行。暂搁注册使企业可以避免多次注册流程，快速获得资金。因此预期环境不利的公司能迅速锁定融资成本。虽然这对发行公司有利，但潜在买方必须意识到注册中所披露的信息并没有随时更新，因此可能无法准确反映公司在暂搁注册期间的状况。

10-4b 股票回购

公司管理者拥有投资者未掌握的公司未来预期，这种情况通常被称为信息不对称（asymmetric information）。当公司管理者认为公司股票被低估时，他们可以使用公司剩余现金在市场中以低于内部估值的价格购买一部分自身股票。公司往往在股价处于非常低的水平时回购部分股票。

研究发现，通常来说股价会积极回应股票回购声明，这表明投资者将声明视为管理层认为股价被低估的信号。投资者会对该信号做出积极回应。

虽然许多股票回购计划被视为利好信号，但一些投资者可能会问：公司为何不用资金扩张经营而是用来回购股票呢？投资者对股票回购计划的反应因投资个性而不同。

10-5 股票交易

投资者可在二级市场交易任何 IPO 或二次发行的股票。在美国，投资者间的股票交易发生于交易所市场与柜台市场（OTC）。

10-5a 交易所市场

每个**交易所市场**（organized exchange）都有一个交易大厅，交易员在这里为客户执行二级市场交易。尽管在美国有多家交易所市场，但纽约证券交易所（NYSE）是迄今为止最大的。NYSE 在 2007 年联合巴黎、布鲁塞尔与阿姆斯特丹的股票交易，形成了 NYSE 泛欧证券交易所。在 2012 年 12 月，NYSE 泛欧证券交易所被洲际交易所（ICE）购买。ICE 位于亚特兰大，成立于 2000 年，主要从事商品期货合约电子交易，例如棉花和原油。该公司以高效的衍生工具合约电子交易闻名，并在 2005 年上市。ICE 与 NYSE 泛欧证券交易所建立了一个庞大网络，用于交易世界范围内的股票、债券、商品与衍生证券。列在 NYSE 上的公司通常比列在其他美国交易所的公司大得多。其中有一些公司每日交易的股票数量超过 1 亿股。

NYSE 有一个交易大厅来执行交易。这里有两大类成员：场内经纪人与特种交易商。**场内经纪人**（floor broker）分为佣金经纪人与独立经纪人。**佣金经纪人**（commission broker）受雇于经纪商，在 NYSE 交易大厅为客户执行交易委托。**独立经纪人**（independent broker）为自己的账户进行交易，不受雇于任何特定经纪商。然而，他们有时为经纪商处理忙不过来的交易，并为不雇用全职经纪人的经纪商处理交易委托。独立经纪人收取的费用取决于所交易委托的规模与流动性。

特种交易商（specialist）能匹配买方与卖方委托。并且，他们可以为自己账户购买或出售股票，并因此为股票创造更多流动性。他们被要求通过安排投资者委托来维持市场有序。他们随时准备购买或出售指定股票，因此他们有时被称为流动性提供者。在给定时点，他们愿意出售一只股票的价格大于其愿意购买该股票的价格。这一价差为他们所提供的服务进行补偿。即便在经济不景气、股价下跌的情况下，他们仍旧应该做好准备安排出售委托。但是他们将价格设置在愿意出售或购买股票的位置。他们只可能以折扣价格在经济状况不利时购买大量股票，反映了此举的风险（此后他们能否以该价格向投资者出售股票的不确定性）。并且，如此不利的经济状况可能将导致他们放大愿意出售股票与购买股票的价差。

在2008年，特种交易商被指定做市商（DMM）代替。在NYSE，每只股票都有一家DMM。指定做市商只有在交易完成后才能获悉所安排委托的交易者的身份信息。这样一来，他们所掌握的信息与NYSE场内经纪人相同。许多DMM是大型金融公司员工，例如，巴克莱银行、全球电子交易公司（Getco）等。在2012年，NYSE还加入附加流动性提供者（SLP），因此允许做市商对NYSE某一只特定股票进行竞争。对这些做市商的强制要求比对DMM的要求略宽松。

尽管NYSE因其交易大厅而闻名，但现在许多交易通过一个电子系统——NYSE超级显示账目系统（SDBK）——完成。在2015年，只有约10%的交易在NYSE交易大厅完成，而该数据在2007年有40%。其他交易由电子系统完成。在很大程度上，交易大厅现通常被用于特殊场合，而绝大部分交易由电子系统代劳。

上市条件　NYSE向挂牌交易股票的公司收取入场费。该费用取决于公司规模。公司必须满足特定要求才能在NYSE挂牌交易股票，例如流通股最小数量限制、最低盈利水平、最低现金流与最低近期收入限制。一旦股票挂牌成功，交易所也要求每股价格不得低于1美元。一些公司虽然新股票挂牌成功，但由于久而久之不再满足要求而退市。

设定流通股最小数量限制旨在保证足够的流动性。若想股票流动，必须在任意时刻存在许多买方与卖方，以至于一位投资者能以现行市场价格轻松购买或出售股票。在一个流动市场，经纪人愿意为一只股票支付的买方报价应略低于愿意出售该股票的卖方报价。

10-5b　柜台市场

未列于交易所市场的股票在柜台市场（OTC）进行交易。像交易所市场一样，柜台市场也促成二级市场交易。但二者的区别是柜台市场没有交易大厅。买卖双方委托通过远程电子通讯网络完成。由于没有交易大厅，所以不用在交易所购买席位，但需要向SEC登记注册。

纳斯达克　许多柜台市场股票由美国**全国证券交易商自动报价系统协会**（National Association of Securities Dealers Automatic Quotations，Nasdaq，**纳斯达克**）服务，该电子报价系统提供即时报价。想要在纳斯达克挂牌的公司必须满足有关资产、资本与股东数量的最低要求。约有4 000只股票在纳斯达克交易。尽管该市场大部分挂牌股票由较小公司发行，但也有一些特大型公司（例如苹果与英特尔）。

场外交易公告牌　场外交易公告牌显示股价低于每股1美元的股票，这些股票有时被称为便士股票。超过3 500只股票列于该公告牌。其中许多股票曾经在纳斯达克市场交易，但后来不再满足交易所要求。便士股票流动性低于交易所股票，因为其交易量十分有限。它们通常只由个人投资者交易。机构投资者往往专注于更具流动性的股票，以便能在任何时间于二级市场上出售。

粉单市场　柜台市场还有一个组成部分称为“粉单市场”，在这里进行更小股票的交易。像场外交易公告牌上的股票一样，这些股票通常没能满足纳斯达克市场的挂牌要求。

其财务信息十分有限，甚至没有。通过粉单市场交易股票的公司不用向 SEC 登记注册。一些股票交易量非常小，可能几周都没有交易。

10-5c 盘后交易阶段

NYSE 与纳斯达克市场在正常交易时间外提供盘后交易阶段。晚交易阶段使投资者能在闭市后购买或出售股票，早交易阶段（有时称为集合竞价时段）使投资者能在下一天开市前购买或出售股票。在交易所提供的交易时间外，一些电子通讯网络（ECN）支持在任何时间交易。由于许多公司声明在正常交易时间后发出，投资者能在第二天开市前利用这些信息。

但是，盘后交易阶段市场流动性有限。例如，一只广泛交易的股票其夜间总交易量可能只有日间总交易量的 5%（或更少）。一些股票在夜间鲜有交易，因此在盘后交易阶段一次大型交易更有可能使股价震荡，因为必须进行一次价格大调整才能使其他投资者愿意做对手交易。一些投资者想利用盘后交易阶段的非正常股价波动，但他们也面临市场价不会按预期调整的风险。

10-5d 交易所股票报价

二级市场中投机者交易股票能引起任何股票价格变动。投资者能通过金融网站与金融报纸监控股票报价。虽然形式不一，但大部分报价提供相似的信息。股价一直以每股为基础进行报价，正如表 10.2 中吉卡德公司（一家虚构的公司）案例所示。运用图表补充下列对股票报价其他信息的讨论。

表 10.2　　股票报价单案例

YTD % CHANGE	HI	LO	STOCK	SYM	DIV	YLD%	PE	VOL 100S	LAST	NET CHG
+10.3	121.88	80.06	吉卡德	ZIK	0.56	0.6	20	71 979	93.77	+1.06
年初至今股价变动百分比	当年最高股价（美元/股）	当年最低股价（美元/股）	股票名称	股票代码	年度红利（美元/股）	股息率，表示年终分红相对于现行股价的百分比	基于现行股价的市盈率	前一交易日交易量	收盘价	与前一日收盘价差值

52 周价格区间　通常会列举过去 52 周股票最高价与最低价。二者表示上一年度股价区间。一些投资者将该区间视为股价波动指示器。

注意到吉卡德公司 52 周最高价为 121.88 美元/股，最低价为 80.06 美元/股。最低价相比最高价下跌 34%，表示上一年度股价区间很大。

股票代码　每只股票都有一个特定代码用于确定公司。这个代码可以用于向经纪人传达交易委托。经纪公司或电视财经新闻的行情显示系统用代码来表示每家公司。每个代码通常由 2～4 个字母组成。吉卡德公司的股票代码为 ZIK。耐克公司的股票代码为 NKE，家得宝的股票代码为 HD，摩托罗拉的股票代码为 MOTO。

分红 年度红利（DIV）表示基于上一年度以每股为单位向股东分配的红利。吉卡德年度红利为每股 0.56 美元，即平均每季度 0.14 美元。年度红利总额可由每股红利乘以流通股股数求得。

股息率 股票报价单通常也表现股息率（YLD），即年度每股红利与股票现行价格之比。吉卡德年度红利为每股 0.56 美元，其现行股价为每股 93.77 美元，所以股息率为

$$\begin{aligned}\text{股息率}&=\frac{\text{每股红利}}{\text{现行股价}}\\&=\frac{0.56}{93.77}\\&=0.60\%\end{aligned}$$

一些公司希望长时间保持稳定股息率，而另一些公司则不这么想。

市盈率 大部分股票报价单包含股票市盈率（PE），PE 表示现行股价除以公司上一年度每股收益（收益除以现有股份数）。在表 10.2 中，吉卡德现行股价为每股 93.77 美元，除以上一年度每股收益，可得出其市盈率为 20。一些投资者密切关注市盈率，他们认为低市盈率（相比同行业其他公司）意味着股价较公司收益被低估了。

交易量 股票报价单通常也包括前一交易日股票交易量（记为“VOL”或“SALES”）。交易量通常以 100 股为单位表示。一家大型公司股票每天有数百万股被交易已是司空见惯。表 10.2 表示 ZIK 股票交易量超过 700 万股。一些金融媒体还会展示与前一交易日的交易量之差。

收盘价 股票报价单显示前一交易日收盘价（“LAST”）。另外，价格变动（“NET CHG”）通常也有记录，表示与前一交易日收盘价相比增长或下跌。

10-5e 股指行情

股指起着显示特定股票交易所或特定市场子集股票业绩的作用。指数使投资者能比较个股业绩与更一般的市场指标。一些较受关注的指数将在下文进行说明。

道琼斯工业平均指数 道琼斯工业平均指数（DJIA）是 30 只美国大型公司股票价格的加权平均。美孚、IBM 与可口可乐公司都包含在该指数内。因为 DJIA 只包含 30 只大型股票，因此它并不总是能准确反映整个市场或（特别是）较小型股票状况。

标准普尔 500 指数 标准普尔（S&P）500 指数是 500 只美国大型公司股票市值的加权平均。因为该指数包含如此多股票，它比 DJIA 更能代表美国股市。然而，由于标准普尔 500 指数专注于大型股票，它并不能有效解释较小型公司股价。

威尔希尔 5000 市场指数 威尔希尔 5000 市场指数诞生于 1974 年，用于反映 5 000 只美国股票市值。随着企业合并、收购与杠杆收购减少了 NYSE 与纳斯达克市场上所交易的股票数，威尔希尔 5000 市场指数中的股票数量也已下降。在 2015 年，该指数只包含 3 700 只股票。威尔希尔 5000 是涵盖美国股票市场最广的指数。它被广泛应用于财经媒体，并被联邦储备系统及许多金融机构密切关注。

NYSE 指数 NYSE 提供它所创造的指数报告。综合指标是所有在 NYSE 交易的股票的平均值。这是对在 NYSE 上市的股票的一般表现的良好衡量指标。然而，由于这些股票大部分为大型公司，综合指标并不能准确测量小型股票业绩。在综合指标之外，NYSE 也提供四大类指数：

1. 工业
2. 交通
3. 公共设施
4. 金融

这些指数通常被用作单家公司比较或各自板块投资组合比较的基准。尽管这些指数正相关，但在某些时段它们之间的走势存在很大差异。

纳斯达克股指 纳斯达克网站提供在该市场所交易股票的指数。这些指数能有效反映小型股票业绩，因为该平台上有大量小型股票进行交易。

10-5f 私人证券交易所

在 IPO 前，一些私人企业在私人证券交易所挂牌。因此拥有这些企业股份的雇员或所有者可以向其他投资者出售所持有股份。纳斯达克私人市场与 Shares Post① 是私人证券交易所的典型，它们便利了私人企业股份出售。私人证券交易所的主要优势在于它允许私人企业所有者套现。并且，私人证券交易所允许投资者成为私人公司部分所有者。这些企业中的许多最终会 IPO，所以投资者可以等着购买股份。但是，如果投资者能投资于私人公司，他们也许能够以更低价格获得股份。另外，他们或许无法在 IPO 时购买股份，因为大部分 IPO 会给机构投资者优先权。当投资者购买私人公司股份时，他们或许只需支付比等到公司上市时更低的价格。

一个私人证券市场也有一些应当考虑的潜在弊端。首先，投资者需要向私人证券交易所登记并证明他们有足够的收入（例如每年 20 万美元）与足够的资本净值（例如至少 100 万美元）。因此，私人证券交易所并不是面对所有投资者的。

其次，在私人证券交易所挂牌的私人企业所披露的信息可能少于上市所要求披露的信息。当公司上市时，需要审计财务报表。私人企业信息有限可能导致投资者做出糟糕的投资决策。投资者应该思考为何私人企业现所有者愿意以某一特定价格出售股份。这是因为所有者需要现金，还是因为他们知道公司价值低于他们出售股份的价格？投资者在估测股份正确价值时处于不利地位，因为他们没有掌握全部所有者知道的信息。最后，私人企业股份缺乏流动性，因为私人证券交易所交易总量十分有限。由于投资者参与有限，所以很难决定正确的市场价格。股票交易价格可能远高于公司上市所能出售股份的价格，这意味着投资者为私人股份出价过高。或者，股份成交价可能远低于公司上市所能出售股份的价格，这意味着现所有者没有获得足够支付。即便是现所有者也有可能在想要确定股票正确市值时犯错，因为真实市场价值（当企业在未来上市时）一定程度上受市场情绪影响，而这很难预测。

---

① 专为独角兽企业服务的美国知名私募股权交易平台。

10-6 上市公司监管

因为一家公司股价通常与其业绩相关，所以投资者收益取决于公司运营状况。一家上市公司管理者作为股东代理人以最大化股价为目的做决策。公司所有权（股东所有）与管理权（管理者所有）分离可能因为利益冲突造成代理人问题。管理者的行为可能受自身利益诱惑而不是为了持有公司股权的投资人。

许多机构投资者持有一家企业数百万股份，因此它们有足够动机确保管理者符合股东利益。股东监控企业的最轻松方法就是随时监控市值变动（用股价估计）。因为股价随时可见，股东能快速发现公司市值的任何异动。如果股价低于预期，股东可能希望采取行动提升公司管理层。另外，上市公司被要求提供财务报表，向公众披露财务状况，所以投资者也能够监控这些报表。

投资者也依赖每家公司董事会来确保公司管理者做决策是为了提升公司业绩并最大化股价。一家公司董事会有责任监督公司业务与事务。董事会希望确保公司管理方式为股东服务。董事也有责任监督公司经营操作，并确保公司遵纪守法。他们无法监视每一项工作决定，但可以保证公司拥有一套流程来引导关于道德和伦理行为的决策。他们也能确保公司拥有一个内部控制与报告系统。

10-6a 分析师角色

分析师通常受雇于证券公司，其工作是监控一小批上市企业。他们与分配到的企业的高级管理层进行沟通。因为精于分析这些企业的财务状况及评估股票，分析师可能察觉到大多数投资者无法意识到的财务问题。分析师通过对企业股票做出评级（或推荐），例如强烈建议买入、买入、持有或出售，来发表他们对所监控公司的看法。

虽然分析师能为投资者提供实用信息，但纵观历史他们在评级股票时范围很广，因此他们监控上市公司效率有限。实际上，向分析师支付的奖金有时是基于他们为雇主带来多少生意，而并不是他们的股票评级有多准确。

证券交易所规则 在2002—2004年，美国股票交易所设定新规防止一些分析师所面临的利益冲突。首先，分析师不能受提供咨询服务的部门管理，他们所获得的报酬不能基于带来的咨询业务数量。这项规定旨在鼓励分析师提供公正无偏的股票评级。其次，证券公司必须公开分析师对所有企业的评价总结，从而投资者可以确定评价是否过度乐观。

10-6b 财务作假

若管理者能操纵财务报告，他们也许可以对投资者隐瞒信息。一些企业（包括安然公司、泰科公司与世通公司）曾用违规会计方法“创造”财务报告。结果，投资者难以查明这些公司的真实财务状况并监督它们。这个问题很复杂，因为受雇来审计一些企业财务状况的审计师使用了违规会计方法。一部分企业董事会成员作为审计委员会成员，本应确保审计过程正确无误，但在一些企业中，审计委员会没能监督审计师。总的来说，投资者对部分企业监督有限，因为会计师扭曲财务报告，审计师没有正确审计，企业审计委员会没有正确监督。

10-6c 《萨班斯-奥克斯利法案》

《萨班斯-奥克斯利法案》(以下简称《法案》) 颁布于 2002 年，用以确保向投资者披露更多准确的财务信息，从而使投资者能够更有效地监督企业财务状况。《法案》要求企业建立内部管理流程来改善报告。《法案》也试图禁止当企业财务报告由公共会计师事务所审计时发生潜在利益冲突。例如，防止一家公共会计师事务所审计客户企业且受审计企业首席执行官（CEO）或其他执行官在审计前一年内受雇于该公共会计师事务所。《法案》也禁止企业审计委员会成员从企业收取除董事会薪金外的咨询费或其他报酬。这项条款禁止企业为审计委员会成员提供超额报酬，导致他们不密切监督审计。并且，《法案》要求企业 CEO 与 CFO 保证经审计财务报告准确无误，使 CEO 与 CFO 承担责任。《法案》规定误导投资者或隐瞒信息的雇员将被处以大额罚款或有期徒刑。

尽管《萨班斯-奥克斯利法案》的确提高了透明度，但投资者获得的上市公司财务信息仍旧有限，使估值产生了误差。

◈ 例子

雷曼兄弟被《巴伦周刊》年度企业业绩调查列为大型公司之首。在 2007 年，《财富》杂志将雷曼兄弟排在“最受赞赏的证券公司”第一位。在 2007 年 3 月，雷曼兄弟的股票价值约为 400 亿美元。但在 2008 年 9 月，雷曼兄弟申请破产，股票变得一文不值。一家公司是如何在 18 个月里损失 400 亿美元的呢？一些评论家认为报告中资产市场价值被夸大了，所以公司价值从未达到过 400 亿美元。◈

上市成本 建立一套满足《萨班斯-奥克斯利法案》的流程成本很高。对许多企业来说，遵从《法案》的成本超过每年 100 万美元。因此许多小型上市公司由于该《法案》决定回归私人所有制。这些企业发现，如果它们回到私有制而不是上市，它们能有更高价值，因为它们可以免去上市公司必需的大量报告成本。

10-6d 股东激进主义

如果股东不满意管理层管理企业的方式，他们通常有三种选择：第一种是不作为，只持有股票，寄希望于管理活动最终使股票价格表现强劲。第二种选择是出售股票。不相信他们可以改变企业管理行为或不想投入时间与金钱来改变的股东通常会选择这种方法。第三种选择是参加股东激进主义。下面详细说明一些常见的股东激进主义做法。

与企业沟通 股东可与其他投资者交流他们的担忧，来向企业管理者或董事会成员施加更多压力。机构投资者经常与高级企业管理者沟通，有机会向企业经营提出意见。企业管理者可能愿意听取一家大型机构投资者的建议做出改变，因为他们不想这类投资者出售所持有的股份。

◈ **例子**

加州公务员退休基金（CALPERS）管理加州公务员养老金。基金管理着超过800亿美元证券，通常持有一些企业的大量股份。当CALPERS认为这些企业管理不够妥善时，它会沟通它的担忧，并经常提出解决办法。基金甚至会要求一个董事会席位，或者企业将一位董事会成员替换为一名外部投资者。作为回应，一些企业会调整管理行为来迎合CALPERS。

CALPERS定期公布其认为有严重代理人问题的一些公司。这些公司可能曾拒绝就CALPERS对它们管理风格的担忧做出回应。◈

企业对作为一个团队的机构投资者的沟通尤为敏感。机构股东服务公司（ISS）隶属于韦斯特资本合伙公司（Vestar Capital Partners），组织机构投资者奋力争取同一目标。在收到机构投资者关于一家特定企业的反馈后，ISS与高级执行官组织一次电话会议来获取企业信息。随后ISS向投资者公布会议时间并允许他们旁听。会议专注于机构型股东对企业管理的担忧。与由企业控制的财报电话会议不同，这次电话会议由ISS管理。ISS常问的问题有：

- 为什么CEO也兼任董事长？
- 为什么管理层薪金远高于行业平均水平？
- 任命新董事会成员的流程是怎样的？

电话会议结束后不久，文字记录就会发出。

代理权竞争　股东也可参与代理权竞争来试图改变董事会组成。这比与企业沟通更加正式，并且通常只要在一次非正式董事会更改请求（通过与董事会沟通）被驳回后就会得到考虑。如果持不同意见的股东得到足够多的选票，他们就能选举一个或多个同阵营董事会成员。在这种情况下，股东真正行使控制权。

机构股东服务公司可能推荐股东对特定代理问题以某种方式进行投票。由于势力集中，机构型股东对管理决策有更大影响力。在一些企业，他们成功实行了改变，增加了股东价值，例如：

- 限制被解雇执行官的解雇金。
- 修订关于企业执行官报酬政策的投票方针。
- 要求财务信息报告更加透明。
- 限制CEO薪酬与奖金上限。
- 去除防止被其他企业收购的细则。
- 允许每年选举所有董事会成员，以此快速剔除低效成员。

股东诉讼　如果投资者认为董事会没有履行对股东的职责，他们可以起诉董事会。该举措旨在迫使董事会决策与股东利益保持一致。诉讼通常发生在企业反收购、进行并购或做出其他重组决定使股东认为会减少股票价值时。

在某些企业，董事会在代表股东时粗心大意。然而，由于公司业绩存在不确定性，董事们无法每次都为关键经营决策的结果不尽如人意负责。当董事被起诉时，法院通常关注董事会所做决策是否合理，而不是这些决策是否增加公司盈利。因此从法院角度来说，董事会决策过程比实际结果更重要。

10-6e 治理权效果有限

尽管人们十分关注金融市场中管理者如何受治理权的约束，但有证据表明治理权效果有限。即便企业业绩十分惨淡，仍旧有无数执行官领取着极高的报酬。虽然有《萨班斯-奥克斯利法案》、股东激进主义、代理权竞争、股东诉讼，一些企业中代理人问题依旧严重。

10-7 公司控制权市场

当公司管理者意识到同行业中另一家公司由于经营不善而股价较低时，他们可能希望收购那家公司。他们希望以低价收购该公司并改善其管理，从而增加其公司价值。并且，两家公司整合可能会减少管理冗余，带来协同效益。这样一来，如果收购方管理者将资金用于其他类型的扩张，他们可能会赚取更高收益。实际上，较差公司暴露于被更高效公司收购的风险之中，也因此暴露于“公司控制权市场”中。因此，如果一只公司股票由于管理不善相对较低，它就可能成为其他公司的目标。

当一家公司自身股价上涨时，它或许尤其能从收购中受益。公司可以将自身股票作为货币，通过交换一部分自身股票来获取目标股票。一些评论家声称收购低效公司通常导致裁员和雇员间不公平待遇。有言论反驳称，如果没有公司控制权市场，公司将放任低效，这对投资者来说不公平。管理者意识到，如果公司管理不善，会被收购，他们将丢掉工作。因此公司控制权市场将激励管理者做出最大化股价决策，以此来避免被收购。

一般而言，有研究显示目标公司股价通常反应良好，但收购方公司股价却没受到正向影响。投资者可能希望收购方公司达成目标。有证据表明，收购方公司在完成收购后之所以没能消除低效管理，或许是因为解雇导致士气低落。并且，收购方公司通常需支付巨额溢价，例如在目标上市公司现行股价的基础上附加20%～40%，以此来获得目标公司控制权。收购方公司很难从收购中获得大量收益来抵消收购时的极高成本。

10-7a 以杠杆收购夺取公司控制权

公司控制权市场由于杠杆收购（LBO）的使用而得到增强，杠杆收购是在收购时使用大量借入资金。该收购需要很高的财务杠杆。一些所谓的收购公司鉴别出管理不善的公司，将其收购（大部分使用借入资金），改善公司管理，随后以更高价格将公司出售。或者，公司管理者认为他们可以重组公司经营来提高现金流。这些管理者可能希望用LBO来提升公司业绩。

运用借款来收回公司股票会制造出一个高杠杆资本结构。这样一个新资本结构有一个优点是公司所有权通常会集中到一小部分人手中，可能是公司管理层。当管理层利益与公司保持一致时，代理人问题会减少。但是关于LBO的一个主要担忧是企业将在一段时间内面临现金流问题，因为财务杠杆将导致定期高额债务偿还。通过该方式融资的公司收益率与风险都较高。

一些参与 LBO 的公司在提升公司业绩后发行新股票。该过程被称为反向杠杆收购（反向 LBO）。但一次 LBO 可能被用以购买所有未达到潜在业绩（导致股价低迷）的公司股票，一次反向 LBO 通常发生于股票可被高价出售时。实际上，所有者希望以远高于 LBO 时的价格发行新股票。

10-7b 公司控制权市场面临的障碍

通过公司控制权消除代理人问题的效果受限于以下障碍：当被收购企业管理层不为股东着想时，潜在收购方企业将面临更高成本。下面详细介绍公司控制权市场面临的一些常见障碍。

反收购修正案 一些公司在宪章中加入反收购修正案。例如，修正案可能要求至少 2/3 的股东投票通过才同意被收购。反收购修正案应旨在保护股东，防止收购最终降低他们对公司的投资的价值。然而，有反对言论称，股东实际上因反收购修正案而承受损失。

毒药丸 毒药丸是特定事件发生时股东或特定管理者享有的特殊权利。董事会可以行使该权利而不用征得股东同意。有时一家企业会采取“毒药丸”行为来反被收购。例如，“毒药丸”可在有企业试图收购公司时，赋予公司所有股东获得额外 30%的股份（给予他们现有股份）的权利且无须任何成本。“毒药丸”增加了收购方公司收购目标公司的难度。

金色降落伞 金色降落伞规定管理人员在被解雇或公司管理权变更时，能得到补偿金。例如，当公司被收购时，所有管理人员可能有权获得 10 万股公司股票。可以说金色降落伞保护了公司管理人员，因此他们做决策时更愿意选择在长期增加股东财富，即便在短期内该决策会降低股价。

金色降落伞可以通过增加收购成本达到反收购意图。如果该反收购行为（或其他任何行为）有效，它会通过保护那些为自己而非股东牟利的公司管理人员而扰乱公司控制权市场。

10-8 股票市场全球化

股票市场全球化在某种意义上消除或模糊了国家之间的界限。因此需要资金的公司可以涉足海外市场，投资者可以购买海外股票。在近几年，旭东公司通过国际股票发行从海外市场获得资金。这种策略可以增强公司国际形象。该行为的另一动机是，由于发行公司面对更大的潜在投资者群体，它能更轻易地发行全部新股票。

10-8a 私人化

在近几年，许多国家政府允许私有化，或将国有企业出售给私人。一些公司大到当地股票市场无法消化其股票发行。因此，有不同国家的投资者投资于这些私人企业。

10-8b 新兴股票市场

新兴股票市场使海外企业通过发行股票筹集大量资金。这些市场还为美国或其他国家投资者提供了投资新渠道。一些新兴股票市场相对新且小，它们可能不如美国股票市场高效。因此一些股票可能被低估，从而吸引投资者。

然而，一些发展中国家股票市场仍存在某些限制。首先，非美国管理机构对确保发行公司财务信息准确的努力不够。其次，不对投资者进行分红的企业鲜有被起诉。再次，许多国家法院没有投资者能用于获得所欠资金的高效系统。最后，小型市场可能易受大型交易者操控。另外，由于规范缺乏强制力，许多海外市场内幕交易盛行。一般而言，海外市场中大型机构投资者与内幕人员有许多优势。

尽管国际股票能产生高收益，但也可能面临高风险。由于股价大幅变动时常发生，一些新兴股票市场经常被称为“赌场”。股价剧烈波动源于新兴市场的两个特征：对交易十分有限的股票来说，大型交易能撬动均衡价格；另外，企业有时缺乏有效的财务信息，使投资者只能根据流言进行交易。基于流言的交易模式比基于真实数据的交易模式更加不稳定。

10-8c 股票市场特征对比

每个股票市场交易活动总量受该国法律及其他特征影响。各国股东权利存在差异，一些国家股东有更多投票权，能对公司管理产生更大影响。

各国股东所受的法律保护也有很大差异。一些国家的股东在面对公司执行官或董事会实施金融诈骗时能更有效地起诉该上市公司。一般而言，海洋法系国家如美国、加拿大与英国比大陆法系国家如法国与意大利提供更多法律保护。

各国政府对证券法律的执行力也不同。如果一个国家存在保护股东的法律却没有实施，那么股东就没有受到保护。一些国家想减少企业腐败；在这些国家中，股东由于企业腐败面临巨大损失的可能性更小。

另外，各国上市公司必须披露的财务数据程度也不同。这种差异可能来源于政府对上市公司设定的会计法或当地股票交易所规定的报告准则。如果上市公司被要求做到财务报告更加透明，股东就更不易受信息缺失的影响而遭受损失。

通常，投资者更愿进入为股东提供投票权与法律保护、严格执行法律、对腐败零容忍并强制遵守会计准则的国家的股票市场。这些条件使投资者在股市中更有自信，并且更有助于价格有效。另外，当市场中存在许多投资者时，股市对公司的吸引力更大。因为公司能在市场中更轻易地筹集资金。反之，如果一个股市没有吸引投资者，它也不会吸引需要资金的公司。那些公司将不得不依赖于海外股票市场或信贷市场来筹集资金。

10-8d 国外股票投资工具

投资者获得国外股票的方式有直接购买股份，购买美国银行证券存单（American depository receipt，ADR），投资国际共同基金以及购买交易型开放式指数基金（ETF）。每种工具将依次介绍。

直接购买　投资者可以在当地股票交易所清单中轻松购买国外公司股票。没有列于当地股票交易所的国外股票可通过一些经纪人购买。

美国银行证券存单　另一种投资国外股票的方式是购买 ADR，该存单代表非美国股票。许多非美国公司发行 ADR 来提高在美国的知名度。另外，一些公司希望在美国筹集资金。

ADR 对美国投资者有以下几个吸引力。首先，它们被美国投资分析师密切关注。其次，由 ADR 代表的公司必须向 SEC 提交财务报告，且报告需符合美国会计准则。这些报告对其他非美国公司来说可能很难完成。最后，可靠的 ADR 报价单一直可以获得，并且货币价值因素将被转化为美元价格。但有一个缺点是，ADR 的选择有限。而且一些 ADR 的流动性低于许多美国股票。

国际共同基金　另一种投资国外股票的方法是购买国际共同基金（international mutual fund，IMF）份额。国际共同基金代表了国际股票投资组合，由各类金融机构创造并管理。这样一来，个人可以通过投资单个国际共同基金来分散投资于国际股票。一些国际共同基金专注于一个特定海外国家，而另一些包含几个国家甚至几个洲的股票。

国际交易所交易基金　交易所交易基金（exchange-traded fund，ETF）是跟踪特定指数的被动型基金。国际 ETF 代表国际股票指数，在近些年逐渐流行。通过投资一家国际 ETF，投资者可以投资于一个代表国外股票市场的特定指数。一个 ETF 可像一只股票一样交易：它在交易所挂牌，根据交易活动产生市值变化。虽然 ETF 以美元为单位，但一个国际 ETF 的净资产价值由将他国货币价值转换为美元决定。

ETF 与国际共同基金的一个主要区别在于，国际共同基金是管理型基金而 ETF 仅仅代表一个指数。如果投资者更青睐投资组合经理不断调整的投资组合，他们就更青睐国际共同基金。然而，ETF 由于不用频繁管理投资组合，其费用更低。二者费用比率之差可能为每年两个百分点或更多。

每个国际 ETF 份额的价格以美元表示，但其指数所代表的证券由非美元货币表示。因此，ETF 收益率会受到任何他国货币与美元汇率波动的影响。国际共同基金也是如此。如果外币升值（价值上涨），这将增加以美元表示的指数价值。反之，如果外币贬值（价值下跌），这将减少以美元表示的指数价值。

小结

■ 当公司成立时，它们通常依赖于私募股权与借入资金。一些私人公司还希望从风险资本（VC）公司获得额外私募股权基金。当 VC 公司提供融资时，它们希望在 4～7 年撤资。上市通过增加所有者人数改变了公司所有制结构，它还会通过增加公司权益投资改变公司资本结构。股市参与者包括个人投资者与机构投资者如股票型共同基金、养老基金与保险公司。随着公司发布新信息，一些投资者会做出反应，要么出售所持有的股票要么购买更多股票。投资者行为影响股票需求与供给状况，并因此影响均衡股价。

■ 首次公开发行（IPO）是一家公司首次对公众发行股份。许多公司通过 IPO 来获得资金，从而扩张业务，并为创始人与 VC 基金提供投资套现方式。进行 IPO 的公司必须向 SEC 提交招股说明书，并举行路演来促进股票发行。公司雇用承销商来帮助撰写招股说明书与准备路演，并向投资者发行股票。

■ 股票二次发行是已上市公司再次发行股票。当公司需要更多股票资金进行额外扩张时，它们会进行二次发行。

■ 上市公司受到多种监管。分析师通过对公司进行监管来对它们的股票进行评估。投资者监督公司业绩，还可运用股东激进主义来确保管理层做有利于股东利益的决策。公司控制权市场使公司获得对可通过更改管理层或改善运营来提升的事项的控制权。

■ 许多美国公司在美国与国外发行股票，从而向更大的投资者群体发行股票并可能增加公司的国际知名度。全球股票交易所的诞生促成了世界范围内的股票交易，美国投资者可以通过直接在国外股票交易所购买股票、购买美国银行证券存单（ADR）、投资国际共同基金以及购买交易型开放式指数基金投资国外股票。

正方和反方观点

股票交易所是否应该对挂牌公司强制实施治理标准？

正方　不应该。治理是公司的职责，而不是股票交易所的职责。股票交易所仅应确保交易规则得到实施，而不应该干涉公司治理问题。

反方　应该。通过实施治理标准，例如要求挂牌公司在董事会拥有许多外部成员，股票交易所可以增强自身公信力。

谁正确？　利用互联网学习关于这个议题的更多知识并形成你自己的观点。

问题与应用

1. 股东权利　解释股东特有权利。

2. 股票发行　发行过多股票有什么危害？证券公司作为承销商扮演何种角色？它如何保证公司不会发行过多股票？

3. IPO　为什么公司要进行 IPO？主承销商与辛迪加在一家公司上市时收取多少费用？为什么 IPO 阶段有时繁多有时简略？

4. 风险资本　解释从 VC 公司获得资金与进行 IPO 的区别。解释 IPO 如何作为 VC 基金的套现方法。

5. 招股说明书与路演　解释 IPO 前招股说明书的作用。为什么一家公司在 IPO 前要进行路演？什么因素在 IPO 时会对股票发行价产生影响？

6. 累计投标询价　描述累计投标询价过程。为什么累计投标询价作为一种设定发行价的方法有时遭到批评？

7. 锁定　描述锁定条款并解释为什么主承销商可能要求锁定条款。

8. 初始收益率　IPO 初始收益率意味着什么？互联网公司在 20 世纪 90 年代的初始收益率较正常情况下高还是低？为什么？

9. 迅速换手　“迅速换手”是什么意思？为什么投资者想要迅速换手？

10. IPO 表现　IPO 在长期表现如何？

11. 信息不对称　讨论信息不对称的概念。解释为什么它会导致公司回购一部分股票。

12. 股票回购　解释为什么当公司宣布将回购股票时股价会上涨。

13. 公司治理权　描述买方与卖方之间的相互作用如何影响公司市场价值，解释该价值如何使公司受公司控制权市场管制。

14. ADR　解释 ADR 如何使美国投资者成为国外企业的部分所有者。

15. NYSE　解释为什么在纽约股票交易所交易的股票的风险通常低于在其他交易所交易的股票。

16. 交易所市场的角色　交易所市场是用来交易新发行股票的吗？请解释。

高级问题

17. 国际共同基金的角色　国际共同基金（IMF）如何增进各国资本市场一体化？

18. 勾结与爬梯　描述 IPO 市场中的勾结与爬梯现象。你认为这些行为如何影响刚发行的股票的价格？谁受这些行为影响而遭受损失？

19. 财务作假的影响　你认为财务作假如何影响公司股价？从投资者角度来说，你认为用来确定股价的信息是否会对财务作假做出反应？

20. 《萨班斯-奥克斯利法案》的影响　简单描述《萨班斯-奥克斯利法案》的条款。讨论该法案如何影响股东监管。

21. IPO 困境 丹顿公司计划 IPO，发行 400 万股股票。它希望以每股 14 美元的发行价出售股票。它雇用一家证券公司，证券公司建议发行价应定为每股 12 美元以确保所有股票都能轻松售出。解释丹顿公司所遇到的困境。证券公司所提建议的优势是什么？劣势是什么？证券公司对股票的动机与丹顿公司是否一致？

22. 各国投资者保护差异 解释各国股东保护差异。解释为什么各国证券法规执行有差异。为什么这些特性会影响股票？

23. 国际 ETF 描述国际 ETF 并解释 ETF 为什么会存在汇率风险。你认为投资者在购买日本、西班牙或其他国家 ETF 时该如何选择？

24. VC 基金进入与退出策略 解释 VC 基金如何为私人公司融资以及如何退出。

25. 股票分析师面临的困境 解释证券公司中的大型企业评级的股票分析师面临的困境。为什么他们可能倾向于为大型企业给出高评级？

26. IPO 限制 价值低于 5 000 万美元的公司很少上市。解释如果这些公司上市，它们所面临的限制。

27. 私募股权基金 解释私募股权基金投资于一家公司并改善公司运作的动机。

28. IPO 后 VC 基金与锁定期满 风险资本公司通常希望在 IPO 后尽快套现股份。解释到锁定期满时这会对股价有何影响。对更依赖于 VC 公司而不是其他投资者的企业来说，该效果有什么区别？

29.《萨班斯-奥克斯利法案》对私有化的影响 解释为什么随着《萨班斯-奥克斯利法案》的颁布，一些公司决定回到私有化。

30. 给脸书 IPO 股票定价 描述作为脸书公司承销商的证券公司在希望令脸书公司与机构投资者满意时所面临的困境。你认为证券公司在脸书 IPO 时令脸书还是其投资者满意？并解释。

31. 私人证券交易所 投资挂牌于私人股票交易所的股票的投资者有什么劣势？

32. 私募股权基金使用财务杠杆 解释为什么私募股权基金用高倍财务杠杆并且这如何影响投资风险与潜在收益率。

33. IPO 超额配售权 解释承销商如何在 IPO 中行使超额配售权。

34. 纽约证券交易所指定做市商 描述纽约证券交易所指定做市商的角色。

辩证思维问题

IPO 估值 写一篇短文解释 IPO 的公司为何在定价时存在诸多不确定性。你认为为什么一些投资者在公司 IPO 时估值过高？

解读财经新闻

诠释华尔街分析师和投资经理做出的下述评论：

a.“近期 IPO 浪潮源自许多小型公司想要利用股价上涨势头。”

b.“IPO 将财富从天真的投资者转给以发行价购入并快速出手的机构投资者。”

c.“公司在决策时必须对市场更加负责，因为它们受机构投资者的间接治理限制。”

金融市场管理

投资 IPO 作为一家金融机构的投资组合经理，你受邀参加多场路演，公司将在公众面前提升形象，主承销商邀请你投资 IPO。在任何有关该公司的详细信息之外，你还需要什么信息来决定是否投资于 IPO？

习题

股息率 卡尔佐公司在去年每季度支付红利 0.10 美元/股。卡尔佐公司现行股价为 39.78 美元/股。卡尔佐公司的股票股息率是多少？

资金流动练习

详解首次公开发行

回想如果经济持续走强，卡森公司可能需要在下一年增加 50%的生产力来满足需求。它需要通过融资来扩张并适应生产力增长。回忆公司收益率曲线呈上升趋势。并且卡森公司担心由于联邦政府可能采取行动降低通胀率而导致经济增速放缓。公司还考虑在明年发行股票或债券筹集资金。

a. 如果卡森公司现在发行股票，将有获得更多债务并降低债务融资成本的选择弹性。为什么？

b. 为什么 IPO 将导致金融市场关注卡森公司的潜在代理人问题？

c. 解释为什么长期投资于股票（至少 1～2 年）的机构投资者例如共同基金与养老基金更喜欢投资于 IPO 而不是购买其他已上市几年的股票。

d. 已知机构投资者如保险公司、养老基金与共同基金是 IPO 的主要投资者，解释 IPO 如何导致资金流动。即资金来源是什么？如何通过机构投资者提供给上市公司？

互联网/Excel 练习

登录 www.nasdaq.com/markets/ipos 并查看一个近期即将发行的 IPO。审阅该 IPO 交易信息。

1. 发行总额是多少？总费用是多少？总费用与成交额之比是多少？股票发行量是多少？锁定期有多长？

2. 浏览一些其他日程表中的 IPO。发行总额区间是多少？锁定期区间是多少？

WSJ 练习

评估股市走势

回顾最新一期《华尔街日报》。解释股价为何上涨或下跌，并解释什么引起了市场波动。

关于现实案例的在线文章

找一篇近期描述一个具体金融机构或金融市场真实案例的在线实用性文章，以强化本章所涵盖的一个或多个概念。

如果你的班级有一个在线平台，教授可能会要求你把文章摘要放在那里并提供文章的链接以供其他学生访问。如果你的班级是当面授课的，教授可能会要求你当堂总结你对该文章的运用。教授可能指派特定学生或让学生自愿完成这项作业。

对于与本章相关的近期在线文章和真实案例，请考虑使用以下搜索词（请务必在搜索词中包含当前年份以确保在线文章是近期的）：

1. 私募股权＋投资
2. 风险资本＋投资
3. 首次公开发行
4. 计划上市
5. 股票回购
6. 股票发行
7. 股票挂牌＋交易
8. 盘后交易阶段＋股票
9. 股票＋分析师
10. 股票＋股东激进主义

第 11 章　股票估值与风险

本章目标

- 阐明股票估值方法
- 阐明如何确定股票的必要收益率
- 识别股价影响因素
- 阐明如何衡量股票风险
- 阐明衡量风险调整后股票业绩的常用工具
- 阐明股票市场有效性的概念
- 讨论国外股票估值与业绩

由于股票价格持续变动，股价也会不断变动。机构投资者与个人投资者不断对股票进行估值，以便能利用股票价格的预期变化获利。

11-1　股票估值工具

投资者在进行投资决策时会对股票进行估值。他们会考虑投资价值被低估的股票并卖出所持有的其认为价值被高估的股票。股票估值工具有很多。**基本面分析**（fundamental analysis）通过公司的基本财务特征（例如收益）及预期会影响其股票价值的相应行业因素进行估值。**技术分析**（technical analysis）通过股票价格趋势来决定股票价值。我们的重点是基本面分析。依赖基本面分析的投资者通常会使用市盈率工具、股利贴现模型或者是自由现金流模型来进行股票估值。本章将对每种工具依次进行阐述。

11-1a 市盈率工具

一种相对简单的股票估值工具是利用各自行业中所有公开上市的竞争对手的平均市盈率（PE）（基于预期收益而不是近期收益）来计算公司下一年的预期收益。

◇ **例子**

考虑一家预期下一年每股收益为3美元的公司。如果股票价格与同一行业竞争对手的预期收益的平均比值是15，那么公司股票价值为

每股价值＝公司每股预期收益×行业平均市盈率
＝3×15
＝45(美元)
◇

这个工具的逻辑在于未来收益是公司价值的一个重要决定因素。虽然下一年之后的收益也同样相关，但这个工具隐含的假设是未来年份里公司收益增长与行业增长相似。

估值不同的原因 市盈率工具有几种变体，会造成不同的估值结果。例如，投资者可能使用下一年公司收益或行业平均收益的不同预测值。前一年的收益通常用作预测未来收益的基础，但近期收益并不总能得出准确的预测。

PE工具的局限 如果对公司未来收益的预测出错，PE工具可能造成不准确的公司估值。

◇ **例子**

在经济衰退期，诸如重型装备制造业等周期性行业的公司通常收益很低甚至为负。在经济繁荣期，它们的收益往往会迅速增长。卡特彼勒（Caterpillar）就是这样的一个典型。在经济疲软时，其收益常常大幅下降且几乎没有建筑工程进行；经济一旦复苏，其收益增长。因此，如果预期经济在未来变得更疲软或更繁荣，使用周期性行业前一年的收益来预测其未来收益可能用处不大。相反，诸如宝洁的消费品公司收益通常变化不大。因为即使经济疲软，人们仍会持续购买基本消费品。

使用往年的收益对正在重组业务的公司进行估值可能不会有用。为了通过重组改善业绩，公司可能会关闭工厂、撤销部门、解雇员工，而这些措施的费用可能会很高 。所以，公司的收益由于重组可能会很低甚至为负。因此，公司收益也并不是进行估值的有用指标。◇

使用PE工具对公司进行估值的另一个局限是，一些公司在某一特定时期会采用创造性会计方法来夸大收益而在未来难以维持这样的收益水平。此外，投资者可能会对衡量收益的适当方法意见不一。某些投资者偏好使用营业收益或者排除一些来自一次性事件的异常高支出。

在使用市盈率来计算公司收益时，投资者可能也会对应选用哪些公司代表行业标准产生分歧。一些投资者采用由与被估值公司（在规模、业务种类等方面）相似的企业所组成

的范围较窄的行业组合；其他投资者偏好更广泛的行业组合。因此，即使投资者在公司的预测收益上达成一致，他们也仍有可能因采用不同的市盈率而得出不同的公司估值。即使投资者对包含在行业组合中的公司达成一致，他们也有可能在如何衡量每家公司上产生分歧。

使用 PE 工具还有一个局限是，公司股票回购会扭曲收益，从而扭曲由收益得出的价值。股票回购因其减少了流通股数量并使得每股收益甚至在公司总收益无增长的情况下增长，导致股票估值过程复杂化了。

◈ 例子

假设一家公司有 1 000 万股流通股且本年度总收益为 1 亿美元。因此，每股收益为 10 美元。公司如果发起回购计划，回购 100 万股，其收益为 1 亿美元，但因为现在只有 900 万股流通股，所以每股收益增加到了 11.11 美元。因此，使用公司报告的未根据股票回购调整过的每股收益会导致不准确的估值。◈

2015 年，企业花费了 6 亿多美元回购自己的股票。在次贷危机后的数年里，利率都维持着很低的水平，经济相对疲软，所以很多公司使用借入资金回购股票而不是拓展业务。此外，大多数公司的高级管理层收到的薪酬很大一部分为股票，而股票回购增加了他们股票的价值。

11-1b 股利贴现模型

最早的几个股票定价模型之一是由 John B. William 在 1931 年提出的。这个模型现在仍然适用。William 认为，股票价格应当反映股票未来股利的现值，或者说，

$$价格=\sum_{t=1}^{\infty}\frac{D_t}{(1+k)^t}$$

其中，

t＝期数

D_t＝第 t 期的股利

k＝贴现率

模型能通过允许 D_t 随公司预期现金流的变化而变化或 k 随投资者必要收益率的变化而变化来解释不确定性。

◈ 例子

为了说明股利贴现模型如何用于股票估值，考虑一只预期能永久支付每年每股 7 美元股利的股票。这种固定股利代表着永续年金，或者说是永久持续的年金。因此，此例中的投资者现金流现值是永续年金的现值。假设这只股票的必要收益率（k）是 14%，未来股利的现值（PV）是

$$股票\ PV=\frac{D}{k}$$

$$=7/0.14$$
$$=50(\text{美元/股})$$ ◇

不幸的是，因为股利并不会永久保持不变，所以大多数股票估值并非这样简单。如果股利预期以固定比率增长，通过应用固定增长股利贴现模型能进行股票估值：

$$\text{股票 } PV = D_1/(k-g)$$

其中，D_1是预期下一年支付的每股股利，k 是投资者的必要收益率，g 是股利预期增长率。例如，如果一只股票预期下一年提供每股 7 美元的股利，股利预期每年增长 4%，必要收益率为 14%，股票估值为

$$\text{股票 } PV = 7/(0.14-0.04)$$
$$=70(\text{美元/股})$$

与以市盈率进行公司估值的关系 鉴于股利贴现模型高度依赖必要收益率及增长率，而市盈率受竞争对手的股票价格相对于其收益预期的平均倍数及被估值公司收益预期的影响，股利贴现模型与市盈率似乎是不相关的。但市盈率也受竞争对手股票的必要收益率与竞争对手的预期增长率的影响。在使用市盈率估值时，暗含投资者认为被估值公司的必要收益率和增长率与其竞争对手相似。当竞争对手的必要收益率相对较高时，市盈率就相对较低，使得公司在一定预期收益水平下的估值相对较低。当竞争对手的增长率相对较高时，市盈率就相对较高，使得公司在一定预期收益水平下的估值相对较高。因此，在应用市盈率工具或股利贴现模型时，必要收益率与公司估值负相关。此外，在应用两种工具中的任意一种时，公司增长率与其估值正相关。

股利贴现模型的局限 如果在估计下一年支付的股利、增长率或投资者必要收益率时出错，股利贴现模型可能会导致不准确的公司估值结果。因为这个模型以股利作为使用增长率的基础，所以在估计将大部分收益保留下来而不是将其进行股利发放的公司的价值时，这个模型的局限更加明显。例如，许多试图发展的较小上市公司会保留所有收益来支持其发展，从而不会支付股利。

11-1c 调整的股利贴现模型

股利贴现模型通过调整能用来对任何公司进行估值，即使是那些保留了大部分或全部收益的公司。在投资者看来，股票价值等于未来在投资期内收到的股利加上股票在投资期末预测出售价格的现值。为了预测出售价格，投资者必须估计在其计划出售股票那一年的公司每股收益（消除偶然性因素的影响）。将年度增长率用于现有每股年度收益能得出公司每股收益的估值。然后，再用这一估值得出股票出售的价格。

◇ 例子

假设一家公司目前每股收益 12 美元。将预期年增长率用于公司的现有收益（E）能预测出未来收益：

$$N \text{ 年后的预测收益} = E(1+G)^n$$

其中，G 为收益预期增长率，n 为股票被售出的年数。

如果投资者预期每股收益将以每年 2%的速度增长并预期在 3 年后出售股票，那么 3 年后的每股收益可预测如下：

$$\begin{aligned}3\text{ 年后的收益}&=12\times(1+0.02)^3\\&=12\times1.061\ 2\\&=12.73(\text{美元})\end{aligned}$$

每股预测收益与公司所在行业的市盈率相乘能够用来预测股票未来价格。如果同一行业中其他所有公司的平均市盈率为 6，则 3 年后的股票价格能通过以下方式预测：

$$\begin{aligned}3\text{ 年后的股票价格}&=3\text{ 年后的收益}\times\text{行业市盈率}\\&=12.73\times6\\&=76.38(\text{美元})\end{aligned}$$

预测的股票价格同预期股利及投资者必要收益率一起能用来预测股票当期价值。如果公司预期在接下来 3 年里支付每股 4 美元股利且投资者必要收益率为 14%，那么投资者预期收到的现金流现值为

$$\begin{aligned}PV&=4/(1.14^1)+4/(1.14^2)+4/(1.14^3)+76.38/(1.14^3)\\&=3.51+3.08+2.70+51.55\\&=60.84(\text{美元})\end{aligned}$$

◈

在本例中，现金流现值基于（1）3 年投资期限内收到的股利的现值，即每股 9.29(=3.51+3.08+2.70)美元及（2）股票 3 年投资期末预测出售价格的现值，即每股 51.55 美元得出。

调整的股利贴现模型的局限 如果在计算投资期限内的股利现值及股票投资期末的预测出售价格的现值时出错，此模型可能会导致不准确的估值。因为必要收益率同时影响这两个因素，使用不合理的必要收益率会导致不准确的估值。影响必要收益率的工具会在之后进行讨论。

11-1d 自由现金流模型

对于不支付股利的公司，自由现金流模型可能是一种更合适的估值方式。此模型以未来现金流的现值为基础。首先，估计因营业活动而产生的自由现金流。其次，减去现存负债以确定公司价值。最后，用公司价值除以股票数量得到每股价值。

局限 此模型的局限在于准确估计每期的自由现金流是困难的。一种可能的方法是从预期收益开始，然后加上公司非付现成本和资本投资的预测值，以及用于支持预期收益增长的营运资本投资。然而，正如之前所解释的，准确预测收益是困难的。

11-2 股票必要收益率

当投资者试图基于贴现现金流对公司估值时，他们必须确定投资此股票的投资者的必

要收益率。投资者的必要收益率反映无风险利率加上风险溢价。虽然投资者通常对风险更大的公司的必要收益率更高，但关于风险的理想衡量方式及以风险得出必要收益率的方法并没有完全达成一致。

11-2a 资本资产定价模型

资本资产定价模型（capital asset pricing model，CAPM）有时被用于估计任何上市公司的必要收益率。CAPM是基于这样一个前提，即公司唯一重要的风险是**系统性风险**（systematic risk），或者说因暴露在整体股票市场运动中而产生的风险。CAPM与所谓的单家公司特定的非系统性风险不相关。这是因为投资者能通过持有多元化组合来避免非系统性风险。也就是说，任何影响投资者股票组合中某一特定公司的特定不利状况（例如工人罢工）在某一特定时期内会被某些影响组合中另一公司的有利状况抵消。相反，因为大多数股票会因整体市场衰退而受不利影响，所以整体股票市场波动对组合中股票的系统性影响不能通过多元化来消除。

CAPM表明股票收益率（R_j）受现有无风险利率（R_f）、市场收益率（R_m）及$\beta(B_j)$影响，如下式所示：

$$R_j = R_f + B_j(R_m - R_f)$$

其中，B_j为R_j与R_m的协方差，反映了资产对整个股票市场波动的敏感程度。CAPM表明，给定一个具体的R_f与R_m，投资者对有更高β值的股票的必要收益率会更高。更高的β值意味着股票收益率与市场收益率间更大的协方差，即股票收益率对整体市场波动更加敏感。

估计市场风险溢价 最新发行的国债收益率通常被用作无风险利率。它被用来估计未来市场风险溢价。然而，市场风险溢价在某些时期可能会高于其他时期。

◇ 例子

金融危机期间，股票估值在整体上存在很多的不确定性。一些投资者只有在市场风险溢价足够高且能补偿其在股市投资的风险时，才愿意维持其投资。也就是说，为了使股票价格有足够的上涨潜力，从而吸引投资者，市场上的股票价格不得不大幅打折。

而在股票市场状况十分有利时，投资者一般不会太过担心股票市场风险。此时，投资者不会要求过高的市场风险溢价，因为他们不担心市场会大幅下跌。◇

估计公司β值 股票β值通常以这种方式来衡量，即根据过去4年左右的月度或季度数据进行回归分析，从而得出资产收益率相对于市场收益率的敏感度。股票收益率是因变量，市场收益率（以标准普尔500指数或其他合适的指标来衡量）是这些相同时期中的自变量。Excel等计算机表格软件包能进行回归分析。这些分析具体侧重于计算斜率，而斜率代表了每只股票的β估值（关于使用回归分析的更多信息见附录B）。如果单只股票的斜率计算结果为1.2，这意味着保持市场收益率不变，股票的期望收益率是市场收益率的1.2倍。

金融网站及Value Line等投资服务商公布了大多数股票的β估值。知道如何使用回归分析的个人投资者也能自己计算 β 值。因为股票对市场行情的敏感度可能会因公司经营特征的变化而随着时间改变，股票的 β 值也会随着时间发生变化。

CAPM 的应用　给定无风险利率及公司 β 值与市场风险溢价的估计值，就有可能估计出投资公司股票的必要收益率。

◈ 例子

根据刚刚解释的回归分析，Vaxon 公司的 β 值估计为 1.2，现有无风险利率为 6%。基于历史数据，市场风险溢价估计为 7%。市场风险溢价乘以股票 β 值计算得到股票风险溢价。所以，Vaxon 公司股票的风险溢价（高于无风险利率）为 0.07×1.2=8.4%。因此，Vaxon 公司股票的必要收益率为

$$
\begin{aligned}
R_j &= 6\% + 1.2 \times 7\% \\
&= 14.4\%
\end{aligned}
$$

因为股票的必要收益率为 14.4%，所以在计算公司现值时，Vaxon 公司的预计未来现金流可以用这一利率进行贴现。◈

在任一给定时间点，通过 CAPM 估计的必要收益率会因为不同股票的不同风险溢价而变化。这是因为不同股票的系统性风险（以 β 值衡量）也不同。

11-3　股价的影响因素

股票价格受三种因素的影响：(1)经济因素；(2)市场层面因素；(3)公司特定因素。

11-3a　经济因素

公司价值应反映其未来现金流的现值。因此，在对公司进行估值进而判断其股票被高估还是低估时，投资者会考虑影响公司现金流的不同经济因素。

经济增长的影响　经济增长加快有望提高对公司生产的产品与服务的需求，从而增加公司现金流及其价值。股票市场的参与者关注就业率、国民生产总值、零售额及个人收入等经济指标，因为这些指标可能释放关于经济增长的信号，从而影响现金流。通常来说，未预期到的有利经济信息往往会带来公司预期现金流的有利前景并因此对公司价值施加上行压力。政府的财政政策与货币政策也会影响经济增长，所以投资者也会持续关注。

图 11.1 展示了基于标准普尔 500 指数的美国股市业绩。标准普尔 500 指数是记录美国 500 只大型股票的指数。股票市场在 2008 年的疲软表现与衰退的经济状况尤其相关，而股票市场在 2010—2015 年的繁荣表现则是因为经济状况的好转。

美国经济也受全球事件的影响，如某些国家的债务危机、国家间的战争及国家间外交关系。其他国家的危机往往会减少美国产品的海外需求，从而减少美国公司的预期现金

流。美国与其他国家间的政治摩擦也会导致美国公司生产的产品与服务的海外需求减少。例如，美国与俄罗斯间的政治摩擦就对埃克森-美孚或通用汽车这些已经在俄罗斯建立起大量业务的美国公司的价值产生了不利影响。

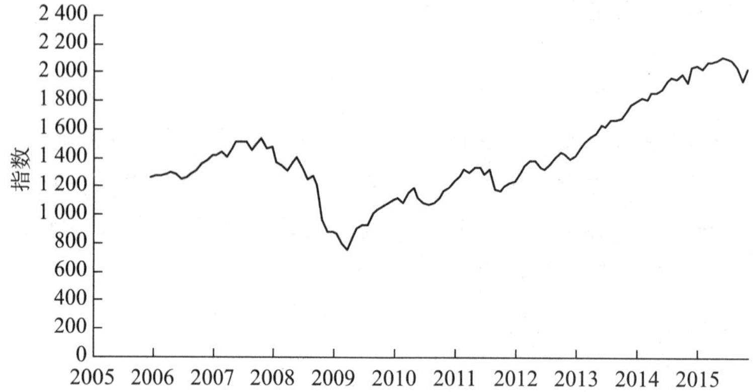

图 11.1 基于标准普尔 500 指数的股票市场走势

资料来源：美联储。

利率的影响 无风险利率是推动股票市场价格变动最显著的经济力量之一。投资者只有在预期会因发生的风险取得风险溢价补偿时才会考虑购买风险资产。若让投资者在无风险国债证券和股票中进行选择，投资者只有在股票的定价合理地反映了高于无风险利率的期望收益率时，才会购买股票。

利率与股价间的关系会随着时间变化。理论上，高利率会提高投资者必要收益率，从而降低股票带来的未来现金流的现值。然而，利率通常会随着经济增长加快而上涨。所以，即使投资者的必要收益率提高，股价也可能会随着预期现金流的增加而上涨。

相反，较低的利率会提高现金流现值，从而提高股价。然而，较低利率通常伴随疲软的经济形势，这往往会减少公司的预期现金流。总体上来说，在寻找关于股价波动的更完整的解释时，利率的影响应同经济增长及其他因素一同考虑。

美元汇率价值的影响 美元价值会从各方面影响美国股价。首先，外国投资者偏好在美元疲软时购买美国股票，并在美元接近峰值时出售股票。因此，在美元预期走强而其他条件不变时，任一给定美国股票的海外需求可能会更大。美元价值变化影响现金流，股价也会因此受到影响。主要涉及出口的美国公司的股价会因美元疲软受到有利影响，因美元强势受到不利影响。而美国进口公司则会受到相反的影响。

如果股市参与者通过报告中的收益衡量业绩，美国公司的股票价格可能也受汇率的影响。即使公司现金流不受影响，跨国公司的合并报告收益也会受汇率波动影响。美元疲软往往会使美国公司的海外子公司的报告收益上涨。一些分析师认为，除非现金流受到了影响，否则汇率波动不会对财务报表产生任何影响。

美元价值变化也会通过影响与公司业绩相关的经济因素预期来影响股票价格。例如，美元疲软如果刺激了美国经济，就有可能提高其销售依赖于美国经济的美国公司的价值。然而，如果美元强劲抑制了美国经济增长，就会对公司造成不利影响。因为通货膨胀会对一些公司产生影响，所以美元疲软会通过对通货膨胀造成上行压力来间接影响公司股票。美元强劲则会产生相反的间接影响。一些公司试图将其股票价格与美元价值波动隔离开来，但其他公司却故意将其暴露在美元价值波动下，意图从波动中获利。

11-3b 市场层面因素

市场层面因素也会影响股票价格。这些因素包括投资者情绪与所谓的1月效应。

投资者情绪 市场层面的一个关键因素为投资者情绪，它代表了股票市场中投资者的普遍情绪。因为股票估值反映预期，所以在某些时期，股票市场表现与现有经济状况并非高度相关。即使经济疲软，但如果大多数投资者预期经济在不久后会改善，股票价格也有可能上涨。也就是说，积极的预期会产生乐观的情绪。

股价波动可能部分来自投资者依赖其他投资者对股市的估值。许多投资者不自己对公司价值进行估测，而似乎更关注整体投资者情绪。这会导致非理性繁荣，股价由此不合理地增长。

1月效应 由于许多投资组合经理是以公历年为单位进行评估，所以他们倾向于在年初投资于风险较小的小股票，并在年末转向更大（更稳定）的公司，以锁定其收益。这一投资倾向在每年1月对小股票产生上行压力，引发1月效应。一些研究发现，年度股市收益的大部分出现在1月。一旦投资者发现了1月效应，他们就会试图在前1月更多地对股票持仓。这一行为会在12月中旬就对股票产生上行压力，使得1月效应在12月份便开始出现。

11-3c 公司特定因素

一家公司的股票价格不仅受微观经济与市场行情的影响，还受到公司特定状况的影响。相比整体经济形势，一些公司更受自身行业状况的影响。所以，参与者会关注行业销售预测、新竞争者进入行业的情况以及行业产品的价格波动。股票市场参与者可能会关注特定公司的公告。这些公告反映了有关公司销售增长、利润或其他可能导致公司预期现金流变更的因素。

股利政策的变化 股利增加可能反映出公司预期支付股利更加容易。相反，股利减少可能表示公司预期现金流短缺。

盈利不符预测 近期盈利被用来预测未来盈利，从而预测公司未来现金流。当公司报告的盈利比预期高时，一些投资者会提高他们对公司未来现金流的估值，从而对其股票得出更高的估值。然而，比预期低的盈利报告会导致投资者降低对公司未来现金流及股票的估值。

收购与资产剥离 公司的预期收购行为通常会导致收购目标的股票需求增加，提高股票价格。投资者认为一旦收购者试图收购目标公司的股票，目标公司的股价就会被抬高。收购者股票所受到的影响并不清楚，因为这取决于收购所带来的能感知到的协同效应。如果被剥离的资产与公司的核心业务无关，资产剥离往往被视为公司的有利信号。市场会将这一情况解释为公司打算集中在其核心业务上。

预期 投资者并不一定会等到公司宣布新政策才重估公司股票。相反，他们试图预测新政策，以便赶在其他投资者之前于市场上采取行动。这样，他们就可能为某只特定股票支付更低的价格，或以更高的价格卖出股票。例如，他们可能会利用公司的财务报表或管理层最近的公告来估计公司是否会调整股利政策。以不完全信息为基础交易的劣势在于，单个投资者可能无法正确预测公司未来政策。

11-3d 税收的影响

股票卖出价与买入价间的差值被称为**资本收益**（capital gain）。投资者持有股票不到一年所得的收益被称为**短期资本收益**（short-term capital gain），而持有股票一年或更长期限所获得的收益被称为**长期资本收益**（long-term capital gain）。税法影响投资者出售股票所收到的税后现金流，从而影响股票需求。保持其他因素不变，在资本收益税率相对低时，股票估值更高。短期资本收益按一般所得税税率征税，而长期资本收益按最高20%的税率征税。

税法也会导致某些股票比其他股票更受欢迎。某些股票有更大的潜力产生大量资本收益，因而对资本收益税法可能更加敏感。相反，其他支付稳定股利的股票通常会带来更少的资本收益，因而可能不会受到资本收益税法的过多影响。然而，支付股利的股票受股利税法的影响。股利的低税率会导致发放股利的股票更受欢迎，并提高这些股票的估值。股利的高税率会导致这些股票不再那么受欢迎，并降低这些股票的估值。

在2013年，对于处于高个人收入税率等级的投资者，股利税率及长期资本收益税率从15%上升到了20%。一些政治家要求股利及长期资本收益按个人收入所得税税率征税，也就是最高税率等级为40%。如果税率这样变化，股票的需求可能会下降。

11-3e 各种因素对股价的共同影响

图11.2说明了导致股票价格随着时间变化的潜在因素。与债券定价一样，必要收益率也是相关的，影响无风险利率的经济因素同样如此。股票市场参与者也关注影响无风险利率的指标。这些指标会影响股票投资者的必要收益率。通货膨胀指标（如消费者价格指数和生产者价格指数）及政府债务指标（如预算赤字和在即将到来的国债拍卖中所借到的资金数）也影响无风险利率，从而影响投资者必要收益率。通常，这些指标不论何时显现出利率升高的预期，都会对投资者必要收益率产生上行压力，从而对公司价值产生下行压力。

除此之外，估计公司的未来预期现金流通常是为了得出公司价值。现金流受经济形势、行业形势及公司特定形势影响。图11.2对股票市场参与者在试图预测股价未来波动时所关注的事物进行了概述总结。

11-3f 估值过程中的信息优势

许多市场参与者寻找华尔街所说的“优势”，即相对于其他投资者的信息优势（私有信息）。拥有优势的机构投资者会比其他投资者表现更好，这可能会为机构投资者的投资组合经理收取高额费用或拿走投资组合的一大部分利润提供借口。拥有优势的证券公司分析师能为其所青睐的客户提供有价值的见解，这可能会使证券公司与这些投资者间产生更牢固的关系。证券公司会得到奖励，即收到更多来自机构投资者执行股票交易的请求，而

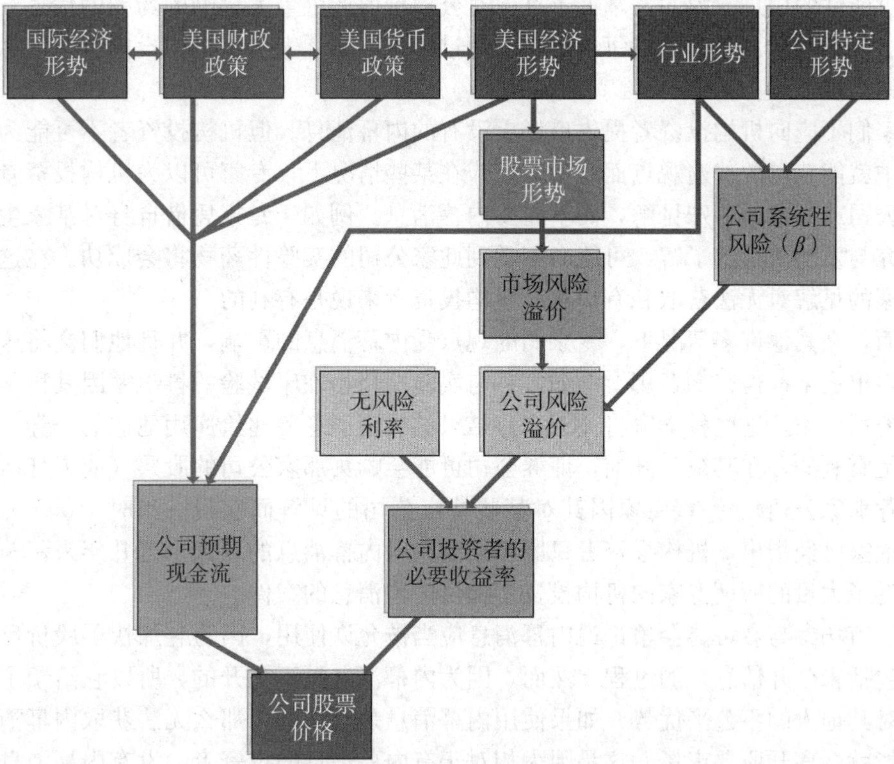

图 11.2　解释公司股价随着时间变化的框架

这会为其带来更多的佣金收入。

信息泄露　2000 年之前，公司经理通常会在公开宣布季度预期收益变化的 1～2 天前透露这一信息。这一行为的本意是加强与分析师的关系，以便分析师对公司抱有好感，久而久之就会推荐这家公司的股票。收到私有信息的分析师将信息传递给受青睐的机构投资者客户，这些客户就会在市场意识到这一信息之前根据这一信息进行交易。由于相关信息的泄露，他们能比市场领先一步。

2010 年 10 月，证券交易委员会颁布了公平披露（fair disclosure，FD）规则，想以此阻止这样的信息泄露。在这一规则下，公司在向任何人透露重大信息时，必须公开进行，这样就没有人能较其他人拥有信息优势。例如，如果经理们认为公司的季度收益将比开始预期的高，他们不能在公开宣布这一消息前将其透露给某些分析师。因此，公平披露规则终结了分析师的信息优势。分析师仍试图在公司估值方面保有优势，这样他们才能吸引机构投资者。但现在他们必须更依靠自己的能力而不是依靠私有信息。

对专家网络的依赖　许多机构投资者常试图通过雇用行业专家作为顾问来获取私有信息。在投资者估计科技公司价值时，这些专家网络尤其有用，这是因为这些公司与投资者之间存在信息高度不对称。单个技术会对科技公司的价值产生巨大影响。投资者有动力去努力获取其他投资者所没有的公司私有信息。这些公司的合理估值受科技（如专利）的巨大影响，且会随着时间急剧变化。例如，机构投资者可能会雇用医生来对一家上市生物科技公司发明的新药进行临床试验。尽管药品只有获得食品与药物管理局（FDA）的许可才能进入市场，但通过医生的临床试验，机构投资者能在 FDA 发表决定前知晓更多关于药品成败可能性的信息。因而，掌握了这一对公司价值产生重大影响的药品的信息，投资者就领先了市场一步。专家网络每年的收入超过 4 亿美元，表明了机构投资者在信息上对专家网络的高度依赖。

专家们不应向机构投资者提供市场上没有的内幕消息。但机构投资者不可能为了从公开信息中就能获得的普遍观点而雇用专家。在某些情况下，专家可以为机构投资者提供关于某家公司或行业的特殊见解，而不需要内幕消息。例如，专家凭借自身对某家生物科技公司研究与发展质量的了解，可能会察觉到此家公司的实验性药物将会成功。在这种情况下，专家的见解对无法获取私有信息的机构投资者来说是有利的。

然而，在其他许多情况下，专家们的观点受内幕消息的影响，并且他们会将这一内幕消息传递出去来换得咨询费用。例如，参与实验性药物临床试验的科学家因其科学知识而被投资公司雇用。这些科学家将关于实验结果的机密消息传递给雇用他们的证券公司。如果消息是有利的，在其被公开前，证券公司可能会购买那家公司的股票（或为其所青睐的客户推荐那家公司）。一些专家因其对某些特定公司的见解而获得一小时 1 000 美元的酬劳。评论家已经指出，机构投资者只愿雇用能获得内幕消息的专家。近几年来，美国政府已经起诉了大量的所谓专家向机构投资者提供内幕消息的案件。

一些市场参与者可能会争论说内幕消息应当被允许使用，因为它加快了股价反映所有信息（包括未公开信息）的过程。然而，因为内幕消息是不公开的，所以它给予了某些投资者相对其他人的不公平优势。如果使用内幕消息是合法的，那么无法获取内幕消息的投资者可能就会离开股票市场。这是因为相对于有内幕消息的投资者，没有内幕消息的投资者会处于劣势。例如，他们常常会处在股票交易中的输方。他们可能害怕自己购买的股票是拥有内幕消息的投资者抛售的股票。这样的内幕消息包括公司将不会达到预期收益或新药的临床试验失败了。如果没有内幕消息的投资者决定不去交易股票，股票市场交易量会大幅下降，许多股票的流动性也会下降。此外，如果许多投资者不再愿意加入股市，许多非上市公司就无法上市了。

11-4 股票风险

股票风险反映了未来收益的不确定性，这是因为实际收益可能少于预期。如果就任一公开交易股票的合理估值对一组估值专家进行调查，他们可能都会同意价值应反映公司未来现金流的现值。然而，围绕着价值，不确定性有多种来源。首先，像经济增长这样影响公司未来现金流（或现金流未来增长率）的经济因素不确定。其次，影响未来现金流的公司管理政策（如收购计划）也不确定。因为不确定性，不同的投资者对未来现金流的估计也就不同。不同的投资者甚至也会使用不同的现金流贴现率。因此，不同投资者的估值也就不同。

一些公司的现金流较稳定且容易在未来进行预测，因而也更加可预见。这些公司的股价也更加稳定。其他公司的现金流不稳定且难以预测。投资者关于估值的分歧程度比这些公司的种类还多。此外，关于经济形势的新信息或公司的经营情况也会导致这些公司感知价值的显著调整。因此，这些公司被认为更具风险。

◇ **例子**

2009 年成立的 Square 公司是一家移动支付公司，它使企业或个人能在智能手机或平板电脑上进行信用卡支付。因为分析师与投资者关于 Square 公司的预期未来现金流存在分歧，Square 公司的估值受到许多不确定性的影响。一些分析师强调 Square 公司每年处理的支付业务大幅增长，认为这一增长最终会带来大量收益。其他分析师认为 Square 公司这种每次拿走每笔交易中的一小部分，并和信用卡公司及其他中介共享这笔费用的商业模式不会产生大额利润。除此之外，支付处理的收入约占 Square 公司总收入的 95%，而 Square 公司正面临着来自 Apple、PayPal 及其他开始提供移动支付系统的公司的竞争。◇

在某一特定期限内投资股票所获得的收益为

$$R=\frac{(SP-\text{INV})+D}{\text{INV}}$$

其中，

INV＝初始投资

D＝股利

SP＝股票出售价格

不确定性的主要来源为股票的出售价格。股利往往比股价更稳定。股利增加了投资者的直接收益，却减少了公司用于再投资的收益数额，限制了公司的潜在增长。

股票风险能通过股价波动率、股票的 β 值及风险价值进行衡量。下文将对这些方法依次进行讨论。

11-4a 股价波动率

股价波动率之所以能用来衡量风险是因为它能说明股票未来收益的不确定性。波动率通常被称为总风险，这是因为它反映了所有原因下的股票波动，而不仅仅是股市波动带来的股价波动。假设股票收益符合正态分布，股票收益有 68%的概率在预期结果的 1 个标准差之内，95%的概率在 2 个标准差之内。

使用标准差来预测股价波动率 预测股价波动率的一种方法为：使用历史数据得出股票收益的标准差，然后使用这一估计值作为对未来的预测。尽管股价波动水平可能会随着时间变化，但当波动率没有明显趋势时，这一方法是有用的。

使用震荡格局来预测股价波动率 预测股价波动率的第二种方法为借助历史时期的震荡格局。

◇ **例子**

股票日收益的标准差由过去三个月的数据决定。然后，使用这些标准差水平的时间序列趋势可得出下个月股票日收益的标准差估计。这一方法不同于历史法。因为这一方法使用的信息超出了前一个月数据所包含的信息。例如，9 月的预测可能是基于以下的加权方案：50%最近一个月（8 月）的标准差加上 30%再前一个月（7 月）的标准差，加上 20%更前一个月（6 月）的标准差。◇

使用的权重与历史时期的数量（时间间隔）通常是之前使用过的最准确的（即有最少的预测错误）。然而，各种经济与政治因素会导致股价波动率剧烈变化，所以即使是复杂的**时间序列模型**（time-series model）也不一定能产生准确的股价波动预测。

使用隐含波动率来预测股价波动率 预测股价波动率的第三种方法为从股价期权定价模型（期权将在第 14 章中详细讨论）中得出股票的隐含标准差。股票看涨期权的期权费取决于多种因素，包括投资者的预测股价波动率。通过考虑投资者为某只股票支付的实际期权费以及其他所有影响期权费的因素的值，是可以得出预期股价波动率的。

预测股票市场的股价波动率 想要预测股票市场整体波动率的市场参与者可以关注 CBOE 波动率指数（VIX）。它由芝加哥期权交易所根据标准普尔 500 指数中的股票期权计算得出。在一个给定的时间点，VIX 衡量了投资者对未来 30 天股票市场的股价波动率的预期。有些投资者将 VIX 视为股市恐慌的指标。如果发生了导致投资者预期未来 30 天股价会更具不确定性的情况，那么这意味着投资者会要求更高的期权费来出售看涨期权（正如第 14 章中所解释的）。正如标准普尔 500 指数期权的期权费会上涨一样，VIX 也会上涨。

相反，如果股市预期在接下来 30 天内更加稳定，看涨期权的费用会下降且 VIX 也会下降。尽管通过调查所有的市场参与者来获得他们对股票市场的股价波动率的看法是不可能的，标准普尔 500 指数期权的期权费波动却常被用来估计股票市场的股价预期波动率。因为 VIX 仅从整体上衡量投资者预期，所以它不一定会完全准确地预测未来 30 天内股票市场的股价波动率。然而，许多投资者却认为它是预测股票市场的股价预期波动率的有用指标。

图 11.3 展示了 VIX 随着时间的变动。注意它在 2009 年的次贷危机中是怎样增加的。在那时美国经济及股票整体价值有许多不确定性。在 2010 年到 2015 年期间，经济形势稳定，股市形势稳定，VIX 也大幅下降。

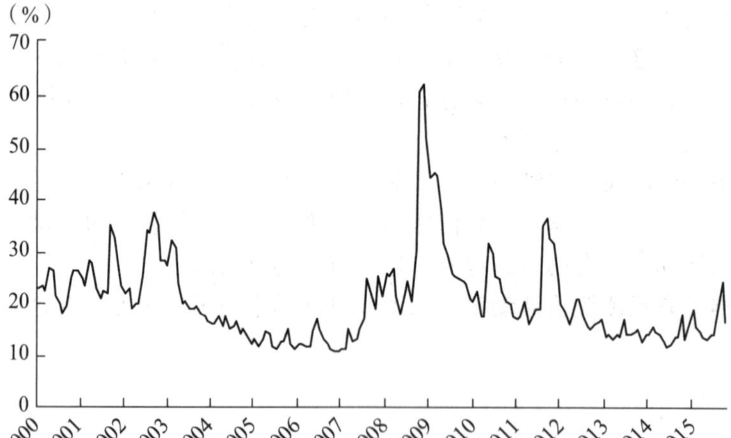

图 11.3　随着时间变动的美国股票隐含波动率指数

资料来源：美联储。

当 VIX 急剧上升时，股价往往下降，正如导致股市更加恐慌的事件也会导致投资者出售其股票一样，VIX 上升也会导致股价下降。相反，当 VIX 急剧下降时，股价往往会上升，正如使投资者相信股价会更稳定的事件也鼓励了投资者购买股票一样，VIX下降也会导致股价上升。

股票组合的波动率 市场参与者往往投资股票组合而不是单只股票，所以相较于单只股票的风险，他们更关心股票组合的风险。股票组合的波动率取决于组合中单只股票的波动率、组合中股票收益率的相关性以及组合中每只股票的总投资额。

包含两只股票的股票组合的收益率波动率能通过其标准差来衡量：

$$\delta_p=\sqrt{w_i^2\sigma_i^2+w_j^2\sigma_j^2+2w_iw_j\sigma_i\sigma_j\text{CORR}_{ij}}$$

其中，

w_i＝投资第 i 种股票的资金比例

w_j＝投资第 j 种股票的资金比例

σ_i＝第 i 种股票收益率的标准差

σ_i＝第 j 种股票收益率的标准差

CORR_{ij}＝第 i 种股票与第 j 种股票收益率的相关系数

对于包含更多证券的投资组合，标准差的公式包含每只股票的标准差及投资组合中每对股票的相关系数，且以每只股票的投资金额比例为权重。包含两只股票的股票组合的方程式足以说明在其他条件保持不变的情况下，单只股票波动率高且股票收益率高度相关时，股票组合会有更高的波动率。在极端情况下，如果股票收益率完全正相关（相关系数＝1.0），那么股票组合就会有相对高的波动率，因为所有的股票都会同时经历高峰或低谷。相反，包含相关度低或呈负相关关系的股票的股票组合会有较低的波动率，这是因为股票不会同时经历高峰或低谷。某些抵消效应会出现，随着时间平滑股票组合的收益率。

因为投资组合中单只股票的波动率与相关性会随着时间变化，所以股票组合的波动率也会变化。预测股票组合波动率的一个方法是先预测单个波动率水平；然后通过估计近期的相关性来预测股票组合中每对股票的收益率的相关系数。最后，用单个相关系数的预测波动率来估计股票组合的未来波动率。

11-4b 股票的 β 值

正如之前所解释的，股票的 β 值衡量了其收益率相对于市场收益率的敏感度。许多拥有多元化股票投资组合的投资者用这种方法来衡量风险，并认为投资组合的非系统性风险会因此分散（因为有利的公司特定因素会抵消不利的公司特定因素）。

◇ 例子

图 11.4 展示了 β 值如何影响股票收益率的概率分布。在一个极端情况下，股票 A（β 值低）对所有方向的市场运动反应都较小，所以其可能出现的收益率仅仅这样变化——从不利行情下的 4.8%到有利行情下的 6%。在另一个极端情况下，股票 D（β 值高）可能出现的收益率变化为——从不利行情下的 11.2%到有利行情下的 14%，因为它在股市行情变坏时会遭受更大的损失，所以这只股票被认为是有风险的。◇

股票组合的 β 值 正如单只股票的风险一样，股票组合的风险也通常用 β 值或波动率

（标准差）来衡量。

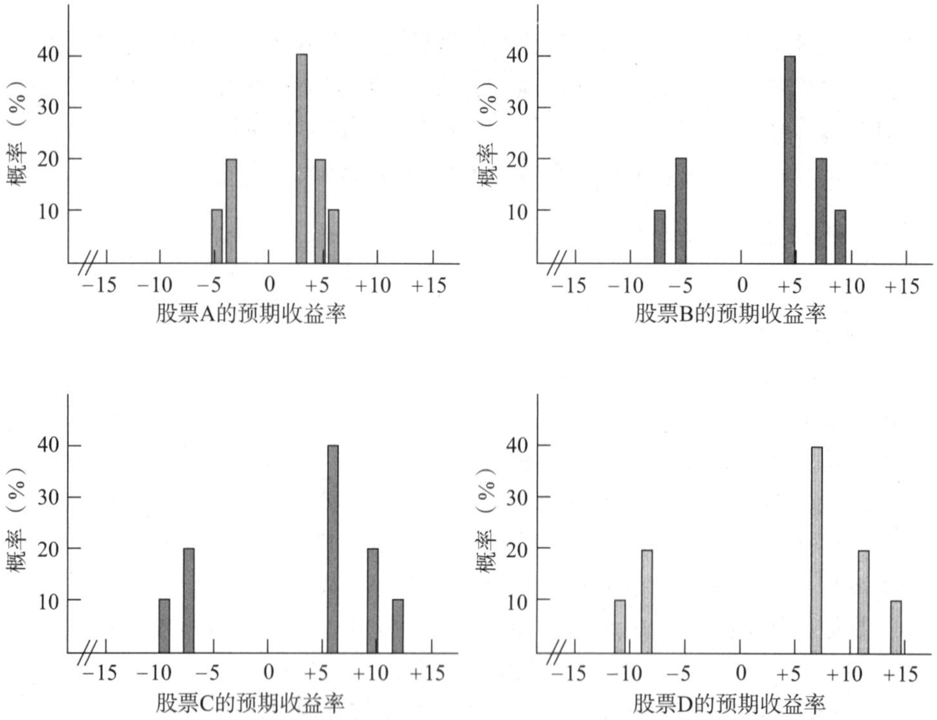

图 11.4 β 值如何影响概率分布

（%）

概率	R_m	股票 A 的期望收益率 $E(R)$，如果 $B_i=0.6$	股票 B 的期望收益率 $E(R)$，如果 $B_i=0.9$	股票 C 的期望收益率 $E(R)$，如果 $B_i=1.2$	股票 D 的期望收益率 $E(R)$，如果 $B_i=1.4$
10	−8	−4.8	−7.2	−9.6	−11.2
20	−6	−3.6	−5.4	−7.2	−8.4
40	5	3	4.5	6	7
20	8	4.8	7.2	9.6	11.2
10	10	6	9	12	14

股票组合的 β 值能用下式进行衡量：

$$\beta_p = \sum W_i \beta_i$$

也就是说，股票组合的 β 值是组合中股票 β 值的加权平均，其中，权重反映了投资每只股票的资金比例。这一方程式是很直观的，因为它仅仅表明包含高 β 值股票的股票组合也会有相对高的 β 值。在市场收益率为负时，这类股票组合相对其他组合通常表现更差。

每只股票的 β 值预测可能是主观的；例如，一名投资组合经理可能会因为公司发起了更激进的成长策略而预测股票 β 值将从现在的 0.8 上升到 0.9。或者，经理也可以对一组历史时期的数据进行评估，来决定这些时期中 β 值是否有某种走向并应用这种走向。

股票的 β 值与波动率通常是相关的。高 β 值的股票的波动率预计会相对更大，这是因为这些股票随着时间变化对市场收益较为敏感。同样，因为低β值的股票对市场收益的反应较小，所以预计其波动会较小。

11-4c 风险价值

风险价值是在一定置信水平下估计特定投资头寸的预期最大损失的一种衡量方法。它被用来提醒投资者可能发生的潜在最大损失。如果投资者对一天或一周后会出现的潜在损失不满意，他们可能会修改投资组合来降低风险。

风险价值衡量方法从投资担忧的角度出发，重视收益率的概率分布的悲观部分。例如，投资组合经理可能会采用 90%的置信水平来估计股票在未来一段时期内 90%交易日的最大预期日损失。目标置信水平越高，某种特定类型投资会出现的最大预期损失越高。也就是说，在 90%的置信水平下，我们可以预期持有某特定股票的日损失不会高于 5%，但在 99%的置信水平下则为 8%。实质上，投资者越相信其实际损失不会高于最大预期损失，其实际损失越会向概率分布的左侧移动。

应用历史收益 评估历史数据是使用风险价值的一种显而易见的方法。例如，投资者可能发现，在过去的 100 个交易日里，股票在被评估的五天里下降超过 7%，或者说在评估期内下降了 5%。依此信息可以推断出在 95%的置信水平下，这只股票未来某一时期的最大日损失不会超过 7%。

应用标准差 另一种方法为计算历史时期的日收益率标准差，并以此得出特定置信水平的临界值。

◇ 例子

假设某一特定股票在最近历史时期内的日收益率标准差为 2%，同时假设以 95%的置信水平计算最大损失。如果日收益率服从正态分布，下临界值（概率分布的左尾）距期望值约为 1.65 个标准差。对于 0.1%的预期日收益率，下限为

$$0.1\%-(1.65\times2\%)=-3.2\%$$

0.1%的预期日收益率可能是主观信息，也可能是评估得出的最近历史时期的平均日收益率。给定置信水平下的下临界值能根据任意预期日收益率轻易得出。例如，如果预期日收益率为 0.14%，则下临界值为

$$0.14\%-(1.65\times2\%)=-3.16\%$$

◇

应用β值 估计给定置信水平下的最大预期损失的第三种方法为应用股票的β值。

◇ 例子

假设过去 100 天内股票的β值为 1.2。同时假设在 95%的置信水平下，股市预期业绩不会低于每天 2.5%。给定股票β值为 1.2 且最大市场损失为 2.5%，则在某天股票的最大损失可估计为

$$1.2\times(-2.5\%)=-3\%$$

95%置信水平下的最大预期市场损失能根据主观估计得出，也能通过评估过去100天左右的数据得出（以之前两种方法中介绍的同样的方式也能得出单只股票的最大预期损失）。◈

得出最大经济损失 某一特定置信水平下的最大损失比例一旦确定下来，就能用来得出特定投资的最大经济损失。

◈ 例子

假设投资者对某只股票投资20 000 000美元。根据最大损失比例和投资价值可得出最大经济损失。如果投资者按照之前所解释的，以β值来衡量最大预期损失，则一日内的最大损失比例为3%。因此最大日损失美元数为

$$(-3\%)\times 20\ 000\ 000=600\ 000(\text{美元})$$

◈

将风险价值用于股票组合 风险价值也常被用于衡量投资组合风险。在特定置信水平下计算单只股票最大预期损失的三种方法也同样适用于股票组合。例如，评估股票组合在过去约100天内的收益能够得出最大预期损失。或者，估计过去100天内的组合收益率标准差也能得出特定置信水平下的临界值。还有另一种选择为估计股票组合收益率在过去100天内的β值，然后将此β值用于股市的最大预期日收益率，从而得出特定日期的股票组合最大预期损失。

调整想要的投资期限 想要评估一周或一个月最大损失的投资者也可以使用同样的方法。然而，在这一情况下，使用符合投资期限的历史序列是很重要的。可以使用股票（或股票组合）的一周收益率时间序列来评估不久后某一周的最大损失。

调整历史时期的长度 之前的例子使用了100个交易日的历史序列，但如果情况有变使得只有最近70天反映了市场形势的整体状况，那么就应当使用这70天的数据。然而，一周市场表现的子周期不应当被丢弃，因为相似的情况可能再次出现。

风险价值方法的局限 对使用历史时期来衡量风险价值的批评通常为，投资组合经理在评估未来可能风险时可能会采用相对稳定的时期。例如，如果因为在之前的时期异常稳定，收益率分布很窄，那么未来（当经济不再那样稳定时）的预期最大损失将被低估。在投资组合经理看来，用于估计风险损失的可能收益率分布会有较短的尾部（分布的边界），而未来收益率的分布可能会有较长的尾部。这表明投资组合未来的实际损失可能会比从历史数据中估计出的预期最大损失更大。例如，在次贷危机前的稳定期估计的最大损失可能会低估次贷危机时股票组合的风险。在次贷危机中，股票实际上遭受了巨大损失。即使经济形势没有变化，任何特定股票的风险预测也可能因最近的事件发生变化，比如说公司的重大调整。

11-5 风险调整后收益

股票或股票组合在某一特定时期的业绩能通过当期超额收益率（超过无风险利率的收益率）除以风险得出。两种常用的衡量业绩的工具为夏普比率与特雷诺指数。

11-5a 夏普比率

如果认为总波动率能合理衡量风险，那么股票的风险调节收益率可由收益率与波动率的比率［也叫**夏普比率**（Sharpe ratio）］决定：

$$夏普比率=\frac{\bar{R}-\bar{R}_f}{\sigma}$$

其中，

$\bar{R}$＝股票平均收益率

$\bar{R}_f$＝平均无风险利率

σ＝股票收益率的标准差

股票的平均收益率相对平均无风险利率越高且标准差越小，夏普比率就越高。这一比率衡量了每单位风险下超过无风险利率的超额收益率。

◈ **例子**

假设两只股票符合下列信息：

- sooner 股票的平均收益率＝16％
- longhorn 股票的平均收益率＝14％
- 平均无风险利率＝10％
- sooner 股票收益率的标准差＝15％
- longhorn 股票收益率的标准差＝8％

那么

$$\text{sooner 股票的夏普比率}=\frac{16\%-10\%}{15\%}=0.40$$

$$\text{longhorn 股票的夏普比率}=\frac{14\%-10\%}{8\%}=0.50$$

即使 sooner 股票有更高的收益率，但因为 longhorn 股票的风险更低，所以 longhorn 股票的业绩更好。如果股票的平均收益率比平均无风险利率低，那么股票的夏普比率为负。◈

11-5b 特雷诺指数

如果认为 β 值是最合适的风险种类，那么股票的经风险调整的收益率由特雷诺指数决定，计算公式为

$$特雷诺指数=\frac{\bar{R}-\bar{R}_f}{B}$$

其中 B 为股票 β 值。特雷诺指数与夏普比率的不同仅在于特雷诺指数使用了 β 值而不是标准差来衡量股票风险。特雷诺指数越高，相对于无风险利率的（每单位风险）收益率也就越高。

◇ 例子

使用之前提供的关于 sooner 股票与 longhorn 股票的信息，假设 sooner 股票的 β 值为 1.2，且 longhorn 股票的 β 值为 1.0，每只股票的特雷诺指数计算如下：

$$\text{sooner 股票的特雷诺指数} = \frac{16\% - 10\%}{1.2} = 0.05$$

$$\text{longhorn 股票的特雷诺指数} = \frac{14\% - 10\%}{1.0} = 0.04$$

基于特雷诺指数，sooner 股票业绩更好。◇

将这一例子与之前的相比可以发现，哪种股票业绩更好取决于风险的衡量方法，也取决于选用的指数或比率。在某些情况下，不同的方法会给出相同的结论。和夏普比率一样，平均收益率低于平均无风险利率的股票的特雷诺指数为负。

11-6 股票市场有效性

如果股票市场是有效的，那么任一时点的股票价格应当充分反映了所有可获得的信息。在投资者试图利用还没有完全得到解释的新信息时，股票价格应立刻调整。投资者常常会对信息反应过度或反应不足。除非行为是有偏好的（即持续反应过度或反应不足），否则这并不意味着市场是无效的。意识到这种偏好的投资者将会赚得异常高的风险调整收益。

11-6a 股票市场有效性的种类

有效市场可分为三类：弱有效市场、半强有效市场及强有效市场。

弱有效性 **弱有效性**（weak-form efficiency）表明证券价格反映了所有的市场相关信息，如证券价格历史运动及证券交易量。因而投资者不能通过仅基于历史价格运动得出的交易策略来获取异常收益。

半强有效性 **半强有效性**（semistrong-form efficiency）表明证券价格充分反映了所有的公开信息。公开信息与市场相关信息之间的区别为，公开信息还包括了公司公告、经济新闻或事件及政治新闻或事件。市场相关信息是公开信息的子集。因此，如果半强有效性成立，弱有效性也必然成立。然而，即使半强有效市场不成立，弱有效市场也有可能成立。在这种情况下，投资者可以通过使用市场还没有立刻做出反应的相关信息获取异常收益。

强有效性 **强有效性**（strong-form efficiency）表明证券价格充分反映了所有信息，包括私有信息与内幕消息。如果强有效性成立，半强有效性也必然成立。如果内幕消息能带来异常收益，那么即使强有效性并不成立，半强有效性也会成立。

内幕消息给予了内部人员（如员工或董事会成员）相对其他投资者的不公平优势。例如，如果一家公司的员工知晓了还没有向公众披露的有利信息，他们可能会考虑购买或建议朋友购买公司股份，尽管这种行为是违法的，但它们的确发生了且造成了无效性。

11-6b 有效市场假设检验

正如下文所示，有效市场假设检验分为三类。

弱有效性检验 弱有效性检验能通过搜寻证券价格的非随机模式来进行检验。如果价格的未来变化与近期变化相关，那么历史价格波动能被用来获取异常收益。研究通常发现，历史价格随着时间独立变化。这意味着历史信息已经反映在了今天的价格上，不能用来获取异常利润。即使发现了某些相关性，交易成本也抵消了能获得的任何超额收益。

有证据表明，股票在某些特定时期会表现得更好。例如，第一，正如之前所提到的，小型股票在1月表现异常优异（1月效应）。第二，历史上股票在周五表现优于周一（周末效应）。第三，历史上股票在假期前的交易日表现更好（假期效应）。在一定程度上，特定模式会持续下去且能被投资者用来获取异常收益，也就表明存在市场无效性。大多数情况下，没有明显的证据表明这样的模式在被投资界发现后还会持续下去。

可以使用市场修正次数来估计股票市场无效性。在20世纪，股市下降超过10%的日子超过100天（以道琼斯工业平均指数衡量）。股市下降超过5%的日子则有300多天。这些突然的下跌之后常会有市场的急剧上升，这表明这一上升可能是过度的。换句话说，市场修正对于抵消过度上升来说是必要的。

半强有效性检验 通过评估证券收益率如何对特定公告进行调整可以检验半强有效性。一些公告是具体针对某家公司的，如宣布股利增加、收购或股票拆分。其他公告与经济形势相关，如宣布联邦基金利率下调。总体来说，人们发现证券价格会对公告信息迅速做出反应。因此证券价格并不总是被高估或被低估，所以投资者不会一直获得异常收益。这在交易成本被反映出来时尤其明显。

有证据表明投资IPO会获得异常利润。特别地，IPO后的首日收益率往往会异常地高。折价发行的一个原因为承销IPO的证券公司有意折价来确保整个发行顺利完成。承销商也被要求谨慎处理，来确保他们提供给投资者的公司信息的准确性。出于这个原因，承销商在为IPO定价时往往会折价。

一些分析师认为，考虑到与IPO有关的不完全信息，除非低价，否则投资者不会参与进来。换句话说，潜在收益率不仅必须足够补偿风险，还要足够补偿这些公司的信息不足。从这一角度看，IPO折价没有反映市场无效性，却反映了高度的不确定性。

强有效性检验 检验强有效性是困难的，因为内幕消息无法公开获得且难以合理检验。然而，许多内幕交易形式容易引发异常高收益率。例如，在宣布收购计划时，有证据表明目标公司的股价会大幅上涨。如果内部人员先于其他投资者购买了目标股票，他们往往就会取得异常高收益率。内部人员之所以被阻止使用这一信息是因为这样做是非法的，而不是因为市场是强有效的。

11-7　国外股票估值与业绩

正如下文所要解释的，本章的一些关键概念会有所调整，以便能在全球范围内应用。

11-7a　国外股票估值

市盈率工具或股利贴现模型经调整反映国际形势后，也能用于国外股票估值。

市盈率工具　海外公司的每股预期收益乘以合适的市盈率（基于公司风险及当地行业）能决定公司股票的合理价格。尽管使用简易，但这一工具在对国外股票进行估值时也受到一些限制。在某些海外市场，特定行业的市盈率可能会持续变化，特别是在市场中包含一些新公司时。因而，决定应当对特定海外公司采用什么比率是困难的。除此之外，任何特定行业的市盈率可能需要根据公司的所在国来进行调整，这是因为公布的收益率会受一国的会计准则与税法影响。

此外，即使美国投资者对使用了合适市盈率的估计感到满意，但由这一工具得出的价值是以当地货币为单位的（因为估计的收益是以外币为单位的），因此美国投资者也必须考虑汇率效应。如果外币相对美元贬值，那么即使股票在海外被低估，也可能不会为美国投资者带来可观的收益。

股利贴现模型　在调整以反映预期汇率运动后，通过预期股利流贴现，股利贴现模型能被用于国外股票估值。国外股票以其计价货币支付股利。因此美国投资者的每期现金流为股利（以外币为单位）与汇率的乘积。预期国外股票的计价单位升值会导致更高的预期美元现金流与更高的现值。股利通常会比外币价值预测得更加准确。因为汇率的不确定性，相比从当地投资者的角度看待股票价值，美国投资者角度下的国外股票价值会受到更多不确定性的影响。

11-7b　国际市场有效性

某些海外股票市场可能会因为关注这些市场中股票的分析师与投资组合经理较少而变得无效率。在只有较少的市场参与者关注时，比较容易找到被低估的股票。研究发现，特定公司的新信息（例如收益公告）仍会带来低价，这一结论表明一些海外股票市场是无效的。这样的无效性在较小的海外股票市场是很常见的。某些新兴股票市场相对新且小，所以它们不可能和美国股票市场一样有效。因此某些股票可能被低估，而这种可能性吸引了投资者来到这些市场。然而，正是因为这些市场较小，它们可能容易受大型交易商的控制。此外，内幕交易在许多海外市场更加盛行，这是因为反对内幕交易的法规并没有得到强制执行。通常说来，位于海外股票市场的大型机构投资者及内部人员可能会拥有某些优势。

11-7c 国外股票投资业绩衡量

投资国外股票的收益以投资者的目标来进行衡量最为合适。例如，如果投资组合经理被分配去挑选欧洲股票，那么就应将这些股票的业绩与以美元衡量的欧洲指数的业绩进行比较。这样，业绩衡量方式受投资组合经理被分配去投资资金所在地的整体市场及汇率波动状况的影响。因此，如果整个欧洲市场在某一特定季度业绩较差，或如果主要欧洲货币（欧元）相对美元在这一期间贬值，那么被分配去欧洲的投资组合经理就不会自动受罚。相反，如果整个欧洲市场在某一特定季度业绩较好或欧元相对美元升值，那么经理就不会自动受到奖励。相反，投资组合经理的业绩衡量是相对其被派去的地区的整体市场情况而言的。

11-7d 国际多元化投资业绩

大量的研究表明，股票投资者会从国际多元化投资中获利。大多数股票受其所在国家的巨大影响（尽管一些公司比其他公司更易受当地经济形势影响）。

因为股市部分反映了其国家现有或预测的经济形势，且经济通常不会同时波动，所以不同市场的特定股票不会高度关联。这与完全国内市场的投资组合（例如，组合中全为美国股票）相反。国内市场投资组合中的大多数股票常会向同一方向以同一量级移动。

然而，国际股票市场中的股价运动在某种程度上是互相关联的，这是因为一些反映了世界整体金融形势的潜在经济因素可能会系统性地影响所有市场。一个国家的经济会影响其他国家的经济，所以这些国家的经济预期可能是相似的。因此这些国家的股票市场可能会对这些相同的预期做出反应。一体化是一个重要的概念，因为其反映了国际多元化的潜在利益。国际经济高度一体化表明不同国家的股票收益率会受相同因素的影响。在这种情况下，不同国家的股票收益率会一致变动，因此，投资者只能从国际多元化投资中获取适度的收益率。

通常说来，最近几年股票指数间的相关性比前几年要高。相关性提高的一个原因为国家间商业一体化程度的增加。这带来了更多的交易与资本的跨国流动，导致每个国家对其他国家的影响力增强。特别地，受全欧洲的标准化运动及加速了国家间交易的单种货币（欧元）的影响，许多欧洲国家变得越来越一体化。

新兴股票市场间的多元化 新兴市场为来自美国与其他国家的投资者提供了可替代的出路来投资他们的资金。其潜在经济增长率相对较高。除此之外，因为新兴市场各自的经济可能不会和更发达国家的经济一致变动，所以投资者可能会从新兴市场的投资中获取额外的多元化利益。因此，这些股票与其他国家股票的相关性较低，所以投资者可以通过在投资组合中加入来自这些市场的股票来降低风险。

然而，新兴市场股票往往会表现出更高的波动率，这部分抵消了它与其他国家股票间的低相关性所带来的优势。新兴市场的股票更受主要政府及其他形式的政治风险的影响。因为当地相关汇率时常波动，所以新兴市场股票也会使美国投资者受高汇率风险的影响更大。

小结

■ 股票估值常使用市盈率（PE）工具、股利贴现模型或自由现金流模型。PE 工具将行业市盈率用于公司收益来得出公司价值。股利贴现模型将价值估计为预期未来股利的现值。自由现金流模型则以未来现金流的现值为基础。

■ 在应用自由现金流模型进行股票估值时，也必须估计必要收益率。估计必要收益率的一个方法为使用资本资产定价模型，其中，必要收益率取决于无风险利率与公司的 β 值。

■ 股票价格受影响未来现金流或投资者必要收益率的因素影响。经济形势、市场形势及公司特定形势会影响公司的现金流或必要收益率。

■ 股票风险能通过其波动率、β 值或风险价值估计来进行衡量。近些年来，针对某些股票价格的突然下降，投资者越来越关注风险衡量。

■ 夏普比率与特雷诺指数是衡量风险调整后股票业绩的常用工具。

■ 股票市场有效性表明股票价格反映了所有可获得的信息。弱有效性表明证券价格反映了所有的交易相关信息，如证券价格历史运动及证券交易量。半强有效性表明证券价格反映了所有的信息，包括私人信息或内幕消息。有证据在一定程度上支持弱有效性，但对于半强有效性或强有效性的证据较少。

■ 投资者可能从国际多元化投资中获利。市盈率工具或股利贴现工具在经过调整反映了公司所在国情况及汇率后，也能对国外股票进行估值。

正方和反方观点

股票市场有效吗?

正方　有效。投资者在进行股票交易时充分考虑了所有可获得的信息。因此股票价格充分反映了所有信息。

反方　无效。股票的高度波动证明了股票价格中存在许多分歧。许多股票在 2008 年末 2009 年初下跌超过 40%的事实表明股价并不总是被合理估值，并不能反映出可获得信息。

谁正确?　利用互联网学习关于这个议题的更多知识并形成你自己的观点。

问题与应用

1. 市盈率　解释市盈率在股票估值中的作用。为什么投资者使用市盈率可能会得出不同的估值? 为什么投资者使用市盈率可能会得到不准确的公司价值?

2. 股利贴现模型　描述股利贴现模型。股利贴现模型的局限是什么?

3. 经济增长的影响　解释经济增长如何影响股票价值。

4. 利率的影响　利率、股票必要收益率与股票价值如何关联?

5. 通胀的影响　假设预期通胀率刚刚因市场状况而上涨。股票的投资者必要收益率是否会受影响? 请解释。

6. 汇率的影响　解释美元价值如何影响股票价格。

7. 投资者情绪　解释投资者情绪为什么会影响股票价格。

8. 1 月效应　描述 1 月效应。

9. 盈利异常　盈利异常会怎样影响股票价值?

10. 收购传言影响　为什么收购传言会影响目标公司的股票价值?

11. 新兴市场　在新兴市场投资股票的风险是什么?

12. 次贷危机中的股票波动率　解释次贷危机中股票波动率如何变动。

13. 股票组合波动率　明确影响股票组合波动率的因素并解释其影响。

14. β 值　解释如何估计股票 β 值。解释为什么 β 值能衡量股票风险。

15. 华尔街　在电影《华尔街》中，Bud Fox 是一名为 Gordon Gekko 的公司进行交易的经纪人。Gordon Gekko 买入他认为被低估了的公司的股票。电影中的不同场景为本章中介绍的概念提供了极好的例子。

a. Bud Fox 告诉 Gordon Gekko，一家公司破产后的财产清理价值是其市值的两倍。Bud 这样说是想表明什么？公司员工将怎样回应 Bud Fox 的这一说法？

b. 当 Bud Fox 告诉 Gordon Gekko 另一个投资者 Wildman 先生正秘密计划收购宾夕法尼亚的一家目标公司时，Gekko 让 Bud Fox 去买入这家公司的大量股票。为什么？

c. Gordon Gekko 说："想知道为什么基金经理无法打败标准普尔 500 指数吗？因为他们是绵羊。"Gordon Gekko 的观点是什么？这与市场有效性有什么关系？

16. 市场有效性 解释弱有效性、半强有效性与强有效性之间的不同。这些形式的有效性中哪种最难检验？哪种最可能被反驳？解释如何检验股市的弱有效性。

17. 市场有效性 咨询公司被雇用来决定某个特定交易策略能否带来异常收益。这一策略涉及基于股价近期历史波动的坐盘交易。这一策略没有取得异常收益。因此，咨询公司得出结论，股市是存在弱有效性的。你赞同吗？请解释。

高级问题

18. 风险价值 描述衡量风险的风险价值工具。

19. 隐含波动率 解释隐含波动率的含义及用途。

20. 杠杆收购 在 RJR Nabisco 公司（简称 RJR）的管理层最开始考虑进行杠杆收购时，RJR 的股价低于每股 70 美元。最终，RJR 被 Kohlberg Kravis Roberts 公司（KKR）以每股 108 美元的价格收购。考虑收购前股价与收购后股价间的巨大差异是否意味着 RJR 的价格在开始时被低估了。如果是这样，这是否意味着市场是无效的？

21. 股价可能如何对现有状况做出反应？ 考虑影响股票需求的主要因素，包括通胀、经济、预算赤字、联邦财政政策、政治形势及投资者整体情绪。基于这些因素，你认为股票价格在本期会上涨还是下跌？为你的答案提供逻辑支持。你认为哪种因素对股价影响最大？

22. CAPM 在股票定价上的应用 根据 CAPM 解释为什么股价可能会因更高的无风险利率而下降（以直觉而不是以数学方式进行解释）。解释为什么即使无风险利率上升，股价在这种情况下仍可能会上涨（以直觉而不是以数学方式进行解释）。

23.《萨班斯-奥克斯利法案》对股票价值的影响 使用股票价值框架来解释为什么《萨班斯-奥克斯利法案》（SOX）能改善股票价值。为什么 SOX 可能会造成股票价值的减少？（见本章附录。）

24. 解读 VIX 解释为什么股市参与者会关注 VIX。VIX 的下降表明了市场参与者预期波动率会怎样变化？

辩证思维问题

次贷危机与股市危机 发生在 2008—2009 年的次贷危机也因系统风险被称为股市危机。写一篇小论文来解释在危机中信贷市场对股票市场的影响。

解读财经新闻

诠释华尔街分析师和投资经理做出的下述评论：

a. "股市最近的攀升是由利率下降驱动的。"

b. "未来的股票价格取决于下周美联储的政策会议。"

c. "鉴于股价最近的攀升不能被基本面解释，所以调整是不可避免的。"

金融市场管理

股票组合困境 作为一名投资经理，你常常需要做出是投资股票还是其他类型资产以及买入何种股票的决定。

a. 你注意到投资者往往会在利率下降后更多地投资股票。你也在考虑这一投资策略。一旦利率下降就更多地投资股票是否理性？

b. 假设你将挑选某只因股市预期上行而业绩良好的特定股票。你很自信股市在不久之后将业绩良好。最近，一个朋友推荐你考虑购买某家特定公司的股票，因为这家公司在过去的几年中收益可观、β 值低（反映出较低的系统性风险）且 β 值也预期将维持在较低水平。你通常将 β 值作为对公司系统性风险的衡量方法。你是否应认真考虑购买那只股票？请解释。

c. 你正在考虑投资 Marx 公司的 IPO，且根据其财务报表，Marx 公司近期业绩良好。这家公司会将出售股票的部分收入用于偿还其银行贷款。在公司股票还没有上市时，你将会如何使用估值模型来估计公司价值？一旦估计了公司价值，你将怎样使用这一信息来决定是否投资？估计公司价值的局限是什么？

d. 过去，你的老板基于你管理的美国股票组合的实际收益来评估你的业绩。若你的投资组合在一个季度中产生的年化收益率达到了 20%，你将获得该季度的奖金。现在，你的老板想要你发明一种从管理组合角度来衡量你业绩的方法。提供一种能准确衡量你业绩的方法。

e. 假设你也被要求管理欧洲股票投资组合。衡量你管理这一投资组合的方法与你在上一问题中修改的针对美国股票组合的方法有何不同？

习题

1. 风险调整后的收益率衡量 假设在 5 年投资期内有以下信息：

- 平均无风险利率＝6%
- Crane 股票的平均收益率＝11%
- Load 股票的平均收益率＝14%
- Crane 股票收益率的标准差＝2%
- Load 股票收益率的标准差＝4%
- Crane 股票的 β 值＝0.8
- Load 股票的 β 值＝1.1

根据夏普比率决定哪只股票有更高的风险调整后收益率。根据特雷诺指数，哪只股票有更高的风险调整后收益率？展示你的计算过程。

2. 衡量期望收益率 假设 Mess 股票的 β 值为 1.2. 如果无风险利率为 7%且市场收益率为 10%，Mess 股票的期望收益率为多少？

3. 使用 PE 工具 你发现 Verto 股票预期今年产生的收益为每股 4.38 美元，且行业平均市盈率为 27.195，使用 PE 工具来得出 Verto 股票的价值。

4. 使用股利贴现模型 假设你对购买一家每年每股股利 6 美元的公司的股票感兴趣。假设公司股利政策没有变化，如果必要收益率为 11%，那么每股股票的价值为多少？

5. 使用股利贴现模型 Micro 公司明年会支付每股 2.3 美元的股利。如果公司计划无限期地每年增加 9%的股利，且你投资的必要收益率为 12%，你会为该公司的股票支付多少？

6. 使用股利贴现模型 假设你知晓公司刚支付了每股 1.75 美元的年度股利，且股利将持续以每年 8%的速率增长。如果股票的必要收益率为 10%，则当前股票价格为多少？

7. 计算必要收益率 Sun 公司下一年度的预期股利为每股 1.2 美元，且分析师预期股利将以每年 7%的速率无限增长。如果 Sun 公司股票当前售价为每股 22 美元，那么其必要收益率为多少？

8. 计算必要收益率 一只普通股票的当前价格为 110 美元。当前年度股利为每股 8 美元，且预期以每年 6%的速率无限增长。这只股票的投资者必要收益率为多少？

9. 计算必要收益率 一只股票的 β 值为 2.2，无风险利率为 6%，且市场期望收益率为 12%。使用 CAPM，你预计股票的必要收益率为多少？市场风险溢价为多少？

10. 计算股票的 β 值 你正考虑投资一只收益率为 13%的股票。如果无风险利率为 5%且市场风险溢价为 7%，股票的 β 值为多少？

11. 衡量股票收益率 假设你在年初以每股 76.5 美元的价格购买了一只股票。在这一年中，股票每股支付了 0.7 美元的股利且在年底价格变为每股 99.25 美元。这一年中，投资股票的总收益率为多少？

12. 衡量投资组合的 β 值 假设以下条件成立：

■ IBM 的 β 值＝1.31

■ LUV 的 β 值＝0.85

■ ODP 的 β 值＝0.94

如果你将资金的 40％投资于 IBM，30％投资于 LUV，30％投资于 ODP，那么你的投资组合的 β 值将为多少？

13. 衡量投资组合的 β 值 使用习题 12 中的条件，假设你决定投资 20 000 美元于 IBM，30 000 美元于 LUV，50 000 美元于 ODP。现在投资组合的 β 值为多少？

14. 风险价值 假设 Quitar 公司的 β 值为 1.31。

a. 如果你假设股市最大预期日损失率为 3.2％（在 95％的置信水平下），那么 Quitar 公司股票的最大日损失为多少？

b. 如果你向 Quitar 公司投资 19 000 美元，那么你的最大日经济损失为多少？

15. 风险价值 如果你的投资组合的 β 值为 0.89，且股市最大预期日损失率为 2.5％，那么你的投资组合的最大日损失为多少？

16. 股利模型关系

a. 在使用股利贴现模型计算股票价格时，如果必要收益率上升，股价将如何变化？解释这一关系的逻辑。

b. 在使用持续增长股利贴现模型计算股票价格时，如果增长率下降，股价将如何变化？解释这一关系的逻辑。

17. CAPM 关系

a. 在使用 CAPM 时，如果无风险利率降低，股票必要收益率会怎样变化？

b. 在使用 CAPM 时，如果市场收益率降低，股票必要收益率会怎样变化？

c. 在使用 CAPM 时，如果 β 值增大，股票必要收益率会怎样变化？

18. 风险价值

a. 在 95％的置信水平下，波动率（标准差）上升会怎样影响股票最大预期损失？

b. 在 95％的置信水平下，股票期望收益率上升会怎样影响股票最大预期损失？

资金流动练习

股票估值

回想一下，如果经济持续强劲，为满足需求，卡森公司在未来几年可能需要将生产能力扩大约 50％。它需要通过融资来扩大并满足生产的增长。回想一下，收益率曲线目前是向上倾斜的。也请记得卡森公司担心经济增长可能会因美联储有可能采取行动降低通胀率而放缓。公司也在考虑下一年发行股票或债券来筹集资金。如果卡森公司上市，它甚至可能会考虑使用其股票来收购一些目标公司。它也可能会在 IPO 成功且持续增长的情况下考虑在未来某个时点进行二次发行。它也可能会改变其薪酬制度，使大部分经理薪酬的 30％为卡森公司股票，其余的则为薪水。

a. 卡森公司所在行业中的其他公司的市盈率（每股股票价格除以每股收益）现在相对较低但在未来会上升。为什么这一信息会影响卡森公司发行股票的时间？

b. 假设卡森公司相信发行股票是规避潜在高利率的有效方式。即使长期利率在其发行股票时已经上涨，卡森公司仍然认为通过发行股票而不是债券能够避免利率上涨的不利影响。这一观点是否正确？

c. 卡森公司意识到了高股价在其准备 IPO（如果上市了的话）时的重要性。但为什么股价即使在 IPO 之后仍对卡森公司很重要？

d. 卡森公司如果上市了，将股票作为薪酬发放给经理可能会激励他们更好地工作。解释为什么股票会激励经理更好地工作。然后解释为什么以股票作为薪酬可能会激励他们关注短期目标，即使他们应当关注股票持有者长期水平下的财富最大化。公司应怎样做才能以股票作为激励同时又可避免经理更关注短期目标？

互联网/Excel 练习

1. 登录网站 finance. yahoo. com/stock-center。比较道琼斯指数、纳斯达克指数及标准普尔 500 指数业绩的不同之处。点击这些指数并描述这些指数自 1 月起的走势。哪种指数有最好的业绩?

2. 登录网站 finance. yahoo. com/stock-center，输入代码 INTC（英特尔公司），并点击“Search Finance”。然后来到股价表格的底部并检索英特尔公司过去 12 个月的月末股价。在 Excel 表格中记录下这一信息并估计股价运动的标准差。（关于估计股价运动标准差的指导见附录 B。）对甲骨文公司（代码 ORCL）重复这一过程。你的分析显示哪只股票风险更大？假设英特尔公司股票及甲骨文公司股票下个月的期望收益率为 0%。在 95%的置信水平下，使用风险价值工具来计算英特尔公司及甲骨文公司下个月的最大预期损失。

WSJ 练习

回顾股票价值的突然改变

回顾最新一期《华尔街日报》的 C 部分。注意其显示的有最大日收益及日损失的股票。在网上搜索关于最大收益股票的新闻。为什么它会有这样的高收益？对最大损失股票重复这一练习。

关于现实案例的在线文章

找一篇近期描述一个具体金融机构或金融市场真实案例的在线实用性文章，以强化本章所涵盖的一个或多个概念。

如果你的班级有一个在线平台，教授可能会要求你把文章摘要放在那里并提供文章的链接以供其他学生访问。如果你的班级是当面授课的，教授可能会要求你当堂总结你对该文章的运用。教授可能指派特定学生或让学生自愿完成这项作业。

对于与本章相关的近期在线文章和真实案例，请考虑使用以下搜索词（请务必在搜索词中包含当前年份以确保在线文章是近期的）：

1. 股票＋价值
2. 市盈率＋价值
3. 自由现金流＋价值
4. 股票＋投资者情绪
5. 股票＋风险
6. 股票价值＋不确定性
7. 股票价值＋β 值
8. 股票＋风险价值
9. 股票＋波动率
10. 股票市场＋有效性

第 11 章附录

会计与股票估值的关系

在公开上市的公司中，运营公司的经理人与拥有该公司的投资者是分离的。经理人被聘请为公司代理人，并通过做出使公司价值最大化的决策来为公司股东的利益服务。公司管理层被要求提供有关公司财务状况与业绩的实质性信息。股东及其他投资者利用这些信息来监督管理层与评估公司价值。例如，如果投资者使用市盈率工具来得出估值，那么他们所依赖的是报告收益。如果他们使用股利贴现模型，他们可能会根据近期报告收益或收入情况得出预期增长率。如果他们使用的是调整后的股利贴现模型，他们可能会依靠财务报表来估计未来现金流量。

如果企业提供的是不准确的财务信息，投资者就会得出不准确的估值，资金就会流入股票市场的错误源头。此外，不准确的财务信息会为股票带来更多的风险，这是因为投资者必然会因财务报表数据的不确定性而担忧。如果财务报表数据有问题，那么不管投资者何时意识到收益或其他用于估计现金流的指标被夸大，股票价值都可能会下降。由于会计信息失真，投资者会要求一个更高的收益率来持有存在下行风险的股票。因此，虚假会计实务会扰乱股票市场，并增加发行股票募集资本的成本。

为确保经理人为股东利益服务，公司通常将管理薪酬与股价挂钩。例如，经理人可能被授予股票期权，这将允许他们在特定的时间段内（如接下来的五年）以特定价格购买公司股票。这样，经理人就像其他股东一样能直接受益于高股价，并因此也会为股东做出能带来高股价的决策。

不幸的是，一些经理人意识到，通过操纵财务报表来抬高股票价格可能比通过改善公司业务提高股票价格更容易。当公司报告收益上涨时，不管采用何种方法来评估股票，投资者都有可能高估其股票的价值。

经理人可能受诱惑而暂时抬高报告收入，因为这样做可能会使股价短暂地上涨。如果对授予经理人的股票期权没有限制，经理可能会在价格短暂上涨期间行使期权（以期权合约规定的价格购买股票），并立即在二级市场出售股票。因此，他们能在其他投资者意识到收益和股价上涨之前就利用这一股票价格上涨的信息。

创造性会计的问题

如果会计规则不允许经理人发挥创造性，那么他们就无法操纵公司的财务信息。公司财务报表项目的记账以财务会计准则委员会（FASB）制定的公认会计准则（GAAP）为指导。然而，这些准则使会计实质上更具灵活性，这意味着没有将会计数字转换成现金流量的标准公式。一些经理人希望在其出售持有的公司股票的特定期间，公司收益会上涨。这一愿望使会计变得更加混乱。具体说来，会计不用增加费用或将某些费用报告推迟到下一季度就可以提高某一特定时期的收入。没有意识到某些会计数字被歪曲了的投资者可能会高估公司的价值。

创造性会计也会被用于歪曲费用。企业在停止其业务项目中的一项时，通常会将其记录为核销或对收入的一次性收费。因为投资者预期核销费用不会再次发生，所以他们在估计未来费用时往往会忽略核销。然而，有些企业会将其一部分正常营业费用也转移到核销中，而不管这些费用将来是否会再次发生。没有意识到这一会计花招的投资者会低估未来开支。

作为转移费用的典型例子，世通公司在 1998 年收购 MCI 公司后，试图核销的费用超过 70 亿美元。当证券交易委员会（SEC）质疑这一会计行为时，世通公司将金额改为 30 亿美元左右。如果成功地将额外的 40 亿美元纳入核销，那么世通公司可能会将其报告的运营费用减少 40 亿美元。因此，信任世通公司的利润表的投资者每年将低估其未来的开支约 40 亿美元，从而大大高估股票价值。

当企业违反了宽松的会计准则时，证券交易委员会可能要求它们重申其收益并提供一组更正后的财务报表。近年来，美国证券交易委员会已经迫使数百家公司重申自己的收益，但因相信公司失真的会计而导致亏损的投资者没有得到补偿。

会计治理

如下所述的几类治理方法能被用来防止公司会计失真。

审计

公司需要聘请审计师对其财务报表进行审计，并确认报表符合会计准则。然而，审计师依赖这些公司来获得未来业务。许多大型公司每年为审计师的审计服务及非审计服务支付给审计师 100 多万美元。因此，审计师可能会被诱惑在失真的会计报表上签字，以便将来会被客户再次聘用。如果审计师坚持正确的标准，迫使客户修改报告收益，那么他们可能不会被再次雇用。考虑到会计准则所包含的主观性，客户公司所使用的这一在创造性会计上签字的诱惑力特别强。审计师可能更愿意签署有些混乱的财务报表，但不会直接违反会计准则。

董事会

公司董事会被认为是公司股东的代表。董事会监督公司的财务报告流程，并应努力确保公司提供的财务信息是准确的。然而，一些董事会并没有强迫管理人员准确披露公司的财务状况。如果董事会由其应该监督的相同经理人的内部人员管理，那么董事会是无效的。作为公司经理（内部人员）的董事会成员不太可能审查公司管理层。近年来，许多公司加大了独立董事成员（外部人士）的比重。这些人不会受制于来自公司管理层的压力。然而，一些独立董事甚至会与公司管理层有着密切的联系，或者收到超过其在董事会中所获得薪酬的大量咨询收入。因此，他们可能愿意忽略会计失真或其他不道德行为，以保持现有的来自公司的收入流。

一些旨在提高董事会成员独立性的建议已经被提出来。例如，公共信托和私营企业委员会（the Commission on Public Trust and Private Enterprise）推荐公司考虑将董事会主席与CEO分离，且董事会主席应为独立董事。

董事会成员薪酬　一些董事会由于董事会成员获得薪酬的方式而变得无效。如果董事会成员以从公司获得股票期权作为薪酬，则期权价值与公司股票价格相关。因此，一些董事会成员可能会忽视其监督职责，因为他们可能会在股价暂时上涨时出售股票（所收到的薪酬）而受益。同时，一旦市场意识到财务报表失真，长期持有股票的股东将受到不利影响。

如果董事会成员获得薪酬的方式能鼓励他们最大化公司长期价值，那么董事会成员更有可能为股东的长期利益服务。如果为他们提供长期无法出售的股票，董事会成员更有可能专注于最大化公司的长期价值。

一些旨在处理因向管理者与董事会成员授予股票期权而引起的潜在滥权问题的法规已经出台。2003年，美国证券交易委员会规定，纽约证券交易所（NYSE）或纳斯达克市场的上市公司在向管理层提供公司股票或期权前，必须经股东大会批准。这一规定是由纽约证券交易所和纳斯达克市场起草并批准的。此外，FASB最近要求公司在其利润表上反映出管理层的股票期权。这提高了财务报表的透明度，并可能改善公司治理。

董事会的独立审计委员会　有些董事会成员可以在独立的审计委员会任职，负责监督公司的审计师。该委员会被用来确保审计工作在没有利益冲突的情况下完成，使得审计人员能够提供不偏不倚的审计。不过，因为有些委员会无法意识到或者不愿承认利益冲突，他们仍然不能防止审计失真。

信用评级机构的作用

投资者还可以依靠标准普尔或穆迪等信用评级机构来评估企业的风险水平。但是，这些机构并不总是能提前发现公司的财务问题。他们通常侧重于根据提供的财务报表来评估公司的风险水平，但不确定财务报表是否准确。这些机构可能仅仅因为财务报表是由审计师核实的而认定它是准确的。

公司控制权市场的作用

在公司控制权市场中，绩效不佳的企业应该被其他效率更高的企业（被称为袭击者）收购与重组。因为能以低价购买无效率公司（低价反映出公司业绩不良）并消除其无效管理，袭击者有动力去寻找无效率企业。然而，公司控制权市场并不一定能够防止会计错误的出现。第一，袭击者可能无法识别公司是否抬高收益。第二，抬高了收益的公司可能会被高估价值，而袭击者不愿意以被抬高的价格来收购这些公司。第三，收购涉及整合企业的大量成本，而且存在潜在收益被这些成本抵消的风险。

安然公司丑闻

最近使用创造性会计的著名例子发生在安然公司。安然公司于 1985 年由两家天然气管道公司合并成立。安然公司一开始发展得相对缓慢。直到 20 世纪 90 年代，公用事业的管制放松，新机遇出现了后，安然公司才开始在多个领域扩张。它在美国收购了发电厂，并在国际上扩张，又收购了巴西电力分销商、印度发电厂及英国的水务公司等。也许最重要的是，它利用了新兴的管制放松环境来开拓天然气及电力交易。不久之后，它不再局限于仅仅进行能源交易，而开始交易天气衍生品等项目。1999 年，它引入了安然在线（Enron Online）——一个基于互联网的交易平台，这使安然公司获得了“互联网股票”的吸引力。在当时，互联网股票正受到极大的欢迎。安然公司还引进了金属、木制品甚至宽带能力以及能源的在线交易。到 2000 年，安然公司已经成为美国的第七大公司（以总收入来衡量）。

安然公司于 2001 年 10 月开始遇到财务问题并于 2001 年 12 月 2 日宣告破产。大多数投资者都对此感到非常惊讶。安然公司成为美国当时最大的破产公司。回顾过去，虽然安然公司的股票可能早已被高估多年，但一些投资者与债权人却被其财务报表所愚弄。因为安然公司展示了一家公司如何能够不顾旨在防止此种行为的种种限制而操纵其财务报表，从而操纵其估值，它的失败受到了很多关注。本节提供了一些关于为什么安然公司的投资者估值及风险评估如此糟糕的见解。

安然公司致股东的信

如果投资者相信安然公司在其年度报告中的声明，那么他们高估股票是可以理解的。安然公司 2000 年年度报告中的致股东信包含了以下声明：

- 因为我们持续超越竞争对手并巩固了每项业务的领导地位，安然公司 2000 年的业绩不论以何种方式衡量都是成功的。
- 安然公司已经建立起了独特而强大的企业，增长机会无限。
- 至少，我们预见市场机会在未来五年内将在全公司范围内增长三倍。
- 安然公司专注于每股收益，并预计将继续保持优良的业绩。
- 安然公司每股收益正在增长，并将保持对股东的大量收益。

- 安然公司2000年的总收益率为89%，而标准普尔500指数的收益率为-9%。
- 安然公司股东10年收益率为1 415%，而标准普尔500指数为383%。
- 我们计划至……为我们的股东创造重大股东价值。

安然公司的股票估值

通常，公司价值是使用公司的财务报表得出现金流，并得出用于贴现现金流的必要收益率，从而计算得到的。由于安然公司的财务报表出现了各种违规行为，安然公司的估值过高。

估计现金流 由于安然公司的收益失真，从这些收益中估计得出的现金流也失真。此外，安然公司的收益受到操纵，以创造出收益持续增长的假象，诱使投资者在估算未来现金流时使用高增长率。

估计必要收益率 投资者可以根据现行的长期无风险利率加上公司的风险溢价，得出必要收益率。风险溢价可以通过公司现有的财务杠杆程度、利用营业收入支付利息的能力及其对市场变动的敏感性来衡量。

在会计失真公之于众之前，安然公司的风险一直都被低估。公司通过将债务排除在合并财务报表之外来隐藏债务。这在之后会进行解释。因此，使用历史数据估计安然公司对市场变动的敏感性的投资者无法发现安然公司失败的可能性。结果，他们所使用的风险溢价低于适当水平。所以，财务报表导致投资者高估安然公司的未来现金流，并低估其风险。这两种效应都导致了过高的股价。

应用市场乘数 鉴于估计现金流和必要收益率的难度，一些投资者可能会尝试使用市场乘数来评估安然公司的股票。然而，因为其报告收益并不代表其实际收益，为安然公司确定合理的市盈率也是困难的。

将行业市盈率工具应用于安然公司存在的另一个问题是难以确定合适的行业。公司的主营业务之一是交易各种类型的能源衍生品合约。然而，安然公司不想被称为贸易公司。这是因为在某一特定的每股收益水平下，贸易公司的价值普遍较低。

安然公司管理层的动机

安然公司出现问题的主要原因之一在于其管理层。人们期望管理人员能最大化公司股票的价值。像许多公司一样，安然公司向一些经理人授予股票期权，以此激励他们做出能最大化股票价值的决策。然而，安然公司的管理层似乎更关注创造出业绩良好的假象，而不是改善实际业绩。通过操纵财务报表，安然公司一直能够达到其收益预测并在2001年之前保持收益连续增长20个季度。根据这种方法，安然公司创造出对其业绩的虚假安全感，从而增加了对其股票的需求。这导致股票价格在一段时间内超高，某些经理就在此时出售其持有的股票。29名安然公司高管或董事会成员在股价暴跌之前总共出售其所持有的安然股票超过10亿美元。

内部监控 一些公司利用内部监控来确保对管理者进行一定程度的控制，并鼓励他们做出有利于股东的决策。不幸的是，安然公司的内部监控也容易受到操纵。例如，管理者被要求定期衡量公司所持有的各种能源合同的市场价值。由于这些合约没有一个活跃的市场，合约的现有价值估计是随意的。管理者使用能得出有利估值的估计方法，这反过来又导致更高的报告收益与更高的管理者薪酬。

董事会监督 董事会成员担任公司股东代表，负责确保经理为股东利益服务。事实上，董事会成员通常会获得股票作为薪酬，以便他们有动力确保股价最大化。在安然公司的案例中，一些董事会成员跟随高管在股价非常高时出售了股票。

安然公司操纵财务报表

安然公司报告财务状况的一些方法与会计准则不一致。有些方法符合准则，但具有误导性。因此，许多投资者没有意识到财务报表中隐藏的财务问题，而投资了安然公司。其中一些投资者损失了其大部分或全部的投资。

合伙企业的会计 安然公司操纵其财务报表的最常用的方法之一是将资产转让给它所拥有的所谓特殊目的实体（special-purpose entity，SPE）的合伙企业。安然公司寻找外部投资者，至少投资每个合伙企业资本的3%。根据会计准则，有来自外部投资者的这种最低投资水平的合伙企业不一定要被划分为子公司。因为安然公司没有将SPE划分为子公司，所以无须将任何有关SPE的财务信息纳入其合并财务报表。因此，所有与SPE相关的债务都没有出现在安然公司的合并财务报表上。因为大多数投资者都只关注合并财务报表，所以他们并没有发现安然公司的财务问题。

此外，每当安然公司创建出一个可以购买其业务部门的合伙企业时，它都会在合并财务报表中记录出售资产给合伙企业的收益。然而，合伙企业的损失则记录在合伙企业的财务报表上。因此，安然公司在合并财务报表上只记录合伙企业的收益而隐藏了损失。2001年11月8日，因为三家本应纳入合并财务报表的合伙企业，安然公司宣布重新报告过去五年的收益。这一公告证实了一些投资者的怀疑，即以往的收益被夸大了。安然公司过去五年的报告收益减少了约6亿美元，但这一更正对许多在报告收益（及每股价格）过高时购买安然公司股票的投资者来说太晚了。

合伙企业的财务状况 安然公司合伙企业的资金来源于银行等各类债权人。这些贷款由转移到合伙企业的资产所产生的现金流来偿还，或由资产的最终出售所得来偿还。当合伙企业表现不佳时，它们无法偿还债务。在某些情况下，安然公司会以其股票支撑债务。但随着股价暴跌，这一抵押品不再能偿还债务，从而引发恶性循环，并最终导致公司破产。

安达信的审计

投资者和债权人通常认为，经独立会计师事务所审计后，用于评估公司的财务报表是准确的。然而，实际上，审计师与公司间并不总是有着公平的关系。进行审计的会计师事务所因审计获得薪酬，并意识到每年的重复审计能带来潜在年金。此外，提供审计服务的会计师事务所也会提供咨询服务。安然公司既聘请安达信为其审计师，又聘请它来提供实质性咨询服务。2000年，安达信从安然公司获得了2 500万美元的审计费用，另外还收到了2 700万美元的咨询费。

尽管安达信应该是完全独立的，但它意识到如果它没有在审计报告上签字，它就会失去这一赚钱的审计和咨询业务。此外，会计师事务所支付给被分配去审计客户的员工的年终奖金可能部分基于工作时间收费。如果公司与大客户断绝关系，那么收费也就会减少。

投资分析师的监督

即使财务报表被精心设计，一些投资者仍可能会认为投资分析师会发现差异。然而，如果分析师只是接受财务报表，而不质疑其准确性，分析师就无法发挥监督作用。安然公司员工创造的一份关于公司为什么如此频繁地重组业务的幽默清单强调了分析师在解释安然公司财务报表时所面临的困难。原因 7 为“因为基本的商业模式是让外部投资分析师感到困惑，使其不知道我们不知道我们在做什么。”一些分析师包括大多数债权人和投资者都忘记了这一幽默。

另一个问题是，如希望为自己的会计师事务所创造更多业务的独立审计师一样，投资分析师在试图对公司进行评级时可能会遇到利益冲突。正如在第 10 章所解释的那样，证券公司雇用的分析师因其为所负责的公司提供高评级而受到了批评。他们之所以提供高评级是为了之后从雇主处获得更多的咨询业务。

关于可能发生在“太过挑剔”的分析师身上的一个例子，请思考 2001 年 8 月，安然公司财务问题公开前的几个月，法国巴黎银行的一个分析师在降低了安然公司评级后的遭遇。当时法国巴黎银行正在为安然公司提供一些咨询服务。分析师在调低安然公司评级后不久就被降职，之后又被辞退。如果其他许多分析师也遭受类似的利益冲突，可能就能理解为什么他们直到安然公司财务问题公开之后才对安然公司降低评级。即使分析师早就发现安然公司存在财务问题，他们可能也不愿意降低评级。

公司控制权市场

如前所述，如果一家公司的经理人将公司搞垮，袭击者就有动力以低价购买此家公司并对其进行改进，以便有一天能以更高的价格将其出售。然而，这个理论假设公司股价正确地反映了其实际业绩。如果公司的财务报表反映出良好的业绩表现，那么袭击者可能就不会意识到公司正面临财务问题。而且，即使袭击者能够发现这些问题，他也不愿购买因虚假财务报表导致市场高估其价值的公司的股票。

当安然公司的股价很高时，几乎没有袭击者能够收购它。股价暴跌后，Dynegy 就开始考虑收购安然公司。即使安然公司股价相对于高位下跌了 90%，Dynegy 还是快速地退出了收购，因为 Dynegy 在试图核对安然公司的财务报表时发现了一些问题，这使 Dynegy 感到担忧。

债权人的监督

安然公司高度依赖债权人的融资。因为安然公司的合并财务报表显示出超高的收益水平及较低的债务水平，所以它很容易从不同的债权人处获得信贷。安然公司通过使用隐瞒了其风险的虚假陈述维持了较低的资本成本。其资产负债表显示了 130 亿美元的债务，但一些账户显示，其实际债务接近 200 亿美元。隐藏的债务掩盖了安然公司真正的财务杠杆水平。

美国银行及JP摩根遭受的损失估计各为5亿美元。其他许多银行的损失估计超过1亿美元。如果之前完全了解安然公司的财务状况，它们就不会提供这么多的信贷。

甚至是债务评级机构也很难了解安然公司的财务状况。2001年10月16日，安然公司宣布进行20亿美元的核销，这一行为会减少其收益。当时，标准普尔宣布安然公司评级为BBB+，并声明安然公司的资产负债表在未来应有所改善。在接下来的45天内，标准普尔进一步意识到了安然公司的财务状况，并将其评级降至垃圾级。

在财务报表错误得到明确后，安然公司的许多债权人试图起诉安然公司。然而，在那时，由于其股价跌至每股不到1美元，安然公司的价值已经被耗尽。

预防会计欺诈

针对安然公司和其他公司的会计欺诈行为，监管机构正在努力确保公司的财务披露更准确。证券交易所为上市公司制定了新的规定。美国证券交易委员会已获得更多的资源与权力来监督财务报告。或许，出现的最重要的监管变化是2002年颁布了《萨班斯-奥克斯利法案》。第10章总结了该法案中的一些较为重要的规定。

雷曼兄弟涉嫌会计欺诈

尽管有《萨班斯-奥克斯利法案》，会计违规的现象仍持续出现。例如，雷曼兄弟在2008年9月申请破产前，其财务报表就没有完全披露其债务水平。2010年3月，雷曼兄弟的外部破产报告指出，雷曼兄弟操纵会计报表来降低财务杠杆，以便获得更高的信用评级。在2001—2008年，雷曼兄弟使用了被称为“回购105”的会计处理方法，以此来进行回购交易，使其能在报告财务状况前暂时减少多达500亿美元的债务。这一报告也指出，雷曼兄弟抬高了其不动产投资的价值，且没有合理调整风控来处理其增加的风险暴露。

问题讨论

以下讨论的问题侧重于公司估值中财务报表的作用。特别是有学习会计及财务的学生在场时，这些问题应该会引发很多讨论。这些问题可以以几种不同的方式来使用。这些问题可以在教授无法上课的那一天作为作业，同时也可用于小组练习。对于每个问题，可以随机选择一个组要求其展示答案。如果其他不在该组的学生觉得答案可以改进，他们也可以提出其他答案。因为每个问题不一定有完美的解决方案，所以学生可以展示不同的观点。

1. 是否应禁止会计师事务所向同一客户提供审计与咨询服务？解释你的答案。如果仅允许会计师事务所提供一项服务，那么因引荐（引荐者的费用）而出现的利益冲突是否还会存在？

2. 是否应允许国会议员在收到有关游说团体的捐款的情况下制定关于会计和财务事

宜的法律？

3. 投资者如果不能依赖财务报表，还可以选择哪些有关企业的信息来源？

4. 投资者是否应相信隶属于为企业提供咨询服务的证券公司的分析师的评级？请解释。

5. 由证券公司雇用并分配给评级机构的分析师是否面临着利益冲突？如果是，冲突能否解决？

6. 公司董事会如何阻止其经理人操纵财务报表、创造暂时高股价的行为？

7. 如何组织公司董事会的薪酬才能使董事会成员不被诱使通过会在短时间内造成超高价格的会计或其他管理决策？

第 12 章　市场微观结构与策略

本章目标

- 描述常见的市场交易种类
- 阐明市场交易如何执行
- 描述高频交易
- 描述市场交易规则
- 阐明国际股票交易障碍是如何减少的

最近，市场结构受到了许多关注。股票等资产的交易过程即为市场结构。为使股票市场正常运转，市场结构需要有利于下单、加速下单的执行并为所有投资者提供平等的信息获取渠道。

12-1　股票市场交易

投资者想要的一些较常见的股票市场交易为市价委托或限价委托、保证金交易及卖空。每种交易都将在下文进行讨论。

12-1a　下委托

投资者会联系经纪公司来下委托买入或卖出某只股票。经纪公司在二级市场的股票买家与卖家之间充当金融中介。它们收到顾客的委托并通过电子通讯网络将委托传递至交易所。委托通常在几秒后执行。全面服务经纪人（full-service broker）为顾客提供关于买卖股票的建议；贴现经纪人（discount broker）仅执行顾客想要的交易。交易数额越大，许多经纪人收费的比例越低。一些贴现经纪人对每笔交易收取固定的费用，如对所有低于500股的交易收取10～30美元。

如果投资者想卖出股票，经纪人可能会提供买入报价。如果投资者想买入股票，经纪人可能会提供卖出报价。投资者下委托时将以下信息告知经纪人：(1) 股票名称；(2) 买入还是卖出股票；(3) 要买入或卖出股票的数量；(4) 是市价委托还是限价委托。买卖股票的**市价委托**（market order）以最优可能价格执行交易。**限价委托**（limit order）与市价委托的不同在于，限价委托以股票能够买卖的价格进行交易。

◇ **例子**

Creo股票当前价格为每股55美元。如果投资者以市价委托买进（或卖出）股票，则交易将以当时的现价执行。例如，在交易发生时，价格可能已上升到每股55.25美元或下降到每股54.75美元。

或者，投资者也能通过限价委托以每股54.5美元或更低的价格买入Creo股票。限价委托既能仅限当天也能持续一段时间。其他想要卖出Creo股票的投资者可以通过限价委托，只在股票价格高于或等于每股55.25美元时出售。限价委托的优势在于它能使投资者以较低的价格获得股票，其劣势在于无法保证市场价格是否会达到投资者设定的价格。◇

止损委托　止损委托（stop-loss order）是特定类型的限价委托。投资者指定一个低于股票现行市价的卖出价。当股价下跌到指定水平时，止损委托成为市价委托。如果股价没有达到规定的最低价格，止损委托将不会执行。投资者通常使用止损委托来保护收益或限制损失。

◇ **例子**

Paul在一年前以每股50美元的价格买入了100股Bostner股票。现在，Bostner股票以每股60美元进行交易。Paul认为Bostner股票还有额外的上涨空间，不想清算头寸。不过，他希望确保自己能从股票交易中获得至少10%的收益。因此，他以每股55美元的价格下止损委托。如果股价下跌至每股55美元，止损委托将转为市价委托，Paul将获得当时的现行市场价格，也就是每股55美元左右。如果Paul正好收到每股55美元，他从交易中获得的收益就为100×(55−50)=500（美元）。如果Bostner股价持续上涨，止损委托将永远不会执行。◇

限购委托　**限购委托**（stop-buy order）是另一种限价委托。在这种情况下，投资者规定了高于当前市场价格的购买价格。当股价上涨到指定水平时，限购委托变为市价委托。如果股价没有达到规定的最高价格，限购委托就不会执行。

◇ **例子**

只有在有证据表明股市参与者正需要Quan公司股票时，Karen才会想要投资该股票。股票目前价格为每股12美元。她以每股14美元的价格下限购委托，所以如果Quan公司

股票的需求足以把价格推高到每股 14 美元，她就会购买股票。如果价格低于每股 14 美元，她的委托将不会被执行。◇

在线下委托 许多互联网经纪人接受线上委托、提供实时报价并提供关于股票信息的获取渠道。一些较受欢迎的在线经纪公司包括 TD Ameritrade（www. tdameritrade. com）、Charles Schwab（www. schwab. com）与 E* Trade（www. etrade. com）。

一些在线经纪服务商为在其经纪账户中维持一定数量资金的投资者提供零佣金交易。经纪公司仍然可以从这些无佣金交易中获利，因为它们可以使用账户中的资金赚取比其支付给投资者的利息更高的收益率。

12-1b 保证金交易

当投资者下委托时，他们可能会考虑以保证金购买股票。在这种情况下，他们使用自己的现金以及从经纪人处借来的资金进行购买。美联储实行**保证金要求**（margin requirement），即必须用现金支付的最低资金比例。这限制了可能从经纪公司处借来的投资资金的比例。经过一段时间的不稳定市场波动，为阻止过度投机和确保稳定，保证金要求于 1934 年首次实行。现在，投资者必须为投资支付至少 50%的现金。保证金要求旨在确保投资者在投资价值随着时间的推移而下降时仍能轧平头寸。有了保证金要求，股票价格的大幅下滑也不太可能会导致经纪人贷款违约，从而也不会对金融系统造成过大的破坏。

为了以保证金购买股票，投资者必须与其经纪人建立账户［称为**保证金账户**（margin account）］。他们的初始现金存款被称为**初始保证金**（initial margin）。为了达到美联储的要求，初始保证金必须至少占总投资的 50%（尽管一些经纪公司实行较高的最低限额）。经纪公司为股票投资的剩余部分提供融资，股票就成了抵押品。随着时间的推移，股票的市值将会改变，投资者需要持有**维持保证金**（maintenance margin）。作为该股票市值的一部分，维持保证金是投资者在该账户中需要保持的最低权益比例。投资者的权益头寸代表在偿还经纪人的贷款后股票对投资者的价值。纽约证券交易所（NYSE）与美国金融业监管局（Financial Industry Regulatory Authority，FINRA）将最低维持保证金定为 25%，但一些经纪公司会要求更高的维持保证金。如果投资者的权益水平低于维持保证金，投资者将收到经纪公司的**追加保证金通知**（margin call），必须将现金存入账户来增加权益。

◇ 例子

五天前，Trish 以每股 60 美元的价格从 Ohio 经纪公司购买了 100 股 Rimax 股票，因此，股票总值为 6 000 美元。Ohio 经纪公司要求初始保证金比例为 50%。Trish 以 3 000 美元现金作为其股权投资，并从 Ohio 经纪公司处借得剩下的 3 000 美元来购买该股票。Ohio 经纪公司要求 30%的维持保证金。两天后，Rimax 股价下跌至每股 50 美元，所以股票总价值变为 5 000 美元。由于 Trish 还欠公司 3 000 美元，所以她的权益头寸等于 2 000 美元（以股票的市值减去仍然欠经纪人的 3 000 美元计算得出）。权益头寸占股票市值的 40%（以 2 000 美元/5 000 美元计算），仍高于 30%的维持保证金比例。现在，股价下跌至每股 40 美元，所以股票的市值为 4 000 美元。现在 Trish 的权益为 1 000 美元（为 4 000 美元减去 3 000 美元）。该头寸占股票市值的 25%（以 1 000 美元/4 000 美元计算），低于 Ohio 经纪公司所要求的 30%的维持保证金比例。因此，Trish 收到了来自 Ohio 经纪公司

的追加保证金通知，告知她必须将足够的现金存入其账户，将其权益提升至股票市场价值的至少 30%。◇

追加保证金通知 因为存在追加保证金通知的潜在可能性，大量的保证金借贷使股市暴露在潜在的危机之下。市场的大幅衰退会引发大量的追加保证金通知，其中一些可能会迫使没有现金来补充维持保证金的投资者卖掉他们持有的股票。这样的出售可能会导致股价下跌，引发更多的股票抛售，持续对股价产生下行压力并导致更多的追加保证金通知。当股市在 2008 年次贷危机期间下跌时，没有可用现金来追加保证金的投资者卖掉了他们的股票，对股价产生了更大的下行压力。

对收益率的影响 股票收益率受到借贷资金投资比例的影响。在短期内，保证金购买的股票的收益率（R）可以计算如下：

$$R=\frac{SP-\mathrm{INV}-\mathrm{LOAN}+D}{\mathrm{INV}}$$

其中，

SP＝股票出售价格

INV＝投资者的初始投资，不包括借入资金

LOAN＝借入资金的贷款偿还额，包括本金和利息

D＝股利支付

◇ 例子

考虑一只价格为每股 40 美元且每股派息 1 美元的股票。一名投资者以每股 20 美元的价格利用保证金购买该股票，并以 10%的年利率从经纪公司借到余款。如果一年后，股票以每股 60 美元的价格出售，则股票的收益率为

$$\begin{aligned}R&=\frac{60-20-22+1}{20}\\&=\frac{19}{20}\\&=95\%\end{aligned}$$

在这个例子中，如果投资者只使用个人资金而不借款，股票收益率（包括股利）为 52.5%。这一例子说明了使用借贷资金会如何放大投资收益率。

然而，当借入资金用于股票投资时，损失也将被放大。重新考虑上一个例子，并假设股票在年底以每股 30 美元（而不是 60 美元）的价格出售。如果投资者在年初以每股 40 美元的价格购买股票时没有使用任何借款资金，那么投资的收益率为

$$\begin{aligned}R&=\frac{30-40-0+1}{40}\\&=-22.5\%\end{aligned}$$

然而，如果投资者在年初以保证金购买股票，每股支付 20 美元，并以 10%的年利率从经纪公司借到余款，则这一年的投资收益率为

$$R=\frac{30-20-22+1}{20}$$
$$=-55\%$$

如这些例子所示，以保证金购买股票不仅增加了股票投资的潜在收益，也增加了潜在的损失。◈

12-1c 卖空

在**卖空**（short sale）中，投资者下委托出售他们并未持有的股票。当他们预期股票价格下降时，就会卖空（或“短仓”）该股票。卖空时，他们基本上是从另一个投资者那里借出股票并最终再将这一股票返还给借给他们的投资者。卖空者通过经纪公司借入股票，这样有助于加快进程。持有股票的投资者在股份被借出时不会受影响，事实上，他们甚至都意识不到股票被借出了。

如果卖空者在市场上购买股票（为了还给借出股票的投资者）时股价下跌了，那么卖空者就会获得他们最初卖出股票的价格与其所支付的买入股票的价格间的差额。卖空者必须向借出股票的投资者进行支付，来补偿投资者如果没有借出股票所能获得的股利。扣除支付的股利后，卖空者的利润为原始出售价格与购买股票支付的价格之间的差额。卖空的风险在于，股价可能会随着时间的变化而上涨，迫使卖空者支付的股票价格高于最初出售的价格。

◈ 例子

5月5日，Vizer股票的市值为每股70美元。Ed对Vizer股票进行了分析，认为股价应比现在的价格低得多。他打电话给经纪人，下委托出售100股Vizer股票。由于他并没有可以出售的Vizer股票，所以这笔交易为卖空交易。Vizer股票不支付股利，所以Ed不需要为经纪公司借给他出售的股票而支付股利。出售股票产生的7 000美元收益存放在他在经纪公司开立的账户中。在接下来的两个月中，Vizer的股价下跌了。7月18日，Ed通过其经纪公司下委托购买100股Vizer股票，抵销了其空头头寸。当时的市价是每股60美元，所以他为这些股票支付了6 000美元。因此，Ed从其空头头寸中赚到了1 000美元。此例子忽略了与卖空相关的交易成本。

进行空头交易的风险在于股票价格可能会上涨，而不是按预期下降。如果股价在Ed投入空头头寸后上涨，他的购买价格将会高于其出售价格。在这种情况下，Ed的空头头寸会发生亏损。◈

衡量股票的空头头寸 空头头寸的一个衡量指标为目前卖空的股票数量除以流通股总数所得到的比例。对于许多股票而言，这一衡量指标在0.5%至2%之间。相对较高的百分比（如3%）表明市场上存在大量空头头寸，这意味着相对较多的投资者预计股价将会下跌。

一些金融网站公布了空头净额比率，即用目前卖空的股票数量除以股票近期的平均日交易量。该比率越高，卖空水平越高。某只股票的空头净额比率为2表明目前卖空的股票数量是该股票平均日交易量的两倍。20及以上的空头净额比率反映出非常高的卖空水平，表明很多投资者认为股价目前被高估了。一些股票在特定时间点的空头净额比率超过了100。

空头净额比率也被市场用于衡量整体市场的卖空水平。市场的高空头净额比率表明市场上的卖空活动水平高。《华尔街日报》及一些金融网站会定期披露最大的空头头寸。对每个有较大空头头寸的公司来说，卖空股票数量会与一个月前的相应数字一同披露。上个月投资者的整体空头头寸变化也会披露。

使用限购委托抵消卖空 已经投入空头头寸的投资者通常会使用限购委托来控制损失。

◈ 例子

一年前，Mary 以每股 70 美元的价格卖空了 200 股 Patronum 股票。Patronum 股票目前的交易价格为每股 80 美元。因此，Mary 目前在卖空交易中出现了未实现损失，但她认为 Patronum 股票不久后会下跌至每股 70 美元以下。她不愿意在该笔交易中每股损失超过 15 美元。因此，她为这 200 股股票以每股 85 美元的特定价格下限购委托。如果 Patronum 股价上涨至每股 85 美元，限购委托将变为市价委托，而 Mary 将为每股支付约 85 美元。如果 Patronum 股价没有上涨到每股 85 美元，限购委托将永远不会执行。◈

对卖空的担忧 当次贷危机在 2008 年加剧时，对冲基金及其他投资者，特别是那些金融机构，在许多股票上持有大量空头头寸。一些评论家认为，大量的卖空交易为股价施加了更大的下行压力，并在股市中引发了恐慌。这样的恐慌会使股价更大幅度地下滑，而这对卖空者很有利。

◈ 例子

在雷曼兄弟于 2008 年 9 月破产之后，有传闻说摩根士丹利（另一家证券公司）无法获得融资，即将破产。在 2008 年 9 月 15 日至 17 日这三天内，摩根士丹利股票的卖空数量从不到 500 万股增加到 3 900 万股左右。许多卖空交易都是因这个毫无根据的传闻而出现。在这三天内，摩根士丹利的股价下降了 1/3。可以说，股价下跌很大部分是因为大量的卖空，而卖空很可能是由传闻引发的。◈

限制卖空 在摩根士丹利出现大量卖空后，美国证券交易委员会（SEC）暂时保护了超过 800 家企业免受卖空影响。大部分的受保护公司为金融机构或其他受次贷危机影响的公司；SEC 试图控制卖空可能对这些公司的股价产生的不利影响。SEC 也规定，交易者必须在卖空前就借入股票。在有些情况下，交易者使用卖空规则中的漏洞来做空股票而不借入股票。SEC 委托证券交易所识别其他应当被保护起来免受卖空影响的公司。包括澳大利亚、中国台湾和荷兰在内的其他一些国家和地区随后都制定了自己的卖空规则。

许多评论家认为，这些限制不会影响卖空投机者的一般行为。一些卖空者关注股本很少而通常使用借入资金（财务杠杆）来获得高股本收益率的金融机构。这些卖空者可能会争论说，目标金融机构的股价下跌不是因为卖空，而是因为监管机构未能确保这些机构有足够的资本支持其业务。此外，尽管卖空被禁止，但投机者仍有其他方法（例如看跌期权）就股票价格下注，对股票价格造成下行压力。在 2008 年 10 月，美国取消了卖空禁令，因为监管机构认为禁令并没有稳定股票价值。

然而，SEC 对卖空进行了其他限制。2008 年 10 月，它要求卖空者在三天内借入股票并将其交割给买方。这一规则很重要，因为经纪公司经常允许投机者裸卖空，即在没有先借入股票的情况下出售股票。如果不得不先借入他们正在出售的股票，投机者所能持有的空头头寸较少。因此，裸卖空使得投机者能够持有更多的空头头寸，而这会对股价造成更大的下行压力。这个新规则是为防止裸卖空（称为监管 SHO）而于 2005 年实施的 SEC 规则的加强版本，该规则仅适用于特定股票，且并没有得到严格执行。

SEC 也实施了新版的提价规则（uptick rule），这一规则本该在 2007 年被取消。该规则禁止投机者对当天下跌超过 10%的股票持有空头头寸，除非最新的交易引起股价上涨。这一规则旨在阻止因股价的持续下跌趋势而出现的卖空行为。

12-2 股票交易如何执行

证券交易所与纳斯达克市场的交易由场内经纪人与做市商执行。

12-2a 场内经纪人

场内经纪人位于证券交易所场内，他们在那里为公司的客户执行委托。场内经纪人携带功能强大的平板电脑来与客户进行交流并执行委托。

◇ 例子

Bryan Adams 打电话给 Zepellin（一家证券公司）的经纪人。他在该经纪公司拥有一个经纪账户。他要求购买在 NYSE 交易的 1 000 股 Clapton 股票。因为这是一份小额委托（少于 100 000 股），Zepellin 的经纪人可能会将此委托输入 NYSE 的电子交易平台，使得 Bryan Adams 购买 Clapton 股票的委托与另一个投资者出售 Clapton 股票的委托相匹配。或者，经纪人可以将此信息传递给 NYSE 的场内交易商。其他有出售 Clapton 股票委托的场内经纪人可以表示愿意接受这一出价，也可以告知他们所愿意出售股票的价格。如果经纪人之间可以就价格达成一致，交易就会被执行。这一交易被记录下来并传输到磁带显示器。Bryan Adams 可能会收到经纪人的消息告知其交易已经执行，且必须向经纪公司支付费用。◇

12-2b 做市商

指定做市商（designated market maker），也叫 DMM（之前被称为专家经纪人），可以通过匹配纽约证券交易所中的买卖委托发挥经纪人的职能。因为买入价与卖出价不同，他们可以从这些委托中获益。此外，他们会也对特定股票投入头寸。DMM 促进了 NYSE 的交易。过去，他们的作用被形容为在特定股票中“造市”。做市意味着即使没有其他投资者愿意参与进来，他们仍会准备买卖股票。然而，这并不意味着他们通过进行相反的交易而抵消了所有的委托。事实上，NYSE 中的许多交易是电子执行的，不需要做市商的参与。

纳斯达克市场的交易也因做市商而变得更便利了。做市商从买入价与卖出价的差额（价差）中获利。他们也会对股票投入头寸。某些做市商为一些股票做市，而其他做市商则会为很多股票做市。然而，交易活跃的股票往往会有较多的做市商数量。

做市商投入头寸来利用现行股价与他们所拥有的股票价值之间的差额。当许多非知情投资者买入或卖出头寸推动股票价格偏离其真实价值时，由于非知情投资者［称为**噪声交易者**（noise trader）］造成的“噪声”，股价会被扭曲。做市商可能会与非知情投资者反向持有头寸。这样一来，如果做市商的预期是正确的，他们就能够获利。

经纪人能选择执行委托的方式，这意味着他们能决定一份委托是否由特定的做市商来供货。不同做市商对某一给定股票会开出不同的价差。因此，经纪人所选择的交易方式会影响价差的大小。一些做市商会对向其分配委托的经纪人提供报酬。所以，虽然经纪公司可能只向客户收取 10 美元的交易费用，但它也可能会从做市商处收到报酬。做市商可能会采用较大的价差，以便向经纪人提供大额报酬。关键在于某些客户可能只需支付 10 美元就能执行委托，但委托会以相对高的价格被执行。这是因为做市商会收取较高的价差。顾客不仅应比较经纪人收取的交易费，还应比较经纪公司选择的做市商开出的价差。投资者无法直接控制分配过程，但他们至少可以选择采用自己更偏好的分配过程的经纪人。市场并不足够透明，无法对分配过程进行监督，但科技进步可能很快会让顾客能够对分配过程及价差进行监督。

12-2c　股票交易价差

在投资者下委托时，他们会获得卖出价，或者说是经纪人所要求的股票价格。也有买入价，或者说是经纪人会进行购买的价格。价差就是卖出价与买入价间的差额，并通常以其占卖出价的比例来衡量。

◇ 例子

Boletto 公司股票由经纪人报价如下：买入价每股 39.80 美元，卖出价每股 40.00 美元。买卖价差为

$$
\begin{aligned}
\text{价差} &= \frac{40.00-39.80}{40.00} \\
&= 0.5\%
\end{aligned}
$$

0.5%的价差意味着，投资者如果在购买股票后立即在市场价格变动之前出售，就会从这一来回交易中遭受 0.5%的投资损失。◇

价差带来的交易成本与经纪人收取的佣金是分开的。受更有效的委托执行方法与来自电子通讯网络的竞争加剧的影响，价差已经大大缩小。价差受到以下因素的影响：

$$
\text{价差} = f(\underbrace{\text{委托成本}}_{+},\ \underbrace{\text{库存成本}}_{+},\ \underbrace{\text{竞争}}_{-},\ \underbrace{\text{交易量}}_{-},\ \underbrace{\text{风险}}_{+})
$$

委托成本　委托成本是处理委托的成本，包括结算成本与记录交易的成本。

库存成本　库存成本包括维持特定股票库存的成本。因为资金本可以用于其他方面，所以这里存在机会成本的问题。如果利率相对较高，持有库存的机会成本也相对较高。库存成本越高，用来弥补这些成本的价差也就越大。

竞争 对于在 NYSE 及纳斯达克市场上交易的股票来说，多个做市商能促进竞争。当更多的做市商竞争出售特定股票时，价差可能会更小。

交易量 更具流动性的股票不太可能经历价格的突然变化。那些交易量大的股票更具流动性，因为其在任何时候都有足够的买家和卖家。这种流动性使得在任何时间点出售股票变得更容易，从而降低股价突然下跌的风险。

风险 如果股票代表的公司具有相对较高的经营风险，股票价格通常会更具波动性。因此，做市商在持有这种类型股票的存货时将面临更大的风险，从而会设定较大的价差。

在任一给定的时间点，不同股票的价差可能会有所不同。那些为特定股票做市的人面临着股票价格可能在二级市场突然变化的风险，并降低其对该股票所持头寸的价值。因此，任何影响该类型风险的因素可能都会影响该股票在特定时间点的价差。

12-2d 电子通讯网络

电子通讯网络（ECN）是用于披露信息的自动化系统，有时也会用于执行交易。SEC 要求所有的市场参与者都能获得做市商提供的报价。这一要求消除了为专有客户提供更有利的报价的做法，也导致了买价和卖价之间的价差显著缩小。ECN 吸引了投资者，因为他们可能会更有效地执行交易。

一些 ECN 专注于市价委托。他们收到委托，并通过不同网络将其进行分配，寻找最优价格。其他 ECN 收到限价委托，并将其与其他尚未完成的委托进行电子匹配。表 12.1 显示了在一个给定时间点 ECN 表格的例子。该表格列出了还未完成的限价买入委托和限价卖出委托。当新限价委托与现有委托相匹配时，交易会立刻执行，被匹配的委托则会从表格中删去。如果新限价委托不能立即与 ECN 表格上的现有委托匹配，则会被添加到表格中。

◈ 例子

假设表 12.1 中显示的 ECN 账目是某一特定股票的表格。新限价委托要求以不低于每股 32.68 美元的价格出售 300 股股票。该委托能与要求以每股 32.68 美元的价格买入 300 股股票的委托相匹配。本次交易执行后，ECN 表格中以每股 32.68 美元的价格买入 300 股股票的委托将会被移除。假设现在有新限价委托以不超过每股 32.80 的价格购买 1 400 股，该委托与以每股 32.78 美元出售 400 股股票的委托及以每股 32.80 美元的价格出售 1 000 股的委托相匹配。那么这些委托都将从 ECN 表格中删除，因为它们已经完成了。

表 12.1　给定时间点 ECN 账目的例子

买入价或卖出价	数量（股）	价格（美元/股）
买入价	500	32.50
买入价	300	32.50
买入价	400	32.56
买入价	1 000	32.60
买入价	400	32.64
买入价	1 200	32.64
买入价	300	32.68

续前表

买入价或卖出价	数量（股）	价格（美元/股）
卖出价	400	32.78
卖出价	1 000	32.80
卖出价	300	32.84
卖出价	500	32.84
卖出价	600	32.88

◇

为了改善委托的执行，NYSE与纳斯达克都已收购了研发ECN的公司。

直接经纪人和ECN之间的相互作用 直接经纪人（direct access broker）是电脑网站上的交易平台，它允许投资者在没有经纪人的情况下交易股票。该网站本身发挥着经纪人的作用，与可以执行交易的ECN进行互动。一些较受欢迎的直接经纪人包括Charles Schwab（www. schwab. com）、Inter Brokers（www. interactive brokers. com）及Lightspeed Trading（www. lightspeed. com）。这些网站都能提供多样化的交易平台，包括更容易使用、提供的信息更少的平台及更复杂、提供的信息更多的平台。登录交易平台通常会收取月费。提供信息越多的平台收取的费用越高。

直接经纪人的优势在于，对交易特定股票感兴趣的投资者可以监测出售股票的供给和价格及不同ECN上对价格不同的股票的需求。因为投资者可以看到不同可能价格下的总体供需情况，市场变得更透明了。投资者能利用这些信息来判断股价在不久后会如何变化。

使用直接经纪人和ECN能通过计算机直接匹配买方和卖方，而不需要借助证券交易所的场内经纪人或交易商。目前的趋势为“场外”交易所，所有交易都将在网络空间中执行，且委托都将通过自动化系统提交和确认。随着这项技术在各国实施，最终可能会创造出一个单一的全球场外交易所，在那里，投资者可以通过个人计算机提交申请，轻松地在任何国家交易任何证券。

暗池 暗池（dark pool）是指使用软件连接股票买方与卖方的平台。其运作方式像是能被机构投资者所利用的私人股票市场。它之所以被称为“暗池”是因为它与NYSE及纳斯达克的“明池”（lit pool）相反，想要进行的交易在暗池中是无法被其他人监测的。进行交易而不立刻公布目标委托对投资者来说是一个优势。例如，假设一个投资者想要大量囤积某只股票，如果在公开证券交易所购买这些股票，那么其他看见这一交易的投资者可能也会试图购买那只股票，希望搭上股票囤积推动价格上涨的便车。因为他们购买了股票，价格上涨了，初始投资者的成本也就增加了。然而，如果股票是通过暗池购买的，投资者就能在大众不知晓的情况下，以可能更低的价格囤积股票。

暗池也吸引了其他类型的交易者，如使用计算机算法抓取股票价差的高频交易者。暗池也提供买入价与卖出价。与公开交易市场上的价格相比，它提供的价格对特定机构交易者来说更为有利。

暗池已相当流行。通过估算，暗池可能已经占到了所有股票交易的40%。现有大概30个较为流行的暗池，包括CrossFinder（由Credit Suisse运营）、Liquidnet、POSIT、Pipeline及Sigma X（由Goldman Sachs运营）。因暗池的流行，公开证券交易所正在流失业务。

关于暗池的一个担忧是：暗池可能会降低股市的透明度，因为特定股票的供需被好几个市场分割了。NYSE 及纳斯达克等公开证券交易所对暗池进行了批评，认为它降低了透明度，使投资者评估某一特定股票的现有供需变得更加困难。

2012 年 8 月，NYSE 发起了名为“零售流动性计划”（retail liquidity program）的交易项目。它与暗池相似，允许其成员为零售客户提供股价改进（比现有报价更好的价格）。交易对大众不可见。这一项目使 NYSE 变得更有能力与提供私人股票市场的暗池进行竞争。纳斯达克市场也跟进了相似类型的项目。

与暗池相关的透明度缺乏不仅对公开证券交易所来说是一个问题，对暗池中的交易者自身来说也是一个问题。2015 年，UBS、Credit Suisse 及 ITG（POSIT 的运营商）等几家公司向 SEC 支付了数百万美元，来处理关于暗池交易的控告。控告指出，这些公司没有向一些交易者公开信息却又让另一些人获取这些信息，或者是没有披露自己的下属机构在暗池中操作交易柜台。

12-3 高频交易

许多股票交易是由检测特定定价及交易量模式的计算机触发的。**高频交易**（high frequency trading，HFT）体现了基于具有编程指令的算法来执行委托的电子平台的用处。它被用于快速提交委托和取消委托。证券公司和一些机构投资者，如对冲基金等，通常会从事 HFT。HFT 还有其他的名称，包括自动交易、算法交易及算术交易。

高速计算机与计算机交易的出现使 HFT 于 20 世纪初开发成功。随着科技的发展使速度加快，HTF 在 2010 年变得流行起来。如今，美国超过一半的股票交易是通过 HFT 完成的。它在亚洲和欧洲也越来越受到欢迎。

参与 HFT 的交易者通常在其建仓的当天就会平仓。因此，他们的潜在收益（或可能遭受损失的风险）取决于股票一天内的价格波动率。他们可能侧重于交易较多的股票，其价格往往会在一天内波动。很多情况下，股票的收盘价可能与当天的开盘价非常接近，但因为股价在一天内波动很大，高频交易者会试图利用这一波动。通过大量交易，即使卖出价只比买入价高一点点，高频交易者也可以获得巨额利润。此外，他们的资金也并没有被套牢。他们可能会在一天内使用好几次同一笔资金。对某些高频交易者来说，股票持仓到平仓的平均时间仅为几分钟甚至更短。

12-3a 程序交易

HFT 的通常形式为程序交易，NYSE 将其定义为同时买卖至少由 15 只股票组成且组合价值超过 100 万美元的投资组合。这是狭义定义，且这一术语常被用于其他的语境。更广泛地说，程序交易代表的是机构投资者因特定股票指数波动而买入或卖出一篮子股票的计算机化响应。

例如，在程序交易的一种形式中，大量标价过高的股票（基于特定的模型对这些股票进行估值）被卖出。换句话说，程序交易可能涉及出售一大笔股票，这是因为股票指数达到异常高的水平表明不久后股价可能下跌。同样，因为股票指数达到异常低的水平表明不久后股价可能上涨，程序可能就会要求买入一篮子股票。

机构投资者会建立起它们自己独特的程序交易策略。事实上，导致一个机构投资者购买一篮子股票的事件可能会使得另一个投资者卖出一篮子股票。大多数常见的程序交易者为大型证券公司。它们为自己的账户或为养老基金、共同基金、保险公司等其他机构投资者进行交易。

程序交易能与股指期货相结合来进行**投资组合保险**（portfolio insurance）。通过这种方式，投资者能够使用关于股票指数的期货或期权合约。因此，市场的下滑会带来期货或期权头寸的收益，而这能够抵消股票投资组合的市值下降。

12-3b 机器人与算法

高频交易者使用计算机系统来获取股市信息并解释该信息。这些系统通常被称为机器人。机器人非常强大，因为它们可以获取公开信息，如最近的股价走势及投资者已经提交的现有购买委托或出售委托。交易者对算法进行研发，试图解释关于特定股票近期价格或交易量变动（或其他信息）的现有信息，并将其作为股价未来波动的信号。一旦加入算法，机器人就能在算法识别出正在寻找的特定信息后立即做出反应。因此，机器人被设定为一旦识别出正在寻找的特定信息就执行交易。考虑到 HFT 的时间非常短，解释信息及执行委托的速度非常关键，而算法执行这些任务的速度比人类快得多。

每个使用自己的机器人的机构投资者都发明了自己的算法来寻找特定信息（如特定股票的最近交易量）。这些信息会使机器人在特定的价格执行特定的委托（如购买或出售特定数量的股票）。

◈ 例子

Vazer 对冲基金创建了以下算法：如果 Glyz 股票的价格在 8 分钟内上涨超过 0.3%，且在此期间内的交易量至少比上个 8 分钟增加了 30%，就提交委托，以不高于现行市价的价格购买 5 000 股 Glyz 股票，然后在 5 分钟后卖出。如果价格相比买入价上涨超过 0.1%，甚至可以在 5 分钟之前就卖出。◈

每个 HFT 公司利用股票定价模式或价差的能力取决于其员工创建的算法。HFT 公司雇用了许多数学家、工程师和计算机程序员来开发算法，试图寻找股票价格中可以利用的异常股价形态。一些算法仅仅被应用于一天中的某一特定时期，如交易的第一个或最后一个小时。在那时，人们认为某一特定股价形态会持续下去。然而，显然会存在以前的形态不会持续到未来的风险。HFT 的普及引发了大量竞争，以至于交易者现在很难开发出能有效检测可被利用形态的算法。许多高频交易者试图通过持续修改其算法来领先竞争者一步。

一些高频交易者已创建出特殊的算法来试图反击其他交易者的算法，这引发了机器人间的战争，即算法战争。

◈ 例子

Vulton 金融公司认为其他许多交易者在使用这样一个算法，即在 Bluzack 股票下跌一定的百分比后就出售该股票。和正常情况相比，这些出售行为会导致价格更大幅度的下降。因此，Vulton 金融公司试图通过创建算法来利用这一价差，即在 Bluzack 股票下跌超过特定百分比 15 分钟后买入 Bluzack 股票。◈

一些算法包含随机性发生器，试图通过混合同一交易者买入和卖出特定股票的委托来掩饰交易者未来的买入或卖出计划。此外，一些算法也会有意假装进行大笔交易（在执行前会被取消）来误导其他交易者的算法，使其以为市场力量在接下来的几分钟会推动特定股票价格变化。这一被称为“分层”或“欺骗”的策略会导致竞争者根据从虚假委托中推断出来的虚假市场信息投入头寸。一些高频交易者已因这种行为而被监管机构罚款。

高频交易者（及其相关算法）间的竞争动态与游戏者在各种纸牌游戏中虚张声势来防止其他人猜到自己的头寸或计划的行为是相似的。评论家可能会质疑高频交易者对竞争对手的关注是否会使其忽略股票所代表的公司的正确估值。养老基金、共同基金等机构投资者可能会评估股票在接下来几个月或几年的潜在业绩，而高频交易者对这些股票的投资期限仅为几秒钟或几分钟。因此，他们的主要关注点不是相关公司的长远前景，而是侧重于确定他们能否在买入股票几秒钟或几分钟后以稍微更高的价格将其卖出。

12-3c　高频交易对股价波动率的影响

HFT（包括程序交易）可能会使股票价格更快达到新的均衡点。在其能快速修改股票价差的情况下，它能平滑股票价格随时间产生的波动，从而降低股价波动率。

然而，也存在股票市价行情触发程序交易及其他 HFT 形式的过高交易量，从而引发市场震荡及股价动荡的情况。

闪电崩盘　2010 年 5 月 6 日，股价以现被称为“闪电崩盘”（flash crash）的形式突然下跌。在当天交易的 1 900 万股股票收回大部分损失之前，股价整体平均下跌超过 9%。闪电崩盘似乎是由 HFT 触发的。高频交易者将其计算机（机器人）编程为（用算法）基于特定触发点来交易股票。例如，如果特定股票指数（或特定股票）下跌了某一特定百分比，就自动出售股票。这些自动出售股票的行为使股价更低，更低的股价又使其他包含相似算法的计算机进行更多的出售，导致股票价格大幅下降。

一些算法被设计为在市场萧条时出售交易者的现有股票头寸。这样的算法在为单个投资者减少损失的同时，也触发了其他高频交易者更大规模的出售，引发股价的自由落体式下跌。最终，股价指数下跌到很低的水平，这又触发了一些机器人购买股票，因为它们的特定算法规定在股票变得便宜时买入股票。

这些活动大多发生在 2010 年 5 月 6 日的 30 分钟内，这是纽约证券交易所史上最动荡的半个小时。这种交易活动特别令人困扰，因为它无法用基本的经济事件来解释。也就是说，在 2010 年 5 月 6 日这一天，人们没有对现有经济形势产生大规模的恐慌，但对机器人的算法解释感到恐慌。闪电崩盘引发了担忧。如果这样的动荡能在没有大危机的情况下出现，那么它就可能在任意普通的一天再次出现，并可能在出现危机新闻时变得更加严重。

计算机化交易的其他故障　由 HFT 引发的交易混乱不止闪电崩盘一例。2012 年 8 月 1 日的计算机化交易故障使得纳斯达克所有的股票交易停摆三小时。2013 年 1 月 25 日，在苹果公司的股票突然下跌（使其市值下降了约 70 亿美元）且未恢复前，发生了一次较小的闪电崩盘。2013 年 4 月 23 日，受声称白宫中有炸弹的虚假社交媒体消息（一名电脑黑客所为）的影响，美国股票市场价值下降超过 1 300 亿美元。一些评论家认为，带有基于此类信息出售股票的算法的计算机系统（机器人）在收到媒体报道后会对错误信息快速做出反应并倾销股票。如此快速地出售股票是为了抢在股票价格下降、其他投资者也出售股票之前进行斩仓。但即使发布的公开信息是错误的，过于关注抢在其他投资者之前投入头寸的速度也会引发市场恐慌。

对 HFT 的担忧 考虑到对计算机解释信息及下达新委托的高度依赖，一些评论家担心计算机下委托系统的一个错误可能会引发金融市场的巨大恐慌。此外，特定机构投资者机器人的计算机编码可能会受计算机程序员的巨大影响。如果高频交易者雇用的程序员因某种原因对管理层感到失望并通过更改编码来扰乱其机器人的交易，那么市场也可能会遭到破坏。如果其他机器人的算法能发现此类破坏性股票交易，它就会使股价的这一异常波动持续下去。当股价变化过快时，很难知道股价波动是否反映了股市相关的新信息或价格是否偏离了其合理估值。尽管股价总是有偏离其合理估值的风险，但一些评论员认为，HFT 可能会让这一偏离在被修正之前变得更加严重。

一些算法被设计为在股市出现异常大的波动时自动关闭。然而，如果这些算法本可以发现股价下降过多，却因关闭了而无法修正股市的过度反应，那么关闭算法的做法甚至会带来更大的不稳定性。

即使 HFT 导致股价在某一天发生偏离，有人也可能会争辩说价格很快会向其合理估值移动。作为一个极端例子，在 2010 年的闪电崩盘中，股价在不到 20 分钟内平均下跌了 9%，但又在接下来的 20 分钟内反弹。然而，这样的事件可能会摧毁一些投资者。因为他们如果用保证金（用借入的资金）购买股票，那么为了满足保证金要求，他们可能会在股价下跌时被迫斩仓。

自闪电崩盘出现以来，各个股票市场已经尝试过实施新规则，即在股价或股票指数短期内（如 5 分钟）下跌超过特定水平时暂时禁止交易。这类监管规则在之后会进行介绍。

12-3d 高频内幕交易

虽然 HFT 可能会使股市在某些方面变得更有效，但它可能也会使得一些有更快交易速度的交易者比其他人更具优势。一些交易者借助 HFT 来利用他们在别的投资者之前所收到的信息。

◈ 例子

Finz（一份金融报纸）开展了一项针对生物科技公司管理人员的综合调查，来确定他们对该领域未来经济形势的看法。Finz 每季度都对调查结果进行报道。许多投资者在交易生物科技股票时会使用这一信息。为了在 Finz 向公众披露调查结果的一小时前就获取信息，Wyk 基金同意每年向 Finz 支付 100 万美元。如果调查信息整体上是利好的，那么 Wyk 会利用 HFT 在信息公布前就买入大量生物科技类股票。Wyk 预计其他投资者在知晓这一调查结果后就会去购买生物科技类股票，而这会推动股价在一天内上涨。然后，Wyk 就会在下一天出售它购买的全部股票。◈

许多编辑并发布重要金融信息的公司让其用户支付一笔费用，这样用户就能在公开发布的几秒或几分钟之前获取这些信息。有明显的证据表明，当用户在大众之前获得特定股票的相关信息时，这些股票的交易量就会突然增加，且股价会在数据公布之前突然变动。受高速交易的影响，即使只比其他人提前几秒获取信息也是巨大的优势。SEC已经在对用户访问进行检查，且可能会实施法规来阻止提前获取信息的行为。但即使法规限制了用户获取信息，一些信息来源仍有可能在向其他所有投资者公布信息的几秒或几分钟前，非法向高频交易者出售相关信息。

12-3e 高频抢先交易

几个金融作者对一些交易者如何使用HFT获取其他人没有的优势进行了描述。（例如，Crown出版社2012年出版的Scott Ptterson的*Dark Pool*及W.W.North&Company 2014年出版的Michael Lewis的*Flash Boys*。）这些优势之所以会出现，部分是因为某一特定股票能在多个市场进行交易且交易者获取交易信息及提交委托的速度不同。

于2007年实施的《美国国家市场系统（NMS）法案》要求经纪人为他们的投资者寻找最优价格。私人电子股市的出现引入了许多进行股票买卖的可替代市场。在这些市场中有一些是透明的（与NYSE和纳斯达克相似），因为投资者的近期委托与目标委托都会通过电子数据展示出来，以便其他市场参与者能看到（尽管某些市场参与者可能有比其他人更好的信息来源）。然而，这些私人市场许多都为暗池。正如之前所述，暗池不会公开投资者的目标委托。

虽然允许投资者同时考虑多个市场来执行其委托是为了让股价更具竞争性（交易成本更低），但它也会引发某种形式的“抢先交易”，使能相对更快进入特定市场的交易者利用另一投资者的计划委托并插到这些委托的前面。在投资者向不同的市场提交委托时，它到达每个市场的速度取决于连接投资者与市场的光纤长度。事实上，即使投资者靠近特定的交易所，他到交易所的光纤长度可能也远比地理距离要长。因为委托到达市场的时间通常不到一秒，所以速度的不同似乎可能是无关紧要的。然而，当能获取市价委托的交易者首先收到委托时，他们可能已经安排好了接下来的交易来打败其他一些交易所的委托。即使一系列的委托可能就发生在一秒内，收到委托并执行的优先权（顺序）也能决定每项委托所支付的价格且哪些委托执行哪些不执行。

◈ 例子

考虑一个叫作SLOWCO的大型机构投资者通过提交限价委托以每股30美元的价格购买100万股代码为ZQ的股票。SLOWCO的委托首先到达暗池，但是另一家名为FASTCO的公司花钱购买了那个暗池的信息。FASTCO机器人的算法会在任意大笔委托被提交到暗池时，以相同的价格下买入委托。一发现购买ZQ股票的委托，机器人就会下相似的委托。这一委托可能会先于SLOWCO的委托到达售价为每股30美元或更低的交易所。下面为可能的结果：

1. FASTCO的委托先于SLOWCO的委托到达市场，因此FASTCO的委托会首先完成（抢先交易）。FASTCO的平台可能已计划好只以低于每股30美元的价格买入股票，然后让这些股票能以每股30美元的价格卖给SLOWCO。在这种情况下，FASTCO通过在股市中充当中间人获利。如果SLOWCO的委托能在FASTCO购买股票前到达市场，它就可以为ZQ股票支付低于每股30美元的价格，但它因委托花了更长时间到达市场而支付了每股30美元。

2. FASTCO可能认为SLOWCO的大笔委托会推高ZQ股票的价格，所以FASTCO的抢先交易可能仅仅是为了获得股票并持有它们直到SLOWCO的委托推动ZQ的市价上涨。如果FASTCO在可提供股票的市场上打败了SLOWCO，它可能会买入所有价格为每股30美元或更低的股票。许多机器人都有所谓的“委托感知算法”，它被有意设计为寻找共同基金的大委托（称为鲸），然后在这些委托执行前投入头寸。
3. FASTCO在发现SLOWCO提交了大笔买入委托时，可能已经拥有了ZQ股票。FASTCO本可能正计划以每股30美元的价格出售其所持股票，但其平台可能被设计为在发现另一投资者的突发大笔买入委托时，就取消所有股票的卖出限价委托。这是因为大笔买入委托可能会推动股价上涨，所以FASTCO可能更希望将其卖出限价委托推迟到价格上涨之后。这解释了为什么到达市场的大笔股票买入委托会导致高频交易者相同股票的卖出限价委托突然消失。

以上三种情况都发生在一秒内。◈

为了获得处理市场信息和提交委托的速度优势，高频交易者正在寻找减少时间的方法。即使只减少百分之一秒，对到达特定市场来说也是有必要的。最近，用于传送委托到股市的微波站已经建立起来，这是因为微波传送的速度比光纤网络更快。2014年时，还有人试图利用激光在股票市场间传送信号。最终目标是以光速传送信号。一些高频交易公司花费了数百万美元来使其速度提高几分之一秒——这表明了高频交易者的业绩潜力是如何取决于它相对于其他交易者的速度的。

对于抢先交易的担忧使新型电子证券交易所——投资者交易所（IEX）——于2013年10月成立。这个交易所的关键规则之一为，它只会考虑没有被分配到其他交易所或市场的委托。关于买入或卖出委托的信息只有在交易完成后才会公布。这个交易所背后的整体思路为，执行的交易要是完全透明的。然而，该交易所可能仍然难以吸引到许多证券公司发出的大笔委托。这些证券公司是其他电子交易所的合伙人，更希望它们的委托在自己的交易所中执行。不过，IEX还是很快就流行了起来。

12-3f 高频交易对价差的影响

许多高频交易者愿意通过满足他们认为最终会获利的委托来发挥中间人（与做市商相似）的作用。如果他们的算法察觉到股价会在几秒或几分钟后上涨（在那时他们会与另一个投资者平仓），他们可能就会通过购买股票来满足出售委托。如果他们的算法察觉到股价会在几秒或几分钟后下跌（在那时他们会平仓），他们可能就会通过出售股票来满足买入委托。因此，他们是普通的交易参与者，在交易中会最终取代做市商。事实上，受做市商在过去报出的大额价差的影响，高频交易者已经占据了做市商的市场份额。价差因高频交易者的参与已经下降了。

做市商可能会认为，如果出现大笔出售委托，他们能立刻以现行市价（尽管价差较大）满足整个委托。他们可能会以那个价格买入所有的股票，并在将这些股票出售给其他投资者前，继续持有这些股票库存数周或数月。这可能会有助于防止因大笔出售而出现的价格下行压力。相反，如果投资者的大笔出售委托由高频交易者的一系列小笔交易满足，那么股票价格可能就会在股票全部出售前下跌。高频交易者快速出售他们买入的任何股票（在同一天内），而做市商却可能持有股票作为存货。因此，虽然高频交易者会为交易者带来更低的价差，从而带来更低的交易成本，但它可能会使股票的出售价格降低。

此外，做市商也可能会认为，高频交易者并不一定会在市场行情变差时准备好满足出售委托。因此，高频交易者的算法驱动机器人并不一定能稳定所有形式的市场恐慌。然而，争论点在于任何交易者（包括做市商和高频交易者）都往往只会在价格对其有利时进行交易。做市商会满足委托，但只会以他们能接受的价格满足。如果市场崩盘，他们可能会愿意买入投资者想出售的股票，但只会以低价购买。这一低价反映了他们未来出售股票价格的更高不确定性。类似地，高频交易者只会在目标出售委托的价格足够低时，才会满足其他投资者的出售委托。他们最终希望能从满足委托中获利。

虽然 HFT 能减少投资者的交易成本，但抢先交易者和高频交易者的其他活动引发了许多担忧。一些评论家认为高频交易者应像经纪人一样进行登记，且应被禁止执行会扰乱金融市场的短期策略。除此之外，评论家通常会建议提高暗池透明度。

12-4 股票交易监管

股票交易监管条例对确保交易者公平交易来说是有必要的。没有监管，就会有更多的交易被滥用，从而阻碍许多投资者参与市场。股票交易由各股票交易所和 SEC 监管。《证券法》（1933）和《证券交易法》（1934）的颁布是为了防止证券交易所出现不公平或不道德的交易行为。因《证券交易法》（1934）的颁布，证券交易所得到授权，对违反交易所规定的个人或公司进行纪律处分。NYSE 声明交易所进行的每笔交易都处于监督之下。NYSE 使用计算机系统来检测在交易所交易的任何股票的异常交易。它还聘请人员调查特定股票的异常价格或交易量或个人的异常交易行为。

2002 年，NYSE 发布了一项规定，要求其上市公司在各自的董事会中设立占多数席位的独立董事（不是公司的员工）。这一要求旨在减少董事间的潜在利益冲突，以便集中精力确保公司的管理层致力于最大化股东的利益。

12-4a 熔断

证券交易所可以进行熔断，在股票价格或股票指数达到指定的阈值时对交易进行限制。通常，熔断被用于在股价单日跌幅过大时暂停股票交易。这可能会防止股市的初始大幅下跌引发抛售恐慌。有关熔断的更多信息，请登录 www.nyse.com/markets/nyse/trading-info。

12-4b 停板

证券交易所若认为市场参与者需要更多时间来接收和理解可能影响股票价值的重要信息，就会对特定股票实施停板。它们对与合并、盈利报告、诉讼及其他新闻有关的股票实施停板。停板并不能阻止股票因新闻而遭受损失。相反，停板的目的是确保市场参与者在根据新闻进行交易之前能获得完整的信息。停板可能只持续几分钟，也可能持续几个小时甚至几天。一旦证券交易所认为市场有了完整的信息，它就会允许交易恢复。

因为市价会因消息而被市场力量所改变，所以停板是为了减少股价波动。因此，停板通过限制交易（直到关于公司的消息被完全广泛地传播到市场），可以阻止人们对股票的过度乐观或悲观。不过，一些评论家认为，停板可以减缓股价不可避免的调整。研究通常发现，停板后股票波动率相对较高，但随后几天的波动幅度将逐渐减小直至消失。

12-4c 股票交易纳税

对于最高税级之下的投资者来说，股利及长期资本利得以最高15%的税率征收联邦税，而最高税级者要为股利及长期资本利得支付20%的税率。对所有的投资者，短期资本利得会以其普通收入的边际税率征税。普通收入属于高边际税率等级的投资者通常会试图通过持有股票一年以上来减少纳税。除了联邦税，许多州和一些城市也对股利和资本利得征收所得税。

12-4d 证券交易委员会

《证券法》(1933) 和《证券交易法》(1934) 赋予了SEC监督交易所的权力，并要求上市公司向SEC和交易所提交注册声明和财务报告。一般来说，SEC试图通过确保充分披露可能影响证券价值的相关信息来保护投资者。特别地，一些较为相关的SEC法规涉及以下要求：

- 公司必须公开披露其所有可能影响自身证券价值的信息。
- 企业员工只有在不知道一旦公开就会影响公司价值的内幕消息时，才能对自己公司的证券投入头寸。
- 促进交易的证券市场参与者必须以公正有序的方式工作。

这些规定可以防止权力的滥用给予某些人相对其他投资者的不公平优势，导致投资者降低投资证券市场的意愿。SEC法规要求所有投资者拥有同等的公开信息。注意SEC的重点在于充分披露而不是准确性，因为准确性需要由审计师来证明。

SEC的结构 SEC由美国总统指定并由参议院确认的五名委员组成。每名委员任职五年。他们的任期是交错的，所以每年都会有一名委员的任期结束，并增加一名新委员。总统还会在五名委员中选出一名担任委员会主席。

委员会会议对现行规定是否成功防止权力被滥用进行评估，并根据需要修改规定。SEC的某些工作人员可能会被分配去制定新法规提案，以阻止正在发生的特定权力被滥用的行为。委员会在采纳新法规后，还会在最终批准前将法规向公众分发，寻求反馈。一些较重要的提案在最终批准之前需要提交国会进行审查。

SEC的重要部门 SEC有几个重要的部门，它们致力于确保股票市场的公平有序。企业融资部审查公司上市时的注册声明、公司年度报告和季度报告以及涉及董事会成员选举或其他事项的代理声明。市场监管部要求各种促进证券交易的组织有序披露证券交易者的信息。执法部评估可能违反SEC规定的行为，并可对个人或公司采取行动。其调查涉及证券数据或交易的审查，且 SEC 有权通过传唤来获取特定个人的信息。若 SEC 确定这一行动是有必要的，它可能会与因违规被传讯的个人或公司进行谈判或在联邦法院提起诉讼，甚至在违规行为涉及违法时与司法机构合作。这样做通常是为了防止违规行为继续发生，并阻止其他个人或企业从事非法证券活动。

SEC 对公司披露的监督 2000 年 10 月，SEC 发布了公平披露（FD）规则，该规则要求企业同时向投资者广泛披露相关信息。FD 规则最重要的结果之一是，公司可能不再向分析师提供他们可以在市场了解信息之前使用的信息。在 FD 规则之前，一些公司通常会暗示分析师公司收益会高于最初的预期。因此，在其他投资者收到信息而增加对公司股票的需求，从而推动股票价格上涨之前，分析师就可以建议其首选客户购买股票。

自 FD 规则实施以来，公司必须同时向所有投资者和其他利益相关方（如分析师）公布预期收益的变动。公司可以在其网站上公布信息，也可以通过 SEC 的文件（8-K 表格）档案和新闻稿来披露信息。信息公布后，公司可以与分析师举行电话会议，但公司必须在公告中披露所有重要信息。因为重要信息已经披露，所以电话会议不会给分析师带来不公平的优势。此外，大多数企业现在已经将电话会议向投资者开放。投资者可以通过电话收听或在网站上在线收听。总是依靠自己的分析能力来形成建议的分析师能像以前一样继续开展业务，但依赖可能被认为是公司内幕消息的分析师则不得不改变形成关于他们负责的公司的观点的方法。

一些分析师认为，该规则使企业向分析师和公众披露的信息相比以前变少。为确保不违反 FD 规则，一些公司可能会提供较少的信息，以免任何一方有不公平的优势。特别地，较小的公司发现每次有相关信息时都发布新闻稿十分昂贵。SEC 正在审查并可能改变 FD 规则，使信息能持续从公司流出，同时又确保投资者能与分析师同时收到信息。

SEC 对内幕交易的监督 上市公司的内部人员（如经理或董事会成员）有时会掌握公司尚未公开的内幕消息。例如，他们可能知道公司刚获得了一项价值很高的专利。内部人员将该信息传递给其他投资者，或者投资者根据此信息投入头寸都是非法的。

然而，有证据表明内幕交易常常发生。大量研究表明，上市公司的股价通常会在该公司将被收购的公告发出之前几个星期就上涨。收购方常会支付大笔额外费用来购买目标公司，如高于现行市价 30%及以上。因此，在收购宣布之前就持有股票的投资者有时能在几个星期之内就赚得 30%及以上的收益。在许多情况下，收购目标公司的股价会在收购公告发布之前的几个星期异常增长。许多目标公司价格的异常增长都表明一些交易者掌握了公司将被收购的内幕消息。这样的内幕交易并不限于收购，它会在任何一经发布就可能改变股价的事件发生之前出现。

最近的担忧在于所谓的专家网络会向机构投资者泄露消息。一些公开上市公司的经理人或管理者被对冲基金聘为顾问（“专家”），向这些对冲基金提供有关他们公司的看法。如果顾问只透露公司已经公开的信息，那么此类关系是完全合法的。但在这些顾问中，有些人仅通过与对冲基金通话就能获得 100 000 多美元。一些监管机构认为，只有能从顾问那里获得内幕消息，对冲基金才会愿意支付如此高的费用。

SEC 试图阻止投资者根据内幕消息交易。2009 年 10 月，SEC（与美国司法部及 FBI 等其他政府机构一起）起诉了许多与 Galleon 基金（一个对冲基金）相关联的被告。在接下来的三年中，超过 60 名因内幕交易（或相关指控）被起诉的被告认罪或被法庭宣判有罪。

因为政府有效运用了窃听证据来起诉内幕交易案，Galleon 案受到了特别的关注。此外，政府也曝光了一些被对冲基金聘为顾问或专家的内部人员的非法活动。同时，对犯有内幕交易罪（或相关指控）的被告实施的刑罚也比前些年要重得多。

12-5 国际股票交易

虽然国际股票交易随着时间的推移而增长，但直到最近，它还受到三个障碍的限制：交易成本、信息成本和汇率风险。然而，如下所述，这些障碍现在已经减少了。

12-5a 降低交易成本

大多数国家都有自己的证券交易所，在那里进行当地上市公司的股票交易。近年来，各国已经对交易所进行联合来提高效率并降低交易成本。一些欧洲证券交易所使用广泛的交叉上市制度（称为欧洲上市），以便特定欧洲国家的投资者可以轻松购买其他欧洲国家公司的股票。

因为大多数的主要国际证券交易所现在完全实现了计算机化，所以不需要交易场地来执行委托。委托的详细信息（包括股票名称、买入或卖出的股票数量以及投资者愿意买卖的价格）被输入计算机系统。该系统匹配买方和卖方，并向金融机构发送确认交易的信息，通知投资者交易已经完成。当特定股票的购买委托多于出售委托时，计算机将无法满足所有委托，一些买家就会提高他们愿意为股票支付的价格。因此，正如计算机系统所记录的那样，价格根据股票需求量（购买委托）和可供出售股票的供应量（出售委托）进行调整。此外，互联网允许投资者使用他们自己的计算机提交委托（通过证券交易所成员的网站），然后由计算机系统通过互联网执行并与投资者确认。因此，从提交委托到确认交易执行的交易全过程都将由计算机进行。无论投资者和证券交易所的位置如何，投资者都能直接提交委托。这种便利性可能会增加国际股票未来的交易量。

12-5b 降低信息成本

现在有关外国股票的信息可以在互联网上获取，这使投资者能够做出更明智的决策，而无须购买关于这些股票的信息。因此，投资者可以更加方便地评估外国股票。会计准则的差异可能仍会限制外国公司的财务数据被解释或与其他国家的企业数据进行比较的程度，但在各国间制定统一会计准则已取得了一些进展。

12-5c 降低汇率风险

投资于以外币计值的外国股票时，投资者会遇到这样的情况，即该股票的计价货币随着时间的推移可能会相对投资者的通货贬值。仅因货币大幅贬值股票价值就可能大幅下降的情况更多地出现在新兴市场，如印度尼西亚或俄罗斯。在那里，当地货币在一天内可能会上涨10%及以上。

许多欧洲国家转换为单一货币制（欧元）会导致美国和欧洲的公司在欧洲的股票发行量增多。之前，一个欧洲国家的公司在每一个开展业务的欧洲国家都需要一种不同的货币，所以，公司会在每个国家的本地银行借入通货。现在，公司可以在欧洲几个国家为其业务进行欧元融资，并且可以通过以欧元计价发行股票来获得所需的所有融资。然后，公司可以使用部分收入（欧元）向已购买股票的股东支付股息。此外，以欧元为本国货币的欧洲投资者现在可以投资其他欧洲国家以欧元计价的股票，而不会面临汇率风险。

小结

■ 投资者从事各种类型的股票交易。他们可以通过电话下委托或在线下委托。他们可以要求以现行价格执行交易，或者只在股票价格达到特定水平时才执行交易。他们可以利用借入资金购买部分股票，以此作为提高潜在投资收益率的手段。他们也进行股票卖空。

■ NYSE 及纳斯达克等交易所市场促进了股票二级市场的交易。交易所成员为自己的账户或客户交易股票。交易所由执行交易的场内经纪人和做市商提供服务。场外交易也存在，其中，股票交易是通过电子通讯网络来执行的。电子通讯网络（ECN）有利于委托的执行。ECN 可以与网站上的交易平台进行交互，这些网站允许投资者在不使用经纪人的情况下交易股票。

■ 高频交易（HFT）利用电子平台并根据编程指令算法来执行委托。高频交易者对股票投入大量头寸并通常在同一天平仓。机器人和算法使委托能根据股价波动等信息在一秒内发出并执行。尽管一些评论家认为 HFT 提高了市场波动率，但它占美国交易量的一半以上。

■ 股票市场被监管，以确保投资者得到公平对待。股票交易由各交易所和 SEC 监管。许多法规旨在防止证券交易所中的不公平或不道德的交易行为。证券交易所和 SEC 试图阻止投资者使用内幕消息。

■ 随着各种股票市场移除对外国投资者的障碍，它们已经变得更加全球化。交易成本、信息成本和汇率风险都减少了，使投资者能更轻松地从事国际股票交易。

正方和反方观点

做市商是必需的吗?

正方 是的。做市商可以通过充当交易对手方来做市。没有做市商，股票委托可能会大量偏向购买或出售其中一方，且价格变动会更加剧烈。

反方 不是的。做市商不会阻止股价下跌。如它应经历的那样，一只出售压力大于购买压力的股票必然会经历价格的下跌。电子通信网络能在买卖双方间充当中间人。

谁正确? 利用互联网学习关于这个议题的更多知识并形成你自己的观点。

问题与应用

1. 委托 解释市价委托和限价委托之间的差异。

2. 保证金 说明保证金要求会如何影响投资股票的潜在收益率与风险。什么是维持保证金?

3. 卖空 在什么情况下投资者可以考虑卖空特定股票?

4. 卖空 描述卖空过程。解释空头净额比率。

5. 做市商 描述做市商的作用。

6. ECN 什么是电子通讯网络（ECN）?

7. SEC 的结构和作用 简要介绍证券交易委员会（SEC）的结构和作用。

8. SEC 执法 解释证券交易委员会是如何阻止违反 SEC 法规的行为的。

9. 熔断 解释熔断是如何降低股市大跌的可能性的。

10. 停板 为什么特定股票有时候会停板?

高级问题

11. FD 规则 FD 规则的含义是什么?

12. 证券交易所交易成本　解释国外证券交易所是如何降低交易成本的。

13. 便士股票的买卖价差　你的朋友刚刚告诉你他购买了便士股票，股票价格从每股0.10美元到每股0.50美元不等。你开始调查便士股票，并在大量研究后发现了一只报价为每股0.05美元的股票。经进一步调查，你发现该股票的卖出价为每股0.08美元，买入价为每股0.01美元。讨论这一买卖价差过大的可能原因。

14. 禁止卖空　为什么SEC在2008年暂时禁止了对特定股票的卖空交易？你认为禁止卖空是否有效？

15. 暗池　什么是暗池？它们是如何帮助投资者囤积股票而不让其他投资者知晓的？为什么公开股票交易所会批评暗池？解释公开交易所与暗池竞争的策略。

16. 内幕消息　描述能用于股票交易的内幕消息。为什么根据内幕消息投资是违法的？描述表明投资者使用内幕消息的证据。

17. Galleon内幕交易案　解释Galleon内幕交易案是如何引发更强力度的内幕交易执法的。

18. 高频交易公司策略　解释高频交易公司策略。描述与高频交易者相关的常见投资时限，并解释其他机构投资者的投资时限是如何变化的。

19. 2010年5月6日的闪电崩盘　描述2010年5月6日的闪电崩盘，并解释为什么它在投资者与监管机构间引发了如此大的忧虑。

20. 高频交易者的抢先交易　解释一些高频交易者是如何使用抢先交易的形式从更快进入特定市场中获利的。

21. 高频交易对价差的影响　解释高频交易是如何影响价差的并给出理由。

辩证思维问题

监管内幕交易　一些评论家认为内幕交易不应是违法的，因为它会使市价更快地反映出内幕消息。写一篇小论文来支持或反驳这一观点。

解读财经新闻

诠释华尔街分析师和投资经理做出的下述评论：

a.“以保证金购买股票的个人投资者也可能去拉斯维加斯。”

b.“在股市大幅衰退期间，做市商突然不存在了。”

c.“场内交易可能会因ECN灭绝。”

金融市场管理

关注大量卖空的股票　作为投资组合经理，你通常会对高空头净额比率股票持有空头头寸。关注这些类型的公司有什么优势？可能的劣势是什么？

习题

1. 保证金购买　假设Vogl股票定价为每股50美元，每股派发1美元股利。投资者以保证金购买股票，每股支付30美元，并从经纪公司处以10%的年化利率借得余款。如果一年后股票以每股60美元的价格出售，投资者的收益率为多少？

2. 保证金购买　假设Duever股票定价为每股80美元，每股派发2美元股利。投资者以保证金购买股票，每股支付50美元，并从经纪公司处以12%的年化利率借得余款。如果一年后股票以每股90美元的价格出售，投资者的收益率为多少？

3. 保证金购买　假设你购买了一只每股48美元的股票，支付了每股25美元，并从经纪公司处以8%的年化利率借得余款。每股派发0.80美元的股利，且一年后能以每股65美元的价格出售。计算股票收益率。然后计算只使用个人资金购买股票的收益率。重复上述习题并假设只使用个人资金且在一年结束后能以每股40美元的价格出售股票。

4. 保证金购买　较低的初始投资（及较高的贷款额）会如何影响股票收益率？解释借入资金比例与收益率之间的关系。

资金流动练习

卖空股票

回想一下，如果经济持续强劲，为满足需求，卡森公司在未来几年可能需要将生产能力扩大约50%。它需要通过融资来扩大并满足生产的增长。回想一下，收益率曲线目前是向上倾斜的。也请记得卡森公司担心经济可能会因美联储有可能采取行动降低通胀率而放缓。公司也在考虑下一年发行股票或债券来筹集资金。

a. 在某些情况下，股价会因信息不对称（企业知晓信息而投资者不知晓）而过高或过低。卡森公司怎样做才能最小化信息不对称？

b. 卡森公司担心如果发行股票，其股票价格随着时间的推移可能会因某些机构投资者持有大量空头头寸而受到不利影响。在这种情况发生时，由于大量空头头寸对价格施加压力，股价可能被低估。如果卡森公司坚信其股价应当更高，它可以做些什么来应对机构投资者持有的大量空头头寸？这一策略涉及的潜在风险是什么？

互联网/Excel 练习

1. 登录网站 finance. yahoo. com，在“Search Finance”部分输入你选择的公司股票代码。查看提供的统计数据。平均每日交易量（Avg Vol）是多少？公司的市值是多少？市盈率（P/E）是多少？（如果有的话）支付的股利数额及股利收益率（Div&Yield）是多少？公司的 β 值是多少？

2. 对于同一家公司，在“Key Statistic”下点击“More Key Statistic”。公司的资产收益率（ROA）和净资产收益率（ROE）分别是多少？它的做空率是多少？

关于现实案例的在线文章

找一篇近期描述一个具体金融机构或金融市场真实案例的在线实用性文章，以强化本章所涵盖的一个或多个概念。

如果你的班级有一个在线平台，教授可能会要求你把文章摘要放在那里并提供文章的链接以供其他学生访问。如果你的班级是当面授课的，教授可能会要求你当堂总结你对该文章的运用。教授可能指派特定学生或让学生自愿完成这项作业。

对于与本章相关的近期在线文章和真实案例，请考虑使用以下搜索词（请务必在搜索词中包含当前年份以确保在线文章是近期的）：

1. 股票+交易成本
2. 股票损失+保证金要求
3. 保证金购买+风险
4. 卖空+收益
5. 卖空+风险
6. 股票+买卖价差
7. 股票+做市商
8. 股票+ECN
9. 股票监管+冲突
10. 国际股票+交易成本

第四部分　综合问题

股票市场分析

这个问题需要理解不同的股票估值工具。

作为一名股票投资组合经理，你花费大部分时间来寻找可能被低估的股票。在过去几天，你收到了有关你所评估的两只股票（Olympic 股票和 Kenner 股票）的信息。许多股票分析师认为，这些股票被低估了，因为它们的市盈率低于行业平均水平。Olympic 的市盈率为 6，而行业市盈率为 8。因近期的重组支出，它宣布其季度收益将低于预期。这使得公司股价下跌。预计重组有望提高 Olympic 的未来业绩，但本季度的收益将受到冲击。

Kenner 的市盈率为 9，而行业市盈率为 11。近年来，其收益一直很好，但它没有跟进新技术，未来可能会在竞争中失去市场份额。

问题

1. 根据分析师对 Olympic 股票被低估原因的看法，你是否还应考虑购买 Olympic 股票？
2. 根据分析师对 Kenner 股票被低估原因的看法，你是否还应考虑购买 Kenner 股票？
3. 一些股票分析师预测，因利率预期上涨，投资者在估值时会使用更高的必要收益率，大多数股票的价格将会下降。根据这一逻辑，分析师认为，如果利率上升，未来现金流的现值将会下降。预期利率上涨是因为预期经济利好，经济利好会导致企业和个人对可贷资金的需求增加。你认为如果经济利好、利率上升，股价会下降吗？

 金融学译丛·金融市场与金融机构（第12版）

第五部分

衍生品市场

衍生品为价值从基础资产中衍生出来的金融合约。衍生品被广泛应用于利用未来预期投机或降低证券组合的风险。第五部分的章节着重讨论衍生品市场，并逐一解释机构投资组合经理及投机者是如何使用它们的。正如这些章节所强调的，许多金融市场参与者会同时使用所有这些市场。

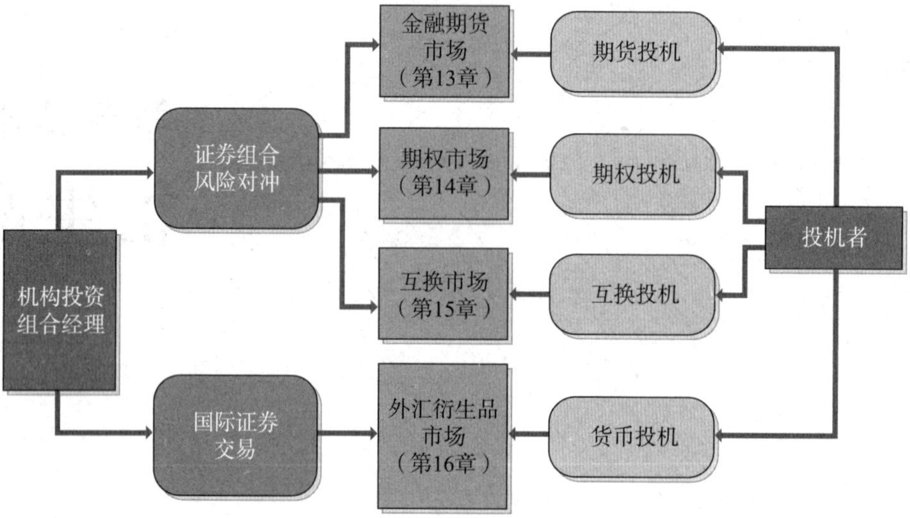

第 13 章 金融期货市场

本章目标

- 介绍金融期货合约的背景
- 解释如何根据预期利率变动情况，利用利率期货合约进行投机和套期保值
- 解释如何根据预期股票价格变动情况，利用股票指数期货合约进行投机和套期保值
- 解释如何利用单一的股票期货对预期股票价格变动进行投机
- 描述金融期货合约交易商面临的不同种类的风险
- 描述国际上的金融期货交易

近年来，金融期货市场引起了人们极大的关注，一是因为其具有给投机者带来丰厚回报的潜力，二是因为其具有高风险性。同时，金融期货市场也被金融机构以及其他公司用于降低金融风险。金融期货市场促进了金融期货合约的交易。

13-1 金融期货背景知识

金融期货合约（financial futures contract）是指合约双方在指定的日期以指定的价格买入或卖出一定数量的某种金融工具的标准化合约。金融期货合约的买方以既定价格买入金融工具，而金融期货合约的卖方则以既定价格卖出金融工具。

13-1a 通用期货合约

诸多证券和指数品种被用于期货合约。

利率期货 许多受欢迎的金融期货合约是依赖于债务性证券，例如短期国债、中期国债、长期国债和欧洲美元定期存单。这些合约被称作**利率期货**（interest rate futures）。对于每一种合约，交易发生的结算日期是在 3 月、6 月、9 月和 12 月。

股指期货 也有一些金融期货合约依赖于股票指数，这些合约被称作**股指期货**（stock index futures）。股指期货合约准许买卖双方在既定的日期以既定的价格买入和卖出股指。一些股指期货合约列在表 13.1 中。

表 13.1 股指期货合约

股指期货合约的类型	合约的定价
标准普尔 500 指数	250 美元倍乘指数
标准普尔电子小型 500 指数	50 美元倍乘指数
标准普尔中型股 400 指数	500 美元倍乘指数
标准普尔小盘股指数	200 美元倍乘指数
纳斯达克 100 指数	100 美元倍乘指数
小型纳斯达克 100 指数	20 美元倍乘指数
小型纳斯达克成分股指数	20 美元倍乘指数
罗素 2000 指数	500 美元倍乘指数

13-1b 金融期货市场

人们建立了一些市场来促进期货合约的交易。

期货交易所 期货交易所提供了一个有组织的交易场所用于交易标准的期货合约。交易所清算、结算和担保所有交易。它们能够通过抵押，在头寸的市场价值随着时间推移而改变时确保各方的头寸获得充分支持。这样，任何发生的损失都会被补进，以使对手方不会受到不利影响。因此，参与者更希望在交易所交易金融期货合约。

美国大多数金融期货合约通过芝加哥商品交易所集团（CME Group）交易，它由**芝加哥交易委员会（CBOT）**和**芝加哥商品交易所（CME）**的联合体于 2007 年 7 月建立。芝加哥交易委员会主要进行长期国债和农产品的期货合约交易，也交易股票期权（在下一章有介绍）。芝加哥商品交易所主要进行货币市场证券、股指和货币的期货合约交易。

芝加哥商品交易所于 2002 年上市，而芝加哥交易委员会于 2005 年上市。它们合并后建立了芝加哥商品交易所集团，创造了世界上最大和最多元的金融衍生品交易所，服务全球金融衍生品市场。作为为了提高效率而进行的合并计划的一部分，芝加哥商品交易所和芝加哥交易委员会的交易大厅被合并成一个单一的交易大厅（位于芝加哥交易委员会），并且它们交易的产品被合并到一个单一的电子平台上，这减少了经营和维护的成本。在 2015 年，交易大厅中的大部分交易柜台被关闭，绝大多数交易实现了电子化。

金融期货交易所的业务受到商品期货交易委员会（CFTC）的监管，期货交易所提供的期货合约必须经过商品期货交易委员会同意方可进行交易，委员会通过监管防止不公平的交易行为。

场外交易市场 一些特定的期货合约在“场外”而不是交易所销售，金融中介（例如商业银行或投资银行）在此寻找到交易对手方或作为交易对手方。这种场外交易更具个性化并且能够根据参与方的偏好定制服务。对于在交易所交易的更加标准化的期货合约来说，这种定制是不可能的。

13-1c 金融期货交易的目的

金融期货交易旨在进行证券价格投机或套期保值。**投机者**（speculator）在金融期货市场上根据对一定时期内期货合约价格变化的预期进行交易以获取利润。投机者可以根据操作方式不同来划分。**即期交易商**（day trader）利用一天内价格的变动来操作，通常当天平仓以保持最初的头寸水平；**远期交易商**（position trader）持有期货头寸较长时间(数周或数月)，以利用对较长时间范围内价格变动的预期来获取利润。

套期保值者（hedger）通过交易金融期货减少由于利率和股票价格变动带来的风险。许多拥有大量股票或债券投资组合的套期保值者在期货市场利用对冲操作以规避风险。投机者通常采用反向操作，从而大多成为期货交易的对手方。因此，投机者增强了期货市场的流动性。

13-1d 期货合约的机构交易

表 13.2 概述了各类金融机构参与期货市场的方式。金融机构通常采用期货合约来降低风险。一些商业银行、储蓄机构、债券型共同基金、养老基金和保险公司交易利率期货合约来预防利率上升的可能性，从而隔离它们的长期债务性证券的利率风险。一些股票型共同基金、养老基金和保险公司交易股指期货以使它们各自的股票投资组合部分地独立于股票市场，从而预防不利的市场变化。

表 13.2 **金融机构对期货市场的运用**

金融机构的类型	如何参与期货市场
商业银行	·利用期货合约头寸套期保值以规避利率风险
储蓄机构	·利用期货合约头寸套期保值以规避利率风险
证券公司	·为个人和公司进行期货交易 ·利用合约头寸对投资组合进行套期保值以规避股票市场及利率变动的风险
共同基金	·利用合约头寸进行股票市场和利率变动的投机活动 ·利用合约头寸对投资组合进行套期保值以规避股票市场及利率变动的风险
养老基金	·利用合约头寸对投资组合进行套期保值以规避股票市场及利率变动的风险
保险公司	·利用合约头寸对投资组合进行套期保值以规避股票市场及利率变动的风险

13-1e 交易过程

在期货交易刚出现时，依靠**场内经纪人**（commission broker 或 floor broker）为顾客下委托，他们中有许多是经纪公司的雇员。除此之外，**场内交易商**（floor trader 或 local trader）为自己的账户交易期货合约。场内经纪人和场内交易商在交易大厅的一个特定地点执行委托，交易期货合约。做市商也能为顾客执行期货合约交易，他们可能促成一些顾客买入，而促成另一些顾客卖出。做市商赚取交易中买入价和卖出价之间的价差，尽管这种价差在最近几年已经显著下降。做市商也使用他们自己的资金在期货合约中进行坐盘交易，以赚取利润。像其他投资者一样，他们也面临头寸损失的风险。

电子交易 许多期货合约现在在芝加哥商品交易所集团的电子化交易平台 Globex 上进行电子交易。在 Globex 上进行的交易几乎可以 24 小时进行（为了维护平台，一天只关闭一小时），并且在周末也能继续交易。2004 年，芝加哥期权交易所（CBOE）建立了一个全部进行电子交易的交易所。

13-1f 交易要求

期货交易买卖双方必须在进行期货交易的经纪公司开立账户。根据交易所的要求，客户在交易之前必须存入一定数量的保证金。这种初始保证金通常是期货合约总价格的 5% 到 18%。经纪人通常要求保证金账户余额高于交易所规定的比例。由于期货合约的价格每天都在变化，其价值是“盯市”（marked to market）或对当前市场情况进行修正。当合约价格向不利方向变化时，期货合约的交易者就会收到经纪人的追加保证金通知，要求将追加资金存入保证金账户。保证金要求降低了交易者不履行义务导致的风险。

委托的种类 顾客能够下市价委托或限价委托。对于市价委托，交易将以期货合约的现价被自动执行；对于限价委托，只有当价格在顾客指定的范围内时交易才会被执行。例如，一个顾客可能下一个限价委托，在价格不高于某个指定的价格时买入特定的期货合约。类似地，一个顾客可能下一个委托，在价格不低于某个指定的最低价格时卖出一种期货合约。

委托如何被执行 尽管大部分交易已经电子化，但一些复杂的期货和期权合约仍然在交易大厅进行交易。在这种情况下，经纪公司把顾客的委托传递给期货交易大厅中的场内经纪人。每一种期货合约都在交易大厅中指定的一块区域进行交易，这块区域被称为交易池。场内经纪人通过公开喊价说明他们希望买卖的数量从而进行交易，其他经纪人和交易商也通过公开喊价来表示对某种期货合约的兴趣。当交易双方达成协议时，每一方都必须签订协议书（包括价格），然后将交易信息传达给客户。

场内经纪人以买卖价差的形式收取交易费用。也就是说，他们以比卖给另一方的价格稍低的价格，从一方买入一份期货合约。每一份期货合约的购买者都对应着一个出售者。

无论是以电子化形式还是在交易大厅进行交易，期货交易所都便利了交易步骤，但其本身不从事期货合约的买卖，而是扮演清算所的角色。清算所通过记录所有交易并保证期货合约按时偿付便利了期货交易过程，使得期货合约的买方无须核实卖方的信用情况。事实上，期货合约买方甚至不知道卖方是谁，反之亦然。清算所也对结算日的期货合约交割情况进行监督。

代表债券，例如公债的期货合约，在结算日被交付证券；代表指数（例如债券指数和股票指数）的期货合约被交付现金。

13-2　利率期货合约

利率期货合约指定了标的证券的票面价格（例如 1 000 000 美元的短期国债期货和 100 000 美元的长期国债期货）、标的证券的到期日和进行交割的结算日。每一份合约都存在一个最小的价格波动幅度，例如一个点数（1 000 美元）的 1/32，或每份合约 31.25 美元。

此外还有债券指数期货合约，允许在约定的日期以约定的价格买入或卖出某种指定的债券指数。对于交易市政债券的金融机构，也有**市政债券指数期货**［municipal bond index (MBI) futures］。这一指数以由 40 只活跃的一般债务性证券和收益债券构成的**债券买家指数**（bond buyer index）为基础进行定价。市政债券指数期货的具体特征在表 13.3 中列出。

表 13.3　　市政债券指数期货的特点

期货合约的特点	市政债券指数期货
交易单位	债券买方指数的 1 000 倍，价格 90-00 代表一份合约的金额为 90 000 美元
报价	用点数（1 000 美元）加多少个 1/32 点表示
最小价格波动幅度	1/32 点或每份合约 31.25 美元
每日波动限制	前一日结算价格上下浮动 3 个点（3 000 美元）
交割月份	3 月、6 月、9 月和 12 月
交割程序	在交易最后一天现金交割

13-2a　利率期货估值

利率期货合约的价格通常反映了标的证券在交割日的预期价格。因此任何影响预期价格的因素也会影响利率期货合约的当前价格。长期国债期货市场的参与者密切关注影响长期国债价格的经济指标，如图 13.1 所示。能密切反映经济增长的指标包括就业率、国内生产总值、零售商品总额、工业产值和消费者信心等。当经济指标预示经济增长率将会上升时，参与者预期利率将会提高，而利率提高将会对债券价格造成向下的压力，并因此对长期债券期货的价格造成向下的压力；相反，当经济指标预示经济增长率将下降时，参与者预期利率将会降低，债券价格和债券期货价格会因此上升。

长期国债市场的参与者同样十分关注通货膨胀指标，例如消费者价格指数、生产者价格指数等经济指标。通常情况下，未预期到的指数上升容易引起对更高利率的预期，并因此导致长期国债以及长期国债期货的价格下降。

反映长期融资数量的经济指标也受到关注，例如政府的财政赤字和希望通过发行长期国债以获取资金的数量等经济指标也备受关注。任何显示政府借款超出预期的信息都将造

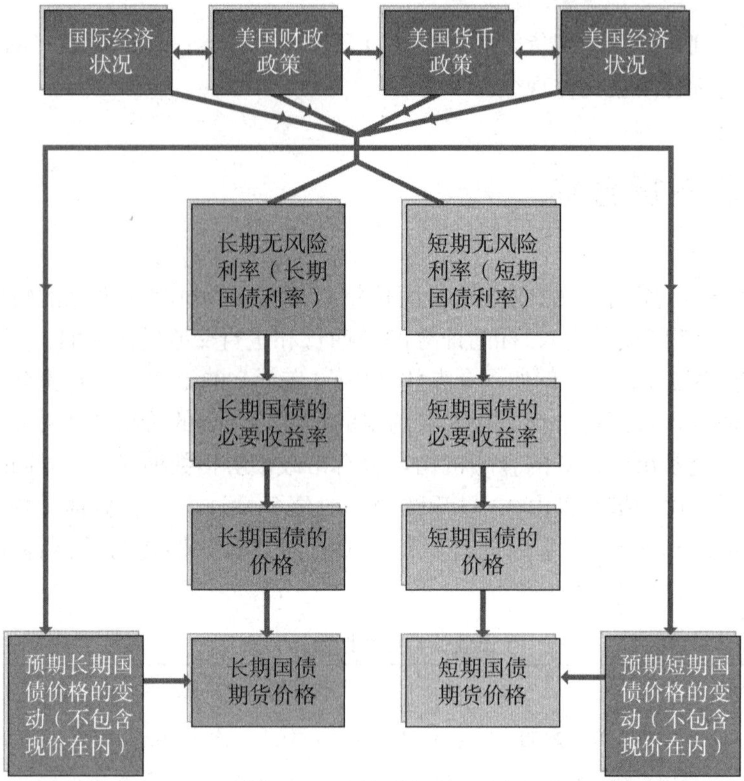

图 13.1　一定时期内长期债券和短期国债期货价格变化分析框图

成长期无风险利率（长期国债利率）的上升和长期国债价格的下降，并由此引起长期国债期货价格的下降。

13-2b　利率期货投机

预测利率未来变动的投机者同样能够预测长期国债价格的未来趋势，并由此推出利率期货的价值将如何变动。投机者在利率期货上坐盘，如果他们的判断被证实是正确的，他们将因此获利。

◇ 例子

在 2 月，Dan Allen 预测下月利率将会下降。如果他的预测是正确的，那么长期国债的市场价格将会上升。Dan Allen 向经纪人报价购买了长期国债期货合约。假定这份合约的价格是 94-00，这表示价格是 94%的票面价值；长期国债的 3 月交割日价格是 96-00，这表示价格是 96%的票面价值。Dan Allen 可以选择购买这种长期国债并以高于买入价的价格卖出。由于长期国债期货合约面值以 100 000 美元表示，通过这种投机方式可以获得的名义利润是：

卖出价格－买入价格＝利润

96 000 美元(即 100 000 美元×96%)－94 000 美元(即 100 000 美元×94%)

=2 000 美元(即 100 000 美元×2%)◇

从这个例子可以看出，Dan Allen 通过投机策略获得了收益，因为从他购买期货合约到期货合约的结算日利率是下降的。如果在这段时间内利率是上升的，长期国债结算日的价格将会低于 94-00，那么 Dan Allen 就会遭受损失。

◇ 例子

假设长期国债期货结算日的价格为 93-00，Dan Allen 的这种投机策略获得的名义利润是：

卖出价格－买入价格=利润

93 000 美元(即 100 000 美元×93%)－94 000 美元(即 100 000 美元×94%)

=－1 000 美元[即 100 000 美元×(－1%)]

现在假设在 2 月，Dan Allen 预期 3 月利率将会上升，他就会卖出结算日为 3 月的长期国债期货合约，他有义务在交割日按照合约价格向期货合约的购买者提供长期国债。如果 3 月长期国债的价格真的下降了，Dan Allen 就可以以较低的市场价格购买长期国债，而这个价格比其期货合约约定向购买者卖出长期国债的价格更低。◇

此外，市场上经常存在利率（以及受利率变动影响的长期国债价格）出现与预期反向变动的风险，这将使投机者在他们的期货合约头寸上遭受损失。

利率期货投机的收益　图 13.2 说明了期货合约投机的潜在损益。左图代表期货合约的买方，右图代表期货合约的卖方。两图中的 S 表示期货合约成交时的最初价格，横轴表示交割日期货合约所代表证券的市场价格。购买期货合约的最大可能损失是购买相关标的证券所支付的总金额，只有当该种证券的市场价格降到零时，这样的损失才会发生。在假定交易成本为零的情况下，最初购买期货合约的投机者的收益（或损失）和最初卖出同一天到期的期货合约的投机者的损失（或收益）相同。

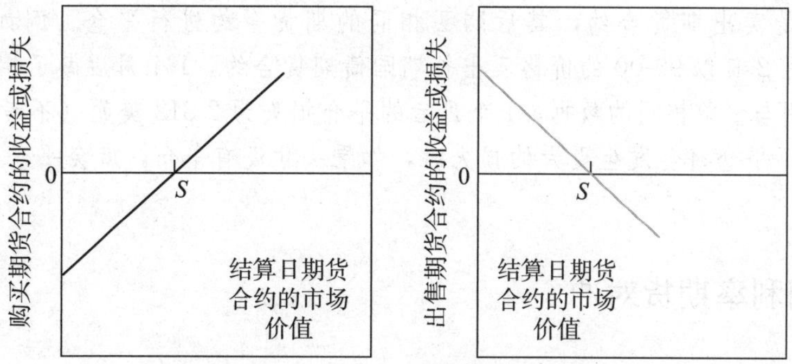

图 13.2　期货合约投机的潜在损益

杠杆的影响　投资者通常会使用保证金账户来持有期货头寸，因此利用利率期货合约投机的收益应当反映财务杠杆的参与程度。当很多投资者持有相对较小的保证金金额时，保证金的收益将被显著放大。

◇ **例子**

在 Dan Allen 的例子中，他通过一份期货合约获得了 2 000 美元的收益，是合约面值的 2%。考虑 Dan Allen 是用 10 000 美元的初始保证金来持有该期货头寸的，在这种情况下，2 000 美元就代表在他持有该期货合约不到两个月的时间里获得了 90%的收益。

就像财务杠杆能放大收益那样，它也能放大损失。在 Allen 的一份期货合约损失 1 000 美元的例子中，他的初始保证金遭受了 10%的损失。◇

期货头寸的平仓 许多金融期货合约的交易者并不真正交割金融工具，而是在交割日采用对冲的方式平仓。在之前的例子中，如果 Dan Allen 不想在交割日进行长期国债的交割，他本可以在交割日之前卖出一份交割日在 3 月的长期国债期货合约。因为他的第二份合约要求他在 3 月的交割日交付长期国债，但他最初的合约允许他在 3 月的交割日获得长期国债，他的义务被抵消了。

在对期货头寸进行平仓时，投机者的收益（或损失）取决于期货合约卖出和买入的价差大小。

◇ **例子**

假定 Kim Bennett 在 10 月 2 日以 90-00 的价格购买了一份长期国债期货合约。1 个月后，他为了平仓卖出一份相同的期货合约。这时期货合约的报价为 92-10，或者以面值的 $92\frac{10}{32}$%作为报价。假定长期国债利率期货合约的标价方式以 100 000 美元的面值为交易单位，则名义利润是：

卖出价格－买入价格＝利润

$$92\ 312\text{ 美元}\left(\text{即 }100\ 000\text{ 美元}\times 92\frac{10}{32}\%\right)-90\ 000\text{ 美元}(\text{即 }100\ 000\text{ 美元}\times 90\%)$$

$$=2\ 312\text{ 美元}\left(\text{即 }100\ 000\text{ 美元}\times 2\frac{10}{32}\%\right)$$

如果最初是卖出期货合约，其后购买相同的期货合约进行平仓。例如，假定 Chris Harper 在 10 月 2 日以 90-00 的价格卖出长期国债期货合约，1 个月后做了相抵持仓去轧平他的头寸。使用与之前相同的数据，1 个月后的平仓损失为 2 312 美元（不考虑交易成本）。当投机者预期不平仓将会发生更大的损失时，如果头寸没有平仓，就会平仓了结。◇

13-2c 利用利率期货对冲

金融机构可以根据其资产和负债的市场价格对利率的敏感性来划分资产和负债的类型，利率敏感型资产和利率敏感型负债之间的数量差异代表着利率风险。从长远来看，金融机构可以调整其资产和负债的结构以达到利率敏感性程度的平衡，但是重新调整资产负债结构需花费大量时间。从短期来看，金融机构可以考虑利用金融期货消除利率变动带来的风险。一些金融机构，包括抵押贷款公司、证券交易商、商业银行、储蓄机构、养老基金和保险公司利用利率期货来消除利率风险。

利用利率期货进行空头套期保值 金融机构经常利用利率期货进行**空头套期保值**(short hedge)，这是对债务性证券或与机构资产相似的指数的期货合约的卖出。期货合约中的“空头”头寸被用于对冲机构的“多头”头寸（在其自身资产上）。

假定一家商业银行现在持有大量的公司债券，其主要的资金来源是短期存款。由于该银行负债对利率的敏感性比资产要高，虽然银行深信其债券是合理的长期投资，并且预期利率上升是暂时的，但如果近期利率上升，仍将会对该银行产生不利的影响。因此，该银行通过卖出与其持有债券相似的债券期货合约以消除利率风险。这样，期货合约的价格会随着这些债券价格的变动相应发生变化。因为长期国债价格的变化和公司债券价格的变化高度相关，卖出长期国债期货合约成为一种可能的策略。

如果利率正如预期一样上升，银行持有的公司债券的市场价格将会下降，但是这种损失可以通过持有期货头寸得以补偿。银行所能卖出的长期国债的价格被锁定，银行可以在期货合约结算以前以较低的价格购买长期国债（因为长期国债的价格将会下降），这样就可以通过履行期货合约取得收益。作为替代选择，银行可以通过购买期货合约来弥补其空头，其购买的期货合约与其先前卖出的期货合约的类型相似。

◈ 例子

假定夏洛特保险公司 6 个月后需要一笔现金，届时它将卖出其持有的 500 万美元的长期国债以获取现金。与此相关的是，3 个月后利率可能会上升，而到时长期国债的市场价格将会下降。为了消除这种可能发生的不利影响，该保险公司决定卖出长期国债期货，该公司以 98-16（或面值的 $98\frac{16}{32}\%$）的价格卖出 50 份期货合约，共计面值 500 万美元（每份合约面值 10 万美元）

假定由于利率上升，期货价格下降为 94-16。该保险公司可以通过购买和它卖出的期货合约完全相同的期货合约进行短期合约头寸的平仓，如果以 94-16 的价格买入 50 份长期国债期货合约，每份合约它将获利：

卖出价格－购买价格＝利润

98 500 美元(即 100 000 美元×98.50%)－94 500 美元(即 100 000 美元×94.50%)

＝4 000 美元(即 100 000 美元×4.0%)

该公司持有 50 份合约，因此，它通过期货交易盈利 20 万美元（每份合约 4 000 美元×50 份)。期货交易中的盈利有助于抵补该保险公司持有的债券市场价格下降的损失。该公司也可以通过在清算日之前购买一份相同的期货合约来获得收益。

6 个月后利率上升越多，保险公司持有的长期国债的市场价格下降也越多，但是长期国债期货价格下降也越多，从期货合约交易中获得的收益也就越多。如果利率下降，期货价格将会上升，期货交易将会发生亏损，但由于该保险公司持有的长期国债的市场价格上升，所获得的收益能够抵补期货交易的亏损。从这一点上来说，保险公司不进行套期保值将会获得更高的收益。因为公司不能总是预测未来利率变化的方向，因此无法预知利率风险的套期保值是否有益。◈

交叉套期保值 之前的例子假定基点，或者说证券期货和现货之间的价差保持不变。

实际上，证券的价格波动可能会大于或小于与其对冲的期货合约。如果这样的话，一个完美的对冲将不会用与给定的证券票面价值具有相同票面价值的期货合约进行对冲。

使用一种金融工具的期货合约去对冲另一种不同的金融工具头寸的行为称为**交叉套期保值**（cross-hedging）。交叉套期保值的有效性取决于两种金融工具市场价格间的关联程度。如果期货合约的标的证券的市场价格变化和套期保值证券的价格变化相一致，则期货合约可以实现有效的套期保值。

即使期货合约的价格变化与所要对冲的投资组合的市场价格变化高度相关，期货合约的市场价格变化也可能高于或低于投资组合市场价格的变化。如果期货价格比投资组合的市场价格稳定，使用期货合约进行对冲交易所要准备的资金数量也更大。例如，假定期货合约价格每变动 1 个百分点，投资组合的价格就变动 1.25 个百分点。在这种情况下，如果要完全对冲该投资组合，所需的对冲的价值必须是该投资组合总价值的 1.25 倍。

使用空头套期保值　考虑利率将会上升或者下降的情况，利率期货的利弊也就显而易见了，利率期货能够规避风险，不论这种风险是有利的还是不利的。图 13.3 对负债的利率敏感性比资产高的金融机构两种收益的概率分布情况进行了比较。比较发现，如果金融机构进行套期保值以规避利率风险，它的收益率的概率分布可能比不进行套期保值的情况窄。如果利率上升（图的左边部分），套期保值的收益率更高；反之，如果利率下降（图的右边部分），不进行套期保值的收益率更高。

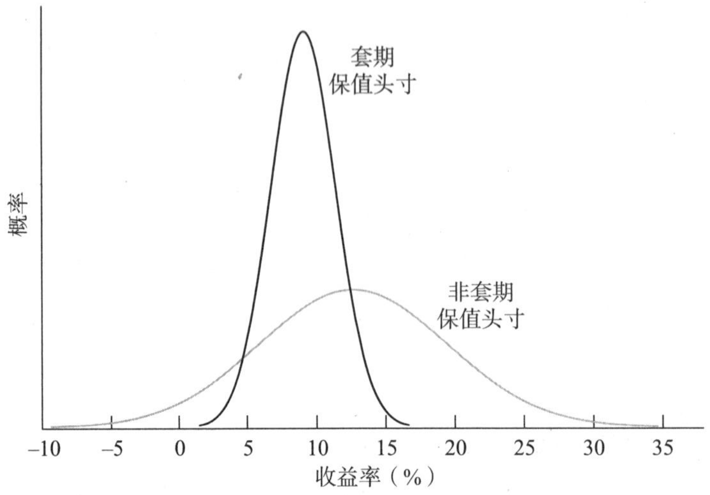

图 13.3　收益率概率分布的比较：套期保值与非套期保值

利用利率期货进行套期保值的金融机构对经济事件的敏感性相对较低。因此，金融机构可以经常使用利率期货来减少由于时间推移而对收益造成的不确定性，即降低风险。但是，事实上完全对冲全部现金流对利率变动的敏感性从而规避风险是不可能的。

利用利率期货进行多头套期保值　一些金融机构通过使用**多头套期保值**（long hedge）来减少利率下降带来的风险。假定政府证券的交易商计划几个月后购买长期国债，如果交易商认为在他购买之前债券的市场价格将会上升，那么他就会购买长期国债期货合约。不论在购买该债券前市场利率发生怎样的变动，这些合约的价格都锁定了所要购买的长期国债的价格。

又如，假定某银行大部分资金来自 5 年期大额定期存单，又假定银行大部分的资产是贷款，其利率每6个月调整一次。因为资产所获得的利息比负债支出的利息的敏感性要高，如果利率下降将会对银行产生不利影响。为了消除利率下降可能带来的风险，银行通过购买短期国库券期货锁定短期国库券到期日的价格。如果利率下降，期货头寸所获得的收益能够部分抵偿利率下降给银行带来的预期收入下降的损失。

净暴露的套期保值 由于利率期货合约必须承担交易成本，因此它通常是对资产和负债之间的差额，即**净暴露**（net exposure）进行套期保值。假定某银行拥有价值3亿美元的长期资产和价值2.2亿美元的长期固定利率负债，如果利率上升，长期资产的市场价格将会下降，但是银行将从2.2亿美元的长期固定利率负债中受益。因此，银行的净暴露是0.8亿美元（假定利率上升对长期资产和负债的影响相同）。金融机构只需对0.8亿美元的净头寸进行空头套期保值就可以有效规避风险。

13-3 股指期货

股指期货合约指允许买卖双方在约定的日期以约定的价格买入和卖出一定数量的股票指数的合约。例如，标准普尔500指数（代表500家大公司的股价的综合）期货合约的购买者在结算日以约定的价格购买约定数量的标准普尔500指数。

标准普尔500指数期货合约定价为指数的250倍（详见表13.1），也就是说，如果指数定价是1 600点，合约价格是1 600×250美元=400 000美元。标准普尔电子小型500指数期货合约适合小型投资者（“E”代表电子化交易；电子小型合约是第一种完全电子化交易的期货合约）。这种合约的定价是指数的50倍，即如果指数定价是1 600点，合约价值为1 600×50美元=80 000美元。

股票指数期货合约每年有4个结算日，分别是3月、6月、9月、12月的第三个星期五。由于多种证券所代表的股指期货合约不实际进行交割，因此只能通过现金进行结算。结算日当天，股指期货合约根据当天的股票指数确定价格，结算日当天合约的价格和最初买卖期货合约的价格的差额，就是股指期货合约交易的净收益或净亏损。

同其他金融期货合约相同，股指期货可以通过在结算日之前进行对冲平仓。例如，如果9月份购买了12月份结算的标准普尔500指数期货合约，可以在11月份通过卖出12月份结算的标准普尔500指数期货合约进行平仓。如果期货合约在结算日之前平仓，期货合约交易的净收益或净亏损就是最初买卖期货合约的价格与平仓时价格之间的差额。

最近，出现了分类指数期货，因此投资者可以买卖能够反映特定行业的指数。这种合约区别于股指期货，因为它们代表的是股票指数的一种成分。对整个股票市场感到乐观的投资者通常对股指期货更感兴趣，反之对于某特定行业感兴趣的投资者或许对分类指数期货更感兴趣。分类指数期货合约包含许多不同的类别，例如消费品、能源、金融服务、医疗卫生、工业品、原材料、科技和公共事业。

13-3a 股指期货估值

股指期货合约的价格与其所代表的股票指数高度相关，然而，因为股指期货合约的一些特性，股指期货与其所代表的资产价格通常并不相同。

◈ **例子**

假定一个投资者既可以购买 6 个月期的股票指数，也可以购买 6 个月期的股指期货。但是购买指数而不购买股指期货给投资者带来了不同的利弊，就有利的方面来说，购买指数可以获得分红，而购买指数期货却不能获得分红；就不利的方面来说，购买指数需要资金，而购买股指期货则不同，只需通过很少量的相关资产（例如国债）来设立一个保证金存款账户，只要这些资产能产生利息并满足保证金的要求。

假定购买的某指数在未来的 6 个月要分红 3%，并且假定购买指数的资金是借来的，6 个月期的利率大约是 2%。在这个例子中，相对于购买指数期货，购买指数获得的好处是：持有指数（3%的分红）足以抵偿购买该指数所支付的融资成本 2%。购买该种指数的净融资成本（也称为存储成本）为−1%，即购买该种资产（指数）所支付的 2%的融资成本减去从该种资产中获得的 3%的收益率。净融资成本是负值说明融资成本小于从该资产获得的分红收益。因此，股指期货合约应当被定价为比标的股指高大约 1%，从而与股票指数对投资者的吸引力不相上下。◈

通常来说，标的证券（或指数）价格变化的幅度大于净融资成本的变化幅度。因此，期货价格的变动主要归因于其标的证券（或指数）价格的变动。

在一些例子中，许多机构投资者可能买卖股指期货而不是股票本身以应对市场状况的变化，它们的行为可能会造成股指期货价格的变动，使其偏离股指所依托的实际股票标的价值。期货能够通过少量的预付费用被即时买卖。由于选择具体的股票需要时间，且需要大量的预付金，买卖实际的股票将花费更长时间。因此，相比标的股票的价格，股指期货对投资者的市场预期更加敏感。

股指期货的价格指标　由于股指期货的价格主要受相应的股指变化的影响，股指期货市场的参与者通常对能反映股指价格变化的经济指标进行监控。这些标志着债券期货价格变动的经济指标也能够影响股票期货价格，但不一定对新信息做出同样的反应。造成高利率预期的经济状况对长期国债（以及长期国债期货）的价格产生负面影响，这种预期对于股票指数（以及股指期货）价格的影响很难看清。

13-3b　股指期货投机

股指期货交易可以利用对股票市场整体波动的预期来获得收益。预期股票市场在结算日前将有更好表现的投机者将考虑购买标准普尔 500 指数期货。相反，预期股票市场在结算日前将有更差表现的参与者将考虑卖出标准普尔 500 指数期货。

◈ **例子**

假定博尔德保险公司计划一旦获得现金流，就在 12 月份购买各种股票以满足其股票的投资组合需求。尽管该公司现在没有资金可用于立即购买股票，但是它预期 12 月份之前股票价格将会剧烈上涨，基于这一考虑，公司决定购买标准普尔 500 指数期货。12 月交割的该种期货的价格是 1 500 点。标准普尔 500 指数期货的价格是指数水平的 250 倍。因为标准普尔 500 指数期货价格受股票市场价格的影响，如果公司的预期是正确的，标准普尔 500 指数在结算日的价格将上升。假定标准普尔 500 指数在交割日将上升到 1 600 点。

在这个例子中，标准普尔 500 指数期货的名义利润是：

卖出价格－买入价格＝利润

400 000 美元(即 1 600×250 美元)－375 500 美元(即 1 500×250 美元)

＝25 000 美元

因此，尽管博尔德保险公司并没有足够的现金以购买股票，但该公司仍能够利用其预期获得收益。如果在这段时间内股票的价格下跌，标准普尔 500 指数期货的价格将会下跌，公司将会因为持有期货头寸而发生损失。◈

13-3c 利用股指期货对冲

股指期货也通常被用来进行套期保值，从而规避所持有股票投资组合的市场风险。

◈ 例子

假定 Glacier 股票型共同基金预期股票市场将会短暂下跌，导致其股票投资组合的价格也会下跌。如果基金卖出股票并决定不久后重新买回这些股票，虽然可以规避股票暂时下跌的不利影响，但会发生过高的交易成本。一个比较有效的方法是卖出股指期货合约。如果基金的股票投资组合和标准普尔 500 指数相近，它就可以卖出标准普尔 500 指数期货合约。如果股票市场价格正如预期的一样，该基金就可以通过进行股指期货平仓以获得收益。这些收益可以部分抵消股票投资组合的损失。◈

当投资者多样化的投资组合与标准普尔 500 指数关联度较高时，进行套期保值更为有效；如果股票投资组合的品种较少，和标准普尔 500 指数的关联度较小，那么在市场价格下跌时，卖出股指期货就不能完全抵消投资组合的损失。

假定股票投资组合随着标准普尔 500 指数价格变动，由于期货合约所代表的资产的价格和所进行套期保值的股票投资组合的市场价格一致，那么卖出期货合约就可以实现完全套期保值。

◈ 例子

假定投资组合经理持有价值 40 万美元的股票投资组合，并且假定他可以利用的 1 个月后结算的标准普尔 500 指数期货合约的价格是 1 600 点，这个价格与目前的指数水平相等。投资组合经理可以卖出标准普尔 500 指数期货去对冲其股票投资组合，因为期货合约的价格是指数水平的 250 倍，那么在结算日期货合约的支付价格就是 40 万美元。这将使一份期货合约与现在持有的股票投资组合正好相匹配。假定股票指数与投资组合经理的股票投资组合的变动方向一致，那么期货合约的收益就会抵消投资组合的损失。例如，如果股票投资组合的价格 1 个月下降了 5%，也就是损失了 2 万美元（0.05×400 000 美元＝20 000 美元），而且标准普尔 500 指数也下跌 5%（达到 1 520 点），那么投资组合经理就会从标准普尔 500 指数期货交易中获得收益 2 万美元[即(1 600－1 520)×250 美元]，这些

收益将会抵消股票投资组合的损失。◈

如果在过去的一个月股票市场价格上涨，标准普尔 500 指数也会上涨，期货合约交易将遭受损失，但是投资组合经理的股票投资组合的价值将上升，从而抵消期货头寸的损失。

许多用股指期货对冲他们的股票投资组合的投资者在 2008 年的次贷危机中凭借对冲而受益。通常，下半年的对冲特别有利，因为许多股票在那段时间下跌超过 30%。

股指期货的有效性测试 使用股指期货进行套期保值的有效性可以通过在对冲头寸的前一段时间内测试投资组合的业绩对市场变化的敏感性来进行评估。在相同的市场情况下，假定期货头寸的敏感性也可以被评估。通常根据假定的证券衍生头寸是否可以抵消不利市场变化对投资组合的影响来判断其有效性。尽管全部对冲所有投资组合所面临的市场风险是很困难的，但一定有迹象表明公司使用这种假定的套期保值是不是适当的。也就是说，如果使用该种金融衍生品并不能对近期的市场风险进行有效的规避，则公司对今后提供有效的套期保值不会抱期望。有效性测试只使用在进行套期保值时可利用的数据。

投资组合套期保值比例的决定 投资组合经理并不需要对其所有的股票投资组合进行套期保值，因为他们想保留部分头寸，这样在股票价格上升时就会获得收益。举例来说，如果上例的投资组合价值 120 万美元，投资组合经理可以通过卖出一份股指期货合约对冲 1/3 的股票投资组合，这是因为持有一份短期股指期货合约能够对冲 1/3 的股票投资组合的价值，或者投资组合经理可以通过卖出两份股指期货合约对冲股票投资组合的 2/3。越高比例的投资组合被对冲，投资组合经理的业绩受市场状况的影响就越小，而这种影响有利也有弊。

表 13.4 说明了投资组合经理在六种不同的市场收益率（第一列所示）下的净收益（包括期货收益和股票投资组合收益）。如果股票市场价格下跌，任何程度的对冲都是有利的，而对冲的程度越高越有利；如果股票市场价格上涨，任何程度的对冲都会减少净收益，对冲的程度越高，减少的收益越多。总之，利用股指期货进行套期保值的投资组合对任何市场情况变化的敏感性都会减弱。

表 13.4　净收益（在股票投资组合以及股指期货空头中）对不同套期保值幅度的敏感性

可能的市场收益率	股票投资组合套期保值比例			
	0%	33%	67%	100%
−20%	−20%	−13.4%	−6.7%	0%
−10%	−10%	−6.7%	−3.35%	0%
−5%	−5%	−3.35%	−1.67%	0%
+5%	+5%	+3.35%	+1.67%	0%
+10%	+10%	+6.7%	+3.35%	0%
+20%	+20%	+13.4%	+6.7%	0%

说明：数据基于股票投资组合的变动与市场完全一致的假设。

13-3d 股指期货动态资产配置

机构投资者越来越多地使用**动态资产配置**（dynamic asset allocation）。动态资产配置根据对市场的预期变化，将一定时期内的高风险和低风险投资头寸进行转化。这种策略允许投资组合经理在预期市场状况良好时增加投资组合风险，而预期市场发生不利变化时减少投资组合风险。当预期市场将会发生有利的变化时，投资组合经理就会购买那些受市场变化影响较大的股指期货，相反，如果预期市场将会发生不利的变化，他们就会通过卖出股指期货减少对其股票投资组合的不利影响。由于预期经常发生变化，因此投资组合经理经常改变他们的投资组合头寸。股指期货为投资组合经理提供了改变风险-收益头寸的工具，而不必调整现有的股票投资组合的结构。他们通过这种方式实现了动态资产配置，从而避免了由于调整投资组合结构而发生的交易成本。

13-3e 股指期货套利

纽约证券交易所严格规定了程序交易必须同时卖出和买入 15 种以上不同的股票，其市场价值不得低于 100 万美元。程序交易通常和相关联的股指期货合约的交易配合使用，这种策略被称为**指数套利**（index arbitrage）。证券公司扮演**套利者**（arbitrageur）的角色，利用指数期货和股票两者价格之间的差额进行套利。套利交易要求在买入（卖出）股指期货的同时卖出（买入）该指数包含的股票的对应头寸。当股指期货价格和构成指数的股票的价格存在明显差异时，就会发生套利行为。例如，如果期货价格高于其所对应的构成该指数的股票价格，套利者就会考虑购买股票同时卖出股指期货。另外，如果期货价格低于其所对应的构成指数的股票价格，套利者就会考虑购买股指期货同时卖出股票。如果价差高于两个市场进行套利交易发生的交易成本，套利者就获得收益。

指数套利交易不但不会导致两个市场价格的差异，反而会消除两个市场价格的差异。计算机的使用使套利者发现股票和期货市场价格差异的能力得到了提高。大约 50%的程序交易是出于指数套利的目的。

一些批评者认为，购买指数期货同时在股票市场上卖出股票的套利行为对股票价格产生了不利的影响。但是，如果没有指数期货，机构投资者就不能对其投资组合进行风险控制。在这种情况下，如果预期市场价格将会短暂下跌，那么这更可能导致人们抛售股票以规避风险，这样会进一步加剧股价的下跌。

13-3f 股指期货熔断

正如第 12 章所提及的，断路器（circuit breaker）是指对某些股票或股票指数的交易限制。芝加哥商品交易所曾利用断路器对几种股指，包括标准普尔 500 指数期货进行交易限制。

当价格降到给定的临界值水平时，交易所通过短时期内禁止交易，使投机者可以判断以前的市场传言是否真实，并决定如果收到追加保证金通知是否做出信贷安排。如果投资者在重开交易后认为价格仍然太高，市场价格会进一步下跌。因此，断路器并不能保证市场价格上升，但是，它可防止不是由基本面发生变化而是由恐慌性抛售导致的价格下跌。

13-4 单一股票期货

单一股票期货是指在未来特定的日期买进或卖出特定数量的特定股票的合约。这种期货合约从 20 世纪 90 年代开始在澳大利亚和欧洲的期货交易所进行交易。美国股票的单一股票期货合约在芝加哥单一股票期货交易所交易，这一交易所是由盈透证券、芝加哥期权交易所和芝加哥商品交易所集团运营。合约的规模是 100 份。投资者可以通过他们的经纪人买进或卖出单只股票期货合约，并且可以进行差额购买。买进或卖出单只股票期货合约的指令通过电子方式撮合。单只股票期货变得越来越受欢迎，如今有超过 2 200 只股票可以进行交易。它们受商品期货交易委员会和证券交易委员会的监管。

这种期货合约的结算日是在未来五个季度内每季度末月（3 月、6 月、9 月、12 月）或者是最近的两个月的第三个星期五。例如，在 1 月 3 日，投资者可以购买结算日在最近的两个月（1 月或 2 月）的第三个星期五的期货合约，也可以购买结算日在未来五个季度内每季度末月（3 月、6 月、9 月、12 月和下一年的 3 月）的第三个星期五的期货合约。

投资者如果预期一只股票的价格未来将要上涨，将会考虑买进该股票的期货合约。为了获得一份在 3 月份买入 100 股的价值为 5 000 美元（每股 50 美元）的 Zyco 股票的期货合约，投资者必须在 3 月的第三个星期五向结算所支付 5 000 美元，然后可以在结算日买到该股票。如果 Zyco 股票的价格在结算日上涨到每股 53 美元，那么投资者可以在市场上出售该股票而获得每股 3 美元或共计 300 美元的收益（不计佣金）。这个收益反映了投资的巨大回报，因为投资者只需支付很少一部分保证金（可能是合约价值的 20%）就可以持有该期货头寸。如果 Zyco 股票的价格在结算日下跌到每股 46 美元，那么投资者将遭受每股 4 美元的损失，这个损失将会反映出占投资额的巨大比例的损失。因此，单只股票期货在提供高收益的同时也具有高风险。

投资者如果预期一只股票的价格将要下跌，将会考虑卖出该股票的期货合约。该行为与卖空股票有相似之处，不过投资者可以不必像卖空者那样先从经纪人那里借入股票（因为做空者必须这么做）。为了获得一个在 3 月份出售 Zyco 股票的期货合约，投资者必须在 3 月的第三个星期五将股票交付到结算所，然后将会获得期货合约的支付。

投资者可以在任何时间通过持有相反头寸进行平仓。例如，假设在投资者购买了 3 月份的价格为每股 50 美元的 Zyco 股票的期货不久后，该股票价格下跌。为了免遭股价进一步下跌所带来的损失，投资者可以在 3 月份出售 Zyco 股票的期货合约。如果合约确定的股票价格为每股 48 美元，那么投资者的收益将为卖价和买价的差额，即每股－2 美元或总计－200美元。

最近，交易型开放式指数基金（ETF）的期货合约也被引进。投资者可以特定的价格买卖特定的交易型开放式指数基金。更多关于交易型开放式指数基金的信息将在第 23 章阐述。

13-5 期货合约交易风险

人们使用期货合约时必须认识到期货合约以及其他衍生工具所面临的各种风险。

13-5a 市场风险

市场风险（market risk）指由于市场情况变化而导致金融工具价格波动的风险。使用期货交易进行投机的公司必须了解所面临的市场风险。如果他们预期未来市场情况会发生不利的变化，进行期货交易就会遭受损失。利用期货合约进行套期保值，公司就不必过多担心市场风险，因为如果市场变化导致其衍生工具面临损失，他们能够利用已经套期保值的头寸所获得的收益来部分抵消损失。

13-5b 基差风险

第二种风险是**基差风险**（basis risk），或者说是在同样的市场变化情况下，期货合约所对应的标的工具与所进行套期保值的期货头寸变动不完全一致的风险。这种风险仅限于利用期货合约进行套期保值的公司和个人。期货合约头寸的价值变动不一定与进行套期保值的投资组合的价值变动完全一致，所以套期保值不一定能够完全覆盖投资组合的风险。

13-5c 流动性风险

第三种风险是流动性风险（liquidity risk），是指由于缺乏流动性招致潜在的价格扭曲的可能性。例如，某公司由于预期债券价格将会上涨而买入了某种债券期货合约进行投机，但是当该公司希望平仓离场时，发现这时没有人愿意购买这种期货合约。因此，该公司不得不以较低的价格卖出该种期货合约，期货交易者若想减少流动性风险，就应当选择那些热门的品种进行交易。

13-5d 信用风险

第四种风险是**信用风险**（credit risk），是指由于交易对手方违约而遭受损失的风险。这种风险通常发生在场外（柜台）交易市场，因为这种交易通常是建立在双方相互信任的基础上的。

如果交易是在交易所进行的，交易双方不会关心发生违约的可能性，因为交易所保证这些合约到期将会履行。场外（柜台）交易市场也采取了一些措施来降低这种风险：首先，金融中介要求交易双方提供相应的抵押品维持其头寸；其次，金融中介能作为保证人（收取一定费用）保证交易双方按时履约。

13-5e 提前还款风险

提前还款风险（prepayment risk）指需要进行套期保值的资产在指定的到期日前提前偿付的可能性。假定某商业银行卖出长期国债期货以对冲其持有的公司债券，当商业银行持有期货头寸后，公司债券的发行公司提前偿付了该债券。如果利率随后下降，银行将会遭受损失，因为没有相应的债券头寸收益来抵消其期货头寸发生的损失（因为公司债券被提前偿付了）。

第二个例子是假定某储蓄和贷款协会持有大量长期固定利率抵押贷款，而它的资金来源主要是短期资金，该储蓄和贷款协会卖出长期国债期货以规避利率上升的风险。当该机构持有期货头寸后，利率下降，许多有抵押贷款的房主提前归还贷款，该机构因此遭受损失，因为没有相应的固定利率抵押贷款头寸收益来抵消其期货头寸发生的损失（因为公司抵押贷款被提前归还了）。

13-5f 操作风险

第六种风险是**操作风险**（operational risk），是指由于经营管理不善、控制不严造成损失的风险。例如，公司进行期货交易以规避风险，但是公司负责期货合约交易的雇员可能并没有完全了解市场状况对期货合约的价格会产生怎样的影响。而且如果公司没有严格而完善的内部控制和监督机制，这些雇员出于投机目的会持有更多的头寸，远远超过公司所要求持有的头寸。

◈ 例子

全球曼氏金融控股公司（MF Global Holdings）的案例是操作风险的一个经典例子。在 2011 年，它的投机头寸遭受了巨大损失，并使用客户账户中的资金去覆盖损失。最终其遭遇流动性问题并在 2011 年 10 月破产。从客户账户中调用的资金没有被偿还。几个月后，另一家服务于期货交易者的经纪公司（百利金融集团）由于实际银行现金余额低于报告 1 亿多美元，也遭遇了流动性问题，并最终于 2012 年 7 月破产。这些事件引发了对期货市场上有关交易者金融欺诈的关注。◈

13-5g 系统风险

在金融期货合约的交易者或其他衍生证券无法覆盖场外交易中衍生品合约的义务时，将造成各自的交易对手方的财务问题。由于公司之间错综复杂的关系，一个交易者的财务问题可能被传导给其他交易者（如果没有足够的抵押品来支持合约的话），这将使期货市场暴露在系统风险中。

◈ 例子

Nexus 公司需要进行衍生证券交易，在场外交易市场买进国债期货合约。Bangor 银行成为 Nexus 公司交易的对手方，卖出国债期货合约。银行持有这些合约头寸是为了对冲其所面临的利率风险。后来 Nexus 公司发生了财务问题。随着利率的上升和国债期货合约价值的下跌，Nexus 公司将在该笔期货交易中遭受巨大损失。Nexus 公司申请破产，因为在结算日它不能履行从 Bangor 银行买进国债的义务。Bangor 银行要依靠该笔付款对冲利率风险。因此，Bangor 银行产生了财务问题并且无法支付与其他几家金融机构在场外交易市场进行的衍生证券交易。这些金融机构要依靠这笔资金来履行与其他公司进行衍生证券交易的支付义务。这些公司也因此不能履行其衍生证券交易的支付义务，导致不利影响进一步蔓延。◈

2008 年和 2009 年的次贷危机证明一些金融机构高度暴露在风险之中，因为它们的衍生证券头寸被用于提高利润而非对冲投资组合风险。从那以后，监管者更加关注潜在的系统风险。

《金融改革法案》(2010) 设立了金融稳定监督委员会，其职能是识别影响美国金融稳定的风险因素，并提出能够减少金融系统风险的监管建议。这一委员会由引导管理机构监管金融系统关键部分的 10 个成员（包括美国商品期货交易委员会，其监管金融期货交易）组成。

13-6 期货市场全球化

金融期货交易也需要考虑国际金融市场状况。国外资金在美国的流入与流出会影响利率从而影响到国债、公司债券、抵押贷款和其他长期债务性证券的市场价格。投资组合经理根据对国际资金流动的估计来预测利率的变动，利率的变动能影响到其各自持有的投资组合的价值。甚至投机者也根据对国际资金流动的估计来预测利率的变动，从而决定是成为期货交易的空头还是多头。

13-6a 国外参与美国期货合约

有关美国证券的金融期货合约经常在持有美国证券的他国金融机构间进行交易。这些金融机构运用金融期货来减少其所承担的美国股票市场或利率变动的风险。

13-6b 外国股指期货

为了预防外国股票市场的潜在变动，人们已经创造了外国股指期货来投机或进行套期保值。一个强劲的股票市场的预期会鼓励对有代表性的指数期货合约的购买。相反，如果预期外国市场会衰退，会考虑卖出这种有代表性的指数期货。另外，在某一外国股票市场上有实际投资的金融机构可以通过卖出外国股指期货来进行套期保值，以防止该国市场的暂时衰退带来的风险。

表 13.5 列举了一些很受欢迎的股指期货合约。众多的其他股指期货合约被创造出来。实际上，期货交易所已经在爱尔兰、法国、西班牙和意大利建立起来。世界各地的金融机构都可以运用期货合约来进行套期保值，以防止其资产组合的暂时贬值。投机者可以用相

对较小的初始投资以持有多头或空头头寸在特定市场上进行投机。有关债务投资工具的金融期货（例如德国政府债券期货）在许多他国交易所也有提供，其中包括欧洲洲际期货交易所（原来的伦敦国际期货交易所，LIFFE）、新加坡国际货币交易所和澳大利亚证券交易所。欧洲洲际期货交易所由洲际交易所拥有，后者还拥有纽约证券交易所。

表 13.5　受欢迎的股指期货合约

股指期货合约的名称	构成
日经 225 指数	225 只日本股票
多伦多 35 指数	35 只多伦多证券交易所的股票
金融时报 100 指数	100 只伦敦证券交易所的股票
新西兰股票市场指数	20 只新西兰证券交易所的股票
恒生指数	33 只中国香港证券交易所的股票
大阪指数	50 只日本股票
澳大利亚股票市场指数	207 只澳大利亚股票

期货合约的电子化交易正在创造出一个国际一体化的期货市场。正如前文所提到的，Globex 是一个已经被芝加哥交易委员会使用的环球电子交易网络，它的存在使得即使在交易所关闭的时候金融期货合约交易也能顺利进行。

13-6c　货币期货合约

货币期货合约（currency futures contract）是在指定时间以指定价格（汇率）卖出或买入一定数量指定外国货币的标准化协议。结算月份是 3 月、6 月、9 月和 12 月。一些公司通过买入其未来需要支付的货币的期货或卖出其未来将收到的货币的期货，在货币期货市场上扮演着套期保值者的角色。货币期货市场的投机者会买入预期比美元坚挺的货币的期货，或者卖出预期比美元疲软的货币的期货。

货币期货合约的买入者可以持有合约到结算日并交割，或者可以在结算日之前通过卖出同类型和数量的合约对其多头头寸进行平仓。如果抛售多头头寸，他们是盈利还是亏损取决于其买入头寸时的期货价格相对于头寸平仓时的期货价格。期货合约的卖出者可以在结算日支付外币，或者在结算日前通过买入同一类型和数量的合约来平仓。

小结

■ 金融期货合约是指协议双方同意在指定的日期按指定的价格买入或卖出一定标准数量的某种标的金融工具的标准化协议。金融机构诸如商业银行、储蓄机构、债券型共同基金、养老基金以及保险公司通过交易利率期货合约进行套期保值以规避利率风险。一些股票型共同基金、养老基金和保险公司通过交易股指期货进行套期保值以规避股票市场的不利变动。

■ 利率期货合约将要购买的特定债务工具的价格锁定。如果投机者预期利率将会下降，就会购买利率期货合约，因为标的债务工具的市场价格将会上升。反之，如果预期利率将会上升，就会卖出利率期货合约，因为标的债务工具的市场价格将会下降。

■ 金融机构（或其他公司）如果想规避利率上升的风险，就可以卖出利率期货合约进行套期保值；如果希望规避利率下降的风险，可以买入利率期货合约进行套期保值。如果利率变化方向和人们的预期一致，金融机构就可以通过买卖利率期货合约获取收益，这部分收益可以部分抵消其正常操作中由于利率变动而带来的损失。

■ 如果投机者预期股票价格上升，可以购买股指期货合约；反之，可以卖出股指期货合约。金融机构也可以通过卖出股指期货合约来对冲股票投资组合，从而规避预期股票价格暂时下降所带来的风险。

■ 单一股票期货合约是一种在未来约定的日期买入或卖出约定数量和种类的股票的合约。单一股票期货的交易受到商品期货交易委员会（CFTC）和证券交易委员会（SEC）的监管。预测一种股票的价格将会上涨的投资者会考虑买入那只股票的期货；预测一种股票的价格将会下跌的投资者会卖出那只股票的期货。这一行为像是卖出跌价的股票，但是单一股票期货在卖出时不必向经纪商借出标的股票。投资者能够在任何时刻通过采取相反方向的交易平仓。

■ 期货市场中的投资者可能面临着市场风险、基差风险、流动性风险、信用风险、提前付款风险和操作风险。期货合约和其他衍生证券的场外交易使整个金融系统暴露在系统风险之中，如果抵押品不能够有效覆盖损失的话，其中一家公司的交易损失能够传递给其他公司。《金融改革法案》（2010）催生了金融稳定监督委员会，其负责提供能够减少金融系统风险的监管建议。这一委员会由监管金融期货交易的商品期货交易委员会高层组成。

■ 金融期货市场在许多国家发展起来，金融期货合约能够在全球范围的电子交易系统例如 Globex 上进行交易。人们根据国际市场上的主要股票指数建立了国外股指期货。出于投机和通过套期保值规避外币价值变动的需要，外币期货合约被创立。

正方和反方观点

期货市场给股票造成了更多的不确定性吗?

正方 是的，期货合约鼓励了指数投机。因此，整个市场都会受到投机者交易的影响。

反方 不是。期货合约通常用来为投资组合进行套期保值，因此可以减少疲软市场的影响。此外，股票投资与期货市场一样具有投机性。

谁是正确的? 利用互联网学习关于这个议题的更多知识并提出你自己的观点。

问题与应用

1. 期货合约 说明期货合约的基本特征。清算所是如何促进金融期货合约交易的?

2. 期货的价格 当金融期货合约所代表的证券的市场价格发生变动时，金融期货合约的价格是如何变动的? 为什么?

3. 期货的套期保值 解释为什么期货合约比其他金融工具更适于进行套期保值以规避利率风险。

4. 国债期货 如果投机者预期利率上升，应该买入还是卖出长期国债期货合约? 为什么?

5. 购买期货的收益 解释金融期货合约的购买者如何抵消头寸，怎样计算其损失和收益? 购买期货合约的最大损失是多少?

6. 出售期货的收益 解释金融期货合约的卖出者如何抵消头寸，怎样计算其损失和收益?

7. 利用期货套期保值 假定某金融机构的利率敏感型资产多于利率敏感型负债，如果利率上升或下降，哪种情况下金融机构将受到不利的影响? 该金融机构应当买入还是卖出利率期货合约以规避风险?

8. 利用期货套期保值 假定某金融机构的利率敏感型负债多于利率敏感型资产，在利率上升还是下降时该金融机构会受到不利的影响? 该金融机构应当买入还是卖出利率期货合约以规避风险?

9. 套期保值的决定 通过使用利率期货合约能够降低利率风险，那为什么某些金融机构仍会遭受利率风险?

10. 多头套期保值和空头套期保值 解释金融机构使用多头套期保值和空头套期保值的不同，何时使用多头套期保值要优于空头套期保值?

11. 期货套期保值的影响 解释当使用利率期货合约进行套期保值时，会对金融机构的收益产生何种可能的影响? 这是否意味着风险?

12. 交叉套期保值 描述什么是交叉套期保值。交叉套期保值的效力如何?

13. 利用国债期货套期保值 储蓄和贷款协会如何使用国债期货合约对固定利率抵押贷款的投资组合（假定资金的主要来源是短期存款）进行套期保值？解释抵押贷款提前归还如何限制套期保值的效力？

14. 股指期货 什么是股指期货？当金融机构预期股票价格将会暴涨，但没有足够资金购买大量股票时，如何运用股指期货进行操作？为什么股指期货能够比股票价格更迅速地反映出投资者对市场的预期？

15. 卖出股指期货 为什么养老基金或保险公司会考虑卖出股指期货合约？

16. 系统风险 解释与期货相关的系统风险，《金融改革法案》（2010）试图如何在期货市场和其他市场上监督系统风险？

17. 断路器 如何使用断路器？

高级问题

18. 期货的套期保值 艾伦储蓄和贷款协会拥有大量 30 年期浮动利率抵押贷款，利率每年根据基准利率调整一次。该机构的资金主要是通过发行 5 年期定期存单获得。该机构主要是根据收益率曲线评估未来的市场利率走势，并认为未来的利率预期是影响收益率曲线的主要因素。假定收益率曲线向下倾斜并且非常陡峭，根据这些信息，该机构是否应该使用金融期货进行套期保值？请解释。

19. 套期保值决定 布鲁德维尔储蓄和贷款协会拥有大量 10 年期固定利率抵押贷款头寸，其主要资金来源是短期贷款。它们使用收益率曲线去判断未来利率的市场预期，它们深信影响利率变动的主要因素是收益率曲线。假定收益率曲线向上倾斜并且非常陡峭，根据这些信息，该公司是否应当考虑使用期货合约进行套期保值？请解释。

20. 期货的价格如何受当前情况的影响 考虑当前的情况，如通货膨胀（包括油价）、经济状况、预算赤字和其他影响期货合约价值的条件。根据当前的情况，你是倾向于买入还是卖出国债期货合约？你是倾向于买入还是卖出股指期货合约？假设你在本学期末将会平仓。给出支持你的答案的逻辑。哪一个因素最能影响你有关国债期货和股指期货的决策？

21. 在利率低时使用利率期货 现在短期和长期的利率都很低。你相信美联储将使用货币政策保持利率在一个非常低的水平。你是否认为受到利率下跌不利影响的金融机构能够通过利率期货套期保值来规避风险从而获益？请解释。

辩证思维问题

股指期货和系统风险 写一篇关于在金融市场中金融期货如何减少系统风险，以及如何增加系统风险的短文。

解读财经新闻

诠释华尔街分析师和投资经理做出的下述评论：

a. “金融期货的出现为公司创造了无须将其投资组合清算就可以规避短暂性市场下跌的风险。”

b. “对市场充满信心，我打算使用股指期货规避市场波动的风险。”

c. “使用货币期货进行套期保值以规避使用国际共同基金集中投资于德国股票的汇率风险。”

金融市场管理

利用期货合约管理投资组合

作为一名投资组合经理，你时刻监控着你所持有的美国公司的股票和债券以及日本公司的股票和债券。尽管你打算长期持有这些证券，但是你必须时刻准备进行对冲交易以规避经济形势变化可能对你的投资产生的不利影响。你预期未来一年美国和日本的利率下降，美国股市持续低迷，日本股市繁荣，日元相对美元贬值。

a. 你是否应该考虑使用美国债券指数期货对冲你的美国公司债券投资？为什么？

b. 你是否应该考虑使用日本债券指数期货对冲你的日本公司债券投资？为什么？

c. 你是否应该考虑使用美国股指期货对冲你的美国公司股票投资？为什么？

d. 你是否应该考虑使用日本股指期货对冲你的日本公司股票投资？为什么？（注：日本股指期货以

日元标价，因此是规避股票价格变化风险，而不是汇率风险。）

e. 你是否应该考虑使用日元指数期货对冲因为投资日本公司股票和债券而面临的汇率风险？

习题

1. 从长期国债期货中获利 Spratt 公司以 93-50 的价格购买国债期货合约，平仓价格为 94-75，如果交易成本忽略不计，请计算该期货合约的损益情况。

2. 从长期国债期货中获利 Suerth 投资公司以 95-00 的价格买入国债期货合约，平仓价格为93-60，如果交易成本忽略不计，请计算该期货合约的损益情况。

3. 从长期国债期货中获利 Toland 公司以 94-00 的价格卖出国债期货合约，平仓价格为 93-20，如果交易成本忽略不计，请计算该期货合约的损益情况。

4. 从长期国债期货中获利 Rude Dynamics 公司以 93-26 的价格卖出国债期货合约，平仓价格为 93-90，如果交易成本忽略不计，请计算该期货合约的损益情况。

5. 从长期国债期货中获利 Egan 公司以 91-00 的价格购买长期国债期货合约，平仓价格为90-10，如果交易成本忽略不计，请计算该期货合约的损益情况。

6. 从长期国债期货中获利 R. C. Clark 以 92-10 的价格卖出长期国债期货合约，平仓价格为93-00，如果交易成本忽略不计，请计算该期货合约的损益情况。

7. 从股指期货中获利 Marks 保险公司在指数价格为 1 690 点的时候卖出标准普尔 500 指数期货合约，平仓时指数水平为 1 720，如果交易成本忽略不计，请计算该期货合约的损益情况。

资金流动练习

利用期货合约进行套期保值

如果经济形势持续走强，在未来几年内卡森公司需要增加 50%的生产能力来满足需求的增长，公司就需要为扩张和增加产量而融资。目前收益率曲线向上倾斜，公司预期由于美联储降低通货膨胀率这一潜在因素，经济增速可能会减慢。公司目前是以浮动利率商业贷款为主的债务融资。

a. 卡森公司如何利用期货合约降低利率变动引起的债务成本变化的风险？请明确说明是利用多头套期保值还是利用空头套期保值。

b. 在前一问中你所确定的套期保值能够完全抵消由利率上升带来的债务成本上升的风险吗？请解释是什么造成了空头套期保值的收益，是什么造成了利率上升时卡森公司的债务成本上升？

互联网/Excel 练习

1. 登录 www. investing. com，并回顾描述股票指数产品例如标准普尔 500 指数的表格。解释其价格最近如何变动。

2. 现在比较股票指数产品价格和标准普尔 500 指数的实际趋势，这在雅虎财经（finance. yahoo. com）上可以找到。描述标准普尔 500 指数期货和标准普尔 500 指数变动的关系。

关于现实案例的在线文章

找一篇近期描述一个具体金融机构或金融市场真实案例的在线实用性文章，以强化本章所涵盖的一个或多个概念。

如果你的班级有一个在线平台，教授可能会要求你把文章摘要放在那里并提供文章的链接以供其他学生访问。如果你的班级是当面授课的，教授可能会要求你当堂总结你对该文章的运用。教授可能指派特定学生或让学生自愿完成这项作业。

对于与本章相关的近期在线文章和真实案例，请考虑使用以下搜索词（请务必在搜索词中包含当前年份以确保在线文章是近期的）：

1. 利率期货＋投资
2. 利率期货＋收益
3. 利率期货＋损失

4. 利率期货+投机者
5. 利率期货+套期保值
6. 股指期货+收益
7. 股指期货+损失
8. 股指期货+投机者
9. 股指期货+套期保值
10. 期货+风险

第 14 章 期权市场

本章目标

- 提供期权的背景
- 解释为什么股票期权溢价会变化
- 解释股票期权如何被用于投机
- 解释股票期权如何被用于套期保值
- 解释股指期权的使用
- 解释期货期权的使用
- 讨论期权作为高管报酬的使用
- 讨论期权市场的全球化

股票期权能够使投机者根据其预期获利，也可以使金融机构降低风险。期权市场便利了股票期权的交易。

14-1 期权背景知识

期权分为看涨期权和看跌期权。**看涨期权**（call option）赋予其持有者以指定的价格（叫作**执行价格**，exercise price 或 strike price）在指定的时期内购买某种金融工具（例如股票）的权利。

当标的证券的市场价格高于执行价格时，该看涨期权被称为**实值**（in the money）期权；当标的证券的市场价格与执行价格相同时，该看涨期权被称为**平值**（at the money）期权；当标的证券的市场价格低于执行价格时，该看涨期权被称为**虚值**（out of the money）期权。

期权的第二种类型叫作**看跌期权**（put option）。它赋予其持有者在指定的时期内以指定的价格卖出某种金融工具的权利。与看涨期权一样，看跌期权的持有者也要支付一笔期权费以获得期权，并且有在期权到期日前的任何时间执行期权的权利，而不是义务。

当标的证券的市场价格低于执行价格时，该看跌期权被称为实值期权；当标的证券的市场价格与执行价格相同时，该看跌期权被称为平值期权；当标的证券的市场价格高于执行价格时，该看跌期权被称为虚值期权。

每份看涨期权和看跌期权合约对应着100股指定的股票，期权费的多少是在交易所中通过交易所成员之间的公开竞价来决定的。不同期权的期权费随着交易者对其的中意程度的增减而不断变动。

参与者可以通过对冲交易来使其期权头寸平仓。例如，期权的买方可以通过在任意时间卖出同样的期权来对冲其头寸，收益或损失由买入期权付出的期权费与卖出同样期权收入的期权费之间的差额来决定。期权的卖方则可以通过在任意时间买入同样的期权进行平仓。

上述股票期权被称为美式股票期权，它可以在到期前的任何时间执行。相反，欧式股票期权只有在到期日才可执行。

除了股票期权外，还存在股指期权，股指期权给予投资者在指定的日期以指定的价格买入（使用看涨期权）或卖出（使用看跌期权）指定的股票指数的权利。也有基于利率期货合约的期权，给予投资者在指定的日期以指定的价格买入或卖出指定的利率期货合约的权利。股指期权和利率期货期权在本章的后面部分会涉及。

14-1a 期权与期货比较

购买期权与购买期货合约之间有两点主要的区别：首先，期权要求在金融工具价格之外支付期权费；其次，期权的持有者在到期日可以选择放弃执行期权。看涨期权授予持有者权利而非义务去购买指定的金融工具。相反，期货合约的购买者在指定日期必须履行义务去购买指定的金融工具。如果看涨期权的持有者行使权利，则期权的卖方（有时称为立权人）有义务根据期权合约以指定的价格提供指定的金融工具。卖方能够从买方那里获得提前支付的费用（即期权费）作为补偿。

14-1b 期权交易市场

1973年成立的芝加哥期权交易所（Chicago Board Options Exchange，CBOE）是进行期权交易的最重要的场所。它为2 000多只不同股票的期权交易提供服务。在芝加哥期权交易所进行交易的期权合约具有标准的格式，下面将会简单介绍。这个合约的标准格式是芝加哥期权交易所期权合约的一个主要优势，因为它使得现有的期权合约更便于交易（在二级市场上）。标准化使得期权的普及性日益增强，并且也更具有流动性。由于大量的买方和卖方进行标准化的期权合约交易，所以对于某种特定的期权合约，买方和卖方可以互相匹配。

期权也在芝加哥商品交易所集团（CME Group）交易，其在 2007 年 7 月由芝加哥交易委员会（Chicago Board of Trade，CBOT）和芝加哥商品交易所（Chicago Mercantile Exchange，CME）合并而成。正如第 13 章中所讨论的，芝加哥商品交易所集团为全球市场提供衍生产品。在合并后，其提高了效率并减少了操作和维护费用，它将芝加哥交易委员会和芝加哥商品交易所合并为统一的位于芝加哥交易委员会的交易大厅，并将芝加哥商品交易所和芝加哥交易委员会的产品合并到统一的电子化交易平台。新的衍生品交易由芝加哥商品交易所集团的电子化平台执行。

随着期权的普及性日益增强，许多股票交易所开始批准期权交易。特别是纽约证券交易所市场（NYSE MKT，以前的美国股票交易所，现由洲际交易所拥有）与纽约证券交易所在一个单一的电子化平台上经营一种双市场期权交易结构；其中，双市场是指纽约证券交易所高增长板市场（NYSE Arca）和纽约证券交易所美国证券交易所（NYSE Amex）。纳斯达克和纳斯达克费城交易所（NASDAQ OMX PHLX，从前的费城股票交易所，2008 年被纳斯达克收购）也上市了许多不同的股票期权。第一家完全电子化的美国期权交易所是美国国际证券交易所（International Securities Exchange），现在由德意志交易所（Deutsche Borse）的子公司欧洲证券交易所（Eurex）持有。今天，许多交易所能够交易任何一种期权合约，交易所间的竞争可能为顾客带来更实惠的价格。

许多特定的期权合约在场外而非交易所内销售，通过金融中介（例如商业银行和投资银行）寻找或直接充当交易对手方。这些场外交易更加个性化，而且能根据交易各方的特殊偏好进行定制。对交易所交易的标准化期货合约来说，定制是不可能的。

上市要求 每一个交易所对创设的期权的股票都有自己的要求。一个关键的要求是标的股票的最小交易量，因为如果股票的交易量大，该股票期权的交易量也大。期权上市由每一个交易所决定，而不是由代表期权合约的公司决定。

期权清算组织的角色 像股票交易一样，期权交易也有买卖双方。期权出售给卖方规定了在特定条件下的特定义务。交易所本身并不持有期权的头寸，而是为期权的买卖提供了市场。期权清算组织（Options Clearing Corporation，OCC）是在美国进行期权交易的保证人，这就意味着期权合约的买方不用担心卖方不履行义务。

期权交易的监管 期权交易由证券交易委员会和不同的期权交易所进行监管。监管是为了保证公平有序的交易。例如，它防止内幕交易（内部人员利用未公开的公司内幕消息进行的交易）；它防止场内经纪人固定价格导致买卖价差增大，使得客户的成本提高。

14-1c 期权交易如何执行

在期权交易被创立时，场内经纪人就为经纪商执行指令。他们前去交易大厅中的特定区域执行委托以交易期权。今天，计算机技术的发展使得投资者可以执行电子化交易。大多数小型、标准化的合约可以电子化执行，但复杂的合约依然通过交易所会员间竞争性的公开喊价来执行。许多电子通讯网络（ECN）在编制时考虑了所有可能的交易，并在最合适的价格执行指令。

做市商也能够为顾客执行股票期权交易，他们赚取每笔交易买入价和卖出价之间的价差，尽管最近几年价差下降了很多。当他们使用自己的资金投资期权时，做市商也承担获利或损失的风险。

14-1d 委托的类型

像股票一样，投资者在进行期权交易时可以选择市价委托或限价委托。选择市价委托，会在当前的市场价格下立刻买进或卖出该期权；选择限价委托，只有在市场价格不高于或不低于特定的价格限制时交易才会被执行。例如，投资者会要求只有在期权的价格达到或低于特定的价格时才买进该期权。相反，投资者会要求只有在期权价格达到某种限制或更高时才卖出该期权。

在线交易 期权合约也可以在线买卖。许多在线经纪公司，包括 E* Trade 和 TD Ameritrade 撮合委托的期权交易。一些在线期权交易通过计算机网络传输到期权交易所，在期权交易所被执行。计算机会处理这些委托，从委托下达直到委托执行。

14-1e 股票期权报价

金融类网站及金融类报纸发布股票期权的报价，尽管报纸通常只列出每种股票的小部分期权。表 14.1 提供了 Viperon 公司 5 月 1 日的股票期权实例，当时的市价为每股 45.62 美元。表中每一行代表 Viperon 股票的不同期权。第一列显示的是执行价格；第二列显示的是到期日（在芝加哥期权交易所进行期权交易的到期日是第三个星期五之后的星期六）；第三列和第四列显示的是与前述执行价格及到期日相对的看涨期权数量和最近的期权费报价；第五列和第六列显示的是与前述的执行价格和期限相对的看跌期权数量及最近的期权费报价。

表 14.1 **Viperon 公司的股票期权**

	执行价格（美元/股）	到期日	看涨期权数量	看涨期权的期权费	看跌期权数量	看跌期权的期权费
期权 1	45	6 月	180	$4\frac{1}{2}$	60	$2\frac{3}{4}$
期权 2	45	10 月	70	$5\frac{3}{4}$	120	$3\frac{3}{4}$
期权 3	50	6 月	360	$1\frac{1}{8}$	40	$5\frac{1}{8}$
期权 4	50	10 月	90	$3\frac{1}{2}$	40	$6\frac{1}{2}$

四种期权的期权费对比显示了不同的因素如何影响期权费。首先，第一行和第三行（相同的到期日）的比较表明，执行价格越高的期权，其看涨期权的期权费越低而看跌期权的期权费越高，第二行和第四行的对比更进一步地证实了这一关系。其次，第一行和第二行（相同的执行价格）的比较表明，到期期限越长的期权，其看涨期权及看跌期权的期权费越高，第三行和第四行的对比更进一步地证实了这一关系。

14-1f 期权的机构用途

表 14.2 概括了各类金融机构对期权的使用。虽然出于投机的目的，金融机构有时也会保有期权头寸，但更普遍的是用于套期保值。储蓄机构和债券型共同基金用利率期货期权规避利率风险；股票型共同基金、保险公司、养老基金运用股票指数期权和股指期货期权对其股票投资组合进行套期保值。一些大型商业银行经常在场外市场作为持有衍生品期权的交易双方的中介。

表 14.2　　机构对期权市场的运用

金融机构的种类	参与期权市场
商业银行	· 有时为企业提供期权。
储蓄机构	· 为规避利率风险，持有期货期权头寸。
共同基金	· 为规避其投资组合中股票的价格可能下跌的风险，股票型共同基金持有一定头寸的股指期权。 · 为提高收益率，股票型共同基金有时运用股指期权进行投机。 · 债券型共同基金有时持有一定头寸的期货期权以规避利率风险。
证券公司	· 为个人和企业充当股票期权交易的经纪人。
养老基金	· 参与股指期权交易，规避其投资组合中股票价格可能下降的风险。 · 参与期货期权交易，规避债券投资组合受利率变动影响的风险。
保险公司	· 参与股指期权交易，规避其投资组合中股票价格可能下降的风险。 · 参与期货期权交易，规避债券投资组合受利率变动影响的风险。

14-2 股票期权价值的决定因素

股票期权的期权费是由市场力量决定的。如果一种期权具有买方众多而卖方很少的特征，该期权的期权费就会产生上升的压力。这样，这种期权的期权费必须足够高，直到使期权的供求达到平衡。这一归纳同样适用于看涨期权和看跌期权。下文中列出了影响供求状况，从而进一步影响期权费的因素。

14-2a 看涨期权价值的决定因素

看涨期权的期权费主要受以下因素的影响：

- 标的金融工具的市场价格（与期权的执行价格相关）
- 标的金融工具的波动性
- 看涨期权的到期时间

市场价格的影响　在其他条件不发生变化的情况下，标的金融工具的当前市场价格与期权执行价格的相关程度越高，看涨期权的价格就越高。如果一种金融工具的价值已经接近或是略超过执行价格，那么其价值很可能大幅上升，远远超过执行价格。因而买方会愿意对这种金融工具的看涨期权支付更高的期权费。

金融工具的市场价格（与期权的执行价格相关）对看涨期权的期权费的影响同样可以通过对同一时点、同一金融工具、不同执行价格的期权之间的对比来解释。

◇ 例子

考察表 14.3 中 2 月 25 日同一到期日的 KSR 股票看涨期权报价的数据。当时 KSR 的股票价格大约为每股 140 美元，执行价格为每股 130 美元的看涨期权的期权费比执行价格为每股 150 美元的看涨期权的期权费几乎高出 10 美元。这一例子进一步证明，较高的期权费要求锁定一个相对较低的看涨期权的执行价格。

表 14.3　　KSR 股票看涨期权的执行价格与期权费间的关系

执行价格（美元/股）	4 月到期的期权的期权费
130	$11\frac{5}{8}$
135	$7\frac{1}{2}$
140	$5\frac{1}{4}$
145	$3\frac{1}{4}$
150	$1\frac{7}{8}$

◇

股票的波动性的影响　在其他条件不变的情况下，标的金融工具的波动性越大，看涨期权的价格就越高。如果一种金融工具是不稳定的，其价格上涨至超过执行价格的可能性会很大。这样买方会愿意对该金融工具的看涨期权支付更高的期权费。举例来说，小盘股的看涨期权的期权费通常高于大盘股，因为小盘股往往更不稳定。

看涨期权到期时间的影响　在其他条件不变的情况下，看涨期权的到期时间越长，其价格就越高。距到期日的时间越长，期权持有者执行期权的时间越多。这样，该期权到期之前，金融工具的价格超过期权执行价格的可能性越大。

2 月 25 日 KSR 股票看涨期权到期时间与价格之间的关系如表 14.4 所示，该表同时列出了当日执行价格同为每股 135 美元的几种看涨期权。3 月到期的看涨期权的每股期权费为 4.5 美元，而 4 月到期的看涨期权的每股期权费为 7.5 美元。期权费的差异恰恰反映了到期时间的差异，7 月到期的看涨期权可被执行的时间更长。

表 14.4　　KSR 股票看涨期权到期时间与期权费间的关系

到期日	执行价格为每股 135 美元的期权的期权费
3 月	$4\frac{1}{2}$
4 月	$7\frac{1}{2}$
7 月	$13\frac{1}{4}$

14-2b 看跌期权价值的决定因素

看跌期权的期权费的决定因素与看涨期权是一样的，但影响的方向会发生改变，如下文所述。

市场价格的影响 在其他条件不发生变化的情况下，标的金融工具的当前市场价格与期权执行价格的相关程度越高，看跌期权的期权费就越低。如果一种金融工具的价值已经接近或略低于执行价格，那么其价值很可能大幅下降，远远低于执行价格。这样，买方会愿意对这种金融工具的看跌期权支付更高的期权费。这种对看跌期权的期权费的影响与对看涨期权的期权费的影响不同，因为较低的市场价格对于看跌期权的买方而言会更有利。

标的金融工具的市场价格（与期权的执行价格相关）对看跌期权的期权费的影响可以通过对同一时点、同一金融工具、不同执行价格的期权之间的对比来解释。例如，考察表 14.5 中 KSR 股票 2 月 25 日的看跌期权的数据。执行价格为每股 150 美元的看跌期权的期权费比执行价格为每股 135 美元的看跌期权的期权费每股高出 10 美元。这一区别反映出，当持有执行价格越高的看跌期权时，卖出股票时会有越高的收益。

表 14.5　KSR 股票看跌期权执行价格与期权费间的关系

执行价格（美元/股）	6 月到期的期权的期权费
130	$1\frac{7}{8}$
135	$3\frac{1}{8}$
140	$5\frac{3}{8}$
145	$8\frac{1}{2}$
150	$12\frac{1}{4}$

股票的波动性的影响 在其他条件不变的情况下，标的金融工具的波动性越大，看跌期权的期权费就越高，这种关系与看涨期权是一样的。如果一种金融工具是不稳定的，其价格骤降的可能性就大。这样，买方会愿意对这种金融工具的看跌期权支付更高的期权费，因为其市场价格有可能下降，从而大大低于期权的执行价格。

看跌期权到期时间的影响 在其他条件不变的情况下，看跌期权的到期时间越长，其期权费就越高，这种关系与看涨期权是一样的。距到期日的时间越长，期权持有者执行期权的时间越多。这样，在期权到期之前，金融工具的价格低于期权执行价格的可能性就越大。

看跌期权的到期时间与期权费之间的关系如表 14.6 所示，表中列出了 KSR 股票 2 月 25 日执行价格同为每股 135 美元的看跌期权。7 月到期的看跌期权的期权费为 7.25 美元，而 3 月到期的看跌期权的期权费仅为每股 0.5 美元。期权费的差异恰恰是时间差异的表现，7 月到期的看跌期权可被执行的时间更长。

表 14.6　KSR 股票看跌期权到期时间与期权费间的关系

到期日	执行价格为每股 135 美元的期权的期权费
3 月	$\frac{1}{2}$
4 月	$3\frac{1}{8}$
7 月	$7\frac{1}{4}$

14-2c　如何运用期权定价推导股票波动率

之前所描述的因素和期权费之间通常的关系在本章做了解释，本章附录提供了能够被用于股票期权合适价格的具体公式，由于股票的预期波动率难以观察，投资者在计算应当为特定期权支付的期权费时输入他们自己对波动率的估计。

一些投资者在评价特定股票的风险时调整期权价格公式以得出对股票预期波动率的估计。通过插入影响特定股票期权的期权费和市场上普遍的期权费报价的其他因素的值，预测股票的预期波动率（作为隐含的波动率被用于参考）是有可能的。通过提供报出的期权费和影响股票期权费的其他因素的值，隐含的波动率通过测定其应有的值来进行预测。许多软件包和计算器可以用于预测股票的隐含波动率。由于这种预测表明了市场对于股票潜在波动率的看法，投资者对其充满兴趣。当一些投资者考虑购买哪种股票时，他们可能使用这种预测作为股票风险的测度。

14-2d　期权价值变动解释

图 14.1 列出了导致期权费发生变动的相关因素。经济状况和市场状况可以导致一定时期内股票价格或是股票价格的预期波动率在期权到期前发生突然的变化。这些变化对股票期权的期权费产生了重要的影响。

期权市场参与者监控的指标　由于股票期权的期权费在很大程度上受到标的股票价格变动的影响，股票期权市场的参与者密切关注一些指标，这些指标在交易标的股票时同样受到关注。期权的交易者倾向于关注经济指标，因为经济状况影响公司的现金流，进而影响到股票的预期价值和股票期权的期权费。经济状况同样可以通过影响股票的预期波动率而影响期权费。

◇ 例子

在 2008 年秋季，次贷危机逐渐发展，股票的波动率大幅增加。通常，期权费也会增加。在这种情况下，更多的投资组合经理想要对他们的股票头寸进行套期保值，但是他们需要为看跌期权支付高昂的期权费。看跌期权的卖方认为，由于更高的波动率，风险已经增加，由此对看跌期权进行报价。

在金融危机之后的年份，股票波动率下降。通常，看跌期权的卖方暴露在较低的风险之下，从而能够接受较低的期权费。◇

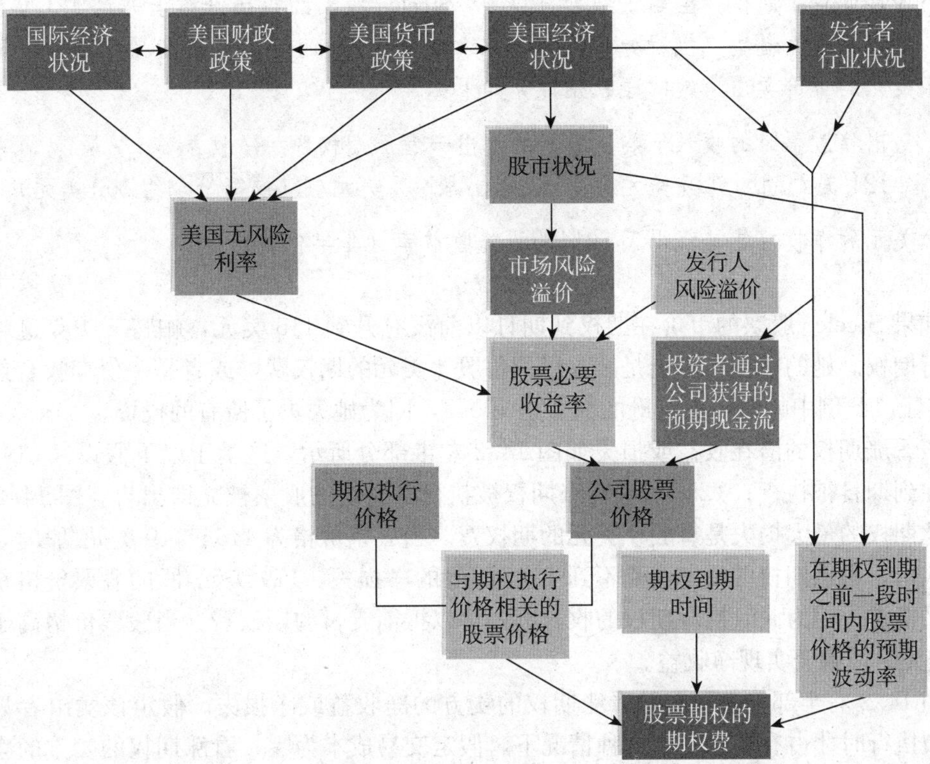

图 14.1　在一定时期内股票期权费变动原因的分析框架

14-3　股票期权投机

试图通过预期获利的投资者会频繁地进行股票期权交易。当投资者买进期权并且该期权没有对其现有的投资进行套期保值时，这样的期权被称为“裸期权”（无保护的）。既然投机者进行期权交易是为了对价格的变化进行投机而不是对其现有投资进行套期保值，他们的期权头寸就是赤裸的。投机者的预期决定了其究竟是进行看涨期权交易还是看跌期权交易。

在一些案例中，投资者借一份资金用于投资股票期权。使用借来的资金能够放大他们的收益，也能放大他们的损失。如果案例中引用的投机者使用借来的资金进行投资，本章中阐述的收益或损失将变得更加显著。

14-3a　看涨期权投机

看涨期权用于预期标的股票价格上升时进行的投机。

◇ 例子

帕特·杰克逊预期 Steelco 股票在 113 美元/股的市价基础上将会上涨，但她不想把可以运用的资金冻结在股票上，她用 4 美元/股的期权费买进执行价格为 115 美元/股的

Steelco 股票的看涨期权。在期权到期日以前，Steelco 股票的市场价格上升到 121 美元/股。这时，帕特·杰克逊决定执行她的期权，以 115 美元/股的价格买进股票，然后立即以每股 121 美元的市价卖出。她的净收益计算如下：

出售股票时的收入－购买股票的支出－看涨期权费＝净收益

121 美元/股－115 美元/股－4 美元/股＝2 美元/股(或每份合约 200 美元)

每股 2 美元的净收益使其获得了 50%的投资收益率（非年化的）。◈

如果 Steelco 股票的市价在期权到期日以前没有升到 115 美元，帕特·杰克逊将会放弃执行期权。她的净损失将会是她支付的每股 4 美元的期权费，或者是一份期权合约损失 400 美元。此例中帕特·杰克逊的损失是 100%，因为她失去了所有的投资。

该看涨期权的潜在收益或损失如图 14.2 左半部分所示，这基于以下假设：（1）看涨期权在到期日被执行；（2）如果看涨期权被执行，买进的股票被立即出售。图 14.2 表明购买此期权的最大损失是每股 4 美元的期权费。当股票价格为 115～119 美元/股时，期权会被执行，看涨期权的买方遭受不到 4 美元/股的净损失。119 美元/股的股票价格是一个盈亏平衡点，因为此时执行期权的收入刚好可以抵消支付的期权费。当股票价格高于每股 119 美元时，则会实现净收益。

图 14.2 右半部分表示同一看涨期权的卖方的净收益或净损失。假定该卖出者只有当期权被执行时才占有股票。在这种情况下，假定交易成本为零，看涨期权的卖方的净收益（损失）是此看涨期权买方的净损失（收益）。此看涨期权卖方的最大收益为其获得的期权费。

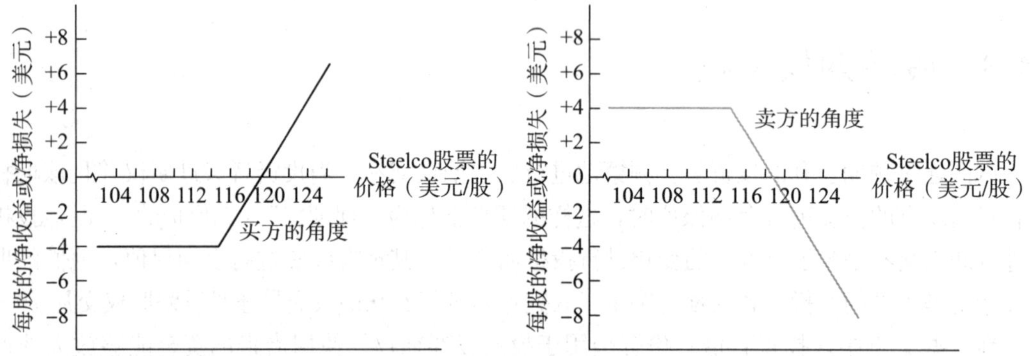

图 14.2　看涨期权的潜在收益或损失：执行价格＝115 美元/股，期权费＝4 美元/股

只有给定的股票可以有多种看涨期权，其潜在的风险-收益组合也是不断变化的。假定 Steelco 股票可以有三种到期日相同的看涨期权，如图 14.3 所示。每份期权的每一单位潜在收益或损失也在图 14.3 中列示，假定该期权在到期日被执行，同时假定投机者在执行看涨期权后立即卖掉所持有的股票。对给定股票的不同期权的对比说明，投机者可以选择不同的风险-收益组合的交易。

看涨期权的买方一般对收益率（利润与原始投资的百分比）很感兴趣，为此，将曲线图转化为反映标的证券在各种可能的价格下的收益率。第一步，将每单位的利润转换成每一可能价格下的收益，如表 14.7 所示。例如，当股票价格为每股 116 美元时，看涨期权 1

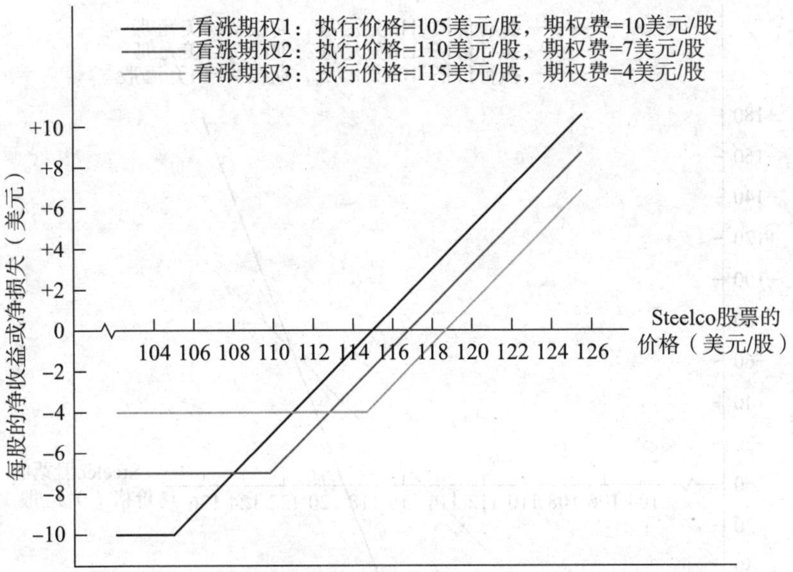

图 14.3　三种看涨期权（买方的角度）的潜在收益或损失

获得 10%（每股 1 美元的利润与已付 10 美元期权费的百分比）的收益；看涨期权 2 产生大约 14%（每股 1 美元的损失与已付 7 美元期权费的百分比）的损失；看涨期权 3 则遭受 75%的损失（每股 3 美元的损失与已付 4 美元期权费的百分比）。

这些数据可以转化为如图 14.4 所示的曲线图。该图表明看涨期权 1 的潜在损失及收益在股票价格高时相对较低。相反，看涨期权 3 在股票价格高时的潜在损失相对高，但潜在收益相对较低。

表 14.7　三种不同看涨期权的潜在收益率（买方的角度）

Steelco 股票的价格（美元/股）	期权 1 执行价格＝105 美元/股 期权费＝10 美元/股		期权 2 执行价格＝110 美元/股 期权费＝7 美元/股		期权 3 执行价格＝115 美元/股 期权费＝4 美元/股	
	单位收益（美元）	收益率（%）	单位收益（美元）	收益率（%）	单位收益（美元）	收益率（%）
104	−10	−100	−7	−100	−4	−100
106	−9	−90	−7	−100	−4	−100
108	−7	−70	−7	−100	−4	−100
110	−5	−50	−7	−100	−4	−100
112	−3	−30	−5	−71	−4	−100
114	1	−10	−3	−43	−4	−100
116	1	10	−1	−14	−3	−75
118	3	30	1	14	−1	−25
120	5	50	3	43	1	25
122	7	70	5	71	3	75
124	9	90	7	100	5	125
126	11	110	9	129	7	175

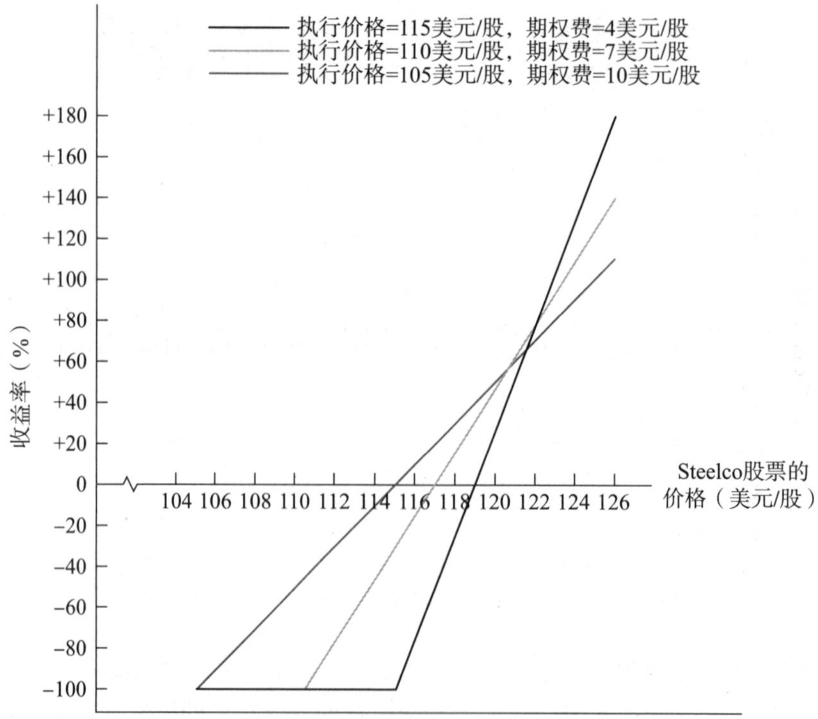

图 14.4　三种看涨期权的潜在收益率（买方的角度）

14-3b　看跌期权投机

看跌期权用于投资者预期股票价格下跌时所进行的投机。

◈ **例子**

假定能够以 2 美元/股的期权费买进执行价格为 110 美元/股的 Steelco 股票的看跌期权。如果 Steelco 股票的价格跌破 110 美元/股，投机者则可以买进该股票，并执行该看跌期权，以从这笔交易中获利。然而，只有当投机者的盈利不低于 2 美元/股时，才能抵偿期权费。如果市价为 104 美元/股时投机者执行该看跌期权，其净收入可以计算如下：

出售股票的收入－买入股票的支出－看跌期权费＝净收益

110 美元/股－104 美元/股－2 美元/股＝4 美元/股

这里的净收益率是 200%，或者是所支付期权费的 2 倍。◈

该看跌期权的潜在收入或损失如图 14.5 左半部分所示，这基于以下假设：(1) 该看跌期权在到期日被执行；(2) 投机者在看跌期权被执行前买进股票。图 14.5 显示了买入该期权的最大损失是 2 美元/股。当股票价格在 108～110 美元/股时，看跌期权的购买者将蒙受不到 2 美元/股的损失。108 美元/股的股票价格是盈亏平衡点，因为这时执行看跌期权的收益刚好弥补 2 美元/股的期权费。

图 14.5 的右半部分显示了该看跌期权的卖方的收入或损失，假定当看跌期权被执行

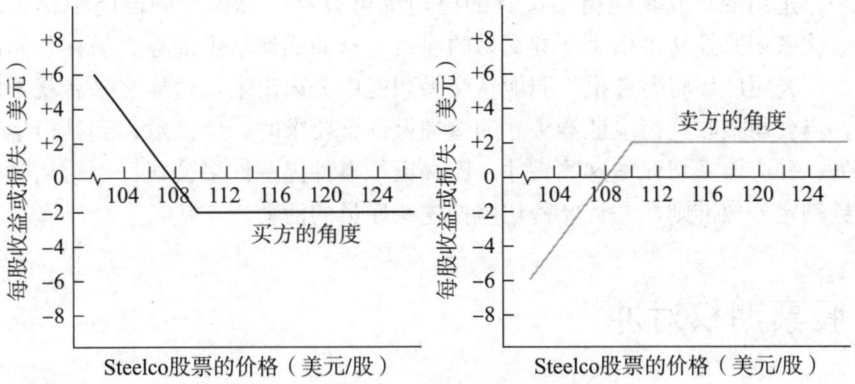

图 14.5　看跌期权的潜在收益或损失：执行价格＝110 美元/股，期权费＝2 美元/股

时卖方出售股票，在这种情况下，假定交易成本为零，看跌期权卖方的收益（损失）就是该看跌期权买方的损失（收益）。看跌期权卖方的最大收益即为其所得的期权费。与看涨期权一样，同一股票一般也有多个看跌期权，其潜在的收益或损失也不断变化。

14-3c　投机的过度风险

期权投机具有高风险。利用期权进行投机的金融机构和其他公司通常有密切监控风险和衡量期权市场可能状况的方法。然而，在一些案例中，一家金融机构或一家公司会因为缺乏对期权交易的监管而蒙受巨大的损失。

◇ 例子

金融机构遭受股票期权的过度风险的最著名案例之一是英国的一家投资银行——巴林银行。1992 年，英国巴林银行伦敦总部的职员尼克·利森被派往新加坡的下属机构——巴林期货公司——负责会计部工作。到新加坡任职不久，利森参加并通过了新加坡国际货币交易所（Singapore International Monetary Exchange，SIMEX）进行的场内经纪人的考试。巴林期货公司作为交易所的经纪人，主要为自己的客户服务。在到达新加坡工作不到一年的时间内，利森作为巴林期货公司的雇员，开始在新加坡国际货币交易所从事衍生品合约的交易。之后利森开始为公司自己的账户进行日经股票指数期权的交易，而不只是充当经纪人。与此同时，他也继续担任巴林期货公司的会计主管。这个职位使利森可以隐瞒任何衍生品头寸的损失，所以巴林银行的财务报告显示出的总是巨额的利润。

1995 年 1 月，利森的损失累积超过了 3 亿美元。利森定期需要资金弥补头寸价值下降导致的追加保证金要求。巴林银行满足了数百万美元的追加保证金的资金要求，却没有意识到追加保证金是此后引起重大问题的信号。

1995 年 2 月底，巴林银行一个发现了问题的会计与利森核实会计记录。在会议中，当利森被要求解释一些具体的会计科目时，他借故离开并且再也没有回来。当天晚上利森离开了新加坡，并从马来西亚的吉隆坡给巴林银行总部发了辞职传真。巴林银行审查后发现他累计造成的损失已达 10 亿多美元，这造成了巴林银行破产。一年后，利森被引渡回新加坡并且被指控犯有欺诈罪，被判入狱六年半。◇

任何一家运用期货或其他衍生工具的公司都可以从巴林银行的倒闭中得到教训。第一，公司应该密切监控从事衍生证券交易的雇员，从而确保衍生证券交易在公司的准则内进行；第二，公司应该将财务报告职能从交易职能中分离出来，这样交易者就不能隐瞒损失；第三，当公司接收到衍生证券头寸的追加保证金要求时，应该意识到其衍生工具存在的潜在损失，并应该密切评估这些头寸。巴林银行事件提醒许多公司，要给从事衍生证券交易的雇员制定公司准则，并且要密切监控这些雇员的活动。

14-4 股票期权对冲

看涨期权与看跌期权通常用于套期保值，以规避由股票价格可能发生变动而导致的风险。一些金融机构，如共同基金、保险公司以及养老基金，管理着大量的股票投资组合，它们经常运用股票期权进行套期保值。

14-4a 用持保看涨期权对冲

一只股票的看涨期权可以用来对该股票的持有头寸进行套期保值。

◈ 例子

波特兰养老基金购入了大量的 Steelco 股票。假定波特兰养老基金预测持有的股票长期表现较好，但由于 Steelco 正在经历一些暂时性问题，其担心几个月之后 Steelco 股票的走势不好。卖出 Steelco 股票的看涨期权进行套期保值，可以规避这种潜在的风险。这被称为持保看涨期权（covered call），因为该机构通过已经持有的股票支持或保护了这种期权。

如果 Steelco 股价在市场中上涨，那么该看涨期权可能会被执行，波特兰养老基金会以执行价格将 Steelco 股票卖给看涨期权的买方来履约。相反，如果 Steelco 股价下跌，该期权将不会被执行。通常，波特兰养老基金不必卖出其持有的 Steelco 股票，卖出看涨期权获得的收益能部分弥补股价下跌的损失。这样，虽然对该机构股票投资组合的市值会产生负面影响，但是通过卖出看涨期权而获得的收益至少能够部分抵消这种不利影响。

假定波特兰养老基金以 112 美元/股的市场价格买入 Steelco 股票。为了规避 Steelco 股票价格短期内下跌的风险，波特兰养老基金以 110 美元/股的执行价格卖出看涨期权，期权费为 5 美元/股。波特兰养老基金在卖出持保看涨期权后净损益的各种情况如表 14.8 所示。为便于比较，波特兰养老基金不卖出持保看涨期权，而是在期权到期日卖掉股票。其各种损益情况也被列出（见表 14.8 下面的图中的浅色线）。注意当股票市场低迷的时候，卖出持保看涨期权的结果没有不卖出持保看涨期权时那么糟；但在股票市场上涨的时候，结果也不会太好。◈

表 14.8 解释了卖出持保看涨期权的每股损益。当到期日的价格高于 110 美元/股时，看涨期权都会被执行。波特兰养老基金必须将 Steelco 股票以 110 美元/股的执行价格出售给看涨期权的买方。波特兰养老基金的净收益将是 3 美元/股，这个结果是 5 美元/股的期

权费（在交割期权时获得）减去 Steelco 股票 2 美元/股的买卖价差。通过比较看涨期权存在与否的两种不同情况，很明显可以看出看涨期权限制了股票的潜在收益，但同时也降低了风险。

表 14.8　　卖出持保看涨期权的风险-收益

卖出持保看涨期权每股收益的解释

Steelco 股票到期日的价格（美元/股）	波特兰养老基金卖出 Steelco 股票的价格（美元/股）		卖出持保看涨期权获得的期权费（美元/股）		购买 Steelco 股票付出的价格（美元/股）		每股的收益或损失（美元/股）
104	104	+	5	−	112	=	−3
105	105	+	5	−	112	=	−2
106	106	+	5	−	112	=	−1
107	107	+	5	−	112	=	0
108	108	+	5	−	112	=	1
109	109	+	5	−	112	=	2
110	110	+	5	−	112	=	3
111	110	+	5	−	112	=	3
112	110	+	5	−	112	=	3
113	110	+	5	−	112	=	3
114	110	+	5	−	112	=	3
115	110	+	5	−	112	=	3
116	110	+	5	−	112	=	3
117	110	+	5	−	112	=	3
118	110	+	5	−	112	=	3
119	110	+	5	−	112	=	3
120	110	+	5	−	112	=	3

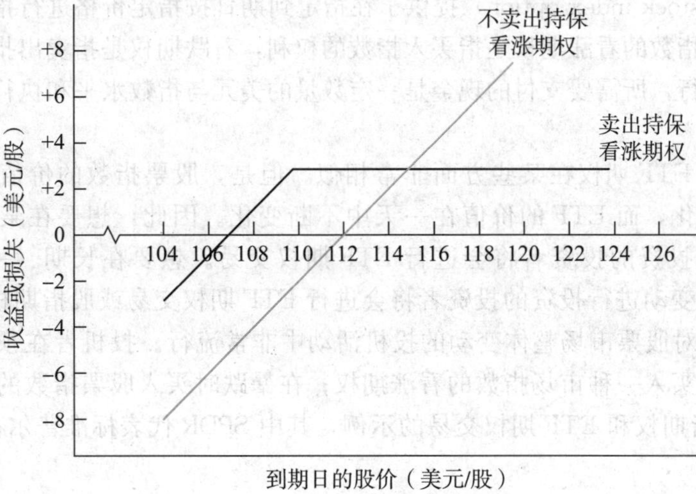

14-4b 看跌期权对冲

股票的看跌期权也常用来对股票头寸进行套期保值。

◇ 例子

继续之前的例子，波特兰养老基金面临 Steelco 股价暂时下跌的可能。该基金可以通过买入该股票的看跌期权以规避 Steelco 股价暂时下跌的风险。该基金的期权头寸可能会得到收益，从而弥补股价降低的损失。如果 Steelco 股价没有降低，该基金就会不执行看跌期权。◇

当投资组合经理认为股价将暂时下跌时，使用看跌期权是最为典型的套期保值方法。而当他们面临长期的股票价格变动时，则可能卖出股票而不是对冲头寸。

长期期权的套期保值 **长期期权**（long-term equity anticipation，LEAP）是距离交割有较长时间的期权，通常是距离最初的上市日期 2～3 年。这些期权更适合一些大市值股票，并且使用期权应对长周期比应对短期更为有效。在长周期中的合约花费低于短期内每次期权期满或被执行时持续反复购买看跌期权的花费。此外，持续反复购买看跌期权的花费是不确定的，然而购买长期股票期权的看跌期权的花费是立即可知的。

14-5 ETF 期权与股指期权

也有利用交易所交易基金（ETF）和股票指数的期权。ETF 是拟合特定的股票指数设计并且在交易所进行交易的基金。因此，ETF 期权提供了在指定到期日按指定价格进行指定的 ETF 交易的权利。由于 ETF 的交易与股票交易类似，因此 ETF 期权的交易也类似股票期权的交易。执行看涨 ETF 期权的投资者将在其账户中获得 ETF 的支付。执行看跌 ETF 期权的投资者将 ETF 从其账户中转到其对手的账户中。

股指期权（stock index option）提供了在指定到期日按指定价格进行指定股票指数交易的权利。股票指数的看涨期权是指买入指数的权利，看跌期权是指卖出指数的权利。如果指数期权被执行，所需要支付的现金是一定数量的美元与指数水平和执行价格之间差额的乘积。

股指期权和 ETF 期权在某些方面非常相似。但是，股票指数的价值只在每个交易日结束时发生变化，而 ETF 的价值在一天中不断变化。因此，想要在某一天根据指数的预期变动进行投资的投资者将会进行 ETF 期权交易。想要在长期（一周或几个月）根据指数的预期变动进行投资的投资者将会进行 ETF 期权交易或股指期权交易。

指数期权在对股票市场整体变动的投机活动中非常流行。投机者在预期股票市场暴涨时，可以考虑买入一种市场指数的看涨期权；在暴跌时买入股票指数的看跌期权。表 14.9 提供了股指期权和 ETF 期权交易的示例，其中 SPDR 代表标准普尔存托凭证。

表 14.9　股指期权和 ETF 期权交易的样本

ETF 期权交易的样本	
安硕纳斯达克生物科技指数	安硕罗素 1000 增长指数基金
安硕北美科技指数	能源行业 SPDR
安硕北美软件指数	金融行业 SPDR
安硕罗素 1000 指数基金	公用事业 SPDR
安硕罗素 1000 价值指数基金	卫生保健行业 SPDR
股指期权交易的样本	
亚洲新兴市场指数	标准普尔小盘股 600 指数
欧洲 100 指数	纳斯达克 100 指数
墨西哥指数	罗素 1000 指数
道琼斯工业平均指数	罗素 1000 价值指数
道琼斯运输业平均指数	罗素 1000 增长指数
道琼斯公用事业平均指数	罗素中盘股指数
标准普尔 100 指数	高盛互联网指数
标准普尔 500 指数	高盛软件指数
纳斯达克生物科技指数	

行业指数期权也存在，这一期权允许投资者买入或卖出反映特定行业的指数。由于这些合约反映的是股票指数的一部分，它们区别于股指期权。对整体市场乐观的投资者可能对股指期权更感兴趣，相反对特定行业更乐观的投资者对行业指数期权更感兴趣。有许多不同行业的期权存在，包括银行、能源、地产、石油勘探、半导体和公用事业等。

14-5a　股指期权对冲

金融机构和其他公司通常持有 ETF 期权头寸或者股指期权来对冲市场或者行业情况给其资产组合或者现金流带来的不利影响。以下是关于股指期权的讨论，而 ETF 期权的应用也可以使用相同的方法。

保险公司和养老基金公司等金融机构持有大量股票投资组合，这些投资组合的价值取决于总体市场变动。如果股票投资组合的范围足够大，其市值的变化可能与市场的变化相一致。出于这个原因，投资组合经理会考虑买入股票指数的看跌期权以规避市场下跌的风险。如买入了指数看跌期权，投资组合经理会更密切地关注已经进行了套期保值的投资组合。如果股市经历严重的下跌，投资组合的市值会下降，但因为指数价格低于执行价格，股票指数的看跌期权能获得收益。市场跌幅越大，投资组合的市值下降越多，但持有的股票指数期权的收益也越大。这样，弥补效应降低了对公司的负面影响。

如果股市上涨，指数看跌期权将不会被执行。这样，公司不能弥补购买期权的成本，就像购买了保险但没有使用一样。一些投资组合经理仍然相信，期权对于规避市场暂时下跌的风险是非常必要的。

长期股指期权的套期保值 出于在到期日前用更长时间进行套期保值的想法，长期股指期权被期权市场参与者广泛应用。例如，对于标准普尔 100 指数和标准普尔 500 指数，长期股指期权是很有用的，到期日向后至少延长两年。当申请长期股指期权时，每类指数会被修改为原有规模的 1/10，从而导致更低的价格，更适合于小投资者。

股指期权的动态资产配置 随着时间的推移，为了对不断变化的预期做出反应，需要在高风险和低风险投资之间进行转换，即动态资产配置。一些投资组合经理把股指期权作为进行资产配置的一种工具。例如，当投资组合经理预测市场形势有利时，就会购买股票指数的看涨期权，从而增强了有利市场变动的效果。本质上说，投资组合经理利用股指期权提高了投资组合对股市变化的反应能力。反之，当股票市场形势向不利方向发展时，他们会买入看跌期权，从而减少市场不利情况对其股票投资组合价值的影响。

因为股指期权有不同的执行价格，投资组合经理能够选择一个能最大限度保证其收益的执行价格。例如，假定目前的股票指数非常接近投资组合经理的股票投资组合，并且他们希望保证其损失不超过 5%。如果当前的指数水平为 400，投资组合经理买入看跌期权，其执行价格为 380，因为这个水平比当前的指数水平 400 低 5%。如果指数水平下跌到 380 以下，投资组合经理将行使其期权，其获利将部分抵消股票投资组合市值的减少。

这种策略本质上是一种保险，看跌期权支付的期权费非常接近于保费。因为在期权将可能被执行前指数必须下降 5%，这与保险中“可免赔额”这一普遍政策是非常相似的。如果即使损失很小，投资组合经理也希望规避，他们就会以一个较高的指数执行价格购买一种看跌期权，例如执行价格为 390。但是，由于这种额外的保护，该期权支付的期权费将会更高，换句话说，由于“可免赔额”更小了，该投资组合保险的成本就更高了。

另一种动态资产配置形式下，当预期股市非常稳定时，投资组合经理会卖出这一时期股票指数的看涨期权。这种策略不会创造一种完美的套期保值，但是能够提升在股市不景气或衰退时期内投资组合的表现。

投资组合经理通过使用股指期权调整其头寸的风险-收益状况，这种效果要好于重新调整其现有股票的投资组合。这种动态资产配置形式避免了重新调整股票投资组合的实际交易成本。

14-5b 以指数期权衡量市场风险

就像一只股票的隐含波动率能从有关这只股票期权的信息里推断出来一样，股票指数的隐含波动率也能从股票指数期权信息里获知。影响股票期权费的因素也会影响股指期权费，因此股指期权费与主要股票指数的预期波动率正相关。如果投资者想要估计股指的预期波动率，他们可以利用软件组合并输入当前期权费和其他可以影响期权费的因素（预期波动率）得出。

芝加哥期权交易所波动率指数（VIX）代表了标准普尔 500 指数（一种综合了 500 只大型股票的指数）衍生期权的隐含波动率情况。许多投资者密切关注这些指数，因为其反映了市场对于市场（以标准普尔 500 指数为代表的市场）波动率的预期。VIX 有时作为“恐慌指数”被参考，因为人们认为，它的值很高的话就反映了对股票价格下降的高度恐慌。

14-6 期货合约的期权

在最近几年，期权的概念已被应用到期货合约，产生了期货合约的期权（有时称为“期货期权”）。期货合约的期权是指在指定时间内按指定的价格买入或卖出期货合约的权利（而非义务）。这样，如果市场状况良好，期货期权拥有持有期货头寸的权利，当市场状况出现不利影响时，这种灵活性可通过终止期权使投资者规避风险。和其他期权一样，期货期权的买方也要支付一定的期权费。

期权对于股指期货是非常有用的，可以用于对预期股票市场波动的投机，或用于套期保值以规避市场变动的不利影响。个人和金融机构运用期货期权与运用股票期权的方式类似。

期权也用于利率期货，如中期或长期国债期货。这种标的期货合约的结算日通常是在相应的期权合约到期以后的几个星期。

看涨利率期货期权是在指定时间内以指定价格买入期货合约的权利，而看跌期货期权是在指定时间内以指定价格卖出期货合约的权利（而非义务）。因为利率期货合约能套期保值以规避利率风险，所以常被储蓄机构、商业银行、人寿保险公司以及养老基金等金融机构用于规避风险。

14-6a 期货期权投机

预期利率变化的投机者也会预期债券价格的变化。他们可以根据预期持有长期国债期货期权头寸进行投机。

预期利率下降的投机 如果投机者预期利率下降，他们会考虑买入长期国债期货的看涨期权。如果预期正确，长期国债的市值将上升，这时国债期货合约的价格也会上升。投机者会以执行价格行使其买入期货的期权，该执行价格会低于期货合约的市场价格。

◈ 例子

Kelly 预期利率会下降并买入长期国债期货看涨期权。该期货的执行价格为 94-32（100 000 美元的 94 $\frac{32}{64}$%，即 94 500 美元），买入看涨期权的期权费为 2-00（100 000 美元的 2%），即 2 000 美元。假设结果是利率下降，在一段时期内国债期货合约价格将上升，并且在期权到期日前不久合约价格为 99-00（99 000 美元）。这时，Kelly 决定行使期权，并以相比买入期货更高的价格卖出同样的期货合约（创造相抵持仓）进行平仓。Kelly 这次投机策略的净收益是：

长期国债期货卖出价格－长期国债期货买入价格－看涨期权支付的期权费

＝买入看涨期货期权的净收益

99 000 美元(即 100 000 美元×99.00%)－94 500 美元(即 100 000 美元×94.50%)

－2 000 美元(即 100 000 美元×2.00%)

＝2 500 美元(即 100 000 美元×2.50%)

在此净收益为 2 500 美元，表示投资收益率为 125%。◈

看涨期权的出售者持有与购买者相反的头寸。这样，购买者的收益（或损失）与出售者的损失（或收益）相等。

◈ **例子**

Ellen 卖出上例中被 Kelly 买入的看涨期货期权。在此期间 Ellen 有义务买入期货合约以执行期权。他这次投机的净收益是：

长期国债期货卖出价格－长期国债期货买入价格＋看涨期权支付的期权费
＝卖出看涨期货期权的净收益
94 500 美元(即 100 000 美元×94.50%)－99 000 美元(即 100 000 美元×99.00%)
＋2 000 美元(即 100 000 美元×2.00%)
＝－2 500 美元[即 100 000 美元×(－2.50%)]

在没有交易成本的情况下，Ellen 的损失等于 Kelly 的盈利。如果期权到期日前期货合约的价格保持在 94-32（94 500 美元）的执行价格之下，那么期权不会被执行；买入该期货期权的净收益将为－2 000 美元（支付的期权费），而卖出该期货期权的净收益为 2 000 美元。◈

当利率下降时，长期国债看涨期权的购买者可以在期限内卖出之前购买的期权。如果利率上升了，期权将无利可图，因此投机者会终止其期权，其损失也只是该期权的期权费。这样，与仅购买期货合约相比，投机者买入期货期权遭受的损失是很有限的。

一些投机者预期利率保持稳定或下跌时，将卖出长期国债期货看跌期权。如果预期正确，期货合约的价格将会上升，看跌期权则不会被执行。所以，看跌期权的卖方将获得期权费。

预期利率上升的投机 如果投机者预期利率将上升，他们可以考虑购买长期国债期货看跌期权获利。如果他们预期正确，长期国债的市场价格将会下降，国债期货合约的价格也会下降。投机者会以执行价格行使期权卖出期货，该执行价格高于期货合约的市场价格。然后，再以低于卖出合约时的价格买入期货（抵消头寸）。如果利率下降了，投机者会终止其合约，其损失也只是该期权的期权费。

◈ **例子**

John 预期利率会上升，并且买入国债期货的看跌期权，假定国债期货合约的执行价格为 97-00（97 000 美元），期权费为 3-00（3 000 美元）。假如利率确实是上升的，则在一段时间内国债期货价格会下降，并且在期权到期日前不久期货价格为 89-00（89 000 美元）。这时，John 决定执行期权，并且通过买入相同的期货合约平仓。John 这一投机的净收益是：

长期国债期货卖出价格－长期国债期货买入价格－看跌期权支付的期权费
＝买入看涨期货期权的净收益
97 000 美元(即 100 000 美元×97.00%)－89 000 美元(即 100 000 美元×89.00%)
－3 000 美元(即 100 000 美元×3.00%)

=5 000 美元(即 100 000 美元×5.00%)

John 的净收益为 5 000 美元，表示投资收益率为 167%。

本例中将长期国债期货的看跌期权卖给 John 的人损失了 5 000 美元，假定在 John 平仓的同时卖方的头寸被平仓（通过卖出一份同样的期权合约）。如果直到期权到期日，国债期货价格保持在 97-00 的期权执行价格之下，则期权将不会被执行。John 的净损失为 3 000美元（支付的期权费）。◇

一些预期利率会上升的投机者会卖出长期国债期货合约的看涨期权，如果预期正确，期货合约的价格可能下降，这时看涨期权就不会被执行了。

14-6b 利率期货期权对冲

期货期权也被用于套期保值以规避风险。金融机构通常用利率期货期权为它们的债券和抵押贷款组合进行套期保值。它们持有的期权头寸是为了获得一定收益从而抵消债券或抵押贷款组合带来的损失，有时甚至可以带来一些潜在的好处。

◇ 例子

Emory 储蓄和贷款协会拥有大量长期固定利率抵押贷款，其主要资金来源是短期资金，因此利率上升会有不利影响。如之前章节所述，在这种情况下卖出长期国债期货合约能够部分抵消利率上升的不利影响。如果利率下降，该储蓄和贷款协会利差（利息收入与支出之间的差额）的潜在增加部分可以抵消期货合约的损失。

卖出利率期货合约进行抵押贷款的套期保值的潜在局限性是家庭可以提前支付抵押贷款。如果利率下降且大量的抵押贷款被提前支付，该储蓄和贷款协会的期货头寸将发生损失，没有可用于弥补利差的收益。为规避这种风险，该储蓄和贷款协会可以买入长期国债期货的看跌期权。假定该储蓄和贷款协会以每份合约 2-00（2 000 美元）的价格买入执行价格为 98-00（98 000 美元）的国债期货的看跌期权，最初长期国债期货合约的价格为 99-00。第一种情况，假定利率上升，国债期货合约的价格下降到 91-00。在这种情况下，该储蓄和贷款协会执行卖出国债期货合约的权利，并买入同样的期货合约抵消其头寸，获得 5 000 美元的净收益，如表 14.10 所示。期货头寸的收益有助于弥补该储蓄和贷款协会由于利率上升导致的利差下降。

表 14.10　　长期国债期货看跌期权套期保值的结果

	情形 1： ·利率上升 ·长期国债期货价格下跌到 91-00	情形 2： ·利率下降 ·长期国债期货价格上升到 104-00
对 Emory 储蓄和贷款协会利差的影响	利差下降	利差上升，但可能发生抵押贷款的提前支付
对长期国债期货价格的影响	期货价格下跌	期货价格上升
是否执行看跌期权	执行看跌期权	不执行看跌期权
长期国债期货的卖价	98 000 美元	无卖出
一长期国债期货的买价	−91 000 美元	无买入

续前表

	情形 1： ·利率上升 ·长期国债期货价格下跌到 91-00	情形 2： ·利率下降 ·长期国债期货价格上升到 104-00
一看跌期权支付的价格	−2 000 美元	−2 000 美元
＝每份期权的净收益	5 000 美元	−2 000 美元

现在考虑第二种情况，利率下降导致国债期货价格上升到 104-00。在这种情况下，由于期货期权是亏损的，所以该储蓄和贷款协会不会执行该看跌期权。◈

这个例子说明了与仅卖出期货相比，看跌期货期权如何更灵活地进行套期保值。然而，看跌期权的期权费是必须支付的。希望通过套期保值规避利率上升的风险的金融机构应该比较卖出利率期货合约相对于买入利率期货的看跌期权在规避利率风险方面的可能结果。

14-6c　股指期货期权对冲

金融机构和其他投资者一般用股指期货期权对其股票投资组合进行套期保值。他们持有期权头寸是为了获得一定收益，从而抵消股票投资组合带来的损失，有时甚至可以带来一些潜在的好处。

◈ 例子

你目前管理着价值 40 万美元的股票投资组合，并计划长期持有这些股票。但是，3 个月后股票市场上可能经历短暂的下跌，你的股票投资组合可能和市场下跌同样的幅度，这正是你所担心的。假定你希望通过套期保值使投资组合价值的跌幅在其现值的 3%以内，但又希望在市场上涨时获得收益，你可以买入股指期货的看跌期权进行套期保值。标准普尔 500 指数期货的看跌期权合约有从现在起 3 个月到期的。

假定标准普尔 500 指数目前是 1 600 点，并且假定有执行价格为 1 552 点（表示目前指数水平下跌 3%）的指数期货看跌期权，期权费报价为 10。一份指数期货的看跌期权的期权费是 250 美元乘以期权费报价，则所需支付的金额共计 2 500 美元（即 10×250 美元）。如果指数水平低于 1 552 点（即跌幅超过 3%），你可以行使该期权，即在 1 552 点的价格水平上卖出指数期货。在期货合约结算时，你将得到的收入是 1 552 点的期货价格与目前指数水平的差额的 250 倍。例如，如果市场跌幅为 5%，指数将从 1 600 点下降到 1 520 点，你可以从指数期货合约中得到收益 8 000 美元，即（1 552−1 520）×250 美元。同时由于你持有的投资组合的市值下降了 5%，你的损失是 20 000 美元，即 400 000 美元×5%。由期权合约产生的 8 000 美元收益（不包括期权费）抵消了部分损失，使整个损失降低到 12 000 美元，即投资组合的 3%。◈

决定股指期货期权套期保值程度的因素　在前面的例子中，损失低于 3%时就不进行套期保值。在运用看跌期权进行套期保值时，指定到期日的某种股指期权有多种执行价格。例如，标准普尔 500 指数的看跌期权的执行价格可以有 1 760 点、1 800 点、1 840 点等。相对于目前的指数水平，执行价格越高，投资者能够锁定的指数期货的卖价越高。然而，买入较高执行价格的期权就必须支付较高的期权费。分析结果清楚地表明：为了抵消股价小幅下跌带来的损失，必须支付一个较高的“保险”价格。这个概念类似于汽车保险，即保险人必须为享有较低的免赔额而支付较高的保费。

卖出看涨期权以弥补看跌期权的成本 在之前的例子中，套期保值的成本是 2 500 美元，假定你对 3 个月后的股票市场预期悲观，你可以卖出标准普尔 500 指数期货的看跌期权，用从中获取的报酬来弥补买入看跌期权的成本。

◈ 例子

假定标准普尔 500 指数期货的看涨期权的执行价格是 1 648 点（超过市场指数水平 3%），期权报价为 10，你能够以 2 500 美元（=10×250 美元）卖出看涨期权，用从中获取的报酬弥补买入看跌期权的期权费。这一交易最明显的缺点是限制了上涨潜力可能带来的盈利空间。例如，如果市价在三个月内上涨了5%，标准普尔 500 指数水平将升到 1 680 点，这一指数水平与看涨期权 1 648 点的执行价格的价差将使你向该期权的持有者支付 8 000美元，即（1 680−1 648）×250 美元=8 000 美元。这将部分抵消在市场状况良好的情况下你的投资组合所获取的收益。◈

当试图对更大的投资组合进行套期保值时，你需要再追加购买看跌期权，使整个组合避免由于市场可能下跌而造成的损失。例如，如果你的投资组合总额是 120 万美元，你需要买入 3 份标准普尔 500 指数期货的看跌期权。由于每份指数期货合约的价值为 40 万美元，你需要 3 份指数期货合约的空头头寸进行套期保值，以规避全部投资组合的风险（假定股票投资组合与市场同方向变动）。

14-7 期权作为高管报酬

公司有时将股票期权分配给管理层和其他经理作为业绩优秀者的报酬。例如，一个经理获得薪金和 10 000 股股票的看涨期权，该期权的执行价格高于当前价格并且行权日是 5 年后的今天。将期权作为报酬的目的是激励经理制定提高公司股票价值的决策。得到期权后，经理的报酬与公司股票价值更直接相关。

14-7a 期权激励计划的缺陷

许多期权报酬计划并不说明市场总体情况。例如，即使公司业绩相对较好，在市场走弱的时候获得股票期权的经理们得到的报酬也较低，因为在这一时期大部分公司的股票价格疲软。相反，即使公司业绩相对较差，在市场状况良好时获得股票期权的经理们也会得到较高的报酬，因为在这一时期大部分公司的股票价格会大幅上升。因为与公司经理的相对业绩相比，市场总体状况对持有期权的报酬影响更大，期权并不总能有效地激励良好的业绩。

利用期权作为报酬的另一个问题是，持有大量期权的经理可能会操纵股票价格，使其在短期内走高，尽管这么做会对股票价格的长期走势不利。例如，管理层会利用会计方法将一些支出延期到第二年报告，将一些收入提前报告。这样，短期盈利会有良好的表现，但是随后时期的盈利会减少。当经理们认为股票价格到达顶峰时，他们会执行期权并且在二级市场上出售他们的股票。公司可以通过要求经理在期权行权前持有一定年限来防止对期权的不法行为。

2006 年以前，公司不必将期权作为支出进行报告，但可以要求课税减免。如果安然公司在 2001 年倒闭前将其 5 年中的期权报酬作为支出列在损益表中，那么它的净利润将减少 6 亿美元。由于期权不作为支出在损益表中报告，一些公司过度发放期权作为奖励。环球电讯公司的 CEO 在公司破产清算前获得 7.3 亿美元的期权报酬。由于用期权作为奖励，CEO 的奖金比公司雇员平均奖金高出 500 倍。

回溯期权 在 20 世纪 90 年代和 21 世纪初，当股票价格较低时，一些公司也允许其 CEO 回溯早期授予他们的期权。这促使公司的 CEO 们以更低的执行价格行权，获得大笔收益。因此对于一些 CEO 来说期权报酬主要受到回溯过程的影响而非股票表现的影响。当 2006 年回溯期权的行为需要公示后，允许期权回溯的公司终止了这一行为。

14-8 期权市场全球化

股票市场的全球化导致了对全球性股票期权市场的需求，现在已经有了代表多个国家的股指期权。许多国家都建立了期权交易所，如澳大利亚、奥地利、比利时、法国、德国、新加坡等。大量持有某一国家股票的美国投资组合经理的业绩在很大程度上受到这些国家的市场状况的影响。为规避市场可能出现的暂时性下跌，投资组合经理可以买入该国股指看跌期权，而不是清算其股票投资组合。该国的投资组合经理也可以利用这种策略使其股票组合免遭损失。

若投资组合经理希望能够利用对外国股市短期利好的预期，可以买入相应股指的看涨期权。这样，外国股指期权的存在使投资组合经理可以根据对外国股票市场状况的预期进行套期保值或投机。外国股指期权的交易避免了买卖大量外国股票投资组合的交易成本。

14-8a 外汇期权合约

货币看涨期权（currency call option）是指在指定时期内以指定的价格买入指定货币的权利，从事国际业务的公司运用这种期权对未来需支付的某种货币进行套期保值。如果支付时货币汇率超过了执行价格，公司将行使期权，以执行价格买入该种货币。相反，如果当时汇率低于执行价格，公司可以按当时汇率买入该种货币，终止期权。

投机者预期其他货币相对美元坚挺时，将买入这种货币的看涨期权。如果这种货币的走势与预期一致，投机者将行使期权，以执行价格买入该货币，然后按当时汇率卖出该货币。

货币看跌期权（currency put option）是指在指定时期内以指定的价格卖出指定货币的权利。从事国际业务的公司使用这种期权对未来会获得的某种货币进行套期保值。如果得到外币付款时的汇率低于执行价格，公司将行使期权，以执行价格卖出货币。相反，如果当时的汇率高于执行价格，公司可以按当时的汇率卖出货币，终止期权。

投机者预期某种货币相对美元疲软时，将买入该货币的看跌期权。如果该种货币的走势与预期一致，投机者可以按当时的汇率买入该货币，行使期权并以执行价格卖出该货币。

对于每一个货币看涨期权或看跌期权的买方，需要有一个卖方（或立权人）。在买方行使期权时，看涨期权的立权人有义务以指定的执行价格卖出指定的货币，看跌期权的立权人有义务以指定的执行价格买入指定的货币。若预期某种货币相对美元疲软，则投机者愿意成为该外国货币的看涨期权的立权人；若预期该货币相对美元坚挺，则投机者愿意成为该外国货币的看跌期权的立权人。如果一份货币期权合约没有行使就终止，立权人会获得预先支付的期权费。

小结

■ 像股票一样，股票期权在交易所交易。大部分交易通过电子交易系统自动执行，但复杂的交易委托由经纪公司送到场内交易，并由场内经纪人执行。看涨期权的期权费受到期权的性质和能影响潜在收益的标的股票的影响。通常，当股票的市场价格与执行价格高度相关，或是距离到期日的时间较长时，期权费更高。对于看跌期权，股票的市场价格相对于期权的执行价格越高，期权费越低。标的股票的波动性距到期日时间的长短对看跌期权的期权费的影响与看涨期权相同。

■ 投机者在预期股价将上涨时，买入股票看涨期权；在预期股价将下跌时，买入股票看跌期权。

■ 金融机构能够通过卖出股票的看涨期权进行套期保值，以规避不利的股票变动。此外，他们也能够买入那只股票的看跌期权来达到同样的效果。

■ 金融机构通常通过买入股指的看跌期权来对冲股票投资组合。它们也可能使用股指期权作为动态资产配置的工具，在对股票市场预期乐观时增加暴露，在对股票市场预期悲观时减少暴露（通过购买股指的看跌期权）。

■ 投机者在预期利率下降时，买入利率期货看涨期权。持有大量长期债务性证券的金融机构通过购买利率期货的看跌期权对冲利率风险。指数期权可以被用于对股指变动的投机，并且只要求很少的投入。购买股指的看跌期权可用于对冲与股指变动相似的股票投资组合。股指期货期权能够被用于对股指期货合约价值变动的投机。购买股指期货看跌期权可以用于对冲与股指同步变动的股票投资组合。

■ 许多公司将期权作为报酬的一部分分配给高管，目的是激励高管做出有利于提升公司股票价值的决策。

■ 股票市场的全球化促进了股票期权的全球市场的发展。货币期权合约允许进行国际贸易的公司对冲未来的外币收支风险。投机者使用货币期权对货币币值的变动进行投机。

正方和反方观点

如果你是一家上市公司的大股东，你是否会偏爱股票期权交易？

正方 不会。投资者可以利用期权进行投机，期权的过度交易会促使股票价格远离其基本价格。

反方 会。投资者可以利用期权进行套期保值，暂时对冲股票的不利变动，减少他们在某些时期出售股票的压力。

谁正确？ 利用互联网学习关于这个议题的更多知识并形成你自己的观点。

问题与应用

1. 期权与期货 说明看涨期权与期货合约之间的基本不同点。

2. 看涨期权的投机 投机者如何使用看涨期权？说明在什么条件下其投机策略将带来相反的结果。说明看涨期权的买方可能发生的最大损失。

3. 看跌期权的投机 投机者如何使用看跌期权？说明在什么条件下其投机策略将带来相反的结果。

说明看跌期权的买方可能发生的最大损失。

4. 出售期权 在什么情况下投机者会卖出看涨期权？对投机者来说，卖出看跌期权的风险是什么？

5. 影响看涨期权的期权费的因素 确定影响看涨期权的期权费的因素，说明各因素是怎样影响期权费的。

6. 影响看跌期权的期权费的因素 确定影响看跌期权的期权费的因素，说明各因素是怎样影响期权费的。

7. 期权杠杆 预期股价将大幅上涨，但没有足够的资金来购买更多的股票时，持有股票投资组合的金融机构如何使用股票期权？

8. 看跌期权的套期保值 为什么持有 Hinton 公司股票的金融机构决定买入该股票的看跌期权，而不是简单地卖出该股票。

9. 期货的看涨期权 什么是利率期货的看涨期权？它与买入期货合约有何不同？

10. 期货的看跌期权 什么是利率期货的看跌期权？它与卖出期货合约有何不同？

高级问题

11. 对冲利率风险 假定一家储蓄机构有大量固定利率抵押贷款，短期存款是其主要资金来源。它怎样利用利率期货期权进行套期保值以规避利率变动风险？如果该机构担心利率下降导致大量抵押贷款被提前偿还，那么期货或期货期权哪种更适合？

12. 套期保值的有效性 三家储蓄和贷款协会有同样的资产负债表构成，都以短期存款和长期固定利率抵押贷款为主。这些储蓄和贷款协会一年前的头寸情况如下表所示：

储蓄和贷款协会的名称	头寸
LaCrosse	卖出金融期货
Stevens Point	买入利率期货的看跌期权
Whitewater	不持有任何期货头寸

假定过去一年各种利率一致下降，根据以上信息，说明哪一家储蓄和贷款协会的业绩最好？为什么？

13. 股票期权的期权费的变动 解释即使股票价格不受影响，期权费为什么也受美联储意外公布提高利率的消息的影响并且受到怎样的影响。

14. 股票期权的投机 Garner 股票的价格为 40 美元/股。Garner 股票的看涨期权的期权费为 2 美元/股。Garner 股票的看跌期权的期权费为 1.8 美元/股。为什么投资者会考虑出售这个看涨期权和看跌期权？为什么投资者会考虑购买这个看涨期权和看跌期权？

15. 股指期权价格如何根据目前环境改变 目前的环境（包括通货膨胀、经济增长、财政赤字、美联储货币政策、政治环境以及投资者的总体情绪）可以影响股票的需求。基于目前的状况，你会考虑购买股指期权吗？提供支持你的观点的理由。股指期权的期权费受哪个因素的影响最大？

16. 回溯股票期权 解释什么是回溯股票期权。回溯能否激励公司高管服务于股东价值最大化？

17. 芝加哥期权交易所波动率指数 你如何说明芝加哥期权交易所波动率指数（VIX）的大幅上升？解释为什么在次贷危机期间 VIX 大幅上升。

辩证思维问题

投资芝加哥期权交易所波动率指数的策略 一份投资通讯稿建议，由于整体股票市场存在诸多不确定性，投资者应该购买芝加哥期权交易所波动率指数的看涨期权。写一篇短文解释为什么这一指数的价值受到市场不确定性的影响，以及支持还是反对这篇通讯的观点，并基于市场不确定性的预期变动，提供一个投资芝加哥期权交易所波动率指数看涨期权的策略。

解读财经新闻

解释华尔街的分析师和投资组合经理的以下言论：

a. “因为恰巧在股市暴跌之前卖出了股票看跌期权，我们公司受到了打击。”

b. “在用指数期货期权进行股票投资组合的套期保值之前，我们试图找到最有利的指数。”

c. “我们愿意卖出持保看涨期权来对我们的股票投资组合进行套期保值。”

金融市场管理

股票期权的套期保值 作为一名股票投资组合经理，你已经投资了多只美国股票，并打算长期持有。但是你又担心 3 个月后股票市场可能会暂时下跌，你的投资组合的价值可能会随股市下跌而减少同样的幅度。你知道市场上有标准普尔 500 指数期货期权。3 个月后到期的标准普尔 500 指数期货期权如下表所示：

执行价格	看涨期权费（美元）	看跌期权费（美元）
1 372 点	40	24
1 428 点	24	40

标准普尔 500 指数期货期权的价格为 250 美元乘以期权费报价。现在标准普尔 500 指数水平是1 400点。执行价格为1 372 点，代表现有指数水平降低 2%；执行价格为 1 428 点，代表现有指数水平上升 2%。

a. 假定你希望持有期权头寸以对你的全部投资组合进行套期保值，你的全部投资组合的现值为 700 000 美元。你应持有多少指数期权合约头寸对你的全部投资组合进行套期保值？

b. 假定你想通过套期保值使你的投资组合的损失控制在现值的 2%以内，为此，你可以怎样持有指数期货期权头寸？套期保值的成本为多少？

c. 假定你预期 3 个月后股市疲软，你怎样从卖出标准普尔 500 指数期货期权获取收入，以弥补你买入期权需要支付的费用？

习题

1. 出售看涨期权 伊利诺伊股票的看涨期权的执行价格为 38 美元/股。现在该股票价格是 40 美元/股，该期权的期权费是 5 美元/股。假定这份合约在期满前将不被执行，完成下表。

假定的看涨期权期满时的股票价格（美元/股）	看涨期权的卖方得到的每股净收益或净损失金额（美元）
37	
39	
41	
43	
45	
48	

2. 购买看涨期权 密歇根股票看涨期权的执行价格为 55 美元/股。现在该股票的价格是 54 美元/股，该期权的期权费为 3 美元/股。假定这份合约在期满前将不被执行，作为一个买入看涨期权的投机者，完成下表。

假定的看涨期权期满时的股票价格（美元/股）	投机者的每股净收益或净损失金额（美元）
50	
52	
54	
56	
58	
60	
62	

3. 购买看跌期权 一份艾奥瓦股票的看跌期权的执行价格为 71 美元/股。现在该股票价格是 68 美元/股，该股票期权的期权费为 8 美元/股。假定这份合约在到期前将不被执行，作为一个买入看跌期权的投机者（并且目前没有股票），完成下表。

假定的看涨期权期满时的股票价格（美元/股）	投机者的每股净收益或净损失金额（美元）
60	
64	
68	
70	
72	
74	
76	

4. 出售看跌期权 印第安纳股票看跌期权的执行价格为 23 美元/股。现在该股票价格是 24 美元/股，该期权的期权费是 3 美元/股。假定这份合约在到期前将不被执行，完成下表。

假定的看涨期权期满时的股票价格（美元/股）	看涨期权的卖方得到的每股净收益或净损失金额（美元）
20	
21	
22	
23	
24	
25	
26	

5. 持保看涨期权策略

a. Evanston 保险公司以 50 美元/股的价格买入股票 E，并将在 6 个月后卖出该股票。考虑使用持保看涨期权策略来对该股票的头寸进行部分套期保值。执行价格为 53 美元/股，合约期为 6 个月，期权费为 2 美元/股，完成下表。

6 个月中股票 E 的可能价格（美元/股）	使用持保看涨期权策略后的每股收益或亏损（美元）	不使用持保看涨期权策略的每股收益或亏损（美元）
47		
50		
52		
55		
57		
60		

b. 假定表内第一栏中的 6 个股票价格中，每个股票价格有相同的出现概率。比较使用和不使用持保

看涨期权时每股可能的收益（或损失）。在这种情况下，你会建议卖出持保看涨期权吗？为什么？

6. 看跌期货期权 Purdue 储蓄和贷款协会买入一份长期国债期货的看跌期权，9 月份交割，执行价格为91-16，期权费为 1-32。假定该期货合约价格将下降到 88-16，Purdue 储蓄和贷款协会应该执行该期权合约还是终止该合约？计入该合约的期权费后 Purdue 储蓄和贷款协会的净收益或净损失是多少？

7. 看涨期货期权 威斯康星公司购买了一份长期国债期货的看涨期权，期权费为 2-00，执行价格为 92-08。如果该国债期货价格上升到 93-08，威斯康星公司应该执行该期权合约还是终止该合约？计入该合约的期权费后，该公司的净收益或净损失是多少？

8. 看涨期货期权 DePaul 保险公司买了一份标准普尔 500 指数期货合约的看涨期权，期权费为 6 美元，执行价格为 1 430 点。假定期货合约的指数变为 1 440 点，DePaul 保险公司应该执行该合约还是终止该合约？计入该合约的期权费后，该公司的净收益或净损失是多少？

9. 持保看涨期权策略 Coral 公司以 28 美元/股的价格买入股票 M，该公司将在 6 个月后卖出该股票。公司考虑使用卖出持保看涨期权策略对该股票进行部分套期保值，执行价格为 32 美元/股，合约期限为 6 个月，期权费为 2.50 美元/股，完成下表。

6 个月中股票 M 的可能价格（美元/股）	使用卖出持保看涨期权策略后的每股收益或损失（美元）
25	
28	
33	
36	

10. 债券期货的套期保值 Smart 储蓄银行希望进行套期保值以规避利率风险。有两种可能的选择：(1) 以 94-00 的价格卖出国债期货；(2) 买入国债期货的看跌期权。当时国债期货合约的价格是 95-00，合约面值为 100 000 美元。看跌期权的期权费是 2-00，执行价格是 94-00。临近到期日时国债期权的价格是 91-00，Smart 储蓄银行这时应已经执行了看跌期权。如果它已经卖出了期货合约，它要在此时弥补合约头寸。比较以下两种情况下该银行的净收益：已经卖出国债期货和已经买入国债期货的看跌期权。在现在的情况下，哪种选择更有利？

资金流动练习

期权合约的套期保值

卡森公司想收购 Vinnet 公司，Vinnet 公司是一家同行业的上市公司。由于管理不善，Vinnet 公司股票价格低于同行业其他公司的股票价格。卡森公司认为它可以对 Vinnet 公司的业务进行重组并且改善其业绩。它想与 Vinnet 公司联系，询问其是否同意被收购。卡森公司担心投资者知道它们的计划并且购买 Vinnet 公司的股票，那么卡森公司需要支付溢价（比如高于当前价格 30%）来完成收购。卡森公司决定利用银行防范这个风险，因为银行拥有经纪公司，可以帮助卡森公司利用股票期权进行套期保值。

a. 卡森公司如何使用股票期权减少这种风险？假如卡森公司最终将购买 Vinnet 公司大部分股票或所有股票，这一策略是否有局限性？

b. 讨论卡森公司使用这一策略会直接发生的最大可能损失。

c. 如果 Vinnet 公司打算避免卡森公司的收购企图，请解释 b 中策略的结果。

互联网/Excel 练习

1. 登录 www.cboe.com 并在“报价和数据”（“Quotes&Data”）一栏选择“延迟报价”（“Delayed Quotes”）。输入一只你感兴趣的股票期权的代码。其看跌期权的（净）期权费今天是上涨还是下跌？

2. 基于期权费的变动，你认为标的股票的价格是上涨还是下跌？请解释。

关于现实案例的在线文章

找一篇近期描述一个具体金融机构或金融市场真实案例的在线实用性文章，以强化本章所涵盖的一

个或多个概念。

如果你的班级有一个在线平台，教授可能会要求你把文章摘要放在那里并提供文章的链接以供其他学生访问。如果你的班级是当面授课的，教授可能会要求你当堂总结你对该文章的运用。教授可能指派特定学生或让学生自愿完成这项作业。

对于与本章相关的近期在线文章和真实案例，请考虑使用以下搜索词（请务必在搜索词中包含当前年份以确保在线文章是近期的）：

1. 股票期权＋利润
2. 股票期权＋损失
3. 股票期权＋投机者
4. 股票期权＋套期保值
5. 股票期权费＋波动率
6. 股票期权＋ETF
7. 股指期权
8. LEAP＋投机
9. 卖出股票期权＋覆盖损失
10. 股票期权＋报酬

第 14 章附录

期权估值

A14.1 二项式定价模型

二项式期权定价模型最早由威廉·夏普（William F. Sharpe）提出。此模型的一个优点是，它可以同时为欧式、美式、有红利、无红利的期权定价。欧式期权只能到期时执行；而美式期权可以在到期前的任何时间执行。

A14.1.1 二项式定价模型的假设条件

以下是二项式定价模型的主要假设条件：

（1）布莱克-斯科尔斯模型（Black-Scholes 模型）基础上的连续随机游走可被符合以下性质的离散型随机游走模拟：

- 资产价格仅在离散（非无穷小）时间步长内变化。
- 每一时间步长内，资产价格可以向上或向下变化；因此只有两个收益值，并且在所有步长内这两个收益值都一样。
- 向上和向下变化的概率已知。

（2）世界是风险中性的。这使得投资者风险偏好的假设不成立，即投资者是风险中性的。而且，标的资产的收益率为无风险利率。

A14.1.2 使用二项式模型为期权定价

以下二项式定价模型的例子可以用于为看涨期权定价（即决定看涨期权的期权费）。为了使用该模型，我们需要有关证券的 3 个信息：标的股票、无风险证券以及股票期权。

假设 Gem 公司股票今天的价格为 100 美元/股。而且，预计一年后 Gem 公司的股票可上涨到 150 美元/股或者下跌到 70 美元/股。也就是说，预计股票或者上涨 50%，或者下跌 30%。而且假设 1 年期国债无风险利率为 10%，且为连续复利。假设国债最近的价格为 100 美元。由于是连续复利，国债的利息为 $100\times(e^{.10}-1)$，即 10.52 美元。

最近，Gem 股票的看涨期权的执行价格为 100 美元/股，行权日是 1 年后的今天。由于看涨期权是购买 Gem 股票的期权，如果 1 年后股票的价格上涨为 150 美元/股，那么期权的价值将为 50 美元/股。相反，如果股票价格到时下跌为 70 美元/股，那么该期权的价值为 0。我们的目标是利用二项式模型为这个期权定价。

第一步是将该模型应用到这个期权上，并且识别三种投资：股票、无风险证券以及看涨期权。利用上述信息，我们就有了 1 年后的支付矩阵：

（单位：美元/股）

证券	如果 1 年后股票价格为 150 美元/股	如果 1 年后股票价格为 70 美元/股	目前价格
Gem 股票	150.00	70.00	100.00
国债	110.52	110.52	100.00
看涨期权	50.00	0.00	?

因此，二项式定价模型的目标是确定该看涨期权的当前价格。利用二项式定价模型为期权定价的关键是必须理解期权定价是以比较股票价值与国债价值之间的关联为基础的。如果二者没有关联，就会造成套利机会。所以，无论股价上涨还是下跌，投资组合（N_s 数量的 Gem 股票和 N_b 数量的国债）的价值都必须与期权的价值相等。利用以上支付矩阵，我们得到一组公式：

$$150N_s+110.52N_b=50$$
$$70N_s+110.52N_b=0$$

因为我们计算的是含有两个未知数的两个线性公式，所以我们用代入法可以轻松计算出这两个变量。于是得到投资者复制的投资组合中股票的数量和国债的数量：

$$N_s=0.625$$
$$N_b=-0.3959$$

也就是说，Gem 股票的看涨期权的支付可以由以无风险利率借来的 39.59 美元和支付 62.5 美元购买的 0.625 只 Gem 股票（当前价格为 100 美元/股）的组合来复制。由于复制的投资组合与看涨期权的支付相等，所以投资者花费的成本就是看涨期权的价值。这样，因为 62.5 美元的支付中有 39.59 美元是借来的，所以投资者的支付为 62.5－39.59＝22.91（美元）。因此，看涨期权的期权费为 22.91 美元。

用公式表示，看涨期权的价值（V_c）可以写成：

$$V_c=N_sP_s+N_bP_b$$

对于 N_s 的计算可以简化为：

$$N_s=h=\frac{P_{ou}-P_{od}}{P_{su}-P_{sd}}$$

式中，

P_{ou}＝股价上升时期权的价值

P_{od}＝股价下降时期权的价值

P_{su}＝Gem 股票价格上升时的价格

P_{sd}＝Gem 股票价格下降时的价格

h 也被称为套期保值比率（hedge ratio）。

上例中的借款额（BOR）等于复制组合中无风险证券的数量乘以无风险证券的价格：

$$N_bP_b=\text{BOR}=PV(hP_{sd}-P_{od})$$

式中，

PV＝连续复利金额的现值

h＝套期保值比率

于是，看涨期权的价值可以简化为：

$$V_c=hP_s+\text{BOR}$$

为了说明为什么会有上述关系，假设目前 Gem 股票看涨期权的期权费为 25 美元/股（看涨期权定价过高）。这样，投资者就有了无风险的套利机会。具体而言，投资者可以卖出看涨期权、购买股票并且以无风险利率借入资金。现在假设 Gem 股票的看涨期权的期权费只有 20 美元/股（看涨期权定价过低）。利用套利，投资者买入看涨期权、出售股票并且以无风险利率进行投资。

A14.1.3 利用二项式定价模型为看跌期权定价

继续利用 Gem 股票的例子，当期权是看跌期权时，在支付矩阵中唯一变化的项目是（出售 Gem 股票的权利）到期时股票价格上涨和下跌时期权的价值。特别是，如果 Gem 股票一年后的价格为 150 美元/股，那么看跌期权将不值钱；如果 Gem 股票一年后的价格为 70 美元/股，那么看跌期权将值 30 美元/股。因为无风险证券的价值依国债利率而定，所以如果我们现在出售看跌期权将不会受到影响。

套期保值比率和借款额可以用之前介绍的公式轻松计算出来。套期保值比率为：

$$h=\frac{0-30}{150-70}=-0.375$$

借款额为：

$$\text{BOR}=PV(-0.375\times70-30)=\frac{-56.25}{e^{RT}}=-50.90(\text{美元})$$

于是，为了复制看跌期权，投资者出售 0.375 只 Gem 股票并且以无风险利率借出 50.90 美元。这样，投资者提供的资金为 50.90－37.50＝13.40（美元）。据此可以得出看跌期权的公平价值。

A14.1.4 看涨-看跌期权平价

利用一些数学运算，从看涨期权与看跌期权的价格可以推导出以下关系（它们具有相同的执行价格和到期日）：

$$P_p = P_c + \frac{E}{e^{RT}} - P_s$$

式中，

P_p＝看跌期权的价格

P_c＝看涨期权的价格

E＝期权的执行价格

e^{RT}＝贴现率为 R、时间为 T 年的连续复利的现值算子

P_s＝股票的价格

利用 Gem 公司的例子：

$$P_p = 22.91 + \frac{100}{e^{0.10}} - 100 = 13.39(\text{美元})$$

A14.2 利用布莱克-斯科尔斯期权定价模型为看涨期权定价

在 1973 年，布莱克和斯科尔斯设计了一个期权定价模型，激励了延续至今的期权估值研究工作。

A14.2.1 布莱克-斯科尔斯期权定价模型的假设条件

以下是布莱克-斯科尔斯期权定价模型的主要假设条件：

（1）在期权有效期无风险利率已知并且连续；

（2）股票价格的概率分布服从对数正态分布；

（3）股票收益率的波动是连续的；

（4）期权只在到期日执行；

（5）期权交易无交易成本；

（6）所有期权交易者的税率相同；

（7）所涉及的股票不发放现金红利。

A14.2.2 布莱克-斯科尔斯偏微分方程

布莱克-斯科尔斯期权定价模型是最早介绍无风险对冲概念的模型之一。假设金额为 π 的资金投资于无风险资产，于是经过时间 t 投资者的收益为 $r\pi t$。如果一个经适当选择的包括公司股票和该股票的期权的对冲头寸的投资组合的现值为 π，该组合在 t 时间内的收益高于 $r\pi t$，那么投资者可以通过用无风险利率借款并且投资于该投资组合进行套利。相反，如果组合的收益少于 $r\pi t$，那么投资者可以卖空投资组合，并且投资于无风险资产。无论哪种情况，套利者都可以获得即时、无成本并且无风险的收益。这样，投资组合与无风险资产的收益率必须大致相等。

利用这种观点，布莱克和斯科尔斯建立了著名的布莱克-斯科尔斯偏微分方程：

$$\frac{\partial V}{\partial t}+\frac{1}{2}\sigma^2 S^2\frac{\partial^2 V}{\partial S^2}+rS\frac{\partial V}{\partial S}-rV=0$$

式中，

V=期权的价值

S=股票的价格

r=无风险利率

t=时间长度

σ^2=标的股票价格的方差

∂和∂^2=一阶导数和二阶导数

A14.2.3　欧式看涨期权的布莱克-斯科尔斯期权定价模型

为给期权定价，必须解出偏微分方程中的V，即期权的价值。假设无风险利率和股票价格波动是连续的，使得布莱克-斯科尔斯偏微分方程推导出的类似的布莱克-斯科尔斯公式可以作为欧式期权定价公式：

$$V=SN(d_1)-Ee^{-rT}N(d_2)$$

式中，

V=看涨期权的价值

S=股票价格

$N(\cdot)$=标准正态随机分布变量的累积分布函数

E=看涨期权的执行价格

e=自然对数函数的底数，或 2.718 3

r=无风险利率，即无风险资产的连续复利年收益率

T=看涨期权的剩余期限，用 1 年的分数表示

$N(d_1)$ 和 $N(d_2)$ 有详细表达式。N 表示标准正态分布的累积概率，式中

$$d_1=\frac{\ln(S/E)+\left(r+\frac{1}{2}\sigma^2\right)T}{\sigma\sqrt{T}}$$

或

$$d_2=\frac{\ln(S/E)+\left(r-\frac{1}{2}\sigma^2\right)T}{\sigma\sqrt{T}}$$

$$=d_1-\sigma\sqrt{T}$$

式中，$\ln(S/E)$ 表示自然对数；σ 表示股票连续复利年收益率的标准差。

A14.2.4　利用布莱克-斯科尔斯期权定价模型为欧式看涨期权定价

为了说明如何使用布莱克-斯科尔斯公式为看涨期权定价，假设你拥有 MPB 公司股票

的看涨期权，有效期为 6 个月，执行价格为 70 美元/股。这样，$T=0.5$，$E=70$ 美元/股。此外，MPB 股票的目前价格为 72 美元/股，股票的标准差为 0.1。而且，每年的无风险利率为 7%。得到 d_1 和 d_2：

$$d_1=\frac{\ln(72/70)+(0.07+0.5\times0.10^2)\times0.5}{0.10\times\sqrt{0.5}}=0.928\ 7$$

$$d_2=0.928\ 7-0.10\times\sqrt{0.50}=0.858\ 0$$

查找标准正态分布函数表（见表 A14.1），可以计算出累积概率。因为 d_1 为 0.928 7，从 0 到 0.928 7 的累积概率为 0.323 5（见表 A14.1，使用线性插补法）。因为单位正态分布从无限小到 0 的累积概率为 0.5，那么从无限小到 0.928 7 的累积概率为 0.5+0.323 5=0.823 5。对于 d_2 来说，从 0 到 0.858 0 的累积概率为 0.304 5。因此，从无限小到 0.858 0 的累积概率为 0.5+0.304 2=0.804 2。

$N(d_1)$ 和 $N(d_2)$ 计算出来后，可以估计出看涨期权的价值：

$$V_c=72\times0.823\ 5-\frac{70}{e^{0.07\times0.50}}\times0.804\ 5=4.91(\text{美元})$$

因此，MPB 股票的看涨期权价格为 4.91 美元。

A14.2.5　看涨看跌期权平价公式

利用布莱克-斯科尔斯期权定价模型，可以得出看涨期权和看跌期权价格之间的关系，它与二项式模型得出的相同。于是，我们有：

$$P_p=P_c+\frac{E}{e^{RT}}-P_s$$

A14.2.6　推导隐含波动率

在推导看涨期权的价值的例子中，使用过股票的标准差。有时投资者需要推导出市场的隐含波动率，而不是看涨期权的估值。这种情况下所指的波动率为“隐含的”，因为它不能在市场中直接获得。隐含波动率可以利用一些软件包通过输入看涨期权定价模型的其他变量（当前股票价格、执行价格、期权剩余时间以及利率）和看涨期权的市场期权费推算出来。使用看涨期权当前市场期权费替代计算出的看涨期权的期权费与其他变量可计算隐含波动率。软件包还可以显示股票隐含波动率如何受看涨期权的期权费的不同水平影响。如果看涨期权的市场期权费上升并且其他变量不变，这会引起隐含波动率的上升。这种关系可以通过略微增加软件中市场期权费，然后观察隐含波动率对其如何反应得出。需要注意的是，投资者可以通过观察股票看涨期权的期权费在短期内的变化来探知股票隐含波动率的变化。

表 A14.1　　标准正态分布函数表

d	0.00	0.01	0.02	0.03	0.04	0.05	0.06	0.07	0.08	0.09
0.0	0.000 0	0.004 0	0.008 0	0.012 0	0.016 0	0.019 9	0.023 9	0.027 9	0.031 9	0.035 9
0.1	0.039 8	0.043 8	0.047 8	0.051 7	0.055 7	0.059 6	0.063 6	0.067 5	0.071 4	0.075 3
0.2	0.079 3	0.083 2	0.087 1	0.091 0	0.094 8	0.098 7	0.102 6	0.106 4	0.110 3	0.114 1
0.3	0.117 9	0.121 7	0.125 5	0.129 3	0.133 1	0.136 8	0.140 6	0.144 3	0.148 0	0.151 7
0.4	0.155 4	0.159 1	0.162 8	0.166 4	0.170 0	0.173 6	0.177 2	0.180 8	0.184 4	0.187 9
0.5	0.191 5	0.195 0	0.198 5	0.201 9	0.205 4	0.208 8	0.212 3	0.215 7	0.219 0	0.222 4
0.6	0.225 7	0.229 1	0.232 4	0.235 7	0.238 9	0.242 2	0.245 4	0.248 6	0.251 7	0.254 9
0.7	0.258 0	0.261 1	0.264 2	0.267 3	0.270 4	0.273 4	0.276 4	0.279 4	0.282 3	0.285 2
0.8	0.288 1	0.291 0	0.293 9	0.296 7	0.299 5	0.302 3	0.305 1	0.307 8	0.310 6	0.313 3
0.9	0.315 9	0.318 6	0.321 3	0.323 8	0.326 4	0.328 9	0.331 5	0.334 0	0.336 5	0.338 9
1.0	0.341 3	0.343 8	0.346 1	0.348 5	0.350 8	0.353 1	0.355 4	0.357 7	0.359 9	0.362 1
1.1	0.364 3	0.366 5	0.368 6	0.370 8	0.372 9	0.374 9	0.377 0	0.379 0	0.381 0	0.383 0
1.2	0.384 9	0.386 9	0.388 8	0.390 7	0.392 5	0.394 4	0.396 2	0.398 0	0.399 7	0.401 5
1.3	0.403 2	0.404 9	0.406 6	0.408 2	0.409 9	0.411 5	0.413 1	0.414 7	0.416 2	0.417 7
1.4	0.419 2	0.420 7	0.422 2	0.423 6	0.425 1	0.426 5	0.427 9	0.429 2	0.430 6	0.431 9
1.5	0.433 2	0.434 5	0.435 7	0.437 0	0.438 2	0.439 4	0.440 6	0.441 8	0.442 9	0.444 1
1.6	0.445 2	0.446 3	0.447 4	0.448 4	0.449 5	0.450 5	0.451 5	0.452 5	0.453 5	0.454 5
1.7	0.455 4	0.456 4	0.457 3	0.458 2	0.459 1	0.459 9	0.460 8	0.461 6	0.462 5	0.463 3
1.8	0.464 1	0.464 9	0.465 6	0.466 4	0.467 1	0.467 8	0.468 6	0.469 3	0.469 9	0.470 6
1.9	0.471 3	0.471 9	0.472 6	0.473 2	0.473 8	0.474 4	0.475 0	0.475 6	0.476 1	0.476 7
2.0	0.477 3	0.477 8	0.478 3	0.478 8	0.479 3	0.479 8	0.480 3	0.480 8	0.481 2	0.481 7
2.1	0.482 1	0.482 6	0.483 0	0.483 4	0.483 8	0.484 2	0.484 6	0.485 0	0.485 4	0.485 7
2.2	0.486 1	0.486 6	0.486 8	0.487 1	0.487 5	0.487 8	0.488 1	0.488 4	0.488 7	0.489 0
2.3	0.489 3	0.489 6	0.489 8	0.490 1	0.490 4	0.490 6	0.490 9	0.491 1	0.491 3	0.491 6
2.4	0.491 8	0.492 0	0.492 2	0.492 5	0.492 7	0.492 9	0.493 1	0.493 2	0.493 4	0.493 6
2.5	0.493 8	0.494 0	0.494 1	0.494 3	0.494 5	0.494 6	0.494 8	0.494 9	0.495 1	0.495 2
2.6	0.495 3	0.495 5	0.495 6	0.495 7	0.495 9	0.496 0	0.496 1	0.496 2	0.496 3	0.496 4
2.7	0.496 5	0.496 6	0.496 7	0.496 8	0.496 9	0.497 0	0.497 1	0.497 2	0.497 3	0.497 4
2.8	0.497 4	0.497 5	0.497 6	0.497 7	0.497 7	0.497 8	0.497 9	0.497 9	0.498 0	0.498 1
2.9	0.498 1	0.498 2	0.498 2	0.498 2	0.498 4	0.498 4	0.498 5	0.498 5	0.498 6	0.498 6
3.0	0.498 7	0.498 7	0.498 7	0.498 8	0.498 8	0.498 9	0.498 9	0.498 9	0.499 0	0.499 0

A14.3　美式期权与欧式期权

A14.3.1　美式看涨期权

美式看涨期权是在到期前任何时候都可以执行购买股票的权利的期权。然而，最早的布莱克-斯科尔斯模型是从欧式期权定价发展起来的，欧式期权是只有在到期日才可以执行购买股票的权利的期权。通常欧式看跌期权可以直接用看涨-看跌期权平价公式计算出来。因此，我们的问题是，布莱克-斯科尔斯公式是否可以用于为美式看涨期权定价？

总的来说，只有资产进行现金支付（如股票的红利），看涨期权的提前行权才会发生。如果在期权有效期内没有红利，提前行权就如同你在需要某物之前购买它，然后放弃之后你是否真的购买它的决定权。然而，如果这么做可以节省一些钱，那么提前购买或执行看涨期权有时会发生。在有红利时提前执行并非每次都恰当，但是如果提前行权发生，那么一定是在即将发放红利之前。这使得放弃的时间价值最小化并且仍然能够获得红利。因此，如果股票没有红利，则布莱克-斯科尔斯模型可以用来为美式看涨期权定价。然而如果股票支付红利，则布莱克-斯科尔斯模型将不能直接应用。相反，二项式期权定价模型可以用来为支付红利的美式看涨期权定价。

A14.3.2　美式看跌期权

假设你购买欧式看跌期权。如果标的资产的价值变为 0，则期权达到其最大价值。你被允许以执行价格出售已经没有价值的资产。但是由于期权是欧式的，所以在到期日前不能提前执行。其价值只能是执行价格的现值，而且此价值将会在行权前随着货币时间价值的上升而上升。很明显，这种情况下你希望期权是美式期权。如果它是美式期权，你可以在资产价值变为 0 时行权。

上述案例说明人们有提前行权的需求。但是，资产的价值并不一定能降为 0。欧式看跌期权的价格至少为执行价格的现值减去资产价格。很明显，执行价格的现值减去资产价格小于执行价格减去资产价格，二者的差额可以在看跌期权提前行权时求偿。这样，美式看跌期权比欧式看跌期权更值钱，并且布莱克-斯科尔斯期权定价模型不能为美式看跌期权定价。期权在其最大价值点提前被执行，在这一点上美式看跌期权将会被执行。找到这一点十分困难，但是找到了这一点也就揭开了美式看跌期权定价的谜底。

为美式看跌期权准确定价的唯一明确的方法就是利用二项式模型的计算方案。这个过程与将二维时间间隔和资产价格分割为细小的点并且在每个时点解出差分或差分方程相同。这个过程起始于执行日并且连续返回代入前一步计算出的结果。因此，没有一个闭合形式解。美式看跌期权是复合期权的无穷系列（即期权的期权）。在每个时点，看跌期权的持有者有权决定是否执行该期权。不执行看跌期权的决定等同于执行复合期权并且获得一个新复合期权的头寸，新复合期权可以在之后马上执行。这个过程一直发生直至到期日。这个逻辑可以导致直观但复杂的数学公式，其中包括无限个变量。这样，美式看跌期权的持有者面对无限的提前执行的决策。在资产分红前持有者必须等待执行。因为资产在分红后会贬值，所以持有者需要等待并且从资产贬值中获利。

第 15 章　互换市场

本章目标

- 提供关于利率互换的背景信息
- 描述市场上现有的互换类型
- 阐释利率互换的风险
- 阐释利率互换如何定价
- 识别影响利率互换表现的因素
- 识别其他常用的利率衍生工具
- 阐释如何使用信用违约互换降低信用风险
- 描述互换市场如何走向全球化

许多公司的流入、流出款项对于利率变动具有不同的敏感性，后果就是它们暴露于利率风险之中。而签订利率互换合约的目的就是降低这种风险。除此之外，还可以签订信用违约互换合约来降低信用风险。

15-1　背景知识

利率互换（interest rate swap）是交易一方与另一方互换一组利息支付的合约。在最常见的合约中，固定利息支付与浮动利息支付进行交换。利率互换条款包括以下内容：

- **名义本金**（notional principal）（根据名义本金和利率计算利息支付额）
- 固定利率
- 确定浮动利率时，所用指数的公式和类型
- 付款的频率，例如每 6 个月或每年
- 互换的有效期

例如，一份互换合约可能涉及用 11%的固定利息支付交换现行一年期短期国库券利率+1%的浮动利息支付，名义本金是 3 000 万美元，在未来 7 年里，每年年末支付一次利息。有时也会使用其他货币市场利率来取代短期国库券利率，以确定利率指数。

互换合约的双方在每个支付日都要对另一方进行利息支付，但是所支付的金额通常取净值，也就是说只进行净支付。如果一家公司在某个支付日，需要为 3 000 万美元（名义本金）支付 11%的利息，但同时又会收到这 3 000 万美元 10%的利息支付，那么它的净支付为 3 000 万美元的 1%，也就是 30 万美元。

互换市场通常采取柜台交易形式，而非场内交易形式。鉴于每份互换合约条款的独一性，互换比其他衍生工具如期货或期权更加非标准化。因此，如果要商定具体互换条款，电子通讯网络比交易所更适合。但是，正如本章后文所述：在新规定和监管措施下，互换正变得越来越标准化，很多交易正在新的电子平台上进行。

20 世纪 80 年代初，许多公司受到利率大幅波动的影响，利率互换也变得更加流行。虽然一些制造业企业同样暴露于利率变动下，但金融机构的风险暴露程度更大，成为利率互换的主要使用者。起初，只有那些希望互换 1 000 万美元及以上支付款项的金融机构参与利率互换。然而近年来，利率互换同样被用于更少的金额。

芝加哥商品交易所（CME）提供利率互换的期货合约。这些合约允许缔约者参与利率互换，但同时像期货合约那样具备有效性和透明性。

15-1a 运用互换对冲

一些美国金融机构，如储蓄机构和商业银行，其利率敏感型负债通常多于利率敏感型资产，因此会受到利率上升的不利影响。相反，其他国家的一些金融机构，例如欧洲一些商业银行，可以获得长期固定利率资金，但主要用浮动利率发放贷款。这些金融机构则会受到利率下降的不利影响。

通过参与利率互换，这两类金融机构都能降低它们对利率风险的暴露。具体而言，美国金融机构可以将固定利息支付转给欧洲金融机构，换得浮动利息支付。图 15.1 是这类合约的示意图。当利率上升时，美国金融机构能从互换合约中浮动利率的部分获得更多利息，抵消其获取存款的成本增加。当利率下降时，欧洲金融机构在这份互换合约中支付的利息减少，弥补其浮动利率贷款的利息收入减少。

在我们的例子里，美国金融机构放弃了利率下降带来的潜在收益，而欧洲金融机构放弃了利率上升的潜在收益。这份利率互换使两家机构因特定的利率变动而产生的收益或损失得以抵消。后果是，当利率互换减轻利率风险时，也会减少潜在收益。大部分预期利率会朝有利方向变动的金融机构不会对头寸进行对冲。那些受到利率预期变动的不利影响的金融机构才是利率互换的主要使用者。

利率互换得以流行的一个主要原因是市场的不完备性。如果互换参与者很容易就能从

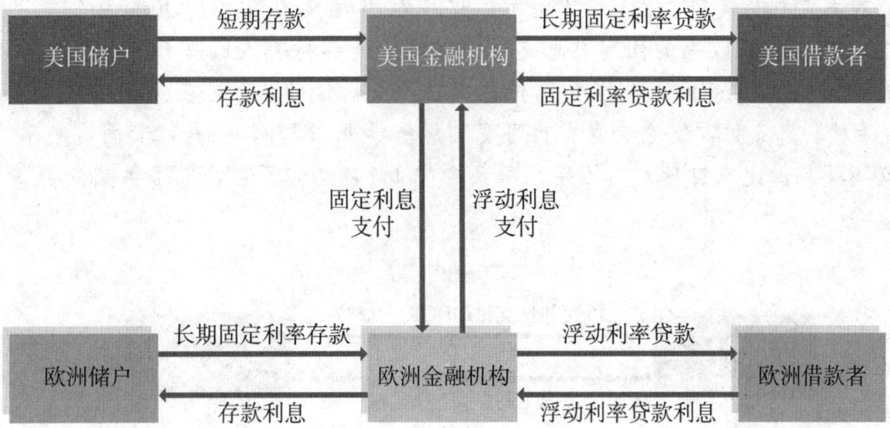

图 15.1　一份利率互换的示意图

不同市场获取资金而不必支付额外费用，它们就无须参与互换。在我们之前的例子里，这就意味着美国金融机构可以直接从欧洲市场获得长期资金，而欧洲金融机构也能直接从美国储户处获得短期资金。然而，考虑到缺乏关于国外机构的信息以及便利性因素，个人储户将存款存放在本地。因此对一些金融机构而言，若要获得满足期限和利率敏感性要求的资金，互换合约是必需的。

15-1b　通过互换满足融资

一些利率互换与其他金融业务，例如债券发行组合在一起。相较固定利率债券而言，使用浮动利率债券或许能让借款公司以更有利的利率借款。即便如此，如果它们希望为债券支付固定利息，它们也可以用固定利息支付换得浮动利息支付，并用后者支付债券票息。另外，一些公司可能更愿意用浮动利率借款，但同时又认为用固定利率借款更有利。这些公司可以用固定利率发行债券，之后用浮动利息换得固定利息。

◈ 例子

Quality 公司是一家高评级公司，它更愿意用可变利率借款。Risky 公司是一家低评级公司，它倾向于用固定利率借款。当这两家公司发行可变利率或固定利率的欧洲债券时，支付以下利率：

	固定利率债券	可变利率债券
Quality 公司	9%	LIBOR+0.5%
Risky 公司	10.5%	LIBOR+1%

根据所给信息，Quality 公司不论发行固定利率债券还是可变利率债券都具有优势，但是当发行固定利率债券时，它的优势更明显。Quality 公司可以发行固定利率债券，而 Risky 公司发行可变利率债券，此后 Quality 公司可以向 Risky 公司提供可变利息支付，换取固定利息支付。

假设 Quality 公司与 Risky 公司协商，向其提供 LIBOR+0.5%的可变利息支付以交换 9.5%的固定利息支付。图 15.2 展示了这一利率互换的情况。Quality 公司可以获利，因为它在互换合约中收到的固定利息支付比支付给债券持有人的多 0.5%。如果它发行可变利率债券，它对 Risky 公司的可变利息支付不变。Risky 公司在互换中收到 LIBOR＋0.5%的浮动利息支付，比它自身发行可变利率债券少 0.5%，但是，其固定利率债券的利息支付为 9.5%，比它自身发行固定利率债券少 1%，总体而言，它每年减少了 0.5%的融资成本。◇

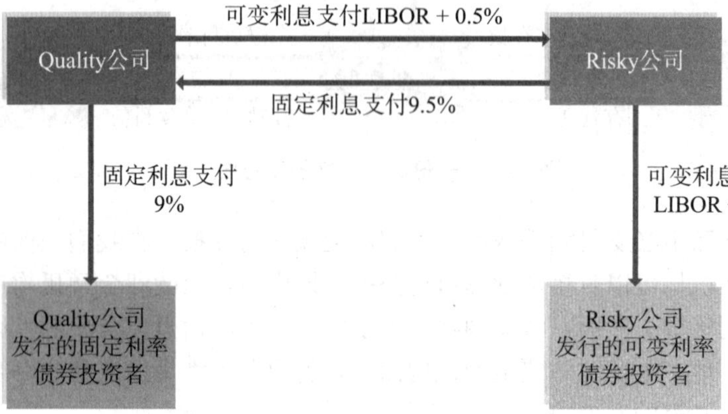

图 15.2　使用利率互换重新配置债券利息支付的示意图

需要注意，这一互换存在两个制约因素：首先，寻找合适的互换合约参与者、协商互换条款的过程需要花费时间和资源；其次，互换合约中任何一方都面临交易对手在利息支付上违约的风险。因此，常由金融中介将互换交易者进行配对，有时也承担所涉及的信用（违约）风险（以此收取一笔费用）。

15-1c　运用互换投机

利率互换有时被金融机构与其他公司用于投机目的。例如，即使一家公司并非所有业务都暴露在利率变动之下，它也可能参与互换合约，从利率上涨的预期中获益。当互换被用于投机而非对冲时，互换头寸的任何损失都无法被其他业务的获利所抵消。

◇ 例子

吉布森贺卡公司（Glbson Greetings，Inc.）在 1994 年因其在利率互换上的头寸遭受了近 1 700 万美元损失。同一年，宝洁公司（Procter & Gamble）因利率互换头寸损失了约 1.57 亿美元。宝洁公司随后声称，信孚银行（Bankers Trust，一家商业银行，是金融中介与利率互换顾问）没有就互换头寸的风险给出合理建议。

同样在 1994 年，加利福尼亚的橘郡（Orange County）因其利率互换头寸以及其他衍生证券损失了超过 20 亿美元。橘郡的互换头寸在利率下跌时将带来收益，然而现实恰恰相反——利率上升了，于是橘郡财务主管提高头寸以期弥补损失。他不断提高互换头寸，希望利率下跌，但是 1994 年全年利率都在上升。1994 年 12 月，财务主管辞职，橘郡宣布它即将破产。

以上例子中的巨大损失提醒公司，对那些负责衍生品头寸的经理，要密切监督他们的行为，以确保这些头寸与公司的目标相一致。◇

15-1d 金融机构参与

金融机构通过多种方式参与互换市场，这些方式总结在表15.1中。暴露在利率变动风险下的金融机构如商业银行、储蓄机构、保险公司，以及养老基金常常通过参与互换来减少利率风险。

表15.1　金融机构在互换市场上的参与

金融机构	参与互换市场的方式
商业银行	· 参与互换以减少利率风险 · 作为中介将互换合约的参与者配对 · 作为交易商，持有希望参与互换的一方的对手方头寸来满足其需要
储蓄和贷款协会、储蓄银行	· 参与互换以减少利率风险
金融公司	· 参与互换以减少利率风险
证券公司	· 作为中介将互换合约的参与者配对 · 作为交易商，持有希望参与互换的一方的对手方头寸来满足其需要
保险公司	· 参与互换以减少利率风险
养老基金	· 参与互换以减少利率风险

第二种参与互换市场的方式是成为中介。一些商业银行与证券公司通过将交易公司进行配对、促成互换合约的方式成为中介。作为互换中介，金融机构凭借其服务收取费用。它们甚至可以在交易对手方无法履约时，向交易双方提供信用担保（收取一定费用）。如果中介为互换履约提供支持，在这种情形下，互换合约双方就需要评估中介的信誉。因此，互换市场参与者偏爱那些拥有更高信用评级的中介。

第三种参与方式是作为互换交易商。金融机构持有相反头寸来为客户服务。在这种情况下，金融机构自身可能暴露于利率风险之中，除非它同时作为另一互换合约中的交易对手方，持有相反头寸。

15-2 互换的类型

为应对公司的多样化需求，多种互换被设计出来。包括：

- 大众型互换
- 远期互换
- 可赎回互换
- 可回售互换
- 可展期互换

- 零息浮动债券互换
- 利率上限互换
- 股权互换
- 税收优势互换

这些互换中绝大部分都可以归为利率互换，因为它们涉及利率支付交换。从抵消利率变动对美国金融机构的不利影响方面看，一些利率互换比其他互换更有效，然而这类互换也会在更大程度上抵消有利影响。其他类型的利率互换并不能提供有效对冲，但是能为金融机构提供更大的灵活性，以便从利率的有利变动中获利。

15-2a 大众型互换

大众型互换（plain vanilla swap）有时也被称为固定利率换浮动利率互换，在一份大众型互换中，固定利率支付定期与浮动利率支付交换。前文中美国与欧洲金融机构的例子就涉及这类互换。

考虑图 15.3 中使用大众型互换时不同利率情景下利率支付的交换。虽然利率变化的情景有无穷多种，但是这里只考虑两种：(1) 市场利率不断上涨；(2) 市场利率不断下降。

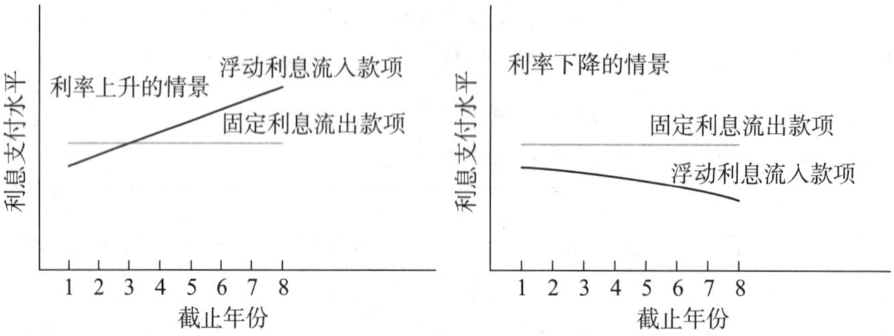

图 15.3 一份大众型互换（固定利率换浮动利率）示意图

◇ **例子**

Orlando 银行曾签订了一份大众型互换协议，在接下来的 5 年里，每年年末用 9%的固定利率支付交换 LIBOR+1%的浮动利率支付。LIBOR 为伦敦银行同业拆放利率，也是欧洲银行间贷款利率。LIBOR 随币种不同而变化：对于美国公司的互换，通常使用美元的 LIBOR。假设名义本金为 1 亿美元。

表 15.2 展示了 LIBOR 的两种变化情景。第一种（表的上半部分）表示美国利率上升，从而导致 LIBOR 上升的情景；第二种（表的下半部分）表示美国利率下降，从而导致 LIBOR 下降的情景。在每种情景中，互换利差表示收到的浮动利率减去付出的固定利率。互换最终带来的净美元数额由利差与名义本金的乘积决定。◇

表 15.2 一份大众型互换合约可能的结果（9%的固定利率交换 LIBOR+1%的浮动利率）

情景 1	年份				
	1	2	3	4	5
LIBOR	7.0%	7.5%	8.5%	9.5%	10.0%
收到的浮动利率	8.0%	8.5%	9.5%	10.5%	11.0%
付出的固定利率	9.0%	9.0%	9.0%	9.0%	9.0%
互换利差	−1.0%	−0.5%	+0.5%	+1.5%	+2.0%
名义本金 1 亿美元收到的净美元数额（美元）	−1 000 000	−500 000	+500 000	+1 500 000	+2 000 000
情景 2	**年份**				
	1	2	3	4	5
LIBOR	6.5%	6.0%	5.0%	4.5%	4.0%
收到的浮动利率	7.5%	7.0%	6.0%	5.5%	5.0%
付出的固定利率	9.0%	9.0%	9.0%	9.0%	9.0%
互换利差	−1.5%	−2.0%	−3.0%	−3.5%	4.0%
名义本金 1 亿美元收到的净美元数额（美元）	−1 500 000	−2 000 000	−3 000 000	−3 500 000	−4 000 000

15-2b 远期互换

在一份**远期互换**（forward swap）中，所交换的利息支付在未来一个特定时间才开始。对于未来某些时点可能暴露在利率风险之下的金融机构或其他公司而言，它十分有用。

◇ 例子

Detroit 银行已经隔绝了当前利率风险的影响。3 年前，它计划增加固定利率贷款的份额（以满足消费者对此类贷款的需求）并减少浮动利率贷款的份额。为防止在这些改动生效后利率上升导致的不利影响，Detroit 银行可能希望参与利率互换。它可以立即签订一份 3 年后生效的远期互换。这份远期互换使 Detroit 银行得以在今天就锁定互换条款，即使互换有效时段被向后推迟（见图 15.4）。

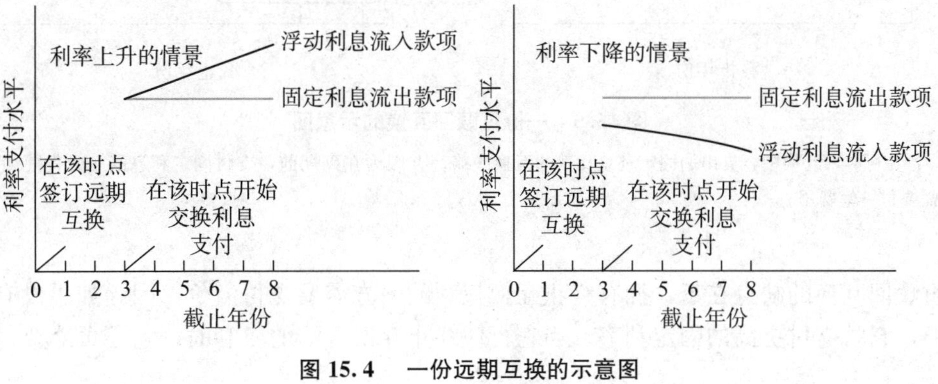

图 15.4 一份远期互换的示意图

虽然 Detroit 银行可以在签订互换前一直等待，但它可能更倾向于用远期互换锁定互换合约关于现行利率的条款。如果它预计 3 年后的利率比现在高，并且等到那时再来商定互换合约，合约规定的固定利率可能就会高一些。相比未来商定的互换协议中的预期固定利率，一份远期互换将使 Detroit 银行在今天就能商定一个更低的固定利率。因为 Detroit 银行将要用固定利息支付交换浮动利息支付，它希望将互换合约中的固定利率最小化。◇

相比一份立即生效的合约，远期互换中商定的固定利率不一定与前者相同。任何互换的定价情况都是基于互换有效期内的预期利率。

与其他利率互换一样，远期互换包含两个交易方。我们的远期互换例子里包含一家美国机构，它预计利率会上升，希望立即锁定互换开始生效时它需要支付的固定利率。它的远期互换交易对手方很可能是一家容易受到利率下降的负面影响的公司，该公司预计利率会下降。这家公司倾向于锁定现行固定利率，因为在互换开始生效时，预期利率会高于合适的固定利率水平。这家机构将收到固定利息支付，因此它希望最大化互换合约中规定的固定利率。

15-2c 可赎回互换

利率互换的另一应用是通过**互换期权**（swap option，或 swaption）。一份**可赎回互换**（callable swap）给予固定利息支付方在合约到期前终止互换的权利，如果固定利率支付方愿意，就可以免于交换未来的利息支付。

◇ 例子

重新考虑那家美国机构，它希望用固定利息支付交换浮动利息支付以减小利率上升带来的任何不利影响。但如果利率下降，利率互换合约同样也抵消了对这家机构的潜在有利影响。可赎回互换允许这家机构在利率下降时终止互换（见图 15.5）。

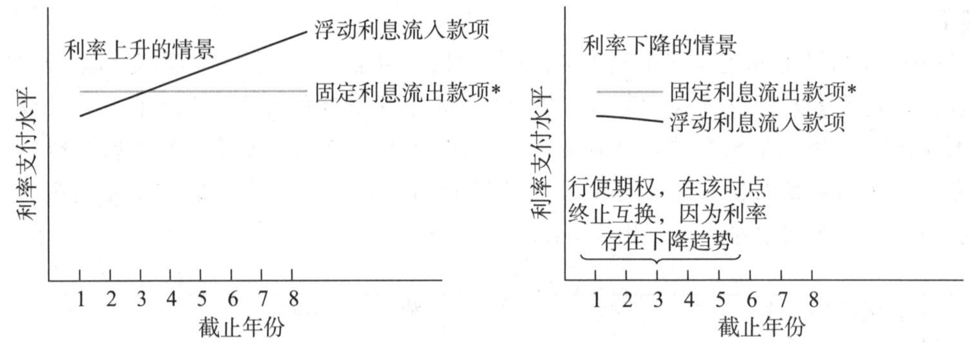

图 15.5 一份可赎回互换的示意图

*注：在可赎回互换中，支出的固定利息比普通互换中略高，因为在到期前，支付固定利息的一方行使终止互换的权利需要付一笔费用。

◇

可赎回互换的缺点在于，拥有终止互换权利的一方需要支付溢价，因为如果没有可赎回互换，它将支付更高的固定利率。当它行使终止互换合约的权利时，它还可能要付一笔终止费。

15-2d 可回售互换

可回售互换（putable swap）给予进行浮动利率支付的一方终止互换的权利。为了说明，重新考虑那家欧洲金融机构，它希望用浮动利息支付交换固定利息支付以减少利率下降带来的不利影响。但如果利率上升，利率互换合约同样抵消了其对这家机构的潜在有利影响。可回售互换允许这家机构在利率上升时终止互换（见图 15.6）。与可赎回互换类似，拥有终止互换的权利的一方需要支付费用。对于可回售互换而言，这笔费用意味着，如果没有可回售这一特点，就可能要支付更高的浮动利率。当它行使终止互换合约的权利时，它同样可能需要付一笔终止费。

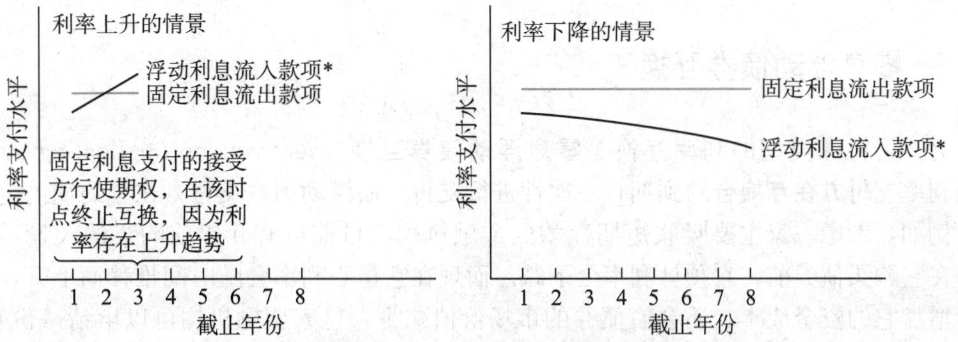

图 15.6　一份可回售互换的示意图

*注：在可回售互换中，收到的浮动利息支付比在普通互换中略高，因为在到期之前，浮动利息支付方行使终止互换的权利需要支付一笔费用。

15-2e 可展期互换

可展期互换（extendable swap）具有一个特征，即允许用固定利息交换浮动利息的一方延展互换期限。

◈ 例子

Cleveland 银行签订了一份 8 年期用固定利息交换浮动利息的互换合约。假设这段时间内，利率如所预期的那样上升。如果 Cleveland 银行确信利率将继续上升，它可能愿意延展互换期限（见图 15.7）。虽然它可以签订一份新互换协议，但此时互换条款反映的是当时的经济状况。通常在一份新互换协议中，用来与浮动利息支付交换的固定利息支付将使用更高的现行利率。而先前的互换合约中，固定利息支付采用的是互换订立时更低的利率，Cleveland 银行更愿意将先前的互换合约展期。由于其可展期的性质，这类互换更加灵活。◈

可展期互换条款规定，需要为其可展期性质支付一定价格。也就是说，如果没有这一性质，对于 Cleveland 银行而言，互换合约中规定的利率将不会那么有利。此外，如果 Cleveland 银行确实要将互换期限延展，它可能要额外支付一笔费用。

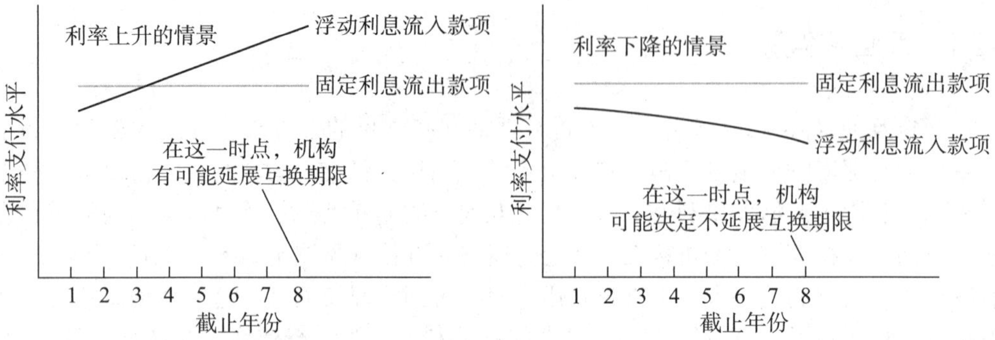

图 15.7　一份可展期互换的示意图

15-2f　零息浮动债券互换

另一类特殊类型的利率互换是**零息浮动债券互换**（zero-coupon-for-floating swap）。固定利率支付方在互换合约到期日一次性进行支付，而浮动利率支付方在合约期内定期支付。例如，考虑一家主要吸收短期存款的金融机构，目前持有几年前购买的大量零息债券。在它购买债券前，它预计利率会下跌。而现在它担心利率会随时间推移而上升，这不仅会增加它的资金成本，还会使债券的市场价值减少。这家金融机构可以申请一份互换，其期限与所持有债券的到期时间相匹配。如果利率在所关注的这段时间内上升，这家机构将从互换合约中获利，因为它抵消了对机构资金成本的不利影响。这份合约的另一方可能是一家预期利率会下降的公司（见图 15.8）。这类公司愿意根据这一预期提供浮动利率支付，因为支付款会随时间减少，而在互换到期时收到的一次性支付是固定的。

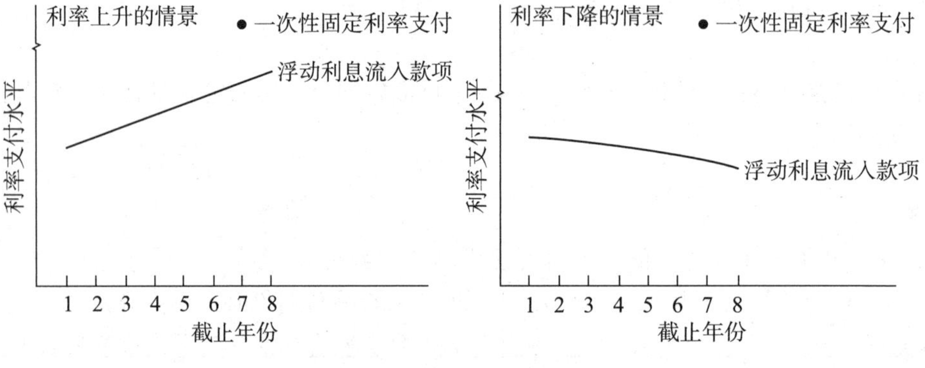

图 15.8　一份零息浮动债券互换的示意图

15-2g　利率上限互换

在**利率上限互换**（rate-capped swap）中，用于交换固定利率支付的浮动利率支付是有上限的。

◇ **例子**

重新考虑 Orlando 银行的例子，其希望用固定利率支付换取浮动利率支付。通过对所要支付的利率设立上限，交易对手方可能希望将其支付款项控制在一定范围内。因为这一互换特性，浮动利率支付方需要预先付给固定利率支付方一笔费用。

在这个例子中，Orlando 银行未来收到的浮动利率支付数额将被这一上限所限制，这可能会降低互换在对冲利率风险方面的效率。如果利率上升，高于所设上限，Orlando 银行支付给储户的利率会上升，但其收到的浮动利息支付并不会随之上升（见图 15.9）。但是 Orlando 银行可能确信利率不会超过特定水平，因此愿意设置上限。而且因为允许设置利率上限，Orlando 银行可以从交易对手方处预先获得一笔费用。

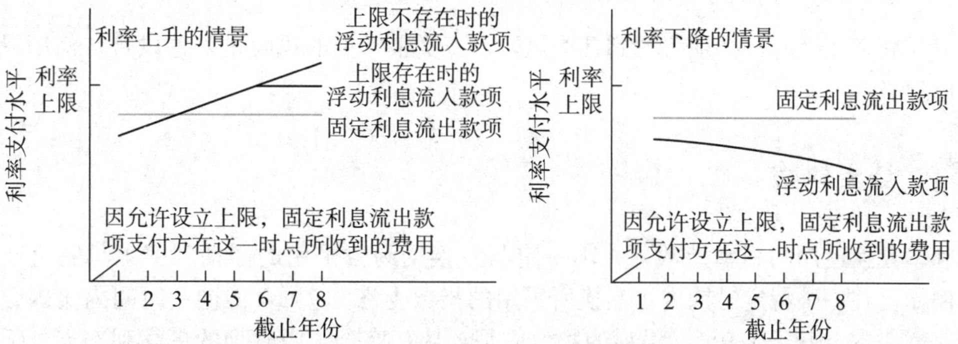

图 15.9 一份利率上限互换示意图

◇

15-2h 股权互换

在**股权互换**（equity swap）中，所交换的利息支付和股票指数的变化程度有关。例如，使用一份股权互换合约，一家公司可以在接下来 4 年里，每年用 7%的固定利率交换标准普尔 500 指数的增值率。如果股票指数一年上涨了 9%，则利差为 2%（收到的 9%减去支付的 7%），乘以名义本金数额就可以得出收到的金额。如果股票指数上涨幅度小于 7%，公司就要进行净支付。对于管理股票、债券的保险公司或养老基金的投资组合经理而言，这类互换合约非常适合。当股票市场处于牛市行情时，经理们不需要改变现有的股票、债券配置就可以提高他们的投资业绩。

15-2i 税收优势互换

有一些互换的支付款项并不依赖于市场利率。一个例子就是税收优势互换，这是公司为了税收目的而采用的。

◇ **例子**

Columbus 公司有一些从之前年份结转的税收损失即将到期。为了在结转到期前将其利用，它可能会参与一份互换，预先收到一大笔款项，而之后的条款随时间推移就不那么有利了。Columbus 公司通过互换可以立即实现盈利，而在未来年份可能受到损失。之前年份的税收损失结转可以用于抵消从互换中即刻获得的收益的税负，而互换合约未来支付款所造成的未来损失可以用于抵消其他业务的未来盈利。

同时，Ann Arbor 公司预计未来会遭受损失，但今年可以从业务中实现大笔盈利，它可以持有与 Columbus 相反的头寸。也就是说，Ann Arbor 将会签订一份互换，即刻付出大笔款项，而在未来支付款方面获得有利条款。在这一年，公司有一定的税收损失，可以用于抵消其他业务的一些盈利，从而减少税负。◈

15-3　利率互换的风险

参与利率互换时，必须考虑到几类风险。三类最常见的风险是基差风险、信用风险和主权风险。

15-3a　基差风险

利率互换使用的利率指数，并不一定与互换交易方采用的浮动利率工具完全同步变动。例如，在一个特定时期内，互换所采用的指数上涨 0.7%，但同一时间内美国金融机构的存款成本上升了 1.0%。最后的净效应是，从互换合约中收到的更高利率支付无法完全抵消资金成本的增加。这种**基差风险**（basis risk）的存在，使利率互换不能完全消除金融机构的利率风险暴露。

15-3b　信用风险

参与利率风险的公司有可能无法履行支付义务，从而带来风险。但是，这种信用风险并不会破坏互换交易，原因有以下几点：一旦这家公司发现它没有收到应得的利率支付，它就不会继续对互换另一方进行支付。潜在损失是这段时间里一系列本应收到的净支付（根据互换的利差）。在某些情况下，金融中介将交易双方进行匹配，如果它进行了担保（为此收取一笔费用），那么也会遭受信用风险。如果这样，假设金融中介有能力承担其所做出的任何保证，互换合约的双方就不需要担心信用风险问题

对次贷危机的担忧　大型银行以及证券公司提供担保的意愿使得利率互换更为流行，但是这也引发了担忧：如果其中任何一家中介无法履行义务，违约的不利影响可能会广泛传播。如果一家拥有巨量互换头寸，且为许多其他互换头寸进行担保的大型银行倒闭，将造成许多互换支付违约。这些违约可能导致其他互换参与者出现现金流问题，使它们也在一些互换支付义务或其他金融合约上违约。鉴于互换网络的全球一体化，通过这种方式，一家大型金融中介的违约可能会影响到全球。事实上，在次贷危机（本章之后会进行讨论）中，美国国际集团（AIG）得到联邦政府救助，原因之一就是联邦政府认为它的违约可能会对整个互换网络造成潜在损害。

由于单个冲击可能对整个互换网络造成潜在损害，《金融改革法案》（2010）规定对互换市场进行多项调整。该法案通过当年，商品期货交易委员会与证券交易委员会发布了一系列新规定，本章随后将在信用违约互换的背景下对其进行讨论，信用违约互换在次贷危

机中扮演了一个主要角色。

15-3c 主权风险

主权风险（sovereign risk），即一国政治因素带来的潜在不利影响。有许多政治因素可能妨碍交易对手方履行互换合约中的义务。例如，当地政府可能会接管交易对手方，并且决定不再履行支付义务。或者，政府有可能施加外汇管制，妨碍交易对手方进行支付。

主权风险与信用风险不同，因为它更多地依赖于政府的资金状况，而非交易对手方自身。交易对手方的信用风险可能很低，但是可能会因为政府而被认为具有很高的主权风险。交易对手方对政府可能施加的一些约束没有控制能力。

15-4 利率互换的定价

为一份利率互换设定一个特定利率，就是对利率互换定价。这一定价过程受到多种因素的影响，包括现行市场利率、交易对手方可得性、信用风险与主权风险。

15-4a 现行市场利率

互换中规定的固定利率受到资金供求关系的影响，这些资金具有相应的期限。例如，如果一份大众型利率互换（固定利息交换浮动利息）是在利率很高时订立的，那么相比低利率时期，这份互换中的固定利率就会更高。通常，互换合约中规定的利率反映了合约订立当时的利率。

15-4b 交易对手方可得性

互换的定价同样由交易对手方可得性决定。对于一个特定的互换而言，如果有很多可得的交易对手方，交易一方就可以达成更有吸引力的互换合约。例如，考虑一家美国金融机构，它想要一份用固定利率交换浮动利率的互换。如果有多家欧洲金融机构愿意做交易对手方，美国机构就可能商定一个略低的固定利率。

交易对手方可得性会随着经济状况的变化而变化。例如，如果在一段时间内利率预计会上涨，许多金融机构就会想要一份固定利率交换浮动利率的互换，但愿意做交易对手方的金融机构就会很少。相比大部分金融机构预期利率下跌的时期，在这种情况下利率互换中的固定利率会更高。

15-4c 信用风险与主权风险

参与利率互换的一方必须评估交易对手方违约的概率。例如，如果交易对手方的信用风险或主权风险很高，参与固定利率换浮动利率互换的一家公司很可能会要求为其流出款项设置更低的固定利率。如果一家信誉卓著的金融中介保证了交易对手方的款项支付，固定利率反而会更高。

15-5 利率互换的表现

图 15.10 展示了一些影响利率走势的潜在力量如何影响利率互换的表现。潜在力量对利率互换表现的影响，依赖于交易方的互换头寸。例如，在某种程度上强劲的经济增长能抬高利率，这对于用固定利率支付交换浮动利率支付的一方是有利的，但对于用浮动利率支付交换固定利率支付的一方则是不利的。

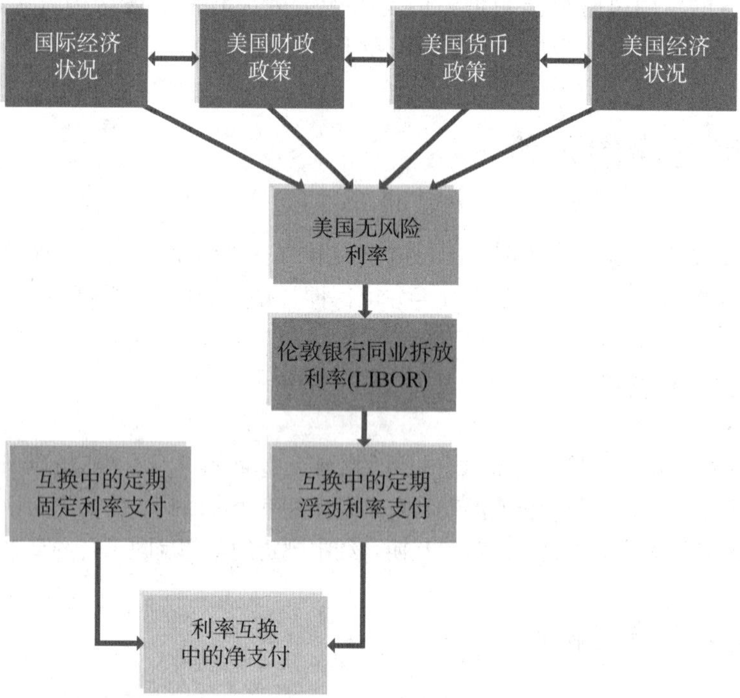

图 15.10　阐释一份利率互换中净支付的框架图

图 15.10 的情形也适合于任何货币。对于一份利率互换，如果它使用的利率基准以外币计价，那么该国的经济状况就成为使用该货币的情况下利率变动和利率互换表现的首要决定因素。

由于一份特定利率互换头寸的表现通常受到未来利率变动的影响，利率互换市场的参与者会密切关注可能影响这一变动的指标。其中，经济增长指标（就业率、国内生产总值）、通货膨胀率指标（消费者价格指数、生产者价格指数）、政府购买指标（预算赤字、在即将进行的国债拍卖中预期会借得的资金量）受到特别关注。

15-6 利率上限、下限与两头封

除了传统形式的利率互换之外，还有其他三种常用的利率衍生工具：

- 利率上限

- 利率下限
- 利率两头封

这些衍生工具在归类上不属于利率互换，但是它们能造成参与者之间的利息支付。金融机构可以使用任一种衍生工具对预期利率变动进行投机或对冲利率风险。

15-6a 利率上限

在特定利率指数超过预先设定的最高值时，**利率上限**（interest rate cap）会提供支付款。支付额由利率超过上限的幅度决定，并像往常一样乘以合约规定的名义本金。在购买利率上限前，需要提前付一笔费用，一份利率上限的有效期一般为3至8年。

利率上限的购买者通常是会受到利率上升的不利影响的金融机构。如果利率上升，那么从利率上限合约中收到的支付款能帮助抵消不利影响。

利率上限的出售者预先收到一笔费用，当现行利率超过合约规定的利率上限时，负有定期支付款项的义务。利率上限的出售者通常是期望利率维持稳定或下降的金融机构。

利率上限的交易商通常是大型商业银行与证券公司，它们在交易中担任交易对手方。它们同样也作为经纪人，将希望购买或出售利率互换的参与者配对。它们甚至可以为将要付给利率上限买方的利率支付款提供担保（为此收取一笔费用）。

◇ 例子

假设Buffalo储蓄银行购买了一份5年期利率上限，费用为6 000万美元名义本金的4%（亦即，费用为240万美元），利率上限规定的最高值为10%。合约指定LIBOR作为代表现行市场利率的指数。

假设在未来5年内，LIBOR如表15.3中那样变化。根据LIBOR的变化，Buffalo储蓄银行在5年中的3年里可以收到支付款。在任一年份，Buffalo收到的款项等于利率超过10%的部分乘以名义本金。例如，第1年的支付为0，因为LIBOR低于上限值。在第2年，LIBOR超过上限值1个百分点，于是Buffalo收到一笔60万美元（$=0.01\times6\ 000$万美元）的支付。在某种程度上，Buffalo的业绩受到高利率的不利影响，而利率上限合约通过提供给Buffalo一笔数额与利率水平相关的支付款，实现了局部对冲。利率上限合约出售者的支付款则与Buffalo相反，见表15.3。

表15.3　对利率上限的说明

	截止年份					
	0	1	2	3	4	5
LIBOR		6%	11%	13%	12%	7%
利率上限		10%	10%	10%	10%	10%
LIBOR超过上限的部分		0%	1%	3%	2%	0%
收到的款项（基于6 000万美元名义本金）（美元）		0	600 000	1 800 000	1 200 000	0
利率上限费（美元）	2 400 000					

◇

利率上限可以满足各种风险-收益情形。例如，Buffalo 储蓄银行可以购买一份指定最高利率为 9%的利率上限，一旦利率超过上限就可以收到支付款，然而这家银行为此需要预先支付更高的费用。

15-6b 利率下限

当特定的利率指数跌破预先设定的最低值时，**利率下限**（interest rate floor）会提供支付款。支付额由利率跌破下限的幅度决定，并乘以合约规定的名义本金。在购买利率下限前，需要提前付一笔费用，一份利率下限的有效期一般为 3 至 8 年。正如利率上限在高利率时起到对冲作用那样，利率下限也可被用来对冲低利率。如果利率跌破下限，购买利率下限的金融机构可以收到支付款，这笔支付款可以帮助抵消利率变化的不利影响。

利率下限的出售者预先收到一笔费用，当特定货币市场工具的利率跌破合约规定的利率下限时，则负有定期支付款项的义务。利率下限的出售者通常是预期利率维持稳定或上升的金融机构。大型商业银行或证券公司可以作为利率下限的经销商以及/或经纪人，正如对利率上限那样。

◇ **例子**

假设 Toland 购买了一份 5 年期利率下限，费用为 6 000 万美元名义本金的 4%（亦即，费用为 240 万美元），利率下限规定的最低利率为 8%。合约指定 LIBOR 作为代表现行市场利率的指数。

假设在未来 5 年内，LIBOR 如表 15.4 中那样变化。根据 LIBOR 的变化，Toland 在 5 年中的 2 年里可以收到支付款。在任一年份，Toland 收到的款项等于利率低于 8%的部分乘以名义本金。例如，第 1 年 LIBOR 比利率下限低 2 个百分点，于是 Toland 收到一笔 120 万美元的支付（即 0.02×6 000 万美元）。在本例中，利率下限出售者的支付款项与 Toland 在表 15.4 中的相反。

表 15.4 **对利率下限的说明**

	截止年份					
	0	1	2	3	4	5
LIBOR		6%	11%	13%	12%	7%
利率下限		8%	8%	8%	8%	8%
LIBOR 低于下限的部分		2%	0%	0%	0%	1%
收到的款项（基于6 000万美元名义本金）（美元）		1 200 000	0	0	0	600 000
利率下限费（美元）	2 400 000					

◇

15-6c 利率两头封

利率两头封（interest rate collar），即在买入一份利率上限的同时卖出一份利率下限。

在其最简单的形式中，交易一方卖出利率下限预先收到的费用可以用来支付向另一方购买利率上限的费用。任何想要对冲利率上升可能性的金融机构都可以购买利率两头封。对冲结果取决于利率上限，当利率上升到超过最高值时，该机构将会获得支付。

因为一份利率两头封还包括卖出一份利率下限，当利率跌破下限时，金融机构负有进行支付的义务。但是，如果利率如期上升，则利率仍然处于所规定的最低利率之上，此时金融机构不必进行支付。

◈ 例子

假设 Pittsburgh 银行的表现与利率负相关。它预计利率在未来几年内将会上升，决定通过购买 5 年期利率两头封来对冲利率风险，使用 LIBOR 作为指数代表现行利率。利率上限费为 6 000 万美元名义本金的 4%（亦即 240 万美元），利率上限为 10%。利率下限费为 6 000 万美元名义本金的 4%（亦即 240 万美元），利率下限为 8%。

假设在未来 5 年内，LIBOR 如表 15.5 中那样变化。根据 LIBOR 的变化，可以分别确定购买利率上限收到的款项以及卖出利率下限支付的款项。

表 15.5　　对利率两头封的说明（购买利率上限的同时卖出利率下限）

	截止年份					
	0	1	2	3	4	5
购买利率上限：						
LIBOR		6%	11%	13%	12%	7%
利率上限		10%	10%	10%	10%	10%
LIBOR 高于上限的部分		0%	1%	3%	2%	0%
收到的款项（基于 6 000 万美元名义本金）（美元）		0	600 000	1 800 000	1 200 000	0
支付的利率上限费（美元）	2 400 000					
卖出利率下限：						
利率下限		8%	8%	8%	8%	8%
LIBOR 低于下限的部分		2%	0%	0%	0%	1%
支付的款项（基于 6 000 万美元名义本金）（美元）		1 200 000	0	0	0	600 000
支付的利率下限费（美元）	2 400 000					
	0					
收到的款项减支付的款项（美元）		−1 200 000	+600 000	+1 800 000	+1 200 000	−600 000

由于卖出利率下限预先收到的费用与购买利率上限支付的费用相等，初始费用被抵消。Pittsburgh 银行购买利率两头封收到的净支付等于从利率上限中收到的款项减去因利

率下限而支付的款项。在利率相对较高的年份里，Pittsburgh 银行收到的净支付为正。

正如本例所示，当利率较高时，利率两头封将进行支付以抵消高利率对银行业绩的不利影响。虽然低利率的年份里净支付为负，但银行的正常业务将表现强劲。正如其他对冲策略那样，利率两头封降低了金融机构业绩对利率变动的敏感性。◈

15-7 信用违约互换

信用违约互换（credit default swap，CDS）主要指一类私人商定的合约，能保护投资者免受特定债务性证券违约的风险。CDS 市场的主要参与者是商业银行、保险公司、对冲基金以及证券公司。参与互换的双方对特定债务性证券的未来表现有不同需求或预期。其中一方是买方，愿意向另一方也就是卖方提供周期性（通常是每季度）支付，因此卖方从买方处收到支付款，但如果互换合约指定的证券违约，则负有向买方偿还的义务。在这种情况下，卖方支付证券的票面价值以换得证券。或者证券可能已经由买方出售，那么卖方必须向 CDS 买方支付证券票面价值与出售价格的价差。

当 CDS 合约指定的证券出现违约时，CDS 买方将得到保护。金融机构购买 CDS 合约，以保护它们在债务性证券上的投资免受违约风险，而 CDS 卖方则预计 CDS 不太可能违约。如果这一预期成立，它就不必进行支付，可以在 CDS 合约有效期内享受每季度收到支付款的好处。

◈ **例子**

去年 Inve 公司购买了票面价值 3 000 万美元的债券（由 Zykmo 公司发行）。此后，Inve 公司担心其购买的债券可能在未来 5 年内出现违约。因此 Inve 公司为这些债券购买了一份 CDS。这份 CDS 将 Zykmo 公司看作参考实体，因为信用保护正是为这家公司购买的。CDS 规定的最大支付额（名义本金）为 3 000 万美元。一家金融机构愿意就这些债券卖出 5 年期 CDS 合约，每年收取的费用为名义本金的 2%，亦即 0.02×3 000 万美元=60 万美元，为此 Inve 公司需要每季度支付 15 万美元费用。如果在未来 5 年中的任意时刻 Zykmo 公司提出破产申请，债券也变得不值钱，Inve 公司也不需要进行任何额外支付，而 CDS 合约卖方有义务付给 Inve 公司 3 000 万美元。然而，如果债券在未来 5 年内（亦即 CDS 合约生效期内）没有违约，Inve 公司每季度都需要进行支付，直到合约到期。在这种情况下，合约卖方不必向 Inve 公司进行任何支付，并且因为它愿意为债券进行担保，在 5 年里每年还会收到 60 万美元。◈

这个例子是简化的情形，它只对一家公司发行的一种特定债券的违约进行担保。许多 CDS 合约为住房抵押贷款支持证券（它们代表了许多抵押贷款）的违约进行担保。

CDS 的期限一般为 1～10 年，但最常见的期限是 5 年。CDS 合约中证券的名义价值一般为 1 000 万～2 000 万美元。CDS 合约的交易在柜台交易市场进行，而不是在有组织的交易所进行。

15-7a CDS 合约的二级市场

在 CDS 合约的二级市场中，CDS 交易商扮演中介的角色。一些主要的交易商推动着二级市场交易，如高盛（Goldman Sachs）、花旗集团（Citigroup）、美国银行（Bank of America）与摩根士丹利（Morgan Stanley）。二级市场使得参与 CDS 合约的金融机构能够将它们的支付义务转移给其他愿意承担的交易者。

如果由 CDS 合约担保的证券因为一些增大其违约概率的因素而贬值，CDS 卖方必须提供更多担保品，为其头寸提供支持。这项要求意在确保 CDS 卖方不会对其头寸违约。

15-7b CDS 合约的担保品

在近期旨在提高透明度的改革出台前，只有作为买卖双方中介的交易商了解 CDS 合约的价值，交易费也不公开。在不透明的情况下，交易商可能不会承认某一 CDS 合约市场价值的改变。如果合约价值改变后，它们的合约头寸将迫使其提供更多担保品，则尤其如此。此外，如果二级市场不活跃，可能会依据同一类 CDS 几周前最近一次交易的成交价来为 CDS 进行估值。如果通用估值不准确，担保品可能不足以弥补交易一方的潜在损失。CDS 定价方面的不透明性造成了担保品数量上的争端，引发了一些诉讼案件。

15-7c CDS 的支付

在一定的期限和名义价值情况下，一份新 CDS 所要求的支付款和违约风险正相关。例如，一份基于 1 000 万美元债务性证券、违约概率相对较低的 CDS 可能每年收取 1%的费用，即 10 万美元（分为每季度支付）。一份基于 1 000 万美元、风险更高的证券的 CDS 可能就会要求每年 3%的费用，即 30 万美元。违约概率越高，提供违约保护的 CDS 卖方就会要求越多补偿。

在经济增长强劲的时期，大部分证券的 CDS 合约所要求的费用应该相对较低，因为此时违约风险通常较低。如果经济不景气，大部分证券的 CDS 合约所要求的费用就应该相对较高，因为此时违约风险较高。

15-7d CDS 合约如何影响债权债务人谈判

当一家债务公司遇到资金问题时，它的债权人会试图与其共同努力避免其走向破产。债权人可能只要求收回一部分欠款以帮助其避免破产，因为债务公司一旦申请破产，它们的所得会更少。但是，如果债权人购买了一份 CDS 合约，它们就可能从债务公司的破产中得到更多好处，因为这样它们就可以从 CDS 卖方处收到支付款。所以，对持有 CDS 合约的债权人而言，帮助债务公司避免破产的动机不强。

15-7e CDS 市场的发展

CDS 于 20 世纪 90 年代被设计出来，以帮助债券投资者免受违约风险。此后，CDS 合约被用于保护购买住房抵押贷款支持证券（MBS）的投资者。CDS 市场发展迅速，2003 年的名义本金已达 2 万亿美元，2006 年为 13 万亿美元，2009 年为 35 万亿美元。（虽然一份合约涉及交易双方，但为了避免重复，在计算时每份合约仅计一次。）

CDS 市场迅猛发展的原因之一是，许多投资于 MBS 的金融机构希望通过购买 CDS 合约防范违约风险。其他对 MBS 的安全性持信任态度的金融机构在合约中作为交易对手方，以获得定期的收入。据估计，CDS 市场的规模超过抵押贷款市场的 5 倍、美国短期国库券市场的 7 倍，以及美国股票市场的 12 倍。

15-7f 次贷危机对 CDS 市场的冲击

在 2003—2005 年房地产市场繁荣时期，许多金融机构加速增持大量 MBS。也许它们确信，回报是丰厚的，而风险几乎可以忽略，因为房价一直在上涨。当 2006 年房价开始走弱时，它们购买 CDS 合约以防范这些 MBS 的违约风险。

用 CDS 合约在抵押贷款违约上赌博 2003—2006 年，房地产市场繁荣，经济增长强劲，抵押贷款公司放款的标准较松，评级机构为 MBS 给出高评级，即使它们有时与次级贷款相组合。一些机构投资者愿意购买抵押贷款与 MBS，因为它们认为住户会继续还贷；或者房屋的价值仍会保持高位，以提供足够的担保品来抵消违约损失。在这段时间内，房价继续上涨，但是住户仍能获得抵押贷款，因为通常认为房价仍会继续上涨。这些迹象都预示了即将破裂的房价泡沫。

一些金融机构预计房价会大幅下跌，它们同样购买了 MBS 的 CDS 合约，即使它们并没有 MBS 风险暴露。也就是说，它们并非在为头寸做对冲，而只是基于它们对许多抵押贷款将会违约的预期进行投机。它们这场赌博的成本是定期付给 CDS 合约卖方的费用；它们的潜在收益是合约到期前，CDS 合约指定的 MBS 出现违约后合约卖方支付给它们的款项。

◈ 例子

在 2006 年，Spec 公司购买了一份名义本金为 2 000 万美元的 CDS 合约，以应对特定 MBS 的违约。因为这项违约保护，Spec 公司每季度需要支付 20 万美元。Spec 公司并非在为头寸对冲，因为它并未投资于任何 MBS，而只是确信 CDS 合约指定的 MBS 将会违约。2009 年，这一 MBS 确实违约了，Spec 公司从 CDS 卖方处收到了 2 000 万美元的支付款。◈

在次贷危机期间许多 MBS 违约了，这让 CDS 合约买方获得了巨额盈利，而让卖方遭受了巨大损失。并非所有 MBS 的违约概率都相同，有一些 MBS 违约概率明显较高。一些投机者瞄准了包含次级抵押贷款的 MBS，因为这些抵押贷款更容易违约。许多 MBS 即使与次级抵押贷款组合，也能得到高评级。投机者很容易就能找到他们想要的 CDS 合约卖方，因为许多CDS合约卖方都（错误地）认为高评级MBS的违约风险很小。

CDS合约的保证金不足 在次贷危机期间，许多CDS不能提供足够的保证金以支持合约。这些互换参照的资产（例如MBS）并非标准化的，因此交易并不频繁，从而市场价格就具有不确定性。即使资产很可能违约，也没有正式报告的市场价值迫使CDS卖方提供更多的保证金。当资产正式宣布违约时，这部分保证金相较于CDS卖方本应付给买方的份额而言，只是一小部分。虽然通常信用违约互换参照的资产需要进行评级，这种评级也并非总能反映那些增加资产违约概率的因素。

雷曼兄弟破产的影响 雷曼兄弟是CDS市场的主要参与者之一。当它于2008年9月破产时，就不再履行对它所有CDS的支付义务。于是，一旦雷曼兄弟破产，许多向雷曼兄弟购买CDS合约以抵御MBS违约风险的金融机构就失去了保障。因为当时CDS市场还是柜台交易，关于金融机构对CDS合约风险暴露的信息很少。次贷危机证明了为什么提供给CDS买方的保障很大程度上取决于卖方的信誉。

雷曼兄弟破产的另一个影响就是使市场参与者认识到，政府并不会自动救助所有大型金融机构。于是在雷曼兄弟破产的很短时间内，从大型金融机构那里购买新CDS合约每年所需支付的费用大幅上涨了。新CDS合约的卖方要求更高的费用，因为CDS合约的风险溢价上升了。只有当它们收到的支付款足以补偿高风险时，它们才会愿意卖出CDS合约。

美国国际集团（AIG）财务问题的影响 美国国际集团是世界上最大的保险公司，通过频繁出售CDS合约赚取定期收入。在2008年，它是许多CDS合约的卖方，这些CDS涉及4 400亿美元债务性证券。AIG的许多CDS合约要求其为高风险MBS（它们代表了次级抵押贷款）担保。当房地产市场走弱后，流言开始传播，认为AIG可能无法满足其CDS合约的未来支付义务。联邦政府担心如果AIG无法履行支付义务，所有从AIG购买了CDS合约的金融机构会失去保障，并且可能破产。2008年9月，美联储向AIG注入了数十亿美元资金，因为它担心公司破产可能导致对金融行业的严重损害。在接下来数月里，紧急援助还在继续。截至2009年初，AIG获得了1 500亿美元政府资金。

次贷危机后CDS合约发生的问题 甚至在次贷危机后，许多金融机构也因为CDS合约头寸遭受了巨额损失。2012年，摩根大通集团伦敦办事处的一位交易员对CDS进行投资，这是银行对冲策略的一部分。在投资遭受损失后，他开始进行投机而非对冲。他在卖出CDS合约方面投入了极其巨大的头寸，交易对手方都开始称呼他为“伦敦鲸”（London Whale）。最终，他的头寸导致摩根大通损失超过60亿美元。他的同事试图为其头寸编造错误的数值，在内部报表中掩盖此事。因为内部控制不充分以及欺骗投资者，摩根大通向美国与英国监管机构缴纳了近10亿美元的罚款。“伦敦鲸”案例还增强了对互换市场进行改革的呼声。

15-7g CDS合约改革

次贷危机之后，《金融改革法案》（2010）批准对信用违约互换以及一般互换市场进行实质性改革。商品期货贸易委员会（CFTC）和证券交易委员会（SEC）颁布了新的规定和监管条例。改革旨在增强互换市场的透明度，提高市场效率，减少衍生证券带来的系统风险。一部分规定已经生效，其他规定将在2017年前逐步推进。

第一，规定要求所有进行互换交易的实体在 CFTC 或 SEC 处注册为“互换交易者”；另外，一些并非交易者的公司由于投入巨量的头寸，从而有可能为交易对手方或美国金融系统带来显著风险，这些公司必须注册为“主要互换参与者”。互换交易者、主要互换参与者必须遵守关于增加保证金（担保品）、进行记录和报告方面的要求，且需要满足一定的最低资本标准。

第二，大部分互换在互换执行系统这一电子平台上进行，这有些类似于股票与期货市场的电子交易。此外，绝大部分互换在一家中央清算所进行清算。这些规定的结果是，衍生品合约变得更加标准化，定价也更加透明。通过中央清算所进行清算避免了风险集中于单一实体，正如当 AIG 在 CDS 合约上投入大量头寸时发生的那样，同时减少了违约对互换合约其他交易对手方产生传染效应的风险。

第三，所有互换合约，无论是否被清算，都需要向互换数据存储库（SDR）报告。所需信息包括合约所有最初条款、买方与卖方，以及名义本金。此外，如果合约有任何改动，也需要报告给 SDR。次贷危机期间发生的问题之一就是当局缺乏关于 CDS 合约全部风险的信息。SDR 意在让 CFTC 与 SEC 任何时刻都能掌握互换市场的全部信息，如果金融系统可能出现风险，在危机爆发前它们可以采取步骤应对。一些 SDR 已经建成，其中一个由芝加哥商品交易所集团运营，另有一个由洲际交易所运营，后者掌管纽约股票交易所。

15-8 互换市场全球化

利率互换市场并非局限在美国。正如前文所述，欧洲金融机构常对利率风险有反向暴露，因此常常持有与美国金融机构相反的互换头寸。不同国家暴露于利率风险的制造业企业同样也参与利率互换。

利率互换在多国得到运用，并且通过多种不同货币进行标价。美元标价的利率互换合约占所有未到期利率互换价值的一半。

鉴于互换参与者来自不同国家，作为中介的银行和证券公司拥有全球化的子公司网络。通过这种方式，它们可以联结不同国家的参与者。在全球互换市场中，一个显著障碍就是缺乏其他国家参与者的信息，于是，对信用风险的忧虑可能会阻碍一些参与者进行互换交易。而当那些作为中介的国际银行和证券公司愿意在互换合约规定下，为可能出现的支付款提供支持时，这一阻碍就得以削弱。

来自许多不同国家的金融机构同样参与信用违约互换市场，其中一些投资于世界各国政府发行的债券，希望其投资免受违约风险影响。事实上，一些最流行的 CDS 合约正是基于新兴市场国家政府发行的债券，这些国家包括巴西、俄罗斯以及土耳其。由于 CDS 合约在国际范围内交易，当参与者开始认识到他们的交易对手方可能无法履约时，次贷危机会在全球范围蔓延。欧盟目前正在引入与美国相似的互换市场改革。

15-8a 货币互换

在一份**货币互换**（currency swap）合约中，不同货币以特定汇率、特定周期进行交换。它本质上是货币远期合约的组合，虽然大部分远期合约对于未来较远时段并不适用。货币互换常被公司用来对冲其对汇率波动的风险暴露。

◈ 例子

Springfield 公司是一家美国公司，在未来 4 年里，每年将会收到 200 万英镑。因此它可能希望锁定在未来 4 年里卖出英镑的汇率。一份货币互换可以确定每年兑换这 200 万英镑的汇率。假设互换指定的汇率是 1.70 美元兑换 1 英镑（互换合约订立时的即时汇率），于是 Springfield 公司将在 4 年内每年收到 340 万美元（即 200 万英镑×1.70 美元/英镑）。如果这家公司不参与货币互换，那么它收到的美元数额将依赖于将英镑兑换为美元时的即时汇率。

货币互换的影响如图 15.11 所示。图中还显示了如果没有订立货币互换合约，在两种可能情景下的收款额情况。注意到如果在这段时间里英镑兑美元升值，从互换合约中收到的支付款就不及未对冲策略。然而，如果在这段时间里英镑兑美元贬值，从互换合约中收到的支付款就会比未对冲策略多。货币互换合约减少了公司对英镑币值变化的暴露。

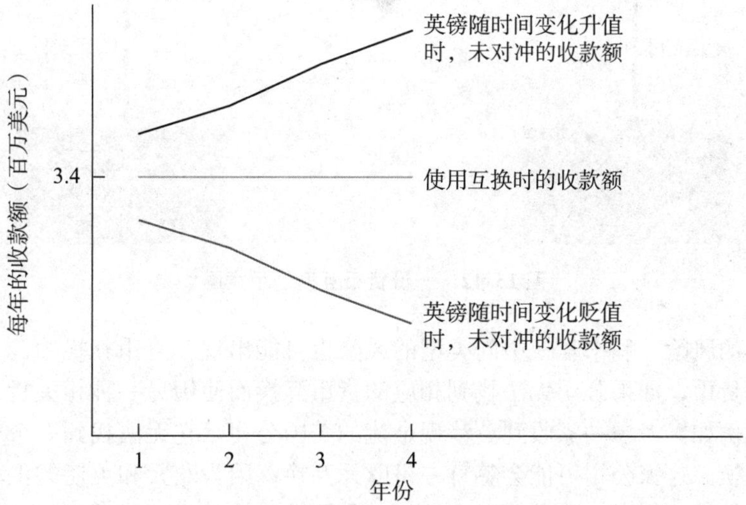

图 15.11　货币互换的影响 ◈

作为金融中介的大型商业银行有时也会持有头寸。也就是说，它们很可能同意与一家公司互换货币，而不仅仅是去寻找一个合适的候选交易对手方。

就像利率互换那样，货币互换还有一些衍生形式。一些货币互换合约给予交易一方终止合约的选择权。这一交易者需要为选择权支付费用，费用提前支付，或者体现在互换合约规定的汇率上。

使用货币互换对冲债券支付　虽然货币互换常用于对国际贸易中的款项进行对冲，它们也可以用于债券发行，以对冲国外现金流。

◈ 例子

Philly 是一家美国公司，想要发行以欧元（这一货币目前用于一些欧洲国家）计价的债券，因为它目前的经营业务会产生欧元流入，而它可以用这些欧元进行支付。但是，对于欧元债券的意向投资者而言，Philly 并不知名。

另一家公司 Windy 希望发行以美元计价的债券，因为它的流入款项大多是美元，但是对于这些债券的意向投资者而言，Windy 并不知名。如果 Philly 与 Windy 分别在以美元、欧元计价的市场上知名，它们应该进行以下交易：Philly 可以发行以美元计价的债券，而 Windy 发行以欧元计价的债券。Philly 可以用欧元换取美元来进行债券支付，而 Windy 将用美元换取欧元进行债券支付。这一货币互换如图 15.12 所示。◈

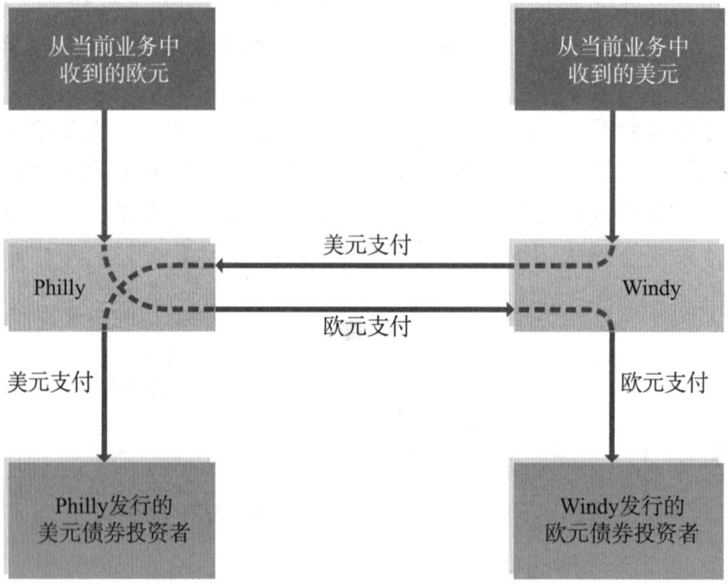

图 15.12　一份货币互换的示意图

货币互换的风险　利率互换中同类型的风险也可能出现在货币互换中。首先，对于存在风险暴露的货币，如果公司无法找到相应的货币互换而使用另一种相关货币，则可能出现基差风险。例如，考虑一家收到英镑现金流的美国公司，它无法找到一个交易对手方来订立英镑的互换。这家公司可能会签订一份欧元互换，因为欧元和英镑的汇率变动（兑美元）高度相关。具体来说，这家公司会签订一份用欧元换美元的货币互换。当它收到英镑时，将其兑换成欧元，再如互换合约所规定的那样，将欧元换成美元。然而，英镑兑欧元的汇率并非恒定不变，由此产生了基差风险。

其次，货币互换同样存在信用风险，即交易对手方对其支付义务存在违约的可能性。但是潜在损失有限，因为如果交易一方不再从交易对手方那里收到货币，它可以停止互换其货币。

第三类风险是主权风险，即一国限制特定货币自由兑换的可能性。在这种情况下，互换合约的一方可能无法履约，因为政府禁止当地货币兑换为其他货币。在鼓励商品与证券跨境自由贸易的国家，这种情况很少发生。

小结

- 一份利率互换允许交易一方用一组利息支付交换另一组。互换可被用于对冲与投机。
- 为应对公司的需求，许多不同类型的互换被设计出来。一些较为常见的利率互换类型有：大众型互换，远期互换，可赎回互换，可回售互换，可展期互换，利率上、下限互换，以及股权互换等。对于金融机构或其他暴露于利率风险下的公司，每一种互换都适用于其特定需求。

■ 当参与利率互换市场时，参与者可能暴露于基差风险、信用风险和主权风险中。基差风险使利率互换无法完全消除互换使用者对利率风险的暴露。信用风险反映了互换合约交易对手不履行支付义务的可能性。主权风险反映了政治因素妨碍互换合约交易对手方履行支付义务的可能性。

■ 利率互换定价受到现行市场利率、交易对手方可得性以及信用与主权风险程度的影响。

■ 许多因素能影响利率变动，利率互换的表现也受到这些因素的影响，包括经济增长、通货膨胀、财政与货币政策。

■ 除了传统形式的利率互换外，还有三类利率衍生工具常被用于对冲利率风险：利率上限、利率下限和利率两头封。当特定利率指数超过最高利率时，利率上限合约提供支付款，因此对冲了利率上升带来的影响。当特定利率指数跌破最低利率时，利率下限合约提供支付款，它可被用于对冲利率下降带来的影响。利率两头封包含买入一份利率上限，同时卖出一份利率下限，用于对冲利率上升带来的影响。

■ 金融机构购买 CDS，常用于防范其先前购买的特定债务性证券违约。这类互换由愿意为证券违约进行担保的金融机构卖出。在 2008 年次贷危机期间，一些持有大量 CDS 合约头寸的金融机构遭遇资金问题，无法履约。对那些持有 CDS 头寸的金融机构，其潜在损失存在不确定性，这一不确定性助长了次贷危机。

■ 从金融机构全球参与的角度来看，利率互换市场已经成为全球化市场，存在多种货币计价的利率互换。

正方和反方观点

金融机构应该以投机为目的参与利率互换市场吗?

正方 是的。它们具有预测未来利率走势的能力，通过持有投机头寸，它们可以为股东获取盈利。

反方 不。他们应该通过主要业务来为股东获取盈利。它们作为互换交易的中介，仅仅应当是为赚取交易费，而它们持有头寸，也仅仅应当是为对冲它们对利率风险的暴露。

谁正确? 利用互联网学习关于这个议题的更多知识并形成你自己的观点。

问题与应用

1. 用利率互换进行对冲 Bowling Green 储蓄和贷款公司使用短期存款为固定利率抵押贷款筹资。阐释 Bowling Green 储蓄和贷款公司可以如何使用利率互换来对冲其利率风险。

2. 决定用利率互换进行对冲 一家公司可能通过用浮动利率支付换得固定利率支付以对冲利率风险，阐释具有何种特征的现金流可能会驱使它进行对冲。为什么一些公司避免使用利率互换，即使它们高度暴露于利率风险中?

3. 证券公司在互换市场中的角色 描述证券公司在互换市场中可能的角色。

4. 用互换进行对冲 Chelsea 金融公司提供浮动利率贷款，并收到浮动利息支付。它的流出款项为固定利息，因为它近期发行了长期债券。Chelsea 金融公司担心利率在未来会下降，但是又不愿意对冲其利率风险，因为它确信利率可能会上涨。为 Chelsea 金融公司的困境推荐一个解决方法。

5. 基差风险 Comiskey 储蓄公司根据顾客需要，提供不同期限的固定利率抵押贷款。它通过发行期限从 1 个月到 5 年不等的存单来筹集绝大部分资金。Comiskey 储蓄公司决定参与固定利率换浮动利率的互换交易以对冲利率风险。Comiskey 储蓄公司会暴露于基差风险中吗?

6. 固定利率换浮动利率互换 Shea 储蓄公司与南美一家声誉卓著的公司商谈了一份固定利率换浮动利率互换，这家公司拥有极高的信用评级。Shea 储蓄公司十分确信其流入的支付款不会发生违约，因为这家南美公司的信用风险很低。你赞同吗?请解释。

7. 固定利率换浮动利率互换 North Pier 公司参与了一项两年期互换合约，合约将提供固定利率支付来交换浮动利率支付。在接下来两年里，利率下降了。根据这些条件，North Pier 公司从互换中盈利了吗?

8. 股权互换 阐释 Marathon 保险公司如何通过股权互换，在对下一年股票市场表现强劲的预期中投机获利，而不必调整它目前股票与债券的投资组合。

9. 互换网络 阐释一家大型商业银行的倒闭如何导致了全球范围的互换信用危机。

10. 货币互换 Markus公司每年从法国购买一次补给品。如果Markus公司参与货币互换合约而美元走强，它会从中盈利吗？如果它订立货币互换合约而美元走弱，情况又会如何？

11. 基差风险 阐释基差风险与货币互换的关联。

12. 主权风险 就主权风险与货币互换的关联给出一个案例。

13. 利率互换的使用 阐释为何一些发行债券的公司要在金融市场中参与利率互换，既然它们有债券支付类型的偏好（固定或可变利率），为什么它们不直接发行相应的债券？

14. 货币互换的使用 阐释为何一些发行债券的公司要参与货币互换，为什么它们不直接发行以希望进行支付的货币计价的债券？

高级问题

15. 两头封利率互换 Bull and Finch公司想订立一份固定利率换浮动利率互换合约，它预计利率会上升至远超过其所要支付的固定利率的水平，并且直到互换到期，都保持很高水平。它应该考虑商定一份利率上限为固定利率+2%的两头封利率互换吗？请解释。

16. 远期互换 Rider公司商定了一份两年后生效的远期互换，用固定利率支付换取浮动利率支付。如果利率在未来两年里大幅上升，可能对Rider公司产生什么影响？也就是说，对Rider公司而言，使用这份互换合约是否比在商定互换前等待两年更为有利？请解释。

17. 期权互换 阐释对于一家想用固定利率支付换取浮动利率支付的金融机构而言，期权互换具有什么好处。

18. 可赎回互换 Back Bay保险公司商定了一份可赎回互换，用固定利率支付换取浮动利率支付。假设直到互换到期，利率始终在下降。你是否认为Back Bay保险公司有可能在到期前就终止这份互换？请解释。

19. CDS CDS曾被认为是一项重大创新，让抵押贷款市场更为稳定。而最近，这种互换饱受批评，它被认为导致次贷危机加重了。为什么？

20. CDS的价格 阐释为何雷曼兄弟倒闭导致CDS合约价格上涨。

21. CDS合约改革 使用CDS会导致金融系统出现风险，阐释《金融改革法案》（2010）以及为实施法案而颁布的规定如何减少风险。

辩证思维问题

CDS与次贷危机 一位批评家近日表示，CDS的发明导致了2008—2009年的次贷危机。写一篇小短文，支持或反对这一观点。

解读财经新闻

诠释华尔街分析师和投资经理做出的下述评论：

a. “互换市场是另一个华尔街——发达的纸牌屋。”

b. “作为利率互换的交易者，我们银行通过多个步骤控制我们的风险暴露。”

c. “对商业银行、证券公司以及其他参与互换市场的金融机构进行监管，可能导致一场监管战争。”

金融市场管理

评估一份利率两头封的效果

作为一家商业银行的经理，你刚刚购买了一份3年期利率两头封，使用LIBOR作为利率指数。利率上限合约规定费用为名义本金（价值1亿美元）的2%，最高利率为9%。利率下限合约规定费用为名义本金的3%，最低利率为7%。假设在未来3年的每年年末，LIBOR（分别）为6%、10%和11%。

a. 计算净支付的费用，以及购买利率两头封预期会收到的净支付。

b. 假设你非常确信利率将会上升，你是否应该考虑购买一份利率上限而非利率两头封？请解释。

c. 在某些条件下，你购买利率两头封可能会适得其反，请解释。

习题

1. 大众型互换 Cleveland 保险公司刚刚商定了一份 3 年期普通互换，它将用 8%的固定利率支付交换 LIBOR+1%的浮动利率支付。名义本金是 5 000 万美元，在未来 3 年的每年年末，LIBOR（分别）为 7%、9%和 10%。

a. 计算 Cleveland 每年收到（或支出）的净付款额。

b. 基于对未来 LIBOR 的假设，计算交易对手方在这份利率互换中每年收到（或支出）的净付款。

2. 利率上限 Northbrook 银行以名义本金的 3%的费率购买了一份 4 年期利率上限、名义本金价值 1 亿美元、最高利率为 9%、使用 LIBOR 作为代表市场利率的指数。假设在未来 4 年的每年年末，LIBOR（分别）为 8%、10%、12%和 13%。

a. 计算初始费用，以及若 LIBOR 按假设的那样变化，Northbrook 银行预期会收到的净支付。

b. 基于对未来 LIBOR 的假设，计算利率上限卖方收到（或支出）的美元数额。

3. 利率下限 Iowa 城市银行以名义本金的 2%的费率购买了一份 3 年期利率下限，名义本金为8 000 万美元，最低利率为 6%，选择 LIBOR 代表利率指数。这家银行预计 LIBOR 在未来 3 年里，每年年末（分别）为 6%、5%与 4%。

a. 计算初始费用，以及如果 LIBOR 按照预期的那样变动，Iowa 城市银行将会收到的支付款。

b. 基于对未来 LIBOR 的假设，计算利率上限卖方收到（或支出）的美元数额。

资金流动练习

用利率衍生品对冲

回忆如果经济继续走强，卡森公司可能会在未来几年内将生产能力提高 50%以满足需求。为扩张和适应生产的增长，它需要进行融资。回忆收益率曲线目前是向上倾斜的，且卡森公司担心，美联储为降低通货膨胀率可能采取的措施会使经济增速放缓。卡森公司目前主要依赖浮动利率商业贷款来进行负债融资。它联络了 Blazo 银行，咨询利率衍生品在风险对冲上的应用。

a. 卡森公司可以如何使用利率互换以减少其负债成本对利率变动的暴露?

b. 相比不进行对冲，卡森公司使用利率互换进行对冲可能有哪些缺点?

c. 卡森公司可以如何使用利率上限以减少其负债成本对利率变动的暴露?

d. 相比不进行对冲，卡森公司使用利率上限进行对冲可能有哪些缺点？阐释使用利率互换与利率上限这两者的权衡。

互联网/Excel 练习

1. 登录 www. economagic. com/fedbog/htm，查看一种短期证券近期年利率（如一年期国债利率），并将其与长期证券（例如 10 年期国债利率）进行比较。基于这一信息，你是否认为市场预期利率接下来会上涨？请解释。

2. 假设你需要长期资金，且可以以短期国债利率借贷。基于目前的利率，你是否会考虑参与互换，用浮动利率换取固定利率？请解释。

WSJ 练习

利率对互换合约的影响

使用近期的一份《华尔街日报》，计算去年短期利率的变动（根据现行收益率曲线确定 3 个月短期国债收益率，并与从一年前的收益率曲线得到的结果相比较）。当前与一年前的 3 个月短期国债利率可以在《华尔街日报》“货币与投资”版块找到。一家公司于一年前签订了固定利率换浮动利率的互换合约，阐释这一利率变动是否会给这家公司带来有利影响。

关于现实案例的在线文章

找一篇近期描述一个具体金融机构或金融市场真实案例的在线实用性文章，以强化本章所涵盖的一

个或多个概念。

如果你的班级有一个在线平台，教授可能会要求你把文章摘要放在那里并提供文章的链接以供其他学生访问。如果你的班级是当面授课的，教授可能会要求你当堂总结你对该文章的运用。教授可能指派特定学生或让学生自愿完成这项作业。

对于与本章相关的近期在线文章和真实案例，请考虑使用以下搜索词（请务必在搜索词中包含当前年份以确保在线文章是近期的）：

1. 利率互换＋对冲
2. 利率互换＋损失
3. 利率互换＋金融机构
4. 利率互换＋定价
5. 利率互换＋风险
6. 信用违约互换＋损失
7. 信用违约互换＋危机
8. 信用违约互换＋风险
9. 信用违约互换＋破产
10. 信用违约互换＋对冲

第 16 章 外汇衍生品市场

本章目标

- 提供外汇市场的背景
- 解释各种因素如何影响汇率
- 解释如何预测汇率
- 描述外汇衍生品的使用
- 解释国际套利

近年来，各种衍生品工具被创造出来，用来应对和利用汇率变动。这些所谓的**外汇衍生品**（foreign exchange derivative）包括远期合约（forward contract）、外汇期货合约（currency futures contract）、货币互换（currency swap）以及货币期权（currency option）。外汇衍生品交易大约占日常外汇交易总量的一半。

使用外汇衍生品的潜在收益取决于预期的汇率变动。因此，在探索外汇衍生品的使用前，理解为什么汇率会随着时间变化是有必要的。

16-1 外汇市场

随着国际贸易和投资随时间而增长，兑换货币的需求也在增加。外汇市场由分布于大型商业银行的全球电信网络组成，这些银行充当兑换货币的金融中介，位于纽约、东京、中国香港、新加坡、法兰克福、苏黎世和伦敦。这些地方的银行的外汇交易随着时间推移不断增长。

在任何给定的时间，银行买入一种货币的价格（买价，bid price）略微低于银行出售该种货币的价格（卖价，ask price）。如同其他商品市场与证券市场，由于金融机构（商业银行）的存在，外汇市场更加有效率。否则，货币的个人买家和卖家将无法找到交易对手方来满足他们的需求。

16-1a 机构对外汇市场的使用

表16.1总结了金融机构如何使用外汇市场和外汇衍生品。金融机构国际投资的程度受到潜在收益、风险和政府监管法规的影响。商业银行使用国际贷款作为它们主要的国际投资形式。共同基金、养老基金和保险公司购买外国证券。近年来，技术的进步减少了信息成本和其他有关购买外国证券的交易成本，促进了机构对外国证券购买的增加。结果，金融机构正在不断增加它们对外汇市场的使用以兑换货币。它们也正在增加对外汇衍生品的使用以对冲它们对外国证券投资的风险。

表16.1 机构对外汇市场的使用

金融机构种类	外汇市场使用
商业银行	• 在外汇市场中充当金融中介，通过购买和出售货币来满足客户 • 通过持有一些货币的多头（take a long position）以及持有另一些货币的空头（take a short position）来投机，以从汇率波动中获利 • 为客户提供远期合约 • 一些商业银行向客户提供外汇期权，与在交易所交易的标准化外汇期权不同，这些期权能根据客户的特殊需求定制
国际共同基金	• 当重建投资组合时，使用外汇市场来兑换货币 • 使用外汇衍生品去对冲一部分风险
经纪公司和证券公司	• 一些经纪公司和证券公司为客户或自己的账户参与外国证券交易
保险公司	• 当为国际操作而兑换货币时，使用外汇市场 • 当为投资组合而购买或者出售外国证券时，使用外汇市场 • 使用外汇衍生品去对冲一部分风险
养老基金	• 当为了股票或债券的投资组合而投资于外国证券时，需要兑换外国货币 • 使用外汇衍生品去对冲它们的一部分风险

16-1b 汇率报价

直接汇率（direct exchange rate）指用美元表示一种货币的价值。例如，1墨西哥比索可能价值0.1美元，然而1英镑被估价为2美元。**间接汇率**（indirect exchange rate）说明多少单位某种货币相当于1美元价值。对于这里给出的示例，间接汇率是10墨西哥比索兑换1美元和0.5英镑兑换1美元。间接汇率是直接汇率的倒数。世界上绝大多数货币的直接汇率和间接汇率都可在金融网站上得到。

远期汇率 对于广泛使用的货币，**远期汇率**（forward rate）是可得的，而且经常表示在各自即期汇率的旁边。远期汇率预示一种货币在未来被兑换的汇率。如果远期汇率高于即期汇率，则它包含一个升水（premium）；如果远期汇率低于即期汇率，则它包含一个负升水（也称作贴水，discount）。

交叉汇率　大多数汇率报价表给出的是货币相对于美元的汇率。然而，在一些情况下，需要得知两种非美元货币（nondollar currency）间的汇率。

◈ 例子

假设一家美国公司需要用墨西哥比索来购买墨西哥商品，但是它刚收到一大笔加拿大元的报酬，希望使用这些资金来支付购买墨西哥商品的费用。因此，这就涉及墨西哥比索相对加拿大元的价值。这种汇率被称为交叉汇率，因为它反映了每单位某种外币值多少单位另一种外币。交叉汇率能使用汇率报价来简单定义。一般公式如下：

$$\text{以 B 货币衡量的 1 单位 A 货币的价值}=\frac{\text{以美元衡量的 A 货币的价值}}{\text{以美元衡量的 B 货币的价值}}$$

如果 1 墨西哥比索值 0.07 美元，1 加拿大元值 0.7 美元，以加拿大元衡量墨西哥比索价值的计算方法如下：

$$\text{以加拿大元衡量的墨西哥比索价值}=\frac{\text{以美元衡量的墨西哥比索价值}}{\text{以美元衡量的加拿大元价值}}=\frac{0.07}{0.70}=0.10$$

因此，1 墨西哥比索值 0.1 加拿大元。交叉汇率也能由多少墨西哥比索等于 1 加拿大元来表示。该数据能够通过取倒数来计算，0.70/0.07＝10。这表明根据提供的信息，1 加拿大元价值 10 墨西哥比索。◈

大多数货币的交叉汇率也能够在金融网站上找到。

16-1c　汇率制度类型

从 1994 年到 1971 年，一种货币与另一种货币兑换的汇率是由政府维持在一个固定汇率的 1%的波动范围内。这一时期被称为**布雷顿森林时代**（Bretton Woods era），因为建立该体系的协定是在美国新罕布什尔州布雷顿森林召开的布雷顿森林会议上商议的。这种政府能够控制汇率的方式会在本章后面讨论。

到 1971 年，美元明显被高估。这是指，它的价值仅靠中央银行的干预来维持。在 1971 年，一个由所有主要国家达成的协定［**《史密森协定》**（Smithsonian Agreement）］允许美元贬值。此外，《史密森协定》还要求将每种货币在给定价值附近浮动的范围从 1%扩展到 2.25%。每当汇率有超出该范围的风险时，政府就需要干预外汇市场。

在 1973 年，该浮动范围被取消。从此，主要货币的汇率一直在没有任何政府强制规定的范围内浮动。然而，一个政府仍然可通过干预外汇市场来影响其货币的市场价值。一个没有固定范围，汇率由市场决定但是仍然受到政府干预的制度称作**有管理的浮动汇率制度**（dirty float）。这是为了区别于**自由浮动汇率制度**（freely floating system），自由浮动汇率制度下外汇市场是完全不受政府干预的。大多数国家允许本国货币（local currency）浮动，但是周期性地干预外汇市场来影响货币价值，后文会简单解释。

联系汇率制度 一些国家和地区现在使用联系汇率制度（pegged exchange rate system）。例如，自 1983 年起，中国香港已经将其货币（港元）与美元相联系（7.75 港元＝1 美元）。因此，它的货币的价值相对美元固定，这意味着它的价值会与美元相对其他货币，包括其他亚洲货币的价值同等变化。因此，如果日元相对美元贬值，它也会相对港元贬值。

一个钉住其货币的国家或地区不能控制当地的利率，因为它的利率必须与钉住货币的利率保持一致。

◇ 例子

如果中国香港降低利率来刺激经济，然后，中国香港的投资者将被吸引去用港元兑换美元，以及在美国这一利率更高的地方进行投资。因为港元与美元相联系，投资者能够在投资期结束时将他们的投资收益兑换回港元，而不用担心不存在的汇率风险，因为汇率是固定的。因此，中国香港没有尝试去控制自己的利率，利率一般是等于美元利率加上一个轻微的风险溢价。随着美元利率改变，中国香港的利率会朝相同方向改变大约相同的程度。◇

尽管曾有过周期性贬值，但委内瑞拉政府在历史上已将其货币（玻利瓦尔）钉住美元。最近一次大范围的货币贬值是在 2013 年 2 月 13 日，当天委内瑞拉玻利瓦尔贬值了 32%，直到 1 玻利瓦尔＝0.159 美元。这一新的固定汇率使玻利瓦尔的价值不仅相对美元而且相对其他所有货币减少了 32%。随着任何一种非美元货币相对美元升值，它们会相对玻利瓦尔升值相同的幅度。

一种货币的贬值使得外国商品对于本国消费者而言更加昂贵，也通过减少本国商品对于外国消费者的成本而增加了本国商品的国外需求。因此，委内瑞拉政府使玻利瓦尔贬值的目的是以牺牲外国产品利益为代价，鼓励本国生产的产品被更多地消费，以及通过增加出口来提升委内瑞拉的经济和减少失业。然而，由于外国商品变得太贵，这一新汇率消除了外国商品的竞争力。这使得委内瑞拉当地生产者提升产品的价格，而不用过多担心消费者流失给外国公司。这导致委内瑞拉更高的通货膨胀率以及不能以官方汇率获得的商品黑市的发展。在 2014 年，政府启动了一些商品的再度贬值。在 2015 年，由于通货膨胀率预计会上升到 80%，以及国家石油收入下降，政府引入了三层式货币制度。该制度由 2013 年为维持食物和药品等必需品价格稳定的官方汇率，以及 2014 年为了维持其他商品价格稳定的汇率和允许玻利瓦尔自由浮动的汇率一同组成。

中国货币（人民币元）钉住美元直到 2005 年。很多美国政客争辩说中国将其货币价值维持在过低水平，这造成每年美国对中国的贸易逆差（balance of trade deficit）大约有 2 000 亿美元。2005 年 7 月，中国实施了新制度，允许人民币在基于一篮子主要货币的狭窄范围内浮动。然而，这对中美产品相对价格仅有有限影响，而且两国间的贸易逆差仍然巨大。

16-1d 欧元区安排

在 1999 年 1 月，欧元取代了 11 个欧洲国家的本国货币。自那时起，又有 8 个国家已经将本国货币转换成欧元。现在使用欧元作为本国货币的国家是奥地利、比利时、塞浦路斯、爱沙尼亚、芬兰、法国、德国、希腊、爱尔兰、意大利、拉脱维亚、立陶宛、卢森堡、马耳他、荷兰、葡萄牙、斯洛伐克、斯洛文尼亚和西班牙。使用欧元的国家组成了一个区域，被称作欧元区。因为所有的这些国家使用相同的货币，它们之间的交易不需要任何货币兑换。这些参与国总共生产了超过20%的世界GDP，这超出了美国的GDP。有9个国家是欧盟（European Union，EU）成员，但是没有加入欧元区，它们是：保加利亚、克罗地亚、捷克、丹麦、匈牙利、波兰、罗马尼亚、瑞典和英国。这些国家继续使用它们的本国货币。

东欧一些属于欧盟成员的国家如果满足一些特定的经济目标，包括预算赤字的最大限度，将能够加入欧元区。一些这样的国家将它们的货币价值钉住欧元，因此它们的货币与欧元相对其他货币同等变化。在这种安排下，它们仍然可以灵活地调整它们的汇率制度，而且能评估如果它们采用欧元，它们的经济将受到怎样的影响。

欧元区货币政策 欧洲中央银行（ECB）负责对欧元区所有国家制定货币政策。该银行的目标是维持这些国家的物价稳定（控制通货膨胀），因为它相信物价稳定对于实现经济增长是至关重要的。由于欧元的利率受到欧元区货币政策影响，所有加入的国家有相同的无风险利率。因此，欧元区货币政策同时影响所有采用欧元作为货币的国家的利率。尽管一个单一的货币政策可能会更多顾及这些国家中一致的经济条件，但它仍然阻碍了任何单个国家通过自己独特的货币政策解决当地经济问题。但是，成员国仍然能够实施它们自己的财政政策（指有关税收和政府支出的决定）。

欧元区危机 在2010—2015年，希腊经济疲软，政府预算赤字大幅增加。债务评级机构大幅降低了它的债务评级，这增加了该政府借到资金的成本。葡萄牙和西班牙也经历了严重的财务问题，意大利和爱尔兰的经济也在变弱。就如欧元区经济一体化能使一个国家的增长有益于其他国家那样，一个国家的经济薄弱同样能严重影响其他国家。在这一时期，机构投资者将它们的投资移出欧元区，移入其他地区，这给欧元汇率带来了下行压力。

16-1e 弃用欧元

当一个欧元区的政府不能获得足够的信贷去负担它的预算赤字时，它可能需要依靠欧洲中央银行获取资金。当欧洲中央银行给一国提供信贷时，它就强行实施了本用来帮助政府逐渐解决预算赤字问题的紧缩性财政政策。这些情形可能包括减少政府开支以及对公民实施更高的税率。尽管这些情形可能对于纠正预算赤字是必要的，但它们可能会使经济更脆弱。

一些批评家认为，一国政府应当弃用欧元而不是接受来自欧洲中央银行的资金，因为紧缩条件太严酷苛刻。如果一个国家有自己的货币，它就能够使货币贬值到一个能够增加该国出口需求的程度，以此刺激其经济。但是，弱势货币对于一个存在债务问题的国家来说并不是一个完善的解决方法，因为它会造成高通货膨胀率。此外，如果一个国家仍然计划去偿还债务，那么它将需要使用新的弱势本币来支付，因此有可能需要用更高的价款来支付已经存在的债务。

弃用欧元对欧元区情形的影响 如果一国弃用欧元，观察者可能将其作为其他欧元区国家也弃用欧元的信号。如果欧元区外的跨国公司和大型机构投资者害怕其他国家也追随这一行为，它们可能担忧欧元将会崩溃，因此不愿意对欧元区投入更多资金。它们可能决定出售目前在欧元区的资产以便在欧元贬值前将货币转回本币或者其他种类的货币。

16-1f 虚拟货币

国际交易正在越来越多地通过虚拟货币（也称作加密数字货币，cryptocurrency）实施，虚拟货币使用加密技术来核查资金转移。虚拟货币是独立于国家政府被创造和运营的，所以直到最近它们仍然在中央银行和政府发行的金融法规管辖范围之外。这种独立性和相对匿名虚拟交易的结果是，这些货币有时被用于一些非法活动，如洗钱和逃税。然而，最近政府实施了法规来阻遏虚拟货币的非法使用，同时允许用它们进行合法支付。

有好几种虚拟货币存在，比特币（bitcoin）是最广泛使用的一种。比特币在 2009 年作为 P2P（peer-to-peer）网络支付方式被创立，由其使用者拥有和控制。交易的快捷性和收取费用的最小化使得比特币成为交换货币的可行方式，尤其是对于国际交易来说。现在，比特币作为一种支付方式被世界许多公司接受。

比特币也被用于投资。衍生品合约（如远期合约、期货合约和期权）能够用比特币在比特币网络交易所获得。在任何时间点，都有比特币与美元以及世界其他货币的汇率报价。当前汇率和展现历史汇率的表格都能从网上容易地获得。

比特币的使用 比特币能够在网络交易中被购买或者作为商品和劳务的支付方式被接收。比特币的拥有者将比特币储存在数字钱包中。拥有者能够在接受比特币的商业交易中使用比特币，或者通过输入收款人的比特币地址以及数额，用数字钱包来将价款发送到全世界。绝大多数数字钱包允许发送者以美元、欧元或者其他主要货币形式输入数额。钱包软件会以当前汇率将该数额转换成比特币，然后将价款传送给收款人。当公司收到比特币时，能够将比特币存入它们的数字钱包中或者将其以比特币汇率转换成美元或其他货币。

比特币的优点和缺点 比特币有一些优点，但也有一些重大的缺点。一个主要的优点是交易尤其是国际交易的速度快。比特币能够在 10 分钟内从一个地方转移到世界上任何其他地方。此外，对资金转移者收取的费用一般远低于进行国际支付的金融机构收取的费用。

这些优点已经使得几个主要金融机构尝试使用区块链技术（比特币使用的技术）去发展它们自己的虚拟货币。高盛正在研发一种将被用于证券交易结算的新型虚拟货币。尽管股票、证券和其他有价证券能够立刻被交易，但结算流程中现金和有价证券在实际中的转移要花费数天。使用虚拟货币的目的是加快该过程。类似地，一些主要银行的联盟正在开发一种能用于国际支付和资金转移的虚拟货币。

比特币的一个潜在缺点是它的价值的波动性。例如，在 2013 年，1 个比特币的价值在 100～1 200 美元的范围内变动。尽管近年来其价值变得更稳定，但波动性展现了被储存在数字钱包中的比特币的价值能够下降的程度。结果，一些接受以比特币作为支付方式的公司迅速将它们转换成另一种货币。

在一个网络交易账户中保留大量比特币存在的另一个问题是基本上没有损失保护。如果黑客进入数字钱包，偷走比特币，拥有者将无法对他们进行追索。在 2014 年，一个位于东京的大型比特币交易所破产，据称有价值 4 亿美元的比特币资金丢失和被偷窃。其他几个比特币交易所也被黑客摧毁过。

管理比特币交易　随着比特币变得更普及，对比特币拥有者的保护措施的缺乏以及非法行为的潜在可能性催生了一些法规。一些州现在要求比特币经销商获取牌照才能在该州运营。在 2015 年，纽约州授予 itBit 信托公司银行信托执照，使其成为第一个完全合规的交易商。itBit 信托公司的比特币账户由强制性资本储备支持，美元账户由联邦存款保险公司担保。

在 2015 年 9 月，美国商品期货交易委员会（CFTC）宣布它将根据适用于衍生品市场的法规来管控虚拟货币交易。在第一步，它就命令一个没有按要求注册的比特币期权交易平台停止运营。

16-2　汇率的影响因素

由于货币的价值会适应供给和需求条件而变化，它会走向均衡。在均衡条件下，不会有货币的过剩或者短缺。

◇ 例子

美国对欧洲商品和证券需求的大幅增长会导致欧元需求的增长。然后，由于欧元需求将超过待售欧元的供给，外国供应商（商业银行）将经历欧元短缺，从而以抬高欧元的标价作为反应。欧元将会升值，或者说价值上行。

相反，如果欧洲公司开始购买更多的美国商品，以及欧洲投资者购买更多的美国证券，反作用力将会发生。用来兑换美元的欧元的出售量将增加，造成市场上欧元过剩。因此，欧元价值将会下降，直到再次达到均衡。◇

事实上，欧元的需求和供给能同时改变。汇率的调整取决于这些改变的方向和程度。

一种货币的供给和需求被一系列因素影响，包括：(1) 通货膨胀率差异；(2) 利率差异；(3) 政府（中央银行）干预。接下来将讨论这些因素。

16-2a　通货膨胀率差异

从一个均衡状况开始，考虑一下如果美国的通货膨胀率突然变得比欧洲的通货膨胀率高很多，美国对于欧元的需求和待售欧元的供给会如何变化。美国对欧洲商品的需求会上升，这说明美国对欧元的需求会上升。此外，由于欧洲对美国商品的需求下降，用来交换美元的欧元的供给也会下降。两种力量都会给欧元带来升值压力。

在相反的情形下，若欧洲通货膨胀率突然比美国高很多，美国对于欧元的需求将下降，然而待出售的欧元的供给会上升，给欧元带来贬值压力。

关于通货膨胀率和汇率关系的一个著名理论被称作**购买力平价理论**（purchasing power parity，PPP），表明平均来看，汇率变化的百分比反映的是两个相关国家的通货膨胀率之差。

◇ **例子**

假定在一个最初的均衡状况下，英镑的即期汇率是 1.6 美元，美国的通货膨胀率是 3%，英国的通货膨胀率也是 3%。如果美国通货膨胀率突然上升到 5%，然后，根据购买力平价理论，英镑将相对美元升值大约 2%。基本原理是，由于美国的物价更高，美国对英国商品的需求将增加，因此给英镑带来升值压力。一旦英镑升值 2%，无论美国购买者购买美国商品还是英国商品，他们的购买力都相同。尽管美国商品的价格上涨幅度更大，但由于英镑升值，所以对于美国消费者来说，英国商品会同样贵。因此，由于美国通货膨胀率的变化，产生了一个新的均衡汇率。◇

事实上，汇率并不一定如购买力平价理论表示的那样改变。其他能影响汇率的因素（稍后讨论）能够扭曲购买力平价的关系。当衡量为何一种汇率改变时，所有因素都必须被考虑。而且，对未来汇率的预期必须能说明所有影响汇率的因素的潜在方向和变化程度。

16-2b 利率差异

利率变动通过影响国家之间的资本流动来影响汇率。利率的上行可能吸引外国投资者，尤其是当更高的利率并没有反映预期通货膨胀率的上升时。

◇ **例子**

假设美国利率突然变得比欧洲利率高很多。由于欧洲证券变得缺乏吸引力，美国投资者对欧洲附息有价证券的需求会下降。此外，用来兑换美元的待售欧元供给将会增加，因为欧洲投资者增加了他们对美国附息债券的购买。两种力量对欧元价值施加了下行压力。

相反，反向作用力将会在欧洲利率相对美国更高的情况下上演，导致欧元价值有上行压力。通常来说，如果其他因素不变，利率具有更大增幅（或者更小跌幅）的国家的货币预期会升值。◇

16-2c 中央银行干预

中央银行经常考虑通过调整货币价值来影响经济。例如，美国中央银行可能希望削弱美元来提升对美国出口的需求，这能刺激经济。然而，更弱的美元也能通过减弱外国竞争力（因为它提升了外国商品对于美国消费者的价格）造成美国通货膨胀。或者，美国中央银行可能偏好通过让美元走强来增强外国竞争力，这会降低美国的通货膨胀率。

直接干预 一国政府能通过直接干预外汇市场来影响货币价值。直接干预发生在一国中央银行（例如美国联邦储备银行或者欧洲中央银行）出售一些货币储备来兑换不同货币时。

◇ **例子**

假定美联储和欧洲中央银行希望提高欧元对美元的价值。他们会使用美元储备在外汇市场上购买欧元。本质上，他们是在外汇市场上倾销美元，因此增加了对欧元的需求。◇

然而，中央银行干预能够被市场力量压倒，因此可能并不总是能成功影响汇率的变动。事实上，美联储和欧洲中央银行在2000年提高欧元价值的努力并不成功。然而，中央银行可以通过两种方式大幅影响外汇市场。第一，它能减缓不利的汇率变动趋势。第二，如果商业银行和其他公司相信中央银行将继续干预，它们可能重新评估它们的外汇策略。

间接干预　美联储能通过影响决定货币价值的因素来间接影响美元价值。例如，美联储能够尝试通过增加美国货币供应（假定通货膨胀率预期不受影响）来降低利率。更低的美国利率有助于阻遏外国投资者投资美国证券，因此对美元价值施加下行压力。或者，为了增加美元价值，美联储能尝试通过减少美国货币供应量来提高利率。间接干预能够成为影响货币价值的非常有效的方式。

当国家经历大量资金净流出时（这会对它们的货币施加严重的下行压力），它们通常使用间接干预，通过提升利率来阻遏过量的流出，因此限制它们货币的价值下行的压力。然而，这种行动会严重影响本土借贷者（政府机构、公司和消费者），而且可能削弱经济。

墨西哥比索危机中的间接干预　在1994年，可能墨西哥比索相对本应具有的水平过于强势，这促使墨西哥公司和消费者购买过量数额的进口货物，墨西哥出现了巨大的贸易逆差。在1994年12月前，墨西哥比索具有巨大的贬值压力。在1994年12月20日，墨西哥中央银行使墨西哥比索贬值了约13%。墨西哥股票价格骤然下跌，因为很多外国投资者基于墨西哥比索进一步贬值的预期出售了他们的股份，从墨西哥撤回了他们的资金。在12月22日，中央银行允许墨西哥比索自由浮动，导致墨西哥比索的价值又下降了15%。这就是所谓的墨西哥比索危机的开始。中央银行通过提高利率来进行间接干预，以阻遏外国投资者撤回在墨西哥的债券投资。更高的利率增加了墨西哥公司和消费者借款的成本，因此减缓了经济增速。

亚洲金融危机中的间接干预　在1997年秋季，很多亚洲国家经济脆弱，它们的银行遭受了大量的贷款违约。由于担忧它们的投资，投资者开始撤回它们的资金。一些国家（例如泰国和马来西亚）将提高利率作为间接干预的方式，旨在鼓励投资者将资金留在亚洲。然而，更高的利率增加了已经借款的公司的成本，使得它们更加难以偿还债务。此外，高利率阻遏公司进行新的借款，而且削弱了该地区的经济。

在亚洲金融危机期间，投资者也将资金从巴西撤回，然后重新投资到其他国家。造成巴西大量的资金流出，给巴西货币雷亚尔带来了极大的贬值压力。在10月末，巴西的中央银行做出反应，将其利率翻倍，从20%提升到40%。该行动阻遏了投资者将资金撤出巴西，因为它们现在能够通过在巴西投资于一些证券挣得双倍利息。尽管该银行的行动成功地保卫了雷亚尔，但它也减缓了经济增长，因为借贷资金的成本对多数公司来说太高。

俄罗斯金融危机中的间接干预　相似的情形发生在1998年5月的俄罗斯。在过去4个月，俄罗斯货币卢布持续贬值，而且证券市场价格的下降幅度超过50%。由于对俄罗斯货币和股票缺乏信心会造成大量资金外流，俄罗斯中央银行通过将利率提高至原来的三倍（从50%至150%）来最小化资金外流。卢布暂时被稳定住，但是股票价格继续下跌，因为投资者担心高利率会降低经济增速。

希腊债务危机中的间接干预　希腊是一个使用欧元作为其本国货币的欧洲国家。由于其经济在2010年变弱，其政府预算赤字大幅增长，而且债务评级机构降低了其债务评级，以至于相较欧元区其他国家4%的利率，它在债务上要偿还约11%的利息。随着希腊政府尝试减少政府支出来调整预算赤字，经济进一步被削弱。甚至有流言称希腊将要弃用其货币欧元，这可能造成关于欧元和欧元区国家未来经济的更多不确定性。因此，希腊债务危机引发了对欧元区的担忧，促使投资者倾销欧元，支持美元或者其他货币。在 2010 年春季，欧元贬值了 20%。

欧洲中央银行以一项本用于保持低利率的刺激性货币政策作为反应。尽管欧洲中央银行可能更加偏好一项限制性的货币政策来保持低通货膨胀率，但它的政策明显考虑到了由希腊债务危机导致的欧元区经济被削弱的潜在可能性。从该危机中学到的一个重要教训是：一个欧元区国家的情况会如何影响使用相同货币的所有国家。

尽管有欧洲中央银行的援助，但希腊仍然在与其债务做斗争，而且在 2015 年它又要求了另一次救助。再一次，有人担忧希腊离开欧元区，欧元价值应声下跌。即使在希腊债务危机结束后，由于大多数欧元区国家经历了经济变弱，欧元相对美元的价值也继续下跌，而欧洲中央银行致力于实施一项刺激性货币政策，试图去降低利率。

16-3 汇率预测

使用汇率衍生品的市场参与者倾向于根据它们对未来汇率的预期进行交易（take position）。例如，跨国公司在外汇衍生品上进行多头和空头交易来对冲它们以外币形式存在的未来现金流的风险，尤其是当它们预期它们将会因风险而受到严重影响时。如果金融机构投资经理预期到他们股票的计价货币的价值下降，他们可以在外汇衍生品上进行交易来对冲风险。投资者可以在外汇衍生品上做交易，从某种货币将会升值的预期中获益。因此，首要任务是去形成对某种特定汇率的预测。有很多种预测方式，但没有一种特定的方式十分突出，因为大多数都只在预测未来汇率中获得有限的成功。大多数预测方法能被归为下列类型中的一种：

- 技术性预测
- 基本面预测
- 基于市场的预测
- 综合预测

16-3a 技术性预测

技术性预测（technical forecasting）是指使用历史汇率数据去预测未来的货币价值的方法。例如，一种给定货币的价值连续增长 4 天的事实可能提供该货币明天将如何变动的暗示。有时会应用更加复杂的数据进行分析，例如，开发一个电脑程序来检测特定的历史趋势。

也有一些**时间序列模型**（time-series model），这些模型能检测移动均值，因此允许预测者去识别变化趋势，例如货币在连续三个周期高于移动均值的增长后倾向于贬值。通常，使用这种方法的咨询师不会公开他们具体的预测准则。如果他们公开，潜在客户可能自己使用这些准则而不会为他们的建议付费。

汇率的技术性预测与股票的技术性预测类似。如果货币价值随时间变化的模式似乎是随机的，那么技术性预测并不合适。除非汇率变化的历史趋势能被识别，否则检测过去的变化对预测未来的变化并没有用处。

16-3b 基本面预测

基本面预测（fundamental forecasting）是基于经济变量和汇率间的基本关系来进行的预测。考虑这些变量的当下值以及它们对货币价值的历史影响，公司便能预测汇率。例如，一给定国家的高通货膨胀率可能会导致其货币贬值。当然，其他所有可能影响汇率的因素也应被考虑。

预测可能仅源于主观评估一国经济变量一般变化对汇率的预期影响。从统计角度看，预测将基于被定量分析的影响因素对汇率的影响。

16-3c 基于市场的预测

基于市场的预测（market-based forecasting），或者说从市场指标来形成预测的过程，通常是基于即期汇率或远期汇率。

即期汇率的使用 为了阐明为什么即期汇率能用于基于市场的预测，假定在不久的未来，英镑预期相对美元升值。这将鼓励预期英镑升值的投资者现在用美元购买英镑，而这些购买会快速推动英镑价值上涨。相反，如果英镑预期相对美元贬值，投资者会现在出售英镑并希望在英镑价值下降后以更低的价格买回它们。这些行动会推动英镑快速贬值。因此英镑当下的价值应该反映对该货币在不久的将来价值的预期。换句话说，公司之所以能使用即期汇率来预测是因为它代表了市场对在不久的将来的即期汇率的预期。

远期汇率的使用 远期汇率也能用于预测未来即期汇率，原因是如果远期汇率和未来即期汇率的预期差异很大，投资者将进行交易。

◇ 例子

英镑 30 日的远期汇率是 1.4 美元/英镑，投资者的一致预期是未来 30 天后英镑的即期汇率将为 1.45 美元/英镑。因为投资者预期未来即期汇率是 1.45 美元/英镑，又由于普遍的远期汇率是 1.4 美元/英镑，投资者可能按 1.4 美元/英镑的远期汇率购买英镑，然后当后来（30 天后）收到英镑后按当时的即期汇率出售它们。如果他们的预测是正确的，他们将挣得 0.05 美元/英镑（即 1.45 美元/英镑－1.40 美元/英镑）。如果大量的投资者实施这种策略，那么对英镑大量的远期购买将促使远期汇率上行，直到投资需求停止。投资需求可能将在远期汇率达到 1.45 美元/英镑时终止，因为在该汇率水平下，实施该策略得不到利润。因此，远期汇率应当朝着未来即期汇率的市场平均预期移动。在这个意义上，远期汇率能起基于市场预期的作用，因为它反映了市场对于在远期范围（在本例中，是从现在起 30 日）结束时的即期汇率的预期。◇

16-3d 综合预测

因为没有一种预测方法持续地比其他方法更好，一些跨国公司将各种预测方法组合起来使用。这种方法被称作**综合预测**（mixed forecasting）。因此，按这种方法对一种特定货币的价值的各种预测是通过使用不同的预测方法形成的。每种方法被赋予一个权重，被认为更可靠的方法被赋予更大的权重。因此，跨国公司对于货币的预测是各种预测的加权平均值。

16-4 外汇衍生品

外汇衍生品能被用来对未来的汇率变动进行投机，或者对冲预期的以给定外国货币形式存在的现金流入或流出的风险。由于外国证券市场变得更容易进入，机构投资者增加了它们的国际投资，这反过来增加了它们对于汇率风险的暴露。一些机构投资者使用汇率衍生品来对冲它们的风险。最流行的汇率衍生品是远期合约、货币期货合约、货币互换以及货币期权合约。

16-4a 远期合约

远期合约（forward contract）是一种合约，通常是与商业银行协商，允许在未来指定日期以指定汇率（远期汇率）购买或出售指定数量的特定外币。**远期市场**（forward market）促进了远期合约的交易。该市场并不是一个实体场所，而是一个移动通信网络。通过它，大型商业银行将想购买货币远期的参与者与想出售货币远期的参与者进行匹配。

很多提供即期汇率的商业银行也为广泛交易的货币提供远期交易。通过锁定支付的外币的价格，远期合约的买卖能对冲公司面临的货币价值可能随时间变动的风险。

◇ **例子**

圣路易斯保险公司计划从现在起两个月后在墨西哥股票上投入 2 000 万美元。因为墨西哥股票是以墨西哥比索计价，能被购买的股票数量取决于购买时墨西哥比索的价值。如果圣路易斯保险公司担忧墨西哥比索将在购买前升值，那么它可以购买墨西哥比索远期来锁定汇率。◇

一个在未来会收到以特定外币计价的还款的公司能通过出售货币远期来锁定出售该货币的价格。

◇ **例子**

冈扎加股份有限公司的养老基金经理计划在 6 个月后清算该基金持有的英国股票，但是预期英镑在该时间前将会贬值。该养老基金经理可以通过协商一个远期合约来卖掉 6 个月期英镑远期使未来的交易免于汇率风险。这样，清算股票时收到的英镑能以远期合约中具体的汇率转化成美元。◇

一些商业银行通过买卖货币远期来满足公司要求。如果一家银行的远期买卖合约在给定日期没有轧平，那么银行就暴露在汇率风险下。

◈ **例子**

内布拉斯加州银行有承诺从现在起 90 天后出售 1 亿加拿大元和买入 1.5 亿加拿大元的合约。相比出售，它将多收到 5 000 万加拿大元。从现在起 90 天加拿大元价值的上行将是有利的，但是如果加拿大元贬值，该银行将由于汇率风险暴露受到相反的影响。◈

估量远期升水 一种货币的远期汇率有时会超过现在的即期汇率，因此存在一个升水；在其他时间它可能会低于即期汇率，因而存在一个贴水。远期合约有时是指它们升水或贴水的百分比而非它们的实际值。例如，假定加拿大元即期汇率（S）是 0.7 美元/加拿大元，而 180 天（$n=180$）远期汇率（FR）是 0.71 美元/加拿大元。则远期升水（p）将是 2.86%：

$$
\begin{aligned}
p &= \frac{FR-S}{S} \times \frac{360}{n} \\
&= \frac{0.71-0.70}{0.70} \times \frac{360}{180} \\
&= 2.86\%
\end{aligned}
$$

该升水只是反映按年化率计算出的远期汇率超过即期汇率的百分比。

16-4b 货币期货合约

远期合约的一个替代品是货币期货合约，它是一个在指定日期以指定汇率交换一种特定货币指定数量的标准化合约。一家公司能够购买一个期货合约，通过锁定在特定时间点它能够购买该特定货币的价格，来对冲外币形式的应付款风险。为了对冲外币形式的应收款风险，它可以出售期货，因而锁定它能够出售该种货币的价格。一个期货合约代表一个标准化数量单位。货币期货合约也有特定的到期日（或者交割日），公司必须做出选择。

期货合约是标准化的，然而远期合约能具体指定任意的数量和公司希望的到期日。远期合约具有这种灵活性，因为它们是与商业银行而非交易所进行协商。

16-4c 货币互换

货币互换就是一个允许一种货币定期跟另一种货币以指定汇率交换的协议。它本质上代表一系列的远期合约。商业银行通过担任联系两个有相反需求团体的中介来促进货币互换交易。或者，商业银行可能愿意与特定参与者进行反向交易。在这样一种情况下，它们将自己暴露于汇率风险中，除非它们进行的交易会抵消存在的风险。

16-4d 货币期权合约

另一种用于对冲的外汇衍生品是货币期权。它相对于远期和期货合约的主要优势在于规定参与者有权利但并没有义务在给定时期内以指定价格购买或出售一种特定货币。

货币看涨期权提供在指定期限内以指定价格（称为合约价）购买一种特定货币的权利。这种期权能被用来对冲未来以外币计价的现金支付的风险。如果即期汇率保持比合约价低的水平，期权就不会被执行，因为公司能够在即期市场上以更低的成本购买外币。然而，期权必须支付费用（或者期权费），因此，即使期权没有被执行，用期权对冲也是有成本的。

货币看跌期权提供了在指定期限内以指定价格（合约价）出售一种特定货币的权利。如果即期汇率保持比该价格高的水平，期权将不会被执行，因为公司能够在即期市场上以更高的价格出售外币。但是如果在收到外币时即期汇率比合约价低，公司就会执行看跌期权。

16-4e 运用外汇衍生品对冲

当决定是否使用远期、期货或者期权合约来对冲风险时，一家公司应当考虑每种合约的以下特征。首先，如果公司需要一个量身定做的、无法与现有期货合约匹配的对冲，远期合约可能会更好。此外，远期和期货合约应该会产生比较类似的结果。

在一个义务型合约（远期或期货）或一个期权合约间的选择取决于即期汇率的预期走势。如果应付款的计价货币升值，公司将从期货或者远期合约而非看涨期权中收获更多。看涨期权合约需要一个前端费。但是，当公司并不确定货币未来走势时，这是一个更加明智的选择。公司通过购买看涨期权可以对冲可能的升值风险，也可以在货币贬值时不执行合约，使用即期市场来代替。类似地，当未来货币变动特别不确定时，看跌期权可能相对于期货或者远期合约在对冲应收款风险方面更受偏好，因为如果货币升值了，公司有让期权终止的灵活性。

16-4f 运用外汇衍生品投机

远期、货币期货、货币期权市场可能被用来投机和对冲。一个预期新加坡元升值的投机者可以考虑下列每一项策略：

1. 购买新加坡元远期，当收到新加坡元时，在即期市场上出售它们。

2. 购买新加坡元期货合约，当收到新加坡元时，在即期市场上出售它们。

3. 购买新加坡元的看涨期权，在终止日期前即期汇率超过合约价的一些时间点，兑现看涨期权，然后在即期市场上出售新加坡元。

相反，一个预期新加坡元贬值的投机者可以考虑下列每一项策略：

1. 出售新加坡元远期，然后在履行远期义务之前，在即期市场上购买它们。

2. 出售新加坡元期货合约，然后在履行远期义务之前，在即期市场上购买它们。

3. 购买新加坡元的看跌期权，在终止日期前即期汇率低于合约价的一些时间点，在即期市场上购买新加坡元，然后执行看跌期权。

货币期货投机 作为一个用外汇期货进行投机的例子，考虑下列信息：

- 英镑的即期汇率是 1.56 美元/英镑
- 英镑期货合约的价格是 1.57 美元/英镑
- 在期货合约的交割日，英镑预期的即期汇率是 1.63 美元/英镑

考虑到未来即期汇率预计会比期货价格高，你能购买货币期货。你将在交割日收到每单位价值 1.57 美元的英镑。如果你的预期是正确的，然后你将以每单位比支付价高 0.06 美元的价格水平出售英镑。你的投机策略的风险是英镑价值可能下降而非上升。

如果它在交割日前下降到 1.55 美元/英镑，你将以每单位比支付价低 0.02 美元的水平出售英镑。

为了说明不确定性，投机者可能形成一个如下的未来英镑即期汇率的概率分布。

未来英镑即期汇率（美元/英镑）	概率（%）
1.50	10
1.59	20
1.63	50
1.66	20

这个概率分布表中显示了四种可能的结果。对于每种可能的结果，预期的收益和损失能够被确定。

未来即期汇率的可能结果（美元/英镑）	概率（%）	每单位收益或损失（美元）
1.50	10	−0.07
1.59	20	0.02
1.63	50	0.06
1.66	20	0.09

这个分析衡量了概率和投机策略损失的潜在程度。

货币期权投机　考虑之前例子中的信息，假定英镑看涨期权可以获得，合约价是 1.57 美元/英镑，费用是每单位 0.03 美元。回想你对未来即期汇率的最佳预测是 1.63 美元/英镑。如果你的预测是正确的，你将从你支付的价格（1.57 美元/英镑的执行价格）和你能够卖得的价格（1.63 美元/英镑）之差中挣得每单位 0.06 美元。在扣除为期权支付的费用（每单位 0.03 美元）后，净利润是每单位 0.03 美元。

购买该期权的风险是英镑价值可能随着时间下跌。如果这样，你将不能使用期权，你的损失将会是支付的费用。为了评估有关风险，可以制作一个概率分布表。在表 16.2 中，前一个例子的概率分布能在此被应用。该策略的净收益或净损失分布在第（6）列给出。

表 16.2　　使用概率分布估计期权投机的损失

(1)	(2)	(3)	(4)	(5)	(6)
未来即期汇率的可能结果（美元/英镑）	概率（%）	根据该结果期权将会被执行吗？	使用期权的每单位收益（美元）	每单位期权的费用（美元）	每单位净收益或净损失（美元）
1.50	10	不会	—	0.03	−0.03
1.59	20	会	0.02	0.03	−0.01
1.63	50	会	0.06	0.03	0.03
1.66	20	会	0.09	0.03	0.06

投机者应当经常比较货币期权和货币期货合约的潜在收益来决定交易哪种合约（如果有的话）。对于两个对两种合约的潜在收益有着相似期望的投机者，他们偏好不同种类的合约是有可能的，因为他们的风险厌恶程度不同。

16-5 国际套利

汇率和汇率衍生品由市场决定。如果它们变得不一致，就会发生不同种类的套利，迫使它们重新一致。接下来将解释国际套利的常见类型。

16-5a 地点套利

地点套利（locational arbitrage）是通过在低价地点购买货币，在高价地点出售货币，将两个不同地方的即期汇率差值资本化的行为。

◇ **例子**

两家银行离岸欧元的汇率报价不同，正如表 16.3 所示。出售价格比买入价格高，反映了每家银行收取的交易成本。因为巴尔的摩银行欧元卖价是 1.046 美元/欧元而萨克拉门托银行愿意支付（出价）1.050 美元/欧元，一家机构可以实行地点套利。具体说来，它能够通过在一个地点（巴尔的摩银行）购买欧元，同时在另一个地点（萨克拉门托银行）出售它们，来获得无风险收益，而不用在任何时间范围内占用资金。

表 16.3 **地点套利示例** 单位：美元/欧元

	欧元买入价格	欧元出售价格
萨克拉门托银行	1.050	1.056
巴尔的摩银行	1.042	1.046

◇

由于地点套利的实行，巴尔的摩银行将开始提高它的欧元卖价，作为对旺盛需求的反应。此外，萨克拉门托银行将开始降低它的买入价格作为对它最近收到过量欧元供给的回应。当巴尔的摩银行的出售价格跟萨克拉门托银行的买入价格一样高时，地点套利将不再可行。由于一些金融机构（尤其是商业银行的外汇部门）留意地点套利的机会，地点之间任何汇率差很快被消除。

16-5b 三角套利

如果两种外币的交叉汇率与两种相应的汇率并不一致，就会存在汇率报价间的差异。在这种情形下，投资者可以进行**三角套利**（triangular arbitrage），这涉及购买或者出售交叉汇率被错误标价的货币。

◇ **例子**

如果墨西哥比索的即期汇率是 0.07 美元/墨西哥比索，加拿大元的即期汇率是 0.70 美元/加拿大元，交叉汇率应当是 1 加拿大元=10 墨西哥比索（按 0.70/0.07 计算）。假定加拿大元/墨西哥比索的汇率报价是1加拿大元=10.3墨西哥比索。在这种情况下，加拿大元就比它应当具有的报价高。一个投资者能够通过使用美元购买加拿大元，再使用加拿大元购买墨西哥比索，然后使用墨西哥比索购买美元来获益。这三种交易将在汇率改变之前几乎同时实行。用1 000美元，你可以购买1 428.57加拿大元（按1 000/0.70计算），将加拿大元转换为14 714墨西哥比索（按1 428.57×10.3计算），然后将墨西哥比索转换成1 030美元（按14 717×0.07计算）。因此，你将获益30美元。当然，如果你使用更多数量的钱从事三角套利，收益将会更大。◈

每当汇率间有差异时，拥有大量资金的金融机构就会从事三角套利，导致汇率报价迅速调整。使用美元购买加拿大元进行三角套利会使加拿大元相对美元升值。使用加拿大元购买墨西哥比索进行三角套利将造成加拿大元相对墨西哥比索贬值，使用墨西哥比索购买美元的交易将造成墨西哥比索相对美元贬值。一旦交叉汇率调整到合适水平，三角套利将不再可行。汇率会在大约数秒内调整来作为对市场力量的反应。报出的交叉汇率一般不会反映价差，因为如果它们反映，金融机构将对价差资本化，直到汇率重新一致。

16-5c 无风险套利

国际货币市场和远期市场的共存促成了远期汇率升水和两国利率差之间一个特殊的关系，被称作**利率平价**（interest rate parity）。这种关系对外汇期货合约也是有意义的，因为它们通常像远期合约一样标价。

根据利率平价，远期汇率的升水能确定为

$$p=\frac{1+i_h}{1+i_f}-1$$

式中，

p=外币远期升水

i_h=本国利率

i_f=外国利率

◈ 例子

新西兰元的即期汇率是0.50美元/新西兰元，美国的一年期利率是9%，新西兰的一年期利率是6%。在利率平价条件下，新西兰元的远期升水将是$p=2.8\%$：

$$p=\frac{1+9\%}{1+6\%}-1 \approx 2.8\%$$

这意味着新西兰元的远期汇率将是大约0.514美元/新西兰元，反映了比即期汇率高2.8%的升水。◈

审视该方程可知，如果国外利率比国内低，外币的远期汇率将升水。相反情形下，远期汇率将贴水。

利率平价显示远期汇率升水（或贴水）应当跟两个相关国家利率差大致相等。如果该关系没有保持，恢复它的市场力量将会出现。将远期汇率升水和利率差之间的差异资本化的行为称作**无风险套利**（covered interest arbitrage）。

◈ **例子**

加拿大元即期和一年远期汇率都是0.8美元/加拿大元。加拿大元的利率是10%而美元的利率是8%。因此，美国投资者能利用加拿大更高的利率来实行无风险套利，而免于遭受汇率风险。具体来说，他们将用美元兑换加拿大元，然后投资于10%的利率。他们同时将出售一年期远期的加拿大元。因为他们能以相同的价格买卖加拿大元，他们在投资上获得10%的收益。◈

随着美国投资者在即期市场上需求加拿大元，并出售远期加拿大元，他们对加拿大元的即期汇率施加上行压力，而对其一年期远期汇率施加下行压力。因此，加拿大元的远期汇率将呈现贴水。一旦贴水变得足够高，加拿大的利率优势就会被抵消。换句话说，美国投资者在加拿大更高利率下的收益被必须以高于（远期）出售汇率的（即期）汇率购买加拿大元所抵消。然后，对美国投资者，无风险套利将不再能产生比投资于本国的选择更高的收益率。一旦远期贴水（或升水）以该种方式抵消了利率差，利率平价关系就存在。

利率平价方程决定了加拿大元一定会呈现用来抵消利率差的远期贴水。

$$p=\frac{1+i_h}{1+i_f}-1$$
$$=\frac{1+8\%}{1+10\%}-1$$
$$\approx -1.82\%$$

如果远期汇率比即期汇率低1.82%，利率差会被抵消，而无风险套利将对美国投资者产生一个与美国利率相似的收益率。

利率平价关系的存在阻遏了投资者用无风险套利挣得比在美国更高的收益率。然而，如果投资公司不同时在远期市场上抛补，国际投资仍然是可行的。当然，未做成此事的失败通常会将公司暴露在汇率风险下。如果投资的货币在投资期内贬值，投资的收益率会下降。

小结

■ 汇率的变化取决于一国中央银行控制货币汇率的程度。很多国家允许它们的汇率浮动，然而又周期性地进行干预来控制汇率。一些国家使用固定汇率制度，该制度下货币价值钉住了美元或另一种货币。一些欧洲国家已经采用欧元作为它们的货币。在那些国家实行的是单一货币政策。

■ 汇率受到通货膨胀率差异、利率差异和中央银行干预的影响。当其国家有相对低的通货膨胀率或相对高的利率时，外币价值有上行压力。中央银行能通过在外汇市场购买该货币（通过用储备的其他货币兑换该货币）对一种货币施加升值压力。或者，它们能通过在外汇市场出售该货币兑换其他货币来对该货币施加贬值压力。

■ 预测汇率的方法有技术性预测、基本面预测、基于市场的预测等。每种方法各有自己的优点和局限。

■ 外汇衍生品包括远期合约、货币期货合约、货币互换和货币期权合约。能通过购买远期合约来对冲未来以外币计价的应付款或者出售远期合约来对冲未来以外币计价的应收款的风险。货币期货合约能以与远期合约相似的使用方式来对冲以外币计价的应付款和应收款。货币互换能被用来锁定在未来收到或购买一种货币的汇率。能通过购买货币看涨（看跌）期权来对冲未来以外币计价的应付款（应收款）的风险。货币期权比其他外汇衍生品提供了更大的灵活性，但是需要为其支付费用。

外汇衍生品也能被用来根据预期的汇率变动进行投机。当投机者预期一种货币将升值时，他们能通过购买该货币的远期合约、期货合约，或者看涨期权来锁定他们可能购买该货币时的汇率。当投机者预期一种货币将贬值时，他们能通过出售该货币的远期或期货合约来锁定他们可能出售该种货币时的汇率。他们也可以购买该货币的看跌期权。

■ 国际套利确保了外汇市场上价格的合理制定。如果服务于外汇市场的银行之间的汇率不同，地点套利就有产生的可能。外汇市场的参与者将在报价低的银行购买一种货币然后将其出售给报价更高的另一家银行。如果交叉汇率的报价跟对应的汇率不一致，三角套利就有产生的可能。这涉及标错交叉汇率的货币的买卖。如果利率差没有被远期汇率贴水抵消（就如利率平价所显示的），无风险套利就有产生的可能。这涉及投资于一种货币同时出售该种货币远期。套利将会发生，直到利率平价关系恢复才停止。

正方和反方观点

当做有关国内证券市场的决定时，金融机构需要考虑外汇市场情况吗？

正方 不需要。如果没有多种货币的交易，就不需要去关注外汇市场。

反方 需要。外汇市场情况能影响经济或者一个产业，因而影响证券的价格。此外，由于公司有国际贸易，公司的价值也会受到货币市场变动的影响。

谁正确？ 利用互联网学习关于这个议题的更多知识并形成你自己的观点。

问题与应用

1. 汇率体系 解释存在于20世纪50年代和60年代的汇率体系。1971年的《史密森协定》是如何对其进行修正的？今天的汇率体系有什么不同？

2. 有管理的浮动汇率 解释完全浮动汇率制度和有管理的浮动汇率制度间的差异。哪一种更能代表美国的汇率制度？

3. 限额（quotas）的影响 假定欧洲国家在从美国进口的商品上施加限额，而美国并不打算报复。这将如何影响欧元的价值？请解释。

4. 资本流动的影响 假定英国的股票变得对美国投资者很有吸引力。这将如何影响英镑的价值？请解释。

5. 通货膨胀的影响 假定墨西哥突然经历未预期到的高通货膨胀率。根据购买力平价理论（PPP），这将如何影响墨西哥比索的价值？

6. 经济状况的影响 假定瑞士经济增长强劲，给通货膨胀率和利率都施加了上行压力。解释这些状况如何给瑞士法郎的价值施加压力，以及瑞士法郎的价值将上升还是下降。

7. 中央银行干预 日本中央银行希望降低日元相对美元的价值。它能如何使用直接干预来做到这样？

8. 投机条件 解释让投机者愿意现在就去投资一种外币，即使他未来不需要使用该种货币的条件。

9. 投机风险 西雅图银行刚进行了投机，借了加拿大元然后将资金转换为澳大利亚元。说明一个能严重影响该银行业绩的未来可能的情形。

10. 弱势美元的影响 弱势美元会如何影响美国的通货膨胀率？请解释。

11. 使用外汇衍生品进行投机 解释说明美国投机者能如何使用外汇衍生品对预期到的日元升值进行投机。

高级问题

12. 资本流动和收益率曲线间的相互作用 假定存在一条水平的收益率曲线。你认为，如果国外的短期证券和长期证券的投资者突然预期到美元价值将会增加，收益率曲线将受到怎样的影响？（你可能会发现回顾第3章中对收益率曲线的讨论有帮助。）

13. 欧元价值可能会对当前经济状况做何反应 考虑当前通货膨胀率（包括油价）、经济增长率、利率和其他所有能影响汇率的因素。基于这些，你认为接下来这半年的时间欧元相对美元将可能升值还是贬值？提供一些逻辑来支持你的答案。你认为哪种因素将对欧元汇率有最大的影响？

14. 从欧洲中央银行获得信贷 对欧元区政府来说，当期从欧洲中央银行获得信贷的结果是什么？

15. 欧元区国家弃用欧元的影响 解释如果一国弃用欧元，可能传递到市场上的信号。

辩证思维问题

作为政策工具的中央银行干预 最近，一欧洲政府官员陈述欧洲中央银行需要削弱欧元来提升欧洲经济。写一篇解释说明该建议背后逻辑的小短文，以及陈述你是否相信该策略会成功。

解读财经新闻

诠释华尔街分析师和投资经理做出的下述评论：

a. “我们对货币期货的使用完全改变了我们的风险-收益状况。”

b. “我们对货币期权的使用造成了我们信用评级的上升。”

c. “我们使用远期合约来对冲风险的策略事与愿违。”

金融市场管理

使用外汇衍生品来对冲 你是一家金融机构股票投资组合的经理，你管理的股票投资组合中约20%是英国股票。你预计英国股票市场将在明年表现良好，因此你计划从现在起1年后卖出股票（而且将把那时收到的英镑转变成美元）。然而，你担心英镑可能在下一年相对美元贬值。

a. 解释你能如何利用一个远期合约去对冲与你做英国股票交易相关的汇率风险。

b. 如果利率平价关系有效，这会限制作为对冲方法的远期合约的有效性吗？

c. 解释你能如何利用一个期权合约去对冲与你做股票交易相关的汇率风险。

d. 假定尽管你担忧英镑价值下跌的潜在可能，但你也相信英镑可能在下一年相对美元升值。你想从潜在的升值中获益但也希望能对冲可能贬值的风险。你应该使用一个远期合约还是期权合约去对冲你做交易的风险？

习题

1. 外汇期货 使用下列信息确定出售墨西哥比索期货带来的每单位收益的概率分布。

- 墨西哥比索的即期汇率是0.1美元/墨西哥比索
- 墨西哥比索期货的价格是0.102美元/墨西哥比索
- 你对期货合约到期时墨西哥比索即期汇率的预期是：

未来即期汇率的可能结果（美元/墨西哥比索）	概率（%）
0.090	10
0.095	70
0.110	20

2. 货币看涨期权 使用下列信息确定购买英镑看涨期权带来的每单位净收益的概率分布。

- 英镑即期汇率是1.45美元/英镑
- 英镑期权的费用是每单位0.04美元/英镑
- 英镑期权的合约价格是1.46美元/英镑
- 你对期权终止前英镑即期汇率的预期是：

未来即期汇率的可能结果（美元/英镑）	概率（%）
1.48	30
1.49	40
1.52	30

3. 地点套利 假定采用下列的英镑汇率报价：

	买价（美元/英镑）	卖价（美元/英镑）
奥尔良银行	1.46	1.47
堪萨斯银行	1.48	1.49

解释地点套利将如何产生。并解释为何地点套利会重新校正汇率。

4. 无风险套利 假定采用下列信息：

- 英镑即期汇率＝1.58 美元/英镑
- 英镑一年期远期汇率＝1.58 美元/英镑
- 英镑一年期利率＝11%
- 美国一年期利率＝9%

解释美国投资者如何使用无风险套利来锁定比 9%更高的收益率。他们的收益率将会是多少？解释随着无风险套利的发生，英镑的即期和远期汇率将如何改变？

5. 无风险套利 假定采用下列信息：

- 墨西哥一年期利率＝15%
- 美国一年期利率＝11%

如果利率平价关系存在，墨西哥比索远期汇率的升水或贴水将会是多少？对于美国投资者，无风险套利将会比在本国投资更有利可图吗？请解释。

资金流动练习

使用外汇衍生品来对冲

卡森公司预计它将会收到来自西班牙政府的一个大额订单。如果订单产生，卡森公司将会获得约 300 万欧元的支付。由于它所有的花费都是美元，卡森公司想对冲该交易的风险。卡森公司已经联系了一家银行，该银行有能帮助它用外汇衍生品来对冲的经纪业务子公司。

a. 卡森公司如何使用货币期货来对冲它的交易风险？

b. 用货币期货来对冲的风险是什么？

c. 卡森公司如何使用货币期权来对冲它的交易风险？

d. 解释卡森公司用货币期权而非货币期货的优点和缺点。

互联网/Excel 练习

登录网站 www. oanda. com 来估算汇率：

1. 以美元计量最近澳大利亚元的价值是多少？对于大宗交易，1 美元能购买多少英镑？

2. 回顾过去一年英镑的价值。给出英镑价值最近变化的一个可能的解释。

3. 以美元计量最近港元的价值是多少？你有注意到关于其价值随时间变化的任何不同寻常的事情吗？怎么解释这样一种汇率趋势？

WSJ 练习

估计汇率变动

使用最近一期的《华尔街日报》来确定从今年起一种特定货币相对美元的价值是如何改变的。“货币”表格列出了从今年起多种货币价值变化的百分比。

关于现实案例的在线文章

找一篇近期描述一个具体金融机构或金融市场真实案例的在线实用性文章，以强化本章所涵盖的一个或多个概念。

如果你的班级有一个在线平台，教授可能会要求你把文章摘要放在那里并提供文章的链接以供其他学生访问。如果你的班级是当面授课的，教授可能会要求你当堂总结你对该文章的运用。教授可能指派特定学生或让学生自愿完成这项作业。

对于与本章相关的近期在线文章和真实案例，请考虑使用以下搜索词（请务必在搜索词中包含当前年份以确保在线文章是近期的）：

1. 外汇＋机构投资者
2. 通货膨胀＋汇率
3. 利率＋汇率
4. 中央银行干预
5. 外汇管制
6. 货币＋预测
7. 货币＋远期合约
8. 远期合约＋对冲
9. 货币期货＋投资
10. 货币期权＋对冲

第 16 章附录

货币期权定价

理解什么是支付货币期权费的驱动力，能使人更为容易地辨认出各类在预测未来货币期权费变动时必须监测的因素。因为货币期权市场的参与者通常是根据他们对于期权费将如何随着时间变化的预期来进行交易，所以他们能从理解期权如何定价中获益。

边界条件

给货币期权定价的第一步就是辨识出边界条件，它迫使期权费处于下限与上限之间。

下限

看涨期权费（C）的下限是 0 和标的即期汇率与合约价格之差中的较大者：

$$C \geqslant \max(0, S-X)$$

这个下限是由套利限制强制确立的。例如，假定一英镑看涨期权的期权费是 0.01 美元，然而英镑即期汇率是 1.62 美元/英镑，合约价格是 1.60 美元/英镑。在该例中，$S-X$ 的差值超过了看涨期权的期权费，这就允许套利存在。一个人能够以每单位 0.01 美元的价格购买看涨期权，立刻以每英镑 1.60 美元的价格执行期权，然后在即期市场上以每单位 1.62 美元的价格出售英镑。这些行为将立刻产生每单位 0.01 美元的利润。套利行为将继续，直到市场力量重新使得$S-X$的值小于或者等于看涨期权费。

看跌期权费（P）的下界是 0 和标的即期汇率与合约价格之差中的较大者：

$$P \geqslant \max(0, X-S)$$

这个下限也是由套利限制强制确立的。例如，假定一英镑看跌期权的期权费是 0.02 美元，然而英镑即期汇率是 1.60 美元/英镑，合约价格是 1.63 美元/英镑。一个人能够以每单位 0.02 美元的价格购买看跌期权，在即期市场上以每单位 1.60 美元的价格购买英镑，然后立刻以每单位 1.63 美元的价格出售英镑，执行期权可赚得每单位 0.01 美元的利润。套利行为将持续到市场力量重新使得 $X-S$ 的值小于或者等于看涨期权费。

上限

看涨期权费的上限是即期汇率 S：

$$C \leqslant S$$

无论何时，如果看涨期权费超过即期汇率，就能够通过以比购买标的货币每单位成本更高的价格出售看涨期权来套利。即使那些看涨期权被执行，也可以用早先购买到的货币来还清它们。本例中套利的利润将是即期市场上购买货币的成本和出售时收到的金额（即费用）之间的差值。套利将会持续存在，直到看涨期权费低于或等于即期汇率。

看跌期权费的上限等于期权的合约价格 X：

$$P \leqslant X$$

无论何时，如果看跌期权费超过合约价格，就能够通过出售看跌期权来套利。即使那些看跌期权被执行，从出售看跌期权中获得的收入也将超过执行时支付的价格（即合约价格）。

期权费位于这些界限内，因为这些界限是由套利限制强制确立的。

定价模型的应用

尽管边界条件能被用来确定货币期权费的可能范围，但它们并没有表明适宜的期权费是多少。然而，定价模型已经被研发出来给外汇期权定价。根据有关期权（例如，合约价格和到期期限）和货币（例如其即期汇率、标准差和利率）的信息，定价模型能推导出货币期权费。比格尔和赫尔（Biger and Hull，1983）的货币期权定价模型是：

$$C = e^{-R_f^* T} S \cdot N(d_1) - e^{-R_f T} X \cdot N(d_1 - \sigma\sqrt{T})$$

式中，

$d_1 = \{\ln(S/X) + [R_f - R_f^* + (\sigma^2/2)]T\}/\sigma\sqrt{T}$

C=货币看涨期权的价格

S=标的货币的即期汇率

X=合约价格

R_f=美国的无风险利率

R_f^*=国外的无风险利率

σ=持有的外币收益率的瞬时标准差

T=以年的分数表示的到期期限

$N(\cdot)$=标准累积正态分布函数

该方程是基于允许有连续分红的期权定价模型（option-pricing model，OPM）推出的。因为持有外国证券挣得的利息（R_f^*）与由股份带来的连续支付的股利相等，该版本的期权定价公式完全保留了它。采用股票期权定价公式来衡量货币期权价格的关键转换是用汇率代替股票价格。因此，汇率百分比的变化（就像股票价格百分比的变化）被认为是以恒定的均值和方差遵循扩散的过程。

比格尔和赫尔研发的模型有时被称作欧式期权定价模型，因为它没有对期权提前执行做出解释。与美式货币期权不同，欧式货币期权不允许提前执行（例如，在到期日之前）。美式货币期权额外的灵活性会要求一个比具有类似特征的欧式货币期权更高的期权费。然而，并没有一个解析形式的模型来给美式货币期权定价。尽管有多种方法被用来给此类期权定价，但欧式期权定价模型是普遍使用的，因为它给美式货币期权的定价能像给欧式货币期权的定价一样准确。

考虑到所有的参数，货币期权定价模型能被归结为标准差 σ。这个隐含的参数代表了期权市场对期权有效期间内汇率波动的估计。

根据看涨-看跌期权平价关系（put-call parity）给看跌货币期权定价

考虑到欧式看涨期权的期权费是 C，以相同的合约价格 X，在相同货币上的欧式看跌期权的期权费 P 能从看涨-看跌期权平价关系推导出如下公式：

$$P=C+X\mathrm{e}^{-R_fT}-S\mathrm{e}^{-R_f^*}T$$

式中，R_f 是无风险利率，R_f^* 是国外的无风险利率，而 T 是以年份表示的到期期限。

如果实际看跌期权费比刚给出的看涨-看跌期权平价方程所表明的要低，套利就是有可能的。具体来说，能（1）购买看跌期权；（2）出售看涨期权；然后（3）购买标的货币。这种购买将会由以 R_f 的利率借钱和出售看跌期权提供资金支持。同时，不论汇率在期权有效期内如何变化，购买的外汇都能被存起来，获得以国外利率计算的利息。这种套利会产生利润。第一，如果汇率与执行价格相等，使得每个期权都在有效期失去价值。外币能够在即期市场上被转换成美元，该数额将超过需要用来偿还贷款的数额。第二，如果外币升值，其汇率超过执行价格，执行看涨期权就会带来损失。尽管看跌期权将会到期，外币仍会在即期市场上被转换成美元，这个数额将超过需要用来偿还贷款的数额和执行看涨期权造成损失的数额。第三，如果外币贬值，其汇率低于执行价格，出售看跌期权收到的金额加上将外币转换成美元收到的数额将会超过需要用来偿还贷款的数额。因为任何汇率情形下套利都会产生利润，所以它将强行调整期权费以便看涨-看跌期权平价关系不被违背。

如果实际看跌期权费比看涨-看跌期权平价关系所表明的更高，将再一次有可能进行套利。当该情形被描述为实际看跌期权费比看涨-看跌期权平价关系所表示的更高时，套利将对这一情形起反向作用。再一次，套利最终将强行调整期权费以使看涨-看跌期权平价关系不被违背。然而，要注意的是，当美式期权中出现看涨-看跌期权平价关系的背离时可使用的套利与在欧式期权中可使用的套利有些微不同。即便如此，货币看跌期权费是由在同种货币上具有相同合约价格的看涨期权费决定的这一关系也仍然成立。

第五部分　综合问题

衍生证券选择

该问题需要对金融期货市场（第 13 章）、期权市场（第 14 章）、互换市场（第 15 章）和外汇衍生品市场（第 16 章）有一定理解。它也需要对经济状况会如何影响利率和证券价格有一定理解。

假定美国刚经历了一次温和的经济衰退。结果，利率下降到 10 年来的最低水平。美国利率受到资金需求改变的影响似乎超过受到美国储蓄供给改变的影响。因为不管经济状况如何，储蓄率一般变化不大。收益率曲线目前是水平的。联邦预算赤字最近被削减，而且预期不会大幅上涨。

联邦政府最近决定大幅降低所有纳税等级的个人所得税税率，也降低公司税税率。美元最近刚走弱。其他国家的经济也出现了一定程度的不景气，但是在过去一季度中已经有所改善。你的任务是为不同的金融机构应对前述信息提供建议。

问题

1. 一个储蓄机构持有的资产 50%是长期固定利率的抵押贷款（mortgage）。实际上它所有的资金都采取短期存款的形式。下列哪一种策略对该机构是最合适的？

- 使用浮动利率互换
- 使用互换，把浮动利率付款换成固定利率付款
- 在利率期货合约上使用看跌期权
- 不对冲

为你的建议辩护。

2. 一家保险公司持有大量美国股票的投资组合。下列哪一种策略是最合适的？

- 出售股指期货合约
- 不对冲

为你的建议辩护。

3. 一家养老基金持有大量美国债券的投资组合。下列哪一种策略是最合适的？

- 出售债券指数期货
- 购买债券指数期货
- 不对冲

为你的建议辩护。

4. 由一家美国证券公司发起的一个国际共同基金是由均匀分布在美国和英国的债券组成的。一位投资经理决定通过出售一个流行的美国债券指数期货来对冲所有资产的风险。该经理声称，因为基金只专注于无风险的国债，所以他仅有的担忧是利率风险。假定利率风险是仅有的相关风险，该经理的对冲策略将会是有效的吗？为什么有效或为什么无效？还有其他任何值得考虑的风险吗？如果有，你将如何对冲该种风险？

期中复习

期中复习

你刚刚完成了所有以金融市场为中心的章节的学习。下面是对那些章节的一些要点的简短总结。

第 1 章提供了一个对各种类型的金融市场，那些市场中交易的有价证券，以及服务于那些市场的金融机构的总览。第 2 章解释了一般利率水平由能影响可贷资金需求（例如通货膨胀率和经济增长率）和可贷资金供给（例如美联储的货币政策）的因素决定。第 3 章解释了不同证券的利率会如何受信用风险、流动性、税收状况以及到期期限的影响。第 4 章描述了美联储的货币政策。第 5 章解释了美联储的货币政策如何调整可贷资金的供给来影响利率和经济状况。

第 6 章解释了货币市场证券如何服务于主要需求是流动性而非高收益的投资者。第 7～12章描述了资本市场证券的特征、定价以及风险。具体来说，第 7～9 章专注于长期债券，以及解释说明长期债券市场价格对于利率变动的敏感性。第 10 章描述股票如何发行，以及机构投资者如何尝试确保上市公司（publicly traded firm）的经理做出能最大化股价的决定。第 11 章展现股票价格是如何被能影响公司未来现金流或者风险的因素影响的。第 12 章描述股票交易如何进行以及交易如何被监管。因为货币市场证券、长期债券，以及股票有不同的特征，所以它们适合不同的投资者。此外，在证券中，它们的价格对于各种因素的敏感性并不同。因此，投资者能够在证券中以反映他们独特风险和收益偏好的方式来配置他们的投资。

第 13 章解释说明了如何通过出售利率期货合约来利用利率上涨或下跌的预期进行投机。此外，该章解释了如何出售利率期货合约来对冲包含长期债券投资组合的利率风险，以及如何使用股指期货合约来对冲股票组合的市场风险。第 14 章解释了如何使用看涨（看跌）期权来对股票价格上升（下降）的预期进行投机。它也解释了股指的看涨期权能如何被用来对冲股票组合的风险，以及如何使用债券指数期货看涨期权来对冲长期债券组合的风险。第 15 章解释了如何通过利率互换来利用利率上升或者下降的预期进行投机，而第16章解释了外汇衍生品市场是如何便利国际证券贸易的。

这份测验不会包含刚刚在这里展现的所有概念。它只是用来对你自己进行一次关于关键概念概览的检验。不要借助书籍和笔记来回答问题，闭卷进行一次模拟测验。答案在测验之后提供。如果你有任何答案错误，你应当重新阅读相关材料，然后重做你做错的测验题目。

这份测验与你课程的严格程度可能并不匹配。你的指导老师可能会提供具体的关于这次期中自测与你课程中期中测验覆盖范围和严格程度如何相关的信息。

期中自测

1. 解释不对称信息（asymmetric information）的含义以及它对证券市场（stock market）中交易的影响。

2. 在过去的一年中，一年期无风险利率从3%上升到7%。

a. 无风险利率大幅上升可能的原因是什么？

b. 在过去的一年，10年期无风险利率从7%下降到6%。你怎样使短期利率的变动与长期利率的变动一致？根据预期理论，收益率曲线的变动对未来利率意味着什么？

3. B类公司债券当前收益率是7%。解释说明如果经济状况恶化，新B类债券提供的收益率将受到怎样的影响。有两种值得考虑的影响。

4. 考虑决定高评级公司债券当前收益率的因素，例如无风险利率、违约风险溢价，以及流动性溢价。二级市场公司债券提供的收益率会随着时间改变。你认为哪种因素通常是高评级公司债券提供的收益率随时间改变的主要原因？请解释。

5. 最近，经济状况变差。尽管居民消费价格在过去一年没有上升，但油价在过去的1个月上升了20%。美联储想展现它对控制通货膨胀的贡献，因此决定限制货币供应量，将联邦基金目标利率上调0.5个百分点。

a. 如果你是美国联邦公开市场委员会（Federal Open Market Committee，FOMC）成员，你会支持美联储的决定吗？请解释。

b. 解释货币市场证券价格会做何改变来应对这一政策。为什么债券价格可能比货币市场证券价格对美联储政策的这一改变更加敏感？为什么债券价格可能比货币市场证券价格对美联储政策的一些改变更不敏感？

6. 假定美联储现在决定降低联邦基金利率0.5个百分点，而且该决定没有被金融市场预计到。

a. 当公司发行公司债券时，为什么货币政策上的这一改变可能影响到公司支付的债券收益率？

b. 当公司发行公司债券时，为什么货币政策上的这一改变可能不会影响到公司支付的债券收益率？

7. 为什么债券市场参与者密切关注美国政府的财政政策？

8. 国债利息和本金的支付都受到保障。这是否意味着国债的价格随着时间几乎恒定不变呢？请解释。

9. 为什么更高的通货膨胀率预期能影响新的30年期固定利率抵押贷款的收益率？提

供一个逻辑解释。为什么固定利率抵押贷款的二级市场价格变动与公司债券的价格变动是相关联的？

10. 假定美联储通过货币政策来降低联邦基金目标利率，而且假定市场没有预期到这一利率降低。使用资本资产定价模型（Capital Asset Pricing Model，CAPM）框架来解释为何该政策能提高股票价格。

11. 假定一只股票的月收益率的标准差是4%，而且下个月该股票的期望收益率是0。使用风险价值法估计基于95%置信区间的最大的预期损失。

12. 根据你在债券市场和股票市场里学到的，从发行者的角度，这些市场是互补品还是替代品？从投资者的角度呢？

13. 解释为何上市公司进行股票二次发行的能力取决于股票在二级市场中的流动性。

14. 为什么一家上市公司会私有化（go private）？为什么《萨班斯-奥克斯利法案》（Sarbanes-Oxley Act）可能会鼓励一些上市公司私有化？

15. 为什么公司控制权市场会影响股价？对公司控制权市场并不总是迫使公司管理者为股东利益最大化服务做出解释。

16. Charleston 投资公司刚以 50 美元/股的价格购买了 Renfro 股票。它通过出售 Renfro 股票看涨期权采用持保看涨期权（covered call）的策略。一个可获得的 Renfro 股票看涨期权的执行价格为 52 美元/股，到期期限为一年，期权费为每单位 2 美元。假定如果可行，看涨期权的购买者将在到期日执行该期权。即便期权没有被执行，Charleston 投资公司也将在一年结束时出售该股票。根据以下 Renfro 股票在年终可能的价格，来确定 Charleston 投资公司每股的净利润。

a. 45 美元

b. 49 美元

c. 50 美元

d. 53 美元

e. 55 美元

17. a. 比较购买股指期权和股指期货。为什么机构投资者可能在一些时期内使用期货来对冲他们股票组合的风险而在另一些时期内使用期权达到相同的目标？

b. 关于对冲股票组合的风险，解释关于购买执行价格处于平值状态的看跌期权相对于执行价格处于深度虚值状态的权衡。

18. 假定利率平价关系有效。假设美国投资者计划对一个以外币形式存在的政府证券进行投资。

a. 如果该证券有比美国利率更高的利率，该货币的远期汇率将贴水吗？请解释。

b. 如果投资者从事无风险套利，他们实现的收益率将比国外利率更高、更低还是相同？请解释。

c. 如果投资者从事无风险套利，他们实现的收益率将比美国利率更高、更低还是相同？请解释。

期中自测答案

1. 不对称信息的发生是因为上市公司的经理对他们公司有着比不在公司工作的投资者更多的信息。结果，投资者对公司的估价受到限制，因为有可能存在投资者不拥有的关于公司的保密信息。而这会导致股票不合理的定价，以及投资者间关于股票合理估价的广泛差异。

2. a. 更高利率的一般原因包括更强劲的经济增长率、更高的通货膨胀率以及更紧缩的货币政策。

b. 一年前，收益率曲线陡峭向上倾斜。现在，收益率曲线轻微向下倾斜。根据预期理论，当前的收益率曲线表明未来利率预期会下降。

3. 如果恶化的经济状况导致可贷资金需求下降，无风险利率将会上升。然而，风险溢价应该也会上升，因为由于经济变弱，债券发行者违约的概率会更高。

4. 无风险利率的改变对公司债券提供的收益率有重要影响。信用风险溢价和流动性风险溢价可能改变，但是它们一般对提供的随时间变化的收益率影响较小。

5. a. 不会。因为该政策不一定会对油价产生任何影响。然而，该政策将减缓经济增长，而经济已经非常疲软了。

b. 作为对美联储政策改变的反应，货币市场证券价格将下降。因为利率会升高，因此短期证券的必要收益率也会升高，因而它们现金流的现值将会减少。当美联储通过减少货币供应量来提高联邦基金利率时，这一改变也能影响长期利率。如果这样，债券的必要收益率会改变，作为反应，长期债券的价格也会下降。如果美联储政策对长期利率没有影响，长期债券的价格应该不会改变。在该情形下，债券价格比货币市场证券价格相对于美联储政策更加不敏感。

6. a. 短期和长期债券的市场是部分一致的。因此，当美联储通过增加货币供应量来降低联邦基金利率时，一些金融体系中增加的资金可能被用来投资于债券。这一债券市场上增加的资金供给能降低公司发行债券筹资时必须支付的利率。

b. 有时，当美联储增加货币供应量时，大多数增加的资金进入了短期债券而非长期债券。在这种情况下，对新公司债券提供的利率可能没有什么影响。

7. 美国政府财政政策能影响预算赤字，这能影响利率，从而影响债券价格。

8. 不。长期利率的变动导致必要收益率的变动，这对国债价格有重大影响。

9. 更高的通货膨胀率预期可能导致可贷资金更大的需求以及更少的供给，这将会迫使利率升高。这会导致一个更高的长期无风险利率。而长期无风险利率是投资于长期固定利率抵押贷款时必要收益率的关键组成部分。

10. 更低的联邦基金目标利率可能导致更低的长期无风险利率，这增加了股票所产生的现金流的现值。

此外，更低的利率可能会促进消费者的借款和消费，这将增加对公司产品的需求，从而增加现金流。

11. $0-(1.64\times 0.04)=-6.56\%$。

12. 发行者可能将两种市场看作互补品，因为他们可能使用两种类型的市场来筹集资金。然而，在一些情形下，两个市场互为替代品，因为一家公司可能只进入一个或另一个市场。投资者可能将市场看作互补品，因为他们使用两种类型的市场来投资。然而在一些情形下，两种市场起替代品的作用，因为当一个投资者投资时，可能只进入一个或者另一个市场。

13. 大多数购买公开交易股票的投资者希望未来在二级市场上能够轻易地售出股票。如果一只股票的流动性不足，那么投资者可能不能够轻易地售出它，因为可能没有对其感兴趣或愿意购买它的投资者。因此，投资者可能不得不由于流动性不足而折价出售该股票。

14. 对于一家上市公司来说，如果其经理相信它在公开市场上被低估了，那么它可能会进行私有化。因此，经理可能建议该公司使用现金或者借款来回购它所有已发行的股票。《萨班斯-奥克斯利法案》增加了上市公司的报告要求，这使一些上市公司每年发布财务报告的成本增加了 100 多万美元。一些公司判断这些成本超过了上市的收益，因此它们选择私有化来避免报告的要求。

15. 公司控制权市场可能会鼓励一家有效率的公司收购一家低效的、股票价格由于糟糕业绩而相对较低的公司。高效的公司可能重组其收购的公司，提升它们的业绩。因此，公司控制权市场允许控制权的变更，以便更多高效的经理取代低效的经理。

然而，公司控制权市场不能拯救每一家差公司。关于公司的信息是有限的，这可能会阻遏其他致力于收购它们的公司。例如，这些差公司可能存在许多法律问题，这可能需要任何一家来收购它们的公司承担。

16. a. −3 美元　b. 1 美元　c. 2 美元　d. 4 美元　e. 4 美元

17. a. 当对股票市场缺乏信心时，机构投资者可能偏好使用股指期货来对冲风险，因为它们放弃了如果市场情况良好它们将会获得的潜在收益。当投资者想对冲风险，但也相信很有可能市场情况会良好的时候，指数期权可能更令人满意。他们必须为这一灵活性付出费用。

b. 对冲市场下跌风险时，若购买一个处于深度虚值状态的股指期权，只需支付更低的期权费。然而，对冲也会效果不佳，因为执行价格比较低，因而仅对冲了股票组合出现较大损失的风险。而购买一个处于平值状态的股指看跌期权将使得股票组合免于风险，即便损失很小。但是这种期权需要支付较高的期权费。

18. a. 是的，理由是根据利率平价公式。

b. 更低，因为远期汇率有一个贴水。

c. 相等，理由是根据利率平价关系。

金融学译丛·金融市场与金融机构（第12版）

第六部分

商业银行

第六部分的各章主要介绍商业银行。其中，第 17 章介绍了商业银行主要的资金来源及运用；第 18 章介绍了对商业银行资金来源和运用，以及其他银行经营业务的监管；第 19 章介绍了商业银行怎样通过管理资金来源和运用来应对风险；第 20 章介绍了如何衡量商业银行的业绩，以及如何通过监测商业银行的业绩来评价之前的管理政策的效果。

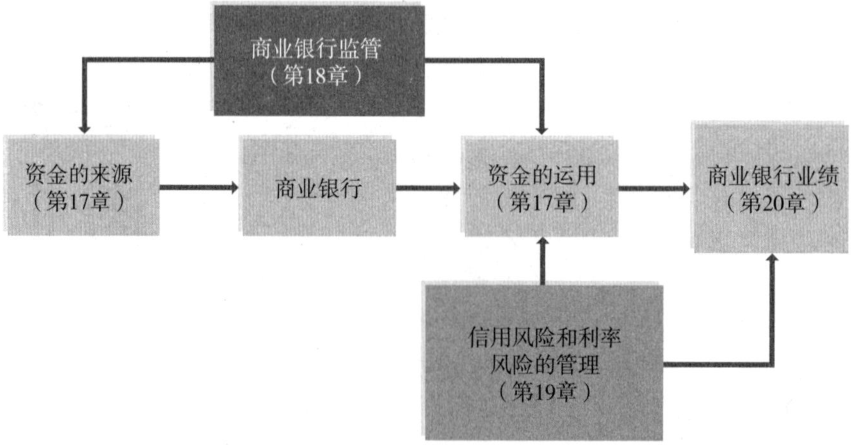

第 17 章　商业银行运营

本章目标

- 描述商业银行市场结构
- 描述商业银行资金最常见的来源
- 解释商业银行资金最常见的运用
- 描述商业银行的典型表外活动
- 讨论国际银行业的发展趋势

以总资产衡量，商业银行是最重要的金融中介类型。与其他金融中介一样，商业银行在促进资金从盈余单位向赤字单位流动中起关键作用。

17-1　商业银行背景知识

在本章之前，本书都着重于介绍金融市场的角色和功能。从本章开始，重点将放在金融机构的角色和功能上。回忆第 1 章的内容，金融机构通常促进盈余单位与赤字单位间的资金流动。商业银行代表一种重要的金融中介，因为它们服务于所有类型的盈余单位和赤字单位。它们提供存款账户，满足盈余单位要求的金额和到期时间。它们重新打包存款资金，用于发放贷款和购买满足赤字单位要求的金额和到期时间的债券。它们有能力评定申请贷款或发行债券的赤字单位的信誉，所以能控制信用（违约）风险。

17-1a 银行市场结构

在 1985 年，美国有超过 14 000 家银行。从那时以来，市场结构已发生了显著变化。由于一些原因，银行合并一直在发生。一个原因是《州际银行业条例》在 1994 年发生了改变，允许银行更自由地跨州购买其他银行。因此，现在某一特定地区银行面临的竞争不仅来自其他本地银行，还来自可能打进那个市场的任何银行。这种情况促使银行变得更有效率，以生存下去。它们追求增长，将其作为利用规模经济（运营规模越大，平均成本越低）和提高效率的一种方法。收购是快速增长的一种便捷方法。

这种趋势的结果是，现在银行数量约是 1985 年的 1/3，并且合并仍在进行。图 17.1 显示了随时间推移，银行的数量如何减少，从而提高银行业集中程度。现在，最大的 100 家银行的资产之和约占所有银行资产的 75%，而在 1985 年，这一比例约为 50%。商业银行资产总计约 15 万亿美元。现在，最大的五家银行约占有银行总资产的 50%，在 2001 年，这一比例约为 30%。摩根大通集团（JP Morgan Chase & Co.）是美国最大的银行，资产约为 2.5 万亿美元；美国银行（Bank of America Corporation）的资产约为 2.2 万亿美元；富国银行集团（Wells Fargo & Company）的资产约为 1.5 万亿美元。

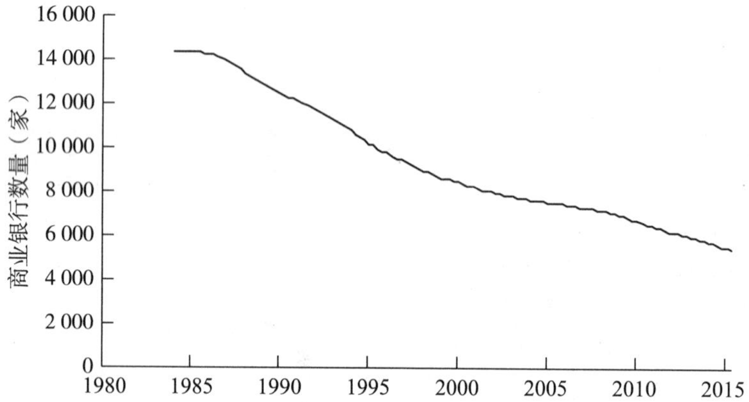

图 17.1 商业银行间合并情况

资料来源：美联储。

大型银行通过购买其他银行而不断扩张。近些年，它们还购买许多其他类型的金融服务公司。

许多银行被银行控股公司所有，这些公司至少占有一家银行 10%的资产。这种控股公司的模式使其更自由地借入资金、发行股票、回购公司股票和收购其他公司。银行控股公司可能同时规避了一些州的银行业条例的限制。

商业银行的运营、管理和规章条例随提供的服务类型而变化。因此，不同类型的金融服务（例如银行业、证券业和保险业）在不同章节中详细阐述。关于商业银行运营的这一章适用于独立商业银行和作为金融集团一部分的商业银行单元，这些金融集团是通过合并一家银行和其他金融服务公司而形成的。

银行的传统角色是为想存入资金的存款人和想借入资金的借款人服务。银行的贷款利率高于存款利率。贷款利率和存款利率的差值必须足够支付其他费用（例如工资）以及为银行所有者创造合理的利润。尽管随时间推移，商业银行已经变得更加复杂，但其传统角色依然适用。

确定商业银行基本运营的最简单方法是审查它们资金的主要来源、资金的主要用途和提供的表外活动。这些将在本章中加以解释。

17-2 银行资金来源

为了解金融机构（或该机构的子公司）如何获得和运用资金，可以审查其资产负债表。机构报告的负债和资本表明了其资金来源，资产表明了其资金运用。商业银行资金的主要来源可以总结如下。

存款账户

1. 交易存款
2. 储蓄存款
3. 定期存款
4. 货币市场存款账户

借入资金

1. 购进（借入）联邦基金
2. 联邦储备银行贷款
3. 回购协议
4. 欧洲美元借款

长期资金来源

1. 银行发债
2. 银行资本金

接下来的章节会简要介绍每种资金来源。

17-2a 交易存款

活期存款账户（demand deposit account）或支票存款账户被提供给想要从自己的账户中开支票或用借记卡支付的客户。常规活期存款账户要求较小的最低余额且不支付利息。从银行角度来看，活期存款账户被划分为交易存款账户，它提供了一种资金来源，在客户将其取出前（如用借记卡支付或开支票），银行都可以使用这种资金。

另外一种交易存款是**可转让支付命令**（negotiable order of withdrawal，NOW）**账户**，支付利息，同时提供支票和借记卡服务。由于在大多数金融机构中，NOW账户要求的最低余额高于部分客户想要存入交易存款账户的数额，传统活期存款账户依然受到欢迎。

电子交易　由于电子银行的出现，大多数源于交易账户的交易变得更高效。美国的大多数雇员有直接存款账户，他们的薪水可以直接存入交易账户（或其他账户）。社会保障接受者的支票被直接存入其银行账户。网上银行使客户能够在网上查看银行账户、支付账单、进行信用卡支付、开支票以及在账户间转账。

银行客户使用自动柜员机（ATM）从交易账户中提取现金、存入存款、查看账户结余及转账。借记卡使银行客户在消费时可以使用卡片支付，同时在存款账户中反映出这笔支出。银行同时允许预授权借记，即将特定的定期支付自动从客户账户转向特定接受者。预授权借记被广泛用于每月循环发生的费用，例如水电费、汽车贷款、房贷。许多银行现在还提供移动应用，以方便客户在智能手机上存入支票、查看账户、进行购物支付且全部记入其账户。

17-2b 储蓄存款

传统储蓄账户是存折储蓄账户，不允许开支票或使用借记卡。存折储蓄账户持续吸引拥有小额资金的储蓄者，因为此类账户不要求最低余额。银行同时提供其他多种储蓄账户，这些要求最低余额或需支付月费。储蓄账户通常与客户的支票账户联系在一起，客户可在账户间转移资金。

17-2c 定期存款

定期存款（time deposit）是指只有到指定到期日才能被取出的存款。两种最常见的定期存款是定期存单（CD）和可转让定期存单。

定期存单 一种常见的定期存款是零售定期存单（或零售 CD），这种存款会指定最低存款数额和存款期限。银行提供多种存单以满足存款者的需求。不同银行有不同的 CD 年利率，甚至同家银行不同期限的 CD 间也有不同的年利率。零售 CD 没有二级市场。存款者必须将其资金留存在银行直到指定到期日，不然就要放弃一部分利息作为惩罚。

CD 的利率在很多网站上可以轻易查到。例如，银率网（www. bankrate. com）和银行存单利率扫描网（www. bankcd. com）提供近期 CD 利率最高的银行。由于 CD 利率的信息很容易在网上找到，很多存款者到距离远的银行投资 CD，以此来获得高于本地银行的利率。一些银行支持网上投资 CD，但要提供信用卡号码。

近几年，一些金融机构开始提供具有赎回特性的 CD（被称为可赎回 CD）。这是一种可被金融机构赎回的 CD，其期限有可能被缩短。例如，一家银行发售五年期的可赎回 CD，规定可在两年后赎回。两年后，如果银行在未来三年可用低于 CD 利率的成本获得资金，那么银行就可能赎回 CD。可赎回 CD 的利率略高，用以补偿可能被赎回的风险。

可转让定期存单 另外一种定期存款是**可转让定期存单**（negotiable CD，NCD），是一些大型银行提供给企业的定期存款。可转让 CD 在指定最低存款数额和存款期限方面与 CD 类似。其典型存款期限是短期，最低存款要求是 10 万美元。NCD 存在二级市场。

大额定期存款相较小额定期存款更加不稳定，这是因为拥有大量资金的投资者经常把资金转移到利率更高的地方。小投资者不像大投资者有那么多选择，因此不太可能频繁转移小额定期存款。

17-2d 货币市场存款账户

货币市场存款账户（money market deposit account，MMDA）因没有指定期限而不同于传统定期存款。从存款者角度来看，货币市场存款相较零售 CD 有更好的流动性但利率更低。货币市场存款账户也不同于 NOW 账户，因为它有开支票方面的限制（每月只能进行有限数量的交易）、要求更高的最低余额但是有更高的收益率。

17-2e 购进（借入）联邦基金

接下来要介绍的几种资金来源都是非储蓄性的。当银行临时资金需求多于储蓄资金时，这些来源就是必需的。也有一些银行把非储蓄性资金作为长期资金来源。

非储蓄性资金的来源之一是联邦基金市场，在这个市场上，存款机构可满足其他金融机构的短期流动性需求。购进（或借出）的联邦基金计入借入银行的负债和借出银行的资产。典型联邦基金市场贷款的期限为 1～7 天。这类贷款可以转存，因此可以制造一系列的一日贷款。联邦基金交易的目的在于调整银行间短期资金不平衡。一家银行可能某一天是联邦基金市场上的出借方，又在之后短暂地成为借款方，这是由于它的资金余额每日变化。

联邦基金市场上收取的利率被称为**联邦基金利率**（federal funds rate）。像其他市场利率一样，联邦基金利率随市场供给、需求或二者的共同变动而变化。如果很多银行有超额资金，只有少数银行资金不足，联邦基金利率就低。相反，如果联邦基金市场上很多银行有借入资金的高需求，而少量银行有可供给的超额资金，就会导致更高的联邦基金利率。通常情况下，对于联邦基金市场上所有借款银行，联邦基金利率都相同，但是一家存在财务困难的银行可能要支付更高的利率。联邦基金利率按年化利率（以一年 360 天计息）定价，尽管贷款期限通常短于一周。联邦基金利率通常与期限相似的国债的收益率接近，联邦基金市场通常在星期三最活跃，因为这一天是特定结算周期的最后一天，在结算周期内每家银行必须持有美联储要求的特定准备金数量。周期内平均法定准备金不足的银行必须在结算周期结束前补充额外的准备金。大型银行通常需要临时资金，因此通常是联邦基金市场上的借款方。

17-2f 联邦储备银行贷款

另外一种临时资金来源是联邦储备系统，即美国中央银行。联邦储备银行与其他银行监管部门一起监管银行的某些行为。它们也向银行（和一些其他的存款机构）提供短期贷款。银行的这种借款形式被称为贴现窗口借款。这种贷款收取的利率被称为**一级信贷利率**（primary credit lending rate）。

自 2003 年 1 月起，一级信贷利率一直被设定在高于联邦基金利率的水平。这样做的目的在于确保银行将联邦基金市场作为短期融资的常规方法，而把联邦储备银行贷款作为最终手段。

联邦储备系统贷款是短期的，通常是一天到几周。为确保资金需求的合理性，想从联邦储备系统借款的银行必须先得到美联储的许可。与联邦基金市场一样，联邦储备银行贷款主要被用于解决临时资金不足的问题。如果一家银行需要更多的长期资金来源，它会采取提高存款水平的策略。

联邦储备系统意在向存在未预料到的资金不足的银行提供资金。如果银行通过频繁借款来补充准备金不足，则说明这家银行存在长期资金不足，因此需要获得长期资金来满足这种需要。美联储可能会拒绝一家银行连续借款，除非有使银行不能从其他金融机构那里获得短期融资的特殊情况。

17-2g 回购协议

回购协议（repurchase agreement，repo）是指证券交易时签订的协议，约定在指定日期以指定价格购回所卖证券。银行通常会在预期几天内需要一笔资金时使用回购协议作为一种资金来源。银行将自己持有的部分政府证券（比如短期国债）卖给一家拥有短期资金余额的公司，并在很短的一段时间后再将这些证券买回。政府证券在回购协议交易中充当为银行提供资金的公司的抵押物。

回购协议交易通过远程通信网络进行，这个网络连接大型银行、其他公司、政府证券交易商和联邦基金经纪人。联邦基金经纪人将需要资金（想现在出售并在未来购回证券）的公司或交易商与有超额资金（想现在购买证券并在指定时间再将其出售）的公司联系起来。交易通常以百万美元为单位。像联邦基金利率一样，回购协议收益率也按年化利率（以一年 360 天计息）定价，尽管贷款通常是短期的。在任何时间，回购协议收益率都略低于联邦基金利率，因为贷出的资金有抵押物作为支持，因此风险更小。

17-2h 欧洲美元借款

如果一家美国银行需要短期资金，它有可能会向外国银行（尤其是欧洲银行）借款，这些银行接受美元标价的存款，也就是**欧洲美元**（Eurodollar）。一些外国银行（或美国银行的外国分行）接受以美元标价的大额短期存款并发放短期贷款。由于美元作为一种国际交易媒介被广泛应用，所以欧洲美元市场很活跃。

17-2i 银行发债

和其他公司一样，银行也拥有一些固定资产，比如土地、建筑和机器设备。这些资产有 20 年或更久的预期寿命，并且通常依靠发行债券等长期资金来源进行融资。常见的购买者是家庭和各种金融机构，比如人寿保险公司和养老基金。相较大多数其他公司，银行更少利用债券进行融资，因为银行拥有的固定资产少于那些使用工业设备和机器进行生产的公司。因此，银行对于长期资金的需求更少。

17-2j 银行资本金

银行资本金通常是指通过发行股票或留存收益而获得的资金。不论发生任何情况，银行都没有义务在未来偿还资金。这使银行资本不同于其他任何资金来源，那些资金来源都代表着银行在未来有义务偿还资金。银行资本可被定义为银行所有者权益或净值。资本可分为基础资本和二级资本。基础资本来源于普通股或优先股的发行或留存收益，而二级资本则来源于发行次级票据（subordinated note）和债券。

无论何种原因，当费用或损失超过收益时，银行资本都必须足以吸收营业损失。尽管有时长期债券被划分为二级资本，但它们是银行负债，因此不适合用来缓冲营业损失。

尽管发行新股增加了银行资本，但这稀释了银行所有权，因为现有股东占有的银行股份比例减少了。当发行新股时，银行每股收益也减少，除非收入的增长比例高于已发行股票的增长比例。因为这些原因，银行在非必需情况下一般不会发行新股。

银行监管者担心银行可能将资本保持在低于其应该达到的水平，因此对它们强制施加了资本要求。因为资本能吸收损失，高资本水平被认为能够加强银行的安全性并可能增强公众对于银行业的信心。

一家银行的必要资本水平取决于其风险水平。低风险资产被赋予低权重而高风险资产则被赋予高权重。资本水平被设定为风险加权资产的一定比例。

因此，风险更高的银行倾向于有更高的资本要求，同样的以风险为准则的资本标准也被应用于其他几个工业化国家。更多的细节将在下一章中给出。

17-2k 银行资金来源分布

图 17.2 展示了银行资金来源的分布情况。交易存款和储蓄存款占银行所有负债的38%。银行资金来源的分布情况受银行规模影响。相较大型银行，小型银行更依赖储蓄存款，这是由于小型银行专注于家庭储蓄业务，也就是小额存款业务。这种差别在很大程度上是由大型银行的大额定期存款（例如 NCD）造成的。另外，大型银行比小型银行更依赖短期借款。银行资金来源构成的不同对业绩的影响将在第 20 章讨论。

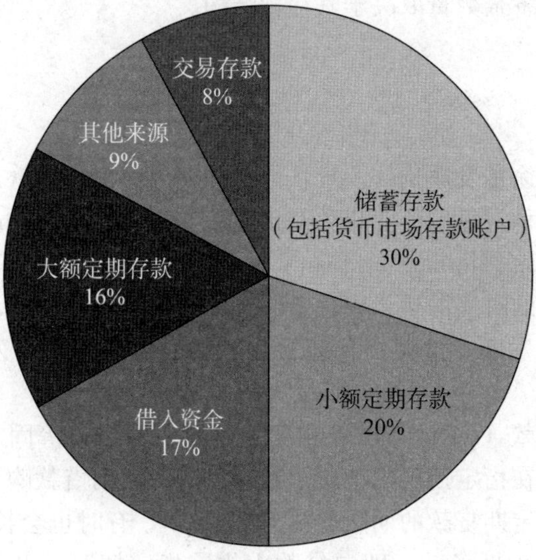

图 17.2 银行资金来源（各项占总负债的比例）

资料来源：美联储。

17-3 银行资金运用

既然已经确认了银行资金的主要来源，现在就可以开始讨论银行资金运用。常见的银行资金运用如下：

- 现金
- 银行贷款
- 证券投资
- 售出（贷出）联邦基金
- 回购协议
- 欧洲美元贷款
- 固定资产
- 自营交易

17-3a 现金

银行必须持有一些现金作为准备金以满足美联储的法定准备金要求。银行也为保证一定的流动性以及满足存款者取出存款的要求而持有现金。由于银行无法从现金中获得收益，因此只会持有保证充足流动性的现金。银行有多种临时资金来源，因此不会过度关注维持超额准备金。

银行将现金保管在金库中或联邦储备银行。库存现金用来满足客户取出存款的要求或作为法定准备金，而存在联邦储备银行账户中的现金则是法定准备金的主要组成部分。美联储之所以要求银行保证一定数量的法定准备金是因为美联储可以通过这种方式控制货币供应量。银行的法定准备金数量取决于其存款结构。

17-3b 银行贷款

银行资金的主要用途是发放贷款。贷款数量和期限可根据借款人需求定制。

商业贷款类型 一种常见的商业贷款是**流动资金贷款**［working capital loan，有时也被称作自动清偿贷款（self-liquidating loan）］，这种贷款用于支持正在进行的业务。公司出售成品获得现金流入的时间滞后于用现金购买原材料的时间。流动资金贷款可在充足现金流入形成前支持业务发展。这种贷款通常是短期的，但是一家公司可能周期性地需要贷款。

银行也发放**定期贷款**（term loan），主要为购买机器设备等固定资产融资。在定期贷款中，指定金额的资金在指定期限内被用于指定目的。使用借款购买的资产可能部分或全部作为贷款的抵押物。定期贷款的期限通常为 2～5 年，有时也会长达 10 年。发放定期贷款的银行通常会附加保护性条款，即向借款人规定指定情况，以此避免贷款违约。比如说，银行可能规定借款人每年向股东分红的最高金额。这种保护性条款意图保证借款人有充足的现金按时归还贷款。

定期贷款可以分期偿还，借款人可在贷款期限内定期定额还款。另一种选择则是银行定期收取利息，而本金在未来指定时间一次性还清［被称为气球法还款（ballon payment）］，即**一次性还本贷款**（bullet loan）。也有可能将几种还款方式结合使用。比如说，一部分贷款在贷款期限内分期偿还，而剩余部分则在期末一次性还清。

作为避免发放定期贷款的一种替代选择，银行可能购买资产并将其租赁给有需求的公司。这种方法即**直接租赁贷款**（direct lease loan），在公司不想在资产负债表中增加负债时尤为合适。因为银行是资产所有者，所以银行可以将其按期折旧以达到节税的目的。

非正式信用额度是一种更灵活的融资方式，公司可以在指定时间段内借款，借款数量有指定上限。这种方式对于在不确定时间可能突然有资金需求的公司很有用。借款利率一般根据主流市场利率调节。银行没有法定义务向公司提供资金，但通常会尊重安排以免损害声誉。

非正式信用额度的一种替代方式是**循环信用贷款**（revolving credit loan），强制银行在指定时期内（一般是五年之内）为公司提供有指定上限的资金。因为银行有义务在公司要求时立即提供资金，银行通常会对未使用的资金收取保证金（一般是0.5%）。

商业贷款利率被称作**优惠利率**（prime rate）。然而，一些银行会向其信用最好的一部分商业客户提供更低的利率。尽管如此，优惠利率仍可以作为公司向银行借款利率的基准。由于市场利率影响银行资金成本，随着市场利率变化，银行定期调整其优惠利率。因此优惠利率与国债利率和其他市场利率共同变动。近年来优惠利率情况在图17.3中展示。2004—2006年，经济景气时，优惠利率上涨。相反，在衰退期，比如2008年金融危机期间，优惠利率下降。在经济疲软期，优惠利率与银行资金成本间价差趋于扩大，这是因为银行收取更高的溢价以补偿信用风险。

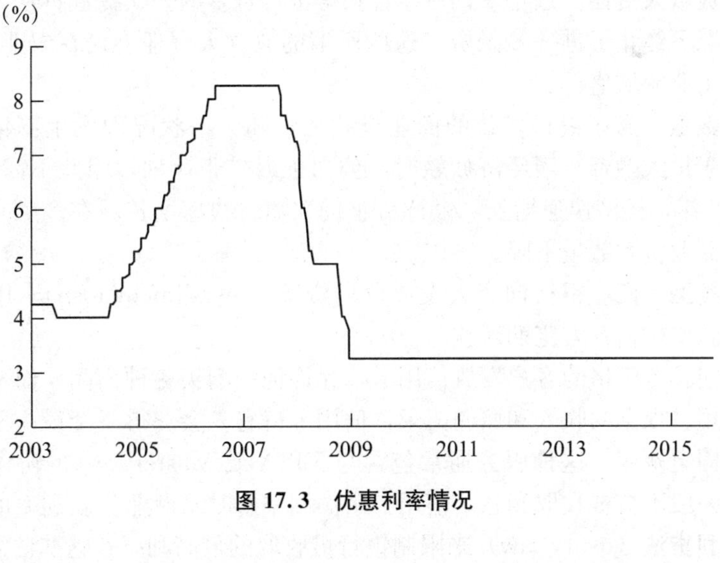

图17.3　优惠利率情况

资料来源：美联储。

联合贷款　一些大型公司需要大额资金，这超过了任何一家银行愿意提供的数量。为满足这家公司的要求，几家银行可能会集合资金形成**联合贷款**（loan participation）。一家银行作为牵头银行负责安排贷款相关文件、资金支出和还款结构等问题。其他银行的主要任务是提供资金，资金通过牵头银行发放给借款人。借款人可能不会意识到其他银行提供了很多资金。一旦收到利息，牵头银行会按照原始贷款中各银行所占份额分配利息。除其应得利息份额外，牵头银行还会收取贷款服务费。

牵头银行需确保借款人归还贷款。然而，通常情况下，牵头银行不会被要求保证利息支付。因此，所有参与银行都面临信用（违约）风险。

贷款支持杠杆收购 一些商业银行为杠杆收购（LBO）融资，杠杆收购即一个管理集团或一家公司主要依靠负债收购其他公司股权。公司之所以进行杠杆收购融资是因为它们认为某种上市股票的市场价值过低。但是因为借款人杠杆率高，它们可能在销售额低于正常水平时面临现金流压力。可以认为这些公司能够获得股权资金的原因是银行在经济疲软期充当缓冲。在这种时期，尽管这些公司不愿意重新上市，但是它们至少有能力这样做。作为发放贷款的条件，提供融资的银行可以要求公司在面临现金流问题时再次发行股票。

一些银行在发起杠杆收购贷款后，将其出售给其他金融机构，例如保险公司、养老基金和外国银行。用这种方式，银行可以获得贷款服务费，同时规避信用风险。

银行监管者会监控银行提供给具有相对高金融杠杆率的公司的融资数量。根据美联储规定，这些贷款，即**高杠杆交易**（highly-leveraged transaction，HLT），是会导致资产负债率高于75%的贷款。换句话说，负债至少是权益的3倍。大约60%的高杠杆交易资金被用于杠杆收购融资，部分剩余资金用于回购部分已发行股份。高杠杆交易通常由一家大型商业银行发起，这家银行提供10%～20%的融资资金。其他金融机构参与，并提供剩余80%～90%的资金。

商业贷款抵押要求 商业银行目前越来越多地接受无形资产（例如专利权、商标、特许经营和分销许可证）作为商业贷款抵押物。这种变化对于没有有形资产的服务型公司尤为重要。

商业贷款放款人责任 近年来，一些曾获得银行贷款的公司提起诉讼，称银行在没有充分通知的情况下终止了进一步融资。这些所谓的放款人责任诉讼在农业、食品杂货业、服装业和石油工业领域盛行。

商业贷款数量 商业银行发放的商业贷款数量随经济状况而发生变化。当经济景气时，公司倾向于扩大融资。当经济疲软时，公司推迟扩张计划，因此不需要那么多融资。2004年至2006年，经济快速增长，银行商业贷款随之快速增长。在2008年至2009年次贷危机期间，商业贷款数量下降。

消费贷款类型 商业银行向个人发放**分期贷款**（installment loan），用于购买车和日用品。这种贷款要求借款人定期还款。

银行同时向具有资格的客户发放信用卡，允许他们购买各种商品，而不需要在每次购买前再申请信用。根据其收入和雇佣记录，信用卡持有人会获得一个最高额度，并可能会每年支付一笔固定费用。这种服务通常包含与VISA或MasterCard的协议。如果客户每月清偿余额，一般不会被收取利息。信用卡余额利率有时是商业贷款利率的两倍。州监管者可以利用**高利贷法**（usury law）来限制银行可收取的最高利率，这些法律可能也适用于信用卡贷款。联邦法律要求银行遵守自己所在州的高利贷法而不是客户所在州的法律。

评估消费贷款申请人的信用状况要比商业贷款简单很多。个人现金流通常比公司现金流更简单、更易于预测。此外，个人贷款平均数额较小，只需要不太详细的信用分析。

由于信用卡贷款和个人贷款的利率远高于资金成本，很多商业银行发放这类贷款以增加收入。增加这类贷款的最常见方式是在评估潜在客户信用状况时运用更宽松的原则。但是，显然，需要权衡潜在收入和信用风险。当商业银行信用卡贷款和其他个人贷款违约增加时，银行会相应提高扩张此类贷款业务的标准。结果是减少信用卡贷款的资金配额，也同时减少了银行的潜在收入。比如说，在 2008 年至 2009 年次贷危机期间，经济衰弱，很多银行提高了信用卡贷款标准并减少了客户的信用额度。次贷危机之后，经济状况改善，商业银行提高了信用卡贷款额度。

房地产贷款 银行也发放房地产贷款。作为住宅房地产贷款，房屋抵押贷款的期限通常是 15～30 年。这种贷款以住宅购买为支持。在 2004—2006 年经济扩张期，很多银行向有可疑信用记录的房屋购买者发放贷款。这些次级房屋抵押贷款被发放给低收入、高负债或只付小额首付的房屋购买者。很多银行希望通过次级房屋抵押贷款获利，因为银行可以收取预先费用（例如评估费）和高贷款利率以补偿信用风险。此外，它们预测房地产价格会继续上涨，因此支持贷款的住宅可充当足额抵押物。

然而，在 2008 年，很多次级房屋抵押贷款发生违约。自 2009 年 1 月起，约 10%的有房屋抵押贷款的房屋所有者延期还款或丧失抵押物赎回权。银行和其他金融机构不得不接收许多房屋所有权，这导致了房地产市场上的超额供给。因此，住房价格大幅下跌，这进一步降低了银行收回的房屋的抵押价值。因此发起房屋抵押贷款并将其作为资产持有的银行受到次贷危机的不利影响。

银行同时避免发放商业用途的房地产贷款，如用于建设购物商场的贷款。大体上，在 21 世纪初期，银行对于商业房地产贷款借款人资格有更严格的标准。因此，在次贷危机期间，相较于住宅贷款，银行发放的商业房地产贷款违约率更低。此外，商业银行通常将其发起的商业房地产贷款计入资产。当银行和其他金融机构将房地产贷款计入资产时，有可能对其进行更认真的评估。

17-3c 证券投资

银行购买各种类型的证券。将资金用于投资证券而不是发放贷款的一个优势在于证券有更好的流动性。此外，银行可以轻易地进行证券投资，而评估贷款申请人和贷款服务需要更多的资源。但是，银行一般希望用于发放贷款的资金可以获得更高的收益率。

国债和联邦政府机构证券 银行购买国债和联邦政府机构发行的债券。联邦政府机构债券可以在二级市场出售，但是其市场不如国债市场活跃。联邦政府机构债券通常由联邦政府机构发行，例如联邦国民抵押贷款协会（房利美）和联邦住房贷款抵押公司（房地美）。发行证券获得的资金被用于购买各种金融机构的房屋抵押贷款。这种债券的期限为一个月至 25 年不等。

由于次贷危机期间大量贷款延期还款或违约，房利美和房地美持有的房屋抵押贷款价值在 2008 年下跌。因此，有人担心房利美和房地美不能偿付发行的债券。在 2008 年 9 月，美国政府接管房利美和房地美，确保了两家机构发行的债券的安全性。

公司债券和市政债券 银行也购买公司债券和市政债券。尽管公司债券面临信用风险，但其收益率高于国债和联邦政府机构债券。市政债券有一定的风险，但同时也向银行提供具有吸引力的收益率，尤其是考虑税后收益率时。来自市政债券的利息收入免缴联邦税。银行只购买**投资级证券**（investment-grade security），即评级机构评为中间级或更高级的债券。

抵押支持证券 银行也经常购买住房抵押贷款支持证券（MBS），即房屋抵押贷款资产包。银行倾向于购买某"一部分"的抵押贷款，即被划分为低风险的部分。然而，在2008—2009年次贷危机期间，被评级机构评为高等级的那"一部分"抵押贷款也有许多违约。因此，次贷危机期间，投资MBS的银行都有损失。每家银行的MBS的市场价值难以衡量，这是因为MBS不是标准化的，并且二级市场交易并不通过有组织的证券交易所进行管理。所以两家银行可能有相同比例的资产被划分为MBS，但其中一家银行的MBS风险可能远高于另外一家。

17-3d 售出（贷出）联邦基金

一些银行经常在联邦基金市场上借出资金给其他银行。这些售出或借出的资金将会在贷款协议中指定的时间被归还（连同利息）。贷款期限通常很短，比如一天或几天。小型银行通常是联邦基金市场中的资金供给方。如果交易通过经纪人进行，联邦基金贷款中借款人的资金成本会略高于贷款人的收益，因为促成双方合作的经纪人会收取交易费用。

17-3e 回购协议

回想一下，从借款人的角度，回购协议交易指回购其先前出售的证券。从贷款人角度，回购协议指出售其先前购买的证券。银行可以在回购协议中作为贷款人，即购入一家公司持有的国债并在之后某天再将其出售给这家公司。这种交易可为公司提供短期资金，并且由证券支持银行贷款。

17-3f 欧洲美元贷款

位于外国的美国银行支行和一些外国银行向公司和政府发放以美元结算的贷款。这些所谓的欧洲美元贷款很常见，因为美元在国际交易中应用频繁。欧洲美元贷款通常是短期的，并且大额结算，比如100万美元或更多。

17-3g 固定资产

银行必须持有一定数量的固定资产，比如办公大楼和土地，以进行经营活动管理。但是，决定银行日常收入的资金如何应用的银行管理者无须担心。他们将这些资金归入已经识别的其他类资产进行管理。

17-3h 自营交易

银行也从事自营交易，即运用其自有资金在自有账户中投资。例如，银行可能有股权交易部门投入股票头寸，也有固定收益部门投入投机性债券和其他债务性证券头寸，同时也可能有衍生品交易部门投入投机性衍生证券头寸。当经济情况非常好时，即次贷危机发生前，自营交易是商业银行总收入的主要来源。交易部门倾向于从事比传统银行贷款更有风险的业务，因此在金融危机期间，一些商业银行在自营交易方面损失惨重。

银行也管理利用客户资金投资的证券投资组合，并代表客户进行投资。它们向客户收取管理这些资金的年度管理费。银行可能有私募股权基金（资金来源于富人或机构投资者）并将资金投向公司。它们可能向客户收取服务费和部分资金收益。

2010 年发布的《华尔街改革和消费者保护法案》[也被称作《多德-弗兰克法案》）规定了银行自营交易上限数额。这项规定被称为沃尔克规则，因为这是由美联储前任主席保罗·沃尔克（Paul Volcker）提出的。尽管未立即要求完全遵守规则，但实施沃尔克规则的最终条例在 2014 年 1 月生效。这项规则不允许银行参与短期衍生证券和一些金融工具交易，但允许它们继续承销、套期保值、为客户投资、交易政府证券和进行其他业务，除非这些业务造成利益冲突或对金融系统造成风险。为遵守规则，很多银行将其自营交易分拆成独立主体。沃尔克规则将在下一章中详细介绍。

17-3i 银行资金运用总结

银行资金运用的分布情况如图 17.4 所示。各类贷款占银行资产的 55%，证券占 31%。不同类型银行的资产分布情况不同。例如，小型银行倾向于发放大量住宅房地产贷款和持有政府证券，而大型银行商业贷款（包括发放给外国公司的贷款）更多。

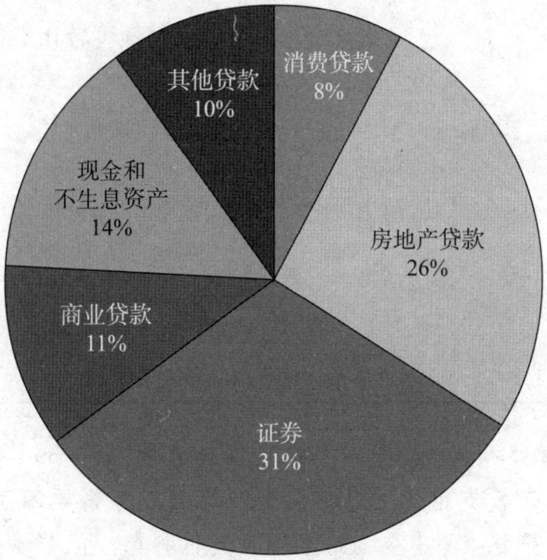

图 17.4 银行资金运用（各项用途占总资产的比例）

资金来源：美联储。

银行资金运用分布情况显示出商业银行的运营方式。然而，近年来，银行开始提供大量不能体现在资产负债表中的服务。这些服务明显不同于银行传统业务，传统业务主要关注在存款资金和各种类型的贷款和投资间建立通道。

商业银行资产负债表 商业银行资金来源指其负债或资本，而资金运用指资产。每家商业银行可以决定自己的资产和负债结构，这将决定其具体运营情况。

◈ 例子

表 17.1 是 Hornet 银行的资产负债表。银行资产在资产负债表左侧。第二栏是每种资产的美元数额，第三栏是每种资产占总资产的比例，以此说明 Hornet 银行如何运用资产。Hornet 银行的主要资产是商业贷款和消费贷款以及证券。资产负债表展示的是某一特定时间银行的资产情况，但是随着经济状况的变化，银行会经常调整其资产结构。当经济情况改善时，信用良好的公司想扩张，Hornet 银行会出售一部分持有的国债，并利用资金发放更多商业贷款。

表 17.1　　2013 年 6 月 30 日 Hornet 银行资产负债表

资产	数额（百万美元）	占总资产的比例	负债和所有者权益	数额（百万美元）	占总负债和所有者权益的比例
现金（包括法定准备金）	50	5%	活期存款	250	25%
商业贷款	400	40%	可转让支付命令账户	60	6%
消费贷款	250	25%	货币市场存款账户	200	20%
国债	80	8%	短期大额可转让定期存单	250	25%
公司债券	120	12%	一年期以上大额可转让定期存单	120	12%
售出联邦基金（贷出）	10	1%	购买联邦基金（购入）	0	0%
回购协议	20	2%	长期负债	30	3%
欧洲美元贷款	0	0%			
固定资产	70	7%	普通股	50	5%
			留存收益	40	4%
总资产	1 000	100%	总负债和所有者权益	1 000	100%

Hornet 银行的负债和所有者权益在资产负债表右侧。Hornet 银行通过各种类型的存款获得资金，并为各类存款支付费用。特别地，存款业务需要雇用员工。Hornet 银行的负债结构决定了其利息费用：不需要向活期存款支付利息，但需要向大额可转让定期存单支付相当高的利息。

Hornet 银行也需为资产管理支付费用。主要费用是需要雇用员工去接触有贷款需求的信用良好的公司和家庭。总之，Hornet 银行需要获得足够多的收入来支付费用并为股东带来可观的收益。其主要收入来源是商业贷款利息。其资本金是表中列出的普通股和留存收益。◈

图 17.5 展示了商业银行如何通过资产负债表中的关键项目为经济发展融资。它们在存款人和家庭间建立通道，以此为家庭支出融资；在存款人和公司间建立通道，为企业扩张融资。它们也将部分存款用于购买国债和市政债券，为财政和市政支出融资。

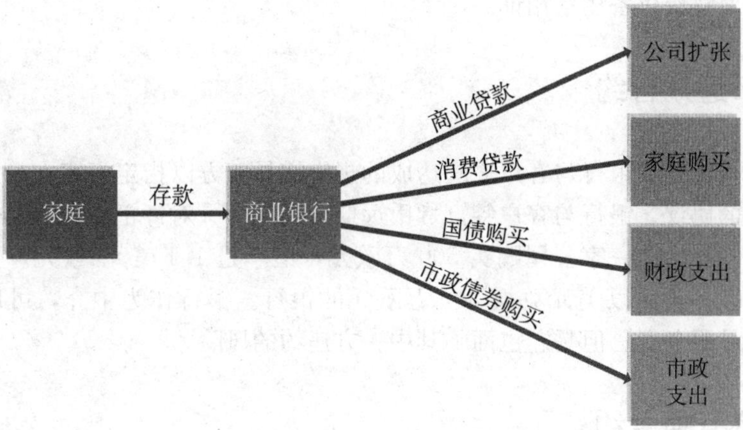

图 17.5　商业银行如何为经济增长融资

17-4　表外活动

银行通常会从事资产负债表表外活动，以非资金投资的方式获得收入。然而，这些活动也使银行有附带义务。以下是几种常见的表外活动：

- 贷款承诺
- 备用信用证
- 货币远期合约
- 利率互换合约
- 信用违约互换合约

17-4a　贷款承诺

贷款承诺是指银行依公司要求向特定公司发放指定数量贷款的义务。贷款利率和用途可能也会被指定。银行为提供这种承诺而收取费用。

贷款承诺的一类是**票据发行融资**（note issuance facility，NIF），如果公司票据在市场上不能获得合意的利率，银行则会同意购买公司的商业票据。尽管银行可以通过承诺收取费用，但当许多银行同时需要贷款时，银行可能会流动性不足。

17-4b　备用信用证

备用信用证（standby letter of credit，SLC）即银行向第三方为客户义务背书。如果客户不能履行义务，则银行会代替客户履行。第三方可能会要求客户获得备用信用证以完成商业交易。例如，地方政府想要发行债券。为保证债券容易发行，一家银行可能会提供保证利息和本金支付的备用信用证。本质上，它是银行利用自己的信用等级来加强债券安全性。银行向地方政府收取一笔费用作为收益。只有当费用可以补偿地方政府的违约风险时，银行才会愿意提供备用信用证。

17-4c 货币远期合约

货币远期合约是指银行与客户之间达成的规定交易双方以指定汇率在未来某特定时间进行货币交易的协议。银行与客户签订货币远期合约是为了对冲汇率风险。例如，一家美国银行同意在一年后向一家公司购买 500 万欧元，汇率是 1.1 美元/欧元。银行同时找到另外一家愿意在一年后以美元兑换 500 万欧元的银行。银行作为中介，可以满足双方要求，并获得交易服务费。但是它也面临其中一方违约的风险。

17-4d 利率互换合约

银行同时也可作为利率互换合约的中介，双方同意定期交换指定名义本金的利息。银行同样会收取交易服务费。如果它向双方保证利息按时支付，就会面临一方违约的风险。如果这样，银行必须承担违约方的角色，并向另一方履行义务。

一些银行也会通过寻找未来有相反货币需求的双方并执行互换协议，从而促成货币互换（以收取费用）。货币互换与远期合约类似，但货币互换的交割期限更长。

17-4e 信用违约互换合约

信用违约互换是私下协商的合约，可以使投资者不受某种债券违约风险影响。一些商业银行和其他金融机构也会购买信用违约互换，以规避债券投资的违约风险。其他银行和金融机构出售信用违约互换。在信用违约互换协议期间，出售信用违约互换的银行会定期收到息票支付。典型信用违约互换的期限是 5 年。如果债券没有违约，则出售信用违约互换的银行获利，因为它们获得了定期息票支付且无须进行任何支付。但是，如果债券违约，则出售方必须承担购买方的损失。本质上，这是信用违约互换的出售方在为违约提供保险。

这些合约主要被用来规避 MBS 的违约风险。在 2008 年次贷危机期间，由于 MBS 频繁违约，出售信用违约互换的银行承担了重大损失。相反，购买信用违约互换合约的银行则降低了 MBS 违约的不利影响（假定出售信用违约互换的对手方没有违约）。

17-5 国际银行业

在 1994 年发展州际银行业务的障碍被大体消除前，对于一些美国银行而言，比起在国内扩张，开发国际市场更能实现增长。很多美国银行进行国际扩张以改善发展前景并使业务多元化，避免其发展依靠单一经济。

17-5a 国际扩张

美国商业银行进行国际扩张的最常见方式是设立分行，这种提供全面服务的银行办事处可以与某地区的本地银行直接竞争。在设立外国分行之前，美国银行必须得到美联储的批准。美联储考虑的因素包括银行的财政状况和国际业务经验。商业银行也可能设立代理处，代理处可以发放贷款但不能吸收存款或提供信托服务。

近年来，美国银行也在一些地区设立了子公司，主要是预期美国公司会大规模扩张的地区，例如东南亚和东欧。近期，扩张主要聚焦于拉丁美洲。银行提供承兑、货币兑换、信用卡和其他家庭服务。

作为提供多样化国际银行服务的一个例子，花旗集团向世界范围内的公司提供很多核心服务，包括外汇交易、风险管理、跨境贸易融资、现金管理服务和本地货币资金等。花旗集团不仅服务于大型跨国公司（例如可口可乐、通用电气、IBM、索尼），还服务于需要国际银行服务的小型公司。通过在全球范围内扩张，花旗集团通常可以满足跨国公司所有子公司的银行业务需求。

17-5b 欧元对全球竞争的影响

在许多欧洲国家中使用单一货币可以简化交易，因为现在银行的大部分跨国交易都以欧元结算。使用欧元也会降低汇率风险，因为银行可以吸收欧元存款，并用欧元发放贷款或投资证券。在许多欧洲国家使用单一货币还可能激励公司发行债券或股票来支持其欧洲业务，因为欧元可以支持其大多数业务。商业银行可以在公司发行债券或股票时担任承销中介。

单一货币更容易形成规模经济，并使银行内部报告系统更加有效。随着银行扩张并利用规模经济获利，全球竞争越来越激烈。此外，欧元的出现和使用使欧洲公司更容易比较欧洲不同国家的银行提供服务的价格。这也使银行更具竞争力。

17-5c 国际暴露

随着银行尝试通过扩张国际市场来抓住机遇，它们也开始受到不同市场状况的影响。特别地，希腊、葡萄牙、西班牙等欧洲国家正在经历经济疲软和大额财政赤字。这些国家的政府向银行借入大量资金为财政赤字融资，尽力履行债务偿还责任。因此有大额政府贷款的银行面临潜在贷款违约的风险。此外，向这些国家的公司发放贷款从而在这些国家扩张的银行也受潜在贷款违约的影响，因为这些国家经济疲软。

小结

- 为形成规模经济并提高效率，商业银行一直在合并。因此，现在的银行数量是 1985 年银行数量的 1/3，并且合并还在继续发生。近年来，商业银行也收购了很多其他类型的金融服务公司。
- 最常见的商业银行资金来源是存款账户、借入资金和长期资金来源。常见的存款账户有交易存款、储蓄存款、定期存款和货币市场存款账户。这些账户在流动性（对存款人而言）和利率方面都不同。商业银行解决短期资金不足的方式有向其他银行借款（联邦基金市场）、联邦储备银行贷款或发行回购协议等短期证券。当银行需要长期资金来进行扩张时，则可能使用留存收益、发行新股或发行新债。
- 最常见的商业银行资金运用是发放贷款或投资证券。银行可将额外的资金用于发放贷款给其他银行或购买短期证券。
- 银行从事贷款承诺、备用信用证、远期合约和互换合约等表外活动。这些活动使银行获得费用，但是也体现了银行需承担的义务，使其面临更多风险。

■ 近年来，很多美国银行进行国际扩张以改善发展前景并使业务多元化，但是如果其业务扩张的国家经济疲软，银行则面临更多风险。欧元在很多欧洲国家的广泛应用使欧洲银行交易更简便，更容易形成规模经济。

正方和反方观点

银行应该从事银行业外的金融服务吗?

正方 不。银行应该专注于最擅长的事情。

反方 是。银行应该从事其他服务以增加价值。它们可以吸引那些想把所有金融业务放在同一家金融机构的客户。

谁正确? 利用互联网学习关于这个议题的更多知识并形成你自己的观点。

问题与应用

1. 银行资产负债表 为一家典型银行编制一张资产负债表，展示其主要负债（资金来源）和资产（资金运用）。

2. 银行的资金来源 银行四种主要资金来源是什么？如果银行需要短期资金，它有哪些选择？商业银行发行债券的最常见理由是什么？

3. CD 比较零售 CD 和 NCD。

4. 货币市场存款账户 货币市场存款账户和其他资金来源有什么不同?

5. 联邦基金 定义联邦基金、联邦基金市场、联邦基金利率。谁制定联邦基金利率？为什么联邦基金市场在星期三更活跃?

6. 联邦基金市场 解释联邦基金市场如何影响银行运营。

7. 联邦储备银行贷款 描述"联邦储备银行贷款"流程。贷款利率是什么？谁制定利率？为什么银行通常在联邦基金市场上借款而不是从联邦储备银行借款?

8. 回购协议 回购协议的收益率与联邦基金市场贷款的收益率有何不同？为什么?

9. 一次还本贷款 解释一次还本贷款的优势。

10. 银行资金用途 发放贷款通常可以获得更多收益，为什么银行还会投资证券？解释银行如何决定各种资产的合理比例。

11. 银行资本金 解释银行在决定最佳数量资本金时面临的困境。银行资本金不到资产的 10%。你认为这种比例与制造型公司相比如何？你如何解释这种区别?

12. 高杠杆交易贷款 你认为定期贷款和高杠杆交易贷款相比，哪个利率更高？为什么?

13. 次贷危机 解释商业银行（和其他金融机构）运作的 MBS 在次贷危机的发生中如何扮演重要角色。

14. 信用违约互换的应用 解释银行如何应用信用违约互换。

解读财经新闻

诠释华尔街分析师和投资经理做出的下述评论：

a. "低利率可能会使银行规模缩小。"

b. "当银行与其他金融机构争夺计划投入股票市场的资金时，银行不再受到限制。"

c. "如果贷款需求大幅增长，利率会变化以确保商业银行能够满足需求。"

金融市场管理

管理资金来源和运用

作为一个顾问，你一定会被要求去评价银行资金来源和运用情况并提出建议，即银行应该如何调整资金来源和运用，以提高业绩。这家银行吸收资金的传统方式是发放 CD。它提供支票账户和货币市场存款账户，但并不宣传这些账户，因为它从 CD 中已经获得充足的资金。这家银行 CD 的利率比货币市场存款账户利率高 3 个百分点，但是银行更想明确知道可以利用的资金的期限。（CD 有指定期限，但货币市场存款账户没有。）从历史情况看，这家银行资金成本高于大多数银行，但它并不关心，因为其收入也更高。这家银行传统的资金用途是发放用于建设购物商城和公寓大楼的本地房地产贷款。在过去几年中，房地产贷款带来了高额回报。但是本地房地产贷款的需求正在减少。

a. 这家银行应该继续专注于以提供 CD 的方式吸收存款吗？还是应该推销其他类型的存款？

b. 这家银行应该继续专注于房地产贷款吗？如果银行减少房地产贷款，资金应该如何分配？

c. 调整资产组合将如何影响银行资金运用的潜在收益率？调整负债结构将如何影响资金成本？

资金流动练习

金融集团提供的服务

卡森公司正在试图比较不同银行提供的服务，因为它希望由同一家银行提供所有服务。

a. 解释一家金融机构提供的不同服务，这些服务为卡森公司获取资金或规避风险。

b. 回顾上一个问题中列出的服务。哪些服务可以为卡森公司融资？哪些服务可以为卡森公司规避风险？

互联网/Excel 练习

登录 www.chase.com，并列出美国大通银行提供的且在本章提及的服务。对于每一种服务，说明它会影响银行资产（资金运用）还是负债（资金来源）。美国大通银行的 CD 利率是多少？

关于现实案例的在线文章

找一篇近期描述一个具体金融机构或金融市场真实案例的在线实用性文章，以强化本章所涵盖的一个或多个概念。

如果你的班级有一个在线平台，教授可能会要求你把文章摘要放在那里并提供文章的链接以供其他学生访问。如果你的班级是当面授课的，教授可能会要求你当堂总结你对该文章的运用。教授可能指派特定学生或让学生自愿完成这项作业。

对于与本章相关的近期在线文章和真实案例，请考虑使用以下搜索词（请务必在搜索词中包含当前年份以确保在线文章是近期的）：

1. 银行竞争
2. 特定银行名称＋贷款
3. 特定银行名称＋存款
4. 特定银行名称＋资本金
5. 特定银行名称＋资产负债表
6. 特定银行名称＋资产
7. 特定银行名称＋负债
8. 银行＋资本金
9. 银行＋资产
10. 银行＋贷款

第 18 章 银行监管

本章目标

- 描述美国银行业监管系统
- 描述商业银行监管关键条例
- 解释银行资本金要求
- 解释监管部门如何监管银行
- 解释政府对于倒闭银行的援救问题
- 讨论次贷危机期间提供给银行的政府资助
- 描述《金融改革法案》(2010) 如何影响商业银行运营监管
- 描述其他国家的银行监管

因为银行依赖存款者的资金，因此要受制于监管条例，以保证金融体系安全和公众对于金融系统的信心。很多监管条例的意图在于防止银行过度冒险以至于倒闭。特别地，监管条例规定了银行可投资的资产类型和银行须持有的最低资本金数量。但是，银行监管也需权衡。一些评论家认为监管是多余的，而且会限制银行为所有者服务。如果不需要受制于监管条例，银行也许会更有效率。考虑到这些权衡问题，监管条例通常随银行状况修正，因为监管者寻求最佳监管水平，既保证了银行业系统安全，又使银行运营有效率。

很多银行监管条例被取消或简化，使银行变得更具竞争力。因为撤销监管，银行具有相当大的灵活性，体现在提供的服务、经营区域和存款利率等方面。

尽管如此，但仍有一些银行和金融机构在 2005 年至 2007 年间从事有过度风险的业务，这是造成 2008 年至 2009 年次贷危机的原因之一。由于次贷危机，很多银行倒闭，政府补助扩大到很多其他银行，目的是防止更多银行倒闭和恢复金融稳定。这导致了对现有监管条例的仔细审查和制定新监管条例的提案，旨在既考虑到激烈竞争，又防止管理者过度冒险。本章为一般监管结构提供背景，解释银行监管者如何应对次贷危机，并描述近期为防止新危机发生而出现的监管条例变化。

18-1 监管结构

美国的银行业监管结构与其他国家显著不同。它通常被认为是二元银行监管系统，因为包括美联储和州监管系统。美国有超过 5 000 家自主所有的商业银行，被三个联邦机构和五十个州机构监管。其他国家的监管结构更简单。

如果想在美国开一家银行，则需要有州政府或联邦政府签发的特许执照。获得州特许执照的银行被称作州银行，获得联邦特许执照的银行则是国家银行。所有国家银行必须是联邦储备系统（美联储）成员。联邦特许执照由货币监理署签发。银行特许执照申请需提交给适当的监管机构，应提交能够证明有新银行需求的证据并披露银行运营方式。如果银行满足申请特许执照的一般准则，监管者会做出决定。

州银行可以选择是否成为美联储成员。美联储向商业银行提供各种类型的服务，也控制银行业系统内总资金。约 35%的银行是美联储成员。这些银行的规模通常大于平均水平；它们的存款约占全部银行存款的 70%。成员和非成员银行都可向美联储借款，并都需要遵守美联储要求。

18-1a 监管者

国家银行受货币监理署监管；州银行受各州机构监管。由**联邦存款保险公司**（Federal Deposit Insurance Corporation，FDIC）提供保险的银行同时也受其监管。因为所有国家银行都是美联储成员，且所有美联储成员都必须购买 FDIC 保险，因此国家银行受货币监理署、美联储和 FDIC 监管。州银行受各州政府机构、美联储（如果它们是美联储成员）和 FDIC 监管。货币监管署负责对国家银行进行定期评估，FDIC 对总资产少于 500 亿美元的州银行和储蓄机构有相同责任，美联储负责总资产多于 500 亿美元的州银行和储蓄机构。

18-1b 银行股东监管

商业银行要么独立经营，要么归**银行控股公司**（bank holding company，BHC）所有。尽管有一些多银行控股公司（拥有超过一家银行）存在，但是单银行控股公司更普遍。银行控股公司所有的银行多于独立经营的银行。

18-2 银行运营监管

银行在如何获得资金、如何运用资金和能提供的金融服务类型方面受到监管。现在讨论部分最重要的监管条例。

18-2a 存款保险监管

自 1933 年建立 FDIC 起，联邦存款保险一直存在，这是对于 20 世纪 20 年代末 30 年代初的银行挤兑现象的反应。在 1930 年至 1932 年大萧条期间，超过 5 000 家银行倒闭，超过现存银行数量的 20%。银行倒闭的初始冲击是导致存款者从其他银行取出存款，因为他们担心倒闭会扩散。这种行为事实上造成了更多银行倒闭。如果存款保险有效，存款者可能不会取出存款，一些银行就能避免倒闭。

FDIC 通过向商业银行和储蓄机构提供保险来维持公众对于美国金融体系的信心。FDIC 由五人组成的董事会进行管理，他们由总统任命。它的总部在华盛顿，同时还在每个区域内有 8 个地区办事处和其他办事处。现在，FDIC 的保险资金为超过 3 万亿美元的存款提供保险。

保险上限 作为《紧急经济稳定法案》(2008) 的一部分，个人能够在 FDIC 投保的存款指定金额从 10 万美元增加到 25 万美元，这个法案的目的是解决金融机构流动性不足的问题和恢复公众对于银行系统的信心。《金融改革法案》(2010) 使这个 25 万美元的上限成为永久性决定。超过 25 万美元的大额存款最多只能投保这个金额。要注意的是，FDIC 不为美国银行的外国分行保险。

总之，存款保险使存款者能够在任何已投保的存款机构存入低于保险上限的存款，而不需要对机构财务状况进行评估。此外，保险系统能够最小化银行挤兑，因为已投保的存款者知道如果已投保存款机构倒闭，他们的存款会得到美国政府支持。当一家银行倒闭时，已投保存款者通常可以在几天内拿到钱。

基于风险的存款保费 向 FDIC 投保的银行必须每年支付保费。在 1991 年以前，所有银行为存款者支付相同的保费率。因为风险高的银行更容易倒闭，更安全的银行实际是在间接资助它们。这样的体系激励银行承担更多风险，因为它们还是能够从存款者处吸引存款，这些存款者知道不论银行风险如何，他们都会得到支付。因为存款者得到保护，已投保银行会冒更多风险，这是**道德风险问题** (moral hazard problem) 的一个例子。因为很多银行过度冒险，在 20 世纪 80 年代和 90 年代初期，银行倒闭增加。FDIC 的保险金余额减少，因为它不得不赔偿倒闭银行的存款者。

道德风险问题激励银行监管者和国会寻找新办法，阻止银行过度冒险，补充 FDIC 保险金。由于 1991 年颁布的《联邦存款保险公司改进法》(FDICIA)，基于风险的存款保费被逐步应用。因此，现在银行保费与银行风险相关，从而减少了道德风险问题。

存款保险基金 在 2006 年前，银行保险基金收取保费并为银行提供保险，储蓄协会保险基金收取保费并为储蓄机构提供保险。在 2006 年，这两种基金合并为一种基金，被称为**存款保险基金** (deposit insurance fund)，由 FDIC 管理。

2009 年，存款保费增加，因为在次贷危机期间，FDIC 动用大量储备赔偿倒闭银行的存款者。现在保费范围通常是每 100 美元缴纳 13～53 美分，大多数银行缴纳 13～18 美分。FDIC 目前储备超过 600 亿美元，或者是超过投保存款总额的 1%。FDIC 还有可以向国库借款的大量信用额度。

银行存款保险储备 2010 年发布的《华尔街改革和消费者保护法案》(也被称作《多

德-弗兰克法案》）要求存款保险基金必须至少持有投保银行存款总额的1.35%的储备，以确保它有足够资金赔偿损失。如果储备低于这个水平，FDIC则需要制订恢复计划，使储备增加到最低水平。这个法案同时规定，如果储备金额超过投保银行存款总额的1.50%，则FDIC应该将超额资金作为红利分给银行。

18-2b 存款监管

以下三个监管法案使银行存款竞争更加激烈。

《存款机构放松管制和货币控制法案》 1980年，**《存款机构放松管制和货币控制法案》**（Depositary Institutions Deregulation and Monetary Control Act，DIDMCA）颁布，目的在于：(1) 对银行业（和其他存款机构）放松管制；(2) 改革货币政策。因为本章关注的是监管和放松管制，因此只讨论第一个目标。

DIDMCA是放松银行业管制和增加银行间竞争的主要力量。它取消存款利率上限，允许银行和其他存款机构自主决定定期存款和储蓄存款利率。此外，允许银行提供可转让支付命令账户。

DIDMCA对银行业产生了巨大影响，最重要的是加强了存款机构间的竞争。

《加恩-圣杰曼法案》 1982年，**《加恩-圣杰曼法案》**（Garn-St Germain Act）进一步放松对银行和其他存款机构的管制。此法案在一些存款机构（尤其是储蓄机构）发生财务问题时颁布。重要条款之一是允许存款机构提供货币市场储蓄账户（money market deposit account，MMDA），这种账户没有最低期限和利率上限。这种账户每月最多进行六次交易（三次支票交易）。类似于**货币市场共同基金**（money market mutual fund）提供的传统账户（货币市场共同基金的主要功能是出售股份，集合资金购买支付市场利率的短期证券）。因为MMDA支付给存款者相似的收益率，所以使存款机构与货币市场基金竞争存款者资金。

《加恩-圣杰曼法案》的第二项关键的放松管制允许存款机构（包括银行）跨地理界线收购倒闭的存款机构，目的是减少需要清算的银行数量，因为打破地理界线后，为倒闭的存款机构找到潜在收购者的机会增加。同时，竞争也会增加，因为从前不准进入特定区域的存款机构现在可以通过收购倒闭的存款机构而进入。

州际银行法 在1994年9月，国会通过《莱格-尼尔州际银行和分行效率法》（Reigle-Neal Interstate Banking and Branching Efficiency），取消州际分行限制，因此进一步增加了银行对存款的竞争。国家州际银行使银行增长并形成**规模经济**（economy of scale）。它使经济不景气地区的银行可以进入经济状况更好的市场。更加激烈的竞争迫使所有市场中的银行提高效率。

18-2c 银行贷款监管

因为贷款是商业银行的关键资产，监管贷款是为了控制银行违约风险。

高杠杆交易监管 因为对高杠杆交易（支持融资收购和其他活动）普及感到担心，银行监管者监控高杠杆交易（highly leveraged transaction，HLT）总额。高杠杆交易通常被定义为借款者的负债多于总资产75%的贷款交易。自次贷危机以来，监管者试图收紧高杠杆交易标准。根据 2013 年发布的新监管条例，给负债是收入的 6 倍以上的公司贷款可能会受到惩罚。

外国贷款监管 监管者同时监控银行发放给外国的贷款。因为监管者要求银行报告大额外国负债，投资者和债权人可以获得银行贷款组合结构的更多细节。

单一借款人贷款监管 银行有单一借款人贷款金额上限限制，即贷款金额不能超过银行资本金的 15%（如果是充分担保贷款，可以达到 25%）。这在一定程度上使银行贷款服务多样化。

社区贷款监管 银行也被要求保证会尽力满足其所在社区的信贷需求。1977 年颁布（1995 年修订）的《社区再投资法》（The Community Reinvestment Act，CRA）要求银行满足其社区内合格借款人的信贷需求，包括中低收入群体。《社会再投资法》的意图不是在于强迫银行发放高风险贷款，而是保证合格的低收入借款人可以获得所需贷款。每家银行在这方面的表现由其各自的监管者定期评估。

18-2d 银行证券投资监管

银行不能用借款或存款资金购买普通股，但是可以通过个人所有的信托账户管理股票组合。银行只能投资于投资级债券。在次贷危机发生前，这意味着穆迪的 Baa 及以上评级或标准普尔的 BBB 及以上评级。对于债券投资的监管目的在于防止银行过度冒险。

但是，在次贷危机期间，评级机构被批评评级标准过于宽松。2011 年发布的《华尔街改革和消费者保护法案》修改条例，要求银行不仅要使用信用评级机构确定的评级，还要利用其他方式确定债券风险，包括银行自己的风险评估。这是为了确保银行在投资债券时，不只依靠信用评级机构。因此，尽管评级机构提供宽松的评级，银行也应该可以运用自己的分析和其他评估风险的方式发现债券的高风险。

18-2e 证券服务监管

1933 年《银行法》（即《格拉斯-斯蒂格尔法案》）将银行服务和证券服务分离。这项法案是 1929 年股市崩盘后颁布的，当时一些银行将其低品质证券出售给为个人设立的信托账户。一些银行还从事内幕交易：基于有贷款需求的公司提供的机密信息购买或出售公司证券。**《格拉斯-斯蒂格尔法案》**（Glass-Steagall Act）不允许任何接受存款的公司承销公司股票和债券。

将证券业务和银行业务分离是为了避免潜在利益冲突。例如，如果银行可以承销证券，它可能会建议公司客户购买这些证券，并且威胁客户，如果不帮忙就会中断未来贷款。

《金融服务现代化法案》 1999 年，国会通过了**《金融服务现代化法案》**[Financial Services Modernization Act，也被称作**《格雷姆-里奇-比利雷法案》**（Gramm-Leach-Bliley Act）]，从根本上取代了《格拉斯-斯蒂格尔法案》。1999 年法案肯定了银行、证券公司和保险公司之间的联系。它同时允许银行控股公司通过其所有子公司从事所有金融服务。因此，一家单一机构控股公司可以从事传统银行业务、证券交易业务、承销业务和保险业务。这项法案也要求控股公司在拓展新金融服务前，要经营良好且有充足的资本金。证券交易委员会监管所有证券产品，但银行监管者监督提供证券产品的银行子公司。

尽管很多商业银行之前就从事证券业务，但 1999 年法案扩大了银行提供这类服务的范围。此外，它还允许证券公司和保险公司收购银行。根据该法案，银行必须在社区贷款方面有高等级（表明银行积极向低收入社区发放贷款），才能扩大经营范围，从事证券业务和其他非银行业务。

自《金融服务现代化法案》通过以来，发生了更多金融机构合并事件。很多大型金融机构通过其多家子公司可以提供所有类型的金融服务。个人通常在金融机构存款、获得抵押贷款和消费贷款（例如汽车贷款）、购买共同基金、管理股票交易（经纪人）和购买保险，他们可以在一家金融集团办理所有业务。同时，因为公司通常在金融机构开立商业支票账户、借贷、发行股票和债券、管理养老基金和购买保险，所以可以在一家金融集团办理所有业务。

《金融服务现代化法案》也为金融机构带来了好处。通过提供更加多样化的服务，金融机构可以减少对其提供的单一业务需求的依赖。如果机构提供综合业务的风险低于传统服务的新业务，多样化还能使风险降低。

金融集团的单个部门可能会产生新业务，只是因为它们是集团的一部分，并且能为已经依赖于集团其他服务的客户提供便利。每个金融部门的现有客户都是其他金融部门新客户的潜在来源。

银行和证券公司的合并在 2008 年次贷危机期间仍在继续，一些主要证券公司（如贝尔斯登和美林）被商业银行收购，而其他的（如高盛和摩根士丹利）获得批准，成为银行控股公司。合并增强了金融机构的稳定性，因为对于银行控股公司的监管通常比对独立证券公司更严格。

18-2f 保险服务监管

正如证券业务一样，银行也希望提供保险业务。关于银行是否应该参与保险业务的争论与关于银行参与证券业务的争论相似。银行提供费用较低的服务，从而会增加保险业的竞争。此外，它们可提供给客户一站式服务的便利（尤其是银行同时可以提供证券服务时）。

1998 年，监管机构允许了花旗公司和旅行者保险集团的合并，实质上为银行和保险公司的合并铺平了道路。第二年通过的《金融服务现代化法案》批准银行和保险公司合并及业务合并。这些鼓励了银行和保险公司合并，以此提供全套金融服务。但是，不是所有合并都是成功的。尽管花旗继续向客户出售保险，但当发现保险业务收入令人失望之后，它在 2002 年出让了旅行者保险集团所有权和意外伤害保险业务，在 2005 年出让了人寿保险业务。

18-2g 表外交易监管

银行提供各种表外业务。例如，银行为公司发行的商业票据提供信用证支持。它们同时作为利率互换合约中介，且在指定时期内如果一方违约，银行通常会保证支付。

各种表外交易很普遍，因为它们可以带来费用收入，即银行保证另一方不违约和促成双方交易，并对此收费，但是表外交易也使银行暴露在风险中。如果经济严重衰退，很多公司的商业票据违约或拒绝按照利率互换协议进行支付，提供保证的银行将会蒙受巨大损失。

银行从事表外业务已经成为监管者关心的主要问题。由于这些业务，银行会面临比其资产负债表显示的更大的风险。因此，对于从事更多表外业务的银行，基于风险的资本金要求更高。用这种方式，监管者阻止银行从事过多的此类活动。

信用违约互换监管 信用违约互换是一种在2004年至2008年间流行起来的表外交易，是一种规避债券或住房抵押贷款支持证券违约风险的方式。互换是指一家商业银行向交易对手方定期支付，以此回报其持有的住房抵押贷款支持证券违约时获得的保护。一些银行购买互换协议，以保护其资产不受违约影响，其他商业银行出售互换协议（提供保护）以获取利息收入。到2008年，信用违约互换协议涉及超过300亿美元住房抵押贷款支持证券和其他类证券（如果分别计入双方合同，则是600亿美元）。

当商业银行购买信用违约互换协议，以保护其资产不受潜在违约影响时，这些资产不受制于资本金要求。但是，如果信用违约互换的出售方过量销售，那么它们可能不能提供承诺的保护。因此，如果出售方违约，购买信用违约协议的银行将不能得到保护。因为在2008年和2009年次贷危机加剧时，监管者开始担心信用违约互换，因为每家商业银行的风险暴露程度和互换交易对手方的可信度都缺乏透明性。监管者增加了市场监管，并要求商业银行提供更多关于信用违约互换头寸的信息。

18-2h 会计过程监管

和其他公开交易的公司一样，公开交易的银行也需提供财务报表，反映其最近的财务状况和表现。《萨班斯-奥克斯利法案》（SOX）在2002年颁布，旨在确保公司生产及财务状况报告程序更加透明。这项法案的颁布是由于发现一些公开交易的公司（例如安然公司）夸大其收入，这导致很多投资者支付的股票价格超过合理水平很多。这项法案要求所有公司（包括银行）执行内部报告程序，这可以方便管理者进行监管，并使管理者假装不知晓假账变得不可能。

法案的部分关键条例要求银行完善其内部控制程序，并建立信息集中数据库。此外，管理者对银行的财务报表负更多责任，因为他们必须亲自验证财务报表的准确性。因为银行有更大的责任避免出现假账，投资者可能对财务报表更有信心。

虽然如此，可疑会计处理仍有可能在银行出现。部分类型的资产没有可以频繁交易的市场。因此，银行在确定这些资产的价值时比较灵活。在次贷危机期间，很多银行对所持部分证券的估值明显高于其市场价值。因此，银行可以隐藏部分损失。

SOX的消极影响在于公开交易银行为遵守条例，每年需支付超过100万美元的费用。大额费用可能会使一些小型的公开交易银行走向私有化。

18-3 资本金监管

银行受制于资本金要求，即其持有的资本金（或抵押资产的净值）的最低数额必须达到总资产的一定比例。资本金可作为潜在损失缓冲。如果银行资本金不足以弥补亏损，银行将不能负担费用并倒闭。因此，监管者密切关注银行资本金情况。

部分银行管理者和股东更希望持有较少的资本金，因为银行资本金越少，单位利益带来的股权收益越高。在经济状况好的时期，这种模式可能带给管理者更多奖金，带给股东更高的股票价格，但是，比起管理者奖金，监管者更关心银行系统安全性，且在近年提高了银行资本金要求，以稳定银行系统。

18-3a 银行如何满足监管要求

当银行资本金数量低于监管者要求时，可采取以下方式提高其资本金比率。

留存收益 银行获得收益，并将收益留存，而不当作股息分配给股东，这时，银行的资本金就会增加。但是，如果银行没有获得收益，就不能留存收益。如果银行亏损，其收入不够支付费用，则需要使用一部分现有资本金。因此，亏损（负收益）导致资本金较少。表现不好的银行不能通过留存收益来增加资本金，因为它们可能不能获得收益。

发行股票 银行可以公开发行股票以增加资本金。但是，当银行表现疲软时，银行资本金将不足；在这种情况下，银行股票价格可能会下降。如果银行在股票价格很低时，不得不出售股票，它可能不能够通过发行股票获得充足资金。此外，当银行表现疲软且迫切需要增加资本金时，投资者可能并不愿意购买银行新股，因为他们有理由认为银行将会倒闭。

减少股息 银行可以通过减少股息来增加资本金，减少股息可以使银行留存更多收益。但是，股东可能将减少股息解读为银行迫切需要资本金的信号，这会进一步降低股票价格。股票价格越低，银行在未来越难发行股票。

出售资产 当银行出售资产时，可以改善其资本金情况。银行被要求持有资本金是为了支持风险资产。如果银行出售这部分资产，则不再被要求持有资本金来支持它们。

18-3b 《巴塞尔协议Ⅰ》

当各国监管者制定银行资本金要求时，他们通常以《巴塞尔协议》中的建议作为参考。这些指导方针的目的在于帮助银行监管者制定各自的资本金要求。

在第一版《巴塞尔协议》（1998 年，通常被称作《巴塞尔协议Ⅰ》）中，12 个主要国家的中央银行同意建立统一资本金要求框架。《巴塞尔协议》的一项关键规定是银行风险水平决定资本金要求。风险高的银行被要求持有更多资本金，以阻止银行信用风险过高。

资产根据风险情况被赋予权重。现金等非常安全的资产被赋予零权重，而风险非常高的资产则被赋予 100%权重。因为银行资本金要求是其风险加权资产的一定比例，风险高的银行受制于更严格的资本金要求。

18-3c 《巴塞尔协议Ⅱ》框架

由多个国家的中央银行和法定机构组成的委员会（被称为巴塞尔银行监管委员会）在 2004 年提出了《巴塞尔协议Ⅱ》框架，作为《巴塞尔协议》的补充。它有两个主要部分：

修订信用风险度量标准和明确解释操作风险。

修订信用风险度量标准 当银行将其资产分类并对各类资产赋予风险权重时，它们解释同一类别的贷款的风险水平间存在合理差异。如果银行要求其贷款有更好的抵押物进行支持，则风险水平可能不同。此外，部分银行可能投资于降低其信用风险的衍生证券，而其他银行则可能投资于增加其信用风险的衍生证券。

银行逾期未付贷款通常会被赋予较高权重。这种调整扩大了此类资产规模，目的是确定最低资本金要求。因此持有更多逾期未付贷款的银行被强制持有更多资本金（其他情况都相同）。

测量信用风险的一种替代方法被称为内部评级法，它允许银行使用自有程序评估其贷款违约可能性。

明确解释操作风险 巴塞尔银行监管委员会将操作风险定义为由于内部程序或系统不正当或失败而导致损失的风险。之所以支持银行提高控制操作风险的技术，是因为这样做可以减少银行系统失败。通过对操作风险高的银行实施更高的资本金要求，《巴塞尔协议Ⅱ》激励银行降低操作风险。

美国、加拿大和欧盟国家遵循《巴塞尔协议Ⅱ》制定了银行监管条例。在应用《巴塞尔协议Ⅱ》的指导方针期间，很多银行在次贷危机期间低估了贷款违约可能性。这催生了《巴塞尔协议Ⅲ》框架，将在接下来讨论。

18-3d 《巴塞尔协议Ⅲ》框架

为应对次贷危机，巴塞尔银行监管委员会自2011年开始起草《巴塞尔协议Ⅲ》框架，试图修正《巴塞尔协议Ⅱ》的缺陷。此框架建议银行持有的一级资本（留存收益和普通股）至少占风险加权资产的6%。它同时建议判断风险加权资产时使用更严格的程序。在《巴塞尔协议Ⅲ》之前，根据较宽松的评级标准，部分资产被评级机构评为低风险。《巴塞尔协议Ⅲ》建议银行利用情景分析判断潜在不利经济情况将如何影响其资产价值。

《巴塞尔协议Ⅲ》同时建议银行持有一级资本的额外层（被称为留存缓冲资本）至少占风险加权资产的2.5%。在美国，这项要求在2016—2019年逐步推行。未持有这部分留存缓冲资本的银行将被限制发放股息、购买股票或向经营者发放红利。

在这些增加的资本要求之外，《巴塞尔协议Ⅲ》还要求银行增加流动性，以满足短期现金需求。流动性覆盖率是指银行的现金和短期国库券等流动资产与其预期现金净流出之间的比率。一些专门从事低风险贷款的银行可能持有充足的资本，但没有充足的流动性以应对经济危机。《巴塞尔协议Ⅲ》建议银行持有充足的流动性，使银行可以在不利状况下，轻松应对现金需求。美国的新监管条例对大型银行和银行控股公司的流动性覆盖率要求比《巴塞尔协议Ⅲ》略严格。

18-3e 运用VaR工具确定资本水平

为遵守《巴塞尔协议》，银行通常会应用风险价值（VaR）模型评估其资产风险，判断其应持有的资本数量。VaR模型有多种应用方式来判断资本金要求。总的来说，银行将VaR定义为交易业务中，由于不利市场价格变动造成的预期潜在损失。银行通常会使用

99%的置信水平，即某一天的损失有99%的可能要比VaR测算的更有利。若用天作为时间范围，则每100天中至多只有1天的交易业务实际损失超过VaR测算损失。银行通过评估特定不利市场活动（如利率突然变动）发生的可能性和相应的反应敏感度来预估VaR。最大损失（基于99%的置信水平）更高的银行受制于更高的资本金要求。

这种对于每日价格变动的关注迫使银行连续不断监控其交易仓位，从而立即发现损失。很多银行现在有办法在每天结束时知道其交易业务的市场价值。如果银行使用更长期范围（如一周），则可能在察觉前积累更大损失。

VaR模型的局限 在次贷危机期间，VaR模型通常不能有效监测风险。VaR模型不能识别出在不利状况下，银行资产（例如抵押贷款或住房抵押贷款支持证券）价值减少的程度。利用2007年之前的历史数据不能得出抵押贷款风险，因为在2007年前，抵押贷款投资的违约率通常很低。因此VaR模型不能准确测算出合理预期损失。

18-3f 用压力测试确定资本水平

部分银行用自有压力测试补充VaR测算结果。

◇ 例子

基诺沙银行（Kenosha Bank）想预测极端不利的市场活动带来的损失。首先，确认一种可能出现的极端情景，例如利率某日变化与日平均变化间差距不小于三个标准差（利率平均日变化和标准差基于近期历史数据，如过去300天的数据）。然后，基诺沙银行应用此情景及此情景下其交易业务的典型反应敏感度，测算产生的交易业务损失。银行可能重复此操作，设定新情景，如股票价格某日下降值与日平均变化间差距不小于三个标准差。银行甚至可能基于一种更加不利的场景测算其交易业务损失，如在某日，利率大幅上涨且股票价格大幅下跌。◇

监管压力测试 2009年，监管者要求大型银行控股公司进行压力测试，以此判断其资本金是否充足。这些银行发放的贷款数额约占美国所有银行发放贷款总额的一半。

2009年4月，银行接受的压力测试之一是预测衰退期时间长度超过预期对于银行资本金水平的可能影响。这种不利情景可能会使银行在更远的未来遭受更大损失。因此，银行必须定期用部分资本金补偿损失，这会造成银行资本金越来越少。

严重衰退等不利情景对不同银行的潜在影响不同。在次贷危机期间，当经济状况变差时，持有更多不动产资产的银行可能会遭受更大损失，因为不动产价格对于经济状况非常敏感。因此，如果衰退期持续时间超过预期，那么持有大量不动产的银行更可能面临资本金不足。监管者关注在压力测试中分数较低的银行，以此保证即便衰退期持续时间超过预期，这些银行也能有充足的资本金。

根据《金融改革法案》(2010)，美联储每年都安排压力测试。分数低的银行必须提高其资本金水平，且不能增加股息或回购股票。在2015年，美联储测试了31家银行，这些银行的资产之和超过美国所有银行资产总额的80%。31家银行全部通过了测试，但是有三家银行仅获得有条件通过，被要求改进其资本金结构。2015年压力测试中获得有条件通过的三家银行中有两家是在美国影响较大的外资银行。

18-4 监管者如何监管银行

通常情况下，银行监管者会对每家商业银行安排每年至少一次的现场测试。在测试中，监管者评估银行对于现有监管条例的执行情况及其财务状况。除现场测试外，监管者还会利用计算机监控系统定期监控商业银行，此系统按季度分析银行提供的数据。

18-4a 骆驼评级法

监管者监控银行，发现可能进一步恶化的严重缺陷，从而在银行倒闭前修正缺陷。他们阻止的银行倒闭越多，公众对于银行业的信心就会越强。此节讨论的评价方法被 FDIC、美联储和货币监理署使用。

银行倒闭的最常见原因是管理不善。不幸的是，现在并没有可靠方式衡量管理不善。因此，监管者基于六个指标对银行进行评级，**骆驼评级法**（CAMELS ratings）就是根据以下六个指标的首字母命名的：

- 资本充足率（capital adequacy）
- 资产质量（asset quality）
- 管理水平（management）
- 盈利水平（earnings）
- 流动性（liquidity）
- 敏感度（sensitivity）

每个指标按 1～5 分评级，1 分代表最好而 5 分代表最差。综合评级结果根据六项指标的平均值确定。评级在 4.0 分及以上的银行则被认定为问题银行。由于被认定风险水平很高，它们会被密切监控。

资本充足率 由于充足的资本金可以降低银行风险，监管者制定了**资本比率**（capital ratio，通常被定义为资本/资产）。监管者越来越担心部分银行没能持有充足的资本金，因此提高了资本金要求。如果银行持有更多资本金，它们可以更容易地吸收潜在损失，也更容易幸存。资本比率高的银行也会相应有更高的资本充足率。但是，如果资产负债表其他部分不合理，资本金充足的银行也可能倒闭。因此，监管者还必须评估资本充足率之外的指标。

由于银行的资本金要求取决于其资产价值，所以受制于估价过程中使用的核算方式。公允价值会计被用于衡量银行资产价值，即银行需要定期确认其资产的市场价值，从而根据资产现有市场价值调整资本金需求。在次贷危机期间，住房抵押贷款支持证券和抵押贷款二级市场缺乏流动性，银行不得不低价（大量）出售这部分资产。因此，根据公允价值会计方法，银行要降低其资产的账面价值。

考虑到银行资产账面价值下降，而负债账面价值没有相应变化，需要减少资本以保证银行的资产负债表平衡。因此，在次贷危机期间，很多银行被要求补充资本金以满足资本金要求，部分银行受到监管者的额外审查。部分银行出售部分资产以满足资本金要求，但在这个时期，它们宁愿不出售资产，因为当时买方较少，资产市场价格低。满足资本金要求的另外一种方法是发行新股，但是由于在次贷危机期间，银行股票价格非常低，这并不是一种可行的选择。

银行抱怨由于公允价值会计规则，其资本金减少。它们提出如果在次贷危机结束前一直持有这部分资产，等到其二级市场恢复流动性，其资产价值将会更高。如果银行资产用这种方式进行估价，则其账面价值的下降幅度将会较小，银行就会更容易满足资本金要求。由于银行抱怨，公允价值会计规则在2009年略微修改。

资产质量 每家银行可以自己决定如何分配存款资金，这将进而决定其信用（违约）风险水平。因此，监管者评估银行资产质量，包括贷款和证券。

◇ 例子

美联储以“5C”标准评估斯凯勒银行贷款质量，具体如下：

- 能力：借款者的还款能力
- 抵押物：抵押资产质量
- 条件：导致资金需求的外部环境
- 资本金：借款者资产与负债之间的差额
- 品质：以还款历史记录和信用报告衡量的借款者还款意愿

根据对斯凯勒银行贷款样本评估，美联储判断借款人负债过多、抵押物仅达到最低限度、资本金水平低。因此美联储得出结论，斯凯勒银行资产质量较差。◇

对资产组合进行评级可能会很困难，以下将举例说明。

◇ 例子

某家银行目前有1 000笔贷款，分别发放给不同行业的公司。每笔贷款都有关于借款者抵押资产（如果有的话）的具体条例；部分贷款是短期的，而其他贷款则是长期的。想象一下评估该银行资产质量的任务。即使目前所有借款人都按时完成还款计划，也不能保证该银行资产质量获得高评级。在未来的还款期限内，经济状况可能不能保持现有水平。因此，合适的银行资产组合审查应包含资产组合可能需要面对的潜在突发事件（如经济衰退）。监管者审查的目的不是给过去的表现评分，而是发现可能造成银行倒闭的问题。◇

由于对银行资产组合评级存在难度，部分银行的评级可能高于或低于实际水平。

管理水平 每一项指标都与银行管理水平有关。此外，监管者还专门对银行管理水平，包括管理技术、现有监管条例内行事能力、应对环境变化的能力进行评级。他们还评估银行内部控制系统，这体现了银行能否容易地发现财务漏洞。这项评估明显具有主观性。

盈利水平 尽管CAMELS评级法最关心的是风险问题，但盈利水平也很重要。当收益持续为负时，银行将会倒闭。经常用于评估银行盈利水平的比率是资产收益率(ROA)，它被定义为税后利润/资产。除了能够评估银行在一段时间内的盈利水平外，它还可用于比较该银行盈利水平和行业总体盈利水平。这使银行可以评估其相对于竞争者的水平。此外，监管者还关心经济状况变化对于银行盈利水平的影响。

流动性 部分银行经常通过外部来源获得资金（如美联储或联邦基金市场），但是监管者更希望银行能够不一直依靠这些来源。此类银行更可能面临流动性危机，这迫使它们从外部借入更多资金。如果现有存款者察觉到银行正面临流动性问题，他们可能会撤回资金，加剧问题。

敏感度 监管者还要评估一家银行会在多大程度上受到不利金融市场状况的影响。两家银行可能在近期盈利水平、流动性等其他方面的评级都很接近，但其中一家银行可能对金融市场变动更敏感。从1996年起，监管者开始关注银行对金融市场变动的敏感度，并将这项指标明确加入CAMELS评级中。监管者尤其关注银行对利率变化的敏感度。很多银行持有负债，其重新定价频率高于资产，因此受到利率上升的负面影响。对于利率上升更敏感的银行更有可能出现财务问题。

CAMELS评级法的局限 CAMELS评级法本质上是一个筛选工具。因为银行太多，监管者没有充足的资源，不能频繁且密切地关注每一家银行。评级系统确认问题银行。随着时间的推移，一些银行被加入问题清单，一些问题银行有所改善并被移出清单，而余下银行则可能状况继续恶化并最终倒闭。

尽管监管者的审查可能会帮助银行发现一些问题，并能及时解决，但还是有很多问题未被察觉；当发现时，可能已经来不及寻找补救方法。因为财务比率衡量现在或过去的表现，而不是未来的表现，因此不一定能及时发现问题。因此，尽管分析财务比率是有用的，但是评估银行的工作既是艺术又是科学。主观判断必须结合客观标准才能得到对银行最可行的评估。

任何用于探测财务问题的方法都可能犯以下两种错误之一：可能在银行实际即将倒闭时，判断其安全；也可能在银行实际安全时，判断其存在风险。第一种错误代价更高，因为部分即将倒闭的银行没有被及时发现，也没能得到帮助。为避免这种错误，银行监管者可以降低其基准综合分数。如果他们这样做，更多银行会进入问题清单，并受到密切监督，此时，监管者的有限资源将会过度分散。

18-4b 监管者纠正行动

当一家银行被划分为问题银行后，监管者会彻底调查其衰退原因。纠正行动通常是必要的。监管者可能对此类银行进行频繁且彻底的审查，并会与银行管理者讨论可以解决关键问题的补救措施。例如，监管者可能要求银行提高资本金水平并暂缓扩张计划。他们可以要求银行定期上传补充财务信息，以便进行进一步监控。监管者有权解雇问题银行的个别职员和主管，只要这样做可以改善银行业绩。如果问题银行不遵守监管者建议的补救措施，监管者甚至有权对他们提出法律诉讼。这种激进的方法很少被应用，而且并不能解决银行现有的问题。

18-4c 资助倒闭银行

如果一家即将倒闭的银行没能被挽救，它就会关闭。FDIC有责任关闭即将倒闭的银行。它必须决定是清算倒闭银行资产还是促进另外一家银行收购倒闭银行。当清算倒闭银行时，FDIC从其存款保险基金中提取资金补偿已投保存款者。在补偿存款者后，FDIC会尝试出售倒闭银行所有可出售的资产（如证券和部分贷款）。FDIC关闭一家倒闭银行的花费是支付给存款者的补偿金与出售倒闭银行资产的收入之间的差额。

18-5 政府救助倒闭银行

美国政府定期通过多种方式救助倒闭银行。FDIC 会为收购倒闭银行提供部分财务支持。财务支持是必要的，因为收购银行会发现倒闭银行资产的市场价值低于负债。当提供财务支持的费用低于清算倒闭银行时，FDIC 会提供财务支持。不论是被清算还是被其他银行收购，倒闭银行都会失去身份。

例如，2014 年，18 家银行倒闭。FDIC 促成了全部银行被其他银行收购，总费用大约是 4 亿美元。截至 2015 年 10 月，8 家银行倒闭，FDIC 的花费大约是 9 亿美元。而 2010 年有 157 家银行倒闭，并花费 260 亿美元，这造成了 FDIC 存款保险基金的短暂不足。

在某些情况下，美国政府会向某个大型问题银行提供优待。例如，政府偶尔会向问题银行提供短期贷款或为其全部存款投保，尽管这会超过保险限制，但这是为了鼓励存款者将资金留在问题银行。或者政府会接管问题银行，以这种方式确保股东可以得到部分股份支付（当倒闭银行被收购，股东通常会失去其投资的财产）。但是，政府介入存在争议。

18-5a 支持政府救助观点

如果在次贷危机中，所有不景气的金融机构都被允许倒闭，FDIC 可能将全部储备金用于补偿存款者。在这个意义上，FDIC 介入会减少存款机构损失，进而减少政府支出（即纳税人支出）。

救助如何减少系统风险 大型银行倒闭的财务问题可能会波及其他银行。这种所谓的系统风险是由银行间关联交易造成的。救助大型银行可减少金融体系内系统风险，以下将举例说明。

◇ 例子

假设一个由四家大型银行组成的金融体系，每家银行都发放大量抵押贷款，并投资住房抵押贷款支持证券。假设 A 银行向 B、C、D 银行出售信用违约互换，并定期收取费用。如果某个抵押贷款组合违约，A 银行将需要进行大额支付。

现在假设经济衰退，大量抵押贷款违约，包括形成信用违约互换协议的贷款。这意味着 A 银行需要对 B、C、D 银行进行大额支付。但是因为 A 银行自有贷款组合带来亏损，它不能完成对其他银行的支付义务。同时 B、C、D 银行购入信用违约互换是为对冲贷款风险；但是，如果它们不能获得来自 A 银行的大额支付，它们就只能承担亏损，而不能获得任何补偿。

如果监管者不救助 A 银行，则四家银行可能都会倒闭，因为其他三家银行都与 A 银行存在联系。但是，如果银行监管者救助 A 银行，A 银行就能够对 B、C、D 银行进行支付，四家银行就都会幸存。因此，救助可能会稳定金融体系。◇

在现实中，金融体系并不只依靠几家大型银行，而是依靠很多不同类型的金融机构。

上例不只局限于银行，可以扩展到所有可以从事此类交易的金融机构。此外，政府救助银行不只对银行管理者有好处，还会帮助到银行各层级员工。在这个意义上，政府救助可以稳定金融体系，进而可以间接促进依赖银行系统资金的社会生产部门发展。在次贷危机期间，这种潜在好处有尤为重要的意义。

18-5b 反对政府救助观点

反对政府救助的人们认为，当联邦政府救助大型银行时，这向银行业传递了大型银行不会倒闭的信息。因此，大型银行可能因不担心倒闭而过度冒险。为银行赚取利润并获得高额报酬的管理者可能会采取风险很高的策略，这是因为如果策略成功，他们可以获得个人利益，如果策略导致银行倒闭，也可以依靠政府救助。如果大型银行风险投机行为（贷款给高风险借款人）获得成功，将获得高额收益。如果没有成功，联邦政府则会救助银行。如果大型银行确定会得到救助，其股东将会从中受益，因为他们面临有限的下行风险。

部分评论家建议放任市场自由发展，即不救助任何金融机构。在这种情况下，问题银行的管理者将因失败的管理而被追究责任，因为管理者的工作将随着银行倒闭而终止。此外，股东将会密切监视银行管理者，以防他们过度冒险。

18-5c 政府救助贝尔斯登

贝尔斯登是一家非常大型的证券公司，专营固定收益证券，如债券和抵押贷款。尽管它不像银行那样受到监管，但作为金融中介，它是金融体系重要的参与者。

贝尔斯登在购买各类型资产时冒了很大风险，并且应用非常高的财务杠杆，这样可以利用收益放大资本收益率。但是，在 2004 年至 2006 年经济状况良好时，财务杠杆放大了收益；同样，在 2007 年至 2008 年，财务杠杆也放大了亏损的不利影响。2007 年夏天，贝尔斯登管理的 2 只大额对冲基金倒闭。它严重依赖短期资金维持日常运营，但是到 2008 年 3 月，很多金融机构不再愿意提供贷款，因为它们不再信任贝尔斯登用作贷款抵押物的抵押贷款资产，由于贝尔斯登不能获得充足资金维持日常运营，它面临流动性危机。

美联储向贝尔斯登提供暂时性短期贷款，以确保它拥有充足的流动性，但是贝尔斯登向美联储申请长期财务支持，这样它才能继续运营。在 2008 年 3 月 14 日（星期五），纽约联邦储备银行官员细致审查了它的财务账簿，认定贝尔斯登持有过多低等级（次级）抵押贷款。总的来说，金融市场尚未充分认识到贝尔斯登持有的次级抵押贷款数量。美联储的审查同时揭示出贝尔斯登与其他金融机构间广泛且深入的合同义务（作为信用违约互换和其他信用衍生品的结果）。这可能是次贷危机期间监管者第一次充分认识到金融体系中系统风险的影响范围。

监管者不相信贝尔斯登能够幸存，整个周末，监管者一直在寻找降低系统风险的办法。他们意识到金融市场在星期一就会发现贝尔斯登即将倒闭，这家公司在 15 个月前价值 200 亿美元。但是，如果市场参与者相信不利影响不会波及其他金融机构，这则消息的消极影响就会不那么显著。此次审议中的核心官员包括蒂莫西·盖特纳（时任纽约联邦储备银行主席和联邦公开市场委员会副主席）和亨利·保尔森（财政部部长）。盖特纳曾在国际货币基金组织（IMF）任职，他清楚地知道一个国家的问题将如何通过金融体系扩散到其他国家。保尔森曾任高盛投资公司（一家大型证券公司）首席执行官。他作为财政部部长最初的年薪（17.6 万美元）还比不上其最后一年担任高盛投资公司首席执行官时 2 天的报酬（他当时的年薪是 3 700 万美元）。尽管一些观察员赞扬保尔森利用金融市场专业知识为公众服务，但也有一些评论家认为他的背景可能会导致他保护证券公司，他的自由市场观点会给金融体系带来更多风险。

在贝尔斯登接受审查后的周末，纽约联邦储备银行安排摩根大通公司收购贝尔斯登。它向贝尔斯登提供激励，并承诺向摩根大通公司融资高达 300 亿美元，以完成收购。由于摩根大通公司担心其收购的部分资产的实际价值，纽约联邦储备银行承诺将承担资产减值的损失。

美联储的这种干预方式是史无前例的，一些评论家质疑美联储（商业银行监管者）是否应该帮助贝尔斯登等不受监管的证券公司。一些评论员（包括保罗·沃尔克，美联储前任主席）认为应该由国会而不是美联储来救助商业银行以外的公司。美联储回应说来不及通过国会审议。如果不能在周末成功干预，此事对于整个金融体系将产生毁灭性影响，很多金融交易可能会被冻结。如果贝尔斯登不能根据合同偿还对交易对手方（其他金融机构）的债务，这些机构可能会面临严重财务问题，这可能导致一连串倒闭和整个金融体系毁灭。因此纽约联邦储备银行此时优先要考虑的事情是稳定金融体系。在这个历史性的周末，无论纽约联邦储备银行采取何种行动都会遭到批评。纽约联邦储备银行当时被批评说利用政府资金救助不受监管的证券公司，而放任很多小型银行倒闭。但是如果纽约联邦储备银行不干预，放任贝尔斯登倒闭，则会被批评造成金融体系损失。

18-5d 雷曼兄弟倒闭

雷曼兄弟是另外一家在次贷危机期间扮演重要角色的证券公司。同贝尔斯登一样，它不像银行一样受到监管，但是金融体系中关键的金融中介。雷曼兄弟投资了大量抵押贷款和商业不动产，它在 2005 年和 2006 年房地产市场繁荣时期获得了历史最高利润。在 2007 年 2 月，公司价值大约 600 亿美元。同贝尔斯登一样，雷曼兄弟也依靠高财务杠杆。对于它持有的每 1 美元资本金，雷曼兄弟要借入 40 美元。在 2005 年至 2007 年，该财务杠杆放大了公司收入，但是在 2008 年，房地产泡沫破裂时，财务杠杆也放大了公司损失。

在 2007 年末抵押贷款市场开始经历衰退时，雷曼兄弟努力获得金融机构融资。但是在 2008 年初，它仍报告获得正收益，尽管抵押贷款价值已经明显下降。2008 年 6 月，它报告季度损失接近 30 亿美元，其股票价格迅速下跌 20%。2008 年 9 月，雷曼兄弟不顾一切地尝试出售各种部门，以提高资本金，从而生存下去。

纽约联邦储备银行主席盖特纳和财政部部长保尔森鼓励金融机构收购雷曼兄弟，但不提供任何政府援助。很多新闻报道和纪录片表明，雷曼兄弟的管理者一直希望得到政府救助，尽管保尔森反复告诉他们不要希望得到政府救助，并鼓励他们主动解决财务问题。

为雷曼兄弟找到购买者非常困难，因为很多投资者已经开始担心雷曼兄弟在 2007 年和 2008 年初虚报收益。一些评论家暗示雷曼兄弟在 2008 年编写财务报表时使用创造性会计。就雷曼兄弟 2008 年的经营状况，一个会计专家撰写了一篇深度报道，表明雷曼兄弟在印刷财务报表前将 500 亿美元的资产和负债由美国移入英国子公司，这是为了制造出其负债水平下降的假象（正如2012年哥伦比亚广播公司《60分钟》节目中解释的一样）。这种不寻常的会计策略使所有正在细致审查雷曼兄弟财务报表并考虑收购部分或全部公司业务的金融机构更加担心。

2008年9月11日，穆迪投资服务公司宣布计划中断对雷曼兄弟的信用评级，除非雷曼兄弟与其他金融机构合并，导致雷曼兄弟股票价格下降42%。9月15日，星期一，雷曼兄弟宣布申请破产。当时，它是美国第四大证券公司，拥有约6 390亿美元资产，这使它成为美国历史上最大规模的破产。数百万名雷曼兄弟投资者几乎失去了全部投资。约26 000名雷曼兄弟员工失业。这一天成为次贷危机期间最让人难忘的日子之一。尽管政府工作人员发出声明试图稳定金融市场，但是美国股票价格平均下降了4.7%，使这一天成为2001年9月后股票市场最糟糕的一天。由于很多金融机构担心信用风险并停止提供信贷，信用市场冻结。到那周结束时，财政部部长保尔森和美联储主席本·伯南克向国会申请了7 000亿美元金融体系救助资金，这将在稍后进行讨论。

18-5e 政府救助AIG

在雷曼兄弟申请破产之后的某一天，美联储接管了美国国际集团（AIG）——一家大型保险公司。美国政府（由纽约联邦储备银行和财政部代表）通过购买AIG股票和公司贷款的方式向AIG注资1 300亿美元。因此美国政府成为占80%股票份额的控股股东。根据一些估计，救助AIG花费超过1 800亿美元，但这项数据包括未使用的信用额度。发放给AIG的贷款以其资产和子公司提供支持。美联储的干预非常不寻常，因为AIG是一家保险公司，并不受美联储监管。政府担心AIG倒闭带给金融体系的不利影响。

为理解AIG倒闭的潜在影响，可考虑AIG持有大量与银行和其他金融机构签订的信用违约互换合同。根据合同，AIG为银行或其他金融机构提供保险，帮助它们规避合同中指定的抵押贷款资金池的违约风险。获得保险的交易对手方有责任向AIG定期支付费用（类似于保费），因此只要合同中指定的抵押贷款资金池不发生违约，AIG就可以一直获得利润。

AIG非常积极地为抵押贷款资金池违约提供保险，这可能归因于售出的信用违约互换数量越多，管理人员报酬越高。截至2008年9月，AIG出售的信用违约互换超过4 000亿美元。提供保险的总体思路在于如果保单充分多样化，则不利事件不会影响到全部交易对手方。提供人寿保险某种程度上具有保险价值，因为投保客户不可能在短时间内全部死亡。提供火灾保险某种程度上同样具有保险价值，因为投保客户不可能在短时间内全部发生火灾。但是，提供抵押贷款违约保险则不具有保险价值，因为如果发生类似于抵押贷款危机（及经济衰退）等阻碍房屋所有人偿还贷款的不利事件，大多数客户都会遭受不好的结果。AIG及其监管者应该意识到它过分暴露于疲软的房地产市场，因此面临很多已投保的抵押贷款违约的高风险。

到2008年9月，AIG承保的很多抵押贷款显然最终会违约，但是，监管者震惊于AIG暴露于信用违约互换的程度。政府一旦知道AIG的财务问题，就开始担心AIG合同带来的高度系统风险。因此，虽然很多金融机构试图通过信用违约互换合同规避抵押贷款违约风险，但是保险效果取决于保险公司情况。如果AIG倒闭，合同交易对手方将不能得到任何保险金。这意味着很多金融机构将面临严重的财务问题，因为其抵押贷款保险无效。政府决定救助 AIG，而不是放任其倒闭，所以与 AIG 签订信用违约互换合同的交易对手方将得到 AIG 会承担抵押贷款违约损失的保证。

为什么救助 AIG 而不救助雷曼兄弟？ 评论家质疑为什么一些大型金融机构得到救助，而其他金融机构没有。一家金融机构需要达到多么大型或多么重要才值得救助？这个问题引起了持续热议。

雷曼兄弟是拥有 6 000 亿美元资产的大型金融机构。虽然如此，但是当联邦政府不提供大额补贴时，很难找到其他金融机构愿意收购雷曼兄弟。雷曼兄弟持有的许多资产（如住房抵押贷款支持证券）的市场价值显著低于雷曼兄弟登记的账面价值。

在获得救助时，AIG 拥有超过一万亿美元的资产，且与雷曼兄弟一样，它对其他金融机构有很多债务，这是因为签订了大量的信用违约互换协议。但是，AIG 和雷曼兄弟间有一个重要的差异，那就是 AIG 有很多财力雄厚的子公司，且在联邦政府为救助 AIG 发放贷款时，子公司的资产可以作为抵押物。从联邦政府角度来看，救助 AIG 对于纳税人的风险较低。相反，雷曼兄弟没有充足的抵押物，因此政府若发放大额贷款，对美国纳税人而言代价高昂。

18-6 危机中政府出资

9 月 15 日雷曼兄弟倒闭，9 月 17 日政府接管 AIG，股票价格持续下跌，信贷市场瘫痪，因为机构投资者不愿意借出资金或购买债券。银行监管不能解决金融机构面临的问题。因此，在次贷危机期间，政府对银行业的干预超过了传统的银行监管机构的能力范围。财政部部长保尔森和美联储主席本·伯南克向国会申请 7 000 亿美元用于稳定金融市场。财政部利用部分资金购买商业银行持有的流动性差的证券。这种购买行为会为商业银行注入资金，可以提高流动性，使其能够为信用可靠的客户发放贷款。资金主要用于援助大型银行，它们作为金融中介在金融市场中扮演重要角色。资金同时用于向大型银行注入资本金，使它们更加轻松地应对次贷危机带来的损失。

国会最初反对这项法案，因为担心现在援助大型银行，而先前放任很多小型银行倒闭。但是市场状况持续恶化，尤其是在雷曼兄弟倒闭前的一个月内，大型银行股票价格下降超过 50%。2008 年 10 月 3 日，国会通过法案（被称作《紧急经济稳定法案》），允许政府通过多种方式向银行系统注入资金。

18-6a 问题资产救助计划

政府发起的最重要的项目之一是问题资产救助计划（TARP），即财政部向银行注入资本金（通过购买银行优先股），以缓冲贷款损失带来的冲击。这个计划也鼓励银行和其他金融机构继续发放贷款，以便合格公司和个人可以借入资金。通过向银行补充资本金，政府希望安抚那些担心大型银行倒闭的金融市场参与者，防止恐慌扩散到整个金融体系。

2008 年 10 月 13 日，财政部部长保尔森与九大商业银行首席执行官会面，并提出政府向每家银行注资（使政府成为部分所有者）的方案。所有银行的首席执行官都被要求同意向财政部出售一定数量的优先股，从而获得注资。获得资本金注入的银行需向财政部分配股息，但它们在财务状况改善时，也可以回购已出售给财政部的优先股（本质上是偿还财政部的注资）。

一些银行的首席执行官最初拒绝了保尔森的提议，因为他们不希望受制于政府干预和监督，但他们没有更多选择。美联储认为这九家银行当时都面临资本金不足的问题，因为他们持有的部分贷款和债券质量较低（违约可能性高）。根据保尔森的提议，要向这些银行注入资本金总计 1 250 亿美元。

这次会面被媒体广泛报道，因为美国政府从未采取过类似的干预策略，即成为大型商业银行控股股东。例如，截至 2009 年 2 月，财政部拥有花旗银行 36%的股权。截至 2011 年，大多数向财政部出售优先股的银行都已经回购股票，结束了政府拥有部分银行股权的情况。

TARP 还包括多种由政府发起的向金融体系注资的项目。政府购买一些价值下降的“有毒”资产，甚至担保银行和金融机构持有的其他资产不会亏损。

2010 年 10 月，TARP 终止向银行和其他金融机构发放新资金。尽管政府因为干预银行体系而遭到一些批评，但也因为恢复系统内存款者和投资者信心而获得了表扬。

18-6b　对政府救助银行的抗议

次贷危机期间的政府救助导致了很多反对政府行为的团体出现。2009 年，茶党在美国全国范围内组织和举行抗议行动。其成员认为政府支出过多，会导致大额财政赤字，可能会进一步削弱经济。他们提议的解决方案是取消政府对银行的注资和救助，以减少政府额外支出。

2011 年，占领华尔街运动（Occupy Wall Street）组织和举行抗议活动。主要批评之一是很多决策引发了危机的金融机构管理者据说反而获得了过多奖励。一个经常被引用的例子是雷曼兄弟的首席执行官，在 2000 年至 2008 年雷曼兄弟倒闭前，他获得了超过 500 万美元的报酬。一个相关批评是一些在危机期间得到政府注资的金融机构仍向管理者分配大额红利。因此，评论家认为，实际上是政府（纳税人）在向管理者发放红利。

一些抗议者认为政府应该在医疗保健、教育和减少失业方面投入更多资金。这催生了与占领华尔街运动抗议有关的常见标语：“我的救助在哪里？”

18-7　《金融改革法案》(2010)

尽管很多政府官员为缓解次贷危机付出了巨大努力，但人们仍然关心危机如何能够在未预期的情况下爆发。如果已经采取适当方法避免危机发生，那么政府紧急发起的项目就没有必要了。

因此，2010 年 7 月，国会通过《金融改革法案》(即《多德-弗兰克法案》或《华尔街改革与消费者保护法案》)，试图使监管者确定和减少金融体系内可能再次造成次贷危机的风险。这项法案包括很多关于金融服务的条款。关于银行监管的条款总结如下。

18-7a 抵押贷款发放

《金融改革法案》(2010)(以下简称《法案》)要求银行和可发放贷款的其他金融机构在批准贷款申请前，审核贷款申请人的收入、工作情况、信用记录等。这项条款意在避免向信用不可靠的贷款申请人发放贷款，以最小化未来发生次贷危机的可能性。即使没有这项《法案》，银行似乎也会进行这些步骤，但是实际上在次贷危机爆发前，有很多抵押贷款被发放给了信用明显不可靠的申请人。

18-7b 出售住房抵押贷款支持证券

《法案》要求出售住房抵押贷款支持证券的银行和其他金融机构保留该资产组合的5%，除非满足低风险证券的特定要求。这项条款迫使金融机构持有部分其出售的住房抵押贷款支持证券。《法案》还要求在出售住房抵押贷款支持证券时，披露更多标的资产信息。

18-7c 金融稳定监管理事会

《法案》创立了金融稳定监管理事会，负责识别影响美国金融稳定的风险，并向监管者提出可减少金融体系风险的建议。理事会可推荐一些方法，以确保银行不依赖于监管救助，这样可以使人们不再认为大型金融机构不会倒闭。此外，理事会可建议提高大型复杂银行的资本金要求，防止这些银行风险过高。

理事会由10个成员组成，包括财政部部长（即理事会主席）和三家银行监管机构的主管：美联储、货币监理署和FDIC。因为金融体系中的系统风险可能由银行和其他金融机构间的金融证券交易造成，理事会成员还包括证券交易委员会和期货交易委员会的主管。剩下的成员分别是美国信用合作社协会、联邦住房金融局和消费者金融保护局（很快我们会讲到）的主管，以及一位由总统指定且具有保险业经验的独立成员。

18-7d 有序清算

《法案》指派特定监管者，该监管者有权决定一家金融机构是否需要清算，这将加快清算进程，并控制金融机构倒闭带来的损失。《法案》还要求设立有序清算基金，向未在FDIC投保的金融机构提供清算资金。股东和无担保债权人应承担金融机构倒闭的大部分损失，因此这笔资金不会涵盖对这部分损失的赔偿。如果损失超过股东和无担保债权人可承担的数量，相应行业的其他金融机构则需承担清算费用。清算费用不由纳税人承担。

18-7e 消费者金融保护局

《法案》还创立了消费者金融保护局，负责监管消费者金融产品和商业银行及其他金融机构提供的服务，例如网上银行、活期存款账户和信用卡等。消费者金融保护局可制定规则，要求银行保证金融产品信息披露准确，并防止出现欺骗性金融行为。

18-7f 银行自营交易限制

《法案》619号条例限制银行自营业务，适用于银行利用自有资产投资股票、衍生工具和其他风险投资的情况。619号条例也被称作沃尔克规则，是以美联储前主席保罗·沃尔克命名的。2010年他在作为经济顾问时，最早向奥巴马总统提出了这条规则。2011年11月7日，货币监理署、财政部、联邦储备委员会、证券交易委员会和FDIC的成员会面并开始起草实现沃尔克规则的相关监管条例。监管条例在之后几年中多次修订并逐步推行。

沃尔克规则禁止银行发起或持有对冲基金和私募股权基金。银行可以持有其参与承销或做市的证券，但要避免可能威胁银行安全的交易活动。沃尔克规则被视为让商业银行和投资银行分业经营的一个尝试，这与《金融服务现代化法案》（1999）颁布前的银行业经营情况相同。

沃尔克规则的一般思路是商业银行不应该投资高风险项目。如果它们想获得高收益率（并因此面临高风险），它们就不应该进入银行体系，也不应该获得存款资金和存款保险。即如果它们想投资对冲基金，则应申请成为对冲基金公司而不是商业银行。支持者认为沃尔克规则可以阻止银行过度冒险，建立一个更安全的金融体系。它可以防止主要银行出现财务问题，因此在某种程度上，它可以避免大型银行倒闭对金融体系的潜在影响，从而避免政府对银行的救助合法化。虽然如此，但是沃尔克规则仍具有争议，因为主要银行认为它过分严格，并可能降低其在全球范围内的竞争力。

2012年5月11日，当沃尔克规则还在继续发展时，摩根大通公司宣布其伦敦分公司在交易过程中产生了62亿美元亏损［由被称作“伦敦鲸”（London Whale）的一名交易员引起］。亏损属于自营业务。这次亏损促使监管者考虑实施更严格的监管条例，在未来禁止银行从事任何类型的交易。然而，由于沃尔克规则的条例不明确，专家质疑它是否可以阻止造成大额亏损的交易活动。

一些评论家认为在次贷危机期间，即便是沃尔克规则也不能阻止银行进行最终导致其倒闭的高风险投资。还有一些担心认为沃尔克规则中的条款不够明确，可能会出现银行按照自己的解释在投资时巧妙规避监管的情况。

18-7g 衍生证券交易

《金融改革法案》（2010）要求衍生证券交易必须通过票据交易所或证券交易所进行，而不能通过柜台进行。这项条例使保证金及抵押物结构更稳定，市场价格更透明。因此，交易衍生品的银行受抵押物不足风险的影响更小。

18-7h 监管改革的局限

理想的情况下，金融体系监管结构应该能够控制体系受单一不利事件（如一家大型银行倒闭）影响的程度。高资本金要求等严格的监管条例应该可以阻止不利事件的影响在金融体系内扩散。但是，美国的商业银行和其他金融机构受制于大量重复的监管机构，包括美联储、联邦存款保险公司、货币监理署、证券交易协会、期货交易协会和很多州级机构。即使银行监管足够有力，可以阻止大型银行过度冒险，银行体系也仍然受银行及其他金融机构（这些金融机构并不受制于银行监管条例）间的关联交易的影响。

一系列复杂的金融机构监管者可能对部分机构重复、过度监管，而对其他机构则监管不足。监管者间监管条例不一致的问题刺激一些金融机构获取特许经营执照，以规避监管或争取更容易合规。

美国金融监管机构合并，形成单一监管结构，可能会提高金融机构监管的一致性，提高监管效率，降低纳税人需承担的监管预算。但是，由于存在政治利益冲突，通过改革形成更有效的监管机构是不太可能的。监管机构会保护各自的现有“地盘”，并拒绝将权力（或生存权）转移给其他监管者。一些监管者受特定国会委员会管辖，这些委员会可能也想保护其“地盘”，因为这会影响其势力和竞选捐款。

18-8 全球银行监管

尽管各国对于中央银行和其他监管者的监管职权划分并不相同，但是每个国家都有一套商业银行监管体系。很多国家要求的存款保险指标也不同。监管限制不同导致一些银行在全球银行竞争中存在优势。

从历史上看，加拿大银行在证券业务方面并不像美国银行那样受到限制，因此银行在很大程度上控制证券行业发展。近年来，加拿大银行开始进入保险行业。欧洲银行在证券业务方面相对美国银行更加自由，如可以承销公司证券业务等。很多欧洲银行还可以投资股票。

日本商业银行在提供投资银行服务方面也有一定灵活性，但是不如欧洲银行。日本和美国银行监管的最显著差异大概是日本银行可以运用存款人资金投资公司股票。因此日本银行不只是公司的债权人，还是股东。

18-8a 遵从《巴塞尔协议Ⅲ》

《巴塞尔协议Ⅲ》框架提出提高资本金要求，意在为各国银行监管者提供指导。很多国家开始根据该框架，逐步提高其资本金要求。虽然如此，但是2014年年末，巴塞尔银行监管委员会报告很多欧洲银行没有完全遵从《巴塞尔协议Ⅲ》的意见。因为美国银行与欧洲银行间存在大量交易，因此人们担心如果大型欧洲银行遇到问题（可能是因为贷款给希腊等政府财政赤字规模较大的国家），美国金融体系将受到影响。欧盟宣称正在逐步推动欧洲银行遵从《巴塞尔协议Ⅲ》。

小结

- 美国银行体系监管结构包括联邦和州级监管体系。联邦监管者包括美联储、货币监理署和FDIC。
- 银行必须遵守的监管条例涉及银行需持有的存款保险数额、贷款结构、可购买的债券和可提供的金融服务。总体而言，近年来，存款和金融服务方面的监管相对放松，以促进银行间竞争。
- 资本金要求意在保证银行有资金可缓冲损失。资本金要求越来越严格，要求根据风险水平调整，因此对于风险越高的银行，其资本金要求越高。

■ 银行监管者主要通过 6 个指标对银行进行监管：资本充足率、资产质量、管理水平、盈利水平、流动性和对金融市场情况的敏感度。监管者对各项指标进行评分，从而判断是否需要采取纠正行动。当一家银行将要倒闭时，FDIC 或其他政府机构考虑是否对它进行救助。

■ 在次贷危机期间，很多银行倒闭，雷曼兄弟也倒闭了，但是政府救助了美国国际集团（AIG）。与雷曼兄弟不同，AIG 在当时有多家财力雄厚的子公司，且在联邦政府为救助 AIG 发放贷款时，子公司的资产作为抵押物。

■ 在次贷危机期间，美国政府向很多银行注资，为其大额损失提供缓冲。尽管政府宣称为保护金融体系，干预是必需行为，但仍受到争议和不同团体的反对。

■ 2010 年 6 月，美国颁布《金融改革法案》(2010)。它制定了更严格的贷款申请人标准；要求银行部分持有其出售的抵押贷款组合；建立消费者金融保护局，负责监管商业银行和其他金融机构提供的消费者金融产品和服务。沃尔克规则限制了银行自营业务。

■ 很多国家有监管体系，但是不同国家银行可提供的服务非常不同。很多国家根据《巴塞尔协议Ⅲ》，逐步提高资本金要求。

正方和反方观点

监管者是否应该接管问题银行？

正方 是。干预可以在银行倒闭前进行，使银行状况好转。银行倒闭后，FDIC 需出资补偿存款者，补偿上限是存款保险限额。如果在银行倒闭前可以纠正问题，就可以避免这笔支出。

反方 不。监管者不一定能够将银行经营得更好。同时，若每次一家银行出现问题就进行干预，则会导致政府过度干预。银行应该采取保守管理方法，避免干预，但是追求高投资收益率的股东不一定会喜欢这种方法。

谁正确？ 利用互联网学习关于这一议题的更多知识并形成你自己的观点。

问题与应用

1. 关于银行资金来源及运用的监管 如何监管银行资产负债表决策？

2. 表外活动 举出表外活动的例子。为什么监管者关心表外活动？

3. 道德风险与次贷危机 解释为什么在次贷危机期间，道德风险问题得到广泛关注。

4. FDIC 保险 什么事件催生了 FDIC 保险？

5.《格拉斯-斯蒂格尔法案》 简要描述《格拉斯-斯蒂格尔法案》。解释相关监管条例发生了何种变化。

6.《存款机构放松管制和货币控制法案》(DIDMCA) 解释 DIDMCA 中有关放松管制的主要条款。

7. 骆驼评级法 解释如何运用骆驼评级法。

8. 统一资本金要求 解释《巴塞尔协议》建立的统一资本金要求如何防止银行过度冒险。

9. 风险价值（VaR） 解释 VaR 模型如何判断银行是否持有充足的资本金。

10. 高杠杆交易 描述高杠杆交易，并解释监管者为什么密切监控银行的高杠杆交易业务。

11. 银行承销 考虑到银行现在面临的高资本金要求，为什么银行可能对承销公司的债券发行更感兴趣？

12. 道德风险 解释存款保险中涉及的道德风险问题。

13. 规模经济 银行业规模经济与州际银行问题存在什么联系？

14. 传染效应 一家大型银行的财务问题如何影响其他大型银行对市场风险的评估？

15. 银行倒闭监管 为什么监管者更关心大型银行倒闭问题而不是小型银行倒闭问题？

16.《金融服务现代化法案》 描述 1999 年颁布的《金融服务现代化法案》。解释它如何影响商业银行运营和改变金融机构竞争格局。

17.《萨班斯-奥克斯利法案》对银行的影响 解释《萨班斯-奥克斯利法案》如何提高银行透明度。

为什么这项法案可能对部分银行产生消极影响？

18. 证券公司向银行控股公司转变 解释证券公司向银行控股公司的转变如何降低风险。

19. 次贷危机期间的资本金要求 解释衡量住房抵押贷款支持证券价值的会计方法如何使银行更难在次贷危机期间达到资本金要求。

20. 美联储救助贝尔斯登 解释为什么监管者认为提供给贝尔斯登的救助是必要的。

21. 美联储救助非银行机构 美联储是否应该具有向贝尔斯登等非银行金融机构提供救助的权利？

22. 信用违约互换监管 为什么在次贷危机期间，银行监管者关注信用违约互换？

23. 银行合并对监管的影响 解释银行和证券公司合并如何提高监管效率。

24. 次贷危机期间对系统风险的担心 解释为什么次贷危机造成了对系统风险的担心。

25. 问题资产救助计划（TARP） 解释 TARP 如何在次贷危机期间解决问题。

26.《金融改革法案》(2010) 解释《金融改革法案》(2010) 如何防止出现可能造成次贷危机的问题。

27. 银行存款保险基金 《金融改革法案》(2010) 如何改变 FDIC 存款保险基金的准备金要求？

28.《巴塞尔协议Ⅲ》改变资本充足率和流动性要求 《巴塞尔协议Ⅲ》如何改变银行资本充足率和流动性要求？

29. 财务披露监管 雷曼兄弟在 2008 年春天持续报告存在正收益，尽管抵押物价值明显下降。虽然如此，但是仍有很多机构投资者担心雷曼兄弟在 2007 年和 2008 年初虚报收益。解释为什么银行和其他金融机构更复杂和准确的财务披露可以解决财务问题。报酬激励会阻止银行全面披露财务状况吗？为什么会或为什么不会？

30. 美国国际集团监管困境 解释政府关于是否应该在次贷危机期间救助美国国际集团（AIG）的困境。

31. 政府向大型银行注资 描述次贷危机期间美国政府向所有大型商业银行注资的努力。

辩证思维问题

银行自营业务 沃尔克规则意在禁止银行从事自营业务。写一篇短文，表达你认为是否应该允许商业银行从事自营业务。

解读财经新闻

诠释华尔街分析师和投资经理做出的下述评论：

a. “FDIC 近期向倒闭银行收购方提供资助，这与 FDIC 清算银行对其支出的影响不同。”

b. “由于存在潜在收益，美国银行收购大量倒闭银行。”

c. “通过给即将倒闭的银行时间解决财务问题，FDIC 向纳税人征税更多。”

金融市场管理

银行策略对银行评级的影响 一家银行要求你评估其正在考虑的各种策略，并解释这些策略将如何影响其监管审查结果。监管审查包括对资本充足率、资产质量、管理能力、盈利能力、流动性和金融市场状况敏感度的评估。根据一些标准，很多种策略可能会得到较好的监管审查结果，而根据其他标准，可能就会得到不太好的监管审查结果。这家银行计划发行新股，增加留存资本，增加所持短期国库券数量并减少商业贷款。这家银行曾得到监管者较高的评级，但是银行认为这些策略会得到更高的监管审查评级。

a. 银行策略将影响哪条监管标准？如何影响？

b. 你认为银行计划的这些策略会使其股东满意吗？银行是否有可能制定既能满足监管者又能满足股东的策略？请详细解释。

c. 你认为银行计划的这些策略会使管理者满意吗？请详细解释。

资金流动练习

监管及放松监管对金融业务的影响

卡森公司严重依赖商业银行资金及一些其他业务。

a. 解释商业银行向卡森公司提供的业务（只有银行业务，不包括非银行业务）为何可能受到银行监管限制。

b. 解释在放松监管的条件下，卡森公司可以在商业银行子公司办理何种非银行业务。允许商业银行子公司提供非银行业务将如何影响卡森公司？

互联网/Excel 练习

浏览 www.fdic.gov/bank/individual/failed/banklist.html 中公示的倒闭银行列表。回顾关于倒闭银行的信息，描述监管者对列表中一家最近倒闭的银行有何反应。

WSJ 练习

银行监管的影响

找到一份最新的《华尔街日报》，对其中一篇关于监管者最近通过或正在讨论的银行监管条例的文章进行总结。这些监管条例对商业银行将产生积极影响还是消极影响？请详细解释。

关于现实案例的在线文章

找一篇近期描述一个具体金融机构或金融市场真实案例的在线实用性文章，以强化本章所涵盖的一个或多个概念。

如果你的班级有一个在线平台，教授可能会要求你把文章摘要放在那里并提供文章的链接以供其他学生访问。如果你的班级是当面授课的，教授可能会要求你当堂总结对该文章的运用。教授可能指派特定学生或让学生自愿完成这项作业。

对于与本章相关的近期在线文章和真实案例，请考虑使用以下搜索词（请务必在搜索词中包含当前年份以确保在线文章是近期的）：

1. 银行＋存款保险
2. 银行＋道德风险
3. 银行贷款＋监管
4. 银行投资＋监管
5. 银行资本金＋监管
6. 银行监管者＋银行评级
7. 银行监管者＋压力测试
8. 大型银行不会倒闭＋矛盾
9. 银行监管＋矛盾
10. 政府救助＋银行

第 19 章　银行管理

本章目标

- 描述银行的根本目标、战略和监管
- 解释银行如何管理负债
- 解释银行如何管理利率风险
- 解释银行如何管理信用风险
- 解释银行如何管理市场风险
- 解释银行综合管理
- 讨论银行如何管理国际业务中的风险

任何商业银行的业绩都取决于它对其资产、负债和资本的管理。不断增加的竞争使得有效率的管理对银行存亡至关重要。

19-1　银行目标、战略与治理

银行各种管理政策的根本目标是使银行股东的财富最大化，所以银行管理者需要做出能使银行股票价格最大化的决定。然而，银行管理者可能做出有利于他们自己的目标而不是股东偏好的决定。例如，如果他们收到的是固定薪水而没有奖金，他们或许倾向于做出非常保守的决定来避免失败的风险。在这种情况下，他们或许会为了长期打算而保留他们现有的工作岗位。银行股东可能会倾向于让银行去冒险以换取更高利润。因此提供股票期权的薪酬计划在持有股票数年才将其出售时才更有效（在实现银行目标方面）。

19-1a 管理层薪酬与银行目标保持一致

为了保证管理者为股东利益服务，银行通常实行薪酬计划，为满足银行目标的高层管理人员提供奖金。例如，管理薪酬或许会包括股票期权，鼓励管理者为股东利益服务，因为此时他们成为股东了。然而，这或许会促使银行管理者放弃一些长期项目的发展，以提高现在的股价，从而获得高奖金。因此提供股票期权的薪酬计划在持有股票数年才将其出售时更有效（在实现银行目标方面）。

银行已因实行过度宽松的薪酬计划受到批评，因为它并不一定会使薪酬与长期绩效保持一致。银行的许多薪酬计划都是基于其他银行使用的现有薪酬计划。薪酬计划的缺陷在整个行业相当标准时很难纠正。

一些薪酬计划可能会导致银行经理承担过高的风险，特别是如果银行盈利非常高那么奖金也非常高时。如果他们认为，万一有风险的战略导致了巨额损失，会得到政府救助，那么他们可能更愿意承担过度的风险，因为成功的话可以得到巨额奖金，失败的话会获得政府救助，从而几乎不会遭受损失。

调节管理者薪酬 当许多银行倒闭，诸多国家大型银行需要政府紧急救助的次贷危机发生后，许多人批评鼓励高管冒更大风险的薪酬计划。2010 年，国会通过了《金融改革法案》(2010)，包括旨在减少管理者薪酬的若干规定。有些规定对所有公司都适用，但有些只针对银行。此法案要求银行向监管者报告其薪酬计划，采取适当的能阻止银行高管冒大风险的管理制度，并提供至少 50%的三年期薪酬来阻止高管只注重短期利益。它还规定了“回扣”，其中由于公司的收入被错误计算而错误地收到奖金的高管将不得不偿还奖金。另一则条款要求公司允许股东表决高管的薪酬。此则条例又被称为“让股东决定薪酬规则”(say on pay rules)，于 2011 年完成，但法案中的其他条例仍在讨论中。

“让股东决定薪酬规则”要求公司允许股东至少每三年就主管薪酬进行表决。虽然这个表决对公司约束力有限，但监管者希望大股东反对薪酬计划的表决也许会鼓励一家公司按比例减少其奖金。在一定程度上，这个规则好像是有效的。自从规则生效之后，股东批准了几乎全部薪酬计划，通常回旋余地很大。但是薪酬上涨速度比之前减慢了许多。2014 年，美国最大的银行摩根大通公司大约 40%的股东表决反对给 CEO 740 万美元的奖金。

19-1b 银行战略

银行战略包括其资金（负债）的来源和银行对资金的使用（资产）。其经理的决定会影响它由损益表衡量的业绩。首先，银行对于资金来源的决定会极大地影响其在损益表上的利息费用。其次，其资产结构会极大地影响它在损益表上的利息收益。银行的资产也会影响它的费用。例如，商业贷款量的增大会因频繁评估贷款申请人（信用）而造成高劳动力成本。

一家银行必须管理由一般业务经营造成的经营成本。具体说来，银行面临和信息（收集、加工、通过技术传递）、履行合同、与客户间关系的受损程度、法律事务（雇员和顾客提起的诉讼），以及监管事宜（因为新的合规要求或因为未遵守规则导致处罚）有关的风险。

金融市场如何帮助银行实施战略 为了实施战略，商业银行极度依赖金融市场，正如表19.1所示。它们依靠货币市场来获取资金，在抵押和债券市场上运用它们的资金，在期货、期权和互换市场上对冲风险（正如本章中展示的）。

表19.1 **商业银行在金融市场上的参与**

金融市场	商业银行的参与
货币市场	银行提供存款，它们必须与其他金融机构连同国债在货币市场上竞争来获取短期资金。它们服务于需要短期投资资金的家庭。
抵押市场	有些银行给家庭和商业地产提供抵押贷款，以此给抵押市场提供资金。
债券市场	商业银行购买公司债权、国债和市政债券。
期货市场	商业银行在期货市场发挥作用对冲利率风险。
期权市场	商业银行在期权市场发挥作用对冲利率风险。
互换市场	商业银行参与利率互换对冲利率风险。

19-1c 董事会对银行的治理

银行的董事会监督银行的经营并试图保证管理者的决定是最利于股东的。银行董事会倾向于拥有比其他公司更多的董事数量和更高的外部董事比率。银行董事更重要的职能有：

- 决定银行管理者的薪酬体系。
- 确保对银行财务状况和绩效的适当披露。
- 监督增长战略，例如兼并。
- 监督旨在改变资本结构的政策，包括增加资本或参与股票回购的决定。
- 对银行的绩效进行评定，确保如果不当的管理造成绩效不好，能采取矫正措施。

如果没有履行责任，银行董事应该受罚。前几章提到过的《萨班斯-奥克斯利法案》在对商业银行董事的监管方面起主要作用。这个法案使公开上市交易的公司实施更彻底的内部控制程序来确保给股东更准确的财务报告。结果，现在银行主管们对他们的监管负有更多责任，因为内部程序要求他们用文件证明自己对由银行高管决定的关键决策的评估和建议。并且，董事们更多雇用外部法律和财务顾问来帮助判断由银行高管制定的关键决策（例如兼并），看这个决策是否合理。

内部与外部董事 同时是银行管理者的董事（称为内部董事）有时会遇到利益冲突，因为他们作为董事的决定或许会影响他们作为经理的工作。一般认为外部董事（不是经理的董事）在监管银行方面更有效率，因为他们不会面临股东利益的冲突。

19-1d 银行治理的其他类型

除董事会之外，上市银行还受到潜在股东激进主义的管制。尤其是拥有比较多股票的机构投资者可以尝试影响银行经理的决策。如果想改变董事会的构成，股东也可以选择代理，在认为董事会没有考虑股东利益时，股东甚至可以提起诉讼。

公司控制权市场是对上市银行的一种额外的治理形式，因为业绩不佳的银行可能会被接管。当银行的管理人员只为自己利益不为股东利益时，银行现行股票价值也许会变低，这可能鼓励另一家银行购买。公司控制权市场是一种治理形式，因为银行经理认为如果银行被收购，他们可能会失去工作。

19-2 流动性管理

健康的银行倾向于有容易获得的流动性。然而，当现金流出（因为提取存款、贷款等原因）超过现金流入（新存款、偿还贷款等）时，银行可能遭遇非流动性问题。银行流动性问题通常比其他如贷款上的主要缺点等金融问题更先得到考虑。业绩不好的银行更不可能获得短期资金，因为它可能无力偿还贷款。银行可以通过对负债和资产的适当管理来解决流动性问题。

19-2a 负债管理

银行可采用多种借款方式，例如联邦基金市场。关于如何获得资金的决定取决于当时的形势。如果资金需求是暂时的，增加短期负债（从联邦基金市场）是可行的。如果需求是长期的，那么实施增加存款的政策或售卖流动资产是可行的。

有些银行通过发行例如商业票据这样的短期有价证券来频繁借款，尤其是当短期利率较低时。由于每次新发行的商业票据所得收益用于偿还原先发行的欠款，他们会用这种战略作为长期融资方案。然而，一旦经济状况恶化造成银行贷款违约数量增加，这种战略的风险就会很大。银行可能无法通过商业票据获得资金。一旦脆弱的经济状况使银行资产风险加大，有些银行就会因为短期资金来源中断而遭受流动性问题。

19-2b 货币市场证券管理

因为有些资产比其他资产更加市场化，所以银行资产构成可以影响流动性程度。极端情况下，银行可以通过利用大部分资金购买短期国债或其他货币市场债券来确保足够的流动性。银行能轻易售卖所持资产获得现金。然而，银行必须考虑从资产上获得合理的回报，这经常和流动性目标冲突。尽管短期国债流动性强，但与银行贷款和其他投资债券相比，国债的收益率低。事实上，银行在短期国债上得到的收益率可能比存款利率还低。银行应该维持一定的流动资产数量（例如货币市场债券）来满足流动性需求，同时用留下的资产获取更高收益率。

19-2c 贷款管理

既然次级市场对贷款的需求量增大，那么银行可以通过提高贷款占比同时努力提高盈利能力试图满足流动性需求。然而，贷款的流动性不如货币市场债券。当经济情况变坏时，银行无法出售贷款，因为其他银行可能也试图售卖贷款，很少有金融机构愿意在此种情况下购买贷款。

19-2d 运用资产证券化增强流动性

将如汽车和抵押贷款这样的资产证券化的能力可以确保银行的流动性。证券化的过程涉及银行将资产售卖给发行以资产作为抵押发行证券的托管人，银行或许要继续偿还贷款，但是要还的利息和本金被传递给购买有价证券的投资者。证券化后银行更具流动性，因为它有效地将未来的现金流转换为现在的现金流。大多数情况下，这个过程包括一个需支付费用保证购买有价证券的投资者未来能收到回报的保证人。抵押证券的贷款通常超过发行证券的金额，或由出售贷款的银行提供额外担保。

抵押贷款契约 作为资产证券化的一种，商业银行可以把商业贷款与其他金融机构打包作为抵押贷款契约（collateralized loan obligation，CLO）并出售贷款所有权获得资金。银行通过出售贷款赚取费用。贷款池也许被认为比在池中的典型个人贷款风险低，因为这种贷款是提供给多元化的借款人的。发放给投资贷款池的投资者的证券代表不同的类别。

例如，一种发行给投资者的票据可能评级为 BB，提供比 LIBOR（伦敦银行同业拆放利率）高 3.5 个百分点的利率。如果公司借款人在贷款池里的贷款违约了，这些投资者是第一批受到损失的。另一种可能由提供更低一点利率的评级为 BBB 的票据组成。购买这些票据的投资者更不可能接触这种贷款。评级为 AAA 的票据的贷款违约风险最小，但利率也最低，如比 LIBOR 高 0.25 个百分点。保险公司和养老基金也是抵押贷款契约的投资者。

银行知道在次贷危机期间不是所有评级为 AAA 的抵押贷款契约都是无风险的。2008 年，它们的抵押贷款契约遭受大量违约。评级为 AAA 显然是建立于更好的经济状况而不是 2008 年发生的危机的假设上。

19-3 利率风险管理

银行的业绩受到在资产上赚得的利息和在负债（存款）上支付的利息之差的影响。利息收入和利息支付的差值由净利差（也称价差）衡量：

净利差=(利息收入−利息支出)/资产

在某些情况下，净利差被定义为只含收益性资产，以便排除不给银行带来回报的任何资产（如存款准备金）。因为银行负债的利率敏感性一般不会和资产完美契合，净利差时刻在变。变化取决于银行资产比银行负债的利率敏感性更高还是更低、利率敏感性的差异，以及利率变化方向。

利率上升时期，如果其负债的利率敏感性比资产高，银行净利差可能下降。如图 19.1 所示。在相反情况下，当市场利率一直下降时，新银行提供的存款利率（和新银行贷款）会被下降的利率影响。如果营业额变化大，存款利率会更敏感，正如图 19.2 所示。

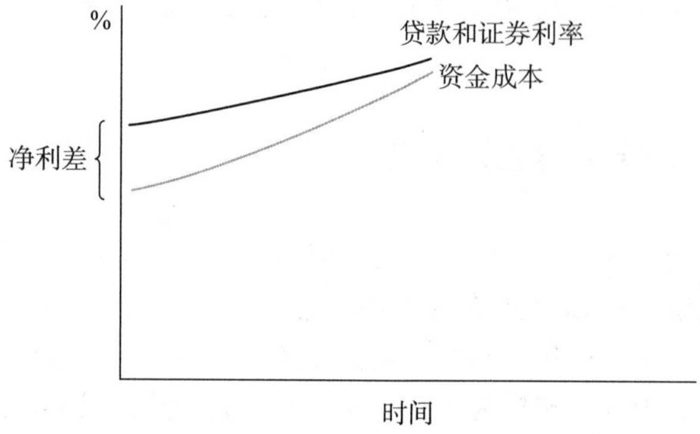

图 19.1　利率上升对银行净利差的影响（如果银行负债的利率敏感性比资产高）

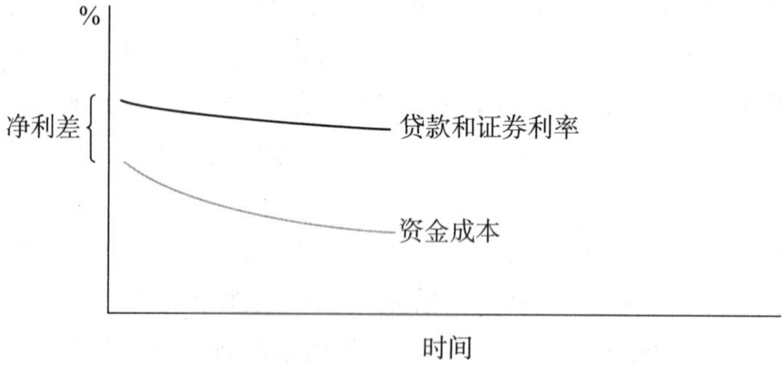

图 19.2　利率下降对银行净利差的影响（如果银行负债的利率敏感性比资产高）

为了管理利率风险，银行通过衡量风险并评估未来利率来决定是否及如何规避风险。评估风险的方式在下面介绍，然后讨论对冲风险和减少利率风险。

19-3a　利率风险的衡量方法

没有一种衡量利率风险的方法是完美的，所以商业银行用多种方法来评估利率变化。以下是最常用的衡量利率风险的方法：

- 缺口分析
- 久期分析
- 回归分析

缺口分析　银行可以试图通过监测**缺口**（gap）来确定利率风险：

缺口＝利率敏感型资产－利率敏感型负债

替代公式是缺口比，即以利率敏感型资产的数量除以利率敏感型负债的数量。零缺口（或缺口比为 1.00）表明利率敏感型资产和利率敏感型负债相等，所以净利差不应显著被利率波动影响。负缺口（或缺口比小于 1.00）表明利率敏感型负债超过利率敏感型资产。负缺口的银行通常关注利率的潜在上升，这可能会减少它们的净利差。

◇ **例子**

堪萨斯城（K.C.）银行去年有 8 000 万美元利息收入，利息支出为 3 500 万美元。10 亿美元资产里有 4 亿美元是利率敏感型，10 亿美元负债里有 7 亿美元是利率敏感型。K.C. 银行的净利差为：

$$\begin{aligned}\text{净利差}&=(80\ 000\ 000-35\ 000\ 000)\div 1\ 000\ 000\ 000\\&=0.045\ \text{或}\ 4.5\%\end{aligned}$$

K.C. 银行缺口为

$$\begin{aligned}\text{缺口}&=400\ 000\ 000-700\ 000\ 000\\&=-300\ 000\ 000(\text{美元})\end{aligned}$$

缺口比为

$$\begin{aligned}\text{缺口比}&=400\ 000\ 000\div 700\ 000\ 000\\&=0.571\ 4\ \text{或}\ 57.14\%\end{aligned}$$

基于 K.C. 银行缺口的分析，市场利率上升会造成净利差从现有的 4.5%下降。相反，利率下降会使净利差从现有的 4.5%上升。◇

许多银行基于利率重置的时间把利率敏感型资产和利率敏感型负债分成许多类别。然后银行可以决定每个类别的缺口，这样能更好地评估利率风险。

◇ **例子**

Deacon 银行将其利率敏感型资产和利率敏感型负债进行比较，如图 19.3 所示。到期期限<1 个月、3～6 个月和 6～12 个月的其缺口为负。因此，如果银行相信利率将上升，它可能对冲缺口。◇

尽管在此描述的缺口是一种衡量银行利率风险的简单方式，但是它也有局限性。银行必须决定哪些资产和负债是利率敏感型。例如，一年期国债应该被归为利率敏感型还是利率迟钝型呢？到期期限多长能被定义为利率敏感型资产？

每家银行也许有自己的分类系统，但无论用哪种系统，衡量结果都有被误解的可能。

◇ **例子**

Spencer 银行通过发行到期期限为 7 日和 1 个月的大额存单（CD）与货币市场存款账户（MMDA）来获得资金。假设它用存款来提供贷款，浮动利率一年调整一次。根据其来源和用途，这种资金很可能会被归类为利率敏感型；所以缺口会趋近于零，意味着银行不承受利率风险。然而，银行资金来源和运用之间会有利率敏感性差异：银行在资金来源上支付的利率会比在资金运用上获得的利率更频繁变动。所以当利率上升时，Spencer 银行的净利差很可能下降。这种风险无法用缺口衡量法检测。◇

久期分析　一种供替代的评估利率风险的方式是衡量久期。有些资产和负债对利率更敏感，即使调整次数和到期期限一样。一份 10 年期无息有价证券比一份 10 年期有利息的

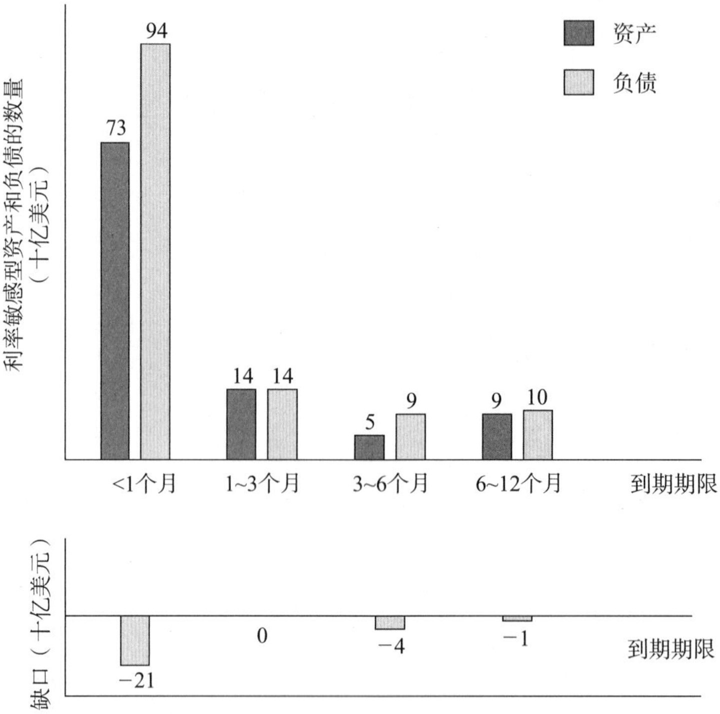

图 19.3　利率敏感型资产和负债：Deacon 银行对不同到期期限资产和负债的缺口衡量图解

债券对利率波动更敏感。所以银行投资比重大的零息债券资产的市场价值易受利率变化的影响。久期分析可以衡量敏感性的不同。近年来，银行和其他金融机构用久期的概念来衡量资产对利率变化的敏感性。有很多方法衡量资产久期，更常用的一种是：

$$\text{DUR}=\frac{\sum_{t=1}^{n}\frac{C_t(t)}{(1+k)^t}}{\sum_{t=1}^{n}\frac{C_t}{(1+k)^t}}$$

这里 C_t 代表资本的利息或资本的收益；t 是收益支付的时间；k 是资产的必要收益率，反映了资产的到期收益率。每种银行资产的久期可以确定，资产组合的久期为每种独立资产久期的加权平均数（基于投资于每种资产的相对比例）。

银行也可估算每种负债的久期，负债组合的久期同样是各负债久期的加权平均数。然后银行可以估算**久期缺口**（duration gap）（其通常用来衡量银行加权平均久期资产和加权平均久期负债之间的差距），来调整公司资产规模：

$$\text{DURGAP}=\frac{\text{DURAS}\times\text{AS}}{\text{AS}}-\frac{\text{DURLIAB}\times\text{LIAB}}{\text{AS}}$$
$$=\text{DURAS}-\left(\text{DURLIAB}\times\frac{\text{LIAB}}{\text{AS}}\right)$$

此处 DURAS 是银行资产的加权平均久期，DURLIAB 是银行负债的加权平均久期，AS 和 LIAB 分别代表银行资产和负债的市场价值。久期缺口为零表明银行价值对利率变动不敏感，意味着银行不暴露于利率风险中。对大多数银行来说，资产平均久期超过负债，所以久期缺口为正。这表明银行资产的市场价值比负债的市场价值对利率变化更敏感。所以，如果利率上升，久期缺口为正的银行将受到不利影响。相反，如果利率下降，久期缺口为正的银行获利。久期缺口越大，银行对利率变化越敏感。

在其他条件相同的情况下，较短期限的资产久期较短；更频繁地付息的资产比不频繁付息的资产久期短。关注利率风险的银行和其他金融机构用久期来比较整体资产和负债组合的利率敏感性。因为久期对储蓄机构经营很关键。第 21 章给出了衡量储蓄机构整体资产和负债组合久期的数例。

尽管久期是一种有价值的比较不同证券利率敏感性的方式，但当运用于时刻会到期的资产时，它的功能是有限的。例如，考虑一家提供固定利率、可以无罚款提前付清的五年贷款的银行。如果贷款未提前还清，它会被认为是利率敏感型的。贷款可以在五年期中的任意时间终止。如果还清了，银行会将资金以当前市场利率再投资。所以用于提供贷款的资金对利率变化敏感，但是敏感性取决于贷款何时还清。通常，贷款提前还清在市场利率下降时更为常见，因为借款人通过获得低利率贷款来偿还现有贷款进行再融资。这里指出，提前还清的可能性使得资产和负债的利率敏感性无法完全匹配。

回归分析 缺口分析和久期分析都基于银行的资产负债表组成。除此之外，银行可以简单通过确定过去绩效是如何被利率变动影响的来评估利率风险。这种方法要求代理变量被识别为银行的业绩和一般利率，选择的模型可以估计变量之间的相关性。业绩的常见代理变量包括资产收益率、权益收益率，以及股价变动百分比。为了确定业绩如何受利率的影响，可以利用回归分析对历史数据进行分析。例如，用 i 表示利率、标准普尔 500 指数作为市场水平、银行的股票收益率（R）作为业绩的代理变量，可以使用以下回归模型：

$$R=B_0+B_1R_m+B_2i+\mu$$

此处 R_m 是市场收益率；B_0、B_1 和 B_2 是回归系数；μ 是误差项。模型中的回归系数 B_2 也可被称作利率系数，因为其衡量的是银行业绩对利率变动的敏感性。系数为正（负）表明，业绩受到利率上升的有利影响（不利影响）。如果利率系数与零没有显著差异，则表明银行的股票收益率与利率变动独立。

所有类似于刚刚描述的模型已经对所有上市银行的投资组合进行了测试，以确定银行的股票收益率是否受到利率波动的影响。绝大多数研究发现，银行的股票收益率与利率波动成反比（例如：系数 B_2 是负数且显著）。这些结果可归因于银行利率敏感型负债与其资产之间的不平衡。因为银行往往有负缺口（它们的负债比其资产对利率更敏感），利率上升会降低银行业绩。这些结果被推广到银行业，不适用于每家银行。

因为银行的资产和负债会随着时间的推移而更新，所以必须不断重新评估利率风险。随着风险变化，银行业绩对特定利率变化的反应将会发生变化。

当银行运用回归分析确定其利率敏感性时，它可能将此分析与风险价值（value-at-risk，即 VaR）模型结合起来，以确定具体利率变动如何影响其市值。VaR 模型可以通过将利率变动的概率分布与利率系数（从回归分析中确定）相结合来确定由于不利的利率变动引起的最大预期损失。

◇ 例子

在对月度数据运用回归模型之后，迪克森银行（Dixon Bank）确定其利率回归系数为

－2.4. 这表明利率增长 1 个百分点，银行价值将下降 2.4%。此模型也表明（在 99%的置信水平下）利率的变动不应超过＋2.0 个百分点。若上升 2 个百分点，迪克森银行价值预期下降 4.8%（即 2.0%乘以回归系数－2.4）。所以因利率变动导致的最大预期损失（基于 99%的置信水平）为市值损失的 4.8%。◈

19-3b 是否对冲利率风险

银行可以考虑利率风险的计量以及利率波动的预测，以确定是否考虑对冲风险。银行分析利率风险的一般结论见图 19.4。本图展示了银行通常用来衡量其利率风险的三种方法。因为这些措施都不适合所有情况，一些银行采用三种方法来衡量利率风险。其他银行只是用其中一种方法。使用任何一种方法和利率预测都可以帮助银行确定是否应考虑对冲

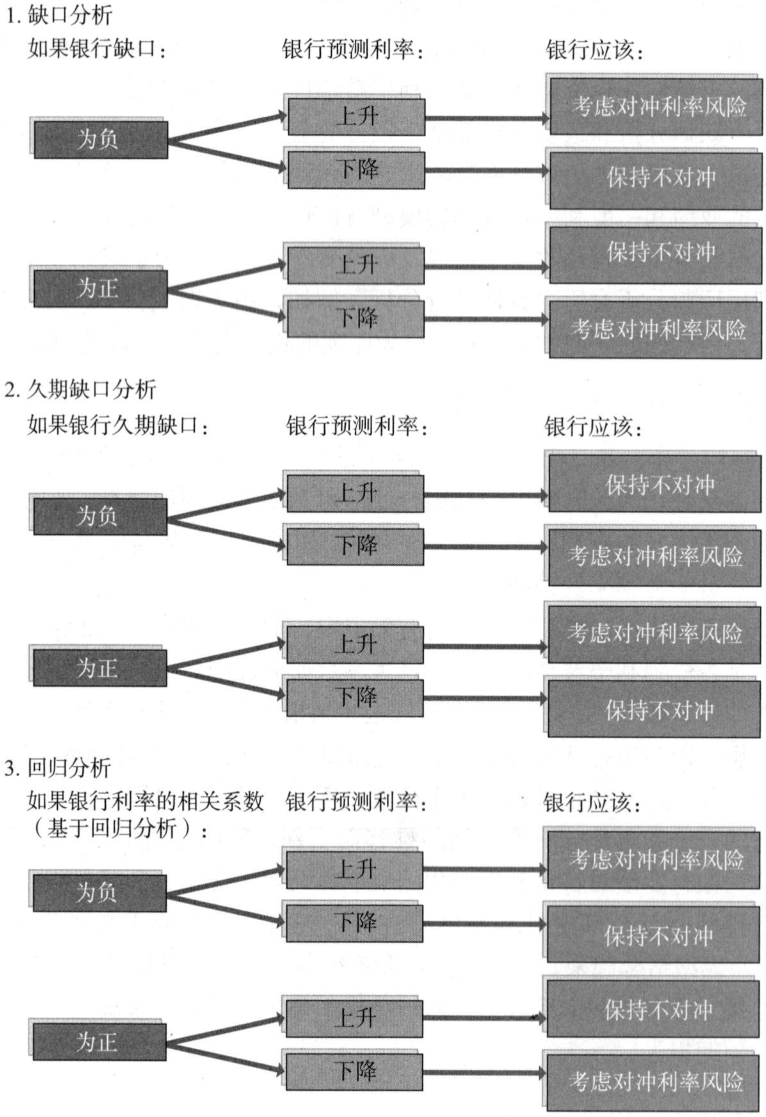

图 19.4 利率风险管理框架

其利率风险。然而，因为利率变化不总是能准确预测，银行应该不在试图利用利率预测上过于激进。应该评估未来业绩对每种可能发生的利率情景的敏感性，确保能应对每种情况。

通常，三种衡量利率风险的方式应该得出相似的结论。如果银行是负缺口，平均资产久期可能比负债久期大（正久期缺口），它过去的业绩可能和利率变动负相关。如果银行近期改善资产负债组成，可能会集中于缺口或久期缺口，因为回归分析是基于过去存在而现在不存在的关系。银行可以利用缺口分析和利率预测来制定对冲决策。如果银行决定降低利率风险，必须考虑对冲。

19-3c 降低利率风险的工具

可以通过下列方式降低利率风险：

- 到期期限匹配
- 运用浮动利率贷款
- 运用利率期货合约
- 运用利率互换
- 运用利率上限

到期期限匹配 一种明显降低利率风险的方法是将每份存款的到期期限与有同样到期期限的资产相匹配。例如，如果银行收到一年期 CD 资金，它可以提供一年期贷款或投资一年期证券。虽然这个战略会避免利率风险，但它不能有效执行。银行收到大量短期存款，无法与更长期限贷款相匹配。借款人极少要求短如一个月甚至六个月的资金。另外，存款数量和贷款数量相比特别少。银行难以将存款与到期期限相近的贷款相匹配。

运用浮动利率贷款 一种解决方式是用浮动利率贷款，这允许银行用短期存款来支持长期贷款且不用太暴露于利率风险中。如果资金成本比资产利率变化频繁，银行净利差也会被利率波动影响。

当银行用利率更具浮动性的商业贷款来替代长期证券以降低对利率风险的暴露时，会增加暴露于信用风险的概率，因为银行提供的商业贷款一般比持有的证券违约率高。另外，银行流动性风险也可能增加，因为贷款的流动性不如证券。

运用利率期货合约 大银行经常用利率期货合约和其他衍生工具来规避利率风险。常用的一种降低利率风险的方式是用利率期货合约，其锁住指定金融工具在未来某日期可以购买或出售的价格。回想一下，在利率上涨之前，出售国债期货合约会带来收益，因为一旦利率上升，相同期货合约可以延后用更低价格购买。在国债期货合约上获得的利润可以抵消更高利率对银行业绩的不良影响。银行国债期货合约的规模大小应取决于资产组合的规模、暴露于利率变化的程度和对未来利率变化的预期。

图 19.5 阐明了金融期货合约是怎样降低银行净利差的不确定性的。例如，出售利率期货降低了利率上升对银行利息支出的潜在不利影响，同时减少了利率下降对银行利息支出的潜在有利影响。假定银行最初有更多利率敏感型负债，期货的运用会降低利率对净利差的影响。

运用利率互换 商业银行可以通过运用利率互换对冲利率风险，利率互换是交易所安排的基于特定利率的定期现金流。固定利率换浮动利率允许一方定期将固定利率现金流换

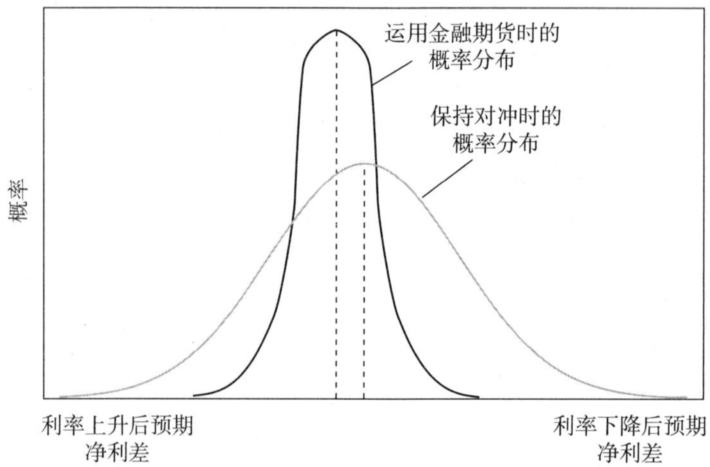

图 19.5　金融期货对利率敏感型负债比资产多的银行的净利差的影响

成基于现行市场利率的现金流。

负债比资产对利率更敏感的银行可以把某一段时间的固定利率付款换成浮动利率付款。如果利率上升，银行从互换中收到的回报上升，而流出的资金固定，因而获益。这可以抵消利率上升对银行净利差的不利影响。利率互换要求另一方愿意用浮动利率付款换取固定利率付款。有更多利率敏感型资产的金融机构更愿意假设这样的情况，因为可以用这种方式减少对利率变化的暴露。金融中介需要匹配需要利率互换的双方。有些证券公司和大型商业银行充当这个角色。

◇ 例子

假定丹佛银行（Denver Bank，DB）持有 11%的固定利率贷款。因为它大部分资金为利率敏感型，DB 决定将固定利率收益和浮动利率收益互换。它通知了科罗拉多银行其现状，因为它知道这家银行进行互换交易。科罗拉多银行找到 Brit Eurobank 做客户并发现 Brit Eurobank 想用浮动利率美元付款换取固定利率美元付款。科罗拉多银行设计了如图 19.6 所示的互换安排。丹佛银行基于 LIBOR（欧洲银行间贷款所用利率）将固定利率付款与浮动利率付款互换。因为浮动利率付款会随市场情形波动，丹佛银行收到的付款会时刻变动。互换的时间长度和名义金额（用于计算付款额）可以调整，以满足参与者需求。科罗拉多银行为进行互换的金融机构，每年收取名义金额的 0.1%作为费用。一些互换的金融中介可以作为交易对手方交换所需的付款，而不是匹配双方。

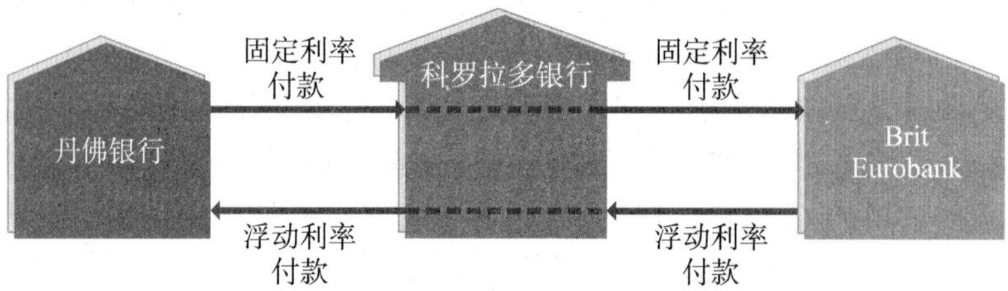

图 19.6　利率互换图示

现在假定固定利率付款基于9%的固定利率。也假定LIBOR最初为7%，丹佛银行资金成本为6%。表19.2表示当未对冲和与采用利率互换对冲相比时，丹佛银行的价差是怎样受各种可能的利率变动影响的。如果LIBOR保持7%，若未对冲，丹佛银行价差为5%，运用利率互换对冲时仅为3%。然而，如果LIBOR上升到高于9%，运用利率互换对冲的价差超过未对冲的价差，因为更高的资金成本导致了更低的未对冲价差。利率互换安排会为丹佛银行提供更多的付款，从而弥补了增加的资金成本。利率互换的优点是其可锁定在现存资产上赚得的价差或至少降低价差可能的变动性。

表19.2　　丹佛银行的价差比较：未对冲与有对冲

未对冲	未来可能的LIBOR					
	7%	8%	9%	10%	11%	12%
现有抵押贷款的平均利率	11	11	11	11	11	11
平均存款成本	6	7	8	9	10	11
价差	5	4	3	2	1	0
利用利率互换对冲						
固定利率抵押上赚得的固定利率	11	11	11	11	11	11
利率互换安排上欠的固定利率	9	9	9	9	9	9
固定利率付款价差	2	2	2	2	2	2
利率互换安排上赚得的浮动利率	7	8	9	10	11	12
存款上欠的浮动利率	6	7	8	9	10	11
浮动利率付款价差	1	1	1	1	1	1
运用利率互换时的总价差	3	3	3	3	3	3

◇

当利率下降时，银行从互换中流出的款项会超过流入的款项。然而，从现有的固定利率贷款收到的利率和支付的存款利率之间的价差应上升，抵消从互换中的净流出，当利率下降时，固定利率贷款经常提前还清，会导致从互换中的净流出，且得不到任何抵消。

运用利率上限　一种对冲利率风险的可供选择的方式是利率上限，它是当具体证券利率或指数在规定时段上升超过规定水平时即获得付款的安排（需支付费用）。各种金融中介（例如商业银行和经纪公司）提供利率上限。当利率上升时，利率上限会提供补偿，以抵消此时期价差的减少。

19-3d　国际利率风险

当银行有外币余额时，匹配所有资产负债利率敏感性的战略将不会自动实现低利率风险。

◇ 例子

加利福尼亚州银行的存款主要是欧元存款，然而其浮动利率贷款更多以美元计价。它匹配其平均存款期限与平均贷款期限。然而，货币面值不同导致了利率风险。存款和贷款利率取决于各自货币的利率变动。若欧元利率上升而美元利率下降，加利福尼亚州银行的业绩会受到不利影响。◇

即使银行在其资产和负债里匹配混合货币，若资产和负债对每种货币利率的敏感性不同，它仍可能暴露于利率风险中。

◈ **例子**

俄克拉何马州银行运用美元存款发放美元贷款，并用欧元存款发放欧元贷款。其有短期美元存款，并运用资金发放长期美元贷款。它还有中期和长期固定利率欧元存款，并运用资金发放可调节利率欧元贷款。美元利率上升会减少俄克拉何马州银行美元贷款和存款间的价差，因为美元负债比美元资产对利率更敏感。另外，欧元利率下降会使欧元贷款和存款的价差减少，因为欧元资产比欧元负债对利率更敏感。所以只有利率敏感型资产和负债被每种货币匹配，暴露于利率风险的程度才可以最小化。◈

19-4 信用风险管理

大多数银行的资金用于发放贷款或购买债务性证券。无论采用哪种运用资金的方式，银行都扮演贷方角色并遭受信用（违约）风险，即银行提供的贷款得不到偿还的可能性。提供贷款和购买证券的种类决定了全部资产组合的信用风险。若银行作为利率互换担保人和其他衍生工具合约中间人，也可能暴露于信用风险中。

19-4a 信用风险度量

信用风险管理的重要部分是在扩大贷款前评定有资格接受信用贷款的潜在借款人。银行雇用信用分析师并评估申请贷款的公司是否有资格获得信用贷款。评估应表明公司偿还贷款的概率，从而帮助银行决定是否发放贷款。

确定担保 当银行评估贷款申请时，其必须决定是否需要担保以防借款人无力偿还。例如，若一家公司申请贷款购买机器，贷款协议或许指定机器作为担保。当银行作为衍生合约中介和担保人时，通常要求例如客户的证券担保。

确定贷款利率 若银行决定发放贷款，可采用评估公司的方式确定合适的利率。贷款申请者在信用风险程度方面可按等级 1～5 排序（等级 1 为最高质量）。等级规定了在基准利率上应加多少溢价。例如，等级 5 的贷款会规定比原始利率（银行商业贷款收取的基准利率）高 2 个百分点的溢价，而等级 3 的贷款规定 1 个百分点的溢价。根据目前的最优惠利率以及潜在借款人的信用等级，贷款利率可被决定。

银行通常向高质量（低风险）顾客提供低于基准利率的贷款。这不必然表示银行降低价差，而可能是表明银行为那些具有中等信用等级的顾客确定优惠利率，以此作为合适的贷款利率。因此为信用等级高的借款人确定贷款利率时可能还会在优惠利率的基础上打折。

衡量银行贷款组合的信用风险 银行贷款组合暴露于风险的程度取决于所提供的贷款种类。当信用卡融资占贷款大部分时，其暴露于信用风险的可能性增加。银行风险暴露也随经济情况变动。若经济衰退，从经营中得到的预期现金流下降（因为销售减少）。因此，银行更容易面临贷款违约。另外，个人在经济衰退期更易失去工作，这也增大了贷款违约概率。

19-4b　信用风险与收益权衡

如果银行想使信用风险最小化，它可用大部分资金购买几乎无风险的国债。然而，这些证券的收益率可能不会高于获得资金的平均总成本。事实上，有些银行资金来源的成本比国债收益率高。

另一种极端情况是银行考虑最大化收益，用大部分资金提供信用卡和消费贷款，虽然此战略可能使银行获得高收益，但此类贷款更易违约。虽然银行可能遭受高贷款损失，但可以用在贷款上获得的高利息收益来弥补。追求与信用卡贷款或其他产生较高利息支出的其他贷款相关的高潜在收益的银行必须接受高度的信用风险。因为更具风险的资产提供更高的潜在回报，所以银行提高资产收益率的策略一般以总体资产组合的信用风险增加为代价。因此，银行决定创建一个非常安全的、中等风险的还是高风险的资产组合取决于其风险-收益偏好的函数。

期望收益率和次级抵押贷款风险　许多商业银行在 2004—2006 年通过发起抵押或购买代表次级抵押贷款的抵押担保证券积极投资次级抵押贷款。追求这一策略的银行预计，与优质抵押贷款相比，它们将获得较高的利率，次级抵押贷款的违约风险偏低，因为以房产作为抵押品提供方。它们提供许多不要很多抵押品的抵押贷款，因为它们认为房产的市场价值会随着时间的推移而持续增长。甚至在房产价格大幅度上升后，许多银行仍继续大力提供次级抵押贷款，因为它们过于注重这一策略的预期收益而忽视了风险。也许许多银行认为自己的策略应跟上所有其他正在使用积极的策略并获得高收益的银行。并且，因为银行管理薪酬通常和银行利润相关，经理可直接从积极的策略中获益。

银行经理未预期到 2008—2009 年的次贷危机，那时许多房产的价值远远低于抵押贷款的数额。因经济衰退，许多房产拥有者无法继续偿还贷款。银行被迫在房地产市场疲弱的情况下，抵押抵押品和抵押品赎回权，并大幅折价出售房产。另一种方式是，有些银行与支付抵押贷款的房产所有者协商并做出安排，但是银行需要提供更多优惠条件，以便房产所有者可以承受。银行承担这些安排的主要费用。

19-4c　降低信用风险

虽然所有消费和商业贷款都存在信用风险，但银行可以运用一些方法降低风险。

贷款的产业多元化　银行应多样化贷款，确保其顾客不只依靠一种常规收入来源。例如，一家在农业小镇提供消费贷款给农民并提供商业贷款给农具制造商的银行易受信用风险影响。若农民因糟糕天气收成不好，他们或许无法偿还消费贷款。同时，农具制造商将出现销售下滑，无法偿还商业贷款。

当银行的贷款过于集中于特定行业时，银行面临信贷风险。当 2013 年和 2014 年探油行业在美国扩张过快时，许多银行提供给探油公司大量贷款，但当 2015 年油价跌落时，有些公司无力偿还贷款。所以银行应试图在多种产业中多样化其贷款。利用这种方式，若一个特定的行业经历疲软（会导致此行业公司贷款违约），那么提供给其他行业的贷款会与此行业情况无关。然而，银行贷款组合可能仍受高信用风险影响，即使其贷款实现了产业多元化。

贷款的国际多元化　许多银行通过其贷款组合国际多元化来降低它们所面临的美国经

济风险。它们使用国家风险评估系统来评估可能影响政府或公司偿还债务能力的国家特征。尤其是，国家风险评估侧重于一国的财政和政治条件。银行更有可能投资于它们给予高评级的国家。

各国贷款多样化往往可以减少贷款组合受单一经济或事件的影响。但如果跨区域多元化意味着银行必须接受风险很高的贷款申请人，那就违背了初衷。并且，国际多元化并不一定能避免不利的经济状况。次贷危机对大多数国家产生了不利影响，从而影响到全球借款人偿还贷款的能力。

出售贷款 银行可通过在次级市场出售贷款消除导致对贷款组合造成过多风险的贷款。在大多数贷款中，发起贷款的银行能够通过收取付款和监测借款人的抵押品来继续为其提供服务。然而，发放贷款的银行不再提供资金，所以贷款被从银行资产中移除。银行贷款通常被其他银行和金融机构，例如养老基金、保险公司和共同基金所购买。

为应对经济情况修正贷款组合 银行不断评估贷款组合总构成和经济环境。若经济环境变动，银行贷款组合风险也会变动。银行更愿在经济强劲时扩大贷款规模，因为此时贷款更容易获得偿付。在经济衰退期，银行更谨慎并提高标准，使贷款扩张幅度变小。此时，银行通过购买更多国债增加国债方面的信用。否则，其贷款组合可能仍严重暴露于经济状况中，因为已借出的贷款可能无法获得偿还。

19-5 市场风险管理

从银行管理角度来看，市场风险是由因利率变动、汇率变动和权益价格变动等金融市场情况变动而产生的证券价值变动导致的。当银行从事和证券交易相关的新服务时，银行变得更易受市场风险影响。例如，有些银行提供贷款给各种将借来的资金投资于股票或衍生证券的投资基金。若投资基金持有的股票或衍生证券的价格大幅下滑，贷款可能无法收回。

银行暴露于市场风险的增加也源于其更多地涉及衍生合约交易。现在许多银行是涉及衍生证券并在未来交换款项的公司的中介。有些合约中若对手方不履行支付义务，银行则作为一方的担保者。若衍生合约价格突然变动并导致某些合约方违约，作为担保者的银行可能遭受重大损失。并且，购买发展中国家债券的银行可能遭受由这些国家经济或货币情形突然变动导致的损失。

19-5a 市场风险度量

银行通常应用 VaR 模型衡量其面临的市场风险的程度。这需要确定由市场价格变化导致的最大的可能损失（取决于置信水平）。为估计损失，银行首先确定一个有 1%发生概率的不利情况（例如，衍生证券价格下跌 20%）。然后评估此情况对投资或贷款头寸的影响（给定投资价值对该情况的敏感性）。将银行现有头寸中发生的所有损失加总，可以确定在此情况下银行估计的总损失。这一估计反映了 99%置信水平下可能的最大损失，因为只有 1%的概率发生这种不利的情况。通过确定市场风险暴露程度，银行可确保其有充足的资本缓冲此种事件的不利影响。

银行修订市场风险测量 银行不断修订其对市场风险的估计，以反映其投资和信贷头寸的变化以及市场状况的变化。当市场价格波动更大时，银行认识到市场价格可能会在更大程度上发生变化，并且通常会根据市场状况提高对潜在损失的估计值。

银行市场风险与利率风险之间的关系 银行的市场风险部分依赖于其利率风险暴露程度。银行特别关注利率风险，因为其通常是市场风险最重要的组成部分。并且，许多银行在较长的时间范围内通过评估其头寸来评估利率风险。例如，银行可能用此章前面部分提到的方法评估下一年的利率风险。在这种情况下，银行可能会根据该评估来改变其尝试获得的存款或其资金使用的到期期限。相反，银行对市场风险的评估往往注重短期，例如下个月。否则，银行可能仍然使用它们对市场风险的评估来调整其业务，正如下所述。

19-5b 降低市场风险的工具

若银行认为其过多暴露于市场风险，其可减少对造成高风险的活动的涉及。例如，银行可以减少为客户担保的合约或减少对易于遭受不利事件的地区的外国债券的投资。或者，银行可以尝试某些交易头寸来抵消对市场风险的暴露，也可出售高风险债券。

19-6 综合银行管理

银行对资产、负债和资本的管理是综合的。只有获得必要资金，银行资产才可增长。并且，增长可能要求对固定资产（例如新的办事处）的投资，这需要银行资本的积累。资产、负债和资本的综合管理确保了所有政策会与一系列经济预测一致。要管理流动性风险、利率风险和信用风险，综合管理方法是必要的。

19-6a 应用

假定亚特兰大银行（Atlanta Bank）雇用你做顾问，负责评价其有利的和不利的方面。亚特兰大银行的资产负债表如表 19.3 所示。可通过将资产负债表上的实际美元项目转换为资产百分比来评估。这一转换使银行可与竞争者比较。表 19.4 中每个资产负债表项目为占总资产的百分比（来源于表 19.3）。在银行百分比右边是假设有相同资产规模的银行样本的行业平均百分比。例如，银行法定准备金率是 4%（和行业平均水平一样），其浮动利率商业贷款占资产的 30%（行业平均水平为 20%），等等。相同类型负债和资本的比较反映在表右边。相对于行业的比较分析可以反映亚特兰大银行的管理方式。

表 19.3 **亚特兰大银行资产负债表** 单位：百万美元

资产			负债和资本		
法定准备金		400	活期存款		500
商业贷款			可转让支付命令账户		1 200
浮动利率	3 000		货币市场存款账户		2 000
固定利率	1 100		大额存单		
共计		4 100	短期	1 500	

续前表

资产			负债和资本		
消费贷款		2 500	1～5年期	3 800	
抵押贷款			共计		5 300
浮动利率	500		长期债券		200
固定利率	无		资本		800
共计		500			
财政债券					
短期	1 000				
长期	无				
共计		1 000			
公司债券					
高利率	无				
中等利率	1 000				
共计		1 000			
市政债券					
高利率	无				
中等利率	无				
共计		无			
固定资产		500			
总资产		10 000	总负债和资本		10 000

表 19.4　　亚特兰大银行资产负债表比较（%）

资产			负债和资本		
	占亚特兰大银行资产的比例	行业的平均百分比		占亚特兰大银行负债和资本总体的比例	行业的平均百分比
法定准备金	4	4	活期存款	5	17
商业贷款			可转让支付命令账户	12	8
浮动利率	30	20	货币市场存款账户	20	20
固定利率	11	11	大额存单		
共计	41	31	短期	15	35
消费贷款	25	20	1～5年期	38	10
抵押贷款			长期债券	2	2
浮动利率	5	7	资本	8	8
固定利率	0	3			
共计	5	10			

续前表

	资产		负债和资本		
	占亚特兰大银行资产的比例	行业的平均百分比		占亚特兰大银行负债和资本总体的比例	行业的平均百分比
财政债券					
短期	10	7			
长期	0	8			
共计	10	15			
公司债券					
高利率	0	5			
中等利率	10	5			
共计	10	10			
市政债券					
高利率	0	3			
中等利率	0	2			
共计	0	5			
固定资产	5	5			
总资产	100	100	总负债和资本	100	100

评估亚特兰大银行的利息收入、利息支出、非利息收入和非利息支出相对于行业的潜在水平是可能的。并且，评估银行暴露于信用风险和利率风险的程度（相对于行业）也是可能的。

基于表 19.4 中的信息对亚特兰大银行有关情况的总结体现在表 19.5 里。虽然其利息支出预期比行业平均水平高，但利息收入也一样。所以确定亚特兰大银行净利差比行业平均水平高还是低是困难的。因为其过于注重风险贷款和证券，其信用风险比其他银行平均值高；然而，其利率风险更低，因为其相对更集中于中期大额存单（CD）和浮动利率贷款。亚特兰大银行的缺口计量可以通过首先识别利率敏感型负债和资产来进行，如表 19.6 所示。

表 19.5　对亚特兰大银行资产负债表的评估

	主要风险组成	对亚特兰大银行的评估（相对于行业）
利息支出	除了活期存款外的所有负债	比行业平均水平高，因为它更关注高利率存款
非利息支出	贷款额度和支票存款额度	可能高于正常水平；其支票存款额度比正常值小，但贷款额度比正常值大
利息收入	贷款和证券的额度及组成	潜在地高于行业平均水平，因为资产风险比正常值大
信用风险暴露	贷款和证券的额度及组成	对贷款的关注比行业平均水平高；风险资产的比例比正常水平高
利率风险暴露	资产和负债的到期期限；浮动利率贷款的利用	比行业平均水平低；有更多中期负债，更少的长期资产，更多的浮动利率贷款

表 19.6　　亚特兰大银行的利率敏感型资产和利率敏感型负债

利率敏感型资产	数量（百万美元）	利率敏感型负债	数量（百万美元）
浮动利率贷款	3 000	可转让支付命令账户	1 200
浮动利率抵押贷款	500	货币市场存款账户	2 000
短期国债	1 000	短期大额存单	1 500
共计	4 500	共计	4 700

$$\begin{aligned}\text{缺口}&=4\ 500-4\ 700\\&=-200(\text{百万美元})\\\text{缺口比}&=4\ 500/4\ 700\\&=0.957\end{aligned}$$

缺口衡量表明在资产负债表两边都有类似的利率敏感性。

亚特兰大银行未来的业绩（相对于行业）取决于未来经济状况。若利率上升，它将比其他银行承受更小的风险；若利率下降，其他银行可能会在更大程度上受益。当经济增长强劲时，亚特兰大银行可能因为其积极的借款方案而比其他银行获益更多。相反，当经济放缓导致更多贷款违约时，亚特兰大银行比其他银行更易受贷款违约的影响。只有提供更多的细节，才能证实这一点（例如资产负债表更全面的细分）。

银行资本管理　亚特兰大银行评估也应包括资本评估。和其他银行一样，亚特兰大银行未来业绩受其持有的资本数量的影响。其至少需持有监管方要求的最低资本比率。然而，若亚特兰大银行保留过多资本，每位股东将只能获得任何分配收益的较小比例。通常衡量股东收益的方法是权益收益率（ROE），公式为

$$\text{ROE}=\frac{\text{税后净利润}}{\text{权益}}$$

权益一词代表银行资本。权益收益率可以分解如下：

$$\text{ROE}=\text{ROA}\times\text{杠杆}$$

$$\frac{\text{税后净利润}}{\text{权益}}=\frac{\text{税后净利润}}{\text{资产}}\times\frac{\text{资产}}{\text{权益}}$$

该比率（资产/权益）有时称为杠杆，因为杠杆反映了公司用权益支持的资产数量。杠杆越大，每一美元权益支持的资产数量越多。以上细分 ROE 是有用的，因为它证明了亚特兰大银行的资本如何影响其权益收益率。对给定的 ROA，较高的资本水平降低了银行的杠杆，从而降低了其权益收益率。

若亚特兰大银行持有过多资本，其可能不需要依靠留存收益来建立其资本，因此可以将高收益的利润分配给股东（作为股利）。所以其资本管理和股利政策相关。若亚特兰大银行扩张，其可能需要更多资本支持新建筑的建设、办公设备和其他花费。在这种情况下，它将需要保留较大比例的收入来支持其扩张计划。

19-7　国际运营风险管理

从事国际银行业务的银行面临着其他类型的风险，包括汇率风险和结算风险。

19-7a 汇率风险

当提供贷款的银行要求借款人以贷款计价货币偿还时，它可能避免汇率风险。然而，一些国际贷款包含允许以外币偿还的条款，从而允许借款人避免汇率风险。

在许多情况下，银行将可用资金（从最近的存款）转换为任何货币公司想要的借款。因此，他们创造了以该货币计值资产，而以不同货币计值负债（存款）的方式。如果负债货币相对资产货币升值，则银行的利润率会下降。

所有大型银行在一定程度上都会面临汇率风险，它们可以试图用多种方式对冲风险。

◈ **例子**

卡梅隆银行（Cameron Bank）是一家美国银行，它将美元存款转为英国公司的英镑贷款，英国公司每年支付 50 000 英镑利息。卡梅隆银行或许试图在收到这些利息支付的每个日期从事 50 000 英镑远期合约销售。即，它将寻找希望在到期日购买 50 000 英镑的公司。◈

事实上，一家大型银行不会对冲每一笔交易，而是会轧平头寸，只关注净暴露。大型银行在任意给定日参与几项国际交易。一些反映了特定货币的未来现金流入，而另一些则反映了该货币的现金流出。银行的汇率风险暴露由每种货币的净现金流决定。

19-7b 结算风险

从事大量货币交易的国际银行不仅因其货币头寸不同而暴露于汇率风险中，而且暴露于结算风险中，以及因履行合约产生损失的风险中。例如，银行可能将货币支付给另一家银行（作为合约的一部分），但其可能收不到从另一家银行支付的货币（如果此银行在付款前违约的话）。

如果其他银行依靠亏损银行的应收款来支付自己未来的应付款，那么一家大型银行的亏损可能会造成更多的损失。所以，大家会关注系统风险，而且存在许多参与者无法履约的风险（因为他们没有收到其他方应支付的款项）。

小结

■ 银行治理的潜在目标是使银行股东财富最大化，意味着使银行股票价格最大化（如果银行上市交易的话）。银行董事会需要监管银行经理，确保管理决定是服务于股东利益的。

■ 银行通过维持短期证券这样的流动资产和保证容易获得资金的方式（通过联邦基金市场）管理流动性。

■ 银行通过衡量其对利率变动的敏感性来评估暴露于利率风险的程度。衡量利率风险的通常方法包括缺口分析、久期分析、衡量利润（或股票收益）对利率变动的敏感性。银行可以通过匹配资产和负债的到期期限或运用浮动利率贷款创造更多利率敏感型资产来降低利率风险。或者，他们可以出售金融期货合约或进行固定利率与浮动利率互换来降低利率风险。

■ 银行通过仔细评估申请贷款的借款人和限制分配给风险贷款（例如信用卡贷款）的资金数量管理信用风险。它们也对不同地区的借款人和企业进行多样化贷款，以保证贷款组合不会对任何单独地区和行业的金融危机过于敏感。

■ 银行通常通过运用风险价值模型衡量暴露于市场风险的程度，从而确定基于指定置信水平的市场状况的变化而可能发生的最大可能损失。可以通过改变投资、抵消交易头寸或减少对导致高风险的活动的参与来降低其面临的市场风险。

■ 对银行的评估包括评估其利率变动和信用风险。该评估可以与利率和经济状况的预测一起使用，以预测银行未来的业绩。

■ 参与国际银行业务的银行面临汇率风险及结算风险，这些风险可被多种方式对冲。

正方和反方观点

银行倒闭能避免吗？

正方 不能。银行是提供贷款的机构。当经济情况恶化、贷款出现违约时有些银行可能无法生存。

反方 能。如果银行注重提供贷款给有信誉的借款人，即使在经济衰退期大部分贷款也不会违约。

谁正确？ 利用互联网学习关于这个议题的更多知识并形成你自己的观点。

问题与应用

1. **整合资产和负债管理** 当银行将其负债管理与其资产管理相结合时，实现了什么？

2. **流动性** 鉴于持有短期国库券的流动性优势，为什么银行只有相对较小比例的资产以短期国库券的形式存在？

3. **流动性不足** 银行如何解决流动性不足问题？

4. **管理利率风险** 如果一家银行预计利率会随着时间的推移而下降，那么它如何改变资产和负债的利率敏感性呢？

5. **利率敏感性** 列出一些利率敏感型资产和银行的一些不敏感资产。

6. **管理利率风险** 如果一家银行对未来利率很不确定，如何使未来的业绩不受未来利率波动的影响？

7. **净利差** 净利差的计算公式是什么？解释为什么它会被银行密切监测。

8. **管理利率风险** 假设银行希望通过短期大额存单吸引大部分资金，并希望使用大部分资金提供长期贷款。银行如何遵循这一策略并仍然降低利率风险？

9. **银行对利率变化的暴露** 根据这一章，银行是否能够自行免受利率波动影响？请解释。

10. **缺口管理** 银行缺口是什么？如何确定？解释负缺口。银行缺口衡量的局限是什么？

11. **久期** 银行怎样应用久期分析？

12. **管理利率风险** 为什么在一段时间内可以预付的贷款会使银行对利率风险的评估复杂化？

13. **银行管理困境** 银行能否同时最大化收益并尽量减少信贷风险？若不能，该怎么做？

14. **银行暴露于经济状况** 若经济状况改变，银行如何调整资产组合？

15. **银行贷款多样化** 银行多样化贷款有哪两种方式？具体是什么？贷款国际多元化是应对信用风险的可行策略吗？请解释。

16. **商业借款** 所有商业借款人会有相同的贷款利率吗？

17. **银行股利政策** 为什么银行可能会保留一些超额收益，而不是将其作为股息分配？

18. **管理利率风险** 若银行有比利率敏感型资产更多的利率敏感型负债，当利率上升时，其净利差怎样变化？利率下降时呢？

19. **浮动利率贷款** 运用浮动利率贷款会消除利率风险吗？请解释。

20. **管理汇率风险** 解释银行是如何暴露在汇率风险中的。

高级问题

21. **银行对利率风险的暴露** 俄勒冈州银行有专注于短期美元储蓄和英镑浮动汇率贷款的海外分支机构。因为其保持利率敏感型资产和负债的数量相同，相信已从根本上消除了利率风险。你赞成这一观点吗？

请解释。

22. 管理利率风险 达科他州银行（Dakota Bank）的海外分支机构有下列资产负债表特征：50%的负债为利率敏感型并以瑞士法郎计价；50%的负债为利率不敏感型并以美元计价。至于资产，50%为利率敏感型并以美元计价；剩余50%为利率不敏感型并以瑞士法郎计价。

a. 此分支机构业绩对利率敏感吗？请解释。

b. 假定达科他州银行计划以用瑞士法郎计价的短期存款替代用美元计价的短期存款，因为法郎利率现在比美元低。资产组成不变。此策略旨在扩大从资产上获得的利率和在负债上支付的利率之差。提出你关于此策略可能会失败的想法。

c. 一位顾问向达科他州银行建议，可以通过将以任何货币计值的存款作为贷款来避免汇率风险。采用这种方式，其不必兑换货币。提供你对这一策略是否有缺点的见解。

辩证思维问题

管理银行资本 一些银行经理认为，由于美国监管机构的资本要求太高，银行获得资本的机会受到限制。撰写一篇短文，提供逻辑上的洞察力，表明为什么高资本要求可能会限制银行获得资本。同时，提供关于为何对美国所有银行设定高资本要求实际上会使银行更易获得资本的理由。你相信哪一方？

解读财经新闻

诠释华尔街分析师和投资经理做出的下述评论：

a. “银行最大的错误是未意识到它对当地房地产市场强劲和利率下降的预测可能是错误的。”

b. “银行需要承担一定程度的利率风险，以保证有利可图。”

c. “银行运用利率互换，所以其价差不再暴露于利率变动中。然而，其贷款额进而其利润仍然暴露于利率变动中。”

金融市场管理

利率互换对冲 作为Stetson银行的管理者，你负责避免Stetson银行的利率风险。Stetson银行已预测到下列资金成本：

年数	资金成本
1	6%
2	5%
3	7%
4	9%
5	7%

其预期在未来五年在收取固定利率的资产上平均赚11%。考虑进行利率互换，其中它将交换10%的固定利率付款，以换取LIBOR加1个百分点的可调整利率付款。假定LIBOR预计将持续比Stetson银行的资金成本高1个百分点。

a. 如果Stetson银行利用利率互换来对冲所有的利率风险，确定每年将会获得的利差。你会推荐Stetson银行运用利率互换吗？

b. 虽然Stetson银行已预测了其资金成本，但它知道其预测可能不准确。提供一种Stetson银行可用来评估利率互换潜在结果的方法，同时考虑到未来利率的不确定性。

c. Stetson银行面临利率风险的理由是其运用资金提供固定利率贷款，因为一些借款人更喜欢固定利率。一种可供选择的对冲利率风险的方式为运用可调整利率贷款。你会推荐Stetson银行只运用可调整利率贷款对冲利率风险吗？请解释。

习题

1. 净利差 假设银行赚取2.01亿美元利息收入，但需支付1.56亿美元利息支出。还有8亿美元收益性资产。净利差为多少？

2. 计算 ROA 如果银行税后净利润为 1.69 亿美元并有 17 亿美元资产，ROA 为多少？

3. 计算 ROE 如果银行税后利润为 0.75 亿美元并有 7.5 亿美元资产及 6 亿美元权益。ROE 为多少？

4. 风险管理 运用表 A 和表 B 回答下列问题：

a. 估计缺口和缺口比率及圣地亚哥银行怎样被上升的利率影响。

b. 评估圣地亚哥银行的信用风险。相对于行业正常水平，其信用风险高还是低？在经济衰退期圣地亚哥银行比其他银行业绩更好还是更差？

c. 对于任何比行业平均水平高的银行风险种类，解释如何调整资产负债表以减少风险。

表 A 圣地亚哥银行资产负债表 单位：百万美元

资产			负债和资本		
法定准备金		800	活期存款		800
商业贷款			可转让支付命令账户		2 500
浮动利率	无		货币市场存款账户		6 000
固定利率	7 000		大额存单		
共计		7 000	短期	9 000	
消费贷款		5 000	1～5 年期	无	
抵押贷款			共计		9 000
浮动利率	无		联邦基金		500
固定利率	2 000		长期债券		400
共计		2 000	资本		800
财政债券					
短期	无				
长期	1 000				
共计		1 000			
长期公司债券					
高利率	无				
中等利率	2 000				
共计		2 000			
长期市政债券					
高利率	无				
中等利率	1 700				
共计		1 700			
固定资产		500			
总资产		20 000	总负债和资本		20 000

表 B **按百分比计算的行业平均水平（%）**

资产		负债和资本	
法定准备金	4	活期存款	17
商业贷款		可转让支付命令账户	10
浮动利率	20	货币市场存款账户	20
固定利率	11	大额存单	

续前表

资产		负债和资本	
共计	31	短期	35
消费贷款	20	1～5 年期	10
抵押贷款		共计	45
浮动利率	7	长期债券	2
固定利率	3	资本	6
共计	10		
财政债券			
短期	7		
长期	8		
共计	15		
长期公司债券			
高利率	5		
中等利率	5		
共计	10		
长期市政债券			
高利率	3		
中等利率	2		
共计	5		
固定资产	5		
总资产	100	总负债和资本	100

5. 风险管理 蒙大拿银行想评估其股票收益率对利率变动的敏感性，信息如下：

(%)

季度	蒙大拿股票收益率	市场收益率	利率
1	2	3	6.0
2	2	2	7.5
3	−1	−2	9.0
4	0	−1	8.2
5	2	1	7.3
6	−3	−4	8.1
7	1	5	7.4
8	0	1	9.1
9	−2	0	8.2
10	1	−1	7.1
11	3	3	6.4
12	6	4	5.5

将蒙大拿银行的股票收益率作为股票市场收益率和利率的函数，建立回归模型。通过评估利率的回归系数，确定蒙大拿银行股票收益率和利率间的关系。系数的符号为正还是为负？其暗示银行暴露于利率风险的程度如何？蒙大拿银行应关注利率在未来会上升还是下降吗？

资金流动练习

管理信用风险

回想卡森公司十分依赖商业银行贷款。当其第一次借助所有者的权益资金得以成立时，卡森公司可以容易地得到债务融资，因为融资会由某些公司资产支持。然而，随着卡森公司的扩张，其继续依靠债务融资，增大了其负债权益比率。有些银行不愿提供更多债务融资，因为卡森公司有可能无法偿还额外的贷款。有些银行仍愿意提供资金，但需要额外的溢价来抵消风险。

a. 解释银行给卡森公司提供贷款意愿的差异。为什么银行在评估想借款的公司的相同信息时会有不同行为？

b. 考虑一家公开交易的银行的资金流，该银行为卡森公司的重要借款银行。此银行从股东处获得股权融资用于开展业务。其利用由联邦存款保险公司（FDIC）提供保险的存款贷款给卡森公司和其他公司。存款人不知道银行怎样运用他们的资金。但 FDIC 不阻止银行进行风险贷款。所以谁在监管银行？你认为银行会冒比其股东意愿的更多的风险吗？FDIC 怎样阻止银行冒太多风险？为什么银行忽略 FDIC 阻止银行冒过多风险的努力？

互联网/Excel 练习

1. 假定服务由网上银行提供。描述银行提供的网上服务的类型。你认为像这样的网上银行比“常规”商业银行提供的利率更高还是更低？为什么？

2. 登录 finance. yahoo. com/，输入符号“BK”（纽约梅隆银行），点击“搜索金融”。点击股价下方的“5y”来查询过去五年的股价变动。点击“比较”和“S&P 500”来比较纽约梅隆银行和 S&P 股票指数的趋势。纽约梅隆银行业绩比指数更好还是更差？对其业绩进行解释。

3. 登录 finance. yahoo. com/，输入符号“WFC”（富国银行），点击“搜索金融”。检索过去 20 个季度初的股价数据。然后登录 http：//research. stlouisfed. org/fred2/，并检索过去 20 个季度初 3 个月期短期国库券利率数据。将数据记录在 Excel 电子表格中，得出富国银行季度收益率和季度利率变化。应用回归分析，此时富国银行季度收益率为因变量而季度利率变化为自变量（参考附录 B 获取更多有关运用回归分析的信息）。利率变动和富国银行股票收益率正相关还是负相关？相关关系显著吗？请解释。

WSJ 练习

银行管理战略

概述一篇讨论一家商业银行管理战略近期变化的《华尔街日报》文章。（你可以在《华尔街日报》网络版查找商业银行战略变化的文章。）描述管理战略变化。此变化如何影响银行资产负债表、银行潜在风险和收益率？这篇文章给出的银行改变管理战略的理由是什么？

关于现实案例的在线文章

找一篇近期描述一个具体金融机构或金融市场真实案例的在线实用性文章，以强化本章所涵盖的一个或多个概念。

如果你的班级有一个在线平台，教授可能会要求你把文章摘要放在那里并提供文章的链接以供其他学生访问。如果你的班级是当面授课的，教授可能会要求你当堂总结你对该文章的运用。教授可能指派特定学生或让学生自愿完成这项作业。

对于与本章相关的近期在线文章和真实案例，请考虑使用以下搜索词（请务必在搜索词中包含当前年份以确保在线文章是近期的）：

1. 具体的银行的名称＋流动性

2. 具体的银行的名称＋管理

3. 具体的银行的名称＋利率风险
4. 具体的银行的名称＋信用风险
5. 具体的银行的名称＋战略
6. 银行＋管理
7. 银行＋战略
8. 银行＋贷款
9. 银行＋资产管理
10. 银行＋运营

第 20 章　银行业绩

本章目标

- 确定影响商业银行估价的因素
- 比较近年不同规模银行的业绩
- 解释如何依据财务报表数据评估指定银行的业绩

商业银行的业绩是从各方面来衡量的。银行监管机构确定正在经历严重问题的银行，以便它们得到补救。股东需要决定是否购买或出售不同银行的股票。投资分析师必须能给潜在投资者提出选择哪家银行进行投资的建议。商业银行也会评估自己在一段时间内的业绩，以确定先前管理决策的结果，以便在适当的情况下进行改正。如果不对业绩进行持久监测，那么现存问题可能会被忽略，从而导致未来的财务危机。

20-1　商业银行估值

商业银行（或作为金融集团的一个部分的商业银行单位）一般由经理估值，作为其努力监测银行业绩并决定提供哪些服务以最大化银行价值的一部分。银行也可能会被正在考虑收购的其他金融机构所重视。对商业银行价值的理解很有用，因为它确定了决定商业银行价值的因素，可以通过建模得出未来现金流的现值：

$$V=\sum_{t=1}^{n}\frac{E(\mathrm{CF}_t)}{(1+k)^t}$$

式中，$E(CF_t)$ 代表 t 时期产生的预期现金流，k 代表投资商业银行的投资者的必要收益率。然而商业银行的价值也因未来预期现金流的变化和投资者的必要收益率的改变而改变：

$$\Delta V = f[\underbrace{\Delta E(CF)}_{+}, \underbrace{\Delta k}_{-}]$$

20-1a 现金流的影响因素

商业银行预期现金流的变化可计算为：

$$\Delta E(CF) = f(\underbrace{\Delta ECON}_{+}, \underbrace{\Delta R_f}_{-}, \underbrace{\Delta INDUS}_{?}, \underbrace{\Delta MANAB}_{+})$$

式中，ECON 表示经济增长率，R_f 代表无风险利率，INDUS 是银行业行业状况（包括监管和竞争），MANAB 是商业银行的管理能力。

经济增长率变化 经济增长可以通过提高家庭或公司对贷款的需求来增加商业银行的现金流。当经济快速增长时，贷款需求增加，允许商业银行提供更多贷款。因为贷款比投资国债和其他证券使商业银行得到的收益率更高，预期现金流会更高。现金流会更高的另一个原因是一般经济高速增长时贷款违约情况减少。

并且，对其他由商业银行提供的金融产品的需求在经济增长时趋向增多。例如，经纪业务、保险，以及财务规划服务通常在经济高速增长时需求更多，因为家庭此时有相对高的存款收入。

无风险利率变化 利率变化可能会与商业银行的现金流负相关。如果无风险利率下降，其他市场利率也会下降，导致其对商业银行的贷款需求更强。另外，商业银行依赖短期存款作为一种资金来源，这些存款的利息也会随着其他利率的变动而变动，以保持一致。银行对资金的使用（例如贷款）一般也对利率变化敏感，但是程度较小。所以，当利率下降时，存款机构获得资金的成本比在贷款和投资上赚得的利润下降更多。相反，利率上升可以减少商业银行的预期现金流，因为支付给存款者的利息可能比在贷款和投资上赚得的利息上涨幅度大。

银行业行业状况变化 影响商业银行现金流的最重要的行业特征之一是监管。如果监管者减少对商业银行的约束条件，银行预期现金流应该增加。例如，当监管者取消具体地理限制后，商业银行可以向美国的新地区扩展。若监管者减少对商业银行经营业务种类的约束，则银行可以扩展其他金融业务（如经纪业务和保险业务）。

另一可以影响银行现金流的重要行业特征是技术创新，它可以提升效率从而提高现金流。竞争水平是附加的可以影响现金流的行业特征，因为高强度竞争会减少银行业务量或降低服务价格。监管减少，竞争就加强。有些商业银行从竞争中获益，但另一些商业银行可能会因为竞争而减少市场份额。

商业银行管理能力 在上述影响现金流的常见因素外，银行自己可控的是管理能力。它不能影响经济增长、利率变动或监管变化，但它可以决定其组织架构、资金来源和使用。管理者可以尝试利用外部力量（经济增长、利率、监管条例）做出内部决策。

鉴于商业银行的管理能力提高，其预期现金流也会提高。例如，有经验的经理知道如何改变银行资产负债比来利用现有经济状况或监管状况。它们可以通过扩张具体业务类型来利用规模经济或提供适合具体顾客的多样化服务。它们还可以调整运营方式或利用某种技术，从而削减开支。

20-1b 投资者必要收益率的影响因素

商业银行投资者的必要收益率可计算为：

$$\Delta k = f(\underbrace{\Delta R_f}_{+}, \underbrace{\Delta \mathrm{RP}}_{+})$$

式中，ΔR_f 代表无风险利率变动，ΔRP 代表银行风险溢价变动。

无风险利率变动 当无风险利率上升时，投资者必要收益率上升。回想一下，无风险利率由通货膨胀预期（INF）、经济增速（ECON）、货币供应量（MS）和预算赤字（DEF）决定。

$$\Delta R_f = f(\underbrace{\Delta \mathrm{INF}}_{+}, \underbrace{\Delta \mathrm{ECON}}_{+}, \underbrace{\Delta \mathrm{MS}}_{-}, \underbrace{\Delta \mathrm{DEF}}_{+})$$

高通货膨胀率、经济增长率、高预算赤字给予利率向上的压力，同时货币供应量给予利率向下的压力（假设这不造成通货膨胀）。

风险溢价变化 如果商业银行风险溢价上升，投资这家银行的投资者的必要收益率也会上升。风险溢价的变化可能随经济增长率、行业状况或管理能力变化：

$$\Delta \mathrm{RP} = f(\underbrace{\Delta \mathrm{ECON}}_{-}, \underbrace{\Delta \mathrm{INDUS}}_{?}, \underbrace{\Delta \mathrm{MANAB}}_{-})$$

高经济增长率导致商业银行风险减小，因为其贷款和对债务性证券的投资更不可能违约。

银行业监管限制、技术创新和竞争水平等行业特征也可能会影响银行的风险溢价。监管限制可能包括银行资本要求的最小值。资本要求最近增加了，这一变化（假定其他因素不变）会降低银行风险溢价。

监管者已经允许商业银行产品多样化，这样可以降低风险。同时，它或许会允许商业银行涉足比传统服务更具风险的服务并从事一些以往不能有效提供的服务，虽然监管限制的减少会实际增加投资者要求的风险溢价。

管理能力的改善可能减少商业银行的风险。如果更加有经验的经理将资金分配给风险较小的资产，那么可能会降低商业银行投资者所需的风险溢价。

图 20.1 提供了一个基于前述介绍的评估商业银行的框架，通常来说，估值受经济增长率、低利率、监管限制减少（假设银行注重能有效提供的服务）和银行管理能力提升的影响。

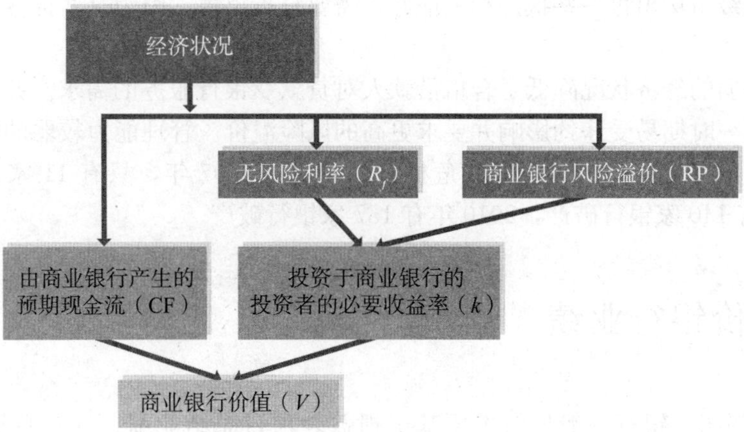

图 20.1　评估商业银行的框架

说明：·更强劲的经济导致对贷款（利息收益）及商业银行其他服务（非利息收益）的需求上升、更少的贷款违约、更好的现金流。

·更低的无风险利率可以提升无法调节利率的银行资产的价值，例如一些消费贷款和抵押贷款，也可提高债券的价值，拥有更高比例这种资产的商业银行会从无风险利率下降中得到更大收益，并受到无风险利率上升的不利影响。

·价值也受行业情况和商业银行管理能力（未在图中展现）的影响。这些因素影响风险溢价（投资者的必要收益率）和由商业银行产生的预期现金流。

20-1c　次贷危机对银行估值的冲击

图 20.2 展示了一段时间内银行股价指数的变动，它反映了在次贷危机时银行整体估值是怎样被影响的。注意在 2008—2009 年经济衰退时期发生的银行估值的大幅下跌，此时次贷危机最严重。在经济回升前，许多公开交易银行的价值下滑大于 70%。此次经济衰退的主要原因是房价下跌导致银行持有的抵押贷款和住房抵押贷款支持证券的市场价值减少。所以抵押相关证券产生的现金流减少，因为有些抵押贷款违约。与此相反，如果

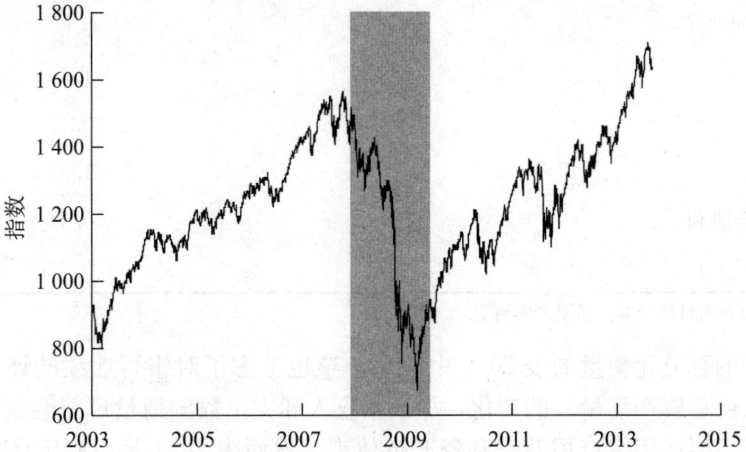

图 20.2　在金融危机之前和之后银行权益价值的变动

说明：阴影区域代表美国经济衰退阶段。

资料来源：美联储、标准普尔公司。

银行决定在二级市场出售一些抵押相关证券，需要打折出售，因为这些证券未来有违约的风险。

另外，疲弱的经济状况降低了合格借款人对贷款及银行服务的需求。并且，投资者意识到银行在这一时期易受违约影响并要求更高的风险溢价。管理能力较弱的银行更多暴露在抵押问题前，遭受更多的损失。在危机前的 2003—2007 年，只有 11 家银行破产。然而，2009 年有 140 家银行破产，2010 年有 157 家银行破产。

20-2 评价银行业绩

表 20.1 阐明了银行一般如何主要基于损益表项目总结业绩。这一总结十分基础但仍提供了对银行收入、支出和效率的洞察。表 20.1 中每项都按占资产的百分比衡量，允许其他银行或相同地区的一组银行进行简单比较。分析师通常将相同规模的银行一起比较业绩。美国联邦储备系统将四种规模的银行业绩进行了总结，四种规模的银行分别为：货币中心银行（为诸如纽约等货币中心服务的最大的 10 家银行）、大型银行（规模排名 11～100）、中型银行（规模排名 101～1 000）和小银行（规模排名 1 000 开外）。

表 20.1　峡谷银行（Canyon Bank）业绩总结的例子（%）

项目	2016
1. 总利息收入	6.2
2. 总利息支出	3.2
3. 净利息收入	3.0
4. 非利息收入	2.0
5. 贷款损失拨备	0.6
6. 非利息支出	3.0
7. 证券收益（损失）	0.0
8. 税前收入	1.4
9. 税收	0.4
10. 净利润	1.0
11. 提供的现金股利	0.3
12. 留存收益	0.7

说明：表中所有项目估价为占总资产的百分比。

用占资产的百分比衡量的表 20.1 中的每一项也考虑了对银行业绩的评估。如果不控制银行规模（由总资产衡量）的变化，那么用收入和支出数额衡量可能会造成误解。对银行的总体分析需要运用银行损益表和资产负债表。然而表 20.1 足以确定评估银行业绩的值得关注的关键指标。

下述讨论将按顺序解读表 20.1 中的项目。

20-2a 利息收入与支出

表 20.1 中第一行的**总利息收入**（gross interest income）是由所有资产生成的利息收入。其受市场利率和银行资产组成影响。当利率上升时，总利息收入趋于上升；当利率下降时，总利息收入趋于下滑。

不同规模的银行其总利息收入不同，因为不同贷款所收取的利率不同。小银行倾向于给当地小型企业提供贷款，向它们收取比货币中心银行和大型银行提供给大企业的贷款更高的利率。给大企业的贷款利率较低，因为这种企业一般比小企业有更多获得资金的渠道。

表 20.1 中第二行的**总利息支出**（gross interest expense）反映了在存款和其他借款（源自联邦基金市场）上支付的利息。这些支出受市场利率和银行负债组成影响。当市场利率上升时，总利息支出一般也上升。银行间总利息支出不同，这取决于银行如何获得资金。如果银行更多依靠可转让支付命令账户、货币市场存款账户和大额存单（CD）而不是活期存款的话，那么会导致更高的总利息支出。

表 20.1 中第三行的**净利息收入**（net interest income）是总利息收入和总利息支出之差，通常用占资产的百分比来衡量。这种衡量一般涉及净利差。它对银行业绩有重大影响。银行需赚取比利息支出更多的利息收入来支付其他花费。然而竞争阻止它们收取更高利率（赚取更高收入）。通常，所有银行净利差都是稳定的。

20-2b 非利息收入与支出

表 20.1 中第四行的**非利息收入**（noninterest income）由向提供的服务（例如保险柜服务、银行承兑汇票、银行本票和外汇交易）收取的费用组成。在 20 世纪 90 年代，银行通过提供更多收费服务增加非利息收入。自 2000 年以来，非利息收入已经稳定，因为提供收费服务的金融机构间竞争激烈。货币中心银行、大型银行和中型银行的非利息收入比小银行高，因为大银行易于提供更多收费服务。

表 20.1 中第五行的**贷款损失拨备**（loan loss provision）是银行对损益表上预期的贷款损失（违约）提供拨备的方式，可以提供有用的关于银行贷款质量的信息。借款人最初未还欠款不代表正式违约，因为允许借款人在一定时间内弥补欠款。然而，银行意识到某些延期偿还贷款很可能违约并在正式违约前准备贷款损失拨备。

当贷款遭受损失的可能性增大时，例如经济衰退期，银行的贷款损失拨备倾向于增加。以占资产的百分比衡量的贷款损失在提供更高风险的贷款的银行更高，尤其是经济状况变差时。例如，金融危机爆发后，2009 年银行间平均贷款损失拨备为总资产的 1.95%，而两年前仅为 0.27%。这主要是因为次贷危机时抵押贷款和不动产贷款违约。2009 年大笔贷款损失拨备抵消了银行其他经营收入。也就是，需要用其他经营收入支付永远不会获得偿付的贷款的损失。

表 20.1 中第六行的**非利息支出**（noninterest expense）包括薪水、办公设备及其他和储蓄利息支出不相关的花销。非利息支出部分取决于和贷款申请信用评估相关的人力成本[其反过来受银行资产组成（分配给贷款的资金比例）影响]。非利息支出也取决于债务组成，因为小额存款比大额存款处理起来更耗时间。提供更多非传统服务的银行会有更高的

非利息支出，虽然它们期待用更多的非利息收入抵消更高的支出。

表 20.1 中第七行的**证券收益（损失）**［securities gain（loss）］由银行销售证券产生。它们对银行总体来说通常微不足道，但对单家银行来说可能很大。在金融危机期间，证券损失很显著，因为金融危机时银行一般在抵押证券上遭受损失。

表 20.1 中第八行的**税前收入**（income before tax）由净利息收入、非利息收入和证券收益之和减去贷款损失拨备和非利息支出得到。

根据许多分析师的观点，损益表的主要项目是净利润（表 20.1 第十行），其考虑了所有已缴税款。所以，净利润是下文重点。

20-2c 对银行财务数据的依赖程度

分析师和投资者十分依赖银行财务报表来评估银行业绩。银行有全面的用于确保精确报告的内部报告过程。如果银行公开交易，需要将财务报表给独立审计师审计。作为对 2001 年安然和其他公开交易公司欺骗性审计的回应，2002 年实施的《萨班斯-奥克斯利法案》有很长的内容涉及确保上市公司财务信息适当披露的要求、公司和外聘审计员的独立性、如果违反某些要求公司管理高层可能遭受的惩罚。

然而，银行所用的得出利润的会计过程依然基于主观决定。对银行利润的报告需要管理层对现存贷款违约情况进行判断。这会使两家有相似贷款组合的银行有不同利润。有些银行会用比其他银行更保守的会计方式，有相对更大额的贷款损失拨备，以确保未来贷款不会有风险。用这种方式，它们（于现在）接受坏贷款对利润突然的消极影响而不是未来贷款违约后遭受消极影响。

与此相反，其他银行或许少报告潜在贷款损失，本质上是将坏消息推迟到未来。当银行预期贷款会违约，从而增加贷款损失拨备时，会降低所公布的业绩，所以如果想临时提高公告业绩（及股票价格），可以推迟增加贷款损失拨备。因为股票价格部分取决于利润，银行可通过少报贷款损失（多报利润）来人为抬高股价。如果高管薪酬和银行短期股票价格变动或利润相关，经理或许会冒少报贷款损失的风险。尤其是，银行高管们在打算出售股票前会多报公告业绩，所以在出售股票时股价会相当高。

银行经理也会倾向于在发行新股时高估利润，所以出售给投资者新的股份会给银行带来大量新资金。遭受严重金融危机的某些银行或许更喜欢多报利润，从而在宣布破产前争取更多时间调整运营。

会计上的主观性造成透明度缺失，导致评估银行时有很大的不确定性。在经济衰退期，投资者或许不知道他们是否可以相信以下这点：银行已充分承认对资产估值的削减。因此投资者可能会避免在此时段投资银行股票，这就导致无论是否合理，都会造成对银行的更大的恐慌。

20-3 银行 ROA 估值

表 20.1 呈现的净利润数据是用占资产的百分比，即**资产收益率**（return on asset，ROA）衡量的。ROA 被上述提及的所有损益表项目影响及被所有政策与其他因素影响。

表 20.2 列出了一些影响银行损益表的关键政策决定。此表也展现了不由银行控制但影响损益表的因素。

表 20.2　　银行政策和其他因素对损益表的影响

损益表项目 （以占资产的百分比表示）	对损益表项目有影响的 银行政策决定	影响损益表项目的 不可控因素
（1）总利息收入	·资产构成 ·资产质量 ·资产的利率敏感性和到期日 ·贷款定价政策	·经济状况 ·市场利率变动
（2）总利息支出	·负债构成 ·负债的利率敏感性和到期日	·市场利率变动
（3）净利息收入＝(1)－(2)		
（4）非利息收入	·服务费 ·非传统活动	·监管规定
（5）非利息支出	·资产构成 ·负债构成 ·非传统活动 ·人员效率 ·办公场所和设备费用 ·营销成本 ·其他成本	·通货膨胀
（6）贷款损失	·资产构成 ·资产质量 ·收账部门能力	·经济状况 ·市场利率变动
（7）资产税前收益＝(3)＋(4)－(5)－(6)		
（8）税收	·税收筹划	·税法
（9）资产税后收益＝(7)－(8)		
（10）财务杠杆，此处用资产/负债衡量	·资本结构政策	·资本结构规定
（11）权益收益率＝(9)×(10)		

20-3a　低 ROA 的原因

当银行业绩未达标时，ROA 经常表现出来，但它并未表明业绩差的原因。所以，对它的组成必须分开评估。表 20.3 表明影响银行业绩的因素由 ROA 和 ROE 来衡量。如果银行 ROA 比要求的低，银行可能承担更多的利息支出。一般银行知道必要的吸引存款的存款利率，所以银行不可能支付过多的利息。然而如果银行全部资金来源要求市场决定的利率，银行会面临相对高的利息支出。相对低的 ROA 也可能是因为贷款和证券所收利息低，因为银行对资金过度保守或受困于市场利率增长前的固定利率。高利息支出和/或低利息收入（相对来说）会减少净利差并降低 ROA。

表 20.3　业绩衡量细目

银行业绩衡量	影响业绩的财务特征	银行影响财务特征的决定
（1）资产收益率（ROA）	净利差	存款利率决定 贷款利率决定 贷款损失
	非利息收入	银行提供的服务
	非利息支出	开销需求 效率 广告宣传
	贷款损失	提供贷款的风险水平
（2）权益收益率（ROE）	ROA	同 ROA
	杠杆	资本结构决定

相对低的 ROA 也可能由不足的非利息收入导致。某些银行比其他银行更努力地提供能获得费用（非利息收入）的服务。因为银行净利差一定程度上由利率趋势和资产负债表组成决定，许多银行尝试专注于非利息收入，以提高 ROA。

银行的 ROA 也会受大额贷款损失影响。然而，如果银行在试图避免贷款损失方面过于保守，其净利差会缩小（因为从非常安全的贷款和投资上收回的利率低）。因为此处存在明显的权衡，银行一般试图根据经济状况转变风险-收益偏好。它们可能在繁荣期增加风险相对高的贷款，此时能提升净利差而不遭受更多贷款损失。相反，银行可能在经济状况低迷时增加相对低风险（及低收益率）的投资。

低 ROA 或许源于过高的非利息支出，例如经常费用和广告支出。任何因为低效率造成的资源浪费都能导致相对高的非利息支出。

20-3b　将 ROA 转换为 ROE

对银行总体业绩进行评估的一种可供选择的方式是权益收益率（ROE）。那些影响 ROA 的损益表项目同样影响 ROE，除此之外，ROE 也被银行财务杠杆影响：

$$\text{ROE}=\text{ROA}\times\text{杠杆}$$

$$\frac{\text{净利润}}{\text{权益资本}}=\frac{\text{净利润}}{\text{总资产}}\times\frac{\text{总资产}}{\text{权益资本}}$$

杠杆简单地说就是资本比率的倒数（仅当权益算作资本时）。资本比率越高，杠杆水平和财务杠杆越低。在给定的正 ROA 水平下，如果运用更高的财务杠杆，银行 ROE 会更高。这也是银行经理更倾向于采用高杠杆的原因。

然而，当采用高杠杆时，银行只有更少的资本来支持资产，更多地暴露在风险中。

如果银行运用低资本水平遭受高损失，可能无法有足够的资本覆盖损失并可能导致破产。

图 20.3 表示一段时间内银行间平均年化权益收益率。在 2005—2007 年美国经济发展时 ROE 相对较高。然而，ROE 实质上在金融危机时下滑，在 2009 年甚至达到负值，随着危机平息逐渐升高。

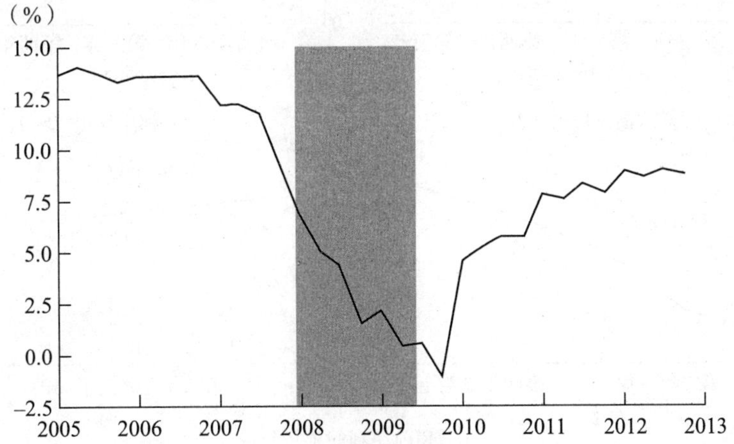

图 20.3　一段时间内银行间平均 ROE

说明：阴影区域代表美国经济衰退阶段。

资料来源：美联储、联邦金融机构检查理事会（Federal Financial Institutions Examination Council）。

20-3c　应用

考虑图 20.4 中 Zager 银行过去五年的业绩特征和行业特征。图中标示出第一年到第五年，其中第五年是截止年份。因为会计程序不同，信息或许不是可完美比较的。因为 Zager 银行是中型银行，所以这里和其他中型银行比较。

Zager 银行已采用一种较激进的提供贷款给可能被认为有风险的借款人（给定他们有限的抵押品和现金流状况）的管理方式。银行收取高贷款利率，因为这些借款人没有其他选择。在贷款后它也向借款人收取高额年费。当第一年和第二年经济高速增长时，Zager 银行的战略很成功。它获得高净利差和高非利息收入。借款人一般在期限内还清贷款。然而，第三年经济下滑时，许多从 Zager 银行获得贷款的借款人无法偿还，并且 Zager 银行无法扩展贷款业务，因为贷款需求下降。

尽管其他银行在经济下滑时业绩表现不好，但 Zager 银行业绩下降更显著，因为它有更多容易违约的贷款。图 20.4 表明一般中型银行净利润均在第三年下降，但对 Zager 银行来说实际上为负，因为其有大额贷款损失。本例阐明了 Zager 银行的风险-收益抉择。在经济增长强劲时它从风险战略中受益，但在经济衰退时它因此战略损失惨重。

任何一家银行都会采用比此例更完善的评估方式来对自身进行估值，包括近年来对银行业绩的综合性解释。投资者可咨询分析师来评估银行业绩。

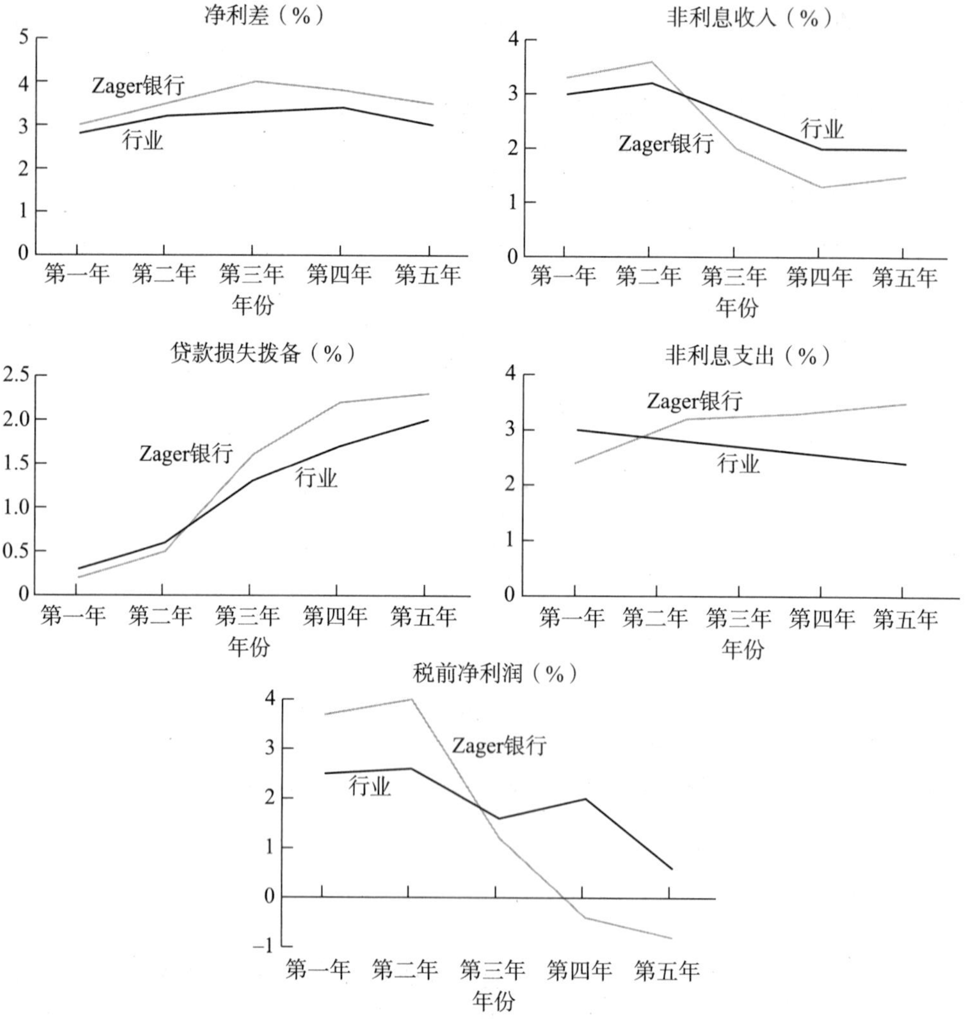

图 20.4　Zager 银行与行业支出和收入比较

小结

■ 银行价值取决于其预期未来现金流和投资者必要收益率。银行预期现金流受经济增长率、利率变动、监管限制和银行管理能力影响。投资者必要收益率受现行利率（被其他经济状况影响）和风险溢价（被经济增长率、监管限制和银行管理能力影响）影响。一般而言，商业银行受强劲的经济增长、利率降低和出众的管理能力正面影响。

■ 银行业绩可通过和其他规模相似的银行作为对照组比较损益表项目（占总资产的百分比）来衡量。银行业绩可能与对照组银行比较。银行和对照组业绩上的任何不同是正常的，因为其净利差、贷款损失拨备、非利息收入或非利息支出不同。如果银行净利差相对低，可能是因为过度依赖更高利率存款或在贷款上未赚到合适的利息。如果银行一致地有更高的贷款损失拨备，暗示其贷款组合可能风险大。如果银行非利息收入相对低，说明银行未提供能产生费用的足够服务。如果银行非利息支出相对高，说明其运营花费较高。可能有其他使评估更复杂的具体细节，但银行的关键问题通常可由此方法检测。

■ 银行总体业绩用资产收益率（ROA）衡量。银行 ROA 部分由市场利率变化决定，因为许多银行从低利率中获益。另外，ROA 高度取决于经济状况，因为银行可以为更多信用等级高的顾客提供贷款，并体会到他们对业务更大的需求。

■ 另一种衡量银行总体业绩的方式是权益收益率（ROE）。银行可以通过增加财务杠杆来提高 ROE，但财务杠杆被资本要求限制。

正方和反方观点

银行损益表是否清晰反映银行业绩？

正方 是。银行损益表可以反映其业绩和业绩的潜在原因。

反方 不。银行损益表可以被人为操纵，因为银行可能要到将来才会完全意识到贷款损失（不会勾销可能违约的贷款）。

谁正确？ 利用互联网学习关于这个议题的更多知识并形成你自己的观点。

问题与应用

1. 利息收入 一家具体银行怎样做到总利息收入增加但净利差保持稳定？

2. 收入影响 如果银行改变贷款政策，继续发放更多的信用卡贷款，净利差会受到怎样的影响？

3. 非利息收入 近年来非利息收入有什么变化趋势？请解释。

4. 净利差 当净利差下降时银行如何生成更高的税前利润（占资产的百分比）？

5. 净利息收入 假设银行的净利息收入等于资产的1.5%。根据以往经验，银行是遭受损失还是盈利？请解释。

6. 非利息收入 为何大型银行和货币中心银行的非利息收入水平一般比小银行高？

7. 银行杠杆 银行资产/负债这一比率表明什么？

8. 银行ROA分析 银行低ROA的常见理由是什么？

9. 贷款损失拨备 解释为何大多数银行的贷款损失拨备在特定时期会增加。

10. 次贷危机时银行业绩 你认为为何有些银行比其他银行在次贷危机时遭受更大损失？

11. 业绩疲软 银行业绩疲软的可能原因是什么？

12. 银行损益表 假设SUNY银行计划清算所持国债并用所得资金发放小额商业贷款。解释此战略如何影响不同损益表项目。确定任何损益表项目（这种战略的影响更难估计）。

辩证思维问题

银行非利息收入 近年来，许多银行更多依赖非利息收入作为总收入的一部分。写一篇短论文解释更依赖非利息收入的银行会比更依赖传统收入来源（例如贷款）的银行有更好还是更差的业绩。

解读财经新闻

诠释华尔街分析师和投资经理做出的下述评论：

a. “三个决定地方银行坏账水平的最重要因素是银行位置、位置和位置。”

b. “对资本的有限使用增强了银行盈利能力。”

c. “低风险不是总令人满意。我们银行在给定市场环境下风险太低。我们会以某种方式调整运营来增加风险。”

金融市场管理

预测银行业绩 作为夏威夷银行经理，你预测了下列信息：

- 年底贷款损失拨备=资产的1%
- 下一年总利息收入=资产的9%
- 下一年非利息支出=资产的3%
- 下一年非利息收入=资产的1%
- 下一年总利息支出=资产的5%
- 收入税税率=30%
- 年底资本比率（资产/负债）=5%

a. 预测夏威夷银行净利差。

b. 预测夏威夷银行税前利润（用占资产的百分比表示）。

c. 预测夏威夷银行税后利润（用占资产的百分比表示）。

d. 预测夏威夷银行的权益收益率。

e. 夏威夷银行正考虑改变其资产结构来减少国债并增加给小型企业的贷款量。辨析每个会受此策略影响的损益表项目，并解释为何此项目会上升或下降。

习题

评估银行业绩 选择一家可获得损益表数据的银行。运用商业银行最新损益表信息评估其业绩。这家银行业绩和其他银行相比怎样？与此章提到的其他银行比较，其权益收益率更高还是更低？其 ROE 和标准水平不同的主要原因是什么？（因为利息支出还是非利息收入？）

资金流动练习

资金流动如何影响银行业绩

近年来，卡森公司向金融集团 Blazo 金融公司要求下列服务。这次交易创造了卡森公司和 Blazo 之间的资金流。

a. 根据 Blazo 金融公司如何从服务中获益将每项服务分类。

- 就卡森公司可能要求的目标提出建议
- 期货合约交易
- 期权合约交易
- 利率衍生品交易
- 贷款
- 信用额度
- 购买短期大额定期存单（CD）
- 支票账户

b. 解释为何经济增长率下降时 Blazo 金融公司从给卡森公司和其他公司提供服务中获得的业绩会下滑。

c. 给出经济增长率低对银行业绩的潜在影响，你认为商业银行更希望美联储采用紧缩性货币政策还是扩张性货币政策？

互联网/Excel 练习

1. 登录 www.suntrust.com 并检索最近 SunTrust 银行年报。运用损益表确定 SunTrust 银行业绩。描述 SunTrust 银行近几年业绩。

2. 相比一年前 SunTrust 银行 ROA 是否增长？解释为何 ROA 相比一年前有变化。净利差相比一年前是否变化？其非利息收入（占资产的百分比）怎样变化？其非利息支出和一年前相比怎样变化？去年贷款损失拨备是否增加？讨论 SunTrust 银行近期战略和经济形势能否解释其损益表项目变化。

WSJ 练习

评估银行业绩

运用近期《华尔街日报》案例，概述近期一篇讨论一家具体商业银行业绩的文章。文章暗示了银行业绩比标准水平更好还是更坏？给出业绩的理由是什么？

关于现实案例的在线文章

找一篇近期描述一个具体金融机构或金融市场真实案例的在线实用性文章，以强化本章所涵盖的一个或多个概念。

如果你的班级有一个在线平台，教授可能会要求你把文章摘要放在那里并提供文章的链接以供其他学生访问。如果你的班级是当面授课的，教授可能会要求你当堂总结你对该文章的运用。教授可能指派特定学生或让学生自愿完成这项作业。

对于与本章相关的近期在线文章和真实案例，请考虑使用以下搜索词（请务必在搜索词中包含当前年份以确保在线文章是近期的）：

1. 具体的银行的名称＋利息收入
2. 具体的银行的名称＋利息支出
3. 具体的银行的名称＋贷款损失
4. 具体的银行的名称＋净利润
5. 具体的银行的名称＋净利差
6. 具体的银行的名称＋收入
7. 具体的银行的名称＋权益收益率
8. 银行＋收入
9. 银行＋资产收益率
10. 银行＋净利差

第六部分　综合问题

预测银行业绩

本习题要求对银行资金来源和运用（第 17 章）、银行管理（第 19 章）和银行业绩（第 20 章）的理解。它也需要运用像 Microsoft Excel 这样的电子制表软件。提供的数据可以输入电子制表软件，这样必要的计算指令可以更容易地完成。对商业银行概念的理解需在计算指令中说明。

作为一家中型商业银行的分析师，你被要求预测明年业绩。6 月你获得了有关明年资金来源与应用的信息。银行来年资金来源如下（NCD 是可转让定期存单）：

资金来源	数量（百万美元）	所提供利率
活期存款	5 000	0%
定期存款	2 000	6%
一年期 NCD	3 000	短期国债利率+1%
五年期 NCD	2 500	一年期 NCD 利率+1%

银行还有 10 亿美元资本。

银行来年资金运用如下：

资金运用	数量（百万美元）	利率	贷款损失百分比（%）
小型企业贷款	4 000	短期国债利率+6%	2
大型企业贷款	2 000	短期国债利率+4%	1
消费贷款	3 000	短期国债利率+7%	4
短期国债	1 000	短期国债利率	0
长期国债	1 500	短期国债利率+2%	0
公司债券	1 100	长期国债利率+2%	0

银行还有 9 亿美元固定资产。对小型和大型企业的贷款利率与短期国债利率挂钩并在

每年初变动。预测的长期国债利率和未来短期国债利率相关，因为预测明年初收益率曲线是向上倾斜的。公司债券利率和长期国债利率相关，允许有2%的风险溢价。消费贷款于明年初提供，利率在贷款期固定。除短期国债外，所有资产剩余到期时间都超出三年。至于一年期短期国债，资金会再投入新的一年期短期国债（所有短期国债均会在年初购买）。银行贷款损失百分比影响不良贷款百分比。假定这些贷款不会收到利息。另外，假定这些贷款会算入贷款损失拨备（即，假定它们会在计算税前利润时减掉）。

银行预测其非利息收入为2亿美元，非利息支出为7.4亿美元。可用税前收入乘以税率34%来估计税后利润。银行已得出年初一年期短期国债利率的概率分布表：

（%）

短期国债利率	概率
8	30
9	50
10	20

问题

1. 运用提供的信息，通过完成下列表格来计算年资产收益率（ROA）的概率分布：

（%）

利率情景（可能的短期国债利率）	预测 ROA	概率
8		
9		
10		

2. 若市场利率上升，明年银行ROA会变高还是变低？（运用短期国债利率作为市场利率的代理指标。）为什么？
3. 银行正在考虑以下战略：吸引额外10亿美元作为一年期CD来代替10亿美元五年期NCD。基于此战略填写ROA概率分布表：

（%）

利率情景	基于增加一年期 NCD 战略的预期 ROA	概率
8		
9		
10		

4. 若其采用了吸引更多一年期NCD的战略，银行ROA明年可能更高吗？
5. 明年采用更多一年期NCD和更少五年期NCD的战略明显需要考虑的是什么？
6. 银行正在考虑提供10亿美元小型企业额外贷款而不是购买短期国债的战略。运用所有已提供的最初假设，填写ROA概率分布表（假定非利息支出不会受此战略变化影响）。

(%)

利率情景（可能的短期国债利率）	预期 ROA（若额外 10 亿美元用于向小型企业贷款）	概率
8		
9		
10		

7. 若银行分配额外资金给小型企业贷款，明年银行 ROA 可能变高还是变低？
8. 明年此战略明显的风险是什么？
9. 先前吸引更多一年期 NCD 的战略可能影响非利息支出和收入。非利息支出会怎么受此提供额外小型企业贷款的战略影响？非利息收入会怎么受此战略影响？
10. 现在假定银行正在考虑增加 10 亿美元消费贷款而不是给小型企业提供贷款的战略。运用此信息和所有提供的原始假设，填写 ROA 概率分布表。

(%)

利率情景（可能的短期国债利率）	预期 ROA（若额外 10 亿美元用于消费贷款）	概率
8		
9		
10		

11. 除了经济状况可能影响信用风险外，何种关键因素会决定此战略是否在一年内有益？
12. 现在假定银行想确定将资本从 10 亿美元增加到 12 亿美元会如何影响其明年的预期权益收益率（ROE）。（额外资本不会用于增加利息或非利息收入。）运用所有提供的原始假设，完成下列表格：

(%)

利率情景（可能的短期国债利率）	预期 ROE（若资本为 10 亿美元）	预期 ROE（若资本为 12 亿美元）	概率
8			
9			
10			

简单陈述若资本水平上升，ROE 会受到什么影响。

金融学译丛·金融市场与金融机构（第12版）

第七部分

非银行运营

第七部分各章介绍了重要的非银行运营问题。其中每一章都介绍了一种特定的运营类型，并专注于资金的来源、资金的运用、监管、管理及近期业绩这几个方面。讨论的机构中有些是独立的，有些是金融集团的业务单元或子公司。此外，这几章还强调了每家金融机构与其他机构的互动，以及它在金融市场上的参与情况。

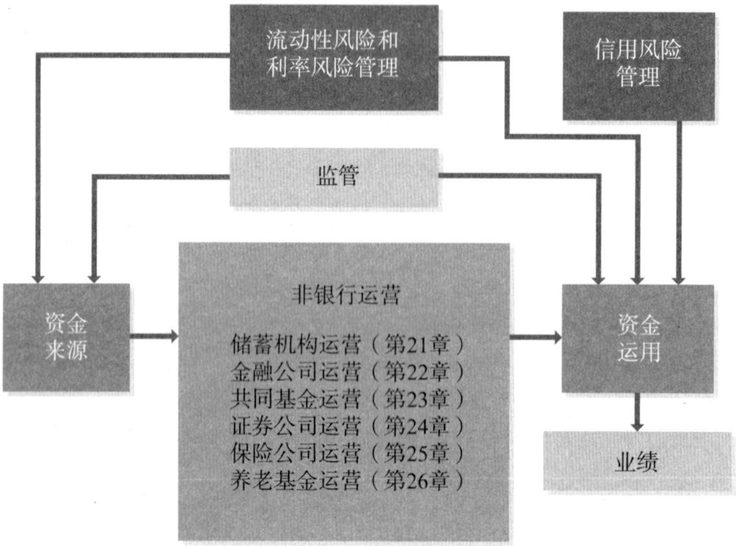

第 21 章　储蓄机构运营

本章目标

- 描述储蓄机构股权结构与监管规定
- 辨识储蓄机构主要资金来源与运用
- 描述储蓄机构各类风险暴露
- 阐释储蓄机构利率风险管理
- 阐释储蓄机构估值
- 描述储蓄机构如何暴露于近期经济危机中
- 介绍信用合作社的背景，包括其主要资金来源与运用

储蓄机构这个概念通常指一种专门进行房屋抵押贷款的存款机构。这类机构的天然使命在于接收存款并将大部分资金用于房屋抵押贷款、住宅权益贷款和住房抵押贷款支持证券。部分储蓄机构是独立的金融机构，但另一部分是金融控股集团的部门（子公司）。有时信用合作社也被认为是储蓄机构。基于此，信用合作社也包含在本章里面。

21-1　储蓄机构背景知识

储蓄机构包括储蓄银行与储蓄和贷款协会（S&L）。其中储蓄和贷款协会占比更大。如今这两类储蓄机构有着极其相似的资金来源与运用方式。因而，本章接下来探讨储蓄机构（简称为 SI）。大多数 SI 规模较小，资产小于 10 亿美元。SI 能取得州或联邦范围的

许可。

21-1a 储蓄机构所有权

储蓄机构可区分为股份制或共同所有制（存款人所有）两种。尽管大多数 SI 是共同所有，但是许多 SI 现已通过所谓的共同制向股份制转换，将所有权结构从存款人所有变为持股人所有。此转换有助于 SI 以发行股票的方式吸收外源资本。

除能增加资本外，股份制机构还使其所有者更可能通过业绩表现获益。绩优机构的分红和/或股价将增长，从而提高持股人的直接收益。相反，共同所有制机构的所有者（存款人）不能从良好的业绩表现中直接获益。虽然他们只要在共同所有制 SI 中保有存款就有对应比例的企业净值索取权，但是一旦销户，索取权也就没有了。

由于所有权结构不同，股份制机构更容易被敌意收购。共同所有制机构几乎不可能被另一家公司控制，因为管理层往往掌握全部投票权。从所有者角度看，股份制机构可能看起来更理想，因为所有者对管理决策有更大的影响力。

当共同所有制 SI 涉及收购时，它首先转换成股份制 SI。如果它是收购方，那么它将购买被收购方的现存股票。反过来如果它是被收购方，其股票将被收购方购买。此过程常被称为**变相兼并**（merger-conversion）。

部分 SI 现已被希望业务多元化的商业银行收购。即便在这种收购后，该 SI 也仍可能保持原运营，但是归商业银行所有。兼并与收购导致了共同所有制和股份制 SI 的数量逐年下降。现存 SI 家数不及 1994 年的一半。

虽然 SI 合并造成机构数量缩减，SI 总资产之和却增加了。股份制 SI 总资产如今超过 1994 年的两倍，但共同所有制 SI 的总资产保持了稳定。

21-1b 储蓄机构监管

如今储蓄机构监管体系是在《金融改革法案》（2010）的基础上建立的。美国货币监理署监管共同所有制 SI 和联邦 SI。美联储调控 SI 控股母公司。消费者金融保护局监管更大型 SI（资产超过 10 亿美元），以确保它们遵从联邦消费者保护法律。因此存在监管者交叉。州特许 SI 归对应州监管。SI 在满足各自监管者的要求外还需符合联邦存款保险公司（FDIC）所设的各类准则。

《金融改革法案》（2010）夺走了 SI 的部分优势。SI 控股公司必须满足针对银行控股公司的最低资本要求。联邦 SI 需通过合格互助贷方测试，即要求资产组合 65%以上是合格互助投资，例如住房贷款、住宅权益贷款、住房抵押贷款支持证券、小微企业贷款和信用卡贷款。不过 SI 受制于商业贷款与消费贷款的有关规定。

虽然监管者的监管条例逐步趋同，但差异依然存在。因此，SI 本能地进行监管选购，寻求更宽容的监管者以求运营方面自由度更高或合规方面文书工作更少。自《金融改革法案》（2010）通过以来，有些 SI 开始试图转型为商业银行或信用合作社，因为监管上的变化夺走了作为一家 SI 所原有的部分优势。

存款保险　SI 存款保险由存款保险基金（deposit insurance fund，DIF）提供，而 DIF 由 FDIC 管理。现今最高偿付限额为 25 万美元。DIF 成立于 2006 年 3 月 31 日，由**储**

蓄协会保险基金（savings association insurance fund，SAIF）和银行保险基金（bank insurance fund，BIF）合并而成，其中SAIF此前为S&L提供保险，BIF为储蓄银行提供保险。FDIC将每年SI上交的保费存入DIF中。一旦某家SI倒闭，FDIC就用DIF中的资金向存款人进行赔付。

储蓄机构监管评级 监管者定期对SI运用骆驼（CAMELS）评级体系进行现场检查，其方式类似于商业银行。CAMELS是以下特征的英文首字母缩写：资本充足率、资产质量、管理能力、盈利能力、流动性和市场敏感性。每家SI都获得一个分布在1（最好）和5（最差）之间的CAMELS综合等级。如某家SI的CAMELS综合等级在4或以上，它将被划分为"问题机构"并被密切关注，它可能面临监管者的整改措施。

业务管制放松 最近几年，SI在所提供产品和服务多元化方面被赋予了更大的自由度。它们通过合并其他专门从事房地产、保险、经纪业务的企业来进行业务多元化。SI能以贴现经纪服务和其他非传统服务吸引到想要一站式服务的顾客群体。

21-2 资金来源与运用

和商业银行一样，SI也是价值突出的金融中介。然而，它们的资金来源与运用不同于商业银行，因此管理也不同。

21-2a 资金来源

以下为SI的主要资金来源：

存款 储蓄机构从多种储蓄存款和定期存款中获取它们的大部分资金，包括活期储蓄存款、零售定期存单（CD）和货币市场存款账户（MMDA）。

借款 当SI无法吸收足够多的存款时，它们可以从三条渠道借入短期资金。第一，它们能向联邦基金市场上拥有多余资金的存款机构借款。在此市场上的借款利率被称为联邦基金利率。

第二，SI能通过回购协议（repo）借款。通过回购，一家机构在出售政府证券时承诺不久之后回购那些证券，实质上相当于一笔在回购发生之前对证券出售方的短期贷款。

第三，SI能向美联储借款，但这条渠道不如其他渠道常用。

资本金 一家SI的**资本金**［capital，或净值（net worth）］基本上由留存收益和发行股票筹资所组成。当SI业绩良好时，新增留存收益扩大了资本金规模。资本金常用于支持日常和扩张性业务。资本金同时还为遭受损失的SI充当缓冲垫角色，比如在次贷危机期间。

21-2b 资金运用

以下为SI的主要资金用途：

- 现金
- 抵押贷款

- 住房抵押贷款支持证券
- 其他证券
- 消费者与商业贷款
- 其他用途

现金 储蓄机构保留现金以满足联邦储备系统的准备金要求和存款人提现。此外，部分 SI 在其他金融机构存入合理水平的现金以换取多种服务。

抵押贷款 抵押贷款是 SI 的主要资产类型。其特征为期限长和借款人可提前还款。所发放抵押贷款约 90%是给住房或单元楼，而 10%是商业地产。

抵押贷款能在二级市场出售，但其市场价值随利率波动，因此受利率风险和信用（违约）风险影响。SI 运用一系列方法防范利率风险，本章后文将进行讨论。

住房抵押贷款支持证券 有些储蓄机构会买入住房抵押贷款支持证券。这些证券的收益率主要受住房抵押贷款违约率影响。次贷危机期间违约不断发生，持有住房抵押贷款支持证券的储蓄机构普遍遭受损失。

其他证券 储蓄机构还投资于像长期国债和公司债券这样的证券。此类证券流动性充足，因为在资金紧张时它们能在二级市场上快速出售。

有时储蓄机构在考虑公司债券投资时会依赖于信用评级。然而，在次贷危机中，评级机构因评级过于宽松而饱受批评。《金融改革法案》（2010）要求 SI 不能仅用信用评级机构的信用评级，还要运用其他工具衡量债券风险，包括 SI 内部风险评级。通过内部评级对信用评级进行补充，SI 更不可能投资于风险过高的证券。

消费者与商业贷款 许多 SI 已经增加了消费者和商业贷款。此举有利于降低它们对抵押贷款的高风险暴露。

由于消费者和商业贷款的期限与 SI 负债的期限非常匹配，削减固定利率抵押贷款以增加消费者贷款的 SI 降低了利率风险暴露。

其他资金用途 储蓄机构能通过回购协议对其他机构提供短期融资。此外，它们在联邦基金市场上发放短期贷款。这两种用途皆有利于它们有效利用只在短期占用的资金。

21-2c 储蓄机构资产负债表

一家 SI 的资金来源反映在负债或所有者权益中，而资金运用反映在资产中。每家 SI 决定其资产负债组成，从而决定了其独特的业务运营。

◈ 例子

表 21.1 通过列示 Ashland 这家储蓄机构的资产负债表总结了 SI 的主要资金来源与运用。资产列在资产负债表左边第一列。第二列为美元价值，第三列为每类资产占总资产的比例，以反映 Ashland 如何分配资金。Ashland 的主要资产为抵押贷款。其资产分配折射出 SI 的普遍分配状况。但是不同 SI 的分配结构不尽相同，因为有些机构抵押贷款规模相对更大。

Ashland 各项负债均会产生费用。特别地，它需要雇员来为存款人提供服务，也需要信息系统为存款人提供账户信息。负债结构决定了它的利息费用，比如大额 CD 利率高于小额储蓄存款。Ashland 同样在资产管理过程中产生费用。尤其是需要雇员对申请贷款的个人及企业进行信用评价。总而言之，Ashland希望产生足够的收入以覆盖费用并为股东提供合理水平的收益。其主要收入来自所发放的抵押贷款利息。其资本金在资产负债表中表现为普通股发行和留存收益。

表 21.1　2016 年 6 月 30 日 Ashland 储蓄资产负债表

资产	价值（百万美元）	占总资产的比例	负债与所有者权益	价值（百万美元）	占负债与所有者权益的比例
现金（包括法定存款准备金）	60	6%	储蓄存款	100	10%
单一家庭抵押贷款	500	50%	可转让支付命令账户	50	5%
多家庭抵押贷款	50	5%	货币市场存款账户	300	30%
其他抵押贷款	40	4%	短期 CD	360	36%
住房抵押贷款支持证券	70	7%	一年期以上 CD	100	10%
其他证券	100	10%			
消费贷款	70	7%			
商业贷款	40	4%			
固定资产	70	7%	普通股发行	50	5%
			留存收益	40	4%
总资产	1 000	100%	负债与所有者权益总计	1 000	100%

◇

图 21.1 展现了储蓄机构如何运用资产负债表关键项目推动经济增长。它们引导来自存款人的资金以及更多资金流向其他购房家庭。它们还引导资金支持商业地产投资。它们在住房和商业地产市场发展中发挥了主要作用。它们还用部分存款购买国债和市政债券，从而为财政部和地方政府支出提供资金支持。

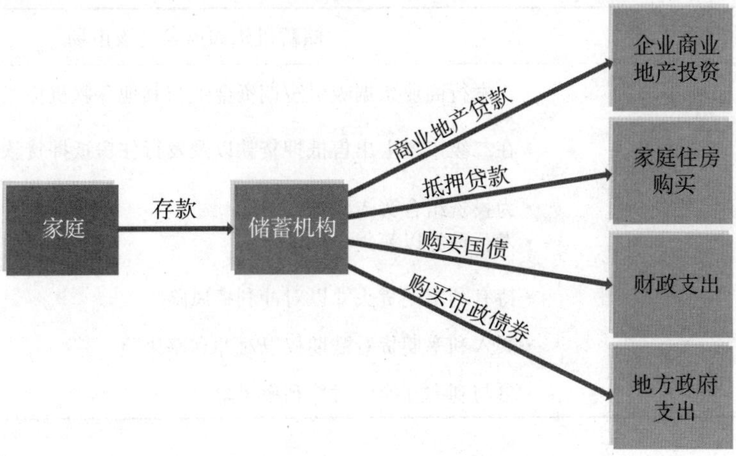

图 21.1　储蓄机构如何支持经济增长

21-2d 与其他金融机构的关系

如表 21.2 所示，当 SI 吸收和运用资金时，它们普遍与其他金融机构产生关系。它们吸收资金时与商业银行和货币市场共同基金进行竞争，在发放贷款时与商业银行和金融公司竞争。发放抵押贷款后，它们有时会在二级市场将其出售给保险公司。许多 SI 拥有其他金融机构，这些金融机构作为其子公司提供多种类型的服务，包括消费金融、信托、抵押贷款银行业务、贴现经纪业务和保险。

表 21.2　　储蓄机构与其他金融机构的关系

金融机构类型	与储蓄机构的关系
商业银行	• 在吸引存款、提供消费贷款和商业贷款上与 SI 竞争 • 近年来与 SI 不断趋同
金融公司	• 在提供消费贷款和商业贷款上与 SI 竞争
货币市场共同基金	• 在从投资者那里吸引短期投资上与 SI 竞争
投资公司与经纪公司	• 为希望参与利率互换和利率上限的 SI 提供服务 • 与 SI 达成协议，为其顾客提供经纪业务
保险公司	• 在二级市场上从 SI 手中买入抵押贷款

21-2e 参与金融市场

如表 21.3 所示，当 SI 发挥各种功能时，它们依赖于不同的金融市场。抵押贷款市场为希望发行住房抵押贷款支持证券或在二级市场出售抵押贷款的 SI 提供资金。债券市场对拥有多余资金的 SI 而言是资金运用，对在一级市场发行新债券或在二级市场出售所持债券的 SI 而言是资金来源。

表 21.3　　储蓄机构参与金融市场

金融市场	储蓄机构如何参与该市场
货币市场	• 在发行商业票据吸引短期资金上与其他存款机构竞争
抵押贷款市场	• 在二级市场上出售抵押贷款以及发行住房抵押贷款支持证券
债券市场	• 为投资组合买入债券 • 发行债券以筹集长期资金
期货市场	• 持有利率期货头寸以对冲利率风险
期权市场	• 买入利率期货看跌期权以对冲利率风险
互换市场	• 参与利率互换以对冲利率风险

21-3 储蓄机构估值

储蓄机构（或金融控股集团的 SI 业务部门）通常被管理层出于考核期内业绩需要或其他金融机构出于收购需要而进行估值。一家 SI 的价值可用模型表示为未来现金流的现值。因此该 SI 的价值随预期未来现金流和投资者必要收益率的变化而变化。

$$\Delta V = f[\underbrace{\Delta E(\text{CF})}_{+},\ \underbrace{\Delta k}_{-}]$$

21-3a 现金流的影响因素

一家 SI 的预期现金流变动用模型表示为：

$$\Delta E(\text{CF}) = f(\underbrace{\Delta \text{ECON}}_{+},\ \underbrace{\Delta R_f}_{-},\ \underbrace{\Delta \text{INDUS}}_{?},\ \underbrace{\Delta \text{MANAB}}_{+})$$

式中，ECON 代表经济增长率，R_f 代表无风险利率，INDUS 代表 SI 所处行业环境（如监管规定），MANAB 代表该 SI 的管理能力。

经济增长率变动 经济增长有利于 SI 的现金流，因为家庭部门对消费贷款或抵押贷款的需求增加会促进 SI 提供更多贷款。再者，经济强劲增长时期贷款违约率通常下降。此外，经济形势向好时家庭部门拥有相对更多的可支配收入，使得对 SI 所提供的其他金融服务（如房地产和保险服务）需求增长。

无风险利率变动 一家 SI 的现金流与利率走势负相关。首先，当无风险利率下降时，其他市场利率也随之下降，因此对该 SI 的贷款需求相应增长。其次，SI 严重依赖于短期存款，而短期存款利率往往随其他市场利率变动。储蓄机构资产（如消费贷款和固定利率抵押贷款）通常是固定利率，因此在资产到期或出售前其利息收入并不受利率走势影响。这样一来，当利率下降时一家 SI 的筹资成本下降幅度比在贷款和投资上获得的利息收入的降幅更大。而利率上升会减少该 SI 的预期现金流，因为在存款上支付的利息的增长幅度比在贷款和投资上获得的利息收入的增幅更大。

行业环境变化 储蓄机构暴露在包括监管规定、技术、竞争等在内的行业环境中。如果监管规定放松，部分 SI 的预期现金流将增加。比如，当监管者放松牌照规定时，SI 能提供更多服务给顾客。但与此同时效率相对更低的 SI 将损失部分市场份额，从而遭受现金流缩减。

管理能力变化 一家 SI 需决定管理层组成与组织架构。管理者利用储蓄机构无法控制的外部因素（经济增速、利率、监管规定）进行内部决策。因此一家 SI 的管理能力影响其预期现金流。比如，有能力的管理者能根据利率预期决定是否提高固定利率抵押贷款比例。他们通过提供一篮子多元化服务组合满足目标客户群，从监管变化中获利。他们还会运用衍生证券改变潜在收益率和 SI 对利率变动的风险暴露。

21-3b 必要收益率的影响因素

一家 SI 的投资者的必要收益率变动用模型表示为

$$\Delta k = f(\underbrace{\Delta R_f}_{+}, \underbrace{\Delta \mathrm{RP}}_{+})$$

式中，R_f 代表无风险利率，RP 代表风险溢价。

无风险利率上升导致投资者必要收益率提高。高通货膨胀率、经济增长率以及高财政赤字会对利率产生上升压力，但货币供应量增加对利率产生下行压力（假设未导致通货膨胀）。

风险溢价变动 如果一家 SI 风险溢价走扩，该 SI 的投资者的必要收益率也会上升。高经济增长率导致 SI 风险下降，因为其消费贷款、抵押贷款和债券投资违约概率下降了。行业环境对 SI 的影响是综合性的。放松业务牌照监管有可能促进 SI 提供多元化服务并降低其风险，但也有可能在 SI 参与更高风险业务时增加风险。管理能力提高有利于降低 SI 的认知风险从而缩减风险溢价。

图 21.2 展示了根据前文讨论的对一家 SI 进行估值的整体架构。通常一家 SI 的价值受到高经济增长率、利率下行以及高质量管理的正向影响。该 SI 对这些条件的敏感性取决于自己的特征。比如，一家注重房地产和保险服务的 SI 会比注重常规抵押贷款的 SI 更容易受到禁止或限制开展这些服务的监管规定的影响。

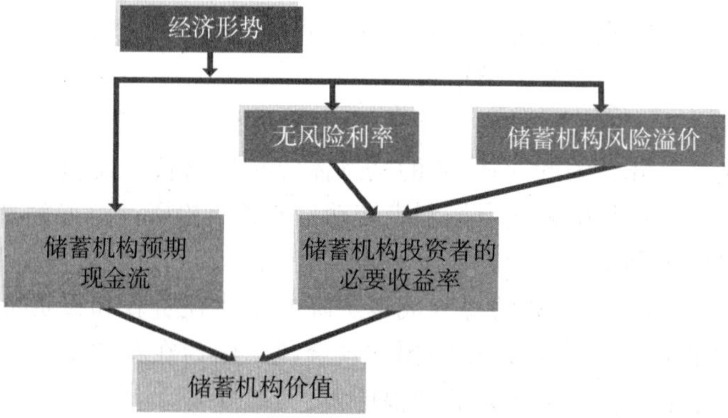

图 21.2 储蓄机构估值架构

说明：• 经济形势好转有利于贷款需求（利息收入）和其他服务（非利息收入）需求增加、贷款违约减少，从而增加储蓄机构的现金流。

• 无风险利率下降有利于降低存款成本以及提高储蓄机构所持抵押贷款的估值。

• 估值还受到行业环境和储蓄机构管理能力（未在图中显示）的影响。这些因素影响风险溢价（从而影响投资者必要收益率）和储蓄机构的预期现金流。特别地，监管变动改变了竞争格局，从而影响储蓄机构的现金流和风险溢价。

21-4 风险暴露

和商业银行一样，SI 暴露于流动性风险、信用风险和利率风险中。但是，由于它们的资金来源和运用不同于商业银行，所以风险暴露也有所不同。

21-4a 流动性风险

因为 SI 常常以短期负债支持长期资产，所以它们依赖于额外的存款来满足提现要求。如果新增存款不足以覆盖提现，这些机构将遭受流动性问题。为摆脱困境，它们可以通过回购协议或从联邦基金市场借款来获取资金。然而，这些办法只能解决短期流动性不足。一旦出现长期流动性问题，它们就束手无策了。

一个解决流动性不足的可选方案是将资产变现。储蓄机构能在二级市场出售国债甚至部分抵押贷款。虽然资产变现能增强流动性，但是这也会缩小该 SI 的规模甚至盈利。因此，流动性不足通常是通过增加负债而非变卖资产来解决的。

21-4b 信用风险

抵押贷款作为主要资产，是 SI 信用风险的主要来源。尽管 SI 对联邦住房管理局（FHA）和退伍军人管理局（VA）的抵押贷款均为信用风险投保，但常规抵押贷款并没有投保。常规抵押贷款很容易就能进行私人保险，不过 SI 往往自己承担风险而非支付保费。如果它们对潜在借款人进行了充足的信用分析并在抵押贷款上实现了地理多元化，它们就能保持较低水平的信用风险。许多 SI 在 2003—2006 年发放或买入抵押贷款时过度承担风险，因而在次贷危机中遭受了损失，本章后文将展开讨论。

21-4c 利率风险

部分 SI 严重依赖于短期存款作为主要筹资来源，并把大部分资金运用于固定利率抵押贷款。这些 SI 受制于利率风险，因为其负债对利率敏感（成本对市场利率变动敏感）而资产对利率不敏感（收入对市场利率变动不敏感）。因此利息收入与利息费用之差随利率上升而收窄，从而降低盈利水平。

衡量利率风险 SI 通常以利率敏感型资产和利率敏感型负债之差作为利率缺口来衡量利率风险暴露。然而，利率缺口的衡量取决于划分资产和负债是否为利率敏感型的标准。

◇ 例子

Siesta 储蓄机构于最近成立。它的主要资金来源于两年期 CD 并发放 30 年期固定利率抵押贷款。它划分资产负债是否为利率敏感型的标准为是否会在一年及以内重新定价。由于 Siesta 大部分负债利率一年内不受利率变动影响，所以被认为对利率不敏感。同理它的资产也被认为对利率不敏感。因此 Siesta 的利率缺口几乎为零，它的利率敏感型资产和负债均近乎零，这意味着 Siesta 对利率的风险暴露为零。然而，Siesta 会受到利率上升的负面冲击，因为其利息费用会逐渐攀升，而抵押贷款长期均为固定利率。所以利率缺口对 Siesta 而言并非一个衡量利率风险暴露的准确指标。◇

考虑到利率缺口的缺陷，部分 SI 分别计算资产和负债的久期以确定利息收入和费用的利率敏感性失衡问题。下面举例说明。

◇ 例子

Tucson 储蓄机构（TSI）需计算出资产和负债的久期。首先它要把资产负债表里的每一项划分到不同期限类型中，正如表 21.4 所示。大部分浮动利率抵押贷款每年调整一次利率，因而表中长期项金额为零。每类资产平均久期在美元金额之下。有些固定利率抵押贷款划分到更短期限类型中，因为它们即将到期或出售。浮动利率抵押贷款的久期 0.91 年是各项贷款的加权平均数，计算过程为

$$0.30\times(7\ 000/27\ 000)+0.80\times(15\ 000/27\ 000)+1.9\times(4\ 000/27\ 000)+2.9\times(1\ 000/27\ 000)$$

表 21.4　　Tucson 储蓄久期计算表

资产	利率调整周期							
	低于6个月	6个月至1年	1～3年	3～5年	5～10年	10～20年	长于20年	总计
浮动利率抵押贷款								
金额（千美元）	7 000	15 000	4 000	1 000	0	0	0	27 000
平均久期（年）	0.30	0.80	1.90	2.90	0	0	0	0.91
固定利率抵押贷款								
金额（千美元）	500	500	1 000	1 000	2 000	10 000	5 000	20 000
平均久期（年）	0.25	0.60	1.80	2.60	4.30	5.50	7.60	5.32
证券投资								
金额（千美元）	2 000	3 000	4 000	2 000	1 000	0	2 000	14 000
平均久期（年）	0.20	0.70	1.70	3.20	5.30	0	8.05	2.65
总金额（千美元）	9 500	18 500	9 000	4 000	3 000	10 000	7 000	61 000
								资产久期＝2.76（年）
负债								
固定期限负债								
金额（千美元）	14 000	9 000	2 000	1 000	0	0	0	26 000
平均久期（年）	0.30	0.60	1.80	2.80	0	0	0	0.62
可转让支付命令账户								
金额（千美元）	4 000	0	0	0	0	0	0	4 000
平均久期（年）	0.40	0	0	0	0	0	0	0.40
货币市场存款账户								
金额（千美元）	15 000	0	0	0	0	0	0	15 000
平均久期（年）	0.20	0	0	0	0	0	0	0.20
活期储蓄								
金额（千美元）	13 000	0	0	0	0		0	13 000
平均久期（年）	0.40	0	0	0	0	0	0	0.40
总金额（千美元）	46 000	9 000	2 000	1 000	0	0	0	58 000
								负债久期＝0.45（年）

固定利率抵押贷款和证券投资计算过程同理。总资产的久期 2.76 年是各项资产久期的加权平均数：

$$0.91\times(27\ 000/61\ 000)+5.32\times(20\ 000/61\ 000)+2.65\times(14\ 000/61\ 000)=2.76(\text{年})$$

负债久期计算同理。可转让支付命令账户和活期储蓄存款并无明确的到期期限，但它们的利率调整不如货币市场存款账户频繁，因此货币市场存款账户久期也就更短。总负债的久期为 0.45 年。Tucson 总资产久期超过总负债久期的六倍，因而其未来业绩高度暴露于利率波动风险中。其市场价值会随利率上升而明显下降。TSI 能通过减少长久期资产占比来降低利率风险。◈

金融机构运用计算机程序来估算资产和负债久期并对资产负债表改动方案采取敏感性分析。举例来说，TSI 在扩张业务时如果采用吸收 5 年期存款来发放浮动利率贷款的办法，其资产和负债的久期变动能被测算出来。

21-5 利率风险管理

储蓄机构能运用一系列工具进行利率风险管理，包括：

- 浮动利率抵押贷款
- 利率期货合约
- 利率互换

21-5a 浮动利率抵押贷款

浮动利率抵押贷款（adjustable-rate mortgage，ARM）的利率与市场决定的利率如一年期国库券利率高度相关，同时根据 ARM 合同中列出的计算式周期性调整。其中运用了一系列方程式。浮动利率抵押贷款能让 SI 的利息收入与利息费用缺口维持较稳定的水平。

虽然 ARM 能减少利率上升的负面冲击，但与此同时也降低了利率下降的正面影响。假设一家 SI 的主要筹资来源于短期存款并运用于固定利率抵押贷款。当利率下降且该 SI 事先没有对冲利率风险暴露时，收支缺口将走扩。如果该 SI 运用了 ARM 作为一种对冲策略，利率下降也会带来贷款利率下降，因而收支缺口不会走扩。

尽管 ARM 降低了 SI 风险，但它们将客户置于利率风险中。即使 ARM 限制了利率上升幅度上限（如每年 2%或贷款生命期内 5%），利率上升对住房抵押贷款支付现金流的冲击也还是非常显著的。因为有些房主更愿意接受固定利率抵押贷款，大部分 SI 还是会发放给他们，从而产生了利率风险。因此除 ARM 外还需要额外的策略以降低这部分风险。

21-5b 利率期货合约

利率期货合约是指在未来指定日期买入一笔特定金额特定种类的债券的合约，而期货合约的卖方则有义务在指定日期以合约价卖出该债券。

部分 SI 会利用国债期货合约，因为国债现金流与固定利率抵押贷款类似。和抵押贷款一样，国债定期支付固定金额，所以其市场价值与利率变动成负向关系。卖出这些期货合约的储蓄机构能有效对冲固定利率抵押贷款。当利率上升时，期货合约的市场价值会下降。SI 能以合约价出售并在未来以更低价格买入这些债券，从而获益。

21-5c 利率互换

还有一种降低利率风险的策略是利率互换，它能让一家 SI 将固定利率现金流（流出）换成浮动利率现金流（流入）。固定利率现金流出用来对冲固定利率抵押贷款，这样就产生了一个特定缺口。同理，浮动利率现金流入用来对冲浮动资金成本。当利率上行时，互换合约中固定利率现金流不变而浮动利率现金流增加。这部分收益能部分对冲掉利率上行通常导致的 SI 损失。当利率下行时固定利率现金流不变而浮动利率现金流减少。

21-5d 利率风险管理的相关结论

许多 SI 已开始运用前文提及的策略降低利率风险。虽然这些策略有一定作用，但是完全消除风险是不可能的。原因之一在于抵押贷款可能会提前还款。房主经常在不提前告知贷款 SI 的情况下提前还款。因而 SI 实际上并不知道抵押贷款的真实期限，也就无法完美对冲其资产负债的利率敏感性。

21-6 储蓄机构在危机中的暴露

储蓄机构分别在 20 世纪 80 年代末期的储蓄机构危机和 2008—2009 年的次贷危机中遭到重创，下文对此进行展开。

21-6a 20 世纪 80 年代末期的储蓄机构危机

20 世纪 80 年代末期危机发生的原因之一在于利率上行。那些发放长期抵押贷款的 SI 受到负面影响，因为资产利息收入保持稳定但负债利息支出增加。结果它们的净利息收入下降了。

此外，当时部分 SI 在不具备专业体系去评价公司偿还能力的情况下发放了商业贷款。油价下跌致使经济受创的西南地区出现大量违约。石油行业开始裁员，导致收入下降。房价跌幅惊人，当 SI 取消房贷坏账的赎回权时，抵押品价值已经低于贷款价值。尽管存在部分房贷违约，但是主要贷款损失来自商业地产，如综合办公楼。有些 SI 在垃圾债券投资上也遭受了损失。

许多 SI 在遭受贷款损失后现金开始紧缺，因为贷款现金流入不足以覆盖存款人提现。这样，它们被迫提高存款利率以吸引更多资金。随着存款人逐渐得知危机，他们纷纷从 SI 提取存款，从而加剧了流动性不足问题。

欺诈 除上述原因外，部分 SI 因各种欺诈性行为而面临财务问题。其中欺诈的一项主要类型体现为管理者挪用存款人资金购买私人资产，包括游艇、艺术品及汽车。许多 SI 明显缺乏执行官和理事会的监督，使得某些管理者将自身利益置于股东利益之上。如果管理得当，SI 的很多问题都能避免。

FIRREA 条款 为防止进一步损失和重建信心，《金融机构改革、复兴与强化法案》(Financial Institutions Reform，Recovery，and Enforcement Act，FIRREA) 于 1989 年出台。其中值得关注的是，FIRREA 加重了对 SI 及其他金融机构中犯有欺诈罪的人员的量刑，修改了 SI 监管规定，并提高了 SI 资本充足率要求。它还允许商业银行收购 SI。此外，SI 必须清算垃圾债券的现有头寸且未来不得投资。

信托重组公司（resolution trust corporation，RTC）成立的目的在于处理破产 SI。RTC 清算破产 SI 的资产来赔偿存款人或将 SI 出售给其他金融机构。从成立到 1995 年年底 RTC 被关闭，它曾为 747 家破产 SI 清算或寻找买家。而且它从清算资产中回收了 3 940 亿美元，通过法律调解回收了 24 亿美元。

除了重建 SI 行业信心，FIRREA 还显著改善了之后 15 年 SI 的行业环境。储蓄机构逐渐积累资本金并出售风险资产。尽管如此，但许多 SI 在 2004—2006 年重新采取冒险策略，虽然经济强劲时能带来高回报，但在次贷危机中造成了巨大创伤，详见后文。

21-6b 2008—2009 年次贷危机

2003—2006 年经济增长强劲，许多 SI 为不符合常规抵押贷款要求的借款人发放次级抵押贷款时采取了非常宽松的发放标准。它们的次级抵押贷款通常收取比常规抵押贷款高出 3 个百分点及以上的利率，还有发放贷款附加费。

次级抵押贷款利率前两年一般固定，其后随市场调整。在 2005—2006 年利率上行，部分次级抵押贷款人无力偿还月供。与此同时，新房供给继续增加，但需求减少，导致房屋剩余。进一步地，2008—2009 年经济变得脆弱，房价开始暴跌。许多房屋价值远低于其未偿贷款现值。因此，银行开始变卖抵押品房屋。到了 2009 年 1 月，抵押贷款中 10% 处于逾期或变现状态。

有些 SI 发放次级贷款后立即在二级市场将其出售给机构投资者。这些储蓄机构承受较低的信用风险，因为次级抵押贷款头寸有限。然而，那些仅注重次级抵押贷款并在发放贷款后持有的金融公司在 2008—2009 年遭受了巨额损失，因为许多借款人无力还款。有几家次级贷款公司破产。甚至发放次级贷款后将其全部出售了的次级贷款公司也受到次贷危机冲击，一旦经济下行，抵押贷款发放量就随之下降。

许多 SI 重仓了住房抵押贷款支持证券且未能判断这些证券的潜在信用风险。当基础资产抵押贷款发生逾期或违约时，它们也就承受了投资损失。还有部分 SI 卖出了这些不动产抵押贷款证券的信用违约互换合约，当其他金融机构持有人违约时，它们有义务赔付损失。

总而言之，2008—2009 年次贷危机与 20 世纪 80 年代末期储蓄机构危机的负面冲击非常类似。在这两次危机中，涉足高风险贷款与投资的 SI 均在经济形势变差时遭受重创。

次贷危机中重大破产案例 SI 的财务问题被几个重大破产案例暴露出来，包括美国国家金融服务公司（第二大 SI）、印地麦克银行（第八大 SI）和华盛顿互惠银行（最大 SI）。

美国国家金融服务公司采取激进策略发放质量可疑的次级抵押贷款。这些贷款大多在2007年违约。2008年1月，美国国家金融服务公司面临破产并被美国银行收购。

印地麦克银行在320亿美元抵押贷款组合中遭受重大损失。2008年7月，印地麦克银行破产谣言四起，存款人开始以平均每天1 000万美元的规模提现。这给印地麦克银行带来了严重的流动性问题，导致了FDIC干预并接管。

2008年9月，华盛顿互惠银行（资产3 070亿美元）成为美国历史上最大一家破产银行。和印地麦克银行一样，华盛顿互惠银行同样因破产谣言遭受挤兑，出现流动性危机。华盛顿互惠银行破产主因在于过度投资于抵押贷款与住房抵押贷款支持证券。FDIC接管了华盛顿互惠银行的资产并将其中大部分出售给摩根大通。这次收购后，摩根大通成为当时美国第二大商业银行（目前为最大的一家银行）。

21-6c 次贷危机引致改革

在次贷危机之后，《金融改革法案》（2010）出台。该法案包含诸多条款以稳定金融体系。它建立了SI监管条例和监管体系，前文已提及。这里将总结其他与SI相关的条款。

抵押贷款发放 《金融改革法案》（2010）要求SI及其他发放抵押贷款的金融机构在通过贷款申请前确认申请人收入、工作和信用记录。该条款的目的在于提高贷款门槛以避免未来次贷危机重演。

住房抵押贷款支持证券的出售 《金融改革法案》（2010）要求出售抵押贷款支持证券的金融SI和其他金融机构保留投资组合的5%，除非该投资组合满足反映低风险的具体要求。这一条款迫使金融机构在出售的住房抵押贷款支持证券投资组合中保留一定份额。《金融改革法案》（2010）还要求就出售的住房抵押贷款支持证券的基础资产的质量披露更多信息。

金融稳定监管委员会 《金融改革法案》（2010）催生了金融稳定监管委员会，其职责是识别美国金融稳定风险因素以及为监管者提供降低系统风险（即SI或其他金融机构财务问题互相传染的风险）的建议。委员会有权提供建议以确保存款机构不依赖于监管救助，并有权建议对规模过大、业务过杂的SI提高资本充足率要求。

委员会包括10名成员，包括财政部部长（委员会主席）、美联储主席、货币监理署、联邦存款保险公司、美国信用合作社管理局（本章后文会展开讨论）、美国证券交易委员会以及联邦住房金融局等。

有序清算 《金融改革法案》（2010）赋予特定监管者决定哪家金融机构应被清算的权力。此举有利于加速清算过程并限制金融机构引致的损失。股东与无抵押债权人需承担破产金融机构的大部分损失。

消费者金融保护局 《金融改革法案》（2010）成立了消费者金融保护局，其职责是监管由SI和其他金融机构提供的各类消费者金融产品服务，如网上账户和信用卡。该局有权规定SI发布金融服务的准确信息并禁止欺诈性金融行为。

衍生证券交易 《金融改革法案》（2010）要求衍生证券通过清算所或交易所进行交易，而非场外交易。此举有助于保证金和抵押品标准化，以及市场价格透明化。这样一来，进行衍生品交易的SI更少承受交易对手方抵押品不足的风险。

21-7 信用合作社

信用合作社（CU）是一种非营利机构，其会员从属于同一团体如某个工会、教会、大学甚至社区。其目标在于为会员提供中介服务。信用合作社为投资会员提供存款利息。它将所获资金引流到需要贷款的会员方。

会员共同联系的规定导致了 CU 的规模远小于其他存款机构。美国现有 6 500 家 CU。虽然 CU 在数量上超过了商业银行，但 CU 的总资产还不到商业银行的 1/10。

21-7a 信用合作社所有权结构

由于 CU 不发行股票，它们实际上为存款人所有。存款被称为份额，存款利息被称为分红。作为非营利性机构，CU 的收入免税。如果 CU 存在盈利，则要么用于提高存款利率，要么用于降低贷款利率。

和储蓄机构及商业银行一样，CU 能在联邦或州注册。如果州无法颁发许可证，那么联邦许可证就是必需的。尽管很少一部分 CU（如海军联邦 CU）的资产多于 10 亿美元，但大部分 CU 的规模较小。联邦 CU 比州 CU 的成长速度更快，如今它们的总资产规模也明显更大。

21-7b 信用合作社的优势和劣势

如前文所述，CU 是非营利机构，因而免税。这就使得 CU 相对其他金融机构而言具备了巨大优势。信用合作社通常提供比竞争者更高的存款利率、更低的账户查询费用、更低的余额要求和更低的贷款利率，并且能实现较可观的业绩，这是因为它们的盈利免税，同时不必满足股东必要收益率。此外，它们的非利息费用也相对较低，因为办公室及家具通常来自捐赠或由会员所在团体低价提供。

但 CU 的部分特征是不利的。其雇员有效开展业务的意愿不强。此外，还缺乏对新技术的大量投资，从而无法提供最新网上银行和掌上银行服务创新。此外，会员共同联系要求限制了既定 CU 在特定团体中的规模扩大。一旦该机构辞退部分会员，许多会员或将马上经受财务困境并提现或违约。这样在很多会员需要贷款撑过裁员期时 CU 就面临流动性不足问题。

即使共同联系不代表某一特定雇员，许多 CU 也无法实现地理多元化，因为所有会员都生活在同一区域。因此该区域经济放缓将使大部分会员受到负面影响。再者，CU 无法像商业银行和储蓄机构那样进行产品多元化。它们的使命在于服务存款人，因此非常注重为会员提供贷款。最后，在 CU 的确需要资金时它们也不能发行股票，因为它们为存款人所有而非为股东所有。

为克服部分缺陷、实现服务多元化并利用规模经济，CU 不断进行合并，因而部分 CU 如今拥有来自雇员、组织及其他团体的会员。CU 还提供其他服务，如提供人寿保险给会员以实现产品多元化。

21-7c 信用合作社存款保险

约 90%的 CU 由全国信用合作社股份保险基金（National Credit Union Share Insurance Fund，NCUSIF）承保，NCUSIF 由全国信用合作社股份管理局（National Credit Union Administration，NCUA）主管。NCUSIF 成立于 1970 年，未获美国财政部和美联储捐献的启动资金。所有联邦 CU 必须向 NCUSIF 购买保险。州 CU 只有满足各项要求才能申请 NCUSIF 保险。单个存款人的最高偿付额为 25 万美元。部分州要求其 CU 购买联邦级保险，其他州则允许其他保险机构承保。

CU 年度保费通常相当于共同存款的 1‰。NCUSIF 将一部分资金用于每年救助破产 CU 的准备金。由于 CU 较少破产，准备金通常足以应付救助费用。

然而，次贷危机中部分信用合作社破产导致了基金出现枯竭。2009 年和 2010 年为补充基金，保费增加了。

21-7d 信用合作社监管评价

联邦 CU 由 NCUA 监管，而州 CU 则由各自州监管。NCUA 检察员每年对 CU 进行监测。检察员的评价对象包括全部联邦 CU 和申请联邦保险的州 CU。每家 CU 均有半年财报。根据此信息，NCUA 检察员计算出财务比率以衡量 CU 财务状况。然后财务比率用来对比行业标准判断是否出现显著偏离。接着会有一份 CU 总结，被称为财务业绩报告，用以列示是否存在未来需要特别关注的潜在问题。

评价还包括检察员将每家 CU 划分到某一风险级别中，范围为一级（低风险）到五级（高风险）。此举作为预警系统有助于密切关注目前正经历困境或面临潜在问题的 CU。NCUA 评价风险的标准包括资本充足性、资产质量、管理能力、盈利能力、流动性和市场敏感性，与 FDIC 对商业银行和储蓄机构的评价标准一样。

21-7e 信用合作社资金来源

信用合作社资金来源包括存款、借款和资本金，详见下文。

存款 信用合作社最主要的资金来源是会员股金存款。这类存款类似于商业银行或储蓄机构的活期储蓄账户存款，因为它没有明确期限且最高偿付额也是 25 万美元。信用合作社也提供股金凭证，其存款利率高于股金存款利率但有最低限额（如 500 美元）和明确期限。CU 股金凭证与商业银行、储蓄机构发行的零售 CD 形成竞争关系。

除了份额存款和凭证外，大部分 CU 还提供一种叫作股金提款单的支票账户。这类账户支付利息并能开出不限额支票。它们通常会要求保持最低存款额。CU 股金提款单与商业银行、SI 发行的 NOW 账户和 MMDA 形成竞争关系。

借款 如果某家 CU 存在短期资金需求，它能向其他 CU 或中央流动性机构（central liquidity facility，CLF）借款。CLF 充当 CU 贷款人主要是为了满足季节性资金需求和特别需求或增强问题 CU 的流动性。

资本金 和其他存款机构一样，CU 保有资本金。它们的资本金的主要来源是留存收益。近年来，CU 不断扩大资本金以对未来贷款损失进行缓冲。由于 CU 往往采取保守策略，它们的资本比率相对其他存款机构而言也更高。

21-7f 信用合作社资金运用

信用合作社资金主要用于会员贷款。这些贷款支持了汽车、住房改善及其他个人支出。它们通常有抵押且期限不超过 5 年。有些 CU 发放长期抵押贷款，但大部分 CU 更希望避免长期贷款。除了发放贷款，CU 还购买政府和政府支持机构的证券以维持合理的流动性。CU 能提供多少种产品服务取决于其许可类型和所在地。

21-7g 信用合作社风险暴露

和其他存款机构一样，CU 暴露于流动性风险、信用风险和利率风险中。但由于其资产负债表结构与其他机构不同，所以每类风险暴露也存在差异。

信用合作社的流动性风险 如果一家 CU 遭受未预期到的挤兑且无足以对冲的新增存款，那么它将会出现流动性不足。它能从中央流动性机构借款以解燃眉之急，但如果资金短缺预计会持续下去，则它必须找到长远之计。其他存款机构增加存款的能力更强，因为它们能涉猎多个市场。由于 CU 只能服务于符合会员要求的客户市场，它们短时间内新增存款的能力相对更弱。

信用合作社的信用风险 由于 CU 专注于为会员提供个人贷款，其信用风险就主要来源于这些贷款。大部分贷款有抵押品，这有效降低了违约后 CU 的损失。较差的经济形势对贷款违约有显著影响。有些 CU 由于所在地经济状况更好取得了相对其他 CU 更好的业绩。然而，即使在经济向好时期，贷款政策极其宽松的 CU 也有可能遭受损失。普遍认为，CU 对贷款申请人没有开展详尽的信用分析；但是由于 CU 贷款是以客户为中心的，因此往往不需要详细的信用分析。

尽管 CU 通常被视作存款机构中最保守的类型，它们同样受到 2008 年开始的次贷危机的影响。有些 CU 因为所发放的次级抵押贷款和住宅权益贷款逾期或违约而遭受重大损失。它们还会因投资于住房抵押贷款支持证券而受损。信用合作社不得投资高风险证券，但它们所购买的住房抵押贷款支持证券在当时评级非常高。随着房地产市场形势转差，对住房抵押贷款支持证券的需求下降，与之一同下降的还有市场价值。

信用合作社的利率风险 CU 会员贷款通常为中短期限，因此其资产组合是利率敏感型的。由于其资金来源也是利率敏感型的，CU 的利息收入与利息支出高度相关。而利率缺口就能在某段时间内保持较稳定状态，不管利率如何变动。因此 CU 往往比储蓄机构的利率风险要低。

小结

- 储蓄机构要么是股份制要么是共同所有制。它们受货币监理署和美联储监管。其存款由存款保险基金承保，该基金受联邦存款保险公司管理。
- SI 的主要资金来源是存款和借款，主要资金运用是抵押贷款、住房抵押贷款支持证券和其他证券。
- 一家 SI 的价值是预期现金流和投资者必要收益率的函数。预期现金流受到经济增长率、利率变动、监管规定和管理能力的影响。必要收益率受到现行无风险利率和风险溢价的影响。经济增长越强劲，风险溢价越低。

■ 储蓄机构的信用风险来自高占比的抵押贷款、住房抵押贷款支持证券和其他证券。它们往往通过分散投资降低信用风险。储蓄机构非常容易受到利率变动的影响，因为其资产组合比负债组合的利率敏感性要低很多。

■ 储蓄机构能通过运用浮动利率抵押贷款而非固定利率抵押贷款的方式降低利率风险，因为这样资产和负债的利率敏感性会更接近。再者，它们也可以卖出利率期货合约，当利率上升时盈利。此外，它们可以参与利率互换，通过把固定利率换成浮动利率在利率上升时取得收益。

■ 20 世纪 80 年代末期，许多 SI 涉足高风险贷款和投资，因贷款违约、利率变动和欺诈而遭受重大损失。在 2004—2006 年，部分 SI 采取激进策略发放抵押贷款，导致了 2008—2009 年次贷危机期间的主要问题。

■ 信用合作社从会员存款中获取大部分资金。它们主要运用于会员个人贷款，因而存在信用风险暴露。

正方和反方观点

所有 SI 都能避免破产吗?

正方 能。如果 SI 采取保守型管理策略，专注于违约风险较低的浮动利率抵押贷款，它们就能控制风险并避免破产。

反方 不能。有些 SI 在激烈的市场竞争下无法争取到高质量的浮动利率抵押贷款，从而必须承担高风险。SI 数量庞大，管理能力较弱的那些注定要破产。

谁正确? 利用互联网学习关于这个议题的更多知识并形成你自己的观点。

问题与应用

1. SI 的资金来源与运用 系统概括 SI 和商业银行在资金来源和运用方面的差异。讨论 SI 每类资金来源。识别并讨论 SI 主要资金运用。

2. SI 的所有权结构 一家 SI 可选择哪几种所有权结构?

3. 对 SI 的监管 监管者对 SI 采取哪些监管标准?

4. MMDA 货币市场存款账户（MMDA）的产生对 SI 整体资金成本有何影响?

5. 提供更多元化的服务 讨论 SI 进入消费贷款和商业贷款领域。此策略的潜在风险与回报是什么?讨论 SI 多元化与专业化两者的矛盾。

6. 流动性风险与信用风险 描述 SI 流动性风险与信用风险并讨论管理措施。

7. ARM 浮动利率抵押贷款（ARM）是什么? 这种抵押贷款对 SI 有什么潜在优势?

8. 金融期货的运用 解释 SI 如何运用利率期货降低利率风险。

9. 利率互换的运用 解释 SI 如何运用利率互换降低利率风险。在利率下行时期，运用了互换的 SI 会比那些未对冲的 SI 业绩更好还是更差?

10. 风险 解释为何许多 SI 会同时出现财务问题?

11. 对冲利率变动 如果市场利率预期下降，哪种策略能使拥有利率敏感型负债和大量固定利率抵押贷款的 SI 业绩最好? (a) 运用利率互换；(b) 卖出金融期货；(c) 不进行对冲。请解释。

12. 利率风险暴露 下表为两家 SI 的利率敏感性（表中金额单位为百万美元）。仅根据此信息，利率变动对哪家 SI 股价影响更大? 证明你的观点。

	利率敏感性期限			
	1 年内	1～5 年	5～10 年	10 年以上
劳伦斯 S&L				
生息资产	8 000	3 000	7 000	3 000
付息负债	11 000	6 000	2 000	1 000

续前表

	利率敏感性期限			
	1 年内	1～5 年	5～10 年	10 年以上
曼哈顿 S&L				
生息资产	1 000	1 000	4 000	3 000
付息负债	2 000	2 000	1 000	1 000

13. SI 危机 20 世纪 80 年代末 SI 危机产生的几大重要原因是什么？

14. FIRREA 解释《金融机构改革、复兴与强化法案》（FIRREA）如何降低 SI 已有风险。

15. CU 背景 CU 的所有人是谁？CU 税收如何并解释个中原因。为什么 CU 通常比商业银行和 SI 规模更小？

16. CU 的资金来源 CU 的主要资金来源是什么？为什么即使在市场利率波动时 CU 的平均资金成本也能保持相对稳定？

17. CU 的监管 CU 的监管者是谁？监管者有哪些权力？CU 如何获得存款保险？

18. CU 的风险 解释 CU 的流动性风险暴露与其他金融机构的区别。解释为何 CU 比其他金融机构更不常受到利率风险影响。

19. CU 的优势与劣势 指出 CU 的几点优势。指出 CU 与共同联系要求相关的劣势。

20. 次贷危机冲击 解释 2008—2009 年次贷危机如何影响 SI。比较次贷危机和 20 世纪 80 年代末 SI 危机的原因。

21. 利率对 SI 的影响 解释 SI 为何能因利率下行获益。

22. 经济增长率对 SI 的影响 高经济增长率如何影响 SI？

辩证思维问题

SI 未来展望 写一篇关于 SI 未来发展的短文。SI 应该与商业银行合并还是保持差异？

解读财经新闻

诠释华尔街分析师和投资经理做出的下述评论：

a. “存款保险对不良 SI 的庇护或将助长危机。”

b. “即使其资产负债结构不变，SI 的利率敏感性也会下降。”

c. “许多 SI 未能意识到次级抵押贷款的高收益必须考虑风险。”

金融市场管理

利率风险对冲 作为 Boca 储蓄和贷款协会（简称 Boca）的一名顾问，你发现其 15 年期、固定利率抵押贷款大部分来自短期存款资金。你认为用收益率曲线预测市场预期非常有效，且收益率曲线主要是由利率预期决定的。目前，Boca 并未进行利率风险对冲。假设现在收益率曲线是陡峭上升型的。

a. Boca 委托你评价其利率风险暴露。分别描述利率上升和下降对 Boca 的影响。

b. 根据收益率曲线所给信息，你会建议 Boca 对冲利率风险吗？请解释。

c. 说明为何你对 Boca 的建议有可能会适得其反。

现金流动练习

储蓄机构市场活动

Rimsa 储蓄机构为卡森公司提供办公楼抵押贷款。Rimsa 储蓄机构最近提出，如果卡森公司将浮动利率贷款换成固定利率贷款，会提供再贷款。

a. 解释 Rimsa 储蓄机构和卡森公司的关联。

b. 为什么 Rimsa 储蓄机构同意让卡森公司转移其利率风险给自己？（假设收益率曲线为上升型。）

c. 如果 Rimsa 储蓄机构维持对卡森公司的办公楼抵押贷款，谁是这笔贷款的最终资金来源？如果 Rimsa 储蓄机构把该贷款在二级市场上出售给养老基金，谁是这笔贷款的实际资金来源？为什么养老基金愿意在二级市场买入这笔抵押贷款？

互联网/Excel 练习

1. 登录 www5. fdic. gov/qbp/index. asp 以评价储蓄机构的近期业绩。点击“银行季度数据”“储蓄机构部分”，总结近两年储蓄机构整体业绩。

2. 检索 Heritage 金融银行（股票代码为 HFWA）或自选一家储蓄机构的年报。点击“搜索财务”“SEC 文件”（在“公司”之下），检索近期利润表。回顾该 SI 近期业绩。资产净利率是否同比上升？解释变化原因。该 SI 的净利息收入同比有无变化？其非利息收入（占资产的百分比）同比有无变化？非利息支出最近一年如何变化？贷款损失拨备如何变化？讨论该 SI 近期战略和经济形势如何影响利润表相关项目变化。

3. 登录 finance. yahoo. com，输入代码 HFWA（Heritage 金融银行），点击“搜索财务”，获取最近 20 个季度的股价数据。登录 http：//research. stlouisfed. org/fred2 并获取三个月期国库券最近 20 个季度的利率数据。将数据导入 Excel 电子表格。计算利率的季度变化率。对解释变量利率的季度变化率和被解释变量 Heritage 金融银行季度收益率进行回归分析（见附录 B 中回归分析的有关信息）。利率走势与 Heritage 金融银行收益率之间是否存在正相关或负相关关系？关系是否显著？为此关系提供解释。

WSJ 练习

评价储蓄机构业绩

总结最近《华尔街日报》上发表的一篇讨论某一家储蓄机构近期业绩的文章。该文章认为该储蓄机构业绩更好了还是更差了？业绩异常的原因是什么？

关于现实案例的在线文章

找一篇近期描述一个具体金融机构或金融市场真实案例的在线实用性文章，以强化本章所涵盖的一个或多个概念。

如果你的班级有一个在线平台，教授可能会要求你把文章摘要放在那里并提供文章的链接以供其他学生访问。如果你的班级是当面授课的，教授可能会要求你当堂总结你对该文章的运用。教授可能指派特定学生或让学生自愿完成这项作业。

对于与本章相关的近期在线文章和真实案例，请考虑使用以下搜索词（请务必在搜索词中包含当前年份以确保在线文章是近期的）：

1. 具体的储蓄机构的名称＋利息收入
2. 具体的储蓄机构的名称＋利息支出
3. 具体的储蓄机构的名称＋贷款损失
4. 具体的储蓄机构的名称＋信用风险
5. 具体的储蓄机构的名称＋利率风险
6. 具体的储蓄机构的名称＋盈利
7. 具体的储蓄机构的名称＋运营
8. 储蓄机构＋收入
9. 储蓄机构＋资产收益率
10. 储蓄机构＋风险

第 22 章 金融公司运营

本章目标

- 阐述金融公司的主要类型
- 确定金融公司资金的主要来源和运用
- 解释金融公司如何与其他金融机构进行互动
- 确定决定金融公司价值的因素
- 阐述金融公司如何暴露在各种类型的风险中

金融公司（finance company）向消费者和小企业提供短期和中期信贷。虽然其他金融机构也提供这种服务，但只有金融公司专门从事该业务。许多金融公司只有一个办事处；另外一些金融公司在全国甚至国外有数百个办事处。消费者的金融业务可由独立的金融公司或金融集团的子公司执行。

22-1 金融公司类型

金融公司拥有的资产价值超过一万亿美元。总体而言，其业务量与储蓄机构类似。一些金融公司是被独立拥有的；另一些为金融机构或其他公司的子公司。例如通用汽车公司（General Motors）、福特汽车公司（Ford Motor Company）、富国银行（Wells Fargo）和美国第一资本投资国际集团（Capital One）就拥有金融子公司。

金融公司根据其提供的具体服务通常分为以下不同类型。部分金融公司可被归入任一类中，因为它们提供各种类型的服务。

22-1a 消费金融公司

消费金融公司（consumer finance company）为零售商店或批发商的客户提供融资。例如，消费金融公司可以为零售商提供信用卡，以便零售商为其客户提供自己的信用卡。消费者可以利用消费金融公司提供的信贷购买商品。

大多数消费金融公司还直接向个人提供贷款，用于购买汽车和其他大件物品。一些消费金融公司也提供抵押贷款。

22-1b 商业金融公司

商业金融公司（business finance company）向小企业提供贷款。例如，它们可以提供贷款来支持库存；企业利用贷款来购买生产过程中会用到的材料。一旦产品被生产和销售，企业利用收入来偿还贷款。商业金融公司还以提供企业员工旅行或企业采购使用的信用卡的形式提供融资。

22-1c 专属金融子公司

专属金融子公司（captive finance subsidiary，CFS）是一种全资子公司，它的主要目的是为母公司产品的销售和服务提供资金，向母公司产品经销商提供融资，并购买母公司的应收账款。一家专属金融子公司的实际业务除母公司业务之外通常也包括各种类型的融资。当一家专属金融子公司成立时，它与母公司达成了包含具体规定的经营协议，比如有资格出售的应收款类型和由母公司提供的具体服务。

想想汽车行业，创立一家专属金融子公司的动机就能很容易地被理解。历史上，汽车制造商无法为经销商的库存提供资金，并且不得不从每个经销商处获得现金。许多经销商无法以分期付款的方式出售汽车，因为它们立刻需要现金。银行曾是经销商们主要的资金来源。然而，银行将汽车视为不适合融资的奢侈品并且不愿意购买由汽车的销售所生成的分期付款计划。因此，汽车制造商参与到了融资中。

专属金融子公司的优势 维持一家专属金融子公司有许多好处。专属金融子公司可用于为经销商们提供资金直到销售发生，使生产对于制造商来说不那么具有周期性。它可通过提供零售融资而成为一种有效的营销工具。它也可为出租给他人的产品提供资金。

专属金融子公司允许一家公司通过它的财务活动清晰地划分它的生产和销售活动。于是对母公司每个部分的分析变得不那么昂贵且更容易。而且，当借款给一家专属金融子公司而不是母公司的一个部门时，借款者不必如此关心他人的要求。此外，拥有专属金融子公司的公司可以获得竞争性优势，因为销售诸如汽车和住房等物品可能取决于可用的融资安排。不同于商业银行，专属金融子公司没有准备金要求和关于获得及利用资金的法律禁令。

最具创新性的专属金融子公司之一是通用电气资本公司，它将自己的融资活动多样化，使其涵盖的产品范围远多于母公司的产品。在2008—2009年的次贷危机之前，其融资活动包括工业设备销售、消费分期付款和私人住宅的次级抵押贷款。当时，通用电气资本公司带来了通用电气公司总收入的 42%。然而在次贷危机之后，对通用电气资本公司的需求下降，2014 年它的收入只占通用电气公司总收入的 28%。在 2015 年，其母公司出售了它大部分的金融业务。

22-1d 金融公司监管

金融公司的贷款受限于利率上限和最长期限。这些规定是由各州制定的，并在各州之间有所不同。由于利率上限现在已经高于市场利率足够多，它们通常不会限制金融公司的利率决策。州内的规定也要求金融公司在州外增加分支机构，以证明该分支机构会满足该地区人民的需求。

除此之外，金融公司通常需要遵守关于平等贷款机会、适当披露和贷款真实性的联邦法规，以及禁止欺诈和不公平行为的《金融改革法案》（2010）。由《金融改革法案》（2010）建立的消费者金融保护局负责监管可能由金融公司及其他机构提供的各种消费者金融产品和服务。根据 2015 年颁布的新规定，该局现在监管提供汽车贷款的大型非银行金融公司。

根据《金融改革法案》（2010），一家庞大的专属金融子公司或独立金融公司可能被指定为系统重要的并受额外规定制约。因为其规模，通用电气资本公司被认为是系统重要的，美联储宣布它必须满足与银行控股公司相似的资本、流动性和压力测试要求。

22-2 资金的来源与运用

金融公司明显与商业银行及不严重依赖存款的储蓄机构不同。下面将阐述金融公司资金的来源与运用。

22-2a 资金来源

金融公司主要的资金来源有：

- 银行贷款
- 商业票据
- 存款
- 债券
- 资本

银行贷款 金融公司通常从商业银行借款，并可以不断续贷。因此，银行贷款可以提供一个持续不断的资金来源，尽管部分金融公司主要用银行贷款来应对业务的季节性波动。

商业票据 尽管商业票据只适用于短期融资，但金融公司可以持续地延迟它们的发行来形成一个永久的资金来源。只有最著名的金融公司能通过发行商业票据来吸引资金，因为没有保障的商业票据会使投资者暴露在违约风险中。在过去，中小型金融公司难以发行没有保障的商业票据。近年来，随着有保障的商业票据变得流行，更多金融公司通过这个市场获得了资金。

最知名的金融公司能直接发行商业票据，借此避免交易费用并降低融资成本。然而大多数公司只能使用商业票据经销商的服务。

存款 在特定条件下，有些州允许金融公司通过提供类似于前几章讨论的储蓄机构的客户存款吸引资金。尽管存款还未成为金融公司主要的资金来源，但它们在合法的地方已变得越来越普遍。

债券 需要长期资金的金融公司可以发行债券。发行债券而不是一些可用的短期融资的决定取决于公司资产负债表的结构和它对未来利率的预期。当公司资产的利率敏感性不及负债且利率预期上升时，债券能以一个完全与上升的市场利率无关的利率提供长期资金。如果金融公司确信利率将上升，它可能会考虑利用由债券得到的资金来提供不同利率的贷款。当利率下降时，金融公司可能利用更多长期贷款来锁定长期融资成本。

资本 金融公司可以通过留存利润或发行股票来形成资本金。和其他金融机构类似，金融公司维持一个低水平的资本资产比率。几个金融公司已通过 IPO 来扩大规模。

22-2b 金融公司资金运用

金融公司将资金用于：

- 消费贷款
- 商业贷款和租赁
- 房地产贷款

下面将依次阐述每种资金运用。

消费贷款 金融公司以个人贷款的形式扩大了消费贷款的规模。最受欢迎的类型之一是由汽车制造商拥有的金融公司提供的汽车贷款。比如，通用汽车金融公司为购买和租借通用汽车公司生产的汽车提供资金。福特汽车公司和克莱斯勒同样拥有自己的金融公司。汽车制造商的子公司可能提供异常低的利率来增加汽车销量。

除了提供汽车贷款外，金融公司还为家居装修、活动房屋和其他各种个人消费提供个人贷款。个人贷款通常由共同签署人或不动产担保。其期限一般短于 5 年。

一些金融公司也通过一个特定的零售商提供信贷。比如，一个零售商可能赊销产品给客户，然后将信用合同卖给金融公司。消费者在和零售商谈好的期限内付钱给金融公司。金融公司负责初步信贷审批和处理信用卡付款。零售商因增加了销售额而从金融公司的信贷许可中受益，金融公司通过得到更多业务增加了利润。金融公司以此来扩大客户基础且能够为那些被证实值得信赖的客户提供额外融资。金融公司与零售商之间的具体安排可能不同。

金融公司在消费贷款市场上面临的主要竞争来自商业银行和信用合作社。金融公司向消费者提供的贷款一直比信用合作社多，但远远少于商业银行。最近，储蓄机构也进入了这一市场，成为该市场上的一个主要竞争者。

商业贷款和租赁 除了消费贷款，金融公司也提供商业贷款。企业通常从购买原材料起得到贷款，直到销售成品后获得现金。这样的贷款是短期的但能被延期，因为许多企业总是需要资金来支持现金流转。商业贷款经常以存款或应收账款为保障。

一些金融公司提供贷款以支持杠杆收购（LBO）。这些贷款通常比其他商业贷款更具风险但也提供更高的期望收益率。

金融公司通常作为应收账款的保理人，即，它们折价购买公司的应收账款并负责处理和结算这些账款的余额。金融公司因坏账而遭受损失。保理业务减少了企业的处理成本，也提供了短期融资，因为企业从融资公司收到现金的时间要比自己收取应收款项的时间早。

金融公司提供融资的另一种方式是租赁。它们购买机械或设备，然后租给更愿意避免在资产负债表上增加购买需要的额外负债的企业。避免债务对一个已经接近其负债能力上限并且担心额外债务会对其信用评级产生不利影响的企业来说很重要。

房地产贷款　金融公司以商业房地产抵押贷款和住宅房地产次级抵押贷款形式提供房地产贷款。随着时间的推移，第二抵押贷款变得更加流行。这些抵押贷款通常得到保障且历史上违约率相对低。然而，在 2003—2006 年，一些金融公司提供次级（劣质）抵押贷款，这导致了 2008 年次贷危机中大比例的贷款违约。

资金运用总结　金融公司资金运用的具体分配取决于该公司是否关注商业或消费贷款。一些金融公司提供所有类型的服务。图 22.1 通过说明金融公司如何促进经济发展总结了金融公司资金的来源及运用。它们将来自购买它们发行的证券的机构投资者的资金传递给需要资金的家庭和小企业。

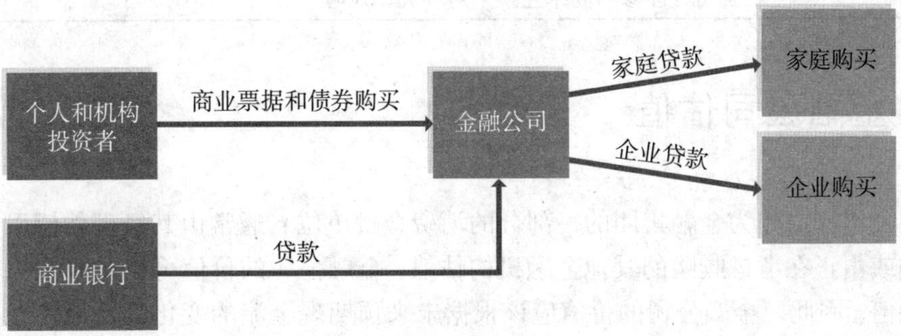

图 22.1　金融公司如何促进经济发展

22-2c　与其他金融机构的关联

当金融公司获得或运用资金时，它们与其他金融机构关联，就像表 22.1 总结的那样。因为对消费者借贷的关注，金融公司与商业银行、储蓄机构和信用合作社竞争。然而，那些拥有专营其他金融服务的子公司的金融公司与保险公司和养老基金竞争。

表 22.1　金融公司和其他金融机构的关联

金融机构类型	与金融公司的关联
商业银行和储蓄机构	· 与金融公司竞争消费贷款业务（包括信用卡）、商业贷款和租赁业务
信用合作社	· 与金融公司竞争消费贷款业务
证券公司	· 承销金融公司发行的债券
养老基金	· 与金融公司管理养老金计划的保险子公司竞争
保险公司	· 直接与金融公司的保险子公司竞争

金融公司利用各种金融市场来管理它们的业务，像表 22.2 总结的那样。对于它们的核心业务，金融公司通常依赖货币市场（商业票据）和债券市场来获得资金。更进一步说，金融公司的保险子公司常常利用债券和股票市场来投资资金。这些子公司也可能使用期货、期权和互换市场来对冲风险。

表 22.2 金融公司在金融市场中的参与

金融市场类型	金融公司的参与
货币市场	· 金融公司通过发行商业票据获得资金
债券市场	· 金融公司以发行债券作为获得长期资金的方式 · 金融公司子公司通常购买公司债券和国债
抵押贷款市场	· 金融公司购买房地产并给房地产投资者提供贷款 · 金融公司子公司通常购买抵押贷款
股票市场	· 金融公司发行股票以形成资本金 · 金融公司子公司通常购买股票
期货市场	· 提供保险相关服务的金融公司子公司有时会使用期货合约来降低其债券投资组合对利率变动的敏感性，并可能会交易股指期货，以降低其股票投资组合的敏感性
期权市场	· 提供保险相关服务的金融公司子公司有时会使用期权合约防止特定股票持有量的暂时下跌
互换市场	· 金融公司可能参与利率互换来对冲利率风险

22-3 金融公司估值

金融公司（或作为金融集团的一部分的消费金融单位）通常由其经理估值以监控随时间的进展或由正在考虑收购的其他金融机构估值。金融公司的价值可以被模拟为其未来现金流的现值。因此，金融公司的价值应该根据未来预期现金流的变化以及投资者必要收益率的变化而变化

$$\Delta V = f[\underbrace{\Delta E(\mathrm{CF})}_{+}, \underbrace{\Delta k}_{-}]$$

22-3a 现金流的影响因素

金融公司预期现金流的变化可被建模为

$$\Delta E(\mathrm{CF}) = f(\underbrace{\Delta\mathrm{ECON}}_{+}, \underbrace{\Delta R_f}_{-}, \underbrace{\Delta\mathrm{INDUS}}_{?}, \underbrace{\Delta\mathrm{MANAB}}_{+})$$

式中，ECON 代表经济增长，R_f 代表无风险利率，INDUS 代表行业情况（比如监管限制），MANAB 代表金融公司的管理能力。

经济增长 经济增长可以通过增加家庭对消费贷款的需求增加金融公司的现金流，从而使金融公司能提供更多贷款。另外，在经济增长强劲的时期贷款违约的现象通常会减少。金融公司的价值对经济状况十分敏感，因为它们常常提供相对高风险的贷款；因此，贷款的偿还也对经济状况敏感。

无风险利率变化 金融公司的现金流会与利率变化反向相关。如果无风险利率下降，其他市场利率也可能下降，这可能导致对金融公司的贷款需求增加。

此外，金融公司严重依赖短期资金，这些资金支付的利率通常根据其他利率变动进行

调整。金融公司的资产（例如消费贷款）通常具有固定利率，所以在这些资产到期前利息收入不会根据利率进行调整。因此，当利率下降时，金融公司获得资金的成本的下降幅度超过它们自己的贷款和投资收入的下降幅度。利率的上升会减少金融公司的预期现金流，因为为资金的来源所支付的利息增加，而现存贷款和投资的利润不会。

行业情况变化 行业情况包括监管限制、技术和产业间的竞争。如果州内监管机构给它们机会通过在州内扩张实现规模经济的话，一些金融公司可能获得更高的估值。然而，这会导致更多竞争，导致一些金融公司以牺牲他人为代价来获利。

管理能力变化 一家金融公司掌控了它的管理人员的组成及组织结构。管理人员试图利用机构难以控制的外部力量（经济增长、利率、监管限制）做出内部决定。因此金融公司的管理技巧会影响它的预期现金流。特别地，金融公司需要熟练的管理人员来分析潜在借款者的信用并评估未来经济状况会如何影响他们的还款能力。金融公司管理者可能也会利用科技向消费者投放广告并在网上接受贷款申请。

22-3b 必要收益率的影响因素

金融公司投资者的必要收益率可被建模为

$$\Delta k = f(\underbrace{\Delta R_f}_{+}, \underbrace{\Delta \mathrm{RP}}_{+})$$

式中，R_f 代表无风险利率，RP 代表风险溢价。

无风险利率通常预期与通货膨胀率、经济增长率和预算赤字水平正相关，但与货币供应量增长负相关（假设不引起通货膨胀）。金融公司的风险溢价与经济增长率是负相关的，因为经济增长强劲时贷款偿还的不确定性较小。风险溢价也与公司的管理能力负相关，因为较为熟练的管理人员可能会专注于减少金融公司对风险的暴露。

图 22.2 提供了一个基于上述讨论评估金融公司的框架。一般来说，金融公司的价值

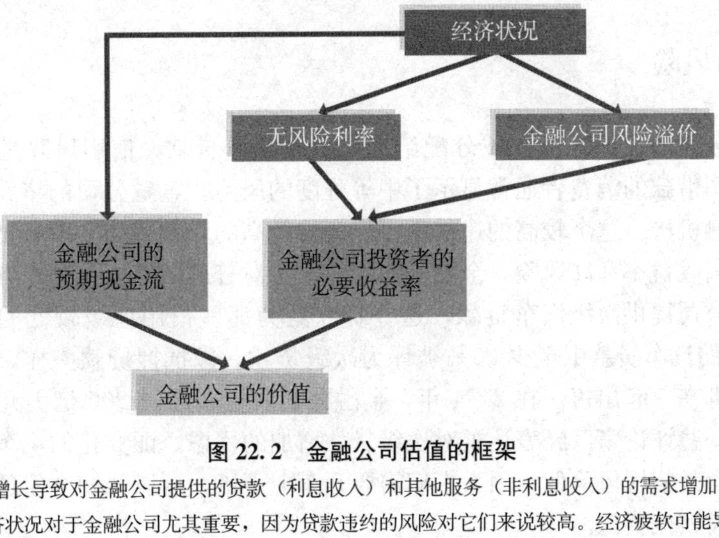

图 22.2 金融公司估值的框架

说明：• 经济增长导致对金融公司提供的贷款（利息收入）和其他服务（非利息收入）的需求增加、贷款违约率下降以及现金流增加。经济状况对于金融公司尤其重要，因为贷款违约的风险对它们来说较高。经济疲软可能导致重大贷款损失。

• 价值同样受到行业状况和金融公司的管理（未在图表中显示）的影响。这些因素会影响风险溢价（因此影响投资者的必要收益率）和金融公司的预期现金流。

受到强劲的经济增长、利率下降和熟练管理的影响。金融公司的价值对这些因素的敏感性取决于其本身的特点。金融公司提供的贷款反映出的风险容忍度越高，其估值对经济增长率的变化（因此借款人偿还贷款的能力）越敏感。

22-4 金融公司风险暴露

金融公司像其他金融机构一样，暴露在三种风险之下：

- 流动性风险
- 利率风险
- 信用风险

因为金融公司的特征不同于其他金融机构，所以其暴露在每种风险下的程度也不同。

22-4a 流动性风险

金融公司通常不会持有很多在二级市场能被轻易售出的资产。因此如果它们需要资金，就需要借款。然而，它们的资产负债表结构并不要求很高的流动性。几乎所有的资金都来自借款而不是存款。因此它们不易受意外的存款提取影响。总的来说，金融公司的流动性风险小于其他金融机构。

22-4b 利率风险

金融公司的负债和资产都是中短期的，因此它们不像储蓄机构那样易受利率上升的影响。但是，金融公司还是可能受负面影响，因为它们的资产通常不像负债对利率那么敏感。如果希望降低利率风险，它们可以缩短其平均资产寿命或更多地利用可调整利率。

22-4c 信用风险

由于金融公司的大部分资金被分配给消费者和企业贷款，信用风险是一个主要的问题。向金融公司借款的消费者通常显示了中等程度的风险。金融公司的贷款违约率通常高于其他贷款金融机构。这个较高的违约率可能会被较高的贷款平均利率所抵消。由于它们的贷款意味着高收益率和高风险，金融公司的业绩会对普遍的经济状况相当敏感。

许多金融公司提供次级汽车贷款，这些贷款是为那些信用评级较低的人提供的。在2015年，它们的汽车贷款中至少20%被评为次级贷款。像抵押贷款一样，汽车贷款也可以证券化，捆绑在一起出售。在2014年，金融公司发行了超过200亿美元的次级汽车贷款证券。尽管一些评论家已经表达了对次级贷款增加的忧虑，证券化的汽车贷款仍然得到了高评级。理由是信用风险低，因为人们需要开车上下班，所以他们会偿还汽车贷款，哪怕他们无法支付其他贷款。

22-5 跨国金融公司

一些金融公司是在几个国家设有子公司的大型跨国公司。例如，通用电气金融公司在北美洲、拉丁美洲、欧洲和亚洲 20 个国家提供汽车贷款服务。在开展业务的地区，它用当地货币提供产品和服务。

小结

■ 金融公司分为以下几类：消费金融公司向零售商或批发商提供融资，而商业金融公司向小企业提供融资。专属金融子公司（CFS）是全资子公司，其主要目的是为母公司的产品和服务的销售提供资金，为母公司产品经销商提供资金，并购买母公司的应收账款。

■ 金融公司资金的主要来源是银行、商业票据的销售、债券和资本。金融公司的资金主要用于消费贷款、商业贷款、租赁和房地产贷款。

■ 金融公司与提供消费和商业贷款的存款机构（比如商业银行、储蓄机构和信用合作社）竞争。许多金融公司拥有直接与其他保险公司竞争的保险子公司。

■ 金融公司的估值为其预期现金流的现值。它们的价值很大程度上取决于经济状况，因为经济状况良好时来自合格借款者的贷款申请更多。另外，经济增长强劲时贷款违约的数量通常更少。

■ 由于它们的消费贷款、商业贷款及房地产贷款，金融公司暴露在信用风险下。它们也暴露在流动性风险下，因为它们的许多资产在二级市场上不易出售。此外，它们也面临利率风险。

正方和反方观点

金融公司会被银行取代吗？

正方观点 会，商业银行专业从事贷款服务并能提供金融公司提供的服务。这两种金融机构最终会合为一体。

反方观点 不会，金融公司和商业银行倾向于瞄准不同的贷款市场，故而商业银行不会取代金融公司，因为它们不服务于同一个市场。

谁正确？ 利用互联网学习关于这个议题的更多知识并形成你自己的观点。

问题和应用

1. 利率风险暴露 金融公司的融资成本对市场利率很敏感吗？请解释。

2. 商业票据的发行 中小型金融公司是如何发行商业票据的？为什么一些著名的金融公司直接发行商业票据？

3. 金融公司附属关系 解释为什么一些金融公司与汽车制造商有联系。为什么部分这样的金融公司以低于市场利率的利率提供贷款？

4. 资金运用 描述金融公司的主要资金运用。

5. 信用卡服务 解释金融公司如何从给消费者提供信用卡中获利。

6. 租赁服务 解释金融公司如何通过租赁提供融资。

7. 金融公司监管 解释施加于金融公司的监管类型。

8. 流动性状况 解释金融公司的流动性状况如何不同于诸如商业银行的存款机构。

9. 利率风险暴露 解释金融公司的利率风险如何不同于储蓄机构。

10. 信用风险暴露 解释金融公司的信用风险如何不同于其他贷款机构。

辩证思维问题

金融公司经营的未来 写一篇关于金融公司经营的未来的短文。它们应该与银行合并还是保持与商业银行明显不同？

解读财经新闻

诠释华尔街分析师和投资经理做出的下述评论：

a. “在次贷危机期间，金融公司往往会产生大量的业务。”

b. “一些金融公司因经济衰退而受到巨大的打击，因为在经济衰退之前，他们钱包的口子敞得太开了。”

c. “经济增长强劲时期，金融公司通常获得高收益率而没有风险过高的迹象，但它们的收益率依赖于经济状况。”

金融市场管理

管理一家金融公司 作为一家金融公司的经理，你试图增大资产收益率与你为负债所支付的利率之间的差距。

a. 假设你预期利率随时间下降。你应该发行债券或商业票据以获得资金吗？

b. 如果你预期利率下降，你会通过向消费者提供中期、固定利率的贷款或向企业提供浮动利率的贷款获利吗？

c. 你为什么要保留一定的面向企业的中期固定利率贷款和浮动利率贷款，即使你预期在利率下降的周期中一种贷款获利更多？

资金流动练习

金融公司如何促进资金流动

卡森公司有时依赖于向芬特金融公司（简称芬特）贷款来融资。当大多数商业银行不愿意借款时，芬特甚至仍然愿意借款。芬特通过发行商业票据获得资金并专注于将资金传递给借款者。

a. 通过比较芬特和商业银行的净利息收入、非利息收入、非利息支出和贷款损失来解释金融公司如何与众不同。

b. 解释为什么芬特在某些时期业绩比商业银行更好。

c. 描述资金由金融公司到例如卡森公司的企业的流动渠道。被金融公司传递给企业或被金融公司借给家庭的资金的原始来源是什么？

互联网/Excel 练习

1. 登录 www. springleaf. com。描述春叶金融公司提供的服务。

2. 检索即科金融（代码为 SYF）的年度报告，这是一家大型消费金融公司。或者选择你自己的消费金融公司。为了得到损益表信息，登录 finance. yahoo. com，输入其代码并点击“得到报价”，再点击“SEC 档案”。回顾消费金融公司近期业绩。自去年以来，其收入占资产的百分比增加了吗？解释过去一年是什么导致了这个变化。过去一年的营业费用如何变化？讨论金融公司最近的战略和经济状况如何解释其利润表中这些组成项目的变化。

WSJ 练习

金融公司业绩

利用最近一期《华尔街日报》，总结一篇讨论特定金融公司近期业绩的文章。文章是否表示金融公司的业绩好于或差于平常？造成这种不寻常的业绩的原因是什么？

关于现实案例的在线文章

找一篇近期描述一个具体金融机构或金融市场真实案例的在线实用性文章，以强化本章所涵盖的一个或多个概念。

如果你的班级有一个在线平台，教授可能会要求你把文章摘要放在那里并提供文章的链接以供其他学生访问。如果你的班级是当面授课的，教授可能会要求你当堂总结你对该文章的运用。教授可能指派特定学生或让学生自愿完成这项作业。

对于与本章相关的近期在线文章和真实案例，请考虑使用以下搜索词（请务必在搜索词中包含当前年份以确保在线文章是近期的)：

1. 具体的金融公司的名称＋盈利
2. 具体的金融公司的名称＋贷款
3. 具体的金融公司的名称＋风险
4. 具体的金融公司的名称＋净收入
5. 具体的金融公司的名称＋竞争
6. 具体的金融公司的名称＋经营
7. 具体的金融公司的名称＋股本收益率
8. 金融公司＋收入
9. 金融公司＋资产收益率
10. 金融公司＋风险

第 23 章　共同基金运营

本章目标

- 提供共同基金的背景
- 介绍各种类型的股票型共同基金和债券型共同基金
- 描述货币市场基金的主要特征
- 探讨对冲基金的主要特征
- 描述其他基金类型
- 介绍共同基金的估值与业绩

共同基金（mutual fund）是一种出售基金份额并用获得的收入进行证券投资组合管理的投资公司。近年来，共同基金迅速成长，已经成为金融市场上资金的主要来源。

23-1　共同基金背景知识

共同基金是一种重要的金融中介机构。它们向个人投资者出售基金份额，并将获得的资金投资于证券投资组合。他们通过在一级市场中购买新发行的股票和债券满足企业的融资需求，也通过在一级市场中购买新发行的国债和市政债券满足财政和市政融资需求。其中介作用如图 23.1 所示。共同基金也经常在二级市场上购买证券。

共同基金也为个人投资者投资基金提供重要服务。小型个人投资者因为投资金额的限制无法实现投资的分散化。一个共同基金可能持有 50 种或更多的有价证券，其要求的最小投资金额仅为250～2 500美元，从而小型投资者可用较少的资金投资于充分分散化的资产组合。购买共同基金份额的投资者将依赖于基金的投资组合经理做出投资决策。

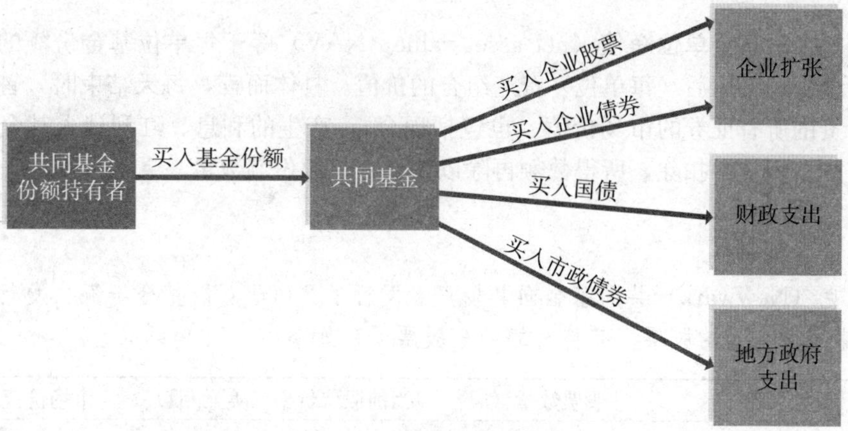

图 23.1　共同基金如何为经济增长提供资金

一些投资公司，例如 Fidelity 和 Vanguard 提供一系列不同的共同基金以满足偏好各异的投资者。投资者正常情况下可通过打电话或在线提出转账申请从一只公共基金转移资金至同一系列下的另一只共同基金。

共同基金有时也被称作**开放式基金**（open-end fund），因为它们对投资者开放，即共同基金可以在任何时间向投资者出售基金份额。此外，它们允许投资者在任何时间将基金份额卖回（赎回）基金。因此开放式基金的份额持续变化。共同基金也提供其他多种服务，例如可24小时电话或在线获取账户信息、同一公司下不同基金之间转移资金、合并会计报表、对某些基金的开支票优先权以及提供税收信息。最大的三个开放式共同基金分别是 Vanguard、Fidelity 和 American Funds。总体观之，三个共同基金总资产超过6万亿美元。

共同基金只数增长迅速，如图23.2所示。目前共有7 900多只不同的共同基金，总资产超过15万亿美元。2014年共同基金资产较1995年增长超过5倍。

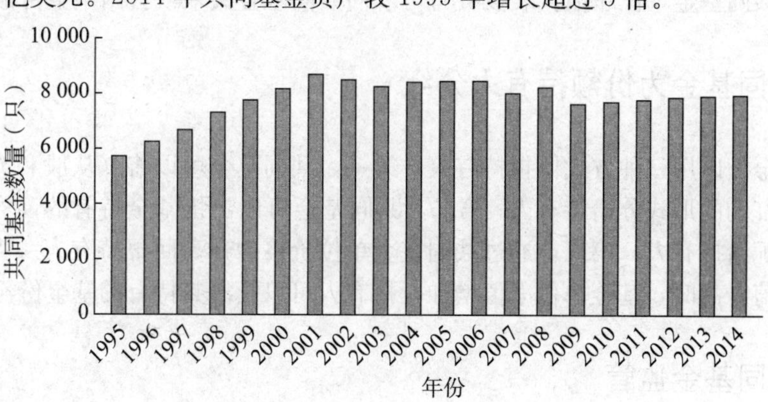

图 23.2　共同基金数量增长

说明：图中显示的数据包括货币市场基金。

资料来源：投资公司协会。

23-1a 共同基金份额定价

共同基金的**基金单位净值**（net asset value，NAV）等于每单位基金份额的价格，代表扣除基金管理费用后（每单位）资产组合的价值。具体而言，每天结束时，首先确定共同基金投资的所有证券的市场价值（也包括现金），产生的利息、红利计入基金的市场价值，所有的费用从中扣除，所得数额再除以该基金流通份额数量。

◈ **例子**

纽瓦克（Newwark）共同基金向其投资者发行了 2 000 万份基金份额。发行收入用于购买 55 家不同企业的股票。其持有的部分股票罗列如下：

股票名称	股票数量（股）	当前股票价格（美元/股）	市场价值（美元）
Aztec 公司	10 000	40	400 000
Caldero 公司	20 000	30	600 000
Zurkin 公司	⋮	⋮	⋮
			560 000
今日总市值	8 000	70	500 020 000
＋今日收到的利息、红利			＋10 000
－今日产生的支出			－30 000
＝基金市场价值			500 000 000

基金单位净值＝基金的市场价值÷基金流通份额数量

＝500 000 000÷20 000 000

＝25（美元） ◈

当共同基金向各持有人分配红利时，其基金单位净值就要相应地减去每个基金单位分配的红利。共同基金单位净值代表投资者可以向共同基金买入或售出基金份额的价格。

23-1b 共同基金为份额持有人分红

共同基金可以用三种方式回报持有人。第一，共同基金可以将（从股利或利息中）获得的收入以红利的形式分给持有人；第二，共同基金可以出售基金持有的证券，将获得的资本利得分配给持有人；第三，通过共同基金单位价格的升高回报持有人。当基金持有的证券市场价值升高时，基金单位净值增加，持有人可以卖出其持有的基金份额获利。

23-1c 共同基金监管

共同基金必须遵守各种联邦法规。它们必须向证券交易委员会（SEC）注册并且向有兴趣的投资者提供共同基金说明书，其中详细介绍基金构成的细节以及涉及的风险。共同基金也受到国家法律的规制，其中许多旨在确保投资者充分了解风险。

如果某一共同基金将至少 90%的税前收益对基金持有人进行分配，那么其利息、红利以及分配给投资者的资本利得将可以免于纳税。当然，基金持有人的上述收入是应该纳税的。

共同基金说明书的内容　共同基金被要求提供一份含有其目标、管理和风险信息的基金说明书。具体而言，共同基金说明书要求包含下列信息：

1. 最小投资金额；
2. 共同基金的投资目标；
3. 共同基金过去 1 年、过去 3 年和过去 5 年中的收益情况及其与覆盖面广的市场指数的对比；
4. 共同基金面临的各种风险；
5. 共同基金提供的各种服务（比如签发支票、电话及在线转账等）；
6. 共同基金转嫁给投资者的各种费用（比如管理费等）；
7. 基金经理的名字及其在该共同基金岗位的任职时间。

23-1d　共同基金管理

每一个共同基金通常由一个或多个基金经理管理，基金经理必须把注意力集中于既定的基金投资目标。他们购买股票的数量通常较大，且偏好可在二级市场随时变现的流动性好的股票。由于开放式共同基金允许投资者在任何时候购买基金份额，基金经理随时准备把从投资者手中获得的新的现金引入新的投资中，同时为维持流动性保留少量现金。如果同一时间被赎回的基金份额多于卖出的基金份额，基金经理将用上述留存现金填补基金份额赎回缺少的现金。如果上述留存现金依旧不足以支付，基金经理将卖出其持有的部分证券以获得足够的现金。

共同基金与其他金融机构的相互作用　如表 23.1 所示，共同基金的运营往往与其他金融机构产生互动。共同基金有时通过金融机构购买新发行的股票和债券，从而也为这些金融机构扩张提供部分资金。一些共同基金被商业银行持有，这种情况下银行客户可以将其积蓄不时地在银行存款和共同基金之间转换。

表 23.1　　**共同基金与其他金融机构的相互关系**

金融机构的类型	与共同基金的相互关系
商业银行与储蓄和贷款协会	• 货币市场基金投资于银行及储蓄和贷款协会的存单以及银行控股公司发行的商业票据 • 一些商业银行（如花旗银行和摩根大通）拥有自己的可以发行共同基金的投资公司 • 一些股票型共同基金和债券型共同基金投资于金融公司发行的股票和债券
金融公司	• 一些货币市场共同基金投资于金融公司发行的商业票据 • 一些股票型共同基金和债券型共同基金投资于金融公司发行的股票和债券
证券公司	• 共同基金聘请证券公司执行其证券交易 • 一些共同基金所拥有的贴现票据经纪部门与其他证券公司竞争经纪业务
保险公司	• 一些股票型共同基金投资于保险公司发行的股票 • 一些保险公司也拥有自己的发行共同基金的投资公司 • 一些保险公司也投资于共同基金
养老基金	• 养老基金的基金经理投资于共同基金

共同基金对金融市场的运用　各类型的共同基金都使用一个或多个金融市场来管理投资组合，如表 23.2 所示。因为共同基金专注于投资证券，它们经常参与证券市场活动，也经常参与期货及期权市场以对冲利率风险和股票市场反向变动风险。一些共同基金对期货或期权合约进行投机性持仓。

表 23.2　**共同基金如何利用金融市场**

金融市场的类型	共同基金如何利用该金融市场
货币市场	• 货币市场共同基金投资于货币市场的各种金融工具，如国债、商业票据、银行承兑汇票和银行存单
债券市场	• 一些债券型共同基金大量投资于美国财政部或其他政府机构发行的债券，其余的则投资于市政债券或公司债券 • 债券型共同基金的投资组合中也会包括一些外国债券
抵押贷款市场	• 一些债券型共同基金投资于政府国民抵押贷款协会发行的债券，该协会通常将其收入用于购买金融机构的抵押贷款
股票市场	• 很多股票型共同基金包含了各种程度的风险和潜在收益率的股票
期货市场	• 一些债券型共同基金定期通过持有利率期货合约头寸来对冲利率风险
期权市场	• 一些共同基金定期通过持有股票期权合约头寸来对某些股票进行对冲 • 一些共同基金以投机为目的持有股票期权头寸
互换市场	• 一些债券型共同基金通过利率互换来对冲利率风险

23-1e　共同基金份额持有人产生的费用

共同基金将其费用转嫁到基金份额持有者身上，这些费用包括给基金经理和其他雇员的报酬、支持研究费用、记录与文书费用，以及营销费用。近年来一些共同基金更加注重市场营销，但营销并不一定使一个共同基金相对于市场或其他共同基金实现更高的业绩。事实上，市场营销费用的增加被转嫁到基金份额持有者身上。

费用可以通过费用率在共同基金之间进行比较，其等于每一基金份额年度费用除以基金单位净值。给定某一年 2%的费用率意味着份额持有者承担的年度开支占基金价值的 2%。许多共同基金的费用率在 0.6%到 1.5%之间。积极管理的开放式共同基金的平均费用率为 0.86%左右。长期而言，高费用率会对共同基金的份额持有者的收益率产生重大影响。

◇ 例子

考虑两只共同基金，每年通过其资产组合产生 9.2%的投资收益，忽视费用。其中一只共同基金的费用率为 3.2%，因此该基金份额持有者每年的实际收益率为 6%。另一只共同基金的费用率为每年 0.2%（一些共同基金能实现这个水平的费用率），则其份额持有者每年的实际收益率为 9%。假设你有 10 000 美元进行投资，图 23.3 比较了分别投资于两只共同基金时，随着时间的推移你持有的基金份额的累积价值。五年后，低费用率的基金比高费用率的基金的价值高约 20%，10 年后将比高费用率的基金的累积价值高约 40%，

20 年后将比高费用率的基金的累积价值高约 87%。即使两只共同基金忽略费用时投资收益率相同，但由于费用的差别，扣除费用后基金份额持有者获得的收益率将有较大差距。

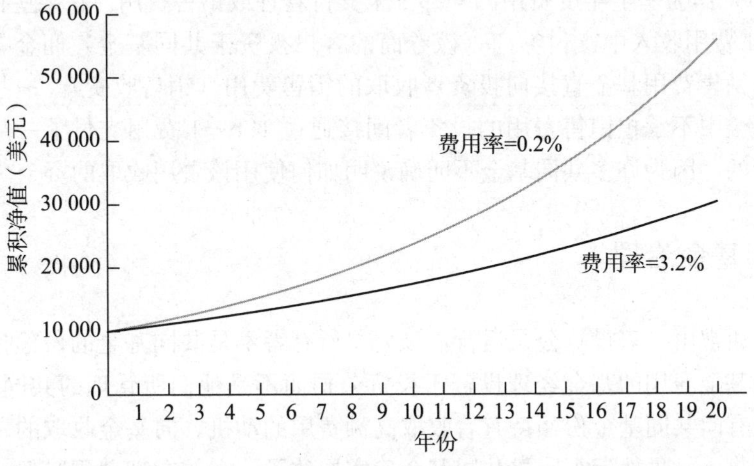

图 23.3　费用如何影响累积净值（假设初始投资为 10 000 美元，扣除费用前收益率为 9.2%） ◇

因此，费用率越高，给定投资组合业绩时收益率越低。费用率较低的共同基金往往比其他具有相似投资目标的基金业绩更佳。也就是说，高费用率的基金通常无法产生足够高的收益率以抵消这些开支。由于共同基金费用率差别很大，投资者在投资前应审查基金的年度费用率。

销售费用　共同基金可分为**有销售费基金**（load fund）和**无销售费基金**（no-load fund）。有销售费基金通过经纪公司的代表注册销售，销售手续费（通常称为前端费用）通常为 3%～6%，无销售费基金严格由共同基金自身销售，因而避免中介介入。

◇ 例子

如果你投资 10 000 美元于有销售费基金并被收取 6%的费用，你承担的销售费用为 600 美元（即 0.06×10 000 美元），所以你在有销售费基金上实际投资 9 400 美元。换言之，在你投资基金的那一天，你持有的资产的价值比你最初持有并可用于投资的资金少 6%。相比之下，如果你投资 10 000 美元在一只无销售费基金上，你就不会被收取销售费用，所以你在该基金上的实际投资是 10 000 美元。◇

一些投资者认为支付销售费是值得的，因为经纪公司帮他们确定的基金类型是适当的。认为自己有能力做出投资决定的投资者更愿意投资无销售费基金。

一些有前端费用的共同基金可提供多种类型的折扣。突破点基本上是数量折扣，即投资额越大，费用所占百分比越小。这类折扣通常从 25 000 美元开始。许多基金对 100 万美元以上的投资免除全部费用。累积权是指基于投资基金家族（而不是单只基金）总金额的一定折扣。一些共同基金有**后端费用**［back-end load，也称为后部费用（rear load）或反向费用（reverse load）］，这是在从共同基金赎回份额时收取的赎回费用。第一年的后端费用通常是 5%～6%，但其后每年下降一定比例。具有后端费用的共同基金可能允许投资者在不收费的情况下随时收回股息和资本利得，或者可能允许每年赎回特定比例的投资而不产生费用。

12b-1 费用 一些共同基金向基金份额持有者收取 12b-1 费用（根据证券交易委员会规则 12b-1）作为基金年度费用的一部分来支付管理或销售费用。在某些情况下，共同基金从 12b-1 费用收入中支付券商（该券商的客户投资于共同基金）佣金。本质上，该费用代替了有销售费用基金直接向投资者收取的销售费用（销售收费）。一些认为自己在无销售费用基金中不承担销售费用的投资者间接通过 12b-1 费用支付了一笔佣金。这些费用是有争议的，因为许多共同基金不明确说明如何使用该费用收取的资金。

23-1f 共同基金治理

共同基金通常由一家投资公司运营，该公司所有者不是共同基金的份额持有人。事实上，一些共同基金雇用的基金经理投资于投资公司而不是他们所管理的共同基金。因此，投资公司可能有向共同基金份额持有者收取高额费用的动机。向基金收取的费用代表投资公司所产生的收入。虽然运行一只共同基金确实导致了一定的合理费用，但一些投资公司收取的费用可能是过度的。许多共同基金随着时间推移发展出巨大的规模且理应能够利用规模经济效应。然而，它们的费用率也随着时间推移而提高。竞争将确保共同基金只向份额持有者收取合理的费用，但许多投资者并不了解它们被收取的费用。

共同基金和公司一样要遵守某些治理要求，这些治理要求的目的是确保基金经理服务于基金份额持有者。每个共同基金都应该有一个代表基金份额持有者的董事会。然而，董事会的有效性值得商榷。证券交易委员会要求共同基金大多数董事会董事是独立的（不受雇于基金）。然而，公司员工退休两年后即有资格成为一个独立的董事会成员。此外，大型共同基金的董事会成员平均年报酬超过 100 000 美元。因此，一些董事会成员会避免与管理层发生冲突以保持他们的职位。另一个问题在于，一个共同基金家族的董事会成员普遍监管整个基金家族的所有基金。结果导致他们可能集中精力于对任何一只基金都不具有典型性的一般性问题，并在基金家族每一只基金上花费相对较少的时间。

共同基金也有一名合规官以确保基金的运营符合其目标和准则。然而直到最近，一些合规官仍向投资公司而不是共同基金董事会做报告。

共同基金公司治理 不论共同基金是否有效监控其自身的管理，它们都有能力监督他们投资的公司的管理。由于共同基金在一些股票上投资大量资金，它们成为公司大股东。共同基金通常是很多个股的大股东。在股票中有大量投资的共同基金投资组合经理通常在多家公司的董事会任职。即使基金经理不在公司董事会任职，公司仍会试图讨好他们以使他们不出售所持有的公司股票。

23-1g 共同基金种类

根据它们投资的证券种类，共同基金通常分为股票（或股权）型共同基金、债券型共同基金或货币市场基金。这三类基金的投资分布如图 23.4 所示。以共同基金总资产的市场价值来衡量时，股票型基金占主导地位。因为投资者有不同的目标，所以没有一个单一投资组合可以满足所有人。因此，各种类型的共同基金被创立出来。

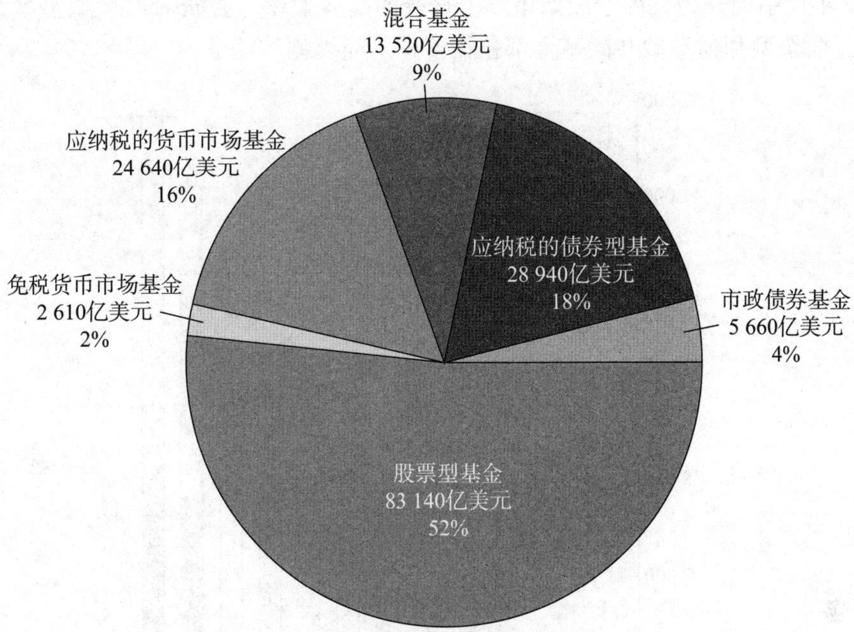

图 23.4 共同基金的构成

资料来源：投资公司协会。

23-2 股票型与债券型共同基金

超过 80%的共同基金是股票型基金或债券型基金。图 23.5 展示了股票型基金和债券型基金数量随时间的增长情况。股票型基金和债券型基金投资的相对增长（资产规模方面）如图 23.6 所示。在 20 世纪 80 年代，债券型基金投资超过了股票型基金，但是从

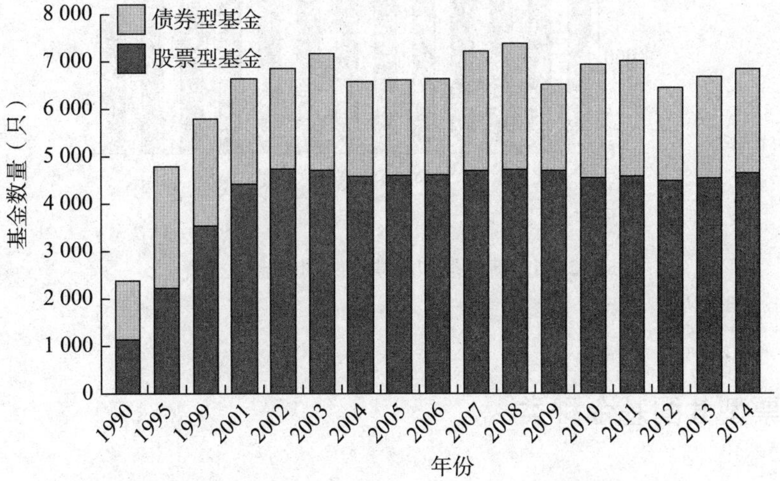

图 23.5 股票型基金和债券型基金的增长

资料来源：投资公司协会。

20 世纪 90 年代中期开始，由于股票市场上普遍的高收益率，投资者对股票型基金的投资大幅增加。股票型和债券型共同基金都包括多种不同类型的基金。

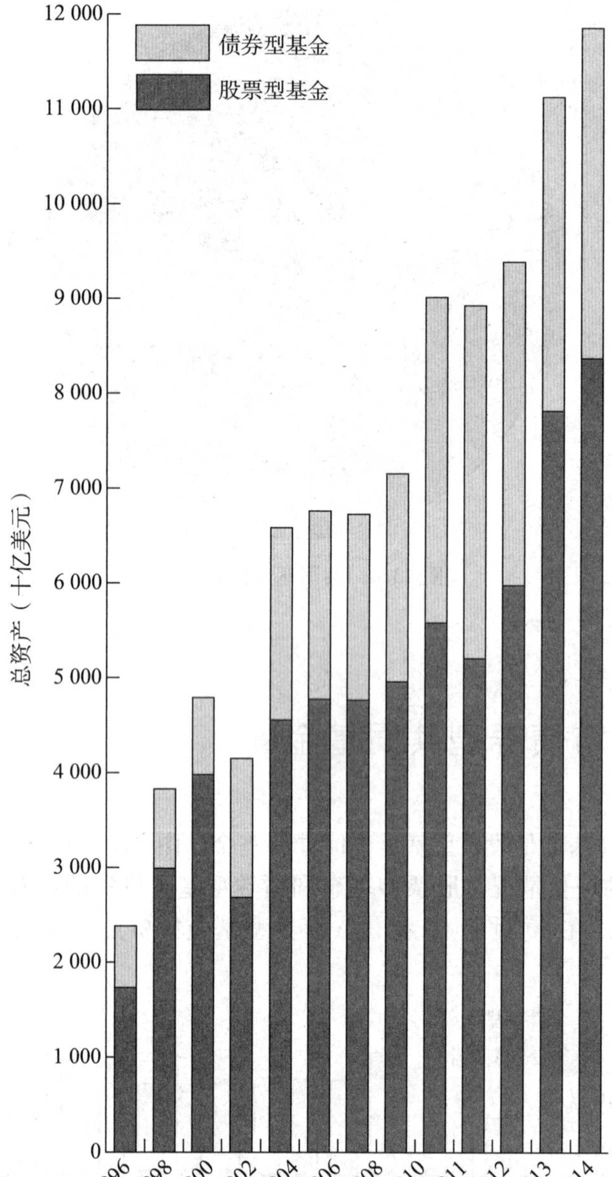

图 23.6　债券型和股票型共同基金的投资

资料来源：投资公司协会。

23-2a　股票型共同基金种类

更普遍的股票型共同基金种类包括：

- 成长型基金

■ 资本增值型基金
■ 成长和收入型基金
■ 国际基金和全球基金
■ 特种基金
■ 指数基金
■ 多重基金

成长型基金 对于期望高收益率而只愿意承担适度风险的投资者来说，**成长型基金**（growth fund）是比较合适的。这些基金投资于目前没有完全成长起来而在将来可能会高于平均水平的公司。成长型基金的主要投资目标就是实现股票价值的增加，而不太注重获得稳定的收入。

资本增值型基金 **资本增值型基金**（capital appreciation fund）也被认为是一种进取性的成长型基金，它投资于那些具有很高的成长潜力同时具有很大的不确定性的股票。资本增值型基金适合那些愿意承担风险损失的投资者。

成长和收入型基金 一些投资者偏好资本增值又希望能有稳定收入，对于那些投资者来说，投资于包括成长股、高分红股和固定收益债券等在内的独特组合的**成长和收入型基金**（growth and income fund）最为合适。

国际基金和全球基金 近几年来，外国证券备受关注。过去，由于购买外国证券和监控外国证券的业绩所产生的信息和交易成本很高，投资者很少购买外国证券。国际共同基金的产生为投资外国证券打开了方便之门。

国际股票型共同基金的收益率不仅受到外国公司股票价格的影响，还受到外国股票计价货币价值变动的影响。若一种外币相对美元升值，那么该种外国股票的价值用美元来衡量时也会升值。因此，美国的投资者不但可以从外国证券的升值中受益，而且可以从外币（对美元）的升值当中获利。当然，当外国股票的计价货币贬值时，投资者也会遭受损失。

国际共同基金的一个替代品是全球共同基金，该基金将一些美国股票纳入其投资组合当中。国际共同基金和全球共同基金投资于多个不同国家的股票，以限制某一国经济状况的变动给基金带来的风险。

近几年来，一些新的国际共同基金的收益完全来自某一特定的新兴国家或地区。虽然这样的投资策略的潜在收益率相当高，但风险也十分大，因为全部投资组合对于单一经济十分敏感。

特种基金 一些共同基金被称为**特种基金**（specialty fund），专门投资于具有某种特点的一类公司，例如专门投资于能源、银行和高科技等特定行业。一些基金专门投资于那些可能是兼并目标的公司的股票。另外一些基金专门投资于期权或是其他商品，如贵金属等。也有一些共同基金只投资于社会意识强的公司。每一只特种基金的风险随基金的特点不同而不同。

指数基金 有些投资基金被设计为与某种股票指数的业绩相匹配。例如，Vanguard设计了一只与标准普尔500指数匹配的**指数基金**（index fund）。指数基金投资的股票总体上被预期与某一股票指数同向变动。基金中包括很多追踪指数所包含的股票，因此不需要过多的投资组合管理，同时交易数量相对较小。

由于投资者意识到基金经理的操作不可能总是胜过指数，指数基金正变得越来越受欢迎。再者，由于指数基金费用比主动管理型基金低很多，投资者可从中获利。也有指数基金代表特定的非美国的国家或地区。这些基金可能对希望投资于某一特定外国市场但对该市场具体股票不够了解的投资者具有吸引力。

多重基金 近年来，**多重基金**（multifund mutual fund）被创造出来。多重基金的基金经理投资于不同的共同基金。一只多重基金甚至比一只典型的共同基金的投资更分散，因为其投资于多只共同基金。但是，投资者承担了两种类型的管理费用：（1）每只共同基金本身的管理费用；（2）管理多重基金的管理费用。

23-2b 债券型共同基金种类

债券的投资者主要关注利率风险、信用（违约）风险和税收。因此大多数债券型基金可以根据债券的期限（影响利率风险）或债券的发行人（影响信用风险和税收）进行分类。

收入型基金 对于那些关注稳定收入而非资本升值的投资者来说，**收入型基金**（income fund）是最为合适的。这些基金通常投资于定期息票支付和风险程度不同的债券。与那些只投资于长期国债的基金不同，一些只投资于公司债券的收入型基金要承担一定的信用风险。第三种类型的收入型基金是以政府部门为背景的收入型基金，如以政府国民抵押协会为背景的基金。在其他条件相同时，承担更高风险的基金具有更高的收益率。

由于对于利率变动十分敏感，即使是中期的收入型基金的市场价值也非常不稳定。因此，收入型基金最适合于那些希望依靠基金定期获得稳定收入并打算长期持有基金的投资者。

免税基金 承担高税率的投资者往往购买市政债券作为避税的方式。因为这些债券易发生违约风险，分散化的投资组合是必要的。投资市政债券的共同基金使得那些只拥有少量资金的高税率投资者在承担较少信用风险的同时实现了避税。

高收益（垃圾）债券基金 期望高收益率且愿意承担高风险的投资者会考虑评级低于穆迪 Baa 级或标准普尔 BBB 级的债券占比超过 2/3 的债券投资组合。这些债券投资组合有时被称作**高收益（垃圾）债券基金**（high-yield/junk bond fund）。垃圾债券发行公司的偿债能力对经济状况极其敏感。

国际债券基金和全球债券基金 国际债券基金投资于外国公司或政府发行的债券。全球债券基金区别于国际债券基金的特点是它同时投资于美国债券和外国债券。这类基金适合于那些偏好投资包括美国债券在内的国际分散化投资组合的投资者。国际债券基金则适合于那些已经有了足够的本国债券投资，而又偏好完全投资于外国债券的基金的投资者。国际债券基金和全球债券基金为美国投资者提供了一条投资于外国债券的捷径。

但是，与投资美国债券的基金一样，这些基金也面临基于债券发行公司或发行政府的财务状况的信用风险。这些基金也面临利率风险，因为债券价格与该债券计值货币利率反向变动；同时这些基金还承担汇率风险，因为基金单位净值是将持有的外国债券转化成美元来计算的，因此，债券计价的外国货币贬值时，该种债券换算后的美元价值将会增加。

按期限分类 因为债券的利率敏感性取决于债券期限，因此按照所包含债券的期限可以将债券基金进行分类。中期债券基金持有距离到期日 5～10 年的债券，而长期债券基金一般持有距离到期日 15～30 年的债券。长期债券基金所持有的债券通常有较高的到期收益率，但是其相较于中期债券基金所持有的债券对利率的变动更为敏感。特定类型的债券基金（比如收入型基金和免税基金）具有不同期限的多种选择，因此投资者可以根据自身对利率风险的偏好进行选择。

多种可供选择的债券基金可以满足偏好这里所描述的各种特点的投资组合的投资者。例如，关注利率风险和信用风险的投资者可以投资于那些专门投资于距到期日中等期限的国债的债券基金；预期利率会下降而又非常关注信用风险的投资者可以投资于长期国债基金；预期利率下降且不注重信用风险的投资者则可投资于**高收益债券基金**（high-yield bond fund）；希望避免利息收入联邦税且注重利率风险的投资者可以考虑短期市政债券基金。

23-2c　混合基金

混合基金是另一种类型的共同基金。正如其名字所示，混合基金投资于股票和债券（有时也投资于其他类型的资产）。在一些混合基金内，股票和债券的比例是固定的，不随市场环境变化；在其他基金内，经理根据市场变化预期按照其他标准调整股票和债券的混合投资组合。混合基金包括若干类型的基金。这里讨论一些最流行的。

资产配置基金　资产配置基金包含多种投资（如股票、债券和货币市场证券）。投资组合经理根据预期调整这些基金的组成。例如，如果预期利率将下降，一个给定的资产配置基金将更倾向于集中投资于债券；如果预期股市强劲，它将专注于股票投资。如果投资组合经理预测到外国有利的经济状况，这些基金甚至可能会集中投资国际证券。

目标日期基金　目标日期基金（也称为生命周期基金或基于年龄的基金）是最流行的混合基金之一。这些基金被设计成可随投资者年龄增长自动改变股票和债券的比例。该基金的理念是年轻的投资者应该持有更高比例的股票，而老年投资者退休后需要收入，因此应该持有更高比例的债券。因此，大多数目标日期基金都被退休金账户持有，如 401（k）账户。2014 年，超过 40%的 401（k）账户至少持有一只目标日期基金，基金总资产超过 7 000 亿美元。

另类策略基金　在次贷危机之后，当股市下跌超过 50%时，一些投资者找到共同基金投资以保护他们免受极端的市场波动影响。另类策略基金旨在实现这一目标，近年来也越来越受欢迎。2014 年，其资产达到 1 700 亿美元，是 2009 年的三倍。另类策略基金使用比其他共同基金更复杂的交易策略；除股票和债券外，它们还持有非传统资产，如全球房地产、衍生证券、大宗商品以及初创公司的未上市股票。因为这些基金设计的初衷就是与股票和债券市场的相关性低，所以它们可能会比其他市场波动小并提供更高的收益率。但由于这类基金持有的资产类型，它们也可能面临非常大的风险。

23-3　货币市场基金

货币市场共同基金有时也被称为货币市场基金（money market fund，MMF），向个人投资者出售基金份额并为投资者将募集资金投资于货币市场（短期）投资工具。货币市场基金和以前讨论过的共同基金的主要区别在于货币市场基金把它们的投资重点放在货币市场证券上。由于投资者可仅以 1 000 美元或更少的资金投资于货币市场基金，他们得以投资于货币市场中原本无法独自负担的投资产品。大多数货币市场基金有签发支票的特权，虽然有可能对每月签发的支票数量或签发支票的最低金额有一定限制。如果基金向份额持有者分配至少 90%的收入，该基金将被免除联邦税收。

货币市场基金定期向其份额持有者发送账户报表，以更新其余额中的任何变动。它们也定期向份额持有者发送资产组合构成的变动更新，提供在货币市场基金投资组合中持有的证券名称和金额的详细资料。

因为货币市场基金的支持公司愿意在任何时间购回 MMF，投资者可以在他们自己想要的任何时候卖掉手中的投资份额。在绝大部分年份里，对 MMF 的额外购买量超过了赎回量，使得公司可以通过购买更多证券创建 MMF 投资组合。当赎回量超过额外购买量时，公司可以通过卖掉 MMF 投资组合中包含的一些资产来满足超额的赎回需求。

图 23.7 阐述了随着时间的推移货币市场基金资产的增长。随着投资者增加对货币市场基金的投资，资产水平也提高了。当经济环境走弱时，货币市场基金的投资往往随着投资者更加关注股票和债券的风险而增加。

货币市场基金区别于另一个货币市场基金和其他共同基金的地方在于其资产的组成、到期期限和风险。上述每一个特征都将在后续进行讨论。

23-3a 货币市场基金资产构成

图 23.8 展示了货币市场基金资产的总体构成。商业票据、CD、回购协议和财政证券是最常见的组成部分。这样的构成反映了各类型资产对货币市场基金总体的重要性，但并不代表任何特定的货币市场基金的典型构成。每个货币市场基金通常更集中于服务于其目标的资产。

23-3b 货币市场基金风险

货币市场基金通常信用风险较低，因为其投资的货币市场证券具有较低的信用风险。因为货币市场基金包括了较短期限的投资工具，其市场价值对市场利率的变动并不敏感(而共同基金包含长期债券)，因此其利率风险低。总体而言，货币市场基金一般具有相对低风险和低期望收益率的特点，从而在需要保守的投资媒介的投资者中广受欢迎。

23-3c 货币市场基金管理

货币市场基金经理的角色是维护满足基金基本目标的资产组合。如果基金经理预期经济将强劲增长，他们将用商业票据或零售信用违约互换合约替换零风险的证券（如国债）。

一些货币市场基金的投资组合缺乏灵活性，例如有些货币市场基金保持高比例的国债投资、控制高风险证券的投资数额以确保为投资者避免风险。

即使基金经理不能改变货币市场基金的资产组合比例，他们仍然可以通过改变他们所投资证券的期限来影响业绩。例如，如果基金经理预期利率将会上升，他们应该用那些到期证券的资金购买期限较短的新证券。

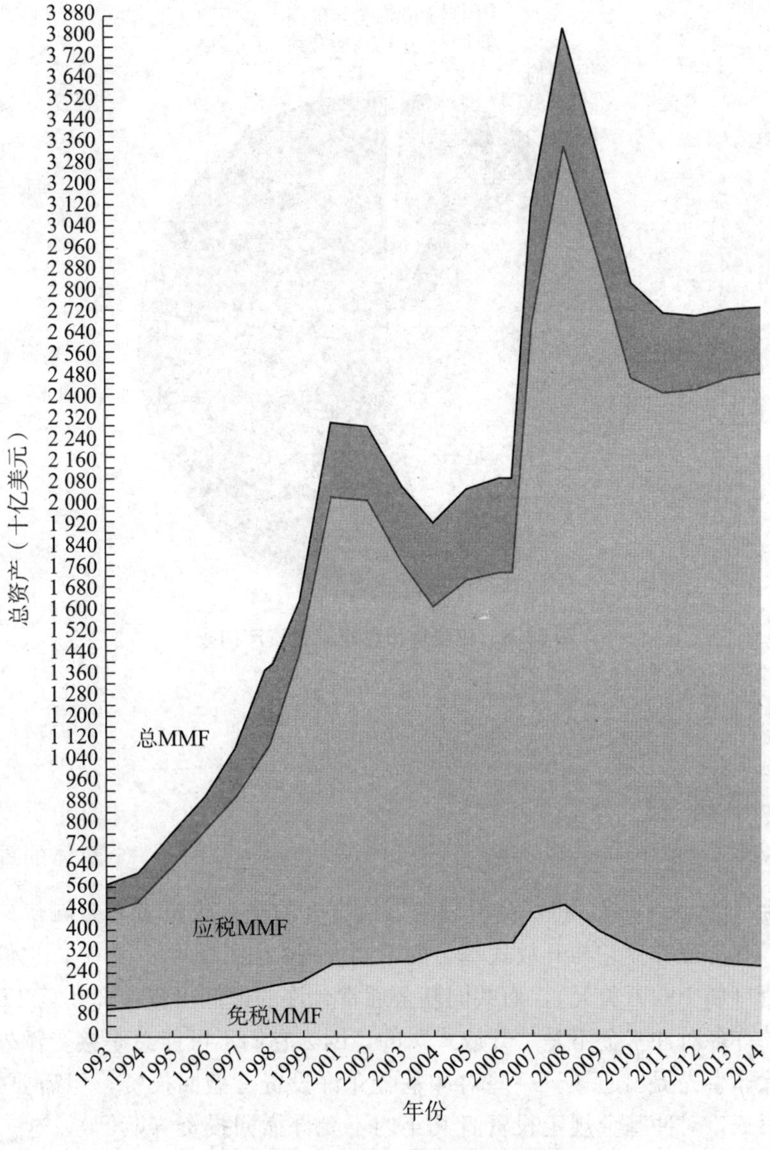

图 23.7　货币市场基金资产的增长

资料来源：投资公司协会。

货币市场基金之间的投资转换　尽管货币市场基金经理们在某种程度上受限于不能管理货币市场基金的构成，但投资者可以在不同基金之间进行投资转移以应对变化的经济形势。担心信用风险可能增加的投资者可以将他们的资金转移到大量投资于国债的货币市场基金上。如果投资者预期利率将上升，他们可以将资金转移到大量投资于短期证券的货币市场基金上。

在次贷危机期间，投资者开始关注专注于商业票据的货币市场基金的风险。金融机构发行了大量商业票据，许多金融机构在金融危机中苦苦挣扎。2008 年 9 月雷曼兄弟（一家大型证券公司）的倒闭吓坏了投资者，因为雷曼兄弟严重依赖短期证券（如商业票据和回购协议）为其业务提供资金。在 2008 年 9 月为期一周的时间内，超过 1 400 亿美元撤出货币市场基金。

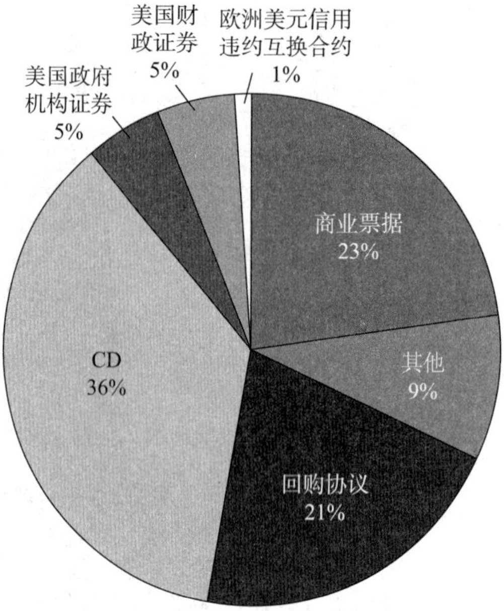

图 23.8　应税货币市场基金资产构成

资料来源：投资公司协会。

23-4　对冲基金

对冲基金（hedge fund）将基金份额出售给富有的个人投资者和金融机构，并将所得的资金投资于有价证券。它与开放式基金的不同表现在几个方面。第一，它们要求更大金额的初始投资（如 100 万美元），而共同基金通常允许的最低投资在 250 至 2 500 美元的范围内。第二，许多对冲基金不是“开放式”的，因为它们不可能总是接受额外投资或满足赎回要求，除非事先提出通知。一些对冲基金允许投资者撤回投资，但需要提前 30 天或更久通知。第三，对冲基金规定投资者几年内不允许撤回投资（赎回），这一点与大多数共同基金区别显著，大多数共同基金允许在任何时间赎回份额。第四，对冲基金受到最少的监管。它们不需要像共同基金一样向潜在投资者提供丰富的信息。第五，对冲基金投资于各种各样的投资以实现高收益率。因此，它们不像共同基金一样在投资类型上受到限制。任何对冲基金都可投资于成长股、股息股、债券和现货，也可做空上述种类的投资。例如，假设一家对冲基金认为化学公司 X 较化学公司 Y 被低估。除了仅仅投资于 X 外，该对冲基金也可同时对 Y 做一个空头头寸。通过这样的方式，总的来说它并没有真正把自己的头寸投放于化学产业，而是试图将两家公司之间的价格差异进行资本化利用。这样的投资策略与典型的被限制做空的共同基金非常不同。

对冲基金也投资于私人公司的股权。这类投资流动性非常低，导致对冲基金很难快速卖出。如果对冲基金允许其投资者频繁赎回，可能需要以较大折扣卖出流动性差的资产以获取赎回需要的资金。然而，一些对冲基金能够负担流动性差的投资，因为在可能的赎回得到允许之前有几年时间可以运用投资者的资金。这些特征赋予对冲基金更多追求高收益率的机会。但是，对冲基金较共同基金面临更多风险。尽管一些对冲基金业绩出色，但很多都已失败。

对冲基金由之前在共同基金上取得成功的基金经理创造，他们创造出对冲基金以期在其领域获取更大的收益或者在其投资决策中拥有更多灵活性。

大多数对冲基金的组织形式为有限合伙制。目前至少有 11 000 只对冲基金，总共大约 3 万亿美元的市场价值。对冲基金所采用的投资策略包括投资衍生证券和做空股票。近年来，一些对冲基金买下了它们管理的企业，类似于私募股权基金。它们要么监督或更换管理层以提高企业的业绩，从而最终实现以高于其买入价格的价格卖出企业的目标。一些对冲基金购买破产或濒临破产的公司的不良资产。

23-4a 对冲基金运用财务杠杆

对冲基金通常使用借来的资金补充它们获取和投资的股权。这种财务杠杆的运用使它们能够在一定数量的股权下进行更多的投资并扩大回报。

◈ **例子**

Durham 对冲基金为其每 1 美元股权投资借贷 3 美元，其每 1 美元的股权投资可以获得 4 美元的资产。如果其投资带来正 20%的资产收益率（ROA），这就意味着其投资的权益收益率（ROE）为

$$\begin{aligned}ROE &= ROA\times(资产/权益)\\&=20\%\times(4/1)\\&=80\%\end{aligned}$$

如果 Durham 对冲基金只使用股票（没有借入资金）进行资产投资，其股本收益率只有 20%，与资产收益率相同。这个例子中的财务杠杆使得对冲基金对投资者的收益率放大到资产收益率的 4 倍。◈

财务杠杆也可以放大负收益（亏损），从而增加投资者的风险。

◈ **例子**

考虑上一个例子中 Durham 对冲基金为其每 1 美元股权投资借贷 3 美元的情况，现在假设其投资导致了−20%的资产收益率，这代表其权益收益率为：

$$\begin{aligned}ROE &= ROA\times(资产/权益)\\&=-20\%\times(4/1)\\&=-80\%\end{aligned}$$

如果这只对冲基金仅使用股票（没有借入资金）进行资产投资，其损失也只有 20%。◈

23-4b 对冲基金费用

对冲基金每年收取占总投资的 1%～2%的管理费。此外，他们根据基金的收益获得提

成。提成一般是收益的 20%。

◈ **例子**

考虑一只对冲基金，它收取 2%的管理费和 20%的年收益提成。在最近的一年，该基金收益率为 15%。该基金的投资者将支付 3%的提成（计算为 15%收益率的 20%）同时支付 2%的管理费，或占其总投资 5%的总费用。考虑到一些指数基金的管理费很低，而且没有提成，只有当对冲基金的收益率超过指数基金 5 个百分点左右时，这只对冲基金才会是一个更好的投资。◈

23-4c 对冲基金对信息的追求

在 2000 年之前，对冲基金业绩通常优于共同基金。他们卓越的业绩可能是由于他们灵活地从事各种投资，而不是像共同基金那样受到限制。此外，他们通常集中精力获取有用的信息。例如，一些大型对冲基金与那些为证券公司工作的分析师建立了密切联系，从而定期在其他市场参与者之前获得有关特定股票期望收益率的相关信息。

当分析师掌握了相关信息时，对冲基金希望成为“第一个知道的”。这使他们能够在其他投资者意识到这一点之前根据这些信息在股票中建仓。作为回报，对冲基金将选择分析师所在的证券公司进行股票交易，这将为证券公司提供佣金。这一过程常常被认为是对冲基金向证券公司分析师的信息的间接支付。对冲基金与分析师的关系给了他们一个优势。投资于对冲基金的资金有时被称为“聪明的货币”，而投资于共同基金的资金或个人投资者的投资则被称为“愚蠢的货币”。

对冲基金的潜在信息优势随着时间推移而减少。更多对冲基金被建立起来，导致它们之间的竞争非常激烈。现在任何一个特定的对冲基金都难以获得其他对冲基金所不知道的信息。因此，对冲基金利用证券估值错误信息的机会越来越少。

公平披露规则（FD 规则）对对冲基金的影响 此外，在 2000 年 10 月，美国证券交易委员会发布了公平披露规则，旨在防止公司向分析师提供盈利信息或其他相关信息，除非是公开信息。因此，监管机构禁止分析师向对冲基金传递私人信息。由于对冲基金不再具有明显的信息优势，还面临更多竞争，但仍收取高额费用，一些投资者现在将对冲基金称为“笨钱”。在现实中，它可能会对一般对冲基金业绩产生误导，因为不同对冲基金业绩可能差别很大。

对冲基金对专家网络的依赖 因为对冲基金不再从分析师那里获得信息优势，他们中的许多现在通过所谓的专家网络寻求信息优势。这些基金聘请具有特定行业经验的专家担任顾问，并提供他们对该行业或特定行业内企业的见解。在科技行业，对冲基金很大程度上依赖于有关专家获取股票价格信息，因为科技行业的估值非常困难。专家可能提供有价值的信息，认为目前一些科技公司被错误估值，从而使对冲基金得以利用这些信息进行投资。

如果专家有内幕消息，当他们被聘为顾问时，他们不应该将信息提供给对冲基金。然而，从公开信息得出的判断和从私人信息得出的判断之间存在清晰的界限。例如，考虑一位专家预测计算机行业总体在下个月可能会出现订单增加的情况，这个宽泛的观点可以来自专家所在公司的计算机订单在本月增加的私人信息。最近几年，美国政府对许多向对冲基金披露内幕消息的专家提出指控。

23-4d 对冲基金卖空操作

对冲基金常用的策略是，在它们认为估值过高的股票上做空（卖出自己不持有的股票）。它们认识到，一些公开交易的公司可能发布误导性的财务报表，夸大它们的收入，从而使其股价虚高。一些对冲基金对此类公司进行彻底调查，因为它们可以在其他投资者或监管机构或信贷机构认识到这些财务报表的误导性之前卖空这些公司的股票，从而获得非常丰厚的回报。对冲基金甚至可能在建立一个空头头寸之后公开指责一家公司会计舞弊。如果许多投资者相信对冲基金的声明，它们可能出售持有的股票，导致股价下跌。

◇ 例子

在 2008 年 4 月和 5 月，绿光资本的总裁 David Einhorn 在批评雷曼兄弟缺乏财务披露时备受财经媒体关注。雷曼兄弟是当时最大的证券公司之一。2008 年的前四个月，抵押贷款和 MBS 的市场估值大幅下降，而雷曼兄弟大量投资于这些资产。David Einhorn 指出，雷曼兄弟只对相对少量的这类资产进行减值处理，导致其收益被夸大。David Einhorn 说，由于他的担心，他的对冲基金已经建立了雷曼兄弟股票的空头头寸。当 David Einhorn 首次公布其担忧时，雷曼兄弟的股价是 40 美元/股。雷曼兄弟公开反驳 David Einhorn 的指控并表达了对其财务状况及前景的乐观。

然而，在 2008 年 6 月，雷曼兄弟报告季度亏损 28 亿美元，并确认资产减值 41 亿美元。此时，其股价已跌至约 30 美元/股，自 David Einhorn 表达其担忧后两个月内下跌了 25%。雷曼兄弟的首席财务官说，雷曼兄弟将筹集 60 亿美元的新资金，它虽不需要，但可以用来寻求商业机会。几天后，雷曼兄弟宣布更换其首席财务官及其首席运营官。仅仅三个月后，雷曼兄弟就报告季度亏损 39 亿美元，并承认资产减值增加了 56 亿美元。此时，雷曼兄弟的股价约为 7 美元/股，其首席执行官表示，雷曼兄弟一直被公众关注所干扰，如今已经走上正确的轨道。五天后，雷曼兄弟宣布它已申请破产。因此 David Einhorn 四个月前公布的担忧得到有力证实。进一步地，雷曼兄弟破产后进行的独立审计证实了其财务披露匮乏。◇

对冲基金在热门股如安然、世通、Krispy Kreme 和更近期的高朋网上建立了大额的空头头寸，而这些股票因虚增盈利被大大高估。一旦媒体报道这些公司的财务报表有问题，这些股票的价格就会下跌，对冲基金就会轧平它们的头寸。证券交易委员会试图发现欺诈性财务报告，但它可能没有资源密切监视每一家上市公司的财务报表。因此，对冲基金有机会发现财务欺诈，并以此帮助纠正股票价格。

一些受这些行为影响的公司声称对冲基金正在操纵股价下跌。然而，对冲基金辩称，它们只是在纠正因公司夸大收益导致的定价过高的股票。如果一家公司确实业绩出色，妥善披露其财务情况，其估值应能承受住任何虚假的指控，而任何制造虚假指控的人也将被控诈骗。此外，一旦公司提供足够的透明度证明对冲基金错了，那么任何提出虚假指控的对冲基金都会在空头头寸中蒙受损失。

次贷危机期间的卖空行为 在 2008 年的次贷危机期间，对冲基金被指控做空一些持有次级抵押贷款或其他抵押相关证券的金融机构，导致市场状况恶化。证券交易委员会采取措施，临时性限制对持有大量次级抵押贷款的金融机构股票的做空。对冲基金可能会辩称它们的卖空策略是正当的，其声称持有大量次级抵押贷款的金融机构被高估，因为它们的风险暴露此前并非完全透明。某种程度上对冲基金的卖空行为将使股票价格降到适当的值，也会使市场变得更加有效。

23-4e 麦道夫基金丑闻

伯纳德·麦道夫管理着一只庞大而受人尊敬的对冲基金，其投资者包括各种机构、慈善机构和富有的个人投资者。该基金报道称基金每年均获得了良好的回报。2008 年 12 月，当一些投资者想把他们的一些投资变现时却没有钱给他们。麦道夫承认，他定期使用新投资者的资金来偿还那些想把基金份额变现的投资者。投资者的潜在损失估计高达 500 亿美元，这可能是美国历史上最大的金融丑闻。

这一丑闻的一个重要教训是，对冲基金应该受到监管机构的比过去更加仔细的审查。在过去的九年中，证券交易委员会曾数次收到麦道夫基金可能出现违规行为的警告，但其仍未能发现欺诈行为。

23-4f 对冲基金监管改革

2010 年 7 月，《金融改革法案》(2010) 得到实施；它包含了许多旨在稳定金融体系的条款。该法案规定，管理超过 1 亿美元的对冲基金必须作为证券投资顾问在证券交易委员会登记。这些对冲基金还必须披露金融稳定监督委员会［由《金融改革法案》(2010) 创立］所能使用的财务数据，以便评估金融体系中的系统风险。该法案还禁止商业银行将超过 3%的资本投资于对冲基金机构、私募股权基金或房地产基金。

23-5 其他基金类型

近年来，一些其他类型的基金变得广受欢迎。其中包括交易所交易基金、风险投资基金、私募股权基金和房地产投资信托基金。下文将依次介绍上述各类基金。

23-5a 封闭式基金

封闭式基金 (close-end fund) 发行基金份额并运用其收入为其投资者投资于特定部门或国家的股票或债券。与开放式基金不同，初始基金份额发行后封闭式基金将不再对新投资者开放。此外，它们不回购（赎回）卖出的基金份额。购买封闭式基金份额的投资者可以在证券交易所（二级市场）出售基金份额，新投资者可以在证券交易所购买基金份额。

一些封闭式基金经营新基金份额的二次发行，并利用获得的资金扩大其投资组合。此外，当一些封闭式基金认为自身基金份额被低估时，会定期从交易其基金份额的证券交易所回购部分现有的基金份额。

目前大约有570只封闭式基金。这些基金中约有60%主要投资于债券或其他债务性证券，而其他40%专注于股票。封闭式股票基金代表特定的部门或国家，使投资者能够投资于反映特定部门或国家的股票组合。封闭式基金的总市值不到3 000亿美元，比开放式共同基金的总市值小得多。

不同于开放式基金，封闭式基金允许投资者做空。这使得投资者能够利用他们认为封闭式基金代表的某一特定部门或国家股票价格将下跌的预期。

封闭式基金的市场价格 封闭式基金的市场价格可能偏离标的股票的总价值（以每股净资产计量）。对一些封闭式基金而言，基金份额的价格高于各自的投资组合的总价值。这往往发生在基金份额代表的股票属于有投资限制的国家时。想要投资这些股票的美国投资者愿意支付超出股票市值的溢价，因为他们很难轻易获得这些股票。对许多封闭式基金而言，基金份额的价格相对于其投资的股票有一定折扣。这是可能在一些代表小公司的封闭式基金所持股票流动性差时发生的。

封闭式基金的折价或溢价会随时间改变。因此，如果基金的溢价相对于其资产净值增加（或折价降低），基金份额持有者的收益就会增加。一些投资策略专注于标价较资产净值大幅折价的封闭式基金，这基于大幅折价的封闭式基金的价格被低估的前提。然而，运用这种策略并不总能获取高的风险调整收益，因为一些折价较大的封闭式基金的市场价格随着时间推移可能会继续下跌（折价可能变得更显著）。

23-5b 交易所交易基金

交易所交易基金（exchange-traded fund，ETF）的目的是模仿和股票一样在证券交易所上市交易的特定股票指数。与开放式基金不同，交易所交易基金有固定数量的基金份额。它们有点类似于开放式基金，投资于一个特定的股票指数。然而，不同于开放式共同基金，它们的股票在交易所进行交易，其份额价格在一整天内发生变化。跟股票一样，它们可以进行保证金交易。它们对机构投资者和个人投资者很有吸引力；超过1.9万亿美元投资于交易所交易基金。Vanguard、BlackRock和State Street提供各种各样的交易所交易基金并在交易所交易基金市场占主导地位。如今已有超过1 400种不同的交易所交易基金可供选择。然而，现在投资公司很难提供与现有交易所交易基金不同的新型交易所交易基金。

交易所交易基金的管理 由于交易所交易基金意在模仿特定的指数，它们不同于大多数开放式基金和封闭式基金之处在于它们不被积极管理。

这可能被一些投资者认为是一种劣势，因为他们并没有试图超越一个现有的指数。然而，积极管理的共同基金并不一定能取得比参考基准更高的收益率，也可能只能取得更低的收益率。此外，一些投资者更倾向于缺乏积极管理的交易所交易基金，因为收费低得多。交易所交易基金的年费平均约为0.50%。

一些投资公司最近建立了积极管理的交易所交易基金。该基金模仿一个特定的指数，但是当经理预期可取得更可观的回报时，经理可以改变投资规模（借入资金），当经理预期收益不太好时，则不借入资金。积极管理的交易所交易基金年费平均约0.7%。这高于传统的非积极管理的交易所交易基金，但低于开放式基金。

交易所交易基金的资本收益 由于交易所交易基金并非积极管理，它们通常不会有必须分配给股东的资本利得和损失。交易所交易基金近年来变得非常流行，因为他们是投资者投资于某一股票指数的有效途径。

交易所交易基金的流动性 交易所交易基金比开放式基金的基金份额流动性更好，因为它们可以在交易时间内的任何时刻出售。相反，共同基金份额是在收盘时卖出。这种差异对频繁交易基金份额的投资者很重要。然而，对于长期持有这些投资的投资者而言，这种差异并不重要。

经纪费用 交易所交易基金的一个缺点是每次购买额外份额都必须通过交易所进行交易。每一次投资者买入基金份额时就像购买股票一样要承担经纪费用。这项成本对于计划在特定交易所交易基金上频繁追加投资份额的投资者尤其重要。

交易所交易基金的卖空 类似于封闭式基金，交易所交易基金可以被卖空。事实上，投资者比卖空封闭式基金更频繁地卖空交易所交易基金，因为交易所交易基金流动性更好，这使得卖空行为更容易执行。交易所交易基金被卖空的基金份额约占所有交易所交易的基金份额的 19%。这个比例大约比个股大 10 倍。这归因于投资者通常押注于股票行业或国家而不是单个股票的价格下跌。此外，一些交易所交易基金的卖空是由于投资者要对冲其一部分现有资产的风险。例如，一家目前持有大量科技股的金融机构可能会对下周的价格走势感到担忧，尽管长期而言它对这些股票有信心。该金融机构可以用下周的科技股交易所交易基金的空头头寸对冲其所持有的科技股个股风险。

广受欢迎的交易所交易基金 交易所交易基金通常根据模仿的具体指数分为广泛基础型交易所交易基金、部门型交易所交易基金或全球型交易所交易基金。广泛基础型交易所交易基金是最流行的，但部门型和全球型交易所交易基金都在最近几年显著增长。一只流行的交易所交易基金是所谓的 PowerShares QQQ 或称 Cube（其交易代码是 QQQ），其追踪科技公司的纳斯达克 100 指数。因此，对于认为科技股将表现良好但不想选择科技类个股的投资者 Cube 是非常理想的。另一只流行的交易所交易基金是追踪标准普尔 500 指数的标准普尔存托凭证（SPDR 或 Spider）。预期标准普尔 500 指数所代表的股票市场将表现良好，尤其是预期针对指数整体而非指数中任何个股的投资者可能会购买该基金份额。Spider 以标准普尔 500 指数 1/10 的价值交易，所以如果标准普尔 500 指数为 1 400，则 Spider 估值为 140 美元。随着时间的推移，基金份额的价格百分比变化率与标准普尔 500 指数价值的百分比变化率相等。

23-5c 风险投资基金

风险投资（VC）基金利用从富有的个人和一些机构投资者那里获得的资金投资于公司。它们将投资于基金的资金集中起来，并利用收益构造多样化的权益投资组合。这些基金通常要求高额的最低投资（如 100 000 美元或更多），因此拒绝小投资者。基金向投资者收取管理基金的费用，如每年投资组合价值的 1%～2%。与共同基金不同的是，风险投资基金通常投资于私人持有的公司而不是公开上市的公司，因此其投资流动性差。它们投资于那些需要股本融资但尚未准备好或愿意上市的年轻的、成长中的公司。他们可能投资于刚成立的只存在了几年的企业，或者是处于成长后期的企业。超过一半的风险投资都投资于正在创建的企业。

风险投资基金往往把重点放在有高收益率潜力但也表现出高风险水平的技术公司身上。他们从需要资金的企业收到无数的商业计划书，但仅投资于所有提交商业计划书的企业中不到1%的企业。红杉资本和 Menlo Ventures 是知名风险投资基金的例子。

风险投资基金经理通常有一些经营企业的经验。当一只创业投资基金提供股票融资时，它就会成为部分所有者，并可期望在业务上有一些控制权（比如董事会的席位）。因此，风险投资基金经理也可能是企业顾问。由于风险投资基金一般投资有风险的创业企业，其中很高比例的创业投资最终会失败。然而，即使有很高的失败率，基金仍然可以表现得很好，因为它的一些风险投资将是重大的成功例子。许多最终成名的企业，包括苹果、微软和甲骨文公司，在早年都得到了风险资本的部分支持。

一只风险投资基金通常计划在4～7年内退出其在企业的初始投资。如果企业上市，基金通常可以在首次公开发行（IPO）后6～24个月内在二级市场出售其份额（股份）。超过一半的企业首次公开发行之前都部分得到风险投资基金的支持。很多获得风险资本的企业一直没有变得足够大并成功上市，它们通常是被其他公司收购，而创业投资基金获得与其所占份额相应的报酬。

23-5d 私募股权基金

私募股权基金将个人和机构投资者提供的资金汇集起来，购买多数（或全部）股份。这样的基金通常是作为有限责任合伙企业设立的，一般合伙人制订一项商业计划，用于投资企业和管理他们收购的企业。他们推介他们的商业计划来吸引将成为基金的有限合伙人的外部投资者的资金。私人股本基金吸引机构投资者，如养老基金和保险公司，因为它们有可能获得非常高的收益率。他们也吸引大学捐赠基金和可以投资100万美元或更多的个人。

私募股权基金达到其融资目标后，通常对外部投资者封闭。如果该基金新的发展计划需要投资更多的资金，该基金会再次向投资者开放。基金经理通常将他们投资的80%的利润分配给投资者，自己保留20%。

当私募股权基金收购一家公司时，它将获得控制权并能够以改善其业绩的方式对业务进行重组。这些基金通常购买私人企业，但有时他们也接手公共企业。他们通常购买正在苦苦挣扎但有提高潜力的企业。因此，私募股权基金可以以低价购买一家企业，重组以改进其业务，并以显著高于其买入价的价格出售该企业。由私募股权基金购买企业的例子包括 Dunkin' Donuts、Hertz、La Quinta 和 Neiman Marcus。

私募股权基金中最受欢迎的是 Blackstone、Permira、Apollo Global Management、Provindence Equity Partners、Carlyle Group、KKR & Company 和 TPG Capital。这些私募基金每一个都有超过100亿美元的资产。美国拥有最大的私募股权市场，其次是英国，但私募股权投资在整个欧洲和亚洲迅速增长。

私募股权企业的市场 私人企业市场不如公开交易的股票市场有效率。有关私人企业的信息非常有限，因此私募股权基金经理可能会看到买入被低估企业的机会。利用该市场低效率的潜力吸引了更多的私募股权投资，并导致了许多新的私募股权基金的产生。

尽管私募股权基金每年筹集的资金总共超过5 000亿美元，但这些基金通常依赖更多的债务融资来重组它们购买的企业。这使它们每笔交易得以使用更少的权益资本，从而可将其投资拓展到更多的交易，这也导致对它们所投资的企业更高程度的财务杠杆。因此，这些基金可以在一定的企业利润水平上产生较高的股权投资收益率，但增加的杠杆也增加了企业无法偿还债务的风险。

一个潜在的问题是，大量流入私募股权基金的资金可能会导致大量资金追逐少量交易。激烈的竞争可能导致一些私募股权基金为了击败竞争对手的收购出价过高。这可能会导致赢家诅咒问题，意味着中标者获得目标公司但为此支付了太多的钱。当与其他投标人激烈竞争时，私募股权公司更难收购被低估的公司。

23-5e 房地产投资信托基金

房地产投资信托基金（real estate investment trust，REIT）是投资于房地产或抵押贷款的封闭式共同基金。与其他共同基金一样，房地产投资信托基金允许小投资者以很小的投资额参与。该基金集中投资于抵押贷款和商业房地产。房地产投资信托基金将不动产的租金或抵押贷款的利息收入分配给持有者。大多数现有的房地产投资信托基金可以在证券交易所出售，投资者可以在任何时候卖出它们。房地产投资信托基金的投资组合由基金经理决定，基金经理被认为在房地产投资领域有专业才能。

房地产投资信托可分为直接投资于所有权的权益型房地产投资信托、直接投资于建筑贷款或抵押贷款的抵押贷款型房地产投资信托。第三种房地产投资信托基金称为混合型房地产投资信托基金，投资于所有权和抵押贷款。

购买权益型房地产投资信托基金有时是出于规避通货膨胀的需要，因为房租和地产价格会随通货膨胀率的上升而上升。这些基金的业绩因为每种资产组合中房地产预期价值的不同而不同。投资集中于潜在高增长地产项目的房地产投资信托基金预计将比那些投资于全国范围内的投资组合的基金产生更高的收益率。然而，如果特定地区项目的增长放缓，该组合可能会面临更大的风险。

由于住房抵押贷款信托基金（mortgage REIT）本质上是一个固定收益的投资组合，其市场价值将受到利率变动的影响。利率上升时，抵押贷款的市场价值下降，因此住房抵押贷款投资信托基金需求减少。如果预期利率将下降，住房抵押贷款信托基金将变得更具吸引力。住房抵押贷款信托基金也受到信用风险影响，因为抵押贷款有违约的可能性。

次贷危机对房地产投资信托基金的影响 在2008—2009年的次贷危机期间，许多抵押贷款推迟还款或违约，结果导致住房抵押贷款信托基金在危机期间蒙受损失，那些大量投资于次级抵押贷款的房地产投资信托基金损失尤其严重。

23-6 共同基金估值与业绩

共同基金的投资者密切关注着所投资的基金的业绩，同时也关注着其他在未来可能投资的共同基金的业绩。此外，共同基金的基金经理也密切关注着基金的业绩，因为基金的业绩与他们的报酬息息相关。

23-6a 股票型共同基金估值

在特定时间段内，投资于股票的共同基金估值的变化可以由以下模型表示：

$$\Delta V=f(\underbrace{\Delta MKT}_{+},\underbrace{\Delta SECTOR}_{+},\underbrace{\Delta MANAB}_{+})$$

式中，MKT 代表股票总体的市场状况，SECTOR 代表共同基金集中关注的特定行业环境（如果有的话），MANAB 代表共同基金的管理能力。

市场状况的变化 股票型共同基金估值的变化通常与股票市场状况的变化密切相关。事实上，一些共同基金（指数基金）正尝试模仿一个特定的股票市场指数。

投资者通过共同基金 β 值衡量一只共同基金对股票市场环境变化的敏感性。共同基金的 β 值的估计方式与股票的 β 值相同。拥有较高 β 值的共同基金对市场环境更加敏感，因此有更大潜力从有利的市场环境中获益。如果出现不利的市场环境，它们的资产净值会有更明显的下降，价格也随之下降。

当次贷危机在 2008 年第三季度加剧时，许多股票指数的估值下降了至少 25%。股票型共同基金的收益也很差，那些风险较高的股票型共同基金经历了更为明显的亏损。即使是相对安全的股票型共同基金也在该季度经历了亏损。

行业环境的变化 某一特定部门的股票型共同基金的估值受该部门经济环境的影响。专注于美国科技股的共同基金估值往往在科技行业表现良好时大幅上升。在次贷危机期间，专注于金融机构的股票型共同基金遭受严重损失，因为该部门受到次贷危机的重创。

管理能力的变化 除了市场环境和行业环境外，共同基金的业绩也可能受到其经理能力的影响。由于管理能力的差异，同行业的共同基金可能经历不同的价值变化。如果一只共同基金的投资组合经理有高超的能力找出被低估的股票，该基金应该会给投资者带来更高的收益率。此外，有效管理从而费用较低的基金可能会比其他在同一行业的股票型共同基金获得更高的收益率。

23-6b 债券型共同基金估值

在特定时间段内，投资于债券的共同基金估值的变化可以由以下模型表示：

$$\Delta V=f(\underbrace{\Delta R_f}_{-},\underbrace{\Delta RP}_{-},\underbrace{\Delta MANAB}_{+})$$

式中，R_f 代表无风险利率，RP 代表风险溢价，MANAB 代表基金经理的管理能力。

无风险利率的变化 债券的价格往往与无风险利率的变化负相关。在无风险利率大幅下降的时期，债券持有人的必要收益率下降，大多数债券基金业绩良好。专注于长期债券的债券型基金更多地暴露于无风险利率变化的风险中。

风险溢价的变化 债券的价格往往随投资者购买债券所要求的风险溢价的上升而下降。当经济状况恶化时，债券持有人所要求的风险溢价通常会增加，这会导致必要收益率升高（假设无风险利率不变）和风险债券价格降低，最终导致集中于风险债券投资的债券型共同基金表现欠佳。

管理能力的变化 债券型共同基金在特定债券分类中的表现水平因投资组合经理能力的不同而不同。如果一只债券型共同基金的投资组合经理在选出被低估的债券方面有卓越的能力，该债券型基金会获得更高的回报。此外，有效管理从而费用较低的债券型基金可以比其他同一类别的债券型共同基金获得更高的收益率。

23-6c 分散共同基金投资的业绩

任何给定的基金业绩可能主要由单一经济因素驱动。例如，成长型股票基金的业绩可能会高度依赖于股票市场的业绩（市场风险）。债券型共同基金的业绩很大程度上取决于利率的变动（利率风险）。国际共同基金的业绩受到美元价值的影响（汇率风险）。当一个给定共同基金中所有的证券均受到一个基本的经济因素影响时，基金不能实现充分多元化的好处。出于这个考虑，一些投资者投资于不同类型的共同基金，以便他们的整个投资中只有一部分受到某种特定风险的影响。分散投资基金可以大大降低整体投资收益的波动性。

23-6d 共同基金评级

有许多评级服务机构为共同基金评级。有些评级是基于过去一段时间，例如过去一年或三年的业绩。基于过去业绩获得高评级的共同基金通常能吸引到大量新投资流入。事实上，共同基金家族大力宣传他们的某种获得了较高评级的基金以吸引更多投资者的资金。然而，基于近期业绩的评级并不一定是预示未来业绩的有用指标。

23-6e 共同基金业绩研究

许多研究试图评估随着时间变化的共同基金的业绩。仅仅通过收益率来衡量共同基金的业绩并不是一个有效的测评，因为收益率可能高度依赖于所关注期间股票和债券市场的业绩。更为恰当的业绩衡量方法是比较共同基金收益率与基准市场指数的收益率。因此，一只集中于大型股票的股票型共同基金的业绩可与代表较大股票的指数（如标准普尔500指数）相比，而关注高质量公司债券的债券型共同基金的业绩可与高评级公司债券指数相比。

大多数评估共同基金业绩的研究发现，共同基金的业绩并不优于衡量基准，尤其是考虑每只基金投资的证券类型时。此外，费用比率很高的共同基金往往业绩更糟。即使考虑到风险对收益进行调整，平均而言，共同基金也未能超越市场。

市场有效性的拥护者认为，除了内幕消息外，市场价格还应该反映出每只股票任何好或坏的特征，因此很难构建一个风险调整后的收益率始终优于市场的投资组合。即使共同基金业绩没有超越市场，它们仍能吸引希望投资多样化的投资者，以及更愿意让投资组合经理为他们做出投资决策的投资者。

小结

- 共同基金通过在一级市场购买新发行的股票和债券来满足公司、财政部和地方政府的融资需求。

它们也经常在二级市场购买证券。它们使资金有限的个人投资者得以分散投资。

■ 股票型共同基金更常见的类型包括成长型基金、资本增值型基金、成长和收入型基金、国际基金和全球基金、特种基金、指数基金和多重基金。债券型共同基金常见的类型包括收入型基金、免税基金、高收益（垃圾）债券基金、国际债券基金和全球债券基金，以及混合基金，混合基金将股票和债券投资结合，例如资产配置基金和目标日期基金。

■ 货币市场基金（MMF）投资于短期证券，如商业票据、回购协议、信用违约互换合约和国债。货币市场基金的期望收益率相对较低，但风险也较低。

■ 对冲基金向富有的个人和机构投资者出售基金份额，并用所得收入投资于有价证券。它们受制于最低限度的监管，通常追求能够获得高收益率但也面临高风险的投资。一些对冲基金做空他们认为估值过高的公司股票，该估值通常归因于财务报表夸大收益。通过这样的行为，对冲基金对财务报告舞弊进行了市场控制。

■ 封闭式基金与共同基金类似，除了其不对新投资者开放也不允许赎回，且其基金份额在证券交易所进行交易外。设计交易所交易基金（ETF）的目的是模仿特定的股票指数，并在证券交易所进行交易。风险投资（VC）基金利用从富有的个人和一些机构投资者那里获得的资金，投资于那些需要股本融资但尚未准备好或不愿意上市的年轻的、成长中的公司。私募股权基金汇集个人和机构投资者提供的资金，并购买大量（或全部）的公司股份。房地产投资信托基金（REIT）是投资于房地产或抵押贷款的封闭式基金。

■ 股票型共同基金的估值和业绩受股票市场环境、共同基金所投资行业环境以及投资组合经理的管理能力的影响很大。债券型共同基金的估值和业绩在利率下降和债券信用风险溢价下降时相对较强劲。

正方和反方观点

共同基金应该受到更多监管吗？

正方　不应该，共同基金可以由基金份额持有者监控（像许多公司一样），份额持有者可以实施治理。

反方　应该，共同基金需要由监管机构来监管，因为它们对如此巨额的资金负有责任。如果没有监管，当共同基金经理的不道德行为被公开时，可能会有大量资金从共同基金中撤离。

谁正确？　利用互联网学习关于这个议题的更多知识并形成你自己的观点。

问题与应用

1. **共同基金服务**　解释为什么共同基金会吸引中小投资者。共同基金如何给基金份额持有者带来回报？

2. **开放式基金与封闭式基金**　开放式基金与封闭式基金有什么不同？

3. **有销售费用与无销售费用的共同基金**　说明有销售费用与无销售费用的共同基金的区别。

4. **资金的运用**　像共同基金一样，商业银行和股份制储蓄机构也出售股票，但共同基金获得的资金却以不同的方式运用。请解释。

5. **国债基金的风险**　支持或反驳以下观点：投资者可以通过购买只持有美国国债的共同基金来规避各种风险。

6. **基金的选择**　描述最适合于希望获得免税收入并保持低利率风险的投资者的共同基金。

7. **汇率变动风险**　解释为何外币币值变化会影响国际共同基金业绩。

8. **对冲基金改革**　解释《金融改革法案》（2010）如何作用于对冲基金。

9. **共同基金的税收影响**　解释当基金将至少90%的应纳税收入分配给基金份额持有者时，对共同基金的收入将如何征税。

10. **业绩**　根据研究，是否有基金跑赢市场？请解释。如果共同基金不能跑赢市场，其是否还能吸引一些投资者？请解释。

11. **货币市场基金**　货币市场基金在利用基金份额持有者投资的资金时与其他类型的共同基金有何不同？货币市场基金投资于哪一种证券最多？当出售新基金份额获得的资金小于基金份额持有者想卖回

基金份额需要的金额时，货币市场基金将如何满足其需求？

12. 货币市场基金风险 解释货币市场基金可投资的各种类型证券的相对风险。

13. 资金利率风险 货币市场基金和债券型基金谁的价值更容易受到利率上升的影响？请解释。

14. 分散共同基金投资 解释为什么分散投资于各种类型的共同基金受到高度评价。

15. 次贷危机对对冲基金的影响 解释为什么一些对冲基金因次贷危机而失败。

16. 房地产投资信托基金 解释权益型投资信托基金和住房抵押贷款信托基金的差别。哪一个可以更好地规避通货膨胀的风险？为什么？

高级问题

17. 比较开放式与封闭式基金的管理 鉴于基金特征的差异，解释开放式基金与封闭式基金相比流动性管理不同的原因。假设基金规模相同且具有投资股票获取高收益的相同目标，你认为哪一个投资组合经理将实现较大的基金资产净值涨幅？请解释。

18. 选择一种共同基金 考虑可能影响股票需求的普遍情况，包括通货膨胀、经济、预算赤字、美联储货币政策、政治环境以及投资者的总体情绪。基于目前的情况，推荐一个你认为业绩将很好的具体类型的股票型共同基金。请提供一些逻辑分析以支持你的推荐。

19. 对冲基金和共同基金的比较 解释为什么对冲基金可为投资者获取比共同基金更高的收益。解释为什么对冲基金和共同基金面临不同的风险。当市场被高估时，为什么对冲基金能够比共同基金更好地把握市场过度乐观情绪并将其资本化？

20. 私募股权基金如何改善经营状况 描述私募股权基金。它们如何改善经营状况？个人和机构投资者此前投资于股票的资金现在投资于私募股权基金，解释为什么这将导致经营状况的改善。

21. 共同基金与私募股权基金的收益来源 股票型共同基金和私募股权基金投资者产生收益的方式不同，请解释区别。你认为哪种类型的基金能更好地利用一个忽视所有形式的股东激进主义的弱势上市公司？

22. 私募股权基金对市场效率的影响 近年来，私募股权基金大幅增长。私募股权基金的创立会大幅增强股票市场的半强有效性吗？请解释。

23. 对冲基金从分析师那里获取的信息 描述一些对冲基金如何从分析师处获取信息以试图获得相较其他投资者的优势。描述如何设置制度限制该信息获取。

24. 对冲基金对专家网络的依赖 解释近些年对冲基金依赖于专家网络的动机。

辩证思维问题

对冲基金策略 一位评论家最近声称，对冲基金在公布（以及证明）一家上市公司夸大其盈利时会增加市场波动性。评论家认为，不应该允许对冲基金发表这样的公开声明，也不应该允许做空那些被批评的公司。写一篇短文支持或驳斥这一观点。

解读财经新闻

诠释华尔街分析师和投资经理做出的下述评论：

a.“即使共同基金每年获得20%的收益率，也并不意味着投资者应该急于投资。基金的业绩必须通过市场修正。”

b.“国际共同基金的业绩受到超出基金经理控制范围的情况的影响。”

c.“小型共同基金需要进行合并才能在效率上和大型对手竞争。”

金融市场管理

共同基金投资 作为一名个人投资者，你希望投资于一只投资组合高度分散的共同基金，以在一定程度上避免可能发生的各种经济波动。

a. 一名投资顾问向你推荐购买4种不同的美国成长型股票基金，因为这些基金包括400种以上不同的美国股票，投资顾问认为你可以很好地规避经济波动风险。你同意吗？为什么？

b. 第二个投资顾问建议你投资于4种专门投资于不同欧洲国家的共同基金。投资顾问说你可以完全避免受到美国经济状况的影响，而且投资组合的风险也很低。你同意吗？为什么？

c. 第三个投资顾问建议你投资于4种不同的美国债券型共同基金以规避股票市场的风险。投资顾问说因为债券有固定的利息支付，这些债券型共同基金的风险很低。你同意吗？为什么？

资金流动练习

共同基金如何促进资金流动

卡森公司正在考虑与Venus共同基金私募债券。

a. 解释卡森公司和Venus之间的相互作用。Venus如何满足卡森公司的需求？卡森公司如何满足Venus的需求？

b. 卡森公司为什么与Venus共同基金进行互动而不是直接从那些投资于Venus共同基金的个人投资者那里获得资金？

c. 与为共同基金提供资金的个人投资者相比，Venus共同基金是否会成为卡森公司的一个更好的监督者？请解释。

互联网/Excel练习

1. 登录www. bloomberg. com/markets或一个其他关于共同基金的替代网站访问共同基金今天的业绩。业绩最好的共同基金到目前为止的收益率（YTD）是多少？该基金资产净值（NAV）是多少？该基金五年的收益率是多少？你认为共同基金的排名频繁变动吗？为什么？

2. 登录screen. yahoo. com/funds. html。描述你选择基金时考虑的限制条件，如种类、过往业绩、评级和其他特征，然后让筛选程序为你筛选共同基金。列出一个或更多满足你的标准的共同基金。

3. 登录finance. yahoo. com，输入符号“MVC”（即投资于美国股票的封闭式基金）并点击“Search Finance”。点击股价走势下方的“5y”回顾股票价格过去五年的变动。点击图表上方的“比较”，然后选择“S&P 500”对比MVC价格走势和标准普尔500指数变动。MVC的业绩看起来是否受到总体股票市场走势的影响？

4. 登录finance. yahoo. com，输入符号“DNP”（即投资于债券的封闭式基金）并点击“Search Finance”。检索过去20个季度的股票价格数据。然后登录http：//research. stlouisfed. org/fred2并检索三个月期国债过去20个季度开始时的利率数据，将数据记录在一个Excel表格中。求出DNP的季度收益率和利率的季度变化。令DNP的季度收益率为因变量，利率的季度变化为自变量（运用回归分析的更多信息见附录B）进行回归分析。利率变动和DNP的股票收益率之间有正相关或负相关的关系吗？这种关系是否重要？请为这种关系提供一个解释。

WSJ练习

共同基金的业绩

利用《华尔街日报》的一篇文章，总结一篇讨论特定共同基金近期业绩的文章。该共同基金的业绩比正常情况更好或更坏吗？文章给出的导致该基金业绩处于该水平的原因是什么？

关于现实案例的在线文章

找一篇近期描述一个具体金融机构或金融市场真实案例的在线实用性文章，以强化本章所涵盖的一个或多个概念。

如果你的班级有一个在线平台，教授可能会要求你把文章摘要放在那里并提供文章的链接以供其他学生访问。如果你的班级是当面授课的，教授可能会要求你当堂总结你对该文章的运用。教授可能指派特定学生或让学生自愿完成这项作业。

对于与本章相关的近期在线文章和真实案例，请考虑使用以下搜索词（请务必在搜索词中包含当前年份以确保在线文章是近期的）：

1. 具体的共同基金的名称＋目标
2. 具体的共同基金的名称＋费用比率

3. 具体的共同基金的名称＋风险
4. 具体的共同基金的名称＋分类
5. 具体的共同基金的名称＋管理
6. 具体的共同基金的名称＋业绩
7. 具体的封闭式基金的名称＋业绩
8. 具体的封闭式基金的名称＋风险
9. 具体的货币市场基金的名称＋业绩
10. 具体的交易所交易基金的名称＋业绩

第 24 章　证券公司运营

本章目标

- 介绍证券公司的主要功能
- 介绍证券公司受到的监管
- 识别影响证券公司估值的因素
- 解释证券公司面临的风险
- 解释次贷危机如何影响证券公司

证券公司作为重要的金融中介机构为政府和公司提供融资服务，并且为二级市场内投资者交易提供了便利。

24-1　证券公司功能

证券公司具有多种不同功能。它们从事证券公司业务，例如为公司和政府机构发行证券，也提供抵押贷款证券化服务，以及为要重组业务的公司提供咨询和融资服务。上文提到的从事证券公司业务的证券公司有时被称为投资银行（investment bank）。一些证券公司也提供经纪服务，或从事自营交易。

一些证券公司都是独立的，但它们中的许多隶属于金融集团。最近，一些证券公司已经成为银行控股公司的一部分。然而，其证券业务与商业银行业务明显不同，这就是为什么值得用单独的一章对它们进行讨论。接下来将对证券公司的功能进行描述。

24-1a 便利股票发行

证券公司作为有价证券发行公司和投资者之间的中介机构，提供以下服务：

- 牵头
- 股票承销
- 股票发行
- 咨询
- 股票的私人配售

牵头 当一家公司决定公开发行股票时，它可以获得证券公司的帮助。证券公司会向该公司建议此次发行股票的适当数量，因为证券公司可以预计市场可以承受的股票的数量，以避免因为发行股票数量过多而导致股票价格下跌。之后，证券公司将对该公司的财务状况进行评估以确定新股发行的适当价格。如果该公司曾经公开发行过股票，此次增发股票的价格应与市场上该公司发行在外的股票价格相同。

如果该公司是首次公开发行（IPO），其不存在已发行的股票以及发行在外的股票价格，此情况下证券公司会将它的财务状况与相同行业中其他类似的公司做比较，从而根据类似公司已发行股票价格确定股票发行的价格。

发行公司在证券交易委员会（SEC）注册登记。所有与该股票相关的信息，连同发行公司与证券公司的协议，都必须在有价证券**申请上市登记表**（registration statement）中登记备案，从而保证发行股票的公司已经准确披露了所有相关信息。包含所有要求的注册登记信息的说明文件叫作**招股说明书**（prospectus），它披露了公司所有相关的财务数据和该股票适用的一些条款。招股说明书在该股票发行的注册登记被批准之后才公开刊登，这个过程需要 20～40 天。证券交易委员会的批准并不保证所发行股票的质量和安全性，它只是表明发行股票的公司所披露的所有信息都是真实准确的。

证券公司与发行公司会与对发行有兴趣的机构投资者会面。他们将参加路演，到不同城市会见机构投资者并讨论发行公司对发行所获得资金的使用计划。

股票承销 牵头的证券公司可以成立一个**承销团**（underwriting syndicate），让其他证券公司承销一部分股票。参加承销团的每一家投资银行都分享发行人支付的承销费，一些著名的承销商包括美林、高盛和摩根士丹利。

“承销”一词有时会被错误理解为承销团能够保证股票售出的价格。然而，股票发行一般遵循**尽力承诺协议**（best-efforts agreement），所约定的证券公司并不向发行公司保证股票发行的价格。在这样的情况下，发行公司承担股票发行的风险，因为其无法获得一个证券公司保证的价格。

当证券公司促成股票 IPO 时，它们试图把股票价格定到足以满足发行公司的要求的水平。发行股票的平均价格越高，发行公司筹集的资金就越多。但是如果证券公司把股票价格定得太高，它们就无法售出全部发行的股票。承销团在试图发行发行公司的股票时，其声誉将经受考验。它知道未来可能发行股票的其他公司将监控其股票发行的能力。

证券公司还必须尽力满足可能在首次公开发行中投资的机构投资者。机构投资者支付发行股票的价格越高，它们卖出股票时获得的投资收益率就越低。承销团认识到，其他机构投资者在发行股票后将监测股票价格，确定承销团收取的初始报价是否合适。如果机构投资者没有获得合理的投资收益率，它们可能不会投资于未来的首次公开发行。由于证券公司在发行新股时依靠机构投资者，所以希望与它们保持良好的关系。

研究表明证券公司往往倾向于低估首次公开发行的价格。也就是说，机构投资者以发行报价投资，如果在三个月或更短的期限内保留投资，获得的平均收益率很高。大部分收益发生在首次公开发行后的头几天。相应地，在首次公开发行后不久购买股票的投资者的收益率通常很低。

股票发行 一旦发行公司、牵头证券公司和其他参与的证券公司完成所有协议的签署并且通过证券交易委员会的注册登记，股票就可以出售。公司向所有股票的可能的购买者发放招股说明书，并向公众进行广告宣传。有时候，股票能在几个小时之内被售出。如果股票销售达不到预期的要求，承销团有可能会降低价格以完成销售。股票的需求受到证券公司销售能力的影响。一些参与承销团的证券公司拥有从事经纪业务的分支机构，这些分支机构将以零售形式出售股票。其他证券公司可能专门从事承销，但也同时利用一系列经纪公司销售新股。经纪公司根据其售出股票数量获取佣金，但不保证股票销售的确切数量。

当一家公司向公众发行股票时，会发生两种类型的**筹资成本**（flotation cost）：第一，公司向承销商支付股票发行的承销费，承销商向投资者发售股票；第二，公司承担**发行成本**（issue cost），包括印刷、法律事务、注册登记和审计费用。因为这些成本不受所发行股票的规模的影响，因而规模大的股票发行的浮动成本占股票价值的比例更低。

咨询 证券公司在**牵头**（origination）阶段扮演咨询顾问的角色，甚至在股票发行之后，证券公司也继续为公司未来融资的时间、额度和期限提供咨询。这种咨询还包括合适的融资方式（债券、股票或长期商业贷款）的推荐。

股票的私人配售 证券公司也被雇用来促成股票的私人配售。**私人配售**（private placement，或定向增发）时，整个股票发行将配售给一小部分机构投资者，而不向一般公众提供。在证券交易委员会的144A规则下，企业进行股票私人配售时不需要提交公开发行所要求的详尽的有价证券申请上市登记表。因此，发行公司的报告成本低于公开发行。此外，承销服务更容易管理，因为承销团可能不是必要的。

愿意长期持有股票的机构投资者是私人配售的主要候选者。由于所有的股票都是由一小部分机构投资者持有的，所以不会有一个建成的股票二级市场。因此，机构投资者可能期望更高的股票收益率，以弥补流动性不足。

24-1b 协助债券发行

证券公司在债券发行中的角色类似于其在股票发行中的角色，它提供的五种主要服务将被依次介绍。

牵头 证券公司根据债券发行公司的特点，对发行公司提供最大的债券发行量建议。如果发行公司已经背负了较多的债务，新发行的债券就不能很好地被市场接受，因为市场会质疑该公司的偿债能力。因此，该债券必须支付相对较高的收益率，这会增加发行人借入资金的成本。

之后，证券公司根据发行公司的实际情况决定债券的利率、期限和其他条款。证券公司通过参考那些风险程度、期限和其他条件都相似的已发行的债券的市场价格来决定债券的要价。

债券的发行必须向证券交易委员会注册登记。登记备案的内容包括与债券发行相关的信息，包括发行人和证券公司签署的协议，以及包含发行人财务状况的招股说明书。

债券承销 一些债券的发行人，尤其是公用事业公司，可以公开招标，获得各个证券公司不同的竞标价格，然后选择出价最高的证券公司。但是，证券公司为债券发行人提供很多服务，因此价格不是唯一的考虑因素。公司主要根据证券公司的声望而不是出价来进行选择。

债券通常以一大批一大批的方式出售给金融机构。相反，股票发行必须被分割成更小的部分出售，也更难出售。机构投资者购买债券的主要关注点是发行人的信用风险，这可能比新发行股票的风险更容易评估。

与股票发行一样，证券公司可以组织一个承销团来参与债券的发行。每一家证券公司都承担一部分风险，当然，最初牵头的证券公司所获得的收入也会减少。如果证券公司不愿意保证债券发行的价格，它可以和发行债券的公司仅仅达成尽力承诺协议。

债券发行 债券发行的注册登记经过证券交易委员会的批准之后，发行债券的公司向所有可能的购买者发放招股说明书，并向公众进行广告宣传。债券发行的价格一般设定在保证债券全部售出的水平。筹资成本一般是债券发行价格的0.5%～3%，明显低于普通股或优先股发行的筹资成本。

咨询 和股票发行一样，帮助公司发行债券的证券公司甚至在债券发行结束之后仍然为该公司提供咨询服务。大多数债券发行人在将来会需要进行长期融资，它们也会考虑证券公司关于发行证券种类和时间的建议。

债券的私人配售 如果发行公司了解到其发行的所有债券的潜在购买者，它就能够向这些潜在购买者直接销售其有价证券，而非向公众公开发行（或者利用证券公司的承销服务）。这种私人配售避免了承销费用，现在，利用私人配售发行的公司越来越多。潜在的大到能够买下一只债券全部发行量的购买者，包括保险公司、商业银行、养老基金和共同基金，债券甚至可能被两家或多家这样的机构直接购买。私人配售方式在债券发行中比在股票发行中更为常用。

债券私人配售发行的价格由发行债券的公司和购买者协商决定。虽然不需要证券公司来承销，但证券公司可以对债券的适当期限和如何寻找潜在购买者提出自己的建议。

和公开发行的标准化条款不一样，私人配售发行的条款可以根据购买者的喜好修改。私人配售发行的一个潜在的劣势在于市场对于私人配售债券的需求不像对公开发行的债券那么旺盛，因为私人配售发行只瞄准市场的一小部分。这会降低债券的价格从而导致发行公司较高的融资成本。

通过促进债券发行，证券公司作为公司（和政府）和机构投资者之间重要的金融中介机构发挥作用。图24.1阐述了它们如何影响资金流动以及帮助企业和政府筹集资金，从而促进经济增长。

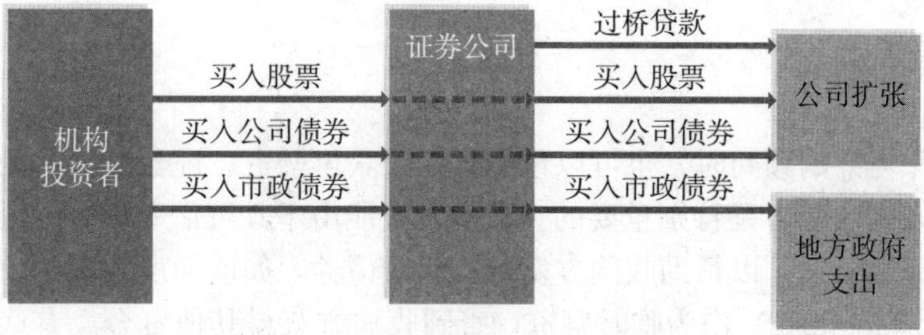

图 24.1　证券公司如何促进经济增长

24-1c　抵押贷款证券化

一些证券公司将个人住房抵押贷款证券化。它们从创造这些贷款的金融机构获得它们，根据风险水平将其打包（分级），聘请信用评级机构为该贷款包评级，再将它们卖给机构投资者。对于旨在为抵押贷款牵头或服务而非为其融资的抵押贷款发起人，这种证券化过程是有益的。证券化有助于出售较小的抵押贷款，这些贷款不容易在二级市场上单个出售。它使共同基金、养老基金和保险公司等机构投资者能够投资已被赋予风险评级的大量抵押贷款。证券公司作为贷款发放者和机构投资者购买抵押贷款包之间的中介赚取手续费。它们也经常投资于这些抵押贷款包。

证券公司在进行资产证券化的过程中也可使用其他债务性证券（如汽车贷款和信用卡贷款）进行打包抵押。在次贷危机期间，许多抵押贷款和其他类型的贷款违约，给购买债务性证券的机构投资者造成了重大损失。一些投资于这些债务性证券包的证券公司遭受了巨额亏损。许多证券公司完全依赖信用评级机构来评估风险，其自身并没有充分实施对风险的评估。

24-1d　企业顾问

证券公司经常担任希望重组业务的公司的顾问。它们对公司各种现有的和潜在的组成部分进行估值，以便推荐公司如何重组其业务。

证券公司普遍认为，公司可以从修改股权结构中获益。它可能建议**分拆上市**（carve-out），公司将通过首次公开发行将其中一个部分出售给新股东，首次公开发行股票筹集的资金流向母公司。

其他选择方面，证券公司可以建议公司通过向现有股东发行拟分拆单元的新股将该单元分拆。或者证券公司可能建议公司进行资产剥离，出售一个或多个最近亏损的现有部门。在这种情况下，证券公司可以收取咨询费和一笔单独的费用，用于寻找出售部分的买主。

证券公司通常也担任企业兼并顾问。它们评估两家企业结合的潜在的协同效应，同时试图确定该协同作用是否值得潜在收购方为获得目标企业的控制权而支付溢价。证券公司可能会指出目标公司的某些部门与收购方的业务难以兼容。因此在目标公司被收购后，其个别部门可能会被出售。这个过程被称为**资产拆卖**（asset stripping）。

24-1e 为企业融资

证券公司作为并购顾问时，也可以帮助收购方获得融资。证券公司的融资对于追求杠杆收购（LBO）的收购者是特别重要的。收购方可能由于其可借入资金的限制无法负担一起杠杆收购。证券公司可以帮助收购方发行股票或债券，如前面所解释的。它们还可以提供**过桥贷款**（bridge loan）作为临时融资，直到收购方获得其他资金。有些证券公司甚至可以提供股权融资，从而成为被收购公司的部分所有者。

图 24.2 阐释了证券公司如何参与收购。留意证券公司可以为收购公司执行多少不同的服务，所有这些都会产生费用或利息。

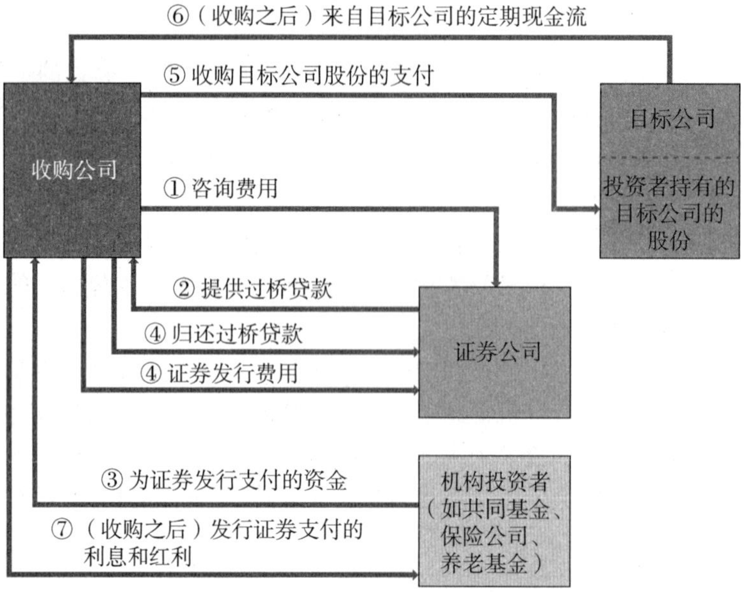

图 24.2 证券公司在收购活动中的参与

24-1f 提供经纪业务

证券公司通常作为经纪人执行客户要求的买入或卖出委托。它们执行机构投资者的大量委托，如购买特定股票 100 000 股的委托。它们也为客户执行个人投资者发出的委托以及卖空交易。

全面服务经纪业务和贴现经纪业务 经纪公司可以根据其提供的服务分类。**全面服务经纪公司**（full-service brokerage firm）既提供信息和个性化咨询，又执行交易。**贴现经纪公司**（discount brokerage firm）只根据要求执行证券交易，不提供咨询。它们通常不能与客户保持长期的联系，因为它们提供的服务很难与竞争者区别开来。他们所要求的最低开户余额通常在 1 000 美元到 3 000 美元之间。

虽然贴现经纪公司仍然将主要精力放在执行股票交易上，其同时也将服务拓展到了诸如贵金属、期权及市政债券等领域。一些贴现经纪公司还提供信用卡、现金管理账户和网站访问服务，从而使其客户可以回顾特定股票的更多信息。

在线委托 许多投资者现在在线发出委托，而不是打电话给经纪人。经纪公司通过使用在线委托系统降低了成本，因为在线形式比经纪人通过电话接收委托更便宜。在线委托变得非常有竞争力。然而这也伴随许多经纪公司激烈争夺市场份额，导致在线委托的价格非常低。对于在经纪公司有固定账户的投资者，在线委托交易 100 股股票的费用通常是 20 美元或更低。

客户账户管理 一些证券公司不仅为客户执行交易，也为客户管理其拥有的证券投资组合，也就是说，决定何时购买或出售客户拥有的证券。证券公司通常提供这种类型的服务来管理公司的养老基金，但也可以向个人提供这种服务。证券公司为其服务收取管理费，其年度费用可按所管理资产的年百分比（如 1%）表示。公司也可以向为客户执行的任何证券交易收取费用。

24-1g 运营共同基金

有些证券公司经营共同基金。它们可以提供股票、债券和货币市场基金。它们可以提供一个基金家族（集合），这样投资者就可以根据经济状况在不同类型的基金之间转移资金。证券公司聘请投资组合经理来管理共同基金。基金每年向投资者收取费用，这些费用覆盖了公司的支出并为运营基金的证券公司提供收入。

24-1h 自营交易

证券公司通常从事自营交易，它们利用自己的资金为自己的账户投资。它们通常有一个“权益交易柜台”买入权益证券头寸，一个“固定收益部门”买入债券和其他债务性证券的投机头寸，一个“抵押证券部门”买入抵押贷款和抵押贷款证券的头寸，一个“衍生品交易部门”买入一些衍生证券投机头寸。它们的自营交易常常补充了它们从其他业务中获得的收入。大型证券公司从事大量自营交易，导致大量持有股票、抵押贷款、债券和其他证券。然而，一些证券公司在投资自己的资金时承担了过多的风险。

巴林银行 巴林银行成立于 1763 年并成为英国最著名的金融机构，提供商业和证券服务。1995 年，巴林银行新加坡分行的一个货币交易员 Nick Leeson 规避交易限制，过度投资。在他的过度交易被发现之前，他的账户遭受超过 6 亿美元的损失，将巴林银行的资本消耗殆尽。这个故事的教训是，为防止个别交易员承担过度的风险，更好的控制是必要的。

法国兴业银行 2008 年，法国兴业银行，一家法国大银行，由于其一名员工 Jérôme Kerviel 未经授权的巨额交易亏损 72 亿美元。Jérôme Kerviel 的任务是为其公司在欧洲股指买入头寸。在 2007 年，他绕过公司的电脑控制的允许他买入的头寸规模。他的上司不知道他买入的头寸有多大。

贝尔斯登 2008 年，华尔街证券公司贝尔斯登在住房抵押贷款支持证券投资中蒙受重大损失。它严重依赖借入资金（财务杠杆）以放大投资收益。然而，其收益率为负，因此其损失也被放大。此外，一旦债权人认识到其财务困难，将终止信贷，导致贝尔斯登遇到流动性问题。正如本章后面将阐述的，美国政府最终将其从破产中拯救出来。

雷曼兄弟 另一家华尔街证券公司雷曼兄弟因住房抵押贷款支持证券的不良投资和对借入资金的严重依赖，也面临财务困难。正如本章后面将解释的，它于2008年9月申请破产。

投资问题的深层次原因 上述四家证券公司遇到问题的根本原因是其愿意冒风险的巨大动力。证券公司许多雇员凭借为证券公司投资带来高额回报，每年获得超过100万美元的奖金。因此，他们有强烈的动机去追求那些可能带来高收益的投资，即使风险很高。适用于采用银行控股公司结构的商业银行和证券公司的沃尔克规则对自营交易进行了一些限制，将在本章后面讨论。

24-1i 所提供的服务总结

表24.1总结了证券公司普遍提供的服务。在任何特定年份每一种服务收入所占比例在证券公司间各不相同。一些证券公司强调投资银行的职能，如承销和咨询，从而从承销和咨询费用中获得更高比例的收入。相反，其他证券公司强调经纪服务，因此从交易佣金中获得较高比例的收入。

表 24.1　　证券公司的收入来源

投资银行业务	
承销	承销公司发行股票或公司和政府机构发行债券的费用
咨询	为公司提供以下业务咨询的费用： · 寻找潜在收购目标 · 潜在收购目标估值 · 寻找潜在的收购者 · 反收购保护
重组	促成以下业务的费用： · 并购 · 资产剥离 · 分拆上市 · 分拆
经纪业务	
管理费用	管理个人或公司证券投资组合的费用
交易佣金	在二级市场执行个人或公司证券交易委托的费用
保证金利息	向保证金交易证券的投资者收取的利息
投资自有资金	
投资	证券投资收益

市场状况也会影响证券公司从特定服务中赚取的收入比例。当有许多新股首次公开发行时，证券公司将从承销活动中获得更多收入。当并购活动频繁时，证券公司从公司重组的咨询服务中获得更多的收入。

一些证券公司试图使其服务多样化，从而利用规模经济，并在任何特定服务需求很少时减少公司面临的风险。然而，不同服务的需求是高度相关的。当市场行情疲软时，首次公开发行、并购、资产证券化和二级市场的交易量通常很低。因此在这些情况下，证券公司很可能业绩不佳。

24-1j 与其他金融机构的关联

当证券公司提供金融服务时，它们通常与各种类型的金融机构互动，如表 24.2 所总结的。它们为持有证券投资组合的金融机构提供投资建议和执行证券交易。它们也与有经纪子公司的金融机构竞争。此外，它们还与一些承销证券和管理共同基金的商业银行竞争。因为证券公司通常提供一些银行和保险服务，也因为许多保险公司和商业银行提供证券服务，有时很难对金融机构进行区分。

表 24.2　　证券公司与其他金融机构的关联

金融机构的类型	与证券公司之间的关联
商业银行和储蓄机构	· 与商业银行及储蓄机构在经纪业务方面相互竞争 · 与提供并购咨询的其他证券公司直接竞争
共同基金	· 依靠证券公司执行证券交易 · 有时被证券公司拥有 · 购买由证券公司承销的新发行证券
保险公司	· 从证券公司获得买卖证券的咨询服务 · 依靠证券公司执行证券交易 · 从证券公司获得规避利率风险和市场风险的咨询服务 · 购买由证券公司承销的股票和债券 · 可能与证券公司在向投资者销售共同基金方面竞争 · 可能为证券公司的杠杆收购融资 · 可能与证券公司发生兼并或收购，以使业务多样化
养老基金	· 从证券公司获得买卖证券的咨询服务 · 依靠证券公司执行证券交易 · 从证券公司获得规避利率风险和市场风险的咨询服务 · 购买由证券公司承销的新发行证券

24-1k 参与金融市场

当证券公司提供金融服务时，它们参与所有类型的金融市场，如表 24.3 所示。它们发行新证券，并为客户在金融市场、抵押市场、债券市场和股票市场执行现有证券的交易。此外，它们的自营交易活动使它们暴露在股票市场和债券市场的波动之中。

市场参与的利益冲突　当证券公司作为金融交易的经纪人或顾问时，它们将面临一些潜在的利益冲突。在经纪业务中，它们获得的费用很可能取决于股票的交易量，这意味着它们会从建议投资者经常改变投资，而不是长期持有投资的建议中获益。在并购咨询业务中，它们建议公司参与合并比建议公司避免合并将获得更多收益，因为许多费用只有在合并发生时才会收取。

由于证券公司在为客户执行交易时倾向于赚取大额利润，它们通常会基于（或参考）雇员所执行的交易量对其进行奖励。因此，员工有进行大量交易的动机，即使这不服务于客户利益的最大化。有些情况下，证券公司管理的投资者账户交易异常多。一些证券公司在向这些客户推销特定证券的同时，自己却进行了相反（或交易对手方）的交易。

这样的情况有时是少数雇员的行为，并不一定反映证券公司的文化。然而，一家证券公司可以通过它制定的报酬和奖励来影响员工的行为。如果奖金严格基于所执行的交易数量或金额，则为员工提供一个道德行为准则不足以保证其行为正当。大多数广为人知的证券公司不道德行为案例中，员工的行为均出于获得大额奖金的动机。

表 24.3　　证券公司对金融市场的参与

金融市场的类型	证券公司的参与
货币市场	·一些证券公司创立了投资于货币市场的货币市场共同基金 ·证券公司承销商业票据并在其自有投资组合中购买短期证券
债券市场	·证券公司在一级市场承销债券，为客户提供债券买卖的咨询，它同时也是二级市场债券交易的经纪人 ·一些债券型共同基金是由证券公司创立的 ·证券公司通过为客户发行债券促成兼并、收购和杠杆收购 ·证券公司为其自有投资组合购买债券
抵押贷款市场	·证券公司为多个金融机构承销住房抵押贷款支持证券
股票市场	·证券公司在一级市场承销股票，为客户提供股票买卖的咨询，它同时也是二级市场股票交易的经纪人 ·证券公司为其自有投资组合购买股票
期货市场	·证券公司为大型金融机构提供如何利用期货合约对冲其投资组合的风险暴露方面的咨询 ·证券公司是金融期货交易的经纪人
期权市场	·证券公司为大型金融机构提供如何利用期权合约为投资组合套期保值方面的咨询 ·证券公司是金融期权交易的经纪人
互换市场	·一些证券公司通过利率互换来规避利率风险 ·许多证券公司是互换市场的金融中介

根据雇员服务的客户评估向雇员支付报酬的证券公司可确保员工为客户而不是为他们自己服务。从长远来看，满足绝大多数客户需求的证券公司更有能力发展自己的业务并建立自己的声誉。

24-11　扩展国际业务

大多数大型证券公司都将其职能拓展到国际范围，这提供了一些可能的优势。第一，它们的国际分支允许它们在国际市场上为公司或政府发行证券。第二，一些深入参与国际并购的公司倾向于接受在所有潜在市场拥有子公司的证券公司的建议。第三，投资外国证券的机构投资者喜欢能轻松处理此类交易的证券公司。

国际合资企业的增长　近年来，许多证券公司通过与国外证券公司合资来扩展其国际业务，这样它们只需要对每个项目进行有限的投入就能够渗透到国际市场。许多证券公司还通过为公司私有化提供便利来增加它们在国外市场上（如拉美市场及东欧市场）的亮相。

国际证券交易的增长　国际证券交易的增长为大型证券公司带来了更多的业务。例如，许多股票销售都在多个国家进行，因为一些公司希望获得全球性的认可。此外，如果公司股票全部在国内市场销售，可能会遇到某些导致股价下跌的压力，而国际股票的发行可以避免这种压力。大型证券公司可以通过组成国际辛迪加在多个国家发行国际股票。那些已经在国际市场占有一席之地的证券公司能够获得大部分的国际股票发行业务。

24-2 证券公司监管

证券公司受到各种各样的规章制度约束。证券交易委员会通过实施金融披露法在监管方面发挥着关键作用，试图确保买卖证券的投资者能够获得财务信息。这些法律赋予证券交易委员会要求公开上市公司向现有或潜在投资者提供足够财务信息的权力。然而，证券公司在资金使用方面通常只受到非常有限的监管。

24-2a 股票交易监管

证券交易所对证券公司实施监管，防止不正当或非法的行为，确保有秩序的交易并处理客户投诉。纽约证券交易所（NYSE）和纳斯达克市场受到美国金融业监管局（FINRA）的监管，该机构由纽约证券交易所监管委员会和全国证券交易商协会于2007年合并形成。美国金融业监管局的监测部门监测做市商和场内交易者的交易模式和交易行为。它也可以采取法律行动，有时与证券交易委员会合作，纠正市场交易滥用的情况。它也有调查可能的违规现象并实施处罚行为的执法部门。它还可以采取法律行动，有时与证券交易委员会合作共同纠正市场交易滥用的情况。

证券交易委员会倾向于制定可影响证券交易所交易的一般准则，但交易所交易的日常监管是交易所的责任。交易行为的规范对于确保发出交易委托的投资者需求得到妥善处理是十分必要的，这可以在执行证券交易的系统内建立信誉。除了证券交易委员会和美国金融业监管局外，美国联邦储备委员会也有一定的监管影响力，因为它决定了购买证券的信用额度（保证金）的限制。

对存放在经纪公司的现金和证券的保险 **证券投资者保护公司**（securities investor protection corporation，SIPC）为存放在经纪公司的现金和证券提供保险，也可为破产的经纪公司清算。保险限额为500 000美元，包括现金赔偿250 000美元。SIPC利用在美国证券交易委员会注册的经纪人评定的保费维持其保险基金，该基金目前已有超过20亿美元的账面价值。除了其保险基金外，SIPC在美国财政部还拥有25亿美元的信贷额度。因为SIPC提升了证券业投资者的信心，使经济效率得到提高，所以市场的担忧情绪不太可能导致证券公司面临现金和证券的挤兑。

24-2b 影响证券公司的法规

前几章提到的一些法律法规都直接或间接适用于证券公司。除了这里总结的法律法规外，2008—2009年次贷危机后出台的规定也对证券公司产生了影响，这将在后续关于次贷危机的章节中讨论。

《金融服务现代化法案》 20 世纪 90 年代，侧重于不同类型金融服务的金融机构在监管中发现了许多漏洞。为了澄清这一情况，国会于 1999 年颁布了《金融服务现代化法案》，该法案允许银行、证券和保险混业经营。因此，金融机构不再需要寻找监管漏洞。具体而言，该法案规定了一种特殊的持股公司结构，使金融控股公司能够拥有专注于各种金融服务的子公司。采用这种结构的公司受到美联储的监管。银行附属机构的资本要求由银行监管机构强制执行。保险分公司的资本要求由国家保险监管机构执行。

《金融服务现代化法案》创立了包括证券公司在内的更多金融集团。跨国公司对证券公司的一个关键好处是交叉上市。当个人使用证券公司的经纪服务时，该公司可引导他们在附属商业银行办理银行业务，或从附属储蓄机构获得抵押贷款。当公司使用证券公司的投资银行服务时，证券公司可能引导它们在附属商业银行办理银行业务。集团中的其他金融机构也可以引导客户转向证券公司作为回报。因此，金融服务的捆绑可以为金融集团下每个类型的金融机构提供更多的业务。然而，正如金融集团可以通过将业务从其他金融机构吸引过来以增加市场份额一样，当其他金融集团利用其捆绑的金融服务来吸引顾客时，它可能会失去市场份额。

1999 年的《金融服务现代化法案》允许商业银行、证券公司和保险公司合并，为证券公司创造了一个更具竞争性的环境。它消除了对银行提供证券服务的程度的限制，从而导致银行间竞争更加激烈。一些银行收购证券公司，以便向现有的客户群体提供广泛的证券服务。

公平披露规则（FD 规则） 2000 年 10 月，美国证券交易委员会颁布了公平披露规则(FD)，要求公司同时向所有市场参与者披露任何重要信息。这条规则的部分目的是防止公司将信息泄露给证券公司分析师。在 FD 规则颁布之前，一家公司的首席财务官在向公众公布这一信息之前，可能会向公司分析师泄露有关公司盈利或其他相关财务细节的信息。一些分析师通过将信息披露给他们的主要客户以谋取利益。小投资者被排除在外，处于竞争劣势。

FD 规则颁布后，企业通常更频繁地以新闻稿或电话会议的形式提供信息，而不是向一些分析师泄露信息。那些依靠内幕消息向客户提供先机的分析师失去了竞争优势，而依靠自己的分析而不是信息泄露的分析师获得了竞争优势。

分析师评级条例 在 2001—2002 年，分析师对股票进行评级的过程受到了广泛的批评。公司认识到股票的需求可能部分取决于分析师给出的评级。当它们需要证券公司的承销或咨询服务时，它们更有可能聘请一家其分析师高度评价其股票的公司。证券公司也认识到，无论分析师对股票的真实看法如何，只要他们对股票进行高评级，就更可能吸引企业的业务。事实上，一些分析师把大部分时间花在新业务上，他们的薪酬有时与他们给证券公司带来的业务相对应。因此，分析师试图夸大他们给股票的评级，而那些依赖评级做出投资决策的投资者受到误导。

2002 年，为了防止明显的利益冲突，美国证券交易委员会实施了新的规则：

■ 如果证券公司承销首次公开发行的股票，其分析师不能在公开发行后 40 天内推销股票。因此，股票的价格不会受到承销商分析师在前 40 天的大肆宣传驱动。

■ 分析师的薪酬不能与其为证券公司带来的业务量直接挂钩。分析师不允许受到该证券公司投资银行部门的指导。这条规则旨在防止投资银行家向分析师施压，要求其给予被评级公司高评级以吸引到这些公司更多的承销业务。

■ 分析师的评级也必须透露给予评级的证券公司任何最近的投资银行业务。

新股发行市场监管 在 2001—2003 年，首次公开发行市场的各种舞弊行为受到大力宣传。

■ 一些作为首次公开发行的股票承销商的证券公司将股票份额分给一些正在计划让自己的企业上市的企业高管。一些评论家认为这一被称为“勾结”的过程是为争取公司未来业务的隐性贿赂。

■ 一些作为首次公开发行的股票承销商的证券公司鼓励机构投资者在发行后第一天给出高于报价的价格，作为被允许参加下一次股票首次公开发行的条件。在某些情况下，当首次公开发行股票的需求远远超过供给时，它们也向投资者收取过高的佣金。

证券交易委员会调查了一些证券公司的违规行为并对一些证券公司进行罚款。此外，它还制定了防止未来此类违法行为发生的法规。

24-3 证券公司估值

证券公司（或作为金融集团一部分的证券经营单位）管理者为监测随着时间的推移业务进展如何而对证券公司估值，正在考虑收购的其他金融机构也可能对证券公司估值。证券公司的价值可以被模型化为其未来现金流量的现值。因此，证券公司价值随着未来预期现金流变化和投资者必要收益率的变化而变化：

$$\Delta V = f[\underbrace{\Delta E(\text{CF})}_{+}, \underbrace{\Delta k}_{-}]$$

24-3a 现金流的影响因素

证券公司期望现金流的变化可以用模型表示为：

$$\Delta E(\text{CF}) = f(\underbrace{\Delta \text{ECON}}_{+}, \underbrace{\Delta R_f}_{-}, \underbrace{\Delta \text{INDUS}}_{?}, \underbrace{\Delta \text{MANAB}}_{+})$$

式中，ECON 代表经济增长率，R_f 代表无风险利率，INDUS 代表行业状况，MANAB 代表证券公司管理能力。

经济增长率的变化 经济增长可以提高证券公司的现金流量，因为它增加了企业和家庭的收入，从而可以增加它们对公司服务的需求。具体来说，当家庭收入更多时，经纪活动数量往往会增加，而当经济状况有利时，公司更有可能雇用证券公司帮助它们筹集资金。此外，经济增长也会影响证券公司已有资产的估值。在疲弱的经济状况下（如次贷危机期间），某些持有资产的估值必须折价（减值），这会导致收益减少甚至为负。

无风险利率的变化 证券公司持有的债务性证券（如债券）受利率变动的影响。如果利率上升，所持债务的估值就会下降，从而导致证券公司价值下降。

行业状况的变化 证券公司可能受到行业状况的影响，包括法规、技术和竞争。例如，监管约束可以限制企业提供特定银行服务或为投资者设定保证金限制。总的来说，证券公司倾向于有限的监管，以追求具有高收益率潜力的企业。然而，雷曼兄弟等一些证券公司承担了过多的风险，导致破产。

证券公司管理能力的变化 证券公司对其管理人员的组成及其组织结构有控制权。它的管理者可以做出利用公司无法控制的外部力量（经济增长、利率、监管约束）的内部决策。这需要熟练的管理来创造新的金融服务，以补充为个人提供的经纪服务。公司还需要熟练的管理来创造新产品（如专业衍生工具）供其运用。

24-3b 必要收益率的影响因素

投资于证券公司的投资者的必要收益率可用模型表示为：

$$\Delta k = f(\underbrace{\Delta R_f}_{+}, \underbrace{\Delta \mathrm{RP}}_{+})$$

式中，ΔR_f 代表无风险利率的变化，$\Delta \mathrm{RP}$ 代表风险溢价的变化。无风险利率通常与通货膨胀率、经济增长率和预算赤字水平正相关但与货币供应量增长率（假设该增长没有引发通货膨胀）负相关。一家证券公司的风险溢价与经济增长率、该公司的资产质量和管理水平成反比。

一些证券公司对经理使用薪酬激励措施，其重点在于提高投资收益率而不在于控制风险。因此，投资者在投资这些证券公司时的必要收益率更高。

图 24.3 提供了一个基于前面的讨论的证券公司估值框架。总的来说，证券公司的价值受到强劲的经济增长、利率下降和强大管理能力的正面影响。

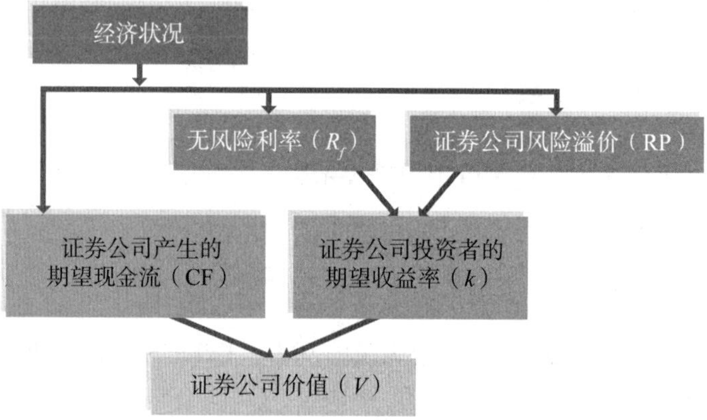

图 24.3 证券公司估值框架

说明：• 强劲的经济增长带来更多证券交易（经纪费收入），证券公司发行的证券和提供的其他服务也越多，因此现金流也越好。

• 较低的无风险利率提高了证券公司持有的债券价值。它还可能鼓励一些公司在低利率情况下发行债券，从而为证券公司创造更多业务。

• 估值也受行业状况和证券公司管理层（不在图表中）的影响。这些因素影响证券公司的风险溢价（从而影响投资者的必要收益率）和证券公司产生的期望现金流。特别是，影响证券服务竞争程度的法规也影响证券公司的风险溢价和产生的现金流。

24-4 证券公司风险暴露

证券公司进行操作会造成市场风险、利率风险、信用风险和汇率风险、交易对手方风险暴露，如下文所述。

24-4a 市场风险

证券公司提供许多与股票市场状况有关的服务。当股票价格上涨时，通常会有更大的股票发行量和二级市场交易量。由于证券公司通常需要为这些交易提供便利，因此他们受益于看涨的股票市场。管理共同基金的证券公司通常受益于在牛市中对共同基金的大量投资。

股市低迷时，股票交易往往会减少，导致证券公司的业务减少。虽然证券公司已提供多样化的服务，但这些服务的需求与股票市场条件有关。因此，大多数证券公司的业绩对股票市场周期非常敏感。

24-4b 利率风险

证券公司业绩对利率变动很敏感的原因如下。首先，低利率可以鼓励公司或政府机构发行更多的债券，这就导致对证券公司承销服务有更多需求。其次，证券公司作为投资持有的债券的市场价值随利率下降而上升。因此，一些证券公司的业绩与利率变化反向变动。

24-4c 信用风险

许多证券公司向公司提供过桥贷款和其他类型的信贷。证券公司面临这些公司贷款违约的可能性。在经济状况恶化时，违约的可能性增加。投资于抵押贷款和其他类型债务性证券的证券公司可能更容易受到信贷风险的影响。

24-4d 汇率风险

许多证券公司在国外经营业务。当外币相对母公司所在国本币贬值时，外国子公司换算过来的利润减少。此外，当外币相对母公司本币贬值时，作为投资持有的以外币计价的证券市场价值下降。

24-4e 交易对手方风险

证券公司不仅作为中介组织各种金融交易，有时也主动采取与客户相反的交易头寸。例如，假设客户希望签署一份协议，客户将收到定期付款，但在特定条件发生时必须向交易对手方支付大额款项。除了找另一家公司作为交易对手方外，证券公司也可以接受该位置，这意味着客户成为证券公司的交易对手方。在这种情况下，证券公司必须考虑交易对手方是否会履行其义务。如果对方出现财务问题，它可能不能够按合同要求进行大额支付，则证券公司无法收到它所欠的部分。由于证券公司参与许多涉及交易对手方义务的金融交易，它们可能因交易对手方风险而蒙受巨大损失。此外，如果它们遭受此类损失，它们也可能无法履行其对其他金融交易对手方的义务。

24-4f 财务杠杆对风险暴露的影响

证券公司暴露于上述风险的程度受其财务杠杆的影响。尽管高财务杠杆提高了投资的潜在收益率，但它也扩大了证券公司遭受重大损失的风险暴露。

◈ 例子

Optima 证券公司拥有 10 亿美元资产且预计明年净收入为 1 000 万美元，这代表着资产收益率（ROA）是 1 000 万美元÷10 亿美元＝1%。它考虑以范围在 4 000 万美元（占其资产的 4%）到 8 000 万美元（占其资产的 8%）之间的权益（资本的来源之一）扩充其资产，其余部分将通过债务或其他负债融资。它考虑了五种不同的股本水平，对于每一个水平，估计的权益收益率（ROE）见表 24.4。ROE 可以由下式确定：

$$ROE=\frac{收入}{权益}=\frac{收入}{资产}\times\frac{资产}{权益}=ROA\times 权益乘数$$

表 24.4　权益水平对权益收益率影响的解释

可能的权益水平（百万美元）	权益占其 10 亿美元总资产的百分比	预设 ROA	权益乘数（资本/资产的倒数）	ROE＝ROA×权益乘数
80	8%	1%	1/8%＝12.5	12.5%
70	7%	1%	1/7%＝14.28	14.28%
60	6%	1%	1/6%＝16.67	16.67%
50	5%	1%	1/5%＝20	20%
40	4%	1%	1/4%＝25	25%

这个等式表明了明年的权益收益率（ROE）如何受证券公司 ROA（＝收入/权益）及其财务杠杆水平（由股票乘数衡量）的影响。留意表 24.4 第 5 列，如果 Optima 证券公司保持其权益占其资产的 8%，则其明年预计权益收益率将为 12.5%。如果其使用较低的权益水平支持其资产（因此使用更多的债务为其资产融资），它将实现更高的权益收益率。

为了说明财务杠杆如何影响 Optima 证券公司的风险，考虑若它明年蒙受 1 000 万美元的损失而不是 1 000 万美元的正收入，其 ROA 和 ROE 将受到怎样的影响。表 24.4 第 3 列的预设 ROA 现在变为－1%而不是 1%。此外，表中第 5 列的 ROE 水平现在有了负号。也就是说，如果该公司使用 8 000 万美元权益融资，并造成 1 000 万美元亏损，那么其亏损将占其权益的 12.5%。在另一个极端，如果它只使用了 4 000 万美元权益融资并亏损 1 000 万美元，其损失将占其权益的 25%。因此，正如更高的财务杠杆（低比率权益融

资）可以提高 ROE 那样，它也会带来更多风险。◈

为进一步了解风险的影响，考虑一个新的例子，Optima 证券公司经历了一些在住房抵押贷款支持证券等所投资资产方面的损失，不得不将其资产减值 5 000 万美元（占其原始价值的 5%）以反映其当前的市场价值。如果其权益水平低于 5 000 万美元，则没有足够的权益来吸收损失。因此，其负债价值将超过其资产价值，债权人可能会迫使公司申请破产。

24-5 次贷危机对证券公司的冲击

当证券公司经理们的决策为雇主获得了高收益时，他们将获得很高的奖金。在 2002—2005 年住房市场繁荣时期，他们大量投资于抵押贷款和住房抵押贷款支持证券。这使他们将房地产价格的上升转化为资本，但也增加了对住房市场的风险暴露。他们曾经预设房价会一直上涨，或者至少不会下降。

证券公司通常通过在货币市场借入资金为它们的投资融资，它们会发行由其资产抵押的商业票据或回购协议。为了放大它们的投资收益，一些大的证券公司使用高财务杠杆，其债务达到其权益的 20 倍（或更多）。因为它们不受银行监管的约束，所以不需要与商业银行保持相同的资本水平。

2008 年房价崩溃给大型证券公司带来了严重的财务问题。它们购买的各种类型的债务性证券，如抵押贷款纷纷违约。随着次贷危机的加剧，通常购买债务性证券的机构投资者在注意到较高的信用违约率后不愿参与。因此，一些信贷市场变得不活跃，证券公司提供的服务量下降，赚取的费用也下降。股票价格直线下降，因此公司不想以当时的股票价格发行股票，证券公司促成股票发行赚取的费用随之下降。合并数量也下降，证券公司促成合并交易赚取的费用随之下降。总的来说，这次危机使证券公司的承销收入、合并费用收入和经纪收入大幅减少。因此，一些大型证券公司蒙受的损失更大，因为这些公司使用过高的财务杠杆为其业务提供资金。这场危机对三家非常有名的证券公司的影响如下。

24-5a 危机对贝尔斯登的冲击

贝尔斯登是一家大型证券公司，它是使抵押贷款证券与低质量（次级）抵押贷款挂钩的关键金融中介机构，它同时也投资于许多住房抵押贷款支持证券。随着次贷危机的加剧，住房抵押贷款支持证券的价值下降。事实上，贝尔斯登拥有的两只对冲基金由于大量投资于次级抵押贷款支持证券而破产。从 2007 年 3 月到 2008 年 3 月，其减值了 30 亿美元的资产以使其估值更加接近于真实市场价值。尽管贝尔斯登涉及多元化的服务，但这些服务（包括证券化、投资于住房抵押贷款支持证券，以及投资于次级抵押贷款的对冲基金）都暴露在房价下跌的风险中。

贝尔斯登的流动性问题 2008 年 3 月之前，贝尔斯登正面临着流动性问题。一些之前向贝尔斯登提供贷款的金融机构不再愿意提供资金，因为它们怀疑贝尔斯登能否偿还贷款。贝尔斯登没有能力通过发行股票筹集资金，因为它的股价正在下滑，如果公司暗示它需要通过二次股票发行来筹集资金，股价将进一步下跌。

2008 年 3 月 13 日，星期四，贝尔斯登秘密通知美联储，它正面临流动性问题，如果无法获得资金，第二天将不得不申请破产。

美联储的干预 第二天早上，美联储的董事会开会讨论情况。董事会意识到贝尔斯登的破产可能会传染给其他金融机构并造成金融市场混乱。由于贝尔斯登为许多人和公司促成了各种金融交易，它的破产会给所有依赖其中介职能完成金融交易的人和公司带来流动性问题。

2008 年 3 月 14 日，星期五，有消息称摩根大通（一家商业银行）准备向贝尔斯登提供贷款。然而，该公告并未平息市场，反而证实了贝尔斯登缺乏充足流动性的质疑，其股价立即从 57 美元/股下跌至 30 美元/股。

周末，美联储官员会见了贝尔斯登和摩根大通的高管。2008 年 3 月 17 日，在金融市场开市前，美联储向摩根大通发放了 300 亿美元的信贷额度以帮助其收购贝尔斯登。美联储的作用至关重要，因为它将允许摩根大通随着时间的推移获得更多用于收购的永久性融资。摩根大通同意支付 10 美元/股，比贝尔斯登去年同期的股价低 90%左右。

美联储还豁免了摩根大通 18 个月的商业银行资本要求。这是为了让摩根大通能够吸收贝尔斯登的资产，并出售可能需要更高资本水平的高风险资产。

3 月 17 日，星期一，美联储宣布愿意为大约 20 家作为二级市场大型国债交易主要金融中介机构的主要交易商提供紧急贷款。它还承诺向一级交易商提供高达 2 000 亿美元期限为 28 天（而不是隔夜）的国债贷款，以供其换取其他类型的证券。这些措施也是为了安抚金融市场。

美联储对贝尔斯登的援助只对其股东提供了有限的帮助。在流动性问题爆发之前投资贝尔斯登的大多数股东都损失了他们大部分的投资。相反，美联储干预的主要受益者是那些为贝尔斯登提供信贷的债权人；如果贝尔斯登破产并被清算，它们可能只能得到所提供的信贷的一小部分。

贝尔斯登问题可能引起的系统风险 美联储对贝尔斯登的援助引发了一个问题：是否应该有一个一致的政策来处理那些被认为太大而不能倒闭的金融机构？一般来说，典型的做法是允许破产公司的权益价值由市场力量来决定，这意味着股票投资者将失去全部投资。债权人将享有分配公司剩余价值的权利，但在清算中，它们只能得到向公司贷出的一部分资金，但是美联储的干预保护了持有贝尔斯登发行的债务性证券的债权人。

美联储干预的理由在于极有可能引发系统风险，贝尔斯登的倒闭可能会在整个金融市场中引发不良影响。由于贝尔斯登是多种金融交易结算业务的主要提供者，它的倒闭可能冻结或延迟许多金融交易，这可能会导致许多收取现金作为交易结果的个人和企业遭受交易流动性危机。贝尔斯登还是多种金融协议的交易对手方，如果贝尔斯登在其所有交易对手方位置上违约，这可能会导致这些协议另一方的金融机构面临流动性危机或其他麻烦，从而造成金融市场混乱。也就是说，贝尔斯登可能被视为“过于错综复杂”（在金融交易中）以至于不能倒闭。

对美联储援助贝尔斯登的批评 一些评论家（包括联邦储备委员会前主席保罗·沃尔克）质疑美联储是否应该帮助贝尔斯登，因为贝尔斯登是一家证券公司，而不是商业银行。他们认为向商业银行以外的公司提供援助应该是国会的责任，而不是美联储的责任。

此外，援助可能会导致道德风险问题，意味着金融机构可能追求高风险的机会以实现高回报，因为有如果破产，他们将得到帮助脱困的假设。如果这些公司在破产之前得到拯救，那么追求这种策略的经理可以保住其工作。美联储的行动也引发了一个问题，哪些其他类型的公司可能会得到美联储而非国会的援助。尽管有些人可能会反驳说，如果潜在的破产可能会损害金融体系，美联储就应该介入。

进一步地，美联储可能会反驳说它需要迅速采取行动，等待国会采取行动将花费太多时间。

24-5b 危机对美林证券的冲击

与贝尔斯登类似，美林证券也是住房抵押贷款支持证券的一个主要的金融中介。它同时大量投资于它在证券化过程中创造的无法找到买家的住房抵押贷款支持证券。虽然美林证券在2003—2005年房地产繁荣时期从参与抵押贷款市场中获利颇丰，但它在2007年第三季度和第四季度经历了由住房抵押贷款支持证券减值造成的重大损失，其首席执行官在2007年10月被解雇。

美林证券主要致力于抵押贷款的发放 [通过其2006年收购的第一富兰克林金融公司(First Franklin Financial)——一个庞大的次级抵押贷款发放机构]、抵押贷款证券化和住房抵押贷款支持证券的投资。这些服务的业绩都受到房价潜在的下跌风险的影响。

和贝尔斯登一样，美林证券很大程度上依赖于货币市场的短期资金来为其业务提供资金，并拥有非常高的财务杠杆。然而，在2008年，由于其财务状况恶化及股价下跌，其新资金的获取受限。2008年9月15日，美国银行宣布将收购美林证券。美国银行表示，此次收购将为其自身提供一个完善的经纪网络，并将为美林证券提供清理其资产所需的资金支持。这笔交易受到媒体的广泛关注，因为它提出向美林证券雇员发放奖金的规定。尽管美林证券在2008年度损失了约250亿美元，但它发给员工约36亿美元的奖金；由于美林证券在2008年从问题资产救助计划（TARP）中获得了100亿美元的政府资金，696名美林证券员工得到的奖金超过了100万美元，一些批评者认为是政府（亦即纳税人）间接支付了这笔奖金。

许多评论家认为，美国银行在收购美林证券的资产前没有正确评估其质量（风险），因此对美林证券出价过高。该批评尤其严厉，因为美国银行在2008年收到了政府250亿美元的TARP基金，2009年1月又收到200亿美元的TARP基金以帮助其购买美林证券。因此，批评者认为政府（亦即纳税人）补贴了商业银行对证券公司的过度支付。2010年，美国银行偿还了TARP基金，但部分还款资金是通过大规模发行证券得到的。

美国联邦储备委员会是美国银行业务的主要监管机构，而证券交易委员会曾是美林证券的主要监管机构。但当美林证券被美国银行收购时，它就受到美联储的监管。

24-5c 危机对雷曼兄弟的冲击

雷曼兄弟，另一家大型证券公司，专门服务于固定收益证券，如债券的承销，以及公司和富裕的个人投资者的资产管理。2006年，它在《巴伦周刊》(*Barron's*) 大公司企业绩效年度调查中排名第一。2007年，它在《财富》杂志“最受尊敬的证券公司”排行榜排名第一，2008年前，它是美国第四大证券公司并已成为抵押贷款市场的主要参与者。

它收购了五家抵押贷款公司，得以大量参与抵押贷款发放。它通过证券化过程打包抵押贷款产生费用收入，并投资于通过证券化产生的住房抵押贷款支持证券。然而和贝尔斯登及美林一样，雷曼兄弟显然没有意识到其业务在多大程度上暴露在潜在的房价下降风险中。

与此同时，像贝尔斯登和美林一样，雷曼兄弟的财务杠杆也相当高。此外，它的一些债务是短期的，因此如果债权人意识到雷曼兄弟遇到了财务问题，就可能会切断（不是续借）其短期借款。

雷曼兄弟的会计方法 雷曼兄弟采用了一种会计方法使其资本状况看起来更好，因为其资本是按占总资产的比例（按会计处理方式则会减少）来衡量。因此雷曼兄弟的财务杠杆程度甚至高于其资产负债表上所报告的。此外，尽管美国抵押贷款估值在 2007 年迅速下降，但雷曼兄弟并没有对其持有的抵押贷款和住房抵押贷款支持证券做减值处理以反映其恰当的估值。通过推迟这些资产减值的决定，雷曼兄弟在 2007 年夸大了其收入。

在 2008 年 4 月和 5 月，有公开声明认为雷曼兄弟的收入被夸大。考虑到最近几个月住房抵押贷款支持证券的估值下降，机构投资者质问雷曼兄弟为什么没有进行资产减值。2008 年 6 月，雷曼兄弟报告其亏损 28 亿美元，承认资产减值 41 亿美元。2008 年 9 月，其报告季度亏损 39 亿美元，承认资产减值（主要是抵押贷款或相关证券）56 亿美元。五天后，雷曼兄弟申请破产。一些投资者认为，雷曼兄弟并非在其存续的最后两个季度突然遭遇资产估值骤降，而是在前几个季度不愿承认资产估值的下降。事实上，雷曼兄弟破产后对其所做的一份独立审计得出了这个结论。虚高的收益可能解释了为什么雷曼兄弟有能力支付超过7 000 万美元作为对其首席执行官的报酬，以及在 2007 年向其雇员发放超过 50 亿美元的奖金。如果雷曼兄弟在前几个季度准确披露其疲软的财务状况，其董事会、高层管理人员或大型机构股东可能有时间在情况彻底无法挽回之前寻找可能的重组方案。

从这个例子中得出的一个教训是，即使 2002 年颁布了《萨班斯-奥克斯利法案》，金融机构（或许其他公司也一样）仍有可能发挥会计创造性从而歪曲其财务状况。

雷曼兄弟的流动性问题 从 2008 年 3 月到 2008 年 9 月，雷曼兄弟的股价下跌了约 85%，其无法通过股票发行筹集足够的资金。此外，对其信誉的担忧使其无法以合理的成本获得信贷。人们对雷曼兄弟日益担忧，一些客户削减业务，从而进一步减少了雷曼兄弟的现金流入。

雷曼兄弟的财务问题给美国政府带来了一个非常棘手的问题，因为它已经变得如此庞大并且扮演非常重要的金融中介角色。美联储和其他政府官员意识到，如果雷曼兄弟破产，将给许多其他公司（如债权人和互换协议的交易对手方）带来财务问题，这些公司将无法收到其应得的款项。雷曼兄弟自身显然希望得到监管机构的救助。但是政府救助没有出现，2008 年 9 月 15 日，雷曼兄弟申请破产。如果它早些承认自己的财务问题，当其抵押贷款相关资产市场估值开始下降时，它或许能够找到一个合适的金融机构在其财务问题变得无可挽回之前收购它。

24-5d 危机对监管改革的影响

从历史上看，证券公司比商业银行受到更宽松的法规约束。特别是，证券公司不受资本要求限制，因此可以使用更多的债务来支持其业务。它们使用更高的财务杠杆，这放大了它们的正收益，但也放大了它们的损失。然而，诸如贝尔斯登、美林证券和雷曼兄弟等证券公司的问题说明证券公司使用的高财务杠杆给企业和金融系统造成了过度风险。这些问题为证券公司应该像商业银行一样受到资本要求限制的论点提供了支持。

证券公司转化为银行控股公司 在次贷危机期间，一些证券公司无法通过发行证券来获得资金。它们也不想发行股票，因为其股票价格疲软。此外，因为投资者担心它们的财务状况，它们也无法发行债务性证券。资金不足加剧了贝尔斯登和美林证券在被收购之前和雷曼兄弟破产之前的财务问题。由于次贷危机期间的企业兼并，高盛和摩根士丹利成为仅有的两家大型证券公司。它们申请成为银行控股公司（BHC），美联储在 2008 年 9 月批准了其申请。这种新结构使企业获得融资的灵活性更大。证券公司在次贷危机期间可从联邦储备银行借入短期资金，但它们转换为银行控股公司结构后将永久可获得联邦储备资金借款。

银行控股公司可以有商业银行和证券子公司。商业银行子公司可接受存款并履行商业银行职能，如向企业贷款。由于这可以让商业银行子公司稳定地获得受到一定程度保险的存款，从而可以为公司整体创造一些稳定性。证券子公司履行向客户公司提供证券咨询和承销等传统证券公司的职能。如今证券业务和次贷危机之前一样重要，主要的区别在于商业银行在提供经纪和投资银行业务方面发挥了更大的作用。

总的来说，银行控股公司结构导致了更高程度的美联储监管。因此，由于转化为银行控股公司，证券公司被认为更安全了。

《金融改革法案》(2010) 次贷危机之后实施的《金融改革法案》（2010）旨在稳定金融体系。下面简要概述对证券公司产生直接影响的规定。

第一，《金融改革法案》（2010）规定，发放抵押贷款的金融机构在批准抵押贷款申请前，必须核实抵押贷款申请人的收入、工作状况和信用记录。因此，当证券公司作为证券化过程中的中间人时，他们出售的证券的抵押贷款风险较小。

第二，《金融改革法案》（2010）要求证券公司和其他通过证券化过程出售证券的金融机构保留 5%的投资组合，除非投资组合符合反映低风险的具体标准。这项规定鼓励企业确保其出售的住房抵押贷款支持证券的销售风险较小。

第三，《金融改革法案》（2010）设立了金融稳定监督委员会，该委员会负责识别美国金融稳定的风险，并向监管机构提出减少金融系统风险的监管建议，还可以提出确保证券公司和其他金融机构不依赖监管救助的建议。

第四，《金融改革法案》（2010）规定特定监管机构有权确定任何特定证券公司或其他金融机构应予以清算。这加快了清算程序，也可限制破产的金融机构面临的损失。

第五，《金融改革法案》（2010）要求衍生品交易通过清算所或交易所交易而不是柜台交易。这将使保证金和抵押品结构更为标准化，以及衍生证券价格的透明度更高。因此，交易这些衍生证券的证券公司将不容易受到交易对手方担保不足的风险影响。

沃尔克规则 《金融改革法案》（2010）还包括一个条款，要求限制转化为银行控股公司的商业银行和证券公司的自营交易。2014 年，监管机构发布了执行这一规定的最终条例，这被称为沃克尔规则，这是美联储前主席保罗·沃尔克首次提出的。沃克尔规则限制了许多短期投机性投资，而这些投机性投资以前是金融机构自营交易的重要组成部分。其结果是，自营交易数量有一定程度的下降，许多顶级交易员离开了他们工作的金融机构并建立了自己的对冲基金。有些机构设立了独立的子公司以进行自营交易。

小结

■ 证券公司通过为公司提供咨询，帮助公司确定发行多少股票和股票的合适价格、承销股票和发行股票来促成新的股票发行。它们以类似的方式促成新的债券发行。它们还为寻求合并的公司提供咨询和融资服务，提供经纪服务、经营共同基金以及从事自营交易。

■ 许多法规针对证券公司实施，试图确保在金融市场交易中没有任何投资者具有不公平优势。股票交易所和监管机构对证券公司实施监管，防止不正当或非法的行为，确保有秩序的交易，处理客户投诉。一些法律法规使得证券公司和其他金融机构之间的竞争更加激烈。法规要求公司向公众披露任何信息，以防止他们向证券公司分析师提早泄露信息。目前一些规则已经实施，以防止或阻止分析师将股票评级上调，并防止分析师从寻求公司客户业务的投资银行部门获得报酬。

■ 证券公司的估值和业绩受当前的经济状况、利率、包括监管在内的行业状况和公司管理能力的影响。

■ 证券公司面临市场风险，因为当股票市场状况良好时，它们的业务量就大。它们受到利率风险的影响，因为它们的承销业务对利率变动很敏感。它们还持有一些长期的金融资产，其价值随利率提高而下降。证券公司也受到信用风险的影响，因为它们通常购买债务性证券并向一些客户提供贷款。对于使用高财务杠杆的证券公司，这些风险所造成的潜在危害更为明显。

■ 由于次贷危机的爆发，一些大型证券公司出现了财务问题，部分归因于其高信用风险暴露和高财务杠杆。商业银行收购证券公司以及将其他证券公司转换成银行控投公司导致美联储对证券公司业务的监管更加严格。

正方和反方观点

分析师应与证券公司分开，以防止利益冲突吗？

正方　不应该。证券公司以分析公司和评估公司的能力而闻名。当分析师在证券公司工作时，投资者可能会更舒服，因为他们可以获得大量信息。

反方　应该。分析师存在利益冲突，因为他们可能不愿意对其所在证券公司的客户给予负面的评价。

谁正确？　利用互联网学习关于这个议题的更多知识并形成你自己的观点。

问题与应用

1. 证券活动监管　解释证券交易委员会、美国金融业监管局和股票交易所在监管证券业方面发挥的作用。

2. 证券投资者保护公司（SIPC）　SIPC 的目的是什么？

3. 投资银行服务　证券公司如何促成杠杆收购？为什么那些需要并购建议的公司更喜欢那些有能力在资本市场筹集资金的证券公司？

4. 牵头过程　描述将发行新股票的公司的牵头过程。

5. 承销业务　描述证券公司的承销职能。

6. 尽力承诺协议　什么是尽力承诺协议？

7. 雷曼兄弟倒闭　为什么雷曼兄弟在次贷危机期间遇到了财务问题？

8. 私人配售　描述债券的私人配售。私人配售有什么优点？有什么缺点？

9. 国际扩张　解释为什么美国的证券公司已经将业务扩展到国外市场。

10. 自营交易　解释证券公司自营交易的过程。它如何受到沃尔克规则的影响？

11. 资产剥离　什么是资产剥离？

12. 证券公司的杠杆运用　解释为什么证券公司过去使用了高财务杠杆。解释杠杆如何影响它们的预期收益及风险。

13. 系统风险　为什么美联储担心贝尔斯登的财务问题会引发系统风险？

14. 获取内幕消息　为什么证券公司通常有一些会影响其他公司未来股价的内幕消息？

15. 对股票市场状况的敏感性 多数证券公司在股票市场表现不佳时利润表现不佳。鉴于你对证券公司的了解，为这些减少的利润提供一些可能的原因。

16. 转换为 BHC 结构 解释为何次贷危机促使一些证券公司转换为银行持股公司（BHC）结构。为什么转换为 BHC 结构的证券公司的期望权益收益率会降低？

17.《金融服务现代化法案》 《金融服务现代化法案》是如何影响证券公司的？

18. FD 规则 证券交易委员会的公平披露规则（FD 规则）对证券公司有什么影响？

辩证思维问题

证券公司的监管 大型证券是否应该被允许独立并免受银行监管，或者它们是否应该被要求注册为银行控投公司，从而必须遵守银行规章制度？写一篇短文来支持你的观点。

解读财经新闻

诠释华尔街分析师和投资经理做出的下述评论：

a. “大多数证券公司的股票价格之所以遭受打击是因为最近利率上浮。”

b. “现在商业银行有更大的自由提供证券服务，这可能会加剧承销竞争中股票市场的震荡。”

c. “证券市场的混乱对一些证券公司有利。”

金融市场管理

评价证券公司的经营 作为一个顾问，你正在评价一家证券公司的经营状况。

a. 该证券公司非常依赖全面服务经纪业务的手续费收入。你认为这样是否有风险？请解释。

b. 如果这家公司希望从事承销业务，这项业务对它来说容易吗？

c. 近年来，股票市场容量显著增加，这家证券公司业绩很好。但是，在将来，很多机构和个人投资者很可能会投资于股票指数而不是个股。这对证券公司会有什么影响？

资金流动练习

证券公司如何促进资金流动 回顾案例，卡森公司曾周期性借入资金但现在考虑发行股票或债券，从而使它可以通过收购其他企业而扩张。它已经联系了一家证券公司——Kelly 投资公司。

a. 解释 Kelly 投资公司如何为卡森公司服务，以及它将如何在为卡森公司服务的同时为其他客户服务。也请解释卡森公司如何为 Kelly 投资公司服务。

b. 在证券发行方面，Kelly 投资公司希望为其客户，包括发行人和机构投资者做好工作。解释 Kelly 投资公司面临的困境。

c. 在股票首次公开发行时，发行公司希望在报价时市场对其股票有强烈的需求，这将确保它从发行中筹得合理的资金。在以前一些首次公开发行中，首日结束时的股价比当天市场开始时的报价高出 80% 以上。这反映出相对于一天结束时价格市场的强烈需求。事实上，这可能意味着首次公开发行股票以其发行价被全部售出，一些机构投资者在发行价附近购入股票，在第一天结束时将其股票转让给愿意支付市场价格的个人投资者。你认为发行公司会对第一天股票价格上涨超过 80%感到高兴吗？请解释。谁真正从第一天的价格上涨中获益？

d. 继续上述问题，假设股票价格在未来三周内回落到接近初始报价（即使股票市场总体在这段时间内保持稳定），然后在未来几年与市场同步。

基于这个信息，你认为报价合适吗？如果是，你怎么解释股票异常高的日收益率呢？谁从这个股票价格行为中受益？谁受到了不利影响？

互联网/Excel 练习

1. 登录 www. goldmansachs. com。使用这个网站描述高盛提供的不同类型的金融服务。概述其主要业务。高盛专注于经纪业务、投资银行业务，还是两者的结合？描述其过去一年的业绩。解释为什么其业绩优于或差于一般水平。其业绩的变化是否由于经济、最近的利率变动、股票市场的表现、股票交易量或并购活动引起？

2. 检索摩根士丹利（股票代码为 MS）或你选择的另一家公开上市证券公司的信息。去该公司网站获取其最新年度报告或从 finance. yahoo. com 输入股票代码，点击“Search Finance”访问相关信息。然后点击“SEC Filings”检索利润表信息。回顾该证券公司最近的业绩。它的收入占资产的百分比比上一年增加了吗？解释是什么导致了这种变化。公司去年的营业费用是如何变化的？讨论如何用公司最近的战略和经济状况来解释其利润表中这些组成部分的变化。

3. 登录 finance. yahoo. com，输入“MS”，并点击“Search Finance”，然后点击股价走势图下方的“5y”回顾股票价格过去五年的变动。选中图表上方的“Comparison”框，然后选择“标准普尔 500 指数”，以比较摩根士丹利股价走势和标准普尔 500 指数走势。摩根士丹利的业绩比指数更好还是更差？对其业绩做出解释。

4. 登录 finance. yahoo. com，输入“MS”，检索过去 20 个季度开始时至现在的股份数据。再登录 http：//research. stlouisfed. org/fred2/并检索三个月期国库券过去 20 个季度开始时的利率数据，将数据记录在一个 Excel 表格中。求出摩根士丹利的季度收益率和利率的季度变化。令摩根士丹利的季度收益率为因变量，利率的季度变化为自变量（运用回归分析的更多信息见附录 B），进行回归分析。利率变动与摩根士丹利的股票收益率之间存在正相关或负相关关系吗？这种关系显著吗？解释这种关系。

WSJ 练习

证券公司的业绩

利用最近一期《华尔街日报》，总结一篇讨论一特定证券公司近期业绩的文章。该证券公司的业绩比正常情况更好或更坏吗？文章给出的导致该公司业绩处于该水平的原因是什么？

关于现实案例的在线文章

找一篇近期描述一个具体金融机构或金融市场真实案例的在线实用性文章，以强化本章所涵盖的一个或多个概念。

如果你的班级有一个在线平台，教授可能会要求你把文章摘要放在那里并提供文章的链接以供其他学生访问。如果你的班级是当面授课的，教授可能会要求你当堂总结你对该文章的运用。教授可能指派特定学生或让学生自愿完成这项作业。

对于与本章相关的近期在线文章和真实案例，请考虑使用以下搜索词（请务必在搜索词中包含当前年份以确保在线文章是近期的）：

1. 具体的证券公司的名称＋收入
2. 具体的证券公司的名称＋运营
3. 具体的证券公司的名称＋风险
4. 具体的证券公司的名称＋利润
5. 证券公司＋承销
6. 证券公司＋利润
7. 证券公司＋风险
8. 证券公司＋监管
9. 证券公司＋运营
10. 证券公司＋信用

第 25 章　保险公司运营

本章目标

- 阐释保费如何确定
- 阐释保险公司如何被监管
- 阐释人寿保险公司的主要经营业务
- 阐释其他保险公司的主要经营业务
- 阐释保险公司对不同风险的暴露
- 识别影响保险公司价值的因素

创办保险公司旨在为个人、公司与政府机构提供保险。它们为这一金融服务收取一笔费用（称为保费）。在保单规定的情形发生时，保险公司向投保人（或指定受益人）支付一笔费用。这类情况通常会导致投保方产生花费或失去收入，可见保险是一种金融保护。

保险公司从其他服务中获得保费与服务费，并用于投资，直到需要用资金支付保险索赔。在某些情况下，索赔在收取保费数年后才会发生，所以保险公司的业绩部分取决于所投资资金的收益率。它们的投资决策需要权衡盈利目标、流动性与风险。它们希望在获得高收益率的同时，将风险保持在一个可接受水平。它们需要保有充足的流动性，以方便地获取资金，满足投保人的索赔。如果索赔不易预测，那么对这些保险公司而言，需要保有更多流动性。

保险公司通常提供的保险类型包括人寿保险、财产与伤亡保险、医疗保险，以及企业保险。许多保险公司提供多种保险。

25-1 设定保费

保险公司聘请核保人来计算特定保单的风险。根据保单索赔时可能需要的支付款以及它们可以收取的保费，保险公司决定提供哪些类型的保单。

在一些情况下，保险公司需要向投保人（或投保的受益人）进行支付，这一情形发生的可能性，以及可能的支付数额，决定了保险公司向每一份保单收取的保费。如果投保人容易遭遇需要保险公司进行支付的事件，这份保险所要求的保费就会相对较高。这份保险收取的保费还受预期支付的现值的影响。为补偿管理费用并提供费用之外的盈利，保费中还包含溢价。

如果最终需要进行支付的数额具有很大的不确定性，保费就会更高。保险公司意识到，特定保单的赔付时间可能难以预测，但它们更关心在一个特定时期的总支付款流量。也就是说，如果一家保险公司有 20 000 份保单，它可能不知道哪些保单本周就需要进行赔付，但是它可能能够预测每月通常的赔付数额。

某一类保险所涉行业的竞争程度也可能会影响保费。对于某一特定保单，保险公司能估计出所需赔付款项的现值。

如果一家公司所有员工通过集团计划购买保险，保险公司会倾向于收取更低的保费。被选中的保险公司为这家公司所有员工提供一类特定保险，为此，保险公司给予了数量折扣，而低保费就是数量折扣的一种形式。

25-1a 逆向选择问题

当保险公司评估导致向投保人（或投保受益人）赔付的情况发生的可能性时，它们依赖于一般人群的数据。然而，保险公司还需要考虑客户那些增加索赔可能性的行为。一些特定情况会造成财务损失，而那些更容易暴露于这类情况中的个人会购买保险进行应对。后果就是，保险业面临**逆向选择**（adverse selection）问题，这意味着谁最可能需要保险，谁就最有可能买保险。如果保险是必需的，逆向选择问题会减轻。例如，在美国几乎所有州，为合法驾驶机动车，驾驶员至少需要拥有最低等级的保险。

◇ 例子

一位保险公司代表来到一所大学校园询问所有学生他们是否愿意购买保险，以防万一宿舍内任何财产（如平板电脑）失窃。Beth 拒绝购买，因为她离开宿舍时总是会锁好门。相反，Randy 决定购买保险，因为他从不锁门，而且意识到他可能需要一份保险。虽然 Randy 对于保险公司而言具有更高的风险，他还是和其他学生付相同的保费，因为关于他的行为，保险公司没有足够的信息。

假设警方的历史报告显示，这所学校 3%的学生曾遭遇宿舍内财产失窃，保险公司据此设定保费。现在考虑许多像 Randy 那样粗心的学生购买了保险，而许多像 Beth 那样小心的学生没有买。因为购买保险的学生经常忘记锁好宿舍的门，相较于历史报告，他们容易遭遇财产失窃。而相反，不购买保险的学生通常都会锁好宿舍门，因此相较于历史报告，他们更不容易遭遇财产失窃。通常，逆向选择问题意味着，保险公司可能会遇到比预期更多的财产失窃索赔。如果在设定保费时保险公司没有考虑逆向选择问题，保费就可能过低。◈

25-1b 道德风险问题

一旦个人得到保险的保障，他们就可能冒更大风险，因为他们意识到自己受到保险的保护。这就是保险行业中的**道德风险问题**（moral hazard problem）。

◈ 例子

回到上一个例子。在这个例子中，保险公司向学生提供保险，以防万一宿舍里财产失窃。假设 Mina 购买了这份保险，虽然她平时在锁好宿舍门这件事上非常留心。而一旦她买了保险，她就决定不必再担心锁宿舍门的事，因为即使财物失窃，她也能得到保障。在 Mina 购买保险时，相比那些更粗心的学生，她更不容易遭遇财物失窃，但是一旦她拥有了保险，她就成为高风险客户，因为拥有保险导致她的行为发生了改变。◈

逆向选择与道德风险的结果是，保险公司需要评估获得保险的人群遭遇财产失窃的概率，而不是一般人群。因此，保险公司收取的保费更好地匹配了保险购买者在遭遇财产失窃后为弥补其损失而索取赔偿的概率。

25-2 保险公司监管

保险行业受到地方州政府机构（在一些州叫作委员会）的高度监管，虽然监管程度依各州而异。各州都试图确保保险公司提供适当服务，保险公司收取的保费也要经过州政府批准。保险公司必须拥有执照。此外，保单的形式也必须得到州政府批准，以确保它们不含误解性表达。

各州监管者还评估保险公司的资产组合，确保投资合理、安全以及储备充足，以保护可能遭受损失的投保人。例如，一些州限制保险公司投资于垃圾债券的比例不得超过总资产的 20%。

当一个保险问题引起国民关注时，**美国保险监督官协会**（National Association of Insurance Commissioners，NAIC）便利了各州机构间的合作。它致力于维护公共报告的统一性。它还对保险案例进行研究，并参与立法讨论。

保险监管信息系统（Insurance Regulatory Information System，IRIS）由一个国家保险机构委员会成立，协助各州处理监管事务。IRIS 编制财务报表、保险公司名单以及其他保险行业相关信息。此外，它还通过计算一系列比例值来评定保险公司各财务报表，这些比例值之后由 NAIC 进行评估，以监测公司财务健康状况。

当评估任一公司的财务健康状况时，可以参考 NAIC 提供的所有州保险部以及 IRIS 评估结果。州政府机构的监管职责常常要求将特定保险公司的财务比率与行业标准进行对比。使用行业标准将有助于评估。

25-2a 评估体系

评估体系的设计目标是及时发现任何问题，以期在公司状况进一步恶化前找到解决方案。常用财务比率可以评估许多相关特征，包括：

- 公司吸收损失或其投资的市场价值下降的能力
- 投资收益率
- 运营费用的相对数额大小
- 资产组合的流动性

监管者监测这些特征，以确保保险公司不会过度暴露于信用风险、利率风险以及流动性风险中。

25-2b 资本监管

保险公司被要求向保险监管机构报告风险资本比率。这一比率由 NAIC 提出，旨在强制让那些对保险索赔、资产潜在损失以及利率风险有更大暴露的保险公司持有更多资本金。应用风险资本比率不仅能防范保险公司过度暴露于风险中，还能迫使那些冒高风险的公司用大量资本金支持其业务。结果就是，保险业发生破产的可能性减小，投保人也可以更加确信，在遇到已投保的不利事件时，他们能够像保单条款所规定的那样得到资金保障。

25-2c 对倒闭的保险公司的监管

如果一家保险公司申请破产（进入清算程序），保险委员会将提出一份包含司法系统的方案，这份方案涉及资产应如何分配给债权人。国家担保基金由具备还债能力的保险公司资助，如果公司进入清算程序，保单会被取消，根据地方州法律设定的额度，由国家担保基金支付索赔。各州设置的额度可能会有差别。州保险部通常会接管破产保险公司的经营，以保护剩余资产，确保投保人权益得到维护。人寿保险、健康保险以及年金保险投保人可以让其他保险公司承担其保单。

25-2d 对金融服务供给的监管

在 1999 年之前，保险经营通常与其他类型的金融服务分离。在 1999 年，国会通过了《金融服务现代化法案》，允许保险公司与商业银行、证券公司进行合并。一些银行并购了保险公司，随后就用银行的商标向银行的现有客户群推销保险服务。

25-2e 联邦保险办公室

2010 年 7 月通过了《金融改革法案》(2010)。这项法案包含多项旨在增进金融系统安全性的条款。虽然大部分条款都直接针对银行业、抵押贷款市场以及衍生证券市场，但有一个条款要求成立联邦保险办公室，地址就位于财政部内。这一办公室的职责是监督保险行业，并向国会提供关于保险监管的建议。

25-2f　国际保险监管

一些总部设于美国的人寿保险公司将业务拓展到了全球那些保险服务十分有限的地区。这些保险公司必须遵守相关国家关于相应服务的监管规定。国家之间监管的不同增加了进入外国市场的信息成本。

25-3　人寿保险运营

由于人寿保险公司在保险行业占据主导地位，本章对其给予特别关注。它们每年能获得1 300 亿美元保费，通过将资金投入金融市场，它们也成为重要的金融中介。

当投保人去世时，人寿保险公司向保单受益人进行赔付（提供一笔抚恤金）。它们向投保人收取的保费反映了向受益人进行支付的概率，以及支付数额与时间。预测某一个体的预期寿命很困难，但是人寿保险公司可以通过历史数据以一定的准确度预测出要付给受益人的款项。因为拥有大量保单，人寿保险公司会基于投保人的特征如年龄分布，使用寿险精算表和死亡率来预测在一段特定时间内需要进行赔付的保单比例。

人寿保险公司也经常向公司员工提供**集团人寿保单**（group life policy）。这项服务已经非常流行，并且近几年业务量大增。因为量大，集团人寿保单可以以较低费用提供。集团人寿保单在 1974 年仅覆盖人寿保险总份额的 26%，而目前已经升至约 40%。

25-3a　所有权

大约 700 家保险公司被归为股份制公司，而大约 100 家保险公司属于共有公司。一家股份制公司由股东所有，而一家共有的人寿保险公司由其投保人所有。在近几年，一些共有人寿保险公司转变为股份制公司。就像在储蓄机构行业中那样，进行转变的一个主要原因就是通过发行股票来获取资金。

25-3b　人寿保险的类型

这里介绍一些常见类型的人寿保险。

终身人寿保险　只要及时缴纳保费，**终身人寿保险**（whole life insurance）向投保人提供的保险保障就一直持续到其死亡。此外，终身人寿保险向投保人提供了一种形式的储蓄。它给予投保人一定的现金价值，即使保单被取消。

从人寿保险公司视角看，终身人寿保险可以提供周期性（通常为每季度或每半年）保费用于投资，直到投保人去世，此时需要向受益人支付抚恤金。抚恤金数额通常是确定的。

定期保险　**定期保险**（term insurance）是暂时性的，只在一段特定时间内提供保险，不为投保人提供现金价值。所支付的保费仅代表保险本身，而非储蓄。但是，定期保险的费用也显著低于终身人寿保险。投保人必须比较终身人寿保险的现金价值与额外费用，以决定其是否比定期保险更为有利。那些更偏好自己去存款的投保人可能会选择定期保险。

比起今后获得保险，那些更需要在当下获得保险的人可能会选择渐退式定期保险，在这种保险中，受益人获得的抚恤金随时间递减。有抵押贷款的家庭通常选择这类保险。随着时间流逝，贷款余额减少，即使失去一份收入，这户家庭的境遇也会改善。所以，在后续年份所需的补偿就变少了。

变额人寿保险　在**变额人寿保险**（variable life insurance）中，人寿保险公司付给受益人的收益根据支持保单的资产的变化而变化。市场上有保费可变的变额人寿保险，允许支付款的数额与时间选择存在一定灵活性。

综合性人寿保险　**综合性人寿保险**（universal life insurance）结合了定期保险与终身人寿保险的特征。它规定了保单生效的时间段，但同时也为投保人提供现金价值。利息可以由现金价值累积，直到投保人动用这份资金。综合性人寿保险同样也允许保费数额与缴纳时间存在灵活性。一份保单的现金价值增长取决于保费支付。保费支付分为两部分，第一部分用于支付保单规定的死亡抚恤金以及弥补任何管理费用，第二部分用于投资，反映了投保人的储蓄。国内收入署（The Internal Revenue Service，IRS）禁止这部分存款价值超过保单的死亡抚恤金。

25-3c　资金来源

如图 25.1 所示，人寿保险公司大部分资金来源于保费。保费总额（人寿保险加上健康保险）占总收入的约 30%，但是最大的单项来源是**年金计划**（annuity plan），它可以为个人提供一笔数额预先确定的退休收入。年金计划已经非常流行，从份额上看，为保险公

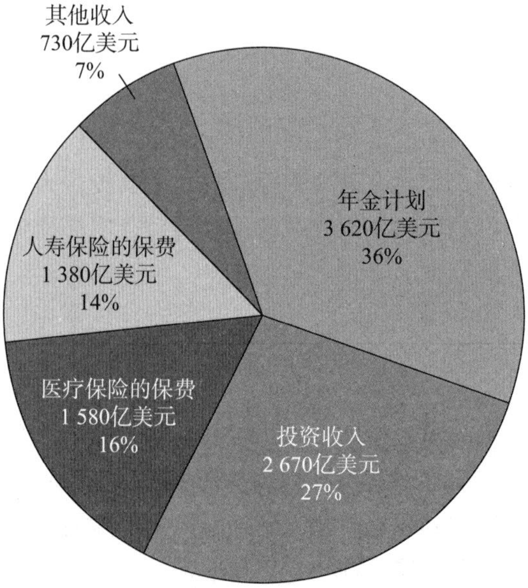

图 25.1　美国人寿保险公司收入分布

资料来源：《2015 年人寿保险概况》（*Life Insurance Fact Book*，*2015*）。

司带来的收入相比往年也更多。在 www. annuity. com 网站上可以找到由许多人寿保险公司提供的年金信息。第二大资金来源是投资收入，是将收到的保费进行投资得到的。

资本 保险公司通过留存收入或发行新股票来积累资本。它们使用资本金作为为固定资产（如建筑）融资的一种方式，以及作为经营损失的安全垫。由于比较大量的资本能增强安全性，保险公司需要保持充足的资本。当保险公司暴露于更高的风险时，它们需要保持更多资本。通过评估资产（相对于其他资产而言，一些资产更容易暴露于损失之下）的风险，以及它们对其所保险的风险类型的暴露程度，可以测算它们的风险。

保险公司将资本保持在充足水平，不仅是为了免受潜在损失的影响，还可以消除客户的疑虑。当客户购买保险时，会在未来某个时点收到抚恤金。如果一家保险公司的资本保持在充足水平，那么就很可能在提供抚恤金时得以存续，客户从这家保险公司买保险就会更放心。

25-3d 资金运用

人寿保险公司对资金的运用极大地影响着公司业绩。人寿保险公司是主要的机构投资者。图 25. 2 展示了人寿保险公司的资产构成，表明了其资金如何运用。几类主要资产在下文分别介绍。

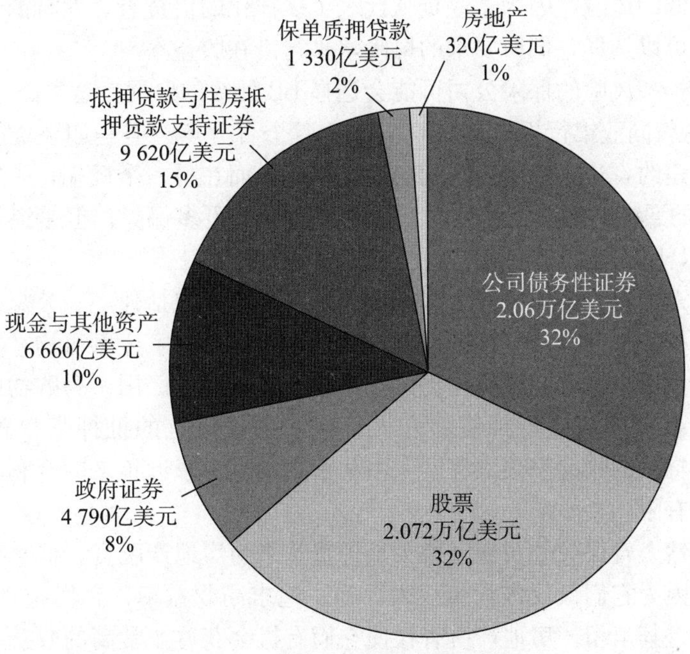

图 25. 2　美国人寿保险公司的资产

资料来源：《2015 年人寿保险概况》(*Life Insurance Fact Book*，*2015*)。

政府证券 人寿保险公司投资于美国国债、联邦政府机构债券、市政债券，以及外国债券。因为美国国债的安全性与流动性，它们保持对美国国债的投资，但它们也投资于外国政府发行的债券，以保持盈利。

近几年，长期利率降至很低的水平，导致美国政府债券的投资收益率也变低了。在这种情况下，希望保证投资安全性的保险公司必须接受极低的收益率。

股票 历史上，人寿保险公司对股票投资较少，但自从20世纪90年代初以来，股票投资大幅增长，现在股票在公司资产组合中，几乎和公司债券占据相同的百分比。股票投资增长可以部分归因于年金计划的流行与变额人寿保险，而后者常由股票或其他资产进行支持。此外，一些对人寿保险公司投资股票的监管制约也放松了。

公司债务性证券 和股票一样，公司债券也是人寿保险公司最常见的资产。考虑到现金管理与流动性需求，公司通常会混合持有中期和长期债券。虽然公司债券比政府证券提供更高的收益率，但它们也具有更高的信用（违约）风险。一些保险公司特别关注高评级公司债券，而其他保险公司将一部分资金投资于垃圾债券。

由于人寿保险公司希望保有一部分长期证券直到到期日，这部分证券某种程度上就是非流动的。于是它们在直接商定保险条款的同时，也购买一些高收益、直接投放的证券。因为这些非标准化证券流动性较差，人寿保险公司要用其他更具流动性的证券来平衡其资产组合。一小部分公司证券是外国证券，这些外国证券通常代表工业化国家，因此被认为具有低信用风险。当然，这些外国债券的市场价值同样受到利率与币值波动的影响。

除了投资于单家公司债券外，保险公司还投资于一组公司债券，称为抵押贷款债券（collateralized loan obligation，CLO）。商业银行将许多现有的商业贷款汇集成一个贷款池，并且出售代表这些贷款所有权的证券。相比贷款池中的单笔贷款，组成CLO的贷款池被认为具有更低的风险，因为这些贷款代表了多样化的借贷者。发行的债券分为不同等级，而保险公司可以选择它们所要求的风险水平与潜在收益率。

一家愿意承担高风险的保险公司可能会选择BB评级的票据，这类证券提供更高利率，例如LIBOR（伦敦同业银行拆放利率）上浮3.5个百分点。但是如果贷款池内某些贷款的借贷公司发生违约，这家保险公司就会遭受损失。而在另一个极端，一家保险公司可能购买AAA评级的票据，它能在避免贷款违约方面提供更多保障，但是提供的利率要低很多，例如LIBOR上浮0.25个百分点。

抵押贷款 人寿保险公司持有全部类型的抵押贷款，包括住宅、公寓楼、商业房产抵押贷款以及农业相关抵押贷款。这些抵押贷款通常来自另一家金融机构，之后在二级市场出售给保险公司，而来源方金融机构仍然提供抵押贷款服务。用于为购物中心、办公楼以及其他商业设施融资的商业抵押贷款占人寿保险公司持有的抵押贷款总量的比例超过90%。持有抵押贷款的收益率很大程度上由利率决定。由于近年来的低利率，投资抵押贷款的收益率十分有限。

房地产 虽然人寿保险公司通过购买抵押贷款来为房地产融资，但它们的收益率受到抵押贷款限制，因为它们仅仅作为债权人。为了追求高收益率，它们有时会购买房地产，并出于商业目的将其出租。房地产所有权使它们有机会获得非常高的收益率，但也让它们暴露于更高的风险中。房地产价值可能会随时间急剧波动，对人寿保险公司资产组合的市场价值产生显著影响。房地产的流动性也比较差。

保单质押贷款 人寿保险公司将其资金的一小部分贷给终身人寿保险投保人（称为保单质押贷款）。终身人寿保险的投保人可以在不超过保单现金价值（或现金价值的特定比例）的范围内借款。按照保单上的规定，有时利率在一段特定时间内是得到保证的。对个人而言，其他资金来源通常不会做出借贷利率的保证。因此，在利率上升时期，投保人往往会更多选择向人寿保险公司借款，因为此时其他借款方式更昂贵。

资金运用小结 图 25.3 通过说明保险公司如何为经济增长提供资金，从而总结了保险公司的资金运用。它们将收到的保费分别用于购买公司发行的股票、债券；它们购买财政部和地方政府发行的债券，从而为政府支出提供资金；它们还使用一部分资金购买住房和商业地产。

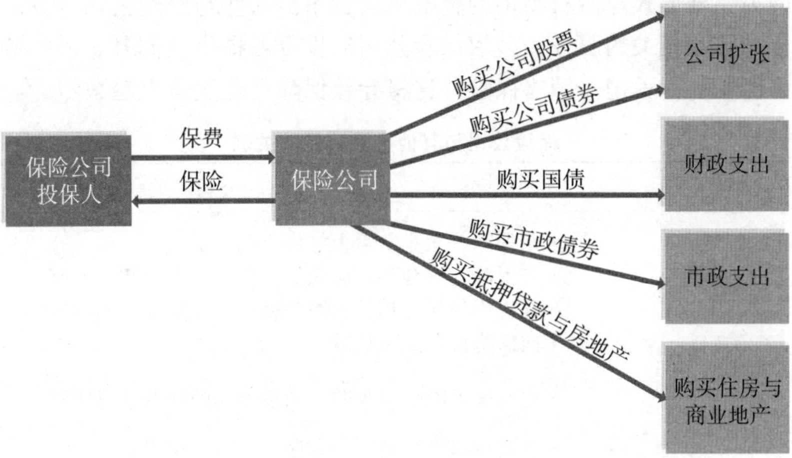

图 25.3　保险公司如何为经济增长提供资金

25-3e　人寿保险公司资产管理

因为在向受益人支付抚恤金前，人寿保险公司通常会持续多年从投保人处收到保费，其业绩可能会受到资产组合管理的显著影响。正如其他金融机构那样，当影响风险的因素发生变化时，它们对资产组合进行调整以做出应对。如果它们预计经济会转向下行，它们可能会减持公司股票与房地产。如果它们预计利率会变得更高，它们可能会减持固定利率债券与抵押贷款。

为应对现存的各种形式的风险，人寿保险公司努力平衡资产组合，从而让一些资产市场价值的任何不利变动都能被来自另一些资产的有利变动抵消。例如，假设利率与通胀率一同变化，人寿保险公司可以用持有的房地产部分抵消通货膨胀对债券的潜在不利影响。当高通胀率导致高利率时，现存债券的市场价值下跌，而所持有房地产的市场价值趋于上涨。相对地，低通胀率或通胀率下降的大环境可能导致房地产价值缩水，但是对债券和抵押贷款的市场价值有积极影响（因为利率很可能下降）。虽然这一策略也许很实用，但实际应用比纸上谈兵要难得多。由于房地产价格可能出现大幅波动，人寿保险公司只会在房地产上配置很有限的一部分资金。此外，房地产比其他大部分资产的流动性都要差。

许多保险公司通过提供多种金融产品，多样化地参与到其他业务中。这种策略不仅使得业务多样化，而且能让保险公司向那些希望一次性满足所有这些需求的投保人提供一篮子产品。

总的来说，人寿保险公司希望在获得合理收益的同时，将其风险保持在一个可以接受的水平。它们回避或接受不同形式的风险的程度，取决于它们的风险厌恶程度。那些资产组合中包含更高风险的公司容易获得更高收益率，但如果市场行情走势偏离预期，相比采用更保守的策略的公司而言，其损失也更惨重。

25-3f　与其他金融机构的关联

人寿保险公司通过多种方式与其他金融机构进行关联，表 25.1 对此进行了总结。它们以某一种或另一种形式与所有类型的金融机构竞争。那些与经纪公司合并的保险公司能提供多种多样与证券相关的服务。多家保险公司向投资者提供共同基金。一些州保险监管机构已经允许商业银行承销、销售保险，这将导致保险行业竞争更趋激烈。

表 25.1　保险公司与其他金融机构的关联

金融机构类型	与保险公司的关联
商业银行与储蓄机构（SI）	· 与保险公司竞争，为杠杆收购融资 · 与保险公司合并，从而提供各类与保险相关的服务 · 在提供与保险相关的服务方面，与保险公司竞争 · 向保险公司提供贷款
金融公司	· 有时被保险公司收购，为投保人的保费进行融资
证券公司	· 直接在提供共同基金方面与保险公司竞争 · 与保险公司竞争，为杠杆收购融资 · 为保险公司购买的股票和债券的新发行进行担保
经纪公司	· 在提供与证券相关的服务方面，直接与保险公司竞争 · 在提供与保险相关的业务方面，直接与保险公司竞争 · 为那些在二级市场购买股票或债券的保险公司担当经纪人角色
养老基金	· 有时由保险公司管理

参与金融市场　人寿保险公司使用资金的方式表明了它们在不同金融市场的参与形式。保险公司是股票、债券以及抵押贷款市场常见的参与者，因为它们的资产组合集中于这些证券。出于流动性考虑，它们也会在货币市场购买短期证券，但是它们在货币市场的参与度要比在资本市场低。表 25.2 总结了保险公司参与金融市场的方式。

表 25.2　保险公司在金融市场的参与

金融市场	保险公司如何参与该市场
货币市场	· 用一部分资金持有货币市场证券，如短期国库券、商业票据，以获得充足的流动性
债券市场	· 为其资产组合购买债券
抵押贷款市场	· 为其资产组合购买抵押贷款与住房抵押贷款支持证券
股票市场	· 为其资产组合购买股票
期货市场	· 可能会出售债券或债券市场指数期货合约，以对冲债券和抵押贷款资产组合的利率风险 · 可能会持有股票市场指数期货头寸，以对冲股票资产组合的市场风险
期权市场	· 为在不久的将来计划购买的特定股票购买看涨期权 · 为可能暂时贬值的股票购买看跌期权或卖出看涨期权
互换市场	· 参与利率互换以对冲债券与抵押贷款资产组合的利率风险

25-4 其他保险运营类型

除了人寿保险外，其他常见保险运营类型还包括财产与伤亡保险、医疗保险、企业保险、债券保险，以及抵押贷款保险。以下将轮流介绍每一种保险。

25-4a 财产与伤亡保险

财产与伤亡（property and casualty，PC）保险在火灾、失窃、承担责任以及其他导致经济或非经济损失的事件发生时提供保障。财产保险保护业务或个人免受金融风险的影响，这些金融风险与财产（如建筑、汽车以及其他资产）的所有权相关联。伤亡保险在投保人因产品缺陷或事故导致对他人的伤害时，保护其免受潜在责任的影响。财产与伤亡保险公司向投保人收取的保费反映了向保户（或索赔人）进行赔付的概率，以及赔付的可能量级。

目前有 2 500 家独立的 PC 保险公司，最大的几家提供 PC 保险的公司为：国家农场保险（State Farm）、利宝互助保险（Liberty Mutual）、好事达保险（Allstate）、伯克希尔·哈撒韦保险（Berkshire Hathaway）、旅行者保险（Travelers）、前进保险（Progressive），以及全美互惠保险（Nationwide）。没有任何一家单独的公司占 PC 保险市场的份额超过 10%。虽然 PC 保险公司比人寿保险公司的数量多，但 PC 保险总业务也仅相当于人寿保险总业务的约 1/4（基于持有的资产）。然而，PC 保险业务带来了与人寿保险业务几乎等量的保费。许多保险公司将业务多样化，同时提供人寿保险与 PC 保险。

人寿保险与 PC 保险的特征截然不同。第一，PC 保单有效期通常为 1 年或 1 年以内，这与长期乃至终身人寿保单相反。第二，PC 保险包含一系列保险行为，从汽车保险到商业责任保险，而人寿保险的范围更集中。第三，对于 PC 保险而言，预测未来因索赔而需要进行赔付的数额比人寿保险困难。财产与伤亡赔付受到多种因素影响，包括通货膨胀、飓风、恐怖主义浪潮以及法律诉讼中法庭判决的情况。由于巨大的不确定性，PC 保险公司需要持有更多流动性资产组合。盈利可能会随时间剧烈变动，因为赔付款既可能过高估计也可能过低估计，而保费正是基于赔付款确定的。

现金流保险 循环周期性是 PC 保险业的一个独特方面。当利率上升时，保险公司通常会降低费率以签下更多保单，获得更多保费用于投资。它们希望损失到来时间足够晚，让低廉的保费通过投资收入增加而盈利。当利率下降时，保险价格上涨抵消了投资收入下降。这种让价格随利率而变动的方法称为**现金流保险**（cash flow underwriting）。对于那些只关注短期收益而忽视未来支出的公司而言，这一方法可能会事与愿违。如果一家公司不能准确预测周期长短，就可能发生储备不足和现金枯竭的情况。

资金的运用 图 25.4 对 PC 保险公司的主要资金运用进行了说明。市政债券与公司债券占据主导，紧随其后的是股票。相较于其他组成部分，股票的持有数额更具有不稳定性。PC 保险公司与人寿保险公司资产结构最明显的区别就在于前者相当集中于政府证券（市政债券、国债以及联邦政府机构债券）。

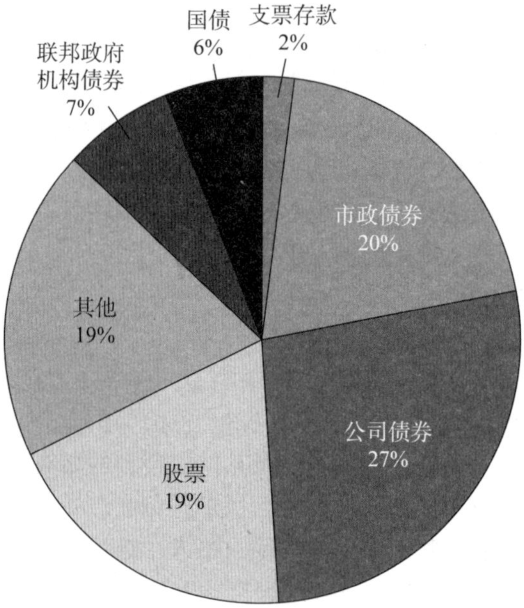

图 25.4　财产与伤亡保险公司的资产

资料来源：美联储。

财产与伤亡再保险　PC 公司通常会购买再保险，再保险能将其一部分收益与风险有效地配置给其他保险公司。这就像一家担任贷款代理人的商业银行，让其他银行也加入这笔贷款。某家 PC 保险公司可能会同意为一家公司保险，但是它会通过邀请其他保险公司参与来分散风险。再保险使得一家公司能签订大额保单，因为其中一部分风险会由其他公司承担。

因为法庭判决的宽厚以及评估可能的索赔数额存在难度，愿意提供再保险的公司数量显著下降了。再保险在保险行业中常被描述为"有着长尾巴"，意思是再保险可能的收益在概率分布上非常分散。很多公司仍然提供再保险，但近几年它们收取的保费显著增加。如果提供再保险的意愿继续降低，初始保险者将不太可能"卖出"它们签订保单时承担的一部分风险。后果是迫使它们更加精确地评估所签署的保单的风险。

25-4b　医疗保险

保险公司提供多种类型的医疗保险，包括住院、咨询医生以及外科手术的保险项目。它们是医疗服务提供者与接受者之间的中介。由于医疗费用如此昂贵，个人会寻求医疗保险作为一种保护措施，以应对导致巨额医疗开支的情况。

医疗保险计划的类型　保险公司提供两类医疗保险计划：有管理的医疗保险计划与赔偿计划。两类计划的主要区别在于，受到前者保护的个人只能选择指定医疗服务提供方（医院以及医生），它们也参与这一计划。受到赔偿计划保护的个人则通常可自由选择医疗服务提供方。两类计划的支付系统也有明显区别。有管理的医疗保险计划收取的保费往往更低，支付款通常直接付给提供方。而相反，赔偿计划向被保险个人补偿其医疗费用。

有管理的医疗保险计划可以被归为**健康维护组织**（health maintenance organization，HMO）或优先提供者组织（preferred provider organization，PPO）。健康维护组织通常需要个人选择一位初级护理医生（primary care physician，PCP），这位 PCP 是其医疗“守门人”。病人在得到 HMO 保险之前可以去见一位专家，但病人必须先与 PCP 会面来引荐这位专家。这有助于控制 HMO 的花费，因为病人不会与高收费专家会面，除非他们的 PCP 先与专家会面，决定是否需要引荐这样一位专家。优先提供者组织通常允许被保险人会见任意医生，而不需要进行引荐。因此，PPO 保费通常要高于 HMO 保费。

《平价医疗法案》《病人保护与平价医疗法案》（Patient Protection and Affordable Care Act，PPACA），亦即《平价医疗法案》（Affordable Care Act，ACA），于 2010 年获得通过。这一法案通过向低收入个人提供补贴并处罚那些不购买保险的人，旨在确保美国公民获得医疗保险。为努力防止保险欺诈，它还要求医疗服务提供者在向保险公司开账单前，满足许多先决条件。《平价医疗法案》对医疗保险公司的影响是复杂的。医疗保险的客户显著增加了，但同时，提供医疗保险的保险公司数量也增加了，这导致医疗保险行业竞争加剧。此外，医疗保险公司的赔偿花费也在增加，因为它们需要将额外的医疗服务花费也覆盖在内。

25-4c 企业保险

保险公司提供种类丰富的保单，以保护企业免受多种风险影响。一些形式的企业保险和财产与伤亡保险有重合。财产保险保护公司免受与财产（如建筑和其他资产）所有权相关的风险，它可以在因火灾或失窃造成财产损失时提供保障。责任保险可以在产品缺陷或各类其他情况对他人造成伤害时，保护公司免于承担潜在责任。这是企业保险中关键的一类，因为提出法律诉讼的客户（这些客户因企业生产的产品而遭受身体损伤或心理伤害）数量在增加。

责任保险还可以在企业雇员提出索赔时，保护企业免于承担潜在责任。例如，一家企业可能会遭到一位在工作时受伤的雇员起诉。雇主责任险的保险范围还包括不当解雇以及性骚扰。

其他一些企业保险不属于财产与伤亡保险。核心员工保险在工商企业特定员工发生伤残或死亡时提供资金补偿。这一保险旨在让工商企业得以更新核心员工技术，让经营得以继续。业务中断保险在业务暂停造成损失时提供保障。信贷限额保险在借款人死亡时向债权人提供欠款支付。忠诚保证保险可以弥补因员工不诚信而导致的损失。海洋运输保险可以补偿运输过程中的损失。执业过失保险向工商企业专业人员补偿因客户不满而提起诉讼导致的损失。履约保证保险可以弥补合约未履行造成的损失。伞式责任保险可以在其他现有保单的基础上提供额外保障。

25-4d 债券保险

债券保险在债券发行者发生债券违约时，向购买这些债券的投资者提供保障。许多市政债券正是由保险所支持的。一些地方政府愿意为保险付费，因为保险使得它们更容易以低价卖出债券；因此，保险降低了它们的借款费用，当一家保险公司为债券进行保险时，可以最小化违约风险。许多保险公司，包括美国市政债券保险公司（Ambac Financial Group）以及市政公债投资者担保公司（MBIA，Inc.）都提供债券保险。

但是，只有当保险公司有能力支付索赔时，债券保险才会有好效果。债券发行者和为发行者提供支持的保险公司有可能都无法履行义务，导致持有这些债券的机构投资者遭受巨额损失。如果债券的保险公司出现信用评级下调，就意味着很有可能这家保险公司在债券违约时无法支付索赔。因此，这家公司所保险的债券可能需要提供更高的收益率以补偿其高风险。那些已经由这家公司进行保险的债券的价格将会下跌，这表示持有这些债券遭受损失的风险变高了。

在2008年次贷危机期间，评估显示几家大型保险公司的信用评级可能下调，这引发了对其保险的债券可能发生巨大损失的担忧。结果，这些被保险债券的价格下跌。对于一些大量投资于市政债券的共同基金而言，只有当最高信用评级的公司为债券进行保险时，它们才会愿意持有这些债券。这一情况说明，为了促进资金从债券发行者到机构投资者（如共同基金）的流动，保险公司的信誉有多么重要。

25-4e 抵押贷款保险

抵押贷款保险可以在住户无法进行支付，从而在抵押贷款上违约时，为提供抵押贷款的债权人提供保障。这种保险旨在当债权人被迫取消住房的赎回权、以低于抵押贷款数额的价格将其出售时，弥补债权人的损失。

抵押贷款贷方通常都要求住户购买抵押贷款保险，除非他们预付不低于房价的20%的定金。有时，购买这种保险可以让住户以更低利率取得抵押贷款。所有由联邦住房管理局担保的抵押贷款都需要购买抵押贷款保险。由于提供这项保险，出售抵押贷款保险的保险公司通常会定期收到保费。当抵押贷款违约时，它们要补偿债权人损失。

信用违约互换作为一种抵押贷款保险 一些保险公司通过持有信用违约互换头寸来提供抵押贷款保险，这些信用违约互换是私下商定的合约，保护投资者免受特定债务性证券违约的风险。先前购买了住房抵押贷款支持证券的机构投资者可能担心这些证券业绩不佳，因此，它可能愿意参与信用违约互换，向交易对手方每月或每季度进行支付。

保险公司通常作为交易对手方，只有当互换所涉及的证券违约时，它才需要进行赔付。在这种情况下，保险公司需要支付互换所涉及证券的面值来换取这些证券。当债务性证券没有发生违约时，保险公司从互换头寸中获利，因为它们不需要进行支付。然而当违约发生时，保险公司必须进行支付，可能会产生巨额费用。

保险公司通过分散化来减少对不同类型风险的暴露。保险公司拥有大量投保人，一起不利事件导致一位投保人进行索赔，但同一事件不太可能同时发生在许多其他投保人身上。然而，如果抵押贷款的质量标准太低而且经济疲软，那么住房抵押贷款支持证券的违约可能同时发生于多家金融机构。结果，对住房抵押贷款支持证券的信用违约互换进行分散化并不能有效减小风险。在次贷危机期间，那些卖出信用违约互换的保险公司高度暴露于抵押贷款风险中。

25-5 保险公司风险暴露

保险公司面临的几类主要风险为利率风险、信用风险、市场风险以及流动性风险。

25-5a 利率风险

由于保险公司持有大量固定利率的长期债务性证券，其资产组合的市场价值可能对于利率波动非常敏感。一些保险公司缩短了其证券的平均到期期限，从而减少了对利率风险的暴露。

由于长期利率在最近几年变得很低，长期利率未来有很大上升空间。由于保险公司将大部分资金投资于长期债务性证券，它们高度暴露于利率风险之中。

25-5b 信用风险

在保险公司资产组合中，公司债券、抵押贷款、州与地方政府证券会受到信用风险影响。为应对这一风险，一些保险公司通常只投资于具有高信用评级的证券。它们也会在证券发行者之间进行分散化，这样当单个发行者遭遇偿还问题时，总体资产组合仅受到较小的影响。

由于近年来长期利率过低，一些保险公司将更多资金从国债转移到那些提供更高收益率的公司债券（包括垃圾债券）。然而，由于追求高收益率，它们也暴露于更高的信用风险中。

25-5c 市场风险

由于保险公司投资于股票，当股票市场形势不利时，它们的股票资产组合可能会遭受损失。在 2008 年次贷危机期间，股价大幅下跌，那些将一大部分资金投入股票的保险公司因其对市场风险的高暴露而遭受损失。然而，许多大笔投资于股票的保险公司在 2010—2015 年市场形势好转时收益颇丰。

25-5d 流动性风险

保险公司面临的另一种风险是流动性风险。在某一时点的高频索赔会迫使公司将资产以较低市场价格换成现金，导致其收益率降低。但是因死亡而导致的索赔不太可能同时发生，因此人寿保险公司可以通过将其客户群的年龄分布分散化来降低风险暴露。如果客户群的年龄分布不均衡，高度集中于老年群体，人寿保险公司就应该提高流动性资产比例，以应对高频索赔。

25-5e　次贷危机中的风险暴露

在 2008 年次贷危机愈演愈烈之时，许多保险公司遭受了损失。许多投资了一部分资金于住房抵押贷款支持证券或垃圾债券的保险公司遭受了投资亏损。一些保险公司出售私人抵押贷款保险，为抵押贷款提供保障，而当住户在抵押贷款支付上违约时，就必须对债权人的保险索赔进行赔偿。其他保险公司因其信用违约互换而遭受损失。此外，绝大部分保险公司在次贷危机期间因持有股票而遭受损失。

25-5f　政府救助 AIG

次贷危机爆发前，美国国际集团（AIG）是全球最大的保险公司，年收入超过 1 000 亿美元，在超过 130 个国家开展业务。这家公司出售的信用违约互换力图为 4 400 亿美元债务性证券提供违约时的保障。然而，这些债务性证券中很多代表次级抵押贷款，在 2008 年，当许多住房抵押贷款支持证券违约时，AIG 遭遇了严重的资金问题。

如果 AIG 倒闭，所有那些从 AIG 购买了信用违约互换以抵御其住房抵押贷款支持证券违约风险的金融机构可能也会倒闭或遭受严重损失。由于 AIG 倒闭可能会对保险行业以及其他金融部门产生灾难性影响，美联储在美国财政部的支持下，于 2008 年 9 月救助了 AIG。美联储可能认为 AIG 因其体量过大、与其他金融机构关联过于密切而不能倒闭。这一救助使得 AIG 在两年内能向美联储最高借款 850 亿美元，而政府则得到 AIG 约 80% 的股本。作为救助协议的一部分，AIG 需要出售一部分业务以增强其流动性。

美联储对 AIG 的救助发生于任由雷曼兄弟倒闭 1 天后。也许救助 AIG 而不救助雷曼兄弟的一个原因是，AIG 当时拥有许多子公司，而当时这些子公司的财务状况良好。这些子公司资产可以作为美联储救助 AIG、提供贷款的抵押品。因此美联储认为，因救助 AIG 而导致纳税人发生损失的风险较小。而相反，雷曼兄弟没有充足的抵押品，对于美国纳税人而言，如此巨额的一笔政府贷款可能过于昂贵。

25-6　保险公司估值

公司经理通常会对保险公司（或金融集团中属于保险公司单元的一部分）进行估值以监督公司业务随时间的进展情况，或者其他正在考虑收购它的金融机构也会对它进行估值。保险公司价值可以被建模为其未来现金流的现值。因此，保险公司价值应该随着未来预期现金流（CF）以及投资者必要收益率（k）的变化而变化：

$$\Delta V = f[\underbrace{\Delta E(\mathrm{CF})}_{+}, \underbrace{\Delta k}_{-}]$$

25-6a　现金流的影响因素

一家保险公司预期现金流的变化可以被建模为：

$$\Delta E(\text{CF})=f(\underbrace{\Delta \text{PAYOUT}}_{-},\ \underbrace{\Delta \text{ECON}}_{+},\ \underbrace{\Delta R_f}_{-},\ \underbrace{\Delta \text{INDUS}}_{?},\ \underbrace{\Delta \text{MANAB}}_{+})$$

式中，PAYOUT 表示保险公司对受益人的赔付款，ECON 表示经济增长率，R_f表示无风险利率，INDUS 表示行业状况，MANAB 表示保险公司管理能力。

赔付款改变　对于大部分拥有分散化客户群的人寿保险公司而言，赔付款是比较稳定的。而相反，对于 PC 公司而言，财产与伤亡保险的赔付款可能会不稳定。

经济增长率改变　经济增长对保险公司的现金流有积极作用，因为经济增长使得公司与家庭收入水平上升，从而增加对保险公司服务的需求。在经济增长强劲时，保险公司持有的债务性证券不太可能违约。此外，保险公司持有的权益证券应当表现出色，因为代表这些证券的公司应当经营良好。

无风险利率改变　保险公司的一些资产（如债券）将会受到利率上升的不利影响。因此，保险公司估值可能与利率变动负相关。

行业状况改变　保险公司受到行业状况影响，包括监管制约、科技水平，以及业内竞争。例如，在提供一些服务方面，它们目前正在与各种金融机构竞争。当监管者减少从业障碍时，保险行业内部的竞争会更加激烈。

管理能力改变　保险公司能控制其经理的组成以及公司组织架构。经理可能会试图做出内部决定，利用外部力量（经济增长、利率、监管制约）来获利，而这些外部力量是公司无法控制的。因此，保险公司的管理能力能够影响其预期现金流。具体而言，为确定会导致对投保人进行巨额赔付的事件发生的可能性，公司需要熟练的经理。

25-6b　投资者必要收益率的影响因素

对那些投资于一家保险公司的投资者而言，其期望收益率可以建模为：

$$\Delta k=f(\underbrace{\Delta R_f}_{+},\ \underbrace{\Delta \text{RP}}_{+})$$

式中，R_f表示无风险利率，RP 表示风险溢价。

通常认为，无风险利率和通货膨胀率、经济增长率以及预算赤字水平正相关，但是和货币供应量增长率（假设不会导致通货膨胀）负相关。保险公司风险溢价与经济增长率负相关。公司估值还可能受到行业状况（如监管）以及管理能力影响。

根据以上讨论，图 25.5 为保险公司估值提供了一个框架。通常，强劲的经济增长、利率下降以及强大的管理能力对保险公司价值有积极影响。

25-6c　价值与业绩指标

在关于投资服务的出版物如《价值线》（*Value Line*）中，可以找到关于保险公司价值与业绩的一些常用指标。对人寿保险以及/或 PC 保险保费进行时间序列评估，可以了解这家公司保险业务的增长情况。投资收入时间序列分析也可以用于评估公司资产组合经理业绩。然而，投资收入数额受到许多因素影响，而资产组合经理无法对这些因素进行控

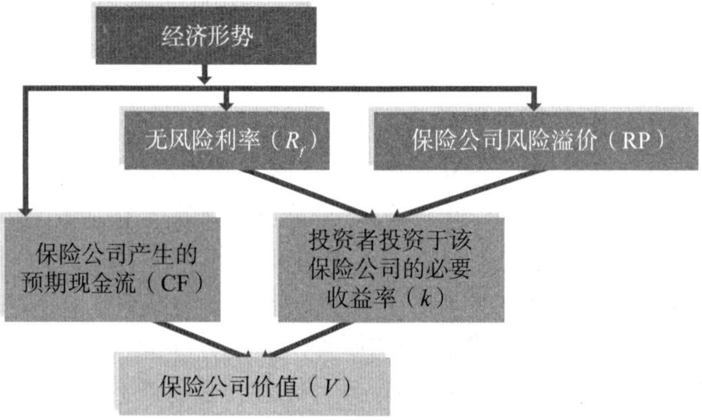

图 25.5　一家保险公司的估值框架图

说明：• 强劲的经济增长将使保险公司提供更多服务，产生更多现金流。经济增长对股票估值也有积极作用，从而有利于保险公司所持股票的估值。

• 较低的无风险利率会对保险公司所持债券的估值产生积极作用。

• 保险公司估值还受到行业状况和公司管理能力（没有体现在图中）影响。这些因素影响风险溢价（并且因此也影响投资者必要收益率）和保险公司产生的预期现金流。具体而言，如果法院判决导致支付巨额损害赔偿金，财产与伤亡保险公司将会有风险暴露，而健康保险公司则暴露于涉及医疗服务赔偿的监管之下。

制，例如以保费形式收取并且可以投资于证券的资金量，以及市场利率。此外，如果投资收入处于较低水平，可能是因为高度集中于不支付或仅支付低股利的股票，而不是因为业绩不佳。

流动性指标　由于保险公司具备独有特征，其他金融机构的财务比率往往并不适用。一家保险公司的流动性可以用如下比率来测算：

$$流动比率=\frac{用于投资的资产}{赔款准备金与未到期责任准备金}$$

这一比率越高，公司流动性就越好。可以通过将其与行业平均值比较来进行评估。

盈利性指标　保险公司盈利性常用净值收益率这一比率进行评估，如以下公式所示：

$$净值收益率=\frac{净利润}{投保人盈余}$$

净利润包括承保利润、投资收入以及实际资本收益。这一比率随时间的变化应与行业标准的变化进行对比，因为行业标准波动较大。对于 PC 保险公司而言，由于其索赔具有不确定性，净值收益率通常也相当不稳定。

净利润反映了所有收入来源，从而为盈利性提供了一般性测算方法，但是就一项特定收入来源而言，许多不同的财务比率也同样适用。例如，承保利润或损失可以通过净承保利润来测算：

$$净承保利润=\frac{保费收入-保单支出}{总资产}$$

如果保单支出超过了保费收入，净承保利润就是负值，但只要其他收入来源可以补偿这一损失，净利润仍然可以为正。

小结

■ 索赔发生的概率与索赔的可能数额会影响保险公司收取的保费。保费还可能造成逆向选择与道德风险问题。

■ 州政府机构致力于确保保险公司提供充足的服务，保险公司所收取的保费也要经其批准。保险公司必须获得许可，保单的具体表述也必须得到州政府批准，以确保不会造成误解。州监管部门还对保险公司资产组合进行评估，以确保其投资安全性；公司保持充足的准备金，以保障可能遭受损失的投保人。

■ 当投保人去世时，人寿保险公司向保单受益人提供补偿。人寿保险公司从年金计划以及保费中获取绝大部分资金；股票和公司债务性证券是其主要资产。

■ 其他类型的保险业务包括财产与伤亡保险、医疗保险、企业保险、债券保险以及抵押贷款保险。

■ 保险公司倾向于持有大量债券资产组合，而它们会随利率上升而贬值，因此保险公司暴露于利率风险之中。由于它们投资于公司债务性证券、抵押贷款、股票与房地产，它们还暴露于信用风险与市场风险中。

■ 一家保险公司的价值由预期现金流和投资者期望收益率决定。对于人寿保险公司而言，索赔导致的支出（资金流出）某种程度上可以预测，因此它们的现金流往往较为稳定。相反，财产与伤亡保险以及其他类型保险服务的索赔支出具有很大的不确定性。

正方和反方观点

保险公司应该进行风险投资吗？

正方 不。保险公司通过保持充足的储备以应对索赔申请，就是对投保人最好的服务。如果它们进行风险投资，就可能遭遇流动性问题，有可能无法为投保人服务。

反方 是的。保险公司可以通过投资于风险更大的证券来提高收益率。这将有利于增加盈利，提升公司估值以及股价（如果股票公开交易的话）。通过这种方式，投资决策为保险公司的所有者实现了公司价值最大化。

谁正确？ 利用互联网学习关于这个议题的更多知识并形成你自己的观点。

问题与应用

1. 人寿保险 终身人寿保险如何成为投保人储蓄的一种形式？

2. 终身人寿保险与定期保险 从保险公司的视角看，终身人寿保险与定期保险有何不同？从投保者的视角看又如何？

3. 综合性人寿保险 指出综合性人寿保险的特征。

4. 集团人寿保单 阐释集团人寿保单。

5. 人寿保险公司的资产 人寿保险公司的资产主要有哪些？指出主要类型。人寿保险公司资金的主要用途是什么？

6. 为房地产市场提供资金 保险公司如何为房地产市场提供资金？

7. 保单质押贷款 什么是保单质押贷款？它从何时开始流行？为什么？

8. 政府救助 AIG 为什么政府要救助 AIG？

9. 管理信用风险与流动性风险 保险公司如何管理信用风险与流动性风险？

10. 流动性风险 讨论人寿保险公司以及财产与伤亡（PC）保险公司的流动性风险。

11. PC 保险 财产与伤亡保险公司服务于什么目的？阐释 PC 保险与人寿保险有何不同。

12. 现金流保险 阐释现金流保险的概念。

13. 通货膨胀对资产的影响 阐释通货膨胀如何影响人寿保险公司资产组合。

14. 再保险 什么是再保险？

15. NAIC 什么是 NAIC？其目的是什么？

16. 逆向选择与道德风险问题 阐释保险中的逆向选择与道德风险问题。Gorton 保险公司希望为其车险确定合适的定价，这种车险能在发生车辆事故时提供保障。如果 Gorton 希望避免逆向选择与道德风险问题，它应该评估参保人、未参保人还是两类人群的行为？请解释。

辩证思维问题

保险公司投资策略的动机 考虑一家人寿保险公司，它需要确保能够向投保客户的受益人进行稳定支付。假设保险公司投资组合经理的薪酬与每年从投资中赚取的收益相关。写一篇小短文，解释这一薪酬方案如何会导致投资策略无法满足投保人的需要。

解读财经新闻

诠释华尔街分析师和投资经理做出的下述评论：

a. “保险公司股票可能会从近期的利率下跌中盈利。”

b. “保险公司资产组合经理可能会通过担任维权股东来暗中控制公司行为。”

c. “如果一家人寿保险公司希望资产组合经理带来充足的现金，以满足支付给受益人的预期赔付款，它就不能期望经理为资产组合获得相对较高的收益率。”

金融市场管理

评估保险公司的经营 作为一家保险公司的顾问，你被要求评估公司的资产结构。

a. 这家保险公司最近出售了大量债券，并将收入用于投资房地产。公司的逻辑在于，这将能减少公司资产对利率风险的暴露。你是否同意？请解释。

b. 这家保险公司目前有少量股票。公司预计需要将一些资产迅速变现来向受益人进行支付。它是否应该在变现前将持有的债券（短时间内就将到期）换成股票来谋求更高的收益率？

c. 相比于大多数其他保险公司，这家保险公司持有更高比例的垃圾债券。最近几年，在经济强劲增长的时期，垃圾债券的收益率显著高于那些高质量公司债券，业绩优异。在这个阶段的违约也很少。结果，这家保险公司打算加大对垃圾债券的投资，因为它确信关于垃圾债券的担忧是毫无道理的。你同意吗？请解释。

资金流动练习

保险公司如何促进资金流动

卡森公司正在考虑向 Secura 保险公司进行股权私人配售。

a. 请解释卡森公司与 Secura 保险公司间的合作。Secura 保险公司如何满足卡森公司的需要？卡森公司如何满足 Secura 保险公司的需要？

b. 为什么卡森公司和 Secura 保险公司进行合作，而不是试图直接从向 Secura 保险公司支付保费的人那里获取资金？

c. 如果 Secura 保险公司的投资业绩优异，谁会受益？对于 Secura 保险公司而言，密切监督卡森公司的经营是否值得？请解释。

互联网/Excel 练习

1. 从网址 www.eterm.com 获得一份人寿保险报价。填写关于你个人（或一位家庭成员、朋友）的信息，并得到一份 100 万美元人寿保险保单的报价。对于不同的期限长度，每月、每年的保费各是多少？下一步，保持其他所有信息不变，改变你的性别。此时保费是否会改变？你是否认为对那些完全通过互联网开展业务的保险公司而言，保费会更高或更低？

2. 选择一家公开上市的保险公司作为对象。登录其网站，取得这家公司最近的年度报告。总结这家公司的主要业务。它主要从事人寿保险、车险、医疗保险，还是它们的一种组合？描述它自去年以来的业绩，解释为何其高于或低于正常水平。公司业绩的改变是出于经济增长率的改变，最近的利率变动对其资产组合的影响、股票市场的表现，还是保险索赔频率与数额的改变？

3. 登录 finance.yahoo.com，输入“MET”（MetLife，Inc.），点击“Search Finance”。在股价图表正下方点击“5y”，回顾最近五年来的股价变动。点击图表正上方的“Comparison”，之后选择“S&P 500”，将 MetLife 的股价趋势与标准普尔 500 指数的变动进行比较。相比指数，MetLife 表现得更好还是更差？为其表现给出一个解释。

4. 登录 finance. yahoo. com，输入"MET"（MetLife，Inc.），点击"Search Finance"。获取最近 20 个季度初的股价数据，之后登录 http：//research. stlouisfed. org/fred2，获取最近 20 个季度初的三个月国债利率数据。将数据录入 Excel 的电子表格。获取 MetLife 的季度收益率数据，以及利率的季度变动数据。进行回归分析，其中 MetLife 公司的季度收益率是被解释变量，利率的季度变动是解释变量（参见附录 B 以获取关于使用回归分析的更多信息）。在利率变动与 MetLife 的股票收益率之间是否存在正相关或负相关关系？这一关系显著吗？为这一关系给出一个解释。

WSJ 练习

保险公司的业绩

在一份《华尔街日报》中，归纳一篇讨论某家特定保险公司近期业绩的文章。文章是否认为这家保险公司的业绩好于或差于正常水平？文章对其具体业绩给出了何种原因？

关于现实案例的在线文章

找一篇近期描述一个具体金融机构或金融市场真实案例的在线实用性文章，以强化本章所涵盖的一个或多个概念。

如果你的班级有一个在线平台，教授可能会要求你把文章摘要放在那里并提供文章的链接以供其他学生访问。如果你的班级是当面授课的，教授可能会要求你当堂总结你对该文章的运用。教授可能指派特定学生或让学生自愿完成这项作业。

对于与本章相关的近期在线文章和真实案例，请考虑使用以下搜索词（请务必在搜索词中包含当前年份以确保在线文章是近期的）：

1. 具体的保险公司的名称＋业绩
2. 具体的保险公司的名称＋运营
3. 具体的保险公司的名称＋风险
4. 养老基金＋管理
5. 养老基金＋经营
6. 保险公司＋运营
7. 保险公司＋风险
8. 保险公司＋监管

第 26 章　养老基金运营

本章目标

- 区分固定收益养老金计划与固定缴款养老金计划
- 解释养老基金如何参与金融市场的运行
- 讨论私人养老金计划的监管
- 讨论公共养老金计划的资金缺乏问题
- 讨论腐败与固定收益养老金计划
- 讨论养老基金如何管理
- 解释影响养老基金投资组合业绩的关键因素

养老金计划为雇员提供了退休后可获得的积蓄，同时也是雇员退休后重要的收入来源。因为养老金计划中的资金要等雇员退休时才会发放给他们，所以在将这些钱发放给雇员之前，可以将其投资于金融市场。所以它们是市场上主要的机构投资者。

养老金计划可以分为私人养老金计划与公共养老金计划，这取决于雇主的性质。私人养老金计划是私营雇主创建并运营的，包括工业、劳工、服务、非营利、慈善和教育等性质的组织。公共养老金计划通常是由州、地方政府和联邦运营的。最著名的政府养老基金是社会保险。除了这个体系之外，公共养老基金同样服务于公共部门的雇员。州、县和城市通常雇用人员并且为其提供养老金作为福利。州的雇主将雇员每个工资结算期的养老金缴款注入州的养老基金会，该协会主要为该州管理雇员的养老金。公共养老基金要服从各自州与地方的法律。

26-1 养老金计划的类型

养老金计划通常被分为固定收益养老金计划和固定缴款养老金计划，区分依据是缴款与退休后提供的收益水平。

26-1a 固定收益养老金计划

固定收益养老金计划（defined-benefit plan）精确地说明了雇员可以获得的收益。养老金的定期缴款将受其收益影响，并最终返回给雇员。固定收益养老金计划利用一个公式并基于雇员的工资水平与全职工作的年限来决定要给雇员多少养老金。然而，不同的雇主有多种明确的公式。只要雇员退休后一直活着，就能一直享受养老基金提供的退休收入。对固定收益养老金计划来说，支持公司的主要职责是向养老基金缴款。

◈ 例子

奎特兹公司建立了固定收益养老金计划，需要其雇员从事至少 20 年的全职工作。对于这些雇员来说，这个计划将会付相当于在雇员工资最高的 5 年内平均年工资的 50%的年退休收入。对于那些全职工作 30 年的人来说，奎特兹公司的固定收益养老金计划付给雇员相当于他们工资最高的 5 年时期的平均年工资的 70%作为年退休收入。◈

固定收益养老金计划需要雇主缴存资金，这些资金可以被投资于金融市场直到雇员退休后被分配给雇员。一些固定收益养老金计划可能还要求雇员为养老金计划缴款。雇主需要负责将留在基金里的钱进行投资，确保资金随时间增长，以便在雇员退休时能为他们提供固定收益。

在退休后每月提供给雇员的养老金支付的总数会受雇员的最高收入水平的影响，最高收入水平将只有在退休时才能确定。按月支付的养老金总数也会受退休年龄与期望寿命的影响，这些因素在雇员工作时也不能确定。总的来说，为了覆盖一个雇员的退休后收益而需缴存的金额是无法确切估计的。

最近几年有许多关于一些公共的固定收益养老金计划未能履行为参加基金的雇员支付养老金的责任，因为这些养老金计划没有留出足够的钱或是用基金做了一些不好的投资决策的公开消息。这个话题将在这章即将结束时进行讨论。

26-1b 固定缴款养老金计划

固定缴款养老金计划（defined-contribution plan）提供的收益来源于积累的雇员工作缴款和基金自身投资收益。通过固定缴款养老金计划，雇主在每个工资结算期内代表雇员将资金分配（上缴）给基金。许多养老金计划也允许雇员自己缴款，这些缴款将从每个结算期的薪水里扣除。

雇员直到退休才能从固定缴款养老金计划里获取收入或者他们愿意支付一些罚金来提

早退出计划。雇主通常提供多种不同投资选择，像股票型共同基金、债券基金、货币基金或者房地产基金。雇员可以指定他们的资金在特别投资类型中的分配份额。即使两个雇员在同一个固定缴款养老金计划中有同样总数的资金留在将来的退休金账户中，做出更好的资金投资决策计划的雇员在退休后也将会拥有更多的账户结余。

26-1c 养老金计划对比

固定缴款养老金计划的特点就是允许雇员自己决定留在退休金账户中的资金的投资方向，这点与固定收益养老金计划不同，在固定收益养老金计划中由基金运营和管理资金的投资。一些雇员会更偏好固定缴款养老金计划，因为他们自己对资金做投资决策。相反，一些雇员更喜欢固定收益养老金计划，因为他们想锁定退休后拿到的精确的养老金总数并且不想为投资决策负责。在固定收益养老金计划中的雇员在养老金被分配给他们前甚至不用关心他们的资金是如何被运营和投资的，因为退休后养老金收入的总数是由他们自己的养老金计划决定的。

如果金融市场在数年内都很疲软，固定收益养老金计划的收入会很糟糕。但是这些基金对退休者负有的职责并不受疲软市场的影响，因为固定收益养老金计划依旧有义务支付退休雇员的养老金，雇主将需要向基金投入额外的现金来弥补糟糕的投资业绩。

固定缴款养老金计划的数量远远超过固定收益养老金计划，但是固定收益养老金计划有更多参与者和一个较大的资产价值。在近几年中，许多固定收益养老金计划已经被固定缴款养老金计划代替。许多公共养老基金提供固定收益养老金计划，但是一些公共雇主为雇员提供的是固定缴款养老金计划而非固定收益养老金计划。

26-2 养老基金参与金融市场

因为许多养老基金十分庞大，它们成为金融市场的主要参与者。例如加利福尼亚公共雇员退休系统（the California Public Employees Retirement System，CALPERS）将2 000多亿美元投入金融市场。许多养老基金在金融市场中为经济增长注入资金，正如图26.1中所阐述的一样。

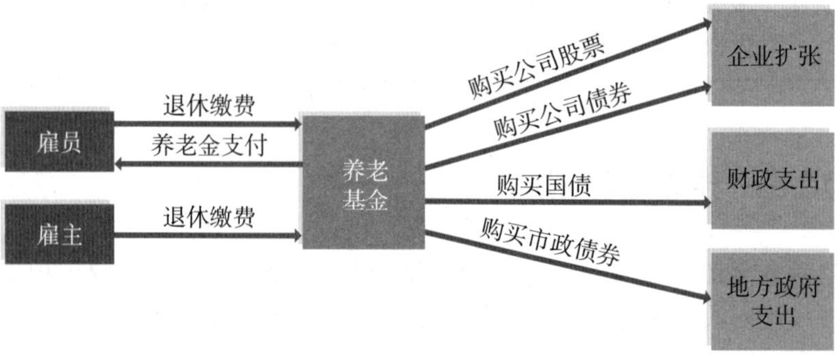

图 26.1 养老基金为经济增长提供资金

大批养老基金投资需要证券公司的中介服务。养老基金经理指示证券公司投资的金融产品类型与购买的数量。表 26.1 概括了养老基金与其他金融机构的关联。

表 26.1　养老基金与其他金融机构的关联

金融机构类型	与养老基金的关联
商业银行	·有时参与管理养老基金 ·在二级市场上为养老基金提供商业贷款
保险公司	·为养老基金提供年金
共同基金	·一些养老基金的投资对象
证券公司	·为养老基金执行证券交易 ·为养老基金经理的资产组合提供建议 ·承销养老基金购入的新发行债券和股票

表 26.2 总结了养老基金经理是如何参与不同金融市场运作的。因为养老基金的投资组合通常由股票与债券构成，所以养老基金经理参与股票与债券市场是毫无疑问的。养老基金经理同样也参与货币市场和抵押贷款市场来丰富其投资组合。他们有时利用期货与期权市场使得投资组合的业绩较少受利率波动与股市联动的影响。

表 26.2　养老基金如何参与金融市场运行

各类金融市场	养老基金如何参与市场运行
货币市场	·养老基金经理在货币市场持有较小比例的流动资金，以至可以随时变现来增加股票、债券或其他金融产品的投资。
债券市场	·至少有 25%的养老基金投资组合被分配给债券。相比固定缴款养老金计划，固定收益养老金计划投资组合中债券通常会占更大比例。基金经理通常在债券市场中频繁交易。
抵押贷款市场	·养老基金的投资组合包含一些抵押贷款，虽然与其他金融产品相比，它的比例很低。
股票市场	·养老基金投资组合的 30%被投入股票市场。通常固定缴款养老金计划会在股票市场投入更多。
期货市场	·一些养老基金利用债务性证券与债券指数的期货合同来对冲持有大笔债券暴露在利率波动下的风险。除此之外，有些养老基金运用股票指数的期货合同来规避市场风险。其他养老基金也运用期货合同投机。
期权市场	·一些养老基金运用股票期权来规避特定股票的市场波动。它们还运用期货合约的期权进行下行保护从而免受债券价格波动的影响。
互换市场	·养老基金通常参与利率互换来对冲债券与抵押的头寸暴露在利率波动下的风险。

26-2a　养老基金治理

因为养老基金通过购买大量股票与公司债券以较大权重投资于公司，所以养老基金对企业拥有一定的控制权。像加利福尼亚公共雇员退休系统（CALPERS）和纽约政府退休基金在质询公司颁布明确政策时起到积极作用，并且对某些公司董事会的变更提出意见。因为养老基金发挥影响来保证经理与董事会为股东提供最大利益，所以它们能提升公司业绩。当它们的努力使公司股价提升了的时候，它们就会因控制权而获利。

26-3 私人养老基金监管

私人养老金计划是由私人部门为服务于雇员而创建的，但也被联邦政府的规章所约束。为了建立一只养老基金，公司创办者可以运用银行信用建立信托型养老基金或者通过保险公司建立保险养老基金。金融机构被委派管理养老基金的任务并会定时收到雇主与雇员的缴款。私人养老金计划必须服从美国国内收入署税收原则对养老基金收入的要求。

26-3a 私人养老基金发放

养老基金的行权计划代表着在行权的时间内雇员在养老基金中积累的养老金资产的所有权是不能被剥夺的。如果雇员被雇用的时间短于行权时间，则不能继续令其养老金资产在其养老基金中累积。这些对于私人养老基金的行权规定是由 1974 年的《雇员退休收入保护法》[the Employee Retirement Income Security Act，ERISA，又称作《养老金改革法》(the Pension Reform Act)] 与其 1989 年的修订案共同确定的。对于一个固定收益的私人养老金计划，养老基金可以增补一些例如在 5 年雇佣期后 100%行权的规定。或者采用一个分级行权规定：第 3 年 20%行权、第 4 年 40%行权、第 5 年 60%行权、第 6 年 80%行权以及第 7 年 100%行权。对于固定缴款的私人养老金计划，养老基金可补充一些类似在 3 年雇佣期后 100%行权的规定，或者采用一个在第 3～7 年分级行权的规定。

26-3b 私人养老金计划的可转移性

ERISA 允许雇员换雇主，并转移一些在私人养老金计划中的行权总量到新的雇主那里，或者投入个人退休账户（Individual Retirement Account，IRA）中。对于可转移的私人养老金计划，行权总量的税收仍要递延到退休后基金可取用时缴纳。

26-3c 私人养老金计划的税收优惠

根据 1974 年颁布的 ERISA，养老基金为雇员提供的收益一定是和收入成比例的。低收入的雇员受到的是对等的待遇。这个所谓的满足 ERISA 设定的标准的合格的私人养老金计划能为雇主在两个方面提供税收优惠：首先，收入中的一部分在纳税之前被用作养老基金的缴款，所以税收会递延至退休后资金被取出之时缴纳。其次，因为退休后年收入比雇员在雇佣期的年收入稍低，所以养老基金提供的收入会适用于一个更低的税率。

私人养老金计划如果没有遵守 ERISA 制定的标准，则会被判定为不合格。例如，一些私人养老金计划可能只适用于领导层的雇员，因此不会根据工资级别提供对应比例的收益。这些不合格的私人养老金计划无法享受税收优惠，所有收入在雇员向养老金计划缴款前纳税。本章仅关注合格的养老基金。

26-3d 私人养老基金保险

ERISA 建立了所谓的养老金保证公司（Pension Benefit Guaranty Corporation，PBGC）来为私人养老金计划提供保险服务。这个特许建立的联邦保险公司旨在保证私人固定收益养老金计划的参与者在退休后得到收益。如果私人养老金计划不能完全提供约定好的退休后收益，那么 PBGC 至少要弥补部分差额，但在这些条件下有一个最大额度限制。

PBGC 并无政府的资金支持。其资金来源于资助私人养老金计划的公司每年支付的保费，收购的终止了的养老金计划带来的资产收入，以及投资收入。同时若资助公司终止了私人养老金计划，它也能收到企业因为违反雇主赔偿法而支付的赔偿金。

PBGC 为美国大约 3 400 万（占 1/4）劳动者提供保险，但其不为公共养老金计划、军人年金制度（military pension）、401（k）计划或者 IRA 提供保险服务。作为一家完全自有、独立的政府机构，PBGC 与其他联邦监管机构不同，因为它没有监管权。

PBGC 定期监控私人养老金计划以确定它们是否按约定提供了足够的收益。如果某个基金计划被判定为没有提供足够的收益，它就会被强制终止，PBGC（或 PBGC 任命某机构）会接管该私人养老金计划并且成为其管理者。如果需要 PBGC 去支持资金不足的私人养老基金资产，那么 PBGC 可以对其净值的一部分提出索偿。

PBGC 的资金需求取决于它监控的所有私人养老金计划。因为这些私人养老金计划的市场价值都极易受经济状况的影响，所以资金需求也是随时间变化的。经济不景气会拉低股价，同时将降低大多数私人养老金计划的资产价值。

26-3e 资金不足的私人固定收益养老金计划

正如之前解释的，养老基金很难完美地预测在雇员退休后它需要支付的养老金总数。即使基于一个雇员退休后的未来支付义务可以准确地预测，每个时期应该为该养老基金留出的资金也是不确定的，因为大多数基金投资的收益率直到收入被分配给退休人员之前都是不确定的。

◈ 例子

考虑一家企业雇员在 20 年后退休，假设雇主希望在他退休后为他提供大概 800 000 美元的养老金。企业认为，每个时期留出部分收入存入养老基金将获得大约 10% 的年收益率，这样的话需要在将来 20 年内每年留出大约 14 000 美元来实现这一目标。如果年收益率只有 3%，那么需要在将来 20 年每年留出 30 000 美元来实现这一目标。期望年收益率越高，为满足未来的养老金需求所需要的当前投资额越小。◈

在过去的几年中，许多公司对于其留在养老基金中的投资资金的年收益率有过于积极的预测，故而在未来养老金上仅投入很少的资金。雇主总有些自然的动机去预测自己留在养老基金中的资金有很高的收益率。分配到养老基金中的钱是一种支出。如果将收入较少地分配到养老基金中，则雇主可以降低支出，增加利润，同时也能有更多现金流去做其他事。这样的策略能为一些经理带来更高的奖金。

但是，这种策略会导致私人养老基金的资金不足问题，意味着它们无法留出充足的资金在雇员们退休后满足他们的养老金支付需求。如果养老金不充足，最终会寻求另外的资金来弥补，以履行它负有的雇员退休后予以支付的义务。

《养老金保护法》的实施 为了解决养老金计划资金不足的问题，国会通过了**《养老金保护法》(2006)**（Pension Protection Act of 2006），该法案要求公司为资金不足的固定收益养老金计划提高缴款额，从而使养老金计划最终能足额支付所需资金。到 2007 年为止，许多养老金计划的资金都到位了。然而，在 2008 年的次贷危机中，许多大公司因为投资了住房抵押贷款支持证券而遭受了巨大损失。它们需要支付给雇员的退休金与他们养老金计划中资金总数之间的差距增大了，它们的财务状况不足以缩小这一差距。当公司将更多现金用于支持资金不足的养老金计划时，用于其他目的的资金就会变少。如果公司不得不增加养老金计划的缴款额，那么公司运营状况会变差。到 2015 年时，金融市场状况大幅改善，许多私人养老金计划又可以足额支付了。《养老金保护法》（2006）督促公司定期监测养老金计划是否存在资金不足的状况，若有则需要留出额外的资金来解决这一资金不足的问题。

26-4 资金不足的公共固定收益养老金计划

每个政府机构提供的固定收益养老金计划都应该已经为参与该计划的雇员留出了每个支付期所需的资金，以保证每个参与计划的雇员在退休后都能获得充足的资金支付。然而，许多公共固定收益养老金计划没有持续地在每个时期留出履行未来支付义务所需的资金。

26-4a 收益率高估

许多政府机构假定其养老基金的投资将有一个很高的收益率，所以仅留出少量的资金来履行未来的支付义务是合理正当的。这使得它们将大笔资金用作其他用途，但是其养老基金陷入资金不足。这一策略短期内是政治正确的，因为机构能将更多资金用于政府服务。当它们的投资实现的收益率比预期要低时，它们的养老基金就会变得资金不足。从长期看这一趋势导向了不利的结果，因为该机构不得不提高税率或削减政府服务来弥补这一资金不足的缺口。

◇ **例子**

在 1999 年，加利福尼亚州政府过高估计其养老基金的投资收益率导致了 2000—2012 年大约每年 2 亿美元的资金不足问题。为了解决这一问题，该州不得不削减各方面开支，例如减少教育投入来弥补养老金开支。实际上，州教育体系的资源短缺就是养老基金多年前对其投资收益率不切实际的估计造成的。◇

26-4b 政治动机

一些养老基金因为政治因素而陷入资金不足。政府之所以不为其预留出充足的资金是因为更想将资金投入其他用途。虽然这一策略可以让政府在政府服务方面花费更多，但是将会导致长期内严重的资金不足问题，并且将来会以提高税收和减少教育开支等政府服务的形式来解决。一些地方政府希望通过发债的方式解决养老金不足引发的财政赤字问题。然而，一些地方政府大额的养老金不足造成了债务拖欠，包括宾夕法尼亚州的哈里斯堡（2010）、加利福尼亚州的圣贝纳迪诺和斯托克顿（2012）、亚拉巴马州的杰弗逊（2013）和密歇根州的底特律（2013）。斯托克顿与底特律的债务拖欠很大程度上是受不充足的养老金直接影响的。

信用评级机构之所以将伊利诺伊州发行的债券的信用评级下调主要是因为其资金不足的养老金计划。下调评级促使该地方政府提高发行债券的收益率，这将使得该州纳税人不得不支付额外的成本或者州政府削减地方政府服务来弥补财政赤字。信用评级机构同时也下调了芝加哥政府发行债券的评级。这只债券现在被视为垃圾债券，这都是严重的养老基金资金不足使得政府难以履行现金支出义务造成的。

26-4c 资金不足的养老基金可选的解决方案

政府官员可能想到了如下几个解决办法来减轻养老基金资金不足的问题。但是，从来没有简单的解决办法并且每种办法都有局限性。

对养老基金采取激进的投资管理策略 在一些案例中，资金不足的养老金计划利用一些激进的投资管理策略以提高其投资收益率从而解决资金不充足的问题。但是这种策略可能产生意外结果，因为高风险投资策略可能引发更大的损失从而使养老金计划的资金变得更加紧缺。许多养老金计划有关于投资策略的明确的指导说明。

修改养老基金需要缴纳的保险金或雇员应得收益 一些政府机构试图提高退休年龄来推迟雇员领取养老金的年限，从而解决养老基金资金不足问题，或者要求雇员缴纳占其工资更高比例的缴款额，再或者直接减少雇员退休收益。但是，这些计划只能针对新雇员来实行，而政府雇主必须对老雇员履行合同上已经写明的义务，因为其是在政策实行之前签订的。所以这些措施并不能迅速取得效果。

增加税收或减少政府服务 一些政府机构认为增加税收或减少政府服务（正如之前提到的加利福尼亚州政府所为）可以解决资金不足问题。芝加哥政府最近将其税率提升至10.25%来补充其不充足的养老基金。然而这一措施在政治上早已不流行，因为纳税人并不会支持这一决策，因为他们不想缴纳更多的税收来修正从前政府官员犯下的导致养老基金资金不足的错误。因此，一些政府机构因为政治影响放慢解决养老金问题的速度，故而面临养老基金资金将耗尽的极其危险的状况。

让政府相关雇员为养老基金资金不足问题负责 将养老金用于政治因素或者其他原因而不是将其分给养老基金的官员很少被要求为养老基金资金不足的问题负责。他们在政府中甚至可能还会变得更加受欢迎，因为他们将本应分配给养老基金的钱分配给了政府服务。因此，他们的策略将会带来暂时的短期的福利，而不利的影响（养老基金资金不足）

在几年内都不会被人察觉。该方面的法律需要被修订，从而督促政府官员为其做出的致使养老基金资金不足到某种程度的策略负责。然而，决定多大数额的养老基金资金不足是真正的不足是一门科学，并且公共养老基金可能利用会计做账来少报资金不足的情况。

从固定收益养老金计划到固定缴款养老金计划的转变 养老基金资金不足问题可能只发生在固定收益养老金计划中而非固定缴款养老金计划中，因为分配给固定缴款养老金计划的资金是每个时期都会即时预留给雇员的。只有很少的州当下要求其雇员加入固定缴款养老金计划。其他大部分州都是允许其雇员自由选择固定收益养老金计划或是固定缴款养老金计划。政府要求雇员迅速转变养老金计划类型并不会立即解决现存的资金不足问题，但是可以预防未来的养老基金资金不足。

26-5 固定收益计划中的腐败

每个养老基金都是由其托管人负责管理的，其负有受托责任来为退休者提供养老金。托管人的董事会有权决定投资决策是由内部决定还是应该委托给一家或多家公司来完成。董事会制定规定，而管理养老基金投资组合的经理需要遵照执行。这些规定会对将多少比例的养老基金投入哪种资产类型设有限制。托管人董事会在设置养老金投资规定时需要考虑到养老基金将来应负的责任。总的来说，受托人需要考虑将来的投资收益必须满足养老基金的应付义务。资产组合经理应该为雇员的利益而非自身的利益服务。固定收益养老金计划中每 1 美元的资金都应该以谨慎的方式被决定如何去投资，这意味着养老基金应该被投入高评级有价证券中。如果它们不遵守这一运作方式，将会面临法律上的影响。然而，当受托人凭借其代表参与者的身份为自身利益做出决定时会产生代理问题。

26-5a 贿赂受托人

许多公共养老基金会雇用投资公司来决定将资金以何种方式进行投资，直到其作为养老金被派发出去。投资公司为养老基金做投资决策，以保证其收入，从而从养老基金那里获取年费佣金来支付其资产组合经理的工资。由一个或一群人来监管养老基金的决定即让特殊投资公司来管理养老基金的资金，随之而来的是支付给投资公司的多达几百万美元的佣金。在一个案例中，加利福尼亚州某个监管政府养老基金的官员接受了贿赂，然后作为回报让某个特定的投资公司来管理和运营养老基金的一部分。在另一个案例中，纽约养老基金的单个受托人收受将近 100 万美元贿赂并将 2.5 亿美元养老基金资金投入某个私募股权基金。底特律养老基金受托人收下贿赂后也将 2 亿多美元用作特定投资。

一些养老基金的受托人作为政客将资金用于宣传政治地位。投资公司为受托人的政治选举做“贡献”以获取被受托人雇用来管理部分养老基金的权利。

选择雇用哪家投资公司来管理养老基金取决于其对受托人的贡献（资金获利效率）而非该投资公司对养老基金参与者的服务质量。如果养老基金受托人不受制于潜在的利益冲突，那么养老基金可能可以避免产生腐败问题。

26-5b 支付过高收益

一些养老基金的受托人执行的某些决策会偏好特定的参与者或者只是单纯的不合适。连续几年，底特律的养老基金为仍在工作的雇员支付了养老金以及支付了退休人员规定外的养老金。这些不正当的养老金支付多达几十亿美元是导致底特律养老基金资金不足以及该城市破产的重要原因。

芝加哥养老基金最近被法院传唤，因为承诺支付城市雇员超额的养老金。该养老基金大约有总计超过 200 亿美元的资金缺口。伊利诺伊州养老基金（芝加哥养老基金的分支）也被法院传讯，因为其被认为出于政治动机而存在针对州雇员的大笔非正常养老金支付。这也可能是伊利诺伊州资金缺口多达 1 000 亿美元的重要原因之一。

26-5c 受托人无效监管

一些公共养老基金的受托人被雇用来从事监管纯粹是由于政治因素，而并未有相应的金融资历并且也不适合监管养老基金运营。因此，许多养老基金存在经营不当，并且纳税人与基金参与者将最终承受不恰当的政治性雇佣决策带来的成本。合适的监管受托人将可能避免养老基金的该种风险投资。

这种腐败行为通常只发生在固定收益养老金计划中，因为雇主对基金中的投资决策负责。这些形式的腐败问题通常不会发生在固定缴款养老金计划中，因为其参与者自己对资金的投资决策负责。因此，一些雇主会考虑将资金从固定收益养老金计划转移到固定缴款养老金计划中，从而避免潜在的腐败风险。

26-6 养老基金管理

一些养老金计划由人寿保险公司管理，这类计划（被称作寿险型退休金计划）的缴款通常被用于购买年金保单，由保险公司在雇员退休后支付其养老金。

还有一些养老基金由金融机构例如商业银行的信托部门管理。这些信托部门用缴款投资并在雇员退休后支付其收益。虽然信托部门日常投资被管理机构的信托部门管理着，但拥有养老金的雇主公司可以制定一些概括性的指导条例让机构遵守。这些指导条例可能包括：

- 资产组合中用于股票与债券的比例
- 理想的最低总资产收益率
- 投资于房地产的最大比例
- 能接受的最差的债券质量等级
- 能接受的某行业最大投资规模
- 资产组合中债券的平均到期期限
- 可投资于期权的最大资产规模
- 可投资公司的最小规模

人寿保险公司与信托部门管理资产组合中的资产构成有个很大的区别。保险公司管理资产时通常会设计并提供年金产品，然而信托部门管理的资产仍然属于公司自身。保险公司可以成为资产的合法持有者并且允许其持有一部分资产的普通股，所以保险公司更加关注债券与抵押贷款。相反，信托部门更关注股票。

信托部门管理的养老基金资产组合相比保险公司可以带来更高的资产收益率，同时也伴有更大的风险。久而久之，信托计划中资产的平均收益率更加不稳定。

26-6a 养老基金的资产配置

私人养老基金资产组合被普通股所掌控，公共养老基金资产组合多少有点均匀地投资在公司债券、股票或是其他信贷工具上，但是不同养老基金的明细投资分配有本质上的区别。

许多养老基金也投资于私募股权基金，私募股权基金在交易中通常用钱购买大部分或全部股本。私募股权基金通常收取2%的年费，另外，它还将拿走一部分投资利润。一些养老基金在房地产、垃圾债券与国际证券上进行风险投资。虽然这些投资通常带来高额回报，但也可能引发巨大损失。因此，如果养老基金的投资业绩很糟糕，则会导致大额的资金短缺。

资产组合经理会根据投资环境的变化来改变资产组合中的分配比例。例如，他们可能在利率走低时减持债券（因此债券收益率降低）。当他们将资金分配从债券转向股票时，他们将预期获得更高收益率。然而，他们也将资产暴露在更大的风险下，虽然他们的资产拥有更高的流动性。他们通常受制于董事会发布的约束条例，董事会通常尝试限制资产组合面临的风险。

26-6b 管理者的薪酬制度对风险的影响

养老基金经理承受风险的程度受其薪酬激励措施的影响。一些基金经理在其管理的资产组合业绩出色时受到奖励，但是当资产组合业绩不如人意时缺乏惩罚措施。在这一条件下，资产组合经理有承担更大风险的动机。

在之前的次贷危机中，许多基金经理追求高风险投资，造成了次贷危机中的大额损失。自那时起，一些州政府对基金经理可以操作投资的各类型资产施加了约束。这些约束将导向更安全的投资行为，但是只能带来较低的投资收益率。当一段时间内风险投资导致大量损失时，约束会倾向于被实行，但在其他养老基金因高风险投资取得巨大的投资收益时，这些约束又会倾向于被取消。

26-6c 资产组合风险管理

所有养老基金经理都在不断努力追求高预期收益与高风险并存的投资决策。如果他们能够取得较高的投资收益率，则可以更容易地满足其对基金参与者应尽的义务。然而，尝试获得高几个点的收益率将更可能引发意外事件或者造成20%或更多的损失。例如，投资于私募股权基金的养老基金将有可能获取一个较高的收益率但也有可能招致巨大损失。

对冲风险 担心资产暴露于风险下的养老基金资产组合经理会采取一些保障措施来对资产套期保值。如果他们担心债券价格下个月会因为利率上升而下降，可以通过卖出债券期货合同来套期保值。

如果基金经理担心下个月其股票将暴露于市场风险下，他们可以卖出股指期货或者买入股票指数卖出期权来进行套期保值。许多资产组合经理定期卖出股指期货合同来对冲市场下行风险。同时资产组合经理还可以持有不同类型的保险合同来限制资产组合面临的风险，比如某些政策可以确保资产价值的下降处于一个明确的限额内（例如10%内）。这种保险使得许多基金经理采取更激进的投资决策。保险的成本取决于合同条款和资产组合被保险的时长。

经营养老基金的某些公司例如 Lockheed Martin 仅仅专注于股票与债券市场的投资而不采取任何防护措施（来对冲组合的风险）。Lockheed Martin 大多数时候集中资金于高流动性资产，所以其资产组合会经常根据市场状况来调整股票和债券的比例。

消极的投资策略 养老基金可能考虑采用消极的投资策略，比如投资于指数共同基金，这类投资的业绩通常与市场基准业绩一致，包括整个股票市场、债券市场和房地产市场的业绩。对于不同投资的资金分配要基于托管人董事会对于长期内不同类型投资的适宜比例分配的指导（假设其有充足的专业知识）。在这种情况下，第一，养老基金可以确保其投资策略与董事会推崇的长期投资分配策略是匹配的。第二，这种策略可以确保在资产组合中没有纳入风险过大的投资。第三，投资策略会变得很透明，让靠养老基金取得退休后收入的参与者放心。第四，这样的投资策略还会避免因为养老基金雇用投资公司来管理资金而向其支付的大笔费用。第五，该策略还保证了没有资金会因为贿赂养老基金托管人而流向某些可选投资。

许多养老基金会抱怨消极的投资策略只是为了达到每个市场平均收益水准（例如指数水平的收益）而设计的，而它们可能想达到一个比平均水平更高的投资收益率。至今仍然有许多积极的基金经理不能跑赢市场平均水准。显然，希望投资组合能被积极管理和投资而雇用的投资组合经理将不会偏好消极的投资策略，因为若实行消极的投资策略，他们将失去被雇用的价值。

26-6d 匹配基金策略与主动基金策略

养老基金经理能根据其采取的投资策略来分类。在**匹配基金策略**（matched funding）下，投资决策目标通常是使获得的现金流与计划投入的现金流相匹配。还有一种可选策略则是**主动基金策略**（projective funding），这种策略下经理建立养老基金资产组合时有更大弹性（余地）。这样资产组合能从市场与利率的浮动中获益。一些养老基金将其资产组合分成两部分，一部分采用匹配基金策略，另一部分采用主动基金策略。

一种匹配基金策略的通俗方式是直接投资于长期债券来实现长期内资产的稳定性，或者投入中期债券以实现中期内资产的稳定性。匹配的好处是无论市场怎么波动它都能保证未来责任的履行。这种方法会比较适合固定收益养老金计划。匹配限制了基金经理的决策自由，因为其只允许存在与未来现金流相匹配的投资支出。例如，被要求遵循匹配基金策略的经理就不能投资于可提前兑付型债券，因为它们可能会在到期前被兑付。这项策略同时也排除了投资于高收益债券的考虑。另外，若分散投资需要完美匹配，支付责任与对应匹配的大量小投资将大大提高养老基金的交易成本。

愿意接受市场平均收益率的养老基金可以购买投资公司设计的债券市场指数资产组合。债券市场指数资产组合可能包括投资级公司债券、国债和联邦政府机构债券。资产组合可能不全是这些债券，但是包括足够多的这些债券，故能如实地反映市场状况。投资于市场组合是一种消极的投资策略，也不需要对私人债券进行研究，所以他们进行了折中，用一部分基金来购买债券市场指数资产组合。

股票资产组合指数反映股票市场状况，也常常被采取消极的投资策略的基金经理所投资。因为避免了个人股票的买卖和经常性交易带来的交易成本，这些指数组合在长时间内都很流行。

26-7　养老基金的业绩

养老基金通常持有一个股票投资组合和一个债券投资组合。因为养老基金主要关注缴存额的投资（在被用于支付退休收益前），养老基金的成功与否取决于投资结果。

26-7a　养老基金的股票组合业绩

根据集中于股票的养老基金资产组合的价值变化建立模型：

$$\Delta V = f(\Delta \text{MKT}, \Delta \text{MANAB})$$

式中，MKT 代表股票市场基本状况，MANAB 代表养老基金管理能力。

市场状况的变化　养老基金股票组合的业绩会因为市场状况的变化而不同。大多数股票组合在 2003—2007 年这一时期内业绩都不错，因为那时市场状况良好，然而在金融危机后的 2008—2009 年这一时期内业绩很差，然后在 2010—2015 年这一时段内业绩又恢复良好。

管理能力的变化　股票组合的业绩会因为某一特殊时期管理能力的差异而变化万千。股票在资产组合中的构成比例是由资产组合经理决定的。换句话说，一个养老基金的运行效率能影响基金的支出并因此影响到其收益率。若某基金运营得十分有效率，则其支出会变小，从而可获得更高的投资收益率，即使其股票组合业绩与其他养老基金无异。

26-7b　养老基金的债券组合业绩

依据养老基金债券组合（包括抵押贷款与住房抵押贷款支持证券）的价值变化可建立模型：

$$\Delta V = f(\Delta R_f, \Delta \text{RP}, \Delta \text{MANAB})$$

式中，R_f 表示无风险利率，RP 表示风险溢价，MANAB 表示资产组合经理的能力。

无风险利率变动的影响　债券价格会与无风险利率呈现反向变动，在无风险利率大体上下降的时期，债券持有者的必要收益率下降了，故大多数养老基金的债券组合业绩良好。

最近，长期利率持续走低。因此，基于长期低风险债券的养老基金未来的收益率也很低（若持有债券至到期）。如果债券被持有至到期，那么债券价格并无太多可能上涨，因为必要收益率不能更低了。然而，市场存在一种重要的利率风险，就是长期内利率可能随时间变化上涨超过一般水平，从而使债券价格降低。

风险溢价变化的影响 当经济状况恶化时，债券持有者要求的风险溢价会增加，这意味着更高的必要收益率（假定无风险利率不变）以及更低的风险债券价格。当风险溢价上升时，包含风险债券的债券资产组合的养老基金业绩较差。

管理能力的影响 债券资产组合的业绩会因为管理能力的不同而大不相同。如果一个养老基金资产组合经理能够根据风险溢价准确预测利率变动并调整债券组合，那么该基金资产组合将会有相对良好的业绩。另外，一个养老基金运作的效率影响其需要的支出。如果一债券组合高效运作，其花费就很少，即使与其他差不多的资产组合取得相同的投资回报，也能拥有一个高收益率。

随着时间的流逝，资产组合经理可能更改养老基金资产组合的构成，这使得其潜在收益与风险发生了变化。因为近期长期利率持续走低，资产组合经理自然而然地将组合中的低风险债券更换为高收益债券。他们试图利用债券的高风险溢价补偿较低的长期无风险利率。然而，这样的做法使得资产暴露在更高的风险中，因为期望收益率高的债券更有可能履行不了其约定收益的支付。或者，资产组合经理为了获取比无风险债券更高的收益率而将更多的资金投入股票（假定不存在对资产组合不能投资于股票市场的约束）。这种策略同样使得资产组合暴露在高风险下，特别是当股票市场走低、股票价值遭遇重大下滑时。

26-7c 业绩评估

如果一个经理可以自由调整股票与债券在资产组合中的比例，资产组合业绩应该与一个消极投资策略下资产组合业绩的基准进行比较。例如，某个养老金计划的资产组合由60%的债券与40%的股票构成，反映了其长期资金的计划分配。又假设经理预测债券价格会走高，相应地想建立一个由更多债券构成的资产组合。这个积极管理型基金经理的风险调整后收益率应该以由60%的债券指数与40%的股票指数构成的资产组合为基准进行比较。

养老基金资产组合与基准资产组合的任何业绩差异可能是由以下几种原因导致的：(1) 基金经理改变了资产分配（股票与债券的相对比例）；(2) 在单个资产组合中股票与债券的构成改变了。养老基金资产组合中某只股票业绩可能超出股票指数，同样某只债券也会；当组合中相关股票或债券比例的更改带来的结果事与愿违时，资产组合业绩会被基准组合超越。举个例子，一段时间内持续上涨的利率能使资产组合业绩被市场基准组合打败。

在很多实际例子中，养老基金中股票和债券的业绩不是分开评估的。股票组合的风险通常根据组合的 β 值，或者对股价指数（如标准普尔 500 指数）变动的敏感性来衡量。债券组合的风险可以用债券组合对债券指数的敏感性或者利率的某个代理变量来衡量。

26-7d 养老基金资产组合经理的业绩

许多养老基金雇用了多个经理来积极地管理其资产。资产组合经理大致的目标是赚取尽可能多的收益以履行未来的支付责任。一些研究表明，被管理的养老基金资产组合并没有比市场指数业绩更好。在次贷危机期间，一些资产组合甚至比基准的市场指数业绩还要糟糕，因为其投入太多资金在高风险的抵押贷款以及住房贷款抵押支持证券上了。例如，华盛顿州因为投资于雷曼兄弟（该企业在与房屋贷款有关的有价证券上遭受了巨大损失后提出破产申请）的有价证券损失了将近 9 000 万美元，纽约州在相似的有价证券上也损失了数亿美元。

小结

■ 对于固定收益养老金计划，收益公式基于雇员工资级别与工作年数。对于固定缴款养老金计划，收益由积累的缴款与养老基金投资收益决定。

■ 养老基金通过投资有价证券例如债券或股票参与金融市场。许多养老基金投资需要保险公司提供经纪服务。一些养老基金积极参与公司治理。

■ 私人养老金计划受制于投资规定，并由 PBGC 监控。

■ 许多固定收益养老金计划存在资金不充足的问题，其中一个原因是某些雇主存在过度乐观的投资收益率预期。一些公共养老基金资金不充足的原因是政府机构已经承诺了要支付的退休金总体金额但没有充足的资金来满足雇员退休后的养老金支付。

■ 政治迎合与贿赂两大腐败问题可能会导致固定收益养老金计划出现资金不足问题。

■ 养老基金可以采用匹配基金策略，该策略的目标是获取与计划流出的支付相匹配的现金流。作为一种选择，养老基金也可采用主动基金策略，以利用预期市场或者利率波动。

■ 养老基金资产组合的价值与业绩尤其受市场状况的影响。然而，一些养老基金资产组合相较于其他组合暴露在更高的风险下。这种资产组合在市场疲软时更容易遭受重大损失。养老基金经理对养老基金资产组合的业绩有巨大影响，特别是当他们有权调整股票与债券在组合中的相对比例时。

正方和反方观点

养老基金经理需要更积极地参与公司治理吗？

正方 不应该，养老基金经理应该关注股票估值，判断其股价被市场高估还是低估。如果一个养老基金持有的股票业绩很差，基金经理可以卖空其公司股票作为惩罚并且转而投资其他股票。如果基金经理过于关注公司治理，则他们会在对养老金计划参与者的服务中分心。

反方 是的，在某种程度上基金经理参与公司治理可以提高基金所投资的公司的收益，从而提升基金自身的业绩。在这种情况下，他们可以提高养老金参与者的收益。

谁正确？ 利用互联网学习关于这个议题的更多知识并形成你自己的观点。

问题与应用

1. 私人养老基金与公共养老基金的对比 解释私人养老基金与公共养老基金的资产组合构成的大体区别。

2. 固定收益与固定缴款 描述固定收益养老金计划与固定缴款养老金计划，然后解释这二者的不同之处。

3. 养老基金作为金融市场的参与者 描述养老基金参与金融市场运作的过程。

4. 养老基金管理 解释养老基金是如何通过运作管理来优化其业绩的。

5. 养老金计划的行权规定 解释养老金计划的行权规定的含义。

6. ERISA 描述 ERISA 是如何影响可换雇主的雇员的。

7. 养老金计划的税收优惠 解释养老金计划是怎么带来税收优惠的。

8. 信托机构指引 针对管理养老基金的信托机构设计的一般性指引是什么类型的？

9. 养老基金资产组合的管理 解释信托公司管理的养老基金资产组合与保险公司管理的养老基金资产组合构成的大致差别，为什么会存在这些差别？

10. PBGC PBGC的主要目标是什么？

11. 暴露在利率风险下的养老基金 为什么一些养老基金会暴露在利率风险下？养老基金怎样减少自身风险暴露程度？

12. 养老基金代理人问题 McCanna养老基金经理的目标与McCanna养老基金参与雇员的目标不一致，为什么？

13. 期望收益率与资金不足 解释为什么一些采用了固定收益养老金计划的政府会因为高估投资收益率而导致资金不足问题。

14. 公共养老基金资金不足问题对债务的可能影响 解释为什么养老基金资金不足会使得州或城市的债务评级下降。

15. 养老基金受托人的潜在腐败问题 解释当基金受托人有权决定养老基金管理者时可能出现的腐败问题。

辩证思维问题

养老基金的激励调整 考虑一个州养老基金，它需要在未来产生并支付给退休雇员固定收益，假设其经理的报酬是由投资的年收益率决定的。写一篇小论文探讨为何经理的薪酬计划导致的投资策略会与退休雇员收益服务的要求相悖。

解读财经新闻

解释华尔街分析师和投资经理做出的下述评论：

a.“城市破产就是归因于其养老金计划。”

b.“固定缴款养老金计划可以有效防止某个州的政客收买选票。”

c.“公共养老基金不仅需要管理公司，还需要管理自己。”

金融市场管理

养老基金资金不足问题的解决办法 作为一个资金不充足的州养老基金的投资顾问，你需要探索未来防止该问题发生的办法。

a. 固定收益养老金计划出现资金不足的一个解释是当下金融市场疲软，导致了养老基金资金短缺。如果是这种情况，那么资金不足在未来不会是主要问题。你认为这个解释正确吗？需要去探索其他的解决方法吗？

b. 一种可行的解决办法是将固定收益养老金计划转变成固定缴款养老金计划，解释为什么这是一个解决问题的可行办法。

c. 一些州的雇员更喜欢固定收益养老金计划，因为他们担心自己投资的话业绩不佳（当他们选择固定缴款养老金计划时）。这是使得一个州保留其固定收益养老金计划的充分理由吗？

资金流动练习

养老基金如何促进资金流动？

卡森公司参与了一个固定收益养老金计划，所以可以在雇员退休后为其提供固定收益。

a. 解释管理养老基金的资产组合经理的作用。他的主要目标是什么？

b. 为了未来提供退休后收益而进行的关于股票与债券间的权衡。

c. 当固定收益养老金计划转变成固定缴存养老金计划时，解释投资策略怎样变动。

WSJ 练习

养老基金问题

参考《华尔街日报》，概括关注一只或多只养老基金近期出现的问题的文章。

互联网/Excel 练习

登录www.calpers.ca.gov/page/investments网站（加利福尼亚公共雇员退休系统）。查找：养老基金资金如何分配？当前养老基金的市场价值是多少？看最近的养老基金投资报告。基金的收益率是多少？

相比去年有所上升还是下降？基金运作管理的基本思想是什么？基金最近采取了什么管理行动？

关于现实案例的在线文章

找一篇近期描述一个具体金融机构或金融市场真实案例的在线实用性文章，以强化本章所涵盖的一个或多个概念。

如果你的班级有一个在线平台，教授可能会要求你把文章摘要放在那里并提供文章的链接以供其他学生访问。如果你的班级是当面授课的，教授可能会要求你当堂总结你对该文章的运用。教授可能指派特定学生或让学生自愿完成这项作业。

对于与本章相关的近期在线文章和真实案例，请考虑使用以下搜索词（请务必在搜索词中包含当前年份以确保在线文章是近期的）：

1. 具体的养老基金的名称＋业绩
2. 具体的养老基金的名称＋运营
3. 具体的养老基金的名称＋风险
4. 养老基金＋管理
5. 养老基金＋运营

第七部分　综合问题

评价经济状况对金融控股集团的影响

这个问题需要对储蓄机构（第 21 章）、金融公司（第 22 章）、共同基金（第 23 章）、证券公司（第 24 章）、保险公司（第 25 章）和养老基金（第 26 章）有深入了解。

多样化的大企业通常有六个部分（子公司），每个子公司都会负责自己的专业领域：

- 储蓄银行运营
- 消费金融运营
- 共同基金运营
- 证券公司运营
- 保险公司运营
- 养老基金咨询（为一些养老基金管理和运营长期债券资产组合）

作为一个大集团控股公司的金融分析师，你可能会被要求评估所有子公司，并指出其是如何受金融市场（状况）影响的以及哪一部分所受影响可能最大。

在过去的几个月时间里，所有的经济指标都显示未来将有可能出现经济衰退。股票价格受股票市场需求不足的影响大跌不止。看起来消极的市场前景将会持续一段时间。股票交易量将会大幅下跌，经济已经近乎停滞并且在未来几个月时间内趋于恶化。因此，长期内的利率很有可能下降。在接下来的几个月里，公司将不会考虑合并、发行新股或新债券。

问题

1. 你的任务是找出公司中因经济衰退而遭受不利影响较小的部分（子公司）。该部分的哪些特质造成了它们比其他部分更不易受影响？
2. 当下，公司每个部分都雇用了一批经济学家，建立了不同的对未来利率和其他经济状况的预测，当评估每个部分可能遭受的经济影响时，这种方法与只雇用一个经济学家进行预测相比有哪些缺点？

期末复习

期末复习

第 17～26 章主要讲了金融机构，下面是对这几章的一个简单复习。

第 17 章讲述了银行如何从存款中获取大量资金并将其分配到有价证券与贷款上。第 18 章讲述了银行提供的服务受哪些规定约束、银行必须保持的资本水平以及监管者如何时刻监控银行风险。第 19 章描述了银行如何通过某种方式运用资金与资源实现其想要的收益率并满足其风险偏好。第 20 章展现了银行的收益率如何受贷款费用与存款利息（这两个因素会影响净利差）、服务收入（非利息业务）和非利息支出的影响。

第 21 章介绍了储蓄机构与银行的相似之处，两者都是吸收存款并将大部分资金投资于抵押贷款和与房屋贷款的有价证券。虽然储蓄机构能够对冲风险，但其也导致资产高度暴露在市场利率波动的风险下。第 22 章描述了金融公司与储蓄机构和银行的不同，它们主要通过发行商业票据来吸纳资金，并以消费者与小型企业为投资目标。总的来说，这种公司的信用风险远远超过银行与储蓄机构。第 23 章描述了不同类型的共同基金，并解释了不同基金之间收益率与风险的不同。大致来看，共同基金资产组合的风险会比其他金融机构更大。第 24 章描述了证券公司如何将资金导入金融市场。一家证券公司的投行部可以针对投资者发行新的有价证券，从而帮助企业筹措资金。证券公司的经纪业务引导资金在投资者与二级市场间流动。第 25 章讲述了保险公司如何从保费中获取资金并在金融市场上投资。第 26 章解读了养老基金依赖于退休前的雇员或他们的雇主的缴款以及如何在金融市场上投资运作的事实。

这份自测能让你自查是否了解每一章关于不同金融机构的核心概念。当然这并不能替代每章后面的问题，也不能覆盖所有知识点，仅仅检测你对每章的核心概念是否有大致的印象。你可以尝试去仿照真正考试的做法，不看课本与笔记来回答这些问题。这些问题的答案将在问题末尾给出，这样你可以为自己的测验打分。如果发现有任何错误，你应该重读相关材料与章节并再次思考该问题。

这份自测不一定要像你的课程那样严格。你的导师会在课程中为你提供一些与期终自测相关的范围或严格程度的具体信息。

期末自测

1. Flagstaff 银行最近将资金集中投资于国库券与有担保贷款，然而 Mesa 银行将资产集中于消费贷款与信用卡贷款。这两家银行拥有相似的管理能力。Mesa 银行去年的业绩远远超出 Flagstaff 银行，但是 Flagstaff 银行今年业绩比 Mesa 银行要好。解释为什么这两家银行的相对业绩可能会随时间变化。

2. 2002 年颁布的《萨班斯-奥克斯利法案》要求公开交易的公司的财务报告更加透明。这可能会减轻公司（包括银行）与投资者间信息不对称的问题。你认为《萨班斯-奥克斯利法案》会消除 CAMELS 评级的需求吗?

3. Kentucky 银行有了新的董事会领导，他认为银行有了新的增长机会并且想确保 CEO 做出正确的投资决定来扩大银行业务。为了给 CEO 一个好好表现的强烈动机，董事会将 CEO 的季度薪酬与股票收益率挂钩。CEO 立即决定尽可能回购大量股票，而不顾银行资本要求。为什么 CEO 要做出这样的决定？这样的薪酬激励安排能够解决代理问题吗?

4. 去年，Alabama 银行有 3%的净利息收入、占资产的 1.5%的非利息收入、占银行资产的 3%的非利息收入，还有占资产的 0.5%的贷款损失拨备，该银行想采取新策略，将投入更多资源来提供金融服务。通过这种策略预期能够增加大约占资产的 0.5%的非利息收入。那么还有哪些损益表的组成项目（或比率）会受该策略的影响呢?

5. Maryland 储蓄机构将大部分资产投入期限为 10～30 年的固定利率抵押贷款。而存在该机构的所有存款的期限都是一年以下。假定这时美联储采取紧缩性的货币政策。

a. 解释该政策如何影响利率。

b. 假定利率如预期变动，其如何影响利息收入与利息支出间的差异?

c. Maryland 需要根据自己的预期来对冲资产组合的风险吗？如果需要，怎么操作？并解释对冲要受到的一些限制。

6. 金融机构是怎样依据其主要的资金用途的不同而运作的?

7. 解释养老基金与保险公司在金融市场上的主要作用。

8. 解释为什么当股票市场的投资者是金融机构而非将所有积蓄投入股市的个人时更有利。

9. 讨论以下观点：货币市场吸引的投资者通常是那些不知道怎样运用资金投资的人，所以货币市场是在没有更好的投资途径时的最后选择；因为这些投资都是短期有价证券，所以它们在促进经济增长的资金融通中不起作用。

10. 封闭式基金相比开放式基金倾向于持有流动性差的证券。

a. 你认为这一特性能否帮助封闭式基金获取高收益?

b. 为什么封闭式基金会比开放式基金更容易管理一个流动性较差的资产组合?

11. 讨论将一个投资者的所有资金投入 4 个针对成长型企业的共同基金中这一策略的优劣。这个投资者之所以完全与市场状况隔离开，是因为每只基金包含 40 种不同股票。

12. 对于既定类型的基金分类，什么因素促使其中某些基金的获利表现远远超过其他基金?

13. 证券公司为首次公开发行股票提供服务时，是作为向发行者提供服务的公司还是作为机构投资者买入发行的股份？解释这一难题。

14. 证券分析是否降低了市场有效性？

15. 为什么保险公司的价值会受利率波动的影响？

16. 是否应该为了降低风险而对金融机构进行监管？举出一个支持的论据和一个反对的论据。

17. 考虑商业银行、储蓄机构和证券公司主要的资源与资金用途并解释这些资源与资金用途可能带来的风险。

期末自测答案

1. 在较好的经济形势下，Mesa 银行应该业绩更好，因为只要借贷人偿还了借款（有更高的风险），银行就能从其贷款中赚取更高收益。在经济下滑时，Flagstaff 银行业绩会更好，因为 Mesa 银行会遭受更多还款拖欠而 Flagstaff 银行不会。

2. 即使投资者有更多信息，他们也不能察觉到银行存在的财务问题。另外，CAMELS 评级的本意是为了早点发现银行的财务问题并且留出时间来解决这一问题。这样可以防止银行破产并且形成一个更加稳定的银行体系。

3. 股票回购会减少股本，所以在未来短期内利润会带来更高的每股收益，这将有利于 CEO 的薪酬上涨，但长期内银行价值并不会增加。实际上，减少的股本将限制银行的扩张。因此，这样的薪酬结构并不能彻底解决代理问题。

4. 当 Alabama 银行扩展其金融服务范围时，其费用也会相应增加。这会导致资产中非利息费用比例增加，并且抵消收入的增加。

5. a. 利率会上升。

b. 这一差异将会下降，因为短期存款利率会上升。虽然长期利率较少受影响或完全不受影响。

c. Maryland 应该进行对冲。它可以卖出利率期货。然而如果它没有卖出利率期货并且利率下降，它将会遭受利率期货的损失，这将抵消它在之前操作中的获利。

6. 商业银行为企业借款人服务，储蓄机构为业主服务，金融公司为消费者与小企业服务，然而共同基金、保险公司和养老基金只为企业借贷者服务（投资企业发行的股票、债券与货币市场证券）。

7. 保险公司与养老基金都是资金的提供者并且增加了金融市场资金的流动性。它们也使股票市场更加有效率，因为股价偏离其基本价值时，它们会利用其差异，从而推动股价向真实价值变动。

8. 机构投资者将许多个人手中的资金集中到资金池内，再针对一个明确的证券进行更大规模的投资。因此，机构投资者有动机去做出最正确的选择（因为巨大的投资额）并且监控其投资的公司。因此，比起只有一些小投资者持有股份的公司，大机构投资者投资的公司将受到更严格的监控。

9. 货币市场资金为投资者提供高流动性，这相比其他能提供更高收益的投资选择来说更加重要。另外，货币市场资金在为财政赤字提供资金中起到主要作用，因为其更多地投资于国债。它们同样也将部分资金引入企业，例如购买商业票据。因为国债和企业不断地发行短期有价证券，它们也常常用短期有价证券来为长期投资提供资金。

10. a. 投资于流动性好的股票是一个不错的选择，因为这使封闭式基金可以集中于不被大多数投资者追逐的股票。这些股票更有可能被错误定价。

b. 封闭式基金并不能进行赎回，虽然开放式基金可以。但是封闭式基金并不用担心为了满足赎回要求而出售其持有的股票。

11. 共同基金在疲软的经济状况下会受到不利影响，因为有高成长潜力的公司将会在经济不景气中业绩很差，因为这样的环境不能满足其发展需求。

12. 低费用比的共同基金将会比高费用比的共同基金业绩更好。

13. 证券公司为了满足股票发行人需要确定一个足够高的价格，但也要保证能够卖出所有股票。与此同时，它也想满足投资于IPO的投资者。如果投资者因为高股价而招致了投资损失，那么他们未来将不会再从承购包销的证券公司那里买股票了。

14. 一些股票分析师能察觉到市场中哪些股票被高估，哪些被低估，并且他们能在股票评级时交换彼此的意见，这些信息可能被投资者所利用。这一切将使得股价向其真实价值移动并且增加市场有效性。在2000年的股市泡沫中，分析师都对股票过于乐观并且没有注意到公司的真实价值。因此他们也是股市泡沫形成的部分原因。

15. 保险公司的部分价值受其资产组合的价值影响，它的资产组合包含债券。债券的市场价值与利率波动相反。

16. 监管将降低金融机构破产的风险并使金融体系更加稳固。如果人们相信金融机构永远不会破产，那么进入金融机构的现金流将会更大。然而监管也会削弱竞争。在一些情况下，它导致一些盈利业绩差的金融机构能得到补贴。因此在这种情况下监管也会使公司运行得不够有效率。

17. 商业银行面向商业与个人的贷款可能会遭受信用风险。它们还可能因为持有的一些资产的期限大于其负债的期限而暴露在利率风险下（特别是一些债券与发放的定期贷款）。储蓄机构之所以暴露在信用风险下是因为它的抵押贷款（虽然大部分贷款背后有房屋作为抵押）和消费者贷款。它们暴露在利率风险下的原因是它们的固定利率抵押贷款期限比其负债的期限要长。证券公司之所以暴露在市场风险下是因为其持仓行为，之所以暴露在信用风险下是因为提供过桥贷款。这些机构的运营对金融市场的变动极其敏感。当金融交易例如并购和股票交易量下降时，它们的生意将会变差，因为它们就是作为中间商为这些金融交易提供服务的。

附录 A　综合项目

想要清楚地理解本书中所解释的概念，一种最好的方法便是将这些概念直接运用于实际情况。本综合项目旨在使你能够将教材中讨论的关于金融市场和金融机构的大量概念应用于实际情况。本节作业可以归类如下：

部分Ⅰ：应用金融市场相关概念

部分Ⅱ：应用金融机构相关概念

部分Ⅲ：测度股票业绩

在学期开始时，你应该完成两项任务。首先，汇编部分Ⅰ中填制表格需要的有关金融市场的信息，并按照顺序完成表格（从步骤 a 至步骤 j）。这些信息你将会在应用金融市场相关概念解决本节部分Ⅰ后的问题时用到。其次，获得在部分Ⅱ开头所界定的有关金融机构的信息。这些信息你将会在应用金融机构相关概念解决本节部分Ⅱ后的问题时用到。

部分Ⅰ．应用金融市场概念

本节和金融市场概念相关的练习要求你测度一学期内股票收益和价值的变动并解释为什么价值会改变。为了达到这个目的，你需要将有关金融市场章节的概念应用于实际问题。

在本学期开始的时候和学期的尾声，使用《华尔街日报》或一个金融网站，例如彭博网（bloomberg. com）、CNBC 网（CNBC. com）或雅虎财经（finance. yahoo. com）作为获得这里需要的信息的工具。你的教授将会确定用作观察期开始的日期和结束的日期。这些日期将会使你有足够的时间去评估证券的收益和价值的变化以便你能够回答问题。你的教授将会解释这项作业的特定模板，比如是否有一些部分被排除在外或是单人作业还是小组作业。你的教授也将会告知答案是否需要上交，是否要做课堂展示或两者皆需要。一个常用的模板是将本项目划分为几个部分并让一组学生负责某一部分的答案展示。每一个学生都会是某一组的成员。虽然每一组的展示只针对一部分，但所有的学生仍需要上交本项目所有部分的答案。

	开始	结束
a. 股票市场指数信息		
标准普尔 500 指数（股票）水平	________	________
纳斯达克综合指数（股票）水平	________	________
b. 利率信息		
优惠利率	________	________
联邦基金利率	________	________
商业票据利率（90 天）	________	________
定期存单利率（3 个月）	________	________
短期国库券利率（13 周）	________	________
短期国库券利率（26 周）	________	________
c. 债券收益率信息		
长期国债收益率	________	________
道琼斯指数公司债券收益率	________	________
公司（主）债券收益率	________	________
高收益公司债券收益率	________	________
免税债券（7～12 年）收益率	________	________
d. 用证券交易行情来记录每一次股票交易中你想要投资的股票的价格和股利		
纽约证券交易所：股票价格	________	________
企业名称：________股利：	________	________
纳斯达克：股票价格	________	________
企业名称：________股利：	________	________
e. 用期货报价来记录以下期货的近期（结算）价格。（选择首个交割日期在学期结束之后的期货）		
国债期货：	________	________
标准普尔 500 指数期货：	________	________
英镑期货：	________	________
f. 用期权报价表来选择一家你认为股价会上涨的企业的看涨期权（选择期权首个到期月份在学期结束以后的期权）		
公司名称：________		
期权到期月份：________		
执行价格：________		
股票价格：	________	________
期权费：	________	________
g. 用期权报价表选择一家你认为股价会下跌的企业的看跌期权（选择期权首个到期月份在学期结束以后的期权）		
公司名称：________		
期权到期月份：________		

续前表

	开始	结束
执行价格：	______	______
期权费：	______	______
h. 用《华尔街日报》或金融网站公布的货币汇率表来记录汇率		
英镑汇率：	______	______
日元汇率：	______	______
墨西哥比索汇率：	______	______
i. 用货币期权数据（如果可获取）来选择一种你认为相对于美元会升值的外币的看涨期权（选择期权首个到期月份在学期结束之后的期权）		
货币名称：______		
到期月份：______		
执行价格：______		
货币的现存价值：	______	______
期权费：	______	______
j. 用货币期权数据（如果可获取）来选择一种你认为相对于美元会贬值的外币的看跌期权（选择期权首个到期月份在学期结束之后的期权）		
外币名称：______		
到期月份：______		
执行价格：______		
货币的现存价值：	______	______
期权费：	______	______

1. 解释利率变动。

a. 比较学期初和学期结束时期限为 13 周的短期国库券利率（可代表短期利率）。

b. 回忆第 2 章给出了利率会随时间变动的原因。应用那一章的概念解释为什么你认为利率在这个学期变动了。

2. 比较证券收益率（第 3 章）。

a. 公司高质量债券收益率和国债收益率在学期末时有什么不同？

b. 运用第 3 章讨论的概念解释为什么存在这样的溢价。

c. 长期国债收益率和长期市政债券收益率在学期末有什么不同？

d. 运用第 3 章讨论的概念解释为什么存在这样的差别。

3. 评价收益率曲线的预测能力（第 3 章）。

a. 26 周国库券收益率和 13 周国库券收益率在学期开始的时候有什么不同？

b. 上述结论是否意味着在当时收益率曲线是向上或向下倾斜的？

c. 假设这种倾斜主要是源于预期收益理论，收益率曲线倾斜的方向是否表明了市场对未来的利率有更高或更低的期望？

d. 学期内的利率变动是否同收益率曲线倾斜方向一致？

4. 解释随着时间变动收益率曲线的移动（第 3 章）。

a. 长期国债收益率和 13 周国库券收益率在学期开始时有什么不同？

b. 长期国债收益率和 13 周国库券收益率在学期结束时有什么不同？

c. 在回答前两问的基础上，描述收益率曲线在该学期里是如何变动的。解释关于由收益率曲线的移动（本学期内）反映的远期利率预期的变动。

5. 美联储对利率的影响（第 5 章）。

a. 在本学期美联储是否改变过联邦基金利率？

b. 你认为本学期的利率变动是由美联储的货币政策所引起的吗？请解释。

6. 测度并解释货币市场上有价证券的溢价。

a. 90 天商业票据和 13 周国库券在期末的时候收益率有什么不同？运用第 6 章中所讨论的概念来解释为什么存在这样的溢价。

b. 比较学期末 90 天商业票据的收益率溢价（相对于 13 周的国库券收益率）和学期初的溢价。应用第 6 章中讨论过的概念来解释为什么溢价会在学期间变动。

7. 解释债券溢价和价格变动（第 8 章）。

a. 高收益公司债券的学期末收益率和学期初收益率有什么不同？运用第 8 章中讨论的概念解释为什么这个溢价存在。

b. 比较学期末的长期国债收益率和学期初的长期国债收益率。在给定变动方向的前提下，长期债券的价格在本学期是上升了还是下降了？

c. 比较本学期国债、市政债券和公司债券收益率变化。这三种有价证券的收益率是否都是向同一个方向变动以及是否变动了相同的幅度？运用第 8 章讨论的概念解释为什么不同种类的债券的收益率都一起变动。

d. 比较学期初高收益债券（相对于国债）的溢价和学期末该债券的溢价。溢价是增加了还是减少了？运用第 8 章中讨论的概念解释为什么溢价在本学期会变动。

8. 解释抵押贷款利率（第 9 章）。

a. 比较学期末的 30 年期抵押贷款利率和长期国债利率（收益率）。解释它们的区别。

b. 比较学期末的 30 年期抵押贷款利率和学期初的 30 年期抵押贷款利率。你认为什么是导致 30 年期抵押贷款利率在本学期变动的原因？

9. 解释股票价格变动（第 11 章）。

a. 确定基于标准普尔 500 指数百分比变动的股票市场收益率。将这个收益率通过乘以 12/m 进行年化，这里的 m 代表这学期持续的月份数。运用第 11 章中讨论的概念解释为什么市场收益率在本学期是高的还是低的。

b. 对一个更小的股票市场重复上述问题，用纳斯达克指数代替标准普尔 500 指数。在本学期年化的纳斯达克综合指数收益率是多少？

c. 解释为什么纳斯达克综合指数的收益率在本学期是高的还是低的。

d. 确定本学期你想要投资的那只股票的收益率。

收益率计算公式为$(P_t-P_{t-1}+D)/P_{t-1}$，其中P_t是学期结束时股票的价格，P_{t-1}是学期初的股票价格，D 是本学期内支付的股利。在大多数情况下，一个季度的股利会在本学期内支付，这个每股股利显示在股票报价表中，是年度股利的 1/4。

e. 在这一个学期内，你从纽约股票交易所中选择的股票的收益率是多少？从纳斯达克市场中选择的股票的收益率在这一个学期内是多少？运用第 11 章中讨论的概念来解释为什么你认为这两类股票在学期内有不同的收益率。

10. 测度并解释期货价格变动（第 13 章）。

a. 假设你在本学期初购买了一份首个交割日期在本学期结束后的标准普尔 500 指数期

货合约。同时，假设你在学期末的时候将具有相同交割日期的标准普尔 500 指数期货合约卖出。已知这份期货合约价格为 250 美元，确定你出售的这份合约的美元数量和你购入的合约的美元数量的差值。

b. 假设你在交割日花费了你所借金额的 20%作为初始保证金来购买标准普尔 500 指数产品。测度你持有标准普尔 500 指数期货头寸的收益。用上一问中所得出的差值（代表了你从持有期货中获得的美元数量）来除以你最初花费的美元数量。（你最初花费的美元数量是期货合约交易金额的 20%。）

c. 前一问中你所得出的收益率没有年化。通过将它乘以 12/m 来年化，其中 m 是这个学期持续的月份数。

d. 运用第 13 章中讨论的概念来解释为什么你的标准普尔 500 指数期货头寸在本学期是低的或高的。

e. 假设你在学期初购买了一份首个交割日期在学期结束后的长期国债期货合约。同时，假设你在学期末将这份合约卖出。回忆这份长期国债合约附有 100 000 美元面值，并且分数部分是$\frac{2}{30}$。在本学期你购买这份期货合约时，其美元价值是多少？

f. 在学期末你出售这份长期国债期货时，其美元价值是多少？

g. 你购买这份长期国债期货时的价格和你售出时的价格的差额是多少？

h. 假设你在交割日花费了所购长期国债数量的 20%缴纳初始保证金。你所花费的金额等于你在当时购买的长期国债期货合约美元价值的 20%。确定你期货头寸的收益率，即你从上一问中得出的差额与投资额的百分比。

i. 你从上一问中得出的收益率还未年化。为了将其年化，用 12/m 乘以你的收益率，其中 m 是你这个学期的月份数。

j. 运用第 13 章中讨论的概念来解释为什么你的长期国债期货头寸的收益率是低的还是高的。

11. 测度和解释期权价格变动（第 14 章）。

a. 假设你购买了你在部分 I（f）中选定的股票的看涨期权（代表着 100 股）。你购买这份期权的收益率是多少？[你的收益率可以通过($Prem_t - Prem_{t-1}$)/$Prem_{t-1}$来计算得出，其中$Prem_{t-1}$代表你在学期初支付的期权费，$Prem_t$代表同一期权在学期末被出售时可获得的期权费。] 如果学期末这一期权的期权费尚未有报价，则测度你的收益率就像在学期末执行了看涨期权，假设在那时执行期权是可行的。也就是说，这个收益率是基于以期权执行价格购买股票，然后在学期末以市场价格卖出股票。

b. 将你从前面一个问题中得出的收益率乘以 12/m 来进行年化，其中 m 代表了学期持续的月份数。

c. 比较你买入期权的收益率和假如你单纯投资于股票的收益率。注意你投资于看涨期权的收益比单纯投资于股票的收益要多许多。即投资于买入期权的所得和损失要比单纯投资于股票多许多。

d. 假设你购买了一份你在部分 I（g）中确定的股票看跌期权（代表了 100 股）。你购买这份期权的收益率是多少？你的收益率可以通过（$Prem_t - Prem_{t-1}$）/$Prem_{t-1}$来计算得出，其中$Prem_{t-1}$代表你在学期初支付的期权费，$Prem_t$代表同一期权在学期末被出售时的期权费。如果学期末这一期权的期权费尚未有报价，则测度你的收益率（就像在学期末执行了看涨期权，假设在那时执行期权是可行的)。也就是说，这个收益率是基于以市场价格购买股票，然后在学期末以期权的执行价格卖出股票。

12. 确定互换支付。

假设在本学期开始的时候，你参与了一份固定利率与浮动利率互换的利率互换，在这份互换中你同意支付6%来获得学期末现行26周国债利率。假设你的互换协议明确指出学期末是唯一的互换生效时间，并且名义金额是10 000 000美元。确定你在互换中应支付的数额、应收取的数额及二者的差额。你在这个互换中是获利了还是损失了？

13. 测量并解释汇率的变动。

a. 确定本学期英镑价格变动的百分比。英镑相对于美元是升值了还是贬值了？

b. 确定本学期日元价格变动的百分比。日元相对于美元是升值了还是贬值了？

c. 确定本学期墨西哥比索价格变动的百分比。墨西哥比索相对于美元是升值了还是贬值了？

d. 假设你在学期初购买了英镑期货并在期末卖出，确定每一单位的获利或者损失。

e. 已知单一的英镑期货合约金额为62 500英镑，确定你所获得的或损失的美元数量。

部分Ⅱ. 应用金融机构概念

获得以下年报各一份：(1) 一家商业银行年报；(2) 一家储蓄机构年报；(3) 一家证券公司年报；(4) 一家保险公司年报。这些年报将使你能够将某些相关章节的内容和某些特定的相关金融机构联系起来。部分Ⅱ的综合练习将会需要用到这些年报。每家金融机构的年报可以通过浏览机构网站或者通过拨打股东服务电话获得。同时，订阅一份你感兴趣的共同基金的公开说明书。公开说明书可以通过某一特定的支持共同基金的投资公司网站获得，或者可以通过拨打公司电话获得。

1. 商业银行运营（第17章）。

对于你在本学期初所选择的那家商业银行，根据它的年报或者相关信息来回答下列问题。

a. 确认商业银行用来获得它大部分资金来源的存款类型。

b. 确认银行资金的主要用途。

c. 总结商业银行年报中任何关于近期或可能的法规对其运营影响的陈述。

d. 这家银行是否有通过提供证券服务试图进入证券业的迹象？如果有，请解释是什么样的。

e. 这家银行是否有通过提供保险服务试图进入保险业的迹象？如果有，请解释是什么样的。

2. 商业银行管理（第19章）。

对于你在本学期初所选择的那家商业银行，根据它的年报或者相关信息来回答下列问题。

a. 研究这家银行的资产负债表以及关于它的利率敏感性资产和利率敏感性负债缺口之间的评论。这家银行呈现出了正缺口还是负缺口？

b. 这家银行是否采取了措施来减小这个缺口以减少它的利率风险暴露？

c. 总结这家银行在年报中关于其减少在提供的贷款上的信用风险暴露的措施的所有评价。

3. 商业银行业绩（第 20 章）。

对于你在本学期初所选择的那家商业银行，用它的年报或者相关信息来回答下列问题。

a. 确定银行的利息收入与总资产的百分比。

b. 确定银行的利息支出与总资产的百分比。

c. 确定银行的净利差。

d. 确定银行的非利息收入占其总资产的百分比。

e. 确定银行的非利息支出（这里不包括额外的贷款损失拨备）占其总资产的百分比。

f. 确定银行的额外贷款损失拨备占其总资产的百分比。

g. 确定银行的资产收益率。

h. 确定银行的权益收益率。

i. 确定银行之前描述的会受下一年利率上升影响的利润表项目，并解释这些项目是如何受影响的。

j. 确定银行之前描述的会受来年美国经济状况恶化影响的利润表项目，并解释这些项目是如何受影响的。

4. 储蓄机构（第 21 章）。

对于你在本学期初所选择的那家存款机构，根据它的年报或者相关信息来回答下列问题。

a. 确定储蓄机构用来获得它大部分资金来源的存款类型。

b. 确定储蓄机构的主要用途。

c. 总结储蓄机构年报中任何关于近期或可能的法规对其运营的影响的陈述。

d. 研究这家储蓄机构的资产负债表以及关于它的利率敏感性资产和利率敏感性负债缺口之间的评论。这家储蓄机构呈现出了正缺口还是负缺口？

e. 这家储蓄机构是否采取了措施来减小这个缺口以减少它的利率风险暴露？

f. 总结这家银行在年报中关于其减少在提供的贷款上的信用风险暴露措施的所有陈述。

g. 确定储蓄机构利息收入占总资产的百分比。

h. 确定储蓄机构利息支出占总资产的百分比。

i. 确定储蓄机构的非利息收入占总资产的百分比。

j. 确定储蓄机构的非利息支出（这里不包括额外的贷款损失拨备）占总资产的百分比。

k. 确定储蓄机构的额外贷款损失拨备占总资产的百分比。

l. 确定储蓄机构的资产收益率。

m. 确定储蓄机构的权益收益率。

n. 确定储蓄机构之前描述的会受下一年利率上升影响的利润表项目，并且解释这些项目是如何受影响的。

o. 确定储蓄机构之前描述的会受来年美国经济状况恶化影响的利润表项目，并且解释这些项目是如何受影响的。

5. 共同基金（第 23 章）。

对于你在本学期初选择的共同基金，根据它的公开说明书或者别的相关信息回答下列问题。

a. 这只共同基金的投资目标是什么？你认为这只共同基金的风险属于低风险、中等风险还是高风险？

b. 这只共同基金去年的收益率是多少？过去三年的平均年收益率是多少？

c. 什么是影响共同基金收益率的最关键的经济因素？（即基金的收益率是否高度受到美国股票市场情况的影响？是否受到美国利率的影响？是否受到外国股票市场情况的影响？是否受到外国利率的影响？）

d. 在购买或者卖出共同基金时是否有强制费用？

e. 这只共同基金去年的费用比为多少？是否显得过高？

6. 证券公司（第 24 章）。

a. 这家证券公司所从事的主要业务类型是什么？

b. 总结这家证券公司在年报中所陈述的关于自己可能会被现有的或可能出台的法规影响的陈述。

c. 描述这家证券公司最近的业绩，并且解释为什么业绩是良好的或者不好的。

7. 保险公司（第 25 章）。

对于你在本学期初选择的保险公司，根据它的年报或相关信息来回答下列问题。

a. 保险公司是怎样分配其资金的？（即资产构成如何？）

b. 保险公司是否有利率风险暴露？请解释。

c. 保险公司是否采取了任何措施来对冲它的利率风险暴露？

d. 总结保险公司在年报中关于其可能会受到现有或将出台的法规影响的陈述。

e. 描述保险公司最近的业绩（用任一可以衡量其收入的财务比率）。解释为什么保险公司最近的业绩是强劲的或疲弱的。

部分Ⅲ. 衡量股票市场业绩

综合项目的这一部分使你能够分析所购买或将要购买的某一只股票的风险和收益特性。你应该在 Excel 或其他替代的电子表格中输入你的数据，完成以下任务。

a. 获得一份过去 16 个季度每季度末的股票价格数据，并将这些信息填写到你的电子表格的 A 列中。股票的历史价格信息可以通过 finance. yahoo. com 和其他金融网站获得。你的教授可能会提供一些关于哪里可以获取这些信息的建议。

b. 获得过去 16 个季度每一季度这家公司的每股股利数据，并将这些信息输入你的电子表格的 B 列中。当你获得股利数据时，需要知道股利通常是以年为基础列出的。在这样的情况下，将股利除以 4 可以获得季度的股利。

c. 在电子表格中使用“计算”功能在 C 列中得出股票每一季度的收益率。任一季度的股票收益率可以通过以下操作得出。首先，计算股票每一季度末的价格减去前一季度末的价格，然后加上季度股利，之后除以股票前一季度末的价格。

d. 在电子表格的 D 列中输入过去 16 个季度的标准普尔 500 指数。

e. 在电子表格中使用“计算”功能，在 E 列得出股票市场的季度收益率，即等同于标准普尔 500 指数较前一季度变动的百分比。

f. 使用电子表格中的工具包来进行线性回归分析，其中股票季度收益率（C 列）作为因变量，股票市场价格收益率（E 列）作为自变量。这个线性回归分析可以简单通过 Excel 运行。

g. 基于你的回归分析结果，股票市场收益率和股票收益率是什么关系？（斜率代表了用于衡量这家公司股票的系统性风险的 β 系数。）

h. 基于你的线性回归结果，股票市场收益率和股票收益率之间有没有显著的关系？（斜率的 t 统计量可以用来评价两者之间是否有显著的关系。）

i. 基于你的线性回归结果，股票价格变动多大程度可以被整体股票市场价格变动解释？（在线性回归模型中，如我们之前提过的，R^2 的值可以用来衡量因变量在多大程度上可以被自变量解释。）

j. 该股票过去 16 个季度收益率的标准差是多少？（你可以通过“计算”来简单得到股票收益率的标准差。）过去 16 个季度股票市场的标准差是多少（用过去标准普尔 500 指数的季度收益率来计算）？你的股票收益率是否比总体市场收益率更不稳定？如果是这样，为什么你认为你的股票收益率比市场收益率更不稳定？

k. 假设过去 16 个季度的平均无风险利率为 1.5%。确定你的股票的夏普比率（夏普比率等于股票平均收益率减去平均无风险利率，再除以股票收益率的标准差。）确定你的股票的特雷诺指数。（特雷诺指数等于股票的平均季度收益率减去平均无风险利率，再除以估计的股票的 β 系数。）

附录 B 运用 Excel 来进行分析

Excel 表格对于组织数据十分有用。除此之外，它们还可以替你执行计算。Excel 不仅使你能够计算一般的数据，如平均值、标准差，并且能够用来进行线性回归。这一份附录开始时介绍运用 Excel 计算得到一般数据，然后介绍线性回归分析的背景，最后讨论如何运用 Excel 进行线性回归分析。

一般的统计分析

有一些更常用的计算这里也会说明。

创造一个计算指令

如果你想要确定一个时期到下一个时期的价格百分比变动，在你想得到结果的单元格中输入计算指令。比如，假设你想要在 A 列中确定月份和年份并且想要在 B 列中记录亚马逊公司（Amazon. com，Inc.，）月初的股票价格。为了评价股票的业绩或风险特征，你需要首先将股票的价格数据转化成收益率数据。这样你可以比较不同股票的业绩和风险。因为亚马逊公司没有支付股利，投资亚马逊公司股票一个期间的收益率仅是价格变动的百分比。假设你想要计算股票价格每月变动的百分比。在 C2 单元格中，你可以创造一个计算指令来得出从首月月初到第二个月月初的价格变动百分比。一个计算指令以一个“＝”符号开始。一个合适的计算 B2 单元格价格变动的指令是“＝(B2－B1)/B1”。假设在 C3 单元格中你想要得出 B3 单元格相对前一个月 B2 单元格的亚马逊股票价格变动的百分比。在 C3 单元格中输入计算指令“＝(B3－B2)/B2”。

使用复制操作

假如你需要在一些单元格中重复执行某一特定的计算指令，你可以使用如下的复制操作：

1. 将光标放置在你想要复制操作指令的单元格中。
2. 点击“编辑”，然后在菜单中点击“复制”。
3. 选中你想要放置复制的计算指令的单元格。
4. 点击回车键。

比如，假设你现在在 B 列有 30 个月度的亚马逊公司股票价格并且已经像之前解释的那样在 C2 单元格中计算好了股票价格变动的百分比。[你在 C1 单元格中没有价格变动的百分比，因为你需要两个数据（B1 单元格和 B2 单元格）来得到你第一个价格变动的百分比。] 你可以将光标放置到单元格 C2，点击“编辑”，然后在菜单中点击“复制”，选中 C3 单元格到 C30 单元格，然后点击回车键。

计算平均值

你可以按照下列方法计算一组单元格的平均值。假设你现在想要确定从 C2 单元格到 C30 单元格中亚马逊公司股票价格月度收益率平均数。选中任何一个空白单元格（比如 C31 单元格），输入计算指令＝AVERAGE(C2:C30)。

计算标准差

你可以按照以下方法计算一组单元格的标准差。假设你想要确定亚马逊公司股票收益率的标准差。在 C32 单元格（或者其他任意一个你想要看输出结果的单元格）中，输入计算指令“＝STDEV(C2:C30)”。

线性回归分析

各种各样的软件包都可以用于线性回归分析。之所以推荐 Excel 的软件包，是因为它很简单。接下来的这个例子展示了线性回归分析如何轻松完成。

假设现在有一家金融机构希望衡量在某一给定的时期（Δi_t）的利率和前一时期（ΔINF_{t-1}）通货膨胀率变化之间的关系，即这家金融机构想要评价通货膨胀对利率的滞后影响。假设过去 20 个时期的数据如下。

A 列 时期	B 列 Δi_t（%）	C 列 ΔINF_{t-1}（%）
1	0.50	0.90

续前表

A列 时期	B列 Δi_t（%）	C列 ΔINF_{t-1}（%）
2	0.65	0.75
3	−0.70	−0.20
4	0.50	0.30
5	0.40	0.60
6	−0.30	−0.20
7	0.60	0.85
8	0.75	0.45
9	0.10	−0.05
10	1.10	1.35
11	0.90	1.10
12	−0.65	−0.80
13	−0.20	−0.35
14	0.40	0.55
15	0.30	0.40
16	0.60	0.75
17	−0.05	−0.10
18	1.30	1.50
19	−0.55	−0.70
20	0.15	0.25

假设公司采用如下线性回归的数据模型：

$$\Delta i_t = b_0 + b_1 \Delta \mathrm{INF}_{t-1} + \mu$$

其中，

$\Delta i_t = t$ 时期的利率变动

$\Delta \mathrm{INF}_{t-1} = t-1$ 时期（前一时期）的通货膨胀率变动

b_0，b_1 = 根据线性回归所估计出来的回归系数

μ = 误差项

使用 Excel 进行线性回归分析

在我们的例子中，Δi_t 是因变量，$\Delta \mathrm{INF}_{t-1}$ 是自变量。首先是将早前提供的两列数据（B列和C列）输入一个 Excel 文件中。第一步，点击“数据选项”（Data Tab）看是否有“数据分析”（Data Analysis）的选项。如果没有，你必须在 Excel 中安装一个免费的数据

分析加载项（ToolPak）。下一步，点击“数据分析”选项，之后会出现一个新的菜单，点击“线性回归”(Regression)。对于“输入Y范围”，确定因变量的范围（在我们的例子中是＄B＄1：＄B＄20)。然后，对于“输入X范围”，确定自变量的范围（在我们的例子中是＄C＄1：＄C＄20)，点击“确定”按钮，之后等待几秒钟就可以得到完整的线性回归。比如，我们的输出结果如下：

SUMMARY OUTPUT	
Multiple R	0.968 840 81
R^2	0.938 652 51
Adjusted R^2	0.935 244 31
Standard Error	0.143 274 4
Observations	20

ANOVA					
	df	SS	MS	F	SIGNIFICANCE
Regression	1	5.653 504 056	5.653 504	275.410 5	2.348 47E-12
Residual	18	0.369 495 944	0.020 528		
Total	19	6.023			

	COEFFICIENTS	STANDARD ERROR	t-STAT	p-VALUE	LOWER 95%	UPPER 95%
Intercept	0.049 417 3	0.035 164 424	1.405 321	0.176 951	−0.024 460 473	0.123 295
X Variable 1	0.757 740 79	0.045 659 421	16.595 5	2.35E-12	0.661 813 835	0.853 668

所谓的斜率估计值是0.76，也就是说通货膨胀率每变动1%，相应地利率会变动0.76%（同一个方向）。这里的t统计量是16.6，也就是说Δi_t和$\Delta \mathrm{INF}_{t-1}$之间有显著的关系。这里的$R^2$表明94%的$\Delta i_t$的变量变动可以被$\Delta \mathrm{INF}_{t-1}$解释。$\Delta i_t$和$\Delta \mathrm{INF}_{t-1}$之间的相关性也可以通过相关性系数，即$R^2$的平方根来衡量。

如果你的自变量多于一个（多元线性回归），你应该将这些自变量挨个放置到一个文件中。然后，对于“X的范围”，确定这一数据区域。线性回归的模型将会显示每一个自变量的系数和标准误。t统计量可以估计每一个自变量对这个检验的显著性。对于多元线性回归，R^2表示的是在这个模型中，因变量的变动多大程度上可以被这些变量作为一个总体解释。

使用线性回归模型预测

线性回归模型结果可以用来预测因变量的未来值。在我们的例子中，Δi_t和$\Delta \mathrm{INF}_{t-1}$之间的历史关系可以表示为

$$\Delta i_t = b_0 + b_1 \Delta \mathrm{INF}_{t-1} + \mu$$

假设上一时期通货膨胀率的变化($\Delta \mathrm{INF}_{t-1}$)是 1%。从线性回归模型中得出的给定系数预测这一时期的 Δi_t 是

$$\Delta i_t = 0.049\,4\% + 0.757\,7 \times 1\% = 0.807\,1\%$$

同时，在使用线性回归模型时有一些显而易见的局限。首先，如果其他没有包括在模型中的变量影响了因变量，在线性回归模型中得出来的系数可能是不准确的估计。其次，一些关系是同时的而不是滞后的，也就是说上一时期的 $\Delta \mathrm{INF}_{t-1}$ 值不能够被使用。相反，需要预测一个 $\Delta \mathrm{INF}_t$ 值来用作输入数据，以预测 Δi_t。如果对于 $\Delta \mathrm{INF}_t$ 的预测是不准确的，那么对于 Δi_t 的预测也将会是不准确的，即使线性回归模型被正确运用。

术语表

A

可调利率抵押贷款（adjustable-rate mortgage，ARM） 根据市场利率定期调节所需支付的利息的抵押贷款。

逆向选择问题（adverse selection problem） 在保险市场中，逆向选择问题起源于这一现实：选择购买保险的投资者往往是最需要这一产品的人。

分期摊还表（amortization schedule） 根据抵押贷款到期日与利率计算出来的记录分摊到每月的本金与利息的表格。

年金计划（annuity plan） 由保险公司制订的计划，在个人退休后为其提供预先确定的数额的收入。

套利者（arbitrageur） 从有价证券价格差异中获利的个人或企业。

卖出价格［ask quote（ask price）］ 卖方出售产品的意愿价格。

资产拆卖（asset stripping） 收购一家企业，将其拆分成多个部分，然后分别出售的策略。

信息不对称（asymmetric information） 投资者不能获取关于某个公司财务状况的全部信息的情况。

平值（at the money） 期权标的物的现价与合约价格相同的状态。

B

后端费用（back-end load） 资金从共同基金中撤离索取的退出费。

气球法还款（balloon payment） 对贷款本金的一次必要的总付款。

期末整付抵押贷款（balloon-payment mortgage） 贷款期限为3～5年、在贷款期末需要一次付清全部款项的抵押贷款。

银行承兑汇票（banker's acceptance） 商业银行负有未来付款责任的协定，通常用于国际贸易业务。

银行控股公司（bank holding company，BHC） 拥有商业银行股份的公司。

基差风险（basis risk） 在利率互换中，指利率互换中所使用的指数的变动与互换协议中确定的浮动利率产品不完全协同所引发的风险；在金融期货中，指期货价格的变动与对冲资产不完全协同所引发的风险。

不记名债券（bearer bond） 要求债券持有者把所附的息票剪下来，然后拿到债券发行者那里获得息票支付的债券。

行为金融（behavioral finance） 将心理学应用于金融决策制定。

褐皮书（Beige Book） 就美国每个联邦储备区（Federal Reserve district）的经济状况发布的综合报告，被美国联邦公开市场委员会（Federal Open Market Committee）用于制定货币政策。

尽力承诺（best efforts） 在该承诺下，承销商会尽力按规定价格销售债券，但不向发行者保证。

尽力承诺协议（best-efforts agreement） 承销商不保证有价证券的销售价格，仅声明会尽力按合理价格销售证券的协议。

买入价格［bid quote（bid price）］ 购买者对某一证券的意愿支付价格。

理事会（Board of Governors） 由美国总统任命的七人组成的组织，又称联邦储备委员会（Federal Reserve Board）。该组织主要帮助监管商业银行与管理货币政策。

债券买家指数（bond buyer index） 基于40只交易活跃的一般责任债券与收益债券的指数。

债券价格弹性（bond price elasticity） 债券价格对必要收益率变化的敏感度。

布雷顿森林时代（Bretton Woods era） 指1944—1971年这个时期，其间汇率维持在一个固定水平（相对于给定汇率的变化幅度在1%以内）。

过桥贷款（bridge loan） 在从其他途径获得长期资金之前的短期融资资金，通常由证券公司（security firm）向进行融资收购的公司提供。

经纪人（broker） 在两个当事人之间执行有价证券交易的人。

一次性还本贷款（bullet loan） 在未来某个特定时期一次性付清利息与本金的贷款。

C

看涨期权（call option） 看涨期权的合同赋予其所有者在未来特定时期以特定价格购买某金融票据的权利。

赎回溢价（call premium） 债券赎回价格与其票面价格的差异。

赎回条款［call provision（call feature）］ 这项条款允许债券最初的发行者以特定价格赎回债券。

可赎回互换［callable swap（swaption）］ 固定利率与浮动利率之间的互换，支付固定利率的一方有权在到期日之前终止互换。

骆驼评级法（CAMELS ratings） 运用一些特征来评价银行资本充足率（capital adequacy）、资产质量（asset quality）、管理水平（management）、盈利水平（earnings）、流动性（liquidity）与对市场波动的敏感度（sensitivity）。

资本（capital） 对于银行来说，资本主要包括银行留存收益与发行股票的收益。

资本增值型基金（capital appreciation fund） 由企业股票构成的共同基金，有很大的潜在升值空间，但存在不确定性。

资本收益（capital gain） 股票买入与卖出的价格差异。

资本市场证券（capital market security） 长期有价证券，例如持有期超过一年的债券。

资本比率（capital ratio） 资产中资本所占的比率。

分拆上市（carve-out） 公司通过首次公开发行将公司的一部分出售给新股东。

现金流保险（cash flow underwriting） 保险公司根据利率水平调整保费的一种方法。

动产抵押债券（chattel mortgage bond） 由私人财产担保的债券。

封闭式基金（closed-end fund）不能将卖出的基金份额再买回的共同基金。

经济同步指标（coincident economic indicator） 倾向于与经济周期同时达到高峰与低谷的经济指标。

债务抵押债券（collateralized debt obligation, CDO） 卖给投资者的以抵押品为基础的有价证券。

抵押担保债券（collateralized mortgage obligation, CMO） 以抵押贷款为基础的有价证券，依据支付时间被分为多个层级。

佣金经纪人［commission broker（floor broker）］ 为顾客执行命令的经纪人。

普通股（common stock） 代表一个公司部分所有权的有价证券。

可转换债券（convertible bond） 可以转换成公司特定数额普通股的债券。

公司债券（corporate bond） 由公司发行的有价证券，承诺每半年支付一次利息。

无风险套利（covered interest arbitrage） 指将套

利和互换交易结合起来进行的外汇交易，假定外国利率较高，套利者把资金从本国调往外国以获取较高利息，同时在外汇市场上卖出远期外国货币以防止风险。

信用违约互换（credit default swap，CDS） 私人商议的合同，用以保护投资者规避某一特定债务性证券的违约风险。

信用风险（credit risk） 交易对手方在合同中违约给本方造成损失的风险。

挤出效应（crowding-out effect） 当财政部超额借入资金，导致潜在的资金需求者（如企业和个人）不能获得足够的可贷资金时，该现象就会发生。因为有限的可贷资金无法满足所有的资金需求者，因此利率会上涨，以应对增加的资金需求，由此导致一些潜在的资金需求者被挤出借贷市场。

货币看涨期权（currency call option） 该合同赋予持有者在特定时间以特定价格购买特定的货币的权利。

货币期货合约（currency futures contract） 标准化合同，其中规定在未来某日以一个事先确定的汇率换取特定货币。

货币看跌期权（currency put option） 该合同赋予持有者在特定时间以特定价格售出特定的货币的权利。

货币互换（currency swap） 定期将两种货币以特定汇率互换的协议，它代表了一系列的远期合同。

D

即期交易商（day trader） 在合约开始当天结束合约的金融远期合约交易者。

交易商（dealer） 扮演此角色的证券公司通过调整其库存而对特定的有价证券做市。

信用债券（debenture） 仅由发行企业的信用担保的债券。

债务与股票互换（debt-for-equity swap） 公司通过发行债券，用所获得的资金购买公司的股票的策略。

债务性证券（debt security） 代表购买者提供给最初发行者的信用。

防御性操作（defensive operation） 为弥补会改变资金水平的其他条件所带来的影响而进行的公开市场操作。

赤字单位（deficit unit） 需要借入资金的个人、企业或政府。

固定收益养老金计划（defined-benefit plan） 在该计划中，缴款额（contribution）取决于最终将提供的支付额（benefit）。

固定缴款养老金计划（defined-contribution plan） 该计划的最终支付额（benefit）由累积的缴款额（contribution）与基金的投资业绩决定。

活期存款账户（demand deposit account） 提供往来账户服务的存款账户。

需求拉动型通货膨胀（demand-pull inflation） 对商品的需求过热导致的通货膨胀。

存款保险基金（deposit insurance fund） FDIC 用于关闭破产银行的基金，该基金来源于商业银行缴纳的存款保费。

《存款机构放松管制和货币控制法案》（Depository Institutions Deregulation and Monetary Control Act，DIDMCA） 该法放松了对于存款机构的某些限制，例如废除了存款利率上限并且允许有全国性的活期存款账户

衍生证券（derivative security） 其价值来源于标的资产的价值的金融合约。

指定做市商（designated market maker） 提供与经纪人一样的服务，在纽约证券交易所匹配买卖委托。

直接汇率（direct exchange rate） 指用美元表示一种货币的价值。

直接租赁贷款（direct lease loan） 由银行购买资产并将其出租给有需求的公司的贷款方式。

有管理的浮动汇率制度（dirty float） 汇率由市场决定，没有浮动范围限制，但受制于政府干预的汇率制度。

贴现经纪公司（discount brokerage firm） 其主要业务是执行市场交易的公司。

久期缺口（duration gap） 银行资产与债务平均久期之间的差异。

动态性公开市场操作（dynamic open market operation） 由美联储实施的增加或减少资金的公开市场操作。

动态性操作（dynamic operation） 由美联储实施的增加或减少资金的货币政策。

E

规模经济（economy of scale） 每单位平均成本

减少带来的产出水平上升。

有效收益率（effective yield） 在国际货币市场中代表根据汇率调整后的国外货币市场有价证券的收益率。

有效市场（efficient market） 在该市场中，有价证券均能被合理定价。

《雇员退休收入保护法》（Employee Retirement Income Security Act，ERISA） 该法给养老基金提供了三种行权计划的选择，同样也保证了养老金会被明智地进行投资，并且当雇员更换雇主时可以转移既定的养老金总额。

权益证券（equity security） 有价证券的一种，例如普通股和优先股，代表对一个公司的部分所有权。

股权互换（equity swap） 股票市场指数波动带来的利息支付间的互换。

欧洲商业票据（Euro-commercial paper，Euro-CP） 在欧洲发行的没有银团支持的有价证券。

欧洲美元存单（Eurodollar certificate deposit） 存在美国之外（一般是欧洲）的大额美元存款。

欧洲美元浮动汇率存单（Eurodollar floating-rate CD，FRCD） 其利率根据 LIBOR 定期调整的欧洲美元存单。

欧洲美元市场（Eurodollar market） 可以进行美元的短时间借贷的欧洲市场。

欧洲美元（Eurodollar） 存在美国之外（一般是欧洲）的美元存款。

欧洲本票（Euronote） 在欧洲市场发行的、期限较短的不记名短期证券。

交易所交易基金（exchange-traded fund，ETF） 可以模拟特定股票指数并且能像股票一样在股票交易所进行交易的证券。

执行价格［exercise price（strike price）］ 期权合同中的标的资产的买入（看涨期权情况下）或卖出（看跌期权情况下）价格。

可展期互换（extendable swap） 允许用固定利率交换浮动利率的一方延展互换期限的互换。

F

联邦存款保险公司（Federal Deposit Insurance Corporation，FDIC） 为商业银行的储蓄保险的联邦机构。

联邦基金市场（federal funds market） 促进资金从富余银行向短缺银行流动的市场。

联邦基金利率（federal funds rate） 储蓄机构借贷利率。

联邦住房贷款抵押公司（Federal Home Loan Mortgage Association，Freddie Mac） 又称房地美，是一家通过发行基于住房抵押贷款的有价证券，运用所获得的资金在二级市场购买住房抵押贷款，从而间接为那些希望获得抵押贷款的房主提供资金的金融机构。

联邦国民抵押贷款协会（Federal National Mortgage Association，Fannie Mae） 又称房利美，是一家通过发行基于住房抵押贷款的有价证券，运用所获得的资金在二级市场购买住房抵押贷款，从而间接为那些希望获得抵押贷款的房主提供资金的金融机构。

联邦公开市场委员会（Federal Open Market Committee，FOMC） 由七名理事会成员和五家联邦储备银行的行长组成，主要作用是控制货币政策。

联邦储备银行（Federal Reserve district bank） 通过多项措施促进银行体系运行（例如支票清算、货币发行、为银行提供贷款等）的地方性政府银行。美国共有 12 家联邦储备银行。

联邦储备系统（Federal Reserve System） 美国建立的一个用于（与其他机构一起）规范商业银行，并对州特许的银行和资产超过 500 亿美元的储蓄机构进行定期考评的系统。

金融期货合约（financial futures contract） 是指合约双方在指定的日期以指定的价格买入或卖出一定数量的某种金融工具的标准化合约。

金融市场（financial market） 买卖金融资产（有价证券）如股票和债券的市场。

《金融服务现代化法案》（Financial Services Modernization Act） 1999 年颁布的法案，又叫《格雷姆-里奇-比利雷法案》（Gramm-Leach-Bliley Act），允许银行、证券公司、保险公司之间存在从属关系，取代了《格拉斯-斯蒂格尔法案》（Glass-Steagall Act）。

包销承诺（firm commitment） 在该承诺下，承销商向发行者保证以指定价格销售掉其所有债券。

第一抵押债券（first mortgage bond） 对特定资产进行首次抵押的债券。

场内经纪人（floor broker） 在证券交易所为其客户执行股票交易的经纪人。

场内交易商［floor trader (local)］　在自己账户内买卖期货合约的期货交易所成员。

筹资成本（flotation cost）　公司通过发行有价证券筹集资金的成本。

外汇衍生品（foreign exchange derivative）　为了锁定外汇交易的工具，例如远期合约、外汇期货合约、货币互换和货币期权。

外汇市场（foreign exchange market）　进行货币交换的金融市场。

远期合约（forward contract）　通常与商业银行协商，允许在未来指定日期以指定汇率买卖指定数量的特定外币的合约。

远期市场（forward market）　促进远期合约交易的市场，商业银行作为中间人来匹配有在未来买卖远期货币的意愿的参与者。

远期利率（forward rate）　在利率的期限结构中，表示市场对利率的未来预测；在国际交易中，表示在未来指定的时点特定的货币将被购入或卖出的价格。

远期互换（forward swap）　所交换的利息支付在未来一个特定时间才开始的互换。

自由浮动汇率制度（freely floating system）　没有任何政府干预、汇率完全由市场决定的汇率制度。

全面服务经纪公司（full-service brokerage firm）　这类经纪公司除了提供交易执行服务外，还会提供针对有价证券的全面的信息与建议。

基本面分析（fundamental analysis）　依赖于基础财务指标（例如收益）以及相关行业特征的股票估值方法。

基本面预测（fundamental forecasting）　基于经济变量与汇率间的基本关系来进行的预测。

G

《加恩-圣杰曼法案》（Garn-St. Germain Act）　1982年颁布的法案，它允许建立货币市场存款账户（MMDA）以及放松联邦特许存款机构的借款要求，并且允许不同州的存款机构收购倒闭的存款机构。

一般责任债券（general obligation bond）　由州和地方政府的税收来支持利息支付的债券。

《格拉斯-斯蒂格尔法案》（Glass-Steagall Act）　1933年颁布的法案，将商业银行与投资银行的业务分离，大部分内容在1999年被废除。

全球挤出（global crowding out）　由于全球范围内的货币与资本市场的一体化，一国的财政赤字将会影响到许多国家的利率。

分级偿还抵押贷款（graduated-payment mortgage, GPM）　借款人在最初只需要支付少量利息，但利息支付额以累进的方式不断增加，直到达到稳定水平的抵押贷款。

总利息支出（gross interest expense）　指在存款和其他借款（源自联邦基金市场）上支付的利息。

总利息收入（gross interest income）　指由所有资产生成的利息收入。

集团人寿保单（group life policy）　人寿保险公司向公司员工提供的团体人寿保险，因为量大，所以保费比较低，近年来非常流行。

递增还本抵押贷款（growing-equity mortgage）　指月利息支付额起初很低但会随着时间不断增长的抵押贷款。

成长和收益型基金（growth and income fund）　投资于包括成长股、高分红股、固定收益债券等在内的独特组合的基金。

成长型基金（growth fund）　投资于目前还没有完全成长起来而在将来可能会高于平均水平的公司的基金，适合期望高收益率而只愿意承担适度风险的投资者。

H

健康维护组织（health maintenance organization, HMO）　购买与提供健康保健服务的中介机构。

对冲基金（hedge fund）　将基金份额出售给富有的个人投资者和金融机构，并将所获得的资金投资于有价证券的基金，比开放式基金需要更大的投资额，并且受到的监管更少，故而有更大的风险。

套期保值者（hedger）　通过交易金融期货减少利率和股票价格变动带来的风险的参与者。

高频交易（high frequency trading, HFT）　运用算法交易的自动控制装置，被设计成当一种金融证券出现某些特征例如价格或交易量变动时去执行一些特定交易。

高收益债券基金（high-yield bond fund）　由一些高收益债券（垃圾债券）构成的共同基金，具有相对高的风险。

高杠杆交易（highly leveraged transaction，HLT） 导致资产负债率超过75%的贷款。

I

防护（immunize） 使一个资产组合不受利率变动的影响。

效果滞后（impact lag） 从政府采取政策到政策产生作用的时间间隔。

不完美的市场（imperfect market） 在该市场上，有价证券的卖方与买方并不完全了解信息。

实施滞后（implementation lag） 从政府发现某个问题到采取措施解决该问题的时间间隔。

税前收入（income before tax） 与银行有关的概念，由净利息收入、非利息收入以及有价证券收益之和减去贷款损失拨备以及非利息支出得到。

收入型基金（income fund） 通常投资于定期息票支付和风险程度不同的债券的基金。

合同（indenture） 确定有价证券发行公司与持有者的义务与权利的法律文件。

独立经纪人（independent broker） 不受经纪公司雇用，而是为自己的账户做交易的经纪人。

指数套利（index arbitrage） 利用股指期货价格与股价之间差异获利的做法。

指数基金（index fund） 被设计成与当下的股票指数的表现相匹配的共同基金。

间接汇率（indirect exchange rate） 反映多少单位某种货币相当于1美元的价值。

初始保证金（initial margin） 在进行保证金交易之前，客户与经纪公司约定的保证金。

分期贷款（installment loan） 面向个人的贷款，主要用于购买车与日常生活用品，要求借款人定期还款。

保险监管信息系统（Insurance Regulatory Information System，IRIS） 该机构由一个国家保险机构委员会成立，协助各州处理监管事务。

利率无弹性的（interest-inelastic） 指对利率波动不敏感。

利率（interest rate） 借款人（债务人）定期（例如每年）支付给债权人一定比率（通常被写成一个借贷金额的百分比）的数额，直到借款被还清，这个比率就叫利率。

利率上限（interest rate cap） 在特定利率指数超过预先设定的最高值时，利率上限的购买者会获得支付款。理论上根据协议中的规则，支付款的数额与利率高于上限的程度有关。

利率两头封（interest rate collar） 购买一个利率上限，同时卖出一个利率下限。

利率下限（interest rate floor） 在特定利率指数低于预先设定的最低值时，利率下限的购买者会获得支付款。

利率期货（interest rate futures） 有关债务性证券例如短期国债、中期国债、长期国债、欧洲美元定期存单的金融期货合约。

利率平价（interest rate parity） 该理论认为，远期利率贴水（升水）取决于两国间的利率差异。

利率风险（interest rate risk） 资产价值会因为利率变动而下降的风险。

利率互换（interest rate swap） 双方交换利息支付的互换协议。

实值（in the money） 用于描述基础资产的市场价格高于执行价格的看涨期权或者基础资产的市场价格低于执行价格的看跌期权。

投资级债券（investment-grade bond） 被穆迪评级为Baa及以上或者被标普评级为BBB及以上的债券。

投资级有价证券（investment-grade security） 被评级机构评为中等级别或更高级别的有价证券。

发行成本（issue cost） 发行股票的成本，包括印刷、法律事务、注册登记和审计费用。

J

垃圾债券（junk bond） 被认为有高风险的公司债券。

垃圾商业票据（junk commercial paper） 低评级的商业票据。

L

经济滞后指标（lagging economic indicator） 通常在几个月后才反映商业周期扩张或收缩的经济指标。

经济领先指标（leading economic indicator） 通常在几个月前就能反映商业周期扩张或收缩的经济指标。

信用证（letter of credit，L/C） 银行为负有支付款项的责任的某公司（通常是进口商）担保付款的保函。

限价委托（limit order） 指买卖证券的投资者发

布的按限定价格成交的委托。

流动性（liquidity） 容易且无损失地卖出资产的能力。

有销售费基金（load fund） 出售基金的经纪公司要收取销售费用的共同基金。

贷款损失拨备（loan loss provision） 银行为应对预期的未来贷款损失建立的准备金账户。

联合贷款（loan participation） 几个银行的资金池为一家企业提供贷款的合约。

可贷资金理论（loanable fund theory） 该理论认为市场利率是由控制可贷资金供需的因素所决定。

地点套利（locational arbitrage） 通过在低价地点购买货币，在高价地点出售货币，将两个不同地方的即期汇率差值资本化的行为。

多头套期保值（long hedge） 购买金融期货合约，以对冲可能会出现的利率下跌的做法。

长期资本收益（long-term capital gain） 持有某股票一年及以上所获得的收益。

长期期权（long-term equity anticipation，LEAP） 距离交割有较长时间的期权。

低息债券（low-coupon bond） 这类债券通常只有很低的息票支付，投资者获得的预期收益大部分来自债券价格的高额折扣。

M

货币供应（M1） 关于货币供应的一种定义，包括公众手中的现金加上活期存款。

货币供应（M2） 关于货币供应的一种定义，指M1加上储蓄存款、小额定期存款、MMDA（货币市场储蓄账户）和一些其他的部分。

货币供应（M3） 关于货币供应的一种定义，指M2加上大额定期存款。

维持保证金（maintenance margin） 随着时间的推移，股票的市值变动，为了减少参与者的违约风险，此时投资者需要持有的保证金水平。

保证金账户（margin account） 与经纪人捆绑建立的账户，投资者可以凭借保证金额度来购买股票，提供部分现金并向经纪人借入余下的部分。

追加保证金通知（margin call） 在期货合同（或其他投资）中，经纪人要求参与者必须增加其保证金的通知。

保证金要求（margin requirement） 美联储规定的投资证券时按一定比例付现和借款的额度。

基于市场的预测（market-based forecasting） 借助市场指标进行的预测。

做市商（market-maker） 针对客户委托时刻准备买入或卖出一些特定的股票，从而促进纽约股票交易所或纳斯达克市场交易的个人。

市场微观结构（market microstructure） 有价证券的交易流程。

市价委托（market order） 指买卖证券的投资者发布的不限定价格、按照当时市场上可执行的最优报价成交的委托。

匹配基金策略（matched funding） 旨在使获得的现金流与计划投入的现金流匹配的投资策略。

变相兼并（merger-conversion） 一般在并购或者被并购之前发生，是一种将共同的储蓄与贷款转变成股权所有者的储蓄与贷款的兼并步骤。

综合预测（mixed forecasting） 将各种预测方法结合起来使用，得出的预测结果是各种成熟预测方法的加权平均。

货币市场储蓄账户（money market deposit account，MMDA） 支付利息、支票时有限制但没有明确到期日的存款账户。

货币市场共同基金（money market mutual fund） 集中投资于货币市场有价证券的共同基金。

货币市场（money market） 促进短期资金流动的金融市场。

货币市场证券（money market security） 例如国库券或者存单等短期有价证券，其持有期通常短于一年。

道德风险问题（moral hazard problem） 在银行体系范围内，它指的是20世纪90年代早期之前存在的存款保险定价体系——所有商业银行每100美元存款的保费大致相同，这个体系导致安全系数更高的银行向安全系数低的银行进行间接补助，并且鼓励银行承担过量风险；在保险范畴内，保险行业面临的问题主要是那些拥有保险的人可能会冒过多风险，因为他们的损失会获得补偿。

住房抵押贷款支持证券（mortgage-backed security，MBS） 金融机构发行的以抵押贷款资金池为支持的有价证券，也被称作过手证券（pass-through security）。

多重基金（multifund mutual fund） 由多只共同基金构成的共同基金。

市政债券指数期货 [municipal bond index (MBI) futures] 允许以特定价格买卖市政债券的期货合同。

市政债券 (municipal bond) 州或地方政府发行的债务性证券，大多属于一般责任债券或收益债券。

共同基金 (mutual fund) 出售基金份额（代表证券投资组合利益）的投资公司。

N

美国保险监督官协会 (National Association of Insurance Commissioners, NAIC) 当一个保险问题引起国民关注时，该协会便利了各州机构之间的合作，它还对保险案例进行研究，并参与立法讨论。

全国证券交易商自动报价系统协会 (National Association of Securities Dealers Automatic Quotations, Nasdaq) 提供针对场外交易市场的服务，报告多种股票的即时报价。

大额可转让定期存单 (negotiable CD, NCD) 一个至少有 100 000 美元存款并有明确的存款期限的储蓄账户，有专门为其设立的二级市场。

可转让支付命令账户 [negotiable order of withdrawal (NOW) account] 允许无限制地核查且支付利息的存款账户。

基金单位净值 (net asset value, NAV) 用于描述共同基金每单位基金份额的价值，它等于共同基金所包含的有价证券的市场价值加上产生的利息、红利，再减去所有的费用，最后除以发行在外的基金份额。

净暴露 (net exposure) 在期货市场中，指资产头寸与负债头寸之差。

噪声交易者 (noise trader) 由于信息不对称，其买卖行为会将股票价格推离基本价值的投资者。

无销售费基金 (no-load fund) 没有销售费支出的共同基金，这意味着它不通过经纪公司推广。

非利息支出 (noninterest expense) 与借贷和储蓄的利息支付无关的费用，例如工资支出与办公设备支出等。

票据发行便利 (note issuance facility, NIF) 如果一家企业无法在市场上以可接受的利率发行票据，银行所做出的同意购买这家公司的商业票据的承诺。

名义本金 (national principal) 利率互换中用于（与利率一起）决定利息支付额的资金数额。

O

开放式基金 (open-end fund) 愿意在任何时候回购销售给投资者的基金份额的共同基金。

公开市场交易柜台 (Open Market Desk) 纽约联邦储备银行的一个部门，主要负责管理公开市场操作。

交易所市场 (organized exchange) 进行二级市场交易的可见市场。

牵头 (origination) 证券公司帮助发行公司决定发行多少债券或股票，发行什么类型的股票（或债券）以及股票（或债券）的价格应该定为多少。

虚值 (out of the money) 基础资产的市场价格低于看涨期权的执行价格或者市场价格高于看跌期权的执行价格。

P

参与证书 (participation certificate, PC) 联邦住房贷款抵押公司出售该证书，将获得的资金用来从金融机构购买常规抵押贷款。

过手证券 (pass-through security) 金融机构以一些住房抵押贷款为基础发行的有价证券，住房抵押贷款的本金与利息均归金融机构所有，金融机构减去服务费用后将其转手支付给过手证券的持有者。过手证券也称作住房抵押贷款支持证券。

养老金保证公司 (Pension Benefit Guaranty Corporation, PBGC) 由 ERISA 建立的旨在为养老金计划提供保险的公司。

《养老金保护法》(2006) (Pension Protection Act of 2006) 该法要求固定收益养老金计划出现资金不足的公司增加向养老金计划的缴款，保证最终资金充足。

大众型互换 (plain vanilla swap) 涉及定期固定利率支付与浮动利率支付交换的互换。

政策指令 (policy directive) 美国联邦公开市场委员会（FOMC）向交易柜台发布的有关货币供应量目标范围的指令。

远期交易商 (position trader) 持有期货头寸较长时间（数周或数月），以利用对较长时间范围内价格变动的预期来获取利润的交易商。

提前支付风险（prepayment risk） 对冲资产时在指定到期日前被支付而产生的风险，同样适用于抵押贷款。

一级信贷利率（primary credit lending rate） 美联储规定的银行短期贷款利率。

一级市场（primary market） 有价证券最初被发行的市场。

优惠利率（prime rate） 银行适用于其信用等级最高的客户的贷款利率。

私人配售（private placement） 即定向增发，指公司无须承购包销服务即直接出售其新证券的过程。

主动基金策略（projective funding） 在该策略下，养老基金经理在管理养老基金资产组合时有一定的灵活性，可以通过预测市场和利率波动为养老基金资产组合带来收益。

招股说明书（prospectus） 公开一个企业相关财务信息并适用于该企业发行有价证券的手册。

购买力平价（purchasing power parity，PPP） 根据该理论，一般来说，汇率调整的百分比反映了两国之间通货膨胀率的差别。

看跌期权（put option） 看跌期权合约赋予其所有者在未来特定时期以特定价格出售某金融工具的权利。

可回售互换（putable swap） 给予进行浮动利率支付的一方终止互换的权利的互换。

Q

量化宽松（quantitative easing） 中央银行通过购买政府债券或其他债券来增加货币供应量的策略。

R

利率上限互换（rate-capped swap） 浮动利率有上限的固定利率与浮动利率互换合约。

实际利率（real interest rate） 名义利率经通货膨胀调整后得到的利率。

识别滞后（recognition lag） 从问题发生到它被识别的时间间隔。

记名债券（registered bond） 需要发行人记录债券持有人从而自动为他们提供息票支付的债券。

有价证券申请上市登记表（registration statement） 发行有价证券的企业公开相关的财务信息的声明，旨在确认这些信息是由发行企业公布的，是准确的。

回购协议（repurchase agreement，repo） 银行（或者一些企业）出售其所持有的政府证券时承诺未来将会回购这些证券。该协议本质上是从企业出售证券到企业回购证券这段时间内的一项贷款。

存款准备金率（reserve requirement ratio） 银行必须持有的准备金占存款的比例。

资产收益率（return on asset，ROA） 定义为税后利润/资产。

收益债券（revenue bond） 支付的利息来源于项目产生的收益的债券。

逆回购（reverse repo） 有价证券的买方承诺在未来将这些有价证券回售给卖方。

循环信用贷款（revolving credit loan） 在指定时期内规定了允许银行贷出资金的确切最大数额的贷款。

S

储蓄协会保险基金（Savings Association Insurance Fund，SAIF） 1989—2006 年为储蓄和贷款协会提供保险的机构。

二级抵押贷款（second mortgage） 应用时与初级抵押贷款相联系。

二级市场（secondary market） 有价证券被再次销售的市场。

股票二次发行（secondary stock offering） 指一家已经上市的公司再次发行股票。

有价证券（security） 表明发行者的所有权的一项证明。

《证券法》(1933)（The Securities Act of 1933） 为了确保有价证券在面向公众发行时相关信息的完全公开，从而减少发行出售时的诈骗行为而颁布的法律。

《证券交易法》(1934)（The Securities Exchange Act of 1934） 为了确保有价证券在二级市场交易时相关信息的完全公开而颁布的法律。

证券收益（损失）［securities gain (loss)］ 银行会计术语，反映银行出售有价证券所获得的收益或损失。

证券投资者保护公司（Securities Investor Protection Corporation，SIPC） 为存放在经纪公司的现金和证券提供保险的公司。

资产证券化（securitization） 将贷款投入资金池

然后将其打包重组成有价证券并销售给投资者。

半强有效性（semistrong-form efficiency） 该理论认为有价证券的价格反映了所有公开信息，包括公司声明、经济事件、经济新闻、政治事件与政治新闻。

分享增值抵押贷款（shared-appreciation mortgage） 该抵押贷款允许房屋购买者支付低于市场利率的利率，作为回报，借款人与其分享房屋增值的收益。

夏普比率（Sharpe ratio） 对经风险调整的收益率的测量，等于资产的平均收益率减去平均无风险利率再除以资产收益率的标准差。

暂搁注册（shelf registration） 公开发行证券前在证监会进行的注册。

卖空（short sale） 借入有价证券进行销售并在未来买入这些有价证券来偿还之前借入的有价证券。

短期资本收益（short-term capital gain） 股票持仓时间不到一年获得的收益。

偿债基金条款（sinking-fund provision） 在债券合同中规定的公司必须每年收回一定比例的债券的条款。

《史密森协定》（Smithsonian Agreement） 一项由主要国家达成的允许美元相对一些货币贬值、每种汇率的波动幅度从1%扩大到2.25%的协定。

主权风险（sovereign risk） 指一国政治因素带来的潜在不利影响，以互换为例，有许多政治因素可能妨碍交易对手方履行互换合约中的义务。

特种交易商（specialist） 在纽约股票交易所对特定股票坐盘，从而促进股票交易的个人，他们随时准备着出售或继续买入这些股票。

特种基金（specialty fund） 专门投资于具有某种特点的一类公司的共同基金。

投机者（speculator） 那些利用未来价格变动获利的人。

价差（spread） 通常代表买入价格与卖出价格之间的差异，还用来描述资产获利的平均利率和负债支付的平均利率之间的差异。

备用信用证（standby letter of credit） 银行向第三方为客户义务背书。

股指期货（stock index futures） 关于股票指数的金融期货合约。

股指期权（stock index option） 在指定到期日以指定价格达成指定股票指数相关交易的权利。

限购委托（stop-buy order） 当有价证券价格超出当前市价某一特定水平时进行购买的委托，通常运用在短期销售中。

强有效性（strong-form efficiency） 该理论认为有价证券的价格反映了所有信息，包括私人（内幕）信息。

次级债券（subordinated debenture） 相比抵押债券与一般债券对公司资产的求偿权次一级的债券。

盈余单位（surplus unit） 有能够进行投资的盈余资金的政府、企业或个人。

互换期权［swap option（swaption）］ 基于利率互换的期权。

系统性风险（systematic risk） 不能被分散的由市场的波动带来的风险，又叫市场风险或不可分散风险。

系统风险（systemic risk） 金融问题在金融机构与金融市场中扩散，从而可能导致金融体系崩溃的风险。

T

技术分析（technical analysis） 利用历史股票价格形态来预测未来股票价格的方法。

技术性预测（technical forecasting） 即使用历史汇率数据来预测未来货币价值的方法。

定期保险（term insurance） 在特定时期内的短期保险，该保单不会创造货币价值。

定期贷款（term loan） 商业贷款的一种，用于购买固定资产。

利率的期限结构（term structure of interest rates） 债务性证券的年化收益率与其到期期限之间的关系。

理性预期理论（theory of rational expectation） 企业和家庭认识到货币供应量增长率的上升将会引发通货膨胀，结果是他们会提高其通货膨胀率预期。

时间序列模型（time-series model） 检测移动平均数并得出规律的模型。

交易柜台（trading desk） 设于美国联邦储备银行，执行FOMC（美国联邦公开市场委员会）的公开市场操作指令。

三角套汇（triangular arbitrage） 买入或卖出一种交叉汇率被错标的货币。

U

承销（underwrite） 向最初的有价证券发行者承诺一个特定价格（帮助出售其有价证券）。

承销团（underwriting syndicate） 被要求承购包销某公司新发行的有价证券的一组有价证券公司。

综合性人寿保险（universal life insurance） 又叫万能险，它结合了定期保险和终身人寿保险的特点，它规定了一段明确的时间，其间保单将持续存在并且随着时间的变化也为保单持有人创造货币价值。

高利贷法（usury law） 用于规定居民贷款中最高利率水平的法律。

V

变额人寿保险（variable life insurance） 在该保险中，人寿保险公司提供的保险收益将根据支持保单的资产的变化而变化。

可变利率债券（variable-rate bond） 根据市场利率随时调整票面利率的债券。

W

弱有效性（weak-form efficiency） 该理论认为证券价格反映了与市场相关的历史数据，例如历史交易价格与交易规模。

终身人寿保险（whole life insurance） 只要保费及时缴纳，该保险向投保人提供的保险保障就一直持续到其死亡。它其实是向投保人提供了一种形式的储蓄，能给予投保人一定的现金价值，即使保单被取消。

Y

到期收益率（yield to maturity） 未来现金流的当前价值与有价证券的当前价格一致时的贴现率。

Z

零息债券（zero-coupon bond） 没有息票支付的债券。

零息浮动债券互换（zero-coupon-for-floating swap） 固定利率支付方在互换合约到期日一次性支付，而浮动利率支付方在合约期内定期支付的互换。

译后记

《金融市场与金融机构》（第 12 版）这本教材结构明晰、内容完备，对现代金融市场与金融机构的基础知识进行了系统介绍。完成这本书的翻译是一个不小的工程。译者尽量做到翻译的内容符合汉语习惯，便于读者对相关知识的系统掌握。从接受此次翻译工作开始，历经一年多时间，终于完成了这本教材的翻译。夏苗和张新秋参与了本书的翻译工作。

本教材的翻译任务繁重，而且文字校对等工作量也相当大，大量编校人员为此付出了辛勤劳动，他们包括：张艺轩、薛雨、刘子杰、贾安夏、戴维多、徐中豪、冯健、柴郡卓、胡嘉奇、张皓冰、胡子平、夏雨、李良、田涵晖、张涵、孙铭尧、张梦竹、王笑梅、戴维多、邹雅婧、徐中豪、张书华、冯麒名、王皓月、梁祯、楼铭洋、柯俊、张瑾、张杭等。尽管译者在翻译过程中尽可能保证原文翻译的准确性，但仍可能存在纰漏，希望广大读者与同行批评指正。

经济科学译丛						
序号	书名	作者	Author	单价	出版年份	ISBN
1	计量经济分析(第八版)(上下册)	威廉・H. 格林	William H. Greene	158.00	2020	978-7-300-27645-8
2	微观经济学(第四版)	保罗・克鲁格曼等	Paul Krugman	86.00	2020	978-7-300-28321-0
3	发展宏观经济学(第四版)	皮埃尔・理查德・阿根诺等	Pierre-Richard Agenor	79.00	2020	978-7-300-27425-6
4	平狄克《微观经济学》(第九版)学习指导	乔纳森・汉密尔顿等	Jonathan Hamilton	42.00	2020	978-7-300-28281-7
5	经济地理学:区域和国家一体化	皮埃尔-菲利普・库姆斯等	Pierre-Philippe Combes	56.00	2020	978-7-300-28276-3
6	公共部门经济学(第四版)	约瑟夫・E. 斯蒂格利茨等	Joseph E. Stiglitz	96.00	2020	978-7-300-28218-3
7	递归宏观经济理论(第三版)	拉尔斯・扬奎斯特等	Lars Ljungqvist	128.00	2020	978-7-300-28058-5
8	策略博弈(第四版)	阿维纳什・迪克西特等	Avinash Dixit	85.00	2020	978-7-300-28005-9
9	劳动关系(第10版)	小威廉・H. 霍利等	William H. Holley, Jr.	83.00	2020	978-7-300-25582-8
10	微观经济学(第九版)	罗伯特・S. 平狄克等	Robert S. Pindyck	93.00	2020	978-7-300-26640-4
11	宏观经济学(第十版)	N. 格里高利・曼昆	N. Gregory Mankiw	79.00	2020	978-7-300-27631-1
12	宏观经济学(第九版)	安德鲁・B.亚伯等	Andrew B. Abel	95.00	2020	978-7-300-27382-2
13	商务经济学(第二版)	克里斯・马尔赫恩等	Chris Mulhearn	56.00	2019	978-7-300-24491-4
14	管理经济学:基于战略的视角(第二版)	蒂莫西・费希尔等	Timothy Fisher	58.00	2019	978-7-300-23886-9
15	投入产出分析:基础与扩展(第二版)	罗纳德・E. 米勒等	Ronald E. Miller	98.00	2019	978-7-300-26845-3
16	宏观经济学:政策与实践(第二版)	弗雷德里克・S. 米什金	Frederic S. Mishkin	89.00	2019	978-7-300-26809-5
17	国际商务:亚洲视角	查尔斯・W. L. 希尔等	Charles W. L. Hill	108.00	2019	978-7-300-26791-3
18	统计学:在经济和管理中的应用(第10版)	杰拉德・凯勒	Gerald Keller	158.00	2019	978-7-300-26771-5
19	经济学精要(第五版)	R. 格伦・哈伯德等	R. Glenn Hubbard	99.00	2019	978-7-300-26561-2
20	环境经济学(第七版)	埃班・古德斯坦等	Eban Goodstein	78.00	2019	978-7-300-23867-8
21	管理者微观经济学	戴维・M.克雷普斯	David M. Kreps	88.00	2019	978-7-300-22914-0
22	税收与企业经营战略:筹划方法(第五版)	迈伦・S. 斯科尔斯等	Myron S. Scholes	78.00	2018	978-7-300-25999-4
23	美国经济史(第12版)	加里・M. 沃尔顿等	Gary M. Walton	98.00	2018	978-7-300-26473-8
24	组织经济学:经济学分析方法在组织管理上的应用(第五版)	塞特斯・杜玛等	Sytse Douma	62.00	2018	978-7-300-25545-3
25	经济理论的回顾(第五版)	马克・布劳格	Mark Blaug	88.00	2018	978-7-300-26252-9
26	实地实验:设计、分析与解释	艾伦・伯格等	Alan S. Gerber	69.80	2018	978-7-300-26319-9
27	金融学(第二版)	兹维・博迪等	Zvi Bodie	75.00	2018	978-7-300-26134-8
28	空间数据分析:模型、方法与技术	曼弗雷德・M. 费希尔等	Manfred M. Fischer	36.00	2018	978-7-300-25304-6
29	《宏观经济学》(第十二版)学习指导书	鲁迪格・多恩布什等	Rudiger Dornbusch	38.00	2018	978-7-300-26063-1
30	宏观经济学(第四版)	保罗・克鲁格曼等	Paul Krugman	68.00	2018	978-7-300-26068-6
31	计量经济学导论:现代观点(第六版)	杰弗里・M. 伍德里奇	Jeffrey M. Wooldridge	109.00	2018	978-7-300-25914-7
32	经济思想史:伦敦经济学院讲演录	莱昂内尔・罗宾斯	Lionel Robbins	59.80	2018	978-7-300-25258-2
33	空间计量经济学入门——在R中的应用	朱塞佩・阿尔比亚	Giuseppe Arbia	45.00	2018	978-7-300-25458-6
34	克鲁格曼经济学原理(第四版)	保罗・克鲁格曼等	Paul Krugman	88.00	2018	978-7-300-25639-9
35	发展经济学(第七版)	德怀特・H.波金斯等	Dwight H. Perkins	98.00	2018	978-7-300-25506-4
36	线性与非线性规划(第四版)	戴维・G.卢恩伯格等	David G. Luenberger	79.80	2018	978-7-300-25391-6
37	产业组织理论	让・梯若尔	Jean Tirole	110.00	2018	978-7-300-25170-7
38	经济学精要(第六版)	巴德,帕金	Bade, Parkin	89.00	2018	978-7-300-24749-6
39	空间计量经济学——空间数据的分位数回归	丹尼尔・P. 麦克米伦	Daniel P. McMillen	30.00	2018	978-7-300-23949-1
40	高级宏观经济学基础(第二版)	本・J. 海德拉	Ben J. Heijdra	88.00	2018	978-7-300-25147-9
41	税收经济学(第二版)	伯纳德・萨拉尼耶	Bernard Salanié	42.00	2018	978-7-300-23866-1
42	国际贸易(第三版)	罗伯特・C. 芬斯特拉	Robert C. Feenstra	73.00	2017	978-7-300-25327-5
43	国际宏观经济学(第三版)	罗伯特・C. 芬斯特拉	Robert C. Feenstra	79.00	2017	978-7-300-25326-8
44	公司治理(第五版)	罗伯特・A.G. 蒙克斯	Robert A. G. Monks	69.80	2017	978-7-300-24972-8
45	国际经济学(第15版)	罗伯特・J. 凯伯	Robert J. Carbaugh	78.00	2017	978-7-300-24844-8
46	经济理论和方法史(第五版)	小罗伯特・B. 埃克伦德等	Robert B. Ekelund. Jr.	88.00	2017	978-7-300-22497-8
47	经济地理学	威廉・P. 安德森	William P. Anderson	59.80	2017	978-7-300-24544-7
48	博弈与信息:博弈论概论(第四版)	艾里克・拉斯穆森	Eric Rasmusen	79.80	2017	978-7-300-24546-1
49	MBA宏观经济学	莫里斯・A. 戴维斯	Morris A. Davis	38.00	2017	978-7-300-24268-2
50	经济学基础(第十六版)	弗兰克・V. 马斯切纳	Frank V. Mastrianna	42.00	2017	978-7-300-22607-1
51	高级微观经济学:选择与竞争性市场	戴维・M. 克雷普斯	David M. Kreps	79.80	2017	978-7-300-23674-2
52	博弈论与机制设计	Y. 内拉哈里	Y. Narahari	69.80	2017	978-7-300-24209-5

经济科学译丛						
序号	书名	作者	Author	单价	出版年份	ISBN
53	宏观经济学精要:理解新闻中的经济学(第三版)	彼得·肯尼迪	Peter Kennedy	45.00	2017	978-7-300-21617-1
54	宏观经济学(第十二版)	鲁迪格·多恩布什等	Rudiger Dornbusch	69.00	2017	978-7-300-23772-5
55	国际金融与开放宏观经济学:理论、历史与政策	亨德里克·范登伯格	Hendrik Van den Berg	68.00	2016	978-7-300-23380-2
56	经济学(微观部分)	达龙·阿西莫格鲁等	Daron Acemoglu	59.00	2016	978-7-300-21786-4
57	经济学(宏观部分)	达龙·阿西莫格鲁等	Daron Acemoglu	45.00	2016	978-7-300-21886-1
58	发展经济学	热若尔·罗兰	Gérard Roland	79.00	2016	978-7-300-23379-6
59	中级微观经济学——直觉思维与数理方法(上下册)	托马斯·J. 内契巴	Thomas J. Nechyba	128.00	2016	978-7-300-22363-6
60	环境与自然资源经济学(第十版)	汤姆·蒂坦伯格等	Tom Tietenberg	72.00	2016	978-7-300-22900-3
61	劳动经济学基础(第二版)	托马斯·海克拉克等	Thomas Hyclak	65.00	2016	978-7-300-23146-4
62	货币金融学(第十一版)	弗雷德里克·S. 米什金	Frederic S. Mishkin	85.00	2016	978-7-300-23001-6
63	动态优化——经济学和管理学中的变分法和最优控制(第二版)	莫顿·I. 凯曼等	Morton I. Kamien	48.00	2016	978-7-300-23167-9
64	用Excel学习中级微观经济学	温贝托·巴雷托	Humberto Barreto	65.00	2016	978-7-300-21628-7
65	国际经济学:理论与政策(第十版)	保罗·R. 克鲁格曼等	Paul R. Krugman	89.00	2016	978-7-300-22710-8
66	国际金融(第十版)	保罗·R. 克鲁格曼等	Paul R. Krugman	55.00	2016	978-7-300-22089-5
67	国际贸易(第十版)	保罗·R. 克鲁格曼等	Paul R. Krugman	42.00	2016	978-7-300-22088-8
68	经济学精要(第3版)	斯坦利·L. 布鲁伊等	Stanley L. Brue	58.00	2016	978-7-300-22301-8
69	投资学精要(第九版)	兹维·博迪等	Zvi Bodie	108.00	2016	978-7-300-22236-3
70	环境经济学(第二版)	查尔斯·D. 科尔斯塔德	Charles D. Kolstad	68.00	2016	978-7-300-22255-4
71	MWG《微观经济理论》习题解答	原千晶等	Chiaki Hara	75.00	2016	978-7-300-22306-3
72	横截面与面板数据的计量经济分析(第二版)	杰弗里·M. 伍德里奇	Jeffrey M. Wooldridge	128.00	2016	978-7-300-21938-7
73	宏观经济学(第十二版)	罗伯特·J. 戈登	Robert J. Gordon	75.00	2016	978-7-300-21978-3
74	动态最优化基础	蒋中一	Alpha C. Chiang	42.00	2015	978-7-300-22068-0
75	城市经济学	布伦丹·奥弗莱厄蒂	Brendan O'Flaherty	69.80	2015	978-7-300-22067-3
76	管理经济学:理论、应用与案例(第八版)	布鲁斯·艾伦等	Bruce Allen	79.80	2015	978-7-300-21991-2
77	微观经济分析(第三版)	哈尔·R. 范里安	Hal R. Varian	68.00	2015	978-7-300-21536-5
78	财政学(第十版)	哈维·S. 罗森等	Harvey S. Rosen	68.00	2015	978-7-300-21754-3
79	经济数学(第三版)	迈克尔·霍伊等	Michael Hoy	88.00	2015	978-7-300-21674-4
80	发展经济学(第九版)	A.P. 瑟尔沃	A.P. Thirlwall	69.80	2015	978-7-300-21193-0
81	宏观经济学(第五版)	斯蒂芬·D. 威廉森	Stephen D. Williamson	69.00	2015	978-7-300-21169-5
82	资源经济学(第三版)	约翰·C. 伯格斯特罗姆等	John C. Bergstrom	58.00	2015	978-7-300-20742-1
83	应用中级宏观经济学	凯文·D. 胡佛	Kevin D. Hoover	78.00	2015	978-7-300-21000-1
84	现代时间序列分析导论(第二版)	约根·沃特斯等	Jürgen Wolters	39.80	2015	978-7-300-20625-7
85	空间计量经济学——从横截面数据到空间面板	J. 保罗·埃尔霍斯特	J. Paul Elhorst	32.00	2015	978-7-300-21024-7
86	国际经济学原理	肯尼思·A. 赖纳特	Kenneth A. Reinert	58.00	2015	978-7-300-20830-5
87	经济写作(第二版)	迪尔德丽·N. 麦克洛斯基	Deirdre N. McCloskey	39.80	2015	978-7-300-20914-2
88	计量经济学方法与应用(第五版)	巴蒂·H. 巴尔塔基	Badi H. Baltagi	58.00	2015	978-7-300-20584-7
89	战略经济学(第五版)	戴维·贝赞可等	David Besanko	78.00	2015	978-7-300-20679-0
90	博弈论导论	史蒂文·泰迪里斯	Steven Tadelis	58.00	2015	978-7-300-19993-1
91	社会问题经济学(第二十版)	安塞尔·M. 夏普等	Ansel M. Sharp	49.00	2015	978-7-300-20279-2
92	博弈论:矛盾冲突分析	罗杰·B. 迈尔森	Roger B. Myerson	58.00	2015	978-7-300-20212-9
93	时间序列分析	詹姆斯·D. 汉密尔顿	James D. Hamilton	118.00	2015	978-7-300-20213-6
94	经济问题与政策(第五版)	杰奎琳·默里·布鲁克斯	Jacqueline Murray Brux	58.00	2014	978-7-300-17799-1
95	微观经济理论	安德鲁·马斯-克莱尔等	Andreu Mas-Collel	148.00	2014	978-7-300-19986-3
96	产业组织:理论与实践(第四版)	唐·E. 瓦尔德曼等	Don E. Waldman	75.00	2014	978-7-300-19722-7
97	公司金融理论	让·梯若尔	Jean Tirole	128.00	2014	978-7-300-20178-8
98	公共部门经济学	理查德·W. 特里西	Richard W. Tresch	49.00	2014	978-7-300-18442-5
99	统计学:在经济中的应用	玛格丽特·刘易斯	Margaret Lewis	45.00	2014	978-7-300-19082-2
100	计量经济学导论(第三版)	詹姆斯·H. 斯托克等	James H. Stock	69.00	2014	978-7-300-18467-8
101	发展经济学导论(第四版)	秋山裕	秋山裕	39.80	2014	978-7-300-19127-0
102	中级微观经济学(第六版)	杰弗里·M. 佩罗夫	Jeffrey M. Perloff	89.00	2014	978-7-300-18441-8
103	微观银行经济学(第二版)	哈维尔·弗雷克斯等	Xavier Freixas	48.00	2014	978-7-300-18940-6
104	施米托夫论出口贸易——国际贸易法律与实务(第11版)	克利夫·M. 施米托夫等	Clive M. Schmitthoff	168.00	2014	978-7-300-18425-8

经济科学译丛

序号	书名	作者	Author	单价	出版年份	ISBN
105	计量经济学原理与实践	达摩达尔·N. 古扎拉蒂	Damodar N.Gujarati	49.80	2013	978-7-300-18169-1
106	高级国际贸易:理论与实证	罗伯特·C. 芬斯特拉	Robert C. Feenstra	59.00	2013	978-7-300-17157-9
107	经济学简史——处理沉闷科学的巧妙方法(第二版)	E. 雷·坎特伯里	E. Ray Canterbery	58.00	2013	978-7-300-17571-3
108	微观经济学原理(第五版)	巴德、帕金	Bade,Parkin	65.00	2013	978-7-300-16930-9
109	宏观经济学原理(第五版)	巴德、帕金	Bade,Parkin	63.00	2013	978-7-300-16929-3
110	环境经济学	彼得·伯克等	Peter Berck	55.00	2013	978-7-300-16538-7
111	高级微观经济理论	杰弗里·杰里	Geoffrey A. Jehle	69.00	2012	978-7-300-16613-1
112	高级宏观经济学导论:增长与经济周期(第二版)	彼得·伯奇·索伦森等	Peter Birch Sørensen	95.00	2012	978-7-300-15871-6
113	卫生经济学(第六版)	舍曼·富兰德等	Sherman Folland	79.00	2011	978-7-300-14645-4
114	现代劳动经济学:理论与公共政策(第十版)	罗纳德·G. 伊兰伯格等	Ronald G. Ehrenberg	69.00	2011	978-7-300-14482-5
115	经济学原理(第四版)	威廉·博伊斯等	William Boyes	59.00	2011	978-7-300-13518-2
116	计量经济学基础(第五版)(上下册)	达摩达尔·N. 古扎拉蒂	Damodar N.Gujarati	99.00	2011	978-7-300-13693-6
117	《计量经济学基础》(第五版)学生习题解答手册	达摩达尔·N. 古扎拉蒂等	Damodar N. Gujarati	23.00	2012	978-7-300-15080-8

金融学译丛

序号	书名	作者	Author	单价	出版年份	ISBN
1	金融市场与金融机构(第12版)	杰夫·马杜拉	Jeff Madura	99.00	2020	978-7-300-27836-0
2	个人理财(第11版)	E. 托马斯·加曼等	E. Thomas Garman	108.00	2020	978-7-300-25653-5
3	银行学(第二版)	芭芭拉·卡苏等	Barbara Casu	99.00	2020	978-7-300-28034-9
4	金融衍生工具与风险管理(第十版)	唐·M. 钱斯	Don M. Chance	98.00	2020	978-7-300-27651-9
5	投资学导论(第十二版)	赫伯特·B. 梅奥	Herbert B. Mayo	89.00	2020	978-7-300-27653-3
6	金融几何学	阿尔文·库鲁克	Alvin Kuruc	58.00	2020	978-7-300-14104-6
7	银行风险管理(第四版)	若埃尔·贝西	Joël Bessis	56.00	2019	978-7-300-26496-7
8	金融学原理(第八版)	阿瑟·J. 基翁等	Arthur J. Keown	79.00	2018	978-7-300-25638-2
9	财务管理基础(第七版)	劳伦斯·J. 吉特曼等	Lawrence J. Gitman	89.00	2018	978-7-300-25339-8
10	利率互换及其他衍生品	霍华德·科伯	Howard Corb	69.00	2018	978-7-300-25294-0
11	固定收益证券手册(第八版)	弗兰克·J. 法博齐	Frank J. Fabozzi	228.00	2017	978-7-300-24227-9
12	金融市场与金融机构(第8版)	弗雷德里克·S. 米什金等	Frederic S. Mishkin	86.00	2017	978-7-300-24731-1
13	兼并、收购和公司重组(第六版)	帕特里克·A. 高根	Patrick A. Gaughan	89.00	2017	978-7-300-24231-6
14	债券市场:分析与策略(第九版)	弗兰克·J. 法博齐	Frank J. Fabozzi	98.00	2016	978-7-300-23495-3
15	财务报表分析(第四版)	马丁·弗里德森	Martin Fridson	46.00	2016	978-7-300-23037-5
16	国际金融学	约瑟夫·P. 丹尼尔斯等	Joseph P. Daniels	65.00	2016	978-7-300-23037-1
17	国际金融	阿德里安·巴克利	Adrian Buckley	88.00	2016	978-7-300-22668-2
18	个人理财(第六版)	阿瑟·J. 基翁	Arthur J. Keown	85.00	2016	978-7-300-22711-5
19	投资学基础(第三版)	戈登·J. 亚历山大等	Gordon J. Alexander	79.00	2015	978-7-300-20274-7
20	金融风险管理(第二版)	彼德·F. 克里斯托弗森	Peter F. Christoffersen	46.00	2015	978-7-300-21210-4
21	风险管理与保险管理(第十二版)	乔治·E. 瑞达等	George E. Rejda	95.00	2015	978-7-300-21486-3
22	个人理财(第五版)	杰夫·马杜拉	Jeff Madura	69.00	2015	978-7-300-20583-0
23	企业价值评估	罗伯特·A.G. 蒙克斯等	Robert A. G. Monks	58.00	2015	978-7-300-20582-3
24	基于Excel的金融学原理(第二版)	西蒙·本尼卡	Simon Benninga	79.00	2014	978-7-300-18899-7
25	金融工程学原理(第二版)	萨利赫·N. 内夫特奇	Salih N. Neftci	88.00	2014	978-7-300-19348-9
26	国际金融市场导论(第六版)	斯蒂芬·瓦尔德斯等	Stephen Valdez	59.80	2014	978-7-300-18896-6
27	金融数学:金融工程引论(第二版)	马雷克·凯宾斯基等	Marek Capinski	42.00	2014	978-7-300-17650-5
28	财务管理(第二版)	雷蒙德·布鲁克斯	Raymond Brooks	69.00	2014	978-7-300-19085-3
29	期货与期权市场导论(第七版)	约翰·C. 赫尔	John C. Hull	69.00	2014	978-7-300-18994-2
30	国际金融:理论与实务	皮特·塞尔居	Piet Sercu	88.00	2014	978-7-300-18413-5
31	货币、银行和金融体系	R. 格伦·哈伯德等	R.Glenn Hubbard	75.00	2013	978-7-300-17856-1
32	并购创造价值(第二版)	萨德·苏达斯纳	Sudi Sudarsanam	89.00	2013	978-7-300-17473-0
33	个人理财——理财技能培养方法(第三版)	杰克·R. 卡普尔等	Jack R. Kapoor	66.00	2013	978-7-300-16687-2
34	国际财务管理	吉尔特·贝克特	Geert Bekaert	95.00	2012	978-7-300-16031-3
35	应用公司财务(第三版)	阿斯沃思·达摩达兰	Aswath Damodaran	88.00	2012	978-7-300-16034-4
36	资本市场:机构与工具(第四版)	弗兰克·J. 法博齐	Frank J.Fabozzi	85.00	2011	978-7-300-13828-2